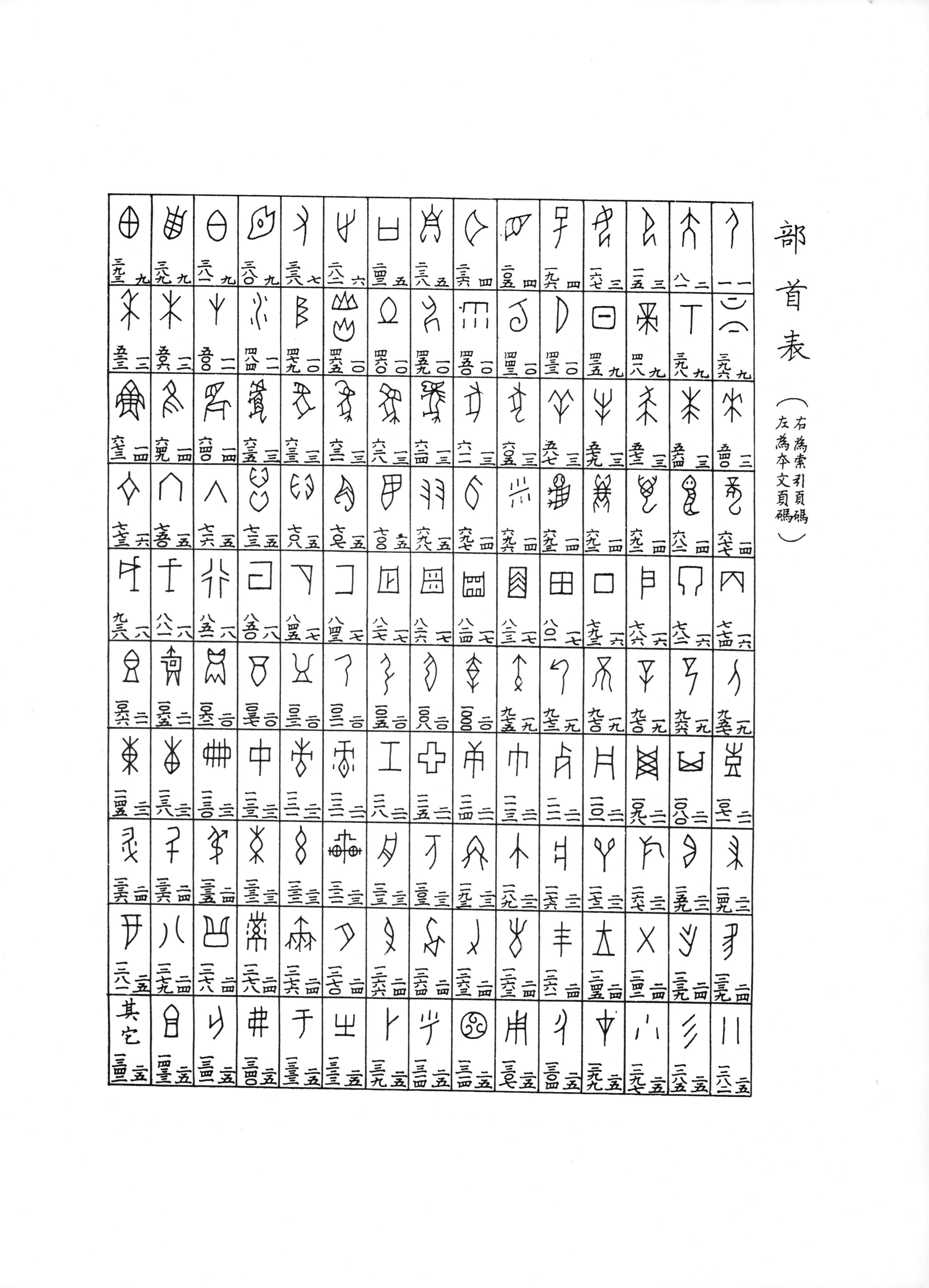

部首表

（右為索引頁碼 左為本文頁碼）

吉林大學古籍研究所叢刊之六

殷墟甲骨刻辭類纂

主編 姚孝遂
副主編 肖丁

中册

中華書局影印

禾

二八二四三 ……奉禾于滴有大…… 吉 3
二八二四四 其奉禾……河…… 3
二八二四七 其奉禾于□惟…… 3
二八二四八 ……之奉禾?…… 吉 3
二八二六九 壬寅卜其奉禾于示壬爽暨酢 兹用 3
二八二七一 己卯貞奉禾于示壬三宰 3
二八二八〇 其奉禾…… 吉 3
二八二八一 其奉禾于…… 3
三〇四三九 丁丑卜狄貞其奉禾于河惟祖丁祝用 吉 3
三二〇二八 辛未貞奉禾于河燎三宰沈三牛圂宰 4
三二〇二八 辛未貞于河奉禾 4
三二〇二八 辛未貞奉禾高祖河于辛巳 4
三二〇二八 辛未貞其奉禾于高祖 4
三二〇二八 辛未貞奉禾于岳 4
三二九一一 乙亥貞……禾奉于…… 4
三三二〇九 癸亥貞其奉禾自上甲 4
三三二〇九 戊辰貞奉禾自上甲其燎 4
三三二七三 壬申貞奉禾于河 4
三三二七三 壬申貞奉禾于夒 4
三三二七四 癸未貞奉禾于岳 4
三三二七四 癸未貞奉禾于河 4
三三二七四 癸未貞奉禾于𣪊 4
三三二七四 己卯貞奉禾于…… 4
三三二七五 癸未貞奉禾于河 4
三三二七五 癸未貞奉禾于𣪊 4
三三二七五 己卯貞奉禾…… 4
三三二七六 ……奉禾……河燎……小宰沈三牛圂宰 4
三三二七六 乙巳貞奉禾于𣪊三玄牛 4
三三二七七 壬申貞奉禾于夒燎三牛卯三牛 4
三三二七七 壬申貞奉禾于河燎三牛沈三牛 4
三三二七八 ……申貞……于□……奉禾 4
三三二七八 壬申貞奉禾于夒燎三牛卯三牛 4
三三二七八 壬申貞奉禾于河燎三牛沈三牛 4
三三二七九 ……申貞其……奉禾于河 4
三三二八〇 癸巳貞……奉禾……河燎二……沈牛 4
三三二八一 甲辰卜……于岳……奉禾 4
三三二八一 甲辰卜其奉禾于河 4
三三二八二 壬子貞其奉禾……岳 4

三三二八二 壬子貞其奉禾于河燎三宰沈五 4
三三二八二 壬子貞其奉禾于河燎三宰沈三圂宰 4
三三二八二 乙巳貞其奉禾于伊 4
三三二八三 辛卯貞奉禾于河弜□惟丙 4
三三二八三 辛卯貞其奉禾于河燎二宰沈牛二 4
三三二八四 癸巳貞奉禾于河燎三宰沈三 4
三三二八四 辛……貞奉……于河弜□惟…… 4
三三二八六 癸丑貞尋奉禾于河 4
三三二八六 庚戌貞奉禾于示壬 4
三三二八七 庚午貞尋奉禾于河 4
三三二八八 貞王其定禾奉于河 4
三三二八八 貞王弜定禾奉于河 4
三三二八九 ……酉貞奉禾于岳 4
三三二九〇 丁未……于岳奉禾 4
三三二九〇 ……侑于岳奉禾 4
三三二九一 丁未卜侑于岳奉禾 4
三三二九一 庚戌卜侑于岳奉禾 4
三三二九二 乙卯貞奉禾于岳燎三小宰圂三牛 4
三三二九二 ……卯貞奉禾……岳燎三小宰……圂宰 4
三三二九二 ……貞奉禾……沈三牛圂大宰 4
三三二九三 ……奉禾于示壬 4
三三二九三 戊戌貞其奉禾于示壬 4
三三二九三 戊戌貞其奉禾于示壬 4
三三二九三 貞其奉禾于𣪊 4
三三二九三 壬寅貞其奉禾于岳燎…… 4
三三二九三 壬寅貞其奉禾于岳燎三…… 4
三三二九三 ……其奉禾于□燎小宰卯…… 4
三三二九五 于岳奉禾 4
三三二九五 于……奉…… 4
三三二九六 丁未貞奉禾自上甲六示牛小示䍩羊 4
三三二九六 丁未貞奉禾于岳燎小宰卯三牛 4
三三二九七 ……貞奉禾于岳…… 4
三三二九八 乙巳貞奉禾于岳 4
三三二九八 乙巳貞奉禾于高祖 4
三三二九九 丁卯貞奉禾……岳燎三宰?卯三牛 4
三三三〇〇 ……其奉禾于岳 4
三三三〇一 ……貞奉禾于夒 4
三三三〇二 ……奉禾于□ 4
三三三〇三 庚午卜其奉禾于□其暨雨 4
三三三〇四 癸酉卜奉禾于□ 4
三三三〇五 乙卯卜貞奉禾于高燎九牛 4

著錄	釋文	期
三三三〇六	：貞：𠦪禾：高祖：牛	4
三三三〇六	丁巳貞其𠦪：于高：六牛	4
三三三〇八	甲子貞𠦪禾于高祖	4
三三三〇九	辛卯卜：𠦪禾上甲：	4
三三三一二	辛卯卜甲午𠦪禾上甲三牛用	4
三三三一三	乙卯卜貞𠦪禾自上甲六示牛小示𢀛羊	4
三三三一四	己卯貞𠦪禾于示壬三牢　茲用	4
三三三一五	𠦪禾于：壬	4
三三三一七	𠦪禾于示：	4
三三三一七	戊子卜𠦪禾于示壬	4
三三三一八	：𠦪禾：	4
三三三一九	𠦪禾：	4
三三三一九	𠦪禾大乙	4
三三三二〇	庚午貞𠦪禾于父丁	4
三三三二〇	庚午貞于大示𠦪禾雨	4
三三三二一	庚午貞𠦪禾于父丁	4
三三三二二	：卯貞其𠦪禾：	4
三三三二二	辛卯貞其𠦪禾：	4
三三三二三	𠦪禾其九牛	4
三三三二八	：申貞𠦪禾于：	4
三三三二九	癸未貞辛卯其𠦪禾于	4
三三三三〇	：卜其𠦪禾：	4
三三三三一	甲辰貞其𠦪禾于丁未	4
三三三三二	丁丑：其𠦪禾于：	4
三三三三三	壬子卜𠦪禾示壬牢	4
三三三三四	丁卯貞𠦪禾：	4
三三三三五	弜𠦪禾	4
三三三三六	弜𠦪禾	4
三三六一二	：貞：𠦪禾	4
三三八三六	庚子卜：禾燎雨	4
三四一七七	：卜其𠦪禾于：	4
屯九三	乙巳貞其𠦪禾于伊圛	4
屯九三	：于貞：𠦪禾：河燎：牢：圛：牢	4
屯九三	壬子貞其𠦪禾于河燎三小牢沈三	4
屯九三	：于貞：𠦪禾：河燎：牢：圛：牢	4
屯五〇七	：酉貞其𠦪禾于：	4
屯五五一	其𠦪禾于：	4
屯五七八	：𠦪禾于河：	4
屯五七八	：其𠦪禾于河其：雨	4
屯七〇五	貞庚申壽𠦪禾于	4
屯七五〇	丁酉貞𠦪禾于岳燎五牢卯五牛	4

著錄	釋文	期
屯八二七	甲辰貞今日𠦪禾自上甲十示又三	4
屯八九〇	丁亥貞𠦪禾：　茲用	4
屯八九〇	𠦪禾于河燎三：沈三牛	4
屯九一一	己卯貞𠦪禾于示壬三牢	4
屯九一四	弜𠦪禾	4
屯九一四	弜𠦪禾	4
屯九一六	辛未貞𠦪禾于高暨河	4
屯九四三	辛卯貞其𠦪禾于河燎二牢沈牛二	4
屯一〇九六	：貞其𠦪禾：高祖	4
屯一〇九六	：𠦪禾于：	4
屯一〇九六	：貞其𠦪禾：高祖	4
屯一一〇二	：貞其𠦪禾于高祖燎惟勿牛	4
屯一一〇二	癸亥貞其𠦪禾：燎三牛	4
屯一一〇二	癸亥其𠦪禾于高：	4
屯一一〇二	：貞其𠦪禾于高祖燎惟勿牛	4
屯一一一〇	庚戌貞其𠦪禾于示壬	4
屯一一一〇	庚戌貞其𠦪禾于上甲	4
屯一五〇九	丁酉貞𠦪禾于岳：五牢	4
屯一五五〇	：𠦪禾：	
屯二一〇五	于高祖亥𠦪禾	4
屯二一〇五	于岳𠦪禾	4
屯二一二四	丙申貞其𠦪禾于岳燎：小牢	4
屯二三二二	癸酉貞其𠦪禾于岳得	4
屯二三二二	癸酉貞其𠦪禾于[illegible]燎十小牢卯十牛	4
屯二六六七	庚戌卜其𠦪禾于河沈三牢	3-4
屯三〇四一	己亥貞𠦪禾于何受禾	4
屯三〇八三	戊戌貞其𠦪禾于示：羊：	4
屯三〇八三	：貞其𠦪禾于示壬羊雨	4
屯三〇八三	貞其𠦪禾于䰻：	4
屯三〇八三	壬寅貞其𠦪禾于岳燎三小牢卯：	4
屯三五六七	丙寅貞其𠦪禾于岳燎三牢卯三：	4
屯三五七一	乙卯貞𠦪禾于岳受	4
英二四五〇	庚：貞其𠦪禾于兮燎十小牢圛十六牢	4
英二四五〇	癸卯貞惟乙酉𠦪禾于兮	4
二〇六五六	：自翌受年	1
二二二四六	正受禾	1
二二二四七	[illegible]受禾	1
二二二四七	正受禾	1
二八二三〇	癸卯卜王其延二盂田𢍰受禾	3

著錄號	釋文	期
二八二三一	在下僼南田受禾	3
二八二三一	在酒盂田受禾	3
二八二三一	弜受禾	3
二八二三一	不受禾	3
二八二三二	弗受禾	3
二八二三二	癸卯卜今歲受禾	3
二八二三三	一羊受禾　大吉	3
二八二三七	：卯卜何：自魚：受禾	3
二八二三八	辛卯卜何貞不其受禾	3
二八二四〇	：夒受禾	3
三〇六八九	其用舊𦽅二十牛受禾	3
三一九六九	丁亥卜令衆𡉈田受禾	4
三二〇〇一正	丁丑卜惟矢往𠦪禾于河受禾	4
三二一七六	甲子貞大邑受禾	4
三二一七六	不受禾	4
三二一七八	己巳卜受禾	4
三三二〇九	癸亥貞王令多尹𡳿田于西受禾	4
三三二〇九	癸亥貞多尹弜作受禾	4
三三二四〇	：受禾	4
三三二四〇	丁未卜大邑受禾	4
三三二四一	不受禾	4
三三二四一	戊寅貞來歲大邑受禾在六月卜	4
三三二四二	：酉卜：大邑受禾	4
三三二四二	：卜：邑受禾	4
三三二四四	西方受禾	4
三三二四四	北方受禾	4
三三二四四	癸卯貞東受禾	4
三三二四四	不受禾	4
三三二四五	惟受禾	4
三三二四六	南：禾：	4
三三二四七	西方受禾	4
三三二四八	癸丑卜受禾	4
三三二四九	：外貞兕：小臣：从又：它旬受禾	4
三三二四九	辛亥貞作：燎受禾	4
三三二五〇	己巳貞受禾	4
三三二五二	：受禾	4
三三二五三	辛未貞受禾	4
三三二五四	：受禾	4
三三二五五	乙亥卜受禾	4
三三二五六	來歲不受禾	4
三三二五六	辛卯貞咸我來歲惟受禾	4
三三二五七	受禾	4
三三二五九	辛未：不受禾	4
三三二六一	不受禾	4
三三二六一	辛兹戠受禾	4
三三二六二	不受禾	4
三三二六三	不受禾	4
三三二六四	不受禾	4
三三二六五	不受禾	4
三三二六六	不受禾	4
三三二六七	不受禾	4
三三二六八	：受禾	4
三三二六八	不受禾	4
三三二六九	弗受禾	4
三三二七〇	：貞𠦪于：受禾	4
三三二七〇	甲子𠦪于河受禾	4
三三二七一	己亥貞𠦪禾于河受禾	4
三三二七一	己亥貞𠦪禾于河受禾	4
三三二七二	辛未卜燎于河受禾	4
三三三〇四	：酉貞受禾	4
三七八四九	癸丑卜貞今歲受禾弘吉在八月惟王八祀	5
屯四二三	不受禾	4
屯四二三	：北：受禾	4
屯四二三	惟東方受禾	4
屯四二三	辛酉卜貞今歲受禾	4
屯六四六	：卯貞今來歲受禾	4
屯六四六	不受禾	4
屯六四六	辛亥貞：受禾	4
屯七五〇	甲午貞今歲受禾	4
屯八五七	不受禾	4
屯一〇六三	壬申貞今歲受禾	4
屯一〇六三	不受禾	4
屯一一一〇	癸酉貞受禾	4
屯一三二三	：受禾：	4
屯二一〇六	己亥貞今來翌受禾	4
屯二一〇六	不受禾	4
屯二一二四	甲午貞今歲受禾	4
屯二三八二	不受禾	4
屯二三八二	乙亥卜取岳受禾　兹用	4
屯二六二九	不受禾	4
屯二六二九	不受禾	4
屯二六二九	乙巳貞今來歲受禾	4
屯三〇四一	己亥貞𠦪禾于何受禾	4
屯三〇四三	：歲受禾	4
屯三〇七二	壬戌貞其使人于：受禾	4

屯二一九四　…未貞…大邑受禾　4
屯四〇八八　…貞甲申…燎十…受禾　4
英二四二九　乙未卜貞受禾　4
英二四三〇　…戌卜…水弗受禾　4
英二四三〇　…戌卜…水弗受禾　4
英二四三〇　己…貞…受…　4
懷一五九九　庚…受禾　4
懷一五九九　庚申卜不受禾　4

三三三三七　庚寅卜惟夒壱禾　4
三三三三七　庚寅卜惟河壱禾　4
三三三三八　惟岳壱禾　4
三三三三九　…卯…河…高祖…壱禾　4
三三三四〇　其壱禾　4
三三三四一　貞禾無壱　4
三三三四二　…壱禾　4
三三三四二　己亥卜有壱禾　4
三四二二九　甲申卜岳弗壱禾　4
三四二二九　其壱禾　4
三四二二九　乙酉卜岳弗壱禾　4
三四二二九　…酉卜岳壱禾　4
三四二二九　辛亥卜岳弗壱禾弜侑岳　4
屯二一〇六　甲子卜惟岳壱禾　4

三二一一二　乙亥貞來甲申耏禾皋于兮燎　4
三三二八五　…巳耏禾皋于河燎…圍牢　4
三三三一六　…耏皋禾于示壬　4
三三三二四　…巳貞惟辛卯耏皋禾　4
三三三二五　…耏皋禾…　4
三三三二六　癸卯貞惟今夕耏皋禾于…　4
三三三二七　甲戌貞耏皋禾　4
屯二六二六　戊午貞酉皋禾于岳燎三豕卯…　4
屯四一〇一　貞耏皋禾　4
英二四二八　…耏皋禾于學　4

其它

二〇五七五　禾　1
二一四二四　禾[illegible]　1
二二五三六　丙辰[illegible]禾　1
二三五四二　…于禾…　2
二八二〇三　盂田禾稷其禦吉[illegible]　3

二八二三三　習用禾延稷　3
二八二三五　丙申卜有禾　3
二八二三六　…其寧…惟…舊…禾不…　3
三三二三五　弜迍禾　4
三三二四五　癸酉卜貞大邑…禾　4
三三二四四　…方…禾　4
三三二七七　…申貞…[illegible]…禾　4
三三二八六　…丑貞尋…禾…祖　4
三三二九四　乙亥貞…禾于岳…卯三牛　4
三三三〇七　…申…其尋…禾于高祖　4
三三三五一　貞今秋禾不遘大水　4
三三七四二　癸亥有囚禾　4
三四一九五　…禾于[illegible]　4
三四五三四　…岳…禾　4
三五二四九　…至于十禾…　4
三六三一八　…卜貞王…母癸蒸禾…尤　5
屯五〇　…[illegible]禾于河　吉　3
屯七九二　…申卜…禾…　4
屯九四三　…卯貞…禾…河弜…惟…　4
屯一三〇〇　…辰貞…學…禾　4
屯二四四五　三戌王率用弗悔禾　3
屯四一一〇　甲…夒…禾…　4
英一一二四　癸…禾…　1

茉

五五六八正　…惟王臣…茉…　1
九五五二　貞…茉石有从雨…雨　1
九七九二　丁亥卜亘貞茉受年　小告　1
九七九二　丁亥卜亘貞茉受年　小告　1
一一九八一　…茉…無…雨　1
一三五八二　貞惟丁家茉　1
一七三九一　貞王夢有改㲋十惟十一不惟茉…茉　1
一八四〇四　…茉…　1
一八四〇五　貞不其茉　1
懷六〇〇　…惟茉…　1
懷六〇〇　…茉　1

秉

五一九　…得四羌在秉十二月　1

一七四四四 …戊卜㱿貞…夢東𡍲

一七四四五 甲戌…貞有夢東𡍲在中宗不惟囚八月

一八一四二 庚子卜貞其𦕍…東于…

一八一五七 庚…貞其𦕍東惟今夕…

一八一五八 …酉卜…今…東…

医

一九七五四 己未卜畓貞医獲羌

二〇一九〇 甲申卜𠂤王令医人日明𠧒于𡧊

二〇一九一 辛未卜王貞惟医其受祐今來捍

二〇一九二 丁卯卜王呼医𠂤

二〇一九三 辛丑卜王医其…

二〇一九四 甲寅卜𠂤…惟医令

二〇一九五 …丑卜呼…医于…出三月

二〇一九六 甲午卜𢦏令医𢦏有立呼衣田十二月

二〇一九七 乙卯…医延…月

二〇一九八 丁未卜令医…

二〇一九九 辛酉卜医其惟…囚

二〇二〇〇 辛酉卜医其惟…三月

二〇二〇一 丁巳…医…

二〇二〇二 辛酉卜惟方医

二〇二〇三 乙…医…獲…

二〇二〇四 丙辰…医祟…戊

二〇二〇五 …酉…貞…医…

二〇二〇六 …王貞…医…比…

二〇二〇七 …衛…医…

二〇二〇八 丁巳卜𠂤医…

二〇二〇九 丙…医…

二〇二一〇 …𠂤貞医…

二〇二一一 …𠂤…医…

二〇二一二 …医…

二〇四一三 丁巳卜医其見方弗遘戊

二〇四四四 壬寅卜医子無征方𢦏二月

二〇四五六 戊申…医弗…及方…三月

二〇四六一 …令医追方

二〇六三二 己未卜王惟医令取

二〇六三三 丙午卜…貞步…医…

二〇六六〇 丁丑卜今日令医𦕍不𡕥晦允不𠂤十…

二〇七七二 …医…其擒…

英一七九三 辛酉…医…王若

秎利

七〇四二 …伐利

七〇四三 貞二伐利

七〇四四 貞三伐利

七〇四五 貞三伐利

二六九九八 二伐利 吉

三六五三六 壬寅王卜貞余其伐…白旅利

三六五三六 其伐瀎利

三六五三六 其伐𢦏利

懷一三五〇 在秎

懷一三五〇 在秎東

懷一三五〇 在秎東

懷一三五〇 在秎東

二八八六三 利擒

三一七九八 利其擒

三三四〇一 …𡚸利擒

屯二三九九 壬申卜王往田从利擒

屯二四〇八 …亥卜翌日壬王惟在…𠂤北王利擒

懷一九〇三 無災

懷一九〇三 利有擒

懷一九〇三 …利…

三一二四三 …無災

三一二四四 …利無災

三一二四五 …無災利

三六五一臼 利示十屯

一〇〇四五臼 利示六屯 爭

一七六一〇 秎示三屯又… 㱿

一七六一一 秎示三屯又一丿 穷

一七六一二 秎示一屯又一丿 穷

一七六一三臼 秎示一(㱿

一七六一四 秎示…

其它

著錄	釋文	期
四七四三	勿呼利	1
一八四〇一	癸丑…利…	1
二六九九八	不利　吉	3
二七一四六	庚午卜狀貞王其田于利無災　吉	3
二七四五九	庚申卜貞王勿利南麋	3
二八〇〇八	其于左利	3
二八〇〇八	亞立其于右利	3
二八〇〇八	弗利	3
二八〇六三	褱微先利	3
二八八六三	弗利	3
二九六八七	丁亥卜大…其鑄黃呂…作?凡利惟…	3
二九八八〇	弗利	3
三〇一七八	…申卜其去雨于古…利	3
三一一五四	王其呼…利乃[illegible]皿　大吉	3
三一七九七	…利…	3
三五三四五	壬申卜在攸貞有牧阜告啓王其呼	5
	戊比围伐弗悔利	5
三五三四五	…利	5
三六四二四	…卜貞⑴犬雍告…弜惟戊申利無…	5
三六五三六	不利	5
三九三三六	…不利…吉	4
屯三八二三	…至小示其利延…	3
英二三六四	庚子卜暊貞其利羊	5
英二五六七	王其鑄黃鑄奠盟惟今日乙未利	

刹

著錄	釋文	期
二四五〇六	庚戌卜王曰貞其刹右馬	2
二四五〇六	庚戌卜王曰貞其刹左馬	2

⿰禾巠

著錄	釋文	期
二七七二〇	…⿰禾巠…七?月?	3
二七七二〇	…卜暊…赤…其⿰禾巠…白	3
二八一九五	乙未卜暊貞有事入駛土其⿰禾巠不白	3
二八一九五	乙未卜暊貞舊一乙左駛其⿰禾巠不白	3
二八一九五	乙未卜暊貞師貯入赤馬?其⿰禾巠不白吉	3
二八一九五	乙未卜暊貞今日子入駛土一乙⿰禾巠	3
二八一九六	乙未卜…貞左…其⿰禾巠不白	3
二八一九六	乙未卜暊貞辰入駛其⿰禾巠	3
二八一九六	乙未卜暊貞在寧田…有?赤馬?其⿰禾巠…	3
二九四一八	癸丑卜暊貞左赤馬其⿰禾巠不白	3

龢

著錄	釋文	期
一二四〇	貞上甲龢暨唐	1
三〇六九三	鼎惟龢[illegible]用	3

著錄	釋文	期
一五三三五	…勿[illegible]…元于…豕…	1

秝

著錄	釋文	期
九三六四	…宁…秝…从…五…	1
二八二〇九	惟祖丁秝𩁹用有正	3

亼秝

著錄	釋文	期
一九二二三	…子卜貞…以多亼秝…于…	1
二〇一六七	丁丑卜亼秝曰惟甾	1
三一二二八	若以亼秝…呼𡰥	3
三九四四三	…卜貞…丙申多亼秝…于…	5

著錄	釋文	期
二八二〇三	盂田禾⿰禾㬎其禦吉⿰禾丂	3
二八二三三	習用禾延⿰禾㬎	3
二八二三六	…寅…⿰禾㬎	3
懷一三一五	…⿰禾㬎…	3

東

著錄	釋文	期
二一六二三	丁未卜…束人…事	1
二一六七二	丁未卜…束有事	1
二一六七三	庚申卜我今束有事	1
二一六七四	庚申…今束月…事	1
二一六七五	…子…今束月…事	1
二一六八四	…卜𢓊…束…我…事	1

東

- 二八二五　于㞢有東　1
- 二八二〇一　弜翟東　3
- 二九七六七　……惟翌……東　3
- 三一一九八　戊東于孟遘大雨　3
- 三一一九九　來庚剌東乃霾無大雨　3
- 三一一九九　翌日庚其東乃霾印至來庚無大雨　3
- 三一一九九　翌日庚其東乃霾印至來庚有大雨　3
- 三一二〇〇　惟翌東　3
- 三一二〇一　其東于孟……大吉　3
- 三一七九六　……卜其東孟……吉　3
- 屯三三五　惟庚午東于喪田不遘大雨　3
- 屯三〇〇四　弜屯其觀新東有正　吉　3
- 屯三〇〇四　惟新東屯用上田有正　吉　3

東

- 二一七八〇　……東步　1
- 二一七八一　癸未……東……　1
- 二一七八二　戊申貞東步　1
- 二一七八二　癸未卜東贏　1
- 二一七八二　癸未卜東贏　1

剌

- 一八五一四正　……剌……　1
- 二七八八四　丁巳卜惟小臣剌以𠬝于中室　3
- 二七八八五正　……剌……㞢　3
- 二七八八五正　庚午卜王貞其呼小臣𠈌比在曾?　3

- 一三三一五　……敕……　1
- 一八二三三　……午……貞翌乙未……敕……日之……　1

- 三〇九一五　惟各于𢻫禩敘王受祐　3
- 三二六四二　即𢻫祖丁歲𠓛𢻫　4
- 三八七一九　……王賓……延𢻫……無尤　5
- 三八七二〇　貞王賓𢻫延𢻫……無尤　5
- 三八七二二　……賓……延𢻫……無尤　5

瑨

- 三七四三〇　壬寅王卜……田瑨往來無災王占曰……茲御　獲狐……鹿麑　5
- 三七四五五　……卜貞王田瑨往來……王占曰吉　茲御　獲……麑二雉二　5
- 三七六六〇　壬辰卜貞王田于瑨往來無災　5
- 三七七三八　……子王卜……田瑨往來無災王……曰吉茲　5
- 三七七三九　……申卜貞……瑨往……災茲……獲　5

秜

- 一三五〇五正　丁酉卜爭貞呼甫秜于始受有年　1

季

- 九四一　……卜亘……有伐于季……三卯六牡　1
- 一四七一〇　貞侑于季　1
- 一四七一一　貞侑于季　1
- 一四七一三正　……侑于季　1
- 一四七一三　貞侑于季　1
- 一四七一四反　……侑于季　1
- 一四七一五　貞勿侑于季　1
- 一四七一六　貞侑犬于季　1
- 一四七一七　……犬于季　1
- 一四七一八　貞惟季𢦔　1
- 一四七一九　……季弗𢦔王　1
- 一四七二〇　辛酉卜㱿貞季祟王　1
- 一四七二二正　……季……　1
- 一四七二三　……其祐……季　1
- 二一一一七　壬申卜侑季……七月　1
- 二一一一七　……季……惟三牛　1
- 二一一一八　……其……季占　1
- 二一一一九　……惟季冬　1
- 二一一二〇　戊戌卜㞢侑季牛　1
- 二四一二一正　辛亥卜古貞季弗祟王　1
- 二四九六九　壬申卜旅貞其侑于季惟羊　2
- 二四九七〇　壬辰卜旅貞季歲……　2
- 二四九七二　壬午卜旅貞季歲王其賓……　2
- 二四九七一　……貞季歲……燎……　2

著錄號	釋文	期
二四九七三	⋯即⋯季⋯	2
二四九七四	壬戌卜大貞⋯有⋯季⋯羊	2
英九九六	勿侑于季	1
懷一三四	⋯圉⋯季⋯	1
懷七五六	⋯季⋯	1

年

参536頁　参817頁　参1060頁

著錄號	釋文	期
三八五	貞桒年于岳燎三小宰卯三牛	1
六七二正	貞桒年于大甲十宰祖乙十宰	1
八四六	貞勿桒年于甫土	1
八四六	桒年	1
八四七	貞勿桒年于甫	1
八四七	桒年	1
二五二三	甲申卜貞于祟年戠	1
三二六七反	于上甲桒年	1
一〇〇六七	甲子卜爭貞桒年于夒燎六牛	1
一〇〇七〇	戊午卜韋貞桒年于岳	1
一〇〇七一	貞岳桒年	1
一〇〇七二	貞桒年⋯岳	1
一〇〇七五正	癸卯卜亘貞桒年于岳	1
一〇〇七六	戊午卜穷貞酌桒年于岳河夒	1
一〇〇七七正	貞桒年于岳	1
一〇〇七九	貞桒年于岳一月	1
一〇〇八〇	桒年于河	1
一〇〇八〇	貞桒年于岳	1
一〇〇八一	⋯岳桒年	1
一〇〇八二	貞桒年于河	1
一〇〇八三	貞桒年于河	1
一〇〇八四	戊寅卜爭貞桒年于河燎三小宰沈三牛	1
一〇〇八四	辛⋯卜古貞桒年于岳燎三小宰卯三牛二月	1
一〇〇八五正	辛酉卜穷貞桒年于河	1
一〇〇八五正	貞桒年于夒九牛	1
一〇〇九一	乙巳卜㱿貞于河桒年	1
一〇〇九二	乙巳卜㱿貞于河桒年	1
一〇〇九三	貞于河桒年	1
一〇〇九五	丙申卜穷貞于河桒年	1
一〇〇九八	⋯巳卜穷貞桒年于[illegible]五小宰圉二月	1
一〇〇九九	貞于[illegible]桒年	1
一〇一〇〇	桒年于昌	1
一〇一〇一正	桒年⋯昌	1
一〇一〇二	桒年于昌	1
一〇一〇四	丙子卜穷貞桒年于甫	1
一〇一〇五	貞于王亥桒年	1
一〇一〇六	貞于王亥桒年	1
一〇一〇七	貞于王亥桒年	1
一〇一〇八	庚⋯㱿貞于王亥桒年	1
一〇一〇九	丁丑卜穷貞桒年于上甲燎三小宰卯三牛	1
一〇一一一	甲子卜古貞桒年自上甲九月	1
一〇一一一	癸亥卜古貞桒年自上甲至于多毓九月	1
一〇一一二正	貞桒年于示壬	1
一〇一一三	貞于示壬桒年	1
一〇一一四	貞侑于大甲桒年	1
一〇一一六	丁子卜爭貞桒年于丁㞢十勿牛冊百勿牛	1
一〇一一七	貞桒年于丁㞢三勿牛冊三十勿牛九月	1
一〇一一八	⋯桒年	1
一〇一一九	⋯貞桒年	1
一〇一三〇正	桒年于昌夕羊燎小宰卯牛	1
一〇一三九	貞桒年于岳	1
二八五八反	⋯上甲桒年	1
一四二九五	貞帝于西方曰彝風曰丰桒年	1
一四二九五	辛亥卜內貞帝于南方曰微風夷桒年一月	1
一四二九五	貞帝于西方曰彝風曰丰桒年	1
一四二九五	貞帝于東方曰析風曰劦桒年	1
二〇六五九	甲午⋯桒年⋯三牛	1
二二三四六	⋯于其桒年于河雨	1
二三七一七	己酉卜祝貞桒年于高祖四月	2
二七三一八	丁酉卜其桒年于岳	3
二七四六五	至毓祖丁桒年 吉	3
二八〇〇四	⋯大[illegible]年	3
二八二四六	其延桒年于[illegible]	3
二八二四四	其桒年于方受年	3
二八二四四	于方雨兮尋桒年	3
二八二四六	其延桒年于[illegible]	3
二八二四九	其桒年于夒五牛王受祐	3
二八二五〇	其尋桒年示在喪田有⋯	3

二八二五一　：子卜其奉年于夒　3
二八二五二　其奉年䴎惟：酚有大雨　3
二八二五四　壬午卜其奉年□　大吉　3
二八二五五　其奉年于岳兹有大雨　吉　3
二八二五六　其奉年□　3
二八二五七　：奉年于岳惟：　3
二八二五八　其奉年于河此有雨　3
二八二五八　其奉年于河惟牛用　3
二八二五八　于□奉年此雨　3
二八二五九　奉于河年有雨　3
二八二六〇　辛亥卜其奉年于河王受：　大吉　3
二八二六一　其奉年于河新受年　3
二八二六二　丁未卜其奉年于河惟辛亥酚　3
二八二六三　其奉年于河惟今來辛未酚　大吉　3
二八二六四　其奉年于嬈鼎：　吉　3
二八二六五　其奉年于嬈惟今日酚有雨　3
二八二六六　：卜其奉年于示祟有大雨　大吉　3
二八二六七　其侮奉年上甲無雨　大吉　3
二八二六八　：奉年于示壬惟翌日：　3
二八二七〇　：奉年于示：　3
二八二七二　奉年來其卯上甲𢀛受年　3
二八二七三　于大乙祖乙□奉年王受：　3
二八二七三　奉年　3
二八二七四　其奉年在毓王受年　3
二八二七五　其奉年祖丁先酚有雨　吉　3
二八二七七　乙：卜其奉年　3
二八二七九　于來辛未奉年　3
二八二八二　：卜其奉年：吉　3
二八二八二　：奉年此有大：　3
二八二八三　壬寅卜其奉年于：　3
二八二八四　壬申卜其奉年：　3
二八二八五　其奉年：　吉　3
二八二八六　：卜卯尋奉年：　3
二八二八七　其尋奉年于：　3
二八二八八　己巳卜其奉年　3
二八二八九　：其奉年于：　吉　3
二八二九〇　丁卯卜其奉年：　3
二八二九一　其奉年　3
二八二九二　其奉年：　3

二八二九三　：奉年：有大雨　3
二八二九四　于□奉年有雨　3
二八二九五　：奉年有大雨　3
二八二九六　其祝奉年有大雨　3
三〇三九三　其奉年□于小山盤豚　3
三〇四一五　于岳奉年有：　大吉　3
三〇四一八　其奉年：岳惟：用祝　3
三〇六八五　其奉年于河惟雚𠕋用　3
三〇六八八　其奉年于河惟今辛亥酚受年　3
三二一一七　壬辰卜其奉年于䴎燎宥羌　兹用　4
三三一八九　辛丑卜貞奉年：　4
三三三一八　辛巳貞酚禾于示壬　4
三六九八〇　商：年　5
三六九八一　：奉年于示壬惟翌日壬子酚有大雨　5
屯三七　庚寅卜𣥠自毓奉年　3
屯六七三　其奉年河沈王受祐大雨　吉　3
屯六八九　丁酉卜其奉年于岳惟羊　3
屯八九〇　奉禾于河燎三：沈三牛　4
屯二三五九　丁亥卜其奉年于大示即日此有雨　吉　3
屯二三五九　其奉年：祖丁先酚：雨　吉　3
屯二三八八　來庚子其奉年于□　3
屯二四〇六　丁未卜其奉年王受祐　吉　3
屯二六六六　庚寅卜其奉年于上甲三牛　3
屯二六六六　奉年上甲示壬惟兹祝用　3
屯二八二八　奉年于：臣惟豚：有大雨　3
屯三一五七　己巳卜其奉年高王受：　吉　3
屯三七七九　奉年于河惟今辛酉酚　吉　3
屯四五七九　其奉年：雨惟豚　吉　3
英七八九　貞奉年于河　1
英七九〇　奉年于河　1
英七九一正　奉年于河　1
英七九三　奉年于□　1
英七九五　：卜：奏年　1
英一一六〇正　甲戌卜穷貞奉年：燎于□十牛宜：　1
英二二八七　：奉年于滴　3
英二二八八　：其奉年于河　3
一　：受年　1
一　：大令衆人曰𦥑田其受年十一月　1

著錄號	釋文
二	…曰㽙田其受年…
五八五正	戊午卜我受年
六四一正	丙寅卜㱿貞今來歲我不其受年
八〇一	丙寅…争貞我受年
八一二正	貞雍不其受年
八一二正	貞雍…其受年
八三九	貞…受年
九〇〇正	…酉…㓝貞始受年
九〇〇正	…始…其受年
九七四正	丙申卜㱿貞我受年
九七四正	貞我…其受年
二三二	受年
二七七	乙丑卜㗊貞我受年
五一五八乙	…貞…土受年
五五二四	受年
五六〇〇	貞不其受年
五六一一正	丙子卜韋貞我受年 二告
五六一一正	丙子卜韋貞我不其受年
五七六四	不其受年
五九七七	貞不其受年
六四六〇正	己巳卜㱿貞我受年
六六四九正	貞我不其受年
七二五〇反	貞…不其受年 二告
七三三〇	…受年
七三三〇	…受年一月
七四五七	不受年
七四五七	受年十一月
八八〇六	不其受年
九六五〇	貞我不其受年
九六五〇	乙丑卜王貞今歲受年十二月
九六五四	貞今來歲我不其受年九月 二告
九六五五	癸酉卜㓝…今來歲我受年
九六五八正	貞來歲不其受年 二告
九六五九	辛巳卜亘貞祀岳𠦪來歲受年 二告
九六五九	甲子卜來歲受年八月 二告
九六六〇	來歲不其受年
九六六〇	貞來春不其受年
九六六一	癸卯卜争貞今歲商受年
九六六二	癸卯卜争貞今歲商受年
九六六五	辛丑卜古貞商受年十月
九六六六	貞商其受年三月
九六六七	…歲我受年七月

著錄號	釋文
九六六八正	…寅卜争貞今歲我不其受年在□十二月
九六六八正	丙寅卜争貞今歲我受年
九六六九	癸卯卜葡貞我受年十一月 二告
九六七〇	癸卯卜㱿貞我受年
九六七一正	辛卯卜古貞我受年 二告
九六七一正	貞我不其受年 小告
九六七二正	丙午卜争貞我受年一月
九六七三	…卜韋貞我受年
九六七四	…卜争貞我受年
九六七四	辛丑卜争貞我受年
九六七五	…寅卜争貞我受年
九六七六	…貞我受年四月
九六七七	壬子卜㓝貞我受年
九六七八	…子卜内貞我受年
九六七九	甲子卜古貞我受年三月
九六八〇	貞我受年
九六八一正	貞我受年
九六八一正	戊申卜夫受年
九六八二	乙丑卜韋貞我受年 二告
九六八三	…我受年一月
九六八五	貞我其受年
九六八六	貞我受年
九六八七	貞我受年 二告
九六八八	貞我受年
九六八九	我受年
九六八九	我受年
九六九〇正	貞我受年一…
九六九二正	貞我受年
九六九二正	弗其受年 二告
九六九六	…未卜㱿貞我受年
九七〇〇	庚午卜㱿貞我受年
九七〇一正	貞我受年
九七〇五	貞我不其受年
九七〇六	…我不其受年
九七〇七	貞我不其受年
九七〇八	貞我不其受年
九七一〇	癸卯卜㱿貞我不其受年
九七一一	貞我不其受年
九七一二	我不其受年
九七一二	…我不其受年
九七一三	貞我不其受年
九七一五	乙巳卜㱿貞我不其受年十一月 不舌黽

九七一六 ⋯卜殻貞我不其受年一月
九七一九 ⋯我不其受年
九七二〇 貞我不其受年一月
九七二一 貞我不其受年
九七二四 貞我不受年 二告
九七二七 ⋯我不其受年
九七三一正 ⋯殻⋯上甲⋯勿黽⋯不雨帝⋯受我年二月
九七三三反 癸巳卜爭東土受年
九七三五 甲午卜延貞東土受年 二告
九七三五 甲午卜延貞東土不其受年 二告
九七三六 ⋯東土受年
九七三七 ⋯南土受年
九七三八 甲午卜亘貞南土受年
九七四一正 貞西土不其受年 二告
九七四一正 丁未卜殻貞𦬹受年 二告
九七四一正 貞𦬹不其受年三月
九七四一正 姛受年 二告
九七四一正 姛不其受年 二告
九七四一正 貞西土受年
九七四一正 偁受年 告
九七四二正 甲午卜宾貞西土受年
九七四二正 貞西土不其受年 二告
九七四三正 甲午卜显貞西土受年
九七四三正 甲午卜显貞⋯土不其受年
九七四四正 貞罵受年
九七四四正 貞罵不其受年
九七四四 乙巳卜殻貞西土受年三月
九七四五 甲午卜宁貞北土受年
九七四五 甲午卜宁貞北土不其受年 二告
九七四六 ⋯卯卜北受年
九七四七 ⋯北土受年 二告
九七四九 北土不其受年
九七五〇甲 ⋯我北田不其受年
九七五一乙正 ⋯受年
九七五三 ⋯土受年
九七五六 貞婦妌不受年
九七五七 貞婦妌不其受年
九七五七 受年
九七五八正 庚子卜耇受年 二告
九七六〇 ⋯卜雀⋯入受年
九七六二 ⋯卜雀⋯年

九七六三 ⋯雀受年
九七六七 貞我奠受年
九七六八 ⋯奠不其受年
九七六八 ⋯我受年王固曰受⋯惟不魯
九七六八 ⋯奠受年
九七六八 ⋯其受年
九七七〇 ⋯卜古貞我在奠从龔受年
九七七一 ⋯龐不其受年
九七七二 丙子卜貞舟龍受年
九七七四正 癸丑卜殻貞遘受年二月
九七七四正 貞遘不其受年
九七七四正 貞蔑不其受年 二告
九七七四正 貞蔑受年
九七七五正 辛巳卜爭貞蔑不其受年
九七七五正 貞罵不其受年二月 二告
九七七六 貞蔑不其受年
九七七六 貞𦔻受年
九七七九 ⋯甫弗其受年
九七八三正 乙卯卜宾貞雎受年
九七八三正 乙卯卜宾貞敉受年 小告
九七八四 ⋯殻⋯在春⋯田髙受年
九七八五 髙受年
九七八六 貞髙不其受年
九七八八正 甲午卜肁貞亞受年 告
九七八八正 甲午卜肁貞不其受年 告
九七八九 乙巳卜㗊貞羽受年
九七九〇正 乙巳卜亘貞羽不其受年
九七九一正 貞弓不其受年 二告
九七九一正 貞𡿨不其受年 二告
九七九一反 貞夂受年
九七九一反 貞𡿨受年
九七九二 丁亥卜亘貞茉受年 小告
九七九二 丁亥卜亘貞茉受年 小告
九七九三 辛酉貞犬受年十一月
九七九四 辛酉貞犬受年十一月
九七九五 ⋯工⋯年
九七九六 ⋯工受年
九八〇二 貞卑受年
九八〇四 ⋯凤受年
九八〇五 ⋯凤受年
九八一〇正 庚辰卜亘貞曾受年二月 二告
九八一〇正 貞曾不其受年

編號	釋文	期
九八一一正	貞：婁受年　二告	1
九八一一正	戊午卜古貞：婁受年　二告	1
九八一五	……王富于𡧊……受年	1
九八二四	受年二月	1
九八三五	受年十月	1
九八四〇正	……永……受年一月	1
九八六四	……其受年十二月	1
九八七二	……辰卜受年二月	1
九八八二	貞不其受年九月	1
九八八五	貞不其受年九月	1
九八九七	貞其受年十一月	1
一〇〇二二甲	貞𢀛受年二月	1
一〇一〇三	……受年十一月	1
一〇一〇三	……不其受年	1
一二八六二反	……其受年	1
一二八六二反	不其受年	1
一三三八五	貞不其受年	1
一三五〇五正	甫耤于姐受年　二告	1
一三五〇五正	貞受年	1
一三五〇五正	弗其受年	1
一三五〇五正	受年	1
一三五〇五正	弗其受	1
一三五七二	……寢于𡧊乃帝……受年	1
一三六八九	不其受年	1
一八八〇五	己卯……祉不受年	1
二〇六四九	庚辰卜王惟往穧受年一月	1
二〇六五〇	丁丑……貞商……受年	1
二〇六五一	辛卯卜𠬝受年商	1
二〇六五二	……卜王……比西暨南比……年北暨東不受年	1
二〇六五三	……丑卜弜田東……鼻受年一月	1
二〇六五四	丁未卜王商其槖不其受年	1
二〇六五七	……受年	1
二一七四七	己巳卜貞余受年	1
二四四二七	癸卯卜大貞今歲商受年七月	2
二四四二八	壬辰卜出貞商受年十月	2
二四四二九	癸卯卜大貞南土受年	2
二四四三二正	……出貞今歲受年	2
二四四三三	……歲受年二月	2
二四四三四	……卜王曰……歲受年	2
二四四三六	丙申卜大……我年	2

編號	釋文	期
二七九四一	……受年	3
二八一〇八	惟華王受年	3
二八二〇九	惟甲午王受年	3
二八二一五	貞羊受年	3
二八二一七	于辛丑酌受年	3
二八二一八	弜用受年	3
二八二一九	辛巳受年	3
二八二二一	不受年	3
二八二二三	二牢受年　大吉	3
二八二二八	惟瀍𤰈延受年	3
二八二六一	其𠦪年于河新受年	3
二八二七二	其卯于示壬弜受年	3
二八二七四	其𠦪年在毓王受年	3
二八二七四	于祖乙𠦪王受年　吉	3
二八二七四	于大甲𠦪王受年　吉	3
三〇六八八	三十牛受年	3
三〇六八八	其用舊𦎫二十牛受年	3
三六九七五	東土受年	5
三六九七五	南土受年吉	5
三六九七六	乙未卜貞今歲受年	5
三六九七五	西土受年吉	5
三六九七五	北土受年吉	5
三六九七六	不受年	5
三六九七六	南受年	5
三六九七六	東受年	5
三六九七六	……受年	5
三六九七八	……今歲……受年	5
三六九七九	今歲不……年	5
屯六二〇	丁亥卜貞今秋受年吉秎　吉	3
屯七一五	惟濕田𥁕延受年　大吉	3
屯七一五	惟上田𥁕延受年	3
屯二三五四	壬寅卜王其𢿌𩁹于盂田有雨受年	3
屯二三七三	辛卯……受年	3-4
屯二三三九	……其𡆥……膺于……上甲王受年有大雨	3
屯二三七七	南方受年	
屯二三七七	西方受年	
屯二四二三	……今歲受年	3
屯二六六六	𠦪年惟莫酌王受祐	3
屯二九九一	……今秋……受年	3
屯三八三五	不受年	3

著錄	釋文	期
英六〇	貞不其受年	1
英六〇	受年	1
英一八八	貞不其受年	1
英三五二	……貞……戴王事……受年十一月	1
英七五七	貞不其受年	1
英七五七	受年	1
英七五七	受年	1
英七九六正	甲辰卜㞢貞我受年　不吿黽	1
英七九七	……巳卜爭貞我受年	1
英七九八	受年	1
英七九九	癸酉卜……我……受年	1
英八〇〇	貞我不其受年一月	1
英八〇一	我……年	1
英八〇四	不其受	1
英八〇四	不其受年	1
英八〇五	……不……受年	1
英八〇六	……其受年	1
英八〇七	……土受……	1
英八〇八	貞冥受年	1
英八〇八	貞㛅受……	1
英八〇八	貞冥受年	1
英八〇九反	……不受年	1
英一〇一一反	貞受年	1
英二三八八	……今辛巳酻受年	3
懷一八一	……其受……年	1
懷一八二	……我受年	1
懷九一九	貞我不其受年	1
懷一三六三	己亥卜大貞今歲我受年二月	2
七八七	癸亥卜爭貞我𥝩受有年一月	1
七八七	貞勿䊕𥝩受有年弗其受有年	1
九七五九	……𢀛受有年	1
九八一九	……卯卜……𢀛有……受有年	1
九九五〇反	王𡆥曰吉受有年	1
一三五〇五正	丁酉卜爭貞呼甫秜于㛅受有年	1
一三五〇五正	貞弗其受有年　二告	1
二〇六五〇	弗受有年	1
二八一九八	弜𦼲弗受有年	3
二八二〇〇	弜耤𣡕雈其受有年	3
二八二一六	惟孟先受有年	3
英八二八	……允……有年……入……	1
一〇一二四正	貞惟帝𡆥我年二月	1
一〇一二四正	貞不惟帝𡆥我年　二告	1
英七八〇正	……河𡆥年	1
懷八五	……寅……帝弗𡆥年	1
一〇一二七	貞勿祟年我	1
一〇一二八	貞勿于丁祟年𢦏	1
一〇一二九	癸卯卜殻貞祟年𢦏于河	1
一〇一三〇正	貞于丁祟年𢦏	1
英七八八	戊子卜貞禦年于上甲五月	1
英七九四	勿禦年……河	1
英七九四	貞勿禦年……河	1
懷九一七b	……巳……㔾……禦年……	1

其它

著錄	釋文	期
三七八正	貞……年于王亥囚犬一羊一豕一燎三小宰卯九牛三觳三羌	1
九〇〇正	丁酉卜殻貞我受甫耤在𡚤年三月	1
九〇〇正	丁酉卜殻貞我弗其受甫耤在𡚤年　二告	1
九〇〇反	王𡆥曰我其受甫耤在𡚤年	1
九〇二正	貞黃……弗……我年	1
七〇四九	……寅……雀……𢀛……年十二月	1
九六一四	癸酉卜古貞勿衛年	1
九七六一	……雀不……年	1
一〇〇七三	……岳……年	1
一〇〇七四	丙申……貞……五……年……岳	1
一〇〇七八正	貞……年于岳	1
一〇一〇三	……年于昌	1
一〇一〇九	勿孽年有雨	1

一〇一三九 貞帝令雨弗其正年 1
一〇一三九 帝令雨正年 1
一〇一四〇 貞茲雨不惟年 1
一〇一四二 貞茲雨惟年囚 1
一〇一四三 貞茲雨不惟年囚 1
一〇一四八 己巳卜穷貞惟年禮用 1
一一五四九 …一月…年… 1
一一五七一 …年四月 1
一三四四三正 庚寅卜古貞虹不惟年 1
一三四四三正 庚寅卜古貞虹惟年 1
一四七七〇 癸未卜貞燎于凹十小宰卯十牛年用十月 1
一九四八〇 …弗…年…六… 1
一九七九〇 甲辰卜王用二婦兀…阜…年 1
二〇六五〇 戊申卜王貞受中商年…月 1
二四四三〇 …巳卜王…南年 2
二四六一〇 …戌卜出貞自今十年又五王豐… 2
二四九三三 庚辰卜大貞雨不正辰不惟年 2
二六〇〇八 …申卜大貞我…奠曰…宰…㞢…年…九月 2
二七二〇三 …年河…上甲 3
二七五〇〇 …年妣庚示壬 3
二八二〇四 …稃…年…吉稃 3
二八二〇八 貞五…歲一犬…年 3
二八二一四 …南年 3
二八二二九 惟茲年 吉 3
三〇〇六五 其畐年…雨在盂𡍐無大雨 3
三一六八一 年卜 3
英七九二 貞…年…河 1
英八一三 貞我年㞢… 1
英二一一 …出…歲…年 2
懷一七八 …丑卜貞…受…年 1
懷一七九 …其…年 1
懷一八〇 貞…雨…年十一月 1
懷二三六三 辛酉卜…貞惟其有年十二月 2
懷一七九二 丁酉卜…今歲…年在… 5

黍

三〇三十三四 甲子卜殻貞我受黍年 1
三七六正 貞我受黍年 1
三七六正 不其受黍年 1
七九五正 貞我弗其受黍年 1
九六九三 貞受黍年 1
九九三四正 癸卯卜古貞王于黍侯受黍年十三月 小告 1
九九四八 貞我受黍年 1
九九四九 庚申卜貞我受黍年 1
九九五〇正 丙辰卜殻貞我受黍年 1
九九五〇正 丙辰卜殻貞我弗其受黍年四月 1
二告 1
九九五一 癸卯卜亘貞我受黍年 1
九九五二 …戌卜…我受黍年 1
九九五三 癸亥卜殻…我黍… 1
九九五四正 丁丑卜穷貞我受黍… 1
九九五五 …我…黍年 1
九九五六 貞我不其受黍年 不舌黽 1
九九五六 …黍年 1
九九五七 …我受黍… 1
九九五九 貞我不其受黍年 1
九九六〇 甲申卜穷貞我不其受黍年 1
九九六一 …卜穷…我不…黍年 1
九九六二 貞我黍弗… 1
九九六三 我弗其受黍年 1
九九六四 …卜我弗其受黍年 1
九九六六 甲午卜亘貞我受黍年 1
九九六七 …韋貞我黍受… 1
九九八〇 京受黍年 1
九九八二 …穷貞王入受黍年 1
九九八三 貞受黍年 1
九九八四正 辛卯…穷貞受黍年 1
九九八五 甲申卜貞黍年 1
九九八六 受黍年 1
九九八七 貞受黍年 1
九九八八 惟黍年受 1
九九八九 貞不其受黍年 1
九九九〇 貞不其受黍年二月 1
九九九一正 貞不其受黍年 1
九九九二 貞不其受黍… 1
九九九三 …弗其受黍年 1
九九九四 …受黍年三… 1
九九九五 …未卜亘貞…黍年 1
九九九六 …受黍年 1
九九九七 貞…黍年 1
九九九八 戊午…貞黍… 1

九九九九　受黍年
一〇〇〇〇　：受黍年
一〇〇〇二反　：黍年
一〇〇〇三　：黍年
一〇〇〇六正　：受黍年
一〇〇〇七正　：黍年
一〇〇〇八　：受黍：
一〇〇〇九　貞：黍年
一〇〇一〇　：受黍年
一〇〇一一　：今：黍受：
一〇〇一二　：黍年
一〇〇一三　貞：其受黍：
一〇〇一四　貞：黍：步：
一〇〇一五　：不：受黍年
一〇〇一六　：不：黍：
一〇〇一七正　貞：其：黍：
一〇〇二〇　庚申卜我受黍年
一〇〇二〇　庚申卜黍受年
一〇〇二〇　：卜我：其受黍年十二月
一〇〇二一　：我黍受年
一〇〇二二甲　甲戌卜穷貞甫受黍年
一〇〇四三　貞我不其受黍：
一〇〇四三　貞我受黍年
一〇〇四七　癸未卜爭貞受黍年
一〇〇四七　弗其受黍年
一〇〇九四正　：我受黍年二月
二二三四五　：弗其受黍年
二四四三一　癸卯卜大貞今歲受黍年十月
英八一一正　貞不其受黍年
英八一三正　貞我受黍：
英八一五　：于黍年
英八一六　：黍年：
英八一七　：于大：黍年
英八二一　貞我受黍年
懷一八三　：黍年

二三五正　貞蒸黍
二三五正　勿蒸黍
一五九九　：爭貞乙亥蒸𠚤黍祖乙
二四八四正　：丑卜穷貞翌乙：黍蒸于祖乙：王𠚤曰
有祟：不其雨六日：午夕月有食乙未酌
多工率𢓊遣

一〇　戊寅卜穷貞王往以衆黍于囧
七五　貞王：衆于黍：
九六一二　貞王勿往省黍
九六一三乙正　：往省黍祀若
九六一三甲正　：王勿往省黍祀弗若
九五一六　：𣪘貞王其黍
九五一七　庚戌卜：貞王呼黍在𢓊受有：
九五一八　丁酉卜爭貞今春王勿黍
九五一八　今春王黍于𣪘：于南沘
九五一九　丁酉卜爭貞今春王勿黍

九五二五正　立黍弗其受年
九五二五正　貞王勿立黍弗其受年
九五二五正　貞王立黍受年一月
九五二五正　庚戌卜𣪘貞王立黍受年
九五五八　貞王往立耤黍于：

五四七　貞呼黍不其：　二告
九五三五　貞呼黍于北受年
九五三六　貞呼黍于𠚤受年
九五三七　：穷貞呼黍于敦囧受：
九五三九　貞呼黍不其受年
九五四〇　貞呼黍受年
九五四一正　貞呼黍：有年
九五四二　貞呼黍
九五四三　勿呼黍
九五四四正　壬戌卜古貞呼𤰔𦥑黍　二告
九五五〇　貞呼追其黍
英八一九　：呼黍：不：

六一一八　：姘受黍年
九五二九　：貞婦姘呼黍于丘商受：
九五三〇　辛丑卜𣪘貞婦姘呼黍丘商受：
九五三一正　：于乙酉：婦姘往黍
九五三二　：勿令：婦姘黍

九五三三　貞呼婦妌往黍　1
九五三四正　…妌往黍若　1
九五九九　婦井黍不其萑　1
九九六五　貞婦妌黍受年　1
九九六六　丁巳卜㱿貞婦妌受黍…　1
九九六七　…婦妌受黍…　1
九九六八正　甲寅卜古貞婦妌受黍年　1
九九六九　甲…𦎫貞婦妌受黍年　1
九九七〇　貞婦妌黍受年　1
九九七一　貞婦妌黍受年　1
九九七二　貞婦妌受黍年　1
九九七二　…妌受黍年　1
九九七三　婦妌受黍年　1
九九七四　貞婦妌黍受年　1
九九七五正　…婦妌黍不…　1
九九七六正　癸酉卜㱿貞婦妌不其受黍年二月　1
英八一〇反　貞呼婦妌黍受年　1

其它

一二　貞惟小臣令衆黍一月　1
一三　…小臣令…黍…　1
七九五正　辛未卜㱿貞我奴人乞在黍不冊受…　1
一六二二六　…卜㱿貞…乙酉…黍昰…酚　1
一七七二正　庚申卜㱿貞昔祖丁…黍惟南庚壱　1
二二六七　…父…黍…　1
九五二七　貞呼王岦出黍　1
九五三八　庚辰卜爭貞黍于龔　1
九五三八　…黍于龔　1
九五四七　庚辰卜㱿貞惟王𢦏南囧黍十月　1
九五四八　庚戌…古貞…其黍　1
九五四九　貞不其黍　1
九五五二　乙未卜貞黍在龍囿畣受有年二月　1
九五五九　丁未卜貞惟王秜黍　1
九五六四　…秜黍　1
九五六九　…秜黍…月　1
九五九〇　…萑黍廼…　1
一一八四三　…㐱黍…雨　1
一二六七七　…我…其…黍…　1
一三四一四　黍　1
一三七二八正　…黍肇𤰔　1

一四四九七　貞燎于…桒…田　1
英八一一正　甲子卜…貞…黍…受…　1
英八二九　丁卯…秜…萑…黍…　1
懷七八　甲寅卜黍毋庚用　1
懷四四八　壬午卜爭貞令敝取彭黍　1

穧

九五九五　…申卜王…穧年萑　1
一〇〇二四正　庚申卜貞我受穧年三月　1
一〇〇二五　丙戌卜我受穧…　1
一〇〇二六正　乙酉卜𦎫貞我受穧年　1
一〇〇二七　辛巳卜我弗其受穧年　1
一〇〇二九　乙亥卜㐱受穧…二月　1
一〇〇三〇　…巳卜王貞受穧年　1
一〇〇三四　貞弗其受穧年　1
一〇〇三五　甲辰卜弗其受穧年　1
二〇六四九　庚辰卜王惟往穧受年一月　1
二四四三五　甲戌卜出…幺穧受…　2
英八一八　…卜穧年有正雨　1

二一二二一　辛丑卜𢓊酚穧蒸辛亥十二月　1
二一二二一　辛丑卜于一月辛酉酚穧蒸十二月　1
二七六三二　…申卜聲穧其蒸兄辛　3
三〇三〇四　于宗蒸穧茲…　3
三〇三〇五　…宗蒸穧茲用歲五牢　3
三〇三〇六　丙子卜其蒸穧于宗　3
三〇三四五　…卜彭貞其延蒸穧…𩱦父庚父甲家
止　3
三〇九八一　丙辰卜其蒸穧于酉　3
三〇九八二　己酉卜其蒸穧于…　3
三〇九八三　…其蒸穧…　3
三二四五九　甲午卜蒸穧…高祖乙　4
三二五九二　癸未卜其延蒸穧于羌甲十　4
三二五九三　…卜其延蒸穧于羌甲十　4
三二六〇六　惟蒸穧延于南庚　茲用　4
三四五八四　…蒸穧…歲牢…　4

三四五八五　丁丑卜蒸穧至…　4
三四五八六　其蒸穧盟　4
三四五八七　甲辰貞其蒸穧　4
三四五八八　…其蒸穧于…　4
三四五八九　…蒸穧于…　4
三四五九〇　…子卜其蒸穧于禘　4
屯六一八　惟癸蒸穧王受祐　3
屯六一八　王其蒸穧二必惟𢦏各𦎫禘彭　3
屯六一八　其蒸穧祖乙惟翌日乙酉彭王受祐　3
屯六一八　先祭二必蒸廼各…祖乙蒸穧王受祐　3
屯六九六　…王其呼蒸穧兄…　3
屯一二二一　…宗…蒸穧　4
屯一八五一　…蒸穧…
屯二七一五　其蒸穧惟翌日乙　吉　3
屯二九四三　…蒸穧並…　3-4
屯四一〇七　…蒸穧…木丁　4
屯四二五九　…蒸穧…

三〇九八四　…卜𠭯穧…　3
屯二〇四〇　…子卜其皀穧…　4

九五二〇　乙卯卜殻貞立穧　1
九五二〇　貞王勿立穧　1
三三二一二　戊寅貞惟王穧　4
三三二二四　戊寅貞惟王穧…　4
三三二二五　王弜穧　4
三三二二五　弜穧　4
三三二二五　王弜穧　4
三三二二五　王其穧　4

三二〇一四　惟白穧蒸　4
三四六〇一　惟白穧　4
英二四三一　惟白穧　4

其它

四二四三　…未卜王勿令師…朕穧㞢四月　1
九五二八　我其穧　1

九五六三　甲子卜乃秭穧　1
九五六五　辛亥卜貞咸秭穧　1
二〇五三一　癸酉卜王貞…其征穧　1
二四四三二正　…大貞見新穧盟…　2
二七四五五　癸丑卜王丁穧入其蒸于父甲　3
三〇九八一　惟…穧　3
三三六四三　…穧盟小丁　4
三六九八二　…卜在…貞王…□□…王來…□…　5
屯七九四　丁亥卜其□穧惟今日丁亥　4
英七三三　…幸…穧…自缶…　1
英八二〇　□穧…有正雨　1
懷七八六　壬辰卜貞肘穧…　1
懷一四〇三　…戌卜穧…　3

來

一〇〇二二乙　貞甫不其…來年　1
一〇〇二二丙　甫弗其受來年　二告　1
一〇〇二二丁　…來年　1
三三二六〇　乙亥卜受來禾　4

二七一八九　甲寅貞弜…蒸來于祖乙歲　3
二七三一九　甲辰卜彭來蒸祖乙乙巳　3
二七八二六反　癸未卜蒸來乙酉　3
三四五一五　甲辰卜彭來蒸…用　4
三三五三四　辛酉卜彭來來祖乙乙亥　4
三二五七二正　癸卯卜蒸來乙祖　4
三二五七二反　丁未蒸來祖辛　4
三二五七二反　…卯卜蒸來…　4
三四一〇七　癸未卜蒸來于二示　4

九五二一　乙卯卜殻貞王立來若　1
九五二一　貞王勿立來　1
九五二二　貞王立來若　1
九五二三　貞王勿立來　1
九五二三　乙卯卜殻貞王立來　1
九五二四　乙卯卜…貞王立來　1

參 319頁

參 726頁

參 917頁

參 105頁

參 1075頁

參 1078頁

參 824頁

參 304頁

參 41頁

參 1266頁

參 514頁

參 507頁

參 694頁

九五二四　貞王勿立來　1

其它

一四正　丙戌卜穷貞令衆來其受祐五…　1

二三二正　貞…勿…來…　1

二八二〇八　…來…　3

二八二四一　…其田…來　3

來

九四六四正　乙酉卜亘貞賜來　1

九四六四正　勿賜來　1

九六一五　…今秋星來九…　1

一九八〇四　甲午卜王上甲來九示…　1

來日

三〇九一一　來日雨豕　1

三一五七三　…卯子卜來丁酌四牢…伊尹　1

三一五七四　癸丑子卜來丁酌伊尹至　1

三六〇七三　貞其于來日吉　2

二六八九九　貞于來日　3

二七一六七　于來日庚酌　3

二七三〇二　貞于來丁　3

二七三四七　…來日酌王受祐　3

二七三九六　于來日酌　3

二七四一九　于來日己　大吉　3

二七五〇四　于來日己酉酌　3

二七五一六　于來日乙　3

二九七三四　來日　3

二九七三六　于來日惟…　3

二九七三七　貞于來日　3

二九七三八　貞于來日　3

三〇四三五　于來日庚酌王受祐　3

三〇五八六　于來日王受…　大吉　3

三〇八五七　于來日酌　3

三二七九五　于來日丁亥有歲伊…　4

三三六三九　…于來日…　4

三三七二一　于來日甲午　4

三三七二四　于來日　4

屯七三　其侑父己于來日王受…　3

屯一二一八　…寅卜來日…　3-4

屯四三四〇　于來日己酌　大吉　3

來干支

一九〇正　乙未卜爭貞來辛亥酌萑匚于祖辛七月　1

二二三　丁酉卜穷貞來乙巳魚　1

二二七　辛亥卜貞…來甲翌甲寅㪤用于夫甲十三月　1

二三九　丁丑卜爭貞來乙酉晉用永來羌自元…五月　1

二四〇　癸卯卜貞于來甲寅侑于大甲　1

三一九　庚辰卜…來丁亥…寢有蓺歲羌三十卯十…

十二月　1

三六九　乙巳卜殸貞來辛亥酌　1

六四一正　戊辰卜韋疾來甲戌其雨　1

六五五甲正　丙寅卜…貞來…亥…其暘　固曰…乃茲

…暘日…亥…不…日雨　1

六五五甲正　丙寅卜殻貞來乙亥昜日
六八〇正　丁巳卜爭貞有女往于南庚來庚辰…
六八一正　己巳卜…貞有女…于南庚來庚辰…
六八二正　丁巳卜爭貞有女往于南庚來庚辰…
八九七　**癸丑卜殻貞來乙亥酢下乙十伐又五**
卯十宰乙亥不酢…
九〇三正　乙卯卜殻貞來乙亥酢下乙十伐又五
卯十宰二旬又一日乙亥不酢雨五月
九〇三反　三旬來甲申…
九五七　…申卜于來辛卯酢伐祖辛
一一四四　庚戌卜宮貞來甲寅侑于上甲五牛
一一九六　貞來甲…酢朕…上甲十月
一四二二　辛丑卜于來甲寅侑于大甲四宰
一四八二　壬戌卜來甲辰惟衣五宰酢于大…
二二七三正　己未卜爭貞來甲子酢正
二二七三正　己未卜爭貞來甲子酢正
二三六七　丁丑卜殻貞于來己亥酢高妣己暨妣庚
五一七一　乙未卜爭來乙亥王入
五一七一　…來乙…王…入
六三三一　甲申卜宮貞其酢匚于河…來辛丑…
六四七八正　貞來乙亥侑于祖乙　二告
六四七八正　貞來乙亥勿侑于祖乙
六八三四正　癸丑卜爭貞自今至于丁巳我戋宙王固曰丁巳我毋其戋于來甲子戋旬又一日癸亥車弗戋之夕皿甲子允戋
七三七七正　貞來乙…其立中
七六九二　貞來甲辰立中
七七八五　癸巳卜殻貞來乙巳卜勿入于商
七七八六　癸巳卜殻貞來乙巳王勿入于商
七七八七　辛卯卜殻貞來乙巳王勿入
七七八八　乙未卜殻貞來乙巳王入于商
七七八九　乙未卜殻貞來乙巳王入于商
七七九五　己丑卜殻貞來乙巳王入于商
七七九五　庚寅卜殻貞來乙巳王入于…
七七九五　辛卯卜殻貞來辛丑王入于商
七七九八　貞來辛丑王勿入
七七九八　貞來乙巳王勿入
七七九八　…來乙巳王勿入于…
七七九九　…卜殻貞來乙巳王勿入于…
七八四三　丁酉卜殻貞來乙巳王入于冥

七八四四　丁酉殻貞來乙巳王入于冥
一一四七七　甲戌卜爭貞來辛巳其乇消
一一四九七反　丙午卜爭貞來甲寅酢大甲
一一四九七正　丙申卜殻貞來乙巳酢下乙王固曰酢惟有祟其有蠱乙巳明雨伐既雨咸伐亦雨𢼄卯鳥星
一一四九八正　丙申卜殻貞來乙巳酢下乙王固曰酢惟有祟其有蠱乙巳明雨伐既雨咸伐亦雨𢼄鳥星
一一六九一　乙未卜來乙巳惟…
一一六九二　辛丑卜…來甲寅…
一一六九四　乙酉卜貞來乙…
一一六九五　貞來乙丑酢…
一一六九六　庚寅…爭貞來乙未𠦪…
一一六九七乙正　壬辰…殻…來甲寅酢…二旬又…
一二四六三　癸未卜來壬辰雨
一二四六四　癸未卜古貞來…寅…
一二四六四　貞來庚寅不其雨
一二四六五正　戊辰卜爭貞來乙亥不雨
一二四六五正　戊辰卜爭貞來乙亥其雨
一二四六六正　貞來庚寅不其雨
一二四六六正　貞來庚寅其雨
一二四六七　貞來甲戌不其雨
一二四六九正　貞來乙未不雨
一二九七二正　貞來丁巳
一二三五四正　貞翌乙亥雨王固…惟…來甲…申不…
一三三〇五　貞來乙巳昜日
一三六四八正　貞來庚寅其雨
一四一二八正　于來甲…
一四一四七正　來乙未帝其令雨　二告
一四一四七正　來乙未帝不令雨
一四二四四　貞來乙卯帝…
一四五八二　貞于來辛未酢河…七月
一四五八九　…來辛亥酢河
一四七三三　甲辰卜殻貞來辛亥燎于王亥三十牛二月
一四八二九　甲子卜爭貞來乙亥告𦎫其西于六元示
一四八五九正　癸酉卜爭貞來甲申酢大匚自上甲五月
一五〇二二　戊…爭…來甲…侑于…
一五〇三二　貞來乙丑亦侑于…乙
一五二五五　丙戌卜爭貞于來…子…
一五二五六　庚寅…爭貞…來乙未𠦪

一五二五七	貞于來乙巳𠦪	1
一五三五七	辛卯卜…來乙巳…十又一…叀…	1
一五七一一	…來乙…彡彡…	1
一五七一八	于來己巳彡	1
一五七一九	貞于來…巳彡	1
一五七二〇正	…申卜來乙亥彡…	1
一五七二一	癸酉卜爭貞來甲申彡大…	1
一五七二二	貞今來乙未彡	1
一五七二三	…戌卜殻貞來乙巳彡	1
一五七二四	乙巳卜殻貞來辛亥彡	1
一五七二五	于來己未彡	1
一五七二六	于來乙…彡	1
一五七二七	…來…巳彡	1
一五七八四	貞來乙巳勿彡五宰	1
一五八一六	丁酉卜爭貞來丁未酥王	1
一五八五〇	…禧來丁丑侑一牛	1
一五八五八	來乙酉…蒸…	1
一六六八	丁酉卜爭貞來乙巳彡下乙	1
一九九四六正	甲戌…烄于來丁酉父乙次	1
一九四五九	貞來庚戌有至	1
二〇四一六	丁酉…來己…日雨	1
二一〇六五	壬午卜來乙酉雨不雨	1
二一二四一	癸亥卜戠勿…來乙…	1
二一五四七	乙亥子卜來己彡羊妣己	1
二一六〇一	…卜我…來乙未…	1
二一六八七	…于來辛丑有事	1
二一七三一	乙卯卜我貞[illegible]來乙有來無來	1
二一七五二	…子…來己…至羊…己	1
二一八一八	壬子卜來乙丑有艱	1
二二一三七	丁酉卜來庚用午及宰	1
二二〇四五	戊子卜于來戊用羌	1
二二〇四八	來癸于妣癸侑及…歲	1
二二一三〇	于來己…	1
二二一三九	丁酉卜來庚用禦及…	1
二二一六四	己酉卜來甲寅侑大宰大甲	1
二二三〇七	辛巳卜亞來乙酉般	1
二二四四一	己亥卜來戊申…石禦爵	1
二二五四八	庚辰卜大貞來丁亥寇寢侑執歲羌三十卯十牛十二月	2
二三六一八	乙亥卜出貞來丁亥…	2
二三七一一	…大貞來丁亥…	2
二四一二八	辛未卜王曰來…亥…	2
二四六一〇	…大貞于來丁亥有匚于丁…	2
二四九二九	貞于來丁酉彡大史暘日	2
二四九三六	…卯…祝貞來丁巳暘日	2
二五三七〇	…大貞來丁亥熯…	2
二五八九〇	甲子卜出貞來丁亥其…	2
二五九三五	丙戌卜大貞于來丁酉彡大史暘日	2
二五九四六	…貞…來甲戌彡六月	2
二五九七一	乙亥卜大貞來丁亥彡其熯丁巳十一月	2
二五九七一	乙亥卜大貞來丁亥暘日十一月	2
二五九八二	…貞于來乙未蒸	2
二六〇九一	貞于來乙巳彡	2
二六七六四	辛卯卜貞來丁巳暘日十月	2
二六九七五	庚戌卜何貞于來辛酉	2
二八二七九	于來辛未𠦪年	3
三〇〇四二	…來辛彡	3
三〇〇四八	自今辛至于來辛有大雨	3
三〇〇四八	自今辛至于來辛無大雨	3
三〇三三三	于來丁丑…宗木丁	3
三〇六八五	于來辛卯彡小宰	3
三二〇八三	甲辰貞來甲寅有伐上甲羌五卯牛一	4
三二一二五	甲寅貞來丁巳尊鬳于父丁宜三十牛	4
三二一七一	丁亥卜于來庚子彡	4
三二四七八	丁丑貞來甲子大甲乂歲	4
三二五〇三	乙丑卜來乙亥侑祖乙	4
三二六九四	甲寅貞來丁巳尊鬳于父丁宜三十牛	4
三二七六七	丁巳貞于來丁丑將兄丁若	4
三二八九六	癸亥貞危方以牛其蒸于來甲申	4
三三一〇四	己亥卜𠦪…十示二牛十示…于來乙巳	4
三三一九一	癸亥貞危方以牛其蒸于來甲申	4
三三一九二	辛酉…貞方…以…來甲申	4
三三二三三正	貞其寧秋來辛卯彡	4
三三三四六	癸卯貞來乙未…	4
三三七一九	癸巳卜于來甲子	4
三三七二〇	乙亥卜…來乙酉	4
三三七二二	…貞來甲辰其…	4
三三七二三	于來庚	4
三三七五二	來壬其雨	4

著錄	釋文	分期
三四一七八	于來甲辰酚馘	4
三四三七七	于來乙巳𠦪	4
三四五二二	丁卯于來辛巳酚乇	4
三四五二五	乙卯…來乙…酚…	4
三四五二六	乙卯卜來丁卯酚品不雨	4
三四〇八六	于來庚子酚𠦪生	4
三四五〇三	丁巳貞今夕來乙亥酚雨	4
屯二六〇	…來丁卯…勿牛尊	3
屯三一三	庚申卜于來乙亥酚三羌三牢	4
屯五〇五	丁巳貞于來丁丑將兄丁	4
屯六一一	己巳貞王來乙亥有𠬝伐于祖乙其十羌又五	4
屯六三九	于來甲午酚	4
屯七二三	辛酉貞于來丁卯有父丁歲	4
屯七三五	辛酉貞于來甲申酚	4
屯八二四	丁卯卜來辛酚	4
屯九四〇	乙亥卜來甲申侑大甲十牢十伐	
屯九七四	己亥貞來乙其酚五牢	4
屯一一二六	辛巳卜貞來辛卯酚河十牛卯十牢 王亥燎十牛卯十牢上甲燎十牛卯十牢	4
屯一一一九	庚戌貞侑于河來辛酉	4
屯二二一五	于來乙未酚𠬝歲	4
屯二五三四	…亥卜…來乙亥用乇	4
屯二八六一	…尊𩰫來丁巳其十牛于父丁	4
屯二九九八	丁亥卜于來乙巳酚…	4
屯四五七三	辛未卜來乙亥侑大乙五牢	
屯附一四	丙辰卜王于來丁𠂇祖丁	1
英一八四	貞于來乙酉酚六月	1
英二四〇一	丁丑貞來甲申𢦏于大甲𠬝歲…	4
英二四三四	于來丁酚	4
懷一五五九	壬寅弜𢓊于來戊𢓊𢓊	4
來		
一二	貞王心無來自一月	1
三七反	…甲子允有來自東…無于薛	1
五八四甲反	…壬辰亦有來自西𡿨呼…征我奠 戠四…	1
九一四反	王固曰其自東來	1
九七五正	貞有來自西	1
九七五正	無其來自西	1
四七六九正	丙辰卜殻貞今𢀛我其自來	1
四七六九正	丙辰卜殻貞今𢀛我不其自來	1
五一三七	貞無其來自西	1
五四七七正	𢀛無其𠂤來自南允無𠂤	1
五七七五正	貞有來自南以…二告	1
五九五五	癸酉卜貞來自西曰既執…亦…	1
六五〇七	貞有來自北	1
六六六五正	三日乙酉有來自東妻呼卓告 旁 捍	1
七〇七六正	有來自南以龜	1
七一〇三正	貞有來自西 二告 小告	1
七一〇三正	…無其來自西 二告	1
七一〇四	…其有來…西	1
七一〇五	其有來自西	1
七一〇六	其有來自西	1
七一〇七	…有來自西	1
七一〇八	…有來自西	1
七一〇九	貞有來自西	1
七一一〇	有來自…	1
七一一〇	有來自西	1
七一一一	貞無其來自西	1
七一一二	丙申卜古貞有來自西	1
七一一二	貞無其來自西	1
七一一三	貞無其來自西	1
七一一四	…來自西	1
七一一五	…來自西	1
七一一五	…有來自西	1
七一二一正	…𦍒貞有來自北	1
七一二二	…有來自北	1
七一二八	癸酉…貞旬…其自…來…	1
七一二九正	…無…來自…	1
七一三〇	甲午…今…有來自…	1
七一三二	…旬…丁卯允有來自…	1
七一三一	貞…來…自…	1
八一四三	壬寅…無其來自𢆶五月	1
一〇二四六	有來自西	1
一二七二四	貞有來自南	1
一二八七〇甲	其自西來雨	1
一二八七〇甲	其自東來雨	1
一二八七〇甲	其自北來雨	1
一二八七〇乙	其自南來雨	1
一四〇二二反	貞其有來…自西	1
一四三一七	貞其…來…南	1
一四五四八	無其來自…	1

著錄號	釋文	期
一七一八四	貞有來自南	1
一九三八〇	癸酉卜…其自來…	1
一九六六〇	丁卯…有來自…呼來	1
二〇六四三	…午卜王貞取…尸自…來…日…	1
二一七一三	乙亥子卜我有直自來惟若	1
二一七三一	癸丑丁自來	1
二一七三四	乙巳御卜丁來自正川子	1
二一七三五	…巳御卜…來自正…子	1
二一七三七	癸酉卜𥿋貞丁丑來自丁	1
二一七三八	癸未子卜自來	1
乇 三一三	丁巳卜于來乙亥酌	4
乇二〇五八	有來𡆥自北	4
乇二四四六	癸酉貞旬有祟自南有來𡆥	
乇二四四六	癸酉貞旬有祟自東有來𡆥	
英六四一	貞及今二月有來自… 二告	1
英六四二	…有來自東	1
英六四三	丙辰卜㱿貞有來自…	1
英七三四	…夫…來自…	1
懷九四五	有來自南	1
懷九四五	有來自西	1
懷九四五	來自西不惟嬉	1

著錄號	釋文	期
二八九五	貞邑不其來告	1
三六六八正	貞…無其來告…	1
六六七二	己酉卜㱿貞有來告方征于𢀛禘夕告于丁	1
一〇九八九正	貞在𢓊田武其來告	1
一〇九八九正	貞祟𢀛其來告	1
一四八二九	甲子卜爭貞來乙亥告𢀛其西于六元示	1
二〇〇七二	…南日告先…來告…允先	1
二〇〇七二	…來告馬…	1
二一九二八	庚…大…告來…妣生…	1
二七八八二	…來告大方出伐我師惟馬小臣…	3
二七八八六	在?小臣𢀛有來告	3
二八〇二四	戊有來告 吉	3
二八〇二四	丁有來告	3
二八〇二五	庚有來告	3
三二三三七	丁卯貞來乙亥告自上甲	4
三三〇一五	己酉卜召方來告于父丁	4
三三〇一六	己酉卜召方來告于父丁	4

著錄號	釋文	期
三五二二五	庚辰貞在囧爵來告芳	4
三三二二五	己卯貞在囧爵來告芳王	4
三三三五九	…卜犬來告有祟	4
三三三六一	…丑卜犬來告有麋	4
三四五五五	于來乙亥告	4
乇 九九七	乙酉卜犬來告有鹿王往逐…	4
乇二五八五	乙亥貞𢦏來呼告其令入羌	4
英二四三四	…寅貞有來告羊暨…	4
懷 六四五	…來告…	1

著錄號	釋文	期
一〇二	…來芻陟于西示	1
一〇六正	戊子卜王貞來競芻十一月 二告	1
一〇六反	戊子…來競芻十一月	1
一〇七	…來芻…弗其…	1
二一五二七	…亥卜丁來人惟芻我	1
英七七二反	貞今來芻…	1

著錄號	釋文	期
二九六	貞勿奴出示饗𡈼駟來歸	1
四〇七八	癸卯卜㱿貞𢀛由來歸丁若十三月	1
四三九四	…並來歸惟侑…	1
四三九五	貞並來…	1
四四一八	貞暨𢓜來歸十月	1
二七七九四	于來辛歸 大吉	3
英一九四八	癸巳卜祝貞並來歸惟侑示	2

著錄號	釋文	期
一二八七二	…來雨自西	1
一二八七六正	…來雨…	1
一二八七七反	…雨來在…不其𡆥	1
三四八六六	戊子卜旅貞有來雨八月	2

著錄號	釋文	期
一〇一五六	乙卯卜貞今𢀛泉來水次五月	1

著錄號	釋文	期
二六九七九	…習龜卜有來執其用于…	3
二七三〇二	戊辰卜鼓貞有來執自𣪊今日其延于祖丁	3

三九四五正　戊寅卜殻貞沚戠其來
三九四五正　貞沚戠不其來
三九四六正　貞戠不其來
三九四六正　戊寅卜殻貞沚戠其來
三九四七正　戊寅卜殻貞沚戠其來
三九四七正　沚戠不其來
三九七七　貞戠其來…不其…
三九七八　…戠不其來　二告
三九七九正　丙戌卜殻貞戠其來
三九七九正　貞戠不其來
三九七九正　貞戠允其來
三九七九正　貞戠允其來
三九七九正　貞戠不其來
三九七九正　丙戌卜殻貞戠允其來十三月
三九七九正　丙戌卜殻貞戠不其來
五一三四　…戊卜爭貞沚呼來四…
九六八一正　戠其來
九七四一正　戠不其來　二告

四一七九　貞戎其呼來
四二六八　乙亥卜永貞令戎來歸三月
四二八〇　戎其來
四二八〇　戎不其來
四二八〇　戎其來
六三七九正　…丑卜殻貞令戎來…戎𢀛伐𢀛方…七月
九四五　貞戎來
英一　戎…來…
英一一七七正　貞戎來
英一一七九正　己丑卜殻貞令戎來曰戎𢀛伐𢀛方在十月

四一七四甲正　貞王勿曰𡿧疋化來…
四一九五　𡿧不其呼來
四一九六　貞𡿧不其呼來
四一九七甲正　貞𡿧不呼來
六六五五正　貞𡿧疋化來
六六五五正　貞𡿧疋…來　二告
英六八一　…來甲辰立中…
英七五六正　…貞…𢓊至告曰𡿧來以羌
英七五六反　之日𢓊至告…𡿧來以羌…

四四八一　貞光不其來
四四八一　…卜宕貞光來

一五六　貞卓呼來
八九一正　貞卓其來　二告
四〇六四　…午卜宕貞翌丁未烝阜來祭于曾…用
四〇八〇　貞阜其來
七〇八八　貞無其來阜自…
二一四六二正　貞卓來冉　二告
二一四六二正　卓不其來冉
三九六三正　貞卓來無它
一四五二〇反　卓來十
一七三〇三反　…曰阜來其以齒
屯四四一　辛巳貞其令…曰阜來
屯四四一　辛巳貞弜令卯曰阜來

四四六七　貞邑來告
四四六七　貞邑不其來

四一四四　己酉卜王雀有來今…
四一四五　…雀有來
四三〇五　…午卜勿…暨雀先來
六九四六正　雀其呼王族來　二告
六九四六正　甲子卜爭雀弗其呼王族來
六九四六正　甲子卜爭雀弗其呼王族來
七〇七六正　甲寅卜爭貞曰雀來复
七〇七六正　貞勿曰雀來复

三九四五正　戊寅卜殻貞雷鳳其來
三九四五正　雷鳳不其來
三九四六正　戊寅卜殻貞雷其來
三九四六正　貞雷不其來
三九四七正　戊寅卜殻貞雷鳳其來
三九四七正　貞鳳不其來

六六七反 婦姘來
二六五三 癸酉卜亘貞生十三月婦好來
二六五三 貞生十三月婦好不其來
二六五四 婦好其來
二七六三反 …婦井來
二八一三反 …婦𡚬來…
五六三七反 婦楚來
六四七四 …歸𢀛女來余其比
六六五五反 婦妥來
六八三六反 婦婞來
九八一〇反 婦羊來
一八九一一反 婦丙來 穷
二一六五二 …翌癸…婦來歸

九四〇反 古允來
九四〇反 不來
九四五正 貞古來犬
九四五正 古不其來犬
九四五正 古來馬
九四五正 不其來馬
英三五三 古不其來

九一七七正 甲辰卜㱿貞奚來白馬…王固曰吉其來
九一七八甲 貞今𢀛安來牛五月
九一七八乙 貞今𢀛安不其來牛

二七三反 叀來…
二七六反 叀來…
一七四七反 叀來
二六三五反 …叀來…
三〇五七 其曰叀來
五一一二反 …叀來…
五七七五反 叀來…
六六四八反 叀來二十
七〇七六正 己巳卜爭叀呼來
九一七二正 癸未卜亘貞叀來馬
一一〇〇〇 貞今十三月叀呼來

一四〇〇三反 叀來二十
一四七五五反 叀來十

一五〇反 …奠來一在…
一五二反 奠來十
五〇六反 奠來十
四四六四反 奠來寧
五四三九反 奠來四在徃
六六五四反 奠來十
九六一三反 奠來三十
一〇三四五反 奠來五
一〇三四六反 奠來五
一二六三五反 奠來…
一四七三五反 奠來二
一八八六〇反 奠來十
二八〇一一 壬戌卜狄貞有出方其以來奠

二四八反 我來三十
七九五反 我來十
一〇二七反 我來十
一七二七反 我來十
六五七一反 我來貯骨
六六四八反 我妏來
九二〇〇反 我來三十
九七四一反 我來十
一二〇五一反 我來十
一三五八四甲反 我來…
一三六六三甲反 我來十
一四一三五反 我來三十
一四五七六甲反 莪來
一四七二一正 壬戌卜㱿貞我無來
一九三八二 貞我其有來

六六七反 芟來五 㱿
四三八反 芟來四十
七〇二三反 戋來四十
一九七二七反 …芟來…

著錄號	釋文	
五四四五反	王固曰吉其曰𢀛來	1
五四四五正	貞王曰𢀛來　二告	1
六〇九〇正	庚午卜殻貞𢀛方來惟鵬惟我囚	1
六一九七	辛丑卜殻貞𢀛方其來王勿逆伐	1
六一九八	辛丑卜殻貞𢀛方其來逆伐	1
六一九九	辛丑卜殻貞𢀛方其來王勿逆伐	1
六五三〇正	甲申…貞興方來惟囚余在囚　二告	1
六五三〇正	…興方來不惟囚余在囚　二告	1
六七二六	…方其來王自…	1
六七二八	方其來于沚	1
六七二八	貞方其來于沚　二告	1
六七二八	方不其來	1
六七二九	戊子卜方其來	1
六七三〇	癸卯卜方不來五月	1
六七三一	…方不來…	1
八五八三	惟𢀛方來	1
八六八一	…辰卜…方來…余…	1
八七六七	甲…唐…方自西來	1
二〇四八八	…方其來	1
三三〇四八	…方不來出	4
三三〇五二	甲申于河告方來	4
三三〇五五	丙子卜其告方來于丁一牛	4
三六四四三	甲…來方來…邑今夕弗震王師	5
乇二四三	甲申卜于大示告方來	4
乇二六七	甲辰…召方來…惟…	4
乇一〇〇九	庚辰貞方來即事于犬延	4
乇二三〇一	方來降　吉	3
英五五五	貞𢀛方其來王逆伐	1
英五五五	𢀛方其來王逆伐	1
懷三九二	丙申卜爭貞方來不…	1

先王　先妣　來

著錄號	釋文	
九一四正	父乙來	1
三五三九	貞母己來	1
三五三九	貞不其來	1
七四二七正	今日來惟父乙	1
二二一九八反	父丁不來…	1
二七〇七五	貞自上甲來衁	3

著錄號	釋文	
二四九反	王來	1
二二七二五	癸卯…翌…王來…	2
二四四九〇	丁卯卜…貞王…來…	2
三二一八五	己巳貞王來逆有若	4
三六四八四	…畎…正月王來人方在攸	5
三六九八二	…卜在…貞王…□…王來…□…	5
英四六四反	…王…來…	1
英四六五	辛未卜…王來…	1

著錄號	釋文	
一九四〇二	…來見王	1
一九四〇三	…來見	1
一九四〇四	…來見	1

著錄號	釋文	
二〇九〇七	己未卜今日不雨在來	1
二一七三九	丙子𦅫卜我無𢓊在來	1
二一七三九	丙子𦅫卜無𢓊在來	1

著錄號	釋文	
二一九三	齒來于乙	1
一五七二八	…卜爭…于來…卯酚	1
二一八一八	…于來…亥	1
二二一三三	于來己	1
二四三四七	己酉卜行貞王其步自勤于來…無災	2
二八〇五八	戍循往于來取迺禼𢓊衛有𢦏	3
三三一八二	辛未…于來乙	4
三三九二六	于來…遘雨	4
三三一五四	…丑卜…惟于來…	4
三三三六二	…往田于來祟…	4
三四六八二	于來剛	4
英二〇四一	…未卜旅貞王其田于來無災在二月	2
懷一六六〇	于來庚	4

著錄號	釋文	
三二九五	…侯豹允來冊有事鼓五月	1
四三一八	癸未卜王㞢允來即𡿧	1
一四一二八反	甲子…允來	1

著錄號	釋文	期
一九三七八	…允其來五月	1
一九三七九	…未卜王…允來…其	1
乇四二七	癸未…兔以…人允來	4

著錄號	釋文	期
一六五二六	…來無囚七月	1
一六五二七	…來無囚…	1
三三九一四	其自卜有來囚	4
乇二〇五八	乙酉卜無來囚	4

著錄號	釋文	期
九一四正	亞以來	1
九〇七六	貞龍來以	1
一一四〇六	貞曰以來迺往于敦	1
二一八三三	…來以若	1
二一九一三	癸酉貞來以人	1
二八〇一一	壬戌卜狄貞叡勿以來	3
三三一八九	癸未卜龍來以衍方…茲用乙酉遘…	4

著錄號	釋文	期
九四正	甲辰卜亘貞今三月光呼來王固曰其呼來 迄至惟乙旬又二日乙卯允有來自光以 羌芻五十　小告	1
九四反	王尋固光卜曰不吉有祟茲…呼來	1
四三一八	…卜王來呼𠭯旻	1
四六一九	…固曰象其呼來	1
四八四一正	貞鼓呼來	1
一〇三五一	甲子卜殸貞我呼來	1
一〇三五一	允呼來	1
一九六五八	貞…其呼來	1
一九六五九	貞鼓…其呼來	1
一九六六〇	丁卯…有來自…呼來	1

著錄號	釋文	期
二一六五四	丙有來	1
二一六五四	丁有來…	1
二一七二七	乙丑子卜貞庚有來	1
二一七二七	乙丑子卜貞翌丁有來	1
二一七二七	乙丑子卜貞今丁有來	1
二一七二七	乙丑子卜貞自今四丁有來	1
二一七二七	乙丑子卜貞自今四丁有來	1
二二五九二	…其自…有來…若	2
二七三八七正	甲辰卜有來執于廳	3
二八〇一一	壬戌卜狄貞其有來方亞旋其禦王 受有祐	3
三三〇六三	于己丑有來無來	4
三五三二八	于己丑有來無來　不…	4

著錄號	釋文	期
四一九正	貞其有來…	1
八〇九反	貞其有來…	1
八〇九反	貞無來摧	1
一〇七五正	庚子卜王貞王固曰其有來聞其惟甲 不…	1
三八六一	辛巳卜韋…有來…	1
三八六五	己丑卜𠳊貞有來…	1
六〇五八反	王固曰其有來…	1
六〇六三反	…自𢀛友唐𢀛方征…𢦔𣧈示易戊 申亦有來…自西告牛家…	1
六〇六六反	…五日丁未允有來…告曰𢀛方征于我 …三邑	1
六〇六七	…嬉…𢀛征于我…辰亦有來…曰𢀛 …四…	1
六六二一	…又一日戊…羌有來…	1
六六二三	戊寅…羌有來…	1
六六七八反	…固曰有祟其有來迄至無我…	1
六九五二正	…有來	1
七〇八五	…子卜殸貞其…自商王固…嬉迄至… 有來…壬申	1
七一〇一	…王…其有來…又八日…	1
七一四八	…曰其有來迄至…	1
七一五四	…貞旬無…固曰有…有來…	1
七一六一正	丁未…有來不…嬉丙其…王固曰…	1
七二〇二	…殸貞…其有來…	1
七二〇三	…允有來…	1
七五〇三正	貞…來	1
七五〇三正	貞有來	1
七五〇四	有來	1
七七四〇	貞其有來捍	1
八三二六	呼目于河有來	1
八三三二反	貞翌丁卯呼往于河有來	1

著錄號	釋文
八九三五正	貞…見…河有來…不舌黽
一二三八四反	…有來…
一二四六六正	貞有來…
一三七五九正	六月有來曰史有疾 二告
一四〇二一反	王…有來孽…壴
一四七三二	有來
一四七八七正	呼目于河有來
一五三九六正	無其來
一六八九〇反	…四日壬辰亦有來…
一六九五〇	癸亥卜古貞旬有祟其有來…自…
一七〇七九正	貞其有來
一七〇七九正	貞無其來
一七三〇〇反	…其有來…自…
一七三〇五反	…殼貞旬無…祟其有來…允有來…
一七七三五反	王固曰其有來…
一九三八一	有來
一九三八一	有來
一九三八三反	…其有來
一九三八四	貞其有來…
一九三八五	貞其有來…
一九三八五	貞無來…
一九三八六正	貞其有來
一九三八七	貞其有來
一九三八八反	…其有來
一九三八九	…酉卜史…其有來
一九三九三	…有來…允…
一九三九四	丁未卜…有來不…鼓丙其…王固曰…
一九四〇五	庚…有來[illegible]
一九四〇六	貞無來[illegible]
一九九六九	…有來
二〇七一四	癸巳…有來…
英四七九反	王固曰其有來啓
英四九〇正	王固曰…其有來…
英六三四	癸未卜方貞旬無𡆥三日乙酉有來…𡢁 呼…旁捍…
英六四〇正	王固曰其有來
英六四四	…有來…
英六四五	有來…小告
英八八六正	癸未卜爭貞旬無𡆥王固曰有祟三日乙 酉夕𡆥丙戌允有來入齒十三月
懷一〇〇〇b	…貞不…其有來…

著錄號	釋文
二二六正	𠤎不其來五十羌
二四八反	我允其來
四五七反	羌其來
五八八反	…不其來
六六八	貞其來女
八〇〇	壬午…爭貞其來印不其來執四月
九〇四正	貞乍其來
九〇四正	乍不其來
九一四反	不其來
九四五正	[illegible]其來
一〇二七正	己未卜殼貞缶其來見王一月
一〇二七正	己未卜殼貞缶不其來見王
二一九三	不其來
三七一二	…女其來…
四三二〇	…戌卜庚…巛出…來
四六七三	乙卯…冊其來
四七六九反	王固曰吉其…來
五二四〇	…其來王自饗
六四七四	今…不其來
六七二八	不其來
六七二八	不其來
六七二八	其來
六九五二正	…貞無其來 一告
七五〇三正	貞無其來
七六八九	貞今十二月無其來
八九三五正	貞無其來
八九六八反	王固曰無其來
九一七三	壬辰貞來
九一七三	貞不其來馬
九一七六正	貞或不我其來白馬
九一七九	…女其來牛
九四四八正	貞不其來
一〇二四六	無其來
一一六四二	…又二日…其來…
一二三八六反	…其來
一四〇二二反	王固曰其來
一四六四七正	…未卜韋貞呼…河以啓王固…其來之… 往見于…無來

一六一〇〇　…其來余勿衣
一六三五二　今…其…來…
一六九五九正　…曰有祟其來…
一七一八五反　王固曰其來…
一七三九五正　貞王夢無其來…
一七三七三　戊戌卜旁貞今十二月其來
一九三七四　貞不其來
一九三八一　其來
一九三九〇　…無其來
一九三九七　…固曰不其來
一九三九八　…無其來
一九三九九正　丙申卜亘貞無其來
一九四〇七　…其先鼓來
英三五三　…未卜亘…其來
英一三七三　貞…其來
英一四三六　貞無其來　小告
英一七八五　辛卯卜貞旁其來

來數字

九〇七反　…來卌…上甲…伐…
五七七六反　唐來四十…
六四六〇反　…來十
六五四六反　…來二十在敦
六九五二反　…來三
七〇五三反　王固…來三百…
九一一〇反　…來五十
九二一一　…來五十
一〇五五三反　…來三十
一五一八三　…來…甲…
懷五九五b　…來二十

其它

二一〇反　…羽來
三二八　丁酉卜爭貞在丂安來…二人延…丁用
四一九反　貞至于午先來
六四二正　貞…子…來…
七七五正　貞無來風　二告
九一四正　食來　二告
九一四反　欠來

一〇三六　貞師般其來入…
一〇七五反　帚來
一三五一甲正　貞來…
一七〇七正　不來
一九八六　…乙…延…來…
三〇六一正　子商其惟甲戌來
三〇六四　貞子商來
三〇六七　汰來
三二〇三　…由來…丁用
三三九九　貞令兒來
三七六九　…卜亘貞…來
四一七四甲正　貞㣈…來復　二告
四一七四乙正　…來復
四四五二反　帚來
四四五三正　帚來
四五一八反　…東來
四五二七反　…不來
四五四六　…□來
四八四八　…先鼓來
五一六八　貞來…巳…入
五四三一　…亥卜王貞…王山來…白𦢊…
五四三七　丁酉…王于…來…乎…
五六一五　己卯…旁…尹…來…
五六三五乙　…東使…來
五六三五甲　…卜亘貞…東使來
五七九五正　…來射
六二四八　…貞王舌來…
六八三〇　…設…來…
七〇二四　貞𢀛不亦來
七〇六三　咸來
七一三八正　…其…來…
七一五三反　癸酉…來…
七一七八　貞無來…
七一八〇　…來入嬉惟…嬉迄至…
七四二七正　今日來不惟父乙　二告
七六八八　貞…來…立…
七六八八　…來…辰…中
七七四一　…來捍
九一七四　乙未卜丙…曰𢀛來馬
九一七五　…𢀛來馬承
九一七七正　甲辰卜設貞奚不其來白馬五

著錄號	釋文
一一〇〇〇	貞來
一一四三二	…弜允來…豕二月…王…
一一五六二正	貞來生二月…今…
一一六八六	…來翌…酉卯…沐…
一一七一二	…來…七日…
一一八四五	…來…遘…
一一八八八	…卜翌…來…
一二〇五〇	…卜…來…入…亘…
一二四六八	…戊卜…貞來…其雨
一二五一一反	王固曰…之來…
一二八五二	壬申卜貞來…岳
一二八六九反	唐來…
一二九七二正	壬子卜爭貞來 二告
一三五六八	辛丑卜貞王往步來麑不…
一四〇一九反	壬寅卜㱿…來
一四一六一正	…來齒
一四一九八正	辛丑卜㱿呼比來取侑兄以
一四二九一	…辰卜其…來臾…聽…
一四三七〇丙	…辰卜…貞來…彭…丁…
一四五四八	…來…西
一四六八一	…固曰…兒…來…
一五三八九	貞…來…用…來…
一五三九〇	…至來…
一六〇六〇	辛酉卜史貞…來…曾用…丁用
一六三六五	…子…來…
一六五八八	丁卯卜…貞來…不…
一六九四〇	…來歸由…
一七四七一	己卯…㝐…夢…父…來…
一七〇七七反	王固曰有祟…來…
一九三六一	丁酉卜更來…豕弗其𤓰在…
一九三七七反	…來惟其…
一九三九六正	貞來
一九四〇〇	…弗來
一九四一五	貞旬來
一九四一五	乙巳卜今日來…
一九五八〇正	…之啓來
一九七九九	丁未卜㠯王令亞呼𢦏甫曰來二月
一九九四二	庚戌卜…見…來…黄…
二〇〇一七	乙丑卜㞢由來
二〇〇二四	侯咋來
二〇〇五三	弜來
二〇〇六七	戊寅允來
二〇〇六七	…侯…來
二〇三七一	丙申貞來…曰亞其…爵…
二〇〇七二	戊子卜丁貞弗來
二〇〇七二	貞化來
二〇三六八	貞曰犬…來
二〇三八八	…㠯…己丑來…庚…
二〇三八九	己丑㠯…今日來
二〇四四七	…午允酉行來…方不獲…
二〇五六六	…申卜…貞來…我…
二〇七〇七	甲申卜曰貞…往…來
二〇八七四	丙午卜來…告
二一〇九二	…申…鬼…來
二一〇九三	…子卜…母…來四月
二一〇九五	丁未卜今火來母
二一〇九五	丁未…今火來母
二一二一六	…于…來…彭…二宰…
二一二二二	貞今夕…來
二一五六二	庚辰令貢惟來犬以龜二若令
二一五七六	…子卜來…伊尹
二一五八六	己亥卜㞢貞來惟使吕
二一五八六	己亥卜㞢貞來惟若
二一六一八	乙巳卜丁來鼎…
二一六三四	壬辰卜使豕…來…
二一六四二	…未子…戊自…來若
二一六九六	己亥卜㞢貞…來…惟从…事
二一七四四	己丑丁來于衛𠂤
二一七六六	…中…惟來…
二一八〇五	癸卯卜來其彭于司癸至…
二一五八六	…戊卜㞢貞來惟若以
二一八四八	…[illegible]來
二一八五八	己巳…甲來
二一九一五	…妣…來…若
二一九五七	惟來彭子…
二二〇七四	癸…來…歲…祖…
二二一九五	弜來
二二三七四	甲寅卜臣子來[illegible]
二二四二七正	…[illegible]來出
二二四四一	…卜…歲臣來二刺

二二四五〇 甲辰…中來… 1
二三四五一 丁卯卜𠂤…來… 1
二三五三五 …吕…來… 2
二三六五六 …來…十月 2
二三六五八 …逐貞來… 2
二三六六〇 …出貞來… 2
二三六八五 庚午卜大貞叀來惟今日呼延 2
二三七〇〇 …其令…田來… 2
二四一三四 丁酉卜吳貞多君曰來弔以□王曰余其 2
二四一五四 …其…來祟… 2
二四一六九 癸未…貞今…無來… 2
二四二〇五 …卜旅…曰無來… 2
二四二〇七 …卜喜…今夕…來… 2
二四三一七 …來…自吳師… 2
二四四〇四 …于麥…來無災在六月 2
二四四〇六 …惟來…方呼… 2
二四四三九 庚辰卜大貞無來大… 2
二五一九七 辛卯卜即貞今日無來… 2
二六八三七 …屆…有…來…三… 2
二七三一〇 …卜何…來…亥 3
二七八五六 …來遘令□往于… 3
二七八八六 不來 3
二七八八七 來王弗悔 3
二七八八八 乙丑…貞今…無來… 3
二七八八九 …微御事來… 3
二八二七二 □年來其卯上甲□□年 3
二八六五六 惟弗來無災 3
三一八七六 …悔…延來 3
三二八〇四 庚辰卜不來□侯 4
三二九三七 …亥貞在□衛來 4
三三三六二 …卜王往田从來祟豕擒 4
三四二九三 辛巳卜貞來…王亥燎…燎十… 4
三四五六〇 己巳貞來… 4
三五一四六 …午來…令… 4
三五三三六 癸…貞…來…巳 4
三六一八〇 丁亥卜貞武丁…來永…王…升正 5
三六四二九 …亡…來… 5
三六七六五 乙未王卜在□師貞翌其…其敏來伐受祐其敏來伐受祐王…既伐… 5
三七三九二 丁卯卜在去貞□告曰兕來羞王惟

今日□無災擒 5
屯五八八 弜田來 3
屯一一一 戊午貞□來其…用… 4
屯一一一六 己亥卜貞竹來以召方于大乙束 4
屯一一五〇 …執來… 4
屯三五六三 甲午貞□來…其用自上甲十示又…羌 十又八乙未… 4
屯四三一七 …卜貞竹來以召方…彘于大乙 4
屯四四五一 …衛來
英一七四四正 己卯…內貞…己婦鼠不來 1
英三三八 癸…取□…弗其以…來… 1
英四〇八 貞王曰弜來 1
英四七〇 丙午卜王貞來…四月 1
英八六二 …來…兕… 1
英一三七一 貞來 1
英一六〇七 貞旬來 1
英一八九六 乙巳…丁來…災 1
英一九二五 乙酉卜貞翌丁亥木來入其□自 上甲又其人其… 2
英二〇三六 …貞今日…來… 2
懷三八〇 …侯毋來 1
懷四〇一 貞勿曰來一月 1
懷五九六 貞來…勿…于… 1
懷一一四三 …辰卜…貞…出…來… 2
懷一五八五 壬…來…酌 4
懷一六二九 乙亥卜以來木 4
懷一六三〇 己亥卜毋尋來今□七月 4
懷一八五七 …酉王卜…田□…來無…□曰吉 5
懷一八六八 …貞…□…來… 5

[illegible] [illegible]

三六五〇一 …戌卜在…貞今日王步于□無災 5
三六五五三 乙酉卜在□貞王今夕無□ 5
三六七五二 辛亥卜在□貞今日王步于□無災 5
英二五六二 庚戌王卜在□貞今日步于□無災 5
英二五二五正 辛亥王卜在□貞今日步于□無災 5

[illegible] [illegible]

三一〇八 貞□子□子尋 1

敇 敄

三一〇九 貞𣪊子𡧊子母…今一… 1
九五五二 乙未卜貞黍在龍囿啓受有年二月 1
一八八五一 貞𡧊酌盟 1
三〇七三一 丁未…𡧊有歲 3
八一三六 癸卯卜貞敄非…歸 1
二四七六二 戊寅…貞今日…敄… 2
二八一三九 王其惟麦𢦏 3
英五九三 貞勿執敄蔑 1

一〇二三九 貞有告𣐺豕呼逐 1

麥

九六二〇 庚子卜穷翌辛丑有告麥 1
九六二〇 …亥卜穷翌庚子有告麥允有告麥 1
九六二一 己酉卜穷翌庚有告麥 1
九六二一 翌己酉無其告麥 1
九六二二 翌乙未無其告麥 1
九六二三 翌丁無其告麥允無… 1
九六二四 …其告麥 1
九六二四 …午有告麥 1
九六二五 …翌辛…無告麥 1
屯三七六八 …告麥 4

二四四四〇 月一正曰食麥 甲子 乙丑 丙寅 丁卯

二四二二八 …王田于麥… 2
二八三一一 …麥田…無災…有大豕 吉 3
二九三六九 惟麥田無災 3
二九三六九 其田麥擒 3
三七四四八 壬申王…田麥往…無災王…吉茲御…白鹿… 5
屯七三六 惟麥田弗悔無災 3
屯七三六 弜田麥其悔 3
屯一一〇三 惟麥田無災擒 3
屯四〇三 惟麥田擒無災 吉 3
屯四五二五 …王其田…麥惟…有狐擒 3

其它

六〇一六正 貞其呼麥豕从北 1
九五五三正 …呼麥… 1
九六二〇 …卜…內…麥 1
九六二〇 …午卜穷…乙未…麥 1
九六二六 翌…無…麥 1
一〇〇五正 …史…从麥 1
二四四〇四 …于麥…來無災在六月 2
二四四〇五 辛未…貞王…麥… 2
二七四五九 庚申卜貞王惟麥麋逐 3
二八一三八 惟麥雉…吉 3
二九三九五 貞王…自麥…犬無災 3
三六六一三 癸…麥… 5
三六八〇九 貞己王卜在叙貞旬無畎 5
屯八一五 于習麥陷無災泳王擒 3
屯二三九五 惟麥無災 3
屯二三九五 惟麥𤼷 吉 3

師

三六九一二 …湊師…濼無… 5

𤼷

二六八九九 叙𤼷 3
二六九〇八 叙𤼷 3
二六九〇九 叙𤼷 3
二六九七〇 叙𤼷 3
二六九七五 庚戌卜何貞妣辛歲其叙𤼷 3
二七一二三 叙𤼷 3
二七一三〇 叙𤼷 3
二七一三二 叙𤼷 3
二七二二三 叙𤼷 3

著錄號	釋文	期
二七二二七	叙嫠	3
二七二八一	叙嫠	3
二七三二五	叙嫠	3
二七三四七	叙嫠	3
二七三八五	貞其叙嫠	3
二七三九六	叙嫠	3
二七三九八	叙嫠	3
二七四〇一	叙嫠	3
二七四一五	叙嫠	3
二七四一九	叙嫠　吉	3
二七五四七	叙嫠	3
二七六一〇	叙嫠	3
二七六一六	叙嫠	3
二七七二八	…酉卜暊…叙嫠…	3
二七八二二	叙嫠	3
二七九二一	叙嫠	3
二八〇〇一	貞叙嫠	3
二八〇〇一	貞其叙嫠	3
二八一一二	叙嫠	3
二八一七三	癸丑卜何貞叙嫠	3
二八二一八	叙嫠	3
二八三四二	叙嫠其雨	3
二八七六七	叙嫠	3
二八八六二	叙嫠	3
二八九四〇	叙嫠	3
二八九四六	叙嫠	3
二八九四九	叙嫠	3
二九〇三一	叙嫠	3
二九四八八	叙嫠	3
二九五七八	叙嫠	3
二九六三六	叙嫠	3
二九六八三	叙嫠	3
英二二六三	叙嫠…	3
英二三五〇	叙嫠	3

其它

著錄號	釋文	期
二六八三三	…王…釐…	2
二六八三七	…貞…釐…	2
二七六七八	…卜狄貞…嫠…	3

著錄號	釋文	期
三七一九八	…嫠	5
三七三八二	其延嫠	5

穆

著錄號	釋文	期
七五六三	貞倗于穆衛一月	1
二八四〇〇	王異戌其射在穆兕…	3
二八四〇一	…異戌其射在穆兕擒	3
三三三七三	王其射穆兕擒	4
屯四四五一	惟穆田無災	3
二四四四〇	壬辰　癸巳　二月父□　甲午　乙未	2
三七四一一	辛未卜貞王田于□往來無災　茲…獲兕十又一鹿四麑五	5
三〇四六二	己亥卜其祝□庚…	3
二一五〇七	令官□	1

盉

著錄號	釋文	期
一八二四三	…其…□…	1
一〇〇五六	…□…	1
懷一四六〇	于新□北□南弗悔	3

三四〇〇九 …𦎫啓 4

一七五三一 婦𠭰示二屯 㱿 1

二八二〇〇 弜耤𠭰雈其受有年 3

二〇〇七六 戊戌…伯歪…其㞢…鼓… 1

燎

參488頁 參467頁 參460頁 參714頁 參577頁 參578頁 參1245頁

一四〇正 戊申卜殻貞方帝燎…于…𡆥…卯…上甲 1

一四三〇五 貞燎土方帝 1

一四三〇六 …燎于土方帝 1

七一〇 貞燎于高妣己有𣪊冊三𠬝㞢卯宰 1

七一〇 勿燎于高妣己 1

二七四九九 高妣燎惟羊有大雨 3

三二〇八三 癸卯貞弜惟高祖王亥𢆶惟燎 4

三二三〇二 貞其侑于高祖燎九牛 4

三二三〇二 癸卯貞其侑于高祖燎六牛 4

三二三〇五 庚午貞其酌高祖燎惟辛卯 4

三二三〇六 …未貞高祖燎三十… 4

三二三〇七 先高祖燎酌 4

三二三〇八 先高祖燎酌 4

三二三一三 庚寅貞其告高祖燎于上甲三牛 4

三三三〇五 乙卯卜貞奉禾于高燎九牛 4

三四二八九 …高祖亥燎于祖… 4

屯一八九 …貞…燎于高…辛巳 4

屯四五三八 乙亥卜高祖夒燎二十牛 4

三九 貞翌丁未酌燎于丁十小宰卯十勿牛八月 1

一九六九 丁未燎于丁十小宰卯十… 1

一九七〇 貞燎于丁十小宰卯一牛 1

三二六四七 甲寅卜有燎于丁 4

三二六四七 乙卯卜有燎于丁 4

英二〇九一 …貞有燎…丁十宰用七月 2

先王先妣

二三五反 貞勿燎王固曰惟父庚惟…余 1

八〇一 貞奉于大甲燎一宰二豕卯… 1

一二八二 燎于河王亥上甲十牛卯十宰五月 1

一二八六 貞燎于上甲于河十牛 1

一二八七 …卜…貞燎于上甲…豕一羊卯…牛 1

一二八八 燎上甲十牛 1

一二八九 壬…㱿貞燎上甲 1

一二九一正 貞呼先酌燎…上甲…王… 1

一三〇〇 即燎上甲于唐 1

一三〇一 即燎上甲于…六牛 1

一三五一 癸亥卜先貞侑于示壬燎 1

一三四八 甲辰卜王翌乙巳燎于成五羊 1

一三四九反 燎于成 1

一三八五正 貞燎于咸 1

一三八五正 貞勿燎于咸宓 1

一三八六反 …卜咸燎…祖丁 1

一四一七 …大甲燎三羊卯四牛…大丁燎…四羊卯 1

… 1

一四四一 乙未卜…貞燎酌卤曹大甲 1

一四四二 …王燎𣪊于大甲…百又五十 1

二一七五 貞侑于父乙燎…牛 1

二六四〇 …婦好燎一牛 1

八七八三　貞今癸酉燎于妣己羊　1
一五六四六　庚戌卜燎于大乙三豕大…　1
一〇一〇九　丁丑卜宕貞奉年于上甲燎三小宰卯三牛　1
一〇一一一　己巳卜古貞…年…于上甲燎九月　1
一九八七四　…卜…酌燎…兕兄…祖戊…　1
一四七五五正　燎于大甲三豕三…　1
二二〇五六　戊寅卜燎于祖己　1
二二〇五六　丙子卜于丁丑燎其…父丁𢦏…　1
二二〇六九　辛巳卜惟燎…于妣丁　1
二二二一四　戊辰卜其燎妣庚侑友𤘍　1
二二四二一正　壬子卜甲寅燎大甲𤘍卯牛三　1
二七一八七　甲寅卜延燎祖乙…卯三牛…五用　3
三二三二〇　…丑…其有…上甲燎六羊　4
三二三二九正　…貞甲子酌王大禦于大甲燎六小宰卯九牛　4
三二三二九正　庚申貞今來甲子酌王大禦于大甲燎六小宰卯九牛不遘雨　4
三二三二九正　癸丑貞甲寅酌大禦自上甲燎六小宰卯…　4
三二三五七　…于上甲燎三宰卯三…　4
三二三五八　…卜其燎于上甲三羊卯牛三雨　4
三二三八七　乙酉貞有燎于上甲大乙大丁大甲…　4
三二三九七　癸亥貞其有𠬝于示壬燎三小宰　4
三二五三五　甲戌卜進燎于祖乙　4
三二六五五　祖甲燎其至父丁…　4
三二六七四　丁巳卜有燎于父丁百犬百豕卯百牛　4
三二七三六　…子貞有燎于父…　4
三三〇〇三　丙午卜百燎衩告于父丁三牛　4
三四一七二　…未卜…燎于父丁五宰卯五牛　4
三五九〇一　甲卯卜貞王賓祖甲燎無尤　5
屯九三五　丙寅貞丁卯酌燎于父丁四宰卯…　4
屯一〇〇〇　…于上甲燎　4
屯一〇三〇　癸卯貞其燎小乙　4
屯一〇四二　辛巳卜上甲燎大乙大丁大甲羌…　3
屯一一一六　辛巳卜貞來辛卯酌河十牛卯十宰王亥燎十牛卯十宰上甲燎十牛卯十宰　4
屯一一二〇　甲戌卜燎于妣宰雨　4
屯一一三八　甲午貞大禦自上甲六大示燎六小宰卯九牛　4
屯二一一八　己丑卜婦石燎爵于南庚　1
屯二六七〇　丙子卜燎白羊豕父丁妣癸卯𢦏…　1
屯四五三〇　庚午貞上甲燎一小宰　4

屯四五三〇　庚午貞上甲燎三小宰　4
英一八九一　戊寅卜燎白犬卯牛于妣庚　1

三四七七正　…貞燎…黃尹…剢　1
六九四五　癸未卜㱿燎黃尹一豕一羊卯三牛𠕋五十牛　1
懷八九九　丁亥卜奉黃尹燎二豕二羊卯六牛五月　1
懷八九九　燎黃尹四豕卯六牛　1

四一八正　貞于黃奭燎　二告　1

一四八〇四　辛酉卜王燎于𦎫　1

四一〇三　…卜㱿貞燎昌一羌…　1
六五五甲正　…昌燎　1
一四六九〇　貞亦燎于昌三牛　1
一四六九一　貞于昌燎八月　1
一四六九二　貞于昌燎　1
一四六九三　…燎于昌　1
一四六九四　貞于昌燎　1
一四六九五正　…酌燎于昌　1
一四七四九正　貞燎于昌　1
一四七四九正　燎于昌　1
英一二五一正　貞于昌燎　二告　1
懷一四　…貞翌…寅酌燎于昌囧犬燎豕　1

一一四〇正　貞召河燎于蚰有雨　1
一四三九五正　燎于蚰一豚　1
一四三九五正　燎于蚰惟羊有豚　1
一四六九七　今日燎于蚰豕　1
一四六九八　今日燎豕于蚰　1
一四六九九　…癸…燎…蚰　1
一四七〇二　壬辰卜翌甲午燎于蚰羊有豕　1
一四七〇三　辛卯卜燎于蚰　1
一四七〇三　壬辰卜翌甲午燎于蚰羊有豕　1
一四七〇四　辛卯卜燎于蚰　1

著錄號	釋文	
一四七〇五	辛卯卜燎于蚰	1
一四七〇五	壬辰卜翌甲午燎于蚰羊豕	1
一四七〇六	…燎于蚰	1
一四三三七正	己酉卜殼貞燎于東母九牛	1
一四三三八	貞燎于東母三牛	1
一四三三九	貞燎于東母三牛	1
一四三四〇	貞燎于東母三豕…	1
一四三四一	…燎于東母…豭三豕三…	1
一四三四二	貞燎…東母…黃…	1
五六五八反	燎東黃廌	1
一四三一四	甲申卜穷貞燎于東三豕三羊囚犬卯黃牛	1
一四三一五正	貞燎東西南卯黃牛	1
一四三一五正	燎于東西有伐卯南黃牛　小告	1
一四三一六	…殼貞燎于東五犬五羊五…	1
一四三一七	貞燎…	1
一四三一七	貞燎于東	1
一四三一八	貞燎于東	1
一四三一八	…燎于東	1
一四三一九正	辛巳卜穷貞燎于東	1
一四三二〇	貞勿燎于東	1
二一〇八五	己巳卜王燎于東	1
屯三八四一	燎于東一牛	1
一五六五二	…王燎南…甲…百又五十	1
一五六五四	燎穀	1
三三四〇〇	…燎穀	4
一五八一正	貞燎于西	1
二五三八	弗燎西	1
一四三二九正	燎于西牛	1
一四三三〇	貞燎于西	1
一四三四四	貞侑于西母囚犬燎三羊三豕卯三牛	1
英三三九	貞燎于西弗保	1
英一二五〇正	庚戌卜爭貞燎于西囚一犬一穀燎四豕四羊穀二卯十牛穀一	1

著錄號	釋文	
六一五六正	貞燎于西邑	1
一四三三四	貞燎于北	1
四〇五八	…卜爭貞翌辛巳呼𠂤酚燎于方…	1
二八〇〇三	弜宜方燎	3
二八六二八	方燎惟庚酚有大雨　大吉	3
三〇一七一	乇燎其方有大雨	3
屯四五四三	甲子卜叙鼖弜方燎	3
屯四五四三	甲子卜叙鼖弜方燎	3
一〇五一正	己丑卜爭貞亦呼雀燎于云犬	1
一〇五一正	貞勿呼雀燎于云犬　二告	1
一三四〇〇	乙卯卜殼…燎于雲…	1
一三四〇一	貞燎于四雲	1
一三四〇二	…燎…雲一羊…	1
二一〇八三	…燎雲不雨	1
三三二七三	癸酉卜有燎于六雲六豕卯羊六	4
三三二七三	癸酉卜有燎于六雲五豕卯五羊	4
屯七七〇	燎于云雨	4
屯一〇六二	癸酉卜有燎于六云五豕卯五羊	4
一四七七〇	癸未卜貞燎于□十小宰卯十牛年用十月	1
一四七七一	辛卯卜燎于廿	1
一四七七二	…丑卜古貞…于□燎十…	1
一四七七四	…卜貞燎…□	1
一四三六四正	燎于□	1
一四三六四正	燎于□二月	1
一四三六四正	壬子卜穷勿燎于□	1
英一一六〇正	甲戌卜穷貞𡆥年…燎于□十牛□…	1
三三一一七	壬辰卜其𡆥年于夔燎侑羌　茲用	4

著錄號	釋文	期
三二一一八	乙丑卜有燎于土羌圃小窜	4
三二一二〇	癸亥卜有土燎羌一小窜圃	4
屯九六一	庚申卜有土燎羌圃小牢	4
屯九六一	癸亥卜有…燎羌圃一小牢	4
四八八反	貞燎于斲	1
五三六	貞于高燎	1
七八三八	甲午卜燎于丘商	1
一四三六二	戊午卜王燎于瀧三窜埋三窜	1
一四六七二	貞于𠱠東燎	1
一四六七三	燎于𠱠東	1
一五五五〇正	…□燎	1
一五五八三	庚戌卜…燎于廼…月	1
一五五八八正	翌辛巳燎于而暮	1
一七六七九反	勿燎于之	1
二〇六一二	…燎瀧…二牛	1
二〇七一〇	甲…燎于□田冕虎	1
二一〇九九	辛丑卜燎瀧戋三牢	1
二二〇五〇	甲午卜燎于□…若	1
二八一〇八	其有燎亳土有雨	3
二八一一一	其方夔亳土燎惟牛	3
二八一八〇	王其侑于滴在有石燎有雨	3
二九一八〇	其燎于宮田…	3
三〇七八一	其燎于喪惟大牢	3
三二二九四	丙申卜燎于芍羊雨	4
三二六九一	于享京燎	4
三二六九二	于享京燎	4
三四一六五	戊子貞其燎于洹泉…三窜圃窜	4
三四一六五	戊子貞其燎于洹泉犬?三牢圃牢	4
三四四六五	…午貞有瀧燎	4
屯六六五	辛巳貞雨不既其燎于亳土	4
屯四四〇〇	癸丑卜甲寅有宅土燎牢雨	4
英一一八〇	貞于𠱠東燎	1
英二三六六	弜燎于閃無雨	3
英二三六六	其燎于雪有大雨	3
五三六	辛卯卜爭貞甲酌燎	1
一四五八五正	丙子卜殻貞呼言酌河燎三豕三羊卯五	
	牛…	1
一五六九八	貞酌燎	1
一五六九八	貞酌燎	1
一五七〇〇正	貞勿酌燎	1
二四九六六	…酌…燎…	2
三〇七七五	丁酉卜何貞今來辛有伐燎其酌	3
三二〇二八	酌燎	4
三四五一〇	惟辛未酌燎	4
三四五一〇	…酌燎	4
三四五一一	于辛巳酌燎	4
三四五一一	惟辛巳酌燎	4
三四五一三	丙…丁未酌燎于…	4
三四五一四	辛卯酌燎	4
三四二一五	弜酌河燎其叟	4
三四二一五	甲申…貞羊酌河燎…	4
三四一六三	丁巳卜庚申酌燎于…圉大牢雨	4
三四一七六	己亥貞酌燎于戲	4
三四一七九	…高酌燎五牛	4
三四五〇九	惟辛巳酌燎…	4
三四五一二	…翌日甲酌燎	4
三四五三三	庚申貞酌大禦燎其遘	4
屯三一四	…酌燎	4
屯三一四	…辛未酌燎	4
屯六三九	惟歲先酌	4
屯六三九	惟燎先酌	4
屯一一一八	丁亥貞辛卯酌河燎三窜沈三牛圃牢	4
屯三〇一二	庚子卜…酌燎鼎…	3
屯四三九七	岳燎後酌	4
英二三六六	惟閃燎酌有雨	3
一〇三九	己丑卜…貞燎白人	1
一〇三九	…燎白人	1
犧牲		
二四九正	貞燎十牛　二告	1
三五八	貞燎九牛	1
三六〇	貞燎九牛	1
三七八正	貞…年于王亥囟犬一羊一豕一燎三小窜卯	
	九牛三㱿三羌	1
七三八正	乙亥卜殻貞今日燎三羊三豕三犬	1

八二正　燎一牛
八二正　燎二牛
八三八正　丙寅卜爭貞燎三牛
八三八正　貞燎三牛
一三八五正　翌庚辰燎十㲉
一五〇六正　貞燎邑侑豕
一五二七　貞燎豕
一六二一正　貞燎三犬三羊
一六六八　貞今日燎牛
一七一七　貞燎十牛于…
一七一七　勿燎…
一七四二　來癸亥燎三㲉
一九六八　丙寅卜殻…丁卯燎于…丁卯…冊三十宰
…㲉
二四四一　…妣己燎二豕卯二牛
二六七〇正　勿…燎…十牛
二九七五正　…巳卜殻…燎燎…㲉…
三〇〇七　貞燎三宰
三四八〇反　貞燎犬卯…羊
三五二一正　…燎犬
四一四二　戊戌卜殻…呼雀…燎十…十…十牛
五二一七反　…燎三百…
五六五八正　翌己巳燎一牛　二告
五九七八　貞燎五牛
六六二一　貞燎三豕
七三七四正　…循羊…燎…
八八一八　貞燎十牛
八八一八　貞燎五牛
一一〇〇六正　貞勿𠓛燎十牛
一一〇一八反　貞燎羊[illegible]用
一二〇五一正　翌癸未勿燎五牛
一二〇五一反　燎牛
一二〇五一反　燎牛
一二〇五一反　貞燎牛
一二〇五一正　貞翌癸未燎五牛
一二四九五正　甲辰卜亘貞燎三宰
一三九四八正　…子卜…貞王令…河沈三牛燎三牛卯五
牛王固曰丁其雨九日丁酉允雨　二告
一三七五一反　燎五㲉…牛
一四二〇七正　沈五牛燎三牛卯五牛
一四二〇七正　勿沈五牛燎三牛卯五牛

一四三一四　癸未卜旁貞燎犬卯三豕三羊
一四三九五正　燎羊
一四五五七　丙午…貞燎…河三宰…
一四五五八正　貞燎于河…宰沈小宰卯三牛
一四七二一正　今癸亥燎一牛
一四七二一反　勿燎十牛
一四七三五正　貞燎十牛
一四七三五正　燎…牛…日
一五〇六七　…于…㞢…燎…有羊…卯…牡…
一五五九五　丙辰爭貞燎三宰
一五五九六　…卜韋…燎三宰
一五五九七　貞燎三宰
一五六〇一　燎宰埋二宰
一五六〇一　燎宰埋三宰　二告
一五六〇二　燎宰埋二宰
一五六〇三　貞…囚犬燎宰
一五六〇五　貞燎于小宰九牛
一五六〇六　貞…燎于小宰…牛
一五六〇七正　貞勿燎小宰
一五六〇八　丁酉…殻今日勿燎宰
一五六〇九　壬戌卜旁貞燎…牛
一五六一〇　貞燎十牛
一五六一〇　貞燎五牛
一五六一〇　貞燎五牛
一五六一一　丙申卜旁貞燎十牛
一五六一二　辛亥…旁貞燎九牛
一五六一二　貞燎十牛
一五六一三　貞燎十牛
一五六一四正　丙子卜殻貞燎十牛
一五六一五　…來丁卯燎…十牛酌…三十卯…又五…
一五六一六　癸巳卜殻貞燎勿牛又五鬯
一五六一七　貞燎十勿牛又五鬯
一五六一八　貞燎十勿…
一五六一九　貞燎九牛
一五六一九　貞勿燎九牛
一五六一九　庚子卜亘貞燎九牛
一五六二〇　貞燎九牛
一五六二〇　貞燎牛又三㲉
一五六二一　貞燎五牛
一五六二二　貞燎五牛
一五六二三　貞燎五牛
一五六二四　…燎五牛

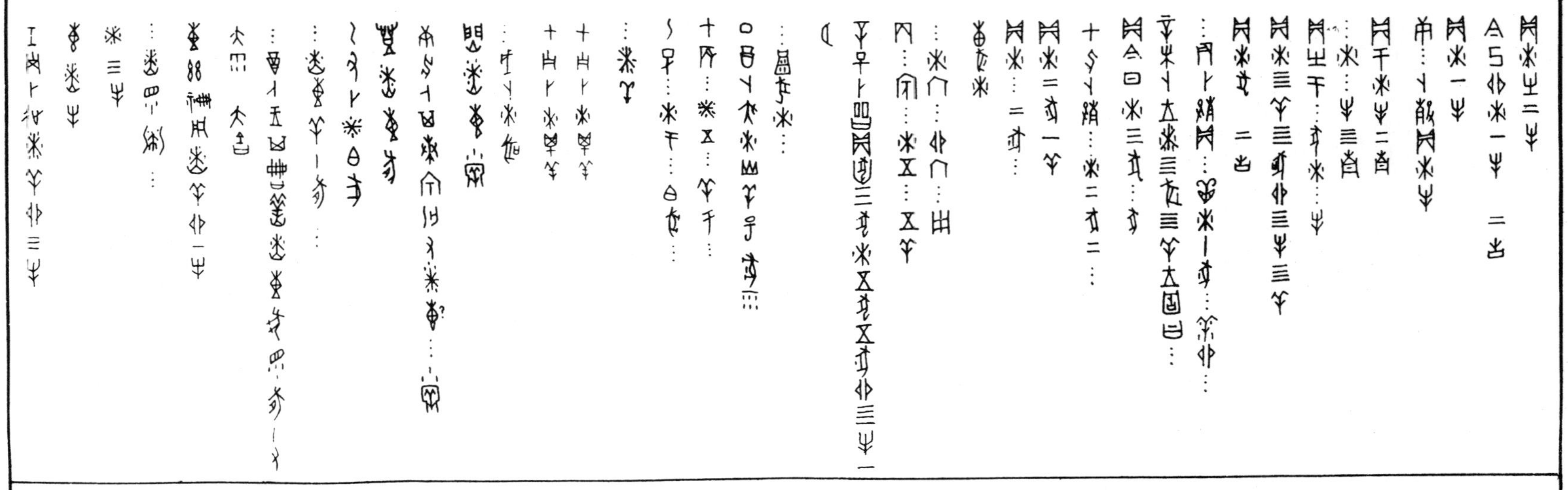

一五六二七	貞燎有二牛	1
一五六二八正	今己卯燎一牛 二告	1
一五六二九	貞燎一牛	1
一五六三〇正	庚…卜㱿貞燎牛	1
一五六三一	貞于燎牛二㱿	1
一五六三二	…燎…牛四㱿	1
一五六三三正	貞侑于…犬燎…牛	1
一五六三八	貞燎四羊四豚卯四牛四羊	1
一五六四一正	貞燎犬 二告	1
一五六四二	…辰卜㱿貞…莆燎十豕…鬯卯…	1
一五六四三	辛未卜王燎四豕四羊王固曰…	1
一五六四五正	貞今日燎三犬…豕	1
一五六四七	甲申卜㱿…燎二豕二…	1
一五六四八	貞燎二豕一羊	1
一五六四九反	貞燎…二豕…	1
一五六五〇	惟豕燎	1
一五六五八	…燎六…六…用	1
一五六五九正	丙…宓…燎五…五羊	1
一六一九七	辛巳卜𠂤貞埋三犬燎五犬五豕卯三牛一月	1
一六二六三	…𡆥犬燎…	1
二〇九八〇正	丁酉卜𠬝燎山羊𢀛豕雨	1
二一二〇〇	甲辰…燎五…羊于…	1
二一二〇一	乙巳…燎于…白豕…	1
二一二〇四	…燎羊	1
二二二九三	甲子卜燎擒羊	1
二二二九三	甲子卜燎擒羊	1
二二四三四	…戊卜燎豚	1
二七一六〇	閔燎惟小宰	3
二七八八四	庚申卜其奏宗𣶃有燎惟…小宰	3
二八一八〇	登燎惟豚	3
二九五四五	乙丑卜燎白豕	3
三〇四一一	…燎惟羊十豚…	3
三〇四一一	…酉卜王其𠕋岳燎惟犬暨豚十有大雨 大吉	3
三〇六七五	惟茲𠕋用燎羊卯一牛	3
三〇七七七	…燎暨沈…	3
三〇七八三	燎三牛	3
三〇七八四	惟燎牛	3
三〇七八五	壬子卜延燎羊卯三牛	3
三二三〇七	燎十牛	4
三二三六三	丁酉貞…秋𥝤…燎五宰…牛	4
三二四二〇	丁卯貞王其爯珏燎三宰卯…宰	4
三二七二一	丁卯貞王其爯珏聯…燎三宰卯三大牢于…	4
三三一九三	…燎三…三牛㞢…	4
三三二八四	…燎…宰…五	4
三三二七三	丙寅貞燎三小宰卯牛…于… 茲用	4
三三三三八	庚午卜今日其燎宰… 茲用	4
三三三八五	丙申卜沈二宰燎宰	4
三三六八六	…燎鷄	4
三三八一六	燎二牛	4
三三八一六	燎五牛	4
三三八一六	燎…牛	4
三四二〇六	燎十牛	4
三四二四三	癸亥卜燎小宰	4
三四二四六	河燎五牛	4
三四二四六	河燎惟羊三	4
三四二四六	河燎惟羊二	4
三四二七七	甲辰…燎小宰卯…	4
三四二七八	甲辰…燎五豕…一羊于…	4
三四二七九	…燎大雨	4
三四二八四	乙巳卜燎五豕羊十芍	4
三四四四九	丁卯卜燎三小宰卯三大牢	4
三四四五〇	貞辛亥人燎大牢 茲用	4
三四四五五	乙卯…燎三小宰…	4
三四四五六	卯一牛燎一小宰	4
三四四五六	二牛燎卯二小宰	4
三四四五七	…沈…燎…牛三十	4
三四四五八	燎五牛卯五牛 不用	4
三四四五九	燎五牛	4
三四四六〇	燎三…沈牛…	4
三四四六一	燎六羊	4
三四四六一	燎…	4
三四四六二	燎惟白豚	4
三四四六三	乙丑卜燎白豕	4
三四四六四	…燎卯…	4
三四六二三	…禘燎三宰	4
三四六三二	…戌貞…羊…燎	4
三四六五七	丙寅貞王其…玉乙亥燎四宰卯三大牢	4

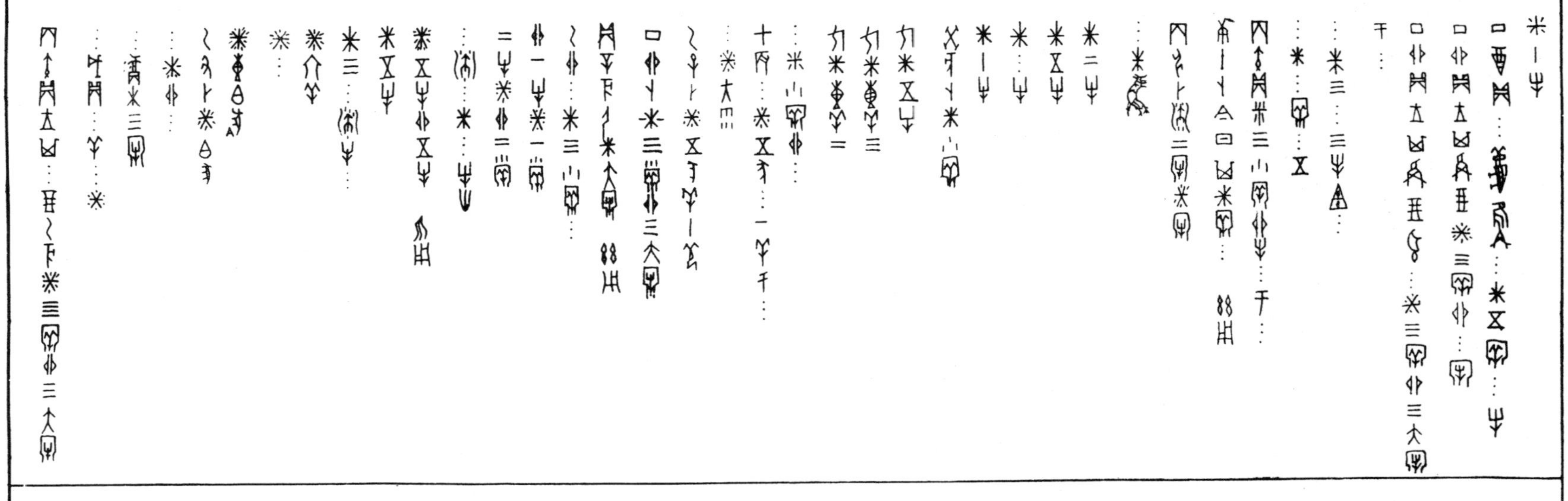

序號	著錄	釋文	
1	三五一七四	甲戌卜燎羊二十于卯	4
2	屯二〇二	其燎于…牛雨	4
3	屯二三一	惟白牛燎	4
4	屯八一七	燎二牢	3
5	屯九一四	河燎牢沈	4
6	屯一〇六二	丙寅貞燎三小宰卯牛三	4
7	屯一〇七六	…燎𢀛…卯牛	4
8	屯一一〇二	癸亥貞其奉禾…燎三牛	4
9	屯二一八三	燎二小宰	4
10	屯二一八三	燎三小宰	4
11	屯二一八三	燎三宰	4
12	屯二二九六	庚申卜舟燎二牢	4
13	屯二三六一	甲午貞大禦六大示燎六小宰卯三十牛	4
14	屯二九四九	辛卯貞燎九牛…	4
15	屯三三四三	…燎三宰沈…	4
16	屯三五九四	…申貞□于…有羌燎牢…羌燎牢	4
17	英一	貞燎九牛	1
18	英一四九正	壬午卜爭貞燎三豕卯一羊	1
19	英一二五二	貞田犬燎…三…三…卯…	1
20	英一二五六	…卜爭貞燎冊百羊百牛百豕豰五十	1
21	英一二五七	…貞燎三宰	1
22	英一二五八	貞燎二豰	1
23	英一二九一	貞…王戕祖…玉燎三小宰卯三大…	1
24	英一九一二	戊寅卜燎白豕卯牛于妣…	1
25	英二三九八	…六羊燎…	4
26	英二四五〇	庚…貞其奉禾于㞢燎十小宰𤰈十大宰	4
27	懷八六	…燎豚…燎…	1
28	懷一五七二	河燎二牛	4
29	懷一五七二	河燎…牛	4

其它

序號	著錄	釋文	
30	三九	貞燎告衆步于丁	1
31	九六	勿于九山燎	1
32	一五二正	貞翌乙未其燎	1
33	一五二正	翌乙未勿衣燎	1
34	三〇九乙正	貞勿燎	1
35	三七六反	貞于翌辛丑燎	1
36	三七六反	翌辛丑勿惟燎囚	1
37	三七六反	翌庚子燎	1

序號	著錄	釋文	
1	三七六反	翌庚子勿燎	1
2	四五八正	今癸卯燎	1
3	四五八正	貞今癸卯燎	1
4	四七五	甲辰卜𡧊貞燎于…	1
5	六五五甲正	貞來…燎	1
6	七七一	…貞…燎…五𤉲…牛酌…	1
7	八一一正	今己巳燎 二告	1
8	八九二正	來癸酉燎	1
9	八九二正	來庚午燎	1
10	八九二正	惟辛未燎	1
11	一五〇六正	貞勿䓵燎𢀛	1
12	一五〇六正	丙午卜𡧊貞燎𢀛	1
13	一六〇一	…步…燎…	1
14	一六四四正	…寅卜𡧊貞燎…	1
15	二〇七五	貞祖勿…不燎	1
16	二六四一	貞勿呼婦好往燎 告	1
17	二七四九反	貞燎于…	1
18	三二五一正	貞燎	1
19	三六〇〇	…卜殼貞燎于…	1
20	四〇五六	…卜殼貞呼阜先禦燎…	1
21	四〇五七	…阜先禦燎…	1
22	四〇五七	…阜往禦燎	1
23	四六〇三正	…燎…五…	1
24	五一六三	其侑…燎…	1
25	五四七七正	勿燎	1
26	五六六三	勿燎	1
27	五八三一	…卜永…山𡨦…燎	1
28	六三六八	…燎…癸	1
29	六四七三正	辛巳卜𡧊貞燎	1
30	六四七七反	貞𣪊伐燎	1
31	六四七七反	勿燎	1
32	七〇一三	貞…稱…伐…燎…受…	1
33	八一八六正	貞勿燎十二月	1
34	八八二一	…癸巳勿燎	1
35	一〇二三九	貞今癸巳勿燎	1
36	一一九六二	…惟燎不其雨	1
37	一二〇二〇	…酌…燎爯…日雨	1
38	一二〇五一反	勿燎	1
39	一二八四三反	己亥卜我燎無其雨	1
40	一二八四三反	己亥卜我燎有雨	1

一三二一五　：禦：燎：
一三五五五反　：曰有𡆥燎：翌日：
一三五五五正　貞燎
一三五五五正　燎牛
一三五五五正　燎五牛
一三六〇六正　：燎：宗
一四〇一四　貞燎
一四三二九正　貞肇燎
一四三三一　：東圖：西圖犬燎白：
一四三四七正　貞燎于䕯
一四三六四正　庚戌卜殻翌辛亥燎于：
一四三九二　貞燎𠂤侑：
一四四二二　貞岳賓我燎
一四四五七　癸酉卜貞取岳𢓊燎
一四四九七　貞燎于：𣎳：田
一四五二七正　勿令禦燎　二告
一五三九六正　乙亥卜殻貞燎十：
一五五二九　貞于庚申燎
一五五三〇　：𦩝：燎
一五五三一　：戊卜殻貞燎
一五五三一　貞勿燎　二告
一五五三二　：辰貞燎
一五五三三　貞勿燎
一五五三四　甲戌卜：貞夫：燎
一五五三六　甲子：令燎：
一五五三九　貞燎惟十
一五五四〇反　：貞：不燎
一五五四一　貞燎
一五五五一　：埋：燎
一五五五三　：卜殻貞：𡆥燎
一五五五三　：卜殻貞：𡆥燎
一五五五四　今辛酉燎
一五五五五　貞今日燎
一五五五六　癸未卜穷貞今日燎　不舌　不舌　二告
一五五五七　貞今夕燎
一五五五八　：夕燎
一五五五九　貞惟今來甲子燎
一五五六〇　丙戌卜爭貞于來乙巳燎
一五五六二正　庚子卜穷貞翌癸卯燎
一五五六三正　癸巳卜爭貞燎王其有曰若　二告
一五五六三正　貞勿燎　二告
一五五六四　貞翌甲午勿燎
一五五六五　貞勿燎
一五五六六正　勿燎　小告
一五五六八　甲寅卜爭貞勿燎
一五五六九　勿燎
一五五七〇　勿燎
一五五七一正　貞勿燎
一五五七二　貞勿燎二月
一五五七四　貞翌甲辰勿燎
一五五七五　勿夕燎
一五五七六　貞勿𦩝燎
一五五七七正　貞勿𦩝燎
一五五七八　貞于燎
一五五七九　：于燎
一五五八〇　壬午卜亘貞燎于：
一五五八一　丙午卜：貞呼：燎于：
一五五八六　：□：燎：
一五五九四正　貞勿燎于
一五六五三　：其燎𡆥于：
一五六五四　今：燎：
一五六五一　：燎雨
一五六五一　：乙：燎：雨
一五六五五　貞勿燎十：
一五六五六正　燎十□
一六〇七六　：卜殻：尋燎：
一七二五八　貞于庚申燎
一八七六一　：卜燎：新：
一八九三二　：丁用燎：
一九八〇四　庚寅卜燎：
二〇二八一　：于：燎□
二〇五五五　：目燎曰庚其叀
二〇七七〇　：燎：自入至□門不往陰十一月
二一〇七八　乙丑卜丙寅奏岳?司?燎雨
二一〇八五　己巳卜王于征辟門燎
二一〇九八　壬午：燎□：
二一一〇〇　癸巳卜燎□
二一一一〇　燎巳
二一一一〇　：貞燎巳
二一一九七　己丑：今日燎
二一一九八　：未卜：翌丙申惟燎
二一一九九正　：燎中田

著錄號	釋文	期
二一二〇五	癸巳卜王燎……	1
二一二〇六	……大燎：甾固曰……	1
二一八八五	癸卯：迺燎	1
二一九二〇	戊辰卜𢦔牢燎……	1
二二〇七七	……卜燎于𠂤	1
二二二四六	帝屯燎門	1
二二二四六	帝屯燎門	1
二二四三三	……子貞：燎……	1
二八〇〇三	出于卜燎	3
二八一八〇	既川燎有雨	3
三〇四一三	燎斫	3
三〇四五七	壬午卜奉雨燎𢀛	3
三〇四五九	……燎有大雨	3
三〇七七八	惟燎	3
三一二一二	乙亥貞來甲申酌禾奉于兮燎	4
三一三一八	壬……貞：燎雨……	4
三二三三三正	癸巳貞其燎十山雨	4
三二二五九	辛未卜燎于……	4
三二二七八	……卯……燎……	4
三三三四八	辛巳卜其燎于七月	4
三三三四八	燎即	4
三三七四四	其莫燎	4
三三九一五	己丑卜燎夕雨	4
三四一六四	癸酉……入日……其燎	4
三四一六六	辛……貞：燎于十山	4
三四二〇四	辛未燎雨	4
三四二〇八	弜燎	4
三四二一〇	……燎……	4
三四二一二	己亥卜燎卯	4
三三二四九	辛亥貞作……燎受禾	4
三四二七九	丙子卜燎于……	4
三四三三九	弜有燎	4
三四四二八	于辛亥興王燎	4
三四四五二	燎三……	4
三四四六六	……燎……惟……秋……	4
三四四六七	癸未……有燎……　茲用	4
三四四六八	甲寅卜有燎……丁	4
三四四六九	……未卜燎……　茲用	4
三四四七一	……亥貞其燎于……	4
三四四七二	……其燎	4
三四四七三	弜燎	4
三四四七四	癸丑卜弜燎析　茲用	4
三四四七四	弜燎	4
三四五一三	……未卜：燎……又……牛	4
三四六四〇	……既燎于……茲……	4
三五四七七	……貞王……燎……尤	5
三六九八九	己卯：即燎……	5
屯一四五	癸酉貞：其燎	4
屯一八〇	癸卯卜其燎于……	4
屯二九〇	惟燎	4
屯六五八	……即迺燎　吉　茲用	3
屯六五八	其先燎迺省鼓	3
屯六六五	弜燎啓	4
屯七五〇	庚辰：㬃燎	4
屯九六九	弜侑燎	4
屯一二〇五	弜燎啓	4
屯一三五八	……燎于……	
屯一七〇〇	……燎雨……	
屯二一四九	戊午卜其燎	4
屯二五九三	壬子：有燎……乙冉……	4
屯二八三六	戊子貞有燎于……	4
屯三一二二	……午卜王其呼……燎受祐	3
屯四〇八八	……貞甲申……燎十……受禾	4
英一二五三	貞勿燎　二告	1
英一二五五	……有燎于……	1
英一二五九	貞今燎一……	1
英一二六〇	貞勿燎十……	1
英一二六一	丁卯……燎……其……于……大……	1
英一二六二	貞勿燎	1
英一八六四	庚寅卜王余燎于其配	1
英二三六六	弜燎無雨	3
英二四五八	……王燎……	4
懷八七	……貞今日……呼雀燎……	1
懷八八	丁丑……貞……燎……三……	1
懷八九	……亥卜殸……燎……	1
懷九〇	……卜……燎于……	1
懷一一二	貞禦……良……燎……	1
懷一六〇五	弜燎	4

寮

二四二七二 丁未卜行貞王賓歲無尤在師寮卜 2

二四二七二 丁未卜行貞王賓𠭯無尤在師寮卜 2

二四二七三 癸巳卜王在師寮卜 2

二四二七四 甲辰卜王在師寮卜 2

二四二七五 …卜行…賓…人又三無…在師寮卜 2

二四二七五 …寮卜 2

二四二七六 丙午卜行貞今夕無囚在二月在師寮卜 2

二四二七八 癸…卜王在師寮卜 2

二四二三〇 …師寮… 2

三六四二三 …王…寮…改… 5

三六四二三 …未令…其唯…大史…寮令… 5

三六九〇九 丁亥卜在橐師貞韋師寮妹…有宜
王其令宜不悔克留王令 5

三六九〇九 韋師寮弜改無宜王其呼宜于京師
有災若 5

瀿

三七四七五 庚子王卜在濩師貞今日步于瀿無災在正
月獲狐十又一 5

三七四七五 辛丑王卜在瀿師貞今日步于㬎無災 5

二四九五一 …貞母辛歲于㝵家以東十月 2

東

二二〇四四 辛亥卜東羊 1

二七五二九 …其敕妣庚在白 3

二七五二九 辛酉卜其敕妣庚其𪓊 3

三〇三二九 敕小山即宗遄岳于之 3

三〇四五四 …其敕二山有大雨 吉 3

三〇四五五 弜敕 3

三〇四五五 其敕𡆥 3

三一二〇一 其敕惟… 3

三五二三八 其敕𡆥 4

二七二五四 弜㴇有雨 3

二七六〇二 㴇小母 3

二七三一三 于祖丁涵酉㴇弜若即于宗 3

二七六三五 㴇祭兄癸惟有遣王受祐 3

三〇四〇五 …申卜其㴇馘… 3

三〇四一五 弜㴇即右宗有大雨 3

三〇四一五 其㴇岳有雨… 3

屯二三五四 壬寅卜王其㴇馘于盂田有雨受
年 3

屯二三五四 …㴇…有雨 3

屯二七四二 于祖丁㴇 3

英三二〇七 …在北㴇西 4

𠦪

530頁 523頁 500頁

二八二七六 癸酉卜其𠦪田父甲一牛 3

二八二七八 癸酉卜于父甲𠦪田 3

六三正 貞翌辛卯㞢𠦪雨夒畀雨 1

六七二正 𠦪雨于上甲宰 1

一二八五三 壬午卜于河𠦪雨燎 1

一二八五四 …卜𠦪雨…河 1

一二八五五 …午卜方帝三豕又犬卯于土宰𠦪雨 1

一二八五六 …卜…𠦪雨…岳 1

一二八五七 …三宰…𠦪雨…月 1

一二八五八正 壬寅卜貞…𠦪雨 1

一二八六〇 丙寅卜王…𡆥𠦪雨 1

一二八六一 乙卯卜㱿貞𠦪雨…上甲宰… 1

二一〇八二 庚戌…三示𠦪雨 1

二三五三八 丁卯卜大貞王賓𠦪自上甲無…月 2

三〇〇二二 𠦪雨惟黑羊用有大雨 3

三〇一七三 甲子卜其𠦪雨于東方 3

三〇四五九 …卜其𠦪𠦪雨于南暨… 大吉 用 3

三二三四四 癸卯卜𠦪雨于壬 4

三三九四七 …亥卜𠦪雨…京 4

三三九四八　癸未貞其…桒雨　4
三三九四九　…桒雨　4
三三九五一　…酌桒不雨　4
三三九五二　…酌桒雨　4
三三九五三　…其桒雨于…　4
三四一一二　辛卯卜…桒雨…九示　4
三四一二四　甲戌卜其桒雨于伊奭　4
三四二七〇　…未卜其桒雨于岳七月　4
三四二七一　戊申貞惟雨桒于岳　4
三四二八二　…桒雨于岳　4
乇九三二　戊午貞桒雨　4
乇九三二　戊午貞桒雨　4
乇二八二　己卯卜桒雨于上甲　不　4
乇二五八四　壬申貞其桒雨于示壬一羊　4
乇四三六二　己卯卜桒雨于上甲　4
英一七五七　乙丑卜于大乙桒雨十二月　1
懷一四二〇　其桒雨河受…　3

二〇九二六　乙丑卜…酉桒啓　1
二一一七九　己丑卜桒啓庚寅　1

六六一〇正　貞桒戊于祖乙　1
英五九四正　貞桒戊于祖乙　1

一〇二四六　勿于河桒　1
二一九四七　…桒河若　1
三〇四二九　其桒河惟舊歆用于濬酌　3

二〇九六八　丙戌卜…日酌桒…牛…戻用　1
三〇八二七　壬子卜弗酌小桒教　3

三六四八二　甲午王卜貞作余酌朕桒酌余步比侯喜征人方上下示受有祐不曾𢦏囚告于大邑商無…在𠂤王𢓊曰吉在九月遘上甲𧷒惟十祀　5

英二四六四　…五卜翌…寅酌桒…　4

一九七七三　己巳卜桒侑大丁三十…　1
一九八六五　丙寅王酌祖丁桒侑四…　1
一九九四六正　丙子卜桒侑大丁　1

二七六一三　弜延桒　3
二七六六三　己亥卜其延桒　3
三三四六八　…亥貞延桒于大丁大甲茲用丁丑…　4

一一七九　翌庚寅桒自上甲　1
一一八〇　乙未卜大桒自上甲　1
一一八一反　…桒自上甲　1
一二四三　庚子卜桒自上甲七月　1
四三五八　桒自上甲一牛…　1
七三四三　…穷貞惟今秋…牧啓桒自…　1
二七三七四　其桒自祖王受…　3
三二〇三一　壬辰卜桒自祖乙至父丁　4
三二〇三一　壬辰卜桒自上甲六示　4
三三三四一　庚寅卜桒自上甲　4
三四一一一　己卯貞桒自上甲六示　4
三四一一五　甲申卜貞酌桒自上甲十示又二牛小示盎羊　茲用　4
三四一一六　甲申卜貞酌桒自上甲十示又二牛小示盎羊　4
乇二一二九　己卯貞桒自上甲六示　4
乇三二六八　…桒自上甲六示　4
乇四〇四七　丙申貞桒自上甲　4
乇四三三一　乙未貞其桒自上甲十示又三牛小示羊　4

一五正　貞桒于祖乙五牛　1
三九九正　癸未卜貞燎于土桒于岳　1
八〇一　甲子卜爭貞桒于大…　1
八〇一　貞桒于大甲燎一宰二豕卯…　1
一〇二七正　癸卯卜王桒于大甲　1
一一七一正　貞桒于上甲受我祐　1
一四八三　辛丑卜內桒于大庚一牛一月　1
一一七一正　勿桒于上甲不我其…　1
一一七二　桒于上甲十牛　1
一一七四　桒于上甲九…　1
一一七五　…卜爭貞桒于上甲　1
一四一六　辛酉卜貞桒于大甲　1
一四一六　辛酉卜桒于大丁三月　1
一四三九　甲申卜亘貞𠭯桒于大甲　1
一五八八　辛卯穷貞桒于祖乙　1
一七八〇　貞桒于祖辛　1
一八〇一　…卜桒于羌甲　1
一九六〇　貞翌丁亥桒于丁二牛　1
一九五九　貞桒于丁五牛　1

一九六一正	乙酉卜宾貞翌丁亥桒于丁	1
一九六四	：其桒于丁	1
三五〇二	：桒于黄：	1
三五一六	庚戌卜殻桒于盡戊	1
四〇六一	癸巳卜貞翌丁酉酌𠂤桒于丁	1
六二〇九	貞勿桒于黄尹	1
六二〇九	貞桒于黄尹	1
六二二九	貞勿桒于九示	1
六二三〇	貞勿桒于九示	1
六八九四	乙未卜殻：翌庚子桒于：示四牛	1
六九四八正	丁未卜殻貞：日桒于：祖乙：辛…	1
六九四九正	貞桒于祖辛	1
六九四九正	勿桒于祖辛　二告	1
九九四六甲正	勿桒于妣庚	1
一〇五二〇	庚寅卜爭貞翌丁酉桒于妣丁三牛	1
一二五七二	：酌桒于河不遘雨	1
一二八五九	丁丑卜桒于夒雨	1
一三五〇五正	貞桒于祖乙	1
一四三六八	丁巳卜桒于岳	1
一四四二五	勿桒于夒三月	1
一四四三一正	癸丑卜宾貞桒于岳	1
一四五四〇	：桒于河三宰寧：	1
一四五四五	：桒于河	1
一四五四五	貞勿桒于河	1
一四五四六	貞勿桒于河	1
一四五四七	勿桒于河	1
一四五三八	貞桒于河	1
一四五四二正	貞桒于河：	1
一四八一一	己卯卜余桒于蔑三牛允正	1
一四八七六	貞桒于九示	1
一四八七七	：桒于九示	1
一四八七七	：桒于九示	1
二二〇六二正	丙戌卜桒于四示	1
二二〇六二反	乙酉卜桒于四示	1
二七六五六	弜桒于伊尹無雨	3
二七三七〇	弜祀桒于之若	3
二七五四九	癸未卜貞其桒于妣辛	3
二七六一三	丁巳卜其桒于兄己	3
二八二五九	桒于河年有雨	3
三〇六〇一	其桒于酉其射	3
三〇三三五	丁卯卜其酌桒于父丁宗	3
三二三三九	甲戌貞桒于上甲	4
三三三四〇	：丑卜桒于上甲：	4
三二四七三	己未貞其桒于大甲	4
三二六五四	其桒于上甲其祝	4
三二六六三	：戌卜彭貞其有桒于父辛	4
三二六八二	：卯卜桒于父丁二牛　不用	4
三二六八三	癸酉卜桒于父丁三十牛	4
三二七九七	弜桒于伊尹無雨	4
三二九一三	己未卜王貞乞有桒于祖乙王吉茲卜	2
三二九八七	丁卯卜桒于享京亞𠂤其步十牛	4
三三二七〇	：貞桒于：受禾	4
三三二七〇	甲子桒于河受禾	4
三三六〇七	戠桒于乙步	4
三四〇九〇	乙未卜桒于大示	4
三四〇九一	辛未卜桒于大示	4
三四〇九二	：酉：桒于大示	4
三四〇九二	壬申卜桒于大示	4
三四〇九三	：亥其桒于大示受：	4
三四一一六	乙酉貞桒于丁	4
三四一一七	乙未貞其桒自上甲十示又三牛小示羊	4
三四一九四	甲申貞桒于岳燎	4
三四一九五	癸丑貞其桒于岳	4
三四二三八	辛丑貞桒于河彡衩	4
三四二三九	貞桒于河燎：三牛	4
三四二四一	：丑卜：桒于河王其賓	4
三四二四一	丁丑卜：桒于：牛：	4
三四三八二反	：桒于禉勿：	4
屯五九	：其桒于亳土	3
屯二七五	甲寅卜其桒于四示	4
屯二七五	甲寅卜其桒于毓	4
屯六〇一	癸酉桒于大示	4
屯六〇一	辛未卜桒于大示	4
屯六〇一	壬申卜桒于大示	4
屯一〇九九	己卯貞庚辰桒于父丁三牛　茲用	4
屯一一一一	戊午貞貞桒于大甲父丁	4
屯二三九二	辛未卜其酌品豊其桒于多妣	3
屯三九四〇	：貞其桒于河	4
英一四	乙丑卜桒于示壬	1
懷一六〇四	乙丑卜酌桒于祖乙遘雨	4

其它

三七六正	貞于來乙巳桒	1
三七六正	勿于來乙巳桒	1
三七六正	來乙未勿桒　二告	1
四三五	桒：大甲：宰：乙	1
五三六正	辛：貞桒河燎五小宰沈五牛卯五牛𠚔宰	1
五八三正	癸酉卜爭：囚旬壬午允有來：亥	

征𦣻甲子桒

六九五　…卜桒…囧妻…
一一六六甲　貞下示…受余三…㞢…酉桒…屮
一一七〇　丁卯卜桒…上甲…
一一七三　勿桒…上甲豕…
一一七六　乙卯卜𣪊…桒…上甲
一一七七　桒…上甲
一一七八　…上甲桒…
一一九〇　…未…桒…上甲
一四三八　…卜王貞…桒大甲…四羊一…牛桒…正
一四八三　己未卜桒大庚
一四八九　…酉卜王桒小甲
一五〇六正　貞于河桒
一五〇六正　貞于土桒
一五八九　…于祖乙桒
一九二七　貞惟翌乙巳桒
二二一一　辛未卜內桒父乙
二三〇八　壬寅卜…桒父…
二六三二　…貞桒婦好
二六三三　貞桒…好于…乙
二六三四正　貞桒婦好于父乙
二六三四反　王固曰其桒
二九二〇正　貞𡆥桒至于丁于兄庚
三三二七　…𡆥示桒其比𠭯侯七月
三四七五　丁亥卜桒…黃尹
三四七六　…桒黃尹
三七四六　壬…爭…于…桒
三九四一　癸卯卜𠭯貞其桒…
三九四一　貞翌…子桒…牛十一…羊十二
三九五一　…貞惟桒㞢戠…
四三六七　…桒…夒…二月
四三六九正　壬申卜𣪊貞桒…
四三九二　貞于土桒
四九〇九正　貞勿桒十二月
五五一五　丙辰卜…桒𢓊…立人三百…
六二五七　辛酉卜㱿貞勿于九示桒
七〇七六反　今壬勿桒
七四七九　乙巳酌桒
八七六二正　癸未…勿戠…酉桒
九六五八正　辛巳卜亘貞祀岳桒來歲受年　二告
一二六七六　丁亥…于乙…酌桒…
一二六九六　庚寅…爭貞來乙未桒…

一二六八四　…用茲𠭯…我桒方…从雨
一二八一九　…桒…乙…六羊
一四二九五　辛亥卜內貞帝于北方曰伏風曰𢦏桒…
一四三四八　乙卯卜𣪊貞于𡆥示桒…
一四三四九　貞于𡆥示桒
一四四二四　戌…貞桒…岳
一四四二六　…午卜㱿…桒…岳
一四四二七　…桒…岳
一四四二八　…岳桒
一四四二九　桒岳…岳
一四四三〇　丙子…貞桒…方于岳
一四五三九　…桒…河燎…牢
一四四二八　…岳桒
一四五三七　辛亥卜桒河燎六牛…六牛圍八牛
一四四三二　勿于岳桒
一四五四一　桒河
一四五四三　貞于河桒
一四五四四　…河桒
一四五四八　勿于河桒
一四五九二　…卜爭…桒…三牛
一四七二〇　壬午卜㱿貞桒…
一四六八一　…卯八牛桒…
一四八一一　戊寅…余桒…允正
一四八二七　乙卯貞桒元示五月
一五二六六正　…卯卜𣪊…桒婦…
一五二七五　…卜爭…桒…三牛
一五二七六　…卜…黃…二豕…桒…二牛
一五六九一　…午卜貞惟…子酌桒
一五六九二　乙巳酌桒
一五六九三　丁亥卜于乙巳酌桒
一八八二三　…𤸰…𩵋桒…
一八八二五　…庚辰…𩵋桒…
一九八四〇　辛巳卜酌桒祖乙
一九八四七　壬寅卜…桒
二〇二八〇　辛亥…桒…無冊…
二〇五七六正　桒
二一一七七　丁卯卜犬…桒
二一一七八　乙未卜犬桒…
二一一八〇　…卜自貞…惟桒…于…
二一二一〇　丁卯卜庚…酌桒木…
二二〇四三　丁未卜其桒
二二一八四　癸丑卜桒祖丁祖辛父己

二二一八四 丁未奉 1

二二三〇一 辛丑卜酌奉壬寅 1

二二三九七 奉衣執亘 1

二二四五二 …奉 1

二二四五二 …奉 1

二二六三一 …戌卜行貞王賓上甲奉五牛無尤 2

二二六三一 …戌卜行貞王賓上甲奉五牛無尤 2

二二六三五 …貞…上甲奉… 2

二二六三七 壬戌卜即貞上甲奉二牛 2

二二八二八 戊申…貞王賓大戊奉五牛…盡無尤在十月 2

二二八二八 戊申…貞王賓大戊奉五牛…盡無尤在十月 2

二三二七四 貞父丁奉一牛 2

二三二九八 …卯卜旅…奉…父戊… 2

二三三四八 庚…貞奉…師… 2

二三六九二 丁未…貞贏不…乍其亦奉?惟… 2

二三六九四 …巳卜旅貞贏不即乍其亦尋奉…惟丁亥 酌十一月 2

二五〇二八 …卜王…奉示… 2

二五〇二八 癸丑…曰貞奉…牛 2

二五二九九 甲戌…貞王…奉…在… 2

二五六四〇 …寅卜旅…王賓奉無尤 2

二五八九一 乙…旅…奉…祝… 2

二五八九二 辛亥卜灉貞贏不既乍其亦奉惟丁巳酌 2

二五八九二 辛亥卜灉貞贏不既乍其亦奉其所旁… 2

二五八九三 …申卜行…其奉惟今日… 2

二七〇六一 辛未卜高祖奉其卯上甲… 3

二七〇九二 丁卯卜其奉侑大乙 3

二七一一八 乙巳…大乙奉… 吉 3

二七一一九 …大乙奉 3

二七一六一 大甲奉三牛 3

二七二〇七 …卜其奉祖乙南庚咎甲… 3

二七二〇九 …祖乙奉…祭迺酌王受祐 3

二七三四八 于父己奉 3

二七三四八 甲戌卜奉… 大吉 3

二七三七〇 …祖丁奉…受祐 3

二七三七〇 其奉在父甲王受祐 3

二七四一五 王其[illegible]…奉至父庚 3

二七四一六 辛丑卜公奉惟今日酌王受祐 大 吉 3

二七四四一 辛卯卜妣辛奉惟羊 3

二七五四八 其奉妣辛其言日酌 3

二七五五〇 癸未卜貞弜奉妣辛 3

二七五九五 丁酉卜奉母己有正 吉 3

二七六五八 弜于示奉無 3

二七六五八 于示奉… 3

二七九八四 …王其奉羌方擒王… 3

二八〇五七 …寅卜王其呼衛其奉王受… 大吉 3

二八〇七五 …奉…戋…方 大吉 3

二八二四五 其奉…阸 3

二八二六一 河奉惟丁 3

二八二六七 …奉…上甲有… 3

二八二七四 于大甲奉王受年 吉 3

二八二七四 于祖乙奉王受年 吉 3

二九三七六 …卜有戠其奉…王受有祐 3

二九三八二 既奉王其田杏 3

三〇三一九 其奉火門有大雨 3

三〇四〇二 己巳卜其奉夒惟辛酉… 大吉 3

三〇四三〇 于河尋奉 3

三〇四六三 于[illegible]奉 3

三〇四六三 于[illegible]奉 3

三〇四六五 …奉高王受祐 3

三〇五九八 …丑卜奉其卯王受祐 3

三〇五九九 貞奉惟督酌 3

三〇六〇九 其奉三牛 3

三〇六一〇 其奉一牛 3

三〇六一二 弜用一牛奉王受有祐 3

三〇六四八 惟辛奉 3

三〇六六〇 奉惟册豊 3

三〇八三二 奉惟今日酌 吉 3

三一二八八 …小奉…鳴日奉… 3

三二三〇一 庚戌卜惟王自奉于岳 4

三二三一四 丙申貞其告高祖奉以祖辛 4

三二三四三 弘上甲奉三牛 4

三二三八二 弜龠奉乙巳… 4

三二四三九 己巳貞其尋奉贏 4

三二四四〇 于十示又二奉 4

三二四四〇 丁丑貞奉其即丁 4

三二四五三 壬寅卜妣奉豭 4

三二四五三 壬寅卜妣奉惟羊… 4

三二四六八 …延奉以大庚… 4

三二八〇五 癸酉貞[illegible]侯令奉 4

三三〇七五 甲子…丙…奉十…一牛 4

三三一〇四 己亥卜奉…十示二牛十示…于來乙巳 4

三三一二七 丙辰卜于庚申酌奉用在商 4

編號	釋文	期
三三一三八	：申：其桒：于高：牛	4
三三二九七	庚寅貞桒：	4
三三二九七	庚寅貞桒：	4
三三三〇四	癸酉卜弜桒受禾	4
三三三〇七	庚：桒：	4
三三三一六	癸未在茲酌桒	4
三三三二四	弜桒	4
三三三二五	：貞其桒	4
三三七〇六	：亥卜：弜戠桒辛步	4
三三七〇六	己丑：翌庚：酌桒：	4
三三七〇七	于甲酌桒	4
三三七九四	乙：桒：旻：	4
三三九二一	甲戌卜：桒：牛十	4
三四〇四八	：桒乙未其：大乙宗：	4
三四〇六五	貞桒：宗	4
三四〇八六	癸：桒：□：	4
三四〇九二	于父：桒：	4
三四〇九二	于父丁桒	4
三四〇九二	弜桒其告于十示又四	4
三四〇九七	：桒：西：延	4
三四一〇二	桒即宗	4
三四一〇二	丁丑貞桒其禦丁	4
三四一〇二	于十示又二桒	4
三四一一七	乙未貞于大甲桒	4
三四一二〇	癸卯卜貞酌桒乙巳自上甲二十示一牛二示 羊土燎四戈彘牢四戈豕	4
三四一二一	：貞：十：又：桒：	4
三四一二二	壬寅卜桒其伐歸惟北□用二十示一牛二 示羊以四戈彘	4
三四一三六	乙酉卜王桒令	4
三四一三六	弜桒令	4
三四一九六	辛未卜于岳桒雨	4
三四二五二	：酌河桒：	4
三四三六七	弜桒告	4
三四二六九	丁巳卜桒：□河：	4
三四三七一	桒三牛	4
三四三七二	桒三牛	4
三四三七二	桒二牛	4
三四三七二	桒一牛	4
三四三七二	桒即丁于：	4
三四三七二	桒即宗	4
三四三七三	：桒	4
三四三七三	丙辰貞其桒	4
三四三七四	癸亥貞其桒	4
三四三七五	惟丙：桒：用	4
三四三七五	于生月乙巳桒	4
三四三七六	辛卯貞于生月桒	4
三四三七七	于來乙巳桒	4
三四三七八	丁亥卜惟乙未桒	4
三四三七九	：桒	4
三四三八一	丙戌貞延桒禃歲弘二牢	4
三四三八三	己卯貞桒宗	4
三四三八六	：桒嬴	4
三四三八七	弜桒	4
三四三八九	：亥貞不既：桒：	4
三四三九〇	：□？桒：	4
三四四九五	丙申卜桒丁：	4
三四五〇〇	壬申貞癸卯酌桒	4
三四五〇一	惟庚辰酌桒	4
三四五〇一	惟己卯酌桒	4
三四五〇二	丁亥卜于甲戌酌桒	4
三四五〇五	甲：桒：享？：牛：	4
三五六〇七	：在𩫏：其用巫桒：祖戊若	5
三五八〇三	甲辰卜貞王賓桒祖乙祖丁祖甲：庚：祖丁 武乙衣無尤	5
三六五〇七	：貞今囧巫九备惟余酌：桒：戔人方 上下于𣪘示受余祐：于大邑商無𢦏在 猷	5
三八六八〇	癸巳卜貞王賓桒：	5
三八六八三	癸亥卜貞王賓桒無尤	5
屯八九	：卜桒：三牛丁卯：	4
屯一三二	高桒王受祐	3
屯三三四	辛酉貞其桒：	4
屯二四四	桒其至河王受祐	3
屯二四四	桒其至𧆨：受：	3
屯三〇五	弜賓桒	3-4
屯三二〇	甲午貞王：□桒于：	4
屯四二二	丁酉卜王桒其步	4
屯四二七	：示于父丁桒	4
屯四四一	：桒：妣丙：宗卜	4
屯五二一	弜桒	4
屯五二一	弜桒	4
屯五九九	：卜生月桒	4
屯五九九	弜桒	4
屯六〇一	弜桒其告于十示又四	4
屯六〇一	：桒令比𡴀	4
屯六〇一	弜桒令比𡴀	4

出處	釋文	期
屯六〇一	于父丁𠦪	4
屯六〇一	于父丁𠦪	4
屯七一一	……于……𠦪……于……祖辛	4
屯一〇三三	其𠦪贏	4
屯一〇四八	弜𠦪	3
屯一一一一	戊午卜于辛𠦪	4
屯一一一一	戊午卜惟庚𠦪	4
屯一一二九	……亥貞甲子酌𠦪在𫰕……月卜	4
屯二一八三	𠦪五牛	4
屯二一八三	𠦪三牛	4
屯二三三四	丁卯貞彡衩王其𠦪……望乘	4
屯二三五九	毓祖丁𠦪一羊王受祐	3
屯二四五九	……卜𠦪祝冊……毓祖乙惟壯	4
屯二六〇一	丁酉卜王𠦪	4
屯二六〇一	丁酉卜弜𠦪	4
屯二八六〇	癸亥貞弜𠦪必	4
屯二八六〇	其即宗𠦪	4
屯二七八四	𠦪在禱	3
屯三一三三	𠦪一牛	4
屯三一三三	𠦪二牛	3
屯三二八六	……𣪍𠦪……	3
屯三八二二	……小示𠦪惟羊	4
屯四三三三	習大示𠦪贏	4
屯四三三三	幸小示𠦪贏	4
屯四三三一	乙未貞于大甲𠦪	4
屯四三三一	乙未貞于父丁𠦪	4
屯四五〇五	……尋𠦪……于……惟牛	3
英五四八	貞𠦪吉方其……	1
英七八四正	乙巳……貞𠦪……	1
英一一六〇反	……囧曰吉其𠦪	1
英一一八九	……于卜……貞𠦪……尹……牛冊……	1
英一八五八	……𠦪……風……羊二犬五	1
英一九一六	丁卯……祖丁……𠦪……	1
英一九九七	……亥卜……贏不既……亦𠦪……酌……	2
英二〇八九	貞于岳先𠦪	2
英二三七一	其𠦪妣癸𥌻妣甲𤔲惟……	3
英二四四七	……河𠦪……惟……亥……茲用	4
英二四六〇	弜𠦪告	4
懷三四	……上甲𠦪……九月	1
懷四四	……卜內盟……辰𠦪……祖乙	1
懷七一	……卜爭貞𠦪王生于妣庚于妣丙二月	1

出處	釋文	期
懷八九九	丁亥卜𠦪黃尹燎二豖二羊卯六牛五月	1
懷一三〇四	……𠦪于于……惟羊……弘吉	3
懷一三八二	……高𠦪……王受……	3
懷一三五〇	宊木告鹿	3
懷一三五〇	宊木告鹿	3
懷一三五〇	宊木告……	3
懷一七三六	丁未王卜貞王賓𠦪無尤	5
懷一五七五	甲午貞生月乙巳𠦪	4
懷一五七五	辛丑卜乙巳𠦪暘日	4
懷一五八七	弜𠦪	4

奏

出處	釋文	期
六〇一六正	戊戌卜爭貞王歸奏玉其伐	1
六六五三正	甲午卜殻貞王奏茲玉成佐	1
六六五三正	甲午卜殻貞王奏茲玉成弗佐	1
二〇三九八	辛丑卜奏𦔻比甲辰卩雨少四月	1
屯四五一六	辛丑卜奏𦔻从甲辰卩小雨四月	1
一四四七五	貞奏岳	1
二〇三九八	辛巳卜奏岳比不比	1
二〇三九八	乙酉卜丙奏岳比用不雨	1
屯四五一六	乙酉卜于丙奏岳从用不雨	1
英一一五三正	貞勿奏岳	1
一四六〇五	癸亥卜勿奏河	1
一四六〇六正	奏河	1
屯三八九八	……咸奏河	4

其它

出處	釋文	期
六	辛未卜……𢀛王奏……之若	1
四六〇	己亥卜貞今日夕奏母庚六月	1
九七三正	戊申卜㝉貞奏步于𦔻……二告	1
九七三正	貞勿奏步于𦔻……其……二告	1
二五五	……未卜㝉……奏于示壬……月	1
一三五二	丙午卜貞奏成七月	1
一六〇〇	……殻貞奏……祖乙	1
二〇七二	癸丑……貞祖……歲奏于……	1
三二五六	……王作凡奏	1

五二七三 …貞奏…來…吉 1
七二三八 …王勿奏循臤…循于… 1
七二三九正 己卯卜㱿貞有奏循下上若 1
七二三九正 己卯卜…貞有奏循下上弗若 二告 1
八一九五 貞商至于奏十月在𠂤 1
八一九六 …出…奏…𠂤 1
九一七七正 惟己丑奏 1
九一七七正 于翌庚奏 1
九一七七正 勿于庚奏 1
一〇一九八反 勿奏祖乙 1
一二八二四 貞惟奏雨 1
一二八二五 …酉卜今日勿奏其雨 1
一二八四三正 戊戌卜奏蔑 1
一三五一七 勿呼婦奏于𡿧宅 1
一三五一七 呼婦奏于𡿧宅 1
一三五九〇 …奏家 1
一四一二五 癸亥其奏醫子呂其… 1
一四三一一 貞勿奏茲于東 小告 1
一四三一一 丁巳卜穷貞奏茲于東 小告 1
一四三七九 丁未卜古貞㚔奏自㝅 1
一五四九一反 貞奏 1
一六〇一二正 …卜…奏六月 1
一六〇一七 貞王奏茲… 1
一六〇一九 貞惟今日奏 1
一六〇二〇 …今我…奏… 1
一六〇二一 …卜爭…奏…至… 1
一六〇二二 …翌丁未…奏婦…以有…三月 1
一六〇二三 …貞…奏… 1
一六〇二五 …奏… 1
一六〇二六正 貞奏紳 1
一六〇二六正 惟奏 1
一六〇二七 …未卜…丁奏… 1
一六〇二八 …延以…上甲奏… 1
一六〇三四 勿奏 1
一六〇三五正 勿奏…乙 二告 1
一六〇三二 …卜翌…子奏… 1
一六〇三八 翌己酉奏三牛 1
一八八九九正 己酉卜爭貞我奏茲旬 1
二二〇五〇 乙未卜于妣壬奏 1
二二〇五〇 戊…直于妣奏 1
一〇三九八 丁未卜奏… 1
一〇九七五 壬午卜𡆥奏山日南雨 1
二一〇九一 壬申卜奏四土于𡆥… 1
二二六二四 壬申卜尹貞王賓父己奏暨兄庚奏叡無尤 2

二二六二四 …卜尹貞…賓上甲…大乙奏… 2
二二六二四 …卜尹貞…賓上甲…大乙奏… 2
二二六二四 壬申卜尹貞王賓父己奏暨兄庚奏叡無尤 2
二二六二五 乙未卜行貞王賓奏自上甲入乙多毓無尤 2
在十二月
二二六八〇 己巳…貞贏不既乍其亦奏自上甲其告于丁十一月 2
二二七四八 甲寅…貞唐…歲其奏… 2
二三二五六 壬子卜即貞祭其酌奏其在父丁七月 2
二六〇一〇 …出…丁未其奏家盧子母于有宗若 2
二六〇一一 庚申…旅貞…奏其…在茲… 2
二六〇一二 乙卯卜出貞今夕奏… 2
二六〇一四 …卜出貞…曾奏…冋月… 2
二六〇一五 …卜出…奏…于侑…于…宰 2
二六〇一六 旅貞…乙未…奏于…三牛 2
二六四三三 …旅…奏…囚 2
二六八五六 貞…奏… 3
二七二九九 …卜大…既奏祖丁…𠦪十牛 3
二七三一〇 惟祖丁庸奏 3
二七三一〇 惟父庚庸奏王永 3
二七八八四 庚申卜其奏宗𠀠有燎惟…小宰 3
二七八八四 庚申卜其奏…茲用 3
二九八六五 …万…奏湄…不雨 3
三〇〇三二 惟庚申奏有正有大雨 3
三〇〇三二 惟各奏有正有大雨 大吉 3
三〇〇三二 惟嘉奏有大雨 吉 3
三〇〇三二 惟商奏有正有大雨 3
三〇一三一 万其奏辛遘大雨 3
三一〇一三 惟小乙…庸奏用有正 3
三一〇一四 于盂廳奏 3
三一〇一四 …室…奏 大吉 3
三一〇一四 惟庸奏有正 3
三一〇二二 于新室奏 3
三一〇二二 万惟美奏有正 3
三一〇二二 …庸奏有正 吉 3
三一〇二二 于盂廳奏 3
三一〇二三 其奏庸鬩美有正 3
三一〇二五 …王其呼万奏… 3
三一〇二六 …奏不…正大…祐 3
三一〇二七 惟戚奏 3
三一〇三〇 弜𢗈鬲奏王其悔 大吉 3
三一〇三三 惟辛奏有正 3
三一〇三六 其奏戚惟… 3

著錄	釋文	分期
三一〇三六	于丁亥奏咸不雨	3
三一〇三六	丁弜奏咸其雨	3
三二一六四	…辰貞咸奏于曾有…	4
三三一二八	惟美奏	4
三三一二八	惟𡆥奏	4
三三一二八	惟商奏	4
三四一三五	弜奏	4
三四一二五	庚辰貞其奏丁示于…	4
三四五六五	己卯卜奏酚迺鼓	4
三四六四一	…其奏𠂤…三十	4
三六〇四正	貞奏父門	1
三六〇四正	勿奏父門	1
屯四一七	…其奏餗	4
屯四三〇一	癸巳貞戍大彡…其奏餗	3
屯四三三八	…其奏商	4
屯四三四三	奠其奏庸惟舊庸大京武丁…弘吉	
屯四四一	…其…迺奏有…	4
英一八〇五	貞惟…途不…余奏…	1
英七九五	…卜…奏年	1
英八六三	戊…今日…奏…	1
英一一四九	丁酉…奏…今…	1
英一二八四	…子卜…貞奏…弟…茲…	1
英一二八六	貞帝示若今我奏祀四月	1
英一二八七	…奏…允…	1
英一九一一	庚辰卜貞鼓無奏	1
英二〇八七	…奏…酚㱾…六月	2
英二三七〇	…奏𤔲不…	3
懷一〇六七	丁卯卜出…其奏…	2
懷一三八七	惟…奏…丁…	3
九五五四	…𡆥…	1
九五五五	…𡆥不其生	1
七九二八反	…卜穷貞𡆥…于宮…十二月	1
五七四九	…午卜古貞…𡆥木	1
五九〇八	貞王其有𡆥　二告	1
二七八二三	貞王…𡆥…無…	3

著錄	釋文	分期
一八八〇一	己巳卜貞翌庚午𩵋益𡆥之日…	1
一八八〇一	己巳卜貞今日益𡆥不雨	1
二六七七五	…卜出貞…𩵋𡆥之日允𩵋	2
一六七八七	…出貞…日𩵋…𡆥…允…	2
二六七八八	丁酉…今日…益𡆥…允…	2
二六七八九	…出…益𡆥…	2
二六七九〇	…卯卜出…𩵋益𡆥之日允𩵋	2
二七九八五	…𡆥典冊羌方王…	3
三三一二八	惟𡆥奏	4

𪆫

著錄	釋文	分期
二六八四七	貞不𪆫…	2
二八七〇〇	…惟辛…𪆫湄日無災	3
二八八〇〇	…寅卜王惟辛𦏧𪆫麓無災永王	3
二九三六〇	貞惟𪆫先田無災	3
二九三六〇	貞弜田𪆫其雨	3
二九三六一	…壬…𪆫…無災𡆥…	3
三〇一五四	壬王迺𪆫湄日不雨	3
三〇六一三	惟𪆫…	3
屯四〇四五	…𪆫田湄…災不雨	3

著錄	釋文	分期
二五九九	…𣎵…母…𡆥…	1
八七一四	貞勿呼𣎵人	1

㣇 祟

著錄	釋文	分期
六八五正	貞多妣弗祟王	1
六八五正	貞多妣祟王	1
八一一反	上甲祟王	1
九〇五正	貞多妣祟王	1
一四九五	…己卜…大戊…祟王	1
一七三四	…亘貞祖辛祟王	1
一七三五甲	貞祖辛弗祟王	1
一七三五乙	貞祖辛祟王	1
二一一九	父甲祟王	1
二一三〇	父甲祟王	1
二一三〇	父庚祟王	1
二一三〇	貞父辛弗祟王	1
二五〇二甲正	貞妣癸弗祟王	1
二五〇二乙正	妣癸祟王	1
三二五一正	盡戊祟王	1

三二五一正　盡戉弗祟王　1
三四五八正　貞亦尹祟王　1
三四五八正　貞亦尹弗祟王　1
三五二一正　盡戉祟王　1
三五二一正　盡戉弗祟王　1
四三八七　…祟王遣並十月　1
五六五八正　羌甲祟王　1
五六五八正　南庚祟王　1
一三六九九　…祟王其疾　1
一四七二〇　辛酉卜㓝貞季祟王　1
一七四〇九正　祖辛祟王　1
一七四〇八正　祖辛弗祟王　1
一七四〇九正　祖丁祟王　1
一七四〇九正　祖丁弗祟王　1
二四四一二　…祝貞二示祟王遣並十月　1
二六〇二六　…曰惟…王祟…尤古五月　2
二六〇九五　己丑卜大貞卜祟其于王　2
三二四四四　癸巳卜成祟我　2
屯二六五八　…祟王單　4
英五二　祖丁弗祟王　1
英一一九九　…祟王…乙惟…　不舌黽　1
英一九五七　貞弗祟王惟巫　2
懷一五七一　于夒祟王　4

四一九正　貞令邑歸祟我　二告　1
四七八正　于王亥祟我　1
四七八正　于王亥祟我　1
二四一五正　河祟我　1
二四一五正　不我祟　1
三四八四　…黃尹不我祟　1
七三五二正　貞王亥不我祟　1
一二六五一　貞其祟我于…有雨　1
一二六五一　…祟我…　1
一三三〇〇　…祟我　1
一四六一五　…午卜㝌貞河祟我　1
一四七五八正　…王亥祟我　1
一六九六九　貞惟不祟我　1
一六九七〇　貞…不…我祟　1
一六九七四　貞祟我羊　1
一六九七五　…祟我羊　1
三五九〇七　乙酉卜中…卜不冓?…祟我　2
三六一〇〇　乙酉卜中…卜不冓?祟我　2

英二五　…祟我　1
英一一六七　壬午卜㝌貞河祟我　1

五五七　甲子卜㝌貞藝祟雨娥于河　1
一二六四三　…未卜㝌…祟雨…十三月　1
一二八六二正　庚辰卜㝌貞祟雨我…　1
一二八六二正　…祟雨我弗其得　1
一二八六三　丁未卜爭貞祟雨匄于河十三月　1
一二八六四　甲子卜㝌貞于岳祟雨…　1
一二八六五　…祟雨　1
一二八六六　…申卜㝌貞祟雨匄…　1
一二八六七　甲子卜㝌貞祟雨…于…　1
一二八六八　癸巳卜㝌貞祟雨　1
一四五二一　貞祟雨我于岳　1
三〇一七五　于南方祟雨　3
三〇一七五　癸巳其祟雨于…　3
三〇一七六　癸巳其祟雨于…　3
三二三〇一　王祟雨于土　4
三四四九三　乙卯卜王祟雨于土　4

六七六七　丙寅卜殻貞勿曰祟方我　1
六七六七　貞勿曰祟方我　1
八一九九　…王呼希方…韓　1
二〇四七二　戊辰卜徣呼𢆶祟小方我七月　1
二〇四六四　甲午卜犬令去□祟方　1
二〇四六五　…祟方　1
二〇四六六　己亥卜王祟方我　1
二〇四六九　丁酉卜王令戜祟方　1
屯六〇四　辛丑卜犾令□祟方　1

五七二　貞呼希□執　1
四六六三　丁酉卜㝌貞呼祟　1
四六六四　…呼祟其…　1
四七八七　辛酉卜亘貞呼祟矢束　1
八八九二　其呼希得　1
一三〇五一正　呼祟先从東得　1
一三〇五一正　呼祟先得　1
一三〇五一正　貞呼祟先得　1
二八〇四五　丁未卜王其呼戍希在…　3
屯一九〇　丙子卜今日殺召方執　4
英七八七　貞呼祟　1
英七八七　貞呼祟　1

九四反　王尋固光卜曰不吉有祟茲……呼來

一三七正　癸丑卜爭貞旬無囚王固曰有祟有夢甲寅
允有來嬄左告曰有往芻自益十人又二

一三七反　王固曰有祟有夢其有來嬄七日己丑允有
來嬄自……戈化呼……方征于我……

一三九反　癸亥卜爭貞旬無囚王固曰有祟五日丁未
在敦圖羌

一三九反　祟

三六七正　癸卯卜𣪘貞……王固曰有祟……𩙡風之夕
……羌五

三六七反　……乃茲有祟其有來嬄

三六七反　……固曰有祟其有來……迄至五日戊……昔……

三六七反　王固曰有祟……

四九八反　……有祟

五八三反　王固曰有祟𠭰光其有來嬄迄至六
日戊戌允有……有𤰈在㝃𤰈在……
虆亦焚廩三十一月

五八三反　王固曰有祟其有來嬄

五八四甲反　王固曰有祟八日庚子戈奉羌……人
𢼄有圖二人

五八四甲反　王固曰有祟有見……其惟丙……

五八四乙反　……固曰有祟其有來嬄迄至六……在㝃
𤰈……

五九四反　……固曰有祟其……𢦔無……

八九二正　貞我有祟

九三八反　王固曰有祟

一〇五〇正　……有祟……婦……十人

一〇六七　乙亥……貞……有祟……人

二七九五正　……貞婦共……固曰有祟……其惟庚

三〇三二反　其侑子妻有祟

四九七八　乙亥卜爭貞王束有祟不于……人囚

四九七九　癸酉卜貞旬有祟不于一人……

四九八〇　癸未卜……旬有祟……一人囚八月

五八〇七　……亥卜爭貞旬無囚王固曰有祟旬壬申
中師𪓕四月

五八三九反　……陷有祟

六〇五七正　王固曰有祟其有來嬄迄至七日己巳允有
來嬄自西𢦏友角告曰𢀛方出侵我示
虆田七十人五

六〇五七正　癸卯卜𣪘貞旬無囚王固曰有祟其有來嬄
五日丁未允有來嬄飲桒自𢀛圉六月

六〇五七正　癸巳卜𣪘貞旬無囚王固曰有祟其有來嬄
迄至五日丁酉允有來嬄自西沚𢦔告曰土
方征于我東鄙𢦏二邑𢀛方亦侵我西鄙

六〇六三正　……旬無囚王固曰有祟其有來嬄……

六〇六五　……旬無囚……有祟𨇨𦍒其有……允有來嬄……
唐吾方征……

六〇六八反　王固曰有祟其有來嬄其惟丙不吉其惟……
不……

六〇七五正　……其惟壬有祟……呼告𢀛方𢦏……

六一七〇反　王固曰有祟四祟丩正……

六五六六反　王固曰有希茲𠚤執光

六六七八反　……固曰有祟其有來迄至無我

七〇九六正　……有祟……有來嬄……𣅀……其……

七一三九　癸丑卜爭貞旬無囚……有祟嬄九日辛……

七一三九　……爭貞旬無囚王固曰有祟……有來嬄沚
𢦔呼告曰……

七一四九反　……固曰有祟𠄎

七一五〇正　……未卜……曰有祟四日……𠪚偁𣅀……

七一五〇反　……乃茲有祟其……允有來嬄……有鑿……

七一五三正　王固曰有祟其有來嬄八日庚……𨾊有冊
曰𣅀

七一五六反　王固曰有祟……

七一五六反　王固曰有祟

七一五九正　癸……茲有祟……吉

七一八九正　……有祟嬄有見……

七一九〇　……有祟嬄𧌋……

七一九一　……卜古……有祟……嬄……

八六四一　……㝊……𢦏祟……方至于……

九八七八反　……固曰有祟

一〇二二五反　……有祟……

一〇四〇五正　癸未卜𣪘貞旬無囚王固曰往乃茲有祟
六日戊子子彈𢍏一月

一〇四〇五正　癸巳卜𣪘貞旬無囚王固曰乃茲亦有祟
若偁甲午王往逐兕小臣甾車馬
𥒯𡦹王車子央亦墜

一〇四〇五正　癸酉卜𣪘貞旬無囚王二曰匄王固曰𩰪有
祟有𢧀五日丁丑王賓仲丁己陰在𢊁
阜十月

一〇四〇五反　王固曰有祟八日庚戌有各雲自東𡆥母昃
亦有出虹自北飲于河

一〇四〇六正　癸酉卜𣪘貞旬無囚王二……王固曰𩰪有祟
有𢧀五日……王賓仲丁己陰在𢊁……二告

一〇四〇六正　癸未卜𣪘貞……乃茲有祟……

一〇四〇六反　王固曰有祟八日庚戌有各雲自東𡆥母
昃亦有出虹自北飲于……

一一三九五　貞王聽不惟有祟

一一三九五　……聽惟有祟

一一四四六　……無囚王固曰有祟……敝𣏟車……車𡙧

號	釋文	期
	馬：亦有求：	1
一二四八四正	：丑卜穷貞翌乙：桼蒸于祖乙：王固曰 有祟：不其雨六日：午夕月有食乙未酌 多工率求遣	1
一二四九七正	丙申卜殼貞來乙巳酌下乙王固曰酌惟有 祟其有鑿乙巳酌明雨伐既雨咸伐亦雨𢼸 卯鳥星	1
一二四九八正	丙申卜殼貞來乙巳酌下乙王固曰酌惟有 祟其有鑿乙巳明雨伐既雨咸伐亦雨𢼸鳥 星	1
一一七二二正	：貞：好不：侑母：固曰有祟百日：	1
一三一五一反	王固曰有祟其：	1
一三二二〇反	有祟	1
一三四七六反	：固曰有祟：	1
一三三六二正	：固曰有祟七日己：□冉：	1
一三六一三	旬有祟王疾首中日羽	1
一三六五八反	王固曰余毋邁若茲卜不其惟：有祟：	1
一四〇二二反	王固曰其惟甲娩嘉其惟：有祟	1
一四〇四八	：固曰其：娩嘉：有祟：	1
一五四八五	丁丑卜穷貞勿自魚歲卜有祟粤用弗□出 ：	1
一五四八六	丁丑卜穷貞勿自魚歲卜有祟粤：	1
一六九三五正	癸未卜殼貞旬無囚王固曰有祟三日乙 酉莫有攺	1
一六九三八反	：固曰吉亦惟有祟率：	1
一六九三九反	王固曰有祟六日戊午夕皇己未：	1
一六九四〇	王固曰有祟六：舟龍：有：	1
一六九四一	癸酉：旬無：曰有祟：見五日：寅月 ：卯：	1
一六九四三反	王固曰有祟	1
一六九四九反	：固曰乃茲有祟	1
一六九五〇	癸亥卜古貞旬有祟其有來：自：	1
一六九五一	癸酉卜穷貞旬有祟	1
一六九五三	貞卜有祟其于：	1
一六九五四	貞卜有祟無囚	1
一六九五五	己亥貞夕有祟	1
一七〇七六	癸丑卜殼貞旬無囚王固曰有祟五丁巳 麤冉	1
一七二三四	貞我有祟	1
一七二九九	癸未卜爭貞旬無囚王固曰有祟三日乙酉 夕皇丙戌允有來入齒	1
一七四五二	己亥卜爭貞𠤕有夢勿祟有匄無匄十月	1
一七〇八〇正	癸亥：貞旬：有祟：子□：冉	1
一七七〇三	王固曰有祟茲□：	1

號	釋文	期
二二五九二	壬午卜吳貞卜有祟在茲入有不若	2
二四一三五	辛未王卜曰：余告多君曰般卜有祟	2
二四一四六	癸丑卜出貞旬有祟其自西有來𡠄	2
二四三五八	旬有祟之日甗沚夕有兕在𣏟八月	2
二六〇九六	丙午卜出貞歲卜有祟無延	2
二六〇九七	：卜中：有祟：于見	2
二六七六五	癸酉卜貞旬有祟不于家盧子四月	2
三二五六五	：祖乙一牛：有祟惟茲：	4
三二九七〇	癸卯貞旬有祟王無囚	4
三四〇八六	癸未貞六旬有祟不于妣囚	4
三四五〇七	：有祟不降：	4
三四七〇八	丁丑貞卜有祟非囚	4
三四七五〇	：吉旬有祟自：	4
三五二五三	：有祟自：□	4
屯二五二五	：亥卜有祟無囚	4
屯三三〇四	癸酉貞旬有祟自北：有囚	4
英八八六正	癸未卜爭貞旬無囚王固曰有祟三日乙 酉夕皇丙戌允有來入齒十三月	1
英一五五七	：卯卜：有祟：于一人	1
英一五九〇反	：固曰有祟	1
懷七三七	癸巳：古貞：有祟不于：囚九月	1

其它

號	釋文	期
四三	丁亥卜貞：复：弜祟：執：	1
二七二正	于父乙祟有匄	1
二七二正	勿于父乙祟有匄　二告	1
五八四甲正	癸未卜殼貞旬無：祟其有來𡠄迄 至七日：允有來𡠄自西□戈：告 曰吾方征于我奠：	1
五八六	：巳卜穷貞王曰行□□祟	1
五九五正	壬申卜亘貞祟囚不于鼓由八人甫 五人	1
五九五正	貞黄尹不祟　二告	1
八一一反	上甲弗祟	1
八九一反	壬寅卜奴：侑往王于不呼比希弘：	1
八九一反	勿呼比希于不	1
八九二正	貞我無祟	1
九〇三正	父乙不惟伐祟	1
九〇三正	父乙惟伐祟	1
九四〇正	貞王希牛于夫	1
九四〇正	貞勿希牛于夫	1
一三〇三正	貞黄尹祟	1
一四〇九	：貞大丁祟	1

一六〇二　：祖乙不祟　1
一六〇三　貞祖乙祟　1
一八〇三　羌甲祟余　1
二一三四　貞父甲祟　1
二二七五　貞父乙不祟　1
二三二八　壬午卜㝐貞河祟　1
二三九五　貞妣甲祟　1
二四二八　貞妣己祟　1
二五〇〇反　：曰妣庚：循祟　1
二五〇二甲正　貞妣癸祟　1
二五二三　甲申卜貞于祟年䖋　1
二八四九正　貞妣己弗祟婦　1
三二五九　子𣪘祟　1
三二五九　子𣪘不祟　1
三二五九　仲子不祟　1
三四七九正　貞黃尹祟　1
三四八〇正　貞黃尹不祟　1
四〇〇六　：卜韋貞令□祟□鬳：　1
四五〇三甲　癸卯卜：眉勿：祟冉：　1
四六六〇　庚辰：貞嬴：其祟：匄其　1
四七八七　貞勿祟矢束　二告　1
四九九七　：戌卜亘貞余弜祟：　1
五七一一　貞令毀祟奠十二月　1
五七二三　貞祟馬雍呼多馬　1
六〇〇〇反　貞黃尹祟：　1
六〇一六反　貞目其祟疾　1
六〇一六反　貞目不祟疾　1
六四七七正　貞惟祟　1
六八三四正　丙寅卜爭呼嬴□侯專祟𢼸　1
七二三九正　令彈祟奠目　二告　1
七五六五正　壬寅卜㝐貞祟牛　1
八八九二　其祟　1
八九五三反　希得　1
九二七三正　貞勿祟　1
一〇一二七　貞勿祟年我　1
一〇一二九　癸卯卜殻貞祟年䖋于河　1
一〇一三〇正　貞于丁祟年䖋　1
一〇四〇六正　癸巳卜殻貞旬無囚王固曰乃：祟若偁
　　甲午王往逐兕：馬硪□王車子
　　央亦：　1
一〇六三〇　丁未卜㝐貞父乙祟　1
一〇九八九正　貞祟□其來告　1
一一一五七　貞祟勿牛　1

一一五〇三反　：吉：祟其有來𡢃　1
一三〇三八　：蔑匄不祟　1
一四三一五正　貞不妣己祟　小告　1
一四六一七　貞河祟惟□帚　1
一四六一八　貞河祟：　1
一四六一九　丁卯卜惟河祟　1
一四七二一正　辛亥卜古貞季弗祟王　1
一四七三五正　貞祟　1
一六九七六正　貞祟玉于鼓　1
一六九七六正　癸亥卜：貞祟：　1
一六九七九　：婦：祟：　1
一六九八〇　：祟：王固曰：辛丑允：　1
一六九八一　：旻：祟：　1
一七三〇一反　勿祟于酉　1
一七三六八　貞：鳴：祟鄉：十一月　1
一九九〇七　丙戌卜□令伐祟軝母　1
二〇〇二四　戊午卜王上祟子辟我　1
二〇二〇四　丙辰：匿祟：戊　1
二〇二一八　：丑卜：令：甫大：祟捍　1
二〇三三三　丁丑卜王貞令竹祟亢于□𢦏朕事　1
二〇五五三　：祟叀：二月　1
二一〇五〇　癸未：□令䍧妣石祟有𠬪友　1
二一二六六　：午卜□：甫牛：祟：　1
二一三六一　：辰卜王令：舊友：祟：我：　1
二一三六一　壬辰卜：令：莫祟：我：毋陜：　1
二一三八〇　癸酉卜王疾豕惟示祟　1
二一四八七　：庚祟□：惟甲□：　1
二一八九五　：令弜祟：馬犬　1
二二一六二　：曰今日：大丁祟：　1
二二二八四　束祟　1
二二二八八　㚔束祟　1
二三一八〇　丁巳卜行貞王賓父丁祟十牛無尤　2
二三六九八　乙酉卜：貞其：祟虎：　2
二四九〇〇　：卜中：惟茲：惟茲：希　2
二四九七八　貞惟王帝□祟不若　2
二五二三一　：歲：癸：祟：旬子：　2
二八二六六　：卜其㚔年于示祟有大雨　大吉　3
二八三一五　乙未卜王往希狐从：邅　3
二八三六九　惟宮麋祟亞擒　3
三〇四〇三　于夒：祟有大：　3
三〇四一九　于岳祟有大雨　3
三一二八三　：祟無大雨　3
三二三〇一　庚戌卜王祟省大乙　4

三二三〇一　庚戌卜王祟省大甲　4
三二三〇一　庚戌卜王祟省祖乙　4
三二三一五　于高祖祟有匄　4
三二三一五　于毓祖祟有匄　4
三二五〇九　甲戌貞令步祟交得　4
三二五〇九　庚午貞令霝以在㠱祟交得　4
三二五〇九　……午貞令步以舆祟交得　4
三二五〇九　甲戌貞令鳴祟交得　4
三二五〇九　甲戌貞令霝以在㠱祟交得　4
三二九〇五　乙丑貞惟奚令祟交　4
三二九〇五　乙丑貞祟交　4
三三〇二六　丙子卜今日祟召方夅　4
三三三六二　……往田于來祟……　4
三三三六二　……卜王往田从來祟豕擒　4
三三三七八　惟𣪊祟擒虎　4
三四五八五　河祟　4
屯二六八六　湊祟有豭屯日無災永王　3
屯三一一〇　……于妣丁……𩰫祟　3
屯四四〇　……田祟宰虎無災　3
屯四三三八　……貞祟鬼于𠂤告　4
英五九七正　庚午卜㱿……其有獲羌……希㚘……　1
英一二四八　貞勿……于岳……祟……　1
英一八〇六　……貞余……祟奠臣于……　1
英一九〇六　丁未子卜祟豕惟今日祟遘豕遘　1
英一九四八　癸巳卜祝貞二示祟王遣並　二告　2
懷一五〇三　……卜㠯貞王勿……𥁕内祟……戠……　4

二九五四　丙戌卜㱿貞子商其⿰阝希有𡆥七月　1
二九五五　丙戌卜㱿貞子商其⿰阝希𡆥　1
三三五九　子⿰阝希不祟　1
三三五九　子⿰阝希祟　1
一三五一四甲正　辛卯卜㱿貞基方……作郭不⿰阝希弗𢦔四月　1
一三五一四乙正　辛卯卜㱿貞基方缶作郭不⿰阝希弗𢦔……　1
一三五一四乙正　辛卯卜㱿貞基方作郭其⿰阝希　1
一三六二八　貞疾目不⿰阝希　1
一三八一五　貞疾……不⿰阝希　1
一三八二六　丁亥卜貞疾不⿰阝希　1
一四〇二二正　⿰阝希疾　1
一四〇二二正　⿰希刂疾　二告　1
一八六七六　……不⿰阝希八月　1

一九〇三六　……卜……貞……目其⿰阝朿……惟……戋……　1
三七四六八　丁丑卜貞宰逐辟祝侯麓㪤犬翌日戊　5
三七四六八　寅王其⿰阝朿……召王弗悔擒
英三九六　貞惟……⿰阝朿……　1

二一四六一　……⿰阝朿……　1
二一七〇三正　乙貞子不⿰阝朿　1
二二〇八六　壬申卜內乙⿰阝朿正示　1
三九四四七　……在……告……翌日……其⿰阝朿……王弗……　5
懷一八七〇　丁酉卜……日己亥……⿰阝朿……麓……王弗……　5

夒

二四九六〇　貞惟夒壱　2
三三三三七　庚寅卜惟夒壱禾　4
屯二三六九　辛巳卜在箕惟夒壱王　4
屯二四三八　惟夒壱雨　4

一四三六九　燎于夒六牛　1
一四三七〇丁　丙辰卜㱿貞惟平令燎于夒　1
一四三七一　貞燎于夒　1
一四三七二　……燎于夒……宰……十月　1
一四三七三　貞燎……夒　1
二一一〇一　甲子卜畓燎于夒　1
二四九六二　丙午卜旅貞翌丁未夒燎告有豊……　2
二五三五一　……卯卜大……夒燎卯……其𠂤……　2
三三二七七　壬申貞桒禾于夒燎三牛卯三牛　4
三四一七二　甲寅貞辛亥酓燎于夒三牛　4
三四一七三　夒燎不……　4
屯二八四　庚戌卜燎于夒三小宰　4
屯四五三八　乙亥卜高祖夒燎二十牛　4
屯四五八二　夒燎弜至日酓　吉　兹用　3

六三正　貞翌辛卯奠桒雨夒畀雨　1
一〇〇六七　甲子卜爭貞桒年于夒燎六牛　1
一〇〇七六　戊午卜㱿貞酓桒年于岳河夒　1
一〇〇八五正　貞桒年于夒九牛　1

一四三六七 ……來……夒……二月 1
一四三六八 勿來于夒三月 1
二八二四九 其來年于夒五牛王受祐 3
二八二五一 ……于卜其來年于夒 3
三〇三九九 于夒高祖來 3
三〇四〇二 己巳卜其來夒惟辛酉…… 大吉 3
三三二七三 壬申貞來禾于夒 4
三三二七八 壬申貞來禾于夒燎三牛卯三牛 4
三三三〇一 ……貞來禾于夒 4
屯 二四四 來其至夒……受…… 3

其它

三七七六反 令匚禦大夒 1
五四七六 丙戌卜爭貞爯不作夒戴王事二月 1
一〇〇六八 ……辰卜……貞……年……夒……五牛 1
一二〇五 貞告既侑于夒于上甲 1
一四三六六 ……夒告……六月 1
一四三七四 ……于夒…… 1
一四三七五 貞往于夒有从雨 1
一四三七六 ……豹……夒……比…… 1
一四三七七 ……子卜……夒…… 1
一四三七八 ……夒……受祐 1
一四三七九 丁未卜古貞奚奏自夒 1
一五一五四正 貞其……夒舌 1
一七九一九 庚午……𣪊貞……夒其……望 1
二四九六一 壬戌王曰夒匚牛一月 2
二四九六三 ……大夒…… 2
二四九六四 ……夒…… 2
二四九六五 甲子卜……夒卺…… 2
二四九六六 ……亥……夒…… 2
二八二〇七 夒即宗 3
二八二四〇 ……夒受禾 3
三〇三一八 即右宗夒有雨 3
三〇三九八 惟高祖夒祝用王受祐 3
三〇四〇〇 ……卯至……夒妣…… 3
三〇四〇一 癸丑卜何貞其侑于夒 3
三〇四〇四 惟……夒……王受……吉 3
三〇四〇三 于夒……祟有大…… 3
三三二二七 ……戌貞其告秋𩁹于高祖夒六…… 4
三三三〇四 己巳……惟夒先侑 4
三四一六九 ……夒暨上甲其即 4
三四一七〇 ……侑于夒……兹用 4
三四一七一 ……夒母…… 4
三四一七四 ……祏夒…… 4
屯 六二三 ……夒岳辛丑其龠酌有大雨 3
屯 七八三 丙午卜告于祖乙三牛其往夒 不 4
屯一〇六二 迺酌于夒 4
屯一一二〇 ……卜于夒…… 4
屯一一七六 ……貞旬……王……猱⿱亼豆…… 4
屯一五九〇 ……夒遘…… 3
屯二〇三一 ……酉貞辛……酌……夒六牛 4
屯二一〇〇 壬寅貞王步自毄于夒 4
英二四四三 酉于夒 兹用 4
英二四四四 惟夒⿱艹乇 4
屯四一一〇 甲……夒……禾…… 4
屯四三一六 ……巳卜……于夒 4
英一一七一正 ……夒…… 1
英一一七二 侑于夒 1
英二〇八七 ……奏……酌夒……六月 2
英二〇八八 ……卜⿱己止……夒 2
懷一四六一 于丁丑祝夒使 3
懷一五七一 于夒祟王 4

⿰夒戊

六三〇〇 ……卜爭……呼⿰夒戊舌方 1
六三〇一 貞呼⿰夒戊舌方 1
六三〇二 ……呼⿰夒戊舌…… 1
六三〇三 丙子卜古貞呼⿰夒戊舌…… 不舌黽 1
六三〇三 貞勿呼⿰夒戊舌方 不舌黽 1
六三〇四 ……⿰夒戊舌方 1
二八二五二 其來年⿰夒戊惟……酌有大雨 3
二八二五三 ……來年……⿰夒戊暨?……有雨 3
三二一一七 壬辰卜其來年于⿰夒戊燎侑羌 兹用 4
三三〇〇一 ……其來雨于⿰夒戊燎九宰 4
三三二七四 癸未貞來禾于⿰夒戊 4

三三二七五 癸未貞奉禾于夒 4

三三二七六 乙巳貞奉禾于夒三玄牛 4

三三二九三 貞其奉禾于夒 4

乇三〇八三 貞其奉禾于夒… 4

乇三四三九 奉…夒… 3

一四三八〇 辛酉卜穷貞燎于夒…牛二月 1

一四三八一 貞侑…夒…燎…卯… 1

三〇二九九 乙卯卜不雨夒宗燎奉… 吉 3

三二一一七 夒燎二牛 4

三三二七二 壬申卜燎于夒雨 4

三四一七五 夒燎三牢 4

三四一七五 夒燎二… 4

三四一七六 乙亥貞彡燎于夒 4

三四一七七 夒燎二牛 4

三四一七七 夒燎一牛 4

三四一七八 于來甲辰彡夒 4

乇三四六 …夒燎…

乇四四〇五 …夒燎三牢 4

其它

四九三二 貞呼印夒 1

六五五六 呼夒芫 1

七三五〇正 甲午卜亘貞奴馬呼夒… 1

七六一五反 勿…夒 1

七六一五反 …□夒 1

一二八四七 貞…夒…雨 1

一四三八二 …未卜穷…于夒…秋… 1

一四三八三 …□…夒… 1

一四三八四 …夒…□… 1

一四三八五 壬子卜貞于夒… 1

一四三八六 …惟…夒… 1

一四三八七 …夒… 1

一四三八八 …惟…夒…我… 1

一四三八九 貞…夒…雨 1

一四三九〇 貞呼剛目…□河以…夒洹 1

一四三九一 …夒… 1

一六二一〇 …戜…夒… 1

一九〇九六反 貞令夒 1

二七九六二 惟馬…夒方𢦔 3

三〇二九八 于夒宗彡有雨 3

三〇三一九 貞王其彡夒于右宗有大雨 3

三〇四〇五 …申卜其□夒… 3

三三二二八 …貞…秋…夒…牛 4

三四一七九 戊…貞…夒…五牛 4

三四一八〇 …于夒… 4

三四一八一 …于夒… 4

三四一八二 癸巳卜往夒以雨 4

三四二二五 …夒… 4

乇五二 于甲辰彡夒 4

乇四九二 癸卯卜其冊禦夒卯… 吉 3

乇二三五四 壬寅卜王其□夒于盂田有雨受年 3

乇三一四一 …夒惟… 3

乇三一八二 …巳卜…夒…雨 4

乇三三〇三 …于夒…雨 4

英六九四正 …貞…夒…捍…

懷二〇四 …夒… 1

牛

選録

□ 參□ 977頁

□ 參□ 104頁

□ 參□ 1228頁

□ 參□ 961頁

□ 參□ 361頁

一〇二 …戌卜貞𠂤獻百牛盤用自上示 1

二〇三反 五白牛又穀 1

三八七反 貞奴雀㳄牛 1

三〇〇 貞禦惟牛三百 1

三八八 己未圉于義京羌三卯十牛中 1

三八九 己酉圉…義京羌三卯十牛中 1

七七九正 貞燎于土三小宰卯一牛沈十牛 1

一〇二七正 丁巳卜爭貞降冊千牛 二告 1

一〇二七正 不其降冊千牛千人 1

一三五四 貞戍日二牛 1

一三五四 貞戍日三牛 1

一三五五 戍二牛 1

一四二三 …殸…刿侑大甲白牛用 1

編號	釋文	期
一四六九	：卯：牛：丁	1
一五〇五	貞翌侑于甲一牛祖乙祖辛	1
一五二二	侑于祖乙三牛	1
一五三三正	乙巳侑于祖乙又一牛	1
一六一五	甲戌卜用□牛于祖乙	1
一六一八	：祖乙一牛	1
一八二四正	㕣牛	1
一九六五	翌丁未蓺敆于丁一牛	1
二九四〇	翌辛卯燎三牛	1
三四六一	丁巳卜侑于黃三牛六月	1
四八八四	甲午卜穷貞周乞牛多：	1
九九七四	呼田于牛	1
一四八一一	己卯卜余𠦪于蔑三牛允正	1
一五〇六五乙	貞翌乙卯侑一牛正	1
一五四八七	癸丑卜貞勿自魚羊惟牛	1
一六〇三八	翌己酉奏三牛	1
一七三九三正	庚子卜穷貞王夢白牛惟囚	1
一九七六一	丁卯卜王兄戊惟牛	1
一九七九八	庚戌卜□夕侑般庚伐卯牛	1
一九九一一	癸卯卜王惟勿牛用魯：	1
二〇四七七	貞：牛無□方	1
二〇五二一	：上甲十五牛	1
二〇五二三	侑于丁牛用	1
二〇五三〇	癸未卜延酉父甲至父乙彭一牛	1
二〇六五九	甲午：𠦪年：三牛	1
二〇六五九	：侑：三牛	1
二〇六六三正	：庚十牛	1
二〇六六四	：乙十牛	1
二〇六六五	：卜：至壬：歲：畬：五牛	1
二〇六六六	：三牛	1
二〇六六七	：卜□：牛八月	1
二〇六六八	辛未卜：牛	1
二〇六六九	：牛	1
二〇七〇四	：乙十牛	1
二一〇二八	：今夕：寅牛：	1
二一一二〇	戊戌卜□侑季牛	1
二一一四八	：母庚侑牛	1
二一一七五	辛亥卜至伊尹用一牛	1
二二〇七四	甲午卜□樂于入乙至父戊牛	1
二二〇七八	甲子卜有歲于下乙牛	1
二二〇九二	丁未卜有歲于□人牛	1
二三三五四	己丑卜行貞王賓兄己歲敍無尤二牛	2
二三三九九	丙辰卜□貞其圂于妣辛一牛	2

編號	釋文	期
二三四七七	貞兄庚歲暨兄己其牛	2
二七〇四〇	惟牛王此受祐	3
二七一二二	：蒸華牛大乙白牛惟元：	3
二七一二三	其用大乙匍牛	3
二七二〇六	𢀛卯于二酒惟牛	3
二七四九九	惟牛此有大雨	3
二七五七三	妣癸歲惟牛	3
二七六一九	：酒牛二兄庚牛一	3
二八二〇六	其告秋上甲二牛　大吉	3
二九五〇四	白牛惟二有正	3
二九五〇四	白牛惟三有正　大吉	3
三〇〇二三	惟牛有大雨	3
三〇三四八	祖丁必𢀛卯惟牛王受祐	3
三〇三八一	卯習牛	3
三〇六〇九	其尞三牛	3
三〇六一二	惟一牛用王受有祐	3
三〇六三〇	祝惟牛	3
三〇六七八	惟牛暨犬三受祐	3
三〇六八九	其用舊𦬽二十牛受禾	3
三〇七一五	惟七牛次用王受祐	3
三〇七一六	其用□牛	3
三〇八二五	惟牛用正	3
三三二八二	壬子貞其尞禾于河燎三牢沈三𡆥牢	4
三三二八三	河燎三牢沈牛三	4
三三二八三	辛卯貞其尞禾于河燎二牢沈牛二	4
三三二九六	丁未貞其尞禾自上甲六示牛小示盞羊	4
三三三〇九	辛卯卜甲午尞禾上甲三牛用	4
三三六九八	庚辰貞日有戠其告于父丁用牛九在焚	4
三四二二五	岳燎五牢圈五牛	4
三四四五八	燎五牛卯五牛　不用	4
三六九九一	：貞：白牛	5
三六九九二	惟黃牛	5
三七〇二五	惟勿牛	5
三七二〇七	其牢又一牛　茲用	5
屯九	己酉貞𠂤以牛其用自上甲盞大示惟牛	4
屯六七二	：擒以牛其用自上甲盞大：	4
屯四三三一	乙未貞其尞自上甲十示又三牛小示羊	4
英四五九	貞王勿往省牛：月	1
英五二八	貞令鳴以多方牛	1
英七八七	貞暘牛于	1
英七八七	貞暘牛于	1
英一二四〇	乙亥：丙冊大：五百牛：伐百：	1

㞢

著録號	釋文	期
六六	貞庚㞢衆人得	1
一〇七一正	…人…有㞢	1
四五五四	…㞢勿…	1
五五一反	…𠭯貞立事于㞢	1
五九七七	…呼…田…㞢	1
六八七七正	庚申卜㱿貞伐𢀛㞢𢦔	1
六八七八	貞王伐𢀛㞢𢦔	1
六八八〇	…伐𢀛㞢…	1

㞢

著録號	釋文	期
一二四五〇	㞢于祖辛	1
一三四五〇	貞㞢于祖羊	1

牢

選録

著録號	釋文	期
二五	甲申卜貞翌乙酉侑于祖乙牢又一牛又𣪊	1
三三一	貞三十羌卯十牢又五	1
三三六	…貞燎于河五牢沈十牛圉牢又羌十…	1
四〇〇	貞羌三人卯牢又一牛	1
四〇一	貞翌丁巳用侯告歲羌三卯牢	1
五五七	貞五十牢	1
一九八二八	壬申卜侑大甲三十牢甲戌	1
一九八三一	辛未卜侑大庚三牢庚辰	1
一九八六八	侑祖丁牢	1
二二〇六三	癸酉卜午入乙牢	1
二二一一〇	…歲…牢	1
二二一一一	乙巳…牢	1
二〇七〇〇	乙丑卜先…呼盧犬𠂤至二牢	1
二一五三八乙	禦小辛三牢又𢦔二彡萑至…	1
二一八〇五	辛丑子卜貞用小牢龍母	1
二一八〇五	辛丑子卜貞用小牢𡰥司	1
二一八〇五	壬寅子卜禦母小牢	1
二二〇四五	牢父戊	1
二二〇四五	牢父戊	1
二二〇五四	辛…天…牢	1
二二〇五四	天戊五牢	1
二二〇六二正	牢又𢆉于入乙	1
二二〇六五	甲子卜翌入乙有歲三牢	1
二二〇七三	惟小牢于父戊	1
二二〇七三	己丑卜禦于帝三十小牢己丑余至𢆶羊	1

著録號	釋文	期
二二一一六	甲寅卜禦石甲牢用五月	1
二二二七四	侑兄丁二牢不雨用延	1
二二二七四	侑兄丁牢	1
二二二七四	兄丁延三百牢雨𢆶宗𠁁	1
二二二九四	己未卜往西子高妣庚三牢	1
二二二九四	丁巳卜禦三牢妣庚	1
二二三六七	甲戌侑…祖牢…	1
二二三六六	…牢…	1
二二四二六	癸巳卜用庚申禦牢	1
二三六一四	己丑卜出貞𣪘日其𢆶丁牢	2
二六九一二	卯五牢王受祐	3
二七一二九	祭大乙其舌祖乙二牢	3
二七一六〇	大甲歸惟大牢　大吉	3
二七一八〇	乙亥卜蒸鬯三祖丁牢王受祐　吉	3
二七一九〇	祖乙舌三牢王受祐	3
二七一九四	貞舌祖乙五牢	3
二七二七五	…卯卜祖丁莫歲二牢	3
二七二九一	祖丁𠕋五牢	3
二七三六〇	丁亥卜酒木丁弘　茲用　三牢	3
二七四四〇	庚午卜其有歲于妣辛牢	3
二七四四一	父甲歲惟三牢	3
二七四四二	其有歲于父甲酒牢	3
二七四五三	兄惟今其三牢旦彡正王受祐 大吉	3
二七五一四	其侑妣己妣庚惟小牢	3
二七五二六	甲寅卜妣庚舌牢又一牛	3
二七六一五	己未卜其有歲暨兄庚牢	3
二八二二三	二牢受年　大吉	3
二八二四四	惟大牢此有雨	3
二九四八七	牢又一牛王受祐	3
二九四八七	二牢王受祐	3
二九五五三	惟大牢	3
二九五五四	惟大牢	3
二九五七八	三牢	3
二九五七八	五牢	3
二九五七九	三牢	3
二九五七九	五牢	3
二九五八〇	牢　大吉	3
二九五八〇	五牢　茲用	3
二九五八一	五牢	3
二九五八二	五牢	3

著錄	釋文	分期
二九五八六	惟三牢	3
三〇二五九	：風大一小牢	3
三〇三〇〇	弜用三牢	3
三〇四一四	岳燎惟舊冊用三牢王受祐	3
三〇六八七	惟舊𢀛二牢用王受祐　大吉	3
三〇七二九	莫歲三牢王受祐	3
三〇八八八	其一耏五十牢	3
三三二七六	乙巳貞𠬝禾于𩱦三玄牛	4
三三三八五	丙申卜沈二牢燎牢	4
三四一六五	丁丑貞有彳歲于大戊三牢　茲用	4
三四二七四	丁巳貞庚申燎于𡆥二小𡨦圍大牢	4
三五三五五	丁丑卜貞王賓武丁伐十人卯二牢鬯…	5
三五三五五	庚辰卜貞王賓祖庚伐二…卯牢鬯無尤	5
三五三五五	：王…庚祖丁伐…人卯二牢鬯一卣無尤	5
三五三五五	丁酉卜貞王賓文武丁伐十人卯六牢鬯六卣無尤	5
三四三八一	丙戌貞延𠬝禰歲弘二牢	4
三四四五〇	貞辛亥人燎大牢　茲用	4
三四五二九	乙巳：耏遘：雀歲：五牢：𢆶十：	4
三五九三一	其牢又一牛	5
三五九三一	其牢又一牛	5
三五九三一	其牢又一牛　茲用	5
三五九三一	其牢又一牛	5
三五九三一	其牢又一牛　茲用	5
三五九三一	其牢又一牛	5
三五九三一	其牢又一牛	5
三五九三一	其牢又一牛　茲用	5
三五九三一	其牢又一牛	5
三五九三二	癸巳卜貞祖甲丁其牢　茲用	5
三五九九五	丙申卜貞康祖丁丁其牢	5
三五九九六	丙申卜貞康祖丁丁其牢	5
三六〇〇四	丙午卜貞康祖丁丁其牢華　茲用	5
三六〇〇五	丙午卜：康祖丁：其牢華　茲用	5
三六〇〇六	丙午：康祖丁：牢：	5
三六〇七八	甲戌卜貞武乙宗丁其牢	5
三六〇九三	甲寅卜貞武祖乙宗其牢　茲用	5
三六一五七	丙：卜貞文武丁宗其牢	5
三六一五八	丙午卜貞文武宗其牢　茲用	5
三六一五九	丙午卜貞文武宗其牢　茲用	5
三六三五一	其牢又二牛	5
三六三五一	其牢又一牛	5
三七〇二八	其牢又一牛	5
屯四一	：卜祖丁歲二牢	3 4

著錄	釋文	分期
屯五五	三牢茲用	3-4
屯二九五	弜弘若亞𡆥一牢	3
屯三一三	庚申卜惟乙丑耏三羌三牢	4
屯三一三	庚申卜于來乙亥耏三羌三牢	4
屯三一三	丁巳卜三羌三牢于大乙	4
屯三一三	丁巳卜五羌五牢于大乙	4
屯五八二	庚子貞耏彳歲伐三牢	4
屯六一〇	戊午卜其餗妣辛牢　吉	3
屯七二六	癸卯貞甲辰燎于土大牢	4
屯七五〇	辛卯貞其𠬝生于妣庚妣丙一牢	4
屯八一七	燎二牢	3
屯九一四	河燎牢沈	4
屯九三〇	甲申秋夕至寧用三大牢	4
屯九七四	己亥貞來乙其耏五牢	4
屯一〇一四	甲辰卜毓祖乙歲牢	3
屯一一三一	甲辰貞祭于祖乙有彳歲茲用二牢	4
屯二三七二	五牢于岳	3-4
屯二三九三	辛未貞乙亥有歲于大乙三牢	4
屯二三九三	辛未貞乙亥有歲于大乙五牢有伐	4
屯二三九六	庚申卜舟燎二牢	4
屯三一二四	惟大牢𤰔宮	3
屯四一七八	圍卯三牢又辰	4
屯四一七八	其五牢又辰	4
英二五一八	乙未卜貞自武乙彡日衣必䄅其即𦔻五牢正王受有祐	5
英二五一八	丙辰卜：文武丁：其牢茲：	5

牡合文

著錄	釋文	分期
一一四二正	侑于上甲七牡	1
一一四二反	：牡：囚：	1
三一三九	：子𩫖𠈃酉牡三：	1
三一四〇	：子𩫖𠈃酉牡二：	1
三一五六	：申子賓𠈃牡：	1
三一五七	：賓𠈃牡	1
三三四七	庚子卜行貞其侑于妣庚牡	2
六六五三正	貞勿有牝惟牡	1
一一一四九	：牝三牡：	1
一一一五〇	：三十牡：	1
一一一五一	：酉牡：	1
一五〇九六	戊戌：其：于：牡	1
一五四八一	：寅卜：歲其：牡	1
二二五七五	丁卯：貞般：有羌：白牡：	2
二二七五三	庚午：喜：𠁁：歲牡：	2

二二八八四　乙未侑歲于祖乙牡三十窜惟舊歲　2
二二九〇四　……王……乙丑其有𠂇歲于祖乙白牡三王在‖　2
二二九九六　卜　貞祖辛窜牡　2
二三〇五五　……貞小丁歲牡　2
二三〇九八　……卜大……祖甲歲……牡……　2
二三一五一　乙酉卜……貞毓祖乙歲牡　2
二三一六三　丁酉卜即貞毓祖乙古牡四月　2
二三一六七　……卜尹……毓祖乙……牡……　2
二三二一二　……卜……貞翌……巳……父丁莫歲牡……　2
二三二一四　己亥卜行貞父丁必歲窜牡　2
二三三六四　庚申卜……貞妣庚歲其牡在七月　2
二三三六五　……寅卜……貞妣庚歲……牡在三月　2
二三四一一　己亥卜行貞其侑于母辛母己牡　2
二三四九八　己丑卜即貞兄庚舌牡六月　2
二三四九九　庚子……貞兄庚……牡……　2
二三五〇一　庚戌……貞兄庚……牡　2
二三五一五　庚子……貞兄庚……牡　2
二四五五七　己丑卜王曰貞勿牡　2
二四五五八　貞……牡　2
二四五五九　貞毌……牡　2
二四五九五　……牡　2
二五一五九　乙亥卜……貞妣歲牡　2
二五一六一　乙巳卜喜貞妣歲牡　2
二五一六八　……巳卜即貞盟子歲牡　2
二五一七九　壬午卜喜貞歲……惟王牡用……　2
二五一八三　……寅卜即……翌丁丑……歲牡　2
二五一八四　……卜旅……歲牡　2
二五一八五　貞……歲牡　2
二五一八六　……卜行……歲牡　2
二五一八七　……卜行……歲牡　2
二五一八八　……卜即……歲……牡　2
二五一八九　……卜……貞……歲……牡　2
二五一九〇　……未卜旅貞歲其牡在八月　2
二五一九一　……庚……歲其牡　2
二五一九二　……申卜……貞西……歲其牡　2
二六〇二七　甲子卜旅貞翌乙丑古惟白牡　2
二七三四〇　庚戌卜其有歲于二祖辛惟牡　3
二七四六九　癸卯卜父甲木丁惟牡　3
二七五八三　壬申卜母戊歲惟牡　3
二七五八四　壬申卜母戊歲惟牡　3
二七五九六　己亥卜母己歲惟牡　3

二七六一一　……兄己歲惟牡　3
二九四七四　惟牡　3
二九四七八　牡王受　3
二九四七九　貞惟牡王受有祐　3
二九四八〇　癸惟牡　3
二九四八一　惟牡王受祐　3
三二四九五　丁巳卜……中丁歲惟牡　4
三四〇七九　……午貞……生于高妣……牡牝　4
三四〇八〇　乙巳貞丙十酚桒生于妣丙牡三[羊土]一白……　4
三四〇八一　辛巳貞其桒生于妣庚妣丙牡[羊土]白豕　4
三四〇八二　辛巳貞其桒生于妣庚妣丙牡[羊土]白犬　4
三四三五九　于翌日告用牡　4
三四四〇六　……五牡用在　4
三三六一一　癸巳卜魯甲歲惟牡　4
屯一〇三一　癸酉卜又甲夕歲惟牡　茲用　3
屯一〇九四　甲子卜其有𠂇歲于毓祖乙惟牡　3-4
屯一一一一　乙未貞𡆥其禦于……用牡一父丁羌百
又……　4
屯二三六四　……毓祖乙歲惟牡　3-4
屯二六八三　庚子卜妣辛歲惟牡　3
屯四一〇九　甲寅卜魯甲歲惟牡　3
英七八四正　四牡　1
英一九五三　……卜旅……丁未父丁莫歲其牡在
八月　2
英一九六一　……卜旅貞妣庚歲其牡八月　2
英一九六四　己亥卜……貞妣庚……其牡　2
英一九六六　乙……貞人……其牡　2
英二四〇六　己亥卜母己歲惟牡　4
懷九八九　……宿襪牡……　1

牝　合文

七二一正　窜牝　1
四九〇九正　戊……卜貞令衔取牝　1
六六五三正　翌乙巳侑祖乙窜有牝　1
七三九九反　……大甲白牝　1
七八一四反　己卯圍牝在庙　1
一〇一三六正　……侑于妣己……㱿卯牝　1
一四八三四　貞牛……牝　1
一五〇七六　貞勿侑牝　1
一九八一七　乙巳卜夾侑大乙母妣丙牝　1
一九八九七　……母……牝　1
一九九七二　……侑大母牝用　1

著録號	釋文	期
一九九七四	：王：母：牝	1
二〇六七一	：惟牝	1
二一二六九	：禦：牝：	1
二二〇六五	甲子卜三牝入乙	1
二二二二三	：妣庚：牝	1
二二二四六	己丑卜侑妣庚牝	1
二二三四七	己丑卜侑妣庚牝	1
二二二九四	侑牝	1
二二三二二	戊寅卜侑妣庚牝	1
二二三二四	戊寅卜侑妣庚牝	1
二二七六一	貞牝：	2
二二九四五	：卜即：翌乙亥：人于：祖乙又卯牝：	2
二二九九六	貞宰牝	2
二三〇〇六	：辰卜王：翌辛巳：截于祖辛牝一	2
二三二二五	貞父丁歲牝	2
二三三二五	貞牝	2
二三三四七	貞牝	2
二三三四九	貞牝	2
二三三六四	貞牝在七月	2
二三四九八	貞牝	2
二四〇九七	：貞牝	2
二四五三三	貞牝	2
二四五三四	貞牝七月	2
二四五三五	貞牝八月	2
二四五三六	丁巳：貞牝	2
二四五三七	貞牝	2
二四五三八	貞牝	2
二四五三九	貞牝	2
二四五四〇	貞牝	2
二四五五八	：牝	2
二四五五九	：牝	7
二四五六〇	貞：牝	2
二五一五八	貞妣歲牝十三月	2
二五一七一	貞弜牝	2
二五一八五	貞牝	2
二六〇六五	貞其閱牝十一月	2
二七五八三	惟牝	3
二七五八四	惟牝	3
二七五九六	：牝：用	3
二九四七四	惟牝	3
二九四七五	貞牝	3
二九四七六	惟牝：	3
二九四七七	惟牝	3
三一一七六	惟牝有正	3
三二四四九	茲用惟牝	4
三二六一一	惟牝　茲用	4
三三六七九	：牝牢	4
三四〇七九	：午貞：生于高妣：牡牝	4
三四〇八四	辛巳貞其奉生：妣庚：牝：	4
三四二二一	：牝：	4
三四五七四	惟牝	4
三五一四〇	：牝　茲用	4
屯五四八	惟牝	3-4
屯八〇九	惟牝	3
屯一〇九四	惟牝　茲用	3-4
英二〇一九	牝	2
懷一四八一	丁亥卜王大庚…大乙宰牝…終夕	4

牝牡 合文

著録號	釋文	期
一九九八七	甲申卜禦婦鼠妣己二牝牡十二月	1

羊 騂

選録

著録號	釋文	期
二七〇一三	父己歲惟羊	3
二七〇六〇	祝上甲羊	3
二七四四一	辛卯卜妣辛奉惟羊	3
二七五七五	惟羊王受祐	3
二九五一三	惟羊　吉	3
二九五一四	惟羊　吉	3
二九五一七	惟羊	3
二九五一八	惟羊	3
二九五二七	惟羊	3
三二五六四	：羊新祖乙	4
三五八二八	惟羊用	5
三五八四四	丙戌卜貞武丁丁惟羊	5
三五九三五	惟羊	5
三五九六五	丙寅卜貞康祖丁丁其牢羊　茲用	5
三五九六五	丙辰卜貞康祖丁牢牢羊	5
三五九七五	丙子卜貞康祖丁丁其牢羊	5
三六〇〇三	丙午卜貞康祖丁丁其牢羊	5
三六〇〇四	丙午卜貞康祖丁丁其牢羊　茲用	5
三六〇〇五	丙午卜：康祖丁：其牢羊　茲用	5
三六〇八〇	丙子卜貞康祖丁其牢羊　茲用	5
三六〇八〇	惟羊	5
三七一三〇	惟羊　茲用	5
三七三〇八	惟羊　茲用	5

七六一五　惟羊王受祐　3
七三〇四　惟羊王受祐　3
七三七〇　𣏌辛歲惟羊　吉　3

沈

三二六　：貞燎于河五牢沈十牛圍牢又羌十：　1
七七九正　貞燎于土三小牢卯一牛沈十牛　1
七八〇　貞燎于土三小牢卯一牛沈十牛　1
一五四六正　貞尋酌河燎三牛沈三牛卯：　1
一六七七正　貞辛酉酌河沈牢燎　1
五五〇五　貞勿：沈五月　1
五五二二正　乙酉卜穷貞使人于河沈三羊冊三牛三月　1
五五四八　貞使人：沈三：冊：惟：　1
一〇〇八四　戊寅卜爭貞𠦪年于河燎三小牢沈三牛　1
一〇〇九四正　：𠦪年于河燎三牢沈：卯三牛圍牢　1
一二九四八正　：子卜：貞王令：河沈三牛燎三牛卯五
牛王固曰丁其雨九日丁酉允雨　二告　1
一四二〇七正　沈五牛燎三牛卯五牛　1
一四二〇七正　勿沈五牛燎三牛卯五牛　1
一四三七〇乙　：爭：于河：沈：十月　1
一四三八〇　己亥卜穷貞王至于今水燎于河三小牢　1
沈三牛有雨王步　1
一四四七四正　貞沈十牛　1
一四五三六正　辛：貞𠦪河燎五小牢沈五牛卯五牛圍牢　1
一四五五三　乙巳卜爭貞燎于河五牛沈十牛十月在門　1
一四五五四　乙巳：貞燎于河五牛沈十牛十月在門　1
一四五五五正　戊辰卜爭貞燎于河：豕三羊沈五牛圍：　1
一四五五六　丙申卜貞燎于河三牢沈三牢圍一牢　1
一四六〇七　：辰卜穷：于河：牢沈五：圍：月　1
一四六〇八　：河三：沈五：圍：　1
一六一八六　沈三牢　1
一六一八七　貞沈十牛　1
一六一八八　勿　1
一六一八八　貞沈九牛　1
一六一八九　：三牛沈三牛卯三牛　1
一六一九一　貞沈十羊十豕　1
一六一九二　貞沈戌：十牛　1
一六一九三　：沈三：卯三：　1
一六一九四　：沈：卯五牢　1
一六一九五　沈：小告　1
二二五九四　丙戌卜大貞告執于河燎沉三牛　2
二六九〇七正　貞彈沈　3
二六九〇七正　貞其沈　3

三〇四三六　：卜口其沈于河惟羊　3
三〇七七七　：燎暨沈：　3
三一〇〇五　：河三牢沈二牛圍牢　3
三一〇〇六　：沈一牛圍：　3
三二〇二八　辛未貞𠦪禾于河燎三牢沈三牛圍牢　4
三二一六一　丁巳卜其燎于河牢沈𨙶　4
三二九一五　沈三牛　4
三二九一五　沈三牛　4
三二九一五　沈三：　4
三三二七六　：𠦪禾：河燎：小牢沈三牛圍牢　4
三三二七七　壬申貞𠦪禾于河燎三牛沈三牛　4
三三二七八　壬申貞𠦪禾于河燎三牛沈三牛　4
三三二八〇　：河燎：五牢：沈五：　4
三三二八〇　癸巳貞：𠦪禾：河燎二：沈牛　4
三三二八二　壬子貞其𠦪禾于河燎三牢沈五　4
三三二八二　壬子貞其𠦪禾于河燎三牢沈三圍牢　4
三三二八三　河燎三牢沈牛三　4
三三二八三　辛卯貞其𠦪禾于河燎二牢沈牛二　4
三三二八四　癸巳貞𠦪禾于河燎三牢沈三　4
三三二九二　：貞𠦪禾：沈三牛圍大牢　4
三三六一九　：大牢沈：　4
三三三八五　丙申卜沈二牢燎牢　4
三四二〇七　河：沈二牛　4
三四二三六　癸卯：有𠂇：于河沈：卯三：　4
三四二四八　河燎三牢沈牛三　4
三四四五三　：丑卜燎三牢沈：　4
三四四五七　：沈：燎：牛三十　4
三四四六〇　燎三：沈牛：　4
三四六六三　乙酉貞其沈：　4
三四六七一　：沈三十牢　4
屯四四　：沈牛：
屯九三　壬子貞其𠦪禾于河燎三小牢沈三　4
屯五七六　：沈：
屯六七三　其𠦪年河沈王受祐大雨　吉　3
屯六七三　弜沈王受祐大雨　4
屯七三二　壬戌卜燎于河三牢沈三牛圍：　4
屯八九〇　𠦪禾于河燎三：沈三牛　4
屯九一四　河燎牢沈　4
屯九四三　辛卯貞其𠦪禾于河燎二牢沈牛二　4
屯一〇三五　：酉貞其秋𩁹：河燎五牢沈五牛　4
屯一一一八　丁亥貞辛卯酌河燎三牢沈三牛圍牢　4
屯一一二〇　甲戌卜燎于河牢沈三牢　4

屯二〇七八 沈五牛 4
屯二三三二 其沈 3
屯二六六七 庚戌卜其𠦪禾于河沈三牢 3-4
屯三二四三 …燎三牢沈… 4
屯三五〇一 …于有沈…
屯三九〇一 己未卜…沈 4
英一〇七反 …沈十牛 1
英七九〇 …沈九牛 1
英一二九九 …亥…于…沈… 1
英二四四六 庚…貞…于河…三牢沈… 4
英二四七五 沈九牛于河 4
英二四七五 沈十牛… 4
英二四七六 辛卯卜貞王既沈 4
懷一三〇六 …貞惟十…𠕋沈… 3

埋 薶

一四三一三正 貞帝于東埋𡆥豕燎三牢卯黃牛 1
一四三六二 戊午卜王燎于灉三牢埋三牢 1
一四五五九 燎于河一牢埋二牢 1
一四五五九 燎于河一牢埋二牢 1
一四六〇九 …埋于河二牢四月 1
一四六一〇 …埋于河二牢四月 1
一四六一一 …埋于河四牢 1
一四六一二 …埋于河 1
一四六一三 …燎于河…牢埋… 1
一五五五一 …埋…燎 1
一五六〇一 燎牢埋二牢 1
一五六〇一 燎牢埋三牢 二告 1
一五六〇二 燎牢埋二牢 1
一五六〇二 …埋三牢 1
一六一九六 …埋五牢 1
一六一九七 辛巳卜𡆥貞埋三犬燎五犬五豕卯三牛一月 1
一六一九八 …埋于…四牛俎…三豕 1
一六一九九 …埋…祖十… 1
一六二〇〇 …埋… 1
二一二五八 …牢埋 1
二一四一二 …卜畄埋… 1
英一一六二 …河二牢埋三… 1
英二四四八 …埋…河三牛 4

牧 𢻮

一四八 呼牧于朕芻 1
二四三正 貞牧來羌用于… 1
二八一 庚子卜貞牧以羌延于丁…用 1
三七六正 乙丑卜㱿貞甲子𠁁乙丑王夢牧石麋不惟𡆥惟祐 二告 1
三七六正 貞甲子𠁁乙丑王夢牧石麋不惟𡆥惟祐 三月 1
四〇九 …爭貞羽以牧…芻 1
三五八八 己…㱿…牧…其… 1
四九三正 戊戌卜㝠貞牧𠣞人令遘以𠬝 1
四八四九正 …永貞…牧子… 1
五五九七 貞勿商牧六月 1
五五九七 壬辰卜貞商牧 1
五六二五 貞𡧊牧 1
六六六四反 貞牧于… 1
七四二四 丁亥卜…貞牧…稱冊冊… 1
八二四一正 乙亥卜㝠貞牧𠣞人肇 1
一一〇〇二 …貞…从牧 二告 1
一一〇〇四 …卜貞…比…牧…六月 1
一一三九七 貞…牧…歸… 1
一一四〇〇 貞王勿𠬝皂葡牧子在兩 1
一一四〇一反 …牧 1
一一四〇一反 …牧 1
一一四〇二正 …遘…人…牧… 1
一一四〇三 …亥…牧𠣞…肇…惟…令… 1
一四一四九反 牧入十在鮻 1
一四三五七 庚午卜㝠貞令…牧示霝… 1
一八九三八 …牧…羊… 1
二七七九〇 惟…子牧…王弗… 3
二八三五一 其北牧擒吉 3
二八三五一 降鹿其南牧擒吉 3
三一七九八 乙巳卜…牧延弗… 3
三一九九三 禦牧于妣乙盧豕妣癸彘妣丁豕妣乙豕豕 4
三二〇三一 …卜牧用以羌于父丁 4
三二〇三二 庚寅卜牧用以…丁 4
三二六一六 辛未貞在丂牧來告辰衛其比史𠬝 4
… 4
三五三四五 壬申卜在攸貞有牧𠂤告啓王其呼 戊比𡆥伐弗悔利 5
三六九六九 …在㞢牧…𢦏…方 5
屯一〇二四 辛未貞于大甲告牧 4
屯一四四五 …牧… 4
屯二一九一 惟𢓊牧 3

乇二三二〇 癸酉卜戌伐有牧卓僭人方戌有災 弘吉

乇二三五〇 甲辰卜在𠂤牧延僭有…邑…在盧 弘吉

乇四〇三三 癸酉卜王其田遨雉惟乙兩 吉

乇四〇三三 惟戈田遨雉弗悔無災泳王 吉

英三七五 …牧…

英五九八 牧獲羌

懷三七〇 …師般…牧…

一牛 合文

一四三五八 辛巳卜貞一牛示惟羊衾惟象

一二九一 癸丑卜史貞其鬋鼓告于唐一牛

二二一四 祀于父乙一牛

三牛 合文

一〇五一正 呼雀用三牛

二一一七 …季…惟三牛

三牡 合文

懷一六八 …三牡…

四牡 合文

一七八〇 翌癸丑侑祖辛四牡

六牡 合文

一五〇六七 …于…㞢…燎…侑羊…卯…牡…

羊

數字

三三一 丁丑卜穷貞子雍其禦王于丁妻二妣己㞢 羊三…羌十…

三七一正 八犬八羊

三七八正 貞…年于王亥囚犬一羊一豕一燎三小宰卯 九牛三𣪊三羌

六七二正 二羊二豕

六七二正 彡夕二羊二豕囿

六七二正 彡夕一羊一豕

七三八正 乙亥卜殻貞今日燎三羊三豕三犬

八八四 …羊百伐百…

九〇三反 冀羊二

一〇七二 貞…一羊

一一八七 …卜…貞燎于上甲…豕一羊卯…牛

一二一四 …四豕三羊…三甲

一二一六 翌乙…十羊…上甲

一三四八 甲辰卜王翌乙巳燎于成五羊

一四〇三 三羊三豕

一四一七 …大甲燎三羊卯四牛…大丁燎…四羊卯

一四三八 …卜王貞…𠬝大甲…四羊…牛𠬝…正

一四七四 …大甲大庚…丁祖乙…祖…一羊一𣪊…

一六二一正 貞燎三犬三羊

一八三〇 侑于祖丁一羊

一九八四 丙辰卜穷貞…于丁十牛十羊十二月

二五八五 貞侑于母囚犬三羊三豕…卯

五五二二正 乙酉卜穷貞使人于河沈三羊酉三牛三月

六九四五 癸未卜殻燎黃尹一豕一羊卯三牛酉五十 牛

八九五九 …燎羊三百

一四三〇一 乙亥卜貞方帝一豕一犬二羊…二月

一四三一四 甲申卜穷貞燎于東三豕三羊囗犬卯黃 牛

一四三一四 癸未卜穷貞燎犬卯三豕三羊

一四三一六 …殻貞燎于東五犬五羊五…

一四三四四 貞侑于西母囗犬燎三羊三豕卯三牛

一四三六〇 貞帝鳥三羊三豕三犬

一四五五五正 戊辰卜爭貞燎于河…豕三羊沈五牛囗…

一四五六一 甲辰卜內燎于河一羊一豕卯一牛

一四五八五正 丙子卜殻貞呼言酌河燎三豕三羊卯五 牛…

一四五八七正 丙子卜殻貞呼言酌河燎…豕三羊…五牛

一四七〇二 壬辰卜翌甲午燎于蚰羊有豕

一四七二五 二豕二羊

一五五二一 貞肇丁用百羊百犬百豚十月

一五六三八 貞燎四羊四豚卯四牛四羊

一五六三九乙 貞燎三羊…犬三豚

一五六四三 辛未卜王燎四豕四羊王囗曰…

一六一九一 貞沈十羊十豕

一六二六五 癸酉卜爭貞翌甲戌夕十羊乙亥酌十…十 牛…

一六三三正 丙午卜穷貞㞢八羊暨酚三十牛八月 1
一九八八三 乙…𤉲侑妣己二羊二豕不 1
一九九三二 乙卯卜𠂤一羊父乙不 1
二〇二九九 二羊父乙不五月 1
二〇四六三反 …卜𠂤二羊…王𠓜…京 1
二〇六七四 三十羊 1
二〇六七八 己未…五十羊 1
二一八三一 一羊 1
二二〇九九 辛酉子卜禦…惟一羊 1
二二一八五 庚戌卜朕耳鳴有禦于祖庚羊百有用 五十八侑母…𣄰今日 1
二二二二八 …祖庚…羊百… 1
二二三一〇 戊寅卜今庚辰酚盟三羊于妣… 1
二二三五五 丙申卜有歲于…牛羊一用 1
二二四六八 …六羊二十豕 1
二六一〇〇 …三羊…用 1
二七一六四 貞王用允惟羊十三月 2
二七六五五 辛未卜其有歲于妣壬一羊 3
二八二三三 伊尹歲十羊 3
二九五三七 一羊受禾 大吉 3
二九五三七 十五犬十五羊十五豚 3
二九五三七 二十犬二十羊二十豚 3
二九五三七 三十犬三十羊三十豚 3
二九五三七 五十犬五十羊五豚 3
三〇四四八 …𤉲…四羊四豕五羌 3
三一一六一 己未卜其剛羊十于西南 4
三二一七三 癸酉卜有燎于六雲五豕卯五羊 4
三二三九一 庚戌卜巫帝一羊一豕 4
三二六〇九 …牛五羊𣎆豕 4
三三六一〇 …其二犬二羊… 4
三三六八八 …卜四羊…二犬 4
三三六八九 戊戌卜𤉲…牛四羊…犬十月 4
三四一三七 甲戌貞其寧風三羊三犬三豕 4
三四四六一 燎六羊 4
三五一四二 三十羊 4
屯五〇三 癸巳卜乇于父丁犬百羊百卯十牛 4
屯五〇三 甲午卜乇于父丁犬百羊百卯… 4
屯五一一 …其…羊二十又二 3
屯六五一 惟三羊用有雨 大吉 4
屯一〇六二 癸酉卜有燎于六云五豕卯五羊 1
英一四六正 …燎于岳…二羊卯九牛 4
屯一三五七 …父丁…百羊… 4
屯一六一九 …亥貞…其百羊… 4

屯二三六一 其有歲于𦎫三十羊 1
屯二三五九 毓祖丁𠦪一羊王受祐 3
英一四九正 壬午卜爭貞燎三豕卯一羊 1
英一四九反 帝三豕三犬卯一羊 1
英八六八 貞卜二牛二羊…𤔲 1
英一三五〇正 庚戌卜爭貞燎于西因一犬一𣪊燎四豕 四羊𣪊二卯十牛𣪊一 1
英一三五六 …卜爭貞燎㑴百羊百牛百豕𣪊五十 1
英一二八八 …有曰于森王𢦏于之八豕八豕… 四羊𣪊四卯于東方析三牛三羊 1

𣪊三

英一八八三 …入…六羊…受… 1
英二三九八 …六羊燎… 1
懷 五 …岳五羊 二告 4
懷 八九九 丁亥卜𠦪黃尹燎二豕二羊卯六牛五月 1

其它選錄

二七一正 己卯卜㱿貞禦婦好于父乙㞢羊又豕𠕋十宰 1
六七二正 …辛祖丁一牛它羊 1
七一三 貞禦于漁于父乙㞢羊𠕋𡆥 1
七七二正 貞侑妣庚羊告其禦 1
七九五正 貞羊畀舟 1
八九三反 𤰈羊 1
九八六正 貞王有𢦔羊 1
一七七三反 貞惟羊衣 1
一九二四 丙辰卜穷貞惟羊 1
二二二六 于父乙㞢羊 1
二三〇六 辛亥卜王侑酚妣己羊 1
二八七八 貞侑羊于兄丁 1
六四七九臼 …婦羊示…古 1
六四八三正 貞有犬于父庚卯羊 1
六四八六正 貞有犬于父庚卯羊 1
八九五五 丙子卜弜羊令奴… 1
一四三九五正 燎于蚰惟羊有豚 1
一四四一二 貞侑豕于三父卯羊 1
一四六五〇 𡧊羊有豚 1
一四六六四 乙亥卜燎𡧊羊𡆥宰 1
一四七〇五 壬辰卜翌甲午燎于蚰羊豕 1
一四七三二 辛未卜内貞日惟羊六月 1
一四八〇一 貞侑于𦎫十𦎫羊 1
一五六三九甲 貞燎羊三犬三彘 1

著錄號	釋文	期
一五九二二	勿羊十二月	1
一六一四二	……卯惟牛卯惟羊	1
一六九七四	貞祟我羊	1
一八九一五	壬申卜川邑羊	1
一九二一〇	……羊豕司	1
二〇〇〇八	甲午卜王羊豕兄丁……	1
二〇〇一五	乙未卜王侑兄戊羊用	1
二〇〇九八	壬寅卜於司惟羊不	1
二〇三五四	庚申卜於令小臣取丁羊鳥	1
二〇四六八	……辰卜王……大方……羊印不執	1
二〇九七五	己丑卜舞羊于庚雨今夕允雨	1
二〇六七六	丁未卜王貞用不惟喪羊甾若	1
二〇六七九	惟豕羊豕	1
二〇九八〇正	丁酉卜於燎山羊豕雨	1
二一〇七九	羊犬	1
二一一四五	羊宰商	1
二一二九〇	丙辰卜自惟羊子……	1
二一三八七	丁丑卜王惟豕羊用帝虎十月	1
二一五四七	乙亥子卜來己酌羊妣己	1
二一九五五	惟酌羊	1
二二〇四四	辛亥卜東羊	1
二二〇四七	癸未卜卩余于祖庚羊豕及	1
二二〇四七	于祖戊禦余羊豕及	1
二二〇四七	有歲羊不	1
二二〇四九	至羼羊	1
二二〇六〇	甲子卜其羊于入乙……用	1
二二〇六六	乙未卜禦于妣乙羊	1
二二〇七〇甲	壬午卜惟羊于妣丁	1
二二〇八八	癸未卜惟羊于下乙	1
二二〇八八	癸未卜惟羊于子庚	1
二二〇九三	丙午卜有歲于父丁羊	1
二二一九一	……卜……禦祖辛祖戊口祖羊……牢	1
二二二二六	羊東	1
二二二三九	貞乇羊	1
二二二九三	甲子卜燎擒羊	1
二二二九三	甲子卜燎擒羊	1
二二四三九	丙辰貞盧羊歲	1
二二八五七	丙寅卜即貞其啟羊盟子	2
二三五〇六	己亥卜行貞翌庚子其尊于兄庚惟羊	2
二三五五五	……圉于仲子惟羊	2
二五〇二〇	甲戌卜大貞勿羊用三卜	2
二六九四九	……茲其冀……羊	3
二七〇八二	……祝三匚惟羊	3

著錄號	釋文	期
二七三九三	召歲惟羊	3
二七四〇一	父己歲惟羊王受祐	3
二七四九九	高妣燎惟羊有大雨	3
二七五七一	壬辰卜其侑妣癸惟羊王受祐	3
二七五七九	妣祝惟羊　吉	3
二七六二〇	己卯卜兄庚酒歲惟羊	3
二九五二九	……丑卜……惟羊一無災	3
二九五三四	貞惟羊有正	3
二九九九五	羊月酌王受祐	3
三〇〇二二	惟日羊有大雨	3
三〇〇二二	奉雨惟黑羊用有大雨	3
三〇一二〇	壬戌卜其圉惟羊	3
三〇三一五	惟毀羊	3
三〇五〇九	其侑羊王受祐	3
三〇六三〇	祝惟羊	3
三〇五五二	弜用黑羊無雨	3
三〇七二〇	……黑羊用……大雨	3
三〇九九七	其鼎用三丰犬羊……	3
三一一四九	惟羊今丁盟	3
三一一八二	豚暨羊暨用	3
三二一四八	其用豕羊	4
三二七六九	弜羊多兄	4
三二二九四	丙申卜燎于芍羊雨	4
三三二九六	丁未貞奉禾自上甲六示牛小示盤羊	4
三三六五四	夷二羊	4
三三六五四	夷二羊	4
三三五一三	乙卯卜貞奉禾自上甲六示牛小示盤羊	4
三三六一一	王十人惟羊	4
三四一〇六	三牢夷羊	4
三四一〇六	二牢夷羊	4
三四一〇六	一牢夷羊	4
三四二七八	甲辰……燎五豕……一羊于……	4
三四三五五	其夕歲羊	4
三四四三二	其夕歲羊	4
三六五四〇	癸巳卜貞羊獄……邑商公宮衣……茲…… 無戝牢	5
屯六八九	丁酉卜其奉年于岳惟羊	3
屯九一七	辛巳卜乇羊百犬百……百	4
屯二一一六	庚寅卜貞辛卯有歲自大乙十示又……牛 小示盤羊	4
屯二一六一	壬申卜川邑羊	4
屯二一六一	壬申卜川弗邑羊	4
屯二六二三	惟白羊用于之有大雨	3

著錄	釋文	
屯二三八八	惟羊夕入	3
屯二六二三	弜用黑羊無雨	3
屯二六七〇	丙子卜燎白羊豕父丁妣癸卯𢀛…	1
屯三〇八三	：貞其𠦪禾于示壬羊雨	4
屯四〇二三	王其侑妣戊姘𥃝羊王受祐	3
屯四一七八	乙巳𣪕俘羊自大乙	4
英一七六三	婦鼠侑妣庚羊豕	1
英一八五八	：𠦪風：羊二犬五	1
英一八九一	戈寅盟三羊	1
英一八九二	：子子卜至羊于妣己賓歲	1
英二三五〇	惟羊 吉	3
懷五六	：卜：羊：旬：父乙：	1
懷一二一四	：貞王：𠂤：	2
二二一五五	戊戌卜有伐𢆶	1
二二一五五	：未：有伐𢆶	1
三三七四七正	丁巳卜[illegible][illegible]目𢆶	4
三三七四七正	甲申卜[illegible][illegible]目𢆶羊	4
三四二七二正	己丑卜[illegible][illegible]目芈羊	4
一七四〇五反	𢆶入十	1

宰

數字宰

著錄	釋文	
三九	貞翌丁未彡燎于丁十小宰卯十勿牛八月	1
一九〇正	侑于祖乙五宰	1
一九〇正	三宰	1
二九五	乙巳卜貞餗于大甲亦于丁羌三十卯十宰用	1
二九五	乙巳：餗：甲亦：羌三十宰：	1
三〇二	：貞昔乙酉蔔旋禦：乙百鬯百羌 卯三百宰	1
三一六	：三十羌卯十宰八月	1
三二〇	丙午卜貞𢀛尊歲羌三十卯三宰蔔一牛于宗用 八月	1
三四〇	丙午卜貞𠂤尊歲羌十卯十宰于𩫖用八月	1
三四一	貞有宰三羌十	1
三四六	：毓十羌卯三宰	1
三四七	貞十羌：五：三宰	1
三六五	壬辰卜出貞翌癸巳侑于母癸三宰羌五	1
三六六	：丁㞢一牛十宰又九羌五九月	1
三七七	庚辰卜貞侑于岳三羌三小宰卯三牛	1
三七八正	貞：年于王亥囚犬一羊一豕一燎三小宰卯 九牛三𣪕三羌	1
三八五	貞一羌卯一宰	1
三八五	貞翌丁未侑于丁三羌卯三宰	1
三八五	貞𠦪年于岳燎三小宰卯三牛	1
四〇六	：歲三羌三小宰：牛	1
四一三	甲申卜禦雀父乙一羌一宰	1
四七〇	：伐羌：十宰：	1
四七三	丁亥卜：辛卯侑：三宰蔔：羌	1
四八二正	：羌：三宰	1
四八三	：方貞：五宰：十：圉宰：羌	1
四八五	：十宰：羌	1
六七二正	貞𠦪年于大甲十宰祖乙十宰	1
六九八正	貞𠕋妣庚十及卯十宰	1
六九八正	𠕋妣庚十及卯十宰	1
七〇二正	貞禦婦好于父乙㞢宰又𣪕𠕋十宰十及 𣪕十 二告	1
七〇二正	：𠕋父乙十及十宰𣪕十	1
七〇二正	：㞢宰：十宰𣪕：	1
七一二	貞勿䤈先彡于父乙及卯三宰	1
七二四反	𠕋妣庚及又二宰	1
七二五正	貞勿䤈用及妣癸又五宰	1
七七六正	貞侑于祖辛三宰	1
七七九正	貞燎于土三小宰卯一牛沈十牛	1
七八〇	貞燎于土三小宰卯一牛沈十牛	1
七八五	：𠕋五宰：及𢆶	1
八〇一	貞𠦪于大甲燎一宰二豕卯：	1
八〇六	貞告執于南室三宰	1
八八六	貞禦于父乙㞢三牛𠕋三十伐三十宰	1
八八七	壬申：𠕋大：伐三十：三十宰	1
八八九	伐三十宰	1
八九二正	貞來乙亥彡祖乙十伐又五卯十宰	1
八九三正	侑于上甲十伐卯十宰	1
八九三正	貞二十伐上甲卯十小宰 二吉	1
八九三正	上甲十伐又五卯十小宰	1
八九三正	庚寅㞢一牛妣庚𠕋十及十宰十𣪕	1
八九五甲	乙卯：內𠕋：庚勿七十宰伐二卜	1
八九五丙	乙卯卜內𠕋大庚七十宰伐二十	1
八九六正	丁未卜㝐：甲寅彡大甲十伐又五卯 十宰八日甲寅不彡雨	1

八九七　癸丑卜殻貞來乙亥彰下乙十伐又五
卯十宰乙亥不彰……

八九八　貞𠭯祖乙十伐又五卯十宰又五

八九九　乙酉……祖乙乙未有伐十五十宰

九〇〇正　貞有伐于上甲十又五卯十小宰𣪊　二告

九〇一　壬午卜殻貞有伐上甲十又五卯十小宰

九〇一　有伐于上甲十又五卯十小宰又五

九〇三正　丁未卜殻貞彰卜伐十十宰

九〇三正　乙卯卜殻貞來乙亥彰下乙十伐又五
卯十宰二旬又一日乙亥不彰雨五月

九〇三正　勿𠭯惟乙亥彰下乙十伐又五卯十宰四……

九〇四正　辛巳卜殻貞彰我匚大甲祖乙十伐十宰

九〇八　癸丑……翌甲……侑于大甲𡆥二牛𠭯三十
宰伐十

九一二　……十伐……十宰

九一四正　𠭯祖丁十伐十宰

九一五反　……𠭯祖丁十伐十宰

九二三正　貞侑于祖乙五伐卯五宰

九二四正　貞上甲惟王匚用五伐十小宰用

九二四正　貞呼婦𡆥于父乙宰𠭯三宰有𠬝

九二四正　翌乙未呼子宜祝父𡆥小宰𠭯𠬝三牽
五宰𡆥嬴正

九二四正　壬辰卜殻貞呼子室禦侑母于父乙𡆥
宰𠭯及三牽五宰

九二四正　貞呼子室禦侑母于父乙𡆥小宰𠭯
……三牽五宰

九二五　五伐五宰

九二五　五伐十宰

九二六正　五伐五小宰

九三七　……三伐三宰

九三八正　貞侑于示壬妻妣庚宰惟勿牛七十　二告

九五八　……祖辛𠂤十宰伐十

一〇一六　貞……伐……五宰

一〇七六甁　……祖乙……十宰……

一〇七六甁　貞侑二宰于祖乙

一一四一正　上甲二宰

一一八二　燎于河王亥上甲十牛卯十宰五月

一二〇六　……上甲七宰祖……

一二七一　己巳……貞……亥侑于唐三宰

一三〇一　辛巳卜爭貞來乙未彰唐五宰

一三三八　……三宰

一三五三　……于成三宰

一三七六　侑……成……三宰

一三七九　……乙酉侑于成五宰七月

一三八〇　貞侑卜自成三宰

一四二一　貞侑于大甲五宰

一四二二　辛丑卜于來甲寅侑于大甲四宰

一四四五　惟十宰又五彰大甲

一四五四　三十宰大甲

一四五五　……大甲五宰

一四七八　……大甲五宰

一四八二　壬戌卜來甲辰惟衣五宰彰于大……

一四九〇　……貞其侑于……戊三宰二月

一五〇九　乙巳卜侑于祖乙五宰

一五一〇　貞侑于祖乙五宰

一五一一正　辛巳……王侑祖乙五宰

一五一四　……卜翌乙……侑祖乙三宰用

一五六六　……妣己燎二……卯二宰

一五九七　貞惟三宰五月

一六〇九　……祖乙五宰

一六六一反　乙酉用二宰

一六六四　貞侑于下乙一宰

一六七八　貞侑于祖辛十宰

一六八〇　侑于祖辛二宰

一六八〇　侑于祖辛一宰

一八〇八　……羌甲……二宰……

一八二五　貞勿東王矢三宰

一八五二正　……祖丁禦……十宰

一八六二　彰五宰于祖丁

一八七八正　丁酉卜殻貞勿用五宰祖丁

一八七八正　丁酉卜殻貞今日用五宰祖丁

一九〇六　庚辰卜殻貞侑于丁五宰

一九〇七　庚辰卜殻貞侑于丁五宰

一九六八　丙寅卜殻……丁卯燎于……丁卯……𠭯三十宰
……穀

一九六九　丁未燎于丁十小宰卯十……

一九七〇　貞燎于丁十小宰卯一牛

一九七一　丙寅卜貞彰匚于丁三十小宰若

一九七八　……于丁侑百……卯十宰

一九九〇　丙戌……貞𣎆……于丁二宰侑……牛

二〇五四　貞侑……一宰于祖……

二二一二　……卯……父乙𠭯五……十宰

二二一三正　貞𠭯父乙三十宰

二二六二　……嘉……于父乙……十宰

二四〇四　……十宰

二四五一　貞其侑于妣庚五宰十二月

二四五二正　…侑于妣庚三宰
二五〇一　貞禱于妣癸𠕋三小宰
二五五八　…卜禦…食母庚一宰
二七七四正　丁丑卜爭貞禦于祖辛十宰
二九四三　壬寅卜勿𦎫酌子商禦二宰
三〇〇七　貞燎三宰
三〇〇九　…戌卜…禦子央于母己三小宰
三一七二　…子賓…于母…十宰
三二一六正　乙丑卜㱿貞…子凡于祖丁五宰
三二一六正　乙丑卜㱿貞先酌子凡父乙三宰
三三二八　…三十宰
三四六一　丁巳卜内侑黄尹宰
三四六七正　貞侑于黄尹宰
三四八七反　…五宰
三四九九　乙丑卜貞翌丁酌自黄…十又三宰
四三六五　五宰
四九一七　丁丑卜今來乙酉侑于成五宰七月
五四五二　貞三宰
五九〇八　𠕋…庚三宰
五九〇八　勿…三宰
六〇五三　貞三宰
六一一三　…用三小宰于母己
六四七五反　貞侑于祖辛五伐卯三宰
六六六四正　貞一宰于上甲告我亡衛
六六六四正　貞侑于上甲三宰告我亡衛
六九四七正　貞侑于下乙宰𠕋十勿宰
六九四七正　辛酉卜爭貞今日侑于下乙一牛𠕋十勿宰
七〇二六　丁丑卜侑祖辛宰𠕋十宰九
七三〇一　五宰
七三〇一　三宰
一〇〇〇三　…乙九宰
一一五〇〇反　…十宰
一二〇五三　貞禦于母十宰
一二四九五正　甲辰卜亘貞燎三宰
一二五二八　…侑…㱿…四宰
一二五九〇　…二宰
一二八五七　…三宰…求雨…月
一三三四九　…三宰
一三五四九　貞于宗酌三十小宰九月
一三六五八正　…侑…甲宰　用
一三七四〇　…卜…禦𡚬于婦三宰五月
一三八六五　貞侑于…庚三十小宰

一四三一三正　貞帝于東埋圁豕燎三宰卯黄牛
一四三五三　…宰[illegible]五宰它示三宰八月
一四三六二　戊午卜王燎于灉三宰埋三宰
一四三七五　貞翌丁卯呼子侑于丁三宰
一四四〇五　…貞…河…三宰
一四四三五　癸卯卜貞燎于岳三宰
一四四三六　丙子卜貞酌岳三小宰卯三宰
一四四三六　癸酉卜貞燎于岳三小宰卯三宰
一四四三六　貞三小宰卯三牛
一四四七一正　癸亥卜貞翌辛未酌岳三小宰卯三…
一四四八〇　…爭…燎…三小宰…三牛
一四五〇九　丁亥卜侑于河二牛二宰
一四五三六正　辛…貞𠦪河燎五小宰沈五牛卯五牛圍宰
一四五四〇　…𠦪于河三宰寧…
一四五五六　丙申卜貞燎于河三宰沈三宰圍一宰
一四五五七　丙午…貞燎…河三宰…
一四六〇九　…埋于河二宰四月
一四六一〇　…埋于河二宰四月
一四六一一　…埋于河四宰
一四七四四　…燎于王亥四宰
一四七七〇　癸未卜貞燎于凹十小宰卯十牛年用十月
一四九八四反　…允…二宰…
一四八三四　甲午卜穷貞大示三宰二月
一四八六七　…亥卜貞二示禦大乙大甲祖乙五宰
一五〇二五　…侑于…甲十…五宰
一五〇五七　辛亥卜…乙酉侑…六宰
一五〇五八　己丑…㱿貞…三宰侑…人玉…
一五〇五九　…卜王侑…一宰
一五〇五九　…貞翌…侑…二宰
一五〇六〇　…卜五侑…一宰
一五一四七　…合女…三宰
一五二一二　…匚三宰…一月
一五三二三　…三宰冊…
一五五九五　丙辰爭貞燎三宰
一五五九六　…卜韋…燎三宰
一五五九七　貞燎三宰
一五六〇〇　…燎于東三小宰囚犬
一五六〇一　燎宰埋二宰
一五六〇一　燎宰埋三宰　二告
一五六〇二　燎宰埋二宰
一五六〇二　…埋三宰
一五六六二　貞叡于…四宰
一五六六四　…卜爭…叡…新…三宰

一五七〇一 庚辰：貞翌：日彡𣪘三十：卯四宰 1
一五八二三 貞：三宰葡一牛 1
一五七八二 庚戌卜丙彡十宰于曰 1
一五七八三 有二宰 1
一五七八三 勿五宰 1
一五七八三 彡六宰 1
一五七八四 貞來乙巳勿彡五宰 1
一五七八五 ：三十宰 1
一六一二九 ：卯十宰 1
一六一八六 沈三宰 1
一六二二五 丁巳卜：王㦸四宰 1
一六二二〇 ：尹𡧊冊十宰 1
一五九一〇 圛：三小宰 1
一六一六三 ：敚：卯二宰 1
一六一九四 ：沈：卯五宰 1
一六一九六 ：埋五宰 1
一九七九九 癸卯卜𠂤貞克妾一宰：羊：日： 1
一九八三八 辛酉卜侑祖乙二十宰 1
一九八三八 辛酉卜侑祖乙三十宰 1
一九八四九 ：惟：祝用成：歲祖乙二宰勿牛白豕：示
鼎三小宰卯于祝歲 1
一九八六七 丙申卜王侑祖丁宰 1
一九九一七 ：卜侑般庚百宰 1
二〇〇四五 𦵯祖乙五宰 1
二〇〇九五反 ：百宰 1
二〇六九九 ：五百宰 1
二〇七〇一 ：庚：三宰 1
二〇七〇二 ：三宰五月 1
二〇九八〇正 ：御十宰 1
二一一〇三 ：辰卜：燎土一宰 1
二一一〇六 ：卜㚔：土：祖：一宰 1
二一二一六 ：于：來：彡：二宰： 1
二一二四七 ：彡𦵯百宰盟三宰 1
二一二五九 六宰 1
二一二六〇 ：卜燎三宰 1
二一二六三 ：卜侑：庚三宰 1
二二二四六 由御三宰冎妣庚 1
二二二四七 六宰妣庚 1
二二三四七 ：午三宰用妣庚 1
二二五四九 丁巳卜𠂤貞王賓父丁𠂇伐羌三十卯五宰：
尤： 2
二二五五四 ：丑卜即貞翌乙：𣪘于祖乙其邁侑：羌十

卯五宰
二二五五五 ：父丁歲：五宰羌十：無尤在： 2
二二五五六 ：卜旅：翌乙𣪘祖乙其邁𠂇歲一宰羌十人 2
二二五六五 貞五羌卯三宰 2
二二五六六 貞三宰羌五人 2
二二五八四 ：伐羌：卯二宰：尤 2
二二五八八 辛：祝：羌：卯三宰 2
二二六〇五 己巳卜行貞翌庚午其有𠂇伐于妣庚羌三十其
卯三宰 2
二二六〇七 ：尹：王賓：丁𠂇伐：十卯三宰：尤
在十月 2
二二六三九 ：寅卜大：歲自上甲：卯三宰： 2
二二六九四 五宰在十月 2
二二六九五 ：丑卜：賓匚乙：二宰： 2
二二七〇一 丁酉卜即貞王賓父丁歲二宰暨匚丁歲： 2
二二七七〇 ：父丁歲宰：暨大丁：歲五宰：無尤 2
二二七七〇 ：父丁歲宰：暨大丁：歲五宰：無尤 2
二二八三三 戊子卜旅貞王賓大戊歲三宰無尤 2
二二八四七 戊午卜𠂤貞王賓大戊𠂇歲三宰無尤 2
二二八八四 乙未侑歲于祖乙牡三十宰惟舊歲 2
二二八八六 貞三宰 2
二二八八六 ：三宰 2
二二八八九 ：卜旅貞翌辛亥其侑于祖乙一宰四月 2
二二九〇二 ：卜尹貞王賓祖乙歲二宰 2
二二九五五 ：卜旅：賓：二宰：尤 2
二二九六六 辛亥卜王貞其侑于祖辛二宰 2
二二九七四 辛酉卜：貞王賓祖辛歲三宰 2
二三〇〇二 貞二宰 2
二三〇二一 貞宰九： 2
二三〇五九 乙亥卜中貞曰其侑于丁惟三宰九月 2
二三〇七二 貞今夕舌：丁二宰翌： 2
二三一〇六 辛巳卜行貞王賓小辛𠂇伐羌二卯二宰無尤 2
二三一〇六 庚辰卜：貞王：般庚𠂇：卯二宰 2
二三一二一 乙丑卜王曰貞十宰 2
二三一二一 乙丑卜王曰貞五宰 2
二三一四八 癸丑卜行貞翌甲寅𩰫祖乙歲二宰 2
二三一四八 貞三宰茲用 2
二三一五五 貞三宰 2
二三一八七 乙亥卜行貞王賓妣庚：二宰𣪘：尤 2
二三一八八 ：申卜行：王賓：歲二宰：尤 2
二三一九一 丁丑卜旅貞王賓父丁歲三宰無尤在： 2
二三一九三 丁卯卜𠂤貞王賓父丁歲宰無尤 2
二三一九七 丁亥卜貞王賓父丁歲五宰𣪘無尤 2
二三一九八 丙：卜：貞王賓父丁歲三宰𣪘無尤 2

二三一九八　……貞王……父丁歲三宰無尤在八月　2
二三一九九　……酉……王賓父丁歲二宰……無尤正……　2
二三二一七　貞三宰　2
二三二一八　貞二宰　2
二三二一八　貞三宰　2
二三二五七　……辰卜……貞翌乙……父丁舌一宰　2
二三二六六　……尹貞……父丁……暨……五宰　2
二三二六八　貞二宰在十二月　2
二三二六九　……辰卜……父丁……三宰……無尤　2
二三二七〇　丙……貞……父丁……二宰……　2
二三三〇二　庚戌卜行貞王賓妣庚歲二宰叙無尤　2
二三三三一　……貞王賓祖乙奭妣庚歲伐于勿牛暨兄庚歲二宰無尤　2
二三三三九　戊戌卜旅貞王賓妣戊歲宰無尤　2
二三三四〇　己丑……貞……庚……叙侑于妣庚五宰　2
二三三五四　丁酉卜行貞王賓……丁歲三宰……尤　2
二三四三四　……巳卜……貞五宰　2
二三四三四　……出貞王……于母辛……百宰……盟……　2
二三四六九　貞二宰　2
二三四七一　……卜旅……賓……三宰……尤　2
二三四九八　貞二宰　2
二三八〇七　貞二宰　2
二三八〇七　貞三宰　2
二四三〇五　丁卯卜行貞王賓祖丁歲暨父丁歲二宰無尤在二月　2
二四三七三　……五宰……五十　2
二四三七三　……寅卜旅……翌乙卯……歲卯三宰……三十八月　2
二四五六九　貞五宰在三月　2
二四五七〇　……子卜王……五宰　2
二四五七一　……巳卜……三宰無……　2
二四五七一　……五宰皂……　2
二四五七一　……五宰暨……　2
二四五七二　……五宰　2
二四五七三　……三宰……四月　2
二四五七四　貞五宰　2
二四五七五　貞二宰　2
二四五七五　貞三宰　2
二四五七七　貞三宰　2
二四五七八　貞三宰　2
二四五七九　貞三宰　2
二四五八〇　貞三宰　2
二四五八一　……三宰　2
二四五八二　貞二宰　2
二四五八二　貞三宰　2
二四五八三　貞三宰　2

二四五八四　……三宰在……　2
二四五八五　……三宰　2
二四五八六　……卜王貞三宰　2
二四五八七　貞二宰　2
二四五八八　貞二宰……六月　2
二四五八九　貞二宰在……　2
二四五八九　……二宰　2
二四五九〇　貞二宰　2
二四五九一　貞二宰　2
二四五九二　貞二宰　2
二四八〇二　貞二宰在十二月　2
二五〇四〇　丙午卜出貞今夕侑……保三小宰　2
二五〇四一　……卜出……侑于……三宰……八月　2
二五〇五九　……卜旅……翌庚……其侑于……一宰　2
二五一〇一　……卜□……王賓……歲三宰……尤　2
二五一〇五　……旅……王賓……歲三宰無尤　2
二五一〇六　乙丑……貞王……歲二宰無尤　2
二五一〇八　……卜旅……王賓……歲二宰……尤　2
二五一一〇　……五卯二宰　2
二五一三五　……卜尹……賓……二宰　2
二五一四六　……酉卜……王賓……丁歲二宰……　2
二五一四八　貞二宰二月　2
二五二二一　……卜出……延大……歲于……三宰　2
二五二九五　戊辰……貞王賓……歲三宰……在十二月　2
二五一九八　……尹……小乙歲一宰……尤　2
二五一九九　……歲一宰無尤　2
二五二〇〇　……歲一宰……　2
二五二三五　……三宰　2
二五三〇五　……王賓……奭……歲三宰……尤　2
二五三一六　……貞王……歲三宰……五宰　2
二五八一五　庚戌卜旅……王賓……二宰　2
二五八五一　丁巳……貞王賓……三宰　2
二五九四〇　貞五宰在七月　2
二五九四〇　癸酉卜……貞翌甲……乞酒□于上甲其遘有　2
彳歲三宰
二五九九一　……旅……辛亥……彳歲……三宰　2
二六〇〇三　貞三宰　2
二六〇二九　……卜大……庚寅……古一宰　2
二六〇五二　貞卯三十宰　2
二六〇五四　貞翌乙卯五宰　2
二六一三五　……二宰……無尤……月　2
二六一四〇　……五宰……無尤　2
二六九〇七正　貞三宰　3

著錄號	釋文	期
二六九〇七正	貞五宰	3
二六九〇七正	貞卯十宰	3
二六九〇七正	貞二宰	3
二六九一四	貞羌十?又五卯五宰	3
二七〇四二反	丙辰卜宁貞五?十?宰	3
二七二二三	貞三宰	3
二七二二三	貞五宰	3
二七二六九	乙卯卜貞其有吾祖丁五宰　大吉	3
二七三二一	丙午卜何貞其三宰	3
二七三二一	庚子卜何貞其宰	3
二七三七二	乙卯卜其有歲于帝丁一宰	3
二七五〇四	一小宰	3
二七五一五	貞其三宰	3
二七五四六	侑妣辛一小宰	3
二八一〇九	戊子卜其有歲于亳土三小宰	3
二八一〇九	十小宰	3
二八二四〇	……毋三小宰	3
二九五五八	二小宰	3
二九五五八	三小宰	3
二九六四一	惟五小宰	3
二九六四二	三小宰	3
二九六四三	三小宰	3
二九六四四	二小宰	3
二九六四四	三小宰　大吉	3
二九六四五	癸亥卜狄貞一小宰王受有祐	3
二九六四六	一小宰	3
二九六四六	二小宰	3
二九六四七	惟小宰王受祐	3
二九六五八	……于卜……戊戌惟小宰　茲用	3
二九六七〇	卯三十宰	3
二九六七一	其十宰	3
二九六七二	……五宰	3
二九六七三	貞三宰	3
二九六七三	貞五宰	3
二九六七四	……貞王……歲三宰……五宰	3
二九六七五	二宰	3
二九六七五	三宰	3
二九六七六	貞三宰	3
二九六七七	三宰王受祐	3
二九六七八	貞其二宰	3
二九六七九	二宰	3
三二九八二	癸亥貞丁卯侑帚亨歲十宰	4
三三〇〇一	……其𠦪雨于戲燎九宰	4

著錄號	釋文	期
三三二七三	丙寅貞燎三小宰卯牛……于……	4
三三二八〇	……河燎……五宰……沈五……	4
三三二八二	壬子貞其𠦪禾于河燎三宰沈五	4
三三二八二	壬子卜貞其𠦪禾于河燎三宰沈三圉宰	4
三三二八三	辛卯貞其𠦪禾于河燎二宰沈牛二	4
三三二八三	河燎三宰沈牛三	4
三三二九二	乙卯貞𠦪禾于岳燎三小宰圉三牛	4
三三二八四	癸巳貞𠦪禾于河燎三宰沈三	4
三三二九二	……卯貞𠦪禾……岳燎三小宰……圉宰	4
三三三二〇	庚午……岳……二宰……三牛	4
三三六八五	四宰……四牛	4
三三六八六	丁巳三宰	4
三三六八七	二宰	4
三四〇四七	……亥卜在大宗有𢦏伐三羌十小宰自上甲	4
三四〇七九	其十宰	4
三四一四九	癸酉貞帝五玉臣其三百四十宰	4
三四一四九	癸酉貞其三小宰	4
三四一六五	戊子貞其燎于洹泉……三宰圉宰	4
三四一七二	……未卜……燎于父丁五宰卯五牛	4
三四一九八	己酉貞辛亥其燎于岳一宰卯一牛雨	4
三四一九八	……其燎于岳三宰	4
三四二二五	岳燎五宰圉五牛	4
三四二七四	丁巳貞庚申燎于𡕲二小宰圉大宰	4
三四二三二	……午貞岳……三小宰	4
三四二四四	……河燎五小宰	4
三四三〇二	……二宰　茲用	4
三四四四九	丁卯卜燎三小宰卯三大宰	4
三四四五一	乙酉卜燎六小宰卯牛三	4
三四四五二	五宰	4
三四四五三	……五卜燎三宰沈……	4
三四四五四	丁丑卜燎三小宰卯牛三	4
三四四五五	乙卯……燎三小宰……	4
三四四五六	卯一牛燎一小宰	4
三四四五六	二牛燎卯二小宰	4
三四四九六	三宰三牛	4
三四六五七	丙寅貞王其……玉乙亥燎四宰卯三大宰	4
屯五七〇	其五宰	4
屯九四三	辛卯貞其𠦪禾于河燎二宰沈牛二	4
屯一〇六二	丙寅貞燎三小宰卯牛三	4
屯一一一八	丁亥貞辛卯酌岳燎三宰圉宰	4
屯一一二〇	甲戌卜燎于河宰沈三宰	4
屯一一二二	𢀛伊尹暨酌十宰	4

著錄	釋文	期
屯二三八	甲午貞大禦自上甲六大示燎六小宰卯九牛	4
屯二五三	甲寅卜燎于河五小宰	4
屯二四四四	…岳燎五小宰卯五牛	4
屯二五〇九	丁酉貞桒禾于岳…五宰	4
屯二一〇七	惟四小宰用有雨　吉	3
屯二一〇七	惟五小宰用有大雨	3
屯二一八三	燎二小宰	4
屯二一八三	燎三小宰	4
屯二一八三	燎三宰	4
屯二三六一	甲午貞大禦六大示燎六小宰卯三十牛	4
屯二九六八	…歲三宰	
屯四四〇四	甲午貞其禦…父丁百小宰	4
英六	…于上甲四宰	1
英一五	丙寅卜侑于成五宰	1
英三六	…丑卜…冊祖辛十五宰	1
英三八	…祖…三羌…二宰	1
英八三	…冊父乙十宰伐…	1
英八七三	…百宰大…	1
英八七四	貞…十宰…乙…羌	1
英八七五	三宰	1
英八七六	三宰	1
英一二六二	…河二宰埋三…	1
英一二三五	…冊三宰	1
英一二三六	…亥卜…往于示壬…一宰…冊…	1
英一二五七	…貞燎三宰	1
英一二九一	貞…王伐祖…王燎三小宰卯三大…	1
英一八六九	…卯卜…貞酌…七宰	1
英一九三一	…大…卯…二宰	2
英一九四八	庚子卜貞其侑于五毓宰	2
英一九七二	…卯侑于母辛三宰葡一牛羌十	2
英一九七五	癸巳卜…貞翌己…其侑于…兄三宰	2
英二〇四七	貞五宰	2
英二〇九一	…貞有燎…丁十宰用七月	2
英二二六一	…行貞王賓…卯十宰…在…	2
英二四五〇	庚…貞其桒禾于㝬燎十小宰圍十大宰	4
懷三〇	六宰	1
懷三一	貞其有勹伐自上甲…羌大示十宰…五宰…	1
懷一五九	…戊…二宰	1
懷一六五b	…酌…二宰…	1
懷一〇一六	丁未卜王曰貞父丁莫歲其弘三宰茲用	2
懷一〇一七	乙丑卜旅貞王賓祖乙歲三宰無尤…十一月	2
懷一〇一九	乙…貞…祖乙…三宰…	2
懷一〇四二	…酉卜…王賓…三宰…	2
懷一〇七七	貞十宰	2
懷一二六二	貞告執于南室三宰	2
懷一三〇三	貞其二宰	3
懷一五六二	…父丁十小宰…	4
四三七	有羌父乙卯小宰	1
七〇四	…午…匚冊十艮卯小宰	1
七二八	…卜爭子狀于母中彘小宰又艮女一	1
七二八	貞勿𢦏用中彘冊小宰又艮女一于母丙	1
八九三正	惟小宰	1
八九三正	小宰	1
九五〇	…出貞…亥其…新寢…小宰	2
一〇一八	…甲…伐…小宰	1
一〇四六	貞于𨗨酌…小宰	1
二四四〇	惟小宰于妣己	1
一九二一	貞惟小宰	1
一九九八	侑于南庚惟小宰	1
二二一五	…貞今日酌小宰于父乙	1
二三〇二	貞翌…亥勿𢦏侑于父…小宰	1
二四〇四	貞侑妣己小宰	1
二四二七	貞翌己亥酌妣己…小宰	1
二五三四	貞勿𢦏于母丙侑小宰	1
二八二七正	貞侑于婦惟小宰十二月	1
二八二八	丁巳卜貞侑于婦小宰	1
二八七四	丁卯卜㱿貞今日夕侑于兄丁小宰	1
二八七五正	侑于兄丁小宰	1
二九四一	貞禦子商小宰用	1
三三五六	貞禦子…大子小宰十月	1
三二六八	乙巳貞其于二子小宰	1
四〇九七正	…小宰	1
九九一三	用牛小宰	1
九九三七	…戌卜㱿貞燎于岳小宰	1
一四五五八正	貞燎于河…宰沈小宰卯三牛	1
一四五六四	貞…小宰…一牛	1
一四八四四	己…羞…小宰	1
一五〇〇七	貞惟小宰十一月	1
一五〇〇七	貞惟小宰十一月	1
一五三三四	冊小宰	1
一五四三六	…小宰…庚…用	1

一五五一九　肇丁小宰　1
一五六〇五　貞燎于小宰九牛　1
一五六〇六　貞：燎于小宰：牛　1
一五六〇七正　貞勿燎小宰　1
一七六五〇正　貞：于兄丁小宰　1
二一〇四〇　：庚：小宰　1
二二〇九二　乙卯卜有歲于入乙小宰用　1
二一八〇四　戊辰卜㣇貞酌小宰至豕司癸　1
二一一七〇　：卜禦：小宰　1
二一八〇五　庚子子卜惟小宰㞢司　1
二一八〇五　庚子子卜惟小宰禦龍母　1
二一一九五　父：小宰　1
二二二一五　癸丑卜往啓𠷎束小宰　1
二二二三六　弜午庚宰中妣小宰子小宰　1
二二二三六　弜午庚宰中妣小宰子小宰　1
二二二四八　：𠂉妣：小宰　1
二二二五八　辛丑卜中母禦小宰　1
二二二九四　小宰　1
二二三九二　：小宰　1
二三二九九　戊戌卜行貞父戊歲惟小宰在四月　2
二三三〇〇　貞惟小宰　2
二三三〇九　：卜尹：王賓大丁奭：歲小宰無尤在三月　2
二三三一一　辛：貞：大甲：妣辛：小宰：　2
二四五六六　惟小宰　2
二四五六七　惟小宰　2
二四五六八正　：惟小宰　2
二二三六九　丁卯六豕𠬝小宰　1
二五〇六四　：申卜王：其侑：小宰用茲?　2
二四八〇七　：丑卜：貞𢦏：小宰　2
二六〇五一　貞其率惟小宰　2
二六九〇七正　貞小宰　3
二六九〇七正　貞小宰　3
二七〇四〇　惟小宰　3
二七一六〇　閔燎惟小宰　3
二七一六四　惟小宰　3
二七三九一　：卜狄：㞢凡仲己：小宰王受祐　3
二七三九三　惟小宰　3
二七四一二　戊辰卜其于妣己惟小宰　3
二七五〇四　小宰　3
二七五一五　貞其小宰　3
二七五七二　壬午卜其有歲于妣癸惟小宰　3
二七五四三　庚寅卜彭貞其小宰　3

二七六九七　：小宰　3
二七八八四　庚申卜其奏宗𢓊有燎惟?：小宰　3
二八一八〇　惟小宰　3
二八一一三　：亳土惟小宰　3
二八二六五　惟小宰有雨　3
二九五三九　惟小宰　3
二九六四四　其：小宰　3
二九六四八　：巳卜：戊方：惟小宰　大吉　3
二九六四八　惟小宰王受：　3
二九六四九　惟小宰王受祐　3
二九六五〇　惟小宰　3
二九六五二　惟小宰　3
二九六五三　惟小宰　3
二九六五四　惟小宰　3
二九六五五　惟小宰　3
二九六五六　惟小宰有雨　3
二九六五七　庚午卜：翌日其：惟小宰　3
二九六五九　惟小宰　3
二九六六〇　惟小宰　吉　3
二九六六一　惟小宰　吉　3
二九六六二　惟小宰　吉　3
二九六六三　惟小宰　3
二九六六四　惟小宰　3
二九六六五　：小宰　3
二九六六七　小宰　3
二九六六八　弜以小宰　3
二九六六九　貞惟小宰　吉　3
二九九九六　惟小宰有雨　3
二九九九七　惟小宰有雨　3
三〇三九三　𠫑暨𡆥惟小宰有大雨　3
三〇五〇五　其侑惟小宰王受祐　3
三〇五〇六　其侑惟：侑小宰王受有祐　3
三〇五〇七　丁惟小宰毋其侑　3
三〇六八五　于來辛卯酌小宰　3
三三二七六　：𢍰禾：河燎：小宰沈三牛𠭰宰　4
三三二九三　：其𢍰禾于𡆥燎小宰卯：　4
三三三二七　辛卯卜侑妣壬妣癸小宰　4
三四〇八三　乙：小宰：五牛　4
三四二〇九　岳燎小宰卯牛一　4
三四二四三　癸亥卜燎小宰　4
三四二七七　：𡆥燎小宰卯牢　4
三四二七七　：燎小宰卯：　4

著錄	釋文	
三四三五三	惟小宰	4
三四四二九	…歲小宰	4
三四四二九	…小宰	4
三四四六四	丁卯卜惟小宰…	4
三七二九五	惟小宰	5
三七二九六	惟小宰	5
三七二九七	惟小宰	5
三七二九七	…小宰	5
三三二九六	丁未貞桒禾于岳燎小宰卯三牛	4
三七二九八	惟小宰	5
三七三〇〇	小宰用	5
三七三〇一	小宰用	5
三七三〇二	…小宰	5
三七三〇三	…小宰用	5
三七三〇四	…小宰	5
三七三〇五	惟小宰	5
三四四二八	惟小宰	4
三六〇三二	惟小宰 茲用	5
屯四九八	惟小宰	3
屯九一四	岳燎小宰卯牛一	4
屯一〇一一	壬戌卜毋壬歲惟小宰	3
屯一〇六〇	小宰	4
屯一〇六二	丙寅貞侑于𡆥燎小宰卯牛一茲用不雨	4
屯二一五五	…己…小宰	4
屯二二二四	丙申貞其桒禾于岳燎…小宰	4
屯四〇二三	蠱小宰王受祐	3
屯四〇五三	惟妣戊姘小宰王受祐	3
英八七七	小宰	1
英八七八	貞…于…小宰	1
英一六六七	癸亥卜𠂤惟小宰兄甲	1
英一九〇七	…辰子卜…酒小宰…一豕司…	1
英二一一九	己巳卜祝貞其叙于盟室惟小宰	2
英二三三一	惟小宰	3
英二三三三	惟小宰	3
英二四四三	丙寅貞侑于𡆥燎小宰卯牛一	4
英二四四三	…𡆥…三…宰	4
懷一九	侑丁宰用	1
懷一六〇	…小宰	1
懷一六九	…小宰	1
懷一三〇九	…小宰	3
懷一三一〇	…小宰	3
懷一四〇九	惟小宰	3
懷一五六四	…小宰…	4

著錄	釋文	
一八二五	貞𢦏于王矢宰	1
一三五六二	貞翌辛未其侑于盟室三大宰九月	1
二三三〇〇	貞惟大宰	2
二七五四三	庚寅卜彭貞其大宰	3
二九五五二	庚寅卜貞其大宰	3
三〇五一九	庚寅卜貞其大宰	3
三三六二〇	三大宰	4
懷一三五七	貞惟大宰在十月	2

其它

著錄	釋文	
六	丁丑卜穷貞侑于丁勿龠宰用	1
一四正	庚申卜古貞勿龠敨于南庚宰用	1
一〇二	…戌卜貞翌乙亥燉侑于祖宰又一…	1
一三〇正	貞翌乙未呼子漁侑于父乙宰	1
一九〇正	今日勿龠侑祖丁宰	1
二九五	…宰	1
三一四	丁…乙…祖乙三十羌卯…宰	1
三二四	甲午卜貞翌乙未侑于…羌十人卯宰一又一牛	1
三二四	甲午卜貞翌乙未侑于祖乙羌十又五卯宰又一牛五月	1
三三〇	…貞…亥…丁宰…羌十	1
三三九	丁未卜穷貞侑于丁宰用	1
三三九	丁巳卜穷貞侑于丁宰又牛六月	1
三三九	貞翌丁卯侑于丁宰又一牛	1
三四四	…庚…侑于…羌十…宰	1
三四五	庚午卜貞惟十羌卯宰	1
三六二	用六羌卯宰	1
三七二	…申…貞六…五羌…宰七月	1
三八〇	丁卯卜爭貞有𠂇于祖乙宰羌三人	1
三八一	貞翌丁未子呂其侑于丁三羌…宰…	1
三八四	己卯…翌辛…酒有禦于婦…宰三羌…三	1
	卷五…	1
四一七	…丑…有自…至于…牛一羌卯宰九月	1
四三八正	…有卜于父庚宰	1
五〇一	丁卯卜貞侑于祖乙宰羌三人	1
五〇一	貞宰又一牛	1
六六七反	王…宰	1
六七二正	貞翌乙未酒成用宰	1
六七二正	桒雨于上甲宰	1
七〇九正	貞呼子宓卯父乙𠕋及𡚸卯宰	1
七一〇	貞燎于高妣己有𣪘冊三及𡚸卯宰	1
七一七正	酒及卯宰卯一牛	1
七一八正	貞禧于妣己𠕋及卯宰𢦏	1

編號	釋文
七一九正	貞禘于妣己冊及卯窂
七二一正	窂牝
七二一正	來乙未侑祖乙窂
七二九	貞禦子漁于父乙有一伐卯窂
七三四反	貞有及王…窂
七四〇	…冊及㐭又窂
七四五	…及…伐有窂
七六七正	甲辰卜殻貞有窂于父乙
七七六正	壬辰卜殻侑于示壬窂
七七六正	侑于祖辛窂
七七六反	…窂
七八七	貞侑于妣甲烄及卯窂
八九一正	…十…又…窂
八九三反	侑于三父一伐卯窂
九〇〇正	侑于祖乙窂正
九〇五正	貞侑于父乙窂　二告
九〇五反	…庚…窂十殻
九二四正	上甲惟窂用
九二四正	貞勿窂
九二四正	乙巳卜殻貞呼子室侑于㞢祖窂
九二四正	貞勿呼子室侑于㞢祖窂
九二四正	貞呼子室侑于㞢祖窂
九二四反	王其侑用窂
九二四反	…婦…癸及㳄卯窂
九二八	…侑羌甲…伐三卯…窂
九三八正	貞翌乙亥侑于唐三伐窂
九三九正	貞正二伐卯窂
九四〇反	…卜貞有窂
九六二	貞窂又一牛
九六三	丁…翌…酢…冊…窂…殻
九六五正	勿酳用一伐于南庚卯窂
九六五正	貞侑于南庚一伐卯窂
九八〇正	…有伐…窂
一〇五一正	侑王夨伐五卯窂
一〇五一正	侑王夨伐三卯窂
一〇五一正	侑王夨伐一卯窂
一〇五三	貞…其…十人…窂𠂤…
一〇六四	…伐不三人于毋圍窂
一〇七〇	癸未卜…貞…人…窂
一〇七六	…窂
一四〇二正	甲辰卜殻貞翌乙巳侑于父乙窂用
一七七三反	貞翌辛酉侑于祖辛窂
一八二六	侑于祖丁…殻卯窂曰勿卯鼎
一九〇八	丙戌卜穷貞侑于丁…窂
一九〇一正	乙巳卜穷貞今日侑于父乙窂
一九一一	貞侑于丁窂
一九一二	…貞侑于丁窂
一九一三	貞翌…亥侑于丁窂
一九一四	貞翌丁卯侑窂于丁
一九一五	貞翌丁卯侑于丁窂
一九一六	丙戌卜貞翌丁亥侑于丁窂
一九一七	侑于丁窂
一九一八	丙寅卜穷貞侑于丁…窂三月
一九一九	丙子…貞翌…丑侑…丁窂
一九七九	…酉卜…于丁酉…窂
一九八一	庚戌卜…貞窂于丁五月
二一四二	癸卯…禦大…父…窂
二三八六	癸丑卜王中…窂示癸妾妣甲
二四二四	癸未卜今…羊于妣己…冊窂…
二四二四	癸未卜今…羊于妣己…冊窂…
二四二六	貞勿…妣己…卯窂
二四五〇	…于妣庚窂
二五二三	貞翌庚子侑于母庚窂
二五四三	甲辰卜貞翌乙巳𫷷侑于母庚窂
二八八六	兄丁窂
二八八七	丁巳卜用窂兄丁
二八八八	…窂于兄丁
二九六五	…卜爭…子商…兄丁…窂十月
二九七五正	…午卜殻貞翌乙未呼子漁侑于父乙窂
三〇九〇	丁卯卜爭貞令子效…窂于…
四〇五一	庚辰卜爭貞𢀛侑于丁窂
四三二四	…亥卜禦𢀛大甲窂
四三二四	丁亥卜禦𢀛大乙窂
五六二二	…貞…多…侑…牛…窂
五六三九反	…窂
五七一一	丁亥卜貞侑于丁窂
五九〇八	…冊…庚…窂
六四七五反	侑母己十㳄侑卯窂
六五七二	戊戌卜內呼雀𢦏于出日于入日窂
六五九七正	…未侑于父乙窂
六六五三正	翌乙巳侑祖乙窂有牝
一一三六五	丙申卜穷貞窂又一牛丁?…
一一三六六	丙寅卜貞窂又一牛九月

一二四九〇 …宰一月
一二四九五正 貞侑于父甲宰
一三五七三 …亥其寢…寢宰十二月
一二六三二 …侑于…宰 用
一二六三二 …侑于…宰 用
一二八六一 乙卯卜殻貞桒雨…上甲宰…
一四一五七 丙寅卜貞翌丁卯邑並其侑于丁宰又一牛 五月
一四二五五 …帝…宰
一四三二六 …禘…西…宰
一四三七二 …燎于夒…宰…十月
一四三九五正 貞宰
一四三九六 貞燎于土一牛俎宰
一四三九六 壬戌卜爭貞既出狝燎于土宰
一四四〇七 辛酉…禦…于…土宰
一四四四七 貞…燎…岳宰呼歸
一四五三六正 辛…貞桒河燎五小宰沈五牛卯五牛圍宰
一四五五八正 貞燎于河…宰沈小宰卯三牛
一四五八一 丙子卜穷貞翌辛酉酌河宰
一四六〇七 …辰卜穷…于河…宰沈五…圍…月
一四六一三 …燎于河…宰埋…
一四六五九 惟宰
一四六五九 宰
一四六六四 乙亥卜燎𢀛羊圍宰
一四八三四 甲午卜穷貞大示三宰二月
一四八六八 己卯卜翌庚辰侑于大庚至于仲丁宰
一四八九九 …示宰
一四九一二 …示壬宰又一牛
一四九九一正 …燎宰…
一五〇七七 …卜穷…侑于…宰
一五〇七八 …侑于宰
一五〇七九 貞侑于…宰又…
一五〇八〇 貞翌丁卯侑于宰又一牛
一五〇八二 庚辰卜…乙酉侑于宰
一五〇八三 …侑于…乙宰
一五〇八四 …丁未侑于宰
一五〇八六 侑于宰
一五三三八 …盟牛…冊十…宰一月
一五三四三 …卜…冊宰
一五三四七 辛未…宰惟翌…冊百…
一五四三四 …宰用十二月

一五六〇三 貞…囚犬燎宰
一五六〇四 …辰卜…貞燎…宰
一五六〇八 丁酉…殻今日勿燎宰
一六一三〇 …穷貞…人伐…卯宰…
一六二二一 …殻翌辛…㞢宰
一六二三一 …宰…
一九八一二反 庚辰卜王侑祖丁宰
一九八一七 …卜㞢侑…宰不
一九八六三 癸丑卜侑祖丁豕用宰
一九八六三 丙辰卜侑祖丁豕用宰
一九八九三 …禦用宰…惟在万
一九九〇七 丙戌卜㞢宰兄丁
二〇〇三〇 惟一牛冊宰
二〇七〇三 甲子…宰
二〇七〇四 …子…宰
二一一〇三 甲戌…土燎宰
二一一〇五 …燎…土…宰
二一一一四 丙辰卜自戠惟宰
二一一四五 羊宰商
二一一八二 辛卯卜王貞…乙盟…卯…宰
二一二〇四 …祖宰
二一二二〇 …宰
二一二五八 …宰埋
二一二六四 …盟其侑宰
二一二八七 甲…宰…
二一八〇三 壬寅子卜用豕至宰妣…
二一八〇三 癸卯子卜至宰用豕屍
二一八〇五 惟豕用至屍司宰
二一九二二 …囿
二二〇四七 子于庚禦余母宰又艮
二二〇四七 惟宰又艮
二二一三〇 丁巳卜艮宰妣庚
二二一三〇 癸卯貞用艮宰妣庚
二二一三〇 …宰妣庚
二二二二六 妣庚宰束羊豕
二二二二六 妣口宰妣庚束
二二一三七 丁酉卜來庚用禦艮宰
二二五五一 乙卯卜行貞王賓祖乙乂伐羌十又五卯宰無尤在十二月
二二五五三 丁…貞…乂…羌十…五卯…宰
二二二五八 丁亥卜酌禦妣庚寅宰
二二二五八 丁亥卜酌禦妣庚寅宰
二二五六九 甲午卜行貞王賓𣪘甲乂伐羌三人卯宰無尤

二二五八二 …即貞王…亡伐羌…牢無… 2
二二六〇八 …辰卜行貞王賓…亡伐…三卯牢無尤 2
二二六二一 …卜㳄…賓祖辛…牢…無尤 2
二二六二八 甲午卜卜貞王賓上甲祖?丁?酌…牢… 2
二二七二二 …卯卜行…王賓…歲牢𣪘?無尤… 2
二二七二九 辛卯卜行貞王賓祖?辛歲牢無尤 2
二二七二九 乙未卜行貞王賓大?乙歲牢無尤 2
二二七三八 …尹貞王…牢暨大乙… 2
二二七六〇 …貞牢 2
二二七六九 …卜尹貞…賓父丁歲…暨大丁亡…牢無尤 2
二二八一四 己巳卜行貞王賓雍己…歲牢[illegible]…無尤 2
二二八二四 甲戌卜出貞其侑于大戊牢 2
二二八二五 甲戌卜出貞翌戊寅侑于大…三牢 2
二二八八六 甲寅卜旅貞翌乙卯其侑于祖乙牢 2
二二八九〇 …其侑…祖乙牢…一牛 2
二二九〇〇 乙亥卜㳄貞王賓祖乙歲牢無… 2
二二九〇八 …卜行…賓祖乙…暨小乙…牢無尤 2
二二九六〇 甲…侑?…牢… 2
二二九六五 …未卜大貞侑于祖辛牢 2
二二九七三 辛巳卜行貞王賓祖辛歲牢 2
二二九七五 辛酉卜…貞王…祖辛歲牢無尤 2
二二九九六 貞牢牝 2
二二九九六 貞祖辛牢牡 2
二三〇〇二 貞翌辛丑其侑祖辛牢 2
二三〇二〇 甲辰卜旅貞王賓羌甲歲牢無尤 2
二三〇二八 …申卜…貞翌…酉其侑于祖丁牢 2
二三〇三〇 丁卯卜行貞王賓父丁歲牢暨祖丁歲牢無尤 2
二三〇五五 丁未卜行貞小丁歲牢 2
二三〇五六 …小丁歲牢 2
二三〇六〇 丙辰卜…貞翌丁巳侑于丁牢侑… 2
二三一一五 乙亥卜行貞王賓小乙歲牢無尤在二月 2
二三一一六 癸未卜行貞王賓小乙歲牢無尤… 2
二三一一七 乙未卜行貞王賓小乙歲牢無尤 2
二三一一八 乙亥卜行貞王賓小乙歲牢無尤 2
二三一四四 乙卯卜行貞王賓毓祖乙歲牢無尤在九月 2
二三一四七 …毓祖乙歲牢無尤在十月 2
二三一五五 貞牢 2
二三一五五 甲申卜行貞翌乙酉毓祖乙歲牢 2
二三一八一 丁酉卜行貞王賓父丁歲牢無尤 2
二三一八二 丁未卜行貞王賓父丁歲牢…尤 2
二三一八三 庚戌卜行貞王賓父丁歲牢無尤 2
二三一八五 丁巳卜行貞王賓父丁歲牢無尤在四月 2
二三一九三 …卜㳄…賓歲…牢… 2
二三二〇六 丙辰卜尹貞翌丁巳父丁莫歲牢 2

二三二〇八 丙戌卜…貞翌丁…父丁莫歲牢 2
二三二一〇 …旅…父丁莫歲牢 2
二三二一一 …卜尹…父丁莫…牢 2
二三〇八五 癸亥卜大貞翌甲子其从侑于魯甲牢 2
二三二一三 …翌丁亥…父丁歲牢 2
二三二一四 己亥卜行貞父丁必歲牢牡 2
二三二六七 …貞…父丁…牢無…在十二月 2
二三二六八 丙申…貞翌…父丁…牢… 2
二三二七一 …尹…父丁牢 2
二三三〇〇 貞父戊歲惟牢 2
二三三四三 …卜尹…賓妣己…牢無… 2
二三三四五 己巳卜尹貞翌庚午其侑于妣庚牢 2
二三三五四 乙未卜行貞王賓妣庚歲牢無尤 2
二三三六八 己亥卜喜貞翌庚子妣庚歲其弘牢 2
二三三七〇 庚辰卜旅貞王賓妣庚…牢 2
二三三七一 庚辰卜尹…妣庚歲牢 2
二三三九一 …妣庚…牢 2
二三三九七 貞其侑妣辛牢 2
二三四〇〇 貞其牢又一牛 2
二三四〇〇 庚申…貞翌辛…妣辛牢 2
二三四〇七 …丑卜即…妣己歲…牢 2
二三四一五 …其侑…母辛牢 2
二三四二一 辛巳卜…貞王賓母辛歲牢… 2
二三四二七 …母辛亡歲牢無尤 2
二三四三五 …辛丑呼…母辛牢一牛…六月 2
二三四三六 …母辛…牢一牛 2
二三四三七 …母辛…牢… 2
二三四三九 …疾侑…七五…牢 2
二三四六八 己酉卜行貞王賓兄己歲牢無尤 2
二三四六八 …戌卜行…王賓…歲牢…尤 2
二三四六九 …牢 2
二三八〇五 丙寅卜吳貞卜竹曰其侑于丁牢王曰弜 2
[illegible]翌丁卯[illegible]若八月 2
二三八〇八 己未卜…貞小王…牢 2
二三三六九 …蒸暨妣庚歲牢無尤 2
二四三四三 己亥卜行貞王賓父丁歲牢無尤在壴 2
二四三四八 丙寅卜行貞翌丁卯父丁莫歲牢在三月在 2
雇卜 2
二四五二三 貞牢 2
二四五六五 貞惟牢 2
二四五九三 貞其牢又一牛 2
二四五九四 貞牢 2
二五〇四二 丁酉卜大貞侑于…牢五月 2

著錄號	釋文	分期
二五〇四三	…卜出…翌…侑于…牢…	2
二五〇六一	乙丑…貞其侑…祖牢	2
二五一〇七	…卜尹…王賓…歲牢…尤	2
二五一〇九	乙亥卜…貞王賓…歲牢一牛…	2
二五一六〇	貞牢三月	2
二五一八六	貞牢	2
二五一一〇	…卜尹…賓…歲牢…尤	2
二五二一二	…卜尹…王賓…歲牢暨…夕歲…	2
二五三〇三	乙亥卜行貞王賓歲牢無尤	2
二五三二一	…卜行…賓…牢敹…尤	2
二五六四三	行…賓…夕…牢…	2
二五九〇六	貞牢…牛用	2
二六〇〇八	…申卜大貞我…眞曰…牢…年…九月	2
二六〇一五	…卜出…奏…于侑…于…牢	2
二六〇二三	甲戌卜即貞其告于妣…牢一月	2
二六〇三三	貞牢一牛一月	2
二六〇五六	丙午卜即貞…其𣪊牢	2
二六九〇七正	貞牢	3
二六九五三	庚寅卜何貞其牢	3
二七〇四二正	庚申卜何貞其牢一牛	3
二七〇四二正	庚申卜何貞其牢	3
二七〇四二正	癸丑卜何貞其牢又一牛	3
二七〇四二正	丙辰卜何貞其牢	3
二七一三八	己酉卜何貞其牢	3
二七一三八	己酉卜何貞貞其牢又一牛饗	3
二七三二一	丙午卜何貞其牢	3
二七三二一	癸卯卜何貞翌甲辰其有丁于父甲牢饗	3
二七三三六	癸巳卜暊貞翌日祖甲歲其牢	3
二七三九五	…其侑父己惟牢用…祐	3
二七四三八	癸酉卜暊…帝甲丁其牢	3
二七四五六正	…戊卜何…其牢…饗…祝	3
二七四五六正	丁未卜何貞莫其牢	3
二七四八四	…卜…歲…戊…牢	3
二七五一五	戊午卜貞其侑妣己牢 吉	3
二七五四一	…牢	3
二七五四六	…牢	3
二七五七六	…牢	3
二七七三一	…牢	3
二八一五六	貞𧽊…五𧽊牢王受祐	3
二八二四四	惟小牢	3
二九四六四	牢	3

著錄號	釋文	分期
二九六五六	惟小牢有雨	3
二九六五七	…其…牢	3
二九六八〇	貞牢…一牛	3
二九六八一	貞其牢又一牛	3
二九六八二	牢	3
二九六八三	…牢王受祐	3
二九六八四	…牢	3
三〇五九六	癸未卜彭貞告牢	[illegible]
三二九九二	…牢其蓺	4
三三二八四	…燎…牢…五	4
三三三三八	庚午卜今日其燎牢… 兹用	4
三四一四八	…酉…其…牢	4
三四三八七	惟牢	4
三四四二六	…歲牢其興	4
三四六五七	丙寅貞王其…玉乙亥燎四牢卯三大牢	4
三六〇三二	惟牢	5
三六〇三二	惟牢	5
三六一三四	丙戌卜貞文武…其牢 兹用	5
屯四四一	侑祖乙歲牢	4
屯一一二〇	甲戌卜燎于妣牢雨	4
屯一二一五	…妣…牢	3-4
英四〇八	戊辰有伐于陟卯牢…庚示妥	1
英九三〇	…牢	1
英一二四七	…燎于岳夕羊翌辛亥酌牢	1
英一二四五	丁卯…用牢…辛…	1
英一三九二正	…十…卯…牢	1
英一九四七	…卜行…賓羌甲…牢暨魯甲…	2
英一二九〇	…于韋一羌卯牢	1
英一九七三	…乙巳侑于母辛牢又一牛十月	2
英二〇四八	貞牢又…	2
英二〇九〇	…室于牢	2
英二二一二	…牢	2
懷九九	貞侑于…牢	1
懷一四四	…卯…牢無尤…七月	1
懷一五四	…貞…丁牢…牛	1
懷一六四	辛…貞…小𠬝…宗告…牢	1
懷一四八一	丁亥卜王大庚…大乙牢牝…終月	4

𦍩

著錄號	釋文	分期
四六二二	…貞…漾不…	1
五七五五	…貞子漾…	1
六九五二正	望漾弗其若启雀 二告	1

六九五三正　貞望⿰氵羴若启雀　1
八五四八　…貞…于華不…　1
一三五〇六正　貞令望華歸　小告　1
一三五〇六正　貞勿令望華歸　二告　1
一七〇七〇　貞子華不其　1
二〇〇一七　…卜夨令華…卒敹白牀…　1
二七一二二　…蒸華牛大乙白牛惟元…　3
二九五一二　丁丑卜王其夕⿰氵羴牛于…五牢　3
三〇六一九　貞祝惟華示王言王受祐　3
三〇九六四　丁丑卜王其夕⿰氵羴牛于…五牢　3
屯二一四一　既叀其在盂叙⿰氵羴　吉　3

羴

四六二三　…子…⿰氵羴…　1
四六二四　貞羴…　1
四六二四　…幼…羴無…　1
四六二五　羴其…　1
四六二六　…羴其…　1
四六二七　…羴其…　1
四六二八　…羴…　1
四六二九　羴…　1
六九九五　沚其捍羴　1
六九九六　沚弗捍羴　1
六九九七　癸…捍羴　1
六九九八　癸丑卜沚其𢦏捍羴　1
六九九九　…沚其…羴　1
七〇〇〇　…沚不捍目羴　1
七〇〇一　…沚不捍目羴　二告　1
七〇〇二　…𢀛弗𢦏羴一月　1
七〇〇三　羴捍不　1
七〇〇四　…未卜羴其捍㞢　1
七〇〇五　…辰卜羴…捍㞢　1
七〇〇六　…卜王羴…婦允其捍　1
八二九八　⿱羴華庚凡　1
一七一七六　己卯卜貞…弜比…𢀛…𢀛…羴…　1
一八七六六　乙卯…羴…獲…𢓊…　1
二一五一九　丙辰…于…延…羴…　1
二二二一九　丐羴循　1
二五八一七　癸卯王受歲有羴茲用　2
英一九二　…羴暨沚　1
英六一八　丁巳卜羴…捍暨沚　1
英一五三三正　…申…勿呼婦好往于羴　1
懷六三四　…申卜…羴…　1

⿱⿰羊羊⿰羊羊

二一四三四　…酉卜寵…暨⿱⿰羊羊⿰羊羊　1

⿰羴攴

二一四〇四　戊午…⿰羴攴不…　1
二一三八四　戊寅卜𠂤貞陕弗其以有示⿰羴攴二月　1
二一二八四　戊寅卜𠂤貞陕其以有示⿰羴攴　1
英二六七四正　𡐓子曰⿰羴攴　5
英二六七四正　⿰羴攴子曰殁　5

⿰羊土　合文

五二九　…卜…其侑…子妻…⿰羊土…　2
七八四　禦于高妣己㞢二⿰羊土𠕋及㚔　1
九四一　…卜亘…有伐于李…三卯六⿰羊土　1
二〇六八　…酚…岀…⿰羊土　1
二一三一　又庚一⿰羊土　1
二一三一　又辛一⿰羊土　1
二一三一　父甲一⿰羊土　1
二四二五　…暨妣己一⿰羊土　1
六〇三五　翌甲辰酚禦岀十⿰羊土　1
七七〇一　甲戌卜爭貞…卯⿰羊土一王固…茲…　1
一一九六　…⿰羊土　1
一一九七　乙…⿰羊土…　1
一二八一九　…奉…乙…六⿰羊土　1
一四二七一　…未卜王…⿰羊土今日…示…鬼…　1
一九八一七　丙午卜夨侑大丁⿰羊土用　1
二二一〇一　辛未卜卯于祖⿰羊土𦍋　1
二二二一四　戊辰卜其燎妣庚侑友⿰羊土　1
二二二二二　…妣庚…⿰羊土　1
二二二四八　啓有夕妣庚⿰羊土　1
二二二四九　啓有夕妣庚⿰羊土　1
二二四二一正　壬子卜甲寅燎大甲⿰羊土卯牛三…　1
二二七一三　…貞…示壬⿰羊土…于示癸⿰羊土…十六月　2
二三〇一八　甲寅卜…貞其侑于羌甲⿰羊土　2
二三四六四　貞毋歲惟⿰羊土　2
二三五三九　…卜…貞子利⿰羊土　2
二六〇二一　壬…貞…于…其⿰羊土　2
二七五八二　…⿰羊土　3
二九四八二　弜⿰羊土　3

著錄號	釋文	期
二九四八三	弜牡	3
三〇七四三	惟牡王受祐	3
三三一一八	乙丑卜侑上甲牡十	4
三二四六一反	…巳自犬歲惟牡	4
三三六一三	二牡	4
三三六一四	惟牡	4
三四〇八〇	乙巳貞丙十酚桒生于妣丙牡三牡一白…	4
三四〇八一	辛巳貞其桒生于妣庚妣丙牡牡白豕	4
三四〇八二	辛巳貞其桒生于妣庚妣丙牡牡白犬	4
英 八〇	…于父乙侑牡	1
懷 一〇七	…丁…牡禦…	1
懷一五八八	丁卯卜侑雚牡母豕	4

牝 合文

著錄號	釋文	期
一九八六九	…巳卜王浄祖丁牝合庚	1
二二〇七三	己丑卜歲父丁戊牝	1
二二一三〇	乙牝	1
二二二一四	戊寅卜侑妣己牝毚	1
二三六〇四	貞牝十月	2
三四〇八一	…貞…桒生于…庚妣丙…牝牝	4
二四五六三	貞牝	2
二四五六四	…牝	2
二四六〇三	貞牝	2
二四六〇四	貞惟毚川牝	2
二七五八二	乙丑卜其有歲于二司一牝	3
二七六二七	惟牝	3
三四六六五	惟牝 茲用	4

沈

著錄號	釋文	期
四八四	…沈十…羌…一月	1

沈小宰 合文

著錄號	釋文	期
一四五五八正	貞燎于河…宰沈小宰卯三牛	1

敉

著錄號	釋文	期
七七四	貞呼王…牧…羊	1
八〇一	貞牧涉于東畀…	1
一三〇九	…叜兹三敉…于唐	1
五八四二	敉率卒	1
八六八二	…扁…方…臣…牧	1

著錄號	釋文	期
一〇五〇八	…王…敉…米	1
一〇五〇九	…令…敉…米	1
一一〇〇三	癸酉卜古貞呼徲取虎于敉啚	1
一一三九五	貞于南敉	1
一一三九六	令敉于…不…	1
一一三九八	…分…敉	1
一一三九九	貞…敉	1
二〇〇一七	…卜㞢令華…卒敉白粿…	1
二一〇六九	癸巳卜令敉䨻	1
三二〇八五	弜…敉敉…方	4
三二九八三	戊戌貞侑敉于爿攸侯戴啚	4
三二九八二	中敉于義攸侯戴啚	4
屯 六四三	貞天𢀛敉鬲 不用	1
屯 六四三	貞天𢀛敉鬲 不用	1
屯一〇二四	辛未貞…三敉告	4
屯一〇二四	辛未貞其…敉惟𠬝惟左	4
屯一一三三	牧卜	4
屯一七六二	…牧…	

鮮

著錄號	釋文	期
六	癸巳卜宕貞令衆人肆入鮮方…𡈼田	1
七	辛卯…令衆…鮮…十月	1
二四〇	…寅卜…鮮…有囚六月	1
一一一八	丁卯卜…貞奚…鮮伯盎用于丁	1
一一一九	…奚…鮮…盎…	1
五四九七	壬戌…王鮮戴朕事三月	1
八五九六	貞鮮無…六月	1
八五九六	丙申卜貞鮮其有𡆥	1
八五九七	貞郭弗其專入鮮	1
八五九八	舌…其以鮮方	1
八五九九	癸…鮮…	1
八六〇〇	…丑…郭…鮮	1
一五九四四	…巳卜…令…方…鮮	1
二一〇五〇	癸未…𠦪令鮮妣石祟有礽友	1
二七九七六	…鮮方其用王受…吉	3
二七九七六	…鮮方其用王受…吉	3
二七九八六	今秋惟告伐鮮	3
三三〇一九	癸巳…于一月伐鮮暨召方受祐	4
英 八四〇反	…争…丙…鮮…	1

羞

著錄號	釋文	期
一一一正	貞呼取羞芻	1

一〇四八　…亥卜…羞王…十人…于大…　1
一五四三〇　…羞…用三十小宰　1
八〇八五　貞戠羞我人甾　1
一八一四六　…羞…　1
一八一四七　貞勿羞…用…月　1
一八一四八　…爭…羞…𦎫…　1
一八一四九　…羞…　1
二七九九八　惟其步擒羞　3
三〇六八　丁巳卜…祀其羞王受祐　3
三三七六八　丁巳貞弜羞將兄丁若　4
三三九八六　乙未…歲祖…三十宰…茲用𢼸毋歲祭雨　4
不延雨
三七三九二　丁卯卜在去貞𠂤告曰兕來羞王惟　5
今日𤰇無災擒
英二一七九　戊子卜出貞羞𠂤十人八月　2

繳

二〇三七三　…𠂤王執繳　1

縱

五六五九　…酉卜王貞…巫縱三…鳳一　1

二八七六九　戉于右𢦏　3

六六七七正　癸卯卜殻貞呼弜往于𠂤比遣　1
六六七七正　癸卯卜殻貞呼弜往比遣于𠂤　1
一八二七六　…遣…　1
屯一〇四九　己未貞王令𢦏…于西土無𡆥　4

恙

二六五八　貞呼婦好見多婦于𢦏　1
八八七七　…貯…𢦏…取　1

⿰羊生

三一七九四　惟⿰羊生…　3

羍

屯二六〇五　甲辰貞辛彫奉乙巳暘日　4

一〇四　犴以芻于敎　1
一〇五　勿犴以芻于敎　1

犬

一四三二三　帝于南犬　1
一四三六〇　貞帝鳥三羊三豕三犬　1
一五九八四　甲戌…勿㭪犬　1
英一四九反　帝三豕三犬卯一羊　1
七三八正　乙亥卜殻貞今日燎三羊三豕三犬　1
三五二一正　…燎犬　1
一四三一四　癸未卜穷貞燎犬卯三豕三羊　1
一四三一六　…殻貞燎于東五犬五羊五…　1
一四三四四　貞侑于西母囿犬燎三羊三豕卯三牛　1
一四四五二正　今日燎于岳犬　1
一五六〇〇　…燎于東三小宰囚犬　1
一五六四一正　貞燎犬　二告　1
八一六正　有犬于父辛多介子　1
一八〇〇　侑于多介父犬　1
二〇九八　貞侑于魯甲犬　1
二一一四　勿侑犬于父甲　1
二一三三　貞侑于父庚犬　1
二一三三　癸卯卜亘貞侑于父甲犬　1
二三〇〇　…卜侑父戊犬　1
二三四〇　貞勿侑犬于多介父　1
二三四一　貞勿嘉侑犬于多介父　1
二三四一　貞勿侑犬于多介父　1
三〇一一　…巳卜…貞…史于…侑犬卯…　1
六〇〇二正　勿侑于多介父犬　1
六四八二正　貞有犬于父庚卯羊　1
六四八三正　貞有犬于父庚卯羊　1
六四八四正　貞有犬于父庚卯羊　1
六四八五正　貞有犬于父庚卯羊　1

著錄號	釋文	期
六四八六正	貞有犬于父庚卯羊	1
九七七四正	侑犬于黃奭卯三牛	1
一二八五五	：午卜方帝三豕又犬卯于土宰𡧊雨	1
一四七一六	貞侑犬于季	1
一四七一七	：犬于季	1
一四七七八	貞侑犬于娥卯彘	1
一四八〇七正	辛亥卜殼貞侑于娥召二犬哲五牛	1
一四八二〇	侑犬于敝壬	1
一五〇七二	：侑犬：惟彘	1
一五〇七三	侑犬	1
一五〇九一	丙午卜丑：侑犬于：	1
一五〇九二	貞今日侑犬于：	1
一五〇九三	：侑于：惟犬：用	1
二〇五七六正	壬戌卜侑母壬盧犬	1
三〇五一一	其侑犬	3
三〇五一二	其侑犬 吉	3
屯二三三九	惟戌犬𢦏比無災擒 弘吉	3
英七五正	貞于父甲侑犬	1
英一七六二	丁亥卜𠂤侑父：惟：犬	1
懷一七一	：告：有犬：	1
六八一二正	己卯卜允貞令多子族比犬侯[?]周 戴王事五月	1
屯二三九三	辛巳貞犬侯以羌其用自	4
二七九一四	惟戌犬[?]比湄日無災永王	3
二七九二五	辛亥卜翌日壬王其比在戌犬𢦏弗 悔無災 弘吉	3
二九三九四	惟戌犬[?]比湄日無災永王	3
一六二〇四	：辰卜殼貞戴犬：	1
一八二五	戴犬	1
四六三〇	丙戌卜貞令犬延于京	1
四六三二正	己巳卜殼貞犬延其工	1
四六三三	貞犬延無其工	1
四六三五	貞：犬延：往于：呼：	1
六五三六	：卯卜殼貞犬延其有秅	1
六五三六	：殼貞犬延無秅	1
四六三六	：卜：貞令𠂤呼犬延作：五月	1
四六三七	貞今：亞：人犬延：	1
四六三八正	貞犬延：	1
四六三八正	貞犬延其：	1
七七一一正	貞犬延無其戠：月	1
一四七五五正	癸：㝉貞周𠂤犬延湄	1
一七四五二	癸巳卜貞犬延：𠂤	1
二三六八九	：卯卜出貞犬延	2
三二〇三〇	辛亥卜犬延以羌一用于大甲	4
三二九〇三	：貞犬延無田	4
三二九〇四	庚辰貞方來即使于犬延	4
三三二一五	弜犬延土田	4
屯五五九	辛酉卜犬延以羌用自上甲	
英八三四	丙戌貞勿令犬延	1
英八三四	貞勿令犬延田于京	1
英八三五	：令郭曰犬延田	1
二七九〇〇	：猶犬告曰有大：	3
二七九〇一	：在𣶃犬告狐王： 弘吉	3
二七九一八	辛丑卜犬告：鳴在：	3
二七九二三	惟㝉犬舌比弗悔	3
三三三六一	：丑卜犬來告有鹰	4
屯九四一	丙寅卜犬告王其田：	4
屯九九七	乙酉卜犬來告有鹿王往逐：	4
五六六三	貞多犬弗其及罠[?]	1
五六六三	貞多犬及罠[?]	1
五六六四	己卯卜貞翌辛：多犬罝：	1
五六六五	己酉卜亘貞呼多犬衛	1
五六六六正	：戌：永貞令旨以多犬衛比多：[?] 羊：比[?]：	1
一〇九七六正	壬戌卜殼貞呼多犬网鹿于𫾚八月	1
二九五四四	惟黑犬王受有祐	3
三二三三〇	丁未貞其大禦王自上甲盟用白豭九三示 甕牛在父丁宗卜	4
三二三三〇	甲辰貞其大禦王父丁?：盟用白豭九：	4
三四〇八二	辛巳貞其𡧊生于妣庚妣丙牡羖白犬	4
屯二七〇七	：貞：其大禦王自上甲盟用白豭九下示	

鹽牛在大乙宗卜 4

三七八正 貞…年于王亥囚犬一羊一豕一燎三小宰卯九牛三穀三羌 1

一四三一四 甲申卜穷貞燎于東三豕三羊囚犬卯黃牛 1

一四三三一 …東囚…西囚犬燎白… 1

一五六○三 貞…囚犬燎宰 1

一五六○三 貞…囚犬燎宰 1

一六二六三 …囚犬燎… 1

一六二六四 …囚犬…二豕…羊 1

英一二五二 貞囚犬燎…三…三…卯… 1

懷一四 …貞翌…寅彫燎于昌囚犬燎豕… 1

數字犬

三七一正 八犬八羊 1

四一八正 貞方帝一羌二犬卯一牛 1

一六二一正 貞燎三犬三羊 1

三五○六 禘黃奭三犬 1

三五○六 戊戌…禘…黃奭二犬 1

一四一六一反 …五犬…侑… 1

一四一六一反 …七犬 1

一四一六一反 …五犬于…庚 1

一四二二五 …于帝史風二犬… 1

一四二九八 …卜爭…翌乙亥方帝十犬 1

一四三○一 乙亥卜貞方帝一豕一犬二羊…二月 1

一四三三三 帝于北二犬卯… 1

一四四五二反 戊申十犬 1

一五四五○ …卜貞…用十…十犬…豕 1

一五六三九甲 貞燎羊三犬三彘 1

一五六四一正 五犬 1

一五六四五正 貞今日燎三犬…豕 1

一六一九七 辛巳卜㽙貞埋三犬燎五犬五豕卯三牛一 1

一六一九七 辛巳卜㽙貞埋三犬燎五犬五豕卯三牛一 1

月 1

一六二四一 貞令兹三百犬… 1

二八二七反 …並…犬二十 1

二一○七六 庚…巫帝二犬 1

二一○七七 …帝三犬 1

二一○七四 …巫帝一犬 1

二一○七八 巫帝一犬一豕 1

二一○八○ 帝風九犬 1

二一○八七 …王帝…東羊一…豚一犬…三月 1

二一○八九 戊寅卜九犬帝于西二月 1

二二○八○ …卜禦…于子庚犬一 1

二二三五三 呼四犬 1

二二三五四 …犬 1

二六九六四 …羌呼…十犬又… 3

二八二○八 貞五…歲一犬…年 3

二九五三七 十五犬十五羊十五豚 3

二九五三七 二十犬二十羊二十豚 3

二九五三七 三十犬三十羊三十豚 3

二九五三七 五十犬五十羊五豚 3

二九五三八 …犬十… 大吉 3

二四四一三 …卜出貞…侑于洹九犬九豕 2

三○五一○ 惟犬三豚三侑于… 3

三○七二二 惟十犬用 3

三○八六七 犬三 3

三一一九一 惟犬此雨 3

三一一九一 二犬此雨 3

三一一九一 三犬此雨 3

三二一一二 甲寅卜其帝方一羌一牛九犬 4

三二六七四 丁巳卜有燎于父丁百犬百豕卯百牛 4

三二六九八 惟犬百卯七牢 4

三二六九八 甲午卜侑于父丁犬百羊百卯十牛 4

三二七七五 十犬又五犬卯牛一 4

三三二九一 庚戌卜巫帝一羊一豕 4

三三六一○ …其二犬二羊… 4

三三六八八 …卜四羊…二犬 4

三四一三七 甲戌貞其寧風三羊三犬三豕 4

三四一四四 庚戌卜寧于四方其五犬 4

三四一五五 癸亥貞今日小帝于巫社一犬 4

屯五○三 癸巳卜乇于父丁犬百羊百卯十牛 4

屯五○三 甲午卜乇于父丁犬百羊百卯… 4

屯九一七 辛巳卜乇羊百犬百…百 4

屯一○五九 壬辰卜其寧疾于四方三羌侑九犬 4

屯一三一○ …貞今日其寧疾…三羌九犬 4

屯四三四○ 惟…十犬…羊十… 大吉 3

英三三反 …羊三彘…侑三犬 1

英一二二五 …貞帝…隹一羊…一犬 1

英一二五○正 庚戌卜爭貞燎于西囚一犬一穀燎四豕四羊穀二卯十牛穀一 1

英一八五八 …奉…風…羊二犬五 1

英三三三三 二犬 3

懷一五六四 …午卜侑于子戠十犬卯牛一 4

其它

二九八　……犬……
五五四正　……犬以□
五六五　貞惟備犬□
九四五正　貞古來犬
九四五正　古不其來犬
一〇四五　……三十人……戌犬……無我
一〇五一正　己丑卜爭貞亦呼雀燎于云犬
一〇五一正　貞勿呼雀燎于云犬　二告
一三三〇　貞侑于父甲犬卯羊
一八一一　癸未……犬羌甲
三一九〇　壬戌卜貞呼子𢦏侑于□犬
三一九〇　……𢦏……呼子𢦏侑于□惟犬有羊
三四八〇反　貞燎犬卯……羊
四六四一　貞犬登其有不若
四六四二　貞犬登無囚
四六四三　貞犬登其……
四六四四正　貞犬登……
四六四五　貞呼犬……見……
五〇四八　己巳卜王呼犬捍我
五四七〇　……酉卜犬……其𢦏王事贏
五六六七　貞呼犬茲于京?
五六六八　貞令……犬……□……受……
五六六九正　……犬……弗其……
五六七〇　貞犬……無其……
五六七一　丁巳卜……貞犬……曾用自大示
五六七二　貞……犬……
五六七三　壬寅卜……貞令□犬……
五六七四正　己卯犬……惟……
五六七六　……貞……犬……㞢……
五六七七　庚辰卜令多亞𢍰犬
五九二七　……犬執
六五三七　……𢦏貞犬……
六五五二正　己巳卜……貞犬……其有……
六六七八臼　甲寅犬見卓示七屯　免
六六七九臼　甲寅犬見卓示七屯
六八一三　貞令多子族比犬?暨亩□𢦏王事
六八一三　貞令多子族暨犬侯□周𢦏王事
六九四六正　貞犬追亘有及
六九四六正　犬追亘無其及
六九七九　己酉卜貞雀往征犬弗其擒□十月
七四二六反　惟之呼犬……固……禦于……征
八六七二　丙……貞……犬登……䍜……方……

九七九三　辛酉貞犬受年十一月
九七九四　辛酉貞犬受年十一月
一〇九七六正　貞……呼犬□省从南
一一〇〇〇　惟尸犬呼田
一一二〇九　甲申……有子……魯白犬
一四二九九　……今丁酉夕……犬方帝
一四五七三正　貞惟犬
一四七八七反　己未卜犬……
一四七八九　禦犬于娥
一五五二〇　肇丁犬
一五六三三正　貞侑于……犬燎……牛
一七一三六　……老……不犬其……丁不□……曰有□……不?……
一七五九九反　……二十屯□示　犬
一七六一九　……犬示……
一九六三六　……方……犬……豭……
一九七八二　戊辰卜王……犬允惟……印
二〇一〇五　……卜𠂤……犬……不
二〇二九八　癸酉卜□……犬王□
二〇三六七　甲戌卜𠂤司犬
二〇三六八　貞曰犬……來
二〇三七〇　辛酉卜令犬不壬戌侑
二〇五七六正　壬戌……侑母癸盧犬
二〇五七六正　癸亥卜……庚盧犬
二〇六七七　……羊中……惟犬
二〇六八一　己卯……父……羊犬
二〇六八二　……子……犬
二〇六八三　……勿于……犬
二〇六八三　……犬
二〇七〇〇　乙丑卜先……呼盧犬□至二宰
二一〇三七　丙申卜毋……犬祝史……
二一〇五三　辛亥卜貞犬囚凡　印一月
二一一五六　壬申……𢓊……侑……犬
二一〇七九　羊犬
二一〇七九　犬豕
二一五六二　庚辰令□惟來犬以龜二若令
二一二七五　乙卯令……用犬……
二一二八九正　……卜侑子族犬……十□……
二一五六六　甲子卜丁呼犬□五往若
二一七二九　癸卯……貞丁……單犬
二一八八五　生月犬用
二一八九五　……令弜祟……馬犬
二一九〇七　辛未多犬……

著錄號	釋文	期
二一九一八	：犬：	1
二一九七二	癸未：司犬：	1
二二〇一八	：妣丁：犬百：	1
二二〇四五	子竹犬	1
二二〇六九	丁：卜：于妣乙犬	1
二二〇六九	：犬用	1
二二〇七一	：犬	1
二二〇九二	丁未卜陟㒸：惟犬	1
二二〇九二	丙午惟犬	1
二二〇九二	犬	1
二二一四五	：子：犬	1
二二二七六	于兄己㱿犬	1
二二二九五	辛酉卜卯犬子庚	1
二二三三九	：祖犬	1
二二三五七	：犬	1
二二三五八	犬	1
二二三五九	癸未：犬：	1
二三四八九	：亥卜即貞兄庚歲：犬：	2
二七三八三	：自犬辛：受有祐	3
二七三八三	侑自犬辛王受祐	3
二七四五九	辛酉卜貞衣犬無	3
二七六四〇	壬申卜其叡子癸惟犬	3
二七七五一	：習犬口比屯日：　茲用	3
二七八九八	惟㳄犬隣从無：	3
二七九〇二	戊辰卜在潢犬中告麋王其射無災擒	3
二七九〇三	：犬：比無災	3
二七九〇三	惟宕犬𡆥比無災	3
二七九〇四	惟宕犬𡆥比無災	3
二七九〇四	惟宕犬𡆥比無災	3
二七九〇五	惟㝅犬𡆥比田㲋無災擒	3
二七九〇七	：戊王其比盂犬畱田𢦏無：	3
二七九〇八	：王惟：犬畱比無災	3
二七九一〇	惟在宊犬𡆥比無災擒	3
二七九一一	惟盂犬豕比無災	3
二七九一二	惟犬	3
二七九一三	惟犬	3
二七九一五	：犬：　茲用	3
二七九一六	王惟阢犬	3
二七九一六	甲申卜王惟宊犬：　吉	3
二七九一七	：其比犬辰無災	3
二七九一九反	乙未卜在盂犬告有鹿	3
二七九二〇	㓚犬告王其比無災擒	3

著錄號	釋文	期
二七九二一	盂犬：告鹿：其比擒	3
二七九二二	：犬言無災	3
二七九二四	庚：宊犬：	3
二七九二六	其比犬擒	3
二七九二六	王惟犬比無災	3
二八三一六	其从犬口擒有狐九擒　茲用	3
二八三二三	：卜犬虎：擒狐：　吉用	3
二八三六七	：犬暨麋擒	3
二八三九八	惟㳄䓮先犬擒無災	3
二八六五六	王惟犬比：日無災	3
二八六八六	：犬	3
二八七四〇	戊子卜：貞王：犬：	3
二八八七七	戊午卜貞王其田衣犬無災	3
二八八八二	：滴至：𢦏射左犬擒	3
二八八九九	王其比：𢦏麓：豚：在盂犬	3
二九二〇七	惟𣶃犬𢦔从無災擒	3
二九二四七	惟犬𢀛从田㳄湄日無災	3
二九三一八	：犬：	3
二九三一八	王：犬：田㲋：　大吉	3
二九三八八	辛卯卜壬王其田至于犬㑴東湄日無災永王	3
二九三八九	壬戌：貞王其田：犬無災	3
二九三九〇	戊申：貞王：犬：	3
二九三九一	：卜狄：其田衣犬無災	3
二九三九二	辛亥：貞王：犬：無：	3
二九三九三	：其田：犬：	3
二九三九五	貞王：自麥：犬無災	3
三〇〇七五	惟犬：小宊	3
三〇四一一	：酉卜王其冊岳燎惟犬暨豚十有	3
	大雨　大吉	3
三〇五〇九	其侑于丁惟犬：	3
三〇六四三	貞王惟犬先	3
三〇六七八	惟牛暨犬王受祐	3
三〇八六七	惟犬	3
三〇八六七	惟犬有豚用	3
三〇九九七	其鼎用三丰犬羊：	3
三一〇九七	戊子貞王衣入犬無災	3
三一一三八	壬申卜其剛惟犬	3
三一九三一	：無災擒犬	3
三二四六一反	：巳自犬歲惟𤘘	4
三二七二九	禦父乙羊禦母壬五豚兄乙犬	4
三二九八五	：丑卜：犬：犬	4

著錄	釋文	分期
三三二〇六	…于北…犬	4
三三三五九	…卜犬來告有祟	4
三三四〇〇	乙丑卜犬伐…狣斿擒	4
三三六八九	戊戌卜□?…牛四羊…犬十月	4
三六四二四	…卜貞㊀犬雍告…巛惟戊申利無…	5
三七三八六	…卜貞衣彡日…犬壴祝…兄翌日…亥	
	王其洛…悔擒	5
三七三八七	乙未卜貞…犬壴…兄…	5
三七四六八	癸酉卜貞宰逐辟祝侯麓□犬翌日戊	
	寅…其…召…	5
三七四六八	丁丑卜貞宰逐辟祝侯麓□犬翌日戊	
	寅王其□…召王弗悔擒	5
屯附一	禦鷹丙貞犬丁豚	3-4
屯附三	作□父乙豕妣壬豚兄乙豚化…兄	
	甲豚父庚犬	3-4
屯一〇六	惟□犬比無災	3
屯一四一	惟犬	
屯五〇三	惟犬百卯…牛	4
屯六三五	丁丑卜翌日戊王惟在宰犬… 大吉	3
	茲用	
屯六二五	惟在裹犬壬比無災擒 吉	3
屯八〇八	其匕犬	3-4
屯一〇〇七	…伊爽犬…	4
屯一〇七〇	…犬…王其匕擒	3-4
屯一四五八	…燎□…牛一冊犬…	
屯一五一一	…犬以彡于示…	4
屯二二九〇	庚申卜犬…曰有鹿…匕擒	3-4
屯二二九一	惟犬用	3
屯二三三九	丁未卜翌日戊王其田…惟犬言比無	
	災擒 吉	3
屯二六一八	丁酉卜翌日王惟犬師比弗悔無災	
	不遘雨 大吉	3
屯三〇七〇	…丑貞令犬…其…	4
屯三一七六	…王延…惟犬…	3
屯三六九六	…其匕犬…	3
屯四五四一	…子卜…□犬三羌 茲用	4
屯四五八四	王惟□犬比無災	3
屯四五八四	惟蓋犬比無災	3
英七三九	…王步…犬…	1
英一一九八反	侑于…犬	1
英一七六四	…犬母己用九月	1
英一七六六	惟犬兄戊	1
英一八三三	惟犬…	1
懷一五五三	…丁…犬	1

著錄	釋文	分期
懷一七〇	…犬一豕…	1
懷三〇三	周弗其擒犬	1
懷三〇五	…犬…獲…	1
懷三〇六	…遘…獲犬…	1
懷四〇四	…犬…比…	1
懷四五二	甲寅卜亘…呼犬登執豕執	1
懷七九九	…于…犬二…	1
懷一一四八	貞不其遘犬十一月	2
懷一五四四	貞犬比田	3
懷一三五一	…衣犬…	3
懷一四一二	台惟犬用	3
懷一四四七	弜田□弗擒有犬	3

犬攴

著錄	釋文	分期
一一二五〇	王圂曰其有刿惟…犬攴弗得考…	1
一五九二三	…呼…犬攴…	1
三四三四二	王在師非□	2

⿱林犾

著錄	釋文	分期
七	癸未卜爭貞王在茲⿱林犾成狩	1
八二一二	貞自⿱林犾…人于河	1
八二一三	…𠚪在⿱林犾	1
八二一四	…允…十月在⿱林犾	1
八二一五	己丑…⿱林犾	1
三三八〇二	…子卜行…王其步自…⿱林犾無災	2
二九二二八	…田⿱林犾…悔	3
二九二二九	壬王惟⿱林犾田…	3
二九二三〇	弜田⿱林犾	3
二九二三一	王惟⿱林犾田…無災	3
二九二三二	王惟⿱林犾田湄日無災	3
二九二三三	壬王惟⿱林犾田無災	3
二九二三四	…⿱林犾…	3
二九二三四	王惟⿱林犾田湄日無災擒	3
二九二三五	惟⿱林犾田無災	3
二九二三六	弜田⿱林犾王其悔	3
二九二三七	弜田⿱林犾其悔	3
二九二三八	弜至⿱林犾…	3
二九二三九甲	翌日…惟⿱林犾…湄日無災擒	3
三二〇七七反	戊子卜王往田于⿱林犾擒	4
三三六九八	庚辰貞日有戠其告于父丁用牛九在⿱林犾	4
三三五四七	戊子卜貞王其田⿱林犾無災	4

乇六四一　…卜翌日壬王其田麸呼西有麋興王　3
懷 三三七　于之擒　大吉　1
懷 四七五　…麸…　1
懷一三六九　癸未卜…貞旬無囚十月在麸　2

埋

二一二五七　…申卜今日埋　1
二一二五七　丙…埋　1

二三七〇七　貞惟小…㪟二月　2

㪟　㪟　遹

二八五七七　庚午卜貞王其田㪟…　3
二九三三四　王往田湄日不遘大風　大吉　3
二九三三六　王往田湄日不遘大風　3
三〇一七三　在㪟㔻　3
乇 三四一　壬申卜王令介以疾立于㪟　4
乇三七五九　其㪟田湄日無災　3
英 二三〇二　王其田㪟…無…　3
懷一六四八　在㹤東洮奠叟　4

戜

四六五二　貞翌辛巳…令戜　1
一一二〇八　…一戜…　1

采

二二二六九　采母　1

酞

乇 二三五一　戊辰卜執酞　4
乇 二三五一　戊辰卜弗執酞　4
乇 二三三一　甲子卜執酞　4
乇 二三三一　甲子卜弗執酞　4
懷一六三八　乙亥卜弗戕酞　4

莽

一八四〇九　…貞…㭗…任…于　1
一八四三〇　…王貞莽　1
一八四三一　…莽不…惟…月　1
二一四三七　丙午卜㞢翌戊申祖莽入不安　1

㭗

三七四三九　戊戌卜貞在𩁹㭗告麑鹿王其比射往來　無災王…㳘　5

犾

二七八一六　丁卯卜犾貞王其犾目若…　3

㕧

乇 七四二　乙未卜惟㕧芒　4
乇 七四二　甲…惟㕧芒　4
乇 七五六　乙未卜惟㕧芒　4

㹤

二一九五三　…㹤　1
二一九五四　庚辰卜貞男㞢無㹤　1

豕

一六〇反　允獲豕　1
一九〇正　貞王其逐兕獲弗亞兕獲豕二　1
三九〇反　逐豕獲　1
六九四正　呼𠂤獲豕　1
六九九正　𠂤不其獲豕　二告　1
一〇二四六　貞弗其獲豕　1
二〇七三六　…火…豕…獲…允獲　1
二〇七八五　…豕獲少…　1
二四四四六　…自…延田于…𪉖京獲豕…鹿二　2
三三三六五　…獲豕…　4

二八三〇七正　王其射麂大豕　3
二八三〇八　…射…大豕　3
二八三〇九　…有大豕　3
二八三一〇　…日乙王其…惟㭗…湄日無災擒有大

豕 3

二八三一一　:麥田:無災:有大豕　吉　3
一〇二二七　乙丑卜亘貞往逐豕獲:往逐莫豕　1
一〇二三〇　癸丑卜王其逐豕獲允獲豕　1
一〇二三四　往逐豕:　1
一〇二三六正　貞呼逐豕獲　1
一〇二三七　貞呼逐豕獲　1
二八三六八　貞惟:豕逐無災弗悔　3

八〇一　貞燎于大甲燎一牢二豕卯:　1
一五二七　貞燎豕　1
一四三一四　癸未卜宁貞燎犬卯三豕三羊　1
屯一〇六三　癸酉卜有燎于六云五豕卯五羊　4

二七一正　乙卯卜殼貞禦婦好于父乙豈羊又豕冊十牢　1
二七一正　:殼貞禦婦好于父:豈羊又豕冊五牢　1
七七九正　貞有豕于父甲　1
七八〇　貞有豕于父甲　1
一六七七正　庚申卜殼貞辛侑豕祖辛　1
一四二九五　貞豕其有不若　1
一四二九五　豕其有不若一月　1
一四四一二　貞侑豕于三父卯羊　1
一四七〇三　壬辰卜翌甲午燎于蚰羊有豕　1
一九八〇六　辛丑卜王三月侑示壬母妣庚豕不用　1
一九九七一　:侑妣壬豕　1
二〇四五〇　丁巳卜貞豕有其:執　1
二二〇六六　惟羊有豕　1
二二〇六六　:豕于父丁　1
二二〇九四　禦石于安豕又十:　1
二三四六二　:午卜:貞其侑豕于三母今其夕:不羊　2
:三月　2
二八三〇五　王其射有豕湄日無災擒　大吉　3
二八三六六　弜射有豕弗擒　3
英一七六三　婦鼠侑妣庚羊豕　1

一九九五六　庚午卜侑妣母甲盧豕　1
一九九五七反　癸巳卜侑母甲盧豕　1
一九九五七反　壬辰卜侑母癸盧豕　1
一九九五七反　乙未卜侑母盧豕　1
一九九五七反　甲午卜侑母乙盧豕　1
一九九五八　:卜侑妣母己盧豕　1
一九九七〇正　:卜侑母壬盧豕　1
二〇五七六正　壬戌卜:母壬盧豕　1
二〇五七六正　癸亥卜侑母庚盧豕　1
二〇五七六正　壬戌卜侑母癸盧豕　1
二一二七四　:于:盧豕　1
二一七二八　壬辰卜科貞:盧豕　1
二一八〇四　戊辰卜徲貞酌盧豕至豕龍母　1
二一八〇四　戊辰卜徲貞酌小牢至豕司癸　1
二一九五〇反　:盧豕　1
二二〇四八　于妣盧豕　1
二二〇四八　于妣癸盧豕石反　1
二二〇四八　壬寅卜𣏌石禦于妣癸盧豕　1
二二〇四九　惟盧豕　1
二二〇六五　戊午禦虎于妣乙惟盧豕　1
二二〇六五　惟豕妣乙　1
二二〇七三　乙酉卜禦新于妣辛白冎豕　1
二二〇七七　乙亥卜有歲于天庚子盧豕　1
二二〇九八　:亥卜有歲于妣戊盧豕乙妻　1
二二一〇九　妣戊盧豕　1
二二一〇九　:妣戊至盧豕　1
二二二一〇　妣戊盧豕　1
二二二一〇　:至盧豕　1
二二四三七　癸亥貞叀盧豕用　1
二二四三八　盧豕二十　1
屯附三　禦衆于祖丁牛妣癸盧豕　1
英一八七一　:卜:今日:𢦏:戊:盧豕:亂　3-4

英八三四　庚寅卜貞其黑豕　1

九九五　:巳酌伐六牢惟白豕　1
二〇五一　乙未卜侑于祖:三牢有白豕　1
一九八四九　:惟:祝用戌:歲祖乙二牢勿牛白豕:示　1
鼎三小牢卯于祝歲　1
二二一〇一　乙巳:燎于:白豕:　1
二一五三八甲　:父甲三白豕至:　1
二一九五五　惟白豕　1
二二〇四六　戊子卜至子禦父丁白豕　1
二九五四五　乙丑卜燎白豕　3

二九五四六　惟白豕　3
三四〇八一　辛巳貞其奉生于妣庚妣丙牡牝白豕　4
三四四六三　乙丑卜燎白豕　4
屯三四六二　…白豕王…　3
英一八九一　戊寅卜燎白豕卯牛于妣庚　1
英一九一二　戊寅卜燎白豕卯牛于妣…　1

數字

六七二正　彡夕二羊二豕圍　1
六七三正　彡夕一羊一豕　1
六七六正　二羊二豕　1
九〇六正　侑于上甲十伐卯十豕　1
一四〇三　三羊三豕　1
一四五六　…大甲三豕七月　1
二五八五　貞侑于母丙犬三羊三豕…卯…　1
六九四五　癸未卜殻燎黃尹一豕一羊卯三牛卌五十牛　1
七九一九正　乙亥卜穷貞燎于祈三豕　1
一〇二〇〇　…狩獲虎一豕一…又六…　1
一三八五五　…午卜方帝三豕又犬卯于土宰奉雨　1
一二九八〇　父庚一豕　1
一四三一四　甲申卜穷貞燎于東三豕三羊圖犬卯黃牛　1
一四三四〇　貞燎于東母三豕…　1
一四三四一　…燎于東母…豭三豕三…　1
一四三四四　貞侑于西母圖犬燎三羊三豕卯三牛　1
一四五〇三　…岳一豕　1
一四五〇四　…于王…十豕　1
一四七〇九　丁亥…日侑于…三豕　1
一四七二五　二豕二羊　1
一四九八八　…七豕　1
一五二七六　…卜…黃…二豕…奉…二牛　1
一五三四六　…卌…三豕九月　1
一五四五〇　…卜貞…用十…十犬…豕　1
一五六四七　甲申卜殻…燎二豕二…　1
一五八七〇　…以十豕　1
一六一七九　戊寅卜貞敎十豕于…　1
一九八八三　乙…侑妣己二羊二豕不　1
二〇六八七　…其…一豕…　1
二一〇七八　巫帝一犬一豕　1
二一一一二　…燎河九…二豕其…　1
二一七五八　…亥卜…眉至四…豕十　1

二二三五五　…六羊二十豕　1
二二三五六　…七豕亩四月　1
二二三六九　丁卯六豕叀小宰　1
二四四一三　…卜出貞…侑于洹九犬九豕　2
二四四四六　…京…王田至…臣獲豕五雉二在四月　2
二二〇七四　癸巳卜禦妣辛豕五　1
三〇四四八　…隻…四羊四豕五羌　3
三二六七四　丁巳卜有燎于父丁百犬百豕卯百牛　4
三三二七三　癸酉卜有燎于六雲六豕卯羊六　4
三三二七三　癸酉卜有燎于六雲五豕卯五羊　4
三三六一五　癸卯貞其有…六豕　4
三四一三七　甲戌貞其寧風三羊三犬三豕　4
三四一三八　辛酉卜寧風巫九豕　4
三四二七六　己未貞燎于岳十豕　4
三四二七八　甲辰…燎五豕…一羊于…　4
三四二八四　乙巳卜燎五豕羊十勻　4
三四二八四　…暨…十豕　4
屯五八一　…未貞燎…岳十豕　4
屯二三〇六　…翌日雉…豕十　3
屯二六二六　戊午貞酉奉禾于岳燎三豕卯…　4
屯三三四七　…一豕雨　4
英八八四　…卜惟…一豕　1
英一二八八　…有曰千森王戠于之八豕八豕…四羊殻四卯于東方析三牛三羊殻三　1
英一九〇七　…辰子卜…彭小宰…一豕司…　1

其它

二七二反　貞王疾祖…余禦豕惟十　1
四〇七八正　戊子卜内…大豕及　二告　1
四八三　饗魯甲豕　4
五五三　乙亥…豕…羌　1
七九四　…森…豕…　1
八一六反　立頻豕史其冀　1
一二八五反　豕…　1
一四一二　…王延…大丁…豕…六牛　1
一五五二　…巳卜爭…來甲子…侑于祖…豕　1
一七六一　…辰二豕祖辛　二告　1
二五二七　貞禦于母丙豕　1
二九〇四　…寅…王…兄丁…用豕　1
三二〇六　…卜禦子衛于…惟豕…　1
四七三六　…令子…豕…森…畱　1
四七三七　…令子…豕亦…畱　1

五五八八　…小臣…豕…
五七〇四　…卜…亞…豕…
六〇一六正　貞其呼麥豕从北
九二七四反　豕入三　帚示十　殸
九二七五反　豕入十
一〇一〇六　貞勿蛮豕
一〇二九七　庚辰卜王弗其執豕允弗執
一一二一三　貞在…豕…正
一一二一四　…貞王…豕…
一一二一五　丁卯卜殸貞今望王…豕…
一一二一七　貞無其豕
一一二一八　貞…無其豕
一二四〇一　…豕由
一二四八四　戊戌…雲豕又豚
一二四八四　戊戌…雲豕又豚
一二八四三正　戊戌卜惟豕又㲉
一三〇一〇　貞霾豕…
一三三三一　戊寅卜爭貞…豕四兔七十又…
一四三一三正　貞帝于東埋囧豕燎三宰卯黄牛
一五〇六八　癸酉卜有生豕
一五二五四　…卜告豕其…王弗其…
一五五二三　貞肇…三十…三十犬…豕
一五六八四反　丁丑…豕𡆥…
一九二〇九　…惟豕司
一九二一〇　…羊豕司
一九二八七　…豕…
一九八六三　癸丑卜侑祖丁豕用宰
一九八七七　…旬…祖戊豕
一九八七九　己酉…侑祖…豕用
一九八八四　…羊惟豕司用
一九八九二　…豕…妻…己一月
一九九〇五　丁酉卜自用羊豕妣…
一九九二一　庚辰卜王祝父辛羊豕迺酌父…
一九九二二　…卜𠬝…惟…羊…豕…父辛
一九九三八　…卜…父乙豕
一九九五四　己卯卜用豕二母二戊
一九九六二　…侑母庚豕鼎用
一九九六三　丙辰卜侑祖丁豕用宰
一九九六四　…惟豕兄…
二〇〇〇八　甲午卜王羊豕兄丁…
二〇二二二　庚申卜令缶豕遣…
二〇二二三　辛卯卜𠂤令缶豕

二〇二五五　貞令…豕
二〇三二三　乙酉卜王貞余惟□豕
二〇三三八　…豕…啓…
二〇三九八　正日侑小卜辛羊豕
二〇三九八　癸丑卜侑小卜辛羊豕
二〇五六一　…尸…豕…
二〇六七九　惟彘羊豕
二〇三九八　癸丑侑小卜辛羊豕
二〇六八四　…父…豕
二〇六八五　母豕
二〇六八〇　…奴豕…妣丁
二〇六八六　丙子卜田豕
二〇六九二　子豕
二〇七〇六反　庚寅卜王貞用豕母庚今日
二〇七三六　…王□擒豕允擒
二〇七八二　壬辰…獲…豕…
二一〇二七　…作示十在豕…
二〇九一一　來日雨豕
二一〇七九　犬豕
二一〇四九　…母…奏…豕…疾
二一一〇四　丑…豕…豕
二一二〇二　…土燎…豕
二一二〇二　癸丑卜𠬝王燎于…羊豕…豕三月
二一三〇四　丙子卜骨豕
二一三八〇　癸酉卜王疾豕惟示祟
二一三八七　丁丑卜王惟豕羊用帝虎十月
二一五二一　…王貞…豕
二一五四三　辛…其至三…豕父甲㲋
二一五五〇　丙卯…豕妣庚…
二一五七〇　癸卯子卜…𢓜往豕…
二一五八六　己巳卜我貞使豕宁
二一六三四　壬辰卜使豕…來…
二一六三六　庚戌子卜貞豕歸
二一六三九　丙辰子卜貞豕…㲋
二一六六〇　壬子卜豕歸
二一七五三　…卯子…惟豕…至羊…癸
二一八〇三　壬寅子卜用豕至宰妣…
二一八〇三　癸卯子卜至宰用豕㞍
二一八〇五　惟豕用至㞍司宰
二一八七六　丙午豕
二一八八五　癸卯…用豕
二一八八五　戊…惟豕…
二一九一六　…卜無𡆥豕

著錄號	釋文	期
二一九一七	匄至豕	1
二一九八〇	辛亥貞豕…	1
二二〇四七	癸未卜𠬝余于祖庚羊豕及	1
二二〇四七	于祖戊禦余羊豕及	1
二二〇六五	惟豕	1
二二〇六六	惟豕于妣…	1
二二〇六八	庚子卜豕羊惟妣乙	1
二二〇六八	庚子卜…豕于…乙	1
二二〇六九	丁巳卜禦司庚豕	1
二二一三三	用豕中母	1
二二二一五	妣己豕	1
二二二一五	妣丁豕	1
二二二一五	妣己豕	1
二二二一八	庚豕	1
二二二二六	妣庚宰朿羊豕	1
二二二二六	…卯卜ㄓ豕	1
二二二二六	司齎豕	1
二二二二六	豕朿	1
二二二三八	…豕朿用	1
二二二四〇	貞豕母庚	1
二二二五九	祐侑母豕	1
二二二八四	祐妣庚豕	1
二二二八八	丁巳㲋兄豕	1
二二三五七	…豕	1
二二三五八	丙豕	1
二二三五八	己豕	1
二二三五八	豕	1
二二三五八	豕	1
二二三七三	壬申卜豕…	1
二二三七三	…酉卜豕…	1
二二四五四	惟凶犬于天	1
二二四六六	辛酉卜夊豕妣遘六月	1
二二四八六	…邑…友…自…豕	1
二二七七五	貞妣甲歲惟豕	2
三一二八七	己卯卜𠂤侑子族豕用	1
二二三四七	…朿…豕	1
二三三三八	丁酉卜即貞其㲋豕于妣丁	2
二四六〇五	貞五…豕十二月	2
二四六〇六	貞惟豕	2
二七二九四	侑祖丁豕 大吉	3
二七九一一	惟盡犬豕比無災	3
二八一九七	…𢀛羽取豕…	3
二八三〇四	遘…豕	3
二八三〇六	惟豕擒	3
二八三七八	…豕麋	3
二八八九二	甲辰卜狄貞惟𩰫豕…从無災	3
二九五三三	惟豕…其有…	3
二九五三九	惟豕	3
二九五四二	惟豕	3
二九五四六	惟豕	3
三〇二九四	惟豕	3
三二三九三	…巳貞其侑三匚母豕	4
三二九八四	丙寅…虎…豕王匕	4
三三三六二	…卜王往田从來祟豕擒	4
三三三六三	惟𢀛豕射無災擒	4
三三三九七	…豕…	4
三三六〇九	…牛五羊𣎆豕	4
三四一八五	己亥卜田率燎土豕𠂤豕河豕岳豕	4
三四二〇四	惟己燎豕于岳雨	4
三四三八七	惟豕	4
三四四四〇	癸卯貞其剛…于延豕十犬…	4
三六九八八	辛未卜貞豕…翌日壬王其比用…暨	
	𢦏𧴫用無災在…	5
屯六九三	…卜其呼射豕惟多馬 吉	3
屯二〇六七	…告有豕王其匕从…	3·4
屯二三三八	…妣乙盧豕	1
屯二五二七	豕用其…戠旅…	3
屯二六七〇	丙子卜燎白羊豕父丁妣癸卯𢆶…	1
屯二七七二	惟豕用	4
屯三〇五五	癸亥卜有亞豕𢀛	4
屯四五四六	癸丑卜有小卜辛羊豕四月	1
屯四五四六	癸丑卜有小卜辛羊豕	1
屯四五四六	正日有小卜辛羊豕	1
屯四五四六	惟今日用小卜羊豕	1
英八四三正	貞呼…羌豕…	1
英一二三四	…卯…帝…豕…	1
英一二四七正	…用…豚…豕…	1
英一二八九	己丑卜穷貞…豕卯十黃牛…	1
英一七六三	癸未卜婦鼠侑妣己𣪊豕	1
英一八二八	…缶豕…獲…	1
英一八三〇	癸丑…惟豕…	1
英一八五一	惟豕…	1
英一八三二	…豕一月	1
英一八九一	癸丑子卜豕歸	1
英一九〇六	丁未子卜祟豕惟今日祟遘豕遘	1
懷七四	戊寅…侑妣…豕…	1

懷一六三　：凡豕：　1
懷四五二　甲寅卜亘：呼犬登執豕執　1
懷七四八　：貞央：豕使：　1
懷一五八八　丁卯卜侑雚豼母豕　4

一九二六二　：宋：乞：　1
屯附二　禦宋日丙豕有𡧊丁妣豕侑妣戊豕侑父乙豚　3-4
屯附三　禦祖癸豕祖乙彘祖戊豕豕　3-4
屯附三　禦牧于妣乙盧豕妣癸彘妣丁豕妣乙豕豕　3-4
屯附三　作𠦪父乙豕妣壬豚兄乙豚化：兄甲豚父庚犬　3-4

豕

三七八正　貞：年于王亥田犬一羊一豕一燎三小宰卯九牛三豰三羌　1
七三八正　乙亥卜殻貞今日燎三羊三豕三犬　1
九三八反　勿餡侑于昌豕　1
九三八反　三豕　1
一一六六甲　告于上甲豕一豰一燎三：燎于丁：　1
一一六六甲　一豕：　1
一一八七　：卜：貞燎于上甲：豕一羊卯：牛　1
一五二四　丙午卜穷貞侑于祖乙十白豕　1
二一〇四　惟豕　1
二四一　：妣己燎二豕卯二牛　1
六六一一　貞燎三豕　1
六六六四正　豕于上甲　1
一〇二五二　貞我逐豕有祐　1
一四三〇一　己亥卜貞方帝一豕一犬二羊：二月　1
一四三六〇　貞帝鳥三羊三豕三犬　1
一四三六〇　：一豕：　1
一四四三九　：酉卜殻：燎于岳三豕：九：　1
一四五六一　甲辰卜內燎于河一羊一豕卯一牛　1
一四五八五正　丙子卜殻貞呼言酢河燎三豕三羊卯五牛：　1
一四五八七正　丙子卜殻貞呼言酢河燎：豕三羊：五牛　1
一四六九七　今日燎豕于蚰　1
一四六九八　今日燎于蚰豕　1
一四七〇二　壬辰卜翌甲午燎于蚰羊有豕　1
一四七〇五　壬辰卜翌甲午燎于蚰羊豕　1
一四七五五正　燎于大甲三豕三：　1
一四五五五正　戊辰卜爭貞燎于河：豕三羊沈五牛圍：　1
一五〇〇四　己酉卜勿侑折豕：　1
一五九八二　丙辰貞惟豕禘　1
一五九八三　丙戌卜貞惟犬又豕禘　1
一九九八一　：酉：王貞：豕母　1
一九九九九　：午卜王侑：白豕　1
二〇六九四　丙辰卜𠂤由豕　1
二〇九八〇正　丁酉卜𠈌燎山羊𢀛豕雨　1
二一二〇二　：丑：豕：豕　1
二一二〇二　癸丑卜𠂤王燎于：羊豕：豕三月　1
二一七八九　辛丑：貞婦：豕嘉　1
二二〇七三　乙酉卜禦新于父戊白豕　1
二二二〇一　癸巳卜侑我父乙豕　1
二二二六八　：辰卜：婦：十豕：　1
二二二六八　酉至婦力中母豕　1
二二二九四　侑豕妣庚　1
三四一二〇　癸卯卜貞酢𠦪乙巳自上甲二十示一牛二示羊土燎四戈彘宰四戈豕　4
英一四九正　壬午卜爭貞燎三豕卯一羊　1
英一四九反　帝三豕三犬卯一羊　1
英一一五八　甲辰卜內：燎于河：豕　1
英一二五〇正　庚戌卜單貞燎于西田一犬一豰燎四豕四羊豰二卯十牛豰一　1
英一八六一反　：豕用　1
英一二八八　：有曰千森王戠于之八豕八豕：四羊豰四卯于東方析三牛三羊　1
豰三
懷一四　：貞翌：寅酢燎于昌圖犬燎豕：　1
懷三五　：惟豕：贏甲：　1
懷一七〇　：犬一豕：　1
懷八九九　丁亥卜𠦪黃尹燎二豕二羊卯六牛五月　1
懷八九九　燎黃尹四豕卯六牛　1

豭

九〇〇正　貞有伐于上甲十又五卯十小宰豭　二告　1
一三七一　：卜：今日用三豭于成　1
一三七一　丁亥卜貞翌：戊用三豭酢于成祖乙　1
九〇五正　癸亥卜殻貞于心上甲二牛又帝伐十：十豭　1
：月　1
二九四八　侑豭：父：　1
三四九九　：豭二：月　1

著錄號	釋文	期
一三七五	今日侑于成三豭	1
一五二六	彡六豭于祖乙	1
一五二六	丁亥卜于翌戊子彡三豭祖乙庚寅用四月	1
一五二六	侑祖乙五豭	1
一一二四一	癸丑…方貞益豭三十九月	1
一一二四二	…壬豭…	1
一一二四三	…甾曰…乙…豭…禦	1
一四〇八〇	戊…卜…甾曰…乙…豭…嘉	1
一四三四一	…燎于東母…豭三豕三…	1
一五八二七正	貞益豕百九月	1
一六一四四反	…東二豭…卯豭…	1
一九六三六	…方…犬…豭…	1
一九八七五	乙巳卜…豭祖戊弘叙	1
一九八七八	癸丑…紷亦…侑祖…豭祖…	1
一九九〇六	…侑六妣豭不	1
一九九七九	壬…貞…豭	1
一九九三二	乙丑卜豭父…	1
二一八八七	丁卯卜□豭贏	1
二一五四三	辛…其至三…豕父甲豭…	1
二一五四八	甲寅子卜其至大牢…反妣己用豭一	1
二一六三九	丙辰子卜貞豕…豭	1
二二〇九七	惟豭禦量于天庚九冊	1
二二一三〇	甲子卜□乙豭	1
二二一三七	先亞束豭	1
二二一四一	…亞束豭	1
二二二七六	甲子卜無㞢效二豭二䵼	1
二二二七六	甲子卜效二豭二䵼于入乙	1
二二二八五	豭三妣	1
二二三〇一	母庚豭	1
二二三〇一	母庚豭	1
二二四三六	庚申…見豭	1
二九五四三	癸酉…其㳄…豭	3
三〇五一四	弜吅…侑豭…	3
三〇七二三	…午卜…于妣…豭田	3
三二三五三	辛酉卜上甲歲惟豭	4
三二四五三	壬寅卜妣桒豭	4
三二八三六	…卯卜□入羌侑豭…	4
三四一〇三	癸卯貞其…豭九下示盤…	4
三四一〇三	甲辰貞其大禦王自上甲盟用白豭九下示	
	盤十…	4
三五三三二	…貞其…豭九…	4
屯四五四	…惟豭	3
屯二六八六	溓祟有豭屯日無災永王	
英一八五七	丁亥…侑于…豭	1

豚

著錄號	釋文	期
九七七四正	惟豚卯三牛	1
九七七四正	勿侑豚	1
一一二〇七	…犬…豚…	1
一一二六六	…豕	1
一四三九五正	燎于蚰惟羊有豚	1
一四三九五正	燎于蚰一豚	1
一四六五〇	叀羊有豚	1
一五〇七一	…亥卜…豚…又…	1
一五五二一	貞肇丁用百羊百犬百豚十月	1
一五六三八	貞燎四羊四豚卯四牛四羊	1
一五八五七	…子卜貞…蒸豚…韋…	1
一九七八七	己巳…缶…豚…印十月	1
一九八三二	丙午卜王侑大戊豚用	1
二一〇八七	…王帝…東羊一…豚一犬…三月	1
二一四三五	壬子…豚…凡	1
二二三二二	甲申卜令宅豚正	1
二二三二三	甲申卜令豚宅正	1
二二二二六	…豚𠂤	1
二二三二二	有豎豚無口	1
二二三二四	甲申卜令豚宅正	1
二二四三四	…戊卜燎豚	1
二六八四八	庚…貞…于…豚…	2
二七二五四	其剛祖辛𢁹惟豚有雨	3
二七七九五	…豚	3
二八〇〇九	丁亥卜在㐭衛彡邑□典冊有奏	
	方豚今秋王其使…	3
二八一八〇	登燎惟豚	3
二八二三九	其桒…四方惟…豚	3
二八三九九	王其比吠弗擒習…从東兕	3
二八八九九	王其比…麋…豚…在盂犬	3
二九五三七	十五犬十五羊十五豚	3
二九五三七	二十犬二十羊二十豚	3
二九五三七	三十犬三十羊三十豚	3
二九五三七	五十犬五十羊五豚	3
二九五四一	惟豚…受祐	3
二九五四七	…豚十	3
二九五四八	惟豚五有雨	3

二九五四八 ：豚十有雨 3
二九五四九 ：豚有： 3
二九五五〇 ：豚多王： 3
二九五五一 惟豚 3
二九九九九 惟豚有雨 3
三〇三九三 其𠦪年𢀛𢀛于小山 盤豚 3
三〇三九三 𩑶風惟豚有大雨 3
三〇四一一 ：酉卜王其冊岳燎惟犬暨豚十有
大雨 大吉 3
三〇四一一 ：燎惟羊十豚： 3
三〇四三四 己丑卜河燎夕惟豚 3
三〇五一〇 惟犬三豚三侑于： 3
三〇五一六 侑十白豚 3
三〇五一六 ：豚： 3
三〇七三六 惟豚 吉 3
三〇八六七 豚三 3
三〇八六七 惟豚 3
三〇八六七 惟犬有豚用 3
三一一七九 惟豚：有正 3
三一一八二 豚暨羊𠭯用 3
三一一九一 三豚此雨 3
三一一九二 豚其至于：毋有正 3
三一二七五 ：新𬻐豚弗悔 3
三二七二九 禦父乙羊禦母壬五豚兄乙犬 4
三二七二九 于侑妣壬豚 4
三四四六二 燎惟白豚 4
屯附一 禦鬳丙貞犬丁豚 3-4
屯附一 禦臣父乙豚子豚毋壬豚 3-4
屯附一 祖庚豚父乙豚子豚 3-4
屯附三 作𬻐父乙豕妣壬豚兄乙豚化：兄
甲豚父庚犬 3-4
屯附五 𠂇禦于父乙羊于侑妣壬豚 3-4
屯附五 禦父乙羊禦母壬五豚兄乙犬 3-4
屯一〇五七 其侑亞𦉥惟豚：祐 3
屯二八二八 𠦪年于：臣惟豚：有大雨 3
屯四五七九 其𠦪年：雨惟豚 吉 3
英一二四七正 ：用：豚：豕： 1
懷八六 ：燎豚：燎： 1
懷三七六 ：婦：豚： 1

毓

一一〇正 弗其毓 1

一一〇正 庚午卜㝉貞田毓冕 1
一一〇正 貞田弗其毓冕 1
四五四反 貞酌用毓于妣己 1
七三八 ：卜爭于㚔于母㞢毓小宰又艮女一 1
七三八 貞勿𠭯用㞢毓冊小宰又艮女一于母丙 1
一一〇六正 乙卯卜古貞呼毓𬻐在東係 1
一三八五反 不若于𠃬毓 1
一三三九 癸卯卜㝉貞井方于唐宗毓 1
一四五〇 ：貞：戠：毓 1
一九九〇 甲戌：古：白毓：之：酌 1
二三七〇 ：妣己白毓 1
二四九六 癸巳卜爭貞侑白毓于妣癸不： 1
二五八九 ：㞢毓：于母：禦：丁 1
九〇一三正 戊戌卜亘貞：毓： 1
九三三八 ：工甲：毓：彡不：亦吉入： 1
九五七五 庚寅卜爭貞令登暨毓弜吾衛有𢀛 1
一二二二五 ：毓有友：惟白毓 1
一二二二六 ：我：毓 1
一二二二七 ：毓： 1
一二二二八 ：允：毓 1
一二二二九 ：有毓 二告 1
一二二五七 ：毓 1
一二二五八 ：𩁹：毓： 1
一二二五九 ：卜爭：毓 1
一四八〇正 弗其毓 1
一四八四正 貞毓 二告 1
一二九二一正 壬辰卜㱿貞侑祖辛二牛 1
一二九二二正 侑祖辛二牛 1
一四三五八 辛巳卜貞一牛示惟羊𢀛惟毓 1
一四四五四 貞追弗其以牛 1
一四六二一 丙申卜亘貞河𢀛毓 二告 1
一四六二一 貞河𢀛不其毓 二告 1
一四七七八 貞侑犬于娥卯毓 1
一四七八四 貞侑毓于娥 1
一四九二九正 不其毓 二告 1
一四九二九正 王有匚毓 不吉 1
一四九三〇 不其毓 1
一五〇七二 ：侑犬：惟毓 1
一五一四七 ：禦：生毓 1
一五五二四 ：卜：肇：三十：毓 1
一五七八八 ：貞：翌：酌：毓 1
一五九四一 貞：畀毓 1
一五九四二 貞惟畀毓 1

著錄號	釋文	分期
一五九四三	…卜貞…白彘…子出…	1
一五九四三	戊寅卜貞[illegible]昇彘	1
一六一四六	…卯…彘…	1
一八七七五	…亥卜河…𠂤彘…允…	1
一八八一一	貞弗其𩵦彘舌方	1
一九七七二	父乙三奚彘	1
一九七七二	父乙三奚彘	1
一九九〇一	…妣壬…彘	1
一九七八六	…己𧰼	1
二〇六六二	一白彘	1
二〇六七九	惟彘羊豕	1
二〇六八八	…彘…	1
二〇六八九	…毓有友…惟白彘	1
二〇六九〇	…彘	1
二〇六九〇	…彘	1
二〇六九一	丁…彘	1
二〇七二三	…麋七十彘四十麑百	1
二〇七三七	辛巳卜侑于芯三彘有擒	1
二一一三九	辛巳…大…彘…[illegible]	1
二一五四四	惟彘用至小牢父戊	1
二一五四五	惟彘用至小牢父戊	1
二一五五二	辛巳卜啓有夕妣庚彘	1
二一五五五	壬寅卜丁伐彘	1
二一五五五	…寅…伐彘	1
二一五六六	甲子卜丁呼犬彘五往若	1
二一五九五	…妣辛彘	1
二一六五九	…貞…至彘	1
二二〇六五	戊午惟彘妣乙	1
二二〇六六	乙未卜…彘…妣乙	1
二二〇六六	乙未卜用彘于妣乙	1
二二〇六六	惟彘于妣乙	1
二二〇六六	…惟彘…妣…	1
二二〇七二	丙戌卜侑于父丁惟彘	1
二二〇七六	甲申卜惟彘于母戊	1
二二〇七七	壬辰卜禦母辛于妣乙彘	1
二二一三〇	祝亞束彘	1
二二一三七	祝亞束彘	1
二二一三八	祝亞束彘	1
二二一三九	祝亞束彘	1
二二一九七	…丁彘	1
二二一九七	…中母彘	1
二二二一四	戊寅卜侑妣己𣪘彘	1
二二二一八	妣己彘	1
二二二一八	妣丁彘	1
二二二二六	侑妣口彘	1
二二二二六	…妣口彘	1
二二二三八	壬彘小母用	1
二二二四〇	母庚禦彘	1
二二二四一	壬彘小母用	1
二二二四一	壬彘小母	1
二二二四二	…其禦用小母彘	1
二二二四六	彘妣辛母用	1
二二二四八	…啓…彘	1
二二二四九	辛巳卜啓有夕妣庚彘	1
二二二五八	辛卯卜侑[illegible]彘	1
二二二五八	延夕丁彘	1
二二二八四	祐中母彘	1
二二二九六	癸酉卜侑子彘	1
二二三二二	乙丑卜侑彘丁妣	1
二二三二三	乙丑卜侑彘丁妣	1
二二三六〇	…彘用	1
二二三六一	…彘…	1
二二三六二	彘	1
二二三六三	…彘[illegible]…	1
二二四三五	丙午卜歲用[illegible]	1
二二四三六	庚辰卜見彘	1
二三二七七	丁…貞…彘…	2
二三四二四	…卜旅…母辛歲…彘…一牛	2
二三四六五	丁酉…貞其𢼄彘于母	2
二四六〇四	貞惟彘川犯	2
二六〇三〇	貞惟白彘	2
二六〇五七	…旅…𢼄彘	2
二七五五七	其告妣辛惟彘	3
二七五九八	…卜其祝母惟彘王受祐	3
二七六〇八	彘	3
二八三一二	惟彘	3
二八三一三	癸卯卜…卯彘…	3
二九五四〇	貞惟彘王受祐	3
三〇五一五	其侑夕彘	3
三一九九三	禦牧于妣乙盧豕妣癸彘妣丁豕妣乙	
	豕豕	4
三三四〇七	不彘	4
三四一二〇	癸卯卜貞彭桒乙巳自上甲二十示一牛二示 羊土燎四戈彘牢四戈豕	4
三四一二一	壬寅卜桒其伐歸惟北𢆉用二十示一牛二 示羊以四戈彘	4

出處	釋文	
三四一二二	壬寅卜桒其伐歸惟北巫用二十示一牛二示羊以四戈㣇	4
屯九五	王其侑于父甲公兄壬惟㣇王受祐	3
屯三六〇一	：其匕妣辛惟㣇	3
屯四三一七	：卜貞竹來以召方：㣇于大乙	4
屯附三	禦祖癸豕祖乙㣇祖戊豕豕	3-4
屯附三	禦牧于妣乙盧豕妣癸㣇妣丁豕妣乙豕豕	3-4
英二三反	：羊三㣇：侑三犬	1
英七九	貞侑于父乙白㣇新㱿	1
英一二八三	：㣇：舞征：㞢：	1
英一九二三	癸丑卜王曰貞翌甲寅乞酚𠭯自上甲衣至于毓余一人無𡆥茲一品祀在九月遘示癸[illegible]㣇	2
英二一三九	：㣇于：	2
懷四九	：祖：丁：伐：㣇：	1
懷五五	：㣇：祖：	1
懷三八一	：卜爭：翌：巳：㣇：方：	1
懷一四九九	：王貞：[illegible]：狩朕：㣇	4

出處	釋文	
二一五六二	庚辰令□惟來犬以龜二若令	1
二一五八六	□乇	1
二一六二六	癸卯：[illegible]貞呼□步入商	1
二一六二八	甲辰卜[illegible]貞惟令□	1
二一六二九	惟丙：□	1
二一六二九	惟：□	1
二一六二九	庚戌卜惟癸令□	1
二一六二九	惟甲令□	1
二一六三〇	：□	1
二一六三〇	不令□	1
二一六三二	：令良：若	1
二一六三三	甲寅卜扶貞惟丁令□	1
二一六三五	惟己令□	1
二一六三五	惟辛令□	1
二一六三七	甲辰卜：貞令□惟若	1
二一六三八	：□：事	1
二一六二八	乙卯卜貞呼□：獲	1
二一七二七	庚申子卜貞惟以□若直	1
二一八三〇	：□：	1
二一八三〇	丁卯卜[illegible]令□惟翌庚若	1
二一六三一	己卯卜我貞令[illegible]翌庚于惟	1
二一八三四	貞□以若惟：	1

〔豕土〕 合文

出處	釋文	
一二一四四	：〔豕土〕：	1
一二一四五	：惟〔豕土〕	1
一五四四七	戊申卜用〔豕土〕	1
一五四八〇	：申卜：貞歲：〔豕土〕	1
二一六三五	戊申卜貞惟庚令□	1
二二〇四五	弜用牛〔豕土〕父戊	1
二二〇四五	惟牛〔豕土〕父戊	1
二二〇五五	：于畓：〔豕土〕牛	1
二二〇六七	：爵于：〔豕土〕	1
二二〇六八	庚子卜惟〔豕土〕有牛妣乙	1
二二〇七三	己丑卜禦于帝三十小牢己丑余至〔豕土〕羊	1
二二一〇一	辛未卜卯于祖羊〔豕土〕	1
二二二七六	甲子卜無阱改二豭二〔豕土〕	1
二二三七六	甲子卜改二豭二〔豕土〕于入乙	1
二二三六三	：㣇〔豕土〕：	1
二三四六七	工乙〔豕土〕	1
二四六〇七	：其于：以〔豕土〕：	2
二五二〇二	：午卜：貞歲：〔豕土〕	2
三四一五五	癸亥貞今日小帝于巫〔豕土〕一犬	4
英八六八	貞卜二牛二羊：〔豕土〕	1
英一九二〇	：午卜：歲：用：〔豕土〕	1

出處	釋文	
三三五三	惟〔豕匕〕呼比侯知	1
五七七七	：惟犯令	1
一一二四六	辛：〔豕匕〕：	1
二〇〇五三	：戊卜[illegible]：子成：〔豕匕〕	1
二二〇四五	[illegible]子卜弜[illegible]〔豕匕〕祖庚	1
懷六三二	于：〔豕匕〕：母：	1

〔豕匕〕 合文

出處	釋文	
一一七	庚申卜呼取〔豕匕〕芻	1
一一七	勿呼取〔豕匕〕芻	1
三三八	：無其剢	1
六五五甲正	侑于祖辛〔豕匕〕㱿	1
七七九正	丙辰卜爭貞師有剢	1
七八〇	丙辰卜爭貞師有剢	1
一〇九〇	辛卯卜及有剢十月	1
二二六三正	貞〔豕匕〕㱿于父乙	1

四一〇二　戊寅卜殼貞阜有剢　1
四一四八　丙辰卜爭貞師有剢　1
四二七一　甲寅卜亘貞戊其有剢　1
四二七二　丁亥卜殼貞戊其有剢　二告　1
四二七三　貞戊無其剢　1
四二七四　戊無其剢　1
四二八四　貞我在祉無其剢　1
四六三一　…延其有剢六月　1
五二四七正　己…貞…剢…饗不…亞…　1
五四〇二　…王勿…有剢…　1
五七五一　射甾無其剢　1
五七五三　射…無…剢　1
六七四九　…酉卜…貞弜侑𤉲獲征方　1
六八〇八　貞剢邑于祖乙　1
六五三六　…卯卜殼貞犬延其有𤉲　1
六五三六　…殼貞犬延無𤉲　1
七三七二正　己巳…貞…無…剢…　1
七七〇四　戊無其剢　1
一〇四〇八正　己未卜方貞有𤉲　1
一〇五八四　勿剢邑　1
一一二四七　…卜殼…無…剢…　1
一一二四八　…其剢　1
一一二四九正　貞…無…剢　1
一一二五〇　王固曰其有剢惟…𢦏弗得考…　1
一一二五一　…㞢…惟庚…無剢…　1
一一二五二　…方…剢…𤔲方…　1
一一二五三　…戌卜…弜𤔲…有剢…　1
一一二五四　癸亥…剢…𤔲…　1
一一二五五　…王…剢…　1
一一二五六　貞𤉲剢　1
一三四〇四　…𩰫既改牛…卯大𨿅…二𠂤鼎剢…　1
一九八九九　雲大𠂤…𠬝　1
二〇一八〇　…卜歲…𠂤辛𤉲　1
二〇一八一　壬戌卜王貞𠂤無其剢　1
二〇一八二　壬戌卜王貞𠂤侑剢　1
二〇四四　往𤉲祖壬　1
二〇六九六　…貞𠂤…剢　1
二〇七四　𤉲　1
二三六〇六　乙未卜惟𤉲　1
二七四五四　…𤉲…　1
屯二三九一　癸酉卜祐母己惟𤉲　3
英三三〇　其戊幼盂田惟𤉲用　3
懷九四七　…未卜貞…𠂤侑…剢　1
貞戊無其剢　1

狐

二八三一七　惟有狐射擒　3
二八三一八　其呼射閔狐擒　吉　3
屯八六　…寅卜王其射膂白狐湄日無災　3
屯四五六一　…王其射狐…　3
二八三一四　丁亥卜翌日戊王惟呈田…王擒狐　3
二八三一六　三十又七　弘吉　茲用　3
二八三一九　其从犬口擒有狐允擒　茲用　3
二八三二〇　戊王其田于斐擒大狐　3
二八三二一　惟行南麓擒有狐　吉　3
二八三三二　向擒狐　災　3
二八三三三　…卜犬虎…擒狐…　吉用　3
三七三八四　…擒…御…狐…　5
懷一四四五　弜田戲弗擒有大狐　3

三七三六二　戊戌王卜貞田雞往來無災王囚曰吉茲御獲狐　5
三七三六三　戊午卜貞王田朱往來無災王囚曰吉茲御獲兕十虎一狐一　5
三七三六三　戊申卜貞田𣖍往來無災王囚曰吉茲御獲兕六狐　5
三七三六四　壬寅王卜貞田…往…無災王囚曰…茲御獲狐…鹿一麑六　5
三七三六八　…獲狐十𪊨…鱴一𫧃一象…雉十一　5
三七三七五　擒茲獲兕四十鹿二狐一　5
三七三八〇　壬子王卜貞田盂往來無災王囚曰弘吉茲御獲狐四十一麑八兕一　5
三七三八二　戊申卜貞王田于𠂤麓往來無災茲御獲兕一狐四　5
三七四一〇　…在𥹋…王田師東往來無災茲御獲鹿六狐十　5
三七四一一　辛未卜貞王田于𪊨往來無災茲…獲兕十又一鹿四麑五　5
三七四一六　甲戌王卜貞…祝往來無災獲鹿九狐一…曰吉　5
三七四一七　辛巳王卜貞田𦎫往來無災王囚曰吉獲狐三鹿二　5

編號	釋文	期
三七四一九	…貞田呈…王占曰吉…獲狐三鹿二?	5
三七四二〇	…御獲鹿二…狐一	5
三七四二三	擒茲…獲狐…麋…	5
三七四二七	…于…往…無…獲鹿一狐三	5
三七四三〇	壬寅王卜…田璿往來無災王占曰…茲御獲狐…鹿…麑	5
三七四三四	戊午王卜在羌貞田舊往來無災茲御獲鹿狐	5
三七四四一	…未卜貞…田洮…來無…獲鹿…狐…	5
三七四四九	壬申卜貞王田軎往來無災獲白鹿一狐二	5
三七四五二	甲申卜貞王田在沃麓往來無災茲御獲狐…麑三	5
三七四五三	…獲…三狐…麑三	5
三七四五八	…在品貞…卯往來…茲獲…麋四十八…狐一	5
三七四六二正	戊午王卜貞田盂往來無災王占曰大吉獲狐五	5
三七四六四	…卜貞王田于…往來無災在五月…獲麋狐四	5
三七四六五	…十獲狐三…麑一	5
三七四七〇	戊辰…田雞…無災…曰吉獲狐三十又七	5
三七四七一	…卜貞王田于雞往來無災…弘吉茲御獲狐八十又六	5
三七四七二	戊寅王卜貞田雞往來無災王占曰吉茲御獲狐二十	5
三七四七三	四月茲御…獲狐十又三	5
三七四七五	庚子王卜在湊師貞今日步于濼無災在正月獲狐十又一	5
三七四七六	…貞王田斿往來無災…在八月茲御獲狐二十一	5
三七四七七	擒茲御獲狐二…十…七…二	5
三七四七八	…貞王田…御獲狐十…象三雉…	5
三七四八〇	戊辰卜貞王田于洮往來無災獲狐七	5
三七四八一	戊辰王卜貞田洮往來無災獲狐七	5
三七四八五	…卜貞王田于妞麓…災茲御獲狐五	5
三七四八六	…卜貞田呈往來無災…弘吉茲御獲狐二十五…	5
三七四八七	擒茲御獲狐五	5
三七四八九	戊午王卜貞田喪往來無災王占曰吉茲御獲狐四	5
三七四九〇	戊子王…田軎往來無災王占曰吉獲狐四	5
三七四九二	…卜貞王田于㽙…無災在十月…御獲狐二	5
三七四九四	戊申卜貞王田雞往來無災王占曰吉茲御獲狐二	5
三七四九五	戊午卜貞王田于㓝往來無災茲御獲狐二	5
三七四九五	…王…召…災	5
三七四九六	…往來無災王占吉茲御獲狐二	5
三七四九七	戊子王卜貞田喪往來無災王占曰弘吉茲御獲狐一	5
三七四九八	戊戌王卜貞田喪往來無災王占曰吉獲狐一	5
三七五〇〇	…無災…獲狐…雉…	5
三七五〇一	戊申王卜貞田呈往來無災王占曰吉茲御獲狐九	5
三七五〇三	…王卜貞…往來…占曰吉…獲狐…	5
三七五〇四	…在㽙…王步于…無災王…獲狐…	5
三七五〇五	…巳王卜在…貞田安…來無災茲御獲狐十	5
三七五〇六	壬申卜…沃麓…無災茲…獲狐三	5
英二五四三	壬申卜貞王田盂往來無災王占曰吉茲御	5
英	獲狐十一	5
英二五四四	戊子卜貞王田𡧊往來無災茲御獲狐十	5
英二五六二反	茲御獲兕一狐二	5

其它

編號	釋文	期
五三一二	…狐?…	1
一〇二五三	癸亥卜貞…■…狐…	1
一〇二五四	…用狐于丁	1
一〇二五五	…用狐	1
一〇二五六	…用狐	1
一〇二五七	…卜𢀛…狐…	1
一〇二五八	…狐	1
二七九〇一	…在淒犬告狐王…弘吉	3
二八三一五	乙未卜王往希狐从…遘	3
二八三一八	戊王其射閃狐湄日無災擒 吉	3
二八三二二	貞惟…狐…擒	3
三三三六四	…白狐惟…	4
三七三六二	壬辰卜…無災…虎一狐十?	5
三七四三九	貞王…茲御…狐十…麋…	5
三七四四二	…卜貞…鹿…麑三?	5
三七四六七	…告𤔲兕…壆惟…	5
三七四七九	…茲御…狐八	5
三七四八二	…茲御…狐七	5

狐

三七四八三 戊寅…田…無災…狐七

三七四八四 戊申王卜貞…無災王占…狐五

三七四九〇 …卜貞…往來王占曰吉…狐二

三七四五〇 …御…狐四十

三七四五一 …卜貞王…麓…來無災…鹿四狐

三七四八八 …茲御…狐五

三七五〇二 戊戌王卜…來無災王…狐…

三七六〇六 …在夆…衣逐…御…狐…

三七六九〇 …辰王卜貞…麓往來…災王…吉茲…

屯三〇四四 …寅卜…狐其…

屯四五三五 …王其田…麥惟…有狐擒

⿰白豕

一二六五 …卯…于丁…

二〇七五 乙亥卜我…酉…入…于巖

二二六七 …東…其有

⿸厂豕

三三二七六 壬戌卜貞無⿸厂豕于亳

三三二七六 甲子卜無⿸厂豕改二豭二豼

圂

五二四 …圂…羌…

八五七 …往自圂…

二六七四 …我田…婦好…圂…

一一二七四正 貞呼作圂于專

一一二七五 勿作圂于專

一一二七六 …無…自…圂

一一二七七 貞于圂

一一二七八反 …于圂

一一二七九 …來…圂

⿱子豕

⿱豕豩

一二〇 己未卜…貞呼…偁豜…勿十三月

三〇九九 丙寅卜古貞惟弘令…夫于三月

一〇二二甲 丁卯卜勿令執以人田于⿱豕豩

一〇二二乙 丁卯卜令執以人田于⿱豕豩十一月

七〇〇二 …勿母己于⿱豕豩

九三五二 …⿱豕豩…肘…

㒸

七六五三 …㒸于…征一月

一〇八六三正 辛卯卜爭貞㒸獲

⿰氵豕

英八三七 貞登…呼⿰氵豕…田

豙

六一二八 乙丑卜殻貞曰吾方其至于豙 土其有…

六一二九 …丑卜殻貞…曰吾…其至于豙…有…

六九四六正 庚申卜殻貞呼王族延比豙

六九四六正 庚申卜殻貞勿呼王族比豙

九九三三 …豙…年

⿰豕卩

九七四正 貞王⿰豕卩父乙賓

九七四正 勿⿰豕卩父乙賓

九七四正 ⿰豕卩妣己賓 二告

九七四反 王固曰吉其⿰豕卩

⿰豕分

二八一七五 貞于⿰豕分

⿰豕豖

二一七二九 甲辰…無⿰豕豖丁

二一七二九 癸卯卜無⿰豕豖丁…月

二一八一八 壬子卜來乙丑有⿰豕豖

二一八一八 壬子卜今來乙丁有⿰豕豖

著錄號	釋文	期
一〇七二四	戊…佐…于…𡙁…	1
二七四五九	壬子卜貞王其…[…]	3
二一七八六	庚辰卜貞𢍰…	1
英八五四	…戌卜貞雀…𢍰于十…	1
二八三九八	惟[…]先犬擒無災	3
二二五三二	…[…]	1
英一八七一	…卜…令日…[…]…戌…盧豕…贏	1

馭

著錄號	釋文	期
英一九二四	壬午卜中貞曰其馭九月	2
英一九二四	辛亥卜大貞王其…妣[…]馭…	2

馬

著錄號	釋文	期
五七一一	貞令多馬衛于北	1
五七一一	庚戌卜古貞令多馬衛無蓋	1
五七一二	…卜㝅貞…遘以多馬衛囚	1
五七一五	癸巳卜㝅貞多馬遘戋	1
五七一六	丁亥卜貞多馬从戋	1
五七一七正	丁亥卜㝅貞惟翊呼小多馬羌臣十月	1
五七一八	…多馬羌臣…	1
五七一九	令多馬	1
五七二〇	己丑卜㝅…令多馬…	1
五七二一	甲戌卜貞…多馬…	1
五七二二	戊戌卜…貞翌己亥多馬無…月	1
五七二三	貞祟馬雍呼多馬	1
五七二四	…卜爭…勿祀…多馬…[…]十月	1
五七二五反	…固曰…多馬…惟…	1
五七二六	貞勿先馬	1
五七七五正	呼多馬逐鹿獲	1
五七七五正	呼多馬逐鹿獲	1
六七六一	…寅卜㝅貞令多馬羌禦方　二告	1
六七六二	勿令多馬羌	1
六七六三	貞令多馬羌	1
六七六三	貞勿令多馬羌	1
七四八〇	貞勿令多馬…	1
二七九四二	惟多馬呼射擒	3
二七九四三	甲辰…多馬…衛比…惟…	3
三二九九三	乙酉貞…多馬…	4
三二九九四	丙申卜王令遘以多馬	4
屯六九三	…卜其呼射豕惟多馬　吉	3
屯四〇二九	…多馬…弜令…衆…	4

著錄號	釋文	期
五六四正	甲辰卜貞乞令[…]以多馬亞省在南	1
五七〇七	辛巳卜…馬亞…	1
五七〇八正	乙亥卜貞令多馬亞𠂤遘視省陵亩…	1
五七〇九正	乙亥卜…多馬亞…視省陵…至于[…]…	1
五七一〇	貞多馬亞其有囚	1
二六八九九	貞其令馬亞射麋	3
二七九四〇	貞亞…馬…	3
二八〇一一	壬戌卜狄貞惟馬亞呼執	3
三〇四三九	貞惟馬亞涉兕	3

著錄號	釋文	期
六	癸未卜㝅貞馬方其征在…	1
六	癸未卜㝅貞馬方其征在沚	1
六六六四正	甲辰卜爭貞我伐馬方帝受我祐一月	1
二〇四〇七	…王貞馬方…𠂤陕口喪印…五月	1
二〇六一三	乙酉卜王貞余𢍰朕老工延…[…]貞允	
	惟余受馬方祐…其…弗執方祐二月	1
二〇六一四	貞丁…馬方…	1

著錄號	釋文	期
五七二八	惟族馬令往	1
一一〇三八	貞令遘馬	1
三二九九五	壬申卜令馬即射	4
三四一三六	惟三族馬令	4

著錄號	釋文	期
三四一三六	乙酉卜于丁令馬	4
乇 一九	庚寅…令馬中人北	4
乇 二四三	壬辰令馬	4
二七九四五	戊申卜馬其先王兌比… 大吉	3
二七九四六	丁酉卜馬其先弗悔	3
二七九四七	…未卜今夕馬其先戊…其雨	3
二七九四八	庚午卜貞翌日辛王其田馬其先擒不雨	3
二七九四九	今日辛亥馬其先不遘大…	3
二七九五〇	貞馬弜先其遘雨	3
二七九五一	先馬其悔雨	3
二七九五二	貞馬…先…𩡧	3
二七九五三	其先馬不…雨	3
二七九五四	…其呼馬先弗悔不… 大吉	3
二七九五五	比先馬其雨	3
二七九五七	弜先馬其悔	3
二七九六五	其呼馬…先…	3
乇 八	馬…先王…悔雨	3
乇 八	馬惟翌日丁先戊王兌比不雨	3
乇 八	馬弜先王其悔雨	3
乇 一一二七	馬其先王兌比不遘大雨	3
九四五正	古來馬	1
九四五正	不其來馬	1
九一七三	貞不其來馬	1
九一七四	乙未卜丙…曰𢀛來馬	1
九一七五	…𢀛來馬承	1
九一七六正	貞𢦏不我其來白馬	1
九一七七正	甲辰卜殼貞奚不其來白馬 五	1
二〇〇七二	…來告馬…	1
八七九六正	貞勿呼取方囚馬	1
八七九七正	…辰卜古貞呼取馬于𡆥以三月 二告	1
八九八四	己巳卜雀取以馬	1
二〇六三〇	壬戌卜王貞令陕取馬子涉	1
二〇六三一	…弗其取𢀛馬…以在易	1
二六九〇一	惟馬呼取王弗悔	3
五〇〇正	…貞𠂤以三十馬允其執羌	1
九四五正	貞𠂤呼取白馬以	1

著錄號	釋文	期
六七五九	…春𡥵馬…以禦方	1
八九六一乙正	甲申卜殼貞以馬	1
八九六二	…其以馬	1
八九六三正	貞以馬	1
八九六四	戊戌卜貞令𦎫以有友馬衛…	1
八九八四	…𠬝以馬自薛十二月	1

其它

著錄號	釋文	期
一六一	…馬…比…呼多羌…	1
五〇〇正	貞𠂤三十馬弗其執羌 二告	1
五七四	…馬	1
五七四	馬不𢀛	1
五八四甲正	…亥卜殼貞旬無囚王固…丁卯王狩 敝麸車…在車𢀛馬亦…	1
八六五	…寅…馬…	1
九四七正	乙酉…內貞呼馬…	1
一〇九八	…癸未…方于…𢊁…馬二十丙又…一月	1
七三五〇正	在鼻卜 甲午卜亘貞奴馬呼𩣡…	1
五七一四	…貞…馬衛…	1
五七二七	…先馬…	1
五七二九	丙辰卜…貞𡆥…馬…白	1
五七三〇	…王呼馬…雀	1
五七三一	…令…馬…	1
五七九六反	…馬…	1
五八二五	丙申卜貞肇馬左右中人三百六月	1
六六二四	乙卯卜爭貞王…伐馬羌…	1
六九四三	甲戌卜殼貞我馬及戋	1
八二〇八	辛巳卜宕貞王勿往馬	1
八五八八	…午卜爭…𢀛方…馬…于唐	1
八六〇九	丁未卜爭…告曰馬…東…	1
八七九六正	丁酉卜殼貞方囚馬 二告	1
八七九八	貞取馬…	1
八九六一甲正	不其以馬	1
九一七七正	甲辰卜殼貞奚來白馬…王固曰吉其來	1
二〇四〇四	…央…馬…	1
二〇四〇五正	癸巳卜殼貞旬無囚王固曰乃茲亦有祟 若偁甲午王往逐兕小臣𠭁車馬 硪𩡧王車子央亦墜	1
二〇四〇六正	癸巳卜殼貞旬無囚王固曰乃…祟若偁 甲午王往逐兕…馬硪𩡧王車子 央亦…	1

著錄號	釋文	期
一〇九一六正	…馬…狩…北	1
一一〇一八正	貞我馬有虎惟囚	1
一一〇一八正	貞我馬有虎不惟…	1
一一〇二〇	…馬…北…	1
一一〇二一	貞馬其㞢?…	1
一一〇二二	貞…馬…其…	1
一一〇二三	…馬其䒦	1
一一〇二四	貞馬不䒦	1
一一〇二五	…馬不䒦	1
一一〇二六	…卜方…馬其䒦	1
一一〇二七	…卜…馬…冊	1
一一〇二八	…𢆶…馬	1
一一〇二九	癸未卜…馬…其…	1
一一〇三〇	…馬	1
一一〇三一	貞告在馬	1
一一〇三二	…朩馬…	1
一一〇三三	…㞢…馬…	1
一一〇三四	癸…馬	1
一一〇三五	貞好馬	1
一一〇三六	辛亥…馬	1
一一〇三七正	戊申卜貞馬𢀛…	1
一一〇三九	…遘…馬…	1
一一〇四〇反	…馬可…	1
一一〇四一正	貞翌…卯王…馬…	1
一一〇四二	…卜方…馬…麋…	1
一一〇四三	…馬…	1
一一〇四四	…馬…	1
一一〇四五	…壬辰…貞…馬	1
一一〇四六	…黹…馬…	1
一一〇四六	…勿…馬 二告	1
一一〇四八	…白馬…	1
一一四四六	…無囚王固曰有祟…敝𣏟車…車𠦪 馬…亦有𡚸…	1
一一四四七	…𠦪馬…	1
一一四四八	…日丁卯…𣏟車馬…	1
一一四五〇	…雍車馬…京	1
一一四五九	…馬五十丙…	1
一三七〇五	…王弜爻馬無疾	1
一四七七三	…古…馬…涉	1
一六一八〇正	貞…改…馬…	1
一七六三六正	丙申…貞勿…馬	1
一七八五九	馬	1
一七八六〇	貞馬…	1
一七八六一	馬	1
一七八六二	…馬… 二月	1

著錄號	釋文	期
一九八一三正	丙申卜𠂤貓𡚸馬大丁用	1
一九八四七	甲子卜𠂤斳馬至祖乙	1
二〇〇八五	…馬…	1
二〇六一四	貞丁…馬方…	1
二〇六九八	馬旋	1
二一〇〇七正	匄馬	1
二一七四八	丁亥子卜貞馬…	1
二一七四九	…無尧馬	1
二一七七七	…宁延馬二丙辛巳雨以雹	1
二一八九五	…令弜祟…馬犬	1
二二一一九甲	乙未卜…𠁩石甲…馬	1
二二二一一	己丑卜𠬝禦馬妣己	1
二二三四七	…馬不㞢	1
二三六〇二	丙辰卜即貞惟𠂇出于夕禦馬	2
二四五〇六	…王…馬	2
二四五〇六	庚戌卜王曰貞其剢左馬	2
二四五〇六	庚戌卜王曰貞其剢右馬	2
二四五〇七	…貞有…馬其…不	2
二七六三一	其三馬	3
二〇七九〇	癸巳卜往馬三十	1
二七六三一	惟不勿馬	3
二七六三一	惟勿馬	3
二七八八一	丙寅卜惟馬小臣…	3
二七八八二	…來告大方出伐我師惟馬小臣…	3
二七八八一	惟戍馬冒呼允王受有祐	3
二七八八二	…來告大方出伐我師惟馬小臣…	3
二七八八九	惟馬冏	3
二七九三九	貞其令有?亞走馬𣴎?乚集	3
二七九四二	惟馬無呼擒	3
二七九四四	…𢓊馬…惟王…擒	3
二七九五六	貞馬弜…其悔	3
二七九五八	…馬其悔雨 大吉	3
二七九五九	壬戌卜馬…衷弗作王…	3
二七九六〇	…王其…馬…𣴎…	3
二七九六一	…惟馬…畓擒	3
二七九六二	惟馬…𩡧方戋	3
二七九六三	惟馬	3
二七九六四	惟馬呼陷	3
二七九六六	惟戍馬呼暨往	3
二八三八七	…从𣎴…夕馬今…	3
二九四一五	王畜馬在兹寓…母戊王受…	3
二九四一六	…畜馬在兹寓…	3

著錄	釋文	期
二九四一七	…宮馬…	3
二九四一八	癸丑…貞…馬…	3
二九四一八	癸丑卜暊貞左赤馬其稦不□	3
二九四一九	…馬…于…	3
二九四二一	貞弜…馬其雨	3
二九四二二	…馬弗…	3
二九四二三	癸丑…貞左…馬…	3
二九四二四	…馬無尤	3
二九六九三	其肇馬有正	3
三〇二九七	甲午卜王馬尋駁其禦于父甲亞　吉	3
三一一八一	其肇馬	3
三二四三五	甲辰卜數孚馬自大乙	4
三六四一七	戊戌卜王其巡□馬…小臣□□克	5
	…	5
三六九八七	…馬	5
三六九九〇	…馬□…無省	5
三七五一四	惟左馬暨□無災	5
三七五一六	惟馬無災	5
屯　七	…多射□馬…于斷	4
屯九六七	…馬弜…用二必	3
屯一〇七八	甲辰卜數俘馬自大乙	4
屯一五六九	…馬其…	
英一六一一	…爭貞我馬無…	1
英二三九四	惟馬呼射擒	3
懷　九七	…貞…侑卯…馬…	1
懷　三五九	…得馬…	1

寓

著錄	釋文	期
二九四一五	王畜馬在茲寓…毋戊王受…	3
二九四一六	…畜馬在茲寓…	3
三〇二六六	…卜王其作僼稌于寓…　吉	3

騂

著錄	釋文	期
二九四二〇	…買…狽騂…悔	3
三六九八五	惟⿰馬利暨大騂無災弘吉	5
三六九八六	惟小騂用	5
三七五一四	惟并騂無災	5

⿰馬丂

著錄	釋文	期
三六九八六	惟⿰馬丂用	5

駥

著錄	釋文	期
三七五一四	惟⿰馬利暨駥子無災	5

⿰馬利

著錄	釋文	期
三七五一四	惟⿰馬利暨駥子無災	5

著錄	釋文	期
三六九八五	惟□暨□用	5

駮

著錄	釋文	期
三六八三六	庚戌卜貞王…于麇駮□…	5
三六九八七	惟并駮	5

著錄	釋文	期
三六八三六	…于彔…□迨	5
三六八三六	庚戌卜貞王…于麇駮□…	5

駁

著錄	釋文	期
三〇二九七	甲午卜王馬尋駁其禦于父甲亞　吉	3

著錄	釋文	期
三七五一四	惟□暨騽無災	5

騽

著錄	釋文	期
三七五一四	戊午卜在潢貞王其□大兕惟⿰馬彖暨騽無災擒	5
三七五一四	惟□暨小騽無災	5
三七五一四	惟□暨騽無災	5

著錄	釋文	期
三七五一四	惟□暨小騽無災	5

⿰馬彖

駱

三七五一四　戊午卜在洀貞王其墾大兕惟駁暨騽無災擒　5
二七九七二　戌其歸呼駱王弗悔　3

駛

二八一九五　乙未卜暊貞有事入駛土其稚不爿　3
二八一九五　乙未卜暊貞舊一乙左駛其稚不爿　3
二八一九五　乙未卜暊貞今日子入駛土一乙稚　3
二八一九六　乙未卜暊貞辰入駛其稚　3

馲

三四一一　……小馲……子伯……不白……　1
二一〇四九　……卜……馲于……　1
二一〇五〇　……馲……

三六九八八　辛未卜貞豕……翌日壬王其比用……暨□□用無災在……　5
三七三八七　丁酉……貞翌日壬寅王其墾兕其唯□□……□……王弗悔　5
三七五一四　惟左馬暨□無災　5
一一〇五一　……酉……□……　1

兕

一〇四一九　辛亥卜爭貞王不其獲肱射兕　1
一〇四二一　……獲肱射兕　1

一〇四二二　……貞其惟王獲射兕一月　1
二〇七三一　庚戌卜徣惟翌步射兕于□　1
二八三九一　王其射兕無災　3
二八三九二　惟壬射有兕　3
二八四〇〇　王異戌其射在穆兕……　3
二八四〇一　……異戌其射在穆兕擒　3
二八四〇二　王其射麗兕擒無災　大吉　3
二八四〇三　惟戌射麗兕無災　3
二八四〇四　王惟辛……射麗兕無災　3
二八四〇六　王迺射麗兕無災　3
二八四〇七　兕先射其若　3
二八四〇七　王惟麗兕先射無災　3
二八四〇七　弜麗兕先射其若　3
二八四〇九　惟壬射亳兕……　3
三三三七三　王其射穆兕擒　4
屯一〇三二　……其射麗兕不遘大雨　3-4
屯一〇九八　王其田𠂤延射𪊨兕無災杏王　吉　3
屯二五七九　于大乙日出……迺射杏兕無……　吉　3
屯二九二二　王其刖射大兕無災　3
屯三三二一　……貞……兕其射無囚　4
英二五六六　其于七月射𪊨兕無災擒　5

一九〇正　弗其獲兕　1
七〇七六正　癸丑卜殻……兕……其獲……䖵……雀……　1
一〇三〇八　……獲兕十一鹿……　1
一〇三四四正　王弗其獲兕　1
一〇三五〇　……擒𡆥允擒獲麋八十八兕一豕三十又二　1
一〇四〇三　貞呼𢓊逐兕獲　1
一〇四〇七正　……其……𦣻壬申允狩擒獲兕六豕十又六兔百又九十又九　1
一〇四〇八正　翌癸卯其焚……擒癸卯允焚獲……兕十一豕十五虎……兔二十　1
一〇四〇九　……獲兕五𠂤于東十二月　1
一〇四〇一　貞翌辛巳王勿往逐兕弗其獲　1
一〇四一〇正　……王獲兕允獲一　1
一〇四一一　丙子卜王獲允獲兕一　二告　1
一〇四一二　己亥卜方王獲兕　1
一〇四一二　王弗其獲兕　1
一〇四一三　戊申卜方王獲兕允……　1
一〇四一四　丁未卜王獲兕……獲　1
一〇四一五　……王獲兕　1

一〇四一〇正　辛未卜王獲允獲兕一豕一　1
一〇四一六　乙亥卜：王其兕獲　1
一〇四一七　王其兕獲　1
一〇四一八　：三王：獲允獲兕：　1
一〇四二五　戊：埜狩：三日庚辰：麋既隺：獲兕　1
：一豕：　1
一〇四二六正　貞子妻弗其獲兕　1
一〇四二七　：來：允獲：二兕一　1
一〇四二八　：有鹿：允獲兕　1
一〇四二九　有獲：兕　1
一〇四三〇　獲兕　1
一〇四三二　：牆：其獲：兕一月　1
一〇四三三　：子：牆獲兕　1
一〇九五〇　己巳卜王弗其獲在𣎵兕一月　1
一〇九五〇　己巳卜王獲在𣎵兕允獲　1
二〇七三二　：缶獲兕　1
二〇七三三　：卜王：獲兕之日獲　1
二一〇〇〇　：獲：兕：　1
二四四四五　乙巳卜出貞逐六𤉲擒　2
三七三六三　戊申卜貞田欑往來無災王𡆥曰吉茲御
獲兕六狐：　5
三七三六三　戊午卜貞王田朱往來無災王𡆥曰吉茲御
獲兕十虎一狐一　5
三七三七六　：茲御獲兕十又二　5
三七三七八　：子王卜貞田宰往來無災王𡆥：弘吉茲
御獲兕三麋八　5
三七三八〇　壬子王卜貞田盜往來無災王𡆥曰弘吉
茲御獲狐四十一麑八兕一　5
三七三八二　戊申卜貞王田于𣄰麓往來無災茲御獲
兕一狐四　5
三七三八三　：田于鑑往：御獲兕一：　5
三七三八九　辛巳：于：獲兕：　5
三七三九八　在九月惟王：祀彡日王田盂于宫
：蒦白兕　5
屯二八五七　：卯卜庚辰王其狩：擒允擒獲兕
三十又六　4
英二五六二反　茲御獲兕一狐二　5
三七三八七　丁酉：貞翌日壬寅王其𡒊兕其唯𤉲𡆥
馨：王弗悔　5
三七三九二　丁卯卜在去貞𡆥告曰兕來羞王惟
今日𡒊無災擒　5

三七五一四　戊午卜在洨貞王其𡒊大兕惟駁暨騽
無災擒　5
一〇四三九　：爭：兕擒：　1
一〇四四〇　：今：兕：擒兕：　1
二八三九四　惟有兕擒　3
二八三九七　：今日：兕：擒兕：　3
二八三九九　北于之擒兕　3
二八三九九　王其比吠弗擒習：从東兕　3
二八三九九　南于之擒兕　3
二八四〇二　：擒𪊲兕　3
三三三七四反　辛巳卜在小箕今日王逐兕𢍰人𢍰七兕　4
三三三七五　：兕：擒：　4
三三三七五　甲：擒兕允在雲　4
三三三七五　壬辰卜癸巳在：王狩擒允兕十又：　4
三三三七六　：擒：在兕：　4
三三三七七　：擒：兕：　4
屯一一二八　擒兕　4
屯二五八九　戊辰卜其陷惟：擒有兕　吉　3
屯三六六三　壬戌：貞王其田宰無災擒兕　3-4
屯四四六二　于己：焚菩擒有兕　3
1
一九〇正　貞王其逐兕獲弗𢀛兕獲豕二　1
一九〇正　貞其逐兕獲弗𢀛兕：　1
一〇二二一　己卯卜王逐兕　1
一〇三九八　：卜亘貞逐兕獲：固曰其獲己酉王
逐允獲二　1
一〇三九九正　貞其逐兕獲　1
一〇四〇二　：子卜翌辛丑王逐兕　1
一〇四〇五正　癸巳卜殼貞旬無𡆥王固曰乃茲亦有祟
若偁甲午王往逐兕小臣𠙶車馬
硪𡍜王車子央亦墜　1
一〇四〇〇　：亥卜殼貞其逐兕獲　1
一〇四〇六正　癸巳卜殼貞旬無𡆥王固曰乃：祟若偁
甲午王往逐兕：馬硪𡍜王車子
央亦：　1
一〇四一〇正　：逐兕　1
一一〇〇九　：往：𢦏兕無災之日王往逐𢦏兕　1
一一〇一〇　王逐：兕　1
二八四一四　：逐兕　3
三三三六六　：逐？兕麋　4

編號	釋文	期
三三三七二	己卯卜王逐兕：：弗：：	4
三三三七四反	辛巳卜在小箕今日王逐兕卒人卒七兕	4
三三三七五	甲午卜今日王逐兕	4
屯 六六四	丙戌卜在其今日王令逐兕擒允	4
屯 六六四	乙酉卜在其今日王逐兕擒允擒	4
屯 二〇九五	戊戌卜王其逐兕擒弗擒	4
英 八四七	貞翌丁酉其逐兕獲	1
三〇四三九	貞其涉兕𠂤洮	
三〇四三九	貞惟馬亞涉兕	
三〇四三九	貞惟衆涉兕　大吉	
三〇四三九	丁丑卜狄貞其用茲卜異其涉兕同　吉	
九七四正	：：侑于：：兕嗀兕	1
九七四正	：：侑于：：兕嗀兕	1
九七四反	貞嗀兕：：	1
一五九一八	壬寅卜㱿貞嗀兕：：	1
一五九一八	壬寅卜㱿貞嗀兕：：	1
一五九一九	：：嗀兕：：	1
一五九二〇正	貞嗀兕于且：：	1
三一〇〇八	：：于卜：：嗀兕惟今日	3
三三三六一	壬子卜惟今日嗀兕	4
三三三六一	弜嗀兕	4
屯 三三五八	後王射兕嗀	3

數字兕

編號	釋文	期
一〇一九七	乙未卜今日王狩光擒允獲虎二兕一鹿二十一豕二麑百二十七虎二兔二十三雉二十七十一月	1
二四三九一	癸未卜王曰貞有兕在行其左射[?]	2
二八三八九	其五兕	3
二八三九〇	其四兕	3
三〇九九五	丙辰卜大：：其贏兕三：：	3
三三六〇三	其二兕	4
三三六〇三	其二兕	4
三三六〇三	其二兕	4
三三七一八	其五兕	4
三三七一八	父丁鼎三兕	4
三六五〇一	乙巳卜：：王田：：無：：兕二十又：：來征人	5
	：：	

編號	釋文	期
三七三七五	擒茲獲兕四十鹿二狐一	5
三七三七六	：：茲御獲兕十又二	5
三七三八四	：：茲御：：兕一：：	5
三七三八五	己酉：：王田：：來無：：茲御：：兕一：：	5
三七三八八	：：茲御：：兕一：：	5
懷 五六〇	：：惟二示：：兕二：：三：：十月	1
懷 九六七b	：：二十屯兕五屯小：：	1

其它

編號	釋文	期
二八五一	：：貞：：兕：：婦	1
一〇三九七	：：卜爭：：其逐兔：：佳兕：：惟：：	1
一〇四〇二	：：日王：：往：：兕	1
一〇四一〇正	：：午卜王：：兕允：：在大：：[?]二月	1
一〇四二三	：：戊卜：：貞王：：兕：：無災	1
一〇四二四正	甲午卜：：貞王往：：兕	1
一〇四三六	：：令妻執兕若	1
一〇四三七	邑執兕七	1
一〇四三八正	：：執兕：：	1
一〇四四二	：：亘兕	1
一〇四四四	：：不其：：兕：：	1
一〇四四五	壬：：卜：：兕：：羊：：	1
一〇四四六	：：兕	1
一〇四四八	：：弗：：兕：：災：：用	1
一〇四四九	：：兕：：	1
一〇四五〇	：：于：：兕：：	1
一〇四五一	：：兕：：	1
一〇四五二	辛亥：：兕：：	1
一〇四五三	：：翌庚申：：兕：：	1
一〇四五四	：：酉卜：：其獲：：巳兕：：牆獲	1
一〇九五二	壬：：卜王：：叀：：兕	1
一〇九七一	壬寅卜貞翌癸卯王亦東麓出有兕	1
一一四六〇反	：：兕	1
一七八五〇	兕	1
一七八五一	貞：：兕：：	1
一七八五二	兕	1
一七八五四	貞：：丁：：兕：：	1
一七八六三	兕	1
一九二一五	：：酉卜㱿：：兕由	1
二〇二五四	：：王呼：：兕：：	1
二〇七二五	：：嗇兕	1
二〇七七六	兕	1
二四三五八	旬有祟之日贏沚夕有兕在棼八月	2
二四三九七	己：：王：：冢	2
二四四四四	：：未卜出貞王狩木于[?]之日王：：狩木：：冢	2

十…鹿 2

二七一四六 戊午卜狄貞惟兕于大甲惟示 3

二七一四六 戊午卜狄貞惟兕大丁惟示 吉 3

二七一四六 戊午卜狄貞惟兕于大乙惟示 大吉 3

二八三九二 擒有兕 3

二八三九三 乙擒有兕 3

二八三九五 …王擒…兕 3

二八三九八 壬寅卜王其田□寧兕先㫃無災

擒王永 3

二八四〇七 王惟…兕先… 3

二八四〇八 王其比言壴兕 3

二八四一〇 惟乙王擒在…兕不悔 3

二八四一一 惟匕兕 3

二八四一二 庚子卜…网兕…叹于… 3

二八四一三 …兕… 3

二八四一五 弜…兕 3

二八四一六 兕 3

二八四一七 …其…兕… 3

二八四一八 …兕 3

三〇四三九 貞其祝惟擒乙王其㫃□兕 吉

三二二九五 …狡凡于兕雨 4

三二六〇三 其鼎兕父丁 4

三二六〇三 其鼎兕祖丁 4

三二七一九 …兕父丁三 4

三三二四九 …卯貞兕…小臣…从又…它旬受禾 4

三三四二三 …亞兕 4

三七三七七 …茲御…兕 5

三七三七九 乙未王…往來無…兕二 5

三七三八六 …卜貞衣彡日…犬壟祝…兕翌日…亥

王其洛…悔擒 5

三七三八七 乙未卜貞…犬壟…兕… 5

三七三九〇 …茲御…兕 5

三七三九三 辛巳…田…往…無災…吉茲御…兕

… 5

三七三九四 癸…貞其…亳…兕…在七…有祐王… 5

三七三九五 丁卯…兕…惟… 5

屯三一六 …□兕惟辛無… 3

屯一五六八 乙酉…有兕… 4

屯三五五一 丁丑貞𣪘有兕其… 4

英八六二 …來…兕… 1

懷三一五 …兕…麋… 1

懷五五七 …兕十月在… 1

兕

三二六〇三 惟兕 4

象

一〇五二正 丁酉卜爭貞□象 1

一〇五二正 貞□不其象 二告 1

四五六三 …卜穷貞象… 1

四六〇九 …惟象… 1

四六〇九 …勿惟象… 1

四六一一正 貞令象亢目若 二告 1

四六一一正 貞生…月象至 1

四六一二 …貞象呼… 1

四六一三 …𤕌象… 1

四六一四 …勿象光…無曰𦇎…于… 1

四六一五 令象 1

四六一六 甲申卜爭貞象無囚二月 1

四六一七 甲申卜貞象其有囚 1

四六一七 貞象無囚 1

四六一八 甲申卜爭貞象其有囚 1

四六一八 貞象無囚 1

四六一九 …固曰象其呼來 1

四六一九 …辰卜亘貞象其呼… 1

八九八三 …穷貞…以象侑祖乙 1

八九八四 戊辰卜雀以象 1

八九八四 戊辰卜雀不其以象十二月 1

八九八四 戊辰卜雀以象 1

九一七二正 癸未卜亘貞婁來馬 1

一〇二二二 …獲象 1

一〇二二三 辛丑卜于□… 1

一〇二二四 …我…象… 1

一〇二二五正 …令象… 1

一〇二二六 …令象… 1

一三六六三甲正 貞令象 1

三二九五四 于癸亥省象暘日 4

三七三六五 乙亥王卜貞田喪往來無災王囚曰吉獲

象七雉三十 5

三七三六八 …獲狐十𠑹…虎一𢦏一象…雉十一 5

三七三七二 …王卜貞田徐往…王囚曰吉茲御…

百四十八象二 5

三六三四七　…卜貞典春㲋侯…子其比彈**甾蔑無佐**　…𢀛𢦏王占曰吉在…　5
三七三六七　丁亥卜貞王田䵶往來無災擒隹百三十八　象二雉五　5
三七四七八　…貞王田…御獲狐十…象三雉…　5
三七五一三　壬午卜貞王田梌往來無災獲隹百四十八象　二　5
屯五七七　象…其即…　3
屯二五三九　己未卜象麝既其呼…　吉　3
屯二五三九　丁未卜象來涉其呼麝射…　吉　3
英三二二　…象…兕…　1
英一八八五　…自…象…　1
英二五三九　壬戌王卜貞田䵶往來無災王占曰吉獲
英　麑五象一雉六　5
英二五四二　…王卜貞田梌往…災王占曰吉茲御…獲
英　隹二百五十象一雉二　5
衣三〇八　…獲…象…　1

為

一二八八　貞為賓　1
二九五三正　取為　1
三五七八　…貞為…　1
一三四九〇　癸酉卜爭貞惟賓為　1
一三四九〇　貞勿惟賓為　1
一三五八四甲正　…王為　1
一三六二三正　…戊卜爭…我為賓…　1
一三六二五正　丙寅卜古貞呼為凡果…　1
一三四九〇　貞惟賓為　1
一三四九〇　勿惟賓為　1
一五一八〇　貞我惟賓為　1
一五一八〇　貞惟賓為　1
一五一八〇　貞惟賓為　1
一五一八〇　貞惟賓為　1
一五一七九　丁卯…貞我惟㝑為　1
一五一七九　丁卯卜殻貞我勿為㝑　1
一五一七九　乙丑…貞我惟㝑為　1
一五一七九　乙丑卜殻貞我勿為㝑　1
一五一七九　丁未卜殻貞我為㝑　1
一五一七九　丁未卜殻貞勿為㝑　1
一五一八二　丙申卜殻貞惟賓為　1
一五一八二　丁酉卜殻貞惟賓為　1
一五一八三　貞惟賓為　1
一五一八四　乙丑卜殻貞我惟賓為　1
一五一八四　丁未卜殻貞我為　1
一五一八四　…殻貞我惟賓為　1
一五一八五　貞我勿為…　1
一五一八五　貞我勿為…　1
一五一八五　貞我勿為賓　1
一五一八六　貞勿為賓　1
一五一八七　貞勿為賓　1
一五一八六　惟賓為　1
一五一八八　…勿為賓　1
一五一八九　癸未卜殻貞王為祀若　1
一八一五〇　…為…　1
三〇二八二　己丑卜彭貞其為祖丁門衣卯　3
屯八七二　…為其無…　3
英一七〇七　貞惟…為　1
英一七〇八　貞惟㝑為　1

萈

一五〇正　貞雍芻于蒙　1
一五〇正　雍芻于蒙　1
一五〇正　雍芻勿于蒙　1
九〇三反　蒙羊二　1
八六四八正　貞方勿于萈　二告　1
八六四八正　貞方于萈　二告　1
一二〇一三　…貞…翌…萈…　1
一四八〇一　貞侑于蔑十萈羊　1
懷一〇七九　…出…翌辛…魚…萈…　2

䧹

五六五八反　燎東黃䧹　1
一八四五九　…析…　1
一八二七三　……　1
二〇七三〇　…䧹…　1
二一一四九　…有䧹…　1
二七四九八　己酉卜…封䧹…祝王受祐　3
二八四一九　…䧹湄日無災　3
二八四二〇　其䧹龍…　3
二八四二一　…其…䧹…有大…　3
二八四二二　惟䧹龍有大雨　3
三〇一八二　…𩁹…口…擒　3
屯附一　禦䧹丙貞犬丁豚　3-4
屯二三三九　…其…䧹于…上甲王受年有大雨　**3**
英一七七〇　禦婦于于子䧹　1

懷六七　…巳鷹…
懷六六七　…鷹…

⿸虍匕

七九五正　貞其禦□
七九五正　貞□不其禦

五八六〇　戊申…千翌…□戋東迺…自西从…于之
卒

邑

一三七正　癸丑卜爭貞旬無囚三日乙卯…有嬄單
丁人豐𠂤于彔…丁巳邑子豐𠂤…鬼
亦得疾
一九九　己卯卜爭貞令□令邑田从戠至于灉獲羌
二〇〇　庚子卜㝉貞邑獲羌
二〇一正　丙申卜㝉貞邑獲羌其至于鬲
二〇一正　貞邑獲…于鬲
二〇二　貞邑不其多獲羌
二二三　壬午卜㝉貞令邑執羌
二二三　貞勿惟邑來羌
三六八　貞呼邑往于□
三六八　勿呼邑往于□
四一九正　貞令邑歸祟我　二告
四一九正　勿令邑…　二告
四九九　…邑…執羌…獲二十又五而二
五〇〇正　…貞邑以三十馬允其執羌
五〇〇正　貞邑三十馬弗其執羌　二告
四四九九正　…王作令□不橐　二告
四五一一　貞…令…比□弗其
五〇八一反　…邑…
六〇一六正　王从邑
六〇三三正　丙戌卜韋貞令役往于邑　二告
六〇三三正　丙戌卜韋貞勿令役于邑　二告
六五二八　貞勿曰邑□田弗其卒
六五二八　…爭貞王曰邑□田□其卒
七五七五　…邑兄衛
九〇六八　甲子卜殼邑以𦉢…以…
九〇六八　甲子…殼邑其以𦉢
一〇四六〇反　…邑
一〇四六一　甲戌…貞…邑…
二二六正　邑不其來五十羌
二三四正　…殼貞邑來羌…
一〇四六二　…邑…囚曰…弗…
一〇四六四　…邑
一〇四六五　…卜…邑
一〇四六六　…𠃊…邑…
一〇九三二　…三邑…往从…喪…
一五二四八反　…邑…
一七三九一　貞王夢有𢼄邑十惟十一不惟□…□
一七三九七正　貞邑有工正　二告
一七三九七正　貞邑有工弗其正　二告
一七三九七反　邑以四十
一七八五六　邑
一八三一五　…邑…
一八三一六正　貞邑…
一八三一七　…邑其…
二〇七一五　辛巳卜自貞甫往兔虎鹿不其…
二〇七二九　…卜王令…罞…兔終…
二〇七七二　丁丑卜今日令豕罞不□魄允不兔十…
英八五八　丁酉卜爭貞…邑獲
英一八二七　壬…征…獲…邑三…

⿱邑口

二六七反　不⿱邑口
二六七反　王田⿱邑口鹿
九〇二正　王从⿱邑口
九〇二正　王从龍東⿱邑口
九三九正　貞王从…⿱邑口
九三九正　不其⿱邑口
一八二二正　貞不其⿱邑口
一八二二正　貞多子⿱邑口…
二一〇三　于⿱邑口…
一〇二九九正　貞王其逐鹿⿱邑口
一〇六八〇　…焚…⿱邑口…
一〇九〇〇　…允⿱邑口豕…獲八
一〇九〇一　王从⿱邑口
一〇九三七正　王其逐鹿于𦭝⿱邑口
一〇九三七正　勿逐鹿⿱邑口
一一二〇九　甲申…有子…⿱邑口白犬
一四七五五反　不其⿱邑口允不
一八一〇八　…不其⿱邑口
一八一〇九　…耶…⿱邑口…
一八一一〇　…⿱邑口

一八一一 …不魯
一八一二 …不魯
一九三六三 乙未卜…至于…𩰫…于…
二一〇二 …于卜其…魯…
英一七〇六 …魯
英一八二九 …魯

粤

五七八九正 乙亥卜勿粤射
九五〇七正 癸卯卜穷貞…粤…
九五〇七正 癸卯卜穷貞侑婦𡟭我粤𢦔
一〇四〇五正 癸巳卜㱿貞旬無𡆥王固曰乃兹亦有祟若偁甲午王往逐兕小臣甾車馬硪𢍏王車子央亦墜
一〇四〇六正 癸巳卜㱿貞旬無𡆥王固曰乃…祟若偁甲午王往逐兕…馬硪𢍏王車子央亦…
一三五八四甲正 戊…爭貞…粤兹邑
一三五八四乙正 戊午卜爭貞…其粤兹邑
一五四八五 丁丑卜穷貞勿自魚歲卜有祟粤用弗…虫…
一五四八六 丁丑卜穷貞勿自魚歲卜有祟粤…
二四一三四 丁酉卜兵貞多君曰來弔以粤王曰余其
英一〇 …豕…上甲
四六二一 貞惟𢍏令
一〇四六七 …酉卜角獲𢍏

鼠

二八〇四 乙亥卜王余曰婦鼠母𥘅
二八〇五 壬子…鼠其𡰥
二八〇六 …婦鼠…母丙
二八〇七 庚戌卜貞翌壬子喪婦鼠…肯
二八〇八 庚戌卜穷貞于亘喪婦鼠…
一三九六〇 乙酉卜王婦鼠娩其惟…
一四〇二〇 …卯夕亯丙辰婦鼠…
一四〇二〇 …婦鼠娩嘉五月
一四一一五 戊辰卜王貞婦鼠娩余子
一四一一六 貞婦鼠娩余弗其子四月
一四一一七 己巳卜王婦鼠…余…
一四一一八 禦婦鼠子于妣己允有竉
一四一一九 貞婦鼠子不𡰥
一四一二〇 庚申卜王余祐母庚…庚弗以婦鼠子用八月
一四一二一 …婦鼠子
一九九八六 戊寅卜禦子…于婦鼠𩰫六月
一九九八七 一牛一羊禦婦鼠妣己
一九九八七 一牛禦婦鼠妣己
一九九八七 甲申卜禦婦鼠妣己二牝牡十二月
一九九八八 甲申卜禦婦鼠于妣己二…
一九九八九 …雉…禦婦鼠
一九九九〇 …卜𠂤…婦鼠…辟禦…
一九九九一 …亞𢍏婦鼠曾…
一九九九二 己未卜貞婦鼠…歲…母庚
一九九九三 …婦鼠…
英一七六四反 …婦鼠惟庚辰…
英一七六三 癸未卜婦鼠侑妣己穀豕
英一七六三 婦鼠侑妣庚羊豕
英一七六五 癸未卜婦鼠侑母庚穀

其它

一三七一五 …丑卜王…鼠…有疾
二〇五四四 子鼠無循
懷一五一四 …王…鼠…疾
懷一五一六 …酉卜王…鼠娩…

五二二反 …卯有…𢍏庚申亦有鼜有鳴鳥…疾圖羌𢷎
二八六一 …申夕𢍏
三一二三 …𢍏乙酉子雍有出二月
三一二三 …無𡆥三日𢍏乃…乙彡一月
三三六三 …惟…旬有五…𢍏戊…小子…月
八五五四 癸酉卜穷貞…七日𢍏己卯…
一〇九三九 貞王勿往狩从𢍏
一〇九三九 貞王勿往狩从𢍏

一〇三五〇 …擒兇允擒獲麋八十八兕一豕三十又二
一〇九四〇 貞王勿狩从兇
一〇九四二 …王往狩兇土…
一〇九四四 …卜殻…狩…兇土
一三七一二正 …貞…見…曰…又一日家
一七〇五五正 丙午卜殻貞呼師往見有師王…曰惟老
惟人途遘若…卜惟其匄二旬又八日兇
壬…師夕死罷
一七〇六六 …貞旬無囚旬兇壬申…夆火婦姓子井
七…
一八七八九 …旬無囚九日兇辛…有災王墜自…
一八七九三 癸亥卜史貞旬無囚一日兇甲子夕㚒大
再至于相…
一八七九七正 …五…兇…
一八七九八 …貞旬有…媓自…兇…
二〇八三八 自卜三日兇己卯有來…二日庚辛有曰方至田
二六八〇四 癸未卜祝貞…無囚…曰虎…井
懷九五九 丙午卜殻貞呼師往見有師王…曰惟
老惟人途遘若…卜惟其匄二旬又
八日兇壬…師夕𩨨
七六三四正 乙亥…殻貞…邑既征
七六三四反 王固…邑惟既征
一三八一二 …我丁…大采…
一四三八三 …兇…戠…
二〇九二三 癸巳夾有兇

虎

一〇一九七 乙未卜今日王狩光擒允獲彪二兕一
鹿二十一豕二麑百二十七虎二兔二十三雉二十
七十一月
一〇一九六 …日…狩尭允獲虎二佣有安戔友若
一〇一九八正 戊午卜殻貞我狩歐卒之日狩允擒獲
虎一鹿四十狐百六十四麑百五十九𩣡㚒又
友三㚒…
一〇一九九正 壬午卜宕貞獲虎
一〇二〇〇 …狩獲虎一豕…又六…
一〇二〇一 己未卜雀獲虎弗獲一月在而
一〇二〇二 己未卜雀獲虎弗獲一月 二告
一〇二〇三 …獲虎…
一〇二〇四 …獲虎…
一〇二〇五 …惟獲虎
一〇四〇八正 翌癸卯其焚…擒癸卯允焚獲…兕十一
豕十五虎…兔二十
二〇七〇六正 …王貞勿疋在妊虎獲
二〇七〇七 其獲虎
二八三〇一 …獲有虎
三七三六三 戊午卜貞王田朱往來無災王固曰吉茲御
獲兕十虎一狐一
三七三六二 壬寅卜貞王田宇往來無災王固曰吉茲
御獲虎一狐六
三七三六九 …王獲…十虎…
三七四六三 己亥卜貞王田于…麓往來無災獲麋
四虎三麑二
屯二〇五五 …乙虎獲…
懷一九一五 辛酉王田于雞麓獲大𩨨虎在十月
惟王三祀劦日
二一三八六 癸亥卜令師虎今夕允𡆥二旬壬午𡆥
二一三八八 丙寅卜𠂤虎不其𡆥今夕…
二七九一五 王其田于…惟虎師匕擒無災 茲
用
二八六七九 …虎𠂤…無災永王
三二九八三 其比虎師無災王徠
英二三三六 庚戌卜王其比虎師惟辛無災
英二三二六 王其比虎師惟辛
二一三八七 丁丑卜王惟豕羊用帝虎十月
二一三八七 丁丑卜王勿帝虎十月
二一三八五 丁丑卜王貞虎𡆥
二一三八七 …乙未虎不其𡆥允不
二一三八七 丁巳卜𠂤自丁至于辛酉虎不其𡆥允…
二一三八七 辛卯卜𠂤自今辛卯至于乙未虎𡆥不十月
二一三八七 丁酉卜𠂤自丁酉至于辛丑虎不其𡆥允不
二一三八八 辛午卜𠂤虎𡆥今夕…
二一三八八 …午卜𠂤虎其𡆥今夕不…
二一三八八 丁卯卜𠂤虎𡆥今夕…

二一三八九　……卜……虎……凷……允……
二一三八九　……虎不其凷
二一三九〇　……虎……不……六日壬午凷
二一三九一　戊寅卜……虎不凷今夕……　二告
二一三九二　……虎……凷……
英一七七九　丙寅……今夕虎不其[illegible]……[illegible]執……

其它

六七一正　貞有虎
六七一正　貞無其虎
九三九反　丁……尹虎……
一六〇六　丁亥卜槃……甲虎于祖乙正
三三〇四　……卜㝐……虎……于乙未……
三三〇五　……虎曰……日王往……
三三〇六　丙子卜……虎令……角……侯
五九三三　……徫災……虎執
八二〇四　……于虎
八六五七　……虎
九一六九　貞惟虎九月
九二七三反　虎入百
一〇〇六七　丙午卜……貞……白虎……惟丁取……二月
一〇二〇六　……淒虎……虢……
一〇二〇七正　貞呼罝……亩虎……
一〇二〇九　……虎其……
一〇二一〇　……宋……虎……
一〇二一一　……萑……虎……
一〇二一二　……虎……
一〇二一三　……狩……虎一……鹿……
一〇二一四　甲申……王其……擒……虎二……
一〇二一五　翌辛……王……在……虎……
一〇二一六　……殻貞……虎……
一〇二一七　……虎
一〇二一八　……虎……
一〇二一九　戊子卜……貞虎……
一〇二二〇　……王田……虎……
一〇四四七　……虎卯……𠦪……一月
一〇九一七　丁巳卜史貞呼任目虎亞十月
一一〇〇三　癸酉卜古貞呼伲取虎于教啚
一一〇一八正　貞我馬有虎惟𡆥
一一〇一八正　貞我馬有虎不惟……
一一四五〇　……印?王往虢虎允無災
一四一四九正　戊申卜殻貞其有虎
一四一四九正　戊申卜殻貞無其虎
一六四九六　丁巳卜貞虎其有𡆥

一七四五六　……夢大虎惟……
一六五二三　貞虎無其𡆥
一六五二四　……卜貞……虎無𡆥
一六八四一　……虎……
一七三九二正　……丑卜貞王夢有冓大虎惟……
一七六六八　丁卯享見……雨虎……
一七八四九　虎
一八三一一　……虎……
一九三六五　……虎……
一九七二一反　……其弗……虎……
二〇四六三反　乙亥卜令虎追方
二〇六九七　虎
二〇七〇七　壬午卜遘虎
二〇七〇八　癸亥卜虎……九月
二〇七〇九　庚辰卜藝比[illegible]虎
二〇七一〇　甲……燎于[illegible]罝虎
二〇七一一　……虎
二〇七一二　……卜王……虎
二〇七一三　辛卯卜王……呼虎……
二〇七一五　辛巳卜𠂤貞甫往兔虎鹿不其……
二〇七五二　……巳卜……甫狩……獲鹿……虎十……
二一三八七　丁酉卜𠂤自丁酉至于辛丑虎不……
二一三八七　丁巳卜𠂤自丁至于辛酉虎凷不十一月
二一七六九　辛丑……虎……
二二〇六五　戊午禦虎于妣乙惟盧豕
二三六九〇　己卯卜旅貞又𠙵虎其用
二三六九八　乙酉卜……貞其……祟虎……
二七三三九　乙未卜其𣪕虎于父甲濩
二七三三九　乙未卜其𣪕虎陟于祖甲
二七九〇九　癸卯卜戊王其匕虎……
二七九一五　王其田惟成虎匕擒無災
二八三〇〇　遘有虎
二八〇三一　其以虎罝戌
二八三二三　……卜犬虎……擒狐……　吉用
二八五九八　己丑卜王惟壬匕虎
二八七九九　王其藝沘廼麓王于東立虎出擒
大吉
二八八四四　……無災擒虎
二九七一六　……呼戍……虎……在正月
三三五五二　……祖乙寧……虎𣪕……
三二九八四　丙寅……虎……豕王匕

三三三七八　惟宰虎…奴無災　4
三三三七八　辛酉卜王其田惟省虎比丁十亥彔…　4
三三三七八　惟戠祟擒虎　4
三三六一二　…虎　4
三四八六五正　癸巳貞旬無囚王茲虎　4
三四八六五正　…酉貞…無囚…囚茲虎　4
三七三六二　壬辰卜…無災…虎一狐十?　5
三七三六六　…茲御…虎三　5
三七三七〇　…北…獲…虎一　5
三七八四八　辛酉王田雞麓獲大𩿈虎在十月　惟王三祀肜日　5
屯三五九九　辛王其…宰虎無災　3
屯四四四〇　…田祟宰虎無災　3
英八六四　…虎…　1
英一七八〇　丁巳卜王呼足虎　1
懷一五八八　癸酉卜侑…子虎…　4
六六六七　…貞令望乘暨輿途虎方十一月　1
六六六七　…輿其途虎方告于大甲十一月　1
六六六七　…輿其途虎方告于丁十一月　1
六六六七　…輿其途虎方告于祖乙十一月　1

豹

三三〇三　貞…豹歸…見乃…　1
四六二〇正　貞曰…虎…女…　1
六五五三　貞今…比𠤱侯虎伐𢀛方受有祐　1
六五五四　貞今𠃬…比𠤱侯虎伐𢀛方受有祐　1
一〇〇五五　…令𠤱侯豹歸　1
一〇二〇八　…豹其…禦　1
一四三六三　庚戌卜豹勿禘于𪓐　1
一四三七六　…豹…嬰…比…　1
一八三一四　…豹…　1
一八三七七正　…豹貝…女事…受…　1

虣

六九七正　貞呼比虣侯　1
五五一六　壬辰卜爭貞其虣弗其獲　二告　1
五五一六　壬辰卜爭貞其虣獲九月　1
一〇二〇六　…濩虎…虣…　1
一一四五〇　…𢀛王往虣虎允無災　1

八二〇三　己卯卜𢧀虓　1
一八四六〇正　…呼…勿…𢀷…　1
三六九六九　…在𢀳牧…𢀛…方　5

𧆨

四五三一　乙未爭貞呼𧆨暨愛八月　1
一八一八七正　…㞢…𧆨…　1

𧆑　虐

二三〇七　…卯…虐…宰…　1
八八五七正　丙子卜…蠱虓　1
一〇一九七　乙未卜今日王狩光擒允獲𧆑二兕一鹿二十一豕二麑百二十七虎二兔二十三雉二十七十一月
一四三一五反　貞圄虐由…　1
一七一八七　…不惟蠱虐?　1
一七一九二正　貞今夕其虐　1
一七一九三　貞…惟虐　1
一七二二四　貞王囚其虐　1
一七八五三　…王…虐…　1
一七九四六正　貞不惟虐　1

𧇊

二六九〇〇　惟𧇊田無災　3
二七八九九　…寅卜王其比𧇊犬…壬湄日無災　永…　3
二八三五〇　弜射𧇊鹿其悔　3
二九三一九　王其田𧇊擒　3
二九三二〇　惟𧇊田無災　3
二九三二一　翌日戊王惟𧇊田湄日無災　3
二九三二二　弜田𧇊其…　3
二九三二三　貞弜田𧇊其悔　3
三一二六〇　…𧇊其悔　3
三三三六三　惟𧇊豕射無災擒　4
屯三二〇七　…午卜王惟𧇊鹿射無災　3

𧇡

著錄	釋文	期
二八四〇二	…擒⿸虍兕兕	3
二八四〇二	王其射⿸虍兕兕擒無災　大吉	3
二八四〇三	惟戊射⿸虍兕兕無災	3
二八四〇四	王惟辛…射⿸虍兕兕無災	3
二八四〇五	王其射⿸虍兕…	3
二八四〇六	王𢓊射⿸虍兕兕無災	3
二八四〇七	王惟⿸虍兕兕先射無災	3
二八四〇七	弜⿸虍兕兕先射其若	3
二九二六六	…宰…射⿸虍兕…	3
二九三五六	王惟襄…往射延…⿸虍兕…	3
二九三五六	…其…⿸虍兕…	3
屯一〇三二	…其射⿸虍兕兕不遘大雨	3-4

⿰氵虎

著錄	釋文	期
三六八二八	壬寅卜在曹貞王步于[oracle]無災	5
三六九五五	…在⿰氵虎…步于…用	5

⿸虍冗

著錄	釋文	期
二一七六八	甲戌卜圂獲	1
二一七六八	甲戌卜豙圂印	1

⿸虍龠

著錄	釋文	期
屯一〇三一	王其田⿸虍龠湄日不遘…	3
屯一〇二一	…其田⿸虍龠剛…	3

⿸虍耳

著錄	釋文	期
一八〇三五	貞…⿸虍耳…不惟囚	1
二一九一四	丁丑伐[oracle]…	1
屯三七三六	丙寅貞惟[oracle]二子…人	4
屯三七三六	丙寅貞惟[oracle]啓元吾王…	4

⿸虍夋

著錄	釋文	期
二八一一一	其方⿸虍夋亳土燎惟牛	3

著錄	釋文	期
二二〇八八	丁丑卜步黃采	1

⿸虍戚

著錄	釋文	期
二七八八七	…小臣⿸虍戚	3

⿸虍乇

著錄	釋文	期
一〇九四八正	勿于⿸虍乇	1
屯四九九	甲戌貞王令剛炆田于[oracle]	4
二一九三二	惟目…[oracle]…目…	1

⿸虍包

著錄	釋文	期
一五四〇一	丙申卜戠弜用[oracle]大礿	1

唬

著錄	釋文	期
一八三一二	己丑…唬…受…	1
屯一〇〇	于[oracle]校	4
五七四	…于…[oracle]	1
三三〇五二	壬辰令[oracle]	4

⿸虍攵

著錄	釋文	期
三〇九九八	…卜王其⿸虍攵鼎…	3

盾

盾

二〇三九七　⋯亥卜王令⋯𢀛方𢀛⋯　1

三六四八一正　⋯小臣牆比伐擒危美人二十人四⋯人五百七十𢀛百⋯車二丙盾百八十三函五十矢⋯白麐于大⋯用𢀛伯印⋯于祖乙用美于祖丁僼曰京易⋯　5

二八〇九六　⋯盾⋯旅⋯瀼⋯以⋯　3

二九六九四　其盾用舊臣貝　吉　3

三〇〇四四　盾霾二田喪盂有大雨　3

三〇四五三　⋯盾廼有大雨　3

三〇四五三　其盾取二山有大雨　3

三一一八三　⿱盾口賓⋯　3

三一一八四　母⋯妣盾⋯　3

三一一八四　弜盾⋯　3

三一七七一　⋯以⋯瀼⋯盾⋯　3

三六七七五　戊辰⋯高盾⋯迖往來⋯　5

二七九八二　盾⋯大乙⋯　3

二九三一一　⋯盾無災　3

⿱盾口

三五二二八　丁丑⋯貞歲⋯⿱盾口⋯　2

二七四四五　弜⿱盾口在父甲　3

二七四四八　⋯⿱盾口⋯父　3

二七四四九　⋯⿱盾口令二人　3

屯一〇九二　辛巳卜王其奠元暨永⿱盾口在盂奠
王弗⋯羊　大吉　3

虡

二八一一三　⋯虡⋯宿無⋯　3

二八三四九　辛卯卜王惟虡鹿逐無災　3

二九二九六　壬午卜王其田虡湄⋯　3

二九二九七　丁亥卜戊王其田惟虡擒　3

二九二九八　戊王其田虡不遘小雨　3

二九二九八　⋯虡　3

二九二九九　⋯翌日戊王其田虡⋯　3

二九三〇〇　惟虡田無災不雨　3

二九三〇二　于壬辰王廼田虡無災　3

二九三〇一　于來辛⋯王廼田虡　無災　吉　3

二九三〇三　⋯王廼田虡⋯無災　3

二九三〇四　庚午卜王田虡其⋯　3

二九三〇五　⋯田虡⋯無災　3

二九三〇六　⋯惟虡湄⋯　3

二九三〇七　⋯虡惟⋯未無災　3

二九三〇九　于虡擒　3

二九三七三　戊王其田虡毓無災　3

三三一八五　⋯盧方⋯　4

三三一八七　⋯盧⋯　4

三三五四三　戊子卜貞王其田虡無災　4

三三五六六　⋯其田惟虡⋯　4

三三五六七　⋯其田虡　4

屯六二六　⋯翌日戊王其田虡剛于河王受祐　3

屯二七四一　王于辛田虡⋯無災　3

屯二七六二　⋯虡⋯災　3

屯三一五六　辛未卜翌日壬王其田虡無災在星卜擒
大吉　茲用　3

屯四二八一　其𩰫于虡王弗悔　3

英二三三一　惟虡田無災　3

虤

二九三〇八　壬王弜虤田無⋯　3

二九三一二　惟戊省虤田無災不雨　3

三一一八二　弜至于虤　3

三三五六五　豚暨羊晢用　3

三七四〇三　⋯王其⋯虤無災　4

屯二四　壬子王卜貞田虤往來無災王占曰吉獲
鹿十　5

屯五〇　弗虤⋯獲
⋯虤未于河　吉　3

英二五六七　⋯寅卜貞⋯日戊王　虤不遘大雨　5

盧

二七〇四一　甲戌卜翌日乙王其尋盧伯⋯不雨　大
吉　3

二七八八〇　貞王異⋯盧⋯于⋯　3

二八〇九五　⋯盧伯瀼其延呼饗　吉　3

三三三五〇　⋯盧彡毛自上甲　4

三二九六九　其呼盧禦史霝射有正　4

三四六八〇　庚辰卜盧翌日甲申　4

三四六八一　庚申卜盧翌酌甲子　4

三八七六三　⋯戔⋯盧⋯　5

屯六六七　⋯三十盧方伯瀼⋯王徝　大吉　3

七二四八二 庚申卜盧翌日甲子彭
七四九六 …卜盧翌日乇翌…彭
七二九一〇 甲申貞盧…在大乙…
七三三八 …盧翌日甲申
七四〇二六 庚寅卜盧彡甲午

七〇一一 貞伐…虘…
七〇一二 …虘…戕
七九〇八正 …在虘十二月
七九一〇 …王翌乙丑…一月在虘
二七八八九 惟小臣虘
二七八八二 …戕征虘方
二七九九三 貞王其…虘方…用五…不…
二七九九四 …虘方…
二七九九五 戌及虘方戕
二七九九三 戌弗及虘方
二七九九五 戌甲伐戕虘方校
二七九九六 …戕虘方
二七九九六 戌从㣈虘方戌
二七九九七 茲方䍙虘方作㣈
二七九九七 戌及虘方
三〇二八六 癸丑卜彝在廳在虘門死
三六五二八反 乙丑王卜貞今囚巫九㫚余…侯田冊虘方羌方蓋方庚方余其比侯田…
 甾戔四封方
三六五三〇 惟虘令
三六九六六 惟有…甾戕虘方…戌
七三三七 …貞王其…虘方…用五…不
七三三五 …庸戕虘方不雉衆

三六九六五 …卜在…貞…虘方余从…王囚曰大吉
三六九六六 乙亥王卜…暨虘方教…妥余一人…
 自上下示㪅…告于…
英二五二三 乙卯王卜在虘餗貞余其敕虘惟十月
 戊申戕王囚曰吉在八月

二〇三六四 乙巳卜巫由瀘…

㝅

二四二五六 庚午卜王在㝅卜
三六七五五 …在㝅…步…望無災
三六七七三 丙…㝅…往…

兔

一五四 辛卯卜𠬝貞呼多羌逐兔獲
三〇九甲正 貞示兔畐
三〇九乙正 勿示兔畐
四〇七七 …戠兔…彭…羌
一〇一九七 乙未卜今日王狩光擒允獲彪二兕一鹿二十一豕二麑百二十七虎二兔二十三雉二十
 七十一月
一〇五四 …酉…兔…
五四六三 貞兔不…
一〇三九四 貞遘…兔…獲
一〇三九五 …不…兔終…
一〇三九七 …卜爭…其逐兔…佳兕…惟…
一〇四〇七正 又六兔百又九十又九 …其…㞢申允狩擒獲兕六豕十
一〇四〇八正 翌癸卯其焚…擒癸卯允焚獲…兕十一豕十五虎…兔二十
一〇四五七 …不其…兔
一〇四四八 丙午卜彈延兔
一〇四五九 …其…不橆兔三十二
一〇三三一 戊寅卜爭貞…豕四兔七十又…
一四二九五 王其往逐兔…㭉
二〇七二六 王其往逐兔于㭉不其獲
 丁亥卜…日…兔…獲允獲終…
二〇七二八 …子卜…子…兔
三二九一二 …今肯暨兔示卜…
乇四二七 癸未…兔以…人允來
英八五六 …豕允…獲…兔七十又三

麑

六一八八 …取麑戠呼望舌…
一〇一九七 乙未卜今日王狩光擒允獲彪二兕一鹿二十一豕二麑百二十七虎二兔二十三雉二十
 七十一月
一〇二六〇 …甲…鹿六…麑

一〇三八五　庚…翌辛…田辛卯…往于田从…獲麑…龟…　1
一〇三八八　…惟獲…麑弗…　1
一〇三八九　甲午卜古貞令捍執麑十二月　1
一〇三八六正　…多子逐麑獲　不若黽　二告　1
一〇三九〇　…允往…獲…麑…　1
一〇三九一　…麑…　1
一〇三九二　…麑　小告　1
一〇三九三　…二麑…　1
一〇五〇〇　…擒獲豕十豕一龟一　1
一〇九二一　…之日王往于田从㱿京允獲麑二雉十七十月　1
二〇七二四　乙卯卜…麑不雨　1
一三五六八　辛丑卜貞王往步來麑不…　1
二〇七二三　…麋七十㚒四十麑百　1
二〇七三五　…我麑…　1
二二二九　癸酉卜𡆥惟麑即鼓令取宋…　丕二旬…　1
　　又…卯　1
二八三八八　…冒…麑　3
三七三六四　壬寅王卜貞田…往…無災王占曰…茲御獲狐…鹿一麑六　5
三七三八〇　壬子王卜貞田盜往來無災王占曰弘吉茲御獲狐四十一麑八兕一　5
三七四一一　辛未卜貞王田于𤉲往來無災茲…獲兕十又一鹿四麑五　5
三七四二六　戊申王卜貞田𦎫往來…王占曰吉在九月茲御獲鹿一麑三　5
三七四三〇　壬寅王卜…田𤊾往來無災王占曰…茲御獲狐…鹿麑　5
三七四三一　乙未卜貞王田𦎫往來無災茲御獲鹿四麑一　5
三七四五〇　…茲御…麑…三　5
三七四五二　甲申卜貞王田在浃麓往來無災茲御獲狐…麑三　5
三七四五四　壬午卜…災茲…麑三　5
三七四五五　…卜貞王田𤊾往來…王占曰吉茲御獲…麑二雉二　5
三七四五七　…往來…占曰吉…麑一　5
三七四六〇　戊戌卜貞王迖于召往來…茲御獲麑一　5
三七四六三　己亥卜貞王田于…麓往來無災獲麋四虎三麑二　5
屯九六四　…巳卜暨𡆥麑惟壬…　4
英一七八三　戊申卜王惟麑既于員…　1

英二三九五　王其射𤉲麑惟逐無…　3
英二五三九　壬戌王卜貞田𦎫往來無災王占曰吉獲麑五象一雉六　5

毆

三一九九七　…毆允…　4
三一九九七　…喪毆…衆　4

⿰麑攵

六　丁酉卜𡆥貞惟戌𣎵令比𦣞王　1
六　貞惟戌延令比𦣞王六月　1
四六〇四　…翌甲…⿰麑攵…其至　1
　　…甲…⿰麑攵…　1
四六〇五正　貞今日⿰麑攵不其至　1
四六〇五正　貞今日⿰麑攵不其至　1
四六〇六　壬寅卜貞今日⿰麑攵至十月　1
四六〇七　貞惟⿰麑攵令…方　1
四六〇八　…麑獻以⿰麑攵　1
五八六八正　…嬰五…　1
八二七八　…卯…⿰麑攵…告　1
八五六四　貞…登…⿰麑攵…吾　1

麋

四五九六　…𡆥貞麋告曰方由今春凡受有祐　1
四五九七　乙酉卜爭貞麋告曰方由今春凡受有祐　1
四五九八　…卜爭…麋䖵…由今…受…　1
四五九九　…麋告曰方…　1
四六〇〇　甲申…貞令…以麋…于…　1
四六〇一　…以麋…　1
四六〇二　…申卜…令…麋…　1
四六〇三正　呼…麋…告…丁　1
三三六〇　…告有㞢　4

麋

一〇三四四反　…允獲麋四百五十　1
一〇三五〇　…擒㱿允擒獲麋八十八兕一豕三十又二　1

著錄	釋文	期
一〇三五四	：獲麋	1
一〇三五八	：𡆥：麋獲：	1
一〇九九〇	：獲麋二百：在	：
二二四〇四	：獲鹿	1
三七三七八	：于王卜貞田宰往來無災王𡆥：弘吉茲御獲兕三麋八	5
三七四五八	：在品貞：卯往來：茲獲：麋四十八：狐一	5
三七四五九	：田于沃往來：獲麋十又八	5
三七四六〇	壬子卜貞王田于斿往來無災茲御獲鹿十	5
三七四六一	：王田于𠬝麓往：茲御獲麋六鹿：	5
三七四六三	己亥卜貞王田于：麓往來無災獲麋四虎三麑二	5
三七四六四	：卜貞王田于：往來無災在五月：獲麋狐四	5
二八三七〇	弜逐斿麋其悔	3
二八三七〇	王其逐斿麋湄日無災	3
二八三七六	：逐麋無災擒	3
二八七八九	其逐沓麋自西東北無災	3
一〇三四四正	貞擒麋	1
一〇三四四正	貞弗其擒麋　二告	1
一〇三四九	壬申卜㱿貞甫擒麋丙子陷允擒二百又九一月?	1
一〇三五一	弗擒麋	1
一〇三五二	壬戌卜㝴貞雀擒麋	1
一〇三五三	：擒麋	1
二八三六六	惟麋擒	3
二八三六七	：犬暨麋擒	3
二八三六八	貞惟有麋擒	3
二八三六九	惟宮麋祟亞擒	3
二八三七三	：擒𠀠麋　吉	3
屯一三一三	：卜王其：麋擒	3
屯二六二六	：貞乙亥陷擒七百麋用皀：	4
屯四三七五	弗擒麋	3
英一八三三	：寅卜：弜擒麋九月	1

著錄	釋文	期
一〇三六一	：王陷麋：	1
一〇三六二	戊申：貞今日：陷麋：	1
一〇三六三	：于其陷麋	1
一〇三六四	：翌庚辰：㝵麋：陷：	1
一〇三八三	貞于：己巳陷麋	1
一〇九一一	丙申：陷在南麋	1
一〇九一二	丙申：貞陷：南麋	1
一〇九九一	貞于乙酉陷𦝠麋在	1
二八七九七	貞其麋陷王：	3
英八四八	：陷麋：	1
二一五八六	己巳卜我貞射麋	1
二一五八六	丙寅卜我貞呼印取射麋	1
二六八九九	貞其令馬亞射麋	3
二七二五五	貞其令呼射麋叙	3
二七九〇二	戊辰卜在瀼犬中告麋王其射無災擒	3
二八三六一	：王其射：麋湄日：	3
二八三六二	：麋射弗：	3
二八三六四	弜射有麋	3
二八三六五	：斿：射有麋	3
二八三七一	王其田斿其射麋無災擒	3
二八三七六	辛亥卜王其射麋：	3
二八三七七	：獸雀射有麋	3
二八八一四	：麋射無災	3
屯六四一	：射有麋其悔	3
屯二五四二	王惟斿麋射弗悔永王	3
懷一四四一	：王其田射𥝢麋：	3

其它

著錄	釋文	期
一五	貞呼衆人出麋克	1
三四一	弜麋：獸：于雍弗其：	3
一〇三六五	：戊卜貞饗：麋歸	1
一〇三六九	貞㱿：麋我：	1
一〇三七〇	：十麋：十又乙：	1
一〇三七二	：王執往麋：又九之日：雨風	1
一〇三七三	：執麋獲十：	1

著錄	釋文	期
一〇三七四	辛亥卜王貞呼㞢狩麋擒	1
一〇三七四	辛亥卜王貞勿呼㞢狩麋弗其擒七月	1
一〇三七七	…亥卜王貞…狩麋不𣍝擒七月	1
一〇三七八	我弗其征麋	1
一〇三八〇	…丑…王叀…麋…𢦏	1
一〇四三六反	…㱿麋…	1
一〇四四〇	甲申…貞麋…冤	1
一五九二一	癸卯卜貞㱿…麋…	1
一七〇九四	…麋冤…	1
二五九七九	貞三麋	2
二八三一七	王其…𢀛…有麋	3
二八三六〇	…麋…異…湄日…	3
二八三七五	…王惟𢦏麋取…	3
二八三七九	…麋…無…	3
二八三八一	…言从…麋	3
二八三八二	辛…貞…麋…湄日…杏…	3
二八三八三	惟麋…無災	3
二八三八五	貞弜…麋弗… 吉	3
二九四〇五	王其删㪍麋 吉	3
二七四五九	庚申卜狄貞王惟斿麋用 吉	3
二七四五九	庚申卜貞王勿利南麋	3
二八三七八	…豕麋…	3
二八三八〇	…吉曰有麋王其呼…	3
二八三八四	…麓…麋…	3
三三三六一	…五卜犬來告有麋	4
三七四二三	擒茲…獲狐…麋…	5
三七四三九	貞王…茲御…狐十…麋…	5
三七四六二反	…麋二	5
三七四六六	亡麋	5
屯 五三	…日戊王其田㬝六惟有麋 吉	3
屯 六四一	…卜翌日壬王其田𩧢呼西有麋興王	3
	于之擒 大吉	3
屯 一五九九	…宰麋…	
屯 三三九八	戊午卜在𫶧刺𢦏告麋其乙擒	3-4
英 二一五反	…見麋…	1
懷 三一五	…兕…麋…	1
懷 九三四	…麋…	1

慶

著錄	釋文	期
三六八三六	庚戌卜貞王…于慶敫𢍰…	5

陷

著錄	釋文	期
一六二〇一	壬戌卜王陷侑于…	1
一〇六六六	…巳卜古貞王陷…麗	1
三三三七四反	戊寅卜王陷暘日允	4
屯 六六三	乙酉卜在㠱丙戌王陷弗正	4
屯 六六四	甲申卜在㠱丁亥王陷擒弗…	4
屯 六六四	…亥王陷暘日允	4
懷 一六二六	丙戌卜在𫶧丁亥王陷擒允三百又…	4
七八七	壬戌卜爭貞惟王自往陷	1
六六六四正	戊午卜爭貞惟王自往陷十二月 二告	1
七〇七五正	貞惟王往陷	
三三一六七	乙丑卜惟往陷…	4
五五七九正	羌其陷麋于斿	1
一〇三六一	…王陷麋…	1
一〇三六二	戊申…貞今日…陷麋…	1
一〇三六三	…于其陷麋	1
一〇三六四	…翌庚辰…𡨦麋…陷…	1
一〇三八三	貞于…己巳陷麋	1
一〇九一一	丙申…陷在南麋	1
一〇九一二	丙申…貞陷…南麋	1
一〇九九一	貞于乙酉陷𦥑麋在𢀛	1
英 八四八	…陷麋…	1
英 八四九正	貞王勿…狩又既陷麋歸九月	1

其它

著錄	釋文	期
一八四九〇	…惟癸…陷…	1
五八三九正	…陷弗…骨凡有疾	1
五八三九反	…陷有祟	1
一〇三四九	壬申卜㱿貞甫擒麋丙子陷允擒二百又九一月?	1
一〇六五五	己卯卜㱿貞我其陷擒	1
一〇六五六	貞我其陷擒	1
一〇六五七	…貞…今日陷…之日王…擒…有…	1
一〇六五八	…丑卜…陷…弗…擒	1
一〇六五八	…弗其擒陷弗…	1

- 一〇六六〇　己卯卜…貞令…汰陷　1
- 一〇六六一　甲戌貞惟丙子陷　1
- 一〇六六一　貞惟…陷　1
- 一〇六六三　己卯卜…陷　1
- 一〇六六三　…卜…惟癸…陷…　1
- 一〇六六四　…陷…若　二告　1
- 一〇六六五　丙午卜古貞翌丁未陷　1
- 一〇六六七　貞…癸…陷　1
- 一〇六六八　…陷…　1
- 一〇六六九　…呼…往…陷　1
- 一〇六七〇　…卜㱿貞…子商陷　1
- 一〇六七一　…陷　1
- 一〇六七二　…陷八月　1
- 一〇六七三　惟辛未陷　1
- 一〇六七四　…史貞陷…　1
- 一〇六七五　貞令敦…沚…陷…　1
- 一〇六七六　…亥卜…翌庚…陷…　1
- 一〇九一二　…卜㝊…陷在　1
- 一〇九五一　戊午卜㝵陷擒允擒二…二月　1
- 一〇九五一　戊午卜㝵陷弗其擒　1
- 三三三七一　丙戌卜丁亥王陷擒允擒三百又四十八　4
- 三三四〇四　貞于戊陷擒　4
- 屯　六六三　丁亥陷擒允　4
- 屯　六六四　壬午卜在𢀛癸未王陷擒不擒　4
- 屯　八一五　于置麥陷無災泳王擒　3
- 屯二六二六　…貞乙亥陷擒七百麋用皀…　4
- 英　一四〇　…貞禦于陷于母…　1

濜

- 一四七五五正　癸…㝊貞周𢀛犬延濜　1

龏 [illegible] 陷

- 三二一〇　…禦子龏…　1
- 三二一一　…辰卜㱿貞子龏…母…　1
- 三二一二正　丁巳卜㝊貞龏其有災…　1
- 七三六三正　癸丑卜永貞旬…五日丁巳子龏井　1
- 一三八七五　…子龏骨凡有…　1
- 一七〇七五正　乙卯卜爭貞子龏不井　1
- 一七〇七八正　癸丑卜爭貞旬…五日丁巳子龏…　1
- 一七〇七七正　癸丑卜㱿貞旬無𡆥王固曰有…日丁巳子龏井　1

其它

- 三二一九　…于…龏…毌侑…乙　1
- 二七八八三　癸巳卜貞其令小臣陷　3

陷

- 二七九六四　陷　3
- 二八三七五　…陷…災擒　3
- 二八七九四　王其陷于…　3
- 二八七九七　貞其麋陷王…　3
- 三一八二五　…其陷　3
- 屯　九二三　丁未卜貞戊申王其陷擒　4
- 懷　三八七　…貞…勿…陷…　1

氵龏

- 二七九六四　甲子卜其陷　3
- 二七九六四　惟馬呼陷　3

鹿

- 一〇六三五　己亥卜王…其逐…告鹿…　1
- 一〇九一三　…告南鹿　1
- 二〇七一四　…告鹿…獲…　1
- 二七九一九反　乙未卜在盂犬告有鹿　3
- 二七九二一　盂犬…告鹿…其比擒　3
- 三七四三九　戊戌卜貞在𨽾𢊁告麋鹿王其比射往來
- 　無災王…洛　5
- 屯　九九七　乙酉卜犬來告有鹿王往逐…　4
- 懷一三五〇　宰木告鹿　3
- 懷一三五〇　宰木告鹿　3

- 五七七五正　呼多馬逐鹿獲　1
- 五七七五正　呼多馬逐鹿獲　1
- 七〇七五反　癸酉貞子亦…逐鹿　1
- 一〇二六七正　貞…逐鹿　1
- 一〇二九四　癸巳卜王逐鹿　1
- 一〇二九九正　貞王其逐鹿魯　1
- 一〇三〇二甲正　丙辰卜㱿王其逐鹿獲　二告　1
- 一〇三〇六正　勿呼逐鹿　1

著錄號	釋文	期
一〇三〇六正	勿呼多子逐鹿	1
一〇九五〇	乙丑卜王不其獲鹿不往	1
一〇九五〇	丙戌卜王我其逐鹿獲允獲十…	1
一〇九五三	…逐□鹿	1
一〇三二〇正	貞其射鹿獲	1
一〇六九四	射鹿獲	1
二六九〇七正	貞王其令呼射鹿	3
二八三二六	王其射…鹿無…	3
二八三二七	其射有鹿	3
二八三二八	…鹿射…	3
二八三三八	王其涉滴射…鹿無災	3
二八三三九	王涉滴射有鹿擒	3
二八三四一	王其射戲鹿無災擒	3
二八三四三	…射戲鹿弗擒	3
二八三四六	王惟今日壬射□鹿擒 吉	3
二八三四七	弜射斿鹿	3
二八三四八	射妻鹿…	3
二八三四八	萑射妻鹿擒 吉	3
二八三五〇	弜射□鹿其悔	3
二八三五三	惟沇鹿射弗悔	3
屯四九五	…射有鹿弗悔	3
屯三三〇七	…午卜王惟□鹿射無災	3
英二三九四	惟王射竽鹿無災擒	3
一〇九七六正	壬戌卜㱿貞呼多犬网鹿于蓑八月	1
一〇九七六正	壬戌卜㱿貞取豕呼网鹿于蓑	1
二八三二九	其网鹿	3
一〇三〇八	…狩獲擒鹿五十又六	1
一〇九六六	戊寅…盄其…擒…鹿…十…	1
二八三三二	以罟擒有鹿翌旦允擒	3
二八三三三	王先狩迺饗擒有鹿無災	3
二八三三九	王涉滴射有鹿擒	3
二八三四一	…射…鹿…擒	3
二八三四二	其罝戲鹿擒	3
二八三四四	…鹿弗擒 吉 茲用	3
二八三五一	㫃鹿其南牧擒 吉	3
二八三五二	惟㫃鹿其擒	3
三三三六七	…其田目擒有鹿	4
屯二二九〇	庚申卜犬…曰有鹿…亡擒	3-4
英八五〇	…擒…鹿	1
英二三八九	…巳卜…貞王其田羌無災擒鹿十又五	3
一五三	…多羌不獲鹿	1
一〇七六六甲正	貞邋暨永獲鹿 小告 允獲	1
一〇七六六乙正	貞邋暨永不其獲鹿	1
一〇一九七	乙未卜今日王狩光擒允獲虎二兕一鹿二十一豕二麑百二十七虎二兔二十三雉二十七十一月	1
一〇一九八正	戊午卜㱿貞我狩㲋卒之日狩允擒獲虎一鹿四十狐百六十四麑百五十九□交又友三交…	1
一〇二六八	…獲鹿	1
一〇二六九	其獲鹿	1
一〇二七二	貞弗其獲鹿	1
一〇二七四	…卒…鹿獲…	1
一〇二七五正	貞多子獲鹿 二告	1
一〇二七六	呼射鹿獲	1
一〇二九一	…未卜…田獲鹿	1
一〇二九七	…無其鹿…弗…獲	1
一〇二九八	…婪獲鹿	1
一〇三〇七	丁卯…狩正…擒獲鹿百六十二…百十四豕…十旨一…	1
一〇三一〇	庚申卜王獲鹿允獲十 二告	1
一〇三一〇	壬子卜王不其獲鹿	1
一〇三一一	甲戌卜王征獲鹿不	1
一〇三一五正	貞子商獲鹿	1
一〇三一五正	不其獲鹿	1
一〇三一六	貞子宜獲鹿□于…	1
一〇三一七	…□…其獲鹿允…	1
一〇三一九	…卯卜王…其獲鹿	1
一〇三二一	…□鹿…允□三…獲鹿一…	1
一〇三二五	…獲鹿	1
一〇三二六	…獲鹿	1
一〇三二七	戊申卜…鹿獲…	1
一〇三四四正	王獲鹿允獲	1
一〇四一〇正	辛巳卜王獲鹿允獲五	1
一〇四一〇正	甲戌卜王獲允獲鹿五	1
一〇九一〇反	王固曰…有獲鹿一豕一	1

編號	釋文	期
一〇四一一	庚辰卜王獲鹿	1
一〇九二七反	…允獲鹿一	1
一〇九二八	貞呼…鹿于喪獲	1
一〇九三八正	貞翌庚申王令獲鹿于嚣	1
一〇九五〇	我不其獲鹿	1
一〇九五〇	我獲鹿…	1
一〇九五〇	乙丑卜王不其獲鹿不往	1
一〇九五〇	甲子卜王不其獲鹿	1
一〇九五〇	乙丑卜王不其獲鹿 二告	1
一〇九五〇	甲…鹿獲允獲十九 二月	1
一〇九五〇	…丑卜…其逐鹿獲	1
一〇九五〇	癸酉卜王不其獲鹿 二告	1
一〇九五〇	丙戌卜王…不其獲鹿	1
一〇九五一	壬辰卜王我獲鹿允獲八豕	1
一〇二九五	王不其獲鹿	1
二〇七五二	…巳卜…甫狩…獲鹿…虎十…	1
二一九二四	丁酉卜獲鹿	1
二四四四六	…自…延田于…障?京獲豕…鹿二	2
二八三二四	四鹿獲	3
二八三二四	五鹿獲	3
二八三四五	惟𢓊麓獲有大鹿無災	3
三七三六四	壬寅王卜貞田…往…無災王占曰…茲御獲狐…鹿一麑六	5
三七三六八	…獲…鹿一…	5
三七三七〇	…獲…鹿一	5
三七三七五	擒茲獲兕四十鹿二狐一	5
三七四〇〇	…午卜貞…田羌往來無災王占曰吉茲御獲鹿十五	5
三七四〇三	壬子王卜貞田䴢往來無災王占曰吉獲鹿十	5
三七四〇五	戊戌王卜貞田羌往來無災王占曰吉茲禦獲鹿八	5
三七四〇八	乙巳王卜貞田𦎫往來無災王占曰吉茲御獲鹿四麑一	5
三七四〇八	戊戌王卜貞田羌往來無災王占曰吉茲御獲鹿四	5
三七四〇八	壬辰王卜貞田玫往來無災王占曰吉在十月茲御獲鹿六	5
三七四〇九	戊申王卜貞田羌往來無災王占曰吉茲御獲鹿六	5
三七四一〇	…在奠…王田師東往來無災茲御獲鹿六狐十	5
三七四一一	辛未卜貞王田于犇往來無災茲…獲兕十又一鹿四麑五	5
三七四一四	辛未卜貞王田盂往來無災獲鹿四	5
三七四一六	甲戌王卜貞…祝往來無災獲鹿九狐一…曰吉	5
三七四一六	戊午王卜貞田于𦎫往來無災獲鹿三	5
三七四一六	乙卯王卜貞田于𦎫往來無災茲御獲鹿…	5
三七四一六	壬子王卜貞田于馘往來無災茲御獲鹿麑?一	5
三七四一七	辛巳王卜貞田𦎫往來無災王占曰吉獲狐三鹿二	5
三七四一八	擒茲御獲鹿…	5
三七四一九	…貞田呈…王占曰吉…獲狐三鹿二?	5
三七四二〇	…御獲鹿二…狐一	5
三七四二一	戊辰王卜貞田敦往來無災王占曰吉茲御獲鹿二	5
三七四二一	壬申王卜貞田羌往來無災王占曰吉茲御獲鹿十又一	5
三七四二一	戊寅王卜貞田𦎫往來無災王占曰吉茲御獲鹿二	5
三七四二一	壬午王卜貞田馘往來無災王占曰吉茲御獲鹿三	5
三七四二二	戊申卜貞王田盂往來無災王占曰吉茲御獲鹿二	5
三七四二六	戊申王卜貞田𦎫往來…王占曰吉在九月茲御獲鹿一麑三	5
三七四二七	…于…往…無…獲鹿一狐三	5
三七四二八	辛卯卜貞王田盂往來無災王占曰吉茲御獲鹿	5
三七四二九	己丑卜貞王迖于召往來無災在九月茲御獲鹿一	5
三七四三〇	壬寅王卜…田𣍤往來無災王占曰…茲御獲狐…鹿麑	5
三七四三一	乙未卜貞王田𦎫往來無災茲御獲鹿四麑一	5
三七四三四	戊午王卜在羌貞田舊往來無災茲御獲鹿狐	5
三七四三五	…貞…召…來無…獲鹿…	5
三七四三七	…雉一…雉一…六十鹿…茲…	5
三七四三八	…獲鹿…	5
三七四四〇	…寅卜貞…迖于召往來無災茲御獲鹿一	5

著錄號	釋文	期
三七四四六	⋯貞王送⋯來無災⋯獲鹿⋯	5
三七四四七	⋯王卜⋯呈往⋯無災⋯曰吉茲⋯獲⋯	5
三七四四九	鹿一 壬申卜貞王田𩁹往來無災獲白鹿一	5
	狐二	
三七四九九	⋯王卜貞⋯𩁹往⋯無災獲鹿⋯麑二白	5
	狐一王囚⋯	5
三七七二九	⋯卜貞王田于𪉱⋯無災茲御獲鹿⋯	5
三三三六八	⋯擒⋯獲五鹿	4
屯二一六九	茲用王獲鹿	3
英八五三	允獲鹿四月	1
英二五四〇	壬午王卜⋯田喪往來無災王囚曰獲鹿三	5

其它

著錄號	釋文	期
一〇九三六正	𫊸有鹿	1
二六七反	王田𢀛鹿	1
八九三正	無其鹿	1
八九三正	有鹿　二告	1
八九三正	𫊸有鹿	1
五五二四	⋯在⋯鹿⋯	1
五七七五正	貞𫊸有鹿	1
五七七五正	𫊸有鹿　二告	1
六八二七正	⋯其鹿⋯	1
九三六一	⋯鹿不⋯十月	1
一〇二七〇	其惟生鹿	1
一〇二七九	呼⋯鹿	1
一〇二八〇	⋯貞于⋯鹿⋯	1
一〇二八一	⋯有呼⋯鹿允⋯七豕二⋯	1
一〇二八二反	貞呼⋯鹿	1
一〇二八三	貞⋯鹿	1
一〇二八四	⋯鹿	1
一〇二八五	⋯不⋯鹿	1
一〇三三七	辛丑⋯效⋯鹿子⋯弗⋯	1
一〇四一一	⋯鹿⋯允⋯五	1
一〇九一〇正	貞無其鹿	1
一〇九一〇正	焚于東有鹿	1
一〇九一〇正	貞有鹿	1
一〇九一〇正	無其鹿　二告	1
一〇九四八正	呼子商从溝有鹿	1
一〇九五四	庚辰卜王往⋯𥝌鹿	1
一〇二八八	鹿⋯麇⋯	1
一〇二八九	鹿⋯麇⋯	1
一〇二六〇	⋯甲⋯鹿六⋯麑	1
一〇三〇一	⋯弗⋯逐下？⋯鹿十⋯其⋯	1
一〇三〇三	壬子卜史貞惟其亞鹿	1
一〇七九四反	⋯婦好子⋯五十在鹿？	1
一〇九五四	庚辰卜王往𥝌鹿⋯	1
一〇九五五	⋯𥝌鹿	1
一一九九七	⋯貞⋯在⋯鹿⋯	1
一九九五六	鹿	1
一九九五七反	鹿	1
二〇七一五	辛巳卜𠂤貞甫往兔虎鹿不其⋯	1
二〇七一六	丙子⋯甫往⋯鹿⋯	1
二〇七一七	⋯鹿	1
二〇七一八	⋯鹿	1
二〇七一九	⋯在鹿⋯不⋯	1
二〇七二一	鹿	1
二〇七二二	⋯鹿	1
二〇七二〇	⋯鹿	1
二〇七四八	丙寅⋯鹿⋯人	1
二一七七〇	癸巳鹿⋯	1
二一九二五	⋯酉卜其⋯鹿	1
二七九六八	⋯𢦚鹿⋯遘	3
二八三三一	⋯呼⋯鹿	3
二八三三四	⋯鹿	3
二八三三四	⋯鹿	3
二八三三五	⋯𢦏⋯遘有鹿	3
二八三三六	⋯有鹿	3
二八三三七正	⋯辛迺田⋯遘有鹿	3
二八三五四	鹿	3
二八三六九	惟⋯鹿⋯	3
二八三九五	貞⋯鹿？⋯	3
三〇七六五	丙寅卜有鬲鹿其㲋⋯	3
三一九三二	⋯卜弜⋯以鹿	3
三一九三三	惟鹿⋯無災	3
三七四二八	⋯卜貞⋯𪉱往⋯災王⋯茲御⋯鹿二	5
三七四三六	壬寅⋯田盂⋯無災⋯鹿⋯	5
三七四〇四	王⋯災茲⋯鹿八⋯	5
三七四〇五	⋯王卜貞⋯𪉱往⋯無災王⋯吉茲御	5
	⋯鹿二	5
三七四〇六	⋯鹿七	5
三七四一二	⋯御⋯鹿五	5
三七四一三反	⋯十⋯鹿五⋯	5

三七四一八 …茲御…鹿…二 5
三七四二四 …茲御…鹿一… 5
三七四二五 戊寅…王田…來…茲御…鹿一… 5
三七四四〇 …茲…鹿四 5
三七四四二 …卜貞…鹿…麑三 5
三七四四三 …茲御…鹿… 5
三七四四五 …茲御…鹿… 5
三七四四八 壬申王…田麥往…無災王…吉茲御…白鹿 5
三七四五一 …卜貞王…麓…來無災…鹿四狐 5
屯一九九八 …其獸鹿… 3-4 5
屯三九六 惟有…有鹿 吉 3
屯四五一 壬申卜其鹿 1
屯四五一一 壬申有鹿 1
英七五八 己亥卜…曹以鹿 1
英八四四 多羌…鹿… 1
英八五七 …鹿一月 1
英八六三 …其執鹿…弗執 1
英一八二二 …五卜田…亩鹿 1
英一八二五 三十鹿 1
英二三二七 于鹿…有正 3
英二五六五反 …田…鹿十 5
懷三三〇 …申卜…其鹿… 1

陷

六四八〇 辛未卜爭貞婦好其比沚馘伐巴方王自東㚔伐捍陷于婦好位 1
六四八〇 …婦好其…馘伐巴方王勿自東受伐戋陷于婦好立 1
一〇六五九 貞令…陷 1
一〇六六二正 …戌…陷…擒 1
三三三四八 …陷… 4

漊

三六八三五 …在漊師…在三月 5

⿰鹿土

八二三三 …永貞翌丁酉…圍于⿰鹿土…固曰其有… 1

⿸鹿婁

三六四八一正 …小臣牆比伐擒危美人二十人四…人五百七十𩠐百…車二丙盾百八十三函五十矢…白麐于大…用𢦏伯印…于祖乙用美于祖丁僼曰京賜… 5

⿴行鹿

八二五六 …⿴行鹿…十月在㱿 1

⿸鹿止

一〇六五四 …⿸鹿止… 1

⿰鹿鹿

二一七七一 癸巳…⿰鹿鹿 1

麓

三〇二六八 今日丁酉卜王其宛麓僼弗悔 3

二九四二五 …𪍿豕…有大豕 3
三七四三九 戊戌卜貞在𪍿獉告𪍿鹿王其比射往來無災王…吝 5
三七四六七 …告𪍿兕…𤔲惟… 5
三七四六八 丁丑卜貞宰逐辟祝侯麓𪍿犬翌日戊寅王其㭬…召王弗悔擒 5
三七四六八 癸酉卜貞宰逐辟祝侯麓𪍿犬翌日戊寅…其…召… 5
三七四六九 丁巳卜…祝𪍿…惟… 5
屯三三八一 …𪍿遷… 3

一四二九五 王其往逐兔…𦎫… 1
一四二九五 王其往逐兔于𦎫不其獲 1
一七八九〇反 …三日乙丑…𦎫𤕦…囚出… 1

射鹿 合文

屯二五三九 己未卜象射既其呼…吉 3
屯二三三九 丁未卜象來涉其呼射射…吉 3

選録

鳥名

三七三六七　三七五一三　英二五四二　英二五四二

語辭

三二正　三二正　九三正　九三正　二四八反　二七二反　六一四　六一五　九五正　九五正　一〇二七正　一一〇八正　五〇四四　五〇四四　五〇四五　五二四四　五二四四　五三九八正　五七七五正　五七七五反　六〇三二反　六四八五反　七八五一　七八五一　七八五一　一二四九七正

佳 惟

丁亥卜貞王田𦎫往來無災擒佳百三十八象二雉五

壬午卜貞王田梌往來無災獲佳百四十八象二

…王卜貞田梌往…災王囚曰吉茲御…獲佳二百五十象一雉二

…王卜貞田…往來無災…曰吉茲御…佳百二十二…六

王勿惟出循

勿惟比戠

己丑卜殻貞𦏧以芻其五百惟六

貞𦏧以芻不其五百惟六

王固曰吉𢦔惟甲不惟丁

貞王疾祖…余禦豕惟十

貞勿惟王往伐𢀛方

貞勿惟王往

王惟

不惟囚

己未卜殻貞王夢皿不惟　二告

辛卯卜殻貞惟冕呼竹𢼸

甲午卜殻貞令壬惟黄

甲午卜殻貞惟王令惟黄

貞勿惟王令

貞勿惟王自

貞勿惟王自饗

貞王聽不惟囚

癸卯卜爭貞王令三百射弗告示王囚惟之

王固曰戠惟庚不惟庚惟丙

王固曰惟父乙尧

王固曰丁丑其有鑿不吉其惟甲有鑿吉

其惟辛有鑿亦不吉

惟之人

己丑卜㝗貞惟冥人

貞不惟冥人

丙申卜殻貞來乙巳酚下乙王固曰酚惟有

祟其有鑿乙巳酚明雨伐既雨咸伐亦雨𢼸

卯鳥星

一一九六二　一二三一七反　一二三九八　一五四八七　二〇六一三　二一八二九　二一六九七五　二七一三三　二七一四六　二七一四六　二七四五九　二八〇八九正　三三二五六　三三二七三　三三二九一　三三六九四　三三七〇〇　三三九一一　三四一四六　三四四七九　三四四七九　三七八三五　英一四八正　英七三二反　英七七五　英一一三五　英一一五三正　英一四八正　英一四八正　懷五三　懷五三　懷五三b　懷一六三三　懷一九一五

…惟燎不其雨

王固曰其雨惟日

貞勿惟乙巳

癸丑卜貞勿自魚羊惟牛

乙酉卜王貞余𢦏朕老工延…𢀛貞允

惟余受馬方祐…其…弗執方祐　二月

辛巳卜子貞我自茲惟若

庚申卜何貞翌辛酉執𠬝惟

弜惟　吉

戊午卜狄貞惟兕于大乙惟示　大吉

戊午卜狄貞惟兕于大甲惟示

貞五𢆶佳

𢔶取美御事于之及伐望王受有祐

惟用　大吉

辛卯貞咸我來歲惟受禾

惟其雨

辛酉卜惟娅𧖧雨

癸酉貞日月有食惟若

乙丑貞日有戠允惟戠

貞今夕惟雨

庚…貞…降暨允惟帝令

非惟烄

允惟烄

…王卜貞今囚巫九备其酚彡日…至于

多𦎫衣無𧖧在畎在…又二王囚曰大吉

惟王二祀

貞惟多子

王固曰惟終

不惟之

貞疾骨惟有𧖧

貞疾其惟囚

貞不惟多子

己亥卜殻貞惟多子

貞惟父乙𧖧

貞不惟父乙𧖧

王固曰惟父乙𧖧

貞余有夢佳皀偁戠

辛酉王田于鷄麓獲大𩁹虎在十月

惟王三祀劦日

㪔

二四三六九　癸卯卜行貞風日惟茂在正月

一一五二八　…㞢…于…㪔…

一三三九〇正　貞其㪔牛㪔于唐

參　選録

參　621頁

參　641頁

參　644頁

參　635頁

參　611頁

參　633頁

參　666頁

參　631頁

參　381頁

參　665頁

參　304頁

隻　獲

一九〇正　貞王其逐兕獲弗㽞兕獲豕二

一九〇正　貞其逐兕獲弗㽞兕…

三九〇反　逐豕獲

五七七五正　呼多馬逐鹿獲

五七七五正　呼多馬逐鹿獲

六四七七正　貞呼逐比?萬獲王固曰其呼逐獲

一〇二二九正　辛未卜亘貞往逐豕獲

一〇二二九反　貞弗其獲

一〇二三六正　貞呼逐豕獲

一〇二三七　貞呼逐豕獲

一〇二三〇　癸丑卜王其逐豕獲允獲豕

一〇二三二　…逐豕…獲

一〇二九二　王其往逐鹿獲

一〇三〇二正　丙辰卜㱿王其逐鹿獲　二告

一〇三四六正　丙申卜㱿貞我其逐麋獲

一〇三四七正　貞王往逐麋獲

一〇三八六正　…多子逐麑獲　不𠿟鼄　二告

一〇三九九正　貞其逐兕獲

一〇四〇〇　…亥卜㱿貞其逐兕獲

一〇二四四正　貞惟圉豕逐獲

一〇四〇三　貞呼祝逐兕獲

一〇六三四　…往逐豕?獲允獲

一〇九五〇　甲…鹿獲允獲十九二月

一〇九五〇　…丑卜…其逐鹿獲

一〇九五〇　丁亥卜王我惟三十鹿逐允逐獲十六一月

一四二九五　王其往逐兔于𡆥不其獲

獲・方國

二五八　乙未卜貞黍獲羌十二月允獲十六以羌六

一〇二一　…曰方征…𢀛獲五人

六三二八　貞弗其獲征𢀛…

六三二八　…獲?…

六三二九正　貞我弗其獲征𢀛…

六四五一正　貞獲征土…

六四五一正　貞弗其獲征土方

六四五二　甲寅卜…貞戉其獲征土方

六六〇五　己丑卜今出羌有獲征七月

六六〇六　己丑卜今出羌有獲征七月

六七四九　…酉卜…貞弜侑私獲征方

六七五〇　…獲征方

六七五一　…獲征方

六八三四正　…申卜貞獲缶　二告

六八三四正　雀弗其獲缶

六八三四正　乙丑卜㱿貞子商弗其獲先　二告

六八三四　庚申卜王貞雀弗…獲缶

六九〇五　壬寅卜見弗獲征戎

六九四三　丁未…王貞余獲𦏲六月

六九四九正　…亥…㱿…我…獲𢦏亘

六九五二正　乙巳卜爭貞雀獲亘

六九五二正　乙巳卜爭貞雀弗其獲亘　二告

六九五二正　己亥卜爭貞令弗其獲執亘

六九五二正　…獲執亘　二告

六九五二正　貞戉獲

六九五二正 …亥卜殼…雀…獲亘 二告

六九五二正 …獲亘

六九五二正 辛丑卜殼貞…不其獲…

六九五二正 …獲亘

六九八六 貞雀弗其獲征微

七六三五 乙亥卜弜獲征

七六三六 丁卯卜內…征獲不其百

七六三七 …征獲不其百

七六三八 …無…獲征

七六三九 …獲征

七六四一正 …獲征

七六四一正 弗其獲征

七六四一反 …獲征其惟丙…

七六四三 …征獲…百四十…

一〇八三五 庚申卜王…戈告豕𠂤獲…獲

一〇八三六 …𠂤不獲…

二〇三八三 丁卯卜雀獲亘

二〇四四九 …午比酋行來…方不獲…

二〇四四七 壬寅卜犬岳比方執四日丙午不獲方允

二〇四五一 遘不獲

丁巳卜王貞四卜呼比征方允獲

二〇六一八 …今獲…方

英五六七 …獲…舌方

英五九四正 貞旨獲羌

英五九七正 庚午卜殼…其有獲羌…希𢦏…

英五九八 牧獲羌

懷三〇六 …遘…獲犬…

英六一四反 …𢀛得方我獲羌

懷三〇五 …犬…獲…

懷四三四 甲辰…王雀弗其獲侯𢦏在方

其它

一〇二 …貞翌丁酒獲丁明歲一月

一五五 貞呼多羌…獲

一五六 貞多羌獲

一五六 貞多羌不其獲

一五八 不其獲

一五八 侃獲

一五八 遘獲

一五八 貞侃獲

一七六 貞多羌獲

二〇一正 貞戎不其獲

三七一正 貞兕獲…于鬲

四九一 子商獲

四九九 …午卜追羌…獲…

七九六 …兕…執羌…獲二十又五而二

貞我弗其獲執

八一〇正 壬午卜𡧊多子獲鹿 二告

九四五正 弗其獲

一〇六〇 …王獲卯…五人一牛

一〇七六反 王固曰獲一

一七八〇正 貞弗其獲 二告

二二〇五 貞獲𦣻

二四九七 貞弗其獲

三一五九 貞子𡧊不其獲

三二四二 貞多子不其獲

三三四二 多子獲

三三九七反 王固曰其獲其惟…其惟乙𢦏

四三六七 貞弗其獲

四六七七 勿獲

四七二五 辛未卜鳴獲井鳥

四九六六正 貞弗其獲

五五一六 壬辰卜爭貞其𩰪弗其獲 二告

五五一六 壬辰卜爭貞其𩰪獲九月

五七五三 …不其獲

五七五三 貞射𢀛獲…

六四七七正 貞呼逐比萬獲王固曰其呼逐獲

六六一五 戊午卜殼貞勿呼禦羌于九𠭯弗其獲

六七四八 己…殼貞…獲征…方

六九四七正 戊午卜殼貞雀追亘有獲

六九四九正 呼𠭯獲豕

六九四九正 𠭯不其獲豕 二告

六九五二正 貞戎獲

六九六三 甲辰卜王雀獲…侯𢦏…

七〇七六正 癸丑…貞…其獲…惟…執…

七〇七六正 癸丑卜殼…兕…其獲…𦎫…雀…

七〇七六正 …貞亘獲

七七一四 …惟既獲…今十月𢦏

八九六一正 子商獲…

九三三九 壬子卜汅以𤞷若獲入罟

九五七二 逐𢊁于𣲦允無災獲𢊁八

一〇一九七 乙未卜今日王狩光擒允獲虎二兕一

鹿二十一豕二麑百二十七虎二兔二十三雉二十

七十一月

一〇二〇二 辛酉卜王獲不獲 二告

一〇三〇七 丁卯…狩正…擒獲鹿百六十二…百十

一〇三〇八 四豕…十旨一…

一〇三一七 …狩獲擒鹿五十又六

一〇三二〇正 …象…其獲鹿允…

貞其射鹿獲

一〇三四四反　允獲麋四百五十

一〇四一〇正　辛未卜王獲允獲兕一豕一

一〇四一一　庚午…王不其獲

一〇四一一　庚辰卜王獲鹿

一〇四一一　丙子卜王獲允獲兕一　二告

一〇四一一　戊寅卜王不其獲

一〇四一一　辛巳卜王獲

一〇四一九　辛亥卜爭貞王不其獲肱射兕

一〇四二〇　貞王不其獲肱…

一〇四二一　…獲肱射兕

一〇四二二　…貞其惟王獲射兕一月

一〇四六七　…酉卜角獲□?

一〇四六七　角不其獲…　一告

一〇四六八　…其獲猱

一〇四七一　癸卯卜豙獲魚?其三萬不…

一〇五〇一正　癸未卜殻貞多子獲□

一〇五一四　庚戌卜□獲网雉獲八

一〇五一四　庚戌卜毌獲网雉獲十五

一〇五一四　甲寅卜呼鳴网雉獲丙辰風獲五

一〇五一四　甲戌卜□征擒獲六十八

一〇五四三　…申王貞不其獲

一〇七〇一　貞□獲

一〇七〇二正　…卜…□獲…王?固?…

一〇八三七正　戊午卜方貞王獲

一〇八三八　惟王雀獲

一〇八三九　甲戌卜王獲

一〇八三九　辛未卜王不其獲

一〇八四〇　丁丑…王不其獲

一〇八四一　…王不其獲

一〇八四三　貞不其獲

一〇八四三　遘獲

一〇八四四　宁不其獲

一〇八四五正　…□獲

一〇八四六　…卜呼…得獲

一〇八四七　…貞□不其獲

一〇八四八　…子毁其獲　二告

一〇八四八　…子毁不其獲　二告

一〇八四九　貞戉獲…

一〇八五〇　戉獲

一〇八五一　貞戉不…獲

一〇八五二正　貞㐌獲

一〇八五二反　㐌獲

一〇八五三　貞㐌獲

一〇八五四　…㐌不其獲

一〇八五九正　貞豙弗其獲

一〇八六〇　豙不獲

一〇八六一　丁酉卜呼亶足獲

一〇八六二　乙巳貞新□獲

一〇八六三正　辛卯卜爭貞㒸獲

一〇八六四　…□獲三月　二告

一〇八六五正　己未卜爭貞亘獲

一〇八六六　亘獲

一〇八七三　…酉?卜…其惟…獲五

一〇八七四正　丙午卜殻貞不其獲

一〇八七五　川不其獲

一〇八七六　貞不其獲

一〇八七七　不其獲

一〇八八一　…不獲

一〇八八二　貞弗其獲一月

一〇九六四反　王固曰今夕其有至獲女其于生一月□

一〇九七八　其獲

一〇九八一正　貞…往田…□獲

一〇九八九正　貞而妣壬雨獲畀舟

一三八四〇正　貞弗其獲

一五四七五　貞勿獲丁明歲

一三九三四正　不其獲

二〇四五八　…卜王…追…叀弗其…獲征…弗及方

二〇七〇六正　…王貞勿□在妊虎獲

二〇七三三　…卜王…獲兕之日獲

二〇七三九　丁亥卜王…豙獲魚…獲

二〇七六三　…寅卜…狩獲…

二〇七七九　井獲不暘日

二〇七七九　壬午卜有甫在斷東北獲

二〇七八〇　…卜甾曰五作其獲…月

二〇七八一　…咒獲…

二一五三四　甲戌子卜我獲印直…

二一五三四　乙亥子卜貞視□獲女

二一五八六　宁不獲□

二一五八六　□獲不獲

二一五八六　庚午卜我貞呼□獲

二一五八六　庚午卜我貞呼□獲

二一五八六　甲子卜我貞呼□獲□

二一六二八　乙卯卜貞呼□…獲

二一六五八　丁丑卜惟田獲

二一六七九　辛酉子卜貞罨獲…丁

二〇七二六　丁亥卜…日…□兔…獲允獲終…

二一七六〇　丙戌卜我貞我‖惟獲

二一七五九　壬申子卜延禽獲　1
二一七六一　甲子卜我貞禽獲　1
二一七六二　乙巳卜我貞禽獲　1
二一七六八　甲戌卜圉獲　1
二一九三九　獲　1
二一九三〇　庚戌卜獲　1
二二一三五　癸巳卜獲印　1
二二四〇四　不獲　1
二二二二六　延𤉲獲　1
二四四四八　癸卯卜王曰貞獲　2
二四四四六　：京：王田至：臣獲豕五雉二在四月　2
二四三四五　貞無尤在師獲卜　2
二八三二四　四鹿獲　3
二八三二四　五鹿獲　3
二八三四五　惟𤰔麓獲有大鹿無災　3
二九〇八四　丁丑卜貞王其射獲禦　3
三七三九八　在九月惟王：祀彡日王田盂于𠂤
：獲白兕　5
三七四七七　擒：獲：　5
三七五三〇　惟右獲罟　5
三七五二〇　惟左獲吉　5
屯三〇五五　：乙虎獲：　1
英三三三　丙寅：疢：獲：　1
英八五三　允獲鹿四月　1
英八五九　：雀：獲四月　1
英八六一　貞勿獲延二告　1
英一八二九　：狩獲九月　1
英三五四二　：王卜貞田𣏟往：災王占曰吉茲御：獲
隹二百五十象一雉二　5
懷一九一五　辛酉王田于雞麓獲大𩿨虎在十月
惟王三祀𢆶日　5

隻

三八七一五　叀：貞：隻：　5

儆　摧

一六〇七三　丙辰卜方貞尋告摧于：一月　1

六六五五反　王固曰其有儆　1

八〇九反　貞無來摧　1
一七三三六　貞無：摧　1
三三六九九　丙戌卜無摧　4

一三一四　貞于𡧊寧摧　1
一四三七〇丙　：申卜貞方禘寧摧九月　1
一四六七五　：于𡧊寧摧　1

一三七三七　今秋其有降摧　1
一四一七一　貞帝不惟降摧　1
一四一七一　貞：帝惟降摧　1
一四一七二　貞帝不降摧　1
一四一七三正　：帝其降摧　1
一七三三六　貞其有降摧　1
一七三三七正　貞我：降摧　1
一七三三七正　：降摧八月　1
一七三三七反　：固曰其有降大摧　1

六五六反　儆入　1
六八〇九　癸酉卜：貞儆：尋入商九月　1
七八〇九　貞儆其尋入商有：　1
七八一〇　：貞儆其：入商有：　1
九七三三正　癸巳卜方帝：其既入邑摧　二告　1
一七三三四　辛卯卜貞其入摧　1
一七三三五　其有入摧　1

八三八正　貞儆弗其以　1
八三八正　甲寅卜爭貞儆以往于𡧊　1
八三八正　貞儆以往于𡧊　1
二三四〇　貞儆弗其以由　1
二三四一　貞儆以眚伯由　三月　1
二三四一　貞儆弗其以由　1
三四一六正　貞儆以眚伯由　1
九〇九七　：儆允以　1
一三八九六　：茲雨以摧　1
英五四七正　貞儆以由　1

其它

四五五三反　…寅敞…　1
四五三四　辛…敞弗其…　1
四五三五正　翌乙酉敞至于…　1
四五三六　…敞…其…　1
四五三七　…敞韋求往…　1
四五三八　…敞…其…　1
四五三九　…敞…　1
六六五五正　…卜殼貞王夢惟敞　1
六六五五正　貞王夢不惟敞　1
七七七三　…敞弗…商　二告　1
九〇九八　…敞弗…以不…　1
一〇六〇七　…呼敞取…　1
一二二七四正　貞衣無攸摧　1
一二二七四正　丁卯卜殼貞我師無攸摧　1
一三一八三　貞…敞…　1
一四一七四　壬申…貞帝…摧…　1
一四一七五　貞帝其…我摧　1
一四四三三臼　丙申敞示二屯　小叡　1
一八二二六　…摧…　1
一八二二七　…摧…　1
一八七七三　貞摧其大衆　1
一九六五七　…日…呼摧…雷…　1
二一三七九　其比摧　1
英　三七七　…敞于…　1
英　三七八　…敞…　1
英一六五　…殼…取…敞…　1
懷　五二二　…㽙…敞…　1

二三〇七〇　庚寅卜旅貞翌辛卯其□于丁　2
三五四九九　乙亥卜貞王賓大乙□無尤　5
三五五〇〇　乙丑卜貞王賓大乙□無尤　5
三五五一六　丁卯卜貞王賓大丁□無…　5
三五五八一正　癸未王卜貞旬無畎王固曰吉在二月甲申　翻小甲□　5
三五六八一　乙卯卜貞王賓祖乙□…

乇　三四一　壬申卜王令雙以子尹立于帛　4

乇　二四三八　令隻甾　4

八二四一反　…自□…　1
九四三八　…乞自□…　1

懷　五一七　…方…稅…　1

懷　一七九〇　□…　5

懷　一三九八　…酉卜…□並　3

一〇九　勿取□于□　1

雋

二九六九四　其膚用雋臣貝　吉　3

二三〇五〇　戊戌卜□在甲…𠂤千不□　1

懷　一四六四　惟□比上行左旗王受祐　3
懷　一四六四　惟□右旗王受祐　3

圍

六六五五正　惟圍令…　1
一九二一五　…曰自…惟…惟…圍　1

萑

一〇二一〇　…萑…虎…　1
一八四三二　戊寅…爭貞…萑…　1
二八三四八　萑射夒鹿擒　吉　3

六六七正　癸卯卜殻貞呼弜往于𠬝比𠦪　1
六六七正　癸卯卜殻貞呼弜往比𠦪于𠬝　1
一三八二七　……無疾呼𠬝　1
一八三三九　……𠬝……不……　1
懷　二五一　貞……𩰫……丁……　1
一九二〇二　……卜……卄……受……𠬝　1
一八一七七乙　……亥卜殻貞𠬝今六月　1
二四三九　癸酉貞旬無囚王固茲𠬝　4

寉

一〇四二五　戊……楚狩……三日庚辰……𧰼既寉……獲兕　……一豕……　1
三三三八四　丙辰卜王狩寉擒伐人不擒……　4
三三三八四　……辰卜王狩寉弗擒　4

𢍰

一八一五三　……申卜𢍰……　1

翟

三七四三九　癸……王卜……翟……　5

六六四九甲正　……疋化𢦏𠂤暨雁　二告　1
六六四九甲正　……𠂤雁　1

雋

二六八四二　……雋……魚……　2

雝　雍

一一九　貞令雝……雍芻　1
一一九　貞勿令雝取雍芻　1
一二二　貞執雍芻　1
一二二　貞勿執雍芻　1
一二二　貞執雍芻　1
一二二　執雍芻　1
一二三　……貞𡆥雍芻　1
一二四　……雍芻　1
一二五　貞勿……雍芻　1
一二七　貞弗其執雍芻四月　小告　1
一五〇正　貞雍芻于秋　1
一五〇正　雍芻勿于秋　1
一五〇正　雍芻于𡗗　1
一五〇正　貞雍芻于𡗗　1
一五〇正　雍芻　1
六〇一六正　貞雍芻于秋　1
六〇一六正　貞雍芻勿于秋　1
三三一　丁丑卜穷貞子雍其禦王于丁妻二妣己𢦔　1
三一三　羊三……羌十……　……𡆥乙酉子雍有出二月　1
三一四　丙寅卜……勿𦙃……子雍　1
三七四〇六　壬子卜貞王田雍往來無災吉　5
三七六二〇　戊戌卜貞王田雍往來無災　5
三七六三〇　壬寅卜貞王田雍往來無災　5
三七六五一　戊戌卜貞王田于雍往來無災　5
三七六五一　戊申卜貞王田雍往來無災　5

三七六五二　丁亥卜貞王田于雍往來無災吉　5
三七六五二　…申卜貞…田雍…來無…　5
三七六五三　戊申卜貞王田雍往來無災　5
三七六五三　壬子卜貞王田雍往來無災　5
三七六五四　辛酉卜貞王田雍往來無災　5
三七六五五　…卜貞王田雍無災王占曰吉　5
三七六五六　…其田雍麓…往來無災　5
三七六五九　壬子卜…王田雍往來無災　5
英二五四一　…田雍往來…獲鹿二　5
英二五五五　壬子卜貞王田雍往來無災弘吉　5
英二五五五　戊午卜貞王田雍往來無災吉　5
英二五五五　丁亥卜貞王田雍往來無災　5

三六五六〇　乙…王迖…雍…來…　5
三六五九一　丁丑卜貞王迖于雍往來無災　5
三六五九一　己卯卜貞王迖雍往來無災　5
三六五九一　乙酉卜貞王迖于雍往來無災　5
三六五九一　戊子卜貞王迖于雍往來無災　5
三六五九一　辛巳卜貞王迖于淮往來無災　5
三六五九二　辛未卜貞王迖于雍往來無災　5
三六五九三　…王迖雍…災王占曰弘吉　5
三六五九四　…卜貞王迖于雍…無災王占曰大吉　5
三六五九五　庚申卜貞王迖于雍往來無災　5
三六五九六　丁未卜貞王迖于雍往來無災　5
三六五九七　…貞王迖于雍無災在七月　5
三六五九七　…貞王迖于雍無災在七月　5
三六五九九　庚申卜貞王迖于雍往…無…　5
三六六〇三　己巳卜貞王迖于雍往來無災　5
三六六〇四　丁亥卜貞…迖于雍往來無…　5
三六六四二　己亥卜貞王迖于淮往來無災　5
三六六四四　丁酉卜貞王迖于雍往來無災　5
英二五六一　戊子卜貞王迖于雍往來…　5
懷一九〇六　…迖于雍往來無災　5

其它

一五〇正　勿于雍　1
六三二　…雍臣…　1
六三三　…雍往臣…　1
一六六四　…雍…羊…宰　1
三一二五　…巳卜㝵…雍…丁　1
三一二六　…卜㝵…雍…延　1
三一二七　…巳卜…貞…雍…𠂤…師　1
三一二八　…酉卜…貞…雍　1

三一二九　惟…雍…　1
三一三〇　癸酉卜㝵貞呼雍𣅀師薰　1
三一三一　丙寅卜…貞埶用…雍歲…　1
六〇五一　…貞令…鼓…雍…呂…阜　1
九六二七　己丑…貞雍…呂…疾　1
一〇九二五　…田婁令…二雍…　1
一一四五〇　…雍車馬…京　1
一三四二二　壬子卜貞雍目育羽　1
二二九六〇　丙寅卜貞用雍歲…　2
三六五九八　戊辰卜…于雍往來…　5
三六六〇〇　…未卜貞王…于雍往來無災　5
三六六〇一　…卯卜貞…于雍無災　5
三六六〇二　…卜貞王…于雍至…來無災　5
三六六四三　戊申…貞王…雍…來無災王占曰吉　5
三六六九七　…卜貞…雍…來…災　5
三六九六八　丙戌…淮…于…　5
三七四三四　…王…淮…　5
三七六五二　…卜貞…雍往…無災　5
三七六五三　…卜…雍…無…　5
三七六五七　…貞王…雍…無災　5
三七六五八　…卜貞王…于雍…無災　5
英二五五五　戊申卜貞…于雍往…　5
英二五六四　乙酉卜在洮立貞王步于淮無災　5

雔

屯二〇六四　王族其敦尸方邑舊右左其𢦏　3
屯二三五〇　…吉在雔　3
屯二三五〇　…王其以衆合右旅…旅𠂤于雔　3
英二五六四　癸未卜在舊貞王步于洮無災　5

舊

三五二二正　貞我家舊𡧊臣無𡆥我　1
三五二三　…昔我舊…之齒今…　1
三五二四　…昔我舊…王齒今…齒三旬又六日　1
…眔方允…　1
二〇三九〇　…令𢀛雔師　1
二〇七四一　丙午卜㚔令龍以雔示屯𢀛八月　1
二一三六一　…辰卜王令…舊友…祟…我　1
二二〇九九　庚戌卜惟舊禦往　1
二二八八四　乙未侑歲于祖乙牡三十宰惟舊歲　2
二六八四五　貞舊…　2
二七一二八　…未卜祭大乙其用舊…吉　3

二六九九四	辛丑卜王其有夂伐大乙惟舊𣪘用	
	十人五　吉	3
二八一九五	乙未卜暊貞舊一乙左駛其椏不𠂤	3
二八二三六	：其寧：惟：舊：禾不：	3
二九〇〇四	弜：裛舊田不受祐	3
三〇三二八	：祖甲舊宗	3
三〇三五八	：卜其祝父甲必惟舊冊：　吉	3
三〇四一四	岳燎惟舊冊用三牢王受祐	3
三〇四二九	其奉河惟舊䜌用于濬酌	3
三〇六一五	：卜貞王其舊定	3
三〇六一五	：未卜何貞祝惟舊定用	3
三〇六七九	惟舊冊用	3
三〇六八三	惟舊冊三牢用王受祐	3
三〇六八六	㣇惟舊冊用	3
三〇六八七	惟舊𣪘二牢用王受祐　大吉	3
三〇六八八	其用舊𣪘二十牛受年	3
三〇六八九	其用舊𣪘二十牛受禾	3
三〇六九〇	翌日惟舊：	3
三〇六九四	丙辰卜惟舊庸用王受祐	3
三一一二七	弜鹽習惟舊冊用	3
三二〇七六	：于卜惟舊冊用	4
三二二三五	：于卜惟舊冊用	4
三二五三六	惟舊豐用	4
三四三九七	：于卜惟舊冊用	4
三六四四二	壬午卜舊立貞王今夕不震	5
三六四八六	：未王卜貞旬：畎在十又二：征人方	
	在舊	5
三六六〇六	：在舊：夕無：	5
三六六〇七	辛：舊：夕：	5
三六六〇八	：在：今：王：舊：	5
三七四三四	戊午王卜在羌貞田舊往來無災茲御	
	獲鹿狐	5
屯一〇九〇	甲子卜：舊冊用	4
屯三七一一	惟舊冊　茲用	3
屯四三四三	奠其奏庸惟舊庸大京武丁：　弘吉	

雚　觀

二四四二五	壬寅卜旅貞王其往觀于𥏑無災	2
二四四二六	己酉卜行貞王其觀于𥏑泉無災在𣶒	2
二六九〇九	己巳卜其遘雚又：	3
二六九三一	癸亥卜酌雚其：	3
二七一一二	：雚大乙王：	3
二七一一五	禱大乙酌雚王悔	3
二七一九七	：雚：	3
二七八二四	：用遘雚：有正	3
二七八二五	：雚其遘：	3
二八二〇一	王其雚	3
二八二〇一	弜雚東	3
三〇三三八	王其雚宗	3
三〇八二八	乙酉酌雚其遘祐　大吉	3
三〇八二九	酌雚：	3
三〇八三〇	：卜其酌雚：	3
三〇九〇九	：辰卜王其遘雚有弜弜：	3
三一〇五三	乙巳既雚：	3
三二一三七	延觀歲	4
三二一三八	延觀歲	4
三四三一一	：雚有𠃍：	4
三八三一一	乙丑卜：賓雚：	5
三四三一九	：未卜雚：有歲三牢	4
三八三一〇	癸卯卜貞王旬無畎在六月乙巳工典其	
	雚	5
三八四六七	乙亥卜貞：賓雚：尤	5
三九四四二	：貞：雚：在：王	5
屯二三一二	：觀湡無：	4
屯二三三二	王其觀日出其截于日剛	3
屯三七〇五	乙酉其觀：王：　吉	3
英二五六三	壬辰王卜在𤼴貞其至于𠫑觀𠂤師往來	
	無災	5

雈

三四四四一	延雈歲	4
三四五二九	乙巳：酌遘：雈歲：五牢：卯十：	4
九六〇七正	貞婦姘田不其雈	1
九六〇七正	：丑：貞婦姘田雈	1
九六〇八正	甲戌：方：在娟田雈　二告	1
九六一〇	：卯卜古貞婦姘田：其雈	1
九五九四	年雈	1
九五九五	：申卜王：禱年雈	1
九五九六	：允貞婦姘年雈	1
九五九七	貞年不其雈	1

五六〇三　乙亥卜…觀藉…　1
九五〇〇　庚子卜貞王其觀藉惟往十二月　1
九五〇一　己亥卜貞王往觀藉延往?　1
二八二〇〇　弜藉䅒雚其受有年　3

二九四　乙…貞…大…比…受…雚各…七月　1
二一五二八　…寅子…雚各　1

九五九〇　…雚黍廼…　1
九五九八　婦井黍雚　1
九五九九　貞婦井黍其雚　1
九五九九　婦井黍不其雚　1
九六〇〇正　…戊卜穷…黍雚　1
九六〇一　黍雚　1
九六〇二正　辛卯卜穷貞黍雚　1
九六〇三　黍雚　1
九六〇四　…黍雚　1

五一五八乙　貞王其往觀河不若　1
五一五九　貞王觀河若　二告　不告黽　小告　1
六〇九六正　壬子卜穷貞舌方出王觀五月　1
九五九一　戊午卜穷貞王往雚…無…在…　1
九五九二　…于卜殻貞王往雚…廼丑月　1
九五九三　己酉卜…王…雚…廼　1
英七九八　貞王勿雚　1

一九〇正　乙未卜爭貞來辛亥酢雚匚于祖辛七月　1
二一五三八乙　…禦父庚三牢又𩵦二酢雚至…庚　1
二一五三八乙　禦小辛三牢又𩵦二酢雚至…　1
英一　酢雚　1

二八〇〇一　丁未卜頣貞危方沓雚新家今秋王其比　3
三〇六七八　惟雚栅用王受祐　3
三〇六八〇　惟雚栅用　3
三〇六八一　其侑于之惟雚栅用三十　3
三〇六八二　惟雚栅用　吉　3
三〇六八四　惟雚冊用王受祐　3

屯二八五　惟雚栅五牢用王受祐　3
英二三五八　惟雚栅二牢　3

其它

一九〇正　來辛亥惟雚匚酢祖辛又一牛祖乙　1
四五四正　惟雚壱子宁　1
一七七六　貞雚　1
三二一〇　…未卜侑母…惟王䰟雚…禦衛…亂　1
三二二七　己未卜禦子倂于女雚　1
五一五八甲　…觀河…　1
五七九一　乙…延…雚　1
七六二七　…卜穷…翌乙亥皁…征受雚祐　1
七六二八　…征受雚祐　1
八〇八〇　癸…殻貞…于京觀　1
九五九六　…貞不其雚　1
九六〇五　貞…不其雚　1
九六〇九　辛酉卜葡貞在衛雚　1
九六〇九　貞在衛雚　1
九六〇九　辛酉卜葡貞在衛雚　1
九六〇九　貞在衛雚　1
一一五八九　…雚不…七月　1
一七九六五　丙戌…雚…　1
一八三二九　…兵?雚…　1
一九三六八　…子…雚…　1
一九九七八　…寅卜呼…甲申侑母…父雚　1
二〇五七六正　…亥卜侑雚…母盧　1
二一五七二　…令子雚…子　1
二一八四〇甲　壬子御卜雚不受祐　1
二一八四〇乙　壬子御卜雚不受祐　1
二六九五九　貞雚羌…　3
二九七二九　貞其祈雚家十二月　3
三〇六八五　其奉年于河惟雚栅用　3
三〇六九三　癸丑卜惟雚𡘋用　3
三〇九五九　癸酉卜何貞惟祖雚　3
三二八九二　丁丑貞其竝禦自雚　4
三三一四六　丁亥惟雚惟囚　4
三三一四六　丁亥卜惟雚惟囚　4
三四一七二　甲寅卜作祟雚匄…　4
三四三九八　癸亥…甲子典其雚　4
屯二六二一　惟雚𦙃用五十　3

雈

英一七六七　…于…　1

懷三一三　…王呼…雈無…惟…　1

懷八三五　…雈…母　1

懷九七三b　…雈…　1

懷一〇六四　…有夕…雈…　2

懷一四六一　惟雈…河　3

懷一五八八　丁卯卜侑雈牡母豕　4

懷一六六一　…貞辛…惟雈…　4

霧

一三一四〇　辛未卜內翌壬申啓壬終日霧　二告　1

一三四四九　辛丑卜㱿翌壬寅啓壬寅霧　1

一三四五二　癸巳…翌甲啓甲霧六月　1

一三四五四　…酉卜王翌…戊啓…霧　1

一三四六二　…夕啓…霧　1

一三三三一　丙…貞翌庚…暘日庚…霧…　1

一三三一二　…爭貞翌乙卯其圍暘日乙卯圍允暘日昃霧于西六月　1

一三四四五　辛丑卜爭翌壬寅暘日壬寅霧　1

一三四五〇　乙未卜王翌丁酉酌伐暘日丁明霧…大食…　1

六七二正　翌癸卯帝不令風夕霧　1

懷二四八　…風…霧一月　1

英一一〇〇　…風…霧二月　二告　1

六八五反　王固曰霧…雨壬寅不雨…　1

三四四六　…不其雨戊霧不雨　1

六〇三七正　貞翌庚申我伐暘日庚申明霧王來途首雨　1

六九四三　辛酉卜殻貞自今至于乙丑其雨壬戌雨乙丑不霧不雨　二告　1

一一四八三正　…爭貞翌甲申暘日之夕月有食甲霧不雨　1

一一五〇六反　王固曰之…勿雨…卯…明霧三㞢食日大星　1

一一八一四　…酉卜…戊雨…夕霧　1

一三四二四　貞翌庚辰不雨庚辰霧大采…　1

一三四五六　…內…戊…雨…霧…　1

一三四四八　…日允雨乙巳霧　1

一三四五一　…日其雨至于丙辰霧不雨　1

一三四五八　…不雨…允不…霧六月　1

一三四五九反　…惟丙不吉乙巳酌霧…不雨…其…　1

一三四六〇正　…日…霧　1

一三四六一　…翌…雨…霧　1

一四一五三乙正　丁卯卜殻翌戊辰帝不令雨戊辰允霧　1

二〇九二三　癸卯卜㠯自今至于乙巳日雨乙霧不雨　1

英一一〇二　…至…終日霧…雨　1

英一八四五　…其…日霧不雨　1

七二一正　乙卯允酌明霧　1

英一一〇一　丙申卜翌丁酉酌伐啓日明霧大食日啓一月　1

其它

六四一反　王固曰霧　1

四五六正　甲午卜爭貞翌乙未用羌用之日霧　1

三四四七　丁酉卜㱿貞今夕無囚霧　1

一三一六〇　…霧　1

一三四五三正　貞茲…霧…　1

一三四五五　…吉…霧　1

一三四五六　…囚…霧　1

一三四五七　…丑卜…允霧　1

一三四六三　甲子卜…燎…步…大…霧　1

一三四六四　…終…霧　1

二一七七七　乙霧…　1

懷二五四　…不…惟霧　1

雂　陰

一九七八〇　丙辰卜丁巳其陰印允陰　1

二〇七七〇　…燎…自入至㐭門不往陰十一月　1

一九七八一　丙辰卜丁巳其陰印允陰　1

二〇七一七　…其不明陰印　1

二〇七六九　甲辰卜乙其㚅侑𦔻在風印小風延陰　1

二〇七七一　戊寅陰不　1

二〇九六六　癸酉卜王：四日丙子夕雨自北丁：雨：日陰　1
庚辰：：　1
一九八八　戊戌卜其陰印翌啓不見雲　1
〇九九〇　丁未陰　1
〇九九五　：啓明陰迺步　1
二一〇一三　衎日延雨：采□：日陰：庚雨　1
屯二八六六　：貞令□比雀　4
懷一四九六　暈陰：卜：日翌庚寅其雨：余曰己其
雨：不雨庚：大啓：　4
懷一四九六　庚寅：有陰　4

鳶

五七三九　：不其呼多射鳶獲　1
五七四〇　：貞呼多射鳶獲　1

九七五八正　庚子卜□受年　二告　1

三七六正　王固曰□其：孽惟辛令　二告　1
六五四五　：□：循伐党：　1
七八二七　貞：商：□：　1
八九九六正　貞呼从□郭　1
一〇六〇七　：呼徹取□：　1
一三五二三正　癸卯卜穷貞將□郭于京　1
一八三三〇　乙酉：□：牛勿：　1
英一一三正　：將雀郭于京　1
英二五二四　癸亥王卜貞旬無畎在十月又一王征人方　在□　5

雀

四七二六　癸丑卜王雀不□暨：　1
四七二七　癸亥卜雀其凡惟捍其：　1
四七二八　：雀：　1
四七二九　雀不其：　1
四七二九　：雀：　1
四七三〇正　：卜：呼：依雀　1
四七三〇反　王固曰其呼雀　1
四七三〇反　勿呼依雀　1
四七三一　：王：雀　1
四七三二　雀　1
五七三〇　：王呼馬：雀　1
六七八五　：卜方：敦雀　1
六八三九　壬寅卜雀侯弗戕眣　1
六八三九　：雀侯：戕　1
七二七〇　：辰卜：循雀：　1
七二七二　：循雀：　1
八七二〇正　貞奴雀人呼宅雀　1
九九六五　：雀：　1
一〇九七六反　貞呼往奠于雀　1
一〇九七六反　勿呼奠于雀　1
一〇九八三　呼田于雀　1
一八二四一正　：雀：　1
一九三一一　貞雀：　1
二〇三六九　允雀其：　1
二〇四八五　戊寅卜方至不之日出日方在雀曾　1

六九四四　：申卜殻貞亘捍不惟我□其終于之　1
八六七六　：□：于方　1

鳳 風

六七二正　貞翌癸卯帝其令風　1
一四二二五　：于帝史風二犬　1
一四二九五　貞帝于西方曰彝風曰丰𡿫年　1
一四二九五　辛亥卜內貞帝于北方曰伏風曰□𡿫：　1
一四二九五　辛亥卜內貞帝于南方曰微風夷𡿫年一月　1
一四二九五　貞帝于東方曰析風曰□𡿫年　1
二一〇八〇　帝風九犬　1
三四一五〇　辛未卜帝風不用雨　4
屯二一六一　辛未卜帝風不用雨　4

三三七二　癸卯卜穷貞寧風　1
三〇二五八　：卜其寧風方惟：　大吉　3
三〇二五九　其寧風伊　3
三〇二六〇　癸未卜其寧風于方有雨　3
三二三〇一　：土寧風　4
三二三〇一　丙辰卜于土寧風　4
三三〇七七　癸酉卜巫寧風　4

三四一三七　甲戌貞其寧風三羊三犬三豕　4
三四一三八　辛酉卜寧風巫九豕　4
三四一三九　癸亥卜于南寧風豕一　4
三四一五一　乙丑貞寧風于伊奭　4
三四一五二　弜寧風　4
屯二七七二　其寧風雨　4
屯二七七三　辛巳卜今日寧風　4
懷二四九　⋯辰⋯殻貞我寧風　1

一三七正　癸卯卜爭貞旬無𡆥甲辰⋯大驟風之夕㞢
乙巳⋯㚔⋯五人五月在敦　1
三六七正　癸卯卜殻貞⋯王固曰有祟⋯驟風之夕
⋯羌五　1
一一六六甲　⋯驟風　1
一三三五九　壬寅卜癸雨大驟風　1
一三三六〇　丁酉大驟風十月　1
一三三六一　⋯亥卜⋯旬壬⋯驟風　1
一三三六二正　⋯大驟風⋯㞢乙巳疾執⋯人五月在敦　1
一三三六三　⋯丑貞夕庚寅大驟風　1
一三三六四　⋯戊暘⋯驟風　1
一三三六五　⋯旬己亥驟風　1
一三三六六　乙巳卜王⋯燎三牛⋯于⋯不用四日⋯　1

驟風
英一〇九六　⋯暘日⋯夕驟風　1

一三三六七　戊寅⋯大風⋯惟⋯　1
二一〇一〇　⋯壬申⋯雨大⋯𩂣⋯寅大啓⋯卯大風　1
二一〇一一　⋯自北以⋯　1
二一〇一一　⋯采各雲自⋯延大風⋯自西⋯𠝣⋯女⋯　1
二一〇一二　乙卯卜翌丁巳其大風　1
二一〇一九　辛未卜王貞今辛未大風不惟𡆥　1
二一〇二一　癸亥卜貞旬一月昃雨自東九日辛未大采
各雲自北雷延大風自西𠝣雲率雨毋
𠣐日⋯　1
二七四五九　癸亥卜狄貞有大觀　3
二七四五九　癸亥卜狄貞今日無大觀　3
二八五五四　王其田遘大風　大吉　3
二八五五四　其遘大風　吉　3
二八五五五　⋯遘大風　3
二八五五六　今日辛王其田不遘大風　大⋯　3
二八五五七　⋯田不遘大風雨　3
二八五五八　⋯辛王其田不⋯大風　3

二八五五八　其遘大風　3
二八五五九　⋯田其遘大風　3
二八五六〇　于⋯壬王⋯田不⋯大風　3
二八九七二　其遘大風　3
二九一七四　王⋯田不⋯大風　3
二九二三四　王往田湄日不遘大風　大吉　3
二九二三六　王往田湄日不遘大風　3
三〇二二五　其有大風　3
三〇二三五　不遘大風　3
三〇二三五　其遘大風　3
三〇二三六　其遘大風　3
三〇二三七　其遘大風　3
三〇二三八　不遘大風　3
三〇二三八　其遘大風　3
三〇二三九　其遘大風　3
三〇二四一　不遘大風　3
三〇二五九　⋯風大一小牢　3
屯二五八　不遘大風　3
屯一七四五　⋯大風⋯
屯二一九五　不⋯大風
屯二三五七　不遘大風　3
屯二三五七　其遘大風　3
屯二九八七　遘大風⋯　吉　3
屯四四五九　壬不大風　3
懷一四一七　王不遘大風　3
懷一四一七　其遘大風　3

二八九七二　不遘小風　3
二八九七二　⋯遘小風　3

一〇〇二〇　癸酉卜乙亥不風　1
一二九二一反　壬辰允不雨風　1
一三三四四　癸未卜殻貞今日不風十二月　1
一三三四五　辛酉卜⋯貞今日不風　1
一三三四六正　丁未卜允貞今日不風　1
一三三四七乙　今日不風　1
一三三四八　乙亥⋯貞今日不風　1
一三三四九　⋯日不風　1
二〇二七三　辛未卜今日王湔不風　1
二八五五二　不風　3

二八五五三　二八六四一　二九二三四　二九二八二　屯四三四九　懷一三三一

翌日壬王其田不風
不風
癸未卜翌日乙王其…不風　大吉
茲用
…其田𢓊不風
己亥卜庚子有大延不風
…翌日乙卯湄…不風

七三六九　七三七〇　七三七一　七三七一　一三三五六　一三三五七　一三三五七　一三三五八　英六八〇

…無風暘日
…酉卜宾貞翌丙子其…立中允無風
…子其立中無風
…無風暘日
無風
癸卯卜爭貞翌…中無風丙子…允
無…
無風
…日無風之日围雨
…丙子立中…無風暘日

其它

七七五正　六七二正　五四五二　九二四四反　九二四五　九二四六　五六五九　一〇〇二〇　一〇一三一　一〇五一四　一〇五一四　一二九〇七　一三一〇五反　一三三三〇　一三三三一　一三三三二　一三三三三正　一三三三三正　一三三三四　一三三三五

貞無來風　二告
翌癸卯帝不令風夕霧
乙丑卜允貞令𦎫暨鳳以束聿北面步
載事七月
鳳入…
鳳入百
鳳入十
…酉卜王貞…巫縺三…鳳一
乙亥其風
貞茲風不惟孽
甲寅卜呼鳴网雉獲丙辰風獲五
之夕風
辛…壬…風
…曰…風壬…
己丑卜宾貞雨庚寅風　二告
丙戌卜宾貞…雨𠭰風不…
…戌卜宾貞…風不步
甲申卜㱿貞翌乙酉其風
翌乙酉不其風
翌壬戌其雨壬戌風
己酉風十月

一三三三六　一三三三七　一三三三九　一三三三八正　一三三三八正　一三三四〇　一三三四〇　一三三四一　一三三四三　一三三四七甲　一三三五〇　一三三五一　一三三五二　一三三五三　一三三五四　一三三五五　一三三五六　一三三五七　一三三六八　一三三六九　一三三七〇　一三三七一　一三三七三　一三三七四　一三三七五正　一三三七六正　一三三七七　一三三七八　一三三七九　一三三八〇　一三三八一　一三三八二　一三三八三　一三八七四反　一四二九四　一四二九四　一四二九四　一四二九四　一四五一九　一六六二八

…風
貞今日其延風
丙子…方…今日…風
…卜永貞今日其夕風
貞今日不夕風
…卜今日風
…其風
…日風
中日…風
今日其風
庚子…之日風
貞今夕雨之夕啓風
…日風
…益…不邁風
貞翌丙子其有風
貞翌丙子其有風
其有風
有風
…勿侑于…風
丙午卜亘貞今日風囚
…風不惟囚
…爭貞茲風…
貞其風
…卜翌…啓…風
…鼓…壬其雨不…中麓允…辰亦…風
癸…卜内貞旬庚丁…風
…七日…大采…風
…爭…風
…亥…風
…風
…風　小告
…霧…風
甲子卜翌乙…啓乙…風
翌戊…風
…伏風曰役
東方曰析風曰劦
南方曰𡖖風曰𠈌
西方曰𣎆風曰彝
勿侑…風
…風…

一六八〇九　……囚戊午風　二告　1
一九七六九　……風……化惟……北西……大雍己……　1
二〇四一九　辛酉卜自貞方其征今日……風……　1
二〇七六九　甲辰卜乙其燓侑萑在風印小風延陰　1
二〇九五九　……卜……于風……采雨……六日戊……　1
二一〇一〇　……風……自北……入日　1
二一〇一三　……丙……惟大……雨自北以風……雨戊寅不雨　1
二一〇一四　庚午……其雨……庚午……風……夕……　1
二一〇一六　癸亥卜貞旬乙丑夕雨丁卯夕雨戊小采日雨風己明啓　1
二四八五九　辛丑……貞其……風……　2
二四九三四　丁卯卜大貞今日風　2
二四九三五　癸酉卜……貞今日風　2
二八二五九　其風　3
二八五五二　其風　3
二八五五六　……風　3
二八六四一　其風　3
二八六七三　……王其……風　3
二八六七七　壬王弜田其風　3
二八九九七　風　3
二九一七五　其風　吉　3
三四〇三三　……其風　4
三四〇三四　……未卜若風……　4
三四〇三五　……卯其風　4
三四〇三六　丙寅卜日風不囚　4
三四〇三七　……風　4
三四〇四〇　壬寅卜允雨風　4
三八一八七　癸……王……風　5
三〇二四〇　其遘……風　3
三八一八八　……風　5
三八一九〇　……風　5
屯六六九　……風京雪雨　4
屯一〇〇七　……風于伊奭　4
屯一〇五四　甲午貞其㝬風　4
屯一三五〇　……貞……風于……雨允……　4
屯一三九二　……風于……
屯三一五三　丁雨風　4
英一〇九八　……風　1
英一〇九九　……戌……雨……延風　1
英一一〇〇　……風……霧二月　二告　1

英一八五二　戊……各亘自……風……夕……　1
英一八五八　……𢀛……風……羊二犬五　1
懷二四七　……其入雨……風多……　1
懷二四八　……風……霧一月　1
懷一三一九　……王其……風……　3
懷一三二二　……奭……風……大雨　3

霍

二一八一七正　貞雨其霧　1
二一八一七正　貞雨不霧　1
一三〇〇九　……惟霍……　1
懷二三九　……有眇……霍……　1

靃　霍

三五八八七　癸未卜在霍貞王旬無畎在六月甲申……祖甲　劦魯甲　5
三六七七九　癸丑卜在霍貞王旬無畎　5
三六七七九　癸亥卜在霍貞王旬無畎　5
三六七八〇　癸丑卜在霍貞王旬無畎　5
三六七八一　……丑卜在霍……王旬無畎　5
三六七八二　……霍貞……旬無畎　5
三六七八二　……霍貞王旬無畎　5
三六七八三　……在霍師……王囚曰吉……　5
三六七八四　癸亥王卜在霍貞旬無畎　5

雟

一五九四四　甲……穷……雟……　1
一五九四五　貞惟雟　1
一五九四六正　……雟……　1
一五九四七　貞……雟……　1
三三二一八　惟雟今田　4

[illegible]

一一九　貞令雈……雍芻　1
一一九　貞勿令雈取雍芻　1
一〇一九八正　戊午卜設貞我狩歅卒之日狩允擒獲虎一鹿四十狐百六十四麑百五十九𪊨交又友三交……　1

雇

三四三四七　癸卯卜行貞王步自雇于勭無災在八月在　2

三四三四七 辛丑卜行貞王步自𩦡于雇無災 2

二四四二〇 ……卜行……無……雇 2

三六四八五 癸亥王卜貞……畎在九月王征人方在雇 5

三六四八七 癸亥卜黄貞王旬無畎在九月征人方在雇彝 5

㱿

二七四六五 乙酉卜其剛父甲㱿在茲足成 3
于𠂤剛父甲㱿 3

三三五四七 丁酉貞其剛祖乙㱿 4

三四六三五 ……剛……㱿 4

三五六五七 癸丑卜㦰貞王……無畎在四月甲寅彡日𢦏甲日剛祖乙㱿 5

屯三一二 ……圍日㱿…… 4

一三三二 癸卯卜貞生㱿自唐 1

一九七七 丙午卜㝉貞生㱿于丁一月 1

三三五四五 甲戌卜祖乙其生㱿 4

三二〇二〇 ……卜其區㱿 4

三四六七九 弜區㱿 4

屯六二九 庚寅卜其區㱿 4

屯六二九 弜區㱿 4

九七四正 ……侑于……兕㱿兕 1

九七四反 貞㱿兕…… 1

一五九一八 壬寅卜㱿貞㱿兕…… 1

一五九一九 ……㱿兕…… 1

一五九二〇正 貞㱿兕于且…… 1

三二六三一 壬子卜惟今日㱿兕 4

三二六三一 弜㱿兕 4

屯三三五八 後王射兕㱿 3

二〇五三〇 其賓㱿王一月 3

三四三四四 ……申卜王賓㱿…… 4

三五八〇二 甲申卜貞王賓小乙㱿無尤 5

三五八五四 丙辰卜貞王賓祖丁㱿…… 5

三六〇三〇 甲申卜……賓武乙㱿……無尤 5

三八四六七 丙子……王賓……㱿……無…… 5

三八四六九 丙辰卜貞王賓㱿無…… 5

二六七正 祖乙㱿王其取 1

二九六 貞勿取祖乙㱿 1

一二九三 ……我取唐㱿…… 1

一二九三 ……我取唐㱿…… 1

一二九四 乙亥卜王貞我取唐㱿 1

一二九五 乙巳卜㱿貞王其取唐㱿 1

一二九六 癸未卜㝉……王取唐㱿七月 1

一二九七 王其取唐㱿……循其…… 1

一二九七 貞王其取唐㱿……循其…… 1

一二九九 貞勿取唐㱿九月 1

一二九九 丙寅卜王取……㱿 1

一五九一 辛酉卜爭貞取彡㱿 1

一五九一 貞勿取彡㱿九月 1

一五九一 辛酉卜貞惟祖乙取㱿 1

一五九〇 貞勿取彡㱿九月 1

一五九〇 辛酉卜貞惟祖乙取……㱿 1

一五九二 貞王勿取祖乙㱿 1

五七三九 取唐㱿 1

五八〇八 貞王取唐桀 1

六五五六 勿取唐㱿 1

一〇〇四八 壬辰卜㝉貞王取祖乙㱿 1

一〇〇四八 丁亥卜㝉貞取祖乙㱿 1

二三七二一 己酉卜王曰貞惟……左自取祖乙㱿于之若 2

屯一六九 乙酉卜其取庚㱿……

其它

九五二正 貞翌乙丑亦㱿于唐 1

九七四正 侑于亞姣及㱿 二告 1

一三九一正 㱿自咸 1

一七二九 㱿于祖辛 1

四〇三九 ……㱿……二……王……彡…… 1

四〇三九 ……㱿……三……王……肜…… 1

五六四八 丙戌卜……貞巫曰㱿貝于婦用若 五?月 1

一〇三一六 貞子宜獲鹿㱿于…… 1

一〇三六九 貞㱿……麋我…… 1

二四八四正 侑及妣己㱿 1

一三〇〇正 貞翌甲申勿……唐㱿 1

一五九一四 貞于……㱿……十三月 1

一五九一七 ……王勿……唐㱿…… 1

一五九一五　…數…　1
一五九一六　…貞數…　1
二一二二六　于翌日丁數　1
二六〇〇七　…出…翌丁…數…虎　2
二七二三七　己酉…貞…數丁彔逐于徫　3
二七三三九　乙未卜其數虎于父甲濩　3
二七三三九　乙未卜其數虎陟于祖甲　3
三〇七六五　丙寅卜有鬲鹿其數…　3
三一〇〇八　…子卜…數兕惟今日　3
三一〇〇八　于翌日數　3
三一〇〇九　惟數祝用有正　3
三二〇二〇　辛酉卜惟乙丑數　4
三二三六〇　壬辰卜于乙數乙未允數　茲用　4
三二四三五　甲辰卜數孚馬自大乙　4
三二四三五　惟乙巳數　4
三二五四五　弜數　4
三二五二一　…其有歲于祖乙數…　4
三二五四六　…其數于祖乙　4
三二五五二　…祖乙寧…虎數…　4
三二八九一　庚午貞酌集于大…　4
三三〇一二　壬子卜惟乙卯數　4
三三〇一二　…子卜于甲子數　4
三四六三六　…數　4
三四六三七　…王惟甲午數…　4
三四六三七　…甲午數　4
三四六三八　…戌數…來　4
三四六三九　丙辰…數　茲…　4
屯五九三　于甲數　4
屯五九三　辛酉貞其數于祖乙惟癸　4
屯六四七　壬午卜其剛毓父丁數　4
屯一〇二九　惟辛數　4
屯一〇二九　惟癸數　4
屯一〇二九　…數　4
屯一〇五四　甲午貞其數風　4
屯一〇五四　于祖乙集　4
屯一〇五四　于大…集　4
屯一〇五四　于大甲集　4
屯一〇七八　惟乙巳數　4
屯一〇七八　甲辰卜數俘馬自大乙　4
屯一一二八　己巳貞其數祖乙暨父丁　4
屯一二四四　…其數…　3
屯一五五八　…數…
屯一九九八　…其數鹿…

屯二三五八　弜數　3
屯二五九八　數　3
屯二六〇八　數　3
屯三〇三九　…數　4
屯三〇三九　于祖乙數　4
屯三〇三九　大甲數　4
屯三〇三九　于大乙數　4
屯三一四四　…數…　4
屯三一八六　…數奉…　3
屯三三九〇　在□數　3
屯三八九六　其數祖丁必有正王受祐　3
屯三八九六　…數　3
屯四一七八　乙巳數俘羊自大乙　4
屯四二八七　…卯卜惟…數俘…　4
英一二八〇　…亥卜…集…砌?…　1

一八三三八　丁丑卜…貞…□…　1

五五七　癸未卜貞翌戊子王往逐□　1
八九四〇　…呼□比奴牛　1
九五七二　戊子卜穷貞王逐□于沚無災之日王往　1
一〇三一五正　丁卯卜㱿貞□姷侑子　1
一〇五〇一正　癸未卜㱿貞多子獲□　1
一〇五〇二　…無災…往逐…允…□　1
一〇五〇三　…于沚…王往…□允…獲…　1
一〇五〇四　…□…　1
一〇五〇五　癸巳多子…□　1
一〇五〇六　癸未卜貞翌戊子王往逐□　1
一〇五〇七　辛…王…□　1
一〇五〇八　…王…敉…□　1
一〇五〇九　…令…敉…□　1
英二三三七　于鹿□有正　3
懷三一四　庚午…逐…□…弗…　1

三二八三二　于壬□十　4
三二八三二　癸未貞王其□十人　4

雋 雟

著錄號	釋文	期
一三四〇四	……暈既改牛……卯大雋……二冂鼎列……	
	雲大𠭯……昏	1
二一九二六	……未不鳴惟雋	1
二六八八三	戊雋弗雉王衆	3
二六八八八	惟雋有災	3
二六九九二	……戊雋……執以	3
三一九九四	己丑卜其雟衆告……父丁	4
三一九九四	弜雟	4
三一九九五	己丑卜其雟衆告于父丁一牛	4
三一九九五	弜雟	4
三三三六三	丁酉貞……秋雋……燎五宰……牛	4
三三二二六	壬戌貞其告秋雋于高……	4
三三二二七	……戊貞其告秋雋于高祖夒六……	4
三三三二二	……酉卜于……告秋雋	4
三三二八一	其雋秋	4
三三二八一	丁酉貞秋不雋	4
三四一四八	庚午貞秋大雋……于帝五玉臣血……在	
	祖乙宗卜　茲用	4
屯二六三	……秋雋……	4
屯一〇〇八	……其取在演……衛凡于雋……王弗悔	3
屯一〇三五	……酉貞其秋雋……河燎五宰沈五牛	4
屯一一三二	戊申貞其雟衆人	4
屯一一三二	弜雟	4
屯一五四四	……雟……	4
屯二一八五	惟戊雋有災　吉	3
屯二三八五	……雋無災　吉	3
英二四三一	弜惟雋	4
懷一六四三	弜雟	4

雉 雛 雉

著錄號	釋文	期
六九	貞多射不雉衆	1
八六五九	……之日……喪……雉十又一	1
八八七四正	……雉取……	1
一〇一九七	乙未卜今日王狩光擒允獲彪二兕一鹿二十一豕二麑百二十七虎二兔二十三雉二十　七十一月	1
一〇五一三	……雉……	1
一〇五一四	庚戌卜丙獲网雉獲八	1
一〇五一四	庚戌卜毋獲网雉獲十五	1
一〇九二一	……之日王往于田从𣪊京允獲麑二雉十　七十月	1
一八三三四	……雉……	1
一八三三五	……未……雉……	1
二四四四六	……京……王田至……臣獲豕五雉二在四月	2
二六八七九	五族其雉王衆	3
二六八七九	戊𢀛弗雉王衆	3
二六八七九	戊囗弗雉王衆	3
二六八七九	戊𢀛其雉王衆	3
二六八七九	戊黹弗雉王衆	3
二六八七九	戊逐弗雉王衆	3
二六八七九	戊何弗雉王衆	3
二六八八一	癸丑卜狄貞戊逐其雉王衆	3
二六八八二	……囗……雉……衆	3
二六八八三	其雉衆	3
二六八八三	戊雋弗雉王衆	3
二六八八四	受不雉王衆　吉	3
二六八八四	其雉衆	3
二六八八五	……雉王衆	3
二六八八六	……𢦏不雉衆	3
二六八八八	戊衛不雉衆	3
二六八八九	其犾衆	3
二六八八九	不犾衆	3
二六八九〇	不雉衆	3
二六八九一	……雉衆	3
二六八九二	……雉衆	3
二六八九三	……犾衆	3
二六八九五	……戊辟立于中……之……羌方不雉人	3
三五三四四	不雉衆	5
三五三四五	其雉衆吉	5
三五三四五	不雉衆王占曰弘吉	5
三五三四六	丙辰卜在剛貞惟大有先……歓美剛	
	利不雉衆	5
三五三四七	中不雉衆王占曰弘吉	5
三五三四七	左不雉衆王占曰弘吉	5
三五三四七	其雉衆吉	5
三五三四八	不雉衆	5
三七三六五	乙亥王卜貞田喪往來無災王占曰吉獲	5

象七雉三十　5

三七三六八　……獲狐十𪊽……䴥一𤉲一象……雉十一　5

三七三七八　戊申王……無災王占……茲御獲……雉一　5

屯八七三　于……田霸伐……方擒戋不雉眾　3

屯一一〇三　惟有雉擒　吉　4

屯一〇六四　……右旅……雉……眾　3

屯二三二〇　右戍不雉眾　3

屯二三二〇　中戍不雉眾　吉　3

屯二三二〇　左戍不雉眾　吉　3

屯二三二八　其雉　3

屯三〇三八　𢓊伐羌方于之擒戋不雉眾　3

屯三六五五　……庸戋𢿌方不雉眾　3

屯四〇三三　惟戈田遨雉弗悔無災泳王　吉　3

屯四〇三三　癸酉卜王其田遨雉惟乙雨　吉　3

屯四二〇〇　……戍逐其雉王眾　3

英二五三九　壬戌王卜貞田𩁹往來無災王占曰吉獲　5

英　𪊨五象一雉六

英二五四二　……王卜貞田𣏟往……災王占曰吉茲御……獲　5

英　隹二百五十象一雉二

琟　鴻

三六五六五　甲寅卜在鴻貞王今夕無畎　5

三六五六七　甲寅王卜在亳貞今日……鴻無災　5

三六五六七　乙卯王卜在鴻貞今日往于徹無災　5

化隹

五八五四　戊戌卜宾貞受一𡆥取……于化隹夲　1

六一五三　庚子卜㱿貞旬舌方于好化隹　1

六八五七反　……化隹……　1

七〇四〇正　貞弗其戋化隹取……　1

一八二一八　貞惟化隹王望　1

一八二一九　丙午卜古貞令𦣞望化隹王　1

一八二二〇　貞惟化隹王望　1

三六九五六　庚寅卜在𦎫貞王步于化隹無災　5

鳧

一四一六一正　貞王入于鳧束循　1

一四一六一正　貞勿于鳧束　1

一八三二八　……鳧……　1

佳雔

二七一五一　惟唐雔……王受有祐　3

售

屯二五〇五　……翌日瞿其㫃　3

屯二五〇六　……翌日瞿……彖十　3

屯四五二九　于售北對　3

一三四八正　曰𩀘不鼎　小告　1

一八三三二　……貞……其……　1

懷八一八　……𩀘……　1

二〇五七六正　……弜克貝雀南封方　1

雀

四一一三　己卯卜爭貞雀以启　1

六九四七正　貞雀以戍　1

六九四七正　雀不其以戍　1

六九五二正　貞雀以石伐　二告　1

六九五二正　雀不其以石　1

八九八四　戊辰卜雀以象　1

八九八四　戊辰卜雀不其以象十二月　1

八九八四　戊辰卜雀以象　1

八九八四　己巳卜雀以猱十二月　1

八九八四　己巳卜雀不其以猱　1

九〇三三　……雀以　1

英三八一　乙卯卜……雀以……弗……　1

英三八一　乙卯卜雀弗以允……　1

懷四四二　壬辰……雀……以……允獲……　1

著錄號	釋文
一九〇反	雀入三十
一九〇反	呼人入于雀
一九〇反	呼人不入于雀
一〇五一反	雀入三
七六八反	雀入二百五十
九七四正	入雀…妾
一一〇〇反	雀入二百五十
一五三一反	雀入二百五十
一八六八反	雀入二百五十
二二七四反	雀…百五十
二三九九反	雀入二百
三二〇一反	雀入二百五十
五九九五反	雀入二百五十
六九二八反	雀入三十
九二三三反	雀入二百五十
九二三四反	雀入二百五十
九二三五反	雀入二百五十
九二三六反	雀入二百…
九二三七	雀入二百五十
九二三八	雀入二百…
九二三九反	…入二百…
九二四一	雀入百
九二四三	雀入…
九七六〇	…卜雀…入受年
九七七四反	雀入二百五百
九七九一反	雀入二百五十
一〇九三七	雀入二百五十
一一二七四反	雀入十
一二四八七反	雀入二百五十
一三三三三反	雀入二百五十
一三六七五反	雀入二百五十
一四一三〇反	雀入百
一四二〇九反	雀入百五十
一四二一〇反	雀入百五十
一四三六四反	雀入百…
一四三九五反	雀入百五十
一四九二九反	雀入二百五十
一四九五一反	雀入二百五十

著錄號	釋文
六九三一	庚寅卜殼貞呼雀衍伐[illegible]
六九四八正	勿呼雀衍伐亘弗其𢦏
七〇七六正	曰雀伐
七〇七六正	曰雀勿伐 二告
二〇四〇三	惟雀伐羌
二〇三九九	乙巳卜…[illegible]暨雀伐羌囚
三三〇七二	戌…卜令雀伐𢀛侯…
英 六〇三	…雀伐獐
懷 三五五	壬午卜…雀比…伐[illegible]…

著錄號	釋文
六八三四正	庚申卜王貞雀弗…獲缶
六九五二正	乙巳卜爭貞雀獲亘
六九五二正	乙巳卜爭貞雀弗其獲亘 二告
六九五二正	…亥卜殼…雀…獲亘 二告
一〇二〇一	己未卜雀獲虎弗獲一月在而
一〇二〇二	己未卜雀獲虎弗獲一月 二告
一〇八三八	惟王雀獲
一〇八五五	…申卜王雀獲
一〇八五六	…申卜王雀獲
一〇八五六	庚申卜王雀獲
二〇三八三	丁卯卜雀獲亘
二〇三八四	辛亥貞雀執亘受祐
懷 四三四	甲辰…王雀弗其獲侯任在方

著錄號	釋文
五三	壬申卜貞雀弗其…𢦏𡆥
一〇五一正	壬辰卜殼貞雀𢦏祭
一〇五一正	壬辰卜殼貞雀弗其𢦏祭三月 二告
一〇五一正	壬辰卜殼雀弗其𢦏祭三月
六九五二正	貞雀𢦏戉[illegible]
六九六四	貞雀𢦏祭方
六九七一	丁巳…貞毋弗𢦏雀…五月
六九八〇	…雀其𢦏[illegible]
六九八一	庚…雀弗其𢦏陟
六九八九	…卜殼貞缶其𢦏雀 二告
七〇七六正	雀弗其𢦏
七〇七六正	雀𢦏卣
七〇七六正	其先雀𢦏
七〇七七	翌癸…雀弗其𢦏卣邑
七〇七八	…雀…𢦏卣邑
七六七八	貞雀弗其𢦏
三三〇七一	甲辰卜雀𢦏𢀛侯
三三〇七一	…卜𢀛侯𢦏雀

五七四　庚午雀執宗　二告
五八二八　甲戌卜内翌丁丑雀女其夲
五八二九　丁酉卜呼雀疋朿夲
五八三〇　貞雀其夲
五九八四　…龤圞吅雀
六八七五　雀弗其夲缶
六八七六　雀？…缶
六九五三　貞雀弗其夲亘
英五三三　丙寅雀有執十月
英六〇二　…㱿貞雀其執…

六七二正　貞呼雀酌于河五十
一〇五一正　呼雀用三牛
一〇五一正　己丑卜争貞亦呼雀燎于云犬
一〇五一正　貞勿呼雀燎于云犬　二告
一一四〇正　貞勿呼雀酌于…五十牛
三〇六一正　勿呼雀夕敦
三三二七　貞勿呼雀戌
四一〇九　呼雀王于
四一一〇　…呼雀
四一一一　辛酉…呼雀…
四一一二　辛未卜争貞翌癸酉呼雀燎于岳
四一一二　甲辰卜宾貞今日勿呼雀…　二告
四一四一　翌辛丑呼雀酌河三十…
四一四一　己亥卜内翌辛丑呼雀酌河…
四一四二　戊戌卜㱿…呼雀…燎十…十…十牛
六四六〇反　呼雀往于□
六四六〇反　勿呼雀往于□
六五七二　戊戌卜内呼雀𢦔于出日于入日宰
六九〇四　壬子卜㱿貞王呼雀复若
六九四六正　貞呼雀征目
六九四六正　甲子卜争雀弗其呼王族來
六九四六正　甲子卜争雀弗其呼王族來
六九四六正　丁卯卜争貞呼雀□捍執　二告
六九四六正　雀其呼王族來　二告
六九四六正　戊午宾貞呼雀往于□
六九四六正　戊午…宾貞勿呼雀往于□　不告
六九四七正　戊午卜争貞呼雀斦戠
六九四七正　貞勿呼雀斦戠
六九四八正　癸卯卜㱿貞呼雀衔伐亘𢦏十二月
六九四九正　…㱿貞呼雀衔伐亘
六九四九正　壬寅卜㱿貞勿呼雀衔伐亘　二告

六九五九　辛巳卜㱿貞呼雀伐□
六九五九　辛巳卜㱿貞勿呼雀伐□
六九五九　辛巳卜㱿貞呼雀敦桑
六九五九　辛巳卜㱿貞呼雀敦鼓
六九八三　癸巳卜㱿貞呼雀伐望戉
六九六二　勿呼雀伐𢀛
七五九七　呼雀伐…
一〇九七六正　戊寅…内呼雀買
一〇九七六正　勿呼雀帚于西
一四四五三　呼雀燎于岳　二告
一四五五一　丁丑卜争貞呼雀祀于河
一九八五二　辛丑卜勿呼雀凵雀取侯邑
二〇一七二　乙亥卜惟雀呼
英六〇二　…㱿貞呼雀…
懷八七　…貞今日…呼雀燎…

四一三　甲申卜禦雀父乙一羌一宰
一三八九二　勿禦雀于母庚
一三八九二　庚寅卜勿雀于母庚禦

一六七七反　貞雀骨凡
一三八六九　戊申卜貞雀骨凡有疾
一三八六九　戊申卜貞雀弗其骨凡有疾
一三八六九　戊申卜貞雀骨凡有疾六月
一三八七〇　貞雀骨凡有疾

一〇五一正　…卜争貞翌壬令雀
四一三七　乙巳卜…令雀…
四一三八　乙亥卜勿令雀呼…出
六九六〇　壬子卜王令雀卓伐畀十月
八〇〇七　癸卯…于雀…迺令…豕…
一〇五六七　壬戌卜王貞其令雀田于…
一九八二二　庚午卜令雀備量唐
二〇一六九　壬…卜令雀…
二〇一七一　丁巳卜令雀即雀在䍜二月
二〇一七三　癸丑卜令雀匕目

其它

三八七反　貞奴雀㲋牛
一一〇正　己巳卜殸貞雀其𢦏
一一〇正　貞雀不𢦏二月
五八五反　雀入
三四五二　…貞…雀男…受…
四一一八　…夕勿酌…母庚雀…贏
四一二〇　…雀來…
四一二四　丁酉卜殸貞雀無囚
四一二五　…雀有壱　二告
四一二六　貞雀有保
四一二七　貞雀其有凡
四一三九　辛亥卜…貞𠃬尋…雀牛…侑十…
四一四三　庚戌卜雀于春出
四一四四　己酉卜王雀有來今…
四一四五　…雀有來
四一四六　丙午卜己酉雀至
四一四七　…雀允至
四一五〇　貞父乙其壱雀
四一五二　雀
四一五六　己卯卜王貞雀受孋…
四一四九　…雀…弗保
四一六四　…雀…
四三〇五　…午卜勿…暨雀先來
五六七九　…沘寇…亞雀
五七九三　癸未卜…雀不其來射
五七九三　癸未卜今一月雀無其至　二告
五七九四　…未卜…雀…射
六五七一正　壬寅卜殸貞尊雀惟𠥗…基方
六五七三　甲戌卜殸貞雀及子商徒基方克
六五七七　乙亥卜殸貞雀有作囚
六五七七　乙亥卜殸貞雀無作囚
六九三九　…爭貞曰雀翌乙酉至于䜌
六九四七正　戊午卜殸貞雀追亘…
六九四七正　戊午卜殸貞雀追亘有獲
六九四九正　貞雀無囚
六九五二正　貞望㦰若启雀
六九五九　辛巳卜殸貞雀得亘我
六九五九　辛巳卜殸貞雀弗其得亘我
六九七九　己酉卜貞雀往征犬弗其擒…十月

六九八六　貞雀弗其獲征微
六九八八　…午…取雀…　二告
七〇二〇　己卯卜王咸𢦏…余曰雀𠯑人伐𡆥…
七〇七六正　其…雀𢦏
七〇七六正　貞勿曰雀來复
七〇七六正　雀克入𠚕邑
七〇七六正　甲寅卜爭貞曰雀來复
七〇七六正　雀弗其克入
七〇七六正　癸丑卜殸…兕…其獲…𧆘…雀…
七七六八　癸酉卜殸貞雀惟今日𢦏
七七六八　癸酉卜殸貞雀于翌甲戌𢦏
八〇〇六　戊子卜令發往雀師
八〇一三　勿𦎫雀…
八〇〇八　甲申卜殸貞雀受祐
八九四五　貞奴雀㲋牛
八六三二　貞𣪠不其　于雀
一〇〇三五　…辰卜…雀…朕…中二月
一〇八六三正　戠其啓雀　二告
一三五一四甲正　雀步于𣐿
一三五一五　癸丑卜㝴貞雀郭
一三七五八反　…甲𢀛戠雀
一九〇三三　…雀任…受…
一七〇八一　雀不𢦏
一七〇八一　雀其𢦏
一七〇八一　貞雀不𢦏
一七〇八一　貞雀其𢦏
二〇一七〇　貞雀凡囚在𠭃二月
二〇一七四　甲寅卜王即雀
二〇一七五　癸丑卜雀亘受…九月
二〇三八三　癸亥卜亘弗…雀
二〇三九三　癸亥卜亘其征雀…月
二〇五〇〇　戊戌卜雀𦎫于教
二〇五七六正　庚申卜貞雀…囚骨告事
二〇五七六正　辛酉卜貞雀無囚南土囚告事
二〇五七六正　辛酉卜貞雀無囚南土囚告事
二〇五七六正　庚申卜貞雀無囚南土囚告事
二〇五七六正　庚申…貞雀無囚南土囚告事
二一八九七　辛巳卜貞雀受祐十三月
二一九〇一　己丑王不行自雀

雀

著錄	釋文	數
二二〇八六	壬申卜貞亞𠂤雀甾內乙囚	1
二二三一七	癸卯卜貞雀宓哭無囚	1
三二八三九	己未貞雀無囚	4
三三〇七一	甲辰卜雀受侯祐	4
三三〇七一	甲辰卜侯賓雀	4
屯 二四七	乙巳貞雀無囚	
屯 二七〇六	雀受祐	1
英 一七、九	丙子卜貞雀……旬又五日𢀛……喜……	1
五四三九反	莫來四在雀	1
一八八三〇	……其……于雀……斫……	1

鳥

著錄	釋文	數
一一六正	呼取生芻鳥	1
一一六正	勿取生芻鳥　小告	1
五二二反	……卯有……𢦏庚申亦有鑿有鳴鳥…… 疾圂羌捍	1
三四五七	……卜鳥……男克……	1
四七二五	辛未卜鳴獲井鳥	1
四七二五	……鳴不其……井鳥	1
五五二九	……卜……使人于……	1
六五二八	……爭貞王曰𢀛……田……其卒	1
六五二八	貞勿曰𢀛……田弗其卒	1
八二三九	……甾友惟于鳥	1
九〇一一正	貞不其鳥	1
一〇五一二	……其惟……鳥……	1
一一四九七正	丙申卜殸貞來乙巳酚下乙王固曰酚惟有 崇其有鑿乙巳酚明雨伐既雨咸伐亦雨𢻮 卯鳥星	1
一一四九八正	丙申卜殸貞來乙巳酚下乙王固曰酚惟有 崇其有鑿乙巳明雨伐既雨咸伐亦雨𢻮鳥 星	1
一一四九九正	……酚明雨伐……雨咸伐亦……𢻮卯鳥大啓 昜……	1
一一五〇〇正	……㯱庚子蓺鳥星七月	1
一四三六〇	貞帝鳥三羊三豕三犬	1
一四三六〇	丁巳卜貞帝鳥	1
一七三六六反	……之日夕有鳴鳥	1
一七八六四	鳥	1
一七八六五	……古貞𢀛不……	1
一七八六六正	……鳴鳥	1
一八三四四	……惟……鳥……	1
二〇三五四	庚申卜𣎳令小臣取丁羊鳥	1
二三六九一	……申卜喜……鳥……𠀠……	2
二七〇四二反	……亞……鳥……	3
二八四二四	……擒無災……鳥……	3
屯 五一	丁卯貞己巳蒸𢦏于祖辛暨父丁　茲用	4
英 一二七三	丁巳……貞十?……禕……鳥……	1
懷 八六七	……鳥……囚	1

雚

著錄	釋文	數
二八四二五	雚其出于田	3

鳴

著錄	釋文	數
五二二反	……卯有……𢦏庚申亦有鑿有鳴鳥…… 疾圂羌捍	1
一一一〇正	丙子卜殸貞勿呼鳴比戉使𠚤三月	1
四一五五	戊……鳴	1
四七二一	貞惟令鳴　十三月	1
四七二二	呼鳴比戉事𠚤	1
四七二二	貞勿呼鳴比戉事𠚤	1
四七二三	貞呼鳴比戉	1
四七二三	呼鳴比戉事𠚤	1
四七二三	貞勿呼鳴比戉	1
四七二四	癸卯卜……鳴令	1
四七二五	辛未卜鳴獲井鳥	1
四九八一	……卜貞……鳴不……一人囚	1
六七六八正	癸未卜穷貞令鳴暨方八月	1
六七六九正	癸未卜穷貞令鳴暨方	1
八二三七	……于鳴……	1
八二三八	……往鳴	1
八七〇七	……鳴……	1
一〇五一四	甲寅卜呼鳴网雉獲丙辰風獲五	1
一七三六六反	……之日夕有鳴鳥	1
一七三六七	丁巳……貞……鳴……囚	1
二〇六四二	丁巳……貞……以……𣪕……鳴	1
二一三八四	……巳……既夢……作佣耳鳴終……大……	1
二一九二六	……未不鳴惟隻	1

二二〇九九　庚戌卜朕耳鳴有禦于祖庚羊百有用五十八侑母…𢓊今日　1

二三六八四　丁酉卜出貞令𢦏史鳴友…　2

二七七四六　辛酉卜貞其呼𠬝任㝵鳴…母若弗悔在三月　3

二八〇二二　惟新鳴𢦏　3

三二八三九　辛酉貞王步于鳴　4

三二五〇九　甲戌貞令鳴祟交得　4

英五三八　貞令鳴以多方年　1

唯

二七二五一　非唯　3

二九六九六　非唯大吉　3

三一二六五　丁卯卜唯…　3

三一二八七　非唯　3

三一二八八　…小𠦪…唯日𠦪…　3

三一六七七　非唯　3

三一七三一　唯受…　3

三八七二九　其唯𡛷𥙯正　5

英二三九七　弜唯　3

懷一四六五　弜唯　3

二一五〇一　…采格雲自北西單雷…星三月　1

鵬

一八三四八正　丁卯卜韋貞　1

六〇九〇正　庚午卜㱿貞吾方來惟鵬惟我囚　1

一八三四七　…我鵬于…　1

一〇五一〇　…上甲…王賊…　1

英二六七四正　子曰　5

英二六七四正　子曰　5

駁

二一八四四　…亦…　1

一八三四六　……駁…　1

鳴

一七三六九　丁酉卜…鳴…　1

一七三七〇　…鳴…于…　1

一七三七一　…鳴…　1

鳥

五四九七　…鳥?　1

屯四五六五　集有囚　4

燕

五二五七　庚戌卜…貞王叀惟吉燕　1

五二八〇　壬子卜史貞王惟吉燕八月　1

五二八一　…卜史貞王惟吉燕之日…　1

五二八一　…吉燕八月　1

五二八八　…惟燕　1

五二八九　甲午…貞惟…燕　1

五二九〇　…無延…燕…惟若…　1

五二八二　辛未卜…貞惟…燕　1

五二八三　…貞惟吉燕　1

五二八四　辛…貞惟…燕七月　1

五二八五　…貞惟吉燕　1

五二八六　…貞惟吉燕　1

五二八七　…燕…　1

五二八七　…貞惟…燕　1

五二九五　…戌卜…王往…燕無…　1

一〇四九七　…燕　1

一〇四九八　…　1

一二五二三　貞惟燕吉　1

一二七五一　貞惟雨燕　1

著錄號	釋文	期
一二七五四	貞惟吉燕	1
一五三二一	乙卯卜…貞…燕皂于…曰…	1
二七八四六	辛亥卜河貞惟吉□用	3
二七八四九	…惟…□	3
二七八四九	丁卯…貞王…惟…□	3
二七八五〇	甲子卜河貞王□惟吉□	3
懷 三八九	己巳卜史貞王□惟吉燕	1

著錄號	釋文	期
一〇四九五	…往逐□	1
一〇四九六	辛巳…王于翌…往逐□不…	1
一〇四九九	…□獲□五十	1
一〇五〇〇	…擒獲□十豕一兔一	1
一〇五〇〇	…往逐磬□弗其擒	1
一八三四五	…卯王…逐□不…子己…	1

著錄號	釋文	期
四八七九	…子卜…貞□…不惟雍…囚	1
英一七一四	…亞□	1

歔

著錄號	釋文	期
六七〇二	乙卯卜…貞令…歸□	1
八六七五	貞令方…歔皂…	1
二七九九〇	惟可日□呼□絴方歔方戀方	3
三一一五四	王其呼…利乃□皿 大吉	3
三一一五四	…□皿其…	3

𣅁

著錄號	釋文	期
一〇六一三正	…祖乙鳴不□	1
九〇四正	貞不□冊十祖乙	1
九九四七	貞祖丁□	1
九九四七	貞祖丁□ 二告	1
一〇六一三正	…祖乙鳴不□	1

集

著錄號	釋文	期
一七四五五	…貞…夢集…鳥…	1
一七八六七正	…貞…集…	1

魚

著錄號	釋文	期
二二三	丁酉卜穷貞來乙巳魚	1
六六六七反	勿魚	1
六六六七反	王魚	1
一〇三五	魚	1
一〇四七一	癸卯卜豢獲魚其三萬不…	1
一〇四七二	…卜貞豢…魚…	1
一〇四七三	…卜貞豢執…魚	1
二九四一	…皿…甫魚	1
一〇四七四	…卜…豢…□…酒魚	1
一〇四七七	…魚九月	1
一〇四八〇	…寅…狩…魚…	1
一〇四八一	…亘貞我魚…井…	1
一〇四八二	乙卯…魚	1
一〇四八三	…魚	1
一〇四八四	…魚不	1
一〇四八五	…卯…沝…魚	1
一〇四八六	…殼貞…魚…	1
一〇四八七	戊寅卜貞魚	1
一〇四八八	貞王魚	1
一〇四八八正	…魚 小告	1
一〇四八九	…魚…	1
一〇四九〇	甲辰…魚	1
一〇四九一	貞魚	1
一〇四九二	癸未卜…丁亥魚	1
一〇四九三	…魚于…	1
一〇九一八	戊寅王狩膏魚擒	1
一二九二一正	辛卯卜殼貞王往延魚若	1
一二九二一正	辛卯卜殼貞王勿延魚不若	1
一四六八八	…卜惟魚冊昌	1
一五四八五	丁丑卜穷貞勿自魚歲卜有祟粤用弗□屮	1
	…	1
一五四八六	丁丑卜穷貞勿自魚歲卜有祟粤…	1
一五四八七	癸丑卜貞勿自魚羊惟牛	1
一四五九一	貞今日其雨十月在甫魚	1
一六〇四三	貞不其魚	1
一六〇四三	…寅卜穷…翌丁卯魚饗多…	1
一六二〇三	甲申卜不其網魚	1

一七八〇一反　呼魚…　1
一九七五九　…申…王貞…豢魚羌　1
二〇六三八　丁…貞…以…魚…　1
二〇七三九　乙卯卜内豢出魚不沁九月　1
二一六九三　丁亥卜王…豢獲魚…獲　1
二二三二六　…卜絲貞昍魚人　1
二三三七〇　束魚　1
二四三七六　…未…魚…沁…卒　1
二四四九九　辛未卜貞今日⿱八魚庸十二月在甫魚　2
二四七〇四　丁亥出魚…　2
二四九一一　…魚…　2
二六八四二　…魚…　2
二七四五六正　…雋…魚…　2
二七八九〇　貞其示…魚　3
二八三三七　惟小臣妥䊷不作自魚　茲用　3
二八四三二　…卯卜何…自魚…受禾　3
二九七〇〇　…王…魚…　3
屯六三七　壬子卜其束司魚　茲用　3
屯一〇五四　庚寅卜翌日辛王兌省魚不遘雨　吉　3
屯一〇五四　乙亥貞魚　4
屯二三四二　乙亥貞魚無囚　4
英七〇四反　…丑貞王令伊尹…取祖乙魚伐告于父丁小乙祖丁羌甲祖辛　4
懷四六　…魚…　1
懷七七　…乙…魚…祖乙…　1
懷七三七b　…魚于母…羊子…　1
懷七四〇　貞…魚…　1
懷七八七　…魚…　1
　…魚…　1

魯

七八二三　…辰卜古貞商魯　二告　1
七八九四　貞其雨十月在甫魯　1
七八九五　貞其雨…在甫魯　1
七八九六　貞今…其雨在甫魯　1
七八九七　乙亥貞其召衣于亘遘雨十一月在甫魯　1
九三〇〇正　…其魯…　1
九七六八　…我受年王固曰受…惟不魯　1
九九七九　…魯受黍…　二告　1
一〇一三二正　乙丑卜古貞婦姘魯于黍年　1
一〇一三三正　丁巳卜𣪘貞黍田年魯四月　1
一〇一三三反　王固曰吉魯　1
一〇一三五　…貞今一月…魯于…　1
一三六二一　貞今一月魯于…　1
一四〇二五　…魯…　1
二〇二七四　…卜王惟…正商…允魯　1
二三一〇二　壬午卜魯不其嘉五月　1
二三一〇二　壬午卜魯嘉　1
二三一〇二　魯不其嘉　1
二三一〇二　魯嘉允嘉延𢦏　1

⿱八魚

一八八〇四　辛未卜貞今日⿱八魚庸十二月在　1
二四三七六　辛未卜貞今日⿱八魚庸十二月在甫魚　2

二六七七七　…辰卜出…今日⿱八魚⿰亻樂　2
二六七七八　…巳卜出…今日⿱八魚⿰亻樂　2
二六七七九　…今日…⿰亻樂⿱八魚…日允⿱八魚　2
英二三五七　…⿱八魚…繳…　2

一八八〇一　己巳卜貞翌庚午⿱八魚益𠦪之日…　1
一八八二三　…雍…⿱八魚𠦪…　1
二六七七五　…卜出貞…⿱八魚𠦪之日允⿱八魚　2
二六七八七　…出貞…日⿱八魚…𠦪…允…　2
　甲申卜貞…乙酉⿱八魚酌𠦪之日酌𠦪…
懷二四六　往祝…小入…雨　1

一八八〇二　…大…午⿱八魚益…之日允…六月　1
一八八〇三　貞翌丁卯⿱八魚益醫　1
一八八二〇　…⿱八魚益…日之…允⿱八魚　1
一八八二四　…⿱八魚益醫之日允⿱八魚　1
二三七一七　己巳卜大貞翌辛未⿱八魚益醫　2
二六七六三　甲子卜出貞翌丁卯⿱八魚益醫　2
二六七六三　丙寅卜出貞翌丁卯⿱八魚益醫　2
二六七六四　丙寅卜卜出貞翌丁卯⿱八魚益醫　2
二六七六五　丙寅卜…貞翌丁卯⿱八魚益…　2

著錄	釋文	期
二六七六六	丙寅卜出貞翌丁卯𩵦益醫不𩵦	2
二六七六七	丙寅…出貞翌丁卯𩵦益醫之日…	2
二六七六八	戊寅卜出貞今日𩵦益醫	2
二六七六九	癸亥卜出貞今日𩵦益其…	2
二六七七一	…卜出…𩵦益…唐之…𩵦	2
二六七七二	…卜出…𩵦益…之日…𩵦	2
二六七七三	…出…唐…𩵦益…之日允…𩵦六月	2
二六七七四	…𩵦益𩵦…之日…𩵦	2
二六七八一	…申卜出…翌乙酉…益…𩵦	2
二六七八四	…益…𩵦…日…	2
二六七八八	…卜出…辛…益…日允…𩵦	2
二六七九〇	…卯?卜出…𩵦益𤔲之日允𩵦	2
二六七九六	…不其…益…不𩵦	2
懷一三六七	丙寅卜卜出貞翌丁卯𩵦益醫	2
懷一三六八	丙寅卜出貞翌丁卯𩵦益醫六月	2

其它

著錄	釋文	期
六	庚寅卜貞翌辛卯王𩵦交不雨八月	1
七二一反	王固曰𩵦酌惟有祟無…	1
七二一反	王固曰𩵦酌惟有…無…	1
三四三一	…王…𢀛…𩵦…𡆥…	1
四二八六反	戊弗其𩵦	1
一八八〇〇	貞雍其𩵦𢀛	1
一八八〇〇	貞雍不𩵦𢀛	1
一八八〇〇	貞雍其𩵦𢀛	1
一八八〇〇	貞雍不𩵦…	1
一八八〇〇	貞雍其𩵦𢀛	1
一八八〇〇	貞雍不𩵦…	1
一八八〇三	貞…丁卯不其𩵦之日允不…	1
一八八〇五	庚辰卜貞宁戋𩵦𡿧不肩在茲	1
一八八〇六	貞不其𩵦	1
一八八〇七正	貞不其𩵦…之…允…	1
一八八〇八	貞不其𩵦	1
一八八〇九	…不…𩵦	1
一八八一〇正	丙…貞…𩵦…	1
一八八一一	貞弗其𩵦𢀛𠙵方	1
一八八一三	…𩵦…	1
一八八一五	…不…𩵦…	1
一八八一五	…辰卜古…翌乙…𩵦…	1
一八八一六	貞…𩵦…	1
一八八一七	貞…𩵦…	1
一八八一八	丑卜…日𩵦…	1
一八八一九	甲寅卜…貞翌…卯𩵦…學黄…日允…學…	1

[illegible]

著錄	釋文	期
一八八二三	貞…其𩵦…月	1
一八八二五	…庚辰…𩵦𠦪…	1
一八八二六	…其𩵦…	1
一八八二七	…𩵦…	1
一八八二八	…其𩵦…	1
一九八二三	…貞…𩵦…	1
一九八六四	庚辰…王…𩵦	1
二三四三二	…保于母辛宗宕酌…之日不𩵦六月	2
二三六一一	丁卯卜出貞今日𩵦…	2
二四一四七	…卯卜出…今日𩵦…之日…	2
二六七六三	…不…𩵦…	2
二六七六四	…貞不其𩵦…日允…	2
二六七六五	貞翌丁卯不其𩵦之日允不𩵦	2
二六七七〇	…卜出…今日𩵦…武唐…允𩵦	2
二六七七六	…午卜…貞今日𩵦	2
二六七八二	…卜…翌…酉𩵦…月	2
二六七八三	…翌…𩵦…	2
二六七八五	戊…出…己…𩵦…	2
二六七八六	…日𩵦…之日…皿…	2
二六七九一	貞不其𩵦十月	2
二六七九二	貞不其𩵦	2
二六七九三	貞不其𩵦	2
二六七九四	…不…𩵦	2
二六七九五	…不…𩵦	2
二六七九五	…辰卜…翌乙…𩵦	2
二六七九七	…出貞…𩵦…	2
二六七九八	甲…貞…乙…𩵦…	2
二六七九八	…丑卜…貞今…學…𩵦	2
三一八九七	貞惟𩵦…至王受…	3
英四三四	貞亘其𩵦惟捍	1
英一七九八	…卜王貞…乙酉…其𩵦…	1
英二三五五	壬辰卜出貞…未𩵦…	2
英二三五六	…𩵦…	2
懷一〇七五	…出…𩵦…之…	2
懷一〇七六	…不…𩵦…	2
懷一〇七九	…出…翌辛…𩵦…𠦪…	2
懷一〇八〇	…不…𩵦…	2
懷一三六八	貞翌丁卯不其𩵦之日允不𩵦	2
懷一三六八	貞翌丁卯不其𩵦之日允不𩵦	2

二六三〇　己卯卜殻貞勿魚婦好禦　1
九七三一正　…殻…上甲…勿魚…不雨帝…受我年二月　1
一三五一四乙正　辛卯卜殻貞勿魚基方缶作郭子商…　1
一三五一四甲正　辛…卜殻貞勿魚基方缶作郭子商
戋四月　1
一八三五二　…魚…夕王…　1
一八三五三　庚申卜穷貞惟魚　1
一八三五三　庚申卜穷貞勿惟魚　二告　1
一八三五四　貞魚…　1
一八三五五　貞魚㞢…　1
二一八八二　癸丑貞庚入魚無女　1
二六八四六　…勿魚友曰若　2

鮻

八一〇五正　貞勿酌戠九月在鮻　1
八一〇五反　…鮻　1
八一〇六　辛卯卜貞今夕囚十月…鮻　1
八一〇七　…勿步…在鮻　1
八一〇七　…勿步…月在鮻　1
八一〇八　貞勿令九月在鮻　1
一〇九九三　戊子卜爭貞勿步狩九月在鮻　1
一〇九九四　貞弗其擒九月在鮻　1
一四一四九反　牧入十在鮻　1
二四三八二　壬辰卜出貞今夕無囚十月在鮻　2
二四三八三　…貞…雨…在鮻卜　2
二七九四六　弜…其悔鮻　3
二九三七六　…在鮻師獲中田　3
三三一六二　貞…王其…自鮻于…多若　4
三三五七四　…在鮻餗　4
三六九二三　癸丑王卜在鮻貞旬無畎　5
屯二三三〇　…于卜貞…無災在鮻師　3-4

漁

一三〇正　貞翌乙未呼子漁侑于父乙宰　1
一六九　子漁有比　1
七一三　貞禦子漁于父乙㞢羊册艮　1
七二九　貞禦子漁于父乙有一伐卯宰　1
二九七二　貞勿…子漁…于㞢祖　1
二九七二　貞呼子漁侑于祖乙　1
二九七三　呼子漁侑于㞢祖　1
二九七五正　…午卜殻貞翌乙未呼子漁侑于父
乙宰　1
二九七八正　壬申卜穷貞呼子漁侑于…　1
二九七九反　惟子漁侑…　1
二九八〇正　貞子漁有册于　1
二九八三反　…子漁勿侑于…　1
二九八四　貞禦子漁　1
二九八五　乙丑卜亘貞禦子漁于…　1
二九八六　貞禦子漁于…　1
二九八七　乙巳…酌子漁禦　1
二九七七正　貞翌乙卯呼子漁侑于父乙　1
二九八二　貞勿…子漁…　1
二九八四　貞禦子漁　1
二九八八　乙巳酌子漁　1
二九九一　…子漁…[illegible]于…　1
二九九二　…子漁…　1
二九九三　…子漁有祟　1
二九九四　子漁祟　1
二九九五　…子漁…　1
二九九六　…子漁于暨惟…　1
二九九七　貞子漁暨…　1
二九九八　…子漁…　1
二九九九　…子漁…　1
三〇〇四　…子漁…　1
六〇二一　子漁有从　1
一三六一九　癸巳卜殻貞子漁疾目禍告于父乙　1
一三七二三　丁…貞子漁無疾三月　1
一三八七一　貞翌乙巳子漁骨凡賓侑祖戊　1
一三八七二　貞翌癸卯子漁不其骨凡　1
一四五三六正　貞子漁惟有壱　1
一四五三六正　貞子漁無壱　1
一四七八〇　…酉…貞子漁侑册于娥酌　1
一四八三一　貞惟子漁烝于大示　1
三二七八〇　壬寅貞子漁無囚　4
三二七八一　…貞子漁…　4
英一二二　貞子漁囚惟母庚壱　1
英一二三　…甲禦子漁齒…　1

其它

三五七　…漁有从…　1
九二三　貞…漁有伐五…于…　1

二五二二反　…漁…祖…
二九七四　貞…漁侑于祖丁
二九七六　…子呼…漁侑于父乙
二九八一　…漁有以于兄…
二九八九　貞…勿…漁…禦…
二九九〇　…辰…來乙…漁…毌…
三〇〇〇　丁…貞…漁…
三〇〇一正　…寅卜爭…漁…無…
三〇〇二　…未卜…貞漁…娥…
三〇〇三　…漁…
九九六〇　…漁…
一二〇二二　…漁光凡今癸雨
一四七八二　…未卜殼貞漁侑禦…娥
二三三八四　…貞…彭…漁…
懷　三一八　貞…漁…

漁

一〇四七五　…王漁十月
一〇四七五　…王漁十月
一〇四七六　…子㕚…王漁十月

鰻

五二　…古貞幼鰻在…
一〇四七九　…鰻五月
二八四二六　惟滴鰻乚
二八四二七　其鰻
二八四二八　…其鰻
二八四二九　弜鰻…
二八四三〇　壬弜鰻其狩
二八四三〇　…鰻…
二八四三一　…鰻乚
屯三〇六〇　弜鰻
屯三〇六〇　…鰻…有正
屯三〇六二　癸酉卜宗其鰻其祝…

二五五八　乙未卜貞𢀛獲𦍌十二月允獲十六以羌六
三一三〇　癸酉卜穷貞呼雍𠂤師𦍌
五三三〇　…未卜王貞三卜大…𦍌
九〇〇五　…丑貞…以…𦍌
一〇四九四　乙未…𢀛不…𦍌
懷　三四七　…翌…𢀛…𦍌…水…

⿱魚大

二一四七〇　…給其⿱魚大…立

⿸虍魚

一八三五六　…⿸虍魚…
一八三五七　…⿸虍魚…二月
一八三五八　…穷…囚…⿸虍魚…

⿱生魚

二二四〇五　貞勿⿱生魚多口無囚

一三三三三　貞夕卜㕚…滴
一六〇四三　…寅卜穷…翌丁卯魚饗多…

⿱臼魚

一八三五九　…並…⿱臼魚…

龍

二八〇二一　壬戌卜狄貞其有來方亞旋其⿱⿰?王受有祐
九四正　壬寅卜穷貞若茲不雨帝惟茲邑寵不若 二月
九四反　王固曰帝惟茲邑寵不若
二七二反　貞呼龍以羌
二七二反　勿呼龍以羌
三七一正　呼𣎆凡龍圭
五〇六正　貞龍無不若不𢦏羌
五〇六正　貞龍無不若不𢦏羌
五〇六正　…龍其𢦏　二告

五〇六正　貞龍無不若不奉羌　1
九〇二正　王从龍東鲁　1
四〇三五　…申㚔…龍允…　1
四六五三正　貞呼龍　1
四六五四　…龍…㞢醜…　1
四六五五　甲辰…龍…　1
四六五六　貞龍其有囚　二告　1
四六五七　…殺貞龍其有…　1
四六五八　…龍…　1
五四四九　…龍…　1
六四七六　貞王惟龍方伐　1
六四七六　王勿惟龍方伐　1
六五八二　癸卯…貞有啓龍王从受有祐　1
六五八二　貞有啓龍王勿从　二告　1
六五八三　王惟龍方伐　1
六五八三　勿惟龍方伐　1
六五八四　甲辰…惟婦姘伐龍戦…　1
六五八五正　貞勿呼婦姘伐龍方　1
六五八六　貞…戦…龍…　1
六五八七　…呼師般取龍　1
六五八八　…古貞…般取…龍　1
六五八九正　貞呼取龍　1
六五九一　…龍　1
六五九〇　己酉卜殻…令般取龍　1
六五九一　…呼…龍　1
六五九二　貞及龍方　1
六五九三　癸丑卜貞㞢往追龍从朿西及　1
六五九四　癸丑卜貞㞢往追龍从朿西及　1
六六三〇正　…戊卜殻貞㚔戦羌龍　1
六六三一　貞㚔戦羌龍十三月　1
六六三二　…戦羌龍　1
六六三三　貞㚔弗其戦羌龍　1
六六三四　貞㚔弗其戦羌龍　1
六六三五　貞㚔弗羌龍　二告　1
六六三六正　丙辰卜殻貞㚔弗羌龍　1
六六三八　…羌龍　1
六六六四反　貞龍無囚　1
七〇七三正　…取三十邑…彭龍　小告　1
七八六一　惟茲邑寵不若　1
七八六二　惟茲邑寵不若　1
八二八三　貞勿令師般取…于彭龍　1
八五九三　…殺貞呼龍田于…　1
八六〇四　…龍…　1
八六〇五正　貞王…龍方…惟灣…　1

八六〇六　…貞龍出…　1
八六〇七　…丑卜王…龍…　1
八六〇八　…勿…龍…　1
九〇七六　貞龍來以　1
九〇七七反　…龍…以　1
九五五二　乙未卜貞黍在龍囿啬受有年二月　1
九六七五正　貞呼有龍□…　1
一〇〇七五正　貞呼爰龍　二告　1
一〇五五八　…殺貞呼龍田于…　1
一〇九八五　…龍田于宮　1
一二八七八反　…□有醜　1
一三〇〇二　乙未卜龍無其雨　1
一四一五三乙反　龍　1
一四一六七　…帝…令龍…　1
一四七七五　…般…彭龍　1
一六九四〇　王固曰有祟六…舟龍…有…　1
一七五四四　…婦龍示…　四　1
一八三五一　…㞢…戦…龍…　1
一八九三七　己亥卜爭貞毓龍…　1
一九二六九反　龍取…　1
二〇七四一　丙午卜亢令龍以隹示屯巳八月　1
二一〇九七　…龍…　1
二一〇九九　…丑卜𢀛…耳…龍　1
二一四七一正　龍　1
二一四七一正　…龍…克…　1
二一八〇四　戊辰卜衍貞酌盧豕至豕龍母　1
二一八〇五　庚子卜惟小宰禦龍母　1
二一八〇五　辛丑子卜貞用小牢龍母　1
二一八八一　辛亥惟龍　1
二二三九一　甲午卜龍卒　1
二七〇二一　…龍…田有雨　3
二八〇二一　甲子卜亞戦耳龍毋啓其啓弗悔
有雨　3
二八〇二三　…龍惟今日丁出　3
二八四二〇　其𥚁鷹龍…　3
二八四二二　惟鷹龍㠯有大雨　3
二九九九〇　其作龍于凡田有雨　吉　3
三一九七二　己卯貞令𠚤以衆伐龍𢦏　4
三三一八九　癸未卜龍來以術方…茲用乙酉遘…　4
屯九四二　弜…龍…吉　3
屯九四二　易龍兵　3

龏 龔

著録	釋文	次數
懷 六一九	…不…龍…	1
懷 一六五四	戊戌貞令衆涉龍㓝北無囚	4
五六二四	龔房有尹工	1
五九二八	…兄貞…龔執…	1
六五九五	…貞呼行取龔友于㠯庶以	1
六八一六	…允貞令龔㓝敎	1
七三五二正	貞王于龔…	1
七三五二正	勿于龔次	1
八一九八	…至龏	1
八一九九	…王呼斋方…龏	1
八二〇〇	…卜…余…龏…𠙵	1
八二〇二	…㠯其呼取…龏友束	1
九七七〇	…卜古貞我在奠从龔受年	1
一四八一四	貞侑于龔司	1
一四八一五	…夕㞢…司龔…子…	1
一七〇六九	壬申…龔…子𢦏	1
二三六一五	…子卜出…其㞢…龔…翌辛…	2
二四九五一	…丑侑于五毓至于龔𢎗	2
二六六三〇	癸亥卜兄貞…司龔…	2
二八〇二二	惟龔伐	3
三六九二六	辛未卜在龔貞王今夕無𡆥	5
屯 二三六九	辛巳卜在箕…有龏𢀛王	4
英 八三六	…呼田…龔…山	1
英 一八八七	…龔	1
英 一九七二	…龔𢎗先彡翌…	2

龐

著録	釋文	次數
三七一正	貞寵	1
一〇三五	貞師般來人于龐	1
一八九九正	勿于龐	1
七二八三	甲申卜㱿貞呼婦好先𠬝人于龐	1
七二八四	乙酉卜㱿貞勿呼婦好先于龐𠬝人	1
七二八五	乙酉卜㱿貞勿呼婦先于龐𠬝人	1
七二八六	乙酉…貞勿呼婦先于龐𠬝人	1
七二八七	丙戌卜㱿貞勿呼婦好先𠬝人于龐	1
七二八八	乙酉卜爭貞呼婦好先𠬝人于龐	1
七二八九	乙酉卜爭貞勿呼婦好先…人于龐	1
七二九〇	…好先于龐𠬝… 二告	1
七二九二	…𠬝…于龐	1
七三五八	貞余于龐次八月	1
七三五九	曰𠬝次于龐	1
七九三〇	乙酉卜㱿貞勿呼婦先于龐	1
九七七一	…龐不其受年	1
一四〇〇八臼	丙午…龐示十屯	1
一四一二九反	貞侑…于龐	1
一五六〇七反	…龐示…	1
一七三九三臼	己亥婦龐示二屯 㱿	1
一七五四五	…龐示四…	1
一七五四六	…龐示…	1
一九五二七	貞龐有蠱	1
二〇二九六	乙丑卜火龐	1
二一四三四	…酉卜寵…暨𩁹	1
三三一〇二	丁卯卜王于龐…	4
屯 二四〇九	惟在龐田封示王弗悔… 大吉	3
屯 二七八二	丁卯卜王于龐…	4
英 一五一	乙酉卜爭貞勿呼婦好先𠬝人于龐	1
英 三四二二	乙巳貞令多射在龐	4
懷 四三八	…貞…龐…	1

⿸广龏

著録	釋文	次數
九五三八	庚辰卜爭貞桼于龏	1
九五三八	…桼于龏	1
八九一正	貞于龏	1
八九一正	貞勿…龏	1
七九五反	貞惟龔司𢀛婦好	1
七九五反	不惟龔司𢀛婦好	1

⿸广龐

著録	釋文	次數
英 一一一一	貞…作龐…	1
英 一一一二	…㝵貞不作龐	1

嬶

著録	釋文	次數
英 二二七一	…其桼妣癸𡛛妣甲嬶惟…	3

⿰龍又

著錄	釋文	
四九二八甲	甲辰卜宊貞舟龤	1
四九二八乙	貞舟龤不其受…	1
四九二九	…丑卜王…舟龤	1
四九三〇	…舟龤	1
九七七二	丙子卜貞舟龍受年	1
九七七三	…未卜…龍受…	1

瀧

著錄	釋文	
九〇二正	…在瀧	1
九〇三正	王不雨在瀧	1
三七五五	癸巳卜爭貞旬無囚甲午㞢乙未蔔	1
	韋𡆥在瀧十月	1

鶾

著錄	釋文	
六九四七正	妥以鶾	1

龓

著錄	釋文	
三六七正	…龓…無…	1

嚨

著錄	釋文	
四六五九	…𡆥比嚨前…	1
英二八一	…爭…龤	1
懷八二一	…龍…	1

贏

著錄	釋文	
三三六九	辛亥…告贏于父丁一牛	4
二三六九三	…貞惟告贏令…	2
乇四五四五	…卯貞其告贏…	3
一七七三反	甲子卜…御…于贏	1
二八六五	貞禦盡妃于贏…	1
三三一〇	…未卜侑母…惟王䰟萑…禦衛…贏	1
一三六四六正	貞作禦婦好贏　二告	1
一五一一一正	…禦…贏	1

著錄	釋文	
二五八九二	辛亥卜㴆貞贏不既　弜其亦𡚁惟丁巳酌	2
二五八九二	辛亥卜㴆貞贏不既　弜其亦𡚁其𢆶宊…	2
三二四三九	己巳貞其尋𡚁贏	4
乇一〇三三	其𡚁贏	4
乇二四一四	習大示𡚁贏	4
乇二四一四	率小示𡚁贏	4
乇四三三三	習大示𡚁贏	4
乇四三三三	率小示𡚁贏	4
英一九九七	…亥卜…贏不既…亦𡚁…酌…	2

著錄	釋文	
三七六正	乙巳卜殻貞有疾身不其贏	1
四六一一正	貞王囚異其疾不贏	1
六四七五反	疾身不禦妣己贏	1
六四八二正	疾齒贏	1
六四八三正	禍以之疾齒鼎贏　小告	1
六四八三正	疾齒贏	1
六四八四正	疾齒贏	1
六四八六正	疾齒贏	1
七五三七	貞疾止贏	1
一三六二五正	貞有疾目贏　二告	1
一三六二五正	貞有疾目不其贏	1
一三六七三	貞疾𠂤贏	1
一三六七七正	貞疾肘贏	1
一三六九三	貞疾疋贏	1
一三七〇七正	乙未卜古貞妣庚贏王疾	1
一三七〇七正	乙未卜殻貞妣庚贏王疾	1
一三七〇八正	貞高…己贏王疾	1
一三七〇九正	庚…克贏王疾	1
一三七〇九正	…其克贏王疾	1
一三八六二	…王…疾贏	1
一八六五八	…疾…贏	1
懷四八八	…疾…贏	1

著錄	釋文	
八一〇正	貞王囚贏	1
八一〇正	貞王囚贏　二告	1
九一四正	貞王囚贏	1
一二八五正	貞王囚贏　二告	1
一二八五正	貞…囚不其贏	1

一七二三〇正　戊子卜殼貞王囚贏　二告
一七二三一　囚不其贏
一七二三一　貞王囚贏
一七二三二　囚贏
一七二三三　貞囚贏
一七二三四　貞有囚贏
一七二三五　：卜殼：囚有贏
一七二三六正　：爭貞囚不其贏
一七二三七　貞囚不其贏

三二〇四　：延贏
一三七一二正　丙辰卜殼貞婦好疢延贏
一七二五三正　貞婦延贏　二告
一七二五三正　貞不其延贏　二告
一七二五四　：其延贏

六四八二正　貞祇以之疾齒鼎贏
六四八五正　祇以之疾齒鼎贏
六四八六正　祇以之疾齒鼎贏

其它

三七六正　乙巳卜殼貞有：身贏　二告
六八二正　：爭貞婦好贏
七〇九正　貞婦贏
七〇九正　不其贏
七〇九反　貞好贏于祖辛
九二四正　翌乙未呼子宜祇父岦小宰冊及三㚔
五宰[illegible]贏正
二六五二正　貞婦好：贏
二六五二正　貞婦：从之贏
二七一六　：酉：貞呼：婦好：贏
二八三二丙正　：婦：贏
三一一七　：[illegible]贏
三一一九正　：[illegible]：不其贏
三一七一甲正　貞呼子賓禱于虫妣鼎虫贏
三一八七　貞禱于母庚贏
三二一二　：一牛：衔：贏
三二一七正　呼：凡贏
三二一七正　不其贏
三八三六　己酉：古：贏
三八五八　：辰卜韋：贏：
三八八九反　：贏

四一二八　丙午卜貞王曰雀凡：贏
四六六〇　庚辰：貞贏：其祟：勾其
四六六一　貞贏：
五三二四　辛卯卜王貞贏
五四七〇　：酉卜犬：其載王事贏
五五三二正　貞王肱不：贏
五五三二正　貞王肱贏　二告
五七六九正　：勿：贏　二告
五七七五正　貞王骨贏
五七七五正　王骨不其贏
六四八二正　不其贏
六四八三正　不其贏
六四八四正　不其贏
六四八四正　祇以之疾齒鼎贏
六八三四正　丙寅卜爭呼贏[illegible]侯專祟权
八六八二　：贏：方：臣：牧
九〇一七正　：小：[illegible]：贏
一〇七一一　其贏
一一〇一八正　貞王目贏
一一〇一八反　王固曰勿出下上贏有壱
一二五〇二　：終夕：贏亦大星
一三六二三正　貞王目贏
一三六二三正　王目毋其贏
一三六七四　貞有疒不其贏
一三六七四　丁卯卜爭貞有疒贏　二告
一三八六三　：其疢贏
一三八六四　今日疢：贏
一四二一八　禦婦鼠子于妣己允有贏
一四七九五正　：贏王：
一六一三三正　王其侑丁允贏
一七二三二　王固曰贏
一七二五〇　己丑卜殼貞王贏
一七二五一正　：婦：贏
一七二五二　貞不其贏
一七二五二　貞不其贏
一七二五二　貞贏
一七二五二　貞婦好贏
一七二五六　貞不其贏
一七二五七正　貞不其贏
一七二五五正　：其贏
一七二五八　貞有贏
一七二五九　：無贏

一七二六〇　…卜其嬴王…　1
一七二六一正　貞㞢…賓齒嬴　1
一七二六二　庚子卜穷貞嬴　1
一七二六三　乙巳…貞…嬴廼…父…　1
一七二六四　…嬴　1
一七二六五反　…嬴㞢…　1
一七二六六　不其嬴　1
一七二六六　貞嬴　1
一七二六七　不其嬴　1
一七二六八　…卜…嬴　1
一七九四六正　貞嬴　1
一八〇八六正　貞不嬴　1
一八四五六　…自嬴　1
一九〇二五正　…竹嬴　1
一九三四九　…伐小往…嬴　1
一九三五〇　乙酉卜爭貞从之嬴　1
二〇〇六六　癸丑…爭貞从之嬴　1
二一八八七　乙巳卜犬嬴侯敖　1
二一八八二　丁卯卜犬𩁹嬴　1
二一八八二　癸未卜束嬴　1
二一九五七　癸未卜束嬴　1
二二〇七五　…卜…嬴　1
二三〇二二　乙亥卜我…丙…入𠭁于嬴　1
二三六九二　甲午卜方捍…嬴…東…我　1
二三六九四　丁未…貞嬴不…弜其亦㭉惟…　1
二三六九六　…巳卜旅貞嬴不即弜其亦尋㭉…惟丁亥　2
彭十一月　2
二六六一一反　辛未卜旅貞嬴不既…　2
三〇四六四　辛亥嬴　2
三一〇八四　…卜其祝嬴　茲用　3
三二一七八　…卜貞嬴…其告王受…　3
三二一八二　庚子卜貞夕福…及卯牛一嬴…　4
三二一八二　庚子貞夕福册羌卯牛一嬴　4
三二七〇五　庚子卜告庚不嬴　4
三二七六二乙正　丁未卜嬴惟若　4
三三二〇九　…婦好嬴　4
三三二一二　于嬴𢆶田　4
三四〇七三　…王令…𢆶田…嬴　4
三五二五五　…午貞…嬴　4
三六八二五　…𢀛…　4
三六八二五　甲寅…在嬴…𢀛…陟…無災…十…　5
己巳王…在嬴貞今日步于攸無災在十月又二　5

毛一〇六五　丁卯卜祝嬴在…　茲用　3-4
毛二四一四　有不既嬴　4
毛二六六七　戊申卜嬴惟若　4
毛二七三三　惟𠨘…嬴…　3-4
英八〇九正　…役…其嬴　1
英一五七〇　…之嬴　1
英一八七一　…卜…今日…𢦔…戊…盧豕…嬴　1
英一九九八　庚辰卜旅貞嬴不既𢓊其亦尋…其
懷四八四　斦賓于上甲　2
懷六四四　…爭貞…不其嬴十二月　1
…王…嬴…余…不…正　1

九二四正　翌乙未呼子宜祝父宜小宰册及三㞢　1
五宰𢆶嬴正　1
二五八〇　…帝𢆶　1
一〇〇八七　貞…𢆶…㭉…　1
一四三四八　乙卯卜殼貞于𢆶示㭉…　1
一四三五〇　…于𢆶…　1
一四三五一　…𢆶…　1
一四三五三　…宰𢆶五宰它示三宰八月　1
一四三五八　辛巳卜貞一牛示惟羊𢆶惟㞢　1
一四三五八　㭉自上甲一牛𢆶…　1
一四三四九　貞于𢆶示㭉　4
三四一七二　甲寅卜作祟𢆶旬…　4
三四二二六　…于岳祟有大雨　1
懷四三　貞桒于羌甲𢆶册　1

龍龍

八一九七　…龖…　1

它

六七二正　…辛祖丁一牛它羊　1
四八一三　丁巳卜穷貞呼弘㝉𠂤夸弗条　1
一〇〇六〇　…卜…省于…它　1
一〇〇六一　…貞令它…||…求…　1
一〇〇六三　…它…匄…　1
一〇〇六五　…它…　1
一四三五三　…宰𢆶五宰它示三宰八月　1
一四三五四　貞元示五牛它一示三牛　1

壱 徭 選録

著録號	釋文	分期
二八二五	戌寅子卜無它	1
三二〇三三	丙寅貞惟示以羌暨□于□示用	4
三二一〇〇	……□三示三羌	4
三三五〇九	庚午貞令霝以在□祟交得	4
三三五〇九	甲戌貞令霝以在□祟交得	4
懷 八四二	……它……	1
懷 八九八	貞元示五牛它示三牛	1

壱 徭

著録號	釋文	分期
七七六正	壬寅卜殻貞河壱王	1
七七六正	壬寅卜殻貞河弗壱王	1
一六六三	惟亞祖乙壱王	1
二一四六正	貞父庚壱王	1
二一四七	……父庚壱王	1
二一四八正	貞父庚弗壱	1
二一五三正	母□弗壱王　二告	1
二一六六	貞父辛壱王	1
二四三三	妣己弗壱王	1
二四三三	妣己壱王	1
二八八九	兄丁壱王	1
六九四六正	己未卜爭貞黃尹壱王	1
六九四六正	己未卜爭貞黃尹弗壱王	1
一〇二九九正	惟南庚壱王	1
一〇二九九正	不惟南庚壱王	1
一三七五〇反	貞祖乙壱王	1
一四一六一正	貞侑母庚毋壱王	1
一四八三三正	貞不惟大示壱王	1
屯 二三六九	辛巳卜在箕惟夒壱王	4
九五	貞祖辛不我壱	1
九五	貞祖辛壱我	1
二〇九五	貞多祖無壱我	1
三五二二正	貞我家舊□臣無壱我	1
四三六八	貞黃尹壱我	1
一四〇〇三正	大丁壱我	1
一四〇〇三正	大丁不我壱	1
一四四八八	庚……爭貞岳壱我	1
一四四八八	庚戌卜爭貞岳不我壱	1
一四七〇七	庚戌卜殻貞蚰壱我　五月	1
一四七〇七	庚戌卜殻貞蚰不我壱	1
三三七三正	貞□子壱我	1
三三〇九四	……惟西方壱我	4
屯 二一〇五	惟岳壱云	4
屯 二一〇五	惟高祖亥壱云	4
屯 二一〇五	庚午貞河壱云	4
二九四四	翌己酉壱雨	1
一二八四四	貞壱雨	1
一四六二〇	貞河弗壱雨	1
一四六二〇	庚申卜永貞河壱雨	1
三二〇六四	惟王亥壱雨	4
三三五五六	甲子貞其祖乙日壱雨　茲用	4
三二八八一	丁未卜惟伊壱雨	4
三三二九一	辛酉卜惟娥壱雨	4
三四二一七	辛酉卜惟娥壱雨	4
三四二二八	惟岳壱雨	4
屯 六四四	丙寅貞岳壱雨	4
屯 二四三八	丙午卜惟岳壱雨	4
屯 二四三八	惟河壱雨	4
屯 二四三八	惟夒壱雨	4
屯 四三〇一	壬午貞高壱雨	3
三三三三七	庚寅卜惟夒壱禾	4
三三三三七	庚寅卜惟河壱禾	4
三三三三八	惟岳壱禾	4
三三三三九	……卯……河……高祖……壱禾	4
三三三四〇	其壱禾	4
三三三四二	……壱禾	4
三三三四二	己亥卜有壱禾	4
三四二二九	甲申卜岳弗壱禾	4
三四二二九	乙酉卜岳弗壱禾	4
三四二二九	……酉卜岳壱禾	4
三四二二九	辛亥卜岳弗壱禾弜侑岳	4
三四二二九	其壱禾	4
三四二二九	乙酉卜岳弗壱禾	4

乇 一〇四六　惟壱禾
乇 二〇六　甲子卜惟岳壱禾
一〇一二四正　貞惟帝壱我年二月
一〇一二四正　貞不惟帝壱我年　二告
一〇一二六　壬申卜貞岳壱年
懷 八五　…寅…帝弗壱年
二二三〇反　甲午…貞惟父乙壱
二二三一　乙未卜古貞父乙壱王
二二三五乙正　壬寅卜殻貞王囚惟父乙壱
二二四七　貞父乙不壱
二二四七　貞父乙壱
二二四八　惟父乙壱
二二五〇　貞不惟父乙壱
二三三八　貞惟多父壱
二三四五　多介父壱
二三四六　庚午卜亘貞不惟多介父壱
五五三二正　貞南庚弗□父乙壱王
五五三二正　南庚□父乙壱王
六〇三二反　不惟父乙壱
六〇三二反　貞疛惟父乙壱
六一一五　貞父乙不壱
六一一五　貞父乙壱
一〇六〇一正　貞父乙弗壱王
一三六四八正　貞疾齒不惟父乙壱　小告
一三六七六正　貞惟父甲壱
一四三二九正　父乙其壱王
二一三七七　己未卜惟父庚壱耳
英 七六　貞父甲壱
二四九八正　母癸壱王
二五三〇正　乙卯卜永貞惟母丙壱
英 一一三　貞惟多母壱
英 一二二　貞子漁囚惟母庚壱
七七五反　祖丁壱王
七七五反　祖丁弗壱王

一七四七正　癸丑卜殻貞惟祖辛壱王囚
一七四七正　貞不…祖辛壱…囚
一九〇一正　貞祖丁壱王
一九〇一正　貞不惟祖丁壱王
一九〇一正　惟祖丁壱王
一九〇一正　祖丁弗壱王
九七四一正　貞祖乙其壱王
九七四一正　貞祖乙弗壱王三月
七三八正　貞高妣己弗壱王
七三八正　高妣己壱王
二二四六甲正　貞不惟妣己壱
二四二九正　貞妣己弗壱王
二四三一正　貞□不惟妣己壱
二四三五　惟妣己壱
二四三六　妣己弗壱王
二八九〇　貞兄丁壱
二九一二　惟兄戊壱
二九一三　不惟兄戊壱
二九二四　丁酉卜古貞多兄壱
二九二五　貞不惟多兄壱
六九四五　兄丁壱王
四四〇正　貞有疾言惟壱
六五五五甲正　王有夢不惟壱
七〇九正　貞有疾□惟有壱
三五二一正　貞疾惟壱
五四八〇反　疾人惟父乙壱
一二五〇六正　貞有疾自不惟有壱
一二五〇六正　貞有疾自惟有壱
一三六三四正　甲辰卜古貞疾舌惟有壱
一三六四四　壬戌卜亘貞有疾齒惟有壱
一三六四六正　貞有疾齒不惟壱
一三六四七正　疾齒惟有壱
一三六四七正　疾齒不惟有壱
一三六四九　貞疾齒惟父乙壱
一三六六六正　疾身惟有壱
一三六六六正　疾身不惟有壱

著録號	釋文	期
一三六八二正	……午卜㱿貞有疾趾惟黄尹壱	1
一三六八三	貞疾趾惟有壱	1
一三六八四	貞疾趾惟有壱	1
一三七一四正	貞婦好有疾惟有壱	1
一三七一八	貞婦井疾惟有壱	1
一三七七一正	戊子卜亘貞有疾惟有壱　二告	1
英一二〇五正	丙子卜㱿貞子壱無疾	1

其它

著録號	釋文	期
三七六反	貞今乙未無壱	1
四五四四正	惟母庚壱子安	1
四五四四正	惟萑壱子宀	1
七六七正	貞黄𦍒惟有壱	1
七六七正	貞黄𦍒不惟有壱　小告	1
七九五反	貞惟龏司壱婦好	1
七九五反	不惟龏司壱婦好	1
八〇九正	王固曰吉龜勿余壱　二告	1
九〇二正	貞王允惟壱　二告	1
九〇五正	己未卜亘貞子安無壱　二告	1
九〇五正	貞子安有壱	1
九一六正	己丑卜古貞王途𠃧無壱	1
一〇七六甲正	辛酉卜……父乙壱子宀	1
二一八五	辛卯卜亘貞彡酌于上甲無壱九月	1
一三三一	貞上甲弗壱	1
一四八一	貞南庚壱	1
一七七三正	王聽惟有壱	1
二二五一	父乙壱牛	1
二二五一	不惟父乙壱牛	1
二三四四	貞不惟多介壱	1
二六六七正	婦好惟壱	1
二七三八	……母丙壱婦姘	1
二八四五	……妣己壱婦……	1
二八四六	……母丙壱婦……	1
二九五三正	貞子商壱有由　二告	1
二九五三正	貞子商壱無由	1
四〇八三正	乙丑卜㱿貞𠦝其㞢壱三月	1
四〇八五	惟丁壱𠦝	1
四二〇九	惟子壱令比	1
六〇八三	貞𠯑方出惟黄尹壱	1
六六二三	癸卯卜㱿貞惟圃呼令沚壱羌方七月	1
六九四五	兄丁壱亘	1
一〇一二五	庚子卜㱿貞年有祐壱𣪘五月　二告	1
一一〇一八正	王肘惟有壱	1
一二八九五	己未卜㱿貞蔑雨惟有壱	1
一二九六三正	貞𠦝來無壱	1
一四一五九	……辰卜㱿貞惟丁令壱	1
一四五三六正	貞子漁惟有壱	1
一四五三六正	貞子漁無壱	1
一四七八七正	不惟娥壱子𡨧	1
一四七八七正	惟娥壱子𡨧	1
一四九〇六正	貞不惟丁示壱𠦝十月	1
一五四九九	貞翌乙巳其𥙿無壱	1
二二六四六	庚戌卜王貞翌辛亥乞酌彡𥘅自上甲衣至于多毓無壱在十一月	2
二二七六七	丙子卜行貞翌丁丑祭于大丁無壱	2
二二七七九	癸酉卜王貞翌甲戌王其賓大甲𧺆無壱	2
二二七九六	己卯卜𣸈貞翌庚辰彡于大庚衣無壱	2
二二八二二	丁酉卜行貞翌戊戌翌于大戊無壱在四月	2
二二八二二	丙午卜行貞翌丁未翌于仲丁無壱在四月	2
二二八六五	丙辰卜旅貞翌丁巳魯于仲丁衣無壱在八月	2
二二九二二	癸卯卜王貞乙巳其酌祖乙彡無壱在七月	2
二四三六九	癸卯卜行貞風日惟壱在正月	2
二四九六〇	貞惟岳壱	2
二四九六〇	貞惟夒壱	2
二四九六〇	貞惟企壱	2
二四九六八	貞惟河壱	2
二七一五〇	乙卯卜何貞有𠂤歲于唐無壱十二月	3
三〇四五〇	王亥壱于宮	3
三四一〇一	其作壱六示	4
三四一五七	辛亥卜帝小工壱戌侑三十小牢	4
三六五一一	丁卯王卜貞今囚巫九备余其比多田……多伯征盂方伯炎惟衣翌日步……左自上下于𣪘示余受有祐不曾𢦔……于兹大邑商無壱在𤞷……弘吉在十月遘大丁翌	5
三六三五九	乙酉王……丁酉余步……受余有不……無壱在𤞷	5
三六五〇七	……貞今囚巫九备惟余酌……桒……㚇人方上下于𣪘示受余祐……于大邑商無壱在𤞷	5

著錄號	釋文	期
三七八三五	……王卜貞今囚巫九备其彡日……至于多毓衣無壱在畎在……又二王囚曰大吉惟王二祀	5
三七八三六	癸未王卜貞酒彡日自上甲至于多毓衣無壱自畎在四月惟王二祀	5
三七八六四	……亥王卜貞彡日自……多毓衣無壱……吉在三月惟王二十……	5
屯 六五六	乙未卜惟伐壱	4
屯 二四三	𢀛惟壱	
英 二四六六	丁未卜貞無壱在田	4
懷 六六六	貞惟有壱	1
懷 一六〇五	甲申貞彡大乙無壱	4

它

著錄號	釋文	期
三二六二	……內它小子	1
一七〇五一	……貞……它……九月	1
二〇三三二	乙卯卜于目它	1
二一九七二	丙戌卜三十宅	
二三三九六	……宅……庚	1
二七七〇三	丁亥卜𤉲貞……它毓……甲惟……	3
三二八七九	庚寅卜父乙歲暨宅叟	4
三三二四九	……卯貞兕……小臣……从又……它旬受禾	4
二二一九七	有它	1

虫

著錄號	釋文	期
一一四〇正	貞呼舞于虫	1
一一四〇正	貞召河燎于虫有雨	1
七〇〇九	……其戋虫……昌	1
七〇一〇	庚午卜缶弗戋虫……	1
一〇九五一	丁未卜王其逐在虫鹿獲允獲七一月	1
一四三九五正	燎于虫惟羊有豚	1
一四三九五正	燎于虫一豚	1
一四六九八	今日燎豕于虫	1
一四六九九	……癸……燎……虫	1
一四七〇〇	……巳卜今……虫	1
一四七〇一	庚午卜虫其……	1
一四七〇二	壬辰卜翌甲午燎于虫羊有豕	1
一四七〇三	辛卯卜燎于虫	1
一四七〇三	壬辰卜翌甲午燎于虫羊有豕	1
一四七〇四	辛卯卜燎于虫	1
一四七〇五	辛卯卜燎于虫	1
一四七〇五	壬辰卜翌甲午燎于虫羊豕	1
一四七〇六	……燎于虫	1
一四七〇七	庚戌卜殻貞虫壱我五月	1
一四七〇七	庚戌卜殻貞虫不我壱	1
二一九〇五	……侑父冊不……虫戴我事	1

巳

祀

著錄號	釋文	期
六四九七	……我其巳穷作帝降若	1
六四九七	……我勿巳穷作帝降不若	1
一三五二五	甲戌卜爭貞我勿將自茲邑鼠穷祀作若	1
一三五二六	甲戌卜殻貞我勿將自茲邑鼠穷祀作	1
一五一九三正	辛卯……貞我祀賓若	1
一五一九四正	辛卯卜殻貞我祀賓若	1
一五一九六	祀賓	1
四〇九一	貞勿祀目卓……	1
五七二四	……卜爭……勿祀……多馬……十月	1
一五一九五	……我勿祀賓不若	1
一五一九六	辛卯卜殻貞我勿祀賓不若	1
一五四九七	……貞勿祀……至……用	1
二九〇八四	貞勿祀	3
二六八九八	弜祀衆戍𢀜受人無災	3
二七三七〇	弜祀𡩋于之若	3
二七五五三	弜祀祝于之若	3
二七五五八	弜祀	3
二七七一二	……畎貞……祀……學	3
二八四一二	弜祀	3
三〇四四七	弜祀	3
三〇七五七	癸卯卜狄貞弜祀祀左	3
三〇七五七	癸卯卜狄貞弜祀祝	3
三〇七五八	弜祀祝	3
三〇七五九	弜祀禦	3
三〇七六〇	弜祀告呼往有災	3
三〇七六一	弜祀將……	3
三〇七六三	弜祀祝于之若	3
三〇七六四	弜祀	3
三〇七六五	弜祀	3

三〇七六六　弜祀　3

三〇七六七　弜祀　3

三二三九〇　弜祀　4

三二六五四　弜祀　4

三八一一五　弜祀　5

屯六五六　弜祀吉　3

屯六五六　弜祀告小乙　3

屯六五六　弜祀告祖辛　3

屯八八〇　弜祀…　3

屯一二六　弜祀侑　3

屯三一九　弜祀用　4

屯二五六三　弜祀畀伊　3

屯四三三五　弜祀用羌　3

懷一三九〇　弜祀　3

其它

二二六反　王固：不吉惟祀吉　1

五六一一反　王固曰巳珏　1

七〇〇二　…勿毋巳于蠢　1

一二八九八正　貞祀亦不以嬉　二告　1

一三三三八反　婦巳示十　爭　1

一三五二七　甲戌卜殻貞我勿將…茲邑𩂈…祀作　1

一五四九六　癸酉卜王貞余勿祀我𠂤惟…用　1

二一一〇　…卜…九月…祀　1

二〇八〇八　…貞燎巳　1

二三〇四八　壬寅卜令巳复出　1

二三五一六　…巳…上　1

二六八九九　貞彈祀　1

二六五五三　貞…祀…　3

一四四〇三　…土祀　1

二一一一〇　燎巳　1

二一一九一　…彡祀𣥂　1

二四四三六　…子卜…惟祀　1

二八二〇四　…巳　1

二六八一五　丙辰…貞王…不巳…其有…　2

三〇七六三　其將祀鼓其…秸　3

三三九四九　…羊巳　4

英二三六七　甲午卜暊貞巳中酢正在十月二　3

英二五二五　癸酉卜在巳奠河邑泳貞王旬無畎惟來征人方　5

一三一五九反　…勿𠭘其…㠯惟…惟…　1

二〇九七四　丁亥卜舞𦫳…今夕…雨　1

二〇九七四　乙酉…雨𦫳…雨…各…雨　1

己

一〇四〇五正　癸酉卜殻貞旬無囚王二曰匄王固曰𢓊有祟有將五日丁丑王賓仲丁己阱在廳阜十月　1

一〇四〇六正　癸酉卜殻貞旬無囚王二…王固曰𢓊有祟有將五日…王賓仲丁己阱在廳…二告　1

三三七七九　…卜…己…丑　2

懷一五八八b　…在厥…　4

圯

三〇二七八　…酉卜大王𡧊圯　1

拕

四八九〇　…勿令…比拕　1

一八一五四　…宅…　1

二一二三八　辛酉…拕…余…　1

英一七〇四　…𢼄　1

⿱䖵土

九〇〇二　貞⿱䖵土以䜌　1

九〇〇二　貞⿱䖵土不其以䜌　1

九〇〇二　⿱䖵土不其以䜌　二告　1

九〇〇二　乙丑卜宕貞⿱䖵土以䜌　1

一八七三三　…⿱䖵土…　1

二一一一六　…卜堂告…　1

二七九九〇　弜⿱䖵土呼王其悔　3

三七三八七　乙未卜貞…犬⿱䖵土…兕…　5

三七三八六　…卜貞衣彡日…犬⿱䖵土祝…兕翌日…亥

王其徭…悔擒　5

⿱罒虫

一〇二二九反　…日王往逐在⿱罒䖵豕允…九　1

一三七二八正　…黍肈⿱罒虫　1

一三七五三　…申卜貞⿱罒䖵囚有疾旬又二日…未⿱罒䖵允

囚…日有七旬皿…賓⿱罒䖵…有疾…夕𠧟丙…　1

一六四五八甲　…⿱罒虫啓王不我…　1

䖵汜𣏟祀

一六四五八乙 貞𧍦啓王我囚 1
英三五八 癸…取𧍦…弗其以…來… 1

䖵

一三六二七 …䖵 1
一四〇六八 丙子卜䖵婦𡚬嘉 1

汜

八三六七 …汜… 1

𣏟

五六三七反 婦𣏟來 1

祀

二三三一 戊申卜㱿貞祀弗若 1
六〇三七正 貞祀有若 1
九六一三乙正 …往省黍祀若 1
九六一三甲正 …王勿往省黍祀弗若 1
九八一七 貞㱿冎弔…于敦祀若…黍年 1
一五四九二 …祀若 1
一五四九四正 貞祀若 1
英一二八六 貞帝示若今我奏祀四月 1

祀于

一四五四九正 庚寅卜爭貞我其祀于河 1
一四五五一 丁丑卜爭貞呼雀祀于河 1
一四八五一 庚子卜爭貞其祀于河以大示至于多毓 1
一五四九一正 祀于…二告 1
一五四九一正 勿祀于 1
二一一一三 戊戌卜亞于河祀 1
三二六六一 丁不祀于祖 4

大祀

一五四八九 庚子卜爭貞王祀…月 1
一五四九〇 王祀… 1
一五五〇〇 …貞王…祀…𢓊出 1
二九七一四 …用十祀 3

二九七一四 惟二十祀用王受… 3
三五三六八 …貞王…伐衣…尤在六月…王二十祀 5
三六七三四 戊寅卜貞王迖于召…來無災王囚曰弘吉惟王…祀彡日惟… 5
三七三九八 在九月惟王…祀彡日王田盂于𠕀…獲白兕 5
三七八三五 …王卜貞今囚巫九备其酌彡日…至于多毓衣無𡆥在畎在…又二王囚曰大吉惟王二祀 5
三七八三六 癸未王卜貞酒彡日自上甲至于多毓衣無𡆥自畎在四月惟王二祀 5
三七八三八 癸巳王卜貞旬無畎王囚曰吉在六月甲午彡羌甲惟王三祀 5
三七八三九 …丑王卜貞旬無畎…曰吉在七月甲寅魯甲惟王四祀 5
三七八四〇 癸酉王卜貞旬無畎王囚曰吉在十月又一甲戌妹工典其𡆥惟王三祀 5
三七八四一 …巳王卜貞…于多毓…月獲王四祀 5
三七八四二 …酉卜…王今…無畎…十月…王四祀 5
三七八四三 …貞酌翌日自上甲至多毓…自畎在八月惟王五祀 5
三七八四八 辛酉王田雞麓獲大𩁹虎在十月惟王三祀劦日 5
三七八四九 癸丑卜貞今歲受禾弘吉在八月惟王八祀 5
三七八五二 …亥王…貞自今春至…翌人方不大出王囚曰吉在二月遘祖乙彡惟九祀 5
三七八五三 丁未卜貞父丁其牢在…月又…茲用惟王九祀 5
三七八五六 甲午卜在𠷎貞…从東惟今日弗悔在十月茲御王正…惟十祀 5
三七八五五 不嘉在正月遘小甲彡夕惟九祀 5
三七八五四 其惟今九祀丁未𢦏王囚曰弘吉 5
三七八五七 …曰吉…不𠯑戠…𢓊丁…十祀 5
三七八六三 癸未王卜貞旬無畎在九月在上𩁹王二十祀 5
三七八五八 …十祀七…王受有祐 5
三七八六一 …一月惟王十祀又九 5
三七八六六 …王二十祀彡日上甲 5
三七八六七 癸丑卜泳貞王旬無畎在六月甲寅酌翌上甲王二十祀 5
三七八六九 …二十祀 5

三八七三二　…王固曰大…其酚翌日惟王祀翌　5
英二五六三　甲午王卜在𨙶師貞今日步于韋無…十月　二惟十祀彡　5
英二五六八　癸巳王…于多鱵…王四祀　5
英二六七三　…王…射…四祀　5
懷一九一五　辛酉王田于鷄麓獲大𩁹虎在十月　惟王三祀𧺆日　5

其它

六七二正　貞祀　1
九一八五　戊戌卜㱿貞𢦔祀六來秋災　1
九一八六　戊戌卜㱿貞𢦔祀六來秋…　1
九六五八正　辛巳卜亘貞祀岳𠦪來歲受年　二告　1
一四五〇四　…祀…　1
一四五五〇　…祀河　1
一五四六〇　壬戌卜古貞𠂤…祀侑…向五月　1
一五四九三　…惟祀　1
二〇〇二〇　乙卯卜祀畀…子任　1
一六四六三甲　乙卯卜丙貞祀作王𡆥　1
一六四六三乙　…貞祀作…　1
二一一九六　癸丑卜王貞…暨祀…兹…　1
二一九八七　戊午不祀示𠩁　1
二二一五三　…卜祀…岳　1
二八一七〇　…貞占…女無…在祀…月　3
三〇四三七　…卜河祀惟…　3
三〇七六八　丁巳卜…祀其𧊒王受祐　3
三三七五七　己亥卜辛丑𩰬𡚬好祀　4
三七八三四　…祀　5
三七八七一　…旬無𡆥…十月甲戌…祀　5
三七八七二　癸王卜貞旬無𡆥…大吉在七月…祀　5
三八七三一　癸卯王卜貞其祀多先祖…余受有祐王𡆥　曰弘吉惟…　5
英一二四五　…祀…　1
英一九三三　…祀…弜…𢦔　2
英一九二三　癸丑卜王曰貞翌甲寅乞酚𧺆自上甲衣至于毓余一人無𡆥兹一品祀在九月遘示癸𣪕彘　2
懷一四六　…不…祀…　1

祀

一五四九九　貞翌乙巳其祀無它　1
一五五〇一　…勿夕…祀…　1
一五五〇二　…勿𢆶告…　1
三二七八七　甲寅卜惟翌𢦔…　4
三二九九四　己亥卜侑羌祀　4
三四四四五　甲午貞王惟𢦔饗　4
三四四四六　甲寅卜弜祀惟禦　4
三四四四七　…惟𢆶饗　4
三四四四八　…祟祀…　4
三四五三八　惟至𢦔用　4
屯二五四一　…𠂤惟祀饗　4
屯二五四一　乙丑卜王惟祀饗　4
屯三七六三　丁酉…𢦔…祀在…丁宗卜　4
屯三七六三　戊戌卜𢦔翌祀在大戊　4
屯三七六三　庚子𢦔翌祀在大庚宗卜　4
屯四〇八〇　…祀…　4

敀

四六四正　貞率敀羌若　1
八三九正　貞翌乙未率敀尸　小告　1
一四一六一正　…㝅貞率敀…　二告　1
一六一一七甲正　壬辰卜㝅貞率敀　1
一〇七三　貞人歲敀于丁九月　1
二二九九二　辛亥卜…貞先…歲敀…　2
二二九九二　…貞先祖辛歲敀　2
二三三二〇　…酉卜旅貞妣庚歲惟出敀　2
二三三七二　庚申卜旅貞往妣庚宗歲敀在十二月　2
二三五六六　…壬敀…歲…𩰫黄尹十一月　2
二五一六三　…貞妣歲…𠂤敀　2
二七一六四　乙亥卜王先敀卜丙歲迺申　兹用　3
二七三二八　丙…王賓小丁歲敀　3
二七三九三　己巳卜仲己歲惟今…敀…　3
二七六二七　于𠂤日迺敀兄辛歲　3
三一一一九　…敀必歲酚　3
三四六〇六　惟父丁敀𥙊歲　4

著錄	釋文	次數
乇四〇七八	…巳卜父戊歲惟旦㪔王受有祐　吉	3
四二五	貞勿㪔戠	1
一六一七二	勿㪔戠	1
一九〇正	惟延㪔	1
一六一五九反	…延…㪔	1
二三三七七	…即貞妣庚王入自…其延㪔	2
三一一一八	己巳卜仲己歲惟今延㪔	3
三三九八六	大丁延㪔	4
一五七四二反	…㪔雨…	
二四八九九	…㪔雨	2
一〇七四正	貞㪔人于壴	1
一〇七七	…羌㪔人	1
一〇七八	…㪔人	1
九七四七	…㪔…人	1
一四正	庚申卜古貞勿𠔁㪔于南庚宰用	1
八六五六	貞今癸卯㪔戠小宰	1
一四三三五	貞㪔宰	1
一六一六三	…㪔…卯二宰	1
二一九二〇	戊辰卜㪔宰燎…	1
二六〇五六	丙午卜即貞…其㪔宰	2
三〇三＋三一四	癸亥卜㱿貞㪔羌百旋三犽奴…	1
三〇三＋三一四	癸亥卜㱿貞勿𠔁㪔羌百旋三…	1
三〇五	甲子卜㱿貞勿㪔羌百十三月	1
三〇六	…卜㱿…百羌㪔	1
四三八正	戊辰卜爭貞㪔羌自高妣己	1
四三八正	貞㪔羌自妣庚	1
四三八反	勿㪔羌	1
四三八反	㪔羌	1
四六三正	貞今甲勿㪔羌于…	1
四六五	壬寅卜貞㪔一羌	1
四六六	丙辰卜古貞其㪔羌	1
四六六	貞㪔羌	1
四六六	貞㪔羌　二告	1
四六七	…㪔羌	1
五〇二	…奉羌…㪔又圍…	1
乇五三六	…羌㪔	4
粹一二九六	…㪔羌百…	1
二二八五七	丙寅卜即貞其㪔羊盟子	2
一六一七八	…㪔…乙…羊	1
九七七四正	㪔豕于洹	1
一六一七九	戊寅卜貞㪔十豕于…	1
二二二八八	丁巳㪔兄豕	1
二三三三八	丁酉卜即貞其㪔豕于妣丁	2
一九七五	甲戌卜貞其尊鬲㪔十牛于丁	1
六九四九正	今…㪔牛于祖辛　二告	1
六九四九正	于盟辛㪔牛于祖辛	1
一三四〇四	…㽙既㪔牛…卯大萬…二𠂤鼎刱…	1
	雲大𢦏…㐁	1
一六一七三	己亥卜㱿㪔三十牛	1
一六一七三	己亥卜㱿㪔三十牛	1
一六一七四	…㪔十牛	1
一六一七五正	貞㪔牛	1
一六一七六	…㪔…牛	1
二二一八三	祖辛㪔牛	1

其它

著錄	釋文	次數
四三八正	貞㪔…冊	1
五〇二	…奉羌…㪔又圍…	1
五八四甲反	王固曰有祟八日庚子戈奉羌…人	1
	㪔有圍二人	1
一〇六六反	…戠㪔圍一人	1

一〇七五反　……固曰有……之日有來媗乃𢦏禦
事……甾亦攺人……　1
一〇七六甲正　貞呼……攺人……暨夫以　小告　1
一一〇八正　辛卯卜㱿貞惟冕呼竹攺□　1
一一〇九正　辛卯卜㱿貞惟冕呼竹攺□　1
一一一〇正　貞不惟冕呼竹攺□　1
一一一一正　……惟冕呼竹攺□　1
一一一二　貞不……冕呼竹攺□　1
一一一三　貞不惟竹攺　1
一一一四正　壬辰卜爭貞惟鬼攺　1
一一一四正　貞不惟之攺　二告　1
一一一四反　允惟鬼暨周攺　1
一九六五　翌丁未埶攺于丁一牛　1
二〇八四　……攺……六月　1
四二六一　……卜㝑……攺……姘　1
五七七五正　貞至于庚寅攺廼既若　1
五七七五正　勿至于庚攺不若　1
五九八八　……攺……國　1
七八三三　……攺一牛　1
一〇九三六正　攺于甘　1
一二四九七正　丙申卜㱿貞來乙巳酚下乙王固曰酚惟有祟其有鑿乙巳酚明雨伐既雨咸伐亦雨攺卯鳥星　1
一二四九八正　丙申卜㱿貞來乙巳酚下乙王固曰酚惟有祟其有鑿乙巳明雨伐既雨咸伐亦雨攺鳥星　1
一三五八九　……家攺……　1
五八八七　……祭攺……　1
一六一五二正　戊寅卜爭貞攺王循于之若　二告　1
一六一五二正　貞勿攺不若　二告　1
一六一五二反　貞勿葡攺　1
一六一五二反　勿攺　1
一六一五三　貞于翌丙申攺　1
一六一五四　其攺正　小告　不告黽　1
一六一五五　貞攺　二告　1
一六一五六　辛酉……貞……攺　1
一六一五八　癸亥卜古貞旬無𡆥之月㞢甲子受攺王　1
一六一五九正　……賓……攺　1
一六一五九反　……延……攺　1

一六一六一　……攺……次……獲　1
一六一六二正　癸酉卜爭貞翌乙亥攺　1
一六一六四　……貞翌……攺……以……丁　1
一六一六五　……祝……攺……　1
一六一六六　貞攺　1
一六一六八　……埶攺……　1
一六一六九　……攺　1
一六一七〇　……攺　1
一六一七一　……勿攺　1
一六一八〇正　貞攺……馬……　1
一七八七八反　貞攺若　1
二二一五七　丁卯攺光　1
二二一五八　……攺……虎?……光　1
二二二七六　于兄己攺犬　1
二二二七六　甲子卜無𠈌攺二豭二豼　1
二二二七六　甲子卜攺二豭二豼于入乙　1
二二六〇一　……卜大……攺……人　2
二二六〇三　……卜大……其攺……人　2
二三四五六　……卜旅……其攺于……其暨母壬　2
二三四六五　丁酉……貞其攺彘于母　2
二五六六三　……出攺……　2
二六〇五五　壬午卜卜即貞其攺　2
二六〇五七　……旅……攺彘　2
二六〇五八　……其攺……　2
二六〇五九　……喜……攺……　2
二六〇六〇　貞人……雚?一牛……其攺……毋……　2
二六〇六二　壬……攺在二月　2
二六〇六六　……卜即……攺　2
二七三二九　……侑于小丁……先攺　3
七三三二　……廼攺小丁有正　3
二七三三三　攺小丁有正　3
二七四一二　戊辰卜其示于妣己先攺　3
二七四一二　惟父己示先攺　3
二七六二五　兄辛歲惟夘各于日攺　3
二九七一三　于入自日西攺　3
三〇五五二　王賓有攺　3
三一一一六　雍其攺鼎廼各日有正　3
三一一一七　于夕攺王受祐　3

屯二七一〇 母戊歲：賓有效 吉 3
屯二七一〇 ：賓有效 3
屯二八五四 于王入自日：效王受祐 3-4
英五三六 ：執效：在圃： 1
英一九六八 丁未卜大貞其：效：于母己六月 2
英一九七四 ：巳卜大：其效：于小母 2

改

三六四一八 弜改其唯小臣臨令王弗悔 5
三六四三三 ：王：寮：改： 5
三九四六五 弜改 5
三九四六六 弜改 5
三九四六八 弜改：弗悔不： 5
三九四六九 弜改 5

寢

二五四八 庚辰卜大貞來丁亥寢寢侑執歲羌三十卯十牛十二月 2
二三六二四 ：出貞：寢：執：三十：十月 2

萬

六四七七正 貞呼逐比？萬獲王固曰其呼逐獲 1
七九三八 雍于萬 1
八三五三 ：卜穷貞阜其往萬 1
八七一五 ：萬人：般： 1
九八一二 ：寅卜萬受年 1
一〇四七一 癸卯卜豕獲魚？其三萬不： 1
一〇九四五 子商弗其獲：萬 1
一〇九四六 ：午卜㱿貞：逐鹿于萬執 1
一〇九四七 ：丑卜：狩萬： 1
一三三二〇正 貞ㄗ有萬出 1
一七九一四 戊：萬： 1
一七九一五 ：萬： 1
一八三九六 庚：王：萬： 1
一八三九七 ：呼：萬： 1
二〇二五三 ：丑卜ㄗ貞王呼萬戒𢀛九月 1
二〇八七四 丙午卜萬 1
二一二三九 壬：萬：॥：其： 1
二一四九六 丁亥貞勿萬 1
二一六五一 ：子卜貞：萬人歸 1

英一五〇正 辛子卜：貞㪣婦好三千㪣旅萬呼伐： 1
一〇九五一 壬午卜王弗其獲在萬鹿 1
一〇九五一 壬午卜王其逐在萬鹿獲允獲五 二告 1

澫

四三二二 師般見澫呼： 1
八三五二正 ：印：澫：師 1
一〇九四八正 呼子商从澫有鹿 1
二〇七六八 甲辰卜翌：令盧㜸：澫𧱏 1
三六九三一 ：卜貞：澫往：災 5
三七五三六 戊戌卜在澫今日不延雨 5
三七七八六 ：戌卜貞：其田澫：遘雨 5

子萬

一八三九四 ：子萬： 1
一八三九五 ：𧍸： 1

黽 朱黽

一七七四五 不舌黽 1
一七七四五 不舌黽 1
一七七六〇 二告 不舌黽 1
一七七七八 二告 不舌黽 1
一七七九二 不舌黽 1
一七七九二 不舌黽 1
一七七九三 不舌黽 1
英四六正 不舌黽 1
一七〇五五正 丙午卜㱿貞呼師往見有師王：曰惟老惟人途遘若：卜惟其旬二旬又八日𢀛

一七〇五六 壬…師夕死黽
一七〇五七 …曰惟…惟其旬二旬…師夕死黽
…六日壬…夕死黽

其它

八〇九正 王固曰吉黽勿余害 二告
九一八七 …我黽五十…
一七九五三 …停不其…黽
一九一二四 …疋…女…雨黽…
二〇八五三 丙子卜貞黽凡
懷 四七五 庚子卜貞國奚以黽于…丁…

黽

八四〇〇 貞呼戈人壐黽
八四〇一 貞呼戈人壐黽
二九三五一 王其田在黽 吉
一三七五一正 戊貞五旬又一日庚申腰黽
一三七五二正 貞斫其有疾王固曰斫其有疾惟丙不庚
二旬又七日庚申腰黽

⿰女黽

一七〇五八正 …⿰女黽不…十月
懷一三八一 …祝于酒…

⿱罒黽

六一六三反 …曰吉不…
七四〇五反 …⿱罒黽其衛…
一七八六九 …吉不⿱罒黽其衛…
三三三八九 ……

一八五六七 甲寅……曰…
三三三二九 乙酉貞有歲于伊示
屯 八五九 …其令伐

龜

屯二五九八
屯 二六一
三〇〇二五 惟龜至有大雨
三〇六三三 癸丑卜狄貞龜至惟祝
三〇八八五 癸亥卜狄貞惟龜至王受祐
屯 七六六 弜龜至
屯 七六六 烝新邑若兩龜至王受祐
屯 二三六三 惟龜至

⿰示龜

一八三六一 …龜祝…
二七六三三 …卜其有歲于伊尹惟龜祝 茲…
三〇六三三 …龜祝茲用
三二四一八 庚子貞其告鼓于大乙六牛惟龜祝
三三四二五 惟龜祝
屯 一六 惟龜祝

八九九四 貞龜以
八九九五正 丙申卜㱿貞龜以
八九九六正 貞…來王…惟來五…允至以龜鼉八
八九九八正 龜五百十四月
二一五六二 貞備不其以龜
庚辰令貣惟來犬以龜二若令

其它

九二六正 己巳卜㱿貞龜得母壬王固曰得庚午
夕㞢辛未允得
五四一二反 …龜…

五九四七 …申鼉彡執
六四八〇 貞王惟而白𪛉比伐…方…
六四八〇 貞王勿惟而白𪛉伐…
七八五九正 貞惟𪛉令
八九九九 貞旬不其…𪛉
九〇〇〇 壬辰貞旬…𪛉
九〇〇一 …用𪛉一月
九一〇八正 …𪛉…其…
九一八二反 …𪛉五
九一八三 𪛉五
九四七一 貞忌師般𪛉
九八〇〇 …𡆥不其…
九八〇〇 貞𡆥受年
一六三七六反 …𪛉…
一七五九〇反 …𪛉示三十
一七五九一 壬申𪛉示四屯 岳
一七六六六 丙午卜其用𪛉
一七六六七 丙午卜其用𪛉
一八三六三 …弗其…𪛉…
一八三六四 貞𪛉由…
一八三六五 …申…𪛉…
一八三六六 …旬…𪛉…
一八三六九 …𪛉…
二二五一三 …寅𪛉…
二七四二八 …又庚歲惟𪛉
英七八四反 …自彡𪛉…
懷八四四 …不其…𪛉…

鼉

一八一八八 …鼉…
一八一八八反 …鼉…
一八二一四 王固曰鼉
三〇三三三 丙寅貞惟示以羌暨𡆥于鼉示用
三二〇八六 乙卯貞彡伐鼉示五羌三牢
三四一二七 于鼉示侑
屯二五六七 丁亥貞多宁以鬯侑伊尹鼉示 茲用

鼉攴

八九五六反 鼉攴

鼉攴

一〇一九八正 戊午卜殼貞我狩鼉攴辛之日狩允擒獲虎一鹿四十狐百六十四麑百五十九𪚴交又友三交
三二九九六 乙亥貞令𢦏于鼉攴
三二九九七 辛未貞王令以𢦏于鼉攴
屯一〇四七 辛未貞王令並以𢦏于鼉攴

𣿅

一九 己卯卜爭貞令𠂤令𠦪田从𢦏至于𣿅獲羌
四三六一 侑于𣿅
一四三六二 戊午卜王燎于𣿅三宰埋三宰
一四三六三 庚戌卜犳勿禘于𣿅
二〇六一二 …燎𣿅…二牛
二一〇九九 辛丑卜燎𣿅戠三牢
三三六三〇 …𣿅…
三四二六一 …戠…𣿅…河
三四四六五 …午貞有𣿅燎

𪛉

一八七〇六 …𪛉…若…

𥤮 秋

一四〇三 …𢦏…今…秋…二告
六三五二 戊寅卜𡧊貞今秋𢀛方其征于𢀛
七三四三 …𡧊貞惟今秋…牧啓夆自…
二一五三五 …卜今秋…雨
二一五三六 …今秋
二一五三七 庚寅卜𡧊貞今秋王往…
二一五三八正 …今秋大…
二一三七三 今秋其有降𡆥
二一五八六 乙…余…今秋
二一五八六 今秋…
二一五八六 …余卜貞今秋…婦…
二一七一五 庚午卜我貞今秋我入商
二一七九六 辛巳余卜今秋我步茲

著錄號	釋文	期
二七九八六	今秋惟告伐絴	3
二八〇〇一	丁未卜暊貞危方冊雈新家今秋王其比	3
二八〇〇九	方脒今秋王其使…	3
二九七一五	惟今秋	3
二九七一五	惟今秋	3
二九九〇八	乙亥卜今秋多雨	3
三二一六〇	…貞秋于鬲	4
三二八五四	…貞王令𠂤今秋…舟𧊒乃奠	4
三二八五五	…貞王令𠂤今秋…𧊒乃奠	4
三二九六八	丁丑貞今秋王其大史	4
三三一〇八	…王比沚戓今秋…祐在祖乙宗	4
三三三五一	貞今秋禾不遘大水	4
三四七一二	癸丑貞今秋其降𢦏	4
三六五一二	庚寅王卜在𨛫貞余其次在茲上𧊒今秋其𢦏其呼𠭯示于商正余受有祐王占曰吉	5
九六一五	…今秋星稱九…	1
屯三〇七	癸亥貞王令秋人宅衣	4
屯六三〇	丁亥卜貞今秋受年吉秎　吉	3
屯二九九一	…今秋…受年	3
屯四三三〇	丁亥貞今秋王令衆𢦏作𢦏	4
一三三三一	弜𢦏米帝秋泚	4
一四七七三	貞帝秋于𡆥于土	1
三三二三〇	弜𢦏米帝秋	4
三三二三〇	壬子貞𢦏米帝秋	4
三三〇二八	乙亥卜其寧秋于𡆥	4
三三二三三正	貞其寧秋來辛卯酌	4
三三二三四	庚辰貞其寧秋	4
屯八六一	癸酉…其寧秋	3
屯九一三	寧秋…	4
屯九三〇	貞其寧秋于帝五丰臣于日告	4
屯一一七一	…未卜…寧秋…	3
屯一五三八	…寧秋…	

著錄號	釋文	期
九六二七	甲申卜穷貞告秋于河	1
九六二八	丙辰卜穷貞其告秋于上甲不惟…惟…	1
九六二九	乙未卜穷貞于上甲告秋爯	1
九六二九	乙未卜…于…告秋爯	1
九六三〇	貞于王亥告秋爯	1
九六三一	乙未卜穷貞于…告秋…一月	1
九六三二	丁巳…告秋…酉…七月	1
二八二〇五	…其𢍰告秋…	3
二八二〇六	其告秋上甲二牛　大吉	3
三二〇三三	貞來告秋其用自上甲	4
三三二二六	壬戌貞其告秋𡪤于高…	4
三三二二七	…戌貞其告秋𡪤于高祖夒六…	4
三三二二九	庚午…岳…告秋	4
三三二二九	庚…告秋于何	4
三三二三〇	弜告秋于上甲	4
三三二五〇	壬…其𢍰告秋	4
三三二三二	…酉卜于…告秋𡪤	4
屯八六七	其告秋于上甲一牛	4
屯一〇九五	…貞其告秋于上甲	4
屯三三七	乙亥卜貞弜告秋	4
屯二九〇六	貞其告秋于上甲不	4
懷二二	丙辰卜貞告秋于丁四月	1
一四一五八	…卜…秋…至…四月	1
二四二二五	庚申卜出貞今歲秋不至茲商二月	2
二四二二五	…貞秋其至	2
二八一一四	…狄…秋王…唐…受	3
屯九三〇	甲申秋夕至寧用三大牢	4
懷一六〇〇	癸酉貞秋不至	4
一三五三八	乙酉卜穷貞…秋大爯…	1
一九五三六	乙酉卜穷貞…秋大爯惟…	1
一九五三七	…秋不爯寂…	1
三三三六三	丁酉貞…秋𡪤…燎五宰…牛	4
三三二八一	其𡪤秋	4
三三二八一	丁酉貞秋不𡪤	4

著錄	釋文	期
三四四八	庚午貞秋大集…于帝五玉臣血…在	4
屯二六三	祖乙宗卜 茲用	4
屯一〇三五	…秋集…	4
	…酉貞其秋集… 河燎五牢沈五牛	4
屯一〇八七	惟秋令卑田	

其它

著錄	釋文	期
一五〇正	貞雍芻于秋	1
一五〇正	貞雍芻勿于秋	1
三三一一	癸丑卜貞秋在…	1
三三一一	來秋	1
六〇一六正	貞雍芻勿于秋	1
六〇一六正	貞雍芻于秋	1
六九三八	…今秋勿捍至翌…	1
八〇九七	…秋	1
一二五三九	壬子…貞…秋…	1
一二五四〇	己未…穷貞…秋…	1
一二五四一	貞勿秋…	1
一二五四二	…秋…	1
一二五四三	貞…秋…	1
一二五四四	…秋…	1
一二八〇〇	癸巳卜…秋…	1
一四三八二	…未卜穷…于馘…秋…	1
一四四九六	乙未卜穷…岳…秋…	1
一四七七三	戊申卜…貞…秋	1
一八八四六	…𦤎…	1
二一七九七	辛…秋…	1
二二一九六	貞秋…	1
二二一九六	秋𡆥	1
三三一六六	癸丑貞于秋令	4
三三二二八	…貞…秋…馘…牛	4
三三二三一	壬…貞…米…秋	4
三四四六六	…燎…惟…秋…	4
屯七五一	乙未卜令𠂤以望人獲于禁	4
屯八六七	壬午卜其酉秋于上甲卯牛	4
屯一五七七	…秋…	
屯一八八九	…其…秋…	
屯一九五四	…秋…	
屯一九八五	…秋…	

著錄	釋文	期
英一四〇二正	…貞…秋	1
懷一五七〇	癸酉…𡧊…	4

龜

著錄	釋文	期
一三八	…㞢己未…龜…芻往自文圉	1
一三九正	…秋芻奉自文奉六人八月	1
三四四一〇	惟甲用龜	4
三四四一〇	惟癸用龜	4
七〇一四	己卯卜王貞余呼…敦…余弗…	1
二八三九三	貞余……	1

熊

著錄	釋文	期
一二六九	其在㞢熊溢	3
一九七〇三正	……	1
一九七〇三正	……	1

米

著錄	釋文	期
七〇	…寅卜…貞步…不𢼸…衆	1
七一	貞令…茲𢼸…衆	1
七二反	…告余不𢼸衆	1
英一九一	…卜貞…其𢼸…衆	1
三三二三〇	壬子貞弜米帝秋	4
三三二三一	弜米帝秋沘	4
三三二三〇	弜米帝秋	4

三二〇二四　己巳貞王其蒸南囧米惟乙亥　4
三三五四二　…貞…其蒸米于祖乙　4
三四一六五　己巳貞王其蒸南囧米惟乙亥　4
三四一六五　己巳貞王米囧其蒸于祖乙　4
三四五九一　癸巳貞王其蒸米…　4
三四五九二　…蒸米　4
屯一八九　辛亥貞其蒸米于祖乙　4

三二〇二四　乙未貞王米惟父丁以于囧　4
三三五四三　庚寅貞王米于囧以祖乙　4
三三五四三　甲申貞王米于以祖乙　4
三三九六三　在齒昜雞王米　4
屯九三六　甲申貞王其米以祖乙暨父丁　4
屯九三六　庚寅貞王米于囧以祖乙　4
屯九三六　庚寅貞王其米惟…　4

其它

三三五四〇　癸卯貞米于祖乙　4
三三五四一　…米…祖乙　4
三三二三一　壬…貞…米…秋　4
屯九三六　其蠶以米以…　4
屯九三六　弜米　4
屯一一二六　王彡米　4
屯一一二六　米　4
屯一一二六　弜米　4
屯一一二六　米　4

采

英三八〇反　…采冊入…　1

卣

一一七二一　…百日…卣四日…丁巳…正…　1
一四一二八正　貞呼卣比亩　二告　1
一四一二八正　貞呼卣比亩　1
一四一二八正　…呼卣比亩　二告　1
一七八三九反　…呼…自卣…　1
一八五五〇　壬戌…卣…日…　1

二一三〇六甲　庚辰卜卣比糸賚　1
二一三〇六乙　庚辰貞卣比糸賚無囚四月　1
二八〇七六　戠卣　吉　3
二八八二二　貞弜卣冒其悔　3
三三二九二　丁酉卜貞不卣雨　4

䑓

二八三二甲正　…若䑓　1
二八三二乙正　…䑓　1
二一九二一　貞䑓　1
二一九二一　辛亥卜䑓　1
二二七八七　癸酉卜䑓　2
二二七八七　癸酉卜䑓　2

⿱卣䑓

一三六六三甲正　勿呼宅⿱卣䑓　1
一三六六三乙正　貞呼宅⿱卣䑓　1
二一七〇三正　⿱卣䑓出京　1

二〇九二　丁未卜陟⿱亼卣…惟犬　1

一八八三五　…⿰卣刂…　1

⿱爫卣

二七九六一　…惟馬…⿱爫卣擒　3

⿰豸卣

懷一六一〇　乙巳卜惟⿰豸卣芚　4

卣

一〇六九　…鬯三卣…人十月　1
一五七九五　鬯一卣　1
一六二四六　…無其[illegible]正我　1
一九四九八　…迺…用　1

著錄號	釋文	期
二七三〇一	祖丁木丁卷三卣	3
二九九一	十卣又五	3
三〇一七三	庚午卜貞野丁至于斫畫入甫　茲用	3
三〇五一八	于有卣文	3
三〇五二〇	…侑卷…卣	3
三〇五四五	…卣賓夕彝…	3
三〇八一五	十卣有正	3
三〇八一五	卷五卣有正	3
三〇九一〇	貞卷三卣…饗	3
三〇九一七	貞惟卣王受有祐　吉	3
三〇九一八	…卣王受祐	3
三〇九七三	其烝新卷二必一卣于…	3
三〇九七四	二卣王受有祐	3
三〇九八六	…卣王受祐	3
三一〇七二	…卷…卣王受祐	3
三二六〇〇	三卣	4
三三五五〇	…隮羌…人卷一卣卯牢又一牛	5
三三五五一	…往…一卣羌三…十卯牢	5
三三五五三	…王…庚祖丁伐…人卯二牢卷一卣無尤	5
三三五五五	丁酉卜貞王賓文武丁伐十人卯六牢卷六卣無尤	5
三三五六〇	…卜貞…四祖丁…卯…卣…無尤	5
三六三五一	其五卣有正王受祐	5
屯一一〇	惟用…六卣	3
屯一一〇	…冊冊用十卣又五卣	3
屯五〇四	…卷十卣卯…	4
屯六六六	烝卷二卣王受祐	3
屯六六六	三卣王受祐	3
屯三三九二	二卣　大吉	3
英一二九三	…人卷十卣卯三十牛九月	1

栗

著錄號	釋文	期
三六七四五	庚辰…貞王…比栗…	5

(oracle-bone headword, no modern equivalent)

著錄號	釋文	期
二七三四正	貞呼婦妌叙…	1
三七一一正	…卜爭貞…叙…	1

著錄號	釋文	期
九五四七	庚辰卜穷貞惟王叙南圖黍十月	1
三六九八二	…卜在…貞王…叙…王來……	5
屯三四五	惟丁卯出叙受年	3
屯三四五	于生月出叙受年　吉	3
屯三四五	莫出叙受年　吉	3
屯三四五	及茲月出叙受年　大吉	3
屯七九四	丁亥卜其叙穧惟今日丁亥	4

[日卣]

著錄號	釋文	期
英一七八一	乙卯卜王貞令廼取[日卣]一月	1

(oracle-bone headword, no modern equivalent)

著錄號	釋文	期
二〇〇七一	…既…侯…富…十二月	1

(oracle-bone headword, no modern equivalent)

著錄號	釋文	期
三三五六〇	戊子卜吳貞王曰余其曰多尹其令二侯上絲暨富侯其…周	2

羽

著錄號	釋文	期
六九八正	侑妣庚有羽	1
三二六六	…小子有羽	1
三三六六	乙卯卜貞今夕小子有羽	1
三三六六	貞翌庚…小子有羽五月	1
一三四二〇	乙亥卜爭貞有羽土…	1
一三四二二	壬子卜貞雍目有羽	1
一三四二三	癸酉…貞王延有羽	1
一三四二五	…曰翌丁酉其有羽	1
一三四二六	己酉卜貞亞從有羽三月	1
一三八〇三	…卜出…王步…有羽	2

(oracle-bone headword, no modern equivalent)

著錄號	釋文	期
四九正	貞令[…]…甲羽	1
五五三	癸丑卜穷貞令羽郭以黄執[…]七月	1
五四五二	乙丑卜先貞令涃暨鳳以東聿比亩[…]載事七月	1

習

著錄	釋文	期
英五六四正	辛丑卜穷貞惟羽令以戈人伐吾方𢦔十三月	1
懷九五八	貞：令羽以𢦔	1

羽出

著錄	釋文	期
一六四六○	勿羽告	1
三二九一六	乙酉貞其令羽告于…	4

其它

著錄	釋文	期
二一○反	…羽來	1
六九八正	其侑于妣庚無其羽	1
三一七一版	羽…	1
四四○九	…爭貞羽以牧…𦣞	1
五三六五	…貞王勿…于之…羽	1
五七一七正	丁亥卜穷貞惟羽呼小多馬羌臣十月	1
七○四七	…羽…于…	1
七一六三	…貞旬…固曰有…𡠋其惟…不吉其…	1
	子羽…辰子…	1
一三四二一	有羽土于之	1
九七八九	乙巳卜𢀛貞羽受年	1
九七九○正	乙巳卜亘貞羽不其受年	1
一三四二七	…卜貞…茲三月…羽	1
一三四二九	貞今…卯…羽	1
一三四三○	貞無其羽	1
一三四三一	…卜…貞…𢦏…羽	1
一三四三二	貞羽	1
一三四三三	貞羽	1
一三四三四	…卜貞…疾…羽…于…	1
一三四三五	翌壬…羽	1
一三四三六	…羽	1
一三四三七	…不…羽	1
一三四三八	貞無…羽	1
一三四三八	貞無其羽	1
一三四三九	勿羽	1
一三四四○	毋羽	1
一四一三五反	王固曰羽　二告	1
一九一一六	…羽五…	1
一九三三八	貞延羽出	1
二一○二六	…中日羽	1
二一七八一	…羽	1
二一七八二	…羽	1
二一七八二	有羽	1
二三六八○反	戊子羽…	2
二四九三七	…日羽	2
二七九八三	貞…𢀛…方…𠦪…	3
二八一九七	…𢀛羽取豕…	3
三一五七九	…亥卜口…今夕…𡆥在羽	3
三二○○○	…有來羽以…	4
三二四八四	𢀛羽	4
三二九一五	戊戌貞羽異惟其無𢀛啓	4
三二九一九	…暨羽…	4
三二九二○	…羽令以𢦔于𢀛	4
三二九六七	束尹羽	4
三四○三八	…癸巳羽	4
三四○五六	丙戌卜羽尊于宗	4
屯三七九七	辛巳卜貞王惟羽令以束尹	4
英四八五正	…貞…王固…羽二告…丑王…允	1
	有壱	
懷一五九五	癸亥貞其羽人	4

習

著錄	釋文	期
二六九七九	…習龜卜有來執其用于…	3
三一六六七	習茲卜王其𢀛戊申	3
三一六六九	…卜習龜一卜五…	3
三一六七○	…卜習龜一卜五…	3
三一六七一	習一卜	3
三一六七二	癸未卜習一卜	3
三一六七二	習二卜	3
三一六七三	習二卜	3
三一六七四	習二卜	3
三一六七四	習三卜	3
三一六七四	習四卜	3
三一六七五	習一卜五于…	3
三九四四一	惟習…茲用	5
懷一三九三	習	3

翌

著錄	釋文	期
三四○六反	翌…白	1

⿱羽肉

三五三　庚戌…貞翌…⿱羽肉…羌十…

⿸疒羽

一三八六一　…⿸疒羽

翌　選録

翌干支

六　庚寅卜貞翌辛卯王衾交不雨八月

六　甲戌卜穷貞翌乙亥侑于祖乙用五月

二五　甲申卜貞翌乙酉侑于祖乙宰又一牛又𣪊

三三　癸酉卜穷貞翌戊令衆人…

一五四　己丑卜殸貞翌庚寅婦好娩

一八〇　辛丑卜殸貞翌乙巳王勿步

二一七　辛亥卜貞…來甲翌甲寅𢦔用于夫甲十三月

二三六　庚子卜穷貞翌甲辰用望乘來羌

二六八正　癸酉卜葡貞翌甲戌用…以羌暘日甲…用
自上甲允暘…

二七七　己卯卜穷貞翌甲申用射𢀛以羌自上甲二月

三二四　甲午卜貞翌乙未侑于…羌十人卯宰一又
一牛

三二四　甲午卜貞翌乙未侑于祖乙羌十又五卯宰
又一牛五月

三三九　丙寅卜穷貞翌丁卯侑于丁

三三九　甲寅卜貞翌乙卯𩰫十牛羌十人用

三三九　丙寅卜古貞翌丁卯侑于丁

三六五　壬辰卜出貞翌癸巳侑于母癸三宰羌五

四二八　甲辰卜貞惟翌乙巳吾上甲

四五六正　甲午卜爭貞翌乙未用羌用之日霧

四五六正　甲午卜爭貞翌乙未勿龠用羌

四五八正　甲辰卜殸貞翌乙巳其雨

五一五　丙申卜殸貞翌丁酉無其去

五四〇　…辰卜殸貞翌辛未令伐吾方受有祐
一月

五五七　癸未卜貞翌戊子王往逐兕

五五七　甲戌卜翌乙亥侑于祖乙

五六一　癸巳卜穷貞翌丙申用…

五六五　丁丑卜穷貞翌己卯酌高妣己暨妣…

七二一正　癸酉卜穷貞翌乙亥酌雍伐于…

七七六正　癸卯卜殸翌甲辰侑于上甲十牛

八〇三　癸卯卜貞翌辛亥王尋皐以執

八四九正　丙戌卜殸貞翌丁亥侑于祖丁

九四七正　壬戌卜翌乙酉爭貞旨伐薛戋

八七九　戊寅卜殸貞奴伐翌庚辰用

九五三正　壬戌卜爭貞翌乙丑有伐于唐用

九七四正　丙寅卜殸貞翌戊辰王出

一〇〇六正　…卯卜永貞翌庚辰其伐暘日　不吾黽

一〇七五正　甲午卜亘貞翌乙未暘日王固曰有祟
丙其有來嬉三日丙申允有來嬉自東
婁告曰兒…　不吾黽

一一三九　己酉卜穷貞翌庚戌妏奻…

一一五八　辛巳卜爭貞翌甲申其有彳歲自上甲…十三月

一二四八正　癸未卜殸貞翌甲申王賓上甲日王固曰吉
賓允賓

一四〇二正　甲辰卜殸貞翌乙巳侑于父乙宰用

一五二〇　甲戌卜貞翌乙亥侑于祖乙三牛皐獻
叀牛十三月

一五二六　丁亥卜于翌戊子酌三𣪊祖乙庚寅用四
月

一五三三　丙戌卜穷貞翌丁亥侑于祖乙

一五三四正　癸酉卜殸貞翌乙亥侑于祖乙

一五五四　癸丑卜爭貞翌乙卯侑于祖乙

一八六三　庚子卜殸翌丁未酌十宰又三于祖丁

一九〇九　丙戌卜穷貞翌丁亥侑于丁…宰

一九三二正　丙子卜穷貞翌丁丑侑于丁五月

一九三四　丙辰卜爭貞翌巳侑于丁

二一三六　己卯卜爭貞翌庚辰侑于父庚

二八〇七　庚戌卜貞翌壬子喪婦鼠…先

三〇一八　丙申卜貞翌丁酉用子央歲于丁

三〇六一正　壬申卜殸翌乙亥子汰其來

三〇七七　乙丑卜穷貞翌丁丑呂其侑于丁

三一〇三　壬子卜貞翌庚子美其見

三二九七正　庚子卜爭貞翌辛丑啓

四〇四八　丙申卜貞翌丁酉皐侑于丁一牛

四〇四九正　丙申卜貞翌丁酉皐其侑于丁

著錄號	釋文
四〇六一	癸巳卜貞翌丁酉酌皐桒于丁
四三八八	甲戌卜㝉貞翌乙亥並告王其出于…
五〇六三	己巳卜亘貞翌庚午王出王固曰不…
五〇六四	壬戌卜韋貞翌乙丑王勿出王固曰乙余…
五二〇五	丙午卜殼貞翌丁未步
五二三一	己亥卜殼貞翌庚子王涉歸
五二三二正	貞翌辛卯王涉歸
五三九三	丙戌卜爭貞翌丁亥王其益…暘…不…
五三九四正	貞翌辛卯王勿…
五七二二	戊戌卜…貞翌己亥多馬無…月
五七三五	…卯卜㝉貞翌己未令多射暨𠂤…于…
五八一二	戊辰卜貞翌己巳涉師五月
六〇三二正	甲戌卜殼貞翌乙亥王途首無囚
六三三七正	丁卯卜爭貞翌辛未其敦舌方受有祐
六三三八	丁卯卜爭貞翌辛未其敦舌方受有祐
六五七八	丙午卜𣂰貞翌丁未子商𢦏基方
六八三四正	癸亥卜殼貞翌乙丑多臣𢦏缶
六八三四正	辛酉卜殼翌壬戌不至　二告
六九四七正	辛亥卜爭貞翌乙卯雨乙卯允雨
六九四七正	貞翌乙卯不其雨　二告
六九五二正	丙午卜殼貞翌丁未王步
六九五二正	貞翌丁未王勿步
七三四五	…酉卜殼貞翌乙亥不其暘日
七七六八	癸酉卜殼貞雀于翌甲戌[illegible]
七八四八	丁酉卜殼貞翌庚子王勿…冥
八三九八正	己丑卜㝉貞翌庚寅令入戈人
八三九八正	乙酉卜㝉貞翌丁亥桒于丁十一月
八六五九	辛未卜貞𨾴翌癸酉令方歸
九四一〇正	癸亥卜㝉貞翌丁卯酌彈牛百于…
九五〇四正	甲午卜殼貞翌乙未侑于祖乙
九五七〇	甲子卜允貞于翌乙丑屎萁乙丑允屎
九五七二	庚辰貞翌癸未屎西單田受有年十三月
九六二〇	庚子卜㝉翌辛丑有告麥
九六二〇	…亥卜㝉翌庚子有告麥允有告麥
九八一六反	壬寅卜王貞翌甲辰日柢啓允…十一月
九九七六正	癸亥卜古貞翌甲子邑至　二告　不舌黽
一〇〇四八	壬午卜㝉貞翌丁亥呼[illegible]
一〇一〇九	丁酉卜㝉貞翌庚子酌母庚宰
一〇三〇九	乙未卜翌丙申啓
一〇五〇六	癸未卜貞翌戊子王往逐兕
一〇五一七	庚申卜貞翌辛酉王往于田
一〇五二〇	庚寅卜爭貞翌丁酉桒于妣丁三牛
一〇五五六	丙寅卜翌丁卯…田啓允啓
一二三六八	己酉卜翌庚戌雨
一二三七五	庚午卜㝉貞翌辛未不雨
一二三七七	乙未卜殼翌丙申不雨
一二四〇七	丁卯卜殼貞翌戊辰其雨
一二四〇七	戊辰卜殼貞翌己巳其雨
一二四〇八	甲辰卜殼貞翌乙巳其雨
一二四〇九	…辰卜亘貞翌乙巳其雨
一二四一〇	戊辰卜韋貞翌己巳其雨
一二四五六	丙戌卜內翌丁亥不其雨
一二五七〇	丙寅卜允貞翌日卯王其文不遘雨
一二九六六	壬子卜葡翌癸丑雨允雨
一二九六六	癸丑卜葡翌甲雨甲允雨
一二九六八	翌癸亥其雨癸亥允雨
一二九七四	丁丑卜翌戊寅不雨允不雨
一二九七四	戊寅卜爭貞翌己卯其雨
一二九七三	辛酉卜殼翌壬戌不雨之日夕雨不延
一二九七三	辛酉卜殼翌壬戌其雨
一二九七三	丙寅卜殼翌丁卯不雨
一二九七三	丙寅卜殼翌丁卯其雨丁…雨
一三一〇六	丙辰卜㝉翌丁巳啓
一三一一〇	丙寅卜內翌丁卯啓丁啓
一三一一二	丁巳卜爭翌戊午不其啓
一三一一二	戊午卜翌己未不其啓
一三一一三	甲寅卜爭貞翌乙卯其啓　二告
一三一四一	乙巳卜內翌丙午允啓
一三二一六正	癸巳卜殼貞翌甲午暘日
一三二一七	甲辰卜殼翌乙巳暘日
一三二一七	乙巳卜殼翌丙暘日
一三二六一	癸酉卜爭貞翌乙亥不其暘日
一三二六二	壬辰卜永貞翌甲午不其暘日
一三二六三	乙酉卜㝉貞翌丁亥不其暘日
一三二六四	辛丑卜殼翌壬寅不其暘日

編號	釋文	期
一三三〇七	乙亥卜宾貞翌乙亥酌丝暘日乙亥酌 允暘日	1
一四一四九正	癸…殻貞翌甲寅帝其令雨	1
一四一四九正	癸丑卜殻貞翌甲寅帝…令雨	1
一四一五三乙正	丙子卜殻翌丁丑帝其令雨	1
一四一五三乙正	丁卯卜殻翌戊辰帝其令…	1
一四一五三乙正	戊辰卜殻翌己巳帝不令雨 二告	1
一四一五三乙正	丁卯卜殻翌戊辰帝不令雨戊辰允霧	1
一四一五三乙正	壬申卜翌癸帝其令雨 二告	1
一四一五三乙正	壬申卜殻翌癸帝不令雨	1
一四一五三乙正	甲戌卜殻翌乙亥帝其令雨	1
一四一五三乙正	甲戌卜殻翌乙亥帝不令雨	1
一四一五三乙正	乙亥卜殻翌丙子帝其令雨	1
一四一五三乙正	乙亥卜殻翌丙子帝不令雨	1
一四一五七	丙寅卜貞翌丁卯邑並其侑于丁宰又一牛 五月	1
一四三六四正	庚戌卜殻翌辛亥燎于…	1
一四三九五正	甲辰卜爭翌乙巳燎于土牛	1
一四五八一	丙子卜宾貞翌辛酉酌河宰	1
一四五九一	癸亥卜爭貞翌辛未王其酌河不雨	1
一四五九二	戊戌卜貞翌甲辰酌河	1
一四七〇二	壬辰卜翌甲午燎于蚰羊有豕	1
一四七〇三	壬辰卜翌甲午燎于蚰羊有豕	1
一四七〇五	壬辰卜翌甲午燎于蚰羊豕	1
一四七三二	丙子卜内貞翌丁丑王步于豊	1
一四七三二	丙子卜内貞翌丁丑王勿步	1
一四七三二	丙子卜内翌丁丑其雨	1
一四七三二	翌丁丑不雨	1
一四七四三	甲申卜宾貞翌辛卯燎于王亥三牛	1
一四八五二	癸亥卜貞翌甲子自上甲至于多毓	1
一四八六八	乙卯卜翌庚辰侑于大庚至于仲丁宰	1
一五一六七	戊子卜貞翌己丑王賓禰無壱	1
一五一六八	辛酉卜貞翌壬戌王賓…	1
一五三九六反	甲午卜殻貞于翌丙申用	1
一五五六二正	庚子卜宾貞翌癸卯燎	1
一五八五五	庚戌卜貞翌辛亥用延歲	1
一五八八八	己丑卜殻貞翌庚寅其囲不其暘日	1
一五八九〇	壬寅卜殻貞于翌乙卯囲	1
一五九四三	庚午卜貞翌辛未侑于祖辛	1

編號	釋文	期
一六一九七	庚辰卜爭貞翌辛巳王往	1
一六二六五	癸酉卜爭貞翌甲戌夕十羊乙亥酌十…十 牛…	1
一六三八七	壬午卜殻貞翌乙未用若	1
一九一〇四	己丑卜殻貞翌庚寅令	1
一九一一三	己亥卜殻貞翌庚子勿令 二告 不舌黽	1
二〇三九八	乙未卜翌丁不其雨允不	1
二〇七七五	甲戌卜翌乙亥征罞不往罞	1
二〇八一九	戊申卜貞翌己酉令…十一月	1
二〇八九八	戊午卜翌己未令盧即…	1
二〇九八九	辛酉卜翌壬戌啓	1
二一四三七	丙午卜𠂤翌戊申沮葬入不女	1
二一六三一	己卯卜我貞令𢦏翌庚于惟	1
二一七二七	乙丑子卜貞翌丁有來	1
二一八三〇	丁卯卜綠令𢦏惟翌庚若	1
二一八六三	乙卯卜翌丁巳令庚步	1
二二〇四三	丁未…不征𠦝翌庚戌	1
二二〇四三	丁未卜其征𠦝翌庚戌	1
二二〇九二	乙巳卜貞于翌丙告人于亞雀	1
二二五九八	庚申卜王貞翌辛酉其隥饗	2
二二五九八	庚申卜王貞翌辛酉十人其隥	2
二二六〇五	己巳卜行貞翌庚午其有勹伐于妣庚羌三十其 卯三宰	2
二二六一〇	丙午卜即貞翌丁未丁蕽歲其有伐	2
二二六一一	丙子卜旅貞翌丁丑父丁舌其有伐二月	2
二二六五七	庚戌卜漳貞翌辛亥乞酌彡乇自上甲衣至于 …毓…	2
二二七〇九	辛亥卜即貞翌壬子酌示壬歲無壱	2
二二七四一	癸酉卜出貞侑于唐惟翌乙亥酌六月	2
二二七四二	癸酉卜出貞侑于唐惟翌乙亥酌六月	2
二二七六四	丙子卜…貞翌丁丑翌于大丁無壱在三月	2
二二七六四	癸未卜行貞翌甲申翌于大甲無壱在…	2
二二七六七	丙子卜行貞翌丁丑祭于大丁無壱	2
二二七七五	癸酉卜行貞翌甲戌卜丙母妣甲歲惟牛	2
二二七七九	癸酉卜王貞翌甲戌王其賓大甲飄無壱	2
二二七七九	丁亥卜王貞翌戊子王其賓大戊飄無壱	2
二二七七九	甲辰卜王貞翌乙巳王其賓祖乙飄無壱	2

編號	釋文	期
二二八五六	丙申卜行貞翌丁酉彡于仲丁無壱在九月	2
二二八六〇	丙申卜即貞翌丁酉惟仲丁歲先	2
二二八六三	丙午卜行貞翌丁未祭于仲丁無壱	2
二二八八六	甲寅卜旅貞翌乙卯其侑于祖乙宰	2
二二八九六	甲辰卜旅貞翌乙巳彡于祖乙其…	2
二二八九八	乙亥卜行貞王賓祖乙翌無尤	2
二二九二六	甲午卜大貞翌乙未其烝其在祖乙	2
二二九三一	甲戌卜行貞翌乙亥祭于祖乙無壱在八月	2
二二九三一	丙戌卜行貞翌丁亥祭于祖丁無壱在九月	2
二二九六七	庚寅卜大貞翌辛卯其侑…祖辛…	2
二二九六八	庚戌卜王貞翌辛亥其侑…祖辛…	2
二三〇〇四	庚寅卜…貞翌辛卯魯于祖辛無壱在九…	2
二三〇〇四	丙申卜行貞翌丁酉魯于祖丁無壱	2
二三一七三	癸未卜即貞翌甲申其侑于父丁	2
二三一二六正	甲申卜即貞翌乙酉翌于小乙無壱五月	2
二三一二六正	…戌卜即貞翌…亥翌于…父丁無壱…	2
二三三六八	己亥卜喜貞翌庚子妣庚歲其弘宰	2
二三五〇一	己亥卜即貞翌庚子其有亻伐…	2
二三六一〇	庚寅卜出貞于翌乙未大醫	2
二三七一九	壬午卜大貞翌癸未侑于小𢎪三宰箙一牛	2
二三八〇五	丙寅卜兲貞卜竹曰其侑于丁宰王曰弜 [illegible]翌丁卯𦱤若八月	2
二四三四六	乙卯卜王曰貞翌丙辰王其步自獲	2
二四四九六	庚午卜出貞翌辛未王往田…	2
二四五〇一	丁丑卜王曰貞翌戊寅…其田無災…往不 遘雨	2
二四五〇二	庚午卜王曰貞翌辛未其田往來無災不遘 囚茲用	2
二四七五九	丙辰卜尹貞今日至于翌丁巳雨	2
二四九三一	丙寅卜出貞翌丁卯暘日八月?	2
二四九三三	乙酉卜大貞翌丁亥暘日	2
二四九六二	丙午卜旅貞翌丁未𤇯燎告有豊…	2
二五〇七四	丙戌卜行貞翌丁亥其侑于…	2
二五二〇三	丙寅卜大貞翌丁卯歲其先禘	2
二五九五六	庚午卜兲貞翌辛未其彡祭于…其以有…	2
二五九五七	…酉…貞王…翌…	2
二六〇二七	甲子卜旅貞翌乙丑古惟白牡	2
二六七六三	甲子卜出貞翌丁卯魚益醫	2
二六七六三	丙寅卜出貞翌丁卯魚益醫	2

編號	釋文	期
二六九七五	庚申卜何貞翌辛酉執川惟	3
二七〇四一	甲戌卜翌日乙王其尋盧伯…不雨　大 吉	3
二七〇四二正	庚申卜何貞翌辛酉其侑妣辛	3
二七〇八八	甲子卜何貞翌乙丑其侑大乙惟𢼸觀 遣	3
二七二二〇	癸亥卜何貞其烝鬯于祖乙惟翌乙丑	3
二七二二一	甲申卜何貞翌乙酉其烝祖乙饗	3
二七二二一	甲申卜何貞翌乙酉小乙烝其暨	3
二七三二一	庚子卜何貞翌辛丑其侑妣辛饗	3
二七三二一	丙午卜何貞翌丁未其有亻歲禦?毓祖丁	3
二七三二一	癸卯卜何貞翌甲辰其有丁于父甲宰饗	3
二七三二一	庚子卜何貞翌辛丑其侑妣辛饗	3
二七三四七	其延鬯小乙惟翌日彡王受祐	3
二七四二四	己亥卜何貞翌庚子亻歲其延于父庚	3
二七四四〇	父甲歲惟翌日辛彡	3
二七四五六正	癸巳卜何貞翌甲午烝于父甲饗	3
二七四五六正	庚戌卜何貞翌辛亥其侑毓妣辛饗	3
二七四五六正	庚戌卜何貞翌辛亥其侑毓妣辛	3
二七四五六正	癸酉卜何貞翌甲午烝于父甲饗	3
二七四五六正	壬子卜何貞翌癸丑其侑妣癸饗	3
二七九二五	辛亥卜翌日壬王其比在成犬皁弗 悔無災　弘吉	3
二七九四八	庚午卜貞翌日辛王其田馬其先擒不雨	3
二八〇〇一	壬寅卜暊貞翌日癸卯王其迖	3
二八〇九九反	戊辰卜貞翌庚午	3
二八三一四	丁亥卜翌日戊王惟呈田…王擒狐 三十又七　弘吉　茲用	3
二八四五九	丁卯卜貞翌日戊王其田無災	3
二八五〇〇	丁丑卜翌日戊王其田湄日無災	3
二八五〇一	丁亥卜翌日戊王其田湄日無災	3
二八五〇七	庚戌卜翌日辛王其田湄日無災　吉	3
二八五〇八	庚申卜翌日辛王其田湄日無災	3
二八五四三	丁巳卜翌日戊王其田不遘大…	3
二八六二三	甲午卜翌日乙王其省田湄日…　吉	3

二八六四四 辛巳卜翌日壬王惟田省湄日無災 3

二八七五七 甲申卜翌日乙王其迖無災 3

二八八二六 癸酉卜翌日乙王其田擒 吉 3

二八九〇五 丁丑卜翌日戊王其迖于㠯無災 3

二八九一五 辛卯卜翌日壬王其迖于敦無災 3

二八九一六 庚辰卜翌日辛王其迖于敦無災 3

二八九一七 辛未卜翌日壬王其迖于敦無災 3

二八九五〇 甲午卜翌日乙王其迖于向無災 3

二八九五一 甲寅卜翌日乙王其迖于向無災 吉 3

二八九六一 辛未卜翌日壬王其迖于向無災 3

二九〇二七 甲申卜翌日乙王其迖于喪 3

二九〇六五 甲午卜翌日乙王其迖于… 弘吉 3

二九一三四 甲寅卜翌日乙王其… 茲用 不雨 3

二九二一七 丁丑卜翌日戊王惟斿田無災 大吉 3

二九二三四 癸未卜翌日乙王其…不風 大吉 茲用 3

二九二四五 丁未卜翌日戊王其田無災 吉 用 3

二九三七八 丁酉卜翌日戊王其迖于安無災 弘 吉 3

二九三九五 辛丑卜彭貞翌日壬王異其田㞢湄日無災 3

三〇二〇四 庚辰卜翌日辛啓 3

三〇七五七 甲辰卜狄貞王其田惟翌日乙無災 3

三〇七五七 甲辰卜狄貞惟翌日戊無災 3

三一九七〇 庚申卜翌辛啓允啓 4

三二〇四二 丙卜翌甲寅酚于大甲羌百羌 4

三二九三五 癸酉貞翌乙亥酚彡于大乙 茲用 4

三二九三九 戊寅貞王令𢦏翌己卯步 4

三三〇二九 戊午卜暨至㮚翌己未 4

三三〇六九 壬子卜啓日翌癸丑 4

三三〇八二 辛酉卜王翌壬戌𢦏𤰔十二月 4

三三三〇九 壬辰卜翌辛卯雨 4

三三三六七 甲子卜翌日乙王其田目無災 吉 4

三三三六九 辛亥卜翌日壬王其田𣪕弗悔無災 4

三四二八三 庚辰貞酚翌壬翌日辛巳 4

三四五〇六 癸亥貞酚彡翌日甲子 4

三四五四七 癸未貞惟翌日甲申酚 4

三四六八〇 庚辰卜盧翌日甲申 4

三六一二三 癸酉卜貞翌日乙亥王其有𠬝于武乙必正王受有祐

三六一六八 丙戌卜貞翌日丁亥王其有𠬝于文武帝正王受有祐 5

三六九八一 …率年于示壬惟翌日壬子酚有大雨 5

三六九八八 辛未卜貞豕…翌日壬王其比用…暨犹㝵用無災在… 5

三七三八七 丁酉…貞翌日壬寅王其𠙶兕其唯𩰫…鬱…王弗悔 5

三七四六八 丁丑卜貞宋逐辟祝侯麓𪊨犬翌日戊寅王其𠈌…召王弗悔擒 5

三七四六八 癸酉卜貞宋逐辟祝侯麓𪊨犬翌日戊寅…其…召… 5

三八二一二 丙子卜貞王其…翌日戊寅不悔無… 5

屯二一二 辛丑卜翌日壬王其迖于向無災 弘吉 3

屯三三六 壬寅卜妣癸歲卯酚翌日癸 3

屯二五六 丁丑卜翌日戊王異其田弗悔無災不雨 3

屯四九五 甲辰卜翌日乙王其省盂田湄… 大吉 3

屯六二四 辛亥卜翌日壬旦至食日不… 大吉 3

屯六二五 丁丑卜翌日戊王惟在宋犬… 大吉 茲用 3

屯六三七 庚寅卜翌日辛王兌省魚不遘雨 吉 3

屯六三九 癸未貞惟翌甲申酚 4

屯六七八 庚子卜翌日辛王其迖于向無災 弘吉 用 3

屯七四五 辛巳卜翌日壬王其迖于㠯 3

屯九九一 戊申卜翌庚戌令戈歸 4

屯一一〇三 辛酉卜翌日壬王其田𣪕湄日無災擒 3

屯二一一三 丙午卜𠂤貞翌丁未步暘丁未王步允暘 二告 1

屯二一六八 辛巳卜翌日壬王其迖于梌無災 弘吉 3

屯二二九〇 庚申卜翌日辛雨 3-4

屯二三二九 丁未卜翌日戊王其田…惟犬言比無災擒 吉 3

屯二三三九 庚戌卜翌日辛王其田于向無災 3

乇三三四一　辛未卜王其田惟翌日壬乇日無災泳王　吉　3
乇二三五一　癸亥卜翌甲子啓　4
乇二三五一　癸亥卜翌甲子啓允　4
乇二三八六　丁卯卜翌日戊王其田無災　吉　用　3
乇二四三〇　丁巳卜翌日戊王其迖于𠂤無災　3
乇二四八二　庚申卜盧翌日甲子酌　4
乇二四九四　庚申卜翌日辛王其田湄日無災　吉　3
乇二五三一　丁巳卜翌日戊王惟田省　3
乇二五四二　丙申卜翌日丁雨茲用不雨　3
乇二六〇〇　今日至翌日丙延啓　3
乇二六三六　庚申卜翌日辛王其宛𠂤僼無尤　3
乇二七一二　辛丑卜翌日壬王其迖于𩁋無災　弘吉　3
乇二七一三　辛巳卜翌日壬不雨　吉　3
乇二七二三　辛巳卜翌日壬王其𧆨叓彔　3
乇二七三九　丁丑卜翌日戊王其田湊弗擒　弘吉　3
乇二八五一　辛酉卜翌日壬王其田于湊乇日無災　3
乇三一五六　辛未卜翌日壬王其田虞無災在呈卜擒　大吉　茲用　3
乇三六五九　丁丑卜翌日戊王其田湄…　大吉　用　3
乇四三〇一　甲辰卜翌日乙王其迖于𩁋無災　吉　3
乇四五一六　壬子卜啓日翌癸丑　1
乇四五五六　辛丑卜翌日壬王其戍田于吳…無災擒　吉　3
英二七　甲午卜貞翌乙未侑于祖乙　1
英一二六　甲午亘貞翌乙未其雨　1
英一三六　甲午卜亘貞翌乙未不雨　1
英一三〇　丁卯卜貞翌庚午令子婁五月　1
英五二九　丁丑卜旁貞惟翌庚辰令多射　1
英五五九　丁卯卜殻貞翌辛未勿令　1
英五六四正　己亥卜旁貞翌庚子步戈人不橐　十三月　1
英一〇八〇　辛亥卜殻翌壬子不其暘日　二告　1
英一〇八〇　庚戌卜殻翌辛亥暘日　1
英一〇八一　翌甲辰不其暘日　1
英一〇八一　貞翌甲辰不其暘日　1

英一〇八八　丁卯卜翌戊辰啓允啓　1
英一一五一　甲寅卜爭貞翌癸卯令甫歸　1
英一一五三　丁亥卜旁貞翌辛卯酌伐　1
英一二八二　甲辰卜翌乙巳我奏舞至于丙午：二告　1
英一八六七　甲午卜王貞我有循于大乙酌翌乙未　1
英一九二三　癸丑卜王曰貞翌甲寅乞酌咎自上甲衣至于毓余一人無囚茲一品祀在九月遘示癸𧷥彘　2
英一九二五　乙酉卜貞翌丁亥木來人其又自上甲又其人其…　2
英一九三三　丙子卜行貞翌丁丑翌于大丁不遘雨在三月　2
英一九七六　壬辰卜大貞翌己亥侑于三兄十二月　2
英二〇七五　壬申卜貞翌癸酉不雨　2
英二一一九　戊辰卜祝貞翌辛未其侑于盟室十大牢七月　2
英二一一九　戊辰卜祝貞翌辛未其侑于盟室五大牢七月　2
英二三〇三　：酉卜翌日戊王其田乇：吉　3
英二三一六　甲申卜翌日乙王其迖于梌無災　3
懷三二　癸巳卜爭貞翌甲午酌彡自上甲至于多毓衣　1
懷三〇二　庚申卜旁貞翌辛酉王往于田　1
懷三九三　戊辰卜爭貞翌己巳：侯使…　1
懷九六三　己亥卜亘貞翌庚子侑四十…　1
懷一二六七　丙寅卜卜出貞翌丁卯魚益𨙶　2
懷一二六八　丙寅卜出貞翌丁卯魚益𨙶六月　2
懷一四五一　辛丑卜翌日壬王其迖于向無災　3

祭祀

二二〇六五　甲子卜用翌入乙　允　1
二二〇六五　甲子卜翌入乙有𠂇歲三牢　1
二二三九四　：貞翌豕中母　1
二二六六九　癸丑卜王貞旬無囚在四月甲寅酌翌自上甲　2
二二七三二　甲戌：貞翌：翌于大乙無囚　2
二二七四四　乙丑卜即貞王賓唐翌無尤三月　2
二二七五一　甲子王卜曰翌乙丑其酌翌于唐不雨　2
二二七六四　丙子卜：貞翌丁丑翌于大丁無壱在三月　2
二二七六四　癸未卜行貞翌甲申翌于大甲無壱在…　2
二二七八一　甲申卜即貞王賓大甲翌無尤在四月　2

二二八二二	丁酉卜行貞翌戊戌翌于大戊無𡆥在四月	2
二二八二二	丙午卜行貞翌丁未翌于仲丁無𡆥在四月	2
二二八二九	戊申卜尹貞王賓大戊翌無尤	2
二二八七六	壬寅卜貞王賓卜壬翌無尤	2
二二九八七	：旅貞翌辛酉翌于祖辛無𡆥在四月	2
二三二四三	丙午卜行貞翌丁未翌于父丁無𡆥	2
二三二四二	丁巳卜尹貞王賓父丁翌無尤	2
二三二四三	丙午卜行貞翌丁未翌于父丁無𡆥	2
二三二四四	癸亥卜尹貞旬無𡆥在十二月乙丑翌乙丁卯翌	2
	父丁	2
二三三一二	壬午卜尹貞王賓大庚奭妣壬翌：尤	2
二三三三〇	庚戌卜尹貞王賓小乙奭妣庚翌無尤	2
二三三三〇	己丑卜尹貞王賓祖丁奭妣己翌無尤	2
二三三三〇	癸酉卜尹貞王賓仲丁奭妣癸翌無尤	2
二三三三二	：卜：貞王賓祖乙奭妣庚翌無尤	2
二三三三三	：卜尹：王賓：奭妣甲翌無尤	2
二三四八四	庚申卜行貞王賓兄庚翌無尤	2
二七四四六	己酉卜暊貞翌日父甲旦其十牛	3
二七二九七	乙卯卜翌日祖丁吿	3
三四〇八三	乙未貞大禦其遘翌日	4
三四六八一	庚申卜盧翌酌甲子	4
三五四〇六	甲戌翌上甲乙亥翌匚乙丙子翌匚丙：匚丁壬午翌示壬癸未翌示癸：翌大丁：翌：大庚：翌：	5
三五五七五	：猷王：甲寅翌小甲	5
三五六四一	癸酉王卜貞旬無猷王𡆥曰大吉在九月甲戌翌戔甲	5
三五七七三	庚申卜貞王賓般庚翌日無尤	5
三五八一二	丁巳卜貞王賓武丁翌日無尤	5
三六一九四	丙寅卜貞王賓大乙奭妣丙翌日無尤	5
三六一九六丙	戊戌卜卜王賓大丁奭妣戊翌日無尤	5
三六二〇八	辛巳卜貞王賓大甲奭妣辛翌日無尤	5
三六二一七	壬午卜貞王賓大庚奭妣：翌日無尤	5
三六二三七	己卯卜貞王賓祖乙奭妣己翌日無尤	5
三六二六七	辛卯卜貞王賓武丁奭妣辛翌日無尤	5
三六五一一	丁卯王卜貞今𡆥巫九𡆥余其比多田：多伯征盂方伯炎惟衣翌日步：左自上下于𣪘示余受有祐不𢦏：于茲大邑商無𡆥在猷：弘吉在十月遘大丁翌	5
三七八六七	癸亥卜泳貞旬無猷甲戌翌大甲	5
三七八六七	癸丑卜泳貞王旬無猷在六月甲寅酌翌上甲王二十祀	5
三七八四三	：貞酌翌日自上甲至多毓：自猷在八月惟王五祀	5
三七八四四	癸卯王卜貞酌翌日自上甲至多毓衣無𡆥自猷在九月惟王五：	5
三七八六七	癸丑卜泳貞王旬無猷在八月甲寅翌日羌甲	5
英一九三七	癸酉卜行貞王賓仲丁奭妣癸翌無尤在三月	2
懷一五五九	丁未其𢍰翌在祖丁宗	4
懷一五五九	乙巳其𢍰翌日大乙宗	4
懷一五五九	丁未其𢍰翌日在大丁宗	4
懷一五五九	戊戌貞其𢍰翌日	4
懷一五五九	庚子貞其𢍰翌日	4
懷一八〇五	癸丑卜貞王旬無猷在六月甲寅工典其翌	5

其它

五五七	甲午卜貞𡆥翌于甲寅酌	1
五二〇三	于翌甲子步	1
五二〇四	翌癸亥王步	1
五二〇六正	貞翌丁亥王步	1
六〇三三反	貞翌庚辰王往途首	1
八五一〇	貞翌甲寅不其暘日	1
一〇九八八	戊戌卜其陰印翌啓不見雲	1
一一〇〇六正	丙戌卜𣪘貞翌丁亥我狩寧	1
一一〇〇六正	貞翌丁亥勿狩寧	1
一五〇六五乙	貞翌乙卯有一牛正	1
一七一一四	貞惟翌甲其𢍰	1
一九九四五	：丁：惟翌父乙次	1
二〇四一三	丁巳卜翌其征不	1
二〇七三一	庚戌卜𢓊惟翌步射兕于𡆥	1
二〇八九九	戊寅貞翌己雨	1
二一二二六	于翌日丁𣪘	1
二一三四、	翌丁从升	1
二一三五六	翌庚从升	1
二一五七九	戊子卜子貞今翌啓囚	1

二一五八六 庚子卜𣀈貞翌又惟𣎆人以 1
二二〇二九 …翌喪… 1
二二〇四四 辛亥卜翌用于下乙 1
二二一八六 辛卯卜翌步無囚 1
二二六二一 辛亥卜𣵽貞王賓翌秜自上甲衣至于毓無尤 2
二六九三五 翌日大乙王其舌祖乙有羌 3
二七二一三 貞王賓祖乙翌無尤在十月 3
二七二六四 丙辰卜彭貞其侑祖丁惟翌 3
二七三三六 癸巳卜㫚貞翌日祖甲歲其宰 3
二七五一六 戊寅卜其有歲于妣己惟翌日 3
二八三三二 以罟擒有鹿翌旦允擒 3
二八五一三 于翌日壬 3
二九八九二 翌日辛其雨 吉 3
二九九一三 翌日甲不雨 大吉 3
二九九六二 翌日辛不雨 3
二九九六六 甲寅卜㫚貞翌日乙雨 3
二九九九四 翌日戊有雨 3
三〇〇四〇 惟翌日戊有大雨 3
三〇〇四一 于翌日丙霾有大雨 吉 3
三〇〇四二 于翌日辛夕有大雨 3
三〇一四二 庚午卜翌日辛亥其作…遘大雨 吉 3
三〇二〇三 于翌日丙啓不雨 3
三〇二〇六 翌日己不啓 吉 3
三〇二七〇 于翌日壬廼攸庸不遘大風 3
三〇三三〇 翌日己酉父庚必惟其即宗 3
三三二九九 辛未貞今翌𣪊王 4
三三三九八 于翌日壬征擒 4
三三八二四 貞旬囚不雨翌日雨 4
三四〇八三 乙未貞大𣪊弜遘翌日其興 4
三四三四三 甲寅卜惟翌日 4
三四三四三 …𣪊惟翌日 4
三四三五九 于翌日告用牡 4
三四四七九 于翌日烄 4
三四五九六 貞弜蒸酌翌丁未 4
三五三一九 翌壬辰步 4
三八一七二 貞翌日戊王不遘大雨 5

屯八 馬惟翌日丁先戊王兌比不雨 3
屯三九 翌日辛不雨 3
屯一五一 辛卯卜翌日壬王其田… 3-4
屯二五八 翌日壬王其迖于喪無災 3
屯二六一 其祝妣辛惟翌日辛酌 3
屯二七二 翌日乙王其省田湄日不遘雨 3
屯六一八 其蒸𩛥祖乙惟翌日乙酉酌王受祐 3
屯二三七九 翌日戊王其迖辜無災 吉 3
屯二七一三 其蒸𩛥惟翌日乙 吉 3
屯二七七九 貞翌己未雨 1
屯二八五八 翌日乙大史祖丁有去自雨啓 3
屯三〇五四 于翌日壬王廼田無災 3
屯四四五二 翌日辛王其迖于向無災 3
英七〇一 貞翌己亥步 1
懷一二六八 貞翌丁卯不其魚之日允不魚 2
懷一四〇〇 翌日乙不雨 3
懷一五五九 丁未其翌日在父丁宗 4

八六四 …盅…… 1
二四七三 戊申…王盅…千…行于…千坙行… 1
…芍 1

角

一二 甲戌卜角取逆芻 1
六七〇 貞…角女 1
六七一正 庚寅卜殻貞以角女 二告 1
六七一正 庚寅卜殻貞弗其以角女 1
三三〇六 丙子卜…虎令…角…侯 1
四六六五 丁卯卜角其夾 1
四六六五 庚午卜角其夾 1
四六六六 壬申卜角不其夾 1
四六六七 乙卯卜角… 1
四六六八 角 1
四六六九 …畏…惟角… 1
五四九五 甲戌卜王余令角婦載朕事 1
六〇五七正 王固曰有祟其有來媗迄至七日己巳允有來媗自西友角告曰𢀛方出侵我示 1

著錄號	釋文	數
	綴田七十八五	1
一〇四六七	…酉卜角獲𤜫?	1
一〇四六七	角不其獲… 一告	1
一三七六〇	…卜貞…角…疾	1
一七六七二	…貞二卜…固曰角…	1
二〇五三二	庚戌卜王貞伯𢀛允其及角	1
二〇五三三	庚戌卜王貞伯允其及角	1
三四七一二	丁…貞…角由?…	4
屯二六八八	甲午卜貞角往來無囗	1
懷一三七	…王…角其…用	1

般 㲉

著錄號	釋文	數
四六七〇	…爭…令㲉…	1
四六七一	庚子卜㝱貞其令㲉祐商	1
四六七一	貞…㲉…商…祖乙	1
四六七二	…春令㲉…商十三月	1
八九四三	貞令般又奴左牛	1
八九四四	貞令般又奴左牛	1

夐 ⿰角攴

著錄號	釋文	數
六六四八正	庚寅卜殼貞沚化疋𢦏𢦏夐惟 二告	1
六六四九甲正	…夐雕	1
六六四九甲正	…疋化𢦏夐暨雕 二告	1
六六四九乙正	…沚疋化𢦏夐…	1
六六五一	…疋化𢦏夐暨…	1
六六五二	…丑卜爭…沚疋化…𢦏夐…	1
六六五三正	辛酉卜殼貞沚疋化𢦏⿰角攴	1
六六五三正	貞沚疋化弗其𢦏⿰角攴	1
六六五四正	辛酉卜㝱貞沚疋化𢦏夐	1
六六五四正	貞沚疋化弗其𢦏夐 二告	1
六六五五正	…卜㝱貞夐𢦏沚疋化	1
六六五五正	…沚疋化弗𢦏夐	1
六六五六	庚戌卜殼貞…疋化𢦏夐…王固曰惟 乙其…惟甲申𢦏?	1
一三六九五甲正	貞沚疋化弗其𢦏⿰角攴	1
一三六九五乙正	…疋化弗其𢦏⿰角攴	1
一三六九五乙正	貞沚疋化…⿰角攴	1
一三七一三正	沚疋化弗其𢦏夐	1
三一〇四六	貞比饗夐	3

解

著錄號	釋文	數
一八三八七	…殺…解…	1
一八三八八	…酉卜…羊解…	1

慶

著錄號	釋文	數
二四四七四	乙未卜行貞王其田無災在二月在慶卜	2
二四四七四	丙申卜行貞王其田無災在慶	2
三六五五〇	己亥…㗊…今夕…	5

貝

著錄號	釋文	數
五六四八	丙戌卜…貞巫曰𢼄貝于婦用若 五?月	1
八四九〇正	貞土方…貝 二告	1
八九〇三	…貝得	1
一一四二三正	甲申卜㝱貞雩丁無貝 小告	1
一一四二三正	貞雩丁其有貝 小告	1
一一四二五	…取有貝…	1
一一四二六	戊申卜殼貞…有其𢀛貝…	1
一一四二八	…陟貝…	1
一一四二九	貞…貝…丁…	1
一一四三二	…戈允來…豕二貝…王…	1
一一四三八	庚戌…貞易多女有貝朋	1
一八〇九九	…每…其…貝	1
一八三四一	…辰卜爭貞令亳宁鷄貝𤰔…	1
一九四四二	…貝…	1
一九八九五	…妣庚…師…貝…見	1
二〇二四七	…無貝…月	1
二〇五七六正	…弜克貝雀南封方	1
二一六二二	甲辰卜車…允畋…貝今生…	1
二一九六九	壬午…惟貝…受𤰔	1
二六八四四	壬…王…貝?…	2
二九六九四	其膚用舊臣貝 吉	3
二九六九四	惟貝朋 吉	3
英七七一正	貞勿…陟貝我…雍三月	1
懷四四七	…羌…貝…	1

魄

屯二四四二　其遘魄日

昌

一一三六　貞商不昌

一一三六　貞商其昌

一一三七　貞商其昌

三三九八　…舌方其至于□土方無昌

三七一九　…卜爭…昌…

四三三八　貞競弗昌

六五九六　貞…方其昌

六五九六　…昌

七六六七反　…方其往其昌

七七七二正　貞王有匚在□□

七七七二正　貞王有匚在□勿□　二告

八四一一　貞□方不其昌　二告

八四一一　乙巳卜爭貞□其昌

一七三一一正　貞王有昌不之

一七三一一正　貞王有昌允之

一七三一二　辛…□…其降昌

一七三一三　貞無昌

一七三一四　甲辰卜殻貞今春貞不昌

一七三一五　…其昌

一七三一六　…亘…昌

一七三一七　貞昌

英七三二　貞往自昌得

英一七七二　…侯…昌

得

六六　貞虎㞢眾人得

一三〇正　甲午卜爭貞往芻□得　二告

一三三正　貞往芻得

一三三正　不其得

一三四　…卜穷…往芻…得

一三五乙正　貞…芻自穷呼…得

一三七正　癸丑卜爭貞旬無囚三日乙卯…有嬉單　丁人豐□于彔…丁巳□子豐□…鬼

亦得疾

四三九　癸卯卜貞不母得

五〇三　…奉羌…得

五〇四正　貞戈奉羌得

五〇五正　貞奉羌得

五〇五正　貞奉羌不其得

五〇七　貞往羌得

五〇八　貞往羌不其得

五〇九正　…午卜貞往羌得

五一〇　貞往羌得

五一七正　侯告羌得

五一八　…羌得

五一九　…得四羌在秋十二月

六〇一　甲子卜殻貞得□甾

六四一正　癸酉卜亘貞臣得王固曰其得惟甲乙　甲戌臣涉舟延□弗告旬又五日丁亥　執十二月

六四一正　癸酉卜亘貞…不其得

八四九正　乙酉卜穷貞州臣有往自賓得

八五〇　貞州臣得

八五〇　貞州臣得

八五〇　貞州臣不…得

八五一　貞州臣得

八五二正　…往…得

八五四　貞往不其得

八五五　貞往自賓得

九二六正　己巳卜穷貞龜得母壬王固曰得庚午夕𠂤辛未允得

九二六正　貞□弗其得　小告

九二六反　王固曰得

九二六反　得

二六五二正　貞呼婦往有得

二六五二正　貞呼婦往無得

二八二四　不得

二八二四　貞得　小告

三三〇一　己亥卜殻貞王曰侯虎余其得女…受

…

三五八九正　辛…得…

四〇一一　…□…得

四三六八　徙得

四三六八正　貞徙弗其得
四五一二　……啓惟有得
四七一九　貞惟得令
四八三八　貞冀得
四八三九　貞冀不其得
五五二七正　貞束得
五六〇一正　……小臣牆不其得
五六〇〇　貞小臣牆得
六〇一六正　其侑硪得　二告
六七六四　戊戌卜㱿貞戎得方𢦏戦
六七六五　戊戌卜㱿貞戎得方𢦏……
七一三四　……卜……貞……允貞
七二九七反　貞其得
七九九七　……呼……兄……祉……得
八二六五　……庚申貞……不其得十二月在□
八八八二正　貞矣得有牛
八八八三正　貞商其得
八八八四　丁丑卜穷貞□得王固曰其得惟庚其惟丙其齒四日庚辰□允得十二月
八八八五正　……固曰吉其得惟甲
八八八六正　貞妝其得　小告
八八八八正　……貞甘得　二告
八八八八反　王固曰得
八八八九正　丁巳卜㱿貞卬得
八八九〇　……卬得……受……
八八九一　貞陕……得
八八九二　其呼希得
八八九三正　呼希得
八八九四反　丁未……古貞有得
八八九五正　貞得
八八九五正　其得
八八九六　其得
八八九七　其得
八八九八正　貞其得

八九〇二　戊寅卜得
八九〇三　……貝得
八九〇四　……鬳得
八九〇五　貞得　不告鼂
八九〇九　……不其得
八九一〇　貞不其得
八九一一　不其得
八九一二正　貞受不其得　二告
八九一二反　……三日甲子允得
八九一三反　令不其得
八九一四　貞令十一月先不其得
八九一六正　不其得
八九一七正　不其得　一告
八九一八　不其得
八九一九正　貞不其得
八九二〇正　不其得
八九二一　貞不其得
八九二三　不其得启
八九二四　貞弗其得
八九二五正　婦其無得子
八九二六　弗其得
八九二七　貞弗其得
八九二八　貞弗其得三月
八九二九　……不其得
八九五三反　希得
九四九五　……卜爭……令得……䕓……十二月
九四九六　貞惟得示䕓……
一一〇〇六正　戊午卜爭貞先得
一一〇〇六反　王固……得惟……
一一二五〇　王固曰其有剢惟……𢦏弗得考……
一一四六〇甲正　貞有卒不其得舟
一一四六〇乙正　……卜爭貞卒得舟
一二〇五一正　貞呼祟先得
一二〇五一正　呼祟先从東得
一二〇五一正　呼祟先得
一二五三四　貞不其得三月

一四一六一反 …未卜爭貞得 1

一七〇〇三正 貞多…帚得… 1

一七〇〇二反 王固…得惟…㞢 1

一八二一一 …其…貞… 1

一九〇七五 …有行…得夏…其…涉… 1

一九〇五六 丙寅卜有涉三羌其得…印 1

二〇六三五 貞余得 1

二〇六三六 …卯卜…得 1

二一七九一 …不𢦏…其得 1

二八〇九四 惟戌得令… 3

三三五〇九 庚午貞令𩁹以在𠂤祟交得 4

三三五〇九 …午貞令步以𤰈祟交得 4

三三五〇九 甲戌貞令鳴祟交得 4

三三五〇九 甲戌貞令𩁹以在𠂤祟交得 4

三三五〇九 甲戌貞令步祟交得 4

屯二三三 癸酉貞弜得岳其取即于上甲 4

屯二三三 癸酉貞其𠬝禾于岳得 4

英四一三 …酉…束…得 1

英四一四正 丁丑卜㱿貞束得王固曰其得惟庚其惟丙其㞢四日庚辰束允得十三月 1

英五四〇 …其得 1

英五四〇 甲戌…貞奉自林圉得 1

英七〇八 貞得… 1

英七三三 貞不其得 1

英七三三 貞往自𠂤得 1

英七八三正 …不其…得 1

英七七六正 …往𠭯…奉得…矣… 1

英一一〇五反 王固曰其得 1

英一一五二 貞…弗其得 1

英一一三六四 貞其得龠 1

英一八〇五 …王…得 1

英一八〇五 …寅…得… 1

懷三五九 …得馬… 1

⿱⿰貝又⿰貝又

六一三〇正 貞曰侯…㱿… 1

三三九七正 貞王曰侯豹…女事… 1

三三九、 …曰侯豹…毋事𠂤受… 1

一八一九〇 …卜㱿…㱿… 1

一八一九一 貞㱿… 1

一八一九二 …勿…㱿… 1

冐

八九、七 壬辰卜亘貞弗其以冐𠂤 二告 1

敗

一七三一八 貞無敗 1

旬

四〇九〇 癸丑卜穷貞惟旬令目𡨦孽 1

四六七七 貞惟旬令 1

四六七八正 辛酉卜亘貞生十月旬不其至 1

四六七九 …亥卜…貞令十二月旬至 1

四六八〇反 旬 1

四六八一 丁亥旬… 1

四六八二 旬… 1

四六八三 旬 1

四六八四 …旬十二月 1

四六八五 旬 1

四六八六 旬 1

四六八七正 …貞…旬…于… 1

四六八八 旬其… 1

四六八九 旬…其㞢… 1

九〇九五 …旬以自… 1

九二〇七反 旬來 1

九二八八 旬入二十在… 1

九四〇九 丁亥乞自雩十屯旬示 㱿 1

九四一四 …旬入… 1

九四一六 丁亥乞自雩允十屯旬示 1

九四一七 …乞自雩…屯旬… 1

一二六四三 丙午卜…貞翌丁未…用旬歲…牛 1

一三五二三臼 乙未旬乞自雩十屯 小㱿 1

三三〇六〇　丙子賓乞𠣞…　4
三四一三二　…巳卜貞王惟𠣞…以王族在祖乙宗　4
三五一六六　己巳賓乞𠣞骨三　4
三五一六七　…𠣞骨一　4
三五一六八　…寅賓乞𠣞骨…　4
三五一六九　…寅賓乞𠣞…　4
三五一七〇　…賓乞𠣞骨三　4
三五一七一　…乞𠣞骨三　4
三五一七二　…𠣞骨三　4
三五一七三　…乞𠣞骨三　4
三五一七四　壬辰賓乞骨三　𠣞　4
三五一七五　…乞𠣞骨八　4
三五一七六　…賓乞骨三　𠣞　4
三五一七七　骨三　𠣞　4
三五一七八　…乞骨三　𠣞　4
三五一七九　…七　𠣞　4
屯二一九　…骨三𠣞　4
屯五三三　癸…賓乞𠣞骨三　4
屯五七四　𠣞
屯五九九　辛亥賓乞𠣞…　4
屯六六三　…骨三𠣞　4
屯八六九　…𠣞方…
屯四四八　…五在𠣞
英三九三　…其𠣞…　1
英四三九　己酉𠣞示四屯　小㱿　1
英六〇八臼　丁亥乞自雩十屯𠣞示　1
懷四一〇b　…𠣞以二十…　1
懷五五三b　𠣞…　1
懷八四三　…𠣞…　1
懷一六六八　…酉賓乞𠣞…　4
懷一六七九　…亥賓乞𠣞骨三　4

貯　貫

三七一反　貯入三　1
六七二正　甲午卜爭貞貯其有旧　1

六七二正　貞貯無旧　1
六七一反　貯入七十　1
六九八反　貯入三　1
七七七正　貞呼奴貯次　二告　1
七七七反　…貯事王…　1
一〇九〇　…王貯以奚一月　1
一〇九一　…王貯…以奚　1
一八二二反　貯…　1
四一三五　貯　1
四一三六　貯　1
四六九〇　辛…貯　1
四六九一正　辛巳…貯其有旧　1
四六九一正　辛巳…㝊貞貯…旧　1
四六九二　己亥貯受祐　1
四六九三　丁巳貞貯…𢼄　1
四六九四　癸丑卜…貞貯…𢼄　1
四六九五　…貯…𢼄　1
四六九六　…辰卜…貯…𠙹　1
四六九七　貯…　1
四六九八　貯…　1
四六九九　貯…　1
四七〇〇　貯…　1
四七〇一　貯…　1
四七〇二　…貯…　1
四七〇三　乙…貯…　1
四七〇四　貯　1
四七〇五　貞貯步若　1
四七〇六　壬午卜…貯…　1
六五七一反　我來貯骨　1
六八二七反　貯入…　1
六八七〇　…翌戊…𡸁…貯…　1
八八七七　…貯…𢀛…取　1
八九四二　…奴貯…牛…父…　1
九三五二　…𧸘…貯…　1
一〇四〇八反　貯入　1
一〇六一三　貯入　1
一〇九六四反　貯入七十　1
一四五五九反　貯入二　1

一六三一反 貯…… 1
一七四〇九反 貯入十 1
二〇〇六〇 令貯比侯告 1
二二〇〇六 ……卜貞……貯 1
二四九八反 貯入七 1
二七〇〇九 ……卜曰……𠭯……貯…… 3
二八〇八九正 𠂤貯其呼取美御 吉 3
二八一九五 乙未卜暊貞師貯入赤馬其犕不𠂔吉 3
英六一六 辛未卜㱿……貯呼正……人 1

寶

八九二 ……寶…… 1
六四五一臼 庚午婦寶示三屯 岳 1
一七五一〇臼 壬寅婦寶示三屯 岳 1
一七五一二 庚午婦寶示三屯 㱿 1
英四三〇 丁卯婦寶示二屯 小㱿 1

宊 寶

三五二四九 ……寶…… 4

寏

三二六正 癸酉卜㱿貞父乙之寏自羌甲至于父…… 1
五八七四 以子寏巫 1

二九七一一 ……𡧊日 3
二九七一一 不遘𡧊日 吉 3
二九七一三 其遘𡧊…… 3
二九七一二 乙巳卜今日乙王其戋新庸𢦔不遘𡧊日 3

二八一九七 ……𡧊羽取豖…… 3

四三〇一 貞呼商比𡨦 1
四三〇一 乙亥卜㱿貞呼商比𡨦 1

暖

五六三四 丙午……暖…… 1
二一七七五 乙未卜爭貞暖王咼曰宎 1

狷

二二三七四 雝逌 1
一八三七〇 ……狷…… 1
一八三七一 ……狷…… 1
一八三七二 ……惟狷……玆……京 1
一八三七三 甲戌狷……之……狷…… 1
一八三七四 ……之……狷…… 1
一八三七五 ……令……狷…… 1
一八三七六 ……翌丁酉……狷十二月 1
二七九〇〇 ……狷犬告曰有大…… 3
二九四二〇 ……買……狷騂……悔 3

買

一〇九七六正 戊寅……内呼雀買 1
一〇九七六正 勿……雀買 1
一一四三三 ……𠭯……買…… 1
一一四三四 ……買…… 1
一一四三五正 ……買…… 1
一一四三六正 ……買一…… 1
一一四三七正 ……買…… 1
二一一八五 壬戌卜買𤯀不湄十二月 1
二一七七六 ……弗買…… 1
二九四二〇 ……買……狷騂……悔 3

心

六 己酉卜𡧊貞王心不…… 1
九〇五正 癸亥卜㱿貞于心上甲二牛又帝伐十……十㱿 1
……月 1
九〇五正 ……心……帝…… 1

- 五二九七：庚戌…貞王心若□其惟孽三…
- 六六五三正：貞王有亡于蔑惟之有心?
- 六九二八正：丙戌卜爭貞王有心正…
- 七一八二：壬午卜…貞王心無媎入…
- 一四二四正：貞王有心…
- 一四二四正：貞王有心…惟
- 一四二七：…有心… 不告黽
- 一四〇二二正：貞涉心…狩
- 三二〇〇三：弗心
- 二八一三一：貞王…心?…

⿱心口

- 一八二四正：⿱心口牛
- 三六〇六正：丙午卜韋貞⿱心口…犬由
- 一四二二四：…惟帝…𣎆西
- 一八二一七：…⿱心口□…
- 一九三六〇：…⿱心口牛于…雷…
- 二一四三八：…戌卜…□弗…□…
- 二一六六一：癸亥卜于叡夕有⿱心口

忌

- 四七二〇：庚子卜爭貞令𢀛取𦍒于龠
- 九二六一反：忌入百
- 九二六二：忌入百
- 九二六三反：忌入百
- 九二六四：忌入百
- 九二六五：忌入百
- 九四七一：貞忌師般龜
- 一二六七〇：貞忌
- 英三九二正：戊辰卜殻貞忌有往家呼…

⿱木心

- 二九七〇：…卜王…商…□
- 三一九〇：壬戌卜貞呼子𢦏侑于□犬
- 三一九〇：…殻…呼子𢦏侑于□惟犬有羊
- 八二九三：…于⿱木心
- 一三九三正：…不□

- 一四三四六：貞侑于⿱木心
- 一四四八二：癸酉卜…寧雨…岳⿱木心
- 一四七一〇：貞侑于⿱木心
- 一八三七八：…□…犬…
- 二〇七三七：辛巳卜侑于□三彘有擒

沁

- 三四〇七正：貞□于蓺伯
- 二〇七三八：乙卯卜內豕出魚不沁九月
- 二二三七〇：…未…魚…沁…毕
- 一八三八五：貞惟…不惟…□…
- 四三一〇：…卜王勿令□…□
- 一九二一二：…惟豕司衍□?
- 二二〇三七：…無盜…

⿱林心

- 二九〇〇四：弜…災惟⿱林心田□受祐
- 一八三八〇：…王□…□?…
- 五三四六：…卜王…㥑…自…

著錄	釋文	期
一七三六二	貞□壱我	1
乇二四三	□惟壱	
四四五	貞翌甲寅有羌于□	1
一〇五一反	貞侑于□	1
一〇五一反	勿侑于□	1
一四六五〇	□羊有豚	1
一四六五一	貞侑于□	1
一〇〇九八	：：巳卜穷貞桒年于□五小宰圉二月	1
三三二七八	：：申貞：：于□：：桒禾	4
三三三〇二	：：桒禾于□	4
三三三〇三	庚午卜其桒禾于□其暨雨	4
三四二六九	丁巳卜桒：：□河：：	4
三四二七〇	：：未卜其桒雨于□七月	4
三四二七一	戊申貞惟雨桒于□	4
乇七〇五	貞庚申尋桒禾于□	4
乇三五八八	來庚子其桒年于□	3
英七九三	桒年于□	1
四一八正	庚申卜㱿貞燎于□	1
一一四〇正	甲：：卜：：燎：：□	1
八三二九	己巳卜亘貞燎于□	1
一四六五三	：：午卜燎于：：于□	1
一四六五四正	己巳卜穷貞燎于□	1
一四六五五	己巳卜貞燎于□	1
一四六五六	貞燎于□	1
一四六五七	燎于□	1
一四六五八	貞燎于□	1
一四六五九	貞燎于□	1
一四六五九	燎于□一牛	1
一四六五九	勿燎于□	1
一四六六〇	：：亥卜燎于□𠕋二牛	1
一四六六一	貞燎于□	1
一四六六二正	癸亥卜穷貞燎于□十二月	1
一四六六三	：：燎：：□	1
一四六六四	乙亥卜燎□羊圉宰	1
一四六六五反	貞燎于□	1
一四六六六	乙卯卜㱿貞燎于□	1
一四六六七	己巳卜㱿貞燎于□	1
一四六六八	乙巳卜爭貞勿燎于□	1
一四六六九反	貞燎于□	1
一四六七〇反	燎□	1
一四六七一	貞燎于□	1
一四六七二	燎于□	1
一四六七二	勿燎：：□	1
一四六七三	燎于□	1
一四六七三	貞勿燎于□	1
一四七七一	辛卯卜燎于□	1
三〇四四三	其燎□其𠬝	3
三〇四四六	□燎：：酌有：：	3
三三二七三	丁卯貞于庚午酌燎于□	4
三三二七三	己丑貞庚午酌燎于□	4
三三二九三	：：其桒禾于□燎小宰卯：：	4
三四一八五	己亥卜田率燎土豕□豕河豕岳豕	4
三四二六五	于弜□有雨	4
三四二六七	辛亥卜有燎于□	4
三四二六八	辛亥卜有燎于□	4
三三二七三	丁卯貞于庚午酌燎于□	4
三四二七三	：：燎□河	4
三四二七四	丁巳貞庚申燎十□二小宰圉大牢	4
三四二七五	戊卜燎于□雨	4
三四二七五	于□父燎雨	4
三四二七六	：：午：：燎：：□	4
三四二七六	己未貞燎于□十豕	4
三四二七六	：：□燎小宰卯牢	4
三四二七七	：：午：：燎：：□	4
三四二七六	己未貞燎于□十豕	4
三四二七七	：：□燎小宰卯牢	4

八

著錄	釋文	期
屯五八一	…未貞燎…夒十豕	4
屯五八一	…未貞燎…夒十豕	4
屯六六五	辛巳貞雨不既其燎于夒	4
屯一〇六二	丙寅貞于庚…酌燎于夒	4
屯一〇六二	己巳貞庚午酌燎于夒	4
屯一〇六二	丙寅貞于庚…酌燎于夒	4
屯一〇六二	丙寅貞侑于夒燎小宰卯牛一 兹用不雨	4
屯一〇六二	丁卯貞于庚午酌燎于夒	4
屯一〇六二	丙寅貞惟丁卯酌于夒	4
屯一二〇五	辛巳貞雨不既其燎于夒 不用	4
屯一四五八	…燎夒…牛一冊犬…	
屯二三二二	癸酉貞其𣎴禾于夒燎十小宰卯十牛	4
屯三五七一	庚辰卜其燎于夒宰辛巳酌	4
屯四三四九	丙寅貞燎三小宰卯三牛于夒	4
屯四四八〇	庚辰卜其于夒燎	4
英一一七九正	貞燎于夒	1
英一一八〇	燎…夒…	1
英一一八〇	燎于夒囷	1
英一一八〇	燎于夒	1
英二四四三	丙寅貞侑于夒燎小宰卯牛一	4

其它

著錄	釋文	期
一〇五二正	丁酉卜爭貞夒象	1
一〇五二正	貞夒不其象 二告	1
一一四〇正	丁未卜王帝于夒	1
一一四〇正	戊申卜殼貞方帝燎…于…夒…卯…上甲	1
一三四九正	夒	1
一四七五	勿于夒寧	1
一五〇八	貞于夒侑	1
二八四五	…夒雨	1
一四六五二	…夒…	1
一四六七四	…福…夒	1
一四六七五	…于夒寧攉	1
一四六七六	…于夒	1
一四六七七	…于夒	1
一四六七八正	…夒	1
一四六七九	…夒…雨	1
一四六八〇	…夒西…	1
一四六八一	…固曰…兒夒來…	1
一四六八二	…貞…帝…夒	1
一四六八三	己…夒	1

著錄	釋文	期
一九五二九正	…夒…人宅…	1
二二四一九	…夒河岳岳罞…	1
二九九八四	其霾于夒	3
三〇四四二	…卜夒…夒…王…	3
三〇四四五	于夒作王弗悔	3
三一三三四	丙寅卜酌伐于夒	4
三二六七五	于夒禦	4
三三二七三	丙寅貞于庚午酌于夒	4
三三二七三	丙寅貞惟丁卯酌于夒	4
三三七四七正	丁巳卜叜夒目羊	4
三三七四七正	甲申卜叜夒目羊羊	4
三四二六六	戊申卜弜侑夒豕	4
三四二六六	戊申卜侑于夒𠂤何羊豕	4
三四二六八	甲子卜侑于夒	4
三四二六八	辛亥侑于夒	4
三四二七二正	己丑卜叜夒目羊羊	4
三四二八〇	戊申貞…夒	4
三四二八一	…夒	4
三四三三七	甲辰卜侑夒	4
三四七一一	辛巳卜尋乇于夒	4
屯七八	辛巳卜尋乇于夒	4
屯七四四	寧雨于夒	4
屯八〇四	癸巳侑于夒	4
屯九六三	于夒禦	4
屯七五九	庚午侑卯于夒伐一	4
屯一七四八	…夒…	4
屯二一二三	己亥…夒…兹用	4
屯四二四九	丙寅貞…于夒小宰…	4
屯四三三三	…侑于夒十…㞢	4
屯四三三八	…貞祟鬼于夒告	4
英七三六	…步于夒	1
英二四四三	…夒…三…宰	4

入

參1405頁

著錄	釋文	期
二二二七四	入商	1
二二二七四	凡牛入商	1
二七七六七	癸亥卜王其入商惟乙丑王弗悔 弘吉	3

著錄	釋文	分期
三三一二六	癸卯卜入于商𢦏?	4
屯 五六六	…入商	3
英 七二〇	…戌卜惟今夕入商	1
令入		
四二八	貞令入川𢓊師般十二月	1
屯 二五八五	乙亥貞戠來呼告其令入羌	4
王入		
八三反	…王…入	1
六四三丙正	貞王勿入于東	1
八九二正	翌甲辰王入　二告	1
八九二正	貞令甲王入	1
九一四正	今日王入	1
九一四正	王入	1
一二一〇	辛亥卜㱿貞王入	1
一三八一	貞王其入循卜自咸	1
一六六六	戊寅卜爭貞王于生七月入于商	1
四三五七	…戌卜旁貞王入	1
四三五七	甲戌卜㱿貞王入	1
一四一六一正	貞王入于㲋束循	1
一六九四九正	…王入自…	1
二〇〇三八	乙未卜王入今夕	1
二〇〇六四	…寅卜王逆入使五月	1
二〇二六二	丙申卜王入乙巳	1
二二三二七	…王入不…	1
二三三七七	…即貞妣庚王入自…其延㪅?	2
二三八〇四	王入…禱…	2
二三八〇五	丁巳卜兵貞囚其入王曰入允入	2
二五六三四	…禱…王入	2
二六一九三	…卜王…入…四月	2
二七七六八	…王入从宮	3
屯 二八五四	于王入自日…㪅王受祐	3-4
英 三五三	…亥卜㱿貞王入	1
英 四六三	…卯卜㱿貞翌庚辰王勿入	1
英 七一六	辛卯卜㱿貞今夕王入商	1
懷 八〇〇	…王入…	1
懷 九〇二	貞王其入勿祝于下乙	1
懷 九三五	今㐅月王勿入	1
蓺入		
二七七七一	王蓺入　大吉	3
二八五七一	…王其田蓺入不雨	3
二七七七二	蓺入不雨	3
二八五七二	王其田蓺入不雨	3
二八六二八	翌日辛王其省田蓺入不雨　吉 兹用	3
二八六三〇	…莫省田蓺入無災	3
二八九八四	王蓺入無災	3
二九〇〇三	王其省田蓺入不雨	3
三〇一一三	王其蓺入不遘雨	3
夕入		
一五〇六正	貞勿于今夕入	1
一四八九〇	示弗其…今六月入…	1
二七七六五	夕入不雨　吉	3
二七七六六	夕入不雨	3
二八六六七	王田夕入不雨	3
二八五七二	夕入不雨	3
三〇一一三	王夕入于之不雨	3
屯 二三八三	莫往夕入不遘雨	3
英 二三〇八	…夕入湄日…雨	3
衣入		
一二一〇	貞王勿衣入	1
一五三五	貞王勿衣入戠	1
四三五七	貞王勿衣入	1
五一七四	貞翌乙亥王勿衣入遘	1
二四八九五	貞衣入不遘雨	2
二七一四六	乙丑卜狄貞王其田衣入無災	3
二七七六三	…衣入	3
二八一二〇	王衣入不遘雨　吉	3
二八八八〇	…卜狄…田衣入無災	3
三〇四三九	乙亥卜狄貞王衣入無災	3

某入

著錄	釋文	期
五八五反	雀入	1
六五六反	㱿入	1
一八九九反	…商入	1
二五六八反	…[illegible]入…	1
四〇八一	己亥卜㝔…𡆥入…	1
七五六二反	…今𡆥入…	1
九二三〇	婁入…	1
九二三一	婁入…	1
九二三二反	婁入…	1
九二四〇	雀入…	1
九二四二反	雀入…	1
九二四四反	鳳入…	1
九二四八	並入…	1
九二五一反	畾入…	1
九三五二	貯入	1
九三六三	吹入	1
九三六七	[illegible]入	1
九三七三	[illegible]入	1
九三八〇	[illegible]入	1
九三五九	吹入	1
九三六〇	吹入	1
一三六五七反	𡆥入…	1
一四七九五反	奠入	1
二〇六四五	[illegible]入	1
二〇一四九正	辛巳卜𠚤入令並葡	1
二〇二三〇	庚戌…[illegible]入	1
二一八七〇	乙卯卜貞史入宁	1
二二二五九	己巳卜骨入	1
二二三五九	不骨入	1
二七四五五	癸丑卜王丁禘入其蒸于父甲	3
二八一九五	乙未卜暊貞師貯入赤馬其犅不𠙵吉	3
二八一九六	乙未卜暊貞辰入駛其犅	3
屯四四九	惟入自…延往…執入無…不…	3
英三八〇反	…米冊入…	1

入·數字

著錄	釋文	期
英一八二二	叫入	1
懷五四九	冒入	1
懷一六四四	癸亥示先羌入	4
一五一反	奠入二	1
一九〇反	雀入三十	1
二六七反	…入百二十	1
三七一反	貯入三	1
三七六反	婁入二在高	1
四六三反	婁入二十	1
六九八反	貯入三	1
七〇九反	…入二在高	1
八九二反	唐入十	1
九〇〇反	喜入五	1
九〇二反	竹入十	1
九四〇反	夫入二在庿	1
九一四反	大入一	1
九五三反	婁入二百五十	1
一〇五一反	雀入三	1
一〇七六乙反	[illegible]入一	1
一三五一乙反	奠入二	1
一三八五反	惟入二	1
一五三一反	雀入二百五十	1
三九七九反	[illegible]入五	1
四七三五反	𡆥入三十	1
五六三七反	暘入二十	1
六四八二反	夂冂入二在[illegible]	1
七三三九反	彙入三十	1
七四四〇反	唐入十…	1
九二四五	鳳入百	1
九二四六	鳳入十	1
九二五二反	壴入十	1
九二五三	壴入四十	1
九二五四	壴入十	1
九二四七	並入十	1

八

著錄號	釋文
九二七四反	豕入三婦示十　殻
九二七五反	豕入十
一二三九六反	邕入百
一二四三九反	鼄入三十
一二四八七反	雀入二百五十
一二九二一反	貯入二
三三三三反	雀入二百五十
一三三九〇反	奠入十
一三六四五反	亘入二
一三六四八反	𢦏入五
一四一三〇反	雀入百
一四一四九反	牧入十在鮁
一四二一〇反	雀入百五十
一四二一七反	…入百
一四三二八反	…入四十
一四三九五反	雀入百五十
一四五七七反	鼓入二十
二〇六四六	丁丑𣎆入七
二二一二五	…余禦…入三十…
英七七一反	內入十
懷八五六b	…入二百…

其它

著錄號	釋文
一五〇正	貞其入俻匚示若　二告
一五一正	呼入御事
一九〇反	呼人入于雀
一九〇反	呼人不入于雀
三七六正	貞呼𤉲饗入人
八九二正	乙巳入
九四正	勿入　二告
九七四正	入雀…妾
一二一〇	貞王于𢀛酌于工甲入
一五〇六正	貞王咼今六月入
一六六六	貞王其入勿祝于下乙
三四五八正	貞王自余入
四七二七	己未卜…我入…無…
五六八五正	己未卜貞翌庚申告亞其入于…丁一牛
六九四五	不惟丁入羲
七一〇三反	見入九以

著錄號	釋文
七六一九	…巳卜殻貞王勿入正
九三四一	弜入
九三四二	弜入
九三四三	弜入
九三四四	弜入
九三四五	弜入
九三五三	冊入
九三五四	冊入
九三五五	冊入
九三五六	冊入
九三五八	冊入
一二八〇〇	癸巳卜貞入　用
一三二六六	己巳…旬一日入…雨
一三三二八	…其入日俏…
一五四八二	壬寅卜爭貞黃入歲翌癸…用
一七二九九	夕盟丙戌允有來入齒
一九九五六	癸酉卜𢓊于果𠣪…入[illegible]从比
二〇〇三八	辛卯卜王弜入
二一〇一〇	…風…自北…入日
二一二八六	…用于入…
二一四三七	丙午卜𣎆翌戊申祖莽入不女
二一五七七	丙子子卜貞…于入各…
二一七二八	壬辰卜𢆶貞我入𠯑
二一八五七	丙寅…自己入
二一八六八	𠬝有…入
二一八八二	癸丑貞庚入𩁹無女
二二〇七五	乙亥卜我…酉…入[illegible]于嬴
二二一九五	曰入
二二二九四	己入
二二二九四	惟丁入
二二二九四	戊入
二二二九四	乙丑卜婦惟己入
二二二九四	乙丑卜婦入戊
二二二九四	戊入
二二三〇九	…卜貞…入…亞…
二二三八八	…寅卜…午雨…入…
二二三九〇	…卜…無入疾
二二三九二	疾無入
二二五九二	壬午卜吳貞卜有祟在茲入有不若
二三四〇三	乙未…貞其俏于妣庚今入自禫告一月

二三七〇二 貞肖其入無尤 2

二三七〇三正 貞于入…自禱… 2

二三七〇六 貞惟有小獲…呼入禦事 2

二三七一五 貞惟西取于入酌 2

二四四〇六 貞于入自日 2

二四四〇七 貞于入十月 2

二五九九七 …卜矣貞…工入禦 2

二六二〇四 甲辰入無囚 2

二六二〇四 貞入于囚啓昆 2

二六八九五 …惟入戌辟立于…之𠂤羌方不… 3

二七一六五 王入迺各于祭 3

二七二八一 于入自享用王受祐 3

二七五二二 其侑妣庚惟入自己夕酉酌 3

二七七六四 惟入自… 3

二七七六九 其奠入于之若亥不雨 3

二七七七二 王其…入不… 3

二八〇一一 壬戌卜狄貞其豕入 3

二八〇三二 …戌官入有戕 3

二八〇三三 于戌官入… 3

二八〇九八 …其多茲…十邑…而入執…爾千… 3

二八〇九九正 己巳貞示先入于商 3

二八一一六 …入从南單 3

二八一九五 乙未卜暊貞有事入駛土其維不月 3

二八六二八 …日入省田湄日不雨 3

二八九七五 …盂田先省迺从宮入湄日無災 3

二九七一三 于入自日酉效 3

二九七七〇 翌日戊雨入 3

三〇二九六 丁丑卜其祝王入于多亞 3

三〇三八六 癸亥卜翌日辛帝降其入于𢑴大实在寂 3

三一二一一 惟入自延用王受祐 吉 3

三一二七二 …𩁹入弗悔 3

三二九五六 庚寅卜王弜入戠 4

三三一二九 甲子貞大邑有入在𢀛 4

三五一五二 …于入效 茲用 4

三五三二五 甲午入使… 4

屯六〇 入惟癸尋 3

屯三三二 兪其入王家 4

屯三三二 丁巳卜兪弗入王家 4

屯八九〇 癸未貞甲申酌出入日歲三牛 茲用 4

屯八九〇 癸未貞其卯出入日歲三牛 茲用 4

屯二一四〇 于入自禱 吉 3

屯二三八八 惟羊夕入 3

屯二四八三 于入自日酌王受祐 3

屯二四八三 于入自夕禱酌王受祐 3

屯四五一四 于四月入 1

屯四三三六 丙申卜入岳 1

屯附一二 辛酉卜在入戌有囚 4

英三五三 貞勿入 1

英四三四 乙酉卜殻貞我入若無… 1

英五二七 …入射于𠂤 1

英八八六正 癸未卜爭貞旬無囚王固曰有祟三日乙酉夕𡆥丙戌允有來入齒十三月 1

懷二四七 …其入雨…風多… 1

懷七七九 貞…入工… 1

懷八四〇 𣪘入… 1

懷一五六九 乙酉卜侑出日入日 4

衣

二〇一九六 甲午卜衣令医衣有立呼衣田十二月 1

二七一四六 壬申卜狄貞王其田衣無災 吉 3

二七一四六 乙丑卜狄貞王其田衣入無災 3

二八八七七 戊午卜貞王其田衣犬無災 3

二八八七八 壬戌…貞王…田衣… 3

二八八七九 …狄…田衣…無災 3

二九三九一 …卜狄…其田衣犬無災 3

三七五三二 辛酉卜在敦貞王田衣逐無災 5

三七五三二 …卜在木…田衣…無災 5

三七五三四 庚申卜在潙貞王田衣逐無災 5

三七五三六 戊申卜在𣏟貞王田衣逐無…災 5

三七五三六 壬寅卜在𣏟貞王田衣逐無災 5

三七五四三 辛巳…𢀛田余王衣…無…災 5

三七五四一 戊午卜…𢀛貞…田衣…無災 5

三七五四四 …在呈…田衣…無災 5
三七五四五 戊子…王田…衣…無… 5
三七五四七 辛未…盂…田衣…無災 5
三七五五〇 …卜在宰…田衣…無災 5
三七五五一 戊辰…在喪…王田…衣… 5
三七五五三 …卜在呈…田衣…無災 5
三七五六一 …卜在㫃貞王田衣逐無災 5
三七五六二 …在…田衣… 5
三七六四四 辛巳卜在敦貞王田㳄衣無災 5
三七八二五 …卜在…貞王田衣…災 5

三一〇九四 乙丑…貞王其…衣逐 3
三七五〇七 …在夆…衣逐…御…狐… 5
三七五三二 戊午卜在呈貞王田衣逐無災 5
三七五三三 戊寅卜在高貞王田衣逐無災 5
三七五三五 …卜在…貞王田衣逐…災 5
三七五五三 …亥卜…呈貞…衣逐…災 5
三七五五四 …十…璔貞…衣逐… 5
三七五五五 …卜在璔貞…衣逐… 5
三七五五六 …卜在㡯…田衣逐…災 5
三七五五八 …巤貞…衣逐…災… 5
三七五五九 …在…衣逐…在五月 5
三七五六〇 …巳…田于衣逐…獲… 5
三七五六〇 辛亥…王田…衣逐… 5
三七五六三 戊卜…嬣…衣逐… 5
三七五六四 戊辰卜在羌貞王田衣逐無災 5
英二五六六 丙午卜在品貞王其射㭒衣逐無災擒 5

一二一〇 貞王勿衣入 1
一五三五 貞王勿衣入戠 1
五一六五 乙亥卜爭貞生七月王勿衣入戠 1
五一八六 辛未…爭貞王勿衣… 1
五一八七 貞王勿衣入 1
五一八八 貞王勿衣入 1
五七三九 勿衣入 1
五八八四反 衣入五十 1
七七八一 …殻貞生七月王勿衣入 1
七七八二 …卜殻貞生七月王勿衣入 1

八八二八正 貞翌…辰王…衣入 1
九五二三 甲辰卜殻貞王勿衣入于䅭入 1
九五二四 甲辰卜殻貞王勿衣入于䅭入 1
二四八九五 貞衣入不遘雨 2
二七七六三 …衣入 3
二八一二〇 王衣入不遘雨 吉 3
二八八八〇 …卜狄…田衣入無災 3
二八八八一 乙未…貞王…衣入…遘… 3
三〇四三九 乙亥卜狄貞王衣入無災 3
三一〇九五 …衣入…雨 3
三一〇九六 甲寅貞王衣入雨 3
三一〇九七 戊子貞王衣入犬無災 3

六一六一 …沚戓爯冊𠑹吾…其敦侖王比下上若 受… 1
六一六二 …沚戓爯冊𠑹吾…敦侖王比受有祐 1
六一六三正 …貞沚戓爯冊…敦侖王比受有… 1
六三五九 …吾…其敦侖 1

祭祀

一五二正 翌乙未勿衣燎 1
三七七 庚辰卜貞衣乂歲作醴自祖乙至于丁十二月 1
六七二正 乙巳卜殻勿衣 1
九四五正 勿衣黃尹戠 1
三三四二 壬子卜殻貞王勿衣脊侯告 1
三三八三 貞王勿衣脊侯告 1
四八五八 …衣翌日… 1
六六六七 …卜爭貞𢆶伐衣于…餗王十一月 1
七八九七 乙亥貞其召衣于亘遘雨十一月在甫魯 1
九五二四 貞王衣室翌日 1
一四五七二正 貞勿衣燎于河 1
一五六九四 …酒祀衣無壱 1
一九八四一 …祖乙衣無… 1
二二三九七 𡆥衣執亘 1
二二六二一 辛亥卜𣲵貞王賓翌祊自上甲衣至于毓無尤 2
二二六二二 癸卯卜…貞王賓祊自上甲至于多毓衣無尤 2
二二六二三 丁丑卜旅貞王賓…自上甲衣至于多毓無尤在正月 2

編號	釋文	期
二二六四〇	……卜即……翌辛亥……上甲歲告……大乙衣……壱 八月	2
二二六四六	庚戌卜王貞翌辛亥乞酌彡秅自上甲衣至于多毓無壱在十一月	2
二二六四七	庚辰卜卜貞翌辛巳乞酌秅自上甲衣至于毓無壱在……	2
二二六五〇	癸酉卜瀼貞翌甲戌乞酌劦自上甲衣……于多毓……七月	2
二二六五二	……卜貞……子乞酌劦自上甲衣至于毓……	2
二二六五五	癸亥……甲子乞酌翌自上甲衣至于多毓無囚三月	2
二二六五八	癸丑卜……貞翌甲寅乞酌上甲……衣……	2
二二六六三	……乞酌翌自上甲衣至于毓無壱……	2
二二六六四	……酌……上甲衣……無壱	2
二二六七七	癸丑卜大貞翌甲寅上甲𠂇歲……衣……	2
二二六八三	……王賓上甲衣……	2
二二六八四	……戊卜……翌辛……三……上甲衣……	2
二二六八五	……劦自上甲衣……	2
二二七四六	丁酉卜大貞告其壴于唐衣無囚九月	2
二二七六八	丙寅……貞翌丁……于大丁……衣無壱在……	2
二二七五四	……旅……乞酌彡……唐衣……	2
二二七九六	己卯卜瀼貞翌庚辰彡于大庚衣無壱	2
二二八六五	丙辰卜旅貞翌丁巳劦于仲丁衣無壱在八月	2
二二九一四	甲……貞……彡于祖乙衣無壱	2
二二九一六	……其酌……翌于祖乙……衣無壱	2
二二六五一	癸未卜……貞翌甲申乞酌劦自上甲衣至于毓無……	2
二二六五六	……尹……子乞酌……自上甲衣至……毓無壱……十二月	2
二三〇〇五	……翌于祖辛衣無壱在四月	2
二三七〇五	貞衣𠯕若無尤	2
二三三八一	……呂……彡衣……尤十二月	2
二三三二九	……寅卜……貞𥂴有彡歲自母辛衣……	2
二四〇七一	庚……曰……亥其田……惟彡衣……在二月	2
二四五五四	甲寅卜祝貞翌𦏧衣……	2
二五八一六	丁亥卜……賓……丁至于……衣無尤	5
二五九四七	貞酌彡衣	2
二六〇〇四	癸丑卜旅貞翌甲寅……酌祭自……衣至……	2
二一〇五三	……卯卜……貞……衣……酌	2
二七一四八	貞其衣侑	3
三〇二八二	己丑卜彭貞其爲祖丁劦衣卯	3
三〇三七三	辛亥卜貞其衣翌日其延𨽍于室	3
三五四二八	……酌……毓衣無……在六月……	5
三五四三一	……于多毓……衣無尤	5
三五四三六	辛巳卜貞王賓上甲权至于多毓衣無尤	5
三五四三七	癸丑卜貞王賓幼自上甲至于多毓衣無尤	5
三五四三八	辛亥卜貞王賓权自上甲至于多毓衣無尤	5
三五四三九	丁酉卜貞王賓執自上甲至于武乙衣無尤	5
三五八〇三	甲辰卜貞王賓桒祖乙祖丁祖甲……康……祖丁武乙衣無尤	5
三六五一一	丁卯王卜貞今囚巫九备余其比多田……多伯征盂方伯炎惟衣翌日步……左自上下于𠭯示余受有祐不曹戩……于茲大邑商無壱在畎……弘吉在十月遘大丁翌	5
三六五四一	辛酉卜貞在獄天邑商公宮衣茲夕無畎寧	5
三六五四二	甲午卜貞在獄天邑商皿宮衣……無畎寧	5
三六五四二	乙丑卜貞在獄天邑商公宮衣茲夕無畎寧在九月	5
三六五四三	……天邑商公宮衣茲夕無畎寧	5
三六五四四	……卜貞在……天邑商……宮衣茲……無畎寧	5
三七八三五	……王卜貞今囚巫九备其酌彡日……至于多毓衣無壱在畎在……又二王囚曰大吉惟王二祀	5
三七三八六	……卜貞衣彡日……犬臺祝……兕翌日……亥王其洛……悔擒	5
三七八六五	……王卜貞酌彡日自上甲……多毓衣無壱自……吉在三月惟王二十……	5
三七八三六	癸未王卜貞酒彡日自上甲至于多毓衣無壱自畎在四月惟王二祀	5
三七八四四	癸卯王卜貞酌翌日自上甲至多毓衣無壱自畎在九月惟王五……	5
三七八五〇	……卜貞酌彡日……毓衣無……月惟王 ……	5
三五八五九	甲辰卜貞王賓𠬝衣無尤	5
英九四〇正	……午卜貞衣又……	1
英一九二三	癸丑卜王曰貞翌甲寅乞酌劦自上甲衣至于毓余一人無囚茲一品祀在九月遘示癸𣪊彘	4

號	釋文	數
英一九九六	貞衣𦎫若無左	2
英二五〇二	……卯卜貞王賓……自匚丙至于多　衣無尤 在……月	5
英二五一八	乙未卜貞自武乙彡日衣必裸其即𦎫五 宰正王受有祐	5
英二五二九	壬戌卜貞在獄天邑商公宮衣茲夕無 𤞷寧	5
懷　三二	癸巳卜爭貞翌甲午彫彡自上甲至于 多毓衣	1

其它

號	釋文	數
四四	……令……衣……衆……無不若	1
七三九	乙卯卜貞𢀛勿衣及十三月	1
九〇一	勿衣有祐	1
九五五反	王勿衣狩	1
九四五正	……衣有戩	1
九七四四正	女其……惟衣八月	1
一〇〇八	……伐衣……不雨……	1
一〇四六	……巳卜爭貞𢀛……衣有𢀛伐……河二十人……	1
一一九一正	勿衣歸	1
三三八七	……勿衣……惟易……菸脊	1
四七五五反	……在□	1
四九五七	貞衣無囚	1
五一七四	貞翌乙亥王勿衣入邅	1
五一七六	……王……衣……	1
五一八一	……王入衣廼□……	1
五一八五	……辰卜王勿衣……	1
五六五八正	勿衣𢿋敫次　二告	1
五九〇二	……卜㱿……卓執……衣	1
七三六五	貞勿衣循捍戩	1
七三六六	……寅卜王貞……衣循捍戩	1
七四〇八	己巳卜爭貞侯告稱冊王勿衣歲	1
七四一〇	己巳卜爭貞侯告稱冊王勿衣……	1
七四一一	己巳卜爭……侯告稱……王勿衣……	1
七四一二	己巳卜爭貞侯告稱冊……衣……	1
八一九〇正	癸卯貞呼呼往西至于衣	1
八一九一	在衣	1
八三九〇	丙戌卜……貞令……衣丘	1
八五九一	己酉卜㱿貞勿衣呼比丘𠈉……	1

號	釋文	數
一〇九九六	癸酉卜貞王衣……狩……	1
一二五七三	……遘雨克衣五月	1
一一二七四正	貞翌己巳步于衣	1
一一二七四正	貞衣無攸摧	1
一一二七四正	貞于庚午步于衣	1
一二七四一	辛亥……貞王其衣不……雨之日學允不遘雨	1
一三〇一四	丁亥貞衣洹	1
一三四二〇	己亥卜爭貞呼衣……	1
一三四九〇	貞王勿衣比	1
一三九五八	貞婦婐娩惟衣	1
一三九五九	貞婦婐娩不惟衣	1
一四〇一九正	貞婦婐娩嘉惟衣　二告	1
一四〇三三正	甲辰卜貞子昌娩嘉惟衣	1
一四二七二	丁丑……作偁……延……鬼……戩……衣……	1
一四八八八	貞王勿衣	1
一四九五五	……有衣	1
一五三二五	……衣……告……	1
一六〇九四	……惟……之……衣……	1
一六〇九五	……午卜……衣呼……	1
一六〇九六	……貞……衣……	1
一六〇九七	……衣……告……	1
一六〇九八	……貞衣……戩	1
一六〇九九	……貞勿衣……	1
一六一〇〇	……其來余勿衣	1
一六一〇二	貞勿衣歸戩	1
一六一〇三正	貞勿衣歸戩	1
一六一〇四正	貞勿衣歸戩	1
一八四八一	……衣……歲……	1
一八六八八	貞……宗衣……	1
一八七〇四	甲戌卜翌乙……行衣不……不……	1
二〇三三三	丁丑卜王貞余勿衣占余戩三月	1
二〇四一二	丙申卜自今五日方衣不征衣	1
二〇六一一	庚午卜㠯貞弜衣□河無若十月	1
二一〇五五	……作……之夕衣……骨凡	1
二三一五九	……毓祖乙衣……乞彫彡……	2
二四二四七	庚申卜行貞王賓叙無尤在衣	2
二四八八六	……卜喜……翌辛亥……旬衣……遘雨	2
二五九四五	……喜……丁酉乞……卯自……衣不……	2

二六〇三九　甲戌卜…貞翌乙丑我𠭰衣…芑三月　2
二六〇四〇　…卜出…翌乙…方庸…衣…　2
一六〇四一　…寅卜出貞…今日庸…衣…十二月　2
三六〇四八　丁亥…貞…衣…洹　2
二六五三九　…酉卜尹…旬…𡆥…四月…衣…　2
二七四五九　辛酉卜貞衣犬無　3
三一〇九八　癸未卜何貞衣不雨　3
三三九八六　乙未卜衣祭不雨　4
三四六八三　…剛于衣一牛　茲用　4
三六五四四　…天邑…衣茲…　4
三六九七〇　丙寅卜…𢆶衣…見史…有…方其…呼
延…茲…　5
三七五六二　…在桑貞…濅衣…無災　5
三七五三八　辛卯…嵩…王衣…無災　5
屯二三六四　乙丑貞…王尋告土方于五示在衣十
月卜　4
英一二九四　貞不其衣八月　1
英二一九五　…貞今…益…衣…　1
英一七九六　丙午卜…衣令…戈丙…　1
懷一四八　貞不其衣六…　1
懷九六一　癸亥卜㝉貞令何叀呼𧴣小臣弋衣　1
懷九六三　貞令宁以射何弋衣四月　1
懷一三五一　…衣犬…　3
懷一六三六　…河叀以丙衣丿…　4

衰

二四二〇三　…丑卜王在師㑹卜　2
三三四八六　…酉貞王步…𠚤于㑹　4
一八七六三　…王…㑹…　1
一四七五五正　貞𢦏無𡆥在㑹　1

衣

英四〇六　貞勿呼…屮㑹…　1

初

三一八〇一　…㸒初　3

依

四七三〇正　…卜…呼…依𦫳　1
四七三〇反　勿呼依𦫳　1
六一六九　己亥卜爭貞勿呼依敦　1
六四〇七　…衣敦…　1
六九四三　癸酉卜㱿貞令多𡆥衣朿郭　1
七〇四七　貞衣敦郭　1
一三四二一　衣郭　1
一四三一六　癸丑卜㱿貞我衣…　1
三六八六二　戊寅衣…　2

裘

四五三七　…𢽂韋裘往…　1
七九二一　…裘往裘往…　1
七九二二　…裘往裘往…　1

袁　遠

二二二七四　兄丁延三百牢雨𡆥宗㐭?　1
二七九五六　…來𨑳令𡆥往于…　3
三〇〇八五　…𢓊　3
三一七七四　…𢓊…悔…　3

三二二六三　辛卯卜以伐于衩彡　4
三四二三八　辛丑貞奉于河彡衩　4
屯二三二四　丁卯貞彡衩王其奉…望乘　4
屯二三六　于日衩酌　4
屯三六七六　…于大衩日酌　3
英二三三六　…𢓊伐有大雨　3
英二四一〇　甲寅卜衩彡于祖丁有𢓊…　4

英二四四　弜令生：途：衩　4
英二四六六　癸丑夕卜衩日𠂤?酌圉羌　4
英二四六六　癸丑卜弜衩酌圉羌　4

律

二七〇九二　于翌日律廼奉侑大乙王受祐　3
二八四〇六　：律　3
三〇九九〇　貞惟律彡日射無災　吉　3
三〇九九一　弜翌日律　3
三〇九九三　：大律：王受：　3
三三七一五　癸巳卜：律　4

褮

二四二七六　壬寅卜行貞今夕無囚在二月在師褮：　2
二四二七六　癸卯卜行貞今夕無囚在師褮卜　2
二四二七六　甲辰卜行貞今夕無囚在二月在師褮卜　2
二四二七六　乙巳卜行貞今夕無囚在師褮卜　2
二四二八二　庚午卜王在師褮卜　2
二四二八三　甲戌：王：褮：　2
二四二八四　壬午卜王在師褮卜　2
二四二八七　辛卯卜王在師褮卜　2
二四二八九　甲午：王在褮：　2
二四二九二　：王在師褮卜　2
二四二九三　己：王：褮：　2
二四二九六　乙卯卜：在師褮：　2
二四二九七　：戌卜王：師褮：　2
二四二九八　己未卜王在師褮卜　2
二四二九九　癸亥卜王在褮卜　2
二四三〇五　丁卯卜行貞王賓叡無尤在師褮：　2
二四三〇六　壬申卜行貞王賓歲五牛：尤：褮：　2
二四三〇九　：卜行：今夕：囚在：褮：　2
二四三一二　貞無尤在褮：　2
二四三一三　：賓：褮：　2
二四三一四　辛丑卜行貞今夕無囚在師褮卜　2
二四三一五　：丑卜：貞今：無囚在師褮：　2
二四三一六　甲寅卜旅貞今夕無囚在二月在師褮卜　2
二四三一七　：辰卜旅貞翌丁巳：叀至：在師褮：　2
二四二八五　丙戌卜王在師褮卜　2
二四二八六　庚寅卜王在師褮卜　2
二四二八八　壬辰卜王在師褮卜　2
二四二九〇　癸巳卜王在師褮：　2
二四二九一　辛丑卜王在師褮：　2
二四二九四　壬子卜王在師褮卜　2
二四二九五　甲寅卜王在師褮卜　2
二四三〇四　：王：褮卜　2
二四三〇七　：尤：褮：　2
二四三二二　：尤：褮卜　2
二四三一〇　甲子卜行貞王賓：禕祭在：褮：　2
二四六八七　：師褮：其雨　2
二四三一九　貞無尤在師褮卜　2
二四三二〇　貞無尤在師褮卜　2
二四三〇〇　：寅卜王：師褮卜　2
二四三〇一　：王在師褮卜　2
二四三〇二　：王在師褮卜　2
二四三〇七　貞無尤在師褮卜　2
二四三〇八　壬子卜行貞王賓叡無尤在師褮：　2
二四三〇八　甲寅卜行貞王賓歲三牛無尤在師褮茲
不雨　2
二四三〇九　庚申卜行貞今夕無囚在師褮卜　2
二四三一一　貞：在師褮：　2
二四三一八　貞無尤在師褮卜　2
二四三二三　辛丑：在師褮：　2
二四三二四　：在師褮卜　2
二四三二五　：在師褮：　2
二四三二六　：卯卜：在師褮卜　2
二四三二七　：師褮卜　2
二四三二八　：勿：師褮卜　2
二四三二九　：在師褮：　2
二四三三〇　：在：褮卜　2
二四三三〇　：無囚：師褮　2
二四三三一　：行：夕：褮卜　2
二四三三二　乙丑延雨至于丙寅雨褮　2

二四三三四 …裘… (2)

二五三一二 乙卯卜行貞王賓歲無尤在裘… (2)

懷一二九六 …王…裘… (2)

懷一二九七 …師裘卜… (2)

校

二七九九五 戊申伐戦戲方校 (3)

二七九九五 戍及校于有襄 (3)

二九四一一 丁丑卜狄貞王惟麓?歔?無災 (3)

二九〇八四 丁丑卜貞王其田于盂南狄立 (3)

一八六八七 …古… (1)

一〇九九七 戊卜翌乙亥王狩 (1)

衺

二七九五九 壬戌卜馬…衺弗作王… (3)

五六五一 …衺… (1)

襏

九〇九六 …襏以 (1)

今

參514頁　參694頁　參917頁　參1266頁

一三四八四 己亥卜今雲雨 (1)

二〇四一二 甲子卜今旬不征 (1)

三七 …今五月呼衆人步 (1)

四三三五 貞今二月師般至 (1)

四六七九 …亥卜…貞今十二月旬至 (1)

五六五八正 丙寅卜爭貞今十一月帝令雨　二告 (1)

五六五八正 貞今十一月帝不其令雨　二告 (1)

六六七三 庚寅卜今生一月方其亦有告 (1)

七六八九 貞今十二月無其來 (1)

七七一四 …其惟今十月戦 (1)

一二五〇六正 今二月雨 (1)

一二五〇七 貞今二月不其雨 (1)

一二六三六 丁丑卜爭貞今十一月其雨 (1)

一二六三六 貞今十一月不其雨 (1)

一二六三七 己丑卜𠱓貞今十一月不其雨 (1)

一二六四八 貞今十三月雨 (1)

一二六四八 己未卜㱿貞今十三月不其雨 (1)

一四一二九反 王固曰帝惟今二月令其惟丙不吉其惟庚… (1)

一四二九五 辛亥内貞今一月帝令雨四日甲寅夕… (1)

一四二九五 辛亥卜内貞今一月…不其令雨 (1)

二〇〇〇一 …貞…毋𢀛𡧊田今八月既九月 (1)

二〇三四八 弗及今三月有事 (1)

二〇三四九 乙丑事今八月刀 (1)

二一五八六 丁酉余卜今八月有事 (1)

二一五八六 乙未余卜今八有事 (1)

二一六三五 乙巳卜𠦪貞今五月我有事 (1)

二一六四七 癸酉卜𦃃貞今十月人歸 (1)

二一六六六 辛卯卜貞今四月我有事 (1)

二一六六八 甲午卜貞今六月我有事 (1)

著錄號	釋文	期
二一七一四	己未卜緑貞有𡧊我直今五月	1
二一八一八	壬子…貞丁今七月	1
二二〇九八	丁亥卜㞢有疾于今三月弗水	1
英八九一	…𣪘今二月…	1
九〇三正	今日夕用正	1
一五〇六正	貞勿于今夕入	1
一二二四七	己酉卜貞今夕其雨	1
一二二五三	貞今夕其雨	1
一二九九七反	王固曰今夕亞雨	1
二〇九一二	庚辰卜𠂤今夕其雨允雨少	1
二〇九七五	己丑卜舞羊于庚雨今夕允雨	1
二〇〇三八	乙未卜王入今夕	1
二一三五八	今夕有𡧊	1
二四二六〇	丁卯卜尹貞今夕無囚	2
二四二六〇	戊辰卜尹貞今夕無囚	2
二四二六〇	己巳卜尹貞今夕無囚在十一月在師攸	2
二四二六〇	庚午卜尹貞今夕無囚	2
二四二六〇	辛未卜尹貞今夕無囚在師攸	2
二七四五四	惟今夕酌　大吉　兹用	3
三三〇六七	辛卯卜貞今夕令伐商	4
三四七一五	甲戌貞今夕師無震	4
三四七一六正	戊寅貞今夕師無震	4
三六四三〇	丁丑卜在…貞今夕師不震　兹御	5
三六四三〇	戊寅卜在潘貞今夕師不震	5
三六四八〇	丁丑卜貞王今夕寧	5
三六四八〇	戊寅卜貞王今夕寧	5
三六四八〇	己卯卜貞王今夕寧	5
七三八正	乙亥卜𣪘貞今日燎三羊三豕三犬	1
一六六八	貞今日燎牛	1
二二一六	今日酌父乙	1
四六三二正	乙卯卜𣪘貞今日王勿往于享	1
七四二七正	今日來惟父乙	1
七四二七正	今日來不惟父乙　二告	1
七七六八	癸酉卜𣪘貞雀惟今日𢦏	1
一一九九八	…午卜貞今日雨	1
一二〇〇四	貞今日雨	1

著錄號	釋文	期
一二八一八	丙辰卜貞今日奏舞有从雨	1
一二八二五	…酉卜今日勿奏其雨	1
一三三三七	貞今日其延風	1
一三三四四	癸未卜𣪘貞今日不風十二月	1
一三三四五	辛酉卜…貞今日不風	1
一三三四六正	丁未卜𠃬貞今日不風	1
一四五五三	乙未卜穷貞今丁其延雨	1
一九七七七	庚午卜王方至今日	1
一九八六三	癸卯卜今日侑司羌用七月	1
二〇〇〇七	丁丑卜侑兄丁羊惟今日用五月	1
二〇二七三	辛未卜今日王浉不風	1
二〇四一〇	乙巳卜今日方其至不	1
二〇五〇六	乙亥卜今日不征于鼓	1
二〇五七四	乙亥卜今日克以	1
二〇七五五	壬辰卜今日狩有啓	1
二〇七五六	庚戌卜今日其擒狩	1
二〇七五七	庚戌卜今日狩不其印	1
二〇八九八	戊午卜曰今日啓允啓	1
二〇九〇三	乙亥卜今日雨三月不	1
二〇九七三	丙子卜今日雨舞	1
二一〇二一	今日方其征不征延雨自西北少	1
二一二四〇	…卜今日戠	1
二一二七九	貞今日用方	1
二一一二五	辛亥卜步今日若	1
二一一二五	…子卜今日步若	1
二一七二七	乙丑子卜貞今丁有來	1
二二三一五	用今日	1
二二三一五	用今日	1
二二三九一	乙丑卜有𡧊目今日	1
二三五四一	丙子卜大貞其敹四子惟今日四月	2
二三五八〇	辛酉卜大貞今日延	2
二三六八五	庚午卜大貞㝗來惟今日呼延	2
二三七八六	己卯卜出貞今日王其往河	2
二七〇一九	己未卜貞今日雨	3
二七一六八	惟今日酌大庚大戊仲丁其告祭	3
二七三〇二	戊辰卜鼓貞有來執自歠今日其延于祖丁	3

二七四一六　辛丑卜谷𢍜惟今日彭王受祐　大吉　3
三八一九二　戊午卜貞今日靈　5
二八五二〇　今日王其田湄日不雨　3
三六七五一　壬辰卜在杞貞今日王步于𠂤無災　5
三六八三五　己巳王卜在嬴貞今日步于攸無災在十月又二　5
三三〇八一　丁丑卜今日戦翼　4
三四一五五　癸亥貞今日小帝于巫𧰼一犬　4
三三八七一　乙亥卜今日其至不𡧊雨　4
英九〇八　戊子卜貞今日益牢　1
英一九〇六　丁未子卜祟豕惟今日祟邁豕邁　1
英二〇八三　丁卯卜出貞今日夕有雨于盟室牛不用九月　2
英二〇三四　癸巳卜日貞今日啓　2
英二〇三三　癸巳卜日貞今日無來艱　2

今干支

六二九　貞今庚辰夕用鬳小臣三十小妾三十于婦九月　1
六三四反　今癸卯王夕　1
一一〇六正　貞今乙卯允其雨　1
一一〇六正　貞今乙卯不其雨　1
五二一八　乙卯卜今乙王勿步　1
七〇七六反　今壬勿𢍜
一二〇〇六　貞今己巳雨　二告　1
一二〇〇七　貞今甲寅雨　1
一二五二七　戊子卜卯貞今丁雨三月　1
一二七八六　貞今己亥不延雨　1
一二九三九正　貞今日壬申其雨之日允雨　1
一二九三九正　貞今日壬申不其雨　1
一三〇七七　貞今癸卯啓　1
一四七三二　辛未卜殻今來甲戌彭王亥　1
一五三五五　庚寅卜爭貞今來乙未𢍜　1
二一〇一九　辛未卜王貞今辛未大風不惟𡆥　1
二一一五三　壬申祐步弜…今丁未冊…　1
二二〇四五　惟今戊用　1
二二〇四五　戊戌卜庶至今辛　1
二二〇四五　不至庶今辛　1
二二二二八　戊寅卜今庚辰彭盟三羊于妣…　1
二七五〇四　惟今己亥彭　3
二七三一三　惟今日庚𤔲　茲用　3

二八二六三　其𢍜年于河惟今來辛未彭　大吉　3
二八四六一　今日辛王其田無災　3
二八四九一　乙丑卜狄貞今日乙王其田湄日無災不邁大雨　大吉　3
二八五五六　今日辛王其田不邁大風　大…　3
二八七五四　今日丁市日王其戋無災　3
二八九七一　今日乙王弜省師有工其雨　3
三〇〇三一　今日乙霾無雨　3
三〇六八八　其𢍜年于河惟今辛亥彭受年　3
三三〇八〇　乙亥卜貞今乙亥王敦翼戦　4
三三一八九　己丑其㞢衍方惟今來丁　4
屯五八〇　庚寅卜其告亞𢍜往于丁今庚　4
屯六五九　辛酉卜今日辛王其田湄日無災　大吉　3
屯八九八　…丑卜今日辛王其田湄日無災　吉　3
屯九八五　庚辰貞今日庚不雨至于辛其雨　4
屯一一二二　癸亥貞其有匚于伊尹惟今丁卯彭三牛　茲用　4
屯二三二八　壬…卜王其弗戦　…戌惟今日壬　3
屯二六二七　辛卯卜今日辛雨　3
屯四三九六　惟今日甲用王受祐　3

自今

五一一一　貞自今至于庚戌不其雨　1
六五七一正　壬寅卜殻貞自今至于甲辰子商弗其…基方　1
六六六七正　壬寅卜殻貞自今至于丙午雨　1
六六六七正　壬寅卜殻貞自今至于丙午不其雨　不𨑌　鼉　二告　1
一〇八六正　辛酉卜貞自今五日雨　二告　1
一〇八六正　自今辛五日雨　1
六八三四正　癸丑卜爭貞自今至于丁巳我戦𡆥王固曰丁巳我毋其戦于來甲子戦旬又一日癸亥車弗戦之夕㞢甲子允戦　1
六八三四正　癸丑卜爭貞自今至于丁巳我弗其戦𡆥　1
六九四三　辛酉卜殻自今至于乙丑不雨　1
一二八二〇　辛未卜貞自今至乙亥雨一月　1
一二九六三正　貞自今五日雨五乙巳允雨　二告　1
一二九六四　甲辰卜王自今至己酉雨允雨　1
一三二二六　丙子卜永貞自今至于庚辰其雨　1

編號	釋文	期
一九七七一	戊辰卜雨自今三日庚雨小	1
二〇四一二	丙申卜自今五日方衣不征衣	1
二〇四一二	壬申卜自今三日方不征不	1
二〇九二〇	辛亥卜自自今五日雨	1
二〇九二〇	辛亥卜自自今三日雨	1
二〇九二四	壬午卜自今日至甲申日其雨一月	1
二一〇五二	癸酉卜自今至丁丑其雨不	1
二一〇五二	自今至丁丑不其雨允不	1
二一一三二	癸亥…今日至甲有…	1
三〇〇四八	自今辛至于來辛無大雨	3
三二五一正	自今至于己酉不雨	1
懷八六五	貞自今至于乙酉我戋	1
二五六正	庚寅卜爭貞祀及今三月至	1
一二五一〇	貞弗其及今二月雨	1
一二五三一	貞弗其及今三月雨	1
一三九八〇	及今一月娩	1
一四一二七正	貞帝其及今十三月令雷	1
一四一二九正	貞及今二月雷	1
一四一三八	貞帝弗其及今四月令雨	1
三三二七三	弗及今夕雨	4
三三二七三	戊辰卜及今夕雨	4
三六三四四	丁丑王卜貞今囚巫九备…典眷邑侯	5
三六三四四	彈…尤暨二柱余其比…戋無左自上下…受 有祐不曾戋無…商無巷在…	5
三六三四五	…丑卜貞今囚巫九备巷令譔廼曰吉	5
三六五〇七	敗侯… …貞今囚巫九备惟余酌…來…戋人方 上下于款示受余祐…于大邑商無巷在 猷	5
三六五一一	丁卯王卜貞今囚巫九备余其比多田…多 伯征盂方伯炎惟衣翌日步…左自上下 于款示余受有祐不曾戋…于茲大邑商 無巷在猷…弘吉在十月遘大丁翌	5
三六五二五	癸未卜在師貞今囚巫九备王于㠱侯缶 師王其在㠱虤正	5
三六五二八反	乙丑王卜貞今囚巫九备余無譔鄙告 侯田冊觑方羌方羞方庚方余其比侯田 甾戋四封方	5

其它

編號	釋文	期
二四八正	丙子卜殻貞今來羌率用	1
二四八正	丙子卜殻貞今來羌勿用　二告	1
二四八正	貞今來羌率用	1
二四八正	今來羌率用	1
七一七正	貞婦今嘉二月	1
五二九三	…貞今[illegible]…	1
六六〇五	己丑卜今出羌有獲征七月	1
六六〇六	己丑卜今出羌有獲征七月	1
一三〇四八	癸巳卜貞今其有囚	1
一三九四四	…巳貞今好娩　小告	1
二〇一九一	辛未卜王貞惟臣其受祐今來捍	1
二一〇九五	丁未…今木火來母	1
二一五七九	戊子卜子貞今翌啓因	1
二一六七三	庚申卜我今東有事	1
二二〇四六	戊子卜有夂歲于父戊用今戊	1
二二〇四六	戊子卜惟今戊用	1
二三八五七	…寅卜即貞歲惟今仲丁酌	2
二六九九〇	惟癸酌今有正	3
二七二五八	…于宊惟今羌甲日鼎	3
二七四五三	兄惟今其三宰且酌正王受祐 大吉	3
三三二九九	辛未貞今翌禦王	4
三七八五四	其惟今九祀丁未戋王囚曰弘吉	5
英一七五八	庚寅今啓南二日	1

佥

編號	釋文	期
一九九九七	…弜…[illegible]…佥婦子	1
一九八六九	…巳卜王涉祖丁兌佥庚	1
二二七四一	…貞佥	2

二〇七二六　丁亥卜…日…兔…獲允獲終…　1

一七四六八　貞有夢囚　1

懷一三六二　貞婦余不其嘉　2

二一四三八　…戌卜…弗…　1

二二〇六五　壬戌卜侯…余呼見聿侯印　1

二一六一八　乙巳…缶　1

三四五八正　貞王自余入　1

一八三九三　貞余…　1

余

七二反　…告余不殺衆　1

二七二反　貞王疾祖…余禦豕惟十　1

三七六正　貞…夢呼余禦囚　1

三七六正　貞王有夢不惟呼余禦囚　1

三七六反　王固曰吉余無不若不于斲　1

五八五正　丁巳卜王余告彡　1

五八五正　丁巳卜王余勿告彡　1

五八五正　丁巳卜…余告彡　1

五八五正　丁巳卜王余勿彡十月　1

五八五正　丁巳卜王余…　1

五八五正　丁巳卜王余勿告彡　1

七五八　…卜王余…及　1

七七二反　…固…不余…　1

八〇九正　王固曰吉黽勿余壱　二告　1

一一六六甲　貞下示…受余三…㞢…酉奉…出　1

一七四〇　…祖辛壱余　1

一八〇三　羌甲祟余　1

二四〇四　…余…穀　1

二五四三　甲辰卜貞翌乙巳勢侑于母庚宰　1

三三〇一　己亥卜殻貞王曰侯虎余其得女…受　1

…　1

三九五〇　己卯卜王貞余勿比沚戓戠六…　1

三九五〇　余比…　1

三九六三反　…其惟甲余臧　1

四〇九三　癸卯…爭貞余…阜…方　1

四七四一　令甫比及余不橐　1

四九八六　壬午卜王余…告　1

四九八七　壬申卜王余勿戴朕…　1

四九八八　…卜王余…惟辛…出入…　1

四九八九　戊午卜王余…　1

四九九〇　癸巳…王余…二人…　1

四九九一　…王余舞…　1

四九九二　…余…亥出入…千暘…尤　1

四九九三　…貞余曰…無其…　1

四九九四　丁亥卜王貞余勿于亯…　1

四九九五　…卯…余勿…　1

四九九六　甲子卜王貞余令…　1

四九九七　…戊卜亘貞余弜祟…　1

四九九八　貞余㞢不其…　1

四九九九　癸卯卜王…余㞢…二告　1

五〇〇〇　…王貞余㞢…　1

五〇〇一　辛未余其…月　1

五〇〇二　庚子卜王貞余無壱　1

五〇〇三　…余…壱…　1

五〇〇四　…余…聞舌…　1

五〇〇五　貞余…五月　1

五〇〇六　貞余酌…九月　1

五〇〇七　辛酉卜王貞…余卿　1

五〇〇八　…丑卜…貞余…衠…　1

五〇〇九　…貞…其…余…　1

五〇一〇　庚…余…　1

五〇一一　…亥…余其…歪…今日…　1

五〇一二　…余不…　1

五〇一三　…余…亦…　1

五〇一四　…余…五…　1

五〇六四　壬戌卜韋貞翌乙丑王勿出王固曰乙余…　1

五四一一　…余其有…王允…有三…饗…　1

編號	釋文
五四一四	辛…茲其…專王固…余受…
五四九五	甲戌卜王余令角婦載朕事
五四九九	…寅卜王…弜弗其載朕事其湣余
六四〇四反	余臧
六四五三	…貞…旨…余今凶…
六四五三	…余其征土方…以…侖…
六四七四	…歸凶女來余其比
六五三〇正	甲申…貞興方來惟囚余在囚　二告
六五三〇正	…興方來不惟囚余在囚　二告
六五五七	…余循𦣞惟…
六五五八	…辰卜王…余伐𦣞…
六七九九	…余…幺号…
六八三四正	庚申卜王貞余伐不三月
六八三四正	庚…卜王貞余勿伐不　二告
六八三四正	庚申卜王貞余伐不
六八三四正	庚申卜王貞余勿伐不
六九二六	乙丑卜王貞余伐𡚦
六九二七	乙丑卜王貞余伐𡚦
六九二八正	甲申卜王貞余征𦣞六月
六九四三	丁未…王貞余獲𦣞六月
七〇一四	己卯卜王貞余呼𢀛敦𢦏余弗𢀛𢀛
七〇一八	貞余勿呼…敦𢦏𡚦…既
七〇一九	…巳卜…余…𢦏戋…其…
七〇二〇	己卯卜王咸𢦏𢦏余曰雀𢦏人伐圍…
七三五八	貞余于龐次八月
七三九四正	甲戌…王貞…戠稱冊余…八月
七四四〇反	王固曰吉帝其…余…
七四九九	…卜王貞余比祉…
七七六九	…捍余呼𦣞
八二〇〇	…卜…余…龔…凶
八四一〇反	…東尸有曰屯…余…
九五八六	…𠩺…田余…有…
一〇三〇〇	…貞余取
一〇三八一	庚子…自上甲…至…余…
一〇四七八	丙戌…王余…𩶁吠
一〇六七七	…余…焚
一〇六七七	…余…焚
一一四五五	…卜…余…車…
一二五八二	貞余…五月
一三五〇三	…余其作邑
一三六一〇	己亥…余伐
一三六五八反	王固曰余毋邁若茲卜不其惟…有祟…
一三六七五反	王固曰余惟…
一四二一五	戊辰卜王貞婦鼠娩余子
一四二一六	貞婦鼠娩余弗其子四月
一四二一七	己巳卜王婦鼠…余…
一四二二〇	庚申卜王余祐母庚…庚弗以婦鼠子用　八月
一四二二二甲反	…曰吉…肇余…
一四二五三	…帝…余…
一四八一一	己卯卜余𡧊于蔑三牛允正
一四八一一	戊寅…余𡧊…允正
一五三三一	不余㴋
一五三三二	不余㴋
一五三三四	…中余不㴋
一五四九六	癸酉卜王貞余勿祀我𠂤惟…用
一五七五五	…曰余…复…彭
一五九五九正	壬辰卜王余禘茲無祀六月
一六二〇五	…余𢦔…山…
一六二二六	庚辰卜…余戠…
一七〇三九正	庚子…王貞余無𡆥
一七三七五	辛亥𡆥壬子王亦夢父勿有若…于父乙　示余見𡆥在之…
一七四四〇	丙辰卜王貞余有夢惟循永余…
一七四四一	余有夢勿…
一七四四二	癸未卜王貞畏夢余勿禦
一七七〇八反	王固曰余…
一八三三二	貞王…午余…𢊁…
一八四二〇	…王余…𣏟…
一八六九六	乙巳…余呼…𣏟…
一八九六二	…余林…𢦏…
一九八四五	…貞…余…祖乙…
一九八九一	丙午卜王余禱𡆥妣己食勿餡𡆥食
一九九一〇	己卯卜王…余禦魯…
二〇〇三六	…戌卜貞不束余奠子戠十月
二〇〇六四	丙寅…貞王茲循…余…

二〇〇七〇 貞余勿呼延尊酋曰吉其呼尊
二〇〇七七 ：王余歪：
二〇〇八八 庚申卜王惟余令伯紳史旅
二〇一一三 丁酉卜余𠬝八月
二〇一八六 ：余𢀛：𢀛岳：
二〇二一八 乙：余：使：
二〇二三三 己卯卜王余：
二〇三一〇 己巳余缶往：
二〇三一一 ：王貞余無：
二〇三一二 ：王余令：
二〇三一三 丙申卜余令饗
二〇三一四 甲子卜貞余令：
二〇三一五 乙卯卜余呼复
二〇三一六 ：王貞余呼珏：
二〇三一七 ：卜王余呼巤
二〇三一八 ：申卜：貞余：妣亢：
二〇三一九 ：余不冊川
二〇三二〇 乙：卜王：余：省
二〇三二〇 ：巳卜：貞余：妣：北
二〇三二一 壬午卜：余：惟：
二〇三二二 ：王貞余：□于示：我祐
二〇三二三 乙酉卜王貞余惟𢀛𩛥豕
二〇三二四 ：余有：
二〇三二五 貞：余
二〇三二六 ：王余呼：𢀛延
二〇三二七 甲申：余宅：朿
二〇三二八 ：余一人：
二〇三二九 丙：余：取：
二〇三三〇 庚午卜王余：示𢆶于甫：囚終
二〇三三一 貞余不吉
二〇三三八 ：朕余曰咋：
二〇三九一 乙酉卜王貞㞢不余其見二月
二〇四〇一 丁未卜王貞余惟羌循
二〇四一一 癸酉卜貞方其征今夕印不執余曰方其征允不：
二〇四七七 戊申卜𠦪余令方至不
二〇四八九 ：辰卜王：方來：余：
二〇四九七 乙酉：余呼：方允：
二〇五四六 ：丑卜王貞余作：循于之矢
二〇五五一 辛丑卜王貞余曰大𢦏不
二〇五六一 辛卯：貞征：余：

二〇六一三 乙酉卜王貞余弓朕老工延：𢀛貞允惟余受馬方祐：其：弗執方祐二月
二〇六二八 丙辰卜王貞余：西土侑十一月
二〇六三五 貞余得
二〇九六五 丁酉卜今日雨余曰戊雨昃允雨自西
二一〇六三 乙丑貞余子：
二一〇六五 己亥卜王：余弗其子婦姪子
二一〇六七 乙丑卜貞占娥子余子
二一一一四 丙辰卜不惟余子妣辛：
二一二三八 辛酉：𢀛：余：
二一二三九 辛亥卜王朕𣶒不余：
二一二九四 ：王貞：余囚
二一二九五 ：辰卜王貞妣惟作余囚
二一二九六 ：卜王：朕聽：余惟其：囚：月
二一三〇六乙 ：甫：余：曰：
二一三六二 貞余有𢀛二月
二一三七五 貞余于商疾
二一三八六 癸卯：王曰：其𢀛：余呼延不九月
二一四六九 ：貞勿余：不𢀛
二一四八二 辛酉卜王貞余丙示旋于征
二一四八二 辛酉卜王貞余𢀛：
二一四八三 ：余：三十：七月
二一五九五 辛未余呼𢀛比：若
二一五八六 丙申余有召
二一六〇八 ：寅卜余：𢀛：
二一六二三 辛巳卜貞夢亞雀故余刀若
二一七二四 癸酉卜貞至罗無囚余次
二一七四七 己巳卜貞余受年
二一七六七 ：卜己亥：余夢亦：彝：占：
二二〇四七 于子庚禦余母窜又㞋
二二〇五〇 乙：余：𢀛：朕：于：
二二〇五〇 癸巳：余：于祖：
二二〇六五 壬戌卜𢀛侯：余令呼見聿𢀛侯印
二二〇七三 己丑卜禦于帝三十小宰己丑余至𢀛羊
二二〇七五 甲戌卜余用于：
二二〇七八 余有歲于祖戊三牛

出處	釋文	期
二二〇九一甲	庚戌卜…于…余…孽	1
二二〇九九	庚戌卜余自禦	1
二二一二五	…余禦…入三十…	1
二二一二六	…于…于…余其禦	1
二二一二五	…余…于司	1
二二三二九	庚子…余克…	1
二二四一三	…于卜余直若 吉	1
二二四五一	丙寅卜貞余無陊	1
二三五六〇	戊子卜吳貞王曰余其曰多尹其令二侯上絲暨[illegible]侯其…周	2
二四一三二	辛巳卜吳貞多君弗言余其侑于庚匄祝	2
二四一三四	丁酉卜吳貞多君曰來弔以[illegible]王曰余其	2
二四一三五	辛未王卜曰…余告多君曰般卜有祟	2
二四一三七	…未王卜…余告…君曰受…吉	2
二八一二八	…步自果陮余屮…	3
三六一八一	甲戌王卜貞…↓孟方…典西田…妥余一人…田畓正…自上下于𣪘…	5
三六一八二	丁巳…伐東…余一…示…彡…	5
三六三四四	丁丑王卜貞今囙巫九备…典春龟侯彈…尤暨二㚔余其比…戋無左自上下…受有祐不曾戦無…商無𡿧在…	5
三六三四五	…丑卜貞今囙巫九备[illegible]余隮迴曰告敗侯…	5
三六三五九	乙酉王…丁酉余步…受余有不…無𡿧在畋	5
三六三六〇	…今夕…無…余受有祐	5
三六四八二	甲午王卜貞作余酌朕𢀛酌余步比侯喜征人方二𣪘示受有祐不曾戦囙告于大邑商無…在畋王囙曰吉在九月遘上甲𣪘惟十祀	5
三六四八三	甲午王卜貞作余酌…余步比侯喜征人方	5
三六四九八	丁巳王卜…征人方余受祐不…畋曰…	5
三六五〇七	…貞今囙巫九备惟余酌…𢀛…戋人方上下于𣪘示受余祐…于大邑商無𡿧在畋	5
三六五〇八	…卜貞今囙巫…人方…𢀛…紟…印余…比侯…	5
三六五一一	丁卯王卜貞今囙巫九备余其比多田…多	5
三六五一四	伯征盂方伯炎惟衣翌日步…左自上下于𣪘示余受有祐不曾戦…于茲大邑商無𡿧在畋…弘吉在十月遘大丁翌	5
三六五一五	…余一人…田畓征孟…自上下于𣪘示…貞今囙巫九备↓…𣪘示余其畓征…余受有祐不曾…	5
三六五二二	庚寅王卜在𦎫貞余其次在茲上𥂴今秋其敦其呼𢀛示于商正余受有祐王囙曰吉	5
三六五二三	…囙巫九…率伐…冊孟…余其…	5
三六五二八反	乙丑王卜貞今囙巫九备余無隮𣄰告侯田冊𣪘方羌方羞方庚方余其比侯田畓戋四封方	5
三六五三〇	己酉王卜貞余征三封方惟䜌令邑弗悔不無…在大邑商王囙曰大吉在九月遘上甲…五牛	5
三六五三二	乙丑王…伐西戎…余其比…示余受…	5
三六五三六	壬寅王卜貞余其伐…白旅利	5
三六五三五	辛卯王…方于…余其畓戋…余有不曾戦…天邑商無…	5
三六五四八	…邑商…于𢀛…妥余…暨…	5
三六六〇五	…二日…享余惟…王今夕…畋	5
三六九六五	…卜在𦎫貞…𣪘方余从…王囙曰大吉	5
三六九六六	乙亥王卜…暨𣪘方敦…妥余一人…自上下示𣪘…告于…	5
屯二三四〇	丁丑卜余米省反	1
屯二六八八	…其用余…刿…囙	1
英一八〇正	貞惟…途不…余奏…	1
英三五四正	貞…由…余…	1
英六二〇	余勿呼禦方	1
英六九〇	…捍余呼衘…	1
英一六〇八	貞…余囙	1
英一七六七	戊午卜王貞勿禦子辟余弗其子	1
英一七八一	丁卯卜王貞…囙不余…	1
英一七八四	戊戌卜王貞余𣪘立貞宁史暨見奠終夕印	1
英一七九一	…余一人省…八月	1
英一七九四	辛亥卜王余有其令	1

著錄	釋文	類
英一八〇一	…余…豪	1
英一八〇六	…貞余…祟莫臣于…	1
英一八六四	庚寅卜王余燎于其配	1
英一八八一	壬戌…涉余…教…	1
英一九二三	癸丑卜王曰貞翌甲寅乞酚𠧞自上甲衣至于毓余一人無囚茲一品祀在九月遘示癸飄彘	2
英二五三三	乙卯王卜在𣪘師貞余其敦𠬝惟十月 戊申戔王囚曰吉在八月	5
懷四三四	壬午卜𡆥余勿在𡨦𢝊	1
懷六四四	…王…嬴…余…不…正	1
懷六五〇	…化…余…	1
懷一四九六	舉陰…卜…曰翌庚寅其雨…余曰己其雨…不雨庚…大啓…	4
懷一四九六	戊子卜余雨不庚大啓	4
懷一五二一	…巳卜…貞余…示…黄…	4
懷一六三三	貞余有夢隹㞢偁蔑	4
懷一八七一	…田…征盂…上下于𢻱…余又…戔田…邑商…	5
一八六八九	…夕𠧞毓…	1

涂

著錄	釋文	類
一七一六八	貞于…方…至…涂…遘	1
二八〇一二	弜益涂人方不出于之	3
二八一六七	…廼𢀛在涂	3

亯

著錄	釋文	類
九六一	…我…享…	1
一一九七	…上甲享其…	1
三一三三	…子享…侑于…	1
三一三四	貞于子享	1
三一三五正	子享	1
四二九九反	…享	1
四六三二正	乙卯卜殻貞今日王勿往于享	1
五六四〇	…使享𩰫…	1
五九五二	…貞享…執	1
九五五一	己丑卜貞𦎫于…享二月	1
一二九〇五反	…享	1
一三六一九	丁亥卜殻貞𢀛享首𦞤于…	1
一四一五七	丙寅貞𦎫享	1
一六四八二反	…享…	1
一七六六八	丁卯享見…雨虎…	1
一八六三一	…享…	1
一八八一〇反	…其…享…	1
一九二八六	貞于乙巳享用	1
一九五〇一	丙辰…享…	1
一九六四九	丁亥…呼…聽享…	1
一九六六一	甲申…企享…呼祟…	1
二六九九三	惟享令	3
三二二二七	壬申卜如有乂伐享妣己 茲用	4
三二二六二	癸卯貞酚大𠁁于𠂤享伐	4
三二三八九	辛未卜燎天于凡享壬申	4
三二九八六	甲申卜𣏟楚享	4
三三一三六	于𡧊享伐	4
三四三六九	…于…享…告…	4
三五三三三	…鼓享𢓊…	4
三六六〇五	…二日…享余惟…王今夕…𢆶	5
英七二九正	…星在享	1
英八三八	戊申…王…狩…享	1
英一二一四	…卜王享	1

𩫖

著錄	釋文	類
三四〇	丙午卜貞𢀛𡧊歲羌十卯十牢于𩫖用八月	1
一〇七四正	貞故人于𩫖旦	1
一三九一一	…𩫖…在…	1
一五六九〇	貞于𩫖酚匚	1
三七六四八	…寅卜貞…田𩫖往…	5
三七六六二	壬申卜貞王田𩫖往來無災	5
屯三七〇〇	…𩫖母	

亯冂

著錄	釋文	類
七一七反	酚…亯冂	1

八一八一　甲申卜殼貞在楚圍…禼　1
八八四六　呼禼取　1
九五六〇　丁巳卜穷貞令禼　暘乞食乃令西史三月　1
九七八四　…殼…在春…田禼受年　1

亯京　合文

五八二　貞…亯…　1
三一三九　…子亯徝酉牡三…　1
三一四〇　…子亯徝酉牡二…　1
三一四一　…亯徝酉…　1
三一四二　…亯徝…　1
三一四三　…子亯…　1
三一四四　…子亯…　1
三一四九反　…子亯…　1
三一五〇　貞…子亯…　1
五四九一正　貞…其戠王事在享京　1
八〇八四　貞不允涉一月在亯　1
八〇八五　乙酉卜貞于亯　1
八〇八六　…亯　1
八〇八七　…亯　1
一三七三二　…子亯有疾　1
一五四六八　…卜爭…用…歲…亯…　1
一八五五五　貞子亯侑于…　1
三〇二五一　己亥貞庚子酌圍于享京羌三十十牢　4
三二六九一　于享京燎　4
三三一三九　…丑貞…乙卯…于享京　4
三三一四〇　…允享京　4
三六四八一正　…小臣牆比伐擒危美人二十人四…人五百七十𩰫百…車二丙盾百八十三函五十矢…白慶于大…用𢦏伯印…于祖乙用美于祖丁僼曰京暘…　5
三六五五九　戊辰卜貞王迖…享京往…無災　5
三六五六〇　…貞王…于享京…來…災　5
三六五六一　戊辰卜貞…享京往…　5
三六五六四　…申卜貞…享京往…無災　5
三六五六一　…貞王…享京…往來無災　5
三六五六二　壬子…王迖…享京…無…　5
三六五六三　…貞王…享京…災　5
三六五六三　庚辰…貞王…享京…往…　5
三六六四七　庚戌卜貞王迖于享京往來無災　5
三六六四七　辛亥卜貞王迖于享京往來無災　5
三六六八八　庚…王迖…享京…　5
三七四七四　戊子卜貞王田享京往來無災　5
三七四七四　…卯卜貞…攸于享京往來無災　5
三七五八九　辛未卜貞王田享京往來無災　5
三七五八九　壬申卜貞王田享京往來無災　5
三七五九〇　壬寅卜貞王田享京往來無災　5
三七五九〇　辛…王田享京往來無災　5
三七五九一　丁酉卜貞王田享京往來無災　5
三七五九二　辛巳卜…王田享京…來無災　5
三七五九三　庚辰卜貞王…于享京往來無…　5
三七五九四　壬辰卜…享京…無災…獲…　5
三七五九四　…貞…享京…無災　5
三七五九六　…卜貞…享京…往來…　5
三七五九七　…卜貞…享京…來無…　5
三七六三六　辛…卜貞王田于享京往來無災　5
三七六六〇　戊子卜貞王田享京往來無災　5
三七六六〇　戊戌卜貞王田于享京往來無災　5
三七六六〇　辛丑卜貞王田于享京往來無災　5
三七七〇六　戊…貞…享京…無…　5
屯五三三　…申貞于丁𠂤…乘…酉用于享京…羌卯牡　4
屯三三〇九　…享京…今日…
英二五四七　壬辰卜貞王田享京往來無災　5
英二五五二　庚辰卜貞王田享京往來無災　5
英二五五七　丁未卜貞王迖享京往來無災　5
英二五六一　己卯…迖…享京…無…　5
英二五六一　辛卯卜貞王迖于享京往來無災　5
英二五六一　…貞王…享京…來…災　5
懷一九〇〇　…王田享京往來　5

𦎫　敦

一三七正　癸卯卜爭貞旬無囚甲辰…大驟風之夕㞢　乙巳…𡏳…五人五月在敦

一三九反　癸亥卜爭貞旬無囚王固曰有祟五日丁未在敦圉羌　1
二九八四　貞…在敦　1
六五四六反　…來二十在敦　1
七九五九　…卜在敦乙巳…　1
七九六〇反　在敦　1
七九六一　貞在敦　1
七九六二　…在敦　1
七九六三反　…在敦　1
七九六四正　…在敦　1
七九六五　在敦　1
九一九四反　婁來十三在敦　1
九二九九反　…百二十在敦　1
一二五三二反　在敦　1
一三三六二正　…大驟風…𡆥乙巳疾執…人五月在敦　1
二四二三一　…在敦…　2
二四二三二　丁未卜王在敦　2
三六五七八　…卜在敦…王今夕無𡆥　5
三六五八二　…子卜在敦…王迖往來…災　5
三七五三二　辛酉卜在敦貞王田衣逐無災　5
三七五四九　…在敦…賓鬳…尤　5
三七六四四　辛巳卜在敦貞王田湀衣無災　5
三七六四六　戊辰卜在敦貞王田湀不遘大雨茲御在九月　5
三八九二六　…卜在敦…王今夕無𡆥　5
屯二三〇五　在敦卜　4
屯四五六四　…無囚在敦卜　4
七八三正　貞至于敦勿侑　1
一一〇正　庚辰卜殻貞于敦　1
二三四六甲正　貞師般以…勿于…敦　1
二六六八　貞𡧊…好…于敦　1
四七二二　貞于敦　1
四七二三　貞于敦　1
五一二七　丁未卜爭貞王往去束于敦　1

五一二八　貞王去束于敦　1
六六四七正　乙亥卜爭貞王往于敦　二告　1
七八一五　勿于敦　1
七八五二正　貞分女呼于敦　二告　1
七八五二正　貞…毋于敦　二告　1
七八五二正　勿于敦　二告　1
七八六一　貞王去束于敦　1
七九四〇　出于敦　1
七九四〇　貞王勿出于敦　1
七九四一正　壬辰卜亘貞王往出于敦　1
七九四二　貞于庚申出于敦　二告　1
七九四二　丁巳卜穷貞王出于敦　1
七九四二　…貞王勿出于敦　二告　1
七九四三　貞王往出于敦　1
七九四三　貞王勿往出于敦　1
七九四五　丁卯卜爭貞王往于敦不左　1
七九四六　戊辰卜亘貞王往于敦　1
七九四七　…往于敦之…　1
七九四八　貞王往于敦　1
七九四九　…王往于敦　1
七九五〇　…卜殻…往于敦　1
七九五一正　貞勿往于敦　1
七九五三正　貞勿往于敦　1
七九五四　乙卯卜亘貞今日王至于敦夕酚子央　1
七九五六　庚…貞翌辛…至于敦奏于…　1
七九五七　辛酉卜爭貞今日王步于敦無𢦔　1
七九六六正　貞于敦去火六月　1
七九六七　…于敦　1
七九六八正　貞辛…于敦…其　1
七九七〇　…卜貞…于敦　1
七九七一　于敦　1
九五三七　…穷貞呼黍于敦圂受…　1
九六一〇　貞王勿往省于敦　1
九八一七　貞㱿咼弔…于敦祀若…黍年　1
一一〇一八正　己巳卜爭貞方毋于敦　1
一一〇一八正　貞方毋勿于敦　1

著錄號	釋文	期
一一五三	貞勿牛于敦	1
一一五三	庚子卜亘貞勿牛于敦　不𡆥黽	1
一一七一正	丙寅卜㱿貞王往省牛于敦	1
一四〇六	貞曰以來𢓊往于敦	1
一四〇六	貞于敦大𡧊	1
一二八一四正	乙卯卜㱿貞今日王往于敦…之日大采	1
一二八一四正	雨王不…	1
一三五九八	今日往于敦	1
一三六二四正	勿呼舞于敦	1
一三六二四正	呼舞于敦	1
二二〇七二	于𣎵敦巫示	1
二七九七四	…其令戍…羌方于敦于…吉	3
二八九一五	辛卯卜翌日壬王其送于敦無災	3
二八九一六	庚辰卜翌日辛王其送于敦無災	3
二八九一七	辛未卜翌日壬王其送于敦無災	3
二八九一八	…卜翌日壬王其…于敦無災	3
三三一三三	癸亥貞旬無囚見于敦	4
三三一三三	癸丑貞旬王無囚見于敦𢆶	4
三三一三六	辛卯卜于敦伐	4
屯三四一	壬申卜王令鼓以朿尹立于敦	4
英四五九	貞王往省于敦	1
英七三三正	…未卜穷貞王往于敦　二告	1
英七三四	…王往于敦	1
英七三五正	貞王勿往于敦	1
英七三五正	貞王往于敦	1
英七三五正	王往于敦	1
英七三六正	…于敦	1
英七三七	貞于敦	1
英八二四	貞勿往于敦	1
英八二四	貞往于敦	1
英八二四	王勿往于敦	1
英一九七七	貞令…甾伯于…敦	2
三三五六九	乙亥…貞王其田敦無災	4
三七四〇三	戊申王卜貞田敦往來無災王𠁥曰吉	5
三七四二一	戊辰王卜貞田敦往來無災王𠁥曰吉茲御　獲鹿二	5

著錄號	釋文	期
三七四三二	…酉卜…田敦往…無災王…茲御…鹿一	5
三七五五九	戊子卜貞王田敦往來無災王𠁥曰吉	5
三七六〇五	戊午王卜貞田敦往來無災王𠁥曰吉	5
三七六四六	戊辰卜貞今日王田敦不遘雨	5
三七六四九	壬申王…田敦…無災王…	5
三七六五〇	…午卜貞田敦…往來無…	5
三七七三八	戊申王…貞田敦往來無災王𠁥曰吉	5
三七七四六	壬戌王卜貞田敦往來無災王𠁥曰吉	5
屯六六〇	…貞王田敦無災	5
屯六六〇	辛未卜貞王田敦無災	5
懷一四四九	乙酉…貞王田敦無災	3
七〇四七	貞衣敦郭	1
六七八三	癸亥卜王方其敦大邑	1
七〇七〇	貞其敦邑七月	1
三三七一七	辛卯卜大貞洹弘弗敦邑七月	2
六八六〇	丁卯卜㱿貞王敦缶于蜀	1
六八六一	丁卯卜㱿貞王敦缶于蜀	1
六八六二	丁卯卜㱿貞王敦缶于蜀　二告	1
六八六三	丁卯卜㱿貞王敦缶于蜀二月	1
六八六四正	庚辰卜㱿貞王敦缶于…	1
六八八七	…申卜㱿貞大丁呼王敦衛	1
六九六八	…卜王…取雀…敦	1
七〇八三	癸丑卜王敦西今日戈	1
七六六〇	…呼王敦…	1
七六六〇	…王敦…	1
七六六一	…㱿貞王敦…	1
二〇五一二	丁酉卜生十月王敦𠕋	1
二〇五一四	乙丑卜王敦𠕋受…	1
二〇五一六	乙未卜貞王敦𠕋受祐十二月	1
二〇五二四	乙酉…王敦…缶受祐	1
二〇五二七	乙酉…王敦缶受祐	1
二〇五三〇	辛卯卜王敦冓受祐	1

三三〇六九 丁酉卜今生十月王敦佣受祐 4
三三〇八三 癸丑卜王…敦佃𢦏十二月 4
三三〇七八 乙亥…王敦翼…旬一日乙… 4
三三〇八〇 乙亥卜貞今乙亥王敦翼𢦏 4
三四一二〇 壬戌卜貞王生月敦[illegible]𢦏不… 4
屯 二三七九 癸亥卜王其敦封方惟戊午王受有祐
𢦏在凡 吉 3
屯 四五一六 己亥卜王敦佣今十月受祐 1
屯 四五一六 丁酉卜今生十月王敦佣受祐 1
英 六一三 乙未卜設貞大呼王敦街十月 1
英 六一四 乙亥…貞王…惟今十二月敦街 1
懷 一六二八 …王惟乙敦佣受祐 4

三〇六一正 勿呼雀夕敦 1
六九五八 …令雀敦亘 1
六九五九 辛巳卜殻貞呼雀敦桑 1
六九五九 辛巳卜殻貞呼雀敦鼓 1

二〇五一〇 辛巳卜王一月敦佣受祐 1
二〇五一〇 丙子卜王二月敦佣受祐 1
二〇五一〇 乙亥卜一月王敦佣受祐 1
二〇五一一 其敦佣十月 1
二〇五一三 己亥…敦佣受祐 1
二〇五一五 …敦佣受祐 1
屯 三五六八 戊寅卜敦佣受祐 1
屯 三六〇四 敦佣受祐 1

一三三七 貞…方…敦… 1
六一八〇 貞𢀛方弗敦沚 1
六三三七正 丁卯卜爭貞翌辛未其敦𢀛方受有祐 1
六三三八 丁卯卜爭貞翌辛未其敦𢀛方受有祐 1
六三五四正 辛丑卜爭貞曰𢀛方凡𢀛于土…其敦[illegible]
允其敦四月 1
六三五八 貞今[illegible]𢀛方其敦 小告 1
六七八一 …方敦商 1
六七八二 …方敦周 1
六七八四 貞方敦[illegible] 1

六七八五 …卜方…敦雀 1
六七八六 庚申…方…敦見何十一月 1
六七八七 …辰卜方…敦見何 1
六七八八 …辰卜曰方其敦見何允其敦 1
六七八九 壬辰卜方其敦見何 1
六七九〇 壬辰卜方弗敦見… 1
六七九一 …曰方…其敦 1
六七九二正 …卜永貞方其敦 1
六七九三 丙申卜方其敦 1
六七九四 …戌卜…貞翌…方敦 1
六七九五 …方惟敦 1
八六一〇正 丙辰卜殻貞曰𢀛方以𩁹方敦…允… 1
八六一一 𢀛…以…方敦… 1
三三〇二七 庚午貞辛…敦召方受…茲弗及召 4
三三〇二八 庚午貞辛未敦召方暘日允暘日弗及召方 4
三三〇二九 庚申卜于丁卯敦召方受祐 4
英 五四三 …爭貞曰𢀛方其凡𢀛于土…敦[illegible]
允其敦四月 1
屯 一〇九九 庚申貞于丙寅敦召方受祐在十月 4
屯 一〇九九 貞…丁卯敦召方受祐 4
英 五四三 …爭貞曰𢀛方其凡𢀛于土…敦[illegible]
允其敦四月 1
英 五七一 丁巳卜韋貞𢀛方其敦戠十月 1
英 五六八 貞𢀛方…敦 1
英 五六九 貞𢀛方弗敦 1

六八四一 貞侯弗敦眹 1

六五七一正 貞自今壬寅至于甲辰子商𢦏基方敦[illegible] 1
六五七一正 甲辰卜殻貞翌乙巳曰子商敦至于丁
未𢦏 1
七〇七六反 我𢦏…令…敦𢦏𡚬不其𢦏
七六七〇 丙辰卜敦𢦏 1
七六七一 …敦𢦏 1
三四一二〇 丙辰卜敦𢦏 4
懷 一六三八 …卜…敦…𢦏…酉王𢦏 4

其它

三三九　壬子卜穷貞敦沘不冓
八三九　呼師般取往自敦
八五八正　…亘貞王須允…往自敦啚
一二〇二　戊辰卜上甲暨河…敦衛
一三九二　…敦
四六三四正　…敦
四九一二　…比敦
五六五八正　大數敦次
五六五八正　勿衣數敦次　二告
五七八五　允其敦
六一六一　…沚戠爯册冊舌…其敦𠭯王比下上若受…
六一六二　…沚戠爯册冊舌…敦𠭯王比受有祐
六一六三正　…貞沚戠爯册…敦𠭯王比受有…
六一六九　乙亥卜爭貞勿呼依敦
六一六九　…敦
六一七八　貞舌方弗𢦏人敦沚呼伐…　二告
六三五五　…曰舌…凡[illegible]…其敦[illegible]…
六三五九　…舌…其敦𠭯
六三九四　其敦
六四六三　勿呼敦尸
六五七一正　曰子商于乙敦
六四〇七　…衣敦…
六五七一正　壬寅卜殼貞曰子商𠭯癸敦五月
六七八〇　…敦雝…　二告
六八二四　…未卜…弗敦周八月
六八四三　…𢦔其大敦耑
六八四六　丁亥卜𢀛其敦寇五月
六八四七　𢀛弗敦寇
六八五二　…亥卜𢀛敦
六八六七　丁酉卜殼貞王惟…敦缶𢦏三月
六八六八　…敦缶…
六八六九　辛巳…敦缶…
六八八七　…敦衛
六八八七　…敦…
六九九九　辛卯卜…其敦
七〇三二　…貞我…惟𣎴敦
七〇三三　丙…卜王惟𣎴敦

七〇一四　己卯卜王貞余呼[illegible]敦[illegible]余弗[illegible]
七〇一八　貞余勿呼…敦[illegible]…既
七〇二九　…敦[illegible]
七〇三四　…怵敦
七〇四八　…其敦旻
七三二〇　…敦…
七六六二　…我敦…十一月　二告
七三八八反　癸未卜…其惟丙敦不…
七六六四　…午…王貞今…其敦二月
七六六五　戊申…其大敦
七六六五　戊申卜不大敦
七六六六　戊子…其大敦
七六六三　甲辰卜王貞于戊申敦
七六六七正　…丑卜穷貞…允其敦
七六六八　…大出敦
七六六九　…其惟丙敦不吉
七六七二　己未卜敦…不其…
七七二一反　…殼…敦…
七九四四　…王…出…敦
七九五二　貞今日勿往…敦
七九七二　…州…敦
七九七四　…貞…王…茲敦…無…
七九七六　…敦七月
八二三五　貞羽暨郭弗其以有取
八四〇四　辛亥卜貞呼戈人[illegible]敦
九〇六八　…敦
九〇六八　…敦
九七八二　貞敦受年
九七八三正　乙卯卜穷貞敦受年　小告
一七六八五正　乙酉卜…敦…
一八一四八　…爭…羞…𦎫…
二〇三九二　甲子卜王貞土方其敦呼
二〇五〇〇　辛丑卜王惟𠂤敦𢦏
二〇五二五　…卯卜敦…
二〇五二六　辛巳卜令…敦缶
二八一二三　…敦

三三〇七七　癸亥卜今夕敦猷𢦏　4
三三〇七八　癸酉卜…敦猷甲戌𢦏　4
三三〇九二　…敦𡤞受…　4
三三一二二　戊寅卜…敦…　4
三三一二三　…巳貞…敦…惟若　4
三六五二二　庚寅王卜在𢀛貞余其次在茲上𩐳今秋其敦其呼𠨘示于商正余受有祐王占曰吉　5
三六五二六　己巳王卜…佐其敦…柳邑…　5
三六五二七　…卜在鼓貞…八月敦…受祐不…王占曰大吉…夕…　5
三六五八三　…午卜…敦…王…𠴲　5
三六五八四　庚午…敦貞…𠴲　5
三六五八五　…敦…來無…𡆥吉　5
三六五八六　己亥卜…敦…　5
三九四四八　…卜貞…敦無…月　5
屯四九一　…敦𢿱暨…　4
屯八二七　…岳…烄…敦…雨　4
屯八七一　…敦…無至𡆥
屯一〇七八　…敦…圍…　4
屯一五八一　…亥卜庚寅雨…敦卜　4
屯二〇六四　王族其敦尸方邑舊右左其𦣞　3
屯三三八六　…卜王其呼敦𢦏…王受有祐𢦏在𩏂　3
屯四五一二　癸卯卜敦…　1
英六九三　…敦…　1
英一一七三反　…其敦　1
英一八一三　辛酉卜𦉠弗敦𡿧侑南庚　1
英一八一五　丁亥…惟…敦…允…𢦏　1
英二五三三　乙卯王卜在𪊨師貞余其敦𢿃惟十月
戊申𢦏王𡆥曰吉在八月　5
懷三四〇　…敦…　1
懷四〇五　…敦…甾…　1
懷四〇七　丙午卜内我惟𦍧敦　1
懷一六四〇　庚寅貞敦缶于𡆧𢦏右旅在…一月　4

𩫖　郭

一三五一四甲正　辛卯卜殼貞基方…作郭不𢦔弗𩁹四月　1
一三五一四甲正　辛卯卜殼貞基方缶作郭不𢦔弗𩁹…　1
一三五一四甲正　辛卯卜殼貞勿𩑛基方缶作郭子商…　1
一三五一四甲正　辛…卜殼貞勿𩑛基方缶作郭子商𢦏四月　1
一三五一四甲正　辛…卜殼貞勿𩑛基方缶作郭子商𢦏四月　1
一三五一四乙正　辛卯卜殼貞基方作郭其𢦔　1
六　癸卯卜𡧊貞令郭茲在京奠　1
五五三　癸丑卜𡧊貞令羽郭以黃執𡆥七月　1
四八五七　貞乞令郭暨…十三月　1
四八五八　…貞令郭暨…　1
五六二二　丁未卜爭貞令郭以有族尹𠁨有友五月　1
五七四六　…令郭以多射衛示呼𠫑六月　1
六九四三　癸酉卜殼貞令多奠衣柬郭　1
二〇五七〇　…令取郭…　1
三一九八一　乙亥貞𠂤令郭以眾𡆥受祐　4
英八三五　…令郭曰犬延田　1
懷一六五〇　丁卯貞…令郭…𠛱于𠂤　4

二九七九四　郭兮至昏不雨　3
二九七九五　郭兮至昏不雨　3
二九七九六　…郭兮不雨　3
二九七九七　郭兮…雨　3
二九七九八正　郭兮…　3
二九七九九　郭兮雨　3
二九八〇一　郭兮至昏不雨　吉　3
二九八〇一　郭兮至昏其雨　3
三〇一九八　中日至郭兮啓　吉　茲雨　3
屯二七二九　中日至郭兮不雨　大吉　3

其它

一三九五正　…卜殼貞允郭　1
三一二七〇　弜呼…郭其…　3
三四一一七　壬寅卜…貞由…郭往…㞢…　1

編號	釋文	期
四八五九	壬申…郭若	1
四八六〇	辛丑卜貞郭…囚	1
四八六一	貞郭無囚	1
四八六二	…郭…戠…亦…	1
四八六三	甲子…甾郭	1
四八六四	…子卜貞…郭…十月	1
四八六五	…寅貞郭…	1
四八六六	郭	1
四八六七	…郭	1
四八六八	郭	1
五七三三	…爭…勿…郭	1
六六一八正	貞郭…	1
七〇四七	貞衣敦郭	1
八二八九正	貞郭無其…在鼓	1
八五九七	貞郭弗其專入絴	1
八六〇〇	…丑…郭…絴	1
八九九六正	貞呼以□郭	1
九二八二	…入二在郭	1
九三八一	…郭□入	1
一三四二一	衣郭	1
一三五一五	己酉卜貞旬郭于丁不…二月	1
一三五一五	癸丑卜㝬貞雀郭	1
一三五一五	…丑卜…貞旬郭于…	1
一三五一六	辛酉卜婦㫃郭…	1
一三五二三正	癸卯卜㝬貞將□郭于京	1
一三七三一	癸酉卜貞郭其有疾	1
一三七三一	貞郭無疾	1
一八八一二	癸丑卜㝬貞郭𩵋降比陟	1
二〇五七一	…未卜㞢…王令…取郭	1
二九七九三	昃至郭不雨	3
二九八〇〇	…至郭啓　吉　用	3
三〇二〇三	今日乙郭啓不雨	3
三一九七〇	貞郭以衆田有災	4
三五三三四	…示郭…	4
屯一一一一	戊午貞郭來其…用…	4
英一一三三正	…將雚郭于京	1
懷一三五二	…貞王其呼…以戎…郭…凡…	3
懷一三五三	…人受…郭…𣪊…	3
	韓　埤	
三六七七五	癸巳卜在埤貞王步于𣑦…災	5
三六九六二	庚辰卜在甫…王步于埤…災	5
	𩫖	
五九一〇	…惟…執𩫖	1
	菖	
八三二正	貞于菖…若　二告	1
	㬂	
一八六三二	…㬂…	1
一七九三六	…執…	1
三〇二八四	于廳門□舍王弗悔	3
三〇二八四	…□…王弗…	3
三〇二八五	于廳門□舍王弗悔	3
	⿳亠口隹	
八〇七一	⿳亠口隹	1
	京	
八三九四	乙未卜…翌丙…京衛…	1
九五七六	貞令京彡有田	1
一八六三三	…京…多…牛…	1
一八六三四	…其…京…豆…大…	1
一八六三四	…其…京…豆…大…	1
六	…勿…在京奠六月	1
六	癸卯卜㝬貞令郭兹在京奠	1
三一七	…于磬京羌三十卯…牛	1
三一八	丁亥囷于磬京羌…卯	1
一一三八	甲子卜…校…京…从雨	1
三一三二	…子…京	1
四六三〇	丙戌卜貞令犬延于京	1

著錄號	釋文	分期
五六六七	貞呼犬茲于京	1
五七一五	癸亥卜㝊貞令阜…京	1
五九七六	延于𢀛京圉	1
六四七七正	貞王往于𪓑京	1
六四七七正	貞王勿往于𪓑京	1
六四七七正	貞王勿步于𪓑京	1
六四七七正	…于𪓑京　二告	1
八〇三四	…貞其圉于磬京不…	1
八〇三五	貞盟辛亥呼婦姘圉于磬京	1
八〇三六	…磬京	1
八〇三七	…磬京	1
八〇三八	…又…磬京	1
八〇七八	貞王勿往于京	1
八〇七九	勿往…京	1
八〇八〇	癸…𣪘貞…于京觀	1
八〇八一正	貞勿…京于…	1
八〇八二	…巳卜…㝊𡳿…惟我…茲…京	1
八〇八三	戊午…王…从…京	1
九九八〇	京受黍年	1
一〇九一九	貞勿令阜田于京　二告	1
一〇九二〇	辛未卜貞王从…京	1
一〇九二一	…之日王往于田从𣪊京允獲𪊍二雉十七十月	1
一一四五〇	…雍車馬…京	1
一三〇二三	…京雨	1
一三五二三正	癸卯卜㝊貞將𣧆郭于京	1
一三九八一正	…京…娩	1
一六〇三九	辛未卜以父京旬…	1
一六三五四	…京…不若	1
二〇五九五	丙午卜王貞𠂇…惟…在京	1
二一一六八	…未卜…禜…京	1
二一七〇三正	𩰫出京	1
二二六一六	癸卯卜大…侑于京祖…	2
二四四〇〇	丁酉卜出貞于𠊱京品	2
二四四四六	…京…王田至…𦣞獲豕五雉二在四月	2
二四四四六	…自…延田于…𣄰京獲豕…鹿二	2
二六八六九	癸卯卜祝貞我…京	2
三〇二九九	…卜𢀛二羊…王𠕋…京	1
三六九〇九	韋師寮弜改無宜王其呼宜于京師有災若	5
三二〇一〇	…貞于京其𡆥𣪊	4
三二八六四	…貞今日阜步自京	4
三三二〇九	乙丑貞王令𢦔田于京	4
三三二二〇	…卯貞王令阜田于京	4
三三二二一	…卜王令…田于京	4
三三六九四	于正京北	4
三三九四七	…亥卜𡌥雨…京	4
屯一〇八	其𩁹于𦯂京有雨	3-4
屯三三二	癸丑卜王令介田于京	4
屯七六九	…風京雪雨	4
屯七六九	…風京雪雨	4
屯一〇四九	丁未貞…方在于京四月	4
屯一一一一	己巳貞𣪊𥄎其𡆥于京	4
屯一五六三	…京…	
屯二〇九七	…卯侑…父丁歲…羊…三十…在京	4
屯二一四九	丁亥卜庚卯雨在京丘	4
屯二三〇五	在于京卜	4
屯四三五一	…𢦔田于京	4
屯四四四四	奠其奏庸惟舊庸大京武丁…弘吉	
懷七二一	…京卜	1
英八三四	貞勿令犬延田于京	1
英一一三三正	…將雈郭于京	1

著錄號	釋文	分期
一〇九七	…茲□	1
四六八五	…□	1
四七二二	貞于□	1
四七二三	貞于□	1
六四七七正	貞王勿往于𪓑京	1
七三五七正	貞王往次□	1
八〇四二	…□	1
八〇四三	…見婦好在□一月	1
八〇四四正	…呼婦好往于□	1

八〇四五 貞翌…允…于京 1
八〇四八 貞勿于京用 1
八〇四九 …京 1
八〇五〇 …京五月 1
八〇五一 …王勿…京 1
八〇五二 …京 1
八〇五三 …京 1
八〇五四 …貞王往于京 1
八〇五五 …貞京 1
八〇五七 …京 1
八〇五八 …入五在京 1
八〇六〇 …京 1
八〇六七正 在京 1
八〇六八 …京 1
一四〇一七正 …旬有二日辛未婦棘允娩嘉在京 1
一五五五〇正 …京燎 1
一五五五〇正 …京燎 1
一六九八六 …岡…京…祟… 1
英七三三正 …京…人其 1
懷四一七 …卜京…好…二旬… 1
一一三四 貞姣…京… 1
一一三五 丙戌卜爭…京… 1
五九七六 延于京圉 1
三〇一七四 于有邑京有雨 吉 3

子京 合文

八〇五九 …于京 1
八〇四一 庚辰卜卜亘貞戠…于京 1
八〇四六 …在京 1

三三一三四 癸未貞旬無囚在于京 4
三三一三四 癸酉貞旬無囚在于京 4
三三一三四 癸亥貞旬無囚在于京 4
三三一三四 癸丑貞旬無囚在于京 4
三三一三四 癸卯貞旬無囚在于京 4
三三一三五 癸亥貞旬無囚在于京 4
三三一三五 癸丑貞旬無囚在于京 4
三三一三五 癸卯貞旬無囚在于京 4
三三一三五 癸巳貞旬無囚在于京 4
三三一三五 癸未貞旬無囚在于京 4
屯四二四八 …五在京旬 1

崇

八〇五七 …崇 1
二八二四五 其奉…亯 3

膏

七九二六 貞…辛…膏 1
七九二七 貞膏 1
一〇九一八 戊寅王狩膏魚擒 1
一五〇六二 …勿…膏…十三月 1
二六八七一 貞王其…燎…膏 2
二八一八八 自瀼至于膏無災 大吉 3
三七五三二 戊…膏…夕… 5
三七六四三 …貞王…膏往…災 5

741頁 744頁

亭

五二六 貞于亭燎 1
二〇一九〇 甲申卜自王令匡人日明戉于亭 1
英一一五三反 …高… 1

英二五五六	乙未卜…王送…高往來…	5
懷一六五〇	丁卯貞…令郭…剛于高	4
懷一六五〇	丁卯貞王令鬼𩁹剛于高	4

亳

七〇六一正	貞呼取亳宁	1
七八四一	貞于亳	1
一八三四一	…辰卜爭貞令亳宁鶏貝𠂤…	1
二〇九七六	壬戌卜…亳…日…癸雨	1
二七二三三	庚子…于祖乙…亳…	3
二八一〇四	…亳…	3
二八一〇五	…亳…	3
二八一〇六	癸丑卜其侑亳土惟祏	3
二八一〇七	…亳土餈	3
二八一〇八	其有燎亳土有雨	3
二八一〇九	戊子卜其有歲于亳土三小宰	3
二八一一〇	其侑亳土　吉	3
二八一一一	其方𤊨亳土燎惟牛	3
二八一一二	其侑亳…王…	3
二八一一三	…亳土惟小宰	3
三〇六二一	其高祝	3
三二六七五	于亳土㮚	4
三六五五五	…商貞…于亳無災	5
三六五五五	甲午王卜在亳貞今…鴻無災	5
三六五六七	甲寅王卜在亳貞今日…鴻無災	5
三六五六七	…午卜在商貞今日于亳無災	5
三七三九四	癸…貞其…亳…兕…在七…有祐王…	5
屯　五九	…其奉于亳土	3
屯四三三六	丁未卜令征征閃亳	1
屯　六六五	辛巳貞雨不既其燎于亳土	
屯一一〇五	辛巳貞雨不既其燎于亳土	4
英二三二四	癸丑王卜貞旬無畎在十月又一王征人方在亳	5

高

參1435頁

參1436頁

參1439頁

三七六反	夒入二在高	1
七〇九反	…入二在高	1
九三三九	夒入二在高	1
三六七五三	…未卜在高貞王步于…無災	5
三七五三三	戊寅卜在高貞王田衣逐無災	5
三七四九四	丁巳卜貞王田高往來無災王𠭰曰吉	5
三七六三九	丁巳卜…田高…無…	5
英二五五五	壬午卜貞王田高往來無災	5
二三六〇	貞勿㮚于高妣	1
二三六一反	貞㮚于高妣	1
二三八三	…告于多高妣	1
一一四八四正	于高妣	1
二三八二	貞侑于高妣	1
二三八三	…告于多高妣	1
二三八四	壬寅卜古貞㮚于高妣	1
二七四九九	高妣燎惟羊有大雨	3
三四〇七九	…午貞…生于高妣…牡牝	4
一五二四一正	貞告麂企束于高…	1
三〇四四七	其告于高祖王亥三牛	3
三二三一三	庚寅貞其告高祖燎于上甲三牛	4
三二三二六	壬戌貞其告秋𠦪于高…	4
三二三二七	…戊貞其告秋𠦪于高祖夒六…	4
三四二八五	…乙告高祖亥…	4
二六一二	貞㮚婦好于高	1

三四二八六　…貞陟大禦于高祖王…中　4

三四二八七　…亥貞陟大禦于高…以中　4

𠦪高

二三七一七　己酉卜祝貞𠦪年于高祖四月　2

二七〇六一　辛未卜高祖𠦪其卯上甲…　3

三三三〇六　丁巳貞其𠦪…于高…六牛　4

三〇三九九　于夒高祖𠦪　3

三〇四六五　…𠦪高王受祐　3

三二〇二八　辛未貞其𠦪禾于高祖　4

三二〇二八　辛未貞𠦪禾高祖河于辛巳　4

三二三一四　丙申貞其告高祖𠦪以祖辛　4

三三一三八　…申…其𠦪…于高…牛　4

三三二九八　乙巳貞𠦪禾于高祖　4

三三三〇五　乙卯卜貞𠦪禾于高燎九牛　4

三三三〇八　甲子貞𠦪禾于高祖　4

三三九四六　戊午貞𠦪雨…高惟甲酌…　4

三四〇七八　…貞其𠦪生于高…　4

屯一三二　高𠦪王受祐　3

屯九一六　辛未貞𠦪禾于高暨河　4

屯一〇八九　丁丑貞其𠦪生于高妣其庚酌　4

屯一〇九六　…貞其𠦪禾…高祖　4

屯一一〇二　…貞其𠦪禾于高祖燎惟勿牛　4

屯二一〇五　于高祖亥𠦪禾　4

屯三一五七　己巳卜其𠦪年高王受…　吉　3

懷一三六　…高用　1

懷一三八二　…高𠦪…王受…　3

酌高

一四九二八　…卜穷貞有匚…高先酌　1

二七一五四　酌…高祖　3

三二〇八七　甲午貞乙未酌高祖亥…大乙羌五牛
三祖乙羌…小乙羌三牛二父丁羌五牛
三無巷　茲用　4

三三二〇九　…貞高祖…酌　4

三四一七九　…高酌燎五牛　4

三四二八八　…酌高祖亥匚…　4

屯六〇八　丁未貞酌高祖匚其牛高妣　4

屯二五八四　…卯貞辛未酌高祖…　4

燎高

三二〇八三　癸卯貞弜惟高祖王亥𠂤惟燎　4

三二三〇二　貞其侑于高祖燎九牛　4

三二三〇二　癸卯貞其侑于高祖燎六牛　4

三二三〇四　…高祖燎三十…十又五　4

三二三〇六　…未貞高祖燎三十…　4

三二三〇五　庚午貞其酌高祖燎惟辛卯　4

三二三〇七　先高祖燎酌　4

三二三〇八　先高祖燎酌　4

三四二八九　…高祖亥燎于祖…　4

屯一八九　…貞…燎于高…辛巳　4

屯四五三八　乙亥卜高祖夒燎二十牛　4

㞢高·又高

一五四五六　乙亥卜貞侑于高先…　1

二七一五五　王其侑于高祖十…冊用惟…　3

三二三一一　丁未貞侑高祖歲一牛　4

屯六〇八　丁丑貞有匚于高祖亥　4

屯六六五　癸酉貞其有匚于高祖　4

屯一一〇五　癸酉貞其有匚于高祖　茲用　4

其它

一二二八　貞高…　1

三八六七　…高…　1

一三六五六正　…高…[illegible]…[illegible]…　1

一三七〇八正　貞高…己嬴王疾　1

一九二八一　…高…　1

一九五四〇　…貞惟高…　1

一九五四二　癸…貞…高…　1

二一八二六　癸酉子卜高作不若　1

二六九九一　高用王受有祐　3

二七三六九　其高…　3

二八一二七　高[illegible]…暨卯弜…　3

著錄	釋文	期
二八一四〇	丙寅卜狄貞其高…至□王受有祐	3
二八一四三	癸亥卜彭貞自高	3
二八一四四	貞惟高…	3
二〇二八三	…王取暨役…勿□王…	1
三〇七九一	其□高有雨	3
三〇三九八	惟高祖夒祝用王受祐	3
三二三一〇	…辰貞其卯高祖…	4
三二三一二	…卯貞高祖…	4
三二三一五	于高祖桒有匄	4
三二六一九	甲子貞于高舌	4
三二九一六	乙巳貞大禦其陟于高祖王亥	4
三三二二八	戊戌貞…于高…	4
三三三〇七	…申…其尋…禾于高祖	4
三三三三九	…卯…河…高祖…𢦏禾	4
三四〇〇九	…午貞…生于高妣…牡牝	4
三四二四七	癸卯貞…高…	4
三四二八五	…乙告高祖亥…	4
三四二八五	壬辰貞高祖亥…	4
三四二九〇	…高祖亥…	4
三四三八八	…皀…于高…	4
三六五一八	乙巳王貞啓呼祝曰盂方以人…其出伐□師高其令東會于…高弗悔不𢦏𢦔 王固曰…	5
三六七五四	…未卜在…貞王…于高膚…災	5
三六七五五	戊辰…高膚…遂往來…	5
三六八四二	乙丑…高…于…無…	5
三七六五三	…卜貞…高往…無災	5
屯五五六	…高祖五牛	4
屯六六五	…高祖亥卯于上甲羌…祖乙羌五…牛無𢦏	4
屯一四三九	高自祖乙	3
屯二一〇五	惟高祖亥𢦏云	4
屯二三八四	庚辰貞其陟…高祖上甲茲用王固茲…	
屯三一〇三	…羽于高…	4
屯三二二〇	…高祖…	3
屯三八三一	…高祖歲牢…	3
屯三九四四	…高祖…	4
屯四三〇一	壬午貞高𢦏雨	3

著錄	釋文	期
英七二八	…高…	1
英一七二四正	…自…高…	1
一九九九五	…呼…□…	1
七〇五六	己未卜徒𩰫暨□一月	1
七〇五六	…勿…𩰫…□	1
三六五四六	戊子…貞王…□往…無𡆥	5
一八六三六	…□…	1
三八六〇	…卜韋…□…	1
一四三六四正	燎于□	1
一四三六四正	壬子卜𡧊勿燎于□	1
一四三六四正	燎于□二月	1
英一一六〇正	甲戌卜𡧊貞來年…燎于□十牛𤰔…	1
一六二四二	…卯卜爭貞王乞正河新□允正十一月	1
一六二四三	庚戌卜爭貞王乞正河新□允正十?月	1
一八六三五	…貞…□…	1
英三六五	貞…惟□…□…	1
三四二六八	辛亥其□	4
二二一四五	夢禦…□于妣乙…□鼎…	1
三二二七六	壬戌卜貞無□于□	1

著錄	釋文	期
懷八七三	……禕……惟……	1
亩　廩		
五八三反	王固曰有祟㝡光其有來嬄迄至六日戊戌允有……有□在□在……	
五八四瓪	饕亦焚亩三十一月	1
	……亦焚亩三	1
八九三正	貞……甲亩惟?	
二七三八	……亩曰弗……丼	1
三九〇八正	……葡貞……㞢丁亩……	1
四三六六	貞令……𡿧遘……亩……𡨦侯比□□……	1
四八七二正	貞亩弗其……　二告	1
五〇五六臼	癸酉亩示……永	1
五四五〇	貞惟多子族令比亩□𢦏王事　二告	1
五四五〇	貞惟……𦘒令比亩□𢦏王事	1
五四五一	……令多子……比……亩□……王……	1
五四五二	乙丑卜充貞令𦐇暨鳳以束𦘒比亩□𢦏事七月	1
五七〇八正	乙亥卜貞令多馬亞𢓊遘𧢛省陕亩	1
五七〇八正	貞勿省在南亩	1
九五〇九	呼耤于亩北洮不……	1
九六三六	……南亩十二月	1
九六三六	庚寅卜貞惟束人令省在南亩十二月	1
九六三七	……寅……惟束……令省在南亩十二月	1
九六三八	己酉卜貞令□省在南亩十月	1
九六三九	己亥卜貞惟並令省在南亩	1
九六四〇	……省……亩	1
九六四一	貞先省在南亩……月	1
九六四二	……南亩省十月	1
九六四三	……子……亩	1
九六四四	癸丑……爭……惟翌……步……用……亩……	1
一四一二八正	貞呼自比亩　二告	1
一七五九〇正	貞面……	1
一八八二九	……面妣……	1
二一七八九	不亩	1
二一八三七	辛卯亩□有示	1
二七九七八	惟亩行用戋羌……　大吉	3
二六八九八	王其衆戍□受人惟亩土人有災	3
二六八九八	王其呼衆戍□受人惟亩土人暨𣎵人有災	3
二八〇七〇	……伐亩……	3
三三二三六	癸巳卜令□省亩	4
三三二三七	……鼓令……亩	4
三三二三七	惟並令目亩	4
三三二三七	惟□令省亩	4
三三二三七	庚子卜令□省亩	4
三三二三八	……令……亩	4
三三二三九	……子卜令……省亩	4
屯一八〇	……衆以省亩	4
屯一八八	……省亩	4
屯二〇四	己丑卜令□省亩	4
屯五三九	惟□令省亩	4
屯五三九	惟並令省亩	4
屯五三九	惟宁鼓令省亩	4
屯五三九	惟馬令省亩	4
屯八八〇	……衆舂……受人……亩土人有災	3
屯八八〇	王其呼衆舂戍受人……亩土人暨𣎵人有災　大吉	3
英六七五	……往从亩	1
英一八二二	……丑卜田……亩鹿	1
懷七一	……巳卜爭貞令王族比亩□𢦏王事	1
	六……	1
啚		
四九〇	己未卜㱿貞啚以	1
八五八正	……亘貞王須允……往自敦啚	1
四八六九	……辰卜王令啚……	1
四八七〇	呼啚	1
四八七一	丁未卜……貞啚……	1
四八七三	……啚無……	1
四八七七	……令……比……啚	1
四九九四	丁亥卜王貞余勿于啚……	1

著錄	釋文	期
五七六九正	貞亯	1
五九四六	：中卜：惟亯令執	1
六五七一正	壬寅卜殻貞尊雀惟亯𢦏基方	1
六九三七	乙酉卜：貞呼亯比沚伐𢀛	1
六九三八	貞亯不𦔸𢦏𢀛	1
六九四〇	：亯：𢀛	1
六九四七正	戊午卜爭貞亯𢦏𢀛	1
六七九八	：犬方伐：亯二十邑庚寅雨自南二…	1
七五九六	：勿呼稟伐：	1
九五〇三正	令執从亯	1
九五〇三正	勿令執从亯	1
九五〇四正	貞呼亯歸田　二告	1
九五〇四正	貞勿呼亯歸田	1
九八一〇正	庚辰卜亘貞亯受年二月　二告	1
九八一〇正	貞亯不其受年	1
九八一〇反	王固曰亯稱惟不：	1
一〇八六一	丁酉卜呼亯足獲	1
一三七五七	貞亯其有疾　二告	1
一三七五七	貞亯無疾　二告	1
一四二二八正	貞呼自比亯	1
一四二二八正	：呼自比亯　二告	1
一五八八三	：亯：佐𦤎	1
一八六三八	：辰卜：亯：	1
一八六三九	：往亯：受：	1
一八六四〇	：亯：	1
一八六四一	貞不其亯	1
一八六四二	貞弗亯	1
二〇四八五	戊寅卜方至不之日出日方在𡿝亯	1
二一七二七	婦妥于曰亯	1
二二二六〇	于亯：婦	1
二七九九九	于台亯其祝于危方奠　茲用	3
三三〇七四	己丑卜貞亯以沚戓伐獸受祐	4
英三五六	己丑：爭貞：亯：	1
英七五八	己亥卜：亯以鹿	1
懷三六一	己丑：亯：	1
懷八〇六	壬寅：亯：	1
懷八九五	：自今：己：亯：	1
懷一六四〇	甲午卜王惟亯酏	4

啚　鄙

著錄	釋文	期
三〇九甲正	貞示兔啚	1
三〇九乙正	勿示兔啚	1
六〇五七正	癸巳卜殻貞旬無囚王固曰有祟其有來艱迄至五日丁酉允有來艱自西沚戓告曰土方征于我東鄙𢦏二邑𢀛方亦侵我西鄙	1
六〇五七反	：東鄙𢦏二邑王步自𨒅于𠷎司：夕	1
	𡧊壬寅王亦終夕囚	1
六〇五八正	癸巳卜永貞旬無囚：惟丁五日丁酉允	1
	有：于我東鄙：	1
六〇五九	：戓告曰土方：侵我西鄙：	1
六〇六〇反	：東鄙：日辛丑夕𡧊：	1
七〇七四	貞呼比奠取炋㝵啚三邑	1
七〇七五正	庚戌卜亘貞王呼取我夾在𠂤啚若于𡆥	1
	王固曰：若	1
七〇七五正	庚戌卜亘貞王呼取我夾：𠂤啚不若	1
	：𡆥：	1
七八七二	[illegible]啚	1
七八七三	：盅啚：	1
七八七五	：曰：惟𡧊：啚惟：	1
八九八九	：𡗕：以：啚：	1
一一〇〇三	癸酉卜古貞呼𡧔取虎于教啚	1
一八一三二反	：亯：	1
三二九八二	中𢾊于義攸侯𢦏啚	4
三六四八四	癸卯卜黄貞旬無𡆥在正月王來征人方	5
	在攸侯喜啚永	5
屯二四二	：卯貞右牧：啚啚：	4
英二五二五	癸巳卜在啚𩰫商啚泳貞王旬無𡆥	5
	惟來征人方	5

署

著錄	釋文	期
三七五二〇	惟右獲署	5

啬

著錄	釋文	期
二五五三	：啬癸射：	1
四八七四	庚戌卜王：呼啬：于：	1
四八七五	：啬弗：	1
五七九〇	丁未卜：啬射：	1
九六三五	壬：啬：	1

一〇四三二 …𤜲…其獲…兕一月
一〇四三三 …于…𤜲獲兕
一〇四三四 …于卜…𤜲…獲…
一〇四三五 …辰…𤜲…弗其獲在…
一〇四五四 …酉卜…其獲…㞢兕…𤜲獲
一九五四三 …亦𤜲…又…
二〇六四八 丁卯卜王…𤜲…
二〇六四八 丁卯卜王…𤜲
二〇七二五 …𤜲兕
二一一五三 丙戌卜祉及𤜲追比…
二一三〇六甲 辛卯卜𤜲其忿
二一三〇六乙 辛卯𤜲不忿
英三九九 …𤜲

𤜲

二〇七六五 戊戌卜𤜲藝己…
二〇七六八 戊辰卜翌…令𤜲藝…濿稼
二〇七六八 甲辰卜翌…令𤜲藝…濿稼
二〇八九八 戊午卜翌己未令𤜲即…
二〇九八八 戊戌卜令𤜲…
二一〇五〇 癸未卜𠂤貞𤜲弗疾有疾骨凡
屯六〇四 辛丑卜𠂤令𤜲祟方
懷一五〇三 …卜𠂤貞王勿…𤜲内祟…戠…

蕃

八一一反 勿尋蕃
八九三正 蕃有鹿
一〇二七正 己未卜㱿貞缶其蕃我旅
一〇二七正 己未卜㱿貞缶不我蕃旅一月
三三五一正 㞢侑拔于蕃…
三三五一正 沚侑拔于蕃暨唐若
四六一三 …蕃象…
五七七五正 貞蕃有鹿
五七七五正 蕃有鹿 二告
九六三三 貞…呼…蕃
九六三四 …蕃…
一〇九三五正 貞呼逐在蕃鹿獲
一〇九三六正 蕃有鹿
一〇九三七正 王其逐鹿于蕃麓
一〇九三八正 貞翌庚申王令獲鹿于蕃
一三三九九正 乙亥卜永貞翌庚子酌…王固曰茲惟 庚雨卜之…雨庚子酌三蕃雲蕭其旣 𠭰啓
二七八八六 在小臣蕃有來告
二八二〇二 𠂤…蕃…吉
英一八一三 戊午卜王𦟀不亦蕃
英一八一三 …午卜王𦟀…亦蕃
英三九二 …貞…蕃
三六七四七 …月在𦉨彝自上下㱿余…𠀠無尤

𠓜

一一〇〇六正 丙戌卜㱿貞燎王亥吉
一一〇〇六正 貞勿燎十牛
一五一四七 …女…三宰
一八五四六 …子卜…今日…
一八九二四 …子…
二三〇八五 癸亥貞伐…祖乙…獲…
屯附一四 丙辰卜王于來丁祖丁

蒿

二九三七五 …酉卜王曰貞其蒿田
三六三三四 戊戌王蒿…文武丁祄…王來征…
三八一五二 …貞今日旣衩日其蒿…雨不雨

𣡕

二八一三二 貞𣡕宕…万王其酌

𠬝

二四三七九 …在𠬝

𠓜

八〇六九 …𠓜
三三九五八 丁丑卜在𠓜今日雨允雨

七〇三二　…貞我…惟𢦏敦　1
七〇三三　丙…卜王惟𢦏敦　1
七〇三四　…㳄敦　1
七〇三五　…𢦏㦸　1
七〇三六　丙…𢦏㦸　1

二〇二七一　壬申卜王陟山㐭癸酉暘日　1

五三三九　辛酉卜王𡧊…㐭…　1
二〇二九七　辛酉卜王貞妣弗㐭　1
二〇二九八　癸酉卜㞢…犬王㐭　1
二〇二九九　…卜㞢二羊…王㐭…京　1

一八六四三　…五卜…無㐭…子…　1

懷　六五七　…㐭…　1

九一一三正　…㐭…　1

八三八四　…丘…㐭…　1

梋

二九四〇八　惟梋麓先擒　3

宀

二八五八　…巳…宀　1
一三五一七　勿作宀于𣥠四月　1
一三五一七　丁卯卜作宀于𣥠　1
二二三九三　丙寅貞宀　1
二二四二六　辛未卜作宀　1
二二四二七　辛未…作宀　1
三四〇六九　于東帚　4

向

三六八五一　癸亥卜在向貞王旬無畎　5
三六九一七　癸亥卜在向貞王旬無畎　5

二八九四八　貞惟向田省無災　3
三三五三〇　壬子卜貞王其田向無災　4
三三五三〇　戊午卜貞王其田向無災　4
三三五三二　壬子卜貞王其田向無災　4
三三五三二　壬寅卜貞王其田向無災　4
三三五三四　辛未…貞王其田向無災　4
三三五三八　戊子卜貞王其田向無災　4
三三五四〇　辛丑卜貞王其田向無災　4
三三五四一　辛酉卜貞王其田向無災　4
三三五四二　辛巳…貞王其田向無災　4
三三五四二　壬辰卜貞王其田向無災　4
三三五四二　乙酉卜貞王其田向無災　4
三三五四三　壬午卜貞王…田向無…　4
三三五四四　壬午卜貞王其田向無災　4
三三五四五　壬午…貞王其田向無災　4
三三五四四　辛卯卜貞王其田向無災　4
三三五四七　壬辰卜貞王其田向無災　4
三三五五一　…辰卜貞王其田向無災　4
三三五五九　辛卯卜貞王其田向無災　4
屯二三四四　戊申卜貞王其田向無災　3-4
屯四四一六　戊戌…貞王其田向無災　3-4
英二五四三　乙亥卜貞王田向往來無災王占曰吉　5

二七七九九　翌日壬王其迖于向無災　吉　3
二八九四三　乙王迖于向　3

著錄	釋文	期
二八九四五	翌日壬王其迭于向無災	3
二八九四七	于向無災	3
二八九四七	……迭于徐至于向無災	3
二八九四九	翌日乙王其迭于向無災	3
二八九五〇	甲午卜翌日乙王其迭于向無災	3
二八九五一	甲寅卜翌日乙王其迭于向無災 吉	3
二八九五二	翌日乙王其迭于向無災 吉	3
二八九五四	……戌卜翌日辛王……迭于向無災	3
二八九五五	翌日辛王其迭于向無災	3
二八九五七	翌日辛王其迭于向無災 弘吉	3
二八九五八	翌日辛王其迭于向無災	3
二八九五九	翌日辛王其迭于向	3
二八九六〇	辛王其迭于向	3
二八九六一	辛未卜翌日壬王其迭于向無災	3
二八九六二	翌日壬王其迭于向無災	3
二八九六三	翌日……王其迭于向無……	3
二八九六五	于向無災	3
二八九六五	壬午卜王其迭于向無災	3
二八九六六	……王……于向無災 弘吉	3
二八九六七	于向無災 吉	3
二八九六八	于向無災 吉	3
二八九六八	于向無災 吉	3
二八九六九	于向無災	3
二九〇二一	翌日……王其迭于向無……	3
二九〇二九	于向無災	3
二九〇三〇	于向	3
二九〇三一	于向	3
二九〇四八	翌……王其……于向……	3
二九一一七	先于盂歸廼从向 吉	3
三〇一二二	惟亞戈……田省延往于向無災永……不遘雨	3
乇二〇五	……其迭于向無……	3
乇二一二	辛丑卜翌日壬王其迭于向無災 弘吉	3
乇四四五二	于向無災	3
乇五九八	戊寅卜王其迭于向	3
乇六二五	于向	3

著錄	釋文	期
乇六七八	庚子卜翌日辛王其迭于向無災 弘吉 用	3
乇二一六三	于向無災 吉	3
乇二一六五	于向 吉	3
乇二三三九	庚戌卜翌日辛王其田于向無災	3
乇二七七六	……工于向不遘雨	3
乇三七一二	甲戌卜翌日乙……其迭于向無災	3
乇四四五二	翌日辛王其迭于向無災	2
英二三一二	翌日戊王其迭于向無災	3
懷一四五一	辛丑卜翌日壬王其迭于向無災	3
懷一四五五	……迭于向	3

其它

著錄	釋文	期
二三四三四反	向	1
二八一〇一	……其……商于往……向	3
二八三二一	……向擒狐……災	3
二八九七〇	……向無災	3
乇五九八	……其省向翌日……延射……鹿擒	3
乇八八八	惟向田省	3
懷一四五四	……日戊……其迭……向無災	3

宮

著錄	釋文	期
一〇九八七	……往从……歸逐……在宮	1
一一七三三	貞其遘雨在宮	1

往宮

著錄	釋文	期
三六五七一	……丑卜貞王迭……宮往來無災	5
三六六三九	丁巳卜貞王迭宮往來無災	5
三六六四三	丁未卜貞王迭于宮往來無災	5
三六六四六	庚子卜貞王迭于宮往來無災	5
三六七三四	丁亥卜貞王其迭宮往來無災	5
三六九四四	乙酉王卜貞其迭宮往來無災	5
三七三七九	丁酉王卜貞其迭于宮往來無災	5

田宮

著錄	釋文	期
二九一五五	王其田于宮湄日無災永王	3
三七三六七	辛卯卜貞王田宮往來無災	5

著錄	釋文	
三七四一六	…田于宮…無災…	5
三七四一七	戊寅王卜貞田宮往來無災王𡆥曰吉	5
三七四四八	丁丑王卜貞田宮往來無災王𡆥曰吉	5
三七四八一	丁卯王卜貞其田于宮往來無災	5
三七四九七	辛卯王卜貞田宮往來無災王𡆥曰吉	5
三三五五六	乙未卜貞王其田宮無災	4
三三五五八	惟宮田無…	4
三七五九五	戊午王卜貞其田于宮往來無災	5
三七五九五	乙卯…田于宮…	5
三七五九八	戊寅卜貞王田宮往來無災王𡆥曰吉	5
三七五九九	辛酉王卜貞田宮往來無災王𡆥曰吉	5
三七五九九	壬戌王卜貞田宮往來無災王𡆥曰吉	5
三七六〇〇	辛巳卜貞王田宮往來無災	5
三七六〇三	戊午卜貞王田宮往來無災	5
三七六〇四	戊午卜貞今日王其田宮不遘大風	5
三七六〇五	乙卯王卜貞田宮往來無災王𡆥曰吉	5
三七六〇六	…王卜貞田宮往來…王𡆥曰吉在八月 茲御	5
三七六〇八	辛丑卜貞王田宮往來無災	5
三七六〇九	壬申卜貞王田宮往來無災	5
三七六一〇	乙卯…田宮…無災	5
三七六一三	…丑卜貞…田宮…來無災	5
三七六一四	…卯卜貞…田于宮…來無災	5
三七六一八	乙亥卜貞王田宮往來無災	5
三七六二〇	壬辰卜貞王田宮往來無災	5
三七六六四	乙巳王卜貞田宮往來無災王𡆥曰吉	5
三七六七八	乙亥王卜貞田宮往來無災王𡆥曰吉	5
屯 二四九	惟宮田省無災	3
屯 五八八	…宮田出于孟無災	3
屯一四六九	…宮田…日無災	3
屯二一六九	…王…田…宮	3
屯二一九二	惟宮田省不遘雨	3
英二五五五	壬戌卜貞王田宮往來無災吉	5
英二五五五	辛亥卜貞王田宮往來無災弘吉	5
懷 一二三七	…尹…田于宮…無災在五月	2
懷一四三四	惟宮田省無災	3

于宮

著錄	釋文	
一〇九八五	…龍田于宮	1
二九八五四	于宮無災	3
三〇二一一	于宮無災	3
三〇三七四	丁巳卜于南宮吿 大吉	3
三〇四五〇	王亥壱于宮	3
三六五六九	…卜貞王逘于宮往來無災	5
屯 二一二	于宮無災	3
屯 二五八	于宮無災	3
屯 三三四	于宮無災	3
屯 五四九	于宮無災	3
屯 六七八	于宮無災 吉	3
屯 七四五	于宮無災	3
屯 九六二	于宮無災	3
屯一二三七	于宮無… 吉	3
屯二一六三	于宮無災 吉	3
英二三一二	于宮無災	3
英二三一二	于宮無災	3
英二三一三	于宮無災	3
英二三一五	于宮…	3
英二三一四	于宮無災	3
英二三一六	于宮無災	3
懷一四一五	于宮無災	3
懷一四五二	于宮無災	3

其它

著錄	釋文	
四〇〇	貞从宮	1
四二九〇	…穷貞戌…宮惟…	1
七三八〇臼	癸巳羌宮示二屯 㱿	1
一〇九八六	己巳卜…貞从…宮	1
一二七五九反	癸亥乞…其宮…	1
二八三六九	惟宮麋祟壺擒	3
三〇六九一	戊王惟宮	3
三〇三七五	即有宮…祐	3
三三一六一	乙巳貞王往宮…	4

三三一六一 …王往宮不雨 4
三六五四一 辛卯卜貞…獄夭邑…公宮衣… 5
三六五四一 辛酉卜貞在獄夭邑商公宮衣茲夕無畎寧 5
三六五四一 …卜貞在獄…邑商公宮衣無畎 5
三六五四二 甲午卜貞在獄夭邑商皿宮衣…無畎寧 5
三六五四二 乙丑卜貞在獄夭邑商公宮衣茲夕無畎寧在九月 5
三六五四三 …夭邑商公宮衣茲夕無畎寧 5
三六五四三 甲午卜…獄夭…宮衣…畎寧 5
三六五四四 …卜貞在…夭邑商…宮衣茲…無畎寧 5
三六五四五 …貞在獄…商公宮…夕無畎 5
三六五六八 甲子…公宮… 5
三七三六七 …卜貞…宮往…無災 5
三七四三一 …卜貞…宮…無災 5
三七六〇一 丁丑王卜貞…宮往來無…王𠧞曰吉 5
三七六〇七 …貞…宮…無災 5
三七六一一 …貞王其…宮王弗悔 5
三七六一四 乙卯…王其…宮 5
三七六八一 …寅王卜…宮…無… 5
屯二八一 从宮吉 3
屯二三五六 王其省盂田延从宮無災 3
屯二三五七 弜延从宮其悔 3
屯三一二四 惟大宰𢀛宮 3
英一〇一三 …叀𦎫喜…李于宮無災 1
英二五二九 壬戌卜貞在獄夭邑商公宮衣茲夕無畎寧 5
懷一九〇五 乙未王…宮往來無災…𠧞曰吉在十月 5

宮

二〇三〇六 …卯卜王無宮 1

宗

三三三三一 丙戌卜㱿貞…雨宮風不… 1

大宗

三〇三七六 …吉在大宗卜 3
三四〇四四正 …戌貞辛亥酌彡…自上甲在大宗彝 4
三〇三七七 …大宗 3
三〇三七八 …大宗 3
三四〇四七 …亥卜在大宗有𠂤伐三羌十小宰自上甲 4
屯三八一三 …祖酌在大宗… 4

小宗

三四〇四五 丁亥卜在小宗有𠂤歲自大乙 4
三四〇四六 丁丑卜在小宗有𠂤歲…乙 4
三四〇四六 乙亥有𠂤歲在小宗自上甲一月 4
三四〇四七 己丑卜在小宗有𠂤歲自大乙 4

丁宗

一三五三三 …卩…商…身…在丁宗 1
一三五三四 庚辰卜貞于丁宗… 1
一三五三五 …其告步丁宗 1
一三五三七正 貞勿成㪿丁宗其有來𡨦 1
一三五三八 乙酉卜㱿貞丁宗無不若六月 1
一三五三九 乙酉卜㱿…丁宗無不若六… 1
一三五四〇 …勿…丁宗十三月 1
一三五四一 壬申卜…貞丁宗… 1
屯七三七 丁未卜其工丁宗門惟咸啓… 3
屯二七四二 丁亥卜其祝父乙父庚一牛丁宗𢀛 3
屯三七六三 丁酉…𩰫…祀在…丁宗卜 4

秦宗

二七三一五 …其酌日于祖丁秦宗 茲用 3
三〇三二九 弜秦宗于妣庚𠮠 3
三〇三三〇 甲寅…祖乙𠮠秦宗 3
三〇三四四反 …秦宗 3
三二七四二 弜秦宗于妣庚 4
三四〇六四 弜秦宗 4
屯三二一〇 弜秦宗 3-4

中宗

一七四四五 甲戌…貞有夢秉㦰在中宗不惟𡆥八月 1
二六九三三 其侑中宗祖乙有羌 3

著錄	釋文	期
二六九九一	執其用自中宗祖乙王受有祐	3
二七二三九	其至中宗祖乙祝	3
二七二四〇	…酉卜中宗祖乙歲	3
二七二四一	…中宗祖乙王受…	3
二七二四二	…中宗祖乙告　吉	3
二七二四三	…中宗祖乙𢦚…　吉	3
二七二四四	…卜狄…其侑中宗祖乙…彰弗悔	3
二七二四五	…貞王既…自中宗…王受…　大吉	3
二七二四六	貞中宗…	3
二七二四七	中宗有乂有正	3
二七二四八	丁卯…貞豐…中宗…	3
二七二四九	…中宗…受有祐	3
二七二五〇	中宗三豐	3
屯　七四六	…大乙于中宗祖乙祐	3
屯　二二八一	…辰卜翌日其彰其祝自中宗祖丁祖甲…于父辛	4
屯　二九六二	…中宗…	3
英　二二六一	中宗王受有祐	3
懷　一三〇二	…卜狄…祝至中宗…	3

著錄	釋文	期
二八二五二	貞即于右宗有雨	3
三〇三一八	即右宗夒有雨	3
三〇三一九	貞王其彰𦎫于右宗有大雨	3
三〇三二〇	其即于右宗有大雨	3
三〇三二一	貞既右宗…	3
三〇四一五	弜𢻮即右宗有大雨	3

著錄	釋文	期
一三五四七	貞勿于新宗彰八月	1
三〇三二三	…卜祖丁舌新宗王…	3
三〇三二四	王其侑妣庚新宗王…大吉	3
三〇三二五	…去舌于之新宗若王受祐	3
三〇三二六	弜去舌于之新宗王若受祐	3
三〇三二七	…新宗有…	3
三〇三三七	新于宗	3
三四〇四四正	…戌貞辛亥彰彡…自上甲在大宗𢦏	4
屯　二八七	其舌小乙新宗	3

著錄	釋文	期
三二六八一	己丑卜告于父丁其饗宗	4
屯　三四一	甲戌卜于宗饗	4
二七三一三	于祖丁𧓍酉㯤弜若即于宗	3
二七五六六	…即宗于妣辛	3
二八二〇七	夒即宗	3
三〇三二九	叙小山即宗𢓊岳于之	3
三〇三三〇	翌日己酉父庚升惟其即宗	3
三〇三三一	…即宗無大雨	3
三〇三三二	貞即宗	3
三〇三三三	弜即宗	3
三〇四二九	其即宗	3
三三〇一九	癸未卜即宗	4
三三二五一	丁亥卜即宗	4
三三三三四	…告上甲三牛歲于父丁即宗	4
三二六一六	𢆶其即宗于上甲…	4
三二六一六	弜即宗	4
三四〇五八	弜即宗	4
三四〇五八	癸亥卜河其即宗十	4
三四〇五九	壬辰卜即宗	4
三四〇五九	壬辰卜即宗	4
三四〇六〇	…其即宗于…	4
三四〇六一	…卜即宗卯中	4
三四〇六〇	…其即宗于…	4
三四〇六一	…卜即宗卯中	4
三四〇六一	辛卯卜即丁卯	4
三四〇六二	…即宗于…	4
三四〇六二	…即宗于上甲	4
三四〇六三	…即宗三牛丁卯…	4
三四一〇二	𢆶即宗	4
三四三七二	𢆶即宗	4
三八二三二	弜𢍚丁即于宗吉	5
屯　一一一六	辛巳卜貞王亥上甲即宗于河	4
屯　二三七二	辛未貞惟上甲即宗于河	3-4

屯二四八七　：即宗：：　4
屯二八六〇　其即宗桒　4
屯三〇三五　癸亥卜既宗：：　4

祖先　宗

一三三九　癸卯卜㱿貞井方于唐宗彘　1
一三五三二　貞于南方將河宗十月　1
二三三七二　庚申卜旅貞往妣庚宗歲𢼄在十二月　2
二三五二〇　甲申卜即貞其侑于兄壬于母辛宗　2
二八二〇七　河：宗　3
三〇二九八　于岳宗酢有雨　3
三〇二九八　于𩰫宗酢有雨　3
三〇二九九　乙卯卜不雨𩰫宗燎率：：吉　3
三〇三〇〇　于祖丁宗王受：：　3
三〇三〇一　：：祖丁宗：：　3
三〇三〇二　：：父己宗　3
三〇三〇七　：：于宗用王受有祐　3
三〇三二八　：：祖甲舊宗　3
三二三三〇　丁未貞惟今夕酢禦在父丁宗卜　4
三〇三三五　丁卯卜其酢來于父丁宗　3
三〇三三六　癸未卜宗歲有𡆥　3
三二三三〇　丁未貞其大禦王自上甲盟用白豭九三示
盤牛在父丁宗卜　4
三二三六〇　甲戌卜乙亥王其叀于祖乙宗　兹用　4
三二三六〇　王于祖乙宗叀　不用　4
三二七〇〇　辛亥貞異以二𣪊于父丁宗卩　4
三二七六五　辛酉卜將兄丁于父宗　4
三二八六八　：：午貞卑：：大乙宗　4
三三〇五八　癸酉貞王比沚戓伐召方受祐在大乙宗：：　4
三三一〇八　：：王比沚戓今秋：：祐在祖乙宗　4
三三二三三正　：：雨在祖乙宗　4
三四〇四八　：：桒乙未其：：大乙宗：：　4
三四〇四九　：：在大乙宗　4
三四〇五〇　在祖乙宗　4
三四〇五〇　在祖乙宗　4
三四〇五〇　在祖乙宗　4
三四〇五〇　在祖乙宗　4
三四〇五一　在祖乙宗　4

三四〇五二　在祖乙宗　4
三四〇五三　在祖丁宗　4
三四〇八二　戊辰貞其桒生于妣庚妣丙在祖乙宗卜
三四一四八　庚午貞秋大集：：于帝五玉臣血：：在
祖乙宗卜　兹用　4
三四一五五　：：岳：：宗　4
三六〇七六　甲子卜貞武乙宗丁其牢　兹用　5
三六〇七七　丙子卜貞武乙宗丁：：牢　5
三六〇七八　甲戌卜貞武乙宗丁其牢　5
三六〇七九　甲戌卜貞武乙宗丁：：牢　5
三六〇八〇　甲戌卜貞武祖乙宗丁其牢　兹用　5
三六〇八一　甲申卜貞武乙宗丁其牢　兹用　5
三六〇八二　甲申卜貞武乙宗丁其牢　兹用　5
三六〇八五　：：卜貞武乙宗丁其牢　5
三六〇八六　：：貞祖乙宗丁：：牢　兹：：　5
三六〇八八　：：辰卜貞武祖乙宗其牢　兹用　5
三六〇八九　甲辰卜貞武祖乙宗其牢　5
三六〇九一　甲寅卜貞武乙宗丁其牢　兹用　5
三六一四八　丙寅卜貞：：文武丁宗：：　5
三六一四九　丙寅卜貞文武宗：：牢　5
三六一五〇　：：寅卜貞：：文武丁宗丁其牢　5
三六一五三　丙戌卜貞文武丁宗其牢　兹用　5
三六一五四　丙戌卜貞文武丁宗丁其牢　5
三六一五五　：：卜貞：：武丁宗：：牢　5
三六一五五　丙戌：：文武宗丁：：牢　5
三六一五六　丙戌卜貞文武宗其牢　5
三六一五七　丙：：卜貞文武丁宗其牢　5
三六一五八　丙午卜貞文武宗其牢　兹用　5
三六一五九　丙午卜貞文武宗其牢　兹用　5
三六一六〇　丙午卜貞文宗：：其：：　5
屯八一　丁卯貞王比沚：：伐召方受：：在祖乙宗
卜五月　兹見　4
屯六〇〇　：：在祖乙宗卜　4
屯一二七六　：：河宗：：　4
屯二三三四　于父甲宗門用有正　吉　3
屯二七〇七　：：大禦自上甲其告于祖乙在父丁宗卜　4

著錄	釋文	期
屯二七〇七	…貞…其大禦王自上甲盟用白豭九下示 盤牛在大乙宗卜	4
屯二七〇七	…酒大禦自上甲其告于大乙在父丁宗卜	4
屯三五六四	翌日于祖乙其[示舌]于武乙宗王受有祐 弘吉	5
屯三七二三	…亥貞…以子方奠于并在父丁宗彝	4
屯三八六三	庚子𩰫翌祀在大庚宗卜	4
屯三七六四	丁卯卜王令取勿羌茲𨸏在祖丁宗…	4
屯四三六六	辛亥貞王令𠂤以子方奠并在父丁 宗彝	4
屯四三六六	…卯延多宁…蒸𩰫…在父丁宗啓允啓	4
懷一五五九	乙巳其□翌日大乙宗	4
懷一五五九	丁未其□翌日在大丁宗	4
懷一五五九	丁未其□翌在祖丁宗	4
懷一五五九	丁未其□翌日在父丁宗	4
懷一五六六	庚戌卜將母辛宗	4

其它

著錄	釋文	期
一九	…戌卜…奴衆…宗工	1
二〇	庚…貞奴…宗工	1
三一	…卓于…以衆…宗	1
三二〇	丙午卜貞卓尊歲羌三十卯三宰箙一牛于宗用 八月	1
三三三	庚辰…于庚宗十羌卯二十牛	1
六七二正	弜宗	1
八〇八五	貞…宗	1
一〇六一一	貞大甲弜宗用八月	1
一三五四二	甲子卜爭貞作王宗	1
一三五四三	丁酉卜□貞延呂宗無妣酉甫	1
一三五四五正	辛丑卜𡧊貞□宗	1
一三五四六	…丑卜𡧊貞□宗	1
一三五四八	…爭貞…其酒…宗…上甲	1
一三五四九	貞于宗酒三十小宰九月	1
一三五五〇	…宗不惟囚八月	1
一三五五一	…宗…女…祐	1
一三五五二正	貞弜…宗	1
一三五五二正	…宗酒	1
一三五五四	…貞…□…宗	1
一三六〇六正	…燎…宗	1
一八六八八	貞…宗衣…	1
二二〇七二	受于宗北	1
二三五二〇	貞于宗七?月	2
二五二一七	貞歲…于宗	2
二六九二九	匚羌于宗	3
二六九七六	…宗	3
二七〇五八	弜宗上甲至	3
二七〇九七	…其有匚歲于大乙其宗酒	3
二七六九九	…卜鼓…宗…	3
二七八八四	庚申卜其奏宗川有燎惟?…小宰	3
二八〇九三	其用羌方…于宗王受有祐	3
二九七一三	于宗	3
三〇二九五	其作亞宗	3
三〇三〇五	…宗蒸𥞤茲用歲五宰	3
三〇三〇三	己未卜其□父庚爽 酉于宗茲用	3
三〇三〇六	丙子卜其蒸𥞤于宗	3
三〇三〇八	于宗王受祐	3
三〇三〇九	于宗王受祐	3
三〇三一一	于宗茲用	3
三〇三一二	于宗	3
三〇三一三	于宗	3
三〇三一四	于宗	3
三〇三一五	于宗	3
三〇三一六	于宗	3
三〇三一七	于宗…羌	3
三〇三三三	于來丁丑…宗木丁	3
三〇三三四	其有匚小乙賓宗	3
三〇三三八	王其䧹宗…	3
三〇三四二	…宗王受祐	3
三〇三六五	惟智酒三十在宗父甲…	3
三〇八一九	…宗酒有正	3
三〇九八一	丙辰卜于宗弘酉木丁 茲用	3
三二〇三五	王于宗門逆羌	4
三二〇五二	癸亥卜宗成侑羌三十歲十牢	4
三二一一一	…于宗用羌	4
三二五二四	辛丑卜惟宗丙	4

三二六一九　于宗舌　4
三二九〇六　令沖宗　4
三二九一二　弜于宗其延　4
三三一二三　辛巳貞：宗惟…　4
三三二七二　…申卜：四土：宗　4
三四〇四三　甲申卜：弜嘉作宗　4
三四〇四五　…宗：歲自上甲　4
三四〇五四　庚寅卜在宗夕雨　4
三四〇五五　于宗王受祐　4
三四〇五六　丙戌卜羽尊于宗　4
三四〇五七　弜于宗其延　4
三四〇六五　貞桒：宗　4
三四一三九　甲辰：弜：在茲作宗若　4
三四一五五　…岳：宗　4
三四三八三　己卯貞桒宗　4
三五三五八　癸：王賓：五人：宗卯…　5
三六〇四五　…卜貞：宗：牢：用　5
三六〇八三　丁卯：宗…　5
三六〇八三　…卜貞：祖乙宗：牢　5
三六一四一　…貞：宗：牢　5
三六一五二　丙寅：文：宗…　5
三六一七六　…司母其…文武帝呼…司母于癸宗若
王弗悔　5
三六四八二　甲午王卜貞其于西宗[illegible]王王田日弘吉　5
三八二二七　…在四祖丁宗　5
三八二三〇　…帝宗正王受有祐　5
三八二三一　…饗史于燎北宗不…大雨　5
三八二三九　…貞：宗：災　5
屯三一三　…我以方矢于宗　4
屯四四一　…桒：妣丙：宗卜　4
屯六五七　庚午卜兄辛𩰫延于宗　茲用　3
屯七一二　…大乙…歲…宗…
屯一一〇二　…宗不𣲧　4
屯一二二一　…宗…蒸稽　4
屯二三五九　…于宗…　3

屯二三四五　于宗有正王受祐　3
屯二三九三　其…于…宗…　3
屯二七〇七　…自上甲盟用白猳九…在大甲宗卜　4
屯二七〇七　…卯貞其大禦王自上甲盟用白猳九下示
盞牛在祖乙宗卜　4
屯二七八四　于宗　3
屯二九四四　…宗…祟…　4
屯三〇四五　…宗卜六月　4
屯三〇六二　癸酉卜宗其鮻其祝…　3
屯三一八五　于宗户尋王羌　4
屯四一五五　…亥…令在祖乙宗卜　4
英一一一五　…貞…宗…　1
英二三六七　惟可用于宗父甲王受祐　3
英二四七〇　弜宗　4
懷一五二　…卜爭…其步…宗　1
懷一六四　辛…貞…小裀…宗告…宰　1
懷一七〇一　…貞文…宗…牢　5
懷一七一〇　…卜貞…宗…牢　5
懷一七一一　…卜貞…武…宗…牢　5
懷一七一二　…卜貞…武…宗…在九…　5
懷一七七三　…貞…宗…牢　5

㝲　寢

九八一五　…王㝲于[illegible]…受年　1
三二九八〇　甲午貞其令多尹作王寢　4
懷一五九五　…西…王寢　1
三四九五三　乙亥卜出貞作王寢告…　2
一三五六八　…巳卜㫃貞王去作寢　1
三四〇六七　于東㝲　4
三四〇六七　辛丑卜于西㝲　4
懷一二六二　己卯卜大貞婦寢娩嘉　2
懷一三六二　貞婦寢不其…　2

一三五七一 …新寢一月 1

二四九五〇 …出貞…亥其…新寢…小宰 2

二四九五一 …三帚宅新寢会宅十月 2

其它

三一九 庚辰卜…來丁亥…寢有𧍟歲羌三十卯十…十二月 1

八一六三 …寧 1

一三五七四 癸未卜寢無…十月 1

一三五六九 貞今二月宅東寢 1

一三五七〇 癸巳卜穷…惟今二月宅東寢 1

一三五七三 …亥其寑…寢宰十二月 1

一三五七五 …未卜穷貞…令…寢往… 1

一三五七六 貞勿寢 1

一三五七七 貞寢 1

一三五七八 …寢 1

一七五〇三正 貞多…寧得… 1

二〇〇四四 …癸巳日子寢無… 1

二二五四八 庚辰卜大貞來丁亥寑寢侑𧍟歲羌三十卯十牛十二月 2

二三五三二 辛亥卜出貞今日王其水寢五… 2

二四九五二 …大貞作王寢于… 2

三二一六〇 …寢于小乙三羌 4

三五六七三 …日在八月乙丑寢…祖乙翌弘易…在… 5

屯八五七 甲…其…寢 4

屯一〇五〇 弜𠛬于寢 4

屯一〇五〇 辛巳貞其𠛬于祖乙寢 4

屯一五一 …貞…寢…雨… 4

屯二八六五 …亥貞其𠛬…祖乙寢… 4

屯二八六九 …其𠛬…寢三羌 4

英一九九六 甲子卜出貞𧷿有以…于寢歸 2

室

二三三四〇 庚辰卜大貞來丁亥其𣪊丁于大室[illegible]丁西 既 2

三〇三七〇 司母大室 3

三〇三七一 癸…卜貞其…于大室 3

三八二二二 丙戌王卜…大室…令 5

英二〇八二 己丑卜禾貞其禱告于大室 2

英二三四六 …巳卜暊貞在大室 3

二七八八四 丁巳卜惟小臣剌以𠂤于中室 3

二七八八四 丁巳卜惟小臣口以𠂤于中室 茲用 3

一三五五六反 …東室… 1

三〇三七二 …丁西室 3

一三五六三 丁未卜貞今日王宅新室 1

三一〇二二 于新室奏 3

三五六一 貞𩰫司室 1

一三五五九 壬辰卜貞𩰫司室 1

一三五六〇 壬辰卜貞𩰫司室 1

五五七 庚子卜貞有匚于南室 1

八〇六 貞告執于南室三宰 1

一三五五七 …子卜于南室𫹉匚 1

一三五五八反 …南室… 1

二四九三八 …酉卜祝貞惟今夕告于南室 2

二四九三九 乙酉卜祝貞惟今夕告于南室 2

二四九四〇 乙酉卜祝…丁亥使其𫹉告南室 2

二四九四一 …寅卜大…其侑…丁三十牛…南室 2

懷一二六二 丁未…貞告…于南室… 2

懷一二六二 貞告執于南室三宰 2

一三五六二 貞翌辛未其侑于盟室三大宰九月 1

二四九四二　己巳卜祝貞尋告盟室其盅　2
二四九四三　貞酌匚于盟室無尤　2
二四九四四　貞……使其酌告于盟室十月　2
二五九五〇　……卜出貞大史其酌告于盟室十月　2
英二〇八三　丁卯卜出貞今日夕有雨于盟室牛不用九月　2
英二一一九　戊辰卜祝貞翌辛未其侑于盟室十大宰七月　2
英二一一九　戊辰卜祝貞翌辛未其侑于盟室五大牢七月　2
英二一一九　己巳卜祝貞其叙于盟室惟小宰　2
英二一七七　丁卯卜出貞其侑于盟室……今日夕酌　2

其它

一〇一四　己……貞……伐……用……室……八月　1
一二八一三反　自室出　1
一二八一四反　自室……　1
一二八一五　自室……　1
一三五五五正　戊戌卜㝑貞其受惟室　小告　1
一三五五五正　貞弗其受惟室　二告　1
一三五六四　……子卜貞……匚于……室　1
一三五六五　貞于室　1
一三五六六　隮室　1
一三五六七　……室　1
一三六一二正　丁門……室……　1
一五八四二　……禱告……室其……　1
二二五九五　……卜大……執……室……　2
二三四三三　……出……酌匚……室……母辛……　2
二四九四二　……室　2
二四九四五　戊戌卜出貞其有匚于保于䀠室酌　2
二四九四六　……歲告日……朋于……室八月　2
二四九四七　……出……告……丁于……室八月　2
二四九四八　貞其……室　2
二四九四九　……出……于……室　2
二五六二九　……禱告……室其……　2
二五八九〇　……室十月　2
二六七六三　丁丑……貞有……室……　2
二七一四八　其侑于室亞方　3
二七六九五　貞于文室　3
二九四三七　……酉卜……室……夕不雨　3
二九六七三　……室……　3
二九七〇〇　于室　3
三〇三七三　辛亥卜貞其衣翌日其延隮于室　3
三〇三六九　……祖丁室……　3
三四〇六九　丙子卜王……其□自日……于室　4
三五三六六　……人……室……　5
英二〇八四　……禾……其入……室　2
英二〇九〇　……室于宰　2

家

三〇九六　丙午卜貞效丁人嫵不冓在丁家侑子　1
三五二二正　貞我家舊□臣無𡿧我　1
六〇六三反　……自□友唐舌方征……𢦏□示易戊　申亦有來……自西告牛家……　1
六五〇五臼　家入五……　1
一三五七九正　……父乙家　1
一三五八〇　己酉貞于上甲家　1
一三五八一　貞其匚于上甲家其……　1
一三五八二　貞惟丁家□　1
一三五八三　……巳……丁家……　1
一三五八四甲正　……貞侑……家祖乙弗佐王　1
一三五八四甲正　我家祖辛弗佐王　1
一三五八四乙正　……家祖辛佐王　1
一三五八四乙正　貞……家祖乙佐王　1
一三五八五反　戊家　1
一三五八六　□取家　1
一三五八七　甲戌卜貞其有作先兹家　1
一三五八八　侑家　1
一三五八九　……家敉……　1
一三五九〇　……奏家　1
一三五九一　……亥卜貞……禦……家　1
一三五九二　……㱿貞……家　1
一三五九三　……家　1
一三五九四反　……家　1
一三五九五正　……家　1
一九八九四　……酉卜……其禦……妣庚……家　1
三一〇二八　戊戌……貞……宋闌兹□丁家　1

二二二四	…酉亞家	1
三三六一九	…未卜出…禦子…家盧…	2
二二〇九一甲	乙酉卜禦家艱于下乙五宰鼎用	1
二四九五一	…貞母辛歲于𢀛家?以東十月	2
二六〇一〇	…出…丁未其奏家盧子母?于有宗?若	2
二六七六五	甲子卜大貞?家盧子…廟暨…己?酉	2
二六七六五	癸酉卜貞旬有祟不于家盧子四月	2
二八〇〇一	丁未卜暊貞危方冊隹新家今秋王其比	3
二九七二九	貞其弜隹家十二月	3
三〇三四五	…卜彭貞其延蒸禮…饗父庚父甲家止	3
三四一九二	…其…王家	4
屯三三二	𠦪其入王家	4
屯三三三	丁巳卜𠦪弗入王家	4
屯二三一	…其以有家…	3
屯二六七二	家無震	1
英三九二正	戊辰卜殻貞忌有往家呼…	1
英二〇八一	乙…貞家…	2

⿱宀豩

一三六正	己卯卜古貞…執往芻自穿王固曰其惟丙戌執有尾其惟辛家	1
一三六反	己卯卜古…王固曰其惟…戌執有若…其惟辛家	1
九〇六二	庚戌卜貞般圉以	1
九〇六三	貞般圉以	1
九〇六四	貞般圉以	1
九〇六五正	貞般圉以	1
一一二八〇	…惟…田遘…日…	1

⿱宀豥

二二〇五〇	甲午…⿱宀豥囚	1
二二一〇三	甲午⿱宀豥無囚八月	1

宰

二四二二九	辛…貞…步…宰…商…災	2
二六八二一	癸丑卜…貞宰?翌…	2
二七一九九正	…甲…宰	3
二七八〇五	丁卯王其尋宰俚其宿	3
二七八二〇	王其…宰有災	3
二七九一〇	惟在宰犬介?比無災擒	3
二七九二四	庚…宰犬…	3
二八七八九	惟宰田無災	3
二九〇六四	王其田宰無災擒	3
二九二三五	惟宰田無災	3
二九二四八	王惟宰田不遘雨　吉	3
二九二四九	癸丑卜乙王其田宰湄日無…　大吉	3
二九二五〇	王其田宰蓺湄日無災	3
二九二五一	王其田宰蓺…	3
二九二五二	王惟宰田…災	3
二九二五三	王惟宰田無災不遘…	3
二九二五三	弜田宰其雨	3
二九二五四	惟宰田無災擒	3
二九二五四	…宰…悔?	3
二九二五五	王惟宰田無災　大吉	3
二九二五八	惟宰田無災	3
二九二六一	…未卜在宰…	3
二九二六二	于宰…	3
二九二六三	貞翌日…其田宰湄日不雨	3
二九二六四	…宰…田…永王	3
二九二六五	…田宰…悔	3
二九二六六	…宰…射麄…	3
二九二六七	…宰…擒	3
二九六八五	翌日戊王其省宰有工湄日不雨　吉	3
三〇一六一	弜至…宰在喪其延雨	3
三〇二七四	…俚宰…無災	3
三〇二七五	其尋宰俚…	3
三〇二八九	…宰…無災擒	3
三三三七八	惟宰虎…奴無災	4
三三五三〇	戊申卜貞王其田宰無災	4
三三五三四	…丑卜貞王其田宰無災	4
三三五四四	…子卜…王其…宰無災	4

著錄	釋文	分期
三三五四六	辛丑卜貞王其田宰無災	4
三三五四八	壬寅卜貞王其田宰無災	4
三三五七五	辛巳卜貞王寧田無戈在宰卜	4
三六七六六	……繇歸于宰	5
三七三六二	壬寅卜貞王田宰往來無災王囚曰吉茲御獲虎一狐六	5
三七三六三	壬子卜貞田宰往來無災王囚曰吉茲御獲兕一虎一狐七	5
三七三七八	……子王卜貞田宰往來無災王囚……弘吉茲御獲兕三麋八	5
三七三七九	……寅王卜貞其田于宰往來無災	5
三七四六八	丁丑卜貞宰逐辟祝侯麓斅犬翌日戊寅王其剛……召王弗悔擒	5
三七四六八	癸酉卜貞宰逐辟祝侯麓斅犬翌日戊寅……其……召	5
三七五五〇	……卜在宰……田衣……無災	5
三七七三二	……戊午卜……田宰往……無災	5
三七七三三	戊午卜貞……田宰不遘……	5
屯六三五	丁丑卜翌日戊王惟在宰犬……大吉 茲用	3
屯一五九九	……宰麋……	
屯二七五一	……戊王其田惟宰無災	3-4
屯二九六七	……卜王其迖于宰……吉	3
屯三五九九	辛王其……宰虎無災	3
屯三五九九	于來自宰迺逐辰鹿無災	3
屯三六六三	壬戌……貞王其田宰無災擒兕	3-4
屯四一四〇	……田祟宰虎無災	3
英九〇八	戊子卜貞今日益宰	1
英二三九七	……延?射……尋宰……	3
懷一三五〇	宰……	3
懷一三五〇	宰木告鹿	3
懷一三五〇	宰木告鹿	3
懷一三五〇	宰木告……	3
懷一四三二	弜田宰其悔	3
懷一四七九	……宰?……比無災	3

宋

著錄	釋文	分期
三二〇二	……未卜王惟……宋酉……街	1
三八〇八反	……宋亘……	1
七八九八	己卯卜……令……于夫……于宋……	1
九三六八	……又……宋……豕	1
一〇二一〇	……宋……虎……	1
二〇〇三二	丙子……侑于宋六……	1
二〇〇三三	……卜……于宋……犬	1
二〇〇三四	乙巳卜王侑于宋	1
二〇〇三五	……祐于宋	1
二〇〇七五	己卯卜王貞鼓其取宋伯歪鼓囚戴朕 事宋伯歪比鼓二月	1
二〇二三三	……令夏复止宋……	1
二〇二四〇	令畓往宋	1
二〇八八四	辛酉卜宋……自……	1
二一〇二八	戊戌……貞……宋闢茲𢦏丁家	1
二一一八九	……酉卜……凤……迺……宋……	1
二一二二九	癸酉卜惟麑即鼓令取宋……歪二旬……	1
	又……卯	1
屯一〇九八	王……宋……無災杏……吉	3
英一七七七	辛巳卜弜宋歪才循果若	1

寧

著錄	釋文	分期
三六九三四	……在寧……迖于……往來無災	5
英二五二六	丁巳卜貞今夕師無畎寧	5
英二五二七	戊午卜貞今夕師無畎寧	5
英二五二七	己未卜貞今夕師無畎寧	5
英二五二七	庚申卜貞今夕師無畎寧	5
英二五二七	……卜貞……師無……寧	5
英二五二九	壬戌卜貞在獄天邑商公宮衣茲夕無畎寧	5
英二五二九	……在……商……茲月……寧	5
懷一九一〇	……無……寧	5

㝡

著錄	釋文	分期
一九五三七	……秋不再㝡……	1
三〇三八六	癸亥卜翌日辛帝降其入于𢔶大実在㝡	3
三四六七六	……亞區其延在㝡卜	4

廳

著錄	釋文	期
三八三	乙酉卜爭貞…小乙于廳…羌三人	1
八〇八八反	…在庭…	1
九二六七	庭　見入三	1
九二六九	唐入二　廳	1
一〇四〇五正	癸酉卜殼貞旬無囚王二曰匄王固曰𢓊有祟有將五日丁丑王賓仲丁己陰在廳阜十月	1
一〇四〇六正	癸酉卜殼貞旬無囚王二…王固曰𢓊有祟有將五日…王賓仲丁己陰在廳…二告	1
一四五八八	戊寅卜古貞寤正	1
一五二四一正	貞告廳企束于高…	1
二四四〇一	…于廳…三月	2
二四四〇二	…曰貞祝于廳茲不用	2
二六八三〇	…惟廳	2
三〇二八四	于廳門𢦏眘王弗悔	3
三〇二八五	于廳門𢦏眘王弗悔	3
三〇二八六	癸丑卜彝在廳在𢿱門死	3
三〇二九四	乙巳卜其啓廳西户祝于…	3
三一〇一四	于孟廳奏	3
三一〇二二	于孟廳奏	3
三一六七二	王其饗在廳	3
三一〇四五	弜饗廳鼒障必	3
三四〇七〇	…于庭王…	4
三七四六八	辛未王卜在召廳惟執其令饗史	5
屯 六〇	于廳旦尋	3
屯 五七九	…史人丩告啓…𩰪在廳卜	3
屯 二三六六	王其饗于廳…	3
屯 二三六六	弜饗于廳鼒障必有正	3
屯 二七七四	于廳	3
懷 一三九一	于廳新尋	3

𡧊

著錄	釋文	期
七二一正	貞翌乙亥彡雍伐于𡧊	1
七二一正	貞翌乙卯彡我雍伐于𡧊	1
七二一正	貞翌乙卯勿彡我雍伐于𡧊	1
三九〇一反	…廳…	1
七二五三正	…固曰途若茲鬼陰在廳	1
八〇八九	乙酉卜王在庭	1
八〇九〇	…勿…壬…于庭　二告	1
八〇九一正	…貞于庭…	1
一二六〇四	…𡧊十月	1
一二七〇八正	…彡…明五日…𡧊…	1
二七五五五	乙巳卜其啓𡧊西户祝于妣辛　吉	3
三一一四四	惟獲牛用𡧊大牢…	3
三二九七四	…豐小𡧊王受祐	4
屯 三四一	于𡧊饗	4
屯 六六五	丁酉卜于𡧊伐	4
屯 六六五	辛卯卜于𡧊伐	4
屯 六六五	辛丑貞彡大亶于𡧊	4
屯 六六五	于𡧊伐	4
屯 七二三	…在𡧊	4
屯 二四七〇	甲午卜王其侑祖乙王饗于𡧊	3
屯 三〇三五	癸亥…在𡧊…	4
英 二三九二	辛卯卜翌惟𡧊王擒	3
英 三六一反	𡧊	1
懷 一五八五	癸亥卜乇于𡧊	4

多𡆥

著錄	釋文	期
五〇〇	…卜殼貞呼多𡆥伐𢀛方受有祐	1
五〇〇	癸酉卜殼貞呼多𡆥伐𢀛方受有…	1
五〇一	…多𡆥伐𢀛	1
五〇二	癸酉卜爭貞呼多𡆥伐𢀛…	1
五〇三	…呼多𡆥…	1
五〇四	…呼多𡆥伐…	1
五〇五	甲子卜…貞勿呼多𡆥伐…方弗其…	1
五〇五	有祐	
五〇六	…貞呼以多𡆥伐…	1

五四七　貞勿執多𠂤呼望𢀛方其橐
五四七　辛酉卜爭貞勿呼以多𠂤伐𢀛方弗
五四八　其受有祐
五五〇正　貞勿執多𠂤呼望𢀛方其橐
五五〇正　甲寅…殼貞…𤉲執多𠂤呼…𢀛…
五六四正　甲午卜貞𢦏多𠂤二月
五八五正　丁巳卜𢦏多𠂤于𦎫
五八五正　丁巳卜勿𢦏多𠂤于𦎫
屯八五七　辛未貞其𢦏多𠂤
屯八五七　其刖多𠂤
五三七　貞呼𠂤伐𢀛
五三八甲　貞勿呼𠂤伐𢀛
五三八甲　貞呼𠂤…𢀛
五三八乙　貞呼𠂤伐…
五三九　貞勿呼𠂤伐𢀛
五六七　貞惟逆𠂤
五五七　貞令…取𠂤于若
五五七　乙未卜貞呼先取𠂤于…
六〇一　甲子卜殼貞得𠂤甾
五六六　貞呼追𠂤及
五五八　…卜殼貞五百𠂤用
五五八　…貞五百𠂤用
五五九正　癸丑卜殼貞五百𠂤用旬壬戌又用𠂤百三月
五五九正　…子卜殼貞五百𠂤用
五五九正　貞五百𠂤勿用
五六〇　癸丑卜殼貞勿𤉲用五百𠂤
五六一　癸巳卜穷貞翌丙申用𠂤

五六二正　癸丑卜殼貞五百…旬壬戌又用𠂤…
五四八　辛酉卜爭勿呼以𠂤伐𢀛方弗
五四八　其受有祐
五五一　貞勿呼以𠂤
五五二　貞勿呼㳄以𠂤
五五三　癸丑卜穷貞令羽郭以黃執𠂤七月
五五四正　…犬以𠂤
五五五正　甲寅卜永貞衛以𠂤率用　二告
五五五正　貞衛以𠂤勿率用
五五五反　貞衛以𠂤率用
五五六正　貞衛以𠂤
五五六反　壬申卜古貞衛弗其以𠂤
六二五七　貞勿呼以𠂤
五四九　貞勿執𠂤呼望𢀛
五六八正　貞奉𠂤見
五七一正　貞翌庚子執𠂤
五七二　貞呼希𠂤執
五七三正　…午卜殼…執𠂤…
五七四　庚午雀執𠂤　二告
五七五　貞亘執𠂤
五七五　貞亘弗其執𠂤
五七六　癸丑卜王呼疋𠂤執五月
五七七　其執𠂤
五七八　癸丑卜穷貞惟𡆥令執𠂤
五七九　…戌卜…貞弗其執𠂤七月
英六〇八正　癸丑卜穷貞令邑並執𠂤七月
英六〇九　…𡆥令執𠂤七月
英六一〇正　…寅卜亘…𠂤執
懷四二〇　癸…𠂤…執…曰其…
五八〇正　貞刖𠂤八十人不𣏟
五八一　貞刖𠂤不𣏟
五八二　…刖…𠂤
屯八五七　其刖多𠂤

著錄	釋文	期
五六三	戭□	1
五七〇	丁酉卜古貞乎執□戭	1

其它

著錄	釋文	期
一三〇八	…亞己未□龜芻往自交圖	1
五六五	貞惟備犬□	1
五八三反	王固曰有祟敝光其有來艱迄至六日戊戌允有…有□在受□在… 虎赤焚亩三十一月	1
五八六	…巳卜宕貞王曰行□□祟	1
五八七反	…□循…	1
五八八正	貞旋母□	1
五八九	…母□	1
五九〇正	戊申卜宕貞□無囚 二告	1
五九〇正	戊…卜宕貞□無囚 二告	1
五九一正	丁未卜宕…□無…	1
五九二	…不允□	1
五九三	公彈允□	1
五九三	貞公彈不允□	1
五九四反	…固曰有祟其…□無…	1
五九五反	…□丼	1
五九六	…□…	1
五九七	貞有□… 二告	1
五九八	…□…	1
五九九	貞…惟…□…	1
六〇〇	…□惟□	1
六〇二	…卜貞…□…	1
六〇三	…□…	1
六〇四	…□…□…	1
六〇五正	…日己…□…	1
六〇六正	…□	1
六〇七正	…□	1
六〇八	甲寅卜殻貞□…	1
六〇九	…□…	1
六一〇	…□亏	1
六一一	…來…□	1
六一二	…□	1
一〇四九三	惟□	1

著錄	釋文	期
一六九八六	…□…□？…祟…	1
一八六〇八	貞…□…	1
屯二七八五	壬申貞大示惟作我□	4
懷四五一	…申卜…令…允…□…	1
九八〇九	貞令□歸	1
九八一五	…王需于□…受年	1
一三五七二	…寢于□乃帝…受年	1
二六九九二	其曰毋□以	3
二七四九八	…茲…□？宊…毀小乂用	3
五六九	貞遘□	1
英一七七六	…甾…□…門	1
八九二正	王从□	1
二八一二九	惟□田…日無災 大吉	3
二八九八二	惟□田…	3
二九三〇〇	惟□田無災不雨	3
屯四〇〇〇	惟□…無災	3
英二三二〇	惟□？…無災 大吉	3
懷一四四七	弜田□弗擒有犬	3
二三二〇四	…己…□…火…	1
二八三七一	丁丑卜翌日戊王其田□…	3
二八八七三	…□…無…擒	3
二九三一三	惟□田湄日無災	3
二九三一四	乙未卜王惟□…災 吉	3
二九三一五	惟□田無災	3
二九三一六	弜田□其悔	3
二九三一七	…□田…災	3
二九三一八	王…大…田□… 大吉	3
三一八一八	貞…□…無…	3
屯二三八六	惟□田無災 吉 用	3

冗

著錄	釋文	期
三二七三〇	癸巳卜弜將冗	4
屯一〇五〇	己巳貞其㞢冗告于…	4

宅

著錄	釋文	期
四八一三	丁巳卜穷貞呼弘宅𠂤夸弗𡊭	1
四八八五	壬戌卜令周宅若	1
四八八六	…卜王令周七月宅㞢	1
二二三一七	癸卯卜貞雀宓哭無𡆥	1
屯四三五	…惟茲宅	3
英四〇六	貞勿呼…宅𡆥…	1

宊

著錄	釋文	期
屯三〇七	癸亥貞王令秋人宊蓑	4
屯三〇七	弜宊	4
屯九二〇	癸丑貞王令剛宊𠂤侯	4

著錄	釋文	期
五八五四	戊戌卜穷貞受一?㞢取…𡆥于伲奔	1
三二〇〇八	庚午卜𡆥𠬝示壬	4
三二〇〇九	庚午卜𡆥𠬝示壬	4
三二九二九	…酉卜惟宅令	4
屯九六四	…巳卜暨𡆥麑惟壬…	4

㝉

著錄	釋文	期
五五六〇	貞呼匍暨㝉入御事	1

宅

著錄	釋文	期
六八五正	勿呼執宅㱿	1
五七五三	貞呼宅…	1
六五九七正	骨呼宅凡	1
八一一九正	貞呼宅𡆥丘	1
八二二九	…盎宅唐	1
八四八七	…宅丘王…	1
八七二〇正	貞奴雀人呼宅雀	1
一三五一七	勿呼婦奏于𣲙宅	1
一三五一七	呼婦奏于𣲙宅	1
一三五六三	丁未卜貞今日王宅新室	1
一三五六三	貞勿宅三月	1
一三五六九	貞今二月宅東寢	1
一三五七〇	癸巳卜穷…惟今二月宅東寢	1
一三六六三甲正	勿呼宅𩰫	1
一三六六三乙正	貞呼宅𩰫	1
一四二〇六正	癸丑卜爭貞我宅茲邑大賓帝若三月	1
一四二四九	…𡆥帝…西宅	1
一四三一九反	…宅	1
二〇三二七	甲申…余宅…束	1
二一〇三一	…惟其不宅	1
二二三二二	甲申卜令宅豚正	1
二二三二二	惟延宅正	1
二二三二三	甲申卜令豚宅正	1
二二三二三	惟延宅正	1
二二三二四	甲申卜令豚宅正	1
二四九五一	…三帚宅新寢𠂤宅十月	2
屯四四〇〇	癸丑卜甲寅有宅土燎牢雨	4
英一五五三反	宅	1
懷一五七六	戊申于王宅…	4

宁

著錄	釋文	期
四五四正	惟萑㞢子宁	1
九七五正	子宁有㞢	1
九七五正	子宁無㞢	1
九七五正	子宁有㞢	1
九七五正	子宁無㞢	1
一〇七六甲正	辛酉卜…父乙㞢子宁	1
一四七八七正	不惟娥㞢子宁	1
一四七八七正	惟娥㞢子宁	1
懷三四六	…子宁…	1

其它

七一六反	禦宄	1
七七七二正	貞王有匚在□呂	1
七七七二正	貞王有匚在□勿呂　二告	1
一四七八五正	：辰：□：于娥	1
一五二〇三	：匚：□：	1
一八六四〇	：□：	1
二〇六四一正	：貞：□：以□	1
二三六五一	乙巳卜中貞卜若茲不宄其大不若	2
英七〇九反	貞□行	1

安

四五四正	惟母庚壱子安	1
九〇五正	己未卜亘貞子安無壱　二告	1
九〇五正	貞子安有壱	1
三一六二反	惟呼子賓：	1
三一六三正	貞子賓：弗祟子賓	1
三三五五〇	壬戌卜貞王其田安無災	4
三三五六一	壬戌卜貞王其田安無災	4
三七五〇五	：巳王卜在：貞田安：來無災茲御獲	5
	狐十	

其它

五三七三	癸酉卜爭貞王腹不安無延	1
一八〇六二	：賓：安：	1
一八五九〇正	：安：	1
一八六一七	貞口：其安：	1
一九五二四	：安：無：	1
二一〇五四	：卯卜朿貞□安	1
二二〇九四	禦石于安豕又十：	1
二二四五八	：未卜安：不：	1
二二四六四	丁未于畋安	1
二二四六五	：安：	1
二九三七八	丁酉卜翌日戊王其迭于安無災　弘	3

吉　3

旁　賓

簽署

六八〇臼	□示四屯　旁	1
八三八反	婦井示三十　旁	1
一〇九四反	旁	1
二四八八臼	婞示十屯　旁	1
二六三一臼	婦好示十屯　旁	1
三〇一〇反	癸卯卜旁	1
四六二〇臼	甲子：示二屯　賓	1
五六一一反	王固曰賓	1
七六二九臼	婦井示十屯　旁	1
八九九五臼	婦杞示有七屯　旁	1
九二九七反	：二百　旁	1
九三一九	旁入十　㪤	1
一〇九八九反	癸亥卜旁	1
一三四四三臼	婦杞示十屯又一（　旁	1
一五八一臼	庚申□示四屯　旁	1
一七五三一	婦㶊示二屯　旁	1
一七五五一臼	辛卯婦：示二屯　旁	1
一七五八一	古示十屯又一丿　旁	1
一七六二一	□示三屯又一丿　旁	1
一七六一二	□示三屯又一丿　旁	1
英四二五	：示四屯　旁	1

口□

八三一	戊寅卜貞于丁賓延尸七月	1
八三二	戊寅卜：于丁賓：尸七月	1
二六七六四	壬申卜出貞丁賓戶□無匄	2
懷一二六七	壬申卜出貞丁旁戶□無匄	2

乍□

三二正	庚申卜㱿貞作賓	1
三二正	庚申卜㱿貞勿作賓	1
一五一九一	戊：卜㱿貞我勿作賓	1

六四九七　…我其巳穷作帝降若　1
六四九七　…我勿巳穷作帝降不若　1
六四九八　…卜㱿貞我其巳穷作帝降若　1
六四九八　…㱿貞我勿巳穷作帝降不若　1
一三五二五　甲戌卜爭貞我勿將自兹邑𢦏穷祀作若　1
一三五二六　甲戌卜㱿貞我勿將自兹邑𢦏穷祀作　1
一五一九二　辛卯卜㱿貞祀賓若　1
一五一九三正　辛卯…貞我祀賓若　1
一五一九四正　辛卯卜㱿貞我祀賓若　1
一五一九五　…我勿祀賓不若　1
一五一九六　辛卯卜㱿貞我勿祀賓不若　1
一五一九六　祀賓　1

一五一六七　戊子卜貞翌己丑王賓福無𡆥　1
一五一六八　辛酉卜貞翌壬戌王賓…　1
二七一〇七　甲戌卜彭貞彡大乙王弗賓　3
二七一四六　戊午卜貞王賓　3
二七五八九　王賓母戊歲有正　吉　3
三〇五二九　癸巳卜何貞王賓𣪊禱不遘雨　3
三二七一四　于即酒父丁翌日劦日彡日王廼賓…　4

一三八八　貞為賓　1
一三四九〇　貞惟賓為　1
一三四九〇　勿惟賓為　1
一三四九〇　癸酉卜爭貞惟賓為　1
一三四九〇　貞勿惟賓為　1
一五一七九　丁卯…貞我惟穷為　1
一五一七九　丁卯卜㱿貞我勿為穷　1
一五一七九　乙丑…貞我惟穷為　1
一五一七九　乙丑卜㱿貞我勿為穷　1
一五一七九　丁未卜㱿貞我為穷　1
一五一七九　丁未卜㱿貞勿為穷　1
一五一八〇　貞我惟賓為　1
一五一八〇　貞惟賓為　1
一五一八〇　貞惟賓為　1
一五一八〇　貞惟賓為　1
一五一八一　…惟賓為　1
一五一八二　丙申卜㱿貞惟賓為　1
一五一八二　丁酉卜㱿貞惟賓為　1
一五一八三　貞惟賓為　1
一五一八四　乙丑卜㱿貞我惟賓為　1
一五一八四　…㱿貞我惟賓為　1
一五一八六　貞勿為賓　1
一五一八六　惟賓為　1
一五一八七　貞勿為賓　1
一五一八八　…勿為賓　1
英一七〇八　貞惟穷為　1

祭祀

七三二正　歸伐呼及于庚賓　1
八三〇　貞于大…賓延尸　1
九七四正　貞王御父乙賓　1
九七四正　勿御父乙賓　1
九七四正　御妣己賓　二告　1
一四〇一　貞大甲不賓于咸　1
一四〇二正　貞大甲不賓于帝　1
一四〇二正　貞下乙不賓于帝　1
一四〇二正　貞咸不賓于帝　1
一四〇二正　貞大甲不賓于咸　1
一四〇二正　貞咸賓于帝　1
一四〇二正　貞大甲賓于咸　1
一四〇二正　貞下乙不賓于咸　1
一四〇二正　貞大…賓于帝　1
一六五七正　父乙賓于祖乙　1
一六五七正　…賓于祖乙　1
一六五七正　父乙不賓于祖乙　1
一六五七正　父乙不賓于祖乙　1
一六五七正　父乙不賓于祖乙　1
一六五七正　貞父乙賓于祖乙　1
一七二三〇正　貞王往走戎至于穷剮　1
一二五九〇　乙丑卜王即賓丁　1
一二五九〇　勿即賓丁雨六月　1
一四二〇六正　癸丑卜爭貞我宅兹邑大賓帝若三月　1

⿱宀⿱方止 賓

著錄號	釋文	期
二一〇二九	…大…在⿱宀方	1
二二四一七	貞今夕無酉⿱宀方…王…	1
二三四四八	…貞…歲于母辛賓彡	2
二三五三四	…大貞令賓比自…	2
二七一四六	戊午…狄貞王弜賓　吉	3
三〇二八二	⿱宀方門于彡	3
三〇三四六	其呼以于⿱宀方	3
三〇三四七	癸亥卜…于⿱宀方	3
三〇三四七	貞于⿱宀方	3
三〇四七三	貞𠂤中⿱宀方	3
三〇九四九	酉𦉲王弗賓…	3
三二一八一	乙巳卜王賓日	4
三二一八一	弗賓日	4
三三七九六	弜賓	4
三四三四九	惟賓射	4
三四三五二	貞惟賓	4

王賓…　參…　350 352 頁

王賓…　參…　165 1068 頁

王賓…　參…　263 頁

王賓…　參…　1285 頁

王賓…　參…　700 頁

王賓…　參…　917 頁

王賓…　參…　899 頁

王賓…　參…　411 頁

王賓…　參…　409 頁

王賓…　參…　278 279 頁

王賓…　參…　1304 頁

其它

王賓…　參…　887 頁

王賓…　參…　366 頁

王賓…　參…　720 724 頁

王賓…　參…　564 頁

王賓…　參…　570 頁

王賓…　參…　418 頁

王賓…　參…　364 頁

王賓…　參…　654 頁

王賓…　參…　664 頁

著錄號	釋文	期
一二四八正	癸未卜殸貞翌甲申王賓上甲日王固曰吉 賓允賓	1
一五四〇	…⿱宀方貞王勿賓夕不左	1
三二〇三	…弗賓于父乙　二告	1
三一六八	…子賓…	1
三一六九正	貞禦子賓于兄丁㞢羊𠬝小宰今日 彡	1
三六三八	…寅卜韋貞賓婦好	1
三六三八	貞弗其賓婦好	1
二六三九	貞有來賓婦好	1
一四三九	…朋無其賓	1
一三三二七	丁巳卜貞王賓日不雨	1
一三八七一	貞翌乙巳子漁骨凡賓侑祖戊	1
一三八九〇	貞子賓不延有疾	1
一四四二一	貞岳賓	1
一四四二二	貞岳賓我燎	1
一五一七五正	貞王勿賓夕	1
一七五六九正	癸卯卜亘貞呼賓攸令　不吿黽	1
二〇二七八	…酉卜大王宥卲	1
二二三〇一	己酉卜亞賓其惟臣	1
二二五三九	壬子卜旅貞王賓日不雨	2
二二五八七	戊申卜中貞王賓延無尤	2
二二六二一	辛亥卜洔貞王賓翌礿自上甲衣至于毓無尤	2
二二六二一	…卜洔…賓祖辛…宰…無尤	2
二二六二二	癸卯卜…貞王賓礿自上甲至于多毓衣無尤	2

編號	釋文	期
二二六三〇	甲戌卜𠂤貞王賓上甲無𡆥	2
二二七一六	癸亥卜大貞王賓示癸日無尤	2
二二七六一	…巳卜行貞王賓大丁埶禶無𡆥	2
二二八一九	己巳卜行貞王賓雍己無尤	2
二三〇五〇	貞不賓	2
二三〇五〇	貞小丁歲其賓	2
二三〇六二	甲子卜貞王賓丁無尤	2
二三〇八七	甲子卜即貞王賓魯甲其無𡆥	2
二三一〇〇	…午卜即…王賓般庚…	2
二三一〇一	…丑卜行…王賓般庚…	2
二三一〇二	…辰卜行…王賓般庚…	2
二三一〇三	…卜…賓般庚…無尤	2
二三一八〇	丁巳卜行貞王賓父丁祟十牛無尤	2
二三二四一正	庚戌卜旅貞王賓埶禶無𡆥	2
二三二四一正	庚戌卜旅貞王賓埶無𡆥	2
二三二四一反	甲子卜旅貞王賓埶禶無𡆥	2
二三二四一反	乙丑卜…貞王賓埶禶無𡆥	2
二三二四一反	乙丑卜旅貞王賓埶禶無𡆥	2
二三二四八	癸丑卜王貞翌甲寅王其賓父丁必	2
二五一六七	…丑?卜旅貞盟于歲王其賓…	2
二五四五八	庚申卜大貞王賓夕禶無𡆥九月	2
二五四六〇	甲辰卜吳貞王賓夕禶至于翌埶禶不作	
二五四七九	癸未卜尹貞王賓夕禶無𡆥	2
二五四八〇	癸未卜尹貞王賓夕禶無𡆥	2
二五五〇六	庚辰卜行貞王賓夕禶無𡆥	2
二五五一九	甲辰卜逐?貞王賓夕禶無𡆥	2
二五五二〇	庚午…貞王賓夕禶…𡆥	2
二五五二一	甲申卜貞王賓夕禶無𡆥	2
二五七七六	壬寅卜即貞王賓旬無𡆥	2
二五八六二	…父己使王賓	2
二六九五五	貞其卯羌伊賓	3
二七〇五七	癸丑卜上甲歲伊賓　吉	3
二七一五二	乙亥卜何貞賓唐䰛不遘雨七月　吉	3
二七一六六	庚申卜鼓貞王賓大庚日	3
二七一七六	丁未卜𠬝貞王其賓大戊鑿宗惟…（摹文據《甲圖》〇六三補）	3
二七三八二	壬戌卜鼓貞王賓辛壬丁宗惟吉	3
二七四五六正	丁未卜何貞禦于小乙奭妣庚其賓饗	3
二七五一八	戊戌卜其示于妣己王賓	3
二七五二〇	…王賓妣己示	3
二七五六一	…王賓妣辛日有正	3
二七五九一	王賓母戊…有正　吉	3
二七六六三	伊賓	3
二七六六七	…午卜狄…伊其賓	3
二八〇九二	…用危方甶于妣庚王賓	3
三〇三三四	其有以小乙賓宗	3
三〇四三九	癸酉卜貞其劉于河王賓　吉	3
三〇四六七	癸酉卜其有以惟王賓日戠…	3
三〇五二八	乙丑卜何貞王賓埶不遘雨叀惟吉	3
三〇五二八	乙丑卜何貞王賓埶叀惟吉不遘…	3
三〇五二八	丙寅卜何貞王賓埶不遘…叀惟…	3
三〇五三七	…卜何…王其賓祓	3
三〇五四六	丁巳卜豰貞王賓夕戠無𡆥	3
三〇五五二	王賓有效	3
三〇五六一	王賓	3
三〇五六四	辛亥卜何貞其賓	3
三〇五七四	弜賓于之若	3
三〇五七五	弜賓于之若	3
三二七九九	伊弜賓	4
三三〇七一	甲辰卜侯賓雀	4
三四三四九	弜賓	4
三四三四九	伊賓	4
三七五四九	…在敦…賓𩰫…尤	5
三八一七八	甲辰卜貞翌日乙王其賓圍于敦衣不遘雨	5
三八七一五	辛酉卜貞王賓品無尤	5
三八七一六	己未卜貞王賓品無尤	5
三八六九六	辛卯卜貞王賓二升蒸無尤	5
三八七一八	庚申卜貞王賓彙無尤	5
屯一一一六	辛巳卜貞王賓河燎	4
屯二四一七	伊賓	4
屯二四一七	弜賓	4
屯二七一〇	…賓有效	3

著錄	釋文	數
乇二七〇	母戊歲…賓有𢼸 吉	3
乇二七〇	弜賓 吉	3
乇三六〇一	庚寅卜王賓妣辛𣎆	3
乇四〇六五	…申卜河劉王賓王受祐 吉	3
乇四五五八	丁亥卜王其乂虢于…王其賓若受	3
	有祐 大吉	3
英一九九正	弗其賓	1
英五九三	辛卯卜貞在賓其先遘捍	1
英一一五二	貞岳賓	1
英一九九八	庚辰卜旅貞羸不既𢓊其亦尋…其	
	𣂔賓于上甲	2
英二五〇二	…卯卜貞王賓…自匚丙至于多…衣無尤	
	在…月	5
英二五〇二	…卜貞王賓…𥙊自上甲至于…𠂤無壱…	
	在六月惟…	5
懷三八二	乙卯卜晋貞戠及征方于寇	1
懷五八一	…㜥…	1
懷九九〇	…寇徝吾…	1
懷一三七七	其賓彖多母	3

⿱宀如 ⿱宀卯

著錄	釋文	數
七〇九正	呼子⿱宀卯𠬝父乙	1
七〇九正	貞勿呼子⿱宀卯𠬝父乙	1
七〇九正	貞呼子⿱宀卯𠬝父乙冊及𣎆卯宰	1
九〇五正	貞于妣己禦子宕	1
九〇五正	貞勿于妣己禦子宕	1
三一五九	貞子賓不其獲	1
三一六〇	貞東…賓呼…	1
三一六一正	…子賓弗…	1
三三三三	貞勿呼賓侯	1
懷二一	貞勿于丁⿱宀卯…	1
懷九八九	…宕徝牡…	1
一一〇一八正	勿⿱宀如于侑妣	1
一一〇一八正	禦⿱宀如…侑妣 二告	1

⿱宀⿰禾卩

著錄	釋文	數
四一五四	雀于⿱宀⿰禾卩	1
六八八二	壬…內貞…衛其来征我于茲⿱宀⿰禾卩	1
八一六八	…⿱宀⿰禾卩	1
八一六九	在⿱宀⿰禾卩	1
英一二四〇	…⿱宀⿰禾卩…十月	1

⿱宀⿰禾攵

著錄	釋文	數
六八四五	辛卯卜白…⿱宀⿰禾攵	1
六八四五	…白禼弗𢦏⿱宀⿰禾攵	1
六八四六	丁亥卜禼其敦⿱宀⿰禾攵五月	1
六八四七	禼弗敦⿱宀⿰禾攵	1

⿱宀郤

著錄	釋文	數
二一四〇八	…⿱宀郤止七月卜	1

⿱宀⿰女皿 ⿱宀⿰皿卩

著錄	釋文	數
一四〇二三	癸亥卜爭貞婦⿱宀⿰女皿娩嘉十二月	1
二一七二七	壬辰子卜貞婦□子曰戠	1

⿰女宰

著錄	釋文	數
一八六〇五	…⿰女宰…	1
三七五六三	戊卜…⿰女宰…衣逐…	5
二〇〇八四	壬子卜貞光伯□無疾	1

穴

著錄	釋文	數
一八六三〇	…穴…	1
二九三五八	…穴田省…無災	3
二九三五九	于穴無災	3

⿱宀田

著錄	釋文	數
一八四三四	…⿱宀田…	1

⿱宀⿱方止 賓

一八六二二 …暨[illegible]…災 1

一七〇九三 …[illegible]…不其 1

一八六二八 …[illegible][illegible]…呼… 1

賓

九三八一 …郭[illegible]入 1

六三四正 …惟夕[illegible]禧 二告 1

六三四反 勿夕[illegible]禧 1

三五二五〇 …亥…[illegible]… 4

⿱宀㪅

七一二六 丁丑卜…于[illegible]無囚 4

二七八〇七 …盂[illegible] 3

宪

八八一一正 貞呼宪取羊不于[illegible] 1

宧

三六九〇九 韋師寮弜改無宧王其呼宧于京師 有災若 5

三六九〇九 丁亥卜在[illegible]師貞韋師寮妹…有宧 王其令宧不悔克甾王令 5

[illegible]

二五五八一 [illegible] 2

室

三〇三四七 癸亥卜彭貞[illegible]其佐于室 3

⿱宀叜

懷八三八 …卜…[illegible]… 1

⿱宀酉

二一九〇正 貞…亥…商…于父…[illegible]… 1

三四三九三 …其至…祝[illegible]… 4

一六四一二 …[illegible]…若 1

二八三二正 勿禦于四[illegible]婦嬴 小告 1

八二八七 …貞…[illegible]… 1

懷一四九九 …王貞…[illegible]…狩朕…[illegible] 4

寑

一三五七三 …亥其寑…寢宰十二月 1

宷

一〇六七八 壬辰…宷焚…取? 1

蟊

二七七三九 辛酉卜𡧊今日辛蘇弗悔 3

鑿

四六〇 己亥卜貞惟羌用鑿 1

五六七九 ⋯沚𡨦⋯亞雀 1

乇三〇一 甲子卜𣌭以王族宄方在𡆥無災 3

懷一一四二 ⋯出⋯往⋯𡧊⋯ 2

一〇〇六三 ⋯𠃧⋯𡧊⋯ 1

宊

七九二八反 ⋯卜穷貞𤯍⋯于宊⋯十二月 1

宕

二三四三二 ⋯保于母辛宊宕酌⋯之日不雨六月 2

宋

三五二一四 ⋯𡠥乞骨七自𡧊 4

三五二一五 ⋯𡠥乞骨七自𡧊 4

宇

乇六六二 于有宋學 吉 3

二〇五七五 宇口 1

二七一二四 大乙史王饗于𡧊 3

乇二四三六 丁巳卜貞今夕無囚在𡧊

三六四二二 甲申卜貞⋯日丁巳⋯𡧊小臣⋯𬂢辥⋯ 5

乇二二六〇 己卯卜貞廾方其𡧊我戍 4

三一八一九 ⋯𡧊⋯ 3

寰

七九三五 盟丙⋯步⋯寰 1

三〇四五六 ⋯其𡧊⋯于小山有大雨 3

三四〇六九 丙子卜王⋯其宊自日⋯于室 4

三〇二九五 其𡧊⋯ 3

宛

三〇二六八 今日丁酉卜王其宛麓𠈃弗悔 3

乇二六三六 庚申卜翌日辛王其宛𡆥𠈃無尤 3

二一四八二 辛酉卜王貞余𡧊⋯ 1

(宀我)

三六四一六 ⋯戊戌卜王其巡𡧊馬⋯小臣𤔲⋯克 5

一八六二七　貞惟窉　1

一九〇八九　貞惟窉　1

一四六一七　貞河祟惟窉帚　1

二二九一二　辛酉卜出貞其市新𠫑陟告于祖乙　2

二四三一六　…卜出貞…王正…窉…　2

甯

三一八一五　弜甯　3

塞

二九三六五　…子卜在𣂼田龍𤕌浗塞其…囚?　3

宰

一二二九反　…宰小…十…　1

五五一二　乙未卜…宰立事…有从我从㝱左从　…十二月　1

三一一三六　其罙放在宰　3

宎

三〇三八六　癸亥卜翌日辛帝降其入于𠂤大宎在宊　3

三〇三八六　…于𠂤小乙宎　3

寘

二七五四三　甲子卜彭貞王埶樽其寘于祖　3

三五六七三　…日在八月乙丑寝…祖乙翌弜易…在寘…　5

六八一九　…酉…令…上絴…侯二…𡪢周　1

六八一二正　己卯卜允貞令多子族比犬侯𡪢周　𢦏王事五月　1

六八一三　貞令多子族暨犬侯𡪢周𢦏王事　1

六八一四　癸未卜爭貞令旃以多子族𡪢周𢦏王事　1

六八一五　癸未卜…令旃…族𡪢周𢦏王事　1

六八一六　…貞令旃比𡴓侯𡪢周　1

六八一七　…以多…𡴓侯…𡪢周𢦏王…　1

六八二一　…以令…侯𡪢周五月　1

六八二三　貞惟𠂤令比𡪢周　1

二七八八八　…𡪢…　3

齊

一四三五六　己亥卜㱿貞不牛示齊黃　1

一八六九二　…齊…𡘬…　1

三六四九三　癸巳卜貞王旬無𡆥在二月在齊師惟王來征人方　5

三六八〇三　癸巳…在齊…　5

三六八〇四　庚寅卜在齊師王送往來無災　5

三六八〇五　…巳王卜貞旬無𡆥王𡆥…夕在齊師惟　王十…　5

三六八〇六　癸巳王…齊貞…𡆥弘吉　5

三六八二一　癸丑王卜貞旬無𡆥在齊師　5

英二五三七　癸巳…在齊…無𡆥　5

懷一八八六　癸丑王卜貞旬無𡆥在十月又一在齊師　5

懷一八八六　…卜貞…𡆥在十月…齊師　5

七八三六　…令…以…亼…　1

一三四九〇　丙辰卜爭貞惟亼令比米[illegible]　1

一三四九〇　貞勿惟亼令比米[illegible]　1

三四九五一　…三帚宅新寝亼宅十月　2

屯四一七　丙辰…亼貞　1

樽

六九四七正　貞亘不樽惟執　1

六九四七正　貞亘其樽惟執　二告　1

二三五正　貞甲用竹來羌　1

二三五正　勿龠用竹來羌　二告　1

九〇〇三　…其以𠦪　不告　1

九〇〇四　…以𠦪　1

懷一七〇八　…𠂤望…王其祝…帝至…今日壬…　王望…　5

懷二三六八　癸酉卜貞旬有祟不于𡧊子四月　2

懷二三六八　甲子卜大貞作𡧊子母𥫔暨多母若　2

丙

一〇九八　…癸未…方于…保…馬二十丙又…一月　在鼻卜　1

二四七八　庚申卜古貞王令丙　1

二六二六　貞勿禦婦好于丙　1

四二八八反　王固曰有祟𧻓其惟丙不吉　1

八九八四　允以三丙　1

二一四五九　…馬五十丙…　1

一八九一一反　婦丙來　㝊　1

一九七七七　己巳卜王有反司以冈　1

二〇三三二　…于立典紟丙…　1

二一七七七　…宁延馬二丙辛巳雨以雹　1

三六四八一正　…小臣牆比伐擒危美人二十人四…人五百　七十𡖊百…車二丙盾百八十三函五十矢…白麋　于大…用𡖊伯印…于祖乙用美于祖丁僼曰京　賜…　5

英四一四正　丁丑卜㱿貞來得王固曰其得惟庚　其惟丙其㞢四日庚辰來允得十三月　1

內

二八七三　貞內禦　1

四四七五　…呼…內邑　1

九九六六臼　壬申婦喜示一丿小㪅　內　1

一三三六四　惟內五用　1

一七五六一　己未邑示四屯　岳內　1

一七五六二　己未邑示四屯　岳內　1

三二九九六　乙亥貞令內以新射于𣂼　4

英七七一反　內入十　1

英一〇一七　戊…內望…己…　1

英一〇一七　…丑卜內…庚寅雨　不雨　1

三〇二八三　有宷其延宷父甲門　3

二二四六三正　…卜…侑…戊…　1

懷四三四　壬午卜㞢余勿在孫𣏟　1

二七四五九　壬戌卜貞惟𡆥用　3

二七四五九　貞弜𡆥　吉　3

英一三三　貞往于𦣻于…　1

禺

一三〇正　甲午卜爭貞往芻禺得　二告　1

二八六　…令禺…以羌…而二十…　1

一〇一一　…伐禺　1

一八二三正　貞禺父壬弗壱王　1

一八二三正　…禺…壬壱王　1

三四二〇　丁酉卜曰伯禺凡乙…眉　1

著錄號	釋文	數
三四二一	丁酉卜曰伯𢀛凡㞢其眉	1
三四二二	…伯𢀛入八月	1
三四二六	…𢀛吼	1
三四二七	…𢀛六旬…	1
三四二八	癸亥…𢀛…	1
三四二九	…𢀛…	1
三四三〇	乙卯卜王…𢀛及…	1
三四三一	…王…𢀛…魚…	1
三四三二	…王…𢀛…十月	1
三四三三	…子…𢀛…保	1
三四三四	…𢀛…呼…	1
三四三五	…曰𢀛…	1
三四三六	丙午卜王…𢀛不惟…	1
三四三七	…禦…𢀛	1
三四三八甲	貞師𢀛其有囚	1
三四三八乙	…卜爭貞師𢀛無囚…月	1
四四一三	…𢀛	1
六八四五	…白𢀛弗𢦔寇	1
六八四六	丁亥卜𢀛其敦寇五月	1
六八四七	𢀛弗敦寇	1
六八四八	乙丑卜𢀛其戈暨…	1
六八四九	壬辰卜𢀛…戈暨…	1
六八五一	…卯卜𢀛…戈…	1
六八五二	…亥卜𢀛敦	1
六八五三	辛酉卜我伐𢀛	1
六八五四	壬戌卜…伐𢀛…𢦔二月	1
七六三六	…屯𢀛…征	1
一六四三八	…寅卜𢀛…其…囚…	1
一六四七八	…𢀛無其降囚	1
一七三一二	辛…𢀛…其降𡆥	1
一七七一〇	…無囚四日𢀛有降…	1
二〇五三三	庚戌卜王貞伯𢀛允其及甬	1
二一五一八	…𠂤…𢀛…	1
二二五三九	庚戌卜…貞𢀛來…	2
英一七八五	辛卯卜貞𢀛其來	1
二三三九五	…侑于妣辛囧歲其至凡…祖四月	2
二三三九六	…妣辛囧歲至凡…	2

著錄號	釋文	數
二三七一七	甲申卜出貞翌…巳呂其侑于妣辛囧歲其…	2
二七一一〇	若香祖乙舌王受祐	3
二七一一一	若香祖乙舌王受祐	3
二七二〇〇	其若香𦞅祖乙有正	3
二七三一三	于祖丁酒香𢍰弜若即于宗	3
三一〇〇三	己酉卜王其則其…囧旋無災	3
三一七六九	己…貞…香	3
屯一一〇	…囧冊用十卣又五卣	3
屯六六二	若囧于學 吉	3
屯七六六	蒸新鬯若囧龜至王受祐	3
屯八二二	舌妣庚若囧于必王受祐	3
屯二三九三	若囧于必受有祐	3
屯四〇六六	…若囧于…母戊…𢦏興于之受祐	3
英二三七二	…囧…	3
懷一三九九	丁酉卜王其侑…鬯若囧在…	3

著錄號	釋文	數
七七	…𠕁丙…以…邑	1
二七九〇反	…婦丙…	1
七一〇三反	婦丙示四	1
一一九八七反	丙…禦…不…	1
一一九八八反	丙…	1
一七五二九	婦丙示…	1
一七五三〇反	婦丙示…	1
二四三四五	貞無尤在師丙卜	2
二四三九八	甲寅卜王曰貞王其步自丙有去自雨在三月在…	2
三六九五八	…卜在丙…步于…無災	5
屯二三	…召…在丙…	4

著錄號	釋文	數
四五八反	取𠱠于㠯	1
四五九反	取𠱠于刂	1
六五六反	婦𠱠示十 殻	1
二七八九	婦𠱠…	1
二九五三正	取𠱠	1

著錄號	釋文	期
七五六五正、	貞呼衛从罒北	1
七五六六	貞呼衛从罒北	1
七五六七正	貞呼：：从罒北	1
二〇七〇九	庚辰卜藝比𦍌罒虎	1
二〇七八一	：：罒：：	1
二〇七八一	：：罒獲：：	1
二一九四四	不暘日在罒	1
二三一八九	：：子卜在祖一牛：：罒	1
懷三一〇b	：：㷉罒：：	1

著錄號	釋文	期
九八一七	貞㲋咼弔：：于敎祀若：：黍年	1
九九四一	㲋弔	1
英八二四	貞勿㲋何弔	1
英八二四	貞勿㲋	1
英八二四	貞㲋何弔	1

著錄號	釋文	期
二二〇八八	丙戌卜貞𦊓至師無若	1
二二〇八九	：：亞：：𦊓：：	1
二二〇九〇	：：有：：𦊓：：以：：	1
二二〇九一甲	乙酉卜𦊓：：狩女：：	1
二二〇九一乙	乙酉：：𦊓：：𦊓于：：	1
二二〇九二	：：申卜貞量延于𦊓	1

叜　更

著錄號	釋文	期
一〇三八〇	：：丑：：王叜：：麋：：𢦏	1
一〇九五一	戊午卜叜陷擒允擒二：：二月	1
一〇九五一	戊午卜叜陷弗其擒	1
一〇九五二	壬：：卜王：：叜：：兕	1
一八六七三	壬申卜貞更：：	1
一九三六一	丁酉卜更來：：豕弗其腐在：：	1
二〇一一八	：：午卜𢆶更步	1
二一三七一	：：王：：更：：犇	1
英一七三七	：：更：：	1

著錄號	釋文	期
六五七一正	壬寅卜㱿貞曰子商𡆥癸敦五月	1
六五七一正	貞自今壬寅至于甲辰子商𢦏基方敦𡆥	1

商

著錄號	釋文	期
一七三〇〇正	：：商：：允有來齒自商	1
二四二二七	乙酉：：貞王：：自商：：無災	2
二四二二八	辛酉卜尹貞王步自商無災	2

著錄號	釋文	期
七八一五	貞在商喪	1
二二二六〇	：：束在商	1
三三一二七	丙辰卜于庚申彡奉用在商	4
三六五〇一	丙午卜在商貞今日步于樂無災	5
三六五四九	：：寅卜在商：：王今夕無：：	5
三六五五〇	癸卯卜在商貞王無畎	5
三六五五二	乙巳卜在商貞：：茲：：遘：：	5
三六五五三	：：卜在商：：今夕無：：	5
英二五二四	癸卯王卜貞旬無畎在十月又一王征人方	
	在商	5

著錄號	釋文	期
一六六六六	戊寅卜爭貞王于生七月入于商	1
二一九九正	至于商彡	1
六六七七	：：丑卜王方其征于商十月	1
七七七二正	貞王入于商其有作囚	1
七七七四	辛酉卜㱿貞今二月王入于商	1
七七七五	甲戌卜㱿貞今六月王入于商	1
七七七六	辛未卜爭貞王于生七月入于商	1
七七七七	辛未卜爭貞王于生七月入于商	1
七七七八	辛未卜爭貞王于生七月入于商	1
七七七九	：：子卜㱿貞王入于商	1
七七八〇	甲申卜㱿貞王于八月入于商	1
七七八〇	戊寅卜㱿貞生七月王入于商	1
七七八〇正	：：貞王入于商	1
七七八〇正	：：王入于商	1

著錄號	釋文	期
七七八四	…王于生七月入于商	1
七七八五	癸巳卜殼貞來乙巳卜勿入于商	1
七七八六	癸巳卜殼貞來乙巳王勿入于商	1
七七八七	貞王于七月入于商	1
七七八七	貞今七月王入于商	1
七七八八	乙未卜殼貞來乙巳王入于商	1
七七八八	…七月…入于商	1
七七八九	乙未卜殼貞來乙巳王入于商	1
七七八九	貞今七月王入于商	1
七七九五	辛卯卜殼貞來辛丑王入于商	1
七七九五	己丑卜殼貞來乙巳王入于商	1
七七九六	…王入于商	1
七七九六	…于商	1
七七九六	…來乙巳王入于商	1
七七九七	…殼貞來乙巳王入于商	1
七七九七	…乙巳王入于商	1
七八〇〇	…于商	1
七八〇三	乙未卜爭貞王其入于商	1
七八〇六	貞…入于商有…	1
七八二一	…卜…貞王于…商其有…	1
七八一六	…至于商婦姘…大不…	1
七八一七	…至于商…若	1
七八一八	貞不至于商五月	1
七八二〇	貞勿歸于商	1
一〇三四四反	辛卯卜殼貞王入于商	1
一〇三四四反	辛卯卜殼貞王勿入于商	1
二〇三五七	…多尹…于商	1
二〇四五〇	壬午卜…呼禦方于商	1
二〇五八〇	…于商…	1
二一三七五	貞余于商疾	1
二八〇九九正	己巳貞示先入于商	3
二八一〇〇	癸卯…于商　告	3
三二一八三	辛巳貞其執以至于商	4
三三一二四	壬寅卜王于商	4
三六五〇六	…丑…于商無…征人方	5
三六五二二	庚寅王卜在𦎫貞余其次在茲上𩠹今秋其敦其呼𠂤示于商正余受有祐王占曰吉	5
三六五五一	貞至于商	2
屯三九六三	寧食于商…	5

茲商

著錄號	釋文	期
七七六正	壬寅卜殼貞不雨惟茲商有作𡆥	1
七七六正	貞不雨不惟茲商有作𡆥	1
二四二二五	庚申卜出貞今歲秋不至茲商二月	2
二四二二六	…茲商…𡆥在…	2

入商

著錄號	釋文	期
一八九九反	…商入	1
七七九一	貞王小生七月入于商	1
七七九二	貞王…八月入…商	1
七七九三	貞王于生八月入于商	1
七八〇七	…王于…入…商	1
七八〇八	貞我…入商…	1
七八〇九	癸酉卜…貞𢓊…尋入商九月	1
七八〇九	貞𢓊其尋入商有…	1
七八四〇	…卯入商	1
二〇五七八	乙酉卜王入商	1
二〇五八二反	辛亥…人入商…	1
二〇五八四	癸卯卜王入于商…	1
二〇五八五	辛卯卜王入商	1
二一六二六	癸卯…𢦚貞呼[illegible][illegible]入商	1
二一七一五	庚午卜我貞今秋我入商	1
二一七一六	壬戌卜我…弗入商我有事	1
二一七一七	辛未𢓊卜我入商北我𠨘事	1
二一七一八	…丑卜婦…九月我入商	1
二一七二〇	丙午𠂤卜我…入商	1
二二二七四	入商	1
二二二七四	凡牛入商	1
二七七六七	癸亥卜王其入商惟乙丑王弗悔　弘吉	3
三三一二五	辛卯卜王入商	4
屯五六六	…入商	
屯二七四	…弗入商	4
英七二一	癸酉卜王匿惟入于商	1

著錄號	釋文	期
英七一六	辛卯卜殻貞今夕王入商	1
英七二〇	……戌卜惟今夕入商	1
屯四五一四	乙酉卜王入商	1
邑商		
三六四八二	甲午王卜貞作余酌朕柰酌余步比侯喜征人方二𢿩示受有祐不曾𢦏囚告于大邑商無……在畎王囚曰吉在九月遘上甲劦惟十祀	5
三六五〇七	……貞今囚巫九备惟余酌……柰……𢦏人方上下于𢿩示受余祐……于大邑商無𢦔在畎	5
三六五一一	丁卯王卜貞今囚巫九备余其比多田……多伯征盂方伯炎惟衣翌日步……左自上下于𢿩示余受有祐不曾𢦏……于茲大邑商無𢦔在畎……弘吉在十月遘大丁翌	5
三六五三〇	己酉王卜貞余征三封方惟蘖令邑弗悔不無……在大邑商王囚曰大吉在九月遘上甲……五牛	5
三六五三五	辛卯王……方于……余其畄𢦏……余有不曾𢦏……天邑商無……	5
三六五四〇	癸巳卜貞羊獄……邑商公宮衣……茲……無畎寧	5
三六五四一	辛酉卜貞在獄天邑商公宮衣茲夕無畎寧	5
三六五四一	……卜貞在獄……邑商公宮衣無畎	5
三六五四二	甲午卜貞在獄天邑商皿宮衣……無畎寧	5
三六五四二	乙丑卜貞在獄天邑商公宮衣茲夕無畎寧在九月	5
三六五四三	……天邑商公宮衣茲夕無畎寧	5
三六五四四	……卜貞在……天邑商……宮衣茲……無畎寧	5
三六五四六	癸未……其入……邑商……在畎	5
三六五四八	……邑商……于𢼸……安余……暨……	5
英二五二九	癸巳卜……天邑商……	5
英二五二九	壬戌卜貞在獄天邑商谷宮衣茲夕無畎寧	5
丘商		
七七六正	己丑卜殻貞𢦏于丘商四月	1
七七六正	貞勿𢀛𢦏于丘商	1
七八三八	甲午卜燎于丘商	1
七八三九	……方……人其丘商	1
九五二九	……貞婦姘呼黍于丘商受……	1
九五三〇	辛丑卜殻貞婦姘呼黍丘商受……	1
九七七四正	壬子卜殻貞𢦏于丘商	1
九七七四正	勿𢦏于丘商	1
中商		
七八三七	……勿于中商	1
二〇四五三	……巳卜王貞于中商呼……方	1
二〇五八七	庚辰卜𢀛中商	1
二〇六五〇	戊申卜王貞受中商年……月	1
商令		
四二九八	貞惟商令	1
七八一九	……辰……貞令……商歸　小告	1
一六五三七	貞惟商令	1
屯七四〇	乙巳卜惟商令惟商令	4
告商		
屯三一二	己酉卜攸亢告啓商	4
屯四四四九	辛未貞其告商于祖乙	4
屯四四四九	辛未貞夕告商于祖乙	4
呼商		
四二九九正	貞勿呼商……希	1
四三〇〇正	貞呼商……	1
四三〇〇正	貞勿呼商……	1
四三〇一	貞呼商比	1
四三〇一	乙亥卜殻貞呼商比	1
七〇五八	貞勿呼商取逆	1
伐商		
七八三五	……卜㝃……王……伐……商	1
三三〇六五	丁巳卜貞王令並伐商	4
三三〇六六	……卯……貞今夕令伐商	4
屯二九〇七	庚寅貞王令並伐商	4
屯二九〇七	庚寅貞惟𠂤令伐商	4
屯四〇五四	丁巳卜貞王令並甲商伐	4

乇一〇五九　于父丁門令𠂤侯商
乇一〇五九　乙丑…侯商…告…
乇一〇五九　乙丑貞王其奠𠂤侯商于父丁
乇一〇六六　乙亥貞王其夕令𠂤侯商于祖乙門
乇一〇六六　丁亥貞王令保老因侯商
乇一〇六六　丁亥貞王令隮彭因侯商

子商

三七一正　子商獲
三七一正　子商無囚　二告
五三六　庚子卜殻貞令子商先涉羌于河
五三六　庚子卜殻貞勿令子商先涉羌于河
六三七　丁丑卜爭貞令翌以子商臣于盖
六三八　…以子商臣于盖
六三九　…子商臣…
六四〇　貞…子商臣…
八一九　庚申…子商二屯…
九〇三反　子商…
九六九　翌乙酉呼子商酌伐于父乙
二九四〇　丁亥卜内貞子商出…在…
二九四〇　丁亥卜内貞子商無□在囚
二九四一　貞禦子商小宰用
二九四三　壬寅卜勿䏌酌子商禦二宰
二九四四　貞子商侑册于父乙呼酌
二九四五　…殻貞子商出…
二九四六　…子商侑于父…宰…牛
二九五〇正　…子商…
二九五一　丁卯卜…貞呼子商…
二九五三正　貞子商壱有由　二告
二九五三正　貞子商壱無由
二九五四　丙戌卜宕貞子商其□有囚七月
二九五五　丙戌卜宕貞子商其希囚
二九五七　貞子商弗其…
二九五八　…殻貞子商…
二九五九　…□貞子商…
二九六〇反　子商…□出…
二九六一正　貞子商其…暨…往…
二九六三　…卯卜子商禦于…
二九六四　…自…六日…申子商…
二九六五　…卜爭…子商…兄丁…宰十月
二九六六　…子商
二九六八　丙申卜殻貞子商…
二九六九　…王…子商
五五三〇甲　…子商有壱
五五三〇乙　貞子商…
六五七〇　乙酉卜内貞子商戋基方四月
六五七一正　辛丑卜殻貞今日子商其□基方缶戋　五月
六五七一正　辛丑卜殻貞今日子商其□基方缶弗其戋
六五七一正　壬寅卜殻貞自今至于甲辰子商弗其…
六五七一正　壬寅卜殻貞自今至于甲辰子商戋基方
六五七一正　壬寅卜殻貞曰子商□癸敦五月
六五七一正　貞自今壬寅至于甲辰子商戋基方敦□
六五七一正　甲辰卜殻貞翌乙巳曰子商敦至于丁未戋
六五七一正　曰子商于乙敦
六五七一正　壬寅卜殻貞子商不䏌戋基方
六五七一正　貞曰子商至于出丁作山戋
六五七一正　勿曰子商至于出丁作山戋
六五七二　癸未卜内貞子商有保
六五七二　癸未卜内貞子商無其保
六五七二　癸未卜内貞子商戋基方缶
六五七二　癸未卜内貞子商弗其戋基方缶　二告
六五七三　甲戌卜殻貞雀及子商徒基方克
六五七七　今乙亥子商□基弗…戋
六五七七　乙亥卜内貞今乙亥子商□基方弗其戋　二告
六五七八　丙午卜□貞翌丁未子商戋基方
六五八〇　乙亥卜殻貞子商弗…戋…
六八三四正　乙丑卜殻貞子商弗其獲先　二告
六九二八正　惟子商令
七三五二正　惟子商呼
七三五二正　勿惟子商呼
七八〇三　庚午卜爭貞呼子商…

八九六一乙正　子商獲…
九二一七反　子商入十…
九二一八　子商入一
一〇三一五正　貞子商獲鹿
一〇六七〇　…卜殻貞…子商陷
一〇九四八正　呼子商从瀳有鹿
一〇九四五　子商弗其獲…萬
一三五一四甲正　辛…卜殻貞勿𣪕基方缶作郭子商　𢦏四月
一三七二一　貞子商其有疾
二〇〇二七　己亥卜子商
英一二五五正　…寅卜穷…子商妾…盂…娩…
英一二三六　…卜亘貞子商子□…□其□
英一二七七正　壬子…子商…王…

其它

一四〇反　…商…
二四九正　丙戌卜穷貞商其…
二四九正　貞商黑
五二〇　…其呼…商入
五五七　癸巳卜貞商爯冊
五五七　貞勿商戠卓
六三六　丙申卜爭貞令出以商臣于盖
九六四　甲午卜商有伐父乙乙未
一一三六　貞商不吕
一一三六　貞商其吕
一一三七　貞商其吕
一一四五　商
二一九〇正　貞…亥…商…于父…□…
二九四二　…卜王貞…勿𦩍微酌…商禦于…
二九四九　貞勿于…商侑祖…
二九五二　…丑卜…商弗…先…
二九七〇　…卜王…商…□
二九七一　…延…商無…
三〇〇四　…商
三〇三九　…妻…惟…商…
四一〇九　商㞢…

四六七一　庚子卜穷貞其令𣪘祐商
四六七一　貞…𣪘…商…祖乙
四六七二　…春令𣪘…商十三月
四六七七　貞商
四八五三　庚辰卜穷貞令去門暨□暨商采…
五五九七　貞勿商牧六月
五五九七　壬辰卜貞商牧
五六二五　…商…乇
五八三九正　貞商幸
六〇五二　…于…禦…□逐?
六〇七三　癸丑卜穷貞今春商穀舟由
六七八一　…方敦商
七〇八六　…亥卜殻貞…鼓自商…其…
七四一五正　…卯卜穷貞舟稱冊商若十一月
七四一六　貞商…舟若
七四一七　貞…師般…商稱冊…
七八〇一　…貞來…已…入…商
七八〇五　…商其有…王入
七八一四正　丙戌卜爭貞在商無囚
七八二二　惟…奐…商
七八二三　…辰卜古貞商魯　二告
七八二四　…商若
七八二五正　…正…商𢦏…其㞢…
七八二六　貞商其…
七八二八　…卜殻貞…日商…
七八二九正　戊戌卜殻貞有商
七八三〇　…古貞商…
七八三一　貞商
七八三二　貞…大…商
七八三四　…商…伐…
八一八一　辛巳卜殻貞商不…
八一九五　貞商至于奏十月在□
八八八三正　貞商其得
九二一六反　…商入四十
九五六〇　己丑卜穷貞今□商□

九六六一　癸卯卜爭貞今歲商受年　1
九六六二　癸卯卜爭貞今歲商受年　1
九五六二反　…商人秎　1
九六六三　辛丑卜古貞商受年十月　1
九六六六　貞商其受年三月　1
九六八一反　戊子卜㱿…商以十叉…　1
九七八四　貞商不…　1
一一一一八　…商…　1
一一三九二　…曾三…商今…乙…小宰　1
一三〇二四　…辰…商…雨　1
一四四一六　丁…貞…商…　1
一五一二四　…癸…司…商…㯥　1
一七二五七反　…王固…商…兹…　1
一八五九六　貞勿商殺由戠　1
一八七九二　…㞢…秋…再至…商六月　1
一九五八八　貞勿商…　1
二〇〇八七　壬子卜貞…伯商無…　1
二〇四〇五　…羌…至商…征二月　1
二〇四四〇　…亥卜𣦼方征商…　1
二〇五八一　…商　1
二〇五八三　癸亥卜貞商　1
二〇六〇九　…卜曰…商左…交　1
二〇六五〇　丁丑…貞商…受年　1
二〇六五一　辛卯卜𣦼受年商　1
二〇六五四　丁未卜王商其㯥不其受年　1
二一二四五　羊宰商　1
二一六三一　…商…　1
二一六二六　呼執…有…商　1
二一七一九　…牟示商　1
二一七二一　弟…㴱貞…商　1
二一七二二　丁丑…商弔…　1
二一八二五　乙丑子…貞丁子…商執　1
二一八八六　壬戌貞商𠂤…　1
二一九〇八　壬子貞王用　1
二一九〇九　壬戌貞商執　1

二一九七〇　壬午貞商　1
二二三三九　…商　1
二二三三九　…商　1
二四四二七　癸卯卜大貞今歲商受年七月　2
二四四二八　壬辰卜出貞商受年十月　2
二四四二九　辛…貞…步…宰…商…災　2
二四四七六　…其自…商…　2
二七六七三反　卩商…　3
二七六七三反　卩商…　3
二七九七四　有商戠…方　3
二七九八二　惟商方步立于大乙戠羌方　3
二八一〇一　…其…商于往…向　3
二八一〇二　…商…告于…不…　3
二八一〇三　于…大商　3
二九六九三　王…商于之有正　3
三〇〇三二　惟商奏有正有大雨　3
三三一二八　惟商奏　4
三三三五〇　…商水大…　4
三五二九二　…貞…商…用…　4
三六三四四　丁丑王卜貞今囚巫九备…典春𢀛侯　彈…尢暨二侯余其比…戔無左自上下…受　有祐不曹戠無…商無𡆥在…　5
三六四一六　…貞翌日乙酉小臣…其…有老𢀛侯　王其…以商庚卯王弗悔　5
三六四二一　癸巳卜貞王其…小臣…惟無…商…王弗悔　5
三六五三七　癸未卜貞王旬無畎在七月王正毀?戔商在　爵　5
三六五四五　…貞在獄…商公宮…夕無畎　5
三六五四七　…甲寅林師…商公宮衣…　5
三二九二四　商無囚　4
三二九六八　丁丑貞王弜商望其戠　4
三六九七五　己巳王卜貞…歲商受…王囚曰吉　5
三六九八〇　商…年　5
屯七四〇　乙巳卜惟商令惟商…　4
屯七五一　…壬午卜商有伐父乙　4

著錄	釋文	期
乇 九三〇	…入商左卜固曰弜入商	4
乇 一〇五九	己巳貞商于𠂤奠	4
乇 一〇五九	己巳貞商于𠂤奠	4
乇 一一二六	商	4
乇 二六七二	丙子卜貞朕臣商	1
乇 三八一二	弜商	4
乇 四〇四九	己巳貞商于𠂤奠	4
乇 四〇四九	己巳貞商于𠂤奠	4
乇 四三三八	…其奏商	4
乇 附一九	貞勿商牧六月	1
英 一一九	…商…允丁	1
英 一二〇	丁…王…商允…一牛	1
英 二〇四	甲辰卜殻貞商…	1
英二三三五	癸巳卜在𠂤晝彡商𨛜泳貞王旬無𡆥	5
英二五二九	…在…商…茲月…寧	5
懷 一一九	商𢆶…	1
懷 四三三	…貞商其…	1
懷 九〇二	戊寅卜爭貞王…生七月…商…	1
懷 九三五	今七月王…商	1

滴

著錄	釋文	期
一〇八二	…于滴喪人三月	1
一三三三	貞夕亡𡆥…滴	1
八三一〇正	丁亥卜古貞𢊁𠬝于滴	1
八三一〇正	𢊁不𠬝于滴	1
八三一一	…未卜…不惟滴令𢦏方	1
八三一二	…滴	1
八三一三	…鬱…滴	1
八三一四	…以滴	1
一五七八四	…滴…北…	1
二四三四〇	在師滴卜	2
二四六〇八	…五卜行貞王其𢦏舟于滴無災在八月	2
二七七八三	…犾…王其省涉滴無災不雨	3
二七八〇二	乙未卜王涉滴	3
二八一七八	𨸏惟今夕于滴	3
二八一七九	…滴	3
二八一八〇	王其侑于滴在有石燎有雨	3
二八一八一	惟滴…	3
二八二四三	…𡆥禾于滴有大…吉	3
二八三三八	王其涉滴射…鹿無災	3
二八三三九	王涉滴射有鹿擒	3
二八三四〇	王涉滴射𢦏鹿弗擒	3
二八四二六	惟滴𩢦	3
二八八八二	…滴至…𢦏射左犬擒	3
二八八八三	王其田涉滴至于𢦏無災	3
二八八八四	…滴王…	3
三〇八七七	…滴𡆥…	3
三二〇三五	于滴王逆以羌	4
三三一七七	…滴北…九𡆥	4
三三一七八	于滴南…	4
乇 二五六	王其涉滴射𢦏鹿無…	3
乇 三七四	…涉滴其…	3
乇 九三〇	寧于滴	4
英二三八七	…𡆥年于滴	3

𡍮

著錄	釋文	期
一八二五三	…未…𡍮…再…	1
一九七七五	呂…羊	1
英二六七四正	𡚬子曰𦉭	5
二一〇三一	貞𢀛	1

冥 娩

一九〇正　貞𠭁于冥
一九〇正　𠭁勿于冥
六三五正　貞呼去伯于冥
六三五正　貞呼去伯于冥
一三三四正　于娩
七八四三　丁酉卜殻貞來乙巳王入于冥
七八四四　丁酉殻貞來乙巳王入于冥
一三四五八　…于…冥
一五四　乙丑卜殻貞翌庚寅婦好娩
一五四　貞翌庚寅婦好不其娩一月
一三九四二　…不…庚寅婦好娩翌庚寅…
一三九四五　貞婦好娩　二告
一三九四六正　…好娩
一三九四七正　…婦好不…生四月娩　二告
一三九四九　…卯卜殻貞婦姘娩王固曰惟戊娩不
…惟…
一三九五〇　貞婦姘娩
一三九五一　…婦姘娩
一三九五二　…娩…丑婦姘不…壬…
一三九五三正　貞婦姘娩
一三九五四　丁卯卜王…㛗娩
一三九五五　…婦婐娩允…
一三九五六　…婐娩
一三九五七　貞婦婐娩不其…
一三九五八　貞婦婐娩惟衣
一三九五八　婦婐娩
一三九五九　貞婦婐娩不惟衣
一三九六〇　乙酉卜王婦鼠娩其惟…
一三九六一正　…申…貞婦娕娩
一三九六二　貞婦共娩不…
一三九六五　丙午卜王貞婦…三月甲辰娩惟…
一三九六六　…婦…娩
一三九六七正　…娩…吉其…甲亦…吉旬有…婦…
一三九六八　丁卯…婦…娩…其…
一三九六九正　…婦…娩
一三九七〇　丁酉卜貞婦…娩
一三九七一　壬子卜貞婦…娩
一四〇〇四　丁酉卜爭婦好娩其…
一四〇一三　乙卯卜殻貞婦姘娩不其…

英一七〇　…婦婐娩…
懷四八八　…貞…婦好娩…
一八一　乙巳卜穷貞婦姘娩嘉婦姘…
三七六正　庚子卜殻婦婐娩嘉
三七六正　貞婦婐娩不其嘉
四五四正　辛未卜殻貞婦妏娩嘉王固曰其惟庚
娩嘉三月庚戌娩嘉
四五四正　辛…卜殻貞…妏娩嘉…其嘉
六四一正　乙亥卜古貞婦婐娩嘉
七一七正　庚申娩不嘉
九七四正　貞婦姜娩嘉
九九一正　貞婦婐娩不其嘉
九九一正　貞婦婐娩嘉
六九〇五　婦婞娩不其嘉
六九四八正　貞婦好娩不其嘉
六九四八正　壬寅卜殻貞婦好娩嘉壬辰向癸巳娩
惟女
七八五四正　甲子卜殻貞婦婐娩嘉四月
七八六〇　貞婦婐娩不其嘉
一三九九六　丁酉卜穷貞婦好娩嘉王固曰其惟甲娩
有祟有…
一三九九六　丁酉卜穷貞婦好娩嘉王固曰其惟甲娩
有祟有…
一三九九七　壬戌卜穷貞婦好娩嘉
一三九九八　…殻貞…好娩…其嘉…五旬有…
一三九九九　…辰卜殻貞婦好娩嘉…凷
一四〇〇〇　貞婦好娩嘉
一四〇〇一正　壬寅卜殻貞婦…娩嘉王固曰其惟…
申娩吉嘉其惟甲寅娩不吉亞惟女
一四〇〇一正　壬寅卜殻貞婦好娩不其嘉王固曰凡
不嘉其嘉不吉于屮凡茲廼冓
一四〇〇一反　…段
一四〇〇二正　甲申卜殻貞婦好娩嘉王固曰其惟丁
娩嘉其惟庚娩弘吉三旬又一日甲寅娩
不嘉惟女
一四〇〇二正　甲申卜殻貞婦好娩不其嘉三旬又一日甲
一四〇〇二正　寅娩允不嘉惟女
一四〇〇二反　王固曰其惟丁娩嘉其庚…吉
一四〇〇三正　戊辰卜殻貞婦好娩…嘉…月

號	釋文	期
一四〇〇三正	戊辰卜殻貞婦好娩嘉丙子夕皿丁丑娩	1
	嘉	1
一四〇〇五	丁巳卜爭貞婦好娩不其嘉十月	1
一四〇〇六正	癸亥卜殻貞婦好娩其嘉	1
一四〇〇七	婦妌娩嘉	1
一四〇〇八正	丁未卜韋貞婦妌娩嘉	1
一四〇〇九正	…卜爭貞婦妌娩嘉王固曰其惟庚娩	1
	嘉旬辛…婦妌娩允嘉二月	1
一四〇〇九反	…惟庚娩嘉	1
一四〇一〇正	貞妌婦娩嘉	1
一四〇一一正	癸…貞婦妌娩嘉	1
一四〇一二	…妌娩嘉	1
一四〇一四	貞婦妌娩嘉	1
一四〇一六	…[女食]娩不其嘉	1
一四〇二一正	戊午卜爭…敁娩嘉王…曰毓三…婦	1
	敁娩嘉	1
一四〇二四	丁丑卜爭貞婦妶娩嘉惟…二月	1
一四〇二五	…婦娩…嘉	1
一四〇三二乙正	…卜殻貞子昌娩嘉	1
一四〇三九反	…娩嘉	1
一四〇四〇	…娩嘉	1
一四〇四一	…娩嘉	1
一四〇一七正	…旬有二日辛未婦婡允娩嘉在𣏟	1
一四〇一八	丙午卜亘貞婦果娩嘉四月	1
一四〇一九正	丙戌卜爭貞婦婐娩嘉七月	1
一四〇一九正	貞婦婐娩…其嘉	1
一四〇一九正	貞婦婐娩嘉惟衣　二告	1
一四〇二〇	…婦鼠娩嘉五月	1
一四〇二一正	戊午卜爭…敁娩嘉王…曰毓三…婦	1
	敁娩嘉	1
一四〇二二正	貞婦姰娩嘉	1
一四〇二二正	婦姰娩不其嘉	1
一四〇二三	癸亥卜爭貞婦𡧊娩嘉十二月	1
一四〇二六	貞汝娩不其嘉	1
一四〇二七	…姓娩其嘉	1
一四〇二八	…婦娩嘉	1
一四〇二九	…殻婦娩嘉	1
一四〇三〇	婦娩不嘉	1
一四〇三一	乙亥卜婦…娩…嘉	1
一四〇三二甲正	…卜殻貞子昌娩不其嘉	1
一四〇三三正	甲辰卜貞子昌娩嘉惟衣	1
一四〇三三正	甲辰…爭貞…昌娩不…嘉女…五月	1
一四〇三四正	庚午卜穷貞子目娩嘉	1
一四〇三四正	貞子目娩不其嘉王固曰惟茲…嘉	1
一四〇三五甲正	…子要娩不其嘉	1
一四〇三五丙正	貞子要娩不其嘉　二告	1
一四〇三五丙正	…要娩嘉	1
一四〇三五丙反	…甲娩…嘉	1
一四〇三六	丁亥卜己貞子…妾娩不其嘉	1
一四〇三七	辛丑卜爭貞小臣娩嘉	1
一四〇三八	…小臣…娩嘉	1
一四〇四三	…惟庚娩嘉	1
一四〇四四	…穷貞…娩嘉	1
一四〇四六正	…娩嘉	1
一四〇四七	…固曰…娩嘉…百日有八…	1
一四〇四八	…固曰其…娩嘉…有祟…	1
一四〇四九	…娩…嘉	1
一四〇五〇	…娩不其嘉	1
一四〇五一	…娩不…嘉	1
一四〇五二	…娩不嘉	1
一四〇五三	貞娩不其嘉	1
一四一一一	…娩不其嘉	1
一四一一二	…娩不其嘉	1
一四三一四	壬午卜殻貞婦妌娩嘉	1
一四三一四	壬午卜爭貞婦妌娩嘉二册	1
屯附二三	貞小臣娩嘉	1
懷四八五	壬辰卜亘貞婦𠂤娩嘉王固…	1
懷四九二	…娩…嘉…	1
懷一三六二	己卯卜大貞婦寢娩嘉	2

其它

號	釋文	期
二六正	貞今五月娩	1
二六正	貞其于六月娩	1
二六正	貞今五月娩	1
二六正	辛丑卜穷貞其于六月娩	1
二六正	貞今五月娩　小告	1
二六正	貞其于六月娩　小告	1

三七六反　王固曰其惟甲娩吉呼
七七五正　…娩
八一一反　王固曰吉其惟庚娩見丁
一二四八正　貞今日…不其娩　二告
七八四二　…捍弗戋在冥
七八四五　…來乙巳入冥
七八四六　乙丑…殸貞王入…冥
七八四七　…卜…乙…王…冥
七八四九　…來…冥
七八五〇　貞冥無囚
七八五一　己丑卜穷貞惟冥人
七八五一　貞不惟冥人
八七一〇　…多…冥…
九一一六正　…娩
九六四四　…冥…
一一四〇五　…子卜殸貞㛄娩
一一四六〇甲正　貞娩無來媗
一三九四三　…王貞好娩…惟甲娩…
一三九四四　…巳貞今好娩　小告
一三九四八　戊…殸貞…及…十三月娩
一三九六三　甲…姓娩
一三九六三　甲…姓娩
一三九六四　癸卯…取娩…固曰…
一三九七二　…巳…盂娩
一三九七三　…卜爭貞盂娩…
一三九七五正　…殸貞子娩王固…惟丁娩…
一三九七四　…酉卜殸…呼…娩
一三九七五正　…殸貞子娩王固…惟丁娩…
一三九七六　貞…其惟…娩
一三九七七　…卜殸…娩
一三九七八　…娩惟…
一三九七九　貞今…娩
一三九八〇　…娩
一三九八〇　及今一月娩
一三九八〇　娩
一三九八〇　及今一月娩
一三九八一正　…京…娩
一三九八二　…卜…娩…
一三九八三　…子卜…今夕…娩…
一三九八四　…夕娩
一三九八五　…旬有二…庚娩
一三九八六　…娩
一三九八九　不其娩
一三九八九　娩
一三九八七　…婦…娩十二月
一三九八八　…娩不其…
一三九九〇　…娩不…
一三九九一　貞…娩不其…
一三九九二　…女娩
一三九九三　…亥…殸貞…娩
一三九九四　…亥卜女娩
一三九九五　娩
一四〇一〇正　…卜…娩…
一四〇一七反　…固曰…娩吉…婦…
一四〇四二正　…娩…
一四一一五　戊辰卜王貞婦鼠娩余子
一四一一六　貞婦鼠娩余弗其子四月
一四一九八反　王…娩…
一七三八二　…生…其…不…□…二月
一八七八一反　…娩
二一〇六八　己酉卜王占娥娩允其于壬不十一月
二一七八五　…如…有娩…門二月
二一八八七　…貞…冥
二一八八八　…子…冥
二一八八九　…子…冥
二一九二八　自丁其逐冥
三三〇八九　…其娩…
英一二五反　…母…夕娩…
英三七三　…冥畓…正
英八〇八　貞冥受年
懷四八一　…貞…不其…夕娩…
懷五〇二　…娩允…
懷一五一六　…酉卜王…鼠娩…

泉

八三六八 貞王…㞢泉… 1
八三六九 貞…泉… 1
八三七〇 …惟…泉 1
八三七一 …卜…泉 1
八三七二 …好…泉 1
八三七三正 …卜…婦…泉 1
八三七五 …卜…自泉…叩…無災 1
三七六 …卜…來有于及…西泉 1
一〇一五六 乙卯卜貞今𣎆泉來水次五月 1
一〇一六五反 …泉入…犬 1
二一一八二 戊寅卜王貞…勿𦩍衛泉… 1
二四四二六 己酉卜行貞王其觀于𡈼泉無災在𣶃 2
二七七九八 …卜…步自泉…叩…無災 3
三四一六五 戊子貞其燎于洹泉…三宰圉宰 4
三四一六五 戊子貞其燎于洹泉犬三宰圉宰 4
三四三六四 …泉 4
屯一一七八 …自泉… 4
懷一六六九 …卜…貞王…百泉… 5

⿰泉又

四五四六 …⿰泉又來 1
一七四七五 …⿰泉又…𢎥 1
三三〇一〇 …貞于京其奠⿰泉又□ 4
屯一一一 己巳貞⿰泉又□在𢓊奠 4
屯一一一 己巳貞⿰泉又□其奠于京 4

⿰泉刂

一三五二〇 ⿰泉刂呼作七月 1
二八二二七 …年…□…雨 3
三一一九九 來庚⿰泉刂東乃霾無大雨 3
三三三五八 乙丑貞⿰泉刂 4

桼泉 合文

三六九〇九 丁亥卜在桼泉師貞韋師寮妹…有宜王其令宜不悔克甾王令 5
三六九一〇 …巳卜在桼泉…旬無𡆥 5
三六九一一 癸丑…王旬…在六月…桼泉… 5
三六九一一 癸亥卜貞王旬無𡆥在六月在桼泉師 5
三六九一三 …在桼泉師 5

⿱兔泉

七二三九反 ⿱兔泉入三十 1
一二四三九反 ⿱兔泉入三十 1
一三六九六反 ⿱兔泉入三十 1
一九六〇一反 …⿱兔泉… 1
三八七一八 庚申卜貞王賓⿱兔泉無尤

□

三〇七六 癸巳卜貞令橐卒子□歸六月 1
四〇九六反 貞今日橐…卒其… 1
八三八〇反 …□… 1
二四四二四 …旅…翌戊寅…□于…又一牛 2
英一九五四 戊寅卜…貞王…父丁□…尤于丁… 2
懷八六四b …□… 1

隹泉 合文

二七九三九 貞其令有亞走馬□乚隹泉 3
三二一八三 辛巳貞弜奠于隹泉 4

鳥泉 合文

八三七七反 …鳥泉… 1
八三七八 …鳥泉… 1

户

二六七六四 壬申卜出貞丁賓户□無匄 2
二七五五五 己巳卜其啓宜西户祝于妣辛 吉 3
三〇二九四 己巳卜其啓廳西户祝于… 3
三一二三〇 …户…受祐 3
三二八三三 岳于三户 4
屯二〇四四 于南户尋王羌 4
屯三一八五 于宗户尋王羌 4
懷一二六七 壬申卜出貞丁宗户□無匄 2

启

四一三　乙卯卜爭貞雀以启　1
五七五正　…启若　1
六四五七正　貞王惟沚馘啓比…　二告　1
六九五二正　貞望漢弗其若启雀　1
九三三九　壬子卜汭以狄启獲入罜　1

陳

三三九七正　丁酉卜㱿貞呼宅陳　1
一五〇九九　呼…陳…　1

𢊁

八七一八　…王貞…𢊁人…　1
八七一九　…卯卜王…我𢊁…　1
一〇九五〇　我惟七鹿逐七鹿不𢊁　不吿　1
一九三六一　丁酉卜吏來…豕弗其𢊁在…　1

𢅥

一八六六二　…𢅥若　1
一八六六三正　…戊卜韋…𢅥若　1
英七三五正　貞廣若　1

三九二五正　貞呼取隱伯　1

啟　啓

選録

九八一六反　壬寅卜王貞翌甲辰日祉啓允…十一月　1
一〇三〇九　乙未卜翌丙申啓　1
一三〇七七　貞今癸卯啓　1
一三〇七八　辛丑…貞今…啓　1
一三一〇五正　丁未卜㱿貞翌辛亥啓　1
一三〇六　丙辰卜穷翌丁巳啓　1
一三〇七　…穷翌己酉啓　1
一三〇七　…翌庚戌啓　1
一三〇九　癸丑卜内翌甲寅啓　二告　1
一三〇九　辛亥卜内翌壬子啓壬…　1
一三一〇　丙寅卜内翌丁卯啓丁啓　1
一三一二　貞翌辛巳有啓　1
一三一二　庚辰卜…翌辛巳啓　1
一三一五　貞翌丁丑啓　1
一三一六正　貞翌丙申啓　1
一三一六正　貞翌乙未啓　1
一三一七　貞翌庚子啓　1
一三二三　甲寅卜爭貞翌乙卯其啓　二告　1
一三二四　癸卯卜内翌甲辰不其啓　1
一三四四九　辛丑卜穷翌壬寅啓壬寅霧　1
一三四五二　癸巳…翌甲啓甲霧六月　1

二七八七五　貞啓昆大甲日　3
三〇一九〇　今日辛大啓　3
三〇一九一　戊寅卜今日戊啓　3
三〇一九二　今日壬啓　3
三〇一九三　今日壬啓　3
三〇一九四　今日壬不啓　3
三〇一九五　…今日丁啓　3
三〇一九六　今日啓　3
三〇三八一　丁巳卜今日啓　3
三〇三八一　戊午卜今日啓　3
三三九八二　丙戌卜今日啓　4
三三九八三　癸酉卜今日啓　4
三三九八四　壬午…貞今日壬啓　4
三三九八五　甲午卜今日啓　4
三三九八六　乙未卜今日啓　4
三三九九〇　丁卯貞父丁日啓　4
三三九九一　丁未卜父丁日啓　4
屯九五〇　丁未卜今日啓　4
屯一一三七　戊辰卜今日啓不雨　弘吉　3

著錄號	釋文	分期
屯二三一八	…父丁日啓	4
屯二三〇〇	戊戌卜今日戊啓	3-4
屯二三〇〇	今日不啓 吉	3
英一一〇一	丙申卜翌丁酉酚伐啓日明霧大食日啓 一月	1
英一八四九	今日不啓	1

夕啓

著錄號	釋文	分期
一二六二三甲	貞今夕不其啓九月	1
一三〇八五	貞今夕啓	1
一三〇八六	貞今夕啓	1
一三〇八七	貞今夕啓	1
一三〇八八	貞今夕其啓	1
一三〇九三	…今夕啓	1
一三〇九四	今夕啓	1
一三〇九五	…夕…啓	1
一三〇九六	今夕其啓	1
一三〇九七	貞今夕不啓	1
一三〇九八	貞今夕不啓	1
一三〇九九	貞今夕不其啓	1
一三一〇〇	貞今夕不其啓	1
一三一〇一	貞今夕不其啓	1
一三一〇二	貞今夕不其啓不啓	1
一三一〇三	貞今夕不其啓	1
一三一〇四	貞今夕不其啓	1
一三二八三正	庚子啓之夕雨	1
一三三五一	貞今夕雨之夕啓風	1
一三四六二	…夕啓…霧	1
三三九八九	今夕啓	4
二四九二二	貞今夕不其啓	2
二四九二三	貞今夕不其啓	2
三〇一九九	丁未卜暊貞今夕啓	3
三〇二〇〇	辛亥卜暊貞今夕啓	3
三〇二〇一	貞今夕不其啓	3
三〇二〇二	今夕啓	3
三三九八七	庚申…今夕啓	4
三三九八八	癸酉貞今日夕啓	4

征啓

著錄號	釋文	分期
一三〇四六	…暈終…惟甲子…暈延啓	1
一三一三一	…夕啓…癸巳…延啓	1
一三一三二	貞延啓 不吿黽	1
一三一三三正	貞不其延啓六月	1
一三一三四	貞不其延啓	1
一三二八〇	己巳卜貞啓延	1
二四一六一	…貞今日延啓四月	2
二四九二五	貞今夕不其延啓	2
屯二三二〇	甲辰卜在𠂤牧延啓有…邑…在盧 弘吉	3
屯二六〇〇	今日至翌日丙延啓	3
英六六六正	貞延啓允延啓	1
英六六六正	貞延啓	1
懷二五五	…卜…貞今…延啓	1

大啓

著錄號	釋文	分期
一二四九九正	…酚明雨伐…雨咸伐亦…𢼄卯鳥大啓 易…	1
二〇九五七	…日大啓昃亦雨自北…昃…	1
二一〇一〇	…壬申…雨大…霎…寅大啓…卯大風 …自北以…	1
二一〇二一	癸丑卜貞旬甲寅大食雨…北乙卯小食大 啓丙辰…日大雨自南	1
二一〇二二	戊申卜貞翌己酉大啓	1
二八六六三	…亥卜翌日戊王兌田大啓 大吉 茲 用 允大啓	3
三〇一八九	…戊卜今日庚至翌日…大啓	3
三〇一九〇	壬大啓	3
三〇一九〇	壬不大啓	3
三〇一九七	中日大啓	3
屯二三〇〇	及茲夕大啓	3
懷一四九六	戊子卜余雨不庚大啓	4
懷一四九六	暈陰…卜…曰翌庚寅其雨…余曰己其 雨…不雨庚…大啓…	4
懷一四九六	…其啓三日庚寅…大啓	4

干支啓

著錄號	釋文	分期
二〇二六四	丁未卜戊申啓	1
二〇七四九	丁巳卜…令甫狩…丁丑啓	1
二〇九五七	…于辛雨庚巛…雨辛啓	1
二〇九九一	己丑卜翌庚啓允夕…	1
二〇九九三	…允丁啓大采…	1
二〇九九四	甲寅卜…無囚乙啓	1

啓

編號	釋文	期
二〇九八九	辛酉卜翌壬戌啓	1
二一一七九	己丑卜奉啓庚寅	1
二一二二三	丙啓	1
二一〇八八	丙戌啓	1
二四九二〇	壬寅卜卯貞翌癸卯啓四月	2
三四九二〇	貞不其啓三月	2
三〇二〇三	于翌日丙啓不雨	3
三〇二〇四	庚辰卜翌日辛啓	3
三〇二〇七	戊申啓己允啓	3
三〇二〇八	丁啓	3
三〇二〇九	辛亥卜癸丑不其啓	3
三〇二一〇	丁啓	3
三〇二一〇	丙啓	3
三二二三七	己亥卜庚啓	4
三三〇六九	壬子卜啓日翌癸丑	4
三三九七二	乙亥啓	4
三三九八一	丙午卜翌日丁未啓…	4
三三九九三	乙不啓	4
三三九九四	庚啓	4
三三九九七	癸啓	4
三三九九八	癸啓	4
三五一七四	辛卯卜癸啓壬辰啓	4
屯七四四	癸卯卜甲啓不啓竹夕雨	4
屯二三〇〇	己啓 吉	3
屯二三〇〇	庚啓 大吉	3
屯二三〇〇	辛啓	3
屯二三〇〇	壬啓	3
屯二三〇〇	壬不啓	3
屯二三五一	癸亥卜翌甲子啓	4
屯四五一六	壬子卜啓日翌癸丑	1
英一〇八八	丁卯卜翌戊辰啓允啓	1

啓

編號	釋文	期
一〇五五六	丙寅卜翌丁卯…田啓允啓	1
一三一三六	辛亥卜癸啓允啓	1
一三一三七	貞翌壬寅啓允啓	1
一三一三八	翌乙…日啓…日允啓	1
一三一四〇	乙丑卜内翌寅啓丙允啓	1
二〇四一六	丙子卜徣丁丑啓允啓	1
二〇七五三	貞…令…狩有啓	1
二〇九七七	…不其允啓	1
三一九七〇	庚申卜翌辛啓允啓	4
三三九八六	允啓	4
二〇九九〇	戊申卜己啓允啓	1
三三九六六	甲辰卜乙巳允啓	4
屯三一〇	允啓	4
屯一〇〇九	戊寅卜啓己卯允啓	4
屯二三五一	癸亥卜翌甲子啓允	4

不啓

編號	釋文	期
三〇一九〇	不啓	3
三〇一九六	不啓	3
三〇一九八	不啓	3
三二七六八	不啓	4
三三八七一	庚不啓	4
三三八七一	己巳卜庚啓不	4
三三八七一	戊辰卜己啓不	4
三三九八七	不啓	4
三四〇〇二	不啓	4
三四〇〇四	不啓	4
三四〇〇五	不啓	4
屯三二五	癸巳卜不啓乙未	4
屯七四四	不啓允不啓夕雨	4
屯二三五一	癸亥卜不啓	4
屯二五三三	不啓	3
屯四三〇一	乙卯不啓	3
懷一六〇九	乙卯卜今日不啓	4

出啓·又啓

編號	釋文	期
六五八二	癸卯…貞有啓龍王从受有祐	1
六五八二	貞有啓龍王勿从 二告	1
二〇七五五	壬辰卜今日狩有啓	1
二〇九八九	庚申卜翌辛酉甫有啓	1
屯五九〇	丙申卜父丁翌日有啓雨	4

其它

一二二　貞王夢啟惟囚
一二二　王夢啓不惟囚
三三九　癸丑卜貞令見取啓暨十人于䜌
三三九　乙卯卜古貞令𢓊取啓暨十人于䜌
六三五反　貞啟自㞢邑
九七五正　乙巳卜争貞今日酚伐啓
三四一八　壬子卜伯𩁹其啓七月　二告
三四四一　丁巳卜呼：啓弘
四三一五　：辰卜翌：𢆶田：啓：雨
四五一二　：啓惟有得
四五一三　：呼啓田
六〇五五　貞惟𢀛令途啓于井
六〇五六　戊寅卜穷貞令𠚪途啓于井八月
六三三二　貞戠啓王其夅舌方
七三四五　：卜穷貞羌舟啓王𠂤
七四三七　貞勿呼見啓于𡵨
七四三九　貞𠂢肇我啓
七四四〇正　貞祉戠啓王勿比帝弗若不我其受祐
七四四〇正　丙辰卜争貞祉戠啓王比帝若受我祐　二告
七四四一正　貞祉戠啓王比
七四四二　貞呼：戠啓：
七四四三　貞戠啓不其載
七九一五　：之啓祈：
八九二三　不其得启
九八一八　：辰卜穷貞王今日往啓禠
一〇五一四　啓入
一〇五五五　壬申卜翌：𢆶田啓
一〇五五六　丁卯卜翌：𢆶田啓允啓
一〇五五七　甲午卜翌：𢆶田啓允啓不往
一〇八六三正　戠其啓雀　二告
一〇九三六反　啓不其𣠙
一三〇五二　戊申卜殻貞啓若
一三〇五三　：穷貞啓若
一三一三五　：今夕：之夕：亦啓
一三一四〇　辛未卜内翌壬申啓壬終日霧　二告

一三一五九反　：勿啓其：𢀛惟：惟：
一三二一六反　：未：雨中日啓酚既
一三三九九正　己亥卜永貞翌庚子酚：王固曰兹惟 庚雨卜之：雨庚子酚三𠭯雲𩁹其既 祝啓
一三四九〇　貞祉戠啓𠂤王比
一四六四七正　：未卜韋貞呼：河以啓王固：其來之： 往見于：無來
一四七五五反　侑：于五日惟啓
一六四五八甲　：𩁹啓王不我：
一六四五八乙　貞𩁹啓王我囚
一七二七二　癸丑卜殻貞旬無囚庚申有鑿千啓三月
一七六六五正　貞勿呼以啓
二〇七四〇　甲寅卜翌：𢆶田：啓雨
二〇七五三　：未卜王：狩不其啓
二〇七五四　：丑：狩不其啓十一月
二〇九二六　己丑卜：酉𡴘啓
二〇三九七　：壬：有雨今日小采：允大雨延伐： 龠日惟啓
二〇九八八　戊戌卜其陰印翌啓不見雲
二〇九九〇　戊申卜己其雨不雨啓少：
二〇九九五　：啓明陰𠕋步
二〇九九九　壬戌卜𠂤惟啓
二一〇一六　癸亥卜貞旬乙丑夕雨丁卯夕雨戊小采 日雨風己明啓
二一五五二　辛巳卜啓有𠂉妣庚彘
二一五七九　戊子卜子貞今翌啓因
二一六九八　：啓入午事若十月
二二〇五〇　戊戌卜㞢在甲：啓千不𠂤
二二一三五　壬寅貞啓
二二一三五　貞啓弟
二二二四八　啓有𠂉妣庚牡
二二二四九　啓有：
二二二四九　啓有𠂉妣庚牡
二二二四九　辛巳卜啓有𠂉妣庚彘
二二三五八　丙午貞啓
二二三五八　丙午貞啓弟

二二三九三　…辰卜貞：…啓無疾　1

二二三九四　…啓無疾　1

二六一八九　…巳卜夫：…弜羊啓：…丰有囚　2

二七五五五　己巳卜其啓宗西户祝于妣辛　吉　3

二九八〇〇　…至郭啓　吉　用　3

三〇二〇三　今日乙郭啓不雨　3

三〇一九八　中日至郭兮啓　吉　兹雨　3

三〇二九四　己巳卜其啓廳西户祝于…　3

三二四六五　…大丁彡啓　4

三二七二六　…有告啓其剛于父乙　4

三二九一五　戊戌貞羽異惟其無啓　4

三三〇六九　己亥…侯…啓王…伐歸若　4

三三〇三四　丙午貞今來歲以惟啓　4

三三〇五六正　惟祉戒啓我用若　4

三三〇九八　辛卯卜惟出啓用若　4

三三〇九九　辛卯惟出啓若　4

三三九六七　…午卜乙未有歲啓　4

三三九六八　丁不啓　4

三三九七五　丁未啓　4

三三九七九　癸丑貞…啓侯…　4

三四〇〇九　…出啓　4

三六五一八　乙巳王貞啓呼祝曰盂方奴人…其出伐屯師高其令東會于…高弗悔不啓戰　王囚曰…　5

屯　六三　惟祉戒啓我用若　4

屯　六三　庚寅卜惟出啓我　4

屯　三一二　己酉卜攸亢告啓商　4

屯　六六五　弜燎啓　4

屯　七一七　辛卯卜惟出啓用若　4

屯　一一〇五　弜燎啓　4

屯　三三二〇　癸酉卜戍伐有牧卓偁人方戍有災　弘吉　3

屯　二八三八　翌日乙大史祖丁有去自雨啓　3

屯　三七二六　丙寅貞惟宗啓元告王…　4

英　三七三　…侯專啓…余受…　1

英　六一九　壬寅卜夫不其啓少十月　1

英　四七九反　王固曰其有來啓　1

英　一五五五　戊申卜永貞望乘有保在啓　1

英　一七五八　庚寅今啓南二日　1

門

宗門

三二〇三五　王于宗門逆羌　4

屯　七三七　丁未卜其工丁宗門惟咸啓…　3

屯　三三三四　于父甲宗門用有正　吉　3

廳門

三〇二八四　于廳門酋會王弗悔　3

三〇二八五　于廳門酋會王弗悔　3

門・凵

三〇二九三　从川万門有正　3

屯　五九一　方不征于門　3

屯　二三三四　其用在父甲必門有正　吉　3

門田・田門

二九三四一　王惟門田無災　3

二九三四二　…卜翌日戊王惟門田湄日不遘…　3

二九三八〇　貞惟門田不…雨　3

二九三八一　弜田門…悔　3

三〇二九一　…田門其…　3

屯　二一七　惟門田不雨　3

屯　二一七　弜田門其雨　3

十門

一三六〇三　貞于甲門令　1

三〇二八三　有宗其延宗父甲門　3

門令

一二八一四正　辛亥卜殻貞于乙門令　1

一二八一四正　辛亥卜殻貞勿于乙門令　1

一三五九八　貞于乙門令　1

一三五九八　貞于乙門令　1

一三五九八　貞勿于乙門　1

著錄號	釋文	期
一三五九八	貞勿于乙門令	1
一三五九九	貞勿于乙門令	1
一三五九九	貞勿于乙門令	1
一三六〇〇	貞于乙門令	1
一三六〇一	貞于乙門令	1
一三六〇一	貞于乙門令	1
一三六〇一	勿于乙門	1
英七二四	…于乙門令	1
英一一六	貞勿于乙門	1

口門

著錄號	釋文	期
一三六〇二	貞自丁門二月	1
屯一〇五九	于父丁門令𠂤侯商	4

南門

著錄號	釋文	期
一三六〇七	…南門即美	1
二七三八七正	…南門	3
三〇二八七	弜南門	3
三〇二八八	其…鼎…南門…弗…	3
三〇二八九	貞从南門	3
三二〇三六	王于南門逆羌	4
三二三五六	庚申于南門尋	4
三二七一八	于南門	4
三四〇七一	于南門旦	4
屯三一八七	…南門雨	
懷一五七一	辛酉貞王尋𠙵以羌南門	4
懷一五七六	戊申于南門尋	4

其它

著錄號	釋文	期
二六一	辛丑卜貞𢀛以羌王于門尋	1
一〇八八反	門	1
四八五三	庚辰卜穷貞令去門暨𦣞暨商采…	1
四八五四	貞…去門…𦣞	1
七四二六反	貞門𠱫	1
一三六〇四正	貞奏父門	1
一三六〇四正	勿奏父門	1
一三六〇五	…鑿門…七月	1
一三六〇六反	…亦門…門…	1
一三六〇八正	…于門率	1
一三六〇九	…穷…門	1
一三六一〇	…卜王…門	1
一三六一一	門	1
一三六一二正	丁門…室…	1
一九〇九五正	丁丑卜爭貞令門㠯曾…	1
一九八〇〇	丙申卜王貞勿䧅陷于門辛丑用十二月	1
二〇七七〇	…燎…自入至𠙵門不往陰十一月	1
二一〇三〇	…自王…門于…般凡…	1
二一〇八五	己巳卜王于征辟門燎	1
二一七八五	…如…有娩…門二月	1
二二二三九	乇門	1
二二二四六	帝乇燎門	1
二二二四六	帝乇燎門	1
三四一二六	…門示若…	4
三〇二八二	穷門于彡	3
三〇二八六	癸丑卜彝在廳在廠門死	3
三〇二九〇	…門其雨	3
三〇二九二	…出門王惟…	3
三四二一九	取岳于三門徝	4
三四二二〇	岳于三門	4
屯五九一	方其征于門	3
屯一七八九	…門…	
屯三八二	己卯卜…門…岳 茲用	4
英一七七六	…甾…𢍚…門	1
懷一三九一	王于…門…	3

問

著錄號	釋文	期
一六四一九	…問…若	1
二一四九〇	貞余…問大…	1

閃

著錄號	釋文	期
一八三一八	戊王其射閃狐湄日無災擒 吉	3

著錄號	釋文	期
二七一六〇	閃燎惟小牢	3
二八三一八	其呼射閃狐擒　吉	3
英二三六六	弜燎于閃無雨	3
英二三六六	惟閃燎酌有雨	3
一八〇六四	……其閃……	1
二六〇六五	貞其閃乳十一月	2
三六七七三	……在元……王步……闋……	5
八九六一乙正	……陟从……闌羽……	1
三二三三八	[illegible]	1
二一四五五	……冒以	1
一五八四四	貞今禍于𤖁閒……	1
屯三三七三	丁丑貞王令[illegible]歸侯以田	4
三一〇一三	其奏庸閔美有正	3
屯三〇〇四	弜屯其閔新束有正　吉	3
一二一六四	貞[illegible]不惟囚	1

口　参三　398 408 頁

丁

著錄號	釋文	期
三〇九六	丙午卜貞效丁人嬉不𫠧在丁家侑子	1
一三五八二	貞惟丁家𥝢	1
一三五八三	……巳……丁家……	1
二一〇二八	戊戌……貞……宋閒茲𪔛丁家	1
一三五三三	……卩……商……舟……在丁宗	1
一三五三四	庚辰卜貞于丁宗……	1
一三五三五	……其告步丁宗	1
一三五三六正	貞成𥡪丁宗	1
一三五三七正	貞勿成𥡪丁宗其有來媸	1
一三五三八	乙酉卜穷貞丁宗無不若六月	1
一三五三九	乙酉卜穷……丁宗無不若六……	1
一三五四〇	……勿……丁宗十三月	1
一三五四一	壬申卜……貞丁宗……	1
三五九四二	……卜貞……宗丁……牢　茲用	5
三五九四五	……貞……宗丁……牢	5
三五九五〇	……卜貞……宗丁……　茲用	5
三六〇七八	甲戌卜貞武乙宗丁其牢	5
三六〇八二	甲申卜貞武乙宗丁其牢　茲用	5
三六〇八六	……貞祖乙宗丁……牢　茲……	5
三六〇八七	……午卜貞……乙宗丁……牢	5
三六〇九〇	甲寅卜貞武乙宗丁其牢	5
三六〇九一	甲寅卜貞武乙宗丁其牢　茲用	5
三六〇九四	丙午卜貞文武丁宗丁其牢	5
三六一五〇	……寅卜貞……文武丁宗丁其牢	5
三六一五四	丙戌卜貞文武丁宗丁其牢	5

口

三六五一 丙寅：文：宗丁：兹： 5

三八三三 ：申卜貞：宗丁：牢 5

三八三五 ：卜貞：宗丁：用 5

三八三六 ：貞：宗丁惟牢： 5

三八三七 ：卜貞：宗丁：革：用 5

三八二四一 ：宗丁：兹用 5

屯七三七 丁未卜其工丁宗門惟咸各： 3

丁人

一三七正 癸丑卜爭貞旬無囚三日乙卯：有嬉單丁人豐𠬝于彔：丁巳𡆥子豐𠬝：鬼亦得疾 1

三〇九八 ：入效丁人 1

一三七三〇 貞斲丁人嘉有疾 1

二三二七四 弜祐：妣人丁用 1

三三三二 丙子：有夢丁人于河其用 4

三二八〇三正 ：卜貞今日其取伊丁人： 4

英二四二八 丙：貞有兕丁妣于河其： 4

丁用

二二八 丁酉卜爭貞在丂妥來：二人延：丁用 1

二六四正 壬子卜貞𢀛以羌𠱫于丁用六月 1

二八一 庚子卜貞牧以羌延于丁：用 1

二九五 三百羌用于丁 1

五五七 八二八正 庚子卜貞其肇丁用于癸卯酌 1

一〇九六 貞翌丁未用十尸于丁卯一牛 1

一一一八 丁亥卜㱿貞𢀛以米：用于丁 1

一二一八 丁卯卜：貞𢀛：鮮伯盍用于丁 1

一六五〇 乙卯卜惟祖乙用至于丁十三月 1

一九八七 翌丁亥用五牛于丁 1

一九八九 ：其𢀛用于丁 1

一五三〇三 乙酉卜今日用丁册： 1

一五五一五正 癸亥卜古貞肇丁用三月 1

一五五一六 其肇丁用 1

一五五一七 甲子卜貞今夕酌肇丁用十一月 1

二二〇六六 惟至用丁：于 1

二三〇七一 丙寅卜即貞有一牛其用由于丁 2

三五三三〇 ：內彡：丁用 2

三八七五五 ：卜貞：丁其：在二月：用 5

英二三七二 于翌日丁用 3

歲丁

三七七 庚辰卜貞衣乂歲作釀自祖乙至于丁十二月 1

一九六六 ：卜宗戌：于丁歲：十五牢 1

三〇一八 丙申卜貞翌丁酉用子央歲于丁 1

三一〇〇 ：子美見以歲于丁 1

四〇五九正 乙巳卜穷貞翌丁未酌𢦚歲于丁尊

有玉 二告 1

一五四六四 丙申卜古貞翌丁酉惟丁乞歲用三月 1

二三〇六九 戊申卜即貞其延丁歲六月 2

二三一四五 戊申卜吳貞王賓：丁歲： 2

二三一四六 ：酉卜：王賓：丁歲二牢： 2

二三一四七 丁丑：貞王：丁歲：無： 2

二七九四六 王其歲丁盟戊其𦔮無災弗悔 3

三二六五一 于乙酌乂歲于丁 4

三四四二二 丙子卜丁歲𠚤于：不用 4

三四四三〇 ：侑歲：丁一牛 4

敹丁

三三三四〇 庚辰卜大貞來丁亥其敹丁于大室𠂤丁西

既 2

二五三七〇 ：出貞來𡳿王其敹丁： 2

二五三七一 丁亥卜出貞來𡳿王其敹丁盬弜新 2

禦丁

一三七四〇 貞今生夕至：禦于丁 1

一三七四〇 戊午卜貞今日至吳禦于丁 1

一六一六四 ：牛：禦：丁惟： 1

彡丁

一九七三 ：酌大：父于丁：𦬇一牛十月 1

六四五〇 貞于生：酌：丁： 1

一四八三七 貞酌大示于丁 1

一五六九五正　壬子卜穷貞其酢彡歲祈丁九月　1
一五六九七正　惟丁酢　1
英二一七四　…出貞翌酢匚于丁十月　2

匚丁

一五九四　丙申卜貞…今丙申夕酢匚于丁十二月　1
一九四六　…有匚于丁三十牛　1
一九四七　丙午卜貞告匚于丁三牛　1
一九七一　丙寅卜貞酢匚于丁三十小宰若　1
一九七二　…酢匚于丁不遘雨　1
一九九三正　…其酢…言匚于丁　1
二三〇六三　…酉卜出貞其…匚于丁三十…　2
二三〇六四　乙丑卜出貞大史弋酢先酢其有匚于丁三十牛七月　2
二四六一〇　…大貞于來丁亥有匚于丁…　2
二五九三七　乙丑卜出貞大史必酢先酢其有匚于丁三十牛七月　2

奉丁

一九五九　貞奉于丁五牛　1
一九六〇　貞翌丁亥奉于丁二牛　1
一九六一正　乙酉卜穷貞翌丁亥奉于丁　1
一九六二　貞奉方于丁　1
一九六三　…奉…既…丁　1
一九六四　…其奉于丁　1
二九二〇正　貞𢦏奉至于丁于兄庚　1
四〇六一　癸巳卜貞翌丁酉酢卑奉于丁　1
八三九八正　乙酉卜穷貞翌丁亥奉于丁十一月　1
一四八八一　乙丑…奉自大乙至丁祖九示　1
三四一二五　乙酉卜貞奉于丁　4
三四一二六　乙酉貞奉于丁　4

燎丁

三九　貞燎告眾步于丁　1
三九　貞翌丁未酢燎于丁十小宰卯十勿牛八月　1
一九六九　丁未燎于丁十小宰卯十…　1
一九七〇　貞燎于丁十小宰卯一牛　1
四〇七〇正　貞燎于丁五牛　1
八二三五　癸酉卜貞燎于丁五小宰卯五牛　1
三二六四七　甲寅卜有燎于丁　4
三二六四七　乙卯卜有燎于丁　4

告丁

一九四九　…歸告于丁一牛　1
一九五三　…告于丁　1
一九五四　…告于丁　1
一九五五　…告于丁　1
一九五六　癸卯卜穷貞告王朗于丁　1
一九五八　貞禱告王朗于丁三月　1
二五四三　甲辰卜…貞告于丁牛五月　1
四〇六二　…卑告于丁　1
六五八三　自成告至于丁　1
六六六七　…卑其途虎方告于丁十一月　1
六六七二　己酉卜穷貞有來告方征于𢀛禱夕告于丁　1
七〇八四　貞令卑伐東土告于祖乙于丁八月　1
一三七四〇　丙辰卜貞禱告𡖊疾于丁…𢀛　1
一四一五八　庚戌卜貞有𤉲秋告…丁四月　1
一五五一五正　…戌卜爭貞告于丁　1
一六〇八九　貞二牛告于丁一牛　1
二二六七六　癸酉卜即貞上甲彡歲其告丁一牛　2
二二六七八　…上甲其告于丁　2
二二六八〇　己巳…貞贏不既乍其亦奏自上甲其告于丁十一月　2
二二七四七　戊戌卜壴貞告自丁𦣞　2
二二七五五　…𢀛于唐其告于丁一牛　2
二二九一一　己丑卜大貞于五示告丁祖乙祖丁羌甲祖辛　2
二三〇六五　甲子卜即貞告于丁酢無𡆥　2
二三三五九　乙…大貞…夕告…侯往…丁　2
二四九四七　…出…告…丁于…室八月　2
二四九八二　甲戌卜王曰貞勿告于帝丁不𢀛　2
二七八七五　癸亥卜彭貞其侑于丁妣己在十月又二小臣田立　3
三二六四八　癸未貞其告于丁牛　4
三二六五〇　己巳卜告于丁一牛　4
三三〇五五　丙子卜其告方來于丁一牛　4

三三〇五六正 …告方于丁
乇三七八 己巳卜告亞卓往于丁一牛
英一一三三正 貞疾齒告于丁
英一一三九正 勿告于丁
懷 三三 丙辰卜貞告秋于丁四月

屮口

六 丁丑卜穷貞侑于丁勿龠宰用
三三九 貞侑于丁一牛七月
三三九 丙寅卜穷貞翌丁卯侑于丁
三三九 貞勿侑于丁五月
三三九 貞翌丁卯侑于丁宰又一牛
三三九 丙寅卜古貞翌丁卯侑于丁
三三九 丁未卜穷貞今日侑于丁六月
三三九 丁未卜穷貞侑于丁宰用
三三九 丁巳卜穷貞侑于丁宰又牛六月
三三九 丁巳卜穷貞侑于丁用二牛
三三九 丁巳卜穷貞侑于丁一牛六月
三八一 貞翌丁未子呂其侑于丁三羌 宰…
三八五 貞翌…未酌妣有匚于丁
三八五 貞翌丁未侑于丁三羌卯三宰
四二九 …巳卜…侑于丁…羌卯…宰
八一七 …翌丁…㞢…丁
一九〇六 庚辰卜殼貞侑于丁五宰
一九〇七 庚辰卜殼貞侑于丁五宰
一九〇八 丙戌卜穷貞侑于丁…宰
一九〇九 丙戌卜穷貞翌丁亥侑于丁…宰
一九一〇 丁丑卜穷貞侑于丁宰用 七月
一九一一 貞侑于丁宰
一九一二 …貞侑于丁宰
一九一三 貞翌…亥侑于丁宰
一九一四 貞翌丁卯侑宰于丁
一九一五 貞翌丁卯侑于丁宰
一九一六 丙戌卜貞翌丁亥侑于丁宰
一九一五 丙子卜侑于丁一牛
一九一六 丁酉卜貞夕侑于丁牛六月
一九一七 貞翌丁未侑于丁牛
一九一七 侑于丁宰
一九一八 丙寅卜穷貞侑于丁…宰三月
一九一八 丙寅卜穷貞侑于丁一牛
一九二〇 …寅卜…貞侑…丁…宰

一九二一 侑于丁宰
一九二二正 夕侑于丁二牛
一九二三 貞勿侑于丁
一九二四 乙卯卜穷貞侑于丁牛
一九二四 乙卯卜穷貞侑于丁一牛
一九二八 乙亥卜穷貞侑牛于丁
一九三三 貞侑于丁
一九三四 丙辰卜爭貞翌巳侑于丁
一九三五 丁巳卜穷貞侑于丁
一九三六 貞侑于丁…
一九三七 丁酉卜穷貞侑于丁
一九三八 庚寅卜…貞翌卯侑丁
一九三九 丙申…貞翌…侑于丁十月
一九四〇 …卜穷…翌…侑于丁
一九四一 貞翌…侑于丁幼九
一九四二 貞勿侑于丁五月
一九四三 勿侑…丁
一九五一 …女…侑于丁…⿰羊土
一九七八 …于丁侑百…卯十宰
一九七九 …酉卜…于丁酉…宰
一九九〇 丙戌…貞卓…于丁二宰侑…牛
三〇乂七 乙丑卜穷貞翌丁丑呂其侑于丁
四〇四八 丙申卜貞翌丁酉卓侑于丁一牛
四〇四九正 丙申卜貞翌丁酉卓其侑于丁
四〇五一 庚辰卜爭貞卓侑于丁宰
四〇五二 …卜穷…卓侑于丁
四〇五四正 貞呼卓…侑丁
五七一 丁亥卜貞侑于丁宰
六〇五八正 癸巳卜永貞旬無囚…惟丁五日丁酉允
有…于我東鄙…
七四二〇 …穷…侑…丁
一二八五〇 貞上甲…雨侑丁…
一四八四四 …貞…侑…丁
一五二一〇 己…貞…侑…丁
一六一三三正 王其侑丁允贏
一九八一二正 辛巳卜王上甲燎十豕侑丁禦兄丁令…
惟止用

著錄號	釋文	期
二二五四三	……其帶嚣于丁侑百羌卯十……	2
二二五四三	……有匚于丁于南室酌……	2
二二五八〇	丙午卜出貞翌丁未其侑于丁勿有羌	2
二二六一八	癸丑卜旅貞翌甲寅其侑于丁一牛	2
二三〇五九	乙亥卜中貞曰其侑于丁惟三宰九月	2
二三〇六〇	丙辰卜……貞翌丁巳侑于丁宰侑……	2
二三〇六一	……卜喜……其侑于丁	2
二三八〇五	丙寅卜兵貞卜竹曰其侑于丁宰王曰弜	
	𢀛翌丁卯茲若八月	2
二四九四一	……寅卜大……其侑……丁三十牛……南室	2
二七三二一	癸卯卜何貞翌甲辰其有丁于父甲宰饗	3
屯九七八	丁酉貞侑于伊丁	4
英五七	……侑于……丁	1
英六〇八正	甲戌卜穷貞于丁侑	1
懷一九	侑丁宰用	1
懷三三	癸亥卜貞有伐于丁十人	1
懷一〇六	……巳……侑于……丁	1
懷一七二	貞侑于丁一牛	1

先王先妣口

著錄號	釋文	期
二三〇七〇	庚寅卜旅貞翌辛卯其㳄于丁	2
二三六一四	己丑卜出貞𢀛日其个丁宰	2
二七四三八	癸酉卜暊……帝甲丁其宰	3
三五八一八	癸亥卜貞祖甲丁其牢	5
三五八二四	丙子卜……武丁丁其牢……災	5
三五八三〇	丙戌卜貞武丁丁其牢　茲用	5
三五八三三	丙戌卜貞武丁丁其牢	5
三五八三七	甲辰卜貞武乙丁其牢　茲用	5
三五八三七	丙午卜貞武丁丁其牢　茲用	5
三五八三九	丙辰卜貞武丁丁其牢　茲用	5
三五八五八	甲戌卜貞武乙丁其牢　茲用	5
三五八五八	甲申卜貞武乙丁其牢	5
三五八五八	癸未卜貞祖甲丁其牢　茲用	5
三五八五八	丁丑卜貞祖丁丁其牢　茲用	5
三五九三二	癸巳卜貞祖甲丁其牢　茲用	5
三五九三三	癸巳……祖甲丁……牢茲……	5
三五九三四	癸巳卜貞祖甲丁其牢	5
三五九三五	壬戌卜貞……母癸丁惟羊	5
三五九三五	癸卯卜貞祖甲丁其牢　茲用	5
三五九三六	癸卯……祖甲丁……牢茲……	5
三五九三七	癸卯……祖甲丁……茲……	5
三五九四〇	……卯……祖甲丁……牢	5
三五九四一	癸丑卜祖甲丁……牢	5
三五九四二	癸丑……祖甲丁……牢	5
三五九四三	癸亥卜貞祖甲丁其牢　茲用	5
三五九四三	……卜貞……武丁丁其牢	5
三五九四五	癸亥……祖甲丁……　茲用	5
三五九五二	……貞……丁其……用	5
三五九六五	丙申卜貞康祖丁丁其牢羴……	5
三五九六五	丙申卜貞康祖丁丁其牢羴　茲用	5
三五九六五	丙申卜貞康祖丁丁其牢羴……	5
三五九六六	丙寅卜貞康祖丁丁其牢　茲用	5
三五九六六	……武乙……丁其……茲……	5
三五九六七	……卜貞……祖丁丁……牢	5
三五九七五	丙子卜貞康祖丁丁其牢羴	5
三五九七五	丙……卜貞康祖丁丁其牢羴　茲用	5
三五九七六	丙子卜康祖丁丁其牢　茲用	5
三五九七八	丙子卜……康祖丁丁……	5
三五九七九	……子卜貞康……丁其……	5
三五九八〇	……卜貞……祖丁丁……牢	5
三五九八二	丙子……康……丁其……羴	5
三五九八三	……子卜……康祖丁……羴	5
三五九八四	……子卜貞……祖丁丁……牢茲……	5
三五九八六	丙戌卜貞康祖丁丁其牢羴　茲用	5
三五九九五	丙申卜貞康祖丁丁其牢	5
三五九九六	丙申卜貞康祖丁丁其牢	5
三六〇〇二	丙辰卜貞康祖丁丁其牢	5
三六〇〇二	丙午卜貞康祖丁丁其牢	5
三六〇〇三	丙午卜貞康祖丁丁其牢羴	5
三六〇〇四	……卜貞……祖丁丁……羴……用	5
三六〇〇五	……卜貞……祖丁丁……羴	5
三六〇二一	……卜貞……祖丁丁……牢	5
三六〇〇九	……卜貞……祖丁丁……牢	5

編號	釋文	期
三六〇一三	甲寅卜貞武乙丁其牢 茲用	5
三六〇一三	甲子卜貞康祖丁丁其牢 茲用	5
三六〇一三	丙辰卜貞康祖丁丁其牢 茲用	5
三六〇二一	…卜貞…祖丁…牢	5
三六〇二二	…卜貞…祖丁丁其… 茲用	5
三六〇二四	…卜貞…祖丁…羊…災	5
三六〇三二	甲戌卜貞武乙丁其牢	5
三六〇三三	甲子卜…武乙…丁其…	5
三六〇三四	甲子卜…武乙丁…牢	5
三六〇三五	甲子…武乙丁牢	5
三六〇四二	…卜貞…丁丁其… 茲用	5
三六〇四四	…卜貞…必丁…牢	5
三六〇四九	癸…祖甲丁…	5
三六〇五六	…貞…祖丁丁…牢	5
三六〇五七	甲午…武…丁其…	5
三六〇五九	壬午卜貞武乙丁其牢	5
三六〇七六	甲子卜貞武乙宗丁其牢 茲用	5
三六〇七八	丙子卜武丁丁其牢 茲用	5
三六〇八〇	甲戌卜貞武祖乙宗丁其牢 茲用	5
三六〇八一	甲申卜貞武乙宗丁其牢 茲用	5
三六〇八二	丙戌卜貞武丁丁其牢	5
三六〇九〇	甲寅卜貞武乙宗丁其牢	5
三六〇九〇	丙午卜貞武丁丁其牢	5
三六〇九一	丙辰卜貞武丁丁其牢	5
三六〇九四	甲寅卜貞武祖乙宗丁其牢 茲用	5
三六一〇一	甲子卜貞武乙必丁其牢 茲用	5
三六一〇二	甲子…武乙必丁其…	5
三六一一四	甲辰卜…武祖乙必丁其牢 茲用	5
三六一一五	丙午卜貞文武丁必丁其牢	5
三六一三〇	丙寅卜…文武丁…丁其…	5
三六一三五	丙戌卜…文武丁丁其…	5
三六一三九	丙申卜…文武丁…丁其…茲…	5
三六一四三	丙辰卜…文武丁…丁其…茲…	5
三六一五三	…卜貞…丁其牢…用	5
三六一六六	丙申卜貞文武必丁其牢 茲用	5
三六三二一	壬辰卜…母癸丁…禦…	5

編號	釋文	期
三六三二二	壬寅卜貞母癸丁惟羊 茲用	5
三六三二四	壬寅…母癸丁…羊	5
三六三二五	壬戌卜…母癸丁惟…	5
三六三二五	…壬子…母癸丁其…茲用在…	5
三六三二九	壬戌卜貞母癸丁惟羊	5
三六三三一	壬戌…母癸丁…羊	5
三六三三二	戊…母癸丁…羊	5
三六三三三	壬戌卜…母癸丁惟…	5
三六三三四	壬…母癸丁…	5
三六三三五	壬…母癸丁…	5
三八二三五	…寅卜貞…丁其牢…用	5
三八二三八	…宗丁…牢…羊…	5
三八七四六	…子卜貞…丁其牢	5
三八七四八	…午卜貞…丁其牢…用	5
三八七四九	…戌卜貞…丁其牢	5
三八七五一	…卜貞…丁其牢	5
三八七五六	…辰卜貞…丁丁其…茲用	5
英二五一四	甲申卜貞武乙必丁其牢	5
英二五一四	丙戌卜貞康祖丁丁其牢	5
英二五一四	甲午卜貞武乙必丁其牢	5
懷一六八八	…卜貞…祖丁丁…茲用	5
懷一六九三	癸巳卜…祖甲丁其…茲…	5
懷一六九四	…申卜…武祖乙丁其…	5

其它

編號	釋文	期
八	…卜貞肇丁帝十牢	1
四三	…貞…于丁三牛	1
四三	戊辰…貞盟辛…亞乞以衆人𠂤丁彔呼保我	1
二九五	乙巳卜貞餗于大甲亦于丁羌三十卯十牢用	1
三三一	丁丑卜穷貞子雍其禦王于丁妻二妣己𠂤	
	羊三…羌十…	1
三二八	…卜貞禦…于丁三宰…羌十	1
四三一	…妻于丁羌𠂤三牛	1
六六七反	王固曰惟今夕癸見丁	1
八二一反	王固曰吉其惟庚娩見丁	1
八三一	戊寅卜貞于丁竊延尸七月	1
八三三	戊寅卜…于丁竊…尸七月	1
八三四	辛…爭貞…尸于丁十一月	1

著錄	釋文	期
一四四九正	丙午卜貞餗于大甲于亦于丁三牢	1
一九五〇正	貞：盧：令：㞢：于丁用一牛	1
一九六五	翌丁未執效于丁一牛	1
一九七五	甲戌卜貞其尊鬲效十牛于丁	1
一九七七	丙午卜穷貞生穀于丁一月	1
一九八〇正	：于：卯：宰：大：丁	1
一九八一	庚戌卜：貞宰于丁五月	1
一九八三	翌丁卯：于丁宰：一牛十月	1
一九八四	丙辰卜穷貞：于丁十牛十羊十二月	1
一九八五	：卜：于丁：宰	1
一九八六	翌乙巳于丁：牛	1
一九九二	己酉卜貞：叀于丁	1
一九九七	癸卯卜貞翌甲辰：于丁	1
三〇九九	貞于乙亥弋黃丁效	1
三三一三	：穷：畓不：于丁二月	1
三九〇八正	：葡貞：由丁亩：	1
四〇七八	癸卯卜穷貞卓由來歸丁若十三月	1
四三九〇	：並于丁七月	1
五五八五正	丁：爭：于丁	1
五六三七反	王固曰其惟丁弘戕	1
六二二二反	：有鑿其惟丁：	1
六六四九甲反	王固曰惟既惟乙見丁丁⿱	1
六九四五	不惟丁入蔓	1
七七三三反	：勿戕丁其：	1
一〇一三一	：戌卜㚔：丁自：	1
一二五九〇	勿即賓丁雨六月	1
一二五九〇	乙丑卜王即賓丁	1
一三五一五	己酉卜貞匃郭于丁不：二月	1
一三六一七	：疾首不惟丁	1
一四八三七	貞彭大示于丁	1
一五四七五	貞勿獲丁明歲	1
一五五一九	肇丁小宰	1
一五五二〇	肇丁犬	1
一七一三六	：老：不犬其：丁不毋：曰有祟：不？：	1
一七四五五	丁：舌于丁四月	1
一九四七二	：至丁母：	1
一七六五五	：示三：㲋丁	1
二〇二四〇	丙子貞丁囚呼告日	1
二〇二六〇	𩰫丁	1
二〇三五四	庚申卜𠧞令小臣取丁羊鳥	1
二〇四四一	：今丁方征：	1
二一〇三七	戊戌卜貞丁目不喪明：六月	1
二一〇三九	丙申卜疾其入丁：十二月	1
二一〇五九	丙申卜作土丁	1
二一五五五	壬寅卜丁伐𤕦	1
二一五六六	甲子卜丁呼犬𤕦五往若	1
二一五六九	己卯卜丁[illegible]	1
二一五八〇	：酉子卜貞丁言我	1
二一五八六	：未子卜貞惟丁使：	1
二一六一二	甲午卜：貞丁餕	1
二一六一八	乙巳卜丁來鼎：	1
二一六一九	乙巳㳄：丁𡕥	1
二一七二七	丙戌子卜貞丁不𠣝我	1
二一七二九	癸卯卜無𩾃丁：月	1
二一七二九	甲辰：無𩾃丁	1
二一七二九	癸卯：貞丁：單犬	1
二一七三一	癸丑丁自來	1
二一七三一	癸丑丁自口：	1
二一七三四	乙巳𢓊卜丁來自正川子	1
二一七三七	癸酉卜𣪊貞丁丑來自丁	1
二一八五二	庚申卜𣪊貞乙丑丁餕	1
二二〇四八	壬寅卜余𢀛直于父辛丁𠬝以戈	1
二二〇九二	丙午卜惟若于[illegible]丁	1
二二二四六	乇丁	1
二二二四七	乇丁	1
二二二五八	延𡿧丁𤕦	1
二二五六八	丙戌卜：貞翌：𠙵于丁：羌三：	2
二二六一〇	丙午卜即貞翌丁未丁蒸歲其有伐	2
二三〇六二	甲子卜貞王賓丁無尤	2
二三〇六七	：貞：凡于丁	2
二三〇七二	貞今夕吿：丁二宰翌：	2
二三〇七四	：戌卜即：辛亥：于丁	2

二四一三二　壬午卜矢貞于丁禱…之若　2
三四九六七　貞其侑河…惟丁牢…　2
二七三八二　壬戌卜設貞王賓辛壬丁㝡惟吉　3
二七四五五　癸丑卜其蒸王丁于妣辛卯牢　3
二七四五五　于妣辛蒸王丁　3
二七四五五　癸丑卜王丁禱入其蒸于父甲　3
三二一七三　丙寅其𠂤以丁　4
三二三八五　…申卜…从辛酉…大乙大丁大甲大戊…庚丁…　4
三二八〇二　丁酉貞侑于伊丁　4
三二九八一　…寅貞其延登于丁　4
三三一八九　己丑其𠂤衍方惟今來丁　4
三三一九〇　己丑卜其𠂤衍方惟今來丁…　4
三三二七四　乙酉卜丁雨　4
三三三七八　辛酉卜王其田惟省虎比丁十亏彔…　4
三四〇一〇　丁丑卜…丁祖一牢　4
三四〇二四　今日丁不暘…　4
三四一〇二　丁丑貞奉其槳丁　4
三四一二五　庚辰貞其奏丁示于…　4
三四四四五　其其戛㠯丁弗作　4
三四四九三　…卜…丁羊…烄　4
三八四四二　…卜貞…必丁…牢　1
英一九五四　戊寅卜…貞王…父丁𠬝…尤于丁…　2
英二二六三　其令伊衍惟丁令　3
英二二七六　…今日丁王其…　3
懷二一　貞勿于丁卯…　1
懷三三　…丁一牛　1
懷二四　…貞翌甲寅…𠀠侯𦍞以羌自上甲至于丁　1
懷二六　…貞翌…于丁…母…　1
懷一五四　…貞…一宰…午　1

懷一二七七　壬申卜出貞丁宕户對無匄　2
懷一三七七　乙卯卜其品…丁…　3
懷一五九二　…㚤侯…丁用　4
懷一六八七　甲…彙…必丁…　5
懷一六九五　甲寅…武…丁…　5
懷一六九六　甲申…武…丁其…　5
懷一六九九　甲子…武…丁其…　5
懷一七〇二　丙午卜…文武…丁其…　5

雝

八二正　貞雝不其受年　1
八二正　貞雝…其受年　1
二〇〇二反　雝其𦎫　1
二〇〇二反　雝不𦎫　1
五七三三　貞崇馬雝呼多馬　1
六七七八正　癸卯卜穷貞旬無…方征于雝啟…　1
六七七九　…雝…戋…　1
六七八〇　…敦雝…二告　1
一四九〇九　…雝示　1
一八八〇〇　貞雝其㲋𢀛　1
一八八〇〇　貞雝不㲋𢀛　1
一八八〇〇　貞雝其㲋𢀛　1
一八八〇〇　貞雝不㲋…　1
一八八〇〇　貞雝其㲋𢀛　1
一八八〇〇　貞雝不㲋…　1
一八八二二　…雝…㲋奉…　1
一九一九〇　翌戊…弗其克雝入　1
二一五八六　乙亥卜㳄貞來惟使吕　1
二二二六五　甲戌貞吕　1
二九三四一　弜麋…𣪊…于雝弗其…　3
三〇三五四　惟歸…雝用祖丁必　3

七二一正　癸酉卜穷貞翌乙亥酌雝伐于…　1
七二一正　貞翌乙亥勿酌雝伐…　1
七二一正　貞翌乙亥酌雝伐于宰　1
七二一正　貞翌乙卯酌我雝伐于宰　1
七二一正　貞翌乙卯勿酌我雝伐于宰　1
四八七八　…令雝　1
四八七九　…子卜…貞𠬝…不惟雝…𠁩　1
一八六四七　貞…雝…　1
一七五八九反　…雝示…　1
二〇一八四　丁亥…貞𢀛…雝…　1
二〇二七七　庚申卜王雝九月　1

三二七三三　⋯雍⋯　4

三二九二三　⋯未貞其禦雍于⋯　4

屯四四四　甲午貞其禦雍于父丁百小宰　4

四四二三　⋯雍⋯𢿏?⋯　1

七〇六三　壬子卜取雍　1

七〇六三　壬子卜勿取雍　1

七九三七　⋯𢦔雍⋯一宰　1

七九三八　雍于萬　1

七九三八　丙子卜雍⋯利　1

九七九八　戊午卜雍受年　1

九七九九　辛酉卜雍受⋯　1

一八六四六　⋯雍⋯　1

二三〇四五　己亥卜至雍𠂤母　1

二二〇四五　己亥卜不至雍　1

二二〇四五　⋯卜至雍今己　1

三一一一六　雍其𢼸鼎迺各日有正　3

三六四二四　⋯卜貞㊀犬雍告⋯𠂤惟戊申利無⋯　5

屯二〇七〇　辛卯卜子雍⋯

英一七八六　辛卯⋯雍⋯至　1

呂

三八二三　⋯未卜古貞⋯令⋯易𠂤呂　1

六五六七　丁亥卜亘貞呼取呂　1

六五六七　貞勿呼取呂王固曰吉其取　1

二九六八七　丁亥卜大⋯其鑄黃呂⋯作?凡利惟⋯　3

英二五六七　王其鑄黃鑄奠盟惟今日乙未利　5

四三一八　⋯卜王來呼𠙵𠭯　1

二〇五四五　⋯雍⋯循　1

二六〇七　貞婦好有匚于㗊妣彭　1

一三七一三反　⋯古⋯㗊⋯　1

一五三五一　⋯貞𦱔允往于㗊其⋯　1

屯一一一一　甲子貞今日有𢦏歲于大甲牛一茲用在鄰　4

一八六四四　⋯曰図⋯　1

二〇一三五　⋯㞢⋯田⋯　1

二二四三八　癸酉卜延㚔𠂤囚𠂤　1

三三一七三　癸未卜図在我用惟祖乙盟口?　1

三三二九三　図　1

七七七二正　丙午卜㝉貞器　1

一四一九九反　⋯旨循⋯器若⋯帝⋯　1

一四六七二　貞于器東燎　1

一四六七三　燎于器東　1

二八〇〇六　⋯方⋯戈器⋯　3

英一一八〇　貞于器東燎　1

田

參318 319頁

參211頁

二二　甲子卜𠭯貞令受望田于⋯　1

九九一一　勿令田于𢍿　1

一〇一四八　貞勿令往田十一月　1

二〇七四三　庚子卜王令𠂤田㠯九月　1

著錄號	釋文	期
二一〇九九	癸卯卜令田征𢦏	1
三一九六九	丁亥卜令眾…田受禾	4
三一四一〇	癸亥貞歲田不雨	4
三三二一八	惟阜令田	4
三三二一八	惟𤔲令田	4
三三七〇〇	弜惰其令田	4
屯一三三	癸丑卜王令介田于京	4
屯三七三	丁丑貞王令閹歸侯以田	4

乎田

著錄號	釋文	期
一〇二二	壬辰卜𠷎貞呼田…	1
一〇二一	壬辰卜𠷎貞呼田…	1
四五一三	…呼啓田	1
五九七七	…呼…田…屮	1
九九七四	呼田于牛	1
一〇五五八	…殸貞呼龍田于…	1
一〇九六一	乙卯卜韋貞呼田于屮	1
一〇九八二正	貞呼田于㱿 二告	1
二〇一九六	甲午卜𠂤令医友有立呼衣田十二月	1
二一五六五	…貞中子肱疾呼田于凡	1

至田

著錄號	釋文	期
二〇八四〇	甲戌卜貞田至五日戊…	1
二〇八三八	自卜三日𢦏己卯有來…二日庚辛有曰方至田	1

迺田

著錄號	釋文	期
二七九五三	于乙…迺田湄…無災	3
二八三一七正	…辛迺田…遘有鹿	3
二八五六六	于旦王迺田無災	3
二八六〇五	王惟乙往于田丙迺畋 無災	3
二八六一九	于壬王迺田弗…	3
二八六二二	…迺田…無災	3
二八七七二	于壬王迺田無災	3
二九〇三三	…迺田鷄… 弘吉	3
二九三〇一	于來辛…王迺田虞無災 吉	3
二九三〇二	于壬辰王迺田虞無災	3
懷一三三〇	貞于…迺田…無…大…	3

多田

著錄號	釋文	期
二七八九二	多田無災	3
二七八九三	以多田伐有封迺…	3
三二九九二	…以多田亞任…	4
三二九九二	…以多田亞任…	4
屯一四六〇	…王惟多田…	3

弜田

著錄號	釋文	期
二〇六五三	…丑卜弜田東…鼻受年一月	1
二〇七四〇	甲寅卜翌…𠂤田…啓雨	1
二八五五六	壬弜田其雨	3
二八六〇六	弜田其悔	3
二八六〇九	弜田其悔	3
二八六一四	…王弜田…悔	3
二八六四一	弜田其悔	3
二八六六八	弜田其悔	3
二八六七二	弜田其悔	3
二八六七七	壬王弜田其風	3
二八六七八	戊王弜田其悔	3
二八六七九	壬王弜田其悔其遘大雨	3
二八六八〇	壬弜田其悔	3
二八六八一	弜田其悔	3
二八六八二	弜田其悔	3
二八六八三	弜田其悔	3
二八六八四	弜田其悔	3
二八六八五	弜田其悔	3
二八六九〇	辛弜田其悔	3
二八七〇二	弜田其悔	3
二八七一六	貞壬弜田其雨	3
二八七一七	辛王弜田其雨	3
二八七一八	辛弜田其雨	3
二八八九〇	弜田	3
二八八九三	弜田𤔲其…	3
二八九〇〇	弜田𬆊其雨	3
二八九八四	弜田其悔	3
二八九九一	弜田其悔	3
二九〇一一	弜田其悔	3
二九〇一二	弜田其悔 吉	3

二九一〇〇　弜田其悔　3
二九一一三　弜田盂其悔　3
二九一六〇　弜壬田其悔　3
二九一六一　弜田其悔　3
二九一七八　弜田其悔　3
二九一八一　弜田其悔　3
二九二二五　弜田斿…　3
二九二二七　弜田斿其悔　3
二九二三〇　弜田麓　3
二九二三三　弜田其悔　3
二九二三九乙　弜田其悔　吉　3
二九二四二　弜田其悔　3
二九二四三　弜田其悔　3
二九二四五　戊弜田其悔　3
二九二四五　壬弜田其悔　3
二九二五五　弜田其悔　3
二九二七五　弜田盛其悔　3
二九二八八　弜田𢓊　3
二九二九四　弜田穀　3
二九三一六　弜田𡧊其悔　3
二九三二二　弜田麅其…　3
二九三二三　貞弜田麅其悔　3
二九三二七　弜田其雨　3
二九三二七　弜田贅其悔　3
二九三二八　弜田贅其雨　大吉　3
二九三三五　弜田獻其悔　3
二九三三六　弜田獻其悔　3
二九三四五　弜田㴬其悔　3
二九三五三　戊弜田襄其悔　3
二九三六〇　貞弜田鸛其雨　3
三二〇二六　王弜田　4
屯三三五八　弜蓺田其遘雨　3
屯二四〇一　弜田啇其悔　3
英二三〇八　弜田其悔　3
懷一四二九　弜田𢦔其悔　3

懷一四三二　弜田宰其悔　3
懷一四四二　弜田其…無…　3
懷一四四五　弜田𢦔弗擒有大狐　3

太田

二六七反　王田𣪘鹿　1
一五八三　貞王勿出田　1
二四二二八　…王田于麥…　2
二四二四八　乙卯卜行貞王其田無災在…　2
二四二四八　甲寅卜行貞王其田無災在二月在𣅀　2
二四四〇二　乙未卜王曰貞其田茲用　2
二四四一〇　乙亥卜𣶃貞王其田…無災　2
二四四四六　…京…王田至…臣獲豕五雉二在四月　2
二四四五一　癸亥卜大即…王其田…　2
二四四五二　戊戌卜行貞王其田于囚無災　2
二四四五二　…申卜行貞王其田于…　2
二四四五三　…王其田于陴往來無災　2
二四四五四　…丑卜行貞王其田…陴無災　2
二四四五六　戊寅卜旅貞王其田于陴…在…　2
二四四五七　戊辰卜旅貞王其田于陁無災　2
二四四五九　戊辰卜…貞王其田于剢無災　2
二四四六〇　壬辰卜出貞王其田…剢無災　2
二四四六一　戊子卜旅…王其田于…災　2
二四四六七　…巳卜…王其田…穫　無…　2
二四四六二　乙酉卜𣶃貞王其田宮無災在五月　2
二四四六二　…卯卜𣶃…王其田…災　2
二四四六五　…酉卜𣶃…王其田…斿無災　2
二四四六六　…卜𣶃…王其田…𢓊無災　2
二四四六八　辛卯…王其田于…無災　2
二四四七一　庚…曰…亥其田…惟彡衣…在二月　2
二四四六九　…王其田…屯日…　2
二四四七一　甲寅卜王曰貞翌乙卯其田無災于谷　2
二四四七二　丁巳卜行貞王其田無災在正月　2
二四四七三　己卯卜行貞王其田無災在杞…　2
二四四七四　乙未卜行貞王其田無災在二月在夒卜　2
二四四七四　丙申卜行貞王其田無災在夒　2
二四四七五　戊戌卜出貞王其田無災　2

編號	釋文	期
二四四七五	戊申：出貞：其田無災	2
二四四七五	戊午卜出貞王其田無災	2
二四四七五	戊午卜：王其田：災	2
二四四七六	乙亥卜尹貞王其田無災	2
二四四七八	壬子卜行貞王其田無災在二月	2
二四四七九	戊申卜旅貞王其田無災	2
二四四八一	：戊卜尹貞王其田無災	2
二四四八二	乙亥卜：貞王其田無災在六月	2
二四四八三	己卯卜貞王其田無災	2
二四四八四	：亥卜出貞王其田無災	2
二四四八五	庚午卜出貞王其田無：	2
二四四八七	乙酉卜行貞王其田無災在：之：	2
二四四八八	壬寅卜貞王其田無災	2
二四四九〇	庚午：王其田：往：災	2
二四五〇二	庚午卜王曰貞翌辛未其田往來無災不遘	2
	囚茲用	2
二四五〇〇	乙卯卜：貞王田往來：	2
二四五〇一	庚申卜王：貞翌辛酉其田無災	2
二七一四六	戊寅卜貞王其田無災	3
二七一四六	己巳卜狄貞王其田惟乙無災	3
二七一四六	己巳卜狄貞王其田惟辛無災	3
二七一四六	庚午卜狄貞王其田惟乙無災　吉	3
二七一四六	庚午卜狄貞王其田于利無災　吉	3
二七一四六	壬申卜狄貞王其田衣無災　吉	3
二七四五九	壬子卜王其田	3
二七四五九	戊午卜貞王其田往來無災	3
二七五五八	王其田其告妣辛王受祐	3
二七七七八	戊午：貞王其田斿往來無災在九：	3
二七九一五	王其田于：惟虎師匕擒無災　茲 用	3
二七九一五	王其田惟成犬比擒無災	3
二七九四八	庚午卜貞翌日辛王其田馬其先擒不雨	3
二八〇五〇	：王其田：無災	3
二八二七六	癸酉卜其桒田父甲一牛	3
二八三一四	丁亥卜翌日戊王惟呈田：王擒狐 三十又七　弘吉　茲用	3
二八三一九	戊王其田于婁擒大狐	3
二八三四六	乙王其田湄日不雨	3
二八三四七	王其田斿不遘大雨	3
二八三七一	丁丑卜翌日戊王其田[illegible]…	3
二八三七一	王其田斿其射麋無災擒	3
二八三九八	壬寅卜王其田[illegible]寧兕先[illegible]無災 擒王永	3
二八四三三	戊子卜何貞王其田無災	3
二八四三三	戊申卜何貞王其田無災	3
二八四三四	丙子卜何貞王其田無災	3
二八四三五	：卯卜何：王其田無：	3
二八四三六	：未卜何：王其田無災	3
二八四三七	：未卜何：王其田無：	3
二八四三九	：巳：何貞王其田無災	3
二八四四〇	壬辰卜何貞王其田無災	3
二八四四〇	乙酉卜何貞王其田無災	3
二八四四〇	：亥卜何：王其田無災	3
二八四四二	乙丑卜何貞王其田無：	3
二八四四三	辛巳：何貞王：田：	3
二八四四六	丁卯卜狄貞王其田無災	3
二八四四七	丁卯卜狄貞王其田無災	3
二八四四八	：狄：戊王其田無災	3
二八四四九	：卜貞王其田無災	3
二八四五〇	丁亥卜彭貞王其田無災	3
二八四五〇	：酉卜：王其田無災	3
二八四五一	戊寅卜貞王其田無災	3
二八四五一	乙亥卜貞王其田無災	3
二八四五二	辛酉卜貞王其田無災	3
二八四五三	辛酉卜貞王其田無災	3
二八四五四	：辰卜貞王其田無災	3
二八四五五	：王其田無災	3
二八四五六	甲子卜翌日王其田無災　吉	3
二八四五七	：卜翌日乙王其田無災	3
二八四五八	：卜翌日乙王其田無災　大吉	3
二八四五九	丁卯卜貞翌日戊王其田無災	3

二八四六〇　…翌日戊王其田無災弗悔　3
二八四六一　今日辛王其田無災　3
二八四六六　戊午卜…貞王其田往來無災　3
二八四七二　辛巳卜貞王其田往來無災　3
二八四七四　戊子卜何貞王其田往來無災　3
二八四七六　乙亥卜貞王其田往來無災　3
二八四七九　貞王其田來無災　吉　3
二八四九一　乙丑卜狄貞今日乙王其田湄日無災不遘大雨　大吉　3
二八四九三　…午卜狄…王其田…犬…　3
二八四九三　貞翌日…王其田湄日無災　3
二八四九四　王其田湄日無災不雨　大吉　3
二八四九五　…王其田湄日無災　3
二八四九六　王其田惟乙湄日無災永王擒　3
二八四九七　翌日壬王其田濼無災擒　弘吉　3
二八四九八　壬申卜王其田惟乙湄日…　吉　3
二八四九九　…寅卜翌日乙王其田湄日…　3
二八五〇一　丁亥卜翌日戊王其田湄日無災　3
二八五〇二　…翌日戊王其田湄日無災　吉　3
二八五〇三　…翌日戊王其田…　吉　3
二八五〇四　…翌日戊王其田…　吉　3
二八五〇五　…卜翌日戊王其田…　大吉　3
二八五〇六　…日戊王其田湄日無…　3
二八五〇七　庚戌卜翌日辛王其田湄日無災　吉　3
二八五〇八　庚申卜翌日辛王其田湄日無災　3
二八五〇九　…王其田湄日無災　3
二八五一二　…王其田湄日無災不遘雨　吉　茲用　3
二八五一三　王其田湄日不遘雨　3
二八五一四　王其田藝無災　3
二八五一四　戊王其田湄日不遘大雨　3
二八五一五　…卜今日戊王其田湄日無災不…大　3
吉　3
二八五一六　壬王其田湄…不遘大雨　3
二八五一八　…日戊王其田湄日不遘…　3
二八五一九　…日乙王其田湄日無災不雨　3
二八五二〇　今日乙王其田湄日不雨　3

二八五二一　…王其田湄日不雨　3
二八五二二　翌日乙王其田湄日不…　3
二八五二四　…卜今日王其田湄…　3
二八五二五　…酉卜翌日壬王其田湄日…　3
二八五二六　…日壬王其田湄日…　3
二八五二七　…卜翌…戊王其田湄日…　3
二八五二八　…王其田湄日…　3
二八五二九　…王其田湄日…　3
二八五三一　…申卜王戊其…其田…日無災　3
二八五三二　今日乙王其田湄…　吉　3
二八五三三　王其田不遘雨　3
二八五三四　王其田不遘雨　3
二八五三五　…卜今日戊王其田不遘雨茲允不…　3
二八五三七　…翌日戊王其田不遘雨　3
二八五三八　丁亥卜戊王其田不遘…　吉　3
二八五三九　壬王其田雨　3
二八五三九　…今日辛王其田不遘雨　3
二八五四一　…日王其田至…不遘雨　3
二八五四三　丁巳卜翌日戊王其田不遘大…　3
二八五四四　王其田不雨　3
二八五四五　…今日壬王其田不遘大雨　大吉　3
二八五四六　…王其田…壬不…　3
二八五四八　翌日壬王其田雨　3
二八五四九　乙王其田不雨　3
二八五五〇　戊子卜貞王其田不雨　吉　3
二八五五一　…王其田…雨　3
二八五五一　辛王其田不雨　3
二八五五二　王其田不雨　3
二八五五三　翌日壬王其田不風　3
二八五五四　王其田遘大風　大吉　3
二八五五四　王其田藝無災　3
二八五五五　…翌日辛王其田不遘…　吉　3
二八五五六　今日辛王其田不遘大風　大…　3
二八五五八　…辛王其田不…大風　3

編號	釋文	期
二八五六一	：王其田啓	3
二八五六二	：王其田弗悔	3
二八五六三	辛亥卜今日辛王其田弗悔 大吉	3
二八五六四	丙午卜戊王其田蓺無災 吉	3
二八五六六	王其田蓺湄日無災	3
二八五六七	王其田蓺：不用 大吉	3
二八五六九	王其田蓺湄日不： 吉	3
二八五七〇	：王其田蓺不遘：	3
二八五七一	：王其田蓺入不雨	3
二八五七二	王其田蓺入不雨	3
二八五七三	：子卜王其田蓺： 吉	3
二八五七六	王其田从	3
二八五七七	庚午卜貞王其田狱：	3
二八五八〇	王其田不： 吉	3
二八五八一	：卜翌：王其田不：	3
二八五八二	：翌日戊王其田不：	3
二八五八三	王其田：遘：	3
二八五八四	：丑卜犾：王其田：遘：	3
二八五八五	：王其田惟辛不遘：	3
二八五八六	：午卜王其田：	3
二八五八七	：卜翌日戊王其田在：無災	3
二八五八九	丙子卜口貞王其往乇田無災在十二月	3
二九〇一二	王其田在𢊁無災 大吉	3
二九〇三一	王其田鷄	3
二九〇三二	：王其田鷄： 大吉	3
二九〇六四	王其田宰無災擒	3
二九〇八四	丁丑卜貞王其田于盂𣃔南狃立	3
二九〇八四	丁丑卜犾貞王田擒	3
二九〇八四	丁丑卜犾貞王田不遘雨	3
二九〇八四	丁丑卜貞王田惟乙	3
二九〇八四	丁丑卜貞王田惟丙	3
二九〇八四	丁丑卜犾貞王其田遷往	3
二九〇八五	王其田：至盂湄日無：	3
二九〇八五	王其田：至盂湄日無：	3
二九〇八六	王其田惟盂湄無： 吉	3
二九〇八六	王其田惟盂湄無： 吉	3
二九〇八七	戊午卜貞王其田：	3
二九〇八七	乙卯卜貞王其田：	3
二九〇八八	辛亥卜犾貞王田盂往來無災	3
二九〇九三	今日辛王其田湄日無災不雨	3
二九一五五	王其田于宫湄日無災永王	3
二九一九二	翌日壬王田盟？：	3
二九二三二	戊王其田：	3
二九二三三	翌日：王其田湄日：	3
二九二三四	王往田湄日不遘大風 大吉	3
二九二三六	弜田㚇王其悔	3
二九二三九乙	甲戌卜翌日乙王其田： 大吉	3
二九二四一	翌日辛王其田惟涗：	3
二九二四五	于壬王其田	3
二九二四五	戊王其田惟涗無災 吉 用	3
二九二四五	丁未卜翌日戊王其田無災 吉 用	3
二九二四九	癸丑卜乙王其田宰湄日無： 大吉	3
二九二五〇	王其田宰蓺湄日無災	3
二九二五一	王其田宰蓺：	3
二九二六九	貞王其田盆無災	3
二九二七〇	丁亥王其田	3
二九二七〇	丁亥王其田	3
二九二七三	翌日戊王其田惟𦔻田弗悔	3
二九二七三	翌日戊王其田惟𦔻田弗悔	3
二九二七八	辛亥卜王惟壬田盂不雨 吉	3
二九二七九	王惟楙首田無災	3
二九二八一	王其田𧻚湄：	3
二九二八二	：其田𧻚不風	3
二九二八三	王其田偖惟： 大吉	3
二九二八五	王其田㲋至于目北無災	3
二九二八九	戊王其田湊往：	3
二九二九六	壬午卜王其田虞湄：	3
二九二九七	丁亥卜戊王其田惟虞擒	3
二九二九八	戊王其田虞不遘小雨	3
二九二九九	：翌日戊王其田虞：	3
二九三〇三	：王𢓜田虞：無災	3

編號	釋文	期
二九三〇四	庚午卜王田虞其…	3
二九三一〇	…卯卜王其田羌…	3
二九三一二	壬王其田執無災	3
二九三一九	王其田𪓐擒	3
二九三二四	貞翌日戊王其田盂湄日無災	3
二九三二七	翌日戊王其田湄日不雨	3
二九三三〇	…日壬王其田斆… 吉	3
二九三三一	…卜今日王其田斆…	3
二九三三五	翌日辛王其田不遘雨	3
二九三三五	王其田斆擒	3
二九三四二	…卜翌日戊王惟門田湄日不遘…	3
二九三四三	王其田于戠無災	3
二九三四四	…王田湎湄日無災擒	3
二九三五四	癸丑卜王其田于襄惟乙擒	3
二九三五七	王其田徹延… 大吉	3
二九三六八	戊子卜… 王其田…寍	3
二九三七三	戊王其田虞執無災	3
二九三七五	…酉卜王曰貞其蒿田	3
二九三八二	既奉王其田杏	3
二九三八八	辛卯卜壬王其田至于犬僕東湄日無 災永王	3
二九三九四	王其田執無災	3
二九三九五	辛丑卜彭貞翌日壬王異其田𣪠湄日無 災	3
二九三九七	…王其田以万湄日無災 吉 兹用	3
二九四〇一	…王其田在㴒北湄…	3
二九四〇三	王其田敝…遘…	3
二九四一二	翌日戊王其田斿麓無災	3
二九四一四	王其田从南 吉	3
三〇四三九	貞王其田于𢀛劉于河 吉	3
三六八三九	庚寅卜在殺貞王田往來無災	5
三七三六二	壬寅卜貞王田宰往來無災王𡆥曰吉兹 御獲虎一狐六	5
三七三六二	丁未卜貞王田𦎫往來無災王𡆥曰吉	5
三七三六二	戊申卜貞王田𦎫往來無災	5
三七三六二	壬子卜貞王田𦎫往來無災王𡆥曰吉	5
三七三六二	戊辰卜貞王田𦎫往來無災王𡆥曰吉	5
三七三六二	辛未卜貞王田往來無災王𡆥曰吉	5
三七三六三	戊午卜貞王田朱往來無災王𡆥曰吉兹御 獲兕十虎一狐一	5
三七三六七	乙酉卜貞王田喪往來無災	5
三七三六七	丁亥卜貞王田𦎫往來無災擒隹百三十八 象二雉五	5
三七三六七	辛卯卜貞王田宮往來無災	5
三七三八一	丁巳卜貞王田盂往來無災	5
三七三八一	辛酉卜貞王田𦎫往來無災	5
三七三八二	戊申卜貞王田于𠂤麓往來無災兹御獲 兕一狐四	5
三七三九八	在九月惟王…祀彡日王田盂于入良 …獲白兕	5
三七四〇六	辛…王田…往…吉	5
三七四〇六	壬子卜貞王田雍往來無災吉	5
三七四一〇	…在奠…王田師東往來無災兹御獲 鹿六狐十	5
三七四一一	辛未卜貞王田于㸚往來無災兹…獲 兕十又一鹿四麑五	5
三七四一四	辛未卜貞王田盂往來無災獲鹿四	5
三七四二五	戊寅…王田…來…兹御…鹿一…	5
三七四二八	乙酉卜貞王田𦎫往來無災王𡆥曰吉	5
三七四二八	戊子卜貞王臣𦎫往來無災吉	5
三七四二八	辛卯卜貞王田盂往來無災王𡆥曰吉兹 御獲鹿	5
三七四三一	戊寅…王田…來…兹…	5
三七四三一	辛丑卜貞王田𦎫往來無災	5
三七四三一	乙未卜貞王田𦎫往來無災兹御獲鹿四 麑一	5
三七四四八	壬申王…田麥往…無災王…吉兹御…白 鹿…	5
三七四五二	甲申卜貞王田在浃麓往來無災兹御獲 狐…麑三	5
三七四五五	…卜貞王田璠往來…王𡆥曰吉 兹御 獲…麑二雉二	5
三七四六〇	壬子卜貞王田于斿往來無災兹御獲鹿 十	5
三七四六一	…王田于𪊨麓往…兹御獲麑六鹿…	5

三七四六三 戊戌卜貞王田于召往來無災 5

三七四六三 己亥卜貞王田于…麓往來無災獲麋

四虎三麑二 5

三七四七〇 辛亥卜貞王田雍往來無災王占曰吉 5

三七四七一 …卜貞王田于鷄往來無災…弘吉茲御獲狐八十又六 5

三七四七四 壬申卜貞王…田喪往來無災王占曰吉獲狐十 5

三七四七四 丁亥卜貞王田憂往來無災 5

三七四七四 戊子卜貞王田享京往來無災 5

三七四七六 …貞王田斿往來無災…在八月茲御獲狐二十一 5

三七四八〇 戊辰卜貞王田于洮往來無災獲狐七 5

三七四九四 丁巳卜貞王田高往來無災王占曰吉 5

三七四九四 乙巳卜貞王田徐往來無災王占曰弘吉在三月 5

三七四九五 戊午卜貞王田于𣶒往來無災茲御獲狐二 5

三六五〇一 乙巳卜…王田…無…兕二十又…來征人 5

三七五一三 壬午卜貞王田徐往來無災獲隹百四十八象二 5

三七五一三 …卜貞王田𦎫…無災在十月又二 5

三七五二二 辛酉卜在敦貞王田衣逐無災 5

三七五二二 戊午卜在呈貞王田衣逐無災 5

三七五三三 戊寅卜在高貞王田衣逐無災 5

三七五三三 壬…卜在…貞王田洮衣逐無災 5

三七五三四 庚申卜在馮貞王田衣逐無災 5

三七五三五 …卜在…貞王田衣逐…災 5

三七五三六 壬寅卜在攻貞王田衣逐無災 5

三七五三六 戊申卜在攻貞王田衣逐無… 5

三七五三七 …在…王田…無災 5

三七五三八 …卜…敦…王田…逐… 5

三七五三九 壬子卜…貞王田…逐… 5

三七五五一 戊辰…在喪…王田…衣… 5

三七五六〇 辛亥…王田…衣逐… 5

三七五六一 …卜在𪉄貞王田衣逐無災 5

三七五六四 戊辰卜在羌貞王田衣逐無災 5

三七五六六 壬戌卜…王田盂往來無… 5

三七五六六 …卯卜貞…田王𦎫…來無災 5

三七五七〇 壬辰卜貞王其田盂無災 5

三七五七二 乙丑卜貞王田憂往來無災王占曰吉 5

三七五七二 壬戌卜貞王田喪往來無災王占曰吉 5

三七五七三 壬戌卜貞王其田盂無災 5

三三五七五 辛巳卜貞王寧田無戋在宇卜 4

三七五七五 辛酉卜貞王田喪往來無災王占曰吉 5

三七五七六 乙酉…王田喪…來無… 5

三七五七八 壬戌卜貞王田喪往來無災王占曰吉 5

三七五七八 乙丑卜貞王田憂往來無災王占曰吉 5

三七五七九 戊寅卜貞王田喪往來無災 5

三七五七九 戊子卜貞王田敦往來無災 5

三七五八二 壬申…王田…往…無… 5

三七五八二 乙酉…王田…往來… 5

三七五八九 辛未卜貞王田享京往來無災 5

三七五八九 壬申卜貞王田享京往來無災 5

三七五九〇 壬寅卜貞王田享京往來無災 5

三七五九〇 辛 三田享京往來無災 5

三七五九一 丁酉卜貞王田享京往來無災 5

三七五九二 乙亥…王田…來無… 5

三七五九二 辛巳卜…王田享京…來無災 5

三七五九八 戊寅卜貞王田宮往來無災王占曰吉 5

三七五九八 辛巳卜貞王田𦎫往來無災王占曰吉 5

三七六五三 庚寅卜貞王田𦎫往來無災 5

三七六五三 戊申卜貞王田雍往來無災 5

三七六五三 壬子卜貞王田雍往來無災 5

三七六〇〇 丁丑卜貞王田[illegible]往來無災 5

三七六〇〇 辛巳卜貞王田宮往來無災 5

三七六〇三 戊午卜貞王田宮往來無災 5

三七六〇四 戊午卜貞今日王其田宮不遘大風 5

三七六〇七 辛卯卜貞王田憂往來無災 5

三七六〇八 辛丑卜貞王田宮往來無災 5

三七六〇九 壬申卜貞王田宮往來無災 5

三七六一六 乙卯卜貞…王田宮…來無… 5

三七六一六 …田𦎫…無災 5

三七六一八 丁卯卜貞王田憂往來無災 5

三七六一八 辛未卜貞王田憂往來無災 5

三七六一八 乙亥卜貞王田宮往來無災 5

三七六二〇 辛卯卜貞王田徐往來無災 5

三七六二〇 壬辰卜貞王田宮往來無災 5

三七六二〇 戊戌卜貞王田雍往來無災 5

編號	釋文	期
三七六二〇	辛丑卜貞王田于喪往來無災弘吉	5
三七六二〇	壬寅卜貞王田雍往來無災	5
三七六二二	辛丑卜貞王田桊往來無災	5
三七六二四	壬寅：貞王田往來無災：	5
三七六二四	戊戌卜貞王田桊往來無災	5
三七六二四	辛丑卜貞王田桊往來無災：囚：	5
三六六三九	戊辰卜貞王田往來無災	5
三七六四〇	辛酉卜貞王田往來無災	5
三七六四〇	辛亥：王田：往來：災	5
三七六四〇	丁巳卜貞王田呈往來無災	5
三七六四四	辛巳卜在敦貞王田浇衣無災	5
三七六四五	戊辰卜貞今日王田浇不遘大雨	5
三七六四六	戊辰卜在敦貞王田浇不遘大雨茲 御在九月	5
三七六四七	戊辰卜貞今日王田敦不遘雨	5
三七六五一	戊戌卜貞王田于雍往來無災	5
三七六五一	戊申卜貞王田雍往來無災	5
三七六五二	戊午卜貞王田于臺往來：	5
三七六五二	辛：貞王田𡨦往：無災	5
三七六五二	丁亥卜貞王田于雍往來無災吉	5
三七六五四	辛酉卜貞王田雍往來無災	5
三七六五五	：卜貞王田雍無災王囚曰吉	5
三七六五九	壬子卜：王田雍往來無災	5
三七六六〇	辛巳卜貞王田臺往來無災	5
三七六六〇	戊子卜貞王田享京往來無災	5
三七六六〇	壬辰卜貞王田于𤳌往來無災	5
三七六六〇	戊戌卜貞王田于享京往來無災	5
三七六六〇	辛丑卜貞王田于享京往來無災	5
三七六六二	壬戌卜貞王田：往來無災	5
三七六六二	丁卯卜貞王田臺往來無災	5
三七六六二	壬申卜貞王田嘉往來無災	5
三七六六六	戊寅：王田臺往：無災	5
三七六六六	辛卯卜貞王田臺往來無災	5
三七六六六	丁酉卜貞王田喪往：	5
三七六六九	壬午卜貞今日王田臺：	5
三七六七〇	乙酉：王田：往來：	5
三七六七〇	辛卯卜：王田臺：	5
三七六七一	壬午卜今日王田臺不遘雨	5
三七七〇六	戊辰：王田：往來：	5
三七七一三	辛酉卜貞王田臺往來無災	5
三七七一四	戊辰卜貞今日王田臺潘日不遘雨	5
三七七二二	壬戌卜貞王田𡨦往來無災王囚曰吉	5
三七七二二	辛酉卜貞王田斿往來無災王囚曰吉茲 御	5
三七七二八	辛亥卜貞今日王田臺潛日不遘雨	5
三七七二八	戊申卜貞今日王田磬不遘：	5
三七七二九	：卜貞王田于𢦏：無災茲御獲鹿：	5
三七七三二	壬子卜王田斿：茲御	5
三七七三四	戊辰卜王田雞往來：	5
三七七四一	戊戌卜貞王田羌往來無災	5
三七七四二	戊申卜貞今日王田羌不遘雨茲御	5
三七七四三	己亥王田于羌：在九月惟王：	5
三七七五〇	丁卯卜貞王田夫往來無災	5
三七七七六	辛酉卜貞今日王其田𡿧不遘大：	5
三七七七八	辛酉：貞翌日：王其田𡿧往：無：	5
三七七七九	辛丑：王田：往來：王囚：	5
三七七八〇	壬戌：王田：往來：	5
三七七八四	壬辰：王田：來無：囚曰：獲：	5
三七七八四	丁酉卜貞王田𨸏往來無災王囚曰吉	5
三七七八七	戊寅卜貞今日王其田濩不遘大雨茲 御	5
三七七八八	丙子卜：貞王田：無災：	5
三七七八九	壬辰卜貞王田：往來無災弘吉	5
三七七九二	丁丑卜：王田：來：	5
三七七九三	辛卯卜貞王其田無災	5
三七七九三	壬辰卜貞王其田無災	5
三七七九三	乙未卜貞王其田無災	5
三七七九五	壬戌卜貞今日王田：其遘：	5
三七七九六	己未卜貞王田于：往來：	5
三七七九八	：卯卜貞王田于：往來無災弘吉	5
三七七九九	戊辰卜貞王田往來無災	5
三七八〇〇	壬寅：王其田無災	5
三七八〇一	戊午卜貞王田無災	5
三七八〇二	：申卜貞王其田	5
三七八〇三	：貞王其田無災	5
三七八〇四	辛巳卜貞王田往來無：	5

著錄	釋文	期
三七八一五	：王田：在正月	5
三七八四八	辛酉王田雞麓獲大𩁹虎在十月惟王三祀劦日	5
屯六九二	：午卜翌日乙王其田湄：大吉	3
屯七六二	王惟湊田湄日無災	3
屯一四六〇	：王惟多田：	3
屯二三五八	丁酉卜王其𤔲田不遘雨大吉茲允不雨	3
英二〇四一	：未卜旅貞王其田于來無災在二月	2
英二〇四一	乙酉卜旅貞王其田于：往來無災在一月之乙酉彡于祖乙又：	2
英二〇四二	戊辰卜尹貞王其田無災在正月在危卜	2
英二二八九	：巳卜：貞王其田羌無災擒鹿十又五	3
英二二九〇	辛王其田𢧟擒	3
英二二九一	王惟磬田：	3
英二三〇〇	王其田擒 茲用	3
英二三〇三	：酉卜翌日戊王其田屯：吉	3
英二三〇六	辛未：貞王其田無災	3
英二三〇六	乙亥卜貞王其田無災	3
英二三〇九	王其田以亥不雨 吉	3
英二五四三	辛未卜貞王田：來無災王囚曰：	5
英二五四三	壬申卜貞王田盉往來無災王囚曰吉茲御	5
英	獲狐十一	5
英二五四三	乙亥卜貞王田向往來無災王囚曰吉	5
英二五四四	戊子卜貞王田奚往來無災茲御獲狐十	5
英二五四四	辛卯卜貞王田棆往無災	5
英二五四四	壬辰卜貞王田𠭯往來無災	5
英二五四七	戊子卜貞王田𩫖往來無災	5
英二五四七	壬辰卜貞王田享京往來無災	5
英二五四七	辛巳卜貞王田于棆往來無災	5
英二五四九	辛亥卜貞王田𩫖往來無災	5
英二五五二	丁酉卜貞王田：來：	5
英二五五二	戊寅卜貞王田𢧟往來無災	5
英二五五三	庚辰卜貞王田享京往來無災	5
英二五五四	辛酉卜貞王其田：	5
英二五六〇	乙丑卜：王田：往：無：	5
懷一一三五	壬午卜貞王田往來無災	5
懷一一三五	癸酉卜何貞王其往于田無災	2
	丁丑卜何貞王其田：災	2

著錄	釋文	期
懷一一三六	戊戌卜：貞王其田：災	2
懷一四三〇	壬王其田：于既𡪞：延迺：不：	3
懷一四三一	：王惟田：湄日：	3
懷一四三八	：王：田延至：𤉲無災	3
懷一四四一	：王其田射狢麋：	3
懷一四四四	甲寅卜乙王其田于豐以戍擒	3
懷一四四八	壬戌卜貞王其田𢦏無災	3
懷一四四九	乙酉：貞王田敦無災	3
懷一八五四	辛未：王田：往來：	5
懷一八五八	：卯卜在去：王田𡆥往來：災	5
懷一八六四	：寅卜：王田：往來：	5
懷一九〇〇	：王田享京往來	5

其它

著錄	釋文	期
九	辛未卜爭貞曰眾人：尊田：	1
二二	癸卯卜貞：田令𠂤取黃丁人七月	1
二一〇正	貞田罝	1
一一〇正	庚午卜𡧊貞田堯罝	1
一一〇正	貞田弗其堯罝	1
一九四	：寅卜：效：田：其獲羌	1
一九五乙	丙寅卜子效臣田獲羌	1
一九五甲	丙寅卜子效臣田不其獲羌	1
一九九	己卯卜爭貞令𡆥令𡆥田从𢦏至于瀧獲羌	1
七三八正	田于井	1
一〇二二甲	丁卯卜勿令執以人田于𦎫	1
一〇二二乙	丁卯卜令執以人田于𦎫十一月	1
一三七〇	貞戍：我田	1
四五〇六	戊：貞：𡆥：田	1
四五〇七	貞：𡆥：田	1
五四八三正	：比克田弗其𢦏王事 二告	1
六〇五七正	王固曰有祟其有來嬉迄至七日己巳允有來嬉自西長友角告曰𢀛方出侵我示𤕌田七十人五	1
六〇五七反	王固曰有祟其有來嬉迄至九日辛卯允有來嬉自北𡚤妻安告曰土方侵我田十人	1
六三二九反	：田𡆥：	1
六五二一	：歸田九月	1

著錄號	釋文	期
六五二八	貞勿曰邑𢀛田弗其卒	1
六五二八	…爭貞王曰邑𢀛田𣎵其卒	1
九二七八	田入二在…	1
九三八四	…其田宿于𣶒	3
九八三八	甲申…多尹若田	1
一四〇二三	貞田…北	1
一四四九七	貞燎于…桒…田	1
二〇四九五	允田	1
二〇七四二	𠬝母田于田	1
二〇七四一	丁酉卜𠘧衛田九月	1
二〇七八三	戊…貞…丙…田…	1
二一五三二	癸亥子卜多臣人呼田羌	1
二一五四六	己丑子卜小王𠂤田夫	1
二一六五八	丁丑卜惟田獲	1
二一九一三	不口田日	1
二一九六一	…田子…	1
二一九九九	…戌卜田執	1
二二〇四三	庚戌卜貞余令陕比…田無𡆥	1
二二〇四三	丁未卜田于西	1
二二〇四三	…未…貞其田…東	1
二二〇四三	庚戌卜貞比羌西于田𡆥	1
二二三七四	丁未卜…比田無𡆥	1
二二四七三	甲子…以𠂤…田	1
二三〇〇六	其延田無災	2
二三七〇〇	…其令…田來…	2
二四三九五	…其田無災…在危	2
二四四一〇	辛未卜𣶒貞其田…斿…	2
二四四四六	…自…延田于…障?京獲豕…鹿二	2
二四四五五	辛丑…尹貞…其田于障…	2
二四四五八	庚寅卜尹貞…其田于𣎵無災在一?月	2
二四四六九	…貞辛…田𠆳…有…𢆶…	2
二四四七〇	…卜尹…其田于…往來無…	2
二四四八六	乙亥…貞王…于田無…在…	2
二四四九四	…于田…災在十二月	2
二四四九八	…旅…于田無災	2

著錄號	釋文	期
二四五〇〇	…卜貞…田無災	2
二四五〇一	丁丑卜王曰貞翌戊寅…其田無災…往不遘雨	2
二四五〇一	…卜王曰…田辛…	2
二四五〇二	庚午卜王曰貞毋田	2
二四五〇四	己亥卜王…貞毋田…	2
二四五〇五	…不田…	2
二七〇二一	…龍…田有雨	3
二七一四六	己巳卜狄貞其田不遘雨	3
二七四五九	庚申卜貞惟壬田	3
二七四五九	庚申卜狄貞惟辛田	3
二七四五九	辛未卜狄貞惟壬田	3
二七四五九	辛未卜狄貞惟田	3
二七八九一	惟田暨戍舞	3
二七九〇五	惟𡨦?犬𢀛比田𣪕無災擒	3
二七九二九	…立…亞…田其于…	3
二七九六三	于壬田…	3
二八〇八七	辛未…貞今日…𨻰田…	3
二八一九六	乙未卜暊貞在寧田…有?赤馬?其𥟖…	3
二八二七八	癸酉卜于父甲𠦪田	3
二八三四〇	…田从宮从…盂湄日不…	3
二八三五五	…其田…麋逐擒	3
二八三六〇	其田遘麋王其射無災	3

著錄號	釋文	期
二八四二五	[illegible]其出于田	3
二八四四二	…巳卜何…其田…	3
二八四四五	…卜何…其田無災	3
二八四六八	…寅卜狄…其田…來…災	3
二八四七二	…狄…田往…災	3
二八四七四	…卜何…田于…來無災	3
二八四八八	…卜狄…其田…災	3
二八四九〇	…卜狄…其田…無災 吉	3
二八四九六	于戊田湄…無災永…擒	3
二八四九六	于戊田湄日無災永王…	3
二八五四〇	惟今日田辛不遘雨	3

編號	釋文	期
二八五四四	：其田藝無災	3
二八六一八	惟壬藝延田	3
二八六一八	壬弜田其雨　吉	3
二八六六八	王惟辛田不雨	3
二八六七〇	惟壬田湄日無災	3
二八六七一	于丁田無災	3
二八六七二	于壬田湄日無災	3
二八六七五	惟今日田無災	3
二八七〇五	：其田于：其𢽏：日無災	3
二八七一二	惟壬田弗悔湄日無災永王　吉	3
二八七一五	：其先于田弗悔	3
二八七三三	：奚田湄日：	3
二八七三三	：其田祝王受祐　吉	3
二八八三六	癸酉卜翌日乙王其田擒　吉	3
二八八四〇	于壬田擒	3
二八八七八	壬戌：貞王：田衣：	3
二八八九八	：其田涉：馘湄：災	3
二九〇〇四	弜：喪舊田不受祐	3
二九〇八七	：卜貞：田孟無災	3
二九二一四	：田霾：大雨	3
二九二一八	：其田斿：	3
二九二二四	：田斿：悔	3
二九二二八	：田㹜：悔	3
二九二二八	翌日：其田惟：湄日無災擒	3
二九二三七	弜田㹜其悔	3
二九二四六	惟𣏟：田湄日：	3
二九二五〇	莫田無災	3
二九二五五	惟𣏟首田無災　吉	3
二九二五六	田于宕其用茲卜	3
二九二六四	：宰：田：永王	3
二九二六五	：田宰：悔	3
二九二七一	王其田盗擒	3
二九二八四	其田𢓊于𦳣無災擒	3
二九二九〇	：田㬎：擒	3
二九三〇五	：田虞：無災	3
二九三一八	王：犬：田穆：　大吉	3
二九三二四	丁亥卜犾貞其田贅惟辛湄日無災不雨	3
二九三二九	：田贅其雨	3
二九三三四	惟戍田無災	3
二九三四一	王惟門田無災	3
二九三三七	：田斆：	3
二九三四六	田亩	3
二九三五一	王惟翌日辛田：災　大吉	3
二九三五二	：田襄湄日無災　不遘雨　大吉	3
二九三五四	于辛田擒	3
二九三五四	于壬田擒	3
二九三五四	于辛田擒王乜擒	3
二九三五五	于戊田擒	3
二九三六〇	貞惟鸏先田無災	3
二九三六四	甲子卜惟豆田于之擒	3
二九三六六	辛酉：田雍：	3
二九三六九	其田麥擒	3
二九三八〇	貞惟門田不：雨	3
二九三八一	弜田門：悔	3
二九三九一	：卜犾：其田衣犬無災	3
二九三九三	：其田：犬：	3
二九三九八	：啚田無災	3
二九三九九	惟溝田無災	3
二九三九九	弜田溝	3
二九四〇四	：其田敝無災	3
二九四一三	于南田無災擒	3
二九六八五	今日乙：其田湄：不雨　大吉	3
二九九九〇	其作龍于凡田有雨　吉	3
三〇二九一	：田門其：	3
三〇〇四四	𪓷霾二田喪盂有大雨	3
三一二七三	：卜犾：𦳣朿田：災弗悔	3
三一九三五	惟田沓不盖惟之有遣	3
三二九五八	癸未：王㭒𢦏于田	4
三二九五九	：王㭒𢦏于田	4

三二九六〇　：子卜：犾𢦏于田　4
三三三九〇　：田狩無……　4
三六五一二　↓盂：冊盂方：田留征……　5
三六五一四　：余一人：田留征盂：自上下于𣪘示……　5
三七三六三　乙卯王卜貞田𦎫往來無災王𡆥曰吉　5
三七三六三　壬子卜貞田牢往來無災王𡆥曰吉茲御獲兕一虎一狐七　5
三七三六三　辛丑王卜貞田𦎫往來無災王𡆥曰吉　5
三七三六三　壬寅王卜貞田𩡧往來無災王𡆥曰吉　5
三七三六三　戊申卜貞田𣻡往來無災王𡆥曰吉茲御獲兕六狐……　5
三七三六三　戊戌王卜貞田鷄往來無災王𡆥曰吉茲御獲狐　5
三七三六四　乙丑王卜貞田𦎫往來無災王𡆥曰吉　5
三七三六四　辛未王卜貞田𦎫往來無災王𡆥曰吉獲象十雉十又一　5
三七三六四　壬寅王卜貞田：往：無災王𡆥曰：茲御獲狐：鹿一麑六　5
三七三六四　乙巳王卜貞田梌往來無災王𡆥曰吉　5
三七三六四　戊申王卜貞田王往來無災王𡆥曰吉　5
三七三六四　辛亥王卜貞田𦎫往來無災王𡆥曰吉　5
三七三六五　壬：田𩡧：無災：茲：象……　5
三七三六五　戊寅王卜貞田𦎫往來無災王𡆥曰吉　5
三七三六五　：巳王卜：田𦎫往：無災王𡆥：吉　5
三七三七二　：王卜貞田梌往：王𡆥曰吉茲御……百四十八象二　5
三七三七二　：貞田𦎫往：災王𡆥曰吉　5
三七三七八　：子王卜貞田牢往來無災王𡆥：弘吉茲御獲兕三麋八　5
三七三七九　戊戌王卜貞其田喪往來無災　5
三七三七九　：寅王卜貞其田于牢往來無災　5
三七三八〇　壬子王卜貞田盉往來無災王𡆥曰弘吉茲御獲狐四十一麑八兕一　5
三七三八一　：寅王卜：田𦎫：無災　5
三七三八三　：田于𨾊往：御獲兕一……　5
三七三九三　：王卜貞田：往來無災茲𣪍……　5
三七三九九　：田𦎫：御：　5
三七四〇〇　乙卯卜貞王田𦎫往來無災　5
三七四〇〇　：午卜貞：田羗往來無災王𡆥曰吉茲　5

御獲鹿十五
三七四〇三　戊申王卜貞田𩑏往來無災王𡆥曰吉　5
三七四〇三　壬子王卜貞田𩑏往來無災王𡆥曰吉獲鹿十　5
三七四〇五　壬辰王卜貞田𦎫往來無災王𡆥曰吉　5
三七四〇五　戊戌王卜貞田羗往來無災王𡆥曰吉茲𣪍獲鹿八　5
三七四〇八　戊戌王卜貞田羗往來無災王𡆥曰吉茲御獲鹿四　5
三七四〇八　乙巳王卜貞田𦎫往來無災王𡆥曰吉茲御獲鹿四麑一　5
三七四〇八　壬辰王卜貞田𢦏往來無災王𡆥曰吉在十月茲御獲鹿六　5
三七四〇九　戊申王卜貞田羗往來無災王𡆥曰吉茲御獲鹿六　5
三七四一六　：田于宮：無災……　5
三七四一六　戊申王卜貞田羗往來無災茲御　5
三七四一六　壬子王卜貞田于𩰫往來無災茲御獲鹿𩰫一　5
三七四一六　乙卯王卜貞田于𦎫往來無災茲御獲鹿……　5
三七四一七　戊午王卜貞田于𦎫往來無災獲鹿三　5
三七四一七　戊寅王卜貞田宮往來無災王𡆥曰吉　5
三七四一九　辛巳王卜貞田𦎫往來無災王𡆥曰吉獲狐三鹿二　5
三七四二一　：貞田呈：王𡆥曰吉：獲狐三鹿二?　5
三七四二一　戊辰王卜貞田敦往來無災王𡆥曰吉茲御獲鹿二　5
三七四二六　壬申王卜貞田羗往來無災王𡆥曰吉茲御獲鹿十又一　5
三七四三〇　戊申王卜貞田𦎫往來：王𡆥曰吉在九月茲御獲鹿一麑三　5
三七四三〇　乙巳王卜貞田析往來無災王𡆥曰吉　5
三七四三〇　戊申王卜貞田王往來無災王𡆥曰吉　5
三七四三二　壬寅王卜：田𤲦往來無災王𡆥曰：茲御獲狐：鹿麑　5
三七四三三　：酉卜：田敦往：無災王：茲御……鹿一　5
三七四三三　戊辰：貞田：往：無災：曰吉　5
三七四三三　戊子王卜貞田𩰫往來無災王𡆥曰吉茲御獲……　5

三七四三三　…寅王卜貞田𩫖…來無…王𡆥…吉　5
三七四三四　戊午王卜在羌貞田舊往來無災兹御獲鹿狐　5
三七四三六　壬寅…田盂…無災…鹿…　5
三七四四八　丁丑王卜貞田宮往來無災王𡆥曰吉　5
三七四四九　壬申卜貞王田𩫖往來無災獲白鹿一狐二　5
三七四五九　…田于沃往來…獲麋十又八　5
三七四六二正　辛亥王卜貞田棆往來無災王𡆥曰吉　5
三七四六二正　壬子王卜貞田𨘼往來無災　5
三七四七〇　戊辰…田鷄…無災…曰吉獲狐三十又七　5
三七四七二　壬申王…貞田𩫖…來無災…𡆥曰吉　5
三七四七二　戊寅王卜貞田鷄往來無災王𡆥曰吉兹御獲狐二十　5
三七四七二　辛巳王卜貞田𨘼往來無災王𡆥曰吉　5
三七四七二　壬午王卜貞田𩫖往來無災王𡆥曰吉　5
三七四七三　戊戌王卜貞田弋往來無災王𡆥曰吉在　5
三七四八一　乙丑王卜貞田于𩫖往來無災　5
三七四八一　丁卯王卜貞其田于宮往來無災　5
三七四八一　戊辰王卜貞田洸往來無災獲狐七　5
三七四八三　戊寅…田…無災…狐七　5
三七四八六　…卜貞田呈往來無災…弘吉兹御獲狐二十五…　5
三七四八九　戊午王卜貞田喪往來無災王𡆥曰吉兹御獲狐四　5
三七四九〇　辛丑王卜貞田𩫖往來無災王𡆥曰吉　5
三七四九〇　戊子王…田𩫖往來無災王𡆥曰吉獲狐四　5
三七四九四　壬子卜貞…田桑往來無災王𡆥曰吉　5
三七四九七　戊子王卜貞田喪往來無災王𡆥曰弘吉兹御獲狐一　5
三七四九七　辛卯王卜貞田宮往來無災王𡆥曰吉　5
三七四九七　壬辰王卜貞田𨘼往來無災王𡆥曰吉　5
三七四九八　戊戌王卜貞田喪往來無災王𡆥曰吉獲狐一　5
三七五〇〇　乙未王卜貞田𨘼往來無災王𡆥曰吉　5
三七五〇〇　…王卜…田𨘼…往來無災王𡆥曰吉　5
三七五〇一　戊申王卜貞田呈往來無災王𡆥曰吉兹御獲狐九　5

三七五〇三　戊午…田…無災…吉…獲…　5
三七五〇五　…巳王卜在…貞田安…來無災兹御獲狐十　5
三七五一一　乙丑王卜貞田𨘼往來無災王𡆥曰吉　5
三七五一〇　…卜貞田喪無災王…吉兹御…鹿三十三　5
三七五一一　壬子王卜貞田棆…災王…曰吉　5
三七五一一　丁巳王卜貞田盂往來無災王𡆥曰…　5
三七五一一　戊午王卜貞田盂無災王𡆥曰吉　5
三七五一一　辛酉王卜貞田𩫖往來無災王𡆥曰吉　5
三七五一一　壬戌王卜貞田棆往來無災王𡆥曰吉兹御　5
三七五一七　…卜在勭…田徫…無災　5
三七五二四　辛巳?…貞田…往來…王𡆥…　5
三七五四一　戊午卜…𥝢貞…田衣…無災　5
三七五四一　…卜在沃…田衣…無災　5
三七五四三　辛巳…𦭝?田余王衣…無…　5
三七五四四　…在呈…田衣…無災　5
三七五四五　戊子…王田…衣…無…　5
三七五四五　…卜在…貞…田圅…　5
三七五四六　…在…王田…無災　5
三七五四七　辛未…盂…田衣…無災　5
三七五四八　…卜…戲貞…田衣…無災　5
三七五四九　甲…𩫖…田…衣…　5
三七五五〇　…卜在牢…田衣…無災　5
三七五五二　…田衣…無災　5
三七五五三　…卜在呈…田衣…無災　5
三七五五六　…卜在康…田衣逐…災　5
三七五六二　…在…田衣…　5
三七五六七　辛酉…田𩫖…無災…吉　5
三七五七四　丁酉王…貞田喪…來無災王…曰吉　5
三七五七四　戊戌王卜貞田𩫖往來無災王𡆥曰吉　5
三七五七四　辛丑王卜貞田棆往來無災王𡆥曰吉　5
三七五七四　壬寅王卜貞田喪往來無災王𡆥曰吉　5
三七五七七　…王卜…田喪往…災王…曰吉兹御…　5
三七五七七　戊寅王卜貞田𩫖往來無災王𡆥曰吉　5
三七五八一　…丑王卜貞田喪往來無災王𡆥曰吉　5
三七五八三　…王卜…田喪…來無…王𡆥…　5
三七五八四　戊申王…田喪…無災…曰…　5
三七五九九　辛酉王卜貞田宮往來無災王𡆥曰吉　5

三七三四　:卜:田喪:來無:　5
三七三五　:田盗:無災　5
三七三六　壬戌:田盗:無災:吉:獲?:　5
三七三八　:子王卜:田璿往來無災王:曰吉茲
:　5
三七三八　戊申王:貞田敎往來無災王𠧞曰吉　5
三七四四　:卜貞:田羌不邁大雨　5
三七四六　戊午王卜貞田㝨往來無災王𠧞曰吉　5
三七四六　辛酉王卜貞田𩫖往來無災王𠧞曰吉　5
三七四六　壬戌王卜貞田敎往來無災王𠧞曰吉　5
三七四六　丁亥王卜貞田盂往來無災王𠧞曰吉　5
三七四六　戊子王卜貞田喪往來無災王𠧞曰吉　5
三七四六　辛卯王卜貞田𩫖往來無災王𠧞曰吉　5
三七四七　丁卯王卜貞田㝨往來無災王𠧞曰吉茲
御　5
三七八一　:王卜在𩫖貞田:往來無災　5
三七八五　丁酉:田阢:無災:曰吉　5
三七九一　丁亥卜:旁貞:其田:逐:　5
屯七一五　惟濕田𥂝延受年　大吉　3
屯七一五　惟上田𥂝延受年　3
屯六九九　丁亥卜翌日戊:惟:田湄日:　大吉　3
英六六五　令望乘先歸田　1
英八三○　:王[illegible]有田:　1
英八三五　:令郭曰犬延田　1
英二二九一　:其田磬擒　3
英二三○四　:其田[illegible]湄日:　3
英二三一八　惟盂田省無災　3
英二三一八　:田盂至𢧢:災　3
英二三二一　惟虞田無災　3
英二三二一　惟沇田無災　3
英二三三七　于𦎫東伊田有正　3
英二五三九　乙巳王卜貞田㝨往來無災王𠧞曰吉　5
英二五三九　戊申王卜貞田𩫖往來無災王𠧞曰吉　5
英二五三九　辛亥王卜貞田𩫖往來無災王𠧞曰吉　5
英二五三九　壬子王卜貞田𩫖往來無災王𠧞曰吉　5
英二五三九　壬戌王卜貞田𩫖往來無災王𠧞曰吉獲　5
麑五象一雉六　5
英二五四○　壬午王卜:田喪往來無災王𠧞曰獲鹿三　5
英二五四○　丁亥王卜貞田喪往來無災王𠧞曰吉獲　5
英二五四○　:田:來無:吉?　5

英二五三九　辛未王卜貞田𩫖往來無災王𠧞曰弘吉　5
英二五四一　:田雍往來:獲鹿二　5
英二五四二　:貞田𩫖:無災王𠧞:十月又二　5
英二五四二　:王卜貞田梌往:災王𠧞曰吉茲御:獲
隹二百五十象一雉二　5
英二五四二　:王卜貞田:往來無災:曰吉茲御:隹
百二十二:六　5
英二五四六　壬戌王卜貞田𩫖往來無災王𠧞曰吉在
七月茲御　5
英二五四六　乙丑王卜貞田𩫖往來無災王𠧞曰吉　5
英二五四六　戊辰王卜貞田𩫖往來無災王𠧞曰吉　5
英二五四六　辛未王卜貞田喪往來無災王𠧞曰吉　5
英二五四六　壬申王卜貞田𩫖往來無災王𠧞曰吉　5
英二五四六　丁丑王卜貞田喪往來無災王𠧞曰吉　5
英二五四六　戊寅王卜貞田𩫖往來無災王𠧞曰吉茲
御　5
英二五四八　丁巳王卜:田𩫖往:災王𠧞:　5
英二五四八　戊午王卜貞田梌往來無災王𠧞曰吉　5
英二五五○　辛未:貞田喪往來:災　5
英二五五一　丁未王卜貞田梌往來無災王𠧞曰吉　5
英二五六二正　己未王卜在貞田元往來無災　5
懷四一二　:田[illegible]:　1
懷九五四　:于田西以　1
懷一二三七　:尹:田于宮:無災在五月　2
懷一一四○　:卜出:其田:災　2
懷一三四三　:入自日:田盂:　3
懷一三四四　貞犬比田　3
懷一四三二　惟盗田弗悔無災　3
懷一四四七　弜田[illegible]弗擒有犬　3
懷一四四七　:田:無災　3
懷一四九八　己酉:田[illegible]:王:　4
懷一八五三　辛巳:貞田:往來:王𠧞:　5
懷一八五五　:辰:喪貞:田逐:　5
懷一八五六　辛:卜:田:往:無:　5
懷一八五七　壬午:貞田:往:無:　5
懷一八五七　:酉王卜:田㝨:來無:𠧞曰吉　5
懷一八五九　壬辰卜貞:田㝨:來無:　5
懷一八六○　辛亥:田㝨:無:　5
懷一八六一　:卜貞:田:日無:　5
懷一八六二　:卜貞:田𩫖:來無:　5
懷一八七一　:田:征盂:上下于𣪘:余又:𢦏田:
邑商:　5

三七六〇二　乙酉：貞田：往來：災　5
三七六〇二　辛巳：貞田：往：無災：曰：：　5
三七六〇五　乙卯王卜貞田宮往來無災王占曰吉　5
三七六〇五　戊午王卜：貞田敦往來無災王占曰吉　5
三七六〇五　：酉王卜：田𩃝往：災王占：　5
三七六〇六　：王卜貞田宮往來：王占曰吉在八月　5
兹御　5
三七五九九　壬戌王卜貞田宮往來無災王占曰吉　5
三七五九九　：丑王卜貞田𩃝往來無災王占曰吉兹御　5
三七六一二　：寅卜貞：田宮：來無：　5
三七六一三　：丑卜貞：田宮：來無災　5
三七六一四　：卯卜貞：田于宮：來無災　5
三七六一五　：王：田宮往：無災王占：　5
三七六一九　壬寅王卜貞田楡往來無災　5
三七六一九　乙巳王卜貞田𩃝往來無災王占曰吉　5
三七六一九　辛亥王卜貞田𩃝往來無災王占曰吉　5
三七六一九　壬子王卜貞田楡往來無災王占曰吉　5
三七六一九　辛丑王卜貞田：往來無災王：　5
三七六一九　丁未王卜貞田𩃝往來無災王占曰吉　5
三七六一九　戊申王卜貞田楡往來無災王占曰吉　5
三七六二一　戊子王卜貞田𩃝往來無災　5
三七六二一　乙亥王卜貞田楡往來無災王占曰吉　5
三七六二一　戊寅王卜貞田𩃝往來無災王占曰吉　5
三七六二一　辛巳王卜貞田𩃝往來無災王占曰吉　5
三七六二一　壬午王卜貞田楡往來無災王占曰吉　5
三七六二三　辛卯王卜貞田楡往來無災王占曰吉　5
三七六二三　：辰王卜貞田楡往來無災王占曰吉　5
三七六二七　：卜貞田楡：無災王：吉在三月　5
三七六二八　：王卜：田楡：來無：王占：吉　5
三七六三〇　壬寅王：貞田楡：來無：王占曰：　5
三七六三一　：田楡：無災　5
三七六三二　辛酉：田楡：　5
三七六三四　：其田余：在二月　5
三七六三九　丁巳卜：田高：無：　5

三七四九二　：卜貞王田于𪊨：無災在十月：御獲　5
狐二
三七六四五　：卜貞：田洮：大雨　5
三七六四八　乙亥：田𩃝：　5
三七六四八　：寅卜貞：田𩃝往：　5
三七六四九　壬申王：田敦：無災王：　5
三七六四九　乙丑王卜貞田𩃝往來無災王占曰吉　5
三七六四九　戊辰王卜貞田考往來無災　5
三七六五〇　：午卜貞田敦：往來無：　5
三七六五二　：申卜貞：田雍：來無：　5
三七六五六　：其田雍麓：往來無災　5
三七六五九　：午卜貞：田于𩃝：來無災　5
三七六六一　辛丑王卜：貞田𩃝：來無：　5
三七六六一　壬寅王卜貞田𩃝往來無災王占曰吉　5
三七六六一　戊申王卜貞田𩃝往來無災王占曰吉　5
御
三七六六一　辛亥王卜貞田喪往來無災王占曰吉　5
三七六六一　壬子王卜貞田𣪘往來無災王占曰吉　5
三七六六七　：王卜貞田𩃝往來無災王占曰吉　5
三七六六七　壬午王卜貞田𩃝往來無災王占曰吉　5
三七六五五　戊午王卜貞田盂往來無：占曰：　5
三七六七三　戊戌王卜貞田𩃝：往來無：　5
三七六七五　丁酉王卜：田𩃝往來無災王占曰吉　5
三七六七六　：王卜貞田𩃝：災王占：　5
三七六七七　壬寅：田𩃝：無災：曰吉　5
三七六八一　壬子：田𩃝：　5
三七六九八　：卜貞：田觀：在二月　5
三七七〇九　戊：王卜貞田𩃝往來無災王占曰吉　5
三七七〇九　壬辰王卜貞田喪往來無災王占曰吉　5
三七七〇九　：王卜：田宮：來：災　5
三七七〇九　丁丑：田𩃝：無災：獲：　5
三七七三二　壬子王卜貞田𣪘往來無災王占曰吉兹：　5

畀

五六六三 貞多犬弗其及畀
五六六三 貞多犬及畀
六八五五正 貞惟𪓐令旋畀微
六八五六 貞惟𪓐令旋畀微
一二五七四 …畀…四月

六九六〇 壬子卜王令雀□伐畀十月
六九六一 …□伐畀
六九六二 勿呼雀伐畀

其它

三九八二 貞王其畀…
四一七〇 …雀…畀三月
五七二一 貞令畀祟奠十二月
一八一九五 …畀…
一八一九六 …畀…
一八一九七反 …勿畀…
一八一九八 …畀…八月
一八一九八 …畀…
一八一九九 …弗…畀…
一八二〇〇 …亥…畀…
二二三三四 癸未卜令…方畀九
懷一八 …未卜…其…畀…

□

一八一〇五 …□…

寠

五四五五 貞𢀛及寠□
五四五六 貞𢀛及寠□
一八一八〇 貞惟卓令寠…䜌
一八六二一 …寅…寠…

𤲸

九六一六 …卜㱿貞…惟𤲸
九六一七 辛丑卜…𤲸穧

九六一八 …不惟𤲸
九六一九 貞今其雨不惟𤲸
屯三一二四 惟大牢𤲸宮
英三九八 …惟𤲸

□

四七三五正 壬戌卜㱿□其有𡆥
四七三五正 壬戌…㱿貞□無𡆥
四七三五正 壬戌卜㱿貞□其有𡆥
四七三五正 壬戌卜㱿貞□無𡆥
四七三六 …其比…□
四七三七 …令子…豕□…□
四七三八 …□…
四七三九 勿呼□于…自□
四七四〇 …自□
四七四〇 …□

畬

九九四六正 …弗…受畬年
九九四六乙正 …弗其受畬年
九九四六乙正 貞我受畬年在□
九九四六乙正 …受畬年
一〇九六二 貞…畬…

邦

五九五正 壬申卜亘貞祟囚不于鼓由八人邦五人
八四六 貞勿奉年于邦土
八四七 貞勿奉年于邦
三二九三二 邦茲…
三三二〇五 …邦于北土歸…

甫

九〇〇反 王固曰我其受甫耤在始年
九七七九 …甫弗其受年
一〇〇二二甲 甲戌卜㱿貞甫受黍年
一〇〇二二丙 甫弗其受來年 二告

甫年

一〇〇二三 貞甫弗其受黍…
一三五〇五正 甫耤于始受年 二告
一三五〇五正 丁酉卜爭貞呼甫耤于始受有年

甫擒

一三六四三 …卜…貞甫…其擒…
二〇〇〇二 …未卜…甫其擒
二八三五九 …卜令甫逐麋擒十月

在甫

七八九四 貞其雨十月在甫魯
七八九五 貞其雨…在甫魯
七八九六 貞今…其雨在甫魯
七八九七 乙亥貞其召衣于亘遘雨十一月在甫魯
一四五九一 貞今日其雨十月在甫魚
二四三七六 辛未卜貞今日魚庸十二月在甫魚
三六九六二 庚辰卜在甫…王步于埤…災

其它

六 貞令祝保甫六月
六 丁酉卜㱿貞令甫取子伯及
九〇〇正 丁酉卜㱿貞我受甫耤在始年三月
九〇〇正 丁酉卜㱿貞我弗其受甫耤在始年 二告
二九四一 …血…甫魚
三三五九 …卜王…甫延…侯
四四一五正 辛巳卜貞令昃𠂤旃甫章夜族五月
四五九二 …㝬…甫
五三八五 貞王有…甫
五八五七 乙酉卜甫允夲沚
五八九九 丁未卜爭貞令執卓甫呼徵戈執…
五九〇〇 丁未卜爭貞令執卓甫呼徵戈執…
六一九六 貞甫弗其遘𠙵方
六六二三 癸卯卜㱿貞惟甫呼令沚𢦏羌方七月
七二四二 戊寅卜貞令甫比二侯及暨元王循于之若
九三六九 甫入
九七七八 …爭…甫不…
一〇〇二二乙 貞甫不其…來年
一〇〇九五 …貞勿…𠬝甫
一三五四三 丁酉卜𡆥貞延𠩺宗無祉酉甫
一三七六二 貞甫其有疾
一五四六五 癸未卜…惟甫…陟…

甫

一五四八三反 甫
一九四二八 …甫弗…其…
一九四二九 貞…惟…甫…
一九四三〇 辛未卜…甫
一九四三一 …甫作…
一九五六五 …寅卜…勿…甫…
二〇〇四二 …寅甫令…子弜…
二〇〇六三 …卜…甫…侯…
二〇一一七 壬辰卜𣎆甫弜弓
二〇一四二 …卜𠂤王…即甫…
二〇一五〇 丁巳卜㠯甫
二〇二一五 …巳…奏…在…甫
二〇二一八 …丑卜…令…甫大…祟擇
二〇二一八 …甫無囚
二〇二一八 …甫…
二〇二二〇 …酉卜𣎆…甫毋…甫
二〇二二一 …令甫复止
二〇二三四 丁未卜甫令夏
二〇二三五 辛巳卜王勿呼甫即夏令戠十月
二〇三三〇 庚午卜王余…示…甫于甫…囚終
二〇七一五 辛巳卜𠂤貞甫往兔虎鹿不其…
二〇七一六 丙子…甫往…鹿…
二〇七四九 丁巳卜…令甫狩…丁丑啓
二〇七五二 …巳卜…甫狩…獲鹿…虎十…
二〇九八九 庚申卜翌辛酉甫有啓
二一二六六 …午卜…甫牛…祟…
二一三〇六乙 …甫…余…曰…
二一九八六 甫在
二二二七四 甫乙丑
三〇一七三 庚午卜貞野丁至于斫函入甫 茲用
三〇一七三 叀呼爵野弜于甫
英一一五一 甲寅卜爭貞翌癸卯令甫歸

由

一八七〇九正 …南…凡由…
一八七八六 …令…由…
二〇一六八 丁巳卜…雀…由…
二〇二八六 …王酉…由…父…
二〇七七九 壬午卜有南在斷東北獲
二二三四三 其由缶…
三三〇八八 …征由

三三〇八八　：：甾　4
三三〇八八　：甾　4
三三〇八八　：征甾　4
三三〇八八　今夕征甾　4

叀

八二七五正　：出：：十牛于叀　1

一〇〇五七　：甫　1

圃

九四八八　：酉卜：貞翌：王往圃無：　1
九四八九　癸卯卜亘貞呼圃惟之　1
九四九〇　：𠂤：王往圃　1
九四九一　：圃　1
九五五二　乙未卜貞黍在龍圃啓受有年二月　1

曾

四八九　貞：午延：羌曾：大：　1
一〇一二　：𡆥曾伐：　1
四〇六四　：午卜㱿貞翌丁未蒸𢍁來祭于曾：用　1
五五〇四　乙未：貞立事：南又：中从：㪔左：从　1

曾

五六七一　丁巳卜：貞犬：曾用自大示　1
六五三六　：卜㱿貞王次于曾廼呼𠂤𢀛中：　1
八四六三　：曾于：暨周：　1
一一三九二　：曾三：商今：乙：小宰　1
一六〇六〇　辛酉卜史貞：來：曾用：丁用　1
一六〇六一　甲申：爭貞：勿曾用：望：　1
一六〇六二　：貞勿取曾王于：　1
一八四三六　：申：令：曾：取：　1
一九〇九五正　丁丑卜爭貞令門𠥓曾：　1
一九九九一　：亞㚔婦鼠曾：　1
二〇三四四　：人于曾：若　1
二三二九四　：丑卜曾令歸　1
二四九五八　：曾：　2
二六〇一四　：卜出貞：曾奏：𠕁月：　2
二六〇一五　己未：翌丁：其：曾有：示　2
二八二三五　丁亥卜：㮚𩰫曾：　3
三一八二一　弗克曾：　3
七三五三　乙巳卜㱿貞王勿次于曾　1

三二〇四八　癸亥卜令𠭯呼比沚戈曾𦥑田土：𦔻　4
叩伯
三三一六四　：辰貞咸奏于曾有：　4
屯八一五　惟罝曾于之𢍰　吉　3
屯一〇九八　惟壬往曾征無災永王　吉　3

二〇七一〇　甲：燎于𡧊田冕虎　1
二一〇二二　乙酉卜舉：其雨印不雨田啓　1

周

一〇八六正　丁巳卜古貞周以㛸　1
一〇八六正　周以㛸　1
一〇八六正　貞周弗以㛸　1
五六五四　貞周以巫　二告　1
九一七〇　：周以　1
九一七一反　：周以　1
一〇九七六正　己未卜内貞周𢑚擒　1
一四七五五正　癸：㱙貞周擒犬延淵　1
一四七五五正　：周弗其擒　1
懷三〇三　周弗其擒犬　1
四八八二　：令周：𢦏：　1
四八八三　勿令周往于𠩵　1
四八八四　甲午卜㱙貞周乞牛多：　1
四八八五　壬戌卜令周㝉若　1
四八八六　：卜王令周七月㝉出　1
五六一八　辛卯卜貞令周比永止八月　1
八八五四　丙寅卜内令周取　1
二〇〇七四　：令周𡈼無：　1
三三八八五　惟㽙令周　4
三三八八五　惟𢦏令周　4
六八二五　：毋弗𢦏周十二月　1
二〇五〇八　癸卯卜其克𢦏周四日　1
懷三五三　：周：𢦏：　1

□田

六八一二正　己卯卜允貞令多子族比犬侯□周載王事五月
六八一三　貞令多子族暨犬侯□周載王事
六八一四　癸未卜爭貞令旌以多子族□周載王事
六八一五　癸未卜…令旌…族□周載王事
六八一六　…貞令𣂼比𦣻侯□周
六八一七　…以多…𦣻侯…□周載王…
六八二二　貞惟□令比□周
六八二三　…王其令…□周不…史骨四月

田方

六六五七正　丙辰卜㱿貞王惟周方征
六六五七正　貞王勿惟周方征　二告
八四七二甲正　…周方弗其有𡆥
八四七二乙正　…周方弗無𡆥
八四七二丙正　…周方無𡆥
懷　四二七　…周方…

□田

六七八二　…方敦周
六八二四　…未卜…弗敦周八月

其它

五九〇正　貞周弗其有…七月　二告
五九〇正　貞周弗無𡆥　二告
一一一四反　允惟鬼暨周𢽎
三二四〇　甲午卜惟周…三牛…多子
四八八七　…呼周…
五六三四　…周
六六四九甲反　周入
六八一八　…比𦣻…周載…
六八一九　…酉…令…上絴…侯二…□周
六八二〇正　貞令…旌暨…侯…周載…
八一一五　…周取巫于𣎆
八四五二　…周允…申夕𡆥…旬有…其𡆥
八四五三正　丙午卜亘貞周弗…
八四五四　甲申卜王貞…卯…周…若
八四五五　…寅卜…貞…弓…周
八四五六　…㱿貞周…
八四五七　丁卯卜貞周其有𡆥
八四五八　…周無…

八四五九正　…貞周弗其…
八四六一　…周𢽎…
八四六二　…卜㱿…周…取
八四六三　…曾于…暨周…
八四六四　…卜…貞勿…周𡆥…
八四六五　…周弟我…
八四六六正　…周…
八四六七正　…周…雨
八四六八　…貞周…其…
八四六九　…周…壴
八四七〇　…周…
八四七一　…周…
八四七二乙正　貞周…
一三九一〇　…周…凡…疾
二〇三六六　…周允執
二一二七一　…周…羊
二〇五〇八　癸卯卜貞周
二二二四六　𠂤㓝三宰周妣庚
二二二六四　貞婦周
二二二六五　…寅貞…周𢦚延
二二二九四　惟午伐周
二二三三八　庚…周…
二三五一〇　壬戌周
二三五六〇　戊子卜吳貞王曰余其曰多尹其令二侯上
絲暨𦣻侯其…周
二三六九九　貞…弘…周
三〇七九三　其狡于周
三三二〇〇　丁丑…周弗…
英七四二　丁…㱿…周…
英七四三　…周…
懷　三七五　…周…侯…

三〇二四七　于周有雨　吉

富

三二二八九　戊辰狡于富雨

二四四二一　…□
二八一八五　…□

盧

一九九五六　庚午卜侑妣母甲盧豕　1
一九九五七反　甲午卜侑母乙盧豕　1
一九九五七反　癸巳卜侑母甲盧豕　1
一九九五七反　壬辰卜侑母癸盧豕　1
一九九五七反　乙未卜侑母盧豕　1
一九九五八　盧
一九九五八　……卜侑妣母己盧豕　1
一九九七〇正　丙寅卜侑妣母……盧……　1
二〇五七六正　……卜侑母壬盧豕　1
二〇五七六正　壬戌卜……母壬盧豕　1
二〇五七六正　壬戌卜侑母癸盧豕　1
二一二七四　癸亥卜侑母庚盧豕　1
二一二七四　……于……盧豕　1
二一七二八　壬辰卜𢓊貞……盧豕　1
二一八〇四　戊辰卜𢓊貞彭盧豕至豕龍母　1
二一九五〇反　……盧豕　1
二二〇四八　于妣盧豕　1
二二〇四八　壬寅卜𣂼石禦于妣癸盧豕　1
二二〇四九　于妣癸盧豕石反　1
二二〇六五　惟盧豕　1
二二〇七七　戊午禦虎于妣乙惟盧豕　1
二二〇九八　乙亥卜有歲于天庚于盧豕　1
二二〇九八　……亥卜有歲于妣戊盧豕乙妻　1
二二〇九九　妣戊盧豕　1
二二二一〇　……妣戊至盧豕　1
二二二一〇　妣戊盧豕　1
二二二一〇　……至盧豕　1
二二四三七　癸亥貞叀盧豕用　1
二二四三八　盧豕二十　1
三一九九三　禦牧于妣乙盧豕妣癸彘妣丁豕妣乙豕豕　4
三一九九三　禦衆于祖丁妣癸盧豕　4
屯附三　禦牧于妣乙盧豕妣癸彘妣丁豕妣乙豕豕
屯附三　禦衆于祖丁牛妣癸盧豕
英一八七一　……卜……今日……𡧊……戊……盧豕……贏　1
二〇五七六正　壬戌……侑母癸盧犬　1
二〇五七六正　壬戌卜侑母壬盧犬　1
二〇五七六正　癸亥卜……庚盧犬　1
二〇七〇〇　乙丑卜先……呼盧犬𠨘至二牢　1

三三六一九　……未卜出……禦子……家盧……　2
二六〇一〇　……出……丁未其奏家盧子母于有宗若　2
二六七六五　甲子卜大貞𠭯家盧子……𢊁暨……己酉……　2
二六七六五　癸酉卜貞旬有祟不于家盧子四月　2

三二九〇三　辛卯貞从狩盧涉　4
屯一〇〇九　辛卯貞从狩盧涉　4

八一八六反　……百在橐盧　1
八一八七　……橐盧……岳　1
一五六九七反　……橐盧……　1
一八四三七反　……𩱦……　1
懷六一七　……𩱦……　1
懷一〇〇七　……𩱦……　1

其它

二二五九　貞勿用盧以羌　1
五六二四　……未卜……貞盧𢍰……　1
一〇九三〇　戊申卜貞王往于盧从喪从……　1
一二八〇〇　……盧……曰……雨　1
一二八〇〇　……卜盧……其延……　1
一八四〇〇　丁卯……妣丁盧……　1
一九五〇正　貞……盧……今……合……于丁用一牛　1
二〇五七六正　……壬盧……　1
二〇五七六正　……亥卜侑往……母盧　1
二〇五七六正　癸亥卜侑母……盧　1
二〇五七六正　癸未卜侑……盧　1
二一七二八　癸巳卜𢓊貞今……盧　1
二一八三二　己卯子卜貞盧以若　1
二二二三一　……卯貞𠂤盧……于妣己𢓊册……　1
二二四三九　丙辰貞盧羊歲　1
屯二五一〇　……巳卜其刖四封舌盧……惟邑子示　1
二七八八九　惟馬畀　3

畂 畯

三〇一九 …卜…貞子央…畂惟人… 1

五六〇五 甲戌…貞…畯… 1

五六〇六 …貞令…芻畯…于… 1

五六〇七 …畯… 1

五六〇八 畯 1

五六〇九 …卜爭…畯… 1

五六一〇 …貞…畯… 1

男

三四五一 貞男不其 1

三四五二 …貞…雀男…受… 1

三四五三 …卜㱿翌甲辰侑上甲男… 1

三四五四 …允…辛巳…男十月 1

三四五五 …不其…受男… 1

三四五六 …男… 1

三四五七 …卜鳥…男克… 1

二一九五四 庚辰卜貞男亏無𡆥 1

畋

二〇七四四 …未卜…畋… 1

二〇七四五 丙辰卜王貞畋無… 1

二〇七四六 丁亥卜㳄畋…尹… 1

二一三三一 乙未𠬝…尸老…畋 1

二一六二二 甲辰卜車…允畋…貞今生… 1

二二四六四 丁未于畋安 1

一八八五一 …爭…令？…甶… 1

卑

三七六六七 …貞王…往來無…囚曰吉…王曰卑毋？ 5

九五四四正 壬戌卜古貞乎𤰔𦥑泰 二告 1

九五四四反 王固曰吉其𤰔 1

一八一三四 …九[illegible]… 1

二二〇七三 乙酉卜禦新于妣辛白畁豕 1

畕

英七四四 …乂…于畕 1

畐

三〇〇六五 其畐年？…雨在盂𡉚無？大雨 3

三〇九四八 弜畐有… 3

屯四一九七 …呼…畐… 3

[畐甬]

三〇九四七 辛丑卜[畐甬]酌有大… 3

屯六二二 …夒岳辛丑其[畐甬]酌有大雨 3

曲

一一四五二臼 …巳冊示二屯 岳 1

二二〇九七 惟猳禦量于天庚允曲 1

一〇二二甲 貞曲 1

一八四三五 …甴… 1

一八八三九 …甴…[illegible]十… 1

二一四五三 …酉…甴… 1

屯四三一〇 甲午卜廷無𤲐印 1

屯四三一〇 曰午卜徃甾𤲐印 十月 1

甾

一八四三三 ……甾…… 1

亘

二七八七九 翌日……亘小臣…… 3

典

懷七〇〇 ……典…… 1

男

二二四八〇 庚申……日……步男……不…… 1

奠

三六九二一 癸……在奠……旬無……六月 5

西

二九〇四 ……子……婦……西…… 1

九五七五 ……卜争……河婦豎……西……衛有卒 1

一三一五五 ……西……入…… 1

一三五四三 丁酉卜亘貞延呂宗無忧西甫 1

二三七一五 貞惟西取于入彫 2

三三〇七五 甲子……西……𡆥十……一牛 4

宿

五三五六 甲午卜争貞王宿師不無……三月 1

五三五七 丙寅……貞王……宿 1

二七八一四 王于……宿無…… 3

二七八〇五 弜宿其悔 吉 3

二八一八八 弜宿若 3

二九三五一 弜宿 吉 3

二九七一一 弜宿…… 3

三一二五七 弜宿其悔 3

三三五六七 弜宿 4

其它

九七五反 王固曰不宿若兹卜其往于甲彫咸……／惟甲追 1

一六〇一 貞戠于祖乙……宿 1

一七七九正 貞祖辛宿于父乙 1

一七七九正 貞祖辛不宿于父乙 1

八一三一 ……往……于宿 1

九一二二反 ……宿以…… 1

一六九九八正 ……宿惟有壱 1

一八六〇三 ……宿…… 1

一九五八三 貞今……宿于……翌癸…… 1

一九五八四 ……宿無…… 1

一九五八五 ……宿……月 1

一九五八六 辛……宿…… 1

一九五八七 ……宿…… 1

二七八〇五 丁卯王其尋宰僼其宿 3

二七八一二 ……宿無…… 3

二七八一三 ……宿王…… 3

二八一三三 ……賡……宿無…… 3

二八八六三 ……宿……悔 3

二九三五一 于呈宿無災 大吉 3

二九三五一 乙亥……呈宿無災 3

二九三八四 ……其田宿于𩁹 3

三一二三三 貞其宿其𢓊無災 3

屯二一五二 于机宿無災 3

屯二一五二 于葡作僼宿𢦔 大吉 3

英一五六一 貞有……宿……壱 1

英一六九〇 ……宿…… 1

敵

八七一一 貞……敵…… 1

一〇〇八四 丁未卜争貞將束于岂母敵二月 1

一五七五六 ……貞……敵…… 1

一八一七三 ……不……敵…… 1

二八一九〇 戍其敵遷于西方東饗 3

英一三四正 貞禦于……于敵 1

屯四六 ……若尚于……母敵……𢓊興于之受祐 3

尋

著錄號	釋文	
九四反	王尋固光卜曰不吉有祟茲…呼來	1
八〇三	癸卯卜貞翌辛亥王尋㚔以執	1
八〇四	…王尋㚔以執	1
三三九	辛未卜穷貞王往尋不…無災	1
八一八二	…令…往…尋	1
八二八二	貞令往尋	1

于

著錄號	釋文	
三一〇八	貞禦子𣅀于尋	1
八一二六反	…于尋司…	1
八一二八	貞于尋	1
八一三〇	勿于尋	1
九五〇三正	貞祖乙于尋有	1
九五〇三正	勿于尋有	1
九七四一正	于尋司　二告	1
九七四一正	勿于尋司	1

其它

著錄號	釋文	
二六一	辛丑卜貞㚔以羌王于門尋	1
七〇七正	尋…祖乙	1
七二〇正	尋祖…	1
七七三甲	貞尋禦妣庚𠕋五[illegible]	1
七七三乙	貞尋…𠕋…	1
七九五反	…尋…	1
二四六一	戊午卜𣪊貞勿尋𠨘于妣庚	1
三二三四	…禦子…尋…	1
四一〇九	王于尋莫	1
四一三九	辛亥卜…貞允尋…雀牛[illegible]…侑十…	1
四八四六	…午…貞…鼓…尋…	1
六四〇六	…貞沚𢦏尋爯…土方我受有…	1
七八〇九	癸酉卜…貞做…尋入商九月	1
七八〇九	貞做其尋入商有…	1
八三五八	…于彩尋	1
一〇八一二甲	王于出尋	1
一二五四六正	貞尋酌河燎三牛沈三牛卯…	1
一四四七四正	壬戌卜穷貞尋燎于岳	1
一四八九四	貞王勿尋告于示	1
一五七五四	…卜…辰…尋酌	1
一六〇六六	乙未卜𣪊貞尋	1
一六〇六七	癸巳…尋…	1
一六〇六八	…今癸…尋…歲…	1
一六〇六九	貞尋	1
一六〇七〇	…亦…尋㞢…	1
一六〇七一	…尋禦	1
一六〇七二	…尋禦	1
一六〇七三	丙辰卜穷貞尋告摧于…一月	1
一六〇七四正	…尋不…	1
一六〇七五	戊午…貞尋…于…	1
一六〇七六	…卜𣪊…尋燎…	1
一六〇七七	貞勿弘廼尋	1
一六〇七八	貞勿尋六月	1
一八六六六	…惟…尋…	1
二三六九四	…巳卜旅貞贏不即弜其亦尋𡕗…惟丁亥　酌十一月	2
二四六〇八	…丑卜行貞王其尋舟于滴無災在八月	2
英九八	…尋侑于妣己	1
英一九九八	庚辰卜旅貞贏不既𢓜其亦尋…其　弜賓于上甲	2

剮

著錄號	釋文	
一三六八一	貞…剮…肱	1

⿰酉力

著錄號	釋文	
三八一〇	貞⿰酉力	1
屯二〇六四	弜⿱业吕其畔舊于之若	

齒

著錄號	釋文	
九四反	…疾齒	1
五九一正	甲辰卜亘貞疾齒惟…	1
六四八二正	貞⿰礻凡以之疾齒鼎贏	1
六四八二正	疾齒贏	1
六四八三正	疾齒贏	1
六四八三正	⿰礻凡以之疾齒鼎贏　小告	1
六四八四正	⿰礻凡以之疾齒鼎贏	1
六四八四正	疾齒贏	1
六四八五正	疾齒贏	1

六四八五正 祝以之疾齒鼎贏
六四八六正 疾齒贏
六四八六正 祝以之疾齒鼎贏
一〇三四九 甲子卜殼貞王疾齒惟…暘…
一三六四三 甲子卜殼貞王疾齒無昜…
一三六四四 壬戌卜亘貞有疾齒惟有壱
一三六四五正 貞有疾齒惟壱 二告
一三六四六正 貞有疾齒不惟壱
一三六四七正 疾齒惟有壱
一三六四七正 疾齒不惟有壱
一三六四八正 貞疾齒…
一三六四八正 貞疾齒不惟父乙壱 小告
一三六四八正 貞疾齒惟齒…
一三六四八正 貞疾齒不惟…
一三六四九 貞疾齒惟父乙壱
一三六五〇 貞疾齒不惟…乙…
一三六五一 己丑卜爭貞有疾齒父乙惟有聞在沘
一三六五二 貞疾齒禦于父乙
一三六五三 癸丑卜亘貞疾齒禦于示…
一三六五六正 貞有疾齒惟有由
一三六五六正 貞有疾齒不惟有由 小告
一三六五六正 貞疾齒不惟有由
一三六五七正 有疾齒惟蠱 小告
一三六五八正 …疾齒…災
一三六五九 疾齒
一三六六〇 疾齒
一三六六一 貞王夢疾齒惟…
一七三八五正 貞疾齒告于丁
英一一二二正

四一九正 貞無來齒
七二一正 貞其有來齒
七二一正 …來齒
二一九三 齒來于乙
一四一六一正 …來齒
一四一六一正 今五月無來齒 二告
一七〇七八反 …媳其有來齒
一七二九九 癸未卜爭貞旬無囚王固曰有祟三日乙酉
夕㞢丙戌允有來入齒
一七三〇〇正 …商…允有來齒自商
一七三〇〇正 …商…允有來齒自商
一七三〇一正 貞無來齒 二告
一七三〇一反 貞勿…王固曰吉無來齒
英八八六正 癸未卜爭貞旬無囚王固曰有祟三日乙
酉夕㞢丙戌允有來入齒十三月

五六五八正 王固曰不吉其以齒
一七三〇二 貞商其以齒
一七三〇三反 …曰早來其以齒
一七三〇四 …以齒
一七三〇五反 …其以齒
一七三〇五反 …吉其以齒
一七三〇六正 …其以齒
一七三〇七正 貞曰戈以齒王
一七三〇八 己亥卜殼貞曰戈以齒王
一七三〇八 曰戈以齒王
一七三〇八 曰戈以齒王

三五二三 …昔我舊…之齒今…
三五二四 …昔我舊…之齒今…齒三旬又六日
…䍐方允…

八八八四 丁丑卜穷貞雨得王固曰其得惟庚其惟丙
其齒四日庚辰雨允得十二月
英四一四正 丁丑卜穷貞束得王固曰其得惟庚
其惟丙其齒四日庚辰束允得十三月

其它

六六六四正 貞不惟…乙…齒
六六六四正 甲申卜…貞惟…乙…齒
八八〇三 戊寅卜亘貞取牛不齒
一一〇〇六正 丁亥卜爭貞王夢惟齒
一三六五四 …齒禦于…
一三六五五 …齒…勿禦…
一三六六四 貞侑…齒不惟蠱
一三六六五正 齒蠱
一七二六一正 貞丩…賓齒贏
一七二九五 貞王…戠其…惟齒
一七二九六 …酉卜殼貞有齒不…
一七二九七 …禾婦…有降齒…
一七三〇一正 乙未貞其有…齒
一七三八六 貞女禦齒
一七三八六 勿女禦齒
一七四五七 …夢惟有齒
一八一三九 貞…齒…
一八一四〇 …齒…

齒

一八一四一　…辛…齒…

一九〇五七反　…立齒…

三二九六三　在齒肩雞王米

英一二三　…甲禦子漁齒…

懷九三六b　…曰勿齒

齒

一三六六二　…禦…齒

一三六六三甲正　貞勿于甲禦婦嘉齒

囚

二〇一正　貞惟父乙囚王

二〇一正　貞不惟父乙囚王　二告

二〇一正　貞王囚惟蠱

二〇一正　貞王囚不惟蠱

八一〇正　貞王囚嬴

八一〇正　貞王囚嬴　二告

九四〇正　貞王囚嬴

九七四正　告王囚于…

一〇四七　丁卯卜㱿貞王囚…十人

一〇七六甲反　貞王囚…

一二八五正　貞王囚嬴　二告

一二八五正　貞…囚不其嬴

一七九五正　…貞禦王囚于羌甲

二二三五甲正　壬寅卜㱿貞王囚惟父乙

二二三五乙正　壬寅卜㱿貞王囚惟父乙害

四六一一正　貞王囚異其疾不嬴

五七七五正　癸卯卜爭貞王令三百射弗告十?示王囚惟之

五七七五正　貞王囚不惟之弗告三百射

一〇一三三正　禦王囚于妣癸

一〇二九九正　貞王囚不惟有害

一〇六一三正　侑祖乙告王囚

一〇六一三正　丁巳卜㱿貞禱于祖乙告王囚

一七二二一　貞王囚惟眉?…

一七二二二　丁卯卜㱿貞王囚…人

一七二二三　貞王囚…

一七二二四　貞王囚其虐

一七二二五　貞禦王囚…

一七二二六　…王囚…

一七二二七反　…王囚…

一七二二八　…王囚…

一七二二九　…貞…至于…未王囚…七月

一七二三〇正　戊子卜㱿貞王囚嬴　二告

一七二三一　貞王囚嬴

五七七五正　貞王囚嬴

五七七五正　王囚不其嬴

英一二〇四　貞王囚侑妣　二告

三七六正　貞王其疾囚

一二六七二甲正　貞囚雨疾

一二六七二乙正　…囚雨疾無…

一二六七三　…囚雨疾

一三七〇〇　貞王…惟其疾囚

二五八五　貞侑于母囚犬三羊三豕…卯…

一四三一三正　貞帝于東埋囚豕燎三宰卯黃牛

一四三一四　甲申卜㞢貞燎于東三豕三羊囚犬卯黃牛

一四三三一　…東囚…西囚犬燎白…

一四三三四　貞侑于西母囚犬燎三羊三豕卯三牛

一五六〇〇　…燎于東三小宰囚犬

一五六〇三　貞…囚犬燎宰

一六二六三　…囚犬燎…

一六二六四　…囚犬…二豕…羊

英一三五〇正　庚戌卜爭貞燎于西囚一犬一㱿燎四豕四羊㱿二卯十牛㱿一

英一二三三　貞囚犬燎…三…三…卯…

懷一四　…貞翌…寅彡燎于昌囿犬燎豕…

三七六正　貞…夢呼余禦囚

三七六正　貞王有夢不惟呼余禦囚

七二一正　于羌甲禦囚

七二一正　禦囚南庚

九一五正　禦囚于妣己

九一五正　勿禦囚于妣己

九四六正　禦囚于斲

九四六正　禦囚勿于斲

著錄號	釋文
九四六正	于妣甲禦囚
二一一五	貞于父甲禦囚
二一九四	貞禦囚于父乙
二八七三	勿禦囚
一四三三八	貞禦囚于父乙

其它

著錄號	釋文
三七六反	翌辛丑勿惟燎囚
三七六反	我囚
九〇二正	有囚
九〇二正	有囚
四三四九甲正	貞疾囚弗其克
四三四九乙正	…疾囚…
六〇五七反	…東鄙戔二邑王步自甝于鄗司…夕
	㞢壬寅王亦終夕囚
六五三〇正	甲申…貞興方來惟囚余在囚　二告
六五三〇正	…興方來不惟囚余在囚　二告
九二三三正	…永貞囚有衞　二告
九二三三正	…永貞囚無其衞
一一七一	…囚…六日戊辰…子囚…
一三九九九	…辰卜殻貞婦好娩嘉…囚
一四三一五反	貞囚虐由…
一六一一七甲正	貞今夕囚其鼀
一六一一七乙正	乙巳卜穷貞今夕囚不鼀
一六三八〇正	貞有二囚不惟若匕月
一七二三一	囚不其嬴
一七二三二	囚嬴
一七二三三	貞囚嬴
一七二三四	貞有囚嬴
一七二三五	…卜殻…囚有嬴
一七二三六正	…爭貞囚不其嬴
一七二三七	貞囚不其嬴
一七二三八	…子卜永貞囚其延　二告
一七二三九	貞不延囚
一七二四五	惟囚
一七二四六	…囚惟有由
一七二四八	惟囚我在囚
一七二四九	惟囚…
一七三九一	貞婦好囚大疾延鼓肖
英一二二	貞子漁囚惟母庚壱
懷五〇一	…囚…惟…

囚

著錄號	釋文
八〇八正	貞…其降囚
八〇八正	…其有降囚
七八五二正	戊戌卜穷貞茲邑無降囚　二告
七八五二正	貞茲邑其有降囚　二告
七八五二正	貞茲邑其有降囚　二告
一二四二三正	癸未卜穷貞茲雹不惟降囚十一月　二告
一二四二三正	癸未卜穷貞茲雹惟降囚　小告
一六四七五	戊申卜白降囚
一六四七五	戊申卜白降囚
一六四七六	…降囚
一六四七七	癸亥卜王…無降囚
一六四七八	…禹無其降囚
二一三〇〇	辛亥卜王貞有其降囚
五三六	辛卯卜内貞王有作囚　二告
五三六	辛卯卜爭貞王無作囚
七三八正	己丑卜殻貞王無作囚　二告
七七六正	壬寅卜殻貞不雨不惟茲商有作囚
七七六正	貞不雨不惟茲商有作囚
三四五八正	庚申卜殻貞我有作囚
三四五八正	庚申卜殻貞我有作囚
三四五八正	庚申卜殻貞我無作囚
六〇八六	貞呂方出惟我有作囚
六〇八六	不惟我有作囚
六〇八七正	壬子卜殻貞呂方出惟我有作囚
六〇八七正	壬子卜殻貞呂方出不惟我有作囚五月
六〇九二	癸卯卜穷貞呂方出惟有作囚
六五七七	乙亥卜殻貞雀有作囚
六五七七	乙亥卜殻貞雀無作囚
七七七二正	貞王入于商其有作囚
七八五四正	…殻貞洹其作茲邑囚
七八五九正	其作茲邑囚四…
八四二四	貞千弗其作毁方囚
一三三一二甲正	弗作王囚
一四一八二	…帝其作王囚
一六四六三甲	乙卯卜丙貞祀作王囚
一六四六四	丙寅其惟婦作囚

𡆥

一六四六五　……作𡆥　1
一六四六六　……作𡆥　1
一六四六七反　……作𡆥　1
一六四六八　辛未卜貞其作𡆥十三月　1
一六四六九　……其作𡆥……　1
一六四七〇正　貞我無作𡆥　1
一六四七〇正　貞我有作𡆥　1
一六四七一　己巳卜爭貞我有作𡆥　1
一六四七二正　貞……不惟我有作𡆥　1
一六四七三　不惟我有作𡆥　1
一六四七四　……無作𡆥　1
一七六八三正　王固曰吉無作𡆥　1
一八九三九　惟戌有作𡆥　1
二一二九九　辛亥卜王貞有作𡆥　1
英一六〇九　……弗作……邑𡆥四月　1

二九四〇　丁亥卜內貞子商無□在𡆥　1
六〇八八　貞舌方出不惟𡆥我在𡆥　1
六〇八九　……方出不惟𡆥我在𡆥　1
一六四五九　……我在𡆥……　1
一六四五九　……我在𡆥……　1
一七二四八　惟□我在𡆥　1
二三六八　……至于……毓無壱在𡆥　2
二三〇三五　……王……祭于祖丁……無壱在𡆥　2
二六一八五　……壱在𡆥一月　2
三三七七八　辛酉卜有壱在𡆥　4
英二四六六　丁未卜貞無壱在𡆥　4

一六四八六　貞……兹有……其至𡆥　1
一六四八七　……至𡆥　1
一九四六二　貞卜……兹㞢……其至𡆥　1
屯二三五　癸亥卜有至𡆥　1

一六九二七　貞非𡆥　1
一六九二八　……非𡆥　1
一六九二九　……非𡆥　1
二四一五六正　甲子卜出貞兹雨非𡆥　2
三三二七三　己巳貞𢦏𡆥　4
三三六九八　庚辰貞日有戠𢦏𡆥惟若　4
三四七〇七　己巳貞非𡆥　4
三四七〇九　丁卯貞非𡆥　4

五五七　貞其于一人𡆥　1
四九七六　貞其于一人𡆥　1
四九七八　乙亥卜爭貞王朿有祟不于……人𡆥　1
四九八一　……卜貞……鳴不……一人𡆥　1
三四〇八五　……未貞……祟……一人𡆥　4
三四〇八六　癸未貞六旬有祟不于人𡆥　4

二一二九四　……王貞……余𡆥　1
二一二九五　……辰卜王貞妣惟作余𡆥　1
英一六〇八　貞……余𡆥　1

一二二　貞惟𡆥　1
一二二　貞王夢啟惟𡆥　1
一二二　王夢啓不惟𡆥　1
二七二正　貞王夢惟𡆥　1
二七二正　貞王夢不惟𡆥　1
三七六正　乙丑卜殻貞甲子㞢乙丑王夢牧石麋不惟𡆥惟祐　二告　1
三七六正　貞甲子㞢乙丑王夢牧石麋不惟𡆥惟祐　三月　1
三七六反　王固曰不惟𡆥　1
四五四正　貞侑惟𡆥　1
四五六正　貞王夢惟𡆥　二告　1
四五六正　不惟𡆥　1
七九五反　……不惟𡆥王固曰吉　1
八〇八反　王聽惟𡆥　1
八〇八反　王聽不惟𡆥　1
八九二正　……寅卜殻貞王夢兄丁惟𡆥　1
八九二正　貞王夢兄丁不惟𡆥　1
九〇五正　貞王夢禱惟𡆥　1
九〇五正　王夢禱不惟𡆥　1
九〇五正　不惟𡆥　1
九七四正　王夢惟𡆥　1
一〇二七正　己未卜殻貞王夢皿惟𡆥　1
一三八五正　貞惟𡆥　1
一八七八正　貞王夢不……𡆥　1
一八七八正　貞王夢惟𡆥　1
二三七三反　王固曰吉勿惟𡆥　1

三〇六一反　癸丑卜㱿惟囚
三〇六三正　貞子杰惟囚
三四五八正　王夢不惟囚
五〇九六正　王夢不惟囚
五〇九六正　王夢惟囚
五二九八正　貞王聽惟囚
五二九九正　乙未卜亘貞王聽不惟囚
五三二〇　辛未卜內貞惟囚六月
六〇三三正　王聽惟囚
六〇三三正　王聽不惟囚
六〇三三反　貞王夢玉惟囚
六〇三三反　貞王夢玉不惟囚
六〇八四　舌方不惟囚
六〇八八　惟囚
六〇九〇正　庚午卜㱿貞舌方來惟鵰惟我囚
六〇九一　丁未卜亘貞舌方出惟我囚…月　小告　小告
六六四七正　戊戌卜爭貞料方匀射惟我囚五月
六六四七正　貞料方匀射不惟我囚
六七四六　貞不惟帝令作我囚
六九四三　辛酉卜㱿貞乙丑其雨不惟我囚
六九四三　貞乙丑其雨惟我囚
七二五二反　…其惟囚
一〇三四五正　丙申卜爭貞王夢惟囚
一〇三四五正　丙申卜爭貞王夢不惟囚
一一〇一八正　王有夢惟囚
一一〇一八正　貞王有夢不惟囚
一一〇一八正　貞王聽惟囚
一一〇一八正　貞聽不惟囚
一二四九八正　…聽不惟囚
一二一六四　貞冓不惟囚
一二八八一　…茲雨惟囚
一二八八二　…多…雨惟囚
一二八八三　甲申卜爭貞茲雨惟囚
一二八八三　貞茲雨不惟囚
一二八八四　…茲雨惟囚
一二八八六　…雲…雨…惟囚
一二八八七　貞不雨不惟囚
一二八八八　貞…雨不惟囚
一二八八九　貞茲雨不惟囚我
一二八九〇　…茲雨不惟囚
一二八九一　貞雨不惟囚
一三三七〇　…風不惟囚
一三四九〇　貞王惟囚比
一三四九〇　勿惟囚比

一三八六四　不惟囚
一六四四一　壬寅卜㱿貞惟囚
一六四四二　甲寅卜亘貞惟囚
一六四四三　貞惟囚十二月
一六四四四　…惟囚
一六四四五　戊申其惟囚
一六四四五　戊申其惟囚
一六四四六　…酉卜㱿貞…不惟囚
一六四四七　辛未卜丙貞不惟囚
一六四四八　貞不惟囚
一六四四九　貞不惟囚
一六四五〇　貞不惟囚
一六四五一　貞不惟囚
一六四五二　不惟囚
一六四五四反　王固曰勿惟囚
一六四五五　惟我囚一月
一六四五六　不惟我囚
一六四五六　惟我囚一月
一七二七〇　丁巳卜宕貞鑿惟囚
一七二七一正　…寅卜古貞鑿不惟囚　二告
一七二七一反　王固曰吉勿惟囚
一七三八六　乙未卜貞王夢孽不惟囚
一七三九三正　庚子卜宕貞王夢白牛惟囚
一七三九六　王固曰吉勿惟囚
一七四〇〇正　丙午…㱿貞王夢惟囚
一七四〇一　王夢惟囚
一七四〇二　王夢惟囚
一七四〇三　貞王有疾惟囚
一七四〇三　庚戌卜㱿貞王有夢不惟囚
一八〇三五　貞…䍙…不惟囚
二〇三九九　乙巳卜…𡿨暨雀伐羌囚
二一〇一九　辛未卜王貞今辛未大風不惟囚
二一二九七　…侑三示不惟囚
三三一四六　丁亥惟雀惟囚
三三一四六　丁亥卜惟雀惟囚
英一一五三正　貞疾其惟囚
英一六一六正　…㱿貞王夢妾有敔有冊惟囚
懷四七九　…不惟我囚

選錄

三七五五　癸未卜爭𡆥貞旬無囚
六七七八正　癸巳卜宕貞旬無囚

𡆥

號	釋文	期
六九二九	癸酉卜爭⿱凶▽貞旬無𡆥	1
七一四六正	癸亥…貞旬無𡆥	1
一一五四六	癸酉卜爭貞旬無𡆥十月	1
一一五四六	癸巳卜古貞旬無𡆥四月	1
一一五四六	癸酉卜𠮛貞旬無𡆥十二月	1
一一五四六	癸巳卜𡧊貞旬無𡆥十一月	1
一一五四六	癸亥卜□貞旬無𡆥	1
一一五四六	癸未卜古貞旬無𡆥二月	1
一一五四六	癸酉卜古貞旬無𡆥二月	1
一一五四六	癸卯卜古貞旬無𡆥五月	1
一一五四六	癸…卜古貞旬無𡆥	1
一一五四六	癸丑卜貞旬無𡆥	1
一一五四六	癸亥卜充貞旬無𡆥五月	1
一一五四六	癸丑卜古貞旬無𡆥五月	1
一二九〇一	癸卯卜古貞旬無𡆥十一月	1
一六八七一	癸巳卜㱿貞旬無𡆥丁酉雨	1
二五七七六	癸卯卜貞旬無𡆥	1
三六四八二	壬寅卜即貞王賓旬無𡆥	2
三六四八六	癸酉卜王貞旬無𡆥吉告在三月	2
三三八二四	癸丑卜王貞旬無𡆥在五月甲寅彡小甲	2
三四〇三六	貞旬𡆥不雨翌日雨	4
三四八七四	癸未貞旬無𡆥	4
三四八七四	癸亥貞旬無𡆥	4
三四八七四	癸丑貞旬無𡆥	4
三四八七四	癸卯貞旬無𡆥	4
英二四八四	癸未歷貞旬無𡆥	4

旬有𡆥選録

號	釋文	期
三四〇三六	癸亥貞旬有𡆥	4
三四〇三六	癸丑貞旬有𡆥	4

今夕無𡆥選録

號	釋文	期
一六五七四正	丙辰卜□貞今夕無𡆥	1
二一三〇二	己丑卜今夕無𡆥	1
二一五八六	己巳卜我貞今夕無𡆥	1
二一六二六	…辰卜⿰糸夫貞今夕無𡆥	1
二一八〇八	戊寅貞今夕無𡆥	1
二一八〇九	庚辰卜𢦏貞今夕無𡆥	1
二一八一〇	…亥卜⿰糸夫貞今夕無𡆥	1
二一八一六	丁未我貞今夕𡆥無	1
二二四〇八	…巳卜貞今夕無𡆥	1
二四二六〇	辛未卜尹貞今夕無𡆥在師攸	2
二六三七九	辛丑卜吳貞今夕無𡆥八月	2
二六四三四	庚辰卜貞今夕無𡆥在十二月	2

今夕有𡆥選録

號	釋文	期
二一八一七	…戊卜今夕有𡆥	1
二一三〇二	戊子卜今夕有𡆥	1
二一三〇二	己丑卜今夕有𡆥	1

干支無𡆥選録

號	釋文	期
三四七二四	甲辰貞乙無𡆥	4
三四七二四	乙巳貞丙無𡆥	4
三四七二四	壬寅貞癸無𡆥	4
三四七二四	癸卯貞甲無𡆥	4
三四七二四	丙申貞丁無𡆥	4
三四七二四	己亥貞庚無𡆥	4
三四七二四	庚子貞辛無𡆥	4
三四七二四	辛丑貞壬無𡆥	4
三四七二四	甲午貞乙無𡆥	4
三四七二四	乙未貞丙無𡆥	4

王賓無𡆥選録

號	釋文	期
二二六〇六	丁酉卜行貞王賓⿰示尊無𡆥在師途…	2
二二六三〇	甲戌卜⿰丨卜貞王賓上甲無𡆥	2
二二六三〇	乙亥卜⿰丨卜貞王賓大乙祭無𡆥	2
二二六三〇	甲戌卜⿰丨卜貞王賓夕⿰示尊無𡆥在六月	2
二二七二一	甲戌卜尹貞王賓褻⿰示尊無𡆥	2
二二七二一	甲戌卜尹貞王賓大乙彡夕無𡆥	2
二二八三五	戊寅卜㕣貞王賓大戊戠無𡆥	2
二三二四一正	庚戌卜旅貞王賓褻⿰示尊無𡆥	2
二三二四一正	庚戌卜旅貞王賓褻⿰示尊無𡆥	2
二四三四五	乙卯卜尹貞王賓⿰示尊無𡆥	2
二四三六〇	辛未卜行貞王賓⿰示尊無𡆥	2
二五三七七	癸卯卜即貞王賓夕⿰示尊無𡆥	2
二五三七七	甲辰卜即貞王賓褻⿰示尊無𡆥	2
二五三八一	辛巳卜尹貞王賓褻⿰示尊無𡆥	2
二五三八二	甲申卜尹貞王賓褻⿰示尊無𡆥	2
二五三八三	乙酉卜尹貞王賓褻⿰示尊無𡆥	2
二五三八六	庚戌卜尹貞王賓褻⿰示尊無𡆥	2
二五三九二	甲子卜行貞王賓褻⿰示尊無𡆥	2
二五三九四	丙子卜行貞王賓夕⿰示尊無𡆥	2
二五三九四	丁丑卜行貞王賓褻⿰示尊無𡆥	2
二五七〇六	壬寅卜行貞王賓戠無𡆥	2
二七一七八	戊戌卜口貞王賓仲丁彡龠無𡆥十月	3

其它亡囚

一五一正　丁未卜爭貞𠁧正化無囚十一月
三七一正　子商無囚　二告
五九〇正　戊申卜穷貞𠂤無囚　二告
五九〇正　戊…卜穷貞𠂤無囚　二告
五九〇正　貞用弗無囚　二告
六七二正　貞貯無囚
九四正　癸丑卜爭貞𢦔往來無囚王固曰無囚　二告
三三八六正　貞𢦔無囚
四〇七七　我無囚
四一二二　丁未卜穷貞雀無囚
四二六四正　戊午卜古貞般無囚　二告
四三六四反　王固曰吉無囚
四四四八　乙酉卜…貞𠬝往來無囚允無…
四六一七　貞象無囚
四六四八　貞登無囚
四七三五　貞告子無囚
四七三五反　王固曰吉無囚
五四四六正　丁亥卜殻貞旃無囚𢦏王事
五六三七正　庚子卜爭貞西使旨無囚𢦏
五七五八　…殻貞雀無囚
六〇三二正　甲戌卜殻貞翌乙亥王途首無囚
六五五六正　…午卜穷貞光無囚
六六〇二　己丑卜貞今出羌無囚　二告
六六〇四　己丑卜貞…出羌無囚
六六六四反　貞龍無囚
六七七一正　貞卯無囚
六九四七正　丁巳卜爭貞𢦔無囚
六九四九正　貞雀無囚
七〇七五正　貞敖無囚
七〇七五反　王固曰吉敖無囚
一〇三四六正　貞槃無囚
一一七〇二　…無囚四日丙辰…
一二四七七　壬寅卜貞夕無囚…雨
一二四七七　癸卯卜貞夕無囚之夕雨
一二四七七　戊申卜貞夕無囚
一三五〇五正　旃暨殻無囚𠂤告
一三五〇五正　戊戌卜殻貞旃暨殻無囚…
一三七九三正　癸未卜亘貞𠂤無囚
一三七九三正　癸未卜亘貞妻無囚
一六五二三　貞虎無其囚
一六五二五　庚申卜王貞往來無囚
一六五四七　貞…無其囚
一七四四三　己亥卜爭貞有夢王無囚
二〇〇七四　…衛無囚比東衛…
二〇三七八　乙巳…貞惟…效…左…執無囚
二〇四六三反　己巳卜示無囚
二〇五六五　庚寅王伐無囚
二〇五七六正　…貞雀無囚骨告事
二〇五七八　卜貞王在𡆥無囚
二一三〇六乙　庚辰貞旨比糸賁無囚四月
二一三〇八　…卜王牙…無囚
二一七二三　癸酉卜我貞至咢無囚
二一七二四　癸酉卜貞至咢無囚余次
二一七二四　癸未卜貞至咢無囚
二一七二六　辛酉卜絲貞至咢無囚
二一七二七　癸酉卜𢓊貞至咢無囚
二一七二七　癸酉卜𢓊貞至咢無囚
二一七二九　癸卯卜貞至咢無囚
二一七三一　癸丑貞至咢無囚
二一七三一　癸丑貞至咢無囚
二一七三二　…卯卜𢓊…至咢無囚
二一七三三　…巳卜𢓊…至咢…囚
二一九〇六　…申…妣…槃…事無囚
二一九一〇　癸酉卜貞至咢無囚
二二〇四三　庚戌卜貞余令陕比…田無囚
二二〇八三乙　己卯卜陰用尹司于父乙無囚尹
二二〇八三乙　…卯卜貞三壬父乙陰用無囚尹
二二〇八三甲　己卯卜陰用尹司于父乙無囚尹
二二一〇三　甲午𡚱無囚八月
二二二四六　癸亥卜婦殺無囚
二二二四九　癸巳卜貞子𠂤無囚
二二二五九　己巳貞婦𡛎𡠜無囚
二二二六一　己巳貞婦𡛎𡠜無囚
二二二七七　丁丑卜子啓𢓊無囚
二二四〇五　貞勿叀多口無囚
二二四〇七　辛巳卜貞…無囚三月
二二六〇五　辛未卜行貞王出無囚
二二六四四　甲午𤉲上甲遘示癸祭無囚
二二六五五　癸亥…甲子乞酌翌自上甲衣至于多毓
　　　　　無囚三月
二三七二八　壬申卜行貞王出無囚
二三七五一　戊寅卜尹貞王出無囚
二五七〇六　辛丑卜行貞王出無囚

著錄號	釋文	期
二五七四三	己丑卜行貞王賓無𡆥	2
二六二〇四	甲辰入無𡆥	2
三三八四〇	王弜入乙酉日無𡆥	4
屯二〇五八	乙酉卜無來𡆥	4
英 八六反	貞無𡆥	1
英 三五三	己巳卜爭貞戌無𡆥	1
英一九二三	癸丑卜王曰貞翌甲寅乞酌𦎫自上甲衣至于毓余一人無𡆥茲一品祀在九月遘示癸𢦔彘	2

其它㞢𡆥

六

著錄號	釋文	期
一五一正	戊寅卜免貞王弗疾有𡆥	1
一五二正	貞𢀛疋化其有𡆥	1
六七二正	般其有𡆥	1
八一六正	甲午卜爭貞貯其有𡆥	1
九四正	貞𠧴其有𡆥　二告	1
二八二〇反	貞𢦔往來其有𡆥	1
二八三七	貞𣪊婦女有𡆥	1
二九五四	貞師般其有𡆥	1
四一九四	丙戌卜宕貞子商其𤔲有𡆥七月	1
四二六四正	貞其𢦏有𡆥	1
四三三一	戊午卜古貞般其有𡆥	1
四六一七	壬申卜貞ㄓ其有𡆥不其𡆥	1
四七三五正	甲申卜貞象其有𡆥	1
四七三五	貞告子其有𡆥	1
五五五一	壬午卜𠱠貞尹其有𡆥	1
五六三七正	庚子卜爭貞西使旨其有𡆥　二告	1
五六八二	亞材夢有𡆥	1
五七一〇	貞多馬亞其有𡆥	1
六五六六正	甲午卜宕貞光其有𡆥	1
六六五〇正	貞𢀛疋化其有𡆥	1
六七七一正	卯其有𡆥	1
七三五二正	貞我其有𡆥　二告	1
一〇三四六正	貞禦其有𡆥	1
一三六五六正	貞𠷎其有𡆥	1
一三七九三正	貞𢀛有𡆥	1
一六三七五正	辛未卜宕貞有若𡆥	1
一六四九五	……卜……𢀛……王……有𡆥	1
一六四九六	丁巳卜貞虎其有𡆥	1
一六四九七	貞我其有𡆥　二告	1
一六四九八	貞其有𡆥	1
一六五〇〇	貞其有𡆥	1
一六五〇一	貞其有𡆥	1
一六五〇二	貞其有𡆥	1
一九九九六	丁丑卜婦女有𡆥	1
一九九九六	……丑卜婦女有𡆥	1
二〇七九五	癸丑貞二歲其有𡆥	1
二一三〇二	己丑卜今夕有𡆥	1
二一三〇五	……戊子……王見不允有考𡆥	1
二一三〇六乙	媍往其有𡆥	1
二一六四二	癸未……有𡆥	1
二一八一七	……戊卜今夕有𡆥	1
二二一〇三	甲午卜有𡆥	1
二三二四〇	丙子卜王貞其有𡆥在正月	2
二四一二三	壬午卜王曰貞有𡆥五月	2
二四六六四	己巳卜王貞其有𡆥	2
二六一八六	己丑卜矢貞惟其有𡆥	2
二六一八七	丙寅卜王貞其有𡆥	2
二六一八八	壬辰……王貞……有𡆥六月	2
二六一八九	……巳卜矢……弜羊啓……丰有𡆥	2
三三〇六九	有𡆥	4
三三七四二	癸亥有𡆥禾	4
三四〇〇八	有𡆥	4
三四六九一	辛丑卜惟我令有𡆥	4
三四六九四	有𡆥	4
三四六九四	有𡆥	4
三四六九五	貞有𡆥	4
三四八六七	癸巳有𡆥	4
三四八六七	癸未有𡆥	4
屯二〇五八	有來𡆥自北	4
屯二四四六	癸酉貞旬有祟自南有來𡆥	
屯二四四六	癸酉貞旬有祟自東有來𡆥	
英 三五三	貞戌其有𡆥	1
英一〇〇七	……有𡆥	1
英二四六五	有𡆥	4
懷 四二八	……𢀛其有𡆥	1
懷一六五四	有𡆥衆	4
懷一六五六	有𡆥	4

𡆥出

著錄號	釋文	期
二二二七〇	癸巳卜毋𡆥出	1
二二三二二	癸巳卜妫𡆥出	1
二二三二二	辛酉卜妫𡆥出	1
二二三二三	辛酉卜妫𡆥出	1

二二三三四　癸巳卜妫田出
二二三三二　辛酉卜妫田出

其它

参

五九五正　壬申卜亘貞祟囙不于鼓由八人甫
五人
九七四正　王夢不囙　二告
二八三五　…不于多婦囙五月
二九五五　丙戌卜穷貞子商其希囙
四七八六　束弗其囙
五六一二　庚辰貞不于多尹囙
五八八四正　丙午卜古貞旬寧囙
六一九三　卜囙
七八五四正　己酉卜殻貞勿呼𡧊取囙任伐弗其以
七八五四正　…殻貞呼𡧊取囙任伐以
八七九六正　貞勿呼取方囙馬
八七九六正　丁酉卜殻貞方囙馬　二告
一二八七七反　…雨來在…不其囙
一三六二二　貞不惟目囙
一六四三九　…王貞…其囙…
一六四五七　…我囙…
一六四六〇　癸未卜不囙
一六四六一　貞祟…不囙
一六四八八　貞其于…先囙十月
一六四九三　貞其囙
一九四四一　癸巳卜爭貞旬有祟不于…工囙
二〇〇七五　己卯卜王貞鼓其取宋伯歪鼓囙載朕
事宋伯歪比鼓二月
二〇二三二　戊辰卜王貞旻囙圂有事
二〇六八六　丙子卜囙豕
二一五〇二　…示囙
二一八二三　…緙…狄囙
二一八二四　…𡧊不…中子㞢囙
二二〇四三　庚戌卜貞比羌西于田囙
二二〇五〇　甲午…廊囙
二二〇五五　…天…于囙
二二〇七五　囙
二二〇八六　壬申卜貞亞𠄌雀甾內乙囙
二二〇八七反　內乙囙
二二一〇四　乙巳卜貞囙
二二二五九　己巳卜骨入
二二二五九　不骨入

二二四一〇　乙酉卜貞…癸不囙
二二二九三　丙寅貞子弗𡆥囙
二六二〇五　己卯卜…貞惟…囙見
二六八七九　戊囙弗雉王衆
二七八七六　…邑小臣囙立
三二九一二　…令骨暨兔示卜…
三四〇三六　丙寅卜日風不囙
屯二五二二　丙寅卜宁其囙

骨

二二三　庚寅卜爭貞子不骨凡有疾
七〇九正　貞婦好骨凡有疾
七〇九正　貞婦弗其骨凡有疾
七〇九反　王固曰吉骨凡
七九五正　壬午卜殻貞婦骨凡
八二一正　子𠱠骨凡有疾
八二一正　子希骨凡　二告
一三八五反　其骨凡有疾
一五七八　骨凡
一五七八　骨凡
一六七七反　貞雀骨凡
一六七七反　雀不其骨凡
三一七五正　子妥骨凡
三二三〇　…爭貞子…骨凡…王固曰…
四九五一　戊午卜貞㚔不其骨凡
四九五一　戊午卜貞㚔不其骨凡
五八三九正　…陷弗…骨凡有疾
六五九七正　骨呼宅凡
八六三六　貞弗其骨凡有疾允…
九六五〇　丁卯卜王貞𠂤鼓骨凡有疾十二月
九六五〇　丁卯卜王貞𠂤鼓骨凡有疾十二月
一〇九五六正　子妥骨凡
一三八六五　己…貞好骨凡有疾
一三八六六　…嬪骨凡有疾
一三八六八　己酉卜穷貞妹骨凡有疾
一三八六九　戊申卜貞雀骨凡有疾
一三八六九　戊申卜貞雀弗其骨凡有疾
一三八六九　戊申卜貞雀骨凡有疾六月
一三八七〇　貞雀骨凡有疾

一三八七一 貞翌乙巳子漁骨凡賓侑祖戊
一三八七二 貞翌癸卯子漁不其骨凡
一三八七三 …卜爭貞子…骨凡…王固曰…
丙…
一三八七四甲正 己卯卜穷貞子犾骨凡
一三八七四甲正 貞子犾骨凡有疾
一三八七四乙正 …巳…弗其骨凡有疾
一三八七五 …子彝骨凡有…
一三八七六 …卯卜爭貞𡧊骨凡有疾五月
一三八七七 乙卯…貞𡧊其骨凡有疾
一三八七八 乙丑卜古貞𠦝骨凡有疾
一三八八〇 壬午卜穷貞𠦝骨凡有疾
一三八八一甲 萈弗其凡有…
一三八八一乙 貞萈其凡…
一三八八二 …𠙹骨凡…
一三八八三 庚辰卜貞𡩜骨凡有疾
一三八八四 貞葡𠂤骨凡有疾
一三八八五正 貞𡆧骨凡有疾 小告
一三八八六 戊寅卜殻貞𡇈骨凡有…
一三八八七 貞𠂇弗其骨凡有疾
一三八八八 辛卯卜殻貞𡨧骨凡有疾
一三八八九 …𩰫骨凡…疾
一三八九〇 丁酉卜殻貞杞侯𡆥弗其骨凡有疾
一三九〇〇反 …骨凡有疾
一三九〇〇反 …其骨凡…疾
一三八九二 弗其骨凡有疾
一三八九三 貞爭弗其骨凡有疾
一三九〇二 …給骨凡有疾
一三九〇三 …骨凡有疾
一三八九六 貞不其骨凡…
一三九〇六 …其骨凡有疾
一三九〇七 王固曰骨凡…
一三九〇八 …其骨凡有
一三九一二 貞黄不…骨凡…
一三九一二 …卯卜貞…骨凡…
一三九二〇 骨凡
一三九二三 丁未卜殻貞骨凡
一四一九九正 貞𢦏弗其骨凡有疾
二〇一七〇 貞雀凡囚在㽙二月
二一〇三五 …丑卜侌…其骨凡有疾允不 告
二一〇三六 辛丑卜㠯貞子辟𩅰…臣不其骨凡目印
骨凡目三月
二一〇五〇 癸未卜𠦪貞𤉲弗疾有疾骨凡
二一〇五二 癸酉卜貞万𠯑骨凡有犾十二月
二一〇五三 辛亥卜貞犬田凡 印一月
二一〇五五 …作…之夕衣…骨凡
二一〇五六 癸巳卜子…骨𠬝
二一〇五九 …子…骨凡
二一〇五九 …子…骨凡
二一一三三 …王貞…辟骨…有…
二二三一九 凡骨 二告
英一三一 貞子妻骨凡有…
英一一一八 …貞𢀛…弔弗…骨凡
懷一五二〇 …貞𠦪…其骨凡…

七〇九正 庚戌卜亘貞王其疾骨 小告
七〇九正 庚戌卜亘貞王弗疾骨王固曰勿疾 二告
一三六九六正 貞疾骨不惟…
一三六九六正 貞有疾骨惟…壱 二告
一三六九六反 貞有疾骨惟…
一三八七九 貞𠦝…其骨…疾
一三八九五 貞弗其骨有疾
一三九一六 …𠂤…骨…疾
英一一二五 貞疾骨惟有壱

四四八八 癸酉卜王命𡆥告
一三五〇五正 旃暨殻無𡆥𠳋告
一六四四〇 …貞大𡆥告二月
一七一六八 丙子卜穷貞令𡧊圉我于有師骨告不冉
一七一六九 丙子…貞令…我于有師骨告不冉
一七一七〇 貞𡧊不其骨告其冉十一月
二〇五七六正 辛酉卜貞雀無𡆥南土𡆥告事
二〇五七六正 辛酉卜貞雀無𡆥南土𡆥告事
二〇五七六正 庚申卜貞雀無𡆥南土𡆥告事
二〇五七六正 庚申…貞雀無𡆥南土𡆥告事
二〇五七六正 …貞雀無𡆥骨告事
二〇五七六正 …南土骨告
二〇五七六正 庚申卜貞雀…𡆥骨告事
二〇五七七 丁未卜貞何骨告…
二〇五七七 丁未卜貞𡆥骨告王

九七正 …允出率以骨芻
九八正 貞侯以骨芻 允以
九九 …骨𡢁
二一七一三 乙亥子卜…𡆥骨入

著錄號	釋文	期
三三七四七反	…亥宾三骨	4
三四二七二反	…三囚	4
三五一六六	己巳宾乞𠣞骨三	4
三五一六七	…𠣞骨一	4
三五一七〇	…宾乞𠣞骨三	4
三五一七一	…乞𠣞骨三	4
三五一七二	…𠣞骨三	4
三五一七三	…乞𠣞骨三	4
三五一七四	壬辰宾乞骨三 𠣞	4
三五一七五	…乞𠣞骨八	4
三五一七六	…宾乞骨三 𠣞	4
三五一七七	…骨三 𠣞	4
三五一七八	…乞骨三 𠣞	4
三五一八〇	甲子宾乞骨五	4
三五一八一	乙丑宾乞骨…	4
三五一八三	丁卯宾乞骨三	4
三五一八六	辛巳宾乞骨…	4
三五一八七	甲申宾乞骨三	4
三五一八八	己卯乞骨于…	4
三五一九一	甲辰宾乞骨…	4
三五一九二	丁未宾乞骨六	4
三五一九三	丁未宾乞骨五	4
三五一九四	丁巳宾乞骨	4
三五一九七	己未宾乞骨三	4
三五一九九	…未宾乞骨	4
三五二〇〇	辛酉宾乞骨八	4
三五二〇一	癸亥宾乞骨三	4
三五二〇二	…卯宾乞骨三	4
三五二〇四	丁亥宾乞骨…	4
三五二〇五	…宾乞骨三	4
三五二〇六	…宾乞骨…	4
三五二〇七	…宾乞骨七	4
三五二〇八	…宾乞骨六	4
三五二〇九	辛亥乞骨	4
三五二一〇	甲辰乞骨十骨	4
三五二一一	甲辰乞骨十骨	4
三五二一一	丙寅尸乞骨一自□	4
三五二一二	…乞骨三自□	4
三五二一三	…乞骨自□	4
三五二一四	…宾乞骨七自□	4
三五二一五	…宾乞骨七自□	4
三五二一六	…骨五骨□在…	4
三五二一七反	…乞骨…	4

著錄號	釋文	期
屯一三一	戊子宾乞宾骨三	4
屯一七二	宾乞骨三自…	4
屯二一六	宾乞宾骨三	4
屯二一九	…骨三𠣞	4
屯三四一	辛巳宾乞骨三	4
屯五二三	癸…宾乞𠣞骨三	4
屯六六三	…骨三𠣞	4
屯七〇〇	丁酉宾乞宾骨三	4
屯七八二	癸卯宾乞𠣞骨三	4
屯七八八	…宾三骨十	4
懷一六七九	…亥宾乞𠣞骨三	4
懷一六八〇	…骨三	4
四八五五	貞□弗骨元沚 二告	1
四八五五	貞□弗其骨元沚	1
四八五五	貞□骨元沚	1
四八五五	貞□骨元沚	1
四八五五	□弗其骨元沚	1
四八五五	貞□骨元沚	1

其它

著錄號	釋文	期
六六七反	貞弗其骨…	1
六八二臼	…又一骨 㱿	1
三六八四	…卜㝵…子…骨	1
四四九四	丁未卜…貞𨺅骨…	1
四四九四	貞𨺅…骨…	1
五一〇九反	…[illegible]骨…	1
六五七一反	我來貯骨	1
六八三三	…王其令…□周不…史骨四月	1
六九九〇乙反	…骨…	1
一三八九一	…沚…骨…有疾	1
一三八九九	貞…不其骨…	1
一三九一七	…弗…骨…	1
一五七三四臼	□示四屯又一骨 亘	1
一六三五〇	…賓…土骨…不若	1
一七一一五	…骨…其□十一月	1
一七六二八	□示四屯又一骨…	1
二〇〇〇一	…貞…母癸□骨今八月既九月	1
二〇〇五一	…不…子骨…曰弜…列	1
二一三〇四	丙子卜骨豕	1
二二一七二	…□囚□…	1
三三六〇一	…大牛骨	4

著錄	釋文
英一三〇	庚辰卜貞令旨固白田
乇六三八	庚戌乞骨于平
英一一二九正	弗其骨…
英一六一二	…獻骨…
英二三〇二	戊寅…貞骨…于王…犨…

著錄	釋文
一九七二二	丁丑…貞旨…于大…
一九七二三	丁酉卜王…旨
一九七二四正	己酉卜…旨

固

著錄	釋文
三六七正	癸卯卜㱿貞…王固曰有祟…𩙢風之夕 …羌五
三六七反	王固曰有祟…
五八四甲反	王固曰有祟八日庚子戈奉羌…人 敚有圛二人
五八四甲	王固曰有祟有見…其惟丙…
五九四反	…固曰有祟其…𡆥無…
七二一反	王固曰𣪘酢惟有祟無…
七二一反	王固曰𣪘酢惟有…無…
九三八反	王固曰有祟
五八〇七	…亥卜爭貞旬無囚王固曰有祟旬壬申 中師𪓑四月
六一七〇反	王固曰有祟四祟斗正…
六五五六反	王固曰有帝茲𦓐執光
七一五三正	王固曰有祟…
七一五六反	王固曰有祟
一四八四正	…丑卜穷貞翌乙…桼𡘧于祖乙…王固曰 有祟…不其雨六日…午夕月有食乙未酢 多工率𡆥遣
一一七二二正	…貞…好不…侑母…固曰有祟百日…
一三五一反	王固曰有祟其…
一三三六二正	…固曰有祟七日己…𡆥井…
一六九三六反	王固曰有祟其出…
英一六二反	王固曰有祟作于…
英一五九〇反	…固曰有祟

著錄	釋文
五九九反	王固曰丙戌其雨不吉
二三六反	王固…不吉惟祀吉
七一六反	王固曰不吉
六四六一反	王固曰吉惟有呼己其伐其弗伐不吉
一四一二九反	王固曰帝惟今二月令其惟丙不吉其惟 庚…
英一二五一反	…王固曰有祟壬其雨不吉

著錄	釋文
一四反	王固曰吉
九四反	王固曰吉
九七反	王固曰吉其使
一一三甲	王固曰吉
一一六反	王固曰吉
一三三反	王固曰吉其…
一四〇正	王固曰吉茲曰追光…
二二六反	王固曰吉不…
二三六反	王固曰吉
二三五反	王固曰吉
二四八反	王固曰吉
二五六反	王固曰吉
二七〇反	王固曰吉
三七六反	王固曰吉我…
三九〇反	王固曰吉
四一九反	王固曰吉其令
四一九反	王固曰吉
七〇七反	王固曰吉其庚冊
七〇九反	王固曰吉骨凡
七〇九反	王固曰吉三
七六六反	王固曰吉余…
七七七反	王固曰吉
七九五反	…不惟囚王固曰吉
八〇九反	王固曰吉
八一〇反	王固曰吉
八一一反	王固曰吉
九二三反	王固曰吉
九二六反	辛未卜穷貞惟…王固曰吉
九二六反	王固曰吉
九四三反	王固曰吉其…
九四六反	王固曰吉
九四七反	王固曰吉不其…
九七四反	王固曰吉
九七四反	王固曰吉其𨟻

七九五反　王固曰吉惟
七九五反　王固曰吉
一〇七六甲反　王固曰吉
一一〇〇反　王固曰吉
一一〇六反　王固曰吉其令
一一三一反　王固曰吉…
五四六一　貞㞢戴王事王固曰吉惟茲曰㞢?
五七六九反　辛丑卜穷王固曰吉
六〇一六反　王固曰吉其伐惟丁
六三三〇反　…王固曰吉其𡧊?…
六四六一反　王固曰吉沚戠…
六五六七　貞勿呼取呂王固曰吉其取
七三六四　王固曰吉
七四二六反　王固曰吉其呼
七四四〇反　王固曰吉…帝其…余…
一二五〇八　丁未卜𠬝貞及今二月…王固曰吉其…
一四一六一反　王固曰吉不…
英四七七　…王固曰吉

四一八反　王固曰己雨
五六二反　王固曰丙戌其雨…
六四一反　王固曰霧
六五五甲正　丙寅卜…貞來…亥…其暘…固曰…乃茲
…暘日…亥…不…日雨
六八五反　王固曰霧…雨壬寅不雨…
八〇九反　王固曰其雨惟庚其惟辛雨弘吉
八八五反　王固曰其雨惟今日不…
九〇二正　己卯卜殻貞雨王固其雨惟壬午允
雨　二告
六〇三七反　…固曰暘日其明雨不其夕…
六〇三七反　王固曰其雨
八六四八反　王固曰其雨
一二五〇六反　王固曰之…勿雨…卯…明霧三臽食日大
星
一一七九九　王固曰庚吉不雨
一一八四四　…寅其雨王固…己雨…
一一八五一正　…午卜殻貞我…固曰辛其雨…日辛丑允
雨…
一一九一五反　王固曰其雨…
一一九一七　己卯卜爭貞今夕…王固曰其雨之夕…
一一九一八　丙午…王固曰其雨二日戊申…
一一九一九　…固曰其雨…

一二一六三反　…固曰今夕不其雨其惟丙不吉丙…見癸
一二三一一反　王固曰庚雨
一二三一七反　王固曰其雨惟日
一二三九六反　王固曰惟今夕不雨…夕…不雨
一二四八七正　癸巳卜爭貞今一月雨王固曰…丙雨
一二五三〇　乙…卜穷貞及今三月雨王固曰其雨惟…
一二五三二正　…貞…王固曰疑茲乞雨之日允雨三月
一二五三二反　王固曰其…
一二六六二反　王固曰…雨
一二六九四正　王固曰吉多雨
一二八〇七　王固…明雨…
一二九一四　…巳卜韋貞其亦多雨王固曰…丙午允雨
一二九四八正　…子卜…貞王令…河沈三牛燎三牛卯五
牛王固曰丁其雨九日丁酉允雨　二告
一二九四九　王固曰…之夕允雨
一二九五〇　…王固曰吉翌辛其雨之…允雨
一二九七二反　王固曰雨
一二九七二反　王固曰…其雨癸丑允…雨
一二九九七反　王固曰今夕亞雨
一三〇二六　貞無…王固曰雨
一三二二〇正　庚辰卜古貞翌辛巳暘日王固曰暘日
一三三二二反　王固曰吉暘…于庚…
一三四〇八反　王固…雨無…
一四一三五反　王固曰羽　二告
一四一三八　王固曰丁雨不惟辛旬丁酉允雨
一四一六一反　王固曰雨惟其不延
一四一六一反　王固曰…于辛雨…
一四一六一反　王固曰雨翌…己丑…未…雨
一四四六八反　王固曰其雨…今丁…
一四四六八反　王固曰其惟盧雨
一四四六九反　王固曰其雨惟今日
一六一三一反　王固曰其夕雨孔明…允雨
一〇八六反　王固曰惟甲茲鬼惟介四日甲子允雨
雷

六四一正　癸酉卜亘貞臣得王固曰其得惟甲乙
甲戌臣涉舟延㞢弗告旬又五日丁亥
執十二月
九二六正　己巳卜穷貞龜得毋壬王固曰得庚午
夕㞢辛未允得
九二六反　王固曰得
英一一〇五反　王固曰其得

王固·戠

二四八反　王固曰吉戠惟甲不惟丁

八八〇反　王固曰吉戠

五三七反　王固曰其惟丁弘戠

六六四九甲正　王固曰吉戠之日允戠戠方十三月　二告

六七七一反　王固曰吉惟其無工舌惟其循

六七七一反　王固曰惟戊戠

六八三四正　癸丑卜爭貞自今至于丁巳我戠𡆥王固曰丁巳我毋其戠于來甲子戠旬又一日癸亥車弗戠之夕𡆥甲子允戠

六八二七反　王固曰戠…戠

六八三〇　壬子卜殻…戠𡆥王固曰吉戠旬又三日甲子允戠十二月

七七一五反　王固曰吉其戠

王固·執

一三六正　己卯卜古貞…執往𢀛自宥王固曰其惟丙戌執有尾其惟辛家

一三六反　己卯卜古…王固曰其惟…戌執有若…其惟辛家

五〇〇反　王固曰惟丁執吉

六四三正　癸巳卜宊貞臣執王固曰吉其執惟乙丁七日丁亥既執

六九七反　貞執乇王固曰執

五八四〇正　壬午卜殻貞尹奎𦉪王固曰其奎七日戊…尹允奎

五八六七　…壬午卜爭…王固曰其奎惟…乙酉永允

王固·娩

三七六反　王固曰其惟甲娩吉呼

四五四正　辛未卜殻貞婦妹娩嘉王固曰其惟庚娩嘉三月庚戌娩嘉

八一二反　王固曰吉其惟庚娩見丁

一三九四九　…卯卜殻貞婦姘娩王固曰惟戊娩不…惟…

一三九九六　丁酉卜宊貞婦好娩嘉王固曰其惟甲娩有祟有…

一四〇〇一正　壬寅卜殻貞婦…娩嘉王固曰其惟…申娩吉嘉其惟甲寅娩不吉𦘺惟女

一四〇〇一正　壬寅卜殻貞婦好娩不其嘉王固曰凡不嘉其嘉不吉于𠂤凡茲廼丼

一四〇〇二正　甲申卜殻貞婦好娩嘉王固曰其惟丁娩嘉其惟庚娩弘吉三旬又一日甲寅娩不嘉惟女

一四〇〇二反　王固曰其惟丁娩嘉其庚…吉

一四〇〇九正　…卜爭貞婦姘娩嘉王固曰其惟庚娩嘉旬辛…婦姘娩允嘉二月

一四〇一八　丙午卜亘貞婦果娩嘉四月

一四〇一九正　丙戌卜爭貞婦㛄娩嘉七月

一四〇三四正　貞子目娩不其嘉王固曰惟茲…嘉

一四〇四七　…固曰…娩嘉…百日有八…

懷　四八五　壬辰卜亘貞婦𡚴娩嘉王固…

王固·壱·囚

一五二反　王固曰無囚

三七六反　王固曰不惟囚

七六六正　辛卯卜亘貞父乙壱王王固曰父壱惟不循　二告

七六七反　王固曰有壱惟…

八〇九正　王固曰吉龜勿余壱　二告

九〇四正　癸丑卜爭貞戠往來無囚王固曰無囚　二告

二三七三反　王固曰吉勿惟囚

四七三五反　王固曰吉無囚

七〇七五反　王固曰吉敚無囚

一三七五〇反　王固曰吉勿…壱

懷　五三 b　王固曰惟父乙壱

懷　九三一 b　王固曰有壱…

王固·來·出·各

一一三甲反　王固曰…其㞢其惟乙出吉其惟癸出有祟

三六七反　…固曰有祟其有來…迄至五日戊…昔…

五二一反　…奉自…固曰其有來…鬮羌捍

九一四反　王固曰其自東來

一〇七五正　庚子卜王貞王固曰其有來聞其惟甲不…

五四四五反　王固曰吉其日吉來

六七七八反　…固曰有祟其有來迄至無我…

七一四八　王固曰吉其去

一四〇二二反　王固曰其來

英　四七九反　王固曰其有來啓

英　六四〇正　王固曰其有來

王固·[illegible]

三三八　⋯固曰：既⋯𢦏十人又⋯
五八五九　⋯固曰⋯既之⋯夲⋯
六六四八正　王固曰惟既三日戊子允既𢦏𢦏方
六六四八反　王固曰惟既
六六四八反　王固曰惟既
六六四九版　王固曰惟既惟乙見丁丁𢆶
六六五三反　王固曰惟既

七〇九正　庚戌卜亘貞王弗疾骨王固曰勿疾　二告
一三七五二正　貞𣂔其有疾王固曰𣂔其有疾惟丙不庚
二旬又七日庚申腹
一三七五二反　王固曰⋯無疾⋯
一三八一八　王固曰其疾不⋯

九四正　辛丑卜㱿貞婦好有子三月王固曰好其有
子禦
九四反　王固曰帝惟茲邑寵不若
三七六正　庚申卜古貞王使人于陵若王固曰吉若
三七六反　王固曰吉余無不若不于斷
三七六反　王固曰吉若
九七五反　王固曰不宿若茲卜其往于甲酌咸⋯
惟甲追
六〇三二反　甲戌卜王固吉其禦
六七七八反　王固曰若
七〇七五正　庚戌卜亘貞王呼取我夾在⋯啚若于⋯
王固曰⋯若
七〇七五反　王固曰吉帝若
一二七六二　己酉卜亘貞不惟⋯王固曰勿惟若
一三六五八反　王固曰余毋遘若茲卜不其惟⋯有祟⋯
一五〇九八反　丙辰卜𡧊貞禦王固曰吉其禦
二〇五三四　丙寅卜𢦏王告取兒𠣞固曰若往

二七四反　王固曰其以
二七四反　王固曰其以
二七五反　王固曰⋯以
四八八反　王固曰用勿由
五五九反　王固曰其用
五六二反　王固曰其用
七九五反　**王固曰吉用**

七四二六反　王固曰其勿以

一三七正　癸丑卜爭貞旬無𡆥王固曰有祟有夢甲寅
允有來嬉左告曰有往芻自𣧈十人又二
一三七反　王固曰有祟有夢其有來嬉七日己丑允有
來嬉自⋯戈化呼⋯方征于我⋯
一九九　王固曰嬉
五八三反　王固曰有祟其有來嬉
五八三反　王固曰有祟𣪊光其有來嬉迄至六
日戊戌允有⋯有𠂤在𡆥𠂤在⋯
五八四乙反　⋯固曰有祟其有來嬉迄至六⋯在𡆥
𦣞亦焚亩三十一月
𠂤⋯
一〇七五正　甲午卜亘貞翌乙未暘日王固曰有祟
丙其有來嬉三日丙申允有來嬉自東
妻告曰兒⋯　不𠭯黽
一〇七五反　⋯固曰有⋯之日有來嬉乃𢦏禦
事⋯𠂤亦𢦏人⋯
六〇五七正　癸卯卜㱿貞旬無𡆥王固曰有祟其有來嬉
五日丁未允有來嬉飲禦自𠂤圉六月
六〇五七正　癸巳卜㱿貞旬無𡆥王固曰有祟其有來嬉
迄至五日丁酉允有來嬉自西沚𢦏告曰土
方征于我東鄙𢦏二邑𢀛方亦侵我西鄙
六〇五七正　王固曰有祟其有來嬉迄至七日己巳允有
來嬉自西𢀛友角告曰𢀛方出侵我示
𦎫田七十人五
六〇五七反　王固曰有祟其有來嬉迄至九日辛卯允
有來嬉自北㚔妻笅告曰土方侵我田
十人
六〇六三正　⋯旬無𡆥王固曰有祟其有來嬉⋯
六〇六三正　⋯允有來嬉自西𡆥告曰⋯夾方杲
二邑十三月
六〇六八反　王固曰有祟其有來嬉其惟丙不吉其惟⋯
不⋯
六〇九三反　王固曰其有來嬉迄至⋯卜其惟甲有至吉
其⋯其惟戊亦不吉⋯
七一三九　⋯爭貞旬無𡆥王固曰有祟⋯有來嬉沚
𢦏呼告曰⋯
七一四二反　王固曰其有來嬉⋯
七一四三正　⋯𡆥王固⋯來嬉六日⋯有來嬉沚𢦏呼
⋯吉⋯
七一四七正　癸丑卜⋯貞旬無𡆥王固曰有⋯其有來
嬉迄至三日乙卯允⋯來嬉⋯

七一四九正　…永貞旬…囚…固曰其有來嬉…丙戌　允有來嬉…偁…己…

七一五二正　…無囚王固…來嬉…

七一五三正　王固曰有祟其有來嬉八日庚…雉有冊　曰豐

七一五八　王固曰辛其有來嬉

七一五九反　…固曰其有來嬉其惟丙不吉

七一六一正　丁未…有來不…嬉丙其…王固曰…

七一六三　…貞旬…固曰有…嬉其惟…不吉其…　子羽…辰子…

七一七〇反　固曰…來嬉…

七一九三　…固曰嬉…

七一九四　王固曰嬉…

一二八九八反　王固曰以嬉

英六三五反　王固曰其有來嬉惟丁…

六三五四反　王固曰其有鑿其惟丙不…其惟壬亦不…

六四四一　王固曰甲申其有鑿吉其惟甲戌有鑿于東　…甲戌有鑿…

六四八五反　王固曰丁丑其有鑿不吉其惟甲有鑿吉　其惟辛有鑿亦不吉

七五五八反　王固曰其有鑿其…

八五三〇反　王固曰其有鑿其惟…

一二四九七正　丙申卜殻貞來乙巳酌下乙王固曰酌惟有　祟其有鑿乙巳酌明雨伐既雨咸伐亦雨𢼸　卯鳥星

一二四九八正　丙申卜殻貞來乙巳酌下乙王固曰酌惟有　祟其有鑿乙巳明雨伐既雨咸伐亦雨𢼸鳥　星

二〇五三　戊子卜畄…亦有聞…畄固曰聞

二一二〇六　…大燎…畄固曰…

二一四一〇　…畄貞…畄固…

二一四一一　…囚畄固曰吉…

二一四一二　…畄固曰…

其它

三九反　癸亥卜爭貞旬無囚王固曰有祟五日丁未　在敦圉羌

二三五反　貞勿燎王固曰惟父庚惟…余

三七六正　王固曰叏其…孽惟辛令　二告

四三八反　王固曰其自高妣己

選錄

五一七反　王固曰…壺甘

五八四甲正　…亥卜殻貞旬無囚王固…丁卯王狩　敝𧇙車…在車𠂤馬亦…

六六七反　王固曰惟今夕癸見丁

七三四正　己巳卜殻貞允不丼王固曰吉勿丼

八七五反　王固曰有追

九〇〇反　王固曰我其受甫耤在始年

九〇四反　王固曰丙

九四〇反　王固曰酉其及

一〇七六甲反　王固曰獲一

一〇九七　…羌王固…又二日癸酉…十羌係…十　丙又…

五三五二　…𣪘固曰…

五九三〇　貞王固曰遘勿執

六一五一反　王固曰無保

六四七五反　王固曰有戠

六四七七正　貞呼逐比萬獲王固曰其呼逐獲

六六五五反　王固曰其有傚

六六五五反　王固曰惟捍

六六五六　庚戌卜殻貞…疋化戈𢀛…王固曰惟　乙其…惟甲申𢆶

七〇六一反　王固曰其令…

七〇七五反　王固曰茲𢆶

七五七〇反　王固曰其衛

九九五〇反　王固曰吉受有年

一二四九九正　癸卯卜爭貞下乙其有鼎王固曰有鼎惟大　示王亥亦…𢆶

一二四九五反　王固曰其有賓無…

一二七八〇反　王固…夢…

一二九八四　…卜王今雨…固曰茲見丁…允雨

一三四七五　…辛…午夕𢆶…王固…午歲…

一三七五一正　王固曰茲鬼魌

一三八七三　…卜爭貞子…骨凡…王固曰…　丙…

一三九〇七　王固曰骨凡…

一三九二五反　王固曰吉其有受生受…

一四一四七反　王固曰帝其令…

英七三三反　王固曰惟終

懷九五九b　王固曰惟老惟人途遘…茲卜惟其　旬

懷九七七b　王固曰胡…

卜

三九三四二　癸巳王卜貞旬無畎王囚曰吉　5
三六五五六　癸亥王卜在樂貞旬無畎王囚曰吉　5
三九三四二　癸未王卜貞旬無畎王囚曰吉　5
三九三四二　癸酉王卜貞旬無畎王囚曰吉　5
三九三四六　癸酉王卜貞旬無畎王囚曰吉　5
三九三七七　癸卯王卜貞旬無畎王囚曰吉　5
英二五〇三　癸巳王卜貞旬無畎王囚曰吉在三月甲午　祭戔甲魯小甲　5
英二五〇三　癸卯王卜貞旬無畎王囚曰吉在三月甲辰　祭羌甲觀戔甲　5
英二五〇三　癸丑王卜貞旬無畎王囚曰吉在三月甲寅　祭魯甲觀羌甲魯戔甲　5
英二五〇三　癸亥王卜貞旬無畎王囚曰吉在三月甲子　觀魯甲魯羌甲　5
英二五〇三　癸酉王卜貞旬無畎王囚曰弘吉在三月甲戌　祭小甲觀大甲惟…　5
英二五〇三　癸未王卜貞旬無畎王囚曰吉在三月甲申　觀小甲魯大甲　5
英二五〇四　癸巳王卜貞旬無畎在九月王囚曰大吉　甲午祭上甲　5
英二五〇四　癸巳王卜貞旬無畎在九月王囚曰大吉　甲午祭上甲　5
英二五〇五　癸丑王卜貞旬無畎王囚曰吉在五月甲寅　彡大甲　5
英二五一三　癸丑王卜貞旬無畎在二月王囚曰大吉甲寅　觀祖甲　5
英二五一三　癸亥王卜貞旬無畎在三月王囚曰大吉　甲子魯祖甲　5
英二五一三　癸酉王卜貞旬無畎在三月王囚曰大吉　5
英二五一三　癸未王卜貞旬無畎在三月王囚曰大吉　甲申彡上甲　5
英二五三八　癸亥王卜貞旬無畎王囚曰弘吉在𩫖師　5
英二五三八　癸酉王卜貞旬無畎王囚曰弘吉在進?師　5
英二五三八　癸未王卜貞旬無畎王囚曰弘吉　5
英二六二二　癸丑卜貞王旬無畎王囚曰吉　5
英二六三五　癸巳王卜貞旬無畎王囚曰吉　5
英二六三五　癸卯王卜貞旬無畎王囚曰吉　5
英二六三五　癸丑王卜貞旬無畎王囚曰吉　5
三七四二一　戊寅王卜貞田𩫖往來無災王囚曰吉茲　御獲鹿二　5

三七四二一　壬午王卜貞田𩰫往來無災王囚曰吉茲御　獲鹿三　5
三七四二二　戊申卜貞王田盂往來無災王囚曰吉茲御　獲鹿二　5
三七六六三　壬辰王卜貞田𩫖往來無災王囚曰吉　5
三七六六三　丁酉王卜貞王田喪往來無災王囚曰吉　5
三七六六四　壬寅王卜貞田𩫖往來無災王囚曰吉　5
三七六六四　乙巳王卜貞田宮往來無災王囚曰吉　5
三七六六五　辛巳王卜貞田𩫖往來無災王囚曰吉　5
三七六六五　壬午王卜貞田喪往來無災王囚曰吉　5
三七六七八　辛未王卜貞田𩫖往來無災王囚曰吉　5
三七六七八　壬申王卜貞田梌往來無災王囚曰吉　5
三七六七八　乙亥王卜貞田宮往來無災王囚曰吉　5
英二五三九　乙巳王卜貞田疐往來無災王囚曰吉　5
英二五三九　戊申王卜貞田𩫖往來無災王囚曰吉　5
英二五三九　辛亥王卜貞田𩫖往來無災王囚曰吉　5
英二五三九　壬子王卜貞田𩫖往來無災王囚曰吉　5
英二五三九　壬戌王卜貞田𩫖往來無災王囚曰吉獲　5
英　麑五象一雉六　5
英二五三九　辛未王卜貞田𩫖往來無災王囚曰弘吉　5
英二五四〇　壬午王卜…田喪往來無災王囚曰獲鹿三　5
英二五四〇　丁亥王卜貞田喪往來無災王囚曰吉獲　5
英二五四三　壬申卜貞王田盂往來無災王囚曰吉茲御　5
英　獲狐十一　5
英二五四三　乙亥卜貞王田向往來無災王囚曰吉　5
英二五四八　戊午王卜貞田梌往來無災王囚曰吉　5

其它

三五三四五　不雉衆王囚曰弘吉　5
三五三四七　中不雉衆王囚曰弘吉　5
三五三四七　左不雉衆王囚曰弘吉　5
三五四二六　…王卜貞今囚…自上甲至于多毓…畎　王囚大吉在四月　5
三六四八二　甲午王卜貞作余酌朕𡙁酌余步比侯喜　征人方二敡示受有祐不啓𢦏囚告于大邑　商無…在畎王囚曰吉在九月遘上甲𦎫惟　十祀　5
三六四八二　甲午王卜貞其于西宗𩰫王王囚曰弘吉　5
三六五九三　…王迖雍…災王囚曰弘吉　5
三六五九四　…卜貞王迖于雍…無災王囚曰大吉　5
三七八三五　…王卜貞今囚巫九备其酌彡日…至于　多毓衣無𡆥在畎在…又二王囚曰大吉　5
三八七三一　惟王二祀　癸卯王卜貞其祀多先祖…余受有祐王囚　曰弘吉惟…　5

畎 選録

著録	釋文	期
三六三五九	乙酉王：丁酉余步：受余有不：無壱在畎	5
三六四八二	甲午王卜貞作余酢朕秦酢余步比侯喜征人方二𣪊示受有祐不曾𢦏囚告于大邑商無：在畎王囚曰吉在九月遘上甲𠭰惟十祀	5
三六五二九	：戌王卜：戔三封：不曾𢦏：無壱在畎	5
三七八三五	：王卜貞今囚巫九畓其酢彡日：至于多毓衣無壱在畎在：又二王囚曰大吉惟王二祀	5
三七八三六	癸未王卜貞酒彡日自上甲至于多毓衣無壱自畎在四月惟王二祀	5
三七八四四	癸卯王卜貞酢翌日自上甲至多毓衣無壱自畎在九月惟王五：	5
三五六四五	癸卯卜𢀛貞王旬無畎：十月甲辰：日羌甲	5
三五六四六正	癸卯王卜貞旬無畎王囚曰吉在十一月又二甲辰翌日戔甲	5
三五六四六正	癸未王卜貞旬無畎王囚曰吉在十一月甲申…	5
三五六六一	癸酉卜在望貞王旬無畎	5
三五六六二	：王卜：無畎	5
三五八八六	癸酉：𩫖師：畎：在五：魯：	5
三五八八六	癸未王卜在𩫖師貞旬無畎王囚曰吉在五月甲申祭祖甲𠭰日魯甲	5
三六四九一	癸巳王卜貞旬無畎在十月又二惟征人方在[illegible]	5
三六四九五	癸卯卜貞王旬無畎在五月在𩫖：惟王來征人方	5
三六六一二	癸巳卜在𩫖貞王旬無畎	5
三六六一二	癸巳卜在：貞王旬無畎	5
三六九一六	癸未卜在[illegible]貞王旬無畎	5
三六九一六	癸巳卜在八桑貞王旬無畎	5
三九〇六一	癸未卜貞王旬無畎	5
三九〇七七	癸卯王卜貞旬無畎	5
三九一一五	：卯卜：王旬無畎	5

著録	釋文	期
三九一二八	癸卯卜貞王旬無畎	5
三九一三一	癸巳卜貞王旬無畎	5
三九一四九	癸卯王卜貞旬無畎	5
三九一五〇	癸卯王卜貞旬無畎	5
三九一五〇	：王卜：無畎	5
三九一六一	癸卯卜貞王旬無畎	5
三九一六一	癸丑卜貞王旬無畎	5
三九二七〇	癸亥王卜貞旬無畎	5
三九二七七	癸酉卜王貞旬無畎	5
三九二七九	癸酉卜貞王旬無畎	5
三九三一七	癸酉卜貞王旬無畎	5
英二五〇八	癸卯卜貞王旬無畎在：月甲辰翌…	5
英二五一〇	癸亥王卜貞旬無畎在十月又二甲子祭戔甲魯小甲	5
英二五一〇	癸酉王卜貞旬無畎在正月王囚曰大吉甲戌祭羌甲𠭰戔甲	5
英二五二四	癸卯王卜貞旬無畎在十月又一王征人方在商	5
英二五二四	癸丑王卜貞旬無畎在十月又一王征人方在亳	5
英二五二四	癸亥王卜貞旬無畎在十月又一王征人方在[illegible]	5
英二五二五	癸酉王卜在：貞旬無畎在十月又二王征人方	5
英二五二五	癸巳卜在[illegible][illegible]商[illegible]泳貞王旬無畎惟來征人方	5
英二五二五	癸酉卜在巳奠河邑泳貞王旬無畎惟來征人方	5
英二五三〇	癸丑卜在[illegible]泳貞王旬無畎	5
英二五三〇	癸巳王卜貞旬無畎吉王在[illegible]	5
英二五三一	癸卯王卜貞旬無畎王囚曰吉在王[illegible]	5
英二五三二	癸未卜在上[illegible]貞王旬無畎在正月	5
英二六四三	癸丑卜在上[illegible]貞王旬無畎	5
英二六四三	癸酉卜𢀛貞王旬無畎	5
三六四六一	癸丑卜貞今夕師無畎寧	5
三六四六一	甲寅卜貞今夕師無畎寧	5
三六四六一	乙卯卜貞今夕師無畎寧	5
三六四六一	丙辰卜貞今夕師無畎寧	5
三六四六一	丁巳卜貞今夕師無畎寧	5
三八八三五	己丑卜貞王今夕無畎	5
三八八三六	庚寅卜貞王今夕無畎	5
三八八三六	壬辰卜貞王今夕無畎	5
三八八三七	丙戌卜貞王今夕無畎	5

其它

三八八三八　庚寅卜鼎王今夕無畎　5
三八八四三　己丑卜貞王今夕無畎　5
三八八四三　辛卯卜貞王今夕無畎　5
懷一八二四　戊寅卜在𩦎貞王今夕無畎　5
懷一八二四　庚辰卜在𩦎貞王今夕無畎　5
懷一八二四　…申卜…𩦎…王今夕…畎　5
懷一八二四　…戊卜…𩦎…王今夕…畎　5
英二五二七　丁巳卜貞今夕師無畎寧　5
英二五二七　戊午卜貞今夕師無畎寧　5
英二五二七　己未卜貞今夕師無畎寧　5
英二五二七　庚申卜貞今夕師無畎寧　5
英二六二五　戊辰卜貞王今夕無畎　5
二九一六四　…𦏧畎　3

囚

三四八六五正　…酉貞…無囚…囚茲虎　4
屯二三八四　庚辰貞其陟…高祖上甲茲用王囚茲…
懷一六二〇　癸酉貞旬無囚王囚　于丙　4

匚　報

六　乙丑卜穷貞有匚于保　1
〇六一　己亥卜…有匚于…祖…先…　1
一五〇正　貞其入侑匚示若　二告　1
一五〇正　貞勿有匚　二告　1
三八五　貞翌…未酚妣有匚于丁…　1
四一八正　庚戌卜殻貞于河有匚　1
四一八正　庚戌卜殻貞勿于河有匚三月　1
五五六正　貞勿有匚　1
五五七　庚子卜貞有匚于南室　1
八九二反　有匚于河　1
八九二反　勿有匚于河　1
一〇七六反　貞于河有匚　1
一一一五正　丙子卜亘貞王有匚于庚百𢀛　二告　1
一一一五正　貞王有匚于庚百𢀛勿用　1
一一六二　貞有匚于上甲先酚　1
一四三二　貞有匚于大甲　1
一九四四　…酉卜…翌乙…有匚…丁十…　1
一九四六　…有匚于丁三十牛　1
一九四七　丙午卜貞告匚于丁三牛　1

二三六三　庚子卜殻貞王有匚于高妣己…來丁酉酚　1
二三八一　貞有匚于河　1
二六〇七　貞婦好有匚于㗊妣酚　1
四一一二　我有匚于…庚…之用　1
六六五三正　貞王有匚于蔑惟之有心　1
七七七二正　貞王有匚在𡨦𠁁　1
七七七二正　貞王有匚在𡨦勿𠁁　二告　1
一〇九四二　…穷貞有匚于河　1
一一四九七反　己丑有匚…伐…十　1
一二九一七　己卯卜殻貞有匚于…　1
一四五二二　…丑卜穷貞侑匚于河　1
一四七二九正　貞侑匚于王亥　1
一四七三二　辛未卜殻王惟侑匚酚于王亥　1
一四九二七正　戊寅卜穷貞王有匚若　1
一四九二八　…卜穷貞有匚…高先酚　1
一四九二九正　王有匚𩵦　不吉　1
一四九三一　甲午卜亘貞有匚…　1
一四九三二　貞矢入王有匚于之亦鼓　1
一四九三三　貞有匚…　1
一四九三四反　貞有匚…　1
一四九三五　癸…爭貞𢼄有匚于…　1
一四九三七　貞勿有匚　1
一七三九七正　貞龜有匚正　二告　1
一七三九七正　貞龜有匚弗其正　二告　1
一七五四〇正　己卯卜殻貞于[?]有匚于…　1
二二五四三　…有匚于丁于南室酚…　2
二三〇六四　乙丑卜出貞大史弋酚先酚其有匚于丁三十牛七月　2
二四六一〇　…大貞于來丁亥有匚于丁…　2
二四九四五　戊戌卜出貞其有匚于保于㗊室酚　2
二五〇三三　…卯…來…有匚…　2
二五九三七　…出貞大…酚先…有匚…牛七月　2
二五九三七　乙丑卜出貞大史必酚先酚其有匚于丁三十牛七月　2
二五九五四　…酚有匚…　2
三〇四七七　甲子卜…有匚惟…　3
三二三三一　戊戌貞有匚…三牛　4
三二三二七　有匚于上甲不遘雨　4
三二三二七　辛亥貞有匚…　4
三二三二八　癸丑貞其有匚于上甲其卯于大乙…　4
三二三七八　…其侑匚于…　4
三二三七八　貞辛亥其侑匚于祖…　4
三二三九二　丙申卜侑三匚二示　4

三二三九三　：巳貞其侑三匚母豕　4
三二六七一　丙申貞有匚于父丁惟夷祝　4
三二六七二　弜有匚父丁　4
三四一八三　甲申貞侑匚：　4
三四三二四　乙酉貞：有匚于：　4
三四三二五　貞其有匚于：　4
三四三二六　貞其有匚：　4
三四五七二　：未貞其有匚于父丁　4
屯一八二　：亥貞其有匚伊尹惟今丁卯酌三：　4
屯六〇八　丁丑貞有匚于高祖亥　4
屯六六五　癸酉貞其有匚于高祖　4
屯二〇五　癸酉貞其有匚于高祖　玆用　4
屯一一二　癸亥貞其有匚于伊尹惟今丁卯酌三牛　4
玆用
屯四三五五　丙戌貞丁亥王有匚：　4
英二三九八　貞其有匚于上甲　4
英二三九八　貞其有匚于上甲　4

三五六　：酌匚于上甲九羌卯一牛　1
一九七一　丙寅卜貞酌匚于丁三十小宰若　1
一九七二　：酌匚于丁不遘雨　1
六三三一　甲申卜㝊貞其酌匚于河：來辛丑：　1
一三五五七　：子卜于南室酌匚　1
一五六八八　貞翌乙：酌匚于：　1
一五六八九　：子卜：酌匚：　1
一五六九〇　貞于𩫏酌匚　1
二三四三三　：出：酌匚：室：母辛：　2
二四九五二　：貞庚辰酌匚：　2
三二三六五　癸巳貞酌匚于上甲：　4
三三〇四二　：酌匚于上甲　4
三四二八八　：酌高祖亥匚：　4
屯六〇八　丁未貞酌高祖匚其牛高妣　4
英二一七四　：出貞翌酌匚于丁十月　2
英二一七五　丁酉：貞翌：酌匚于：　2
英二四二三　甲辰貞酌匚：雨　4

一三八五反　祖辛惟之不若王多匚于唐　1
一二八五反　祖辛不惟之不若王多匚于唐　1

九〇四正　辛巳卜㱿貞酌我匚大甲祖乙十伐十宰　1
六六六四正　貞一宰于上甲告我匚衛　1

六六六四正　貞侑于上甲三宰告我匚衛　1
一四五二八正　貞呼：酌我：匚于河　1

一九〇正　來辛亥惟雀匚酌祖辛又一牛祖乙　1
一九〇正　乙未卜爭貞來辛亥酌雀匚于祖辛七月　1

其它

一一六五　匚：上甲正　1
三七六反　令匚禦大夒　1
六七二正　甲午：貞于：匚　1
九二四正　貞上甲惟王匚用五伐十小宰用　1
一三八六　貞王惟匚于唐　1
一九九三正　：其酌：言匚于丁　1
四八四三　匚　1
五四一二正　：貞：王：匚：　1
九四八四　：匚𡉚：　1
一三五六四　：子卜貞：匚于：室　1
一三五八一　貞其匚于上甲家其：　1
一四五二九　勿生匚于河　1
一四五三〇　：匚于河：酌：　1
一四八八八　貞：匚：　1
一五一九七　己巳卜貞匚其：無尤　1
一五一九八　甲子卜㱿貞在西匚翌：　1
一五一九九　甲：貞：羊：匚：一月　1
一五一九九　貞：西匚：翌酌：　1
一五二〇〇　：戌卜貞匚：不：　1
一五二〇一　庚：賓：匚：尤：　1
一五二〇二　戊：貞：匚：黄：　1
一五二〇三　：匚：[illegible]：　1
一五二〇三　：匚：[illegible]：　1
一五二〇五　：乙匚：　1
一五二〇六　：至：匚：　1
一五二〇九　甲：貞：羊：匚：　1
一五二一〇　：勿：匚：十月　1
一五二一二　：匚三宰：一月　1
一五二一三　：匚于：牛：月　1
一五二八八　丁卯：[illegible]匚：　1
一五四九八　：王：咼：匚：　1
一五九六九　貞禘匚：　1
一九八一四　辛巳卜王貞余：酌：我禦：三匚：十二月　1
一九八五二　辛丑卜勿呼雀匚雀取侯[illegible]　1

二四二一反　己卯卜酉三匚至丩甲十示　1

二四二二　己卯卜酉三匚至丩…　1

二三〇六三　…酉卜出貞其…匚于丁三十…　2

二四九六一　壬戌王曰㒸匚牛一月　2

二五二九八　丁…貞…匚…甲…　2

二五八七九　…卜大…甲子…匚于…甲大丁…　2

二五八八〇　…出貞…匚于…無…月　2

二五八八一　…辰…出…今夕…匚正…　2

二五八八二　…出貞…辛亥…匚無…十月　2

二五八八三　…出貞…丁亥匚…惟王…十月　2

二七〇八二　…祝三匚惟羊　3

二七〇八三　三匚二示卯王祭于之若有正　3

二七〇八四　…其弗賓三匚日其蠱無…　3

三一九九七　…自三匚至父乙一…　4

三二三四九　辛亥貞乇自上甲三匚羊二示牛　4

三二三四九　辛亥卜乇上甲牛三匚羊二示牛　4

三二三九一　辛巳卜三匚盟于…　4

三二六七二　其匚…父丁　4

三四二三七　癸亥貞河匚惟辛未彭　4

屯二一五　…貞…匚…㝐暨彭…　4

屯二三六五　三匚二示暨上甲彭王受祐　吉　4

屯三三七九　…匚于…　4

屯三九一四　…卯貞…匚于…　4

英一二二一　…卜㝐…匚…　1

英一二二二　…祖惟…丩匚…　1

英一二二二　…祖惟…丩匚…　1

英二一六六　…卜出貞匚無尤九月　2

英二四五八　…匚于…羌…　4

懷三三五　…寅卜…今夕…匚…　1

匚示　合文

一一六一　貞勿…侑自上甲…𠥩　1

匯

四七四　甲午…戌…匯…羌　1

一五九四八　辛丑卜殻貞勿惟王匯缶　1

一五九四九　…惟匯缶　1

一八六五二　…令?匯…　1

英七二一　癸酉卜王匯惟?入于商　1

英七二一　…匯…　1

五七一二　…卜㝐貞…遘以多馬衛…　1

六七一七　壬午卜殻貞曰方出于…允其出十一月　1

一三八八九　…骨凡…疾　1

石

九五五二　貞…苿石有从雨…雨　1

九五五二　丁亥卜…岳石有从雨　1

一三五〇五正　己亥卜內貞王有石在麓北東作邑于之　1

一三五〇五正　王有石在麓北東作邑于之　1

一四四六六　…午卜爭…取岳石…　1

二一〇五〇　癸未…令絴妣石祟有扔友　1

二一四九四　…取保石…　1

二八一八〇　王其侑于滴在有石燎有雨　3

三一八三〇　貞有牛石?　3

三三九一六　乙未貞…𢓊祏雨　4

屯二一一八　己丑卜婦石燎爵于南庚　1

英一二六　辛卯卜永貞今三月𫞋戠至…十石　1

英一八四六　…石有从雨　1

祏

三三七　…祏大…又十羌　1

二〇二〇　…亥卜殻貞祏南庚…　1

二六四九臼　祏暘　1

一三五五一　…宗…女…祏　1

一四六八五　…勿祏昌　1

一五二一五　…于祏　1

一五二一六　己卯…祏…囚…　1

一五二一七　…勿祏…　1

一五七〇四　…遂…彭有…祏　1

懷一七六　貞祏　1

石

三七六正　乙丑卜殻貞甲子㞢乙丑王夢牧石麋不惟囚惟祐　二告　1

三七六正　貞甲子㞢乙丑王夢牧石麋不惟囚惟祐　三月　1

六九五二正　貞雀以石伐?　二告　1

六九五二正　雀不其以石　1

七六九四　丙申卜爭貞戌有石一橐其𢦏　1

七六九五正　貞戌有石…　1

著錄號	釋文	數
七六九七	貞戌有石一橐…	1
七六九八	…戌有石一橐弗其…	1
一九六八一正	…旁貞呼石比…	1
一九六八一反	…固曰吉…其石…郭…	1
二二〇四八	石禦于庚	1
二二〇四八	壬寅卜㞢石禦于妣癸盧豕	1
二二〇四八	于妣癸盧豕石艮	1
二二〇五〇	癸巳卜石無𢀛于母	1
二二〇九二	乙巳卜貞石…不延	1
二二〇九三	石	1
二二〇九四	禦石于安豕又十…	1
二二〇九四	壬寅卜禦石于…戌	1
二二〇九九	戊午卜石肣疾㞢不匄	1
二二〇九九	戊午卜貞婦石力十三月	1
二二〇九九	戊午卜禦石	1
二二一〇五	…禦石…闌…	1
三四一七四	…石㝱…	4

司

著錄號	釋文	數
一三五五九	壬辰卜貞鑿司室	1
一三五六〇	壬辰卜貞鑿司室	1
一三五六一	貞鑿司室	1
二〇二七六	庚寅卜衘王品司癸巳不二月	1
二三七一二	丁酉卜祝貞其品司在茲八月	2
二三七一二	貞其品司于王出	2
二三七一三	丁酉卜祝貞其品司在茲	2
二三七一三	貞其品司于王出	2
二三七一四	丁酉卜祝貞其品司在茲	2
二三七一四	貞其品司于王出	2
一四八一四	貞侑于龔司	1
一四八一五	…夕㞢…司龔…子…	1
二六六三〇	癸亥卜兄貞…司龔…	2
三六八五五	癸未卜在上𩁹貞王旬無𡆥王二十祀	5
三六八五六	癸未卜在上𩁹貞王旬無𡆥在九月王二十祀	5
三七八六二	…𩁹…夕無𡆥…月王二十祀	5

其它

著錄號	釋文	數
一一三甲正	貞我…司𢼸羌若	1
三三二	…翌辛…侑…司辛…蔔侑…羌	1
七九五反	貞惟龔司㞢婦好	1
七九五反	不惟龔司㞢婦好	1
一八九五	王其侑…爵司若…	1
三二〇五	…禦衛于司	1
三七四九	…爭…司…	1
五六三八正	壬辰卜貞惟吕令司工…	1
六〇五七反	…東鄙𢦏二邑王步自𨛜于䣓司…夕	1
	㞢壬寅王亦終夕囚	1
八一二六反	…于尋司…	1
九七四一正	于尋司　二告	1
九七四一正	勿于尋司	1
一〇九三六正	呼司𢀛　二告	1
一一九七二	癸未…司犬…	1
一五一二四	…癸…司…商…禦	1
一五三九〇	…司…癸用	1
一六〇八一	貞…司…興…于…	1
一八七八五	…司…豕…	1
一九二〇七	貞惟㞢串令司又十一月	1
一九二〇八正	…貞惟…司…	1
一九二〇九	…惟豕司	1
一九二一〇	…羊豕司	1
一九二一一	…惟…司	1
一九二一二	…惟豕司衍[illegible]?	1
一九二一四	…卜王…弗其…司侑其…	1
一九七七七	己巳卜王有艮司以冎	1
一九八六三	癸卯卜今日侑司羌用七月	1
一九八八四	…羊惟豕司用	1
二〇〇九八	壬寅卜𣎵司惟羊不	1
二〇一〇五	…勿…司…	1
二〇三六七	甲戌卜自司犬	1
二一〇七八	乙丑卜丙寅奏岳司燎雨	1
二一三六五	…司…𠫓	1
二一五五五	…司…𠫓	1
二一五五五	丁卯卜司妣𠫓	1
二一六九一	…丁未有事惟司父…	1
二一七九六	甲戌余卜取司	1
二一七九七	甲戌余取司	1
二一八〇四	戊辰卜㳄貞酌小宰至豕司癸	1

著錄	釋文	期
二一八〇五	辛丑子卜其櫱母司	1
二一八〇五	辛丑子卜貞用小宰尻司	1
二一八〇五	庚子子卜惟小宰尻司	1
二一八〇五	癸卯卜來其酚于司癸至…	1
二一八〇五	惟豕用至尻司宰	1
二二〇四四	辛亥卜興司戊	1
二二〇四四	辛…卜興司戊	1
二二〇六九	丁巳卜櫱司庚豕	1
二二〇八三甲	己卯卜陰用尹司于父乙無囚尹	1
二二〇八三乙	己卯卜陰用尹司于父乙無囚尹	1
二二一二五	…余…于司	1
二二三二六	司…豕	1
二二三二六	司賁豕	1
二六〇七〇	…未卜大…三司日…	2
二七五八二	乙丑卜其有歲于二司一牝	3
二七六〇五	其至司嬉有正	3
二七六〇六	于司辛	3
二七六〇七	…卜暊貞…侑司母	3
二七六〇八	柰?…歲…二司…茲…	3
二九七〇〇	壬子卜其束司魚 茲用	3
三〇三七〇	司母大室	3
三〇三七〇	其𢀛?司母惟…	3
三二〇四八	…司絧伐三十羌卯三十豕	4
三二〇四九	于司丙寅有絧伐三十羌卯三十豕	4
三二〇五〇	丙寅卜有伐于司絧三十羌卯三十豕	4
三二一四九	…司啚伐羌	4
三二五四八	司𡧊	4
三二九七五	…至司骋王受祐	4
三五三六二	…克𡉚二人…又司母我王永…比 用…母其…	5
三七八七〇	…司	5
屯七六八	乙未卜其令伊司惟…茲	3-4
英一七七	于司…櫱婦…惟羊…	1
英一七六八	于司櫱子辟	1
英一八五九	于司…祝…出…	1
英一八九三	己丑卜𢦔櫱司妣甲	1
英一九〇七	辰子卜…酚小宰…一豕司…	1
懷四五七	…勿呼…司	1

宕

著錄	釋文	期
二三四三二	…保于母辛宀宕酚…之日不𠂤六月	2
二七九〇三	惟宕犬隹比無災	3
二七九〇四	惟宕犬隹比無災	3
二八一三二	貞𢀛宕…万?王其酚	3
二九二五五	惟宕田無災	3

庶

著錄	釋文	期
四二九二	丁酉…貞戊…庶一…	1
六五九五	…貞呼行取龔友于𠂤庶以	1
一六二七〇	丁丑卜宀貞…叱庶以…	1
一六二七二	貞…庶…	1
二二〇四五	戊戌卜庶至今辛	1
二二〇四五	不至庶今辛	1
三〇四九八	己…有…庶于…	3

⿱宀庶

著錄	釋文	期
一五一五	貞勿…⿱宀庶	1
一六二七一	…⿱宀庶牛于…	1

硪

著錄	釋文	期
一〇四〇五正	癸巳卜㱿貞旬無囚王固曰乃茲亦有祟 若偁甲午王往逐兕小臣𠂤車馬 硪𩛥王車子央亦墜	1
一〇四〇六正	癸巳卜㱿貞旬無囚王固曰乃…祟若偁 甲午王往逐兕…馬硪𩛥王車子 央亦…	1

妬

著錄	釋文	期
二八二	妬其以羌	1

姛

著錄	釋文	期
三六一七五	丁卯…帝…司母…	5
三六一七六	…司母其…文武帝呼…司母于癸宗若 王弗悔	5
三八七二九	其唯姛祒正	5

砅

著錄	釋文	期
九三三九	壬子卜砅以孜启獲入罡	1
英五四七正	勿于砅	1
英五四七正	于砅	1

勿于砅奠　英五四七正　1
貞黴人于砅奠　英五四七正　1

盾

王曰則大乙㪅于白麓盾宰丰　三五五〇一　5

砣

貞勿令砣　四五九四　1
丙申卜…貞曰戊…砣…其　四五九五　1
…貞曰戊侑砣方午?…弗其伐　六六六二　1
…砣…　二告　六六六三　1

厚

辛…王令厚示𢀛…又…　三四一二三　4
辛未卜王令厚示𢀛…　三四一二四　4

石甲　合文

戊申其…石甲　二一八八五　1
己酉卜惟牛于石甲　二二〇四四　1
甲寅卜禦石甲宰用五月　二二一一六　1
乙未卜…[古文]石甲…馬　二二一一九甲　1
癸亥卜貞彫禦石甲至般庚正　乙二六六一　1

屖

庚午卜惟斧爯呼帝屖食受祐　二一〇七三　1

⿰石耳

其侑⿰石耳得　二告　六〇一六正　1

⿰石舌

貞王⿰石舌疾惟有由　一三六四一　1

[古文]

…于[古文]…　一八七五七　1

[古文]

于[古文]享伐　三三一三六　4

[古文]

在九月惟王…祀彡日王田盂于[古文]　三七三九八　5
…獲白兕

砓

庚…貞…砓…　二五二一三　2

宕

…奠取𢀛宕牛以　八九七七正　1
…宕…　一八六二九　1

[古文]

丙…[古文]?…冓　一七一五八　1
…曰[古文]…曰戠…十虫來?…[古文]…　一八七五八　1
辛亥…貞…來[古文]…　一九四〇一　1

⿱亠⿱口石

…王貞…⿱亠⿱口石…　二〇二九二　1

碠

甲午卜于碠　三三一三七　4

[古文]

…巳卜…[古文]…　懷八五一　1

磬

…于磬京羌三十卯…牛　三一七　1
丁亥囲于磬京羌…卯　三一八　1
[古文]…磬…　一七五一　1
癸酉𪉑于磬十牛㲋　八〇三二　1

八〇三三　：亘貞：于磬：　1
八〇三四　：貞其圉于磬京不：　1
八〇三五　貞翌辛亥呼婦姘圉于磬京　1
八六一三　：穷貞王磬：二月　1
一〇五〇〇　：往逐磬豕弗其擒　1
一三五〇七　貞：王循磬若　1
二〇五八八　：卜王：暨：兹邑：磬　1
三七七三七　戊申卜貞王田磬不遘雨兹御　5
三七七三八　戊申卜貞今日王田磬不遘：　5
英二三九一　：其田磬擒　3
英二三九一　王惟磬田：　3
英二三九三　其藝磬　3

戲

二七九〇七　：戊王其比盂犬甾田戲無：　3
二八三四〇　王涉滴射戲鹿弗擒　3
二八三四一　王其射戲鹿無災擒　3
二八三四二　王其延至于戲無災　3
二八三四二　弜至戲其悔　3
二八三四二　其罝戲鹿擒　3
二八三四三　：射戲鹿弗擒　3
二八八八二　：滴至：戲射左犬擒　3
二八八八三　王其田涉滴至于戲無災　3
二八八八五　王其田盂至戲無災　3
二八八八六　：王其田戲無：　3
二八八八七　：至戲：無災　3
二八八八八　翌日壬王其田戲擒有大逐?　3
二八八八九　惟戲田無災　大吉　3
二八八九〇　惟戲田無災　兹用　3
二八八九一　惟戲田無災　3
二八八九三　弜田戲其：　3
二八八九五　：戊王：戲：　3
二八八九六　其：戲：　3
二八八九七　惟戲田無災　吉　3
二八八九八　：其田涉：戲湄：災　3
二八八九九　王其比：戲麓：豚：在盂犬　3
二九三四三　王其田于戲無災　3
三三五一四　弜至戲其悔　4
三三五五四　戊子卜貞王其田戲無災　4
三三五五五　王惟戲田　4
三三五五六　戊戌卜貞王其田戲無災　4
三三三六九　辛亥卜翌日壬王其田戲弗悔無災　4
三三三六九　：擒戲：鹿　4
三三五五七　辛丑卜王其田于戓無災　4
三七四〇五　：王卜貞：戲往：無災王：吉兹御
：鹿二　5
三七四一六　壬子王卜貞田于戲往來無災兹御獲
鹿歠一　5
三七四二一　壬午王卜貞田戲往來無災王占曰吉兹御
獲鹿三　5
三七四二八　：卜貞：戲往：災王：兹御：鹿二　5
三七七二九　：卜貞王田于戲：無災兹御獲鹿：　5
三七七三〇　：子卜貞：田戲：無：　5
三七四三三　戊子王卜貞田戲往來無災王占曰吉兹
御獲：　5
屯二五六　王其涉滴射戲鹿無：　3
屯五九一　：其征于戲　3
屯六〇七　戊申卜貞王其田戲無災　3
屯七三〇　其田戲以罝無災　3
屯一一〇三　辛酉卜翌日壬王其田戲湄日無災擒　3
屯二三六九　弜田戲　吉　3
屯二五七八　惟：省延至戲　3
屯二七一三　翌日壬王其田戲無災　弘吉　3
屯二七二六　庚戌卜王惟戲田無災　弘吉　3
屯二七二六　于壬田戲無災　吉　3
屯二七三九　惟戲田無災擒　弘吉　3
英二二九〇　辛王其田戲擒　3
英二三九四　：其至戲無災　3
英二三一八　：田盂至戲：災　3
英二五五二　戊寅卜貞王田戲往來無災　5
懷一四三九　弜田戲其悔　3
懷一四四五　弜田戲弗擒有大狐　3
懷一八七〇　：戲：于壬：弗悔　5

⿱殸方

一五八四四　貞今禧于⿱殸方?闢：　1

磬

一八八九四　惟磬田無災　吉　3

聲

三二九二六　…貞…㱿…囚
屯三五五一　丁丑貞㱿有兕其…

聲

二七六三二　…申卜聲禱其蒸兄辛

斦

一八七六一　…卜燎…斦…

麂

二八三〇七正　王其射麂大豕

亘

六九四三　壬申卜㱿貞亘捍其𢦏我
六九四三　壬申卜㱿貞亘捍不我𢦏七月
六九四四　…申卜㱿貞亘捍不惟我𢀛其終于之
六九四四　…貞亘捍惟…

六九四七正　戊午卜㱿貞雀追亘…
六九四七正　戊午卜㱿貞雀追亘有獲
六九四八正　勿呼雀衔伐亘弗其𢦏
六九四八正　癸卯卜㱿貞呼雀衔伐亘𢦏十二月
六九四九正　…㱿貞呼雀衔伐亘
六九四九正　壬寅卜㱿貞勿呼雀衔伐亘　二告
六九五二正　…亥卜㱿…雀…獲亘　二告
六九五二正　…獲亘
六九五二正　乙巳卜爭貞雀獲亘
六九五二正　乙巳卜爭貞雀弗其獲亘　二告
六九五七　…卜爭…亘其…雀…
六九五八　…令雀敦亘
六九五九　辛巳卜㱿貞雀得亘我
六九五九　辛巳卜㱿貞雀弗其得亘我
二〇一七五　癸丑卜雀亘受…九月
二〇三八三　癸亥卜亘弗𢀛雀
二〇三九三　癸亥卜亘其征雀…月

六九四七正　庚午卜爭貞亘㚔　二告
六九四七正　庚午卜爭貞亘不其㚔　二告
六九四七正　貞亘不其㚔
六九四七正　貞亘㚔
六九四七正　貞亘不禱惟執
六九四七正　貞亘其禱惟執　二告
六九五一反　…戌卜宾貞戈㚔亘
六九五二正　乙亥卜爭貞令弗其獲執亘
六九五二正　…獲執亘　二告
六九五三　貞雀弗其㚔亘
六九五四　辛亥卜…貞自今…乙卯雀…亘
六九五五　…㚔亘
六九五六　…弗…㚔亘…　二告
二〇三七九　𦫵亘
二〇三八三　丁卯卜雀獲亘
二〇三八四　辛亥貞雀執亘受祐
二二三九七　㚔衣執亘

七八八七　庚寅卜貞于亘十月
七八九七　乙亥貞其召衣于亘遘雨十一月在甫魯

二〇三九四　…征亘
二〇三九四　…今夕不…征亘
二〇三九四　…其征亘
二〇三九四　…亘
二〇三九四　…征亘
二〇三九四　…亘
二〇三九六　…無征亘

其它

一九〇反　亘惟呼
八四五　…寅貞亘𡿧往
一三四四正　…屯亘
五二九九反　乙巳妥…屯亘
六〇四〇臼　戊申婦喜示四屯　亘
六〇四三正　貞茲圂
六〇九〇反　…二亘?
六二九一反　…三亘
六九四三　癸酉卜㱿貞亩無在亘
六九四五　兄丁壱亘
六九四五　兄…弗壱亘

六九四五 壬午卜殻貞亘允其𢦏鼓八月
六九四五 壬午卜殻貞亘允其𢦏鼓
六九四五 壬午卜殻貞亘弗𢦏鼓
六九四六正 貞犬追亘有及
六九四六正 犬追亘無其及
六九四九正 …亥…殻…我…獲𢧁亘
六九四九正 壬寅卜爭貞翌…未…勿…𢧁亘
六九五〇 …亘……戌
六九五三正 貞亘獲
七〇七六正 丁亥婦妸示三屯 亘
七〇八一臼 亘入十
九二八九 …入百 亘
九九九一反 壬辰卜貞亘無囚
一〇一八四 貞亘其有囚三月 二告
一〇一八四 …卜…來…入…亘…
一二〇五〇 亘入一…
一三六二五反 亘入二
一三六四五反 …王亘于西六月
一四九一二 㞢示四屯又一骨 亘
一五七三四臼 …戌婦…示五屯 亘
一七五四七臼 …婦…七屯 亘
一七五五二 婁示四屯 亘
一七五八五 …示四 亘
一七六五〇反 …母亘…于…月…四月
一八四四七 …亥卜…亘…
二〇三八四 …亘其…
二〇三九六 …雲…出亘…雨…
二〇九八五 丁…亘…
二一〇〇八 辛酉卜禦于有亘娶
二二〇九九 …𢦔亘貞𢧁示不左十二月
二三四三一 …夕生亘方
二三一八〇 丙戌卜…亘貞今…王步于…無𡿧
三六五一 …亘…
英一八四 戊…各亘自…風…夕…
英一八五二 丁亥卜亘
懷 五三b …未…貞翌…亘…癸巳…
懷 八六〇 …亘示四十
懷 一〇二b

宣

二八〇〇三 弜宣方燎
二八一三七 其…宣惟…

逭

四九三一 …中示逭…

黹

八三八四 癸未卜穷貞王往于黹
八三八五 …卜…于黹
八三八六 …黹 二告
五四〇一 庚辰…王勿…黹…
九七四一正 丁未卜殻貞黹受年 二告
九七四一正 貞黹不其受年三月
二〇四六 …黹…馬…
一八八三六反 …黹…二月

行

五八六 …巳卜穷貞王曰行…祟
六六四 行弗其以𢀛女
四〇三七 …出復有行十月
四二七六 其先戌至自行
四三七六 其先行至自戌
四八九六正 令行
四八九六反 令行
四八九七 令行
四八九八 呼令行
四八九九 …爭貞…呼行比…𢦏前肘
四九〇〇 貞…行勿比…四月
四九〇一 貞今…行…比…
四九〇二 貞…行…
四九〇二 貞行有𢀛
四九〇二 貞勿…行以
四九〇三反 …行取…
四九〇四反 貞寧…行
四九〇五 貞行
四九〇六 行以𢦔 二告
四九〇七正 …行…
五四一二正 …旨…行
五四五四 貞行𢦏
五四五五 貞行𢦏王事
五四五五 行𢦏
五四五六 貞行𢦏王事
五四五六 行𢦏

五四五七　貞行其戴王事　1
六五九五　：貞呼行取龔友于𠇊庶以　1
八一三八正　貞其役行：　1
八一三九　貞王不役在行　1
八八五六　貞行取不：嬉　1
八八五七反　：行取　1
八九八五正　癸巳卜韋貞行以有師暨邑　告　1
八九八五正　貞行弗其以：眾邑　二告　1
八九八七　貞行以有師暨有邑　1
九〇三七　：行：其：　1
九〇三七　行以　1
九〇三八　行以　1
九〇三九　貞行弗其以　1
九〇三九　庚辰卜穷貞行：　1
一二四七三　戊申：王㞢：千𦥑：行于：千坠行：　1
：𢀛　1
一三六五八反　行取二十五　1
一四八二九　丁卯卜貞：行若　1
一五八七五　：爭：𢀛：行：　1
一八二三一　：行史：𢀛　二告　1
一八七〇四　甲戌卜翌乙：行衣不：不：　1
一九七五五　：有行：得复：其：涉：　1
二〇四四七　：午叱酉行來：方不獲：　1
二〇五三六　丙辰：行其鼓：征于南　1
二〇六一〇　：𢀛行東至河　1
二〇八四三　：行：在：　1
二一四五七　取單行女　1
二一九〇一　己丑王不行自雀　1
二三六七一　辛未卜行貞其呼永行有遘　2
二四三九一　癸未卜王曰貞有兕在行其左射　2
二四四四五　乙巳卜出：王行逐：　2
二六八八七　貞𢀛行用𢦏不雉衆　3
二六八九六　貞弜用𢀛惟祕行用𢦏羌人于之不雉人　3
二七七五七　：其呼行：　3
二七九七八　惟𦿆行：　3
二七九七八　惟𠂤行用𢦏羌：大吉　3
二七九七九　戍惟義行用遘羌方有𢦏　3
二七九七九　弜用義行弗遘方　3
二七九八〇　：義行：羌：有𢦏　3
二八〇一六　惟：行：从：　3
二八三二〇　惟行南麓擒有狐　吉　3
二八八三六　惟：行：从：　3
三一二四九　：行弗𢦏　3
三二九三四　丙寅貞行惟春𠂤用若　4
三三〇三三　弜行　4
屯三〇〇　弜行：　4
屯二七一八　遘在行　3
屯三三四五　：可：行用：方　4
英三三九　貞令行若　1
英三四〇　貞行弗其：　1
英三四一　貞行戴王事　1
英三四一　行戴　1
英七〇九反　貞𢀛行　1
英一七四七　：行：𢀛：　1
英八三四　貞勿呼延复有行从𨑒　1

延

一五八　貞翌甲寅延雨　1
一五八　翌甲延雨　1
三四五八正　不延雨　1
四五六六　貞不其延雨　1
四五六六　貞延雨　1
四五七〇　今丙午不其延雨　1
四五七〇　貞今丙午延雨　1
五六五八正　貞延雨　1
五六五八正　不其延雨　1
七七〇九正　：延：　1
七七〇九正　貞延雨　1
七九九六甲　不延雨　1
一二六五八　貞不延雨　1
一二六五八　貞延雨　1
一二七五八　貞：其延雨　1
一二七五九正　貞其延雨　1
一二七六〇　貞其延雨　1
一二七六一　貞：延雨　1
一二七六二　貞其延雨　1
一二七六三　：五卜亘貞其延雨　1
一二七六四正　丁丑卜亘貞延雨　1
一二七六五　壬辰卜穷貞延雨　1
一二七六六　貞延雨　1
一二七六六　不其延雨　1

號	釋文	期
一二七六七正	貞延雨	1
一二七六八	貞延雨	1
一二七六九	甲戌卜古…今彐延雨	1
一二七七〇	癸酉卜貞今日延雨	1
一二七七一	己巳卜古貞今日延雨	1
一二七七二	…今日延雨	1
一二七七三	…亥卜…貞今…延雨	1
一二七七四	貞今…延雨	1
一二七七五	貞今丁巳延雨	1
一二七七五	不其延	1
一二七七六	…延…之日…延雨	1
一二七七七	壬寅卜…貞今夕延雨	1
一二七七八	貞今夕延雨…月	1
一二七八〇正	…卯卜…延雨	1
一二七八一	…亥卜延雨	1
一二七八二	延雨	1
一二七八三	…延雨	1
一二七八四	…夕延雨	1
一二七八五反	延雨	1
一二七八六	貞今己亥不延雨	1
一二七八七	貞今夕不延雨	1
一二七八八正	貞今夕不延雨	1
一二七八九	貞今夕不其雨延	1
一二七九〇	貞今…不延雨	1
一二七九一	貞不延雨	1
一二七九二	貞不延雨	1
一二七九三	貞不其延雨	1
一二七九四正	貞不其延雨	1
一二七九五	貞不其延雨	1
一二七九六	貞今夕延雨	1
一二七九六	貞不其延雨	1
一二七九八	貞不其延雨	1
一二七九八	貞不其延雨	1
一二七九九	貞不其延雨	1
一二八〇〇	貞不其延…	1
一二八〇一正	不其亦延雨	1
一二八〇二反	不其延雨	1
一二八〇三	不其延雨	1
一二八〇四反	不其延雨	1
一二八〇五	己巳…侯其…不延雨	1
一二八〇六	…酉雨不延	1
一二九二四	壬…貞今…延雨允雨	1
一二九二五	…日丁巳允雨不延	1
一二九三四	…今夕允延雨	1
一二九四七	…雨…夕允延雨	1
一二九七三	辛酉卜㱿翌壬戌不雨之日夕雨不延	1
一二九九六	…其延允不延雨	1
一三〇四九	…酉暈延雨	1
一三一三八	…延雨	1
一三八六八	己酉卜貞今日延雨	1
一四三四六	貞不其延雨	1
一四四三三正	貞今己亥不延雨	1
一四四三三正	貞…亥…延雨	1
一四五五三	乙未卜穷貞今丁其延雨	1
一四六九二	…子卜亘貞今夕不延雨	1
一九七七一	乙丑卜王侑三奚于父乙三月延雨	1
一九七七八	…卜𠬝不其…雨𦥑印延雨執	1
二〇五九七	…壬…有雨今日小采…允大雨延伐…	1
	箙日惟啓	1
二〇五九七	…壬…有雨今日小采…允大雨延伐…	1
	箙日惟啓	1
二〇九六〇	丙午…今日其雨大采雨自北延𢦏少雨	1
二一〇〇七正	癸卯卜延雨允雨	1
二一〇一三	御日延雨…采䍜…日陰…庚雨	1
二一〇二一	…大采日各雲自北雷惟𩂈雨不延惟毋…	1
二一〇二一	癸巳卜貞旬二月之日子…延雨少	1
二一〇二一	今日方其征不征延雨自西北少	1
二一三五〇	庚从升延雨	1
二二三八七	辛酉延雨	1
二四二二五	癸亥卜出貞今日延雨	2
二四三三三	貞其延雨	2
二四三三三	乙丑延雨至于丙寅雨𧝓	2
二四八五九	庚子卜貞今夕延雨	2
二四八六〇	…卜尹…延雨	2
二四八六一	貞今夕允不延雨	2
二四八六二	…申卜㘝貞…夕不其延雨	2
二四八六三	貞今夕不其延雨	2
二四八六四	…其延雨六月	2
二七〇一九	庚申卜貞延雨	3
二七八一四	…日乙…延雨	3
二八六一一	今日延雨	3
二八六一一	不延雨	3
二九六八〇	不延雨	3
三〇一五八	其延雨	3
三〇一五九	不延雨	3
三〇一五九	其延雨	3
三〇一六〇	不延雨	3

祉

著錄	釋文	期
三〇一六〇	其延雨	3
三〇一六一	弜至…宰在喪其延雨	3
三〇一六四	甲申貞延雨	3
三〇一六五	貞不其延雨	3
三〇八九六	今日不延雨	3
三二一一三	丁巳小雨不延	4
三二一一四	丁巳小雨不延	4
三二五一七	丁巳小雨不延	4
三三三〇九	延雨	4
三三三五九	…延雨	4
三三七六五	延雨	4
三三九四二	不延雨	4
三三九四三	乙卯卜乙丑其雨延	4
三三九四四	不延雨	4
三三九四四	今日乙延…	4
三三九四五	…延大雨	4
三三九八六	乙未…歲祖…三十宰…茲用敖毋歲祭雨	
	不延雨	4
三七五三六	戊戌卜在濩今日不延雨	5
三八一六〇	辛亥卜貞延雨	5
三八一七九	不延雨	5
三八一八一	…其延雨	5
三八一八四	…延雨…御…	5
三八一八五	不延雨　茲御	5
三八一九一	妹延雨	5
三八一九一	辛卯卜貞今日延雨	5
屯　六	戊不延雨　吉	3
屯　七三六	…日壬…延雨	3
屯　七八四	其延雨	4
屯　七八四	不延雨	4
屯　二一〇〇	辛卯卜今夕不延雨	4
屯　二九一一	其延雨	4
英二四六六	甲申卜不延雨	4
懷一五〇四	戊戌卜𠭯缶中行征方九日丙午遘…	4
懷一六〇三	辛…卜…延…	4
懷一六〇二	不延雨	4
懷一八八四	不延雨	5

延啓

著錄	釋文	期
一三〇四六	…暈終…惟甲子…暈延啓	1
一三一三一	…夕啓…癸巳…延啓	1
一三一三二	貞延啓　不舌黽	1
一三一三三正	貞不其延啓六月	1
一三一三四	貞不其延啓	1
二二二八〇	己巳卜貞啓延	1
二四一六一	…貞今日延啓四月	2
二四九二五	貞今夕不其延啓	2
屯　二三二〇	甲辰卜在𠦪牧延啓有…邑…在盧 弘吉	3
屯　二六〇〇	今日至翌日丙延啓	3
英　六六正	貞延啓允延啓	1
英　六六正	貞延啓	1

延風

著錄	釋文	期
一三三三七	貞今日其延風	1
二一〇二一	癸亥卜貞旬一月昃雨自東九日辛未大采 各雲自北雷延大風自西刜雲率雨毋𩁹日…	1
英一〇九九	…戌…雨…延風	1

延往

著錄	釋文	期
四〇七四	惟𠦪往延	1
一二九二一正	辛卯卜㱿貞王往延魚若	1
一二九二一正	辛卯卜㱿貞王勿延魚不若	1
二四四二六	…卜行…王其往…田無災…于…延往	2
二九三五六	王惟襄…往射延…𩰫…	3
屯　四四一九	惟入自…延往…𦎫入無…不…	3

延步

著錄	釋文	期
五二一三正	丁丑卜㱿貞王延步　小告	1
一〇五三六正	貞勿往田延步	1
二三七九八	…旅…叀其延步無災	2
二三八〇六	…王出…延步	2
三五三一七	…延步	4
屯　五六五	…貞辛未…茲延步在…	4

延迭

著錄	釋文	期
三六四二六	丁丑王卜貞其振旅延迭于盂往來無 災王𣪘曰吉在…	5
三八一七七	丙子卜貞翌日丁丑王其遵旅延迭不 遘大雨茲御	5

延宅

著錄	釋文	期
二二三二二	惟延宅正	1
二二三二三	惟延宅正	1

二三三六 惟正延 1
四九二 貞勿…犬延… 1
三六〇七 貞犬延…其… 1
四六三九 …王…犬延… 1
六五三六 …卯卜殼貞犬延其有𡆥 1
六五三六 …殼貞犬延無𡆥 1
七七一二正 貞犬延無其戕…月 1
九四七九 戊子卜穷貞令犬延族墾田于虎 1
一四七五五正 癸…穷貞周𢦏犬延𡆥 1
一七四五二 癸巳卜貞犬延…𡆥 1
二三六八九 …卯卜出貞犬延 1
三三〇四三 庚戌犬延允伐方 2
三三二一五 弜犬延土田 4
三三三一七 戊戌貞令犬延田若 4
屯五三九 辛酉卜犬延以羌用自上甲 4
屯一〇〇九 庚辰貞方來即事于犬延 4
懷三九九 …犬延不其以… 1
懷九五六 己巳卜殼貞犬延無其工六月 1

二二八九二 乙卯王…大延 2
二二六六七 丙午王卜大延 2
二三八二八 癸酉卜…王大延 2
二三九二九 甲辰王卜大延 2
二五九二九 辛巳王卜大延 2
二五九三〇 丙午王卜大延 2
二五九三一 …戌王卜大延 2
二五九三二 …卯王…大延 2
屯四三四九 己亥卜庚子有大延不風 4

延·田

一六〇二八 …延以…上甲奏… 1
二三〇〇六 其延田無災 2
二四四四六 …自…延田于…㓝京獲豕…鹿二 2
二八二三〇 癸卯卜王其延二盂田𤔲受禾 3
二八五七五 惟壬藉延田 3
二八八一九 …辛王…田延射 3
二八九九一 惟襄田省延至于之無災 大吉 茲
用 3
二九三五七 王其田徹延… 大吉 3
屯七一五 惟湿田盟 延受年 大吉 3

屯七一五 惟上田盟延受年 3
屯一〇九八 王其田以延射𤉲兕無災吝王 吉 3
屯二三五七 王其省盂田延从宮無災 3
懷一四三〇 弜延从宮其悔 3
懷一四三八 壬王其田…于既賓…延遝…不… 3
…王…田延至…𣏟無災 3

延人·延尸

二五 戊寅卜貞躍延尸七月 1
二五 …延人 1
三二八 丁酉卜爭貞在丂妥來…二人延…丁用 1
八三〇 貞于大賓延尸 1
八三一 戊寅卜貞于丁賓延尸七月 1
八三三 貞于丁亥延尸 1
八三五 …延尸 1
一九九九 …未卜王…延二人…示𠂤… 1
一九七九九 丁未卜王…延二人…示…二月 1
三四〇五七 于大乙延人 4

延·疒

一三六二〇正 有疾目不延 1
一三六二〇正 有疾目其延 1
一三六五八正 甲子卜殼貞疾役不延 1
一三六五八正 貞疾役其延 二告 1
一三七一〇 …王…疾…延 1
一三七一一 貞婦好不延疾 1
一三七一二正 丙辰卜殼貞婦好疫延羸 1
一三七一三正 貞婦好其延有疾 1
一三七三六 乙卯…𢦏疾延 1
一三七三七 貞𡚤延有疾 1
一三八一七 …卜貞不延疾 1
一三八九〇 貞子賓不延有疾 1
一三九三一 貞婦好不延有疾 1
一三九三一 婦好其延有疾 1
一三九三二 …申卜爭貞婦好不延有疾 1
一三九三一 …婦好其延有疾 1
一七三九一 貞婦好囚大疾延鼓𠭯 1
二二二四六 婦姼子疾不延 1
二三三九一 貞𢦏無疾其延 1
二四九五六 甲辰卜出貞王疾首無延 2
二四九五七 甲辰卜出貞王疾首無延 2
英三四九 貞𢦏不延有疾 1

一九二二〇	乙卯多宁其延陟…翌丁巳多宁其延… 㞢…	1
一九二二二	癸丑卜貞翌乙卯多宁其延陟𡆥自…	1
三二一〇七	癸丑卜于丁巳延多宁暘日	4
三二五一七	癸丑貞多宁其延有以歲于…	4
屯補一六	甲寅貞乙卯其延多宁惟並以…	4
屯三六七三	癸丑貞多宁其延有以歲于父丁牢又一 牛	4
屯四三六六	…卯延多宁…蒸𡆥…在父丁宗啓允啓	4
屯四三七九	…丑貞…延多宁…	4

三二二四三	癸未貞惟乙酉延方	4
三二二四三	癸未貞于木月延方	4
屯一七一	癸未貞惟乙酉延方	4
屯一七一	癸未貞于木月延方	4

五五〇一	…朕事延伐…	1
三三二五八	庚午貞乙亥其延伐	4

一七一二四	…族…延冉	1
一七一五九反	…婦吼延冉	1
二二一〇二	魯嘉允嘉延冉	1

一九〇正	惟延𢼸	1
一九〇正	不惟延𢼸	1
一九〇正	不惟延𢼸	1
一六一五九反	…延…𢼸	1
一六一七七	…獻牛…延…𢼸	1
二三三七七	…即貞妣?庚?王入自…其延𢼸?	2
三二一一八	己巳卜仲己歲惟今延𢼸	3
三三九八六	大丁延𢼸	4

三二四八五	癸卯貞…未延出示其惟埶	4
屯一二一五	癸卯貞丁未延出示其凡	4

一四〇反	貞…延…若	1
一五五〇三	貞延若	1
一五五〇四	貞延若	1
一五五〇五	貞延若	1
一五五〇六正	…勿延若	1

四一〇正	…亘貞今夕其延…	1
一四一九	…其延卜丙	1
二一七一	…𡆥其延小乙	1
三三五〇	丙子卜貞多子其延學疫不遘大雨	1
一二五八六	貞其延六月	1
一二八〇〇	…卜盧…其延…	1
一五二四二	…卜穷…其延…告于…	1
一五五〇七	貞其…延…	1
一五五一〇	貞其延一月	1
一七二三八	…子卜永貞𡆥其延　二告	1
一七二五四	…其延贏	1
一九五九〇	癸…貞…午…其延…	1
一九五九一	…不其延凡	1
二一〇三二	…其延…	1
二二〇九二	其延	1
二二六〇九	己酉卜旅貞伐其延伐于兄己六月	2
二二六〇九	…卜…王…延其…	2
二二七一〇	壬戌…貞示壬翌…歲翌癸亥其延于示癸	2
二二七一九	癸亥…貞示癸…其延?…	2
二二八四八	丁亥卜…貞翌戊子…其延𠂇…于大戊…	2
二二九九五	…其延…𠂇歲于祖辛在四月	2
二三〇六九	戊申卜即貞其延丁歲六月	2
二三〇六九	貞…延…	2
二三〇九七	甲戌卜行貞歲其延于祖甲	2
二三〇九七	…弜…延	2
二三一六二	丁卯卜…其延𩰫祖乙…十一月	2
二三二三一	癸巳卜…貞父丁歲其延	2
二三三二六	己巳卜行貞翌庚午歲其延于羌甲爽妣庚…	2
二三五四五	辛丑卜大貞仲子歲其延酚	2
二四六二七	…其延…	2
二四六三二	貞其延不在六月	2
二五一八二	戊…貞其延…歲一牛	2
二七一三六	…大乙史其延大丁…	3
二七一七四	貞其延禦于又河饗	3
二七一七四	貞其延于大戊饗	3

二七三五九　㞢其延羌甲王受…　3
二七三〇二　戊辰卜鼓貞有來執自戠今日其延于祖丁　3
二七三四七　其延㞢小乙惟翌日彡王受祐　3
二七三五五　甲申卜小乙史其延　3
二七三六三　…祖丁大乙王其延父甲　大吉　3
二七三六七　戊戌卜祖丁史其延妣辛妣癸王…　3
二七四二四　己亥卜何貞翌庚于乙歲其延于父庚　3
二七四七五　…丑卜王其延史于父甲　3
二七四九二　壬午卜其延…歲于多父　3
二七五一八　戊戌卜其延示于妣己　3
二七五二〇　戊戌卜其延示于妣己　3
二七五七七　癸丑…其延…于妣…　3
二七六一三　己亥卜其延桒　3
二七六三六　辛未卜…史其延三兄王受…　3
二八〇九五　…盧伯漅其延呼饗　吉　3
二八二三七　辛…貞其延…　3
二八二四六　其延桒年于阝　3
二八三四二　王其延至于𩁹無災　3
二八八六七　…申卜其延檣　3
三〇三四五　…卜彭貞其延蒸穧…饗父庚父甲家　止　3
三〇三七三　辛亥卜貞其衣翌日其延𢍙于室　3
三〇七七〇　…卜王其延台史…　3
三〇七七一　庚子卜史其延于…　3
三二五九二　癸未卜其延蒸穧于羌甲　4
三二五九三　…卜其延蒸穧于羌甲　4
三二九一二　弜于宗其延　4
三二九八一　…寅貞其延𠂤于丁　4
三四〇五七　弜于宗其延　4
三四四四二　丙辰貞其延　茲用　4
三四四七六　戊辰貞其延鼓有若　4
三四六〇一　弜𡕥旦其延　4
三四六七六　…𠁁匾其延在𡨦卜　4
屯一二五　其延…　3
屯七三八　㗊甲事其延般庚小辛王受祐　吉　3
屯七六五　丁亥卜漅其延𦣞王惟弜　3
屯一〇九四　癸亥卜其延…　3-4
乙一〇九四　癸亥卜其延羌甲戠　3-4
屯二〇七三　癸…其延…　4
屯二三七六　己未卜祖丁大乙王其延大甲　3
屯二九八八　…㞢其延…　大吉　3

屯三八二四　其延用羌　4
屯四〇三五　…其延學…　3
英一九三〇　…申卜…示壬…其延　2
英二三六三　癸酉卜㞢…其延于…　3
二二九二一　戊辰卜即貞翌己巳弜延祖乙歲…　2
二二九九〇　庚戌卜王曰貞弜延　2
二三〇一七　貞弜延八月　2
二五九三三　貞弜延七月　2
二七五一八　弜延　3
二七六一三　弜延桒　3
二八六〇二　乙丑卜王弜延往田其雨　3
三二四五四　弜延蒸　4
三三九三八　弜延…　4
三四四〇九　弜延用　4
三四四三七　弜延　4
三四四四三　弜延　4
三四四七六　弜延鼓　4
三四五九八　弜延蒸　4
屯二一〇　弜延于之若　3
屯六三一　弜延　4
屯六三三　弜延
屯七三八　弜延　3
屯二〇六五　弜延　4
屯二三七六　弜延　叡𤼷　3
英七八二正　貞勿延我圓　1
屯一〇九四　弜延　3-4
英二一七一　貞弜延九月　2
英二一七三　貞弜延　2
八九一反　王勿延出　1
三一六一反　…卜…惟…勿延…　1
七五〇三正　勿延　1
七七六六　丙申卜貞勿延戔師令　1
一〇六一〇正　甲申卜㱿貞王勿延南狩　1
一三五四四　貞勿延呂宗無戠二月　1
一四一九八反　王固…勿延…于…　1
一五〇五〇　貞勿延㑋于㞢…　1
一五五〇八　貞伐勿延戠　1
一五五〇九　…勿延戠　二告　1

延

一六三九五	：勿延：若	1

不延

二八〇三反	：不延	1
一四一六一反	王固曰雨惟其不延	1
一五〇四六	：寅卜：貞𢍰不延五月	1
一五五一二	庚子卜今夕不延：	1
一五五一三正	貞不延	1
一七二三九	貞不延囚	1
一七二五三正	貞不其延羸　二告	1
一九五九九	貞不延爿	1
二一九一一	辛：不延	1
二二〇九二	乙巳卜貞石：不延	1
二二三六五	甲子卜貞婦周不延	1
二二四九二	己巳卜貞不延：	1
三〇七〇四	：卯卜火不延	3
屯一一二一	甲子貞並不延	4
英一三〇七	貞子羸不延有：	1

亡延

五二九〇	：無延：燕：惟若：	1
五三七三	癸酉卜爭貞王腹不安無延	1
二四九八〇	丁丑王卜曰惟余其無延	2
二六〇九六	丙午卜出貞歲卜有祟無延	2

祭祀延

二八一	庚子卜貞牧以羌延于丁：用	1
六七三正	貞翌丁酉延循于大丁	1
五五一五	丙辰卜：𡔀延：立人三百：	1
一三五四三	丁酉卜[illegible]貞延呂宗無妣酉甫	1
一四八三八	：大示：羊延：牛	1
一五五一一	甲：貞：延：衣：	1
一五五一四	貞翌癸未延彡三十牛八月	1
一五五一五正	庚午卜穷貞令：延𢆶：	1
一七一〇八	癸亥卜：呼𦉪吼：旅母：吼延冉	1
一九八三四	丁卯卜延冊冊大戊戊辰	1
二〇〇七〇	貞余勿呼延尊畄曰吉其呼尊	1
二二〇八七正	：延于二祖歲	1
二二二五八	延乂丁龕	1
二二二七四	侑兄丁二宰不雨用延	1
二二五六〇	：卜旅：歲延：	2
二二五八七	戊申卜中貞王賓延無尤	2
二二七一四	壬申卜逐貞示壬歲其延于：癸	2
二二九九七	丙：貞祖：延于祖辛：	2
二二九九八	辛：貞祖辛：羊延：	2
二五二二〇	：大：歲弜羊：延一月	2
二五二二一	：卜出：延𡆥：歲于：三宰	2
二七一八七	甲寅卜延燎祖乙：卯三牛：五用	3
二七二六一	𢀛延羌甲　吉	3
二七二六二	𢀛延羌甲王受祐	3
二七四三七	貞其自帝甲有延	3
二七六一六	戊辰卜其延兄己兄庚	3
二七六一七	戊辰卜其延兄己兄庚歲	3
三〇二八三	有用其延[illegible]父甲門	3
三〇六九九	惟今自延用王受祐	3
三〇七二七	歲延彡惟勿牛王受祐	3
三〇七七二	惟申延王受祐	3
三〇七八五	壬子卜延燎羊卯三牛	3
三〇八八二	其延乂執惟翌日	3
三一二一一	惟入自延用王受祐　吉	3
三一三一七	延觀歲	4
三二三五九	：延圍伐	4
三二四六八	：亥貞延𡔀于大丁大甲茲用丁丑：	4
三二四六八	：延𡔀以大庚：	4
三三四二二	丙戌卜其延歲于：丁茲用	4
三三四二二	丙戌卜延歲于：	4
三四三八一	丙戌貞延𡔀禰歲弘二宰	4
三四三三五	己卯卜其延歲于𡆥庚	4
三四三三六	：午貞癸未延歲：癸牛三　茲用	4
三四三三七	壬：延歲	4
三四三三八	己巳：延歲于：	4
三四三三九	：延必循：	4
三四四四〇	癸卯貞其剛：于延豕十犬：	4
三四四四一	延萑歲	4
三四七一二	允延𢍰	4
三八七二〇	貞王賓𣪠延𣪠：無尤	5
三八七二一	：賓：延𣪠：無尤	5
屯六三一	丙辰卜二宰延歲于仲丁	4
屯一一二六	乙未卜貞召來于大乙延	4
屯一一二六	乙未卜貞召方來于父丁延	4
屯二〇九八	：延王受祐	3
屯二六四六	惟既祭父：小𡔀延：王受：	3
屯二七九九	：貞：延圍：	4
屯三一一四	：延彡祖乙：不雨	4

其它

著錄號	釋文	期
六	貞惟戌延令比𦍘王六月	1
六	貞其侑延四月	1
六四一正	癸酉卜亘貞臣得王固曰其得惟甲乙 甲戌臣涉舟延𠭰弗告旬又五日丁亥 執十二月	1
八九一反	王延出	1
一三〇六	己巳卜…貞盟…午延…無壱	1
一四一二	…王延…大丁…豕…六牛	1
一九八六	…乙…延…來…	1
三一二六	…卜穷…雍…延	1
三二〇四	…延贏	1
三二六九	貞二子克延	1
三三五九	…卜王…甫延…侯	1
三七八四	…亘貞…延…	1
四五六〇	微…不…延	1
四六三一	…延其有刹六月	1
四六三四正	…延無其工	1
五三七一	甲戌卜…貞王延	1
五三七二	…王延	1
五六八一	…貞盟庚…亞延…左	1
五七九一	乙…延…雈	1
五八〇八	貞曰師無在茲延	1
五九三三	…執…延…八人	1
五九七六	延于𠂤京圉	1
六六七八正	癸丑卜穷…嬉之日正…延盟…亦𡧊…	1
六九四六正	庚申卜殻貞呼王族延比𡧊	1
七〇七六正	其𢦏延	1
七四二四	…今…稱…三…延…	1
七五七三	…侑衛…延…	1
九二九六正	貞延不𣪘	1
一二六一八	癸未…乙酉…延十二月	1
一三〇一八	庚寅…今…延	1
一三四二三	癸酉…貞王延有羽	1
一四二七二	丁丑…作侑…延…鬼…𢦏…衣…	1
一七一七七正	貞呼…比延…𠂤…	1
一七二五三正	貞婦延贏　二告	1
一八五〇六	…延呼…量…	1
一八八〇七正	丙寅…先…曰延…之…延…𠂤…	1
一九二八六	貞于丁延涉	1
一九三一三	…甲…今日出…延日…	1
一九三三八	貞延羽出	1
一九五九三	…先延…	1
一九五九四	…午卜…貞…癸未…延…	1
一九五九五	辛巳…延…　二告	1
二〇〇四七	貞辛…延…	1
二〇〇四九	…子…延…	1
二〇一六三	甲申卜…延…	1
二〇一六五	…丑卜偕令…延至庚辰不	1
二〇一九七	戊戌卜偕延令夫巜爰	1
二〇二五六	乙卯…匿延…月	1
二〇三二六	丙辰卜自貞王曰…我侑我…束延…	1
二〇三六三	…王余呼…延	1
二〇三八一	…史…乙盟…亦延…	1
二〇五三〇	甲寅…巜惟…今日延…允延…	1
二〇七九一	癸未卜延酉父甲至父乙彭一牛	1
二〇九二四	…延…旬…食…	1
二〇九五二	庚辰卜今日延…	1
二一〇七五	乙未卜…延在…	1
二一三八六	壬午卜燎土延巫帝	1
二一四八九	癸卯…王曰…其…余呼延不九月	1
二一五一九	…盟…延…婦…	1
二一五八九	丙辰…于…延…彝…	1
二一七四三	…子卜…延呼	1
二一七五九	庚午子卜貞延在我	1
二一七五九	壬申子卜延獲	1
二二〇七四	壬申…卜延…南	1
二二〇九二	癸巳卜木于束延	1
二二一七〇	…申卜貞量延于	1
二二二二六	…㦰…大…延…大…	1
二二二四六	延𧶠獲	1
二二二四六	呼陕延	1
二二二六四	呼陕延	1
二二二六四	甲申卜既此	1
二二二六四	母延	1
二二二六五	甲申卜呼𤔲?延…	1
二二二七四	…寅貞…周𡗜延	1
二二三九一	兄丁延三百牢雨宗𠙹?	1
二二三九一	壬延	1
二二四三八	壬延	1
二二六四九	癸酉卜延	2
二三〇六一	…卜…今夕…延…	2
二三五八〇	甲戌王卜逐延 辛酉卜大貞今日延	2

二三五八二	…大貞今日延	2
二三六六九	辛丑王…兵延	2
二三六七二	乙卯王卜兵延	2
二三六八五	庚午卜大貞叀來惟今日呼延	2
二三六八七	…王卜中延	2
二三六八七	丙…卜旅…中延	2
二四四一八	…旅…游…白延…	2
二四四三三	…大貞延辛…	2
二四四五二	貞勿延在十一月	2
二四八八〇	…辰卜祝…今日延…遘大雨	2
二四九七七	丙寅卜…貞𤉲…延	2
二五二〇七	庚子卜貞延…	2
二六八〇二	…午卜出…日延盆…	2
二六八一一	乙酉王…中延…	2
二七三三三	于既…廼延…史又…大吉	3
二七三四六	…鼓…延	3
二七三八七反	…丁延	3
二八二二八	惟灉麥延受年	3
二八七八六	王其省…延狩…	3
二九二四〇	王惟南省延…于兇弗悔	3
三一七九八	乙巳卜…牧延弗…	3
三一七三七	丙辰貞王延有丁巳涉	4
三二九八一	惟庚延㚖	4
三三〇〇九	…執延…	4
三三三五九	辛卯卜今日辛延…	4
三三八二六	…卜…延…	4
三三八三八	丁酉…延	4
三三八八三	乙巳雨丁酉延…	4
三三八九二	戊午卜延雨	4
三三九四三	乙卯卜我以示延乙丑不	4
三三九四三	壬寅…我…延…	4
三三九八六	于乙酉延雨　茲用	4
三四〇九七	…𠦪…酉…延	4
三四二三七	其弜…止在…延…于	4
三四七〇一	甲午…今日延…	4
三六四九二	丙午卜在攸貞王其呼…延執胄人方𨳤焚…弗悔在正月惟來征…	5
三六五五七	貞王曰逆延于夫延至盂…來無災在七月	5
三六七四一	…貞王曰…于夫延…來無災	5
三六七八二	其延𤉲	5
二八三三〇	延至…擒鹿	3
屯四五一	壬辰…今日延…九…	4
屯五八〇	亞𩰫延弗至庚	4
屯五八九	…卜今日甲延	4
屯五九八	…其省向盟日…延射…鹿擒	3
屯七二八	王其呼戍延衛弗悔	3
屯一二〇五	…延…	
屯一四六三	惟妣作延戈	4
屯一九三四	丁巳卜…延涉…囚	4
屯二三二八	惟癸延	3
屯二三七八	惟…省延至戲	3
屯三一六五	惟乙未延還嗇王弗悔	3
屯三一六五	惟丁亥延王弗悔	3
屯三一六五	惟乙未延還嗇王弗悔	3
屯三一六五	惟丁酉延王弗悔	3
屯三一六五	惟乙巳延王弗悔	3
屯三六一二	壬寅卜我示延乙巳	4
屯三八二三	…至小示其利延…	4
屯四三一〇	甲午卜延無𦣞印	1
英六九五	貞…延其…𢦏	1
英八三四	貞勿呼延复有行从廼	1
英八三五	乙酉卜貞延复有…	1
英八六一	貞勿獲延二告	1
英一八五四	…延…𤸫疾…羊	1
英二一六九	己丑卜出貞延…室	2
英二一七〇	…王卜…延…	2
英二一七三	今夕…延…	2
懷九五六	貞…延其有工	1
懷一三七二	…延使父丁…	3
懷一五一七	…日己…鼏…于…延老	4
懷一五一九	…奚…鹰…延𠂤	4

徙

一六三〇一	…我…受…徙…	1
一八七〇三	貞徙…	1
一九二七六	…其徙…	1

後

四九二三	壬申呼衛	1
七三八三臼	戊戌羌後示七屯　㱿	1
九四〇八	己丑乞自缶五屯後示三屯　岳	1

著錄號	釋文	期
一三六三四臼	……戊羌𢓊……甲午㱿	1
一四八〇七臼	丙寅羌𢓊示一屯　岳	1
一七六二一臼	戊戌羌𢓊示七屯　㱿	1
一七六二二	戊戌羌𢓊示七屯　㱿	1
一七六二三	丁丑𢓊示三屯　小㱿	1
一七六二四	丁丑𢓊示一屯　岳	1
一七六二五	丁丑𢓊示一屯　小㱿	1
一七六二六	……羌𢓊……屯　岳	1
一九九三六	丁丑卜王……衛父……	1
二〇九五〇	……寅卜𠬝其于乙日衛……癸卯羊……今日	
	雨至……不雨	1
二〇九五一	己巳卜畄示其衛雨	1
二一〇八二	戊寅卜王貞……勿𦩍衛𠬝……	1
二一〇四二	乙酉卜……丑衛……疾	1
三三三八九	……比臣衛……無𡆥	4

徣

著錄號	釋文	期
七四三〇	甲午卜徣畄𥹉印　十月	1

洛

著錄號	釋文	期
三一一六四	弜𧗦之若	3
三一一六四	其𧗦有正	3
三一一六四	弜𧗦	3
三一二三〇	弜旬洛無若	3
三七三八六	……卜貞衣彡日……犬𡈼祝……兕翌日……亥	
	王其洛……悔擒	5

征

著錄號	釋文	期
三一七九一	……弜使……𢧁征……	3

迨

著錄號	釋文	期
三六八三六	……于[illegible]……[illegible]迨	5

衍

著錄號	釋文	期
三二〇三	貞……衍……	1
五〇九六正	貞勿衍出	1
五〇九六正	貞衍出　二告	1
七〇四一	貞惟𢀛衍伐……	1
一五三八六	貞……衍……	1

衛

著錄號	釋文	期
六八八三	辛未卜殻貞王捍衛受祐	1
六八八四	辛未卜殻貞王捍衛……	1
六八八五	辛未卜殻貞王捍衛……	1
六八八六	辛未卜殻貞王捍衛受祐　二告	1
六八八八	……子……内貞我其捍衛	1
六八八九	……貞……捍衛十二月	1
英六一二	甲戌卜殻貞王捍衛受祐	1
六八九四	己亥卜……貞我戠衛……	1
六八九五	辛丑……内貞我戠衛于𢦏	1
六八九六	……酉卜殻貞我戠衛于𢦏一月	1
六八九七	……殻貞我戠衛在𢦏	1
六八九〇	庚子卜殻貞我勿捍衛十一月	1
六八九一	今十二月勿捍衛	1
六八九二正	甲辰卜殻貞今我其𠦪衛不……戠于𢦏	1
一二〇二	戊辰卜上甲暨河……敦衛	1
六八八七	……敦衛	1
六八八七	……申卜殻貞大丁呼王敦衛	1
英六一四	乙亥……貞王……惟今十二月敦衛	1

其它

著錄號	釋文	期
一二〇二	戊辰卜既……暨河我……衛	1
一二〇二	戊辰卜既……暨河我……衛	1
三二〇二	……未卜王惟……宋酉……衛	1
六四七七反	勿令子衛涉其……	1
六四七七反	令子衛涉涉	1
六八八一	……殻……衛不……我戠	1
六八八二	壬……内貞……衛其來征我于兹葡	1
六八九三	……辰卜殻……今我其……衛其……	1
六八九九	……衛……我在𢦏	1
六九〇〇	……貞衛其……𢦏	1
六九〇一	……貞衛……𢦏	1

衛衞

一八六九八 ⋯酉⋯衛⋯東⋯母⋯

英 六一三 乙未卜㱿貞大呼王敎衛十月

懷 三三四 ⋯衛⋯逆⋯

衞

二九一〇 禦衛⋯兄戊

三二〇五 禦衛于司

三二〇六 ⋯卜禦子衛于⋯惟豕⋯

三二〇七 ⋯禦子衛于父乙

三二〇七 ⋯衛于父乙⋯

三二〇八 ⋯于妣癸禦衛

三二〇九 ⋯妣己⋯衛

三二一〇 ⋯未卜侑母⋯惟王䰟隹⋯禦衛⋯贏

三二一二 ⋯一牛⋯衛⋯贏

三二一五 ⋯衛⋯

一五一二三 ⋯卜于⋯己禦⋯徙

衛

六五一 ⋯多⋯衛

五六六五 己酉卜亘貞呼多犬衛

五六六六正 ⋯戌⋯永貞令旨以多犬衛比多⋯壐

羊⋯比⋯

五七一一 庚戌卜古貞令多馬衛無盖

五七一一 貞令多馬衛于北

五七一二 ⋯卜宊貞⋯遘以多馬衛囗

五七一三正 ⋯貞于多⋯衛⋯

五七一四 ⋯貞⋯馬衛⋯

五七四六 ⋯令郭以多射衛示呼⋯六月

五七四七 ⋯未卜先⋯令多射衛一月

五七四八 癸亥卜貞呼多射衛

五七七五 癸酉卜爭貞令多射衛

二七九四三 甲辰⋯多馬⋯衛比⋯惟⋯

三三〇〇一 貞令多射衛

七五六五正 貞呼衛从冎北

七五六五正 貞勿呼衛

七五六七正 貞勿呼衛

二七八二九 ⋯卜王其呼衛⋯

二八〇一二 王其呼衛于𡆥方出于之有𢦏

二八〇五七 ⋯寅卜王其呼衛其𢦏王受⋯ 大吉

二八〇六一 ⋯卜王其呼衛⋯

屯 七二八 弜呼衛其悔

衛𠂤

五五五五正 甲寅卜永貞衛以𠂤率用 二告

五五五五正 貞衛以𠂤勿率用

五五五五反 貞衛以𠂤率用

五五五六正 貞衛以𠂤

五五五六反 壬申卜古貞衛弗其以𠂤

𢀛衛

七四〇五反 ⋯𢀛其衛⋯

七五七〇反 王固曰其衛

一八六六九 ⋯吉不𢀛其衛⋯

其它

一三 己丑卜宊貞令射倗衛一月

九一六 貞衛于妣己

九一六反 勿⋯妣己衛

九四八 ⋯衛⋯陽

三四八二正 貞于黄尹衛

三四八二正 貞勿于黄尹衛

三七八〇 ⋯亘貞⋯衛

四七七九 ⋯酉卜史貞⋯令𢦏⋯𢀛乃衛⋯

四七八〇 ⋯酉卜史貞⋯令𢦏⋯𢀛乃衛⋯

六三五四反 ⋯固曰其衛于黄示

七五六三 貞倗于穆衛一月

七五六四 貞𢦏勿⋯衛⋯𢀛⋯

七五六八 貞勿令𢦏衛

七五六九正 貞惟𣎆令衛一月

七五七一正 甲申卜亘貞侑徵王衛 二告

七五七一正 ⋯徵⋯

七五七一正 侑徵王勿衛

七五七二 ⋯衛小不⋯

七五七三 ⋯侑衛⋯延⋯

七五七四 ⋯令⋯衛

七五七五 ⋯𠂤兄衛

七八八八 癸丑卜㱿貞師往衛無囚

衛

著錄號	釋文	期
七八八九正	衛	1
七八九〇	衛	1
八九六四	戊戌卜貞令𦎫以有友馬衛…	1
九四三七反	…自衛…	1
九四七八	貞𢀛望…衛	1
九五七五	…卜争…河婦暨…囚…衛有𡴘	1
九五七五	庚寅卜争貞令登暨彘弜吕衛有𡴘	1
九六一四	癸酉卜古貞勿衛年	1
一七〇三六反	…衛…	1
一八七〇〇	貞衛婦…	1
一八七〇一	貞衛…無其…	1
一八七四二	…般衛…𢀛二月	1
一九八五二	癸亥卜往衛祝于祖辛	1
一九九五七正	壬寅卜王令征伐…于衛…	1
一九九五七正	壬寅…捍我…衛…	1
一九九五七正	壬寅…征伐…衛捍…	1
一九九七一	甲申卜王大衛于多母	1
二〇〇七四	…衛無囚北東衛…	1
二〇二三〇	庚…令…衛…	1
二〇五〇二	庚子卜呼征歸人于衛𢦏	1
二〇五〇三	…征歸人于衛𢦏弗…	1
二〇五〇四	庚子…歸…衛…弗𢦏	1
二〇七四一	丁酉卜大衛田九月	1
二一七四四	己丑丁來于衛𠂤	1
二三六六六	己亥卜大貞呼般𡰥有衛	2
二三六七六	…卜旋…令何…衛…	2
二六八八八	戌衛不雉衆	3
二七八二六正	…旬有祟王曰衛	3
二七八九七	癸巳卜其呼北御事衛	3
二七九四一	…廼呼歸衛射亞	3
二八〇〇九	丁亥卜在𨸏衛酌邑𢦔典冊有奏	3
	方豚今秋王其使…	
二八〇一二	…衛…出于…𢦏	3
二八〇五八	戍循往于來取廼禹𢓊衛有𢦏	3
二八〇五九	弜令戍于衛其…	3
二八〇六〇	…巳卜在尋衛…吉	3
二八〇六二	…衛逐人	3
三〇六〇二	其告衛	3
三二九三七	…亥貞在丂衛來	4
三二九九九	己酉令𢦏衛从	4
三三二三五	弜边禾	4
三三二三五	癸…边…	4
三四五三〇	丁亥…于卜…边	4
屯七二八	王其呼戍延衛弗悔	3
屯七二八	弜呼戍衛其悔	3
屯七五六	辛酉貞王曰衛無囚在入	4
屯七五六	弜衛無囚	4
屯一〇〇八	…其取在演…衛凡于𨸏…王弗悔	3
屯三六六六	…于父甲告衛有災以王擒	3
屯四五二一	…衛來	
英七八二反	…衛乞…	1
英二二八三	…王其呼甲尹伐衛于…	3
懷九四六	…日辛巳…來嬉自…衛有…	1

衛

著錄號	釋文	期
六三四四	乙酉卜殻貞吾方衛王其勿告于…乙	1
六三四五	乙酉卜殻貞吾方衛率伐不王其征勿告 于祖乙…	1
六三四六	…方衛率伐…	1
六三四七	…殻貞吾方衛率伐不王告于祖乙其征	1
六三四七	旬祐七月 …殻貞吾方衛率伐不王其征告于祖乙旬	1
六三四八	祐 貞…方…衛…	1
六三四九	貞吾方衛勿告于祖乙	1
六三五〇	…吾方衛…	1
六三五一	…貞吾方衛…	1
六三八八	貞方不…衛…	1
六四五四	…殻貞土方衛…伐受…	1
七二一〇	…衛王…	1
七二一一	…方衛…	1

衛

著錄號	釋文	期
三二六一六	辛未貞在丂牧來告辰衛其比史受 …	4

[衣衛]

著錄號	釋文	期
二八〇六三	乙亥卜…[衣衛]…	3
二八〇六三	[衣衛]微先利	3

衛

二九四二 …卜王貞：勿𢦚𢧀彭…商樂于…

一八六九六 乙巳…余呼…衛…

屯二九三三 甲子貞令多莫…衛…

衛

九二三三正 …永貞囚有衛 二告

九二三三正 …永貞囚無其衛

循

五五一八 …循土…

五五九正 戊辰卜𣪊貞王循土方

七一〇 …㝉貞王循…方受祐

八四六 …王…循方

八四七 貞王勿循方

六二八〇 貞多…不其循伐𢀛方

六二八一 …循…𢀛方

六三五四正 壬辰卜𣪊貞今𡧊王循土方受有…

六三五四正 癸巳卜𣪊貞今𡧊王循土方受有…

六三八九 貞王勿循土方

六三八九 貞王循土…

六三九〇 庚申卜爭貞王循土方

六三九一 貞王循土方

六三九一 …循土方

六三九二 …勿循土方

六三九三 貞王循…方

六三九四 貞王勿循土方

六三九五 貞王勿循土方

六三九六 貞循土方

六三九八 庚申卜𣪊貞今𡧊王循土方…有…

六三九九 庚申卜…貞今𡧊…循…

六三九九 庚申卜𣪊貞今𡧊王循伐土方

六四〇〇 …王循伐土方受…

六五三四 …卜𣪊貞今𡧊王循中方受有…

六五三五 …王循中方受…

六七三三正 …亥卜爭貞王循伐方…

六七三三反 …貞王循伐方受有…

六七三四 王循方帝𨀁王

六七三六 …今𡧊王循方帝…我祐

六七三七 …午卜𣪊貞今𡧊王循方帝受我…

六七三八 貞王勿循方

六七三八 貞王循方…

六七三九 貞勿循方

七三二二 …王循…方

八五八三 …循方于…

九五一九 循寅方

一〇一〇四 戊寅卜亘貞王循方

二〇五四七 庚辰卜王貞朕循𢦏六月

英五七八 …申卜爭貞王循土…

英五七九 …卜爭貞王循土方

英五八〇 貞王循土方

英五八〇 …王循…方

英六二六正 貞王循方

六五四五 …𢀛…循伐𢀛…

六五四六正 …循…𢀛…七月

六三二九 丙戌卜爭貞王循伐

六三三〇 …貞今𡧊王循伐

八一二正 貞有𢀛左…循于之若

六九〇二 …卯…戍戋…在𢦏王…尊王循于…若

七二二七 庚戌卜…無其…循于南

七二二八 庚戌…允其…循于…𢦏及五月

七三三八 …爭貞王循于…

七三六八 …循于之…

一六一五二正 戊寅卜爭貞𢦏王循于之若 二告

二〇五四〇 丁酉…貞王循于…

二〇五四六 …丑卜王貞余作…循于之矢

英一八六七 甲午卜王貞我有循于大乙彡翌乙未

一八五 翌日戊循若于王

一八五四 …卜…貞祖丁惟循若于王

五五三三 貞王循若

七二三四 庚申卜循若

七二三五 …王循若

七二三六 王循若 二告

七二三九正 己卯卜𣪊貞有奏循下上若

七二三九正 己卯卜…貞有奏循下上弗若 二告

七二四二 戊寅卜貞令甫比二侯及暨元王循于之若

七二五六 貞…有循…若王

七二六七正 …循从之若 二告

一三五〇七 貞…王循殼若

一四一九九反 …旨循…哭若…帝…

一五四〇八 …循用…妣…若

二〇〇六八 …卜王侯弗若循

二六〇九二 丁亥卜㚔貞今日惟循有不若

英一七七 辛巳卜弜㞢余丕木循果若

二七二二反 勿循侑于祖乙

二七二二反 貞循侑于祖乙

四三八正 貞辟有循 小告

四三八正 貞弗辟有循

六二〇九 貞循侑于黃尹

七二四〇 貞戍衷有…有循

七二六〇 乙巳卜亘貞勿循侑于黃尹

七二七五 …卜亘貞循侑于…

一三三三六正 貞惟…循有…

五六二正 戊辰卜㱿貞王循…

七二三一 …㱿貞…王循征…

七二三三 …循…

七二三三 …王勿循

七二三四 …循

七二三四 貞王勿循

七二三五 丁巳卜貞夂于…王循入

七二三六 …王勿循入

七二三八 …王勿奏循叡…循于…

七二四三 …子卜元…王循

九八四八 貞王循…

二〇〇六四 丙寅…貞王茲循…余…

三二二正 王惟出循

三二二正 王勿惟出循

七二四一 貞庚申…王循出

七二四一 貞庚申勿循出

五九九五正 貞…舌于唐迺复循 二告

七二二七 …复循

英一八九 貞侯循不其复

一九一三三 …訊循

一九一三四 婦奸有訊循

七二五七 …朕循…有兇

二〇五四一 辛卯卜王貞朕循…

七二七〇 …辰卜…循雈…

七二七二 …循雈…

七二六五 貞勿衣循捍戠

七二六六 …寅卜王貞…衣循捍戠

六七七一反 王固曰吉惟其無工舌惟其循

七二四七 貞其循

七二四八 貞…其循

七二五〇反 …其循

二〇二四八 己巳卜…其循降六月

七二四九 貞不其循

七二五一 貞人不其循

七二五二 貞不其循三月

七二五三反 貞循不其循

英七一二正 貞不其循

英七一三 …不其循

五八八反 貞不循…

七六六正 辛卯卜亘貞父乙壱王王固曰父壱惟不循 二告

七二五九 貞勿循

七二六三 貞勿循

其它

著錄號	釋文	期
二〇五四三	子兄無循	1
二〇五四三	子：無循	1
二〇五四三	子：無循	1
二〇五四四	子鼠無循	1
二〇五四四	子：無循	1
二〇五四四	子骨無循	1
二〇五四五	：雍：循	1
五八七反	：□循：	1
六五九	貞訊州妾循	1
八四六	循十三月	1
八四七	循十三月	1
九四〇正	貞宁循禦	1
一二九七	貞王其取唐㝬：循其：	1
一七五二	貞弘祖辛循自：	1
二五〇〇反	：曰妣庚：循祟	1
三四一五	：亥卜王伯𢦔曰：秝循其受有祐	1
四〇〇一反	循步：㞢：	1
五一四六	：循：有祐	1
五四七九	貞循	1
五五九八正	己巳卜亘貞王夢珏不惟循小臣牆	1
五五九八反	惟循小臣牆	1
六五五七	：余循𡆥惟：	1
七二三七	：捍不喪循	1
七二四四	貞不其𤉲循	1
七二四五	己亥卜永貞𤉲循	1
七二四六正	貞𡖊：循	1
七二四八	：循	1
七二五四	：循不其：	1
七二六一	甲戌卜爭貞循　不吿黽	1
七二六二	：卜韋貞循	1
七二六三	：循	1
七二六四正	貞：循	1
七二六九正	貞：循之：省从名	1
七二七三	：王：循	1
七二七四正	：循羊：燎：	1
七二七六	貞自茲：稱：循：	1
七四二六反	允循	1
九二五二反	：卜爭：丁巳：于循：王固曰：	1
一三六一九	貞王跟循曰之	1
一四一六一正	貞王入于𡰥朿循	1
一七一一九	：循：弜：	1
一七四四〇	丙辰卜王貞余有夢惟循永余：	1
一八九七四	：循：望：	1
一九五八九	：循：	1
二〇四〇一	丁未卜王貞余惟羌循	1
二〇四五五	：循：	1
二〇五四二	乙巳：貞朕：于循：	1
二一一一四	：循：若	1
二一二一九	癸巳卜亏循允	1
二一三一九	亏彝循	1
二四九〇〇	庚申：貞日：𡆥：雨帝：循不：	2
二五〇三一	丙辰：貞示：循：	2
二五三六四	辛丑：貞有循：	2
二八〇五八	戌循往于來取𨔩𢊁𢓊衛有𢦏	3
英四六八	：有其：复：循：	1
懷四〇三	：循北：	1
懷四五〇	：王呼：循：	1

逘

著錄號	釋文	期
二七七九九	翌日壬王其逘于向無災　吉	3
二八〇〇一	壬寅卜暊貞翌日癸卯王其逘	3
二八三二六	乙王其逘于喪無災	3
二八七五一	乙卯卜今日市王其逘無：　大吉	3
二八七五二	：卜今日王其逘于：　吉	3
二八七五三	：卜今日王其逘：	3
二八七五四	今日丁市日王其逘無災	3
二八七五五	今日辛：其逘：	3
二八七五六	今日壬王其逘于：	3
二八七五七	甲申卜翌日乙王其逘無災	3
二八七五八	：翌日乙王其逘于：	3
二八九五八	翌日辛王其逘于向無災	3
二八七五九	：卜翌日戊王其逘于：　弘吉　用	3
二八七六〇	：卜翌日戊王其逘弗：	3
二八七六一	：丑卜翌日壬王其逘：	3
二八七六二	翌日壬王其逘：	3
二八七六三	翌日壬王其逘于：	3
二八七六四	：辛王其逘于：日無災	3
二八七六五	：卜王其逘从東　吉	3
二八七六六	：逘其尤	3
二八七六六	甲申卜翌日逘：	3
二八七六七	：其逘：工在𪉲	3

編號	釋文	期
二八七六八	⋯王弜迖其用	3
二八七六九	迖于右[illegible]	3
二八九〇五	丁丑卜翌日戊王其迖于◇無災	3
二八九〇五	翌日辛王其迖于◇無災	3
二八九〇六	⋯巳卜翌日戊王其迖于◇?無災	3
二八九〇七	翌日辛王其迖于◇無災	3
二八九〇八	翌日辛王其迖于◇無災	3
二八九〇九	翌日壬王其迖于◇無災	3
二八九一〇	⋯卜今日王其迖于◇無災	3
二八九一二	庚子卜⋯其迖⋯◇?⋯	3
二八九一四	翌日戊王其迖⋯無災	3
二八九一五	辛卯卜翌日壬王其迖于敦無災	3
二八九一六	庚辰卜翌日辛王其迖于敦無災	3
二八九一七	辛未卜翌日壬王其迖于敦無災	3
二八九一九	翌日壬王其迖于𩫖無災	3
二八九二一	甲申卜翌日⋯王其迖于𩫖⋯	3
二八九二二	辛丑卜翌⋯迖于𩫖⋯	3
二八九二三	翌日辛王其迖于𩫖無災	3
二八九二四	⋯迖于梌無災	3
二八九二八	翌日辛王其迖于𩫖⋯	3
二八九三九	翌日辛王其迖于梌無災	3
二八九四〇	翌日壬王其迖于梌無災	3
二八九四三	乙王迖于向	3
二八九四五	翌日壬王其迖于向無災	3
二八九四七	翌日壬王其迖于盂無災	3
二八九四七	⋯迖于梌至于向無災	3
二八九四九	翌日乙王其迖于向無災	3
二八九五〇	甲午卜翌日乙王其迖于向無災	3
二八九五一	甲寅卜翌日乙王其迖于向無災 吉	3
二八九五二	翌日乙王其迖于向無災 吉	3
二八九五三	⋯日戊⋯迖⋯無災	3
二八九五四	⋯戊卜翌日辛王⋯迖于向無災	3
二八九五四	⋯戊卜翌日辛王⋯迖于向無災	3
二八九五五	翌日辛王其迖于向無災	3
二八九五五	翌日辛王其迖于向無災	3
二八九五五	⋯日壬⋯其迖⋯向無災	3
二八九五六	翌日辛王其迖于向無災 弘吉	3
二八九五六	翌日辛王其迖于向無災 弘吉	3
二八九五七	翌日辛王其迖于向無災 弘吉	3
二八九五七	翌日辛王其迖于向無災 弘吉	3
二八九五八	翌日辛王其迖于向無災	3
二八九五九	翌日辛王其迖于向	3
二八九五九	翌日辛王其迖于向	3
二八九六〇	辛王其迖于向	3
二八九六〇	辛王其迖于向	3
二八九六一	辛未卜翌日壬王其迖于向無災	3
二八九六二	翌日壬王其迖于向無災	3
二八九六三	翌日⋯王其迖于向無⋯	3
二八九六四	翌日⋯其迖⋯向⋯	3
二八九六五	壬午卜王其迖于向無災	3
二八九六七	甲辰卜翌日乙巳王其迖⋯ 吉	3
二九〇一一	今日其迖在䢅無災	3
二九〇一四	壬子卜王其迖于喪 吉 用	3
二九〇一五	辛巳卜市乇王其迖于喪無災 吉	3
二九〇一六	⋯王其迖于喪	3
二九〇一七	⋯其迖于喪無⋯	3
二九〇一八	⋯王其迖于喪無⋯	3
二九〇一九	⋯王⋯迖于喪	3
二九〇二〇	⋯迖⋯喪⋯	3
二九〇二一	翌日⋯王其迖于向無⋯	3
二九〇二七	王其迖于喪⋯狩	3
二九〇二七	甲申卜翌日乙王其迖于喪	3
二九〇二八	翌日乙王其迖喪無災	3
二九〇二九	翌日乙王其迖于喪無災	3
二九〇三〇	翌日辛王其迖于喪無災	3
二九〇三一	翌日辛王其迖于喪	3
二九〇三四	辛巳卜王其迖于喪無災	3
二九〇三五	今日王其迖于喪無災擒	3
二九〇三六	乙王其迖于喪無災	3
二九〇三八	丁丑⋯翌日⋯其迖⋯	3
二九〇四二	庚午⋯其迖⋯	3
二九〇五三	辛卯卜翌日壬王其迖于⋯	3
二九〇六五	甲午卜翌日乙王其迖于⋯ 弘吉	3
二九一一五	戊辰王其迖盂	3
二九一二三	⋯迖⋯災	3
二九一二六	⋯王⋯迖于⋯無災	3
二九一四一	庚⋯迖⋯	3
二九一九二	⋯王其迖于宮湄日無災	3
二九一九三	⋯其迖于宮無⋯	3
二九三七八	丁酉卜翌日戊王其迖于安無災 弘	
	吉	3
二九七一二	乙巳卜今日乙王其迖新庸[illegible]不遘	
	[illegible]日	3
三〇二五一	弜迖	3
三一二二九	弜迖其悔	3

徝

號	釋文	期
三四〇七一	于王送徝	4
三六三九五	丁亥卜貞王送往來無災	5
三六三九五	壬辰卜貞王送往來無災	5
三六三九五	辛丑卜貞王送往來無災	5
三六三九六	：卜貞王送于：往來無災茲御	5
三六三九七	：卜貞王送于：往來無災	5
三六三九九	辛卯王卜貞其送于往來無災	5
三六四〇〇	：卜貞王送：往來無災	5
三六四〇一	己亥卜貞王送往來：	5
三六四〇二	：貞王送：往來無災	5
三六四〇二	戊戌卜：送于：往來：	5
三六四〇三	：卜貞王送：往來無災	5
三六四〇四	：送：往：	5
三六四〇五	丁卯：王送：來：	5
三六四〇六	庚辰：王送：往來無：	5
三六四〇七	：貞王送于：來無災	5
三六四〇八	：貞王送于：來無災	5
三六四一〇	：巳王：送：往來無：	5
三六四一一	：辰卜：王送：往來：災	5
三六四一一	：王：送：往：無：	5
三六四一二	壬戌：王送：來：災	5
三六四一三	丁亥卜：送于：往來：	5
三六四一五	：子卜：送：來：	5
三六四一五	戊寅：王送：往來：	5
三六四二六	丁丑王卜貞其振旅延送于盂往來無災王𠁣曰吉在：	5
三六五三七	癸巳卜在反貞王旬無畎在五月王送于⿱兔酉	5
三六五三七	癸卯卜在𩫖貞王旬無畎在六月王送于⿱兔酉	5
三六五三七	癸丑卜在⿱宀亶貞王旬無畎在六月王送于上⿱兔酉	5
三六五三七	癸亥卜在向貞王旬無畎在六月王送于上⿱兔酉	5
三六五五九	戊辰卜貞王送：享京往：無災	5
三六五六〇	乙：王送：雍：來：	5
三六五六一	己巳卜貞王送于亶往來無災	5
三六五六六	丁亥卜貞王送宮往來無災	5
三六五五七	貞王曰送延于夫延至盂：來無災在七月	5
三六五六八	戊午卜：王送：往來：災	5
三六五六九	丁酉卜：送于：往：災	5
三六五六九	：卜貞王送于宮往來無災	5
三六五六九	：災	5
三六五七〇	戊午卜：王送：往來：災	5
三六五七一	：丑卜貞王送：宮往來無災	5
三六五八二	：子卜在敦：王送往來：災	5

號	釋文	期
三六五九一	辛卯卜貞王送召往來無災	5
三六五九一	乙丑：王送：往：無：	5
三六五九一	戊申：王送：往來：	5
三六五九一	壬申卜貞：送于：往：無：	5
三六五九一	丁丑卜貞王送于雍往來無災	5
三六五九一	己卯卜貞王送雍往來無災	5
三六五九一	辛巳卜貞王送于淮往來無災	5
三六五九一	乙酉卜貞王送于雍往來無災	5
三六五九一	戊子卜貞王送于雍往來無災	5
三六五九一	辛卯卜貞王送召往來無災	5
三六五九二	己巳：送于：往來無：	5
三六五九二	辛未卜貞王送于雍往來無災	5
三六五九三	：王送雍：災王𠁣曰弘吉	5
三六五九四	：卜貞王送于雍：無災王𠁣曰大吉	5
三六五九五	庚申卜貞王送于雍往來無災	5
三六五九六	丁未卜貞王送于雍往來無災	5
三六五九七	：貞王送于雍無災在七月	5
三六五九九	壬子卜：送于：往來：	5
三六五九九	庚申卜貞王送于雍往：無：	5
三六六三九	辛巳：王送：來：	5
三六六三九	：亥：王送：往：無災	5
三六六三九	乙丑卜貞王送𦎫：	5
三六六三九	己未卜：王送：往來無：	5
三六六三九	丁亥卜貞：送于：往來：	5
三六六三九	戊午卜貞王送于𦎫往來無災	5
三六六三九	戊辰卜貞：送：往來：災	5
三六六三九	丁未卜貞王送于亶往來無災	5
三六六三九	辛巳卜貞王送于𦎫往來無災	5
三六六三九	丁酉：王送：無災	5
三六六三九	己酉卜貞王送往來無災	5
三六六三九	己亥卜貞王送于𦎫往來無災	5
三六六四〇	戊戌卜貞王送于召往來無災	5
三六六四〇	己亥：貞王送召往：無災	5
三六六四〇	辛丑卜貞王送于喪往來無災	5
三六六四〇	壬寅卜貞王送于召往來無災	5
三六六四〇	：巳卜貞王送于召往來無災	5
三六六四二	壬辰卜貞：送于召往來無災	5
三六六四二	戊戌卜貞王送于召往來無災	5
三六六四二	己亥卜貞王送于淮往來無災	5
三六六四三	乙巳卜貞王送于召往來無災在：月	5
三六六四三	丁未卜貞王送于宮往來無災	5
三六六四三	己酉卜貞王送召往來無災	5
三六六四四	壬：送：	5
三六六四四	乙未卜貞王送召往來無災	5
三六六四四	丁酉卜貞王送于雍往來無災	5

編號	釋文	期
三六六四五	戊辰卜貞王迖于召往來無災在二月	5
三六六四五	：迖：無災	5
三六六四六	辛丑卜貞王迖于享：來無災	5
三六六四七	庚戌卜貞王迖于享京往來無災	5
三六六四七	辛亥卜貞王迖于享京往來無災	5
三六六四七	壬子卜貞王迖于召往來無災	5
三六六四八	壬辰卜貞王迖于召往來無災	5
三六六四九	己卯卜貞王迖于召往來無災	5
三六六四九	辛巳卜貞王迖于召往來無災	5
三六六五〇	辛酉卜貞王迖于往來無災	5
三六六五〇	壬戌卜貞王迖于往來無災	5
三六六五〇	：未卜：王迖：：來：災	5
三六六五〇	：卜貞：迖：：無災	5
三六六五一	：卜貞王迖于召往來無災	5
三六六五一	壬戌卜貞王迖于召往來無災	5
三六六五二	壬申卜貞王迖于召往來無災	5
三六六五二	丁丑卜貞王迖于召往來無災	5
三六六五二	壬申卜貞王迖于召往來無災	5
三六六五二	丁丑卜貞王迖于召往來無災	5
三六六五三	己未：迖：來：	5
三六六五三	辛酉卜貞王迖于召往來無災	5
三六六五四	乙酉卜貞王迖于召往來無災	5
三六六五四	戊子卜貞王迖于召往來無災	5
三六六五四	辛巳卜貞王迖⿺辶壴往來無災	5
三六六五四	乙酉卜貞王迖于召往來無災	5
三六六五四	戊子卜貞王迖于召往來無災	5
三六六五五	己未卜：迖于：往來：	5
三六六五五	辛酉卜貞王迖于⿺辶壴往來無災	5
三六六五五	乙丑卜貞王迖于召往來無災	5
三六六五五	乙丑卜貞王迖于召往來無災	5
三六六五六	己巳卜：迖召：來無：	5
三六六五六	辛未卜貞王迖于召往來無災	5
三六六五六	己巳卜：迖召：來無：	5
三六六五六	辛未卜貞王迖于召往來無災	5
三六六五六	：貞王：召：來無災	5
三六六五七	乙卯卜：召往：	5
三六六五七	辛酉卜貞王迖于召往來無災	5
三六六五八	戊辰卜貞：迖于召：來無：	5
三六六五八	己巳卜貞王迖于召往來無災	5
三六六五九	辛酉卜貞王迖于召往來無災	5
三六六六〇	乙卯：迖：往：無：	5
三六六六〇	丁巳卜貞王迖于：往：無：	5
三六六六〇	辛酉：王迖：往：	5
三六六六〇	丁卯卜貞王迖于召往來無災	5

編號	釋文	期
三六六六〇	戊辰卜貞王迖于召往來無：	5
三六六六〇	辛未卜貞王迖召往來：	5
三六六六〇	：貞：召：來：災	5
三六六六〇	丁卯卜貞王迖于召往來無災	5
三六六六一	：卜：迖于：往：無災	5
三六六六一	：迖：往：	5
三六六六一	：巳卜貞王迖于召往來無災	5
三六六六二	：卜貞王：于召往來無災	5
三六六六二	壬戌卜貞王迖于召往來無災	5
三六六六二	丁卯卜貞王迖于召往來無災	5
三六六六三	己酉卜貞王迖于召往來無災	5
三六六六三	：卜貞王迖于召往來無災	5
三六六六四	乙亥卜貞王迖于召往來無災	5
三六六六四	丁丑卜貞王迖于召往來無災	5
三六六六四	：巳卜貞：迖召：來無災	5
三六六六五	戊戌卜貞王迖于召往來無災	5
三六六六五	：卜貞王：于召：來無災	5
三六六六六	壬午卜貞：迖于召往來災	5
三六六六六	乙酉卜貞王迖于⿺辶壴往來無災	5
三六六六七	丁酉卜貞：迖于召往來無災	5
三六六六七	戊戌卜貞迖于召往來無災	5
三六六六六	壬午卜貞：迖于召往來災	5
三六六六七	：貞來：于召：來無災	5
三六六六七	丁酉卜貞：迖于召往來無災	5
三六六六七	戊戌卜貞迖于召往來無災	5
三六六六八	丁酉卜貞王迖于召往來無災	5
三六六六八	丁未卜貞王迖于召往來無災	5
三六六六九	辛未：王迖：往來：災	5
三六六六九	乙未卜：王迖：往來：	5
三六六六九	：卜貞王：于召：來：災	5
三六六六九	：卜貞王：召往：無災	5
三六六七〇	己酉卜：召往：災	5
三六六七一	乙亥卜：迖于：往來無：	5
三六六七一	：卜貞王迖于召往來無災	5
三六六七二	乙酉：貞王迖于召往來無災	5
三六六七二	戊子卜貞王迖于召往來無災	5
三六六七三	乙酉卜貞王迖于召往來無災	5
三六六七四	辛卯卜：迖于召往來：	5
三六六七四	壬辰卜貞王迖于召往來無災	5
三六六七五	乙亥卜貞王迖于牒往來無災	5
三六六七五	戊寅卜貞王迖于召往來無災	5
三六六七五	戊寅卜貞王迖于召往來無災	5
三六六七六	壬子卜貞王迖于召往來無災	5
三六六七七	戊子卜貞王迖于召往來無災在五月	5

三六六七八 壬子卜貞：送于召：來無災 5
三六六七八 乙卯卜貞王送于召往來無災 5
三六六七九 丁酉卜貞：于召往來無災 5
三六六八〇 戊戌卜貞王送于召往來無災 5
三六六八〇 ：酉卜：送于：往來無災 5
三六六八〇 戊戌卜貞王送于召往來無災 5
三六六八一 辛亥卜貞王送于召往來無災 5
三六六八一 ：王：召： 5
三六六八二 辛丑卜貞王送召往來無： 5
三六六八二 壬寅卜貞王送召往來無災 5
三六六八三 辛丑：王：召： 5
三六六八三 壬寅卜貞：送于召往來無災 5
三六六八四 己巳卜貞：送于召往來無災 5
三六六八五 ：卜貞：送于召：來無災 5
三六六八五 丁卯卜貞王送于召往來無災 5
三六六八六 乙酉卜貞王送于召： 5
三六六八六 乙酉卜貞王送于召： 5
三六六八七 壬申卜貞王送于召往來無災 5
三六六八六 乙酉卜貞王送于召： 5
三六六八七 壬申卜貞王送于召往來無災 5
三六六八八 庚：王送：享京： 5
三六六八八 己亥卜貞王送于召往來無災 5
三六六八八 己亥卜貞王送于召往來無災 5
三六六八八 辛丑卜貞王送于召：來無： 5
三六六八八 ：貞王：召：災 5
三六六八九 ：王送于召：災在十月又一 5
三六六八九 ：王送于召：災在十月又一 5
三六六九〇 壬：王：召： 5
三六六九〇 乙巳卜貞王送于召往來無災 5
三六六九一 戊寅卜貞王送于召往來： 5
三六六九一 乙丑卜：王送：往來：災 5
三六六九一 己巳：王送：往來： 5
三六六九一 ：申卜貞王送于：往來無災 5
三六六九一 戊寅卜貞王送于召往來： 5
三六六九二 己巳：送于： 5
三六六九二 庚午卜貞王送召往來無災 5
三六六九二 庚午卜貞王送召往來無災 5
三六六九三 辛未卜貞王送于召往來無災 5
三六六九四 己卯卜貞：送于召往來無災 5
三六六九五 丁亥卜貞王送：召往來無災 5
三六六九六 壬午卜貞：送于召：來無災 5
三六六九六 丁丑卜貞王送于夫：來無： 5
三六六九六 壬午卜貞：送于召：來無災 5

三六六九六 ：送于：往來無： 5
三六六九七 壬子：送于：往來： 5
三六六九七 丁巳卜：王送：往來：災 5
三六六九七 ：卜貞：召：無災 5
三六六九八 戊子卜貞王送于召往來無災 5
三六六九九 戊寅卜貞王送召往來無： 5
三六七〇〇 戊辰卜貞王：召往來： 5
三六七〇一 乙卯卜王送于召往：無災 5
三六七〇四 乙酉卜貞：送于召往來無災 5
三六七〇六 己丑卜貞王送于召往來無災 5
三六七〇七 戊：送：往： 5
三六七〇七 ：卜貞王：于召：來無災 5
三六七〇八 丁酉卜：王送于召往： 5
三六七〇九 戊申：王送：召： 5
三六七〇八 丁酉卜：王送于召往： 5
三六七〇九 戊申：王送：召： 5
三六七一〇 ：貞王：召：來無災 5
三六七一一 己未卜：王送：召：來： 5
三六七一一 己未卜：王送：召：來： 5
三六七一二 丁巳卜：送于：往來無災 5
三六七一二 ：卜貞送召往來無災 5
三六七一三 辛未卜：王送：召：來： 5
三六七一三 辛未卜：王送：召：來： 5
三六七一四 辛卯卜：王送：召：來無災 5
三六七一四 辛卯卜：王送：召：來無災 5
三六七一五 壬辰：王送：召： 5
三六七一五 ：卜貞：送：召：來： 5
三六七一六 ：王送：往： 5
三六七一八 壬辰卜：送于：往：無： 5
三六七二四 ：卜貞王送：召往來無災 5
三六七二五 壬戌卜貞：送于召往來無： 5
三六七二六 辛：王送：召：來： 5
三六七二七 壬子卜：送于召往來無： 5
三六七二八 乙卯卜貞：送于召：無 5
三六七二九 戊子：送：召： 5
三六七三〇 ：王送：召往： 5
三六七三二 壬寅卜：送于召往：無： 5
三六七三三 ：酉卜貞王送：召往來無災 5
三六七三四 辛巳卜貞王送于：往來無災 5
三六七三四 壬午卜貞王送于：往來無災 5
三六七三四 乙酉卜貞王送于𩫖往來無災 5
三六七三四 丁亥卜貞王送于宮往來無災 5
三六七三四 戊寅卜貞王送于召：來無災王固曰
弘吉惟王：祀彡日惟： 5

編號	釋文	期
三六七三五	：酉卜貞王送：召往來無災	5
三六七三九	丁巳卜貞今：王其送于喪不遘雨	5
三六七四三	丁卯王卜在朱貞其送从師西往來無災	5
三六七五三	：酉卜：貞王送于㳄往來無災	5
三六七五六	癸未王卜在㵒師貞旬無畎王𠙵曰吉在 十月：王送卤雨	5
三六七五九	己未卜貞王送亶往來無災	5
三六七六〇	辛亥卜：王送亶往來無災	5
三六七六二	丁未卜王送亶往來無：	5
三六七六九	戊辰卜貞王送亶往來無災	5
三六七七五	癸巳卜在微貞王送于射往來無災攸卧 十終	5
三六七九二	：卜在：送于：西往：無災	5
三七三七九	丁酉王卜貞其送于宮往來無災	5
三七三八六	戊寅卜貞王送于召往來無災	5
三七四四〇	：寅卜貞：送于召往來無災茲御獲 鹿一	5
三七四一一	：卜：于召：來無災	5
三七四一一	己巳卜貞王送于召往來無災	5
三七四一一	戊辰：于召：	5
三七四一一	：貞王送于召往來無災	5
三七四二九	己丑卜貞王送于召往來無災在九月茲 御獲鹿一	5
三七四四〇	：寅卜貞：送于召往來無災茲御獲 鹿一	5
三七四四六	：貞王送：來無災：獲鹿：	5
三七四四八	乙亥王卜貞送喪往來無災王𠙵曰吉	5
三七四五二	：卜貞王：于召：來無災：	5
三七四五二	戊寅卜貞王送于召往來無災	5
三七四六〇	壬寅卜貞王送于召往來無災	5
三七四六〇	辛亥卜貞王送于召往來無災	5
三七四六〇	戊戌卜貞王送于召往來：茲御獲 麑一	5
三七四六三	乙：卜：王送于：往來無災	5
三七四六八	辛未王卜在召廳惟執其令饗史	5
三七四六八	丁丑卜貞宋逐辟祝侯麓𪊨犬翌日戊 寅王其㭉：召王弗悔擒	5
三七四六八	：未卜貞王送于喪往來無災	5
三七四六八	壬辰卜貞王送于召往來無災	5
三七四六八	丁酉卜貞王送于召往來無災	5
三七四六八	壬寅卜貞王送于召往來無災	5
三七六三七	：卜貞：送于：來無災	5
三七七一八	壬午：王送：往來：	5
三八一〇六	壬寅卜貞王送召往來無災	5
三八一七七	丙子卜貞翌日丁丑王其遘旅延送不 遘大雨茲御	5
屯四九	：卜翌日乙王：送于㊀無災	3
屯五六	庚午貞今夕無𡆥在送	4
屯二〇五	：其送于向無：	3
屯二一二	辛丑卜翌日壬王其送于向無災 弘吉	3
屯二五七	庚申卜王其送惟翌日辛	3
屯二五八	翌日壬王其送于喪無災	3
屯五九八	戊寅卜王其送于向	3
屯六三五	：送：喪	3
屯六六〇	乙丑卜貞王其送𦎫無災	3
屯六六〇	甲子卜貞王其送𩁹無災	3
屯六七八	庚子卜翌日辛王其送于向無災 弘吉 用	3
屯七四五	王其送于𢀛無災	3
屯七四五	辛巳卜翌日壬王其送于㊀	3
屯一〇七四	戊辰貞自德：方	4
屯一五二〇	壬辰卜今日：送：喪：	3
屯二一六三	翌日戊王其送于喪 大吉 茲用	3
屯二一六八	辛巳卜翌日壬王其送于梌無災 弘吉	3
屯二四三〇	丁巳卜翌日戊王其送于㊀無災	3
屯二五七九	翌日戊王其送𦎫無災 吉	3
屯二七一一	辛丑卜翌日壬王其送于𦎫無災 弘 吉	3
屯二七四三	翌日壬王其送：弘吉	3
屯二九六七	：卜王其送于宰：吉	3
屯三一六九	：午卜翌日乙王其送于喪無災	3
屯三三五五	：其送無災	3
屯三七一二	甲戌卜翌日乙：其送于向無災	3
屯四三〇一	甲辰卜翌日乙王其送于𦎫無災 吉	3
屯四四五二	翌日辛王其送于向無災	3
英二三一二	翌日戊王其送于向無災	3
英二三一六	甲申卜翌日乙王其送于梌無災	3
英二五五六	乙未卜：王送：冎往來：	5
英二五五六	丁酉卜貞王送于𦎫往來無災	5
英二五五六	辛丑卜貞王送于𦎫往來無災	5
英二五五六	：亥卜貞：送于𦎫往來無災	5
英二五五七	乙巳卜貞王送于召往：無災	5
英二五五七	丁未卜貞王送享京往來無災	5
英二五五七	戊申卜貞王送于召往來無災	5
英二五五七	己酉卜貞王送于召往來無災	5
英二五五七	庚戌卜貞王送召往來無災	5

英二五五七　乙巳卜貞王迖于召往…無災　5
英二五五八　丁亥卜貞王迖于夫往來無災　5
英二五五九　壬子卜貞…迖于召…來無災　5
英二五五九　乙卯卜貞王迖于召往來無災　5
英二五五九　…卜貞…迖于…來無災　5
英二五六〇　戊寅卜貞王迖往來無災　5
英二五六〇　丁亥卜貞王迖往來無災　5
英二五六一　乙酉卜貞王迖于召往來無災　5
英二五六一　己卯…迖…享京…無…　5
英二五六一　乙酉卜貞王迖于召往來無災　5
英二五六一　戊子卜貞王迖于雍往來…　5
英二五六一　辛卯卜貞王迖于享京往來無災　5
英二五六二正　乙丑王卜在攸貞今日迖从攸東無災　5
懷一四五一　辛丑卜翌日壬王其迖于向無災　3
懷一四五三　…王其迖…　3
懷一四五四　…日戊…其迖…向無災　3
懷一四五五　…迖于向　3
懷一八五八　丁…迖…往…　5
懷一九〇四　戊午卜貞王迖于臺往來無災　5
懷一九〇六　…迖于雍往來無災　5
懷一九〇九　…貞王迖…召往…無災　5
懷一九〇九　戊申卜貞王迖于召往來無災　5

還

九五　…還…尹　1
二七〇四一　…亥卜惟祖丁彡日還有正　吉　3
二七〇四一　惟父甲彡日還有正　3
二七〇七三　壬辰貞上甲還　3
二七〇八八　甲子卜何貞翌乙丑其侑大乙惟彖觀　還　3
二七〇九四　惟小乙日還王受…　3
二七一九七　惟祖乙彡日還　3
三〇四九九　貞惟…侑良…還　3
三〇六四〇　…有…日還…　受祐　3
三〇八一一　惟乙巳彡還　3

永

二四〇八正　戊寅卜古貞我永　1
二四〇八正　貞我永　1
六二三　…多臣…永…　1
六五六正　壬寅古貞永執[illegible]　1

六五六正　貞永弗其執　1
一〇七六甲正　貞遘暨永獲鹿　小告　允獲　1
一〇七六乙正　貞遘暨永不其獲鹿　1
二三五四臼　戊申婦𡚬示二屯永　1
四三八七　…吉王永于並　1
五〇五六臼　癸酉畫示…　永　1
五四四四　貞晶不我多肬臣永…　1
五六一八　辛卯卜貞今周比永止八月　1
五八六七　壬午卜爭…王固曰其奉惟…乙酉永允　…　1
六〇五一　乙未卜穷貞令永途子央于南　1
六一〇八臼　…示十屯…　永　1
六五二七臼　奠示十屯又一　永　1
六八五五反　丁卯婦𡚬示一屯　永　1
八九四〇　…呼米𠬝奴牛　1
一〇一九九臼　癸酉卜婦𡆥示一屯　永　1
一六九九八反　…永…𦉪…　1
一七四四〇　丙辰卜王貞余有夢惟循永余…　1
一七五五五臼　戊戌婦…示二屯　永　1
一八六六四　…永…倉用…　1
一八九二一反　永入十　1
一八九七七　…及…永先…　1
二〇〇七二　貞化來　1
二一三八一　…辰卜王貞…有疾…紳…永…　1
二一五九五　…丑卜我貞…永耤于　1
二三四三九　…永示並…惟有示十月　2
二三六七一　辛未卜行貞其呼永行有遘　2
三六四八四　癸卯卜黃貞旬無𡆥在正月王來征人方　在攸侯喜啚永　5
屯七二三　…帝不降永　4
屯七二三　…來歲帝其降永在祖乙宗十月卜　4
屯二〇九九　…降永…　4
英一九九反　甲子卜永　1
英三〇八　辛亥卜永貞勿…　1
英三〇九　…卜…永…　1
英七三九　…永…示…　1
英一三五二反　貞呼…御事…永…　1
英二五六二正　癸卯王卜在永師貞今日步于…　5
英二五六二正　壬寅王卜在𢀛師貞今日步于永無災　5

永　咏

27310 惟父庚庸奏王永 3

27827 辛未卜暊貞今日王永 3

27828 ：杏王 3

27879 惟小臣杏克有戔杏王 3

27914 惟戍犬乙嵐比湄日無災永王 3

28319 戊：王永 3

28398 壬寅卜王其田𢀛寧兕先陷無災擒王永 3

28496 王其田惟乙湄日無災永王擒 3

28496 于戊田湄日無災永王： 3

28712 惟壬田弗悔湄日無災永王 吉 3

28713 ：田湄日無災杏王 3

28714 ：悔湄日：災永王 3

28800 ：寅卜王惟辛蕤麓無災永王 3

28842 ：戊卜翌：悔擒永王 3

29155 王其田于宮湄日無災永王 3

29185 惟宮𠬝省弗悔無災杏王 大吉 3

29185 惟𢀛弗悔無災杏王 3

29239甲 惟𢀛田湄日無災擒永王 大吉 兹用 3

29264 ：牢：田：永王 3

29273 惟盉田弗悔無災杏王擒 3

29273 惟𢀛田無災杏王擒 3

29314 惟：未：射：災杏王 3

29388 辛卯卜壬王其田至于犬使東湄日無災永王 3

29394 惟戍犬乙嵐比湄日無災永王 3

29406 惟敝無災永王 3

29406 ：省：永王 3

30085 ：永王：日無災 3

37439 丁巳卜貞王麓：箸往來無災王杏 5

37439 戊戌卜貞在𩁹犧告麑鹿王其比射往來無災王：杏 5

屯149 ：永王徽泉受 4

屯667 三十廬方伯濼：王徙 大吉 3

屯699 ：田：戋𢆶王歸擒 吉 3

屯786 ：惟戍無災沐王 大吉 3

屯815 于𠬝麥𡆥無災沐王擒 3

屯1013 于壬屯日無災杏王 兹用 3

屯1098 惟戍往己征無災杏王 大吉 3

屯1098 王其田以延射𢦏兕無災杏王 吉 3

屯1098 惟壬往曾征無災永王 吉 3

屯2341 王其田于刀屯日無災沐王 大吉 3

屯2341 辛未卜王其田惟翌日壬屯日無災沐王 吉 3

屯2542 丙午卜戊王其田眉日無災永王 3

屯2542 王惟㳄麋射弗悔永王 3

屯2542 惟獸田弗悔永王 3

屯2686 湊柰有𣪊屯日無災永王 3

屯2851 惟𢀛田屯日無災永王弗悔 3

屯2851 于戊田無災永王 3

屯4023 惟戋田逖雉弗悔無災沐王 吉 3

屯4562 惟壬𢀛田無災永王 3

4913 辛：不永不… 1

26883 不永 3

27100 不杏 3

28038 戊杏其遘戋 3

屯1008 惟戍永令王弗悔 3

屯4197 戊沐：于義：立有… 3

其它

239 丁丑卜爭貞來乙酉𠬝用永來羌自元…五月 1

563 貞永 1

563 貞永 1

3317反 ：比呼侯遘：永比木侯：九… 1

3753正 ：子卜亘貞永 1

3753反 王固曰吉永 1

4415臼 ：永：作 1

4909正 戊：卜貞令衍取𠃬 1

4911正 壬申：貞令衍 1

4910 丙申卜貞令衍 1

4912 貞令永：安 1

9476 戊辰卜㱿貞令沐墾田于蓋 1

17974 ：辰卜衍… 1

19212 ：惟家司衍𠬝 1

26905 弜永泉受令戋 3

27681 ：卜犾：惟杏：逐：無災 3

27740 惟永令 3

27878 乙巳卜惟小臣杏克有戋杏… 3

27899 ：寅卜王其比𤔲犬：壬湄日無災 3

永： 3

二八三八二 辛…貞…麋…湄日…吝… 3
二八四一〇 …吝 3
二八四九六 于戊田湄…無災永…擒 3
二八七二六 …日無災永… 3
二九〇二六 王至…永… 大吉 3
二九二七三 惟盂田無災吝擒 3
二九三四七 惟習田湄日無…永… 吉 3
二九三六一 …壬…麋…無災吝… 3
二九三八二 既乘王其田吝 3
三〇一七二 …卜其狡吝毋有大雨 大吉 3
三一六七八正 惟衍令 3
三二二九七 戊申卜其狡永毋雨 4
三二二九七 …狡永毋 4
三二二九八 戊申卜其狡永毋 4
三三一八九 己丑其㞢衍方惟令來丁 4
三三一八九 癸未卜龍來以衍方…茲用乙酉遘… 4
三三一九〇 己丑卜其㞢衍方惟令來丁… 4
三六一八〇 丁亥卜貞武丁…來永…王…升正… 5
三八六七七 …卜永…旬無…在三月…彡 5
屯八七三 伐永… 3
屯一〇九二 辛巳卜王其奠元暨永嚮在盂奠 3
王弗…羊 大吉 3
屯一〇九八 王…宋…無災吝… 吉 3
屯三五九四 己未…不降永 4
屯三五九四 其降永 4
英三三七 戊午卜方貞惟永帀… 1
英一九四八 癸巳卜祝貞丁辛吉永于並 2
英二二六二 其令伊衍惟丁令 3
英二三九六 …卜人…夕…永… 3
懷一四三三 于壬王廼田湄日無災泳 3
懷一四五八 …永師奠 3

三二一一二 乙卯卜不降衍 4
三二九二五 丙辰貞其…商衍… 4
三三二六三 辛未貞不降衍 4
三四二三六 …其以…衍 4
三四七一一 庚辰卜不降衍 4
三四七一二 癸丑貞令秋其降衍 4
三四七一二 降衍 4

彸

二七四三五 彸云 3

⿰彳从

五七一六 甲申…貞…⿰彳从… 1

⿰夫永

六 貞令⿰示尧保甫六月 1
三三九 乙卯卜古貞令⿰示尧取啓暨十人于𢇍 1
五八四甲正 …亥卜㱿貞旬無囚王固…丁卯王狩 1
敝⿰夫永車…在車𠂤馬亦… 1
四五八七 令⿰示尧往于𠂤 1
四五八八 己亥卜…貞…⿰示尧… 1
四五八九反 ⿰示尧呼望 1
四五九〇 …⿰示尧…執… 1
四五九一 戊…貞…⿰示尧…于… 1
五七〇八正 乙亥卜貞令多馬亞㣔遘⿰示尧省陵亩 1
五七〇九正 乙亥卜…多馬亞…⿰示尧省陵…至于冒… 1
八九六八正 …⿰示尧見 1
九〇五〇正 貞祀暨⿰夫永以有取 1
九八一八 …辰卜方貞王今日往啓⿰示尧 1
一〇〇七七正 …⿰夫永… 1
一四四六 …無囚王固曰有祟…敝⿰夫永車…車𠂤 1
馬…亦有⿰夫永… 1
一四四八 …日丁卯…⿰夫永車馬… 1
一四四九 …⿰夫永車…有⿰夫永… 1
一七七四一 …固…⿰示尧… 1
屯二一五〇 壬寅卜王于⿰示尧𡍐允… 1
英三三八 貞勿惟⿰示尧令 1

徺

一七二一三 無災徺 1
四五九二 …徺…甫 1
五九二二 貞…𧱚徺 1

⿰彳尼

七一 …卜㱿貞…⿰彳尼比…𢦏…無囚 1
一五八 ⿰彳尼獲 1

著錄號	釋文	數
二五六正	庚寅卜爭貞徂及今三月至	1
六二七	壬午卜㱿貞徂不𢦔執多臣往羌	1
六二八正	壬午卜㱿貞徂追多臣…羌弗執	1
三七九五	…亘貞…徂…	1
三九〇四	丁丑卜葡貞徂…	1
四三六六	貞令…徂遘…亩…冒侯比𠂤…	1
四三六七	令徂	1
四三六七	令徂	1
四三六七	令徂	1
四三六八	徂得	1
四三六八	貞徂弗其得	1
四三六九正	貞徂…其退	1
四三七〇	貞徂王…無囚	1
四三七一	…貞徂弗…多	1
四三七二	…徂…呼…𠂤	1
四三七三	…徂𠂤友	1
四三七四	貞徂	1
四三七五	…徂…	1
四三七六	…今庚寅…徂…不…	1
四三七七	…徂	1
五七〇八正	乙亥卜貞令多馬亞𢓊遘𥁕省陵亩…	1
五八三五	貞徂弗其𢦏…	1
五八三六	貞徂…𢦏多…	1
八一五三	…呼徂…𠂤人…	1
八八四八	…呼徂取	1
九〇五〇正	貞徂豎𢉖以有取	1
九〇五一	貞徂弗其以	1
九〇五一	徂以	1
九〇五二	…徂以　不告䵷	1
九〇五四反	…卜古貞徂弗以	1
九〇五五	甲申卜爭貞徂弗其以	1
九〇五五	甲申卜爭貞徂弗其以	1
一〇〇四二	丁丑𠂤卜貞…徂往…	1
一〇二六一	…貞呼徂逐鹿	1
一〇二六二	貞徂不其獲鹿	1
一〇二六三	貞徂不其獲鹿	1
一〇二六四正	…徂…鹿…獲	1
一〇四〇三	貞呼徂逐兕獲	1
一〇八五二正	貞徂獲	1
一〇八五二反	徂獲	1
一〇八五三	貞徂獲	1
一〇八五四	…徂不其獲	1
一一〇〇三	癸酉卜古貞呼徂取虎于敎啚	1
一一四二一正	…徂…率…十三月	1
一二五八七	貞…徂…七月	1

著錄號	釋文	數
英三三六正	貞徂弗…白…	1
英七五六正	…貞…徂至告曰𢀛來以羌	1
英七五六反	之日徂至告…𢀛來以羌…	1
英八二四	…貞勿…其令徂…𢀛年	1
懷四五九	…貞呼徂…	1

衛

著錄號	釋文	數
九〇五三正	…衛以	1
一八六九五	…衛…	1

⿰彳幸

著錄號	釋文	數
一四九一二	…令⿰彳幸以王族比𢀛𢦏王事六月	1
二七八〇〇	⿰彳幸步弗悔	3
二七九七二	戍其⿰彳幸毋歸于之若𢦏羌方	3
二八〇八九正	⿰彳幸取美御事于之及伐望王受有祐　惟用　大吉	3
二八〇八九正	王于⿰彳幸使人于美于之及伐望王　受有祐	3
二八二〇二	⿰彳幸…𩰫…　吉	3
二九〇八四	丁丑卜狄貞王往⿰彳幸禦	3
三〇八二五	其⿰彳幸彡	3
三六八三四	其⿰彳幸于之若	5
屯二九八六	⿰彳幸𩰫	3
屯三〇三八	⿰彳幸伐羌方于之擒𢦏不雉衆	3
懷一四六七	其⿰彳幸令	3

⿴行𢆶

著錄號	釋文	數
二一二九五	癸巳卜…茲⿴行𢆶…	1

徼

著錄號	釋文	數
三四二一九	取岳于三門⿰彳夅	4

⿰彳夫

著錄號	釋文	數
二一〇九九	癸卯卜令田征⿱丷亣𢦏?	1
二一〇九九	辛丑卜亞⿱丷亣方人	1
二二三〇三	丙辰卜亞⿰彳夫一月至	1

⿰彳⿱夂矢

四四五〇 …令[彳矣] 1

四四五一 貞勿令[彳矣] 1

九五七五 丙申卜爭貞令[彳矣]彤有田受… 1

[彳矣亍]

英三三五 丁丑卜…[彳矣亍]奴… 1

疑

一二五三二正 …貞…王固曰疑茲乞雨之日允雨三月 1

衎

三三〇三〇 壬申卜衎召于𤕻 4

衙

一三九一一 丁未卜貞衙 1

衎

一六三二九 貞令衎戠 1

徲 逆

一七五三七正 庚子卜古貞王叩逆… 1

一八四四五 貞…殺逆… 1

二四四〇〇 丁酉卜出貞于逆京品 2

懷五一六 …卜爭…逆… 3

牧

七三四三 …穷貞惟今秋…牧啓叅自… 1

七三四三 …卜穷貞牧爯册…𡤶人敦… 1

屯一四九 …于貞牧告𢼸… 4

衎 徉

二〇三〇六 …卯卜王衎… 1

三三七〇五 己亥…戠…徉… 4

衛

八二一〇 …其出…衛 1

徲

五一一 貞翌…申呼…好往…徲 1

五九三三 …徲災…虎執 1

七八六一 貞于徲 1

八二〇九 …卜…令𠬝于徲 1

二三六七四 己亥卜中貞惟執丁令方徲 2

二七二三七 己酉…貞…𢾅丁彔途于徲 3

三三一七三 丙戌…在徲… 4

三三九一六 乙未貞…徲祐雨 4

英二六七二 …徲… 5

逢

屯七三五 …貞徲來羌其用于父丁 4

英二四一一 己卯貞徲來羌其用于父… 4

徼 牧

三三〇一四 于祖乙𠂇徼來羌 4

三五二四〇 …卜戈在丂徼… 4

遷 駟

二九六 貞勿奴出示饗國駟來歸 1

一八二七六 …遷… 1

一八二七七 己…貞…遷… 1

二八〇一一 壬戌卜狄貞亞𢦏其陟遷入 3

二八〇三四 戊辟遷之戦 3

二九〇八四 丁丑卜狄貞王其田遷往 3

二九〇九二 丙寅卜狄貞盂田其遷𢼸𢦔有雨 3

三一七九二 …大史…衣其遷 3

三六八二四 𩰫其遷至于攸若王𡆥曰大吉 5

屯二七八 其遷 3

屯二八四五 己亥貞王在茲𠂤遷 4

徯

二七九四四 …徯馬…惟王…擒 3

[彳卓]

二六九九二　其日倖人以　3

僥

三一三八　…子子熹僥吾…　1
三一三九　…子熹僥吾牡三…　1
三一四〇　…子熹僥吾牡二…　1
三一四一　…熹僥吾…　1
三一四二　…熹僥…　1
三一四五　…僥吾…　1
三一四六　…僥吾…　1
三一五四　…賓僥…　1
三一五五　…賓僥…　1
三一五六　甲子賓僥牡…　1
三一五七　…賓僥牡…　1
懷九九九　…宿僥牡…　1
懷九九〇　…寢僥吾…　1

通　佣

六五二九　…勿槃通　1
一九八三四　丁卯卜延曹佣大戊戊辰　1
二〇五一〇　辛巳卜王一月敦佣受祐　1
二〇五一〇　丙子卜王二月敦佣受祐　1
二〇五一〇　乙亥卜一月王敦佣受祐　1
二〇五一一　其敦佣十月　1
二〇五一一　…佣　1
二〇五一一　…征佣　1
二〇五一二　丁酉卜生十月王敦佣　1
二〇五一三　己亥…敦佣受祐　1
二〇五一四　乙丑卜王敦佣受…　1
二〇五一五　…敦佣受祐　1
二〇五一六　乙未卜貞王敦佣受祐十二月　1
二〇五一七　乙未…佣…　1
二〇五一七　丙申卜佣不…　1
二〇五一七　…卜佣…　1
二〇五一八　…其征佣…　1
二〇五一九　…子卜王…佣　1
二〇五二〇　…卜王…夕…佣　1
二〇五二一　…辰用曹佣　1
二〇五二二　辛未卜王執佣　1
二〇五二三　…佣…羊　1
二一三八四　…巳…既夢…作佣耳鳴終…大…　1

二二四二一反　…佣　1
二二四二二　…佣　1
屯二六五九　…佣…比不𡆥　1
屯三五六八　戊寅卜敦佣受祐
屯三六〇四　敦佣受祐　1
屯四五一六　丁酉卜今生十月王敦佣受祐　1
屯四五一六　己亥卜王敦佣今十月受祐　1
懷一六二八　…王惟乙敦佣受祐　4
懷一六二八b　…卯卜生十月…佣受祐　4

徣　沓

二八七八九　惟徣田無災　3
二八七八九　自東西北逐沓麋無災　3
二八七八九　其逐沓麋自西東北無災　3
二八七九〇　弜逐徣麋其悔　3
二八七九〇　王其東逐徣麋擒　3
二八九八二　惟沓田無災　吉　3
二九二三三　惟徣田無災　3
二九二八四　其田徣于𩁹無災擒　大吉　3
二九二八三　王其田徣惟…　大吉　3
二九二八五　惟徣田無災　3
二九二八七　惟徣田無災擒　3
二九二八八　弜田徣　3
三三五六〇　辛巳卜貞王其田徣無災　4
屯八九七　惟徣田屯日無災弗…　茲用　3
屯三三二六　惟徣麓𢦔擒有小狩　3
屯三九五　惟徣𢦔　吉　3
屯二八五一　惟徣田屯日無災永王弗悔　3
屯三三三〇　…其射徣…翌日戊無災擒　3
屯四三三四　弜田徣其悔　3
懷一四四一　…王其田射徣麋…　3

得

二四五五五　…得　2

⿺辶合

二二六〇六　丙申卜行貞王賓伐十人無尤在師⿺辶合卜　2
二二六〇六　丁酉卜行貞王賓禱無𡆥在師⿺辶合…　2
二四二六七　己酉卜王在師⿺辶合卜　2

著錄	釋文	期
二四二六八	：師途卜	2
二四二六九	：卜旅：其步：途：	2
三五九六五	：卜貞王：文武：𩰫：途乙亥：王其：	5
三六五一八	弘吉 乙巳王貞啓呼祝曰盂方𠬝人：其出伐 𠂤高其令東會于：高弗悔不𢀛戋 王占曰：	5

𢓊

著錄	釋文	期
二一五二六	：戊子卜貞東克𢓊𡆥	1
二一七三九	戊寅卜𢓊我入惟𢓊	1
二一七三九	丙子𢓊卜我無𢓊在来	1
二一七四四	己丑丁来于衛𠂤	1
二二四三〇	：令暘𢓊：妣槳取：	1

邀

著錄	釋文	期
五八九九	丁未卜爭貞令執𠂤甫呼徼戈執：	1
五九〇〇	丁未卜爭貞令執𠂤甫呼徼戈執：	1

𢓊

著錄	釋文	期
三二八八三	丁未貞王令𢦏𢓊在𦣞	4
三三〇八六	：隸𢓊伐盧帝：	4
三三一四九	：𢓊𡆥母無囚	4
三三二四九	癸亥貞王惟今日伐：王夕步自果三隹 ：乙丑王亥師𢓊：	4 4
屯一〇七四	戊辰貞自：𢓊召方　不用	4

衘

著錄	釋文	期
六九四八正	癸卯卜殼貞呼雀衘伐亘戋十二月	1
六九四八正	勿呼雀衘伐亘弗其戋	1
六九四九正	：殼貞呼雀衘伐亘	1
六九四九正	壬寅卜殼貞勿呼雀衘伐亘　二告	1

吚

著錄	釋文	期
一〇九五	貞吚：其及麦不：	1

徕

著錄	釋文	期
六	辛卯卜㱿貞以子徕往不𦚻六月	1

𢓭

著錄	釋文	期
二二三五八	辛丑卜貞疾𢓭無亦疾	1

𢔶

著錄	釋文	期
一〇七三九	：畓𢔶：	1
一〇七三九	：𢔶𦊢：	1
一〇七三九	：畓𢔶：	1
一七八五七	：𢔶𦊢	1

𢓊

著錄	釋文	期
二一五八六	庚子卜𢓊貞翌又惟𢓊人以	1
二一五八六	𢓊	1

迖

著錄	釋文	期
三三一七六	甲子貞大邑有入在𢓊	4
二九七一五	迖𢓊羚	3

徠

著錄	釋文	期
一八七〇五	：徠畀：	1
九一六八	：𢓊以	1

律　建

著錄	釋文	期
二八九五三	王弜：律其：弗悔	3
屯二一九	師惟𢔶用	4
懷八二七	：律在：	1
懷八二七	：律：	1
懷一五八一	師惟建用	4

辷

[彳由]

三六四一七 戊戌卜王其[彳由]…馬…小臣…克 5

[彳甾]

三四五五〇 貞勿𣥂… 2

一九八二二正 丙申卜𠂤[彳甾]…馬大丁用 1

二〇一六七 丁丑卜𣪊曰雀[彳甾] 1

二〇三三一 …卯𠬝其奠王𨑩𣪘[彳甾]卯𠬝奠王𨑩 1

二四九五 甲寅卜方弗𣥂邑 1

二一五一八 …𣥂…𥎦… 1

[彳戠]

九五七四 丙戌…爭貞…方𢀛… 1

三〇七二一 …[彳戠]用…受… 3

[彳旋]

二七七四七 …于旋令…王弗悔 3

乇二三二一 惟受…旋令王弗悔 吉 3

袁 遠

三四五 …叔…女 1

八二七七 癸丑貞于依八月 1

一八一六五 …叔… 1

二九七〇〇 于叔 3

三〇二七三 于依𢓊 3

三一〇一二 𥃝𢆶在川又𢆶其叔 3

三三〇三三 丙午卜百燎叔告于父丁三牛 4

三三三七〇 己丑卜其有歲于翌日叔有歲于大乙 4

三三六九二 弜侑于大歲叔 4

三三六九三 弜侑于大…叔 4

三四四一五 癸巳貞于彡叔惟𩜁先 4

三四四一六 貞彡叔其禦王… 4

三四五七二 乙巳貞叔彡其𩜁 4

三四五七三 乙巳貞叔彡其𩜁 4

三四七二二 丁丑貞戊叔無尤 4

乇二〇六一 于遠… 3

乇二〇六一 于遠擒 3

乇三七五九 王其田遠湄日無災 3

懷一一三八 …叔…災 2

懷一六四八 丙辰…王其令𦥑叟于𢔛東 4

一八七〇八 …豊…御… 1

[彳备]

四九〇八 …[彳备]至 1

三六五二八反 乙丑王卜貞今𡆥巫九𠫭余無𢀛[彳备]告侯田册𠭯方羌方羞方庚方余其比侯田甾戔四封方 5

[彳光]

一五八 貞[彳光]獲 1

衍

三一〇一三 衍日延雨…采𦥑…日陰…庚雨 1

[彳𢑚]

二二三〇二 甲辰卜亞[彳𢑚]用 1

二四八九二 …巳卜中…雨允…我入衍 2

[彳夅]

九六七一反 𢓊入十 1

著錄號	釋文	分期
三六九〇四	癸未卜在𢓜貞王旬無畎	5
三六九一四	癸未王卜在𢓜貞旬無畎	5
三六九一六	癸未卜在𢓜貞王旬無畎	5
六〇三三正	丙戌卜韋貞令殺往于𦎫 二告	1
六〇三三正	丙戌卜韋貞勿令役于𦎫 二告	1
七九	……辰……貞……徥……擒	1
八一一一	……徥往于吴	1
屯一〇三五	丁酉……其立𢔁	4
屯一〇三五	弜立𢔁	4
二〇〇七二	……來化……	1
三七五一七	……卜在勤……田徠……無災	5
二一六五三	……卯卜𢓴貞彶五月呼婦來歸	1
三五三五一	……径……一卣羌三……十卯宰	5
八一〇八	……辟……九月……㣔	1
三二九一二	于大乙[彳比]	4

著錄號	釋文	分期
一六一二〇	戊……貞我……率吉……惟[彳粟]……	1
一三六七六反	庚申婦休	1
二八一四五	……出于?……不雨	3
屯三〇八四	……[彳夂]舟	4
一二〇	己未卜……貞呼……徝豣……𦦟十三月	1
屯一一一	己巳貞𩲃𦦟在徝奠	4
二七四三五	……	3
五六五七	巫八月	1
二七七四五	达往于……𢦏	3
三六四七七	癸亥卜在迴貞……虩……尤	5
三二二五六	丁未卜……征五用	4
二八一九〇	戊其敵遼于西方東饗	3

衒

8394 乙未卜…翌丙…㐭衒…

18697 …衒…

英1995 乙亥卜大貞呼般㞢有衛

31276 惟衛…弗悔

20607 …𡆥…叀陜…

戈

7775正 貞王弗𡆥戈人 二告

7775正 貞王弗𡆥戈人

8398正 乙丑卜穷貞翌庚寅令入戈人

8399 庚寅…令入戈人步

8400 貞呼戈人𡆥

8401 貞呼戈人𡆥

8402 貞將戈人

8403 …戈人

8404 辛亥卜貞呼戈人𡆥敦

33003 惟戈人射

英3416 惟戈人射

6939 …戈𡆥亘𢦏

6959 乙未卜殼貞𡆥戈

10713 …寅卜王勿呼戈𡆥

10714 …𡆥戈…

10715 …𡆥戈…

8396 丙寅卜𡆥于四戈

34120 癸卯卜貞彭𡆥乙巳自上甲二十示一牛二示羊土燎四戈彘牢四戈豕

34121 壬寅卜𡆥其伐歸惟北𡆥用二十示一牛二示羊以四戈彘

34122 壬寅卜𡆥其伐歸惟北𡆥用二十示一牛二示羊以四戈彘

9090反 曰戈惟以

17307正 貞曰戈以齒王

17308 乙亥卜殼貞曰戈以齒王

17308 曰戈以齒王

33209 …寅卜壬王惟戈田省無災

屯1013 庚申卜王其省戈田于辛屯日無災

屯1013 …王其省戈田于乙屯日無災吉王

14915 戊戌卜爭貞惟王族令戈

19902 貞惟臣舌戈令𡆥

屯991 戊申卜翌庚戌令戈歸

8405 癸巳卜爭貞呼戈…

20171 戊午卜呼戈比…在𡆥二月

33378 王其呼戈擒…

504正 貞戈𡆥羌得

584甲反 王固曰有祟八日庚子戈𡆥羌…人 攺有𡆥二人

5899 丁未卜爭貞令執𡆥甫呼徵戈執…

5900 丁未卜爭貞令執𡆥甫呼徵戈執…

6951反 …戌卜穷貞戈𡆥亘

584甲反 癸未卜殼貞旬無…祟其有來艱迄至七日…允有來艱自西𡆥戈…告

3521反 曰吾方征于我莫… 取…于戈

一三七反 王固曰有祟有夢其有來嬉七日己丑允有來嬉自…戈化呼…方征于我… 1
七七六七 甲申卜穷貞尸戈… 1
八三九七 貞惟黃令戈方二月 1
八三九七 貞…戈… 1
八四〇六 …古貞…于戈 1
八四〇七 …戈其囚 1
八九八四 癸亥卜王戈受年十二月 1
九八〇六 貞戈受 1
一〇六七七 戈…三十… 1
一〇八三五 庚申卜王…戈告豕…獲…獲 1
一一四三三 …戈允來…豕二貝…王… 1
二〇二四五 丙申卜王令犬戈兮 1
二一八九七 …卜戊缶…終十月三 1
二一四七九 …戈 1
二五七八四 貞惟…戈出… 2
二七七八八 …戈…其…囚 3
二九七八三 其𫚖戈一斧九 3
三二八一二 丙午先…作𢓊戈…己 4
三三〇〇八 甲子卜王从東戈𣎆侯 4
三三〇〇八 乙丑卜王从南戈𣎆侯 4
三三〇〇八 丙寅卜王从西戈𣎆侯 4
三三〇〇八 丁卯卜王从北戈𣎆侯 4
三三二四〇 …卜戈在丂徹… 4
屯七八三 甲辰卜惟戈 茲用 4
屯九九一 癸丑卜于…𢓊戈… 4
屯一四六三 惟妣作延戈 4
屯二一九四 惟茲戈用 3
屯二一九四 惟茲戈用 3
屯二七〇六 戈弗𢦏叀 1
屯三七〇六 戈有囚 1
英一七九六 丙午卜…衣令…戈丙… 1

戓

一四二 甲午卜古貞在…戓𢓊呼… 1
三二八一四 庚辰貞己亥又登从令戓無囚 4
三二八七七 辛未…王𢓊令戓不省 4
三二八一〇 庚午卜令戓歸若 4
三二八一〇 …鼓…𢓊戓 4
三二八一一 令…𢓊戓 4
三三〇二〇 …戓伐召方受祐在… 4
三三〇二〇 貞王比…戓典伐召方受祐 4
三三〇五六正 惟𢓊戓啓我用若 4
三三〇五八 癸酉貞王比𢓊戓伐召方受祐在大乙宗… 4
三三〇七四 己丑卜貞曹以𢓊戓伐 4
三三〇七六 貞王比𢓊戓伐𪊲受祐 4
三三一〇六 甲子貞王比𢓊戓在七月 4
三三一〇七 辛巳貞王比𢓊戓 4
三三一〇八 …王比𢓊戓今秋…祐在祖乙宗 4
三三一〇八 …𢓊戓典 4
三三一〇九 …𢓊戓… 4
三三一一〇 丁巳…王比…戓 4
三三一一一 癸亥卜王惟戓比 4
三三一一二 乙丑卜王惟戓比 4
屯一九 惟𢓊戓啓用若 4
屯六三 惟𢓊戓啓我用若 4
屯八一 丁丑貞王比𢓊戓伐召… 4
屯八一 辛未貞王比𢓊戓伐召方… 4
屯九三五 惟今日令戓 4
屯九三五 于庚令戓 4
屯九三五 庚午卜今日令𢓊戓 茲用 4
屯一五七一 庚午貞王…令戓歸 4
屯二二三八 …亥卜…𢓊戓… 4
屯二四三八 …令…𢓊戓 4
屯二五六四 丁未卜令守鼓𤔲𢓊戓 4
屯二六〇五 甲子貞王比𢓊戓 4
屯二六〇五 辛未貞王比…戓 4
屯二六三四 辛巳…王比…戓 4
屯三九一二 …戓伐召方受… 4
屯三九一二 …子…𢓊戓茲 4

肇

八 …卜貞肇丁帝十牢 1
五五七 庚子卜貞其肇丁用于癸卯酚 1
一五五一七 甲子卜貞今夕酚肇丁用十一月 1
一五五一八 …戌肇丁十月 1
一五五一九 肇丁小牢 1
一五五二〇 肇丁犬 1
一五五二一 貞肇丁用百羊百犬百豚十月 1
一五五二二 壬戌卜肇丁五十…五十…五十… 1

一四三二二甲正 貞不惟下上肈王疾 二告
一四三二二乙正 貞惟帝肈王疾 二告
一三五二一甲正 貞惟多妣肈王疾

五七七六正 貞肈出射三百 二告
五七七六正 ：肈出射三百
五七七六正 戊辰卜內貞肈出射
五七七六正 勿肈出射 二告

五八二六 ：旁：勿肈多人三百：
七七六二 ：勿肈
一四八三 貞勿肈：元示𢦏：
一五五二五 庚辰卜貞勿肈受：
一五五二六 貞勿肈：𢦏：
一五九四〇正 貞勿肈卒

其它

二六四正 貞惟盟甲子彡其肈用
二〇六二 ：有彡肈祖：
三五八九反 ：肈：
三七七七正 ：立肈：亻
五六八五反 ：肈亞十：
五八二五 丙申卜貞肈馬左右中人三百六月
五八二七 ：肈惟：人：百：
六〇四四 壬申卜爭貞惟乜令途：肈：
七〇二三正 己酉卜旁貞肈𠂤 二告
七四一九 貞丙肈𠂤
七四三九 貞𠂇肈我啓
七七六三 貞內肈
七七六四 貞內肈
七七六五反 ：卜旁貞肈：
八二四一正 乙亥卜旁貞牧𠣌人肈
八二八二 ：羽：肈：
八九一六反 ：肈：
一〇〇三七 貞肈：黍：
一四〇〇三 ：亥：牧𠣌：肈：惟：令：
一一四四三 ：肈多：十朋母
一三五六三 ：令甫：于：肈：百：
一三七二八正 ：黍肈𢆶
一四一三九反 貞呼肈王：
一四二二二版 ：曰吉：肈余：

一四三二九正 貞肈燎
一四四八七 ：卜殻貞岳肈我雨
一五五二五正 ：酉卜古貞肈：庚：
一五五二四 ：卜：肈：三十：龝
一五五二三 貞肈：三十：三十犬：豕
一七一〇九 ：肈：𢀛
一九一三九甲 甲辰卜殻貞肈我妹
一九一三九乙 貞肈我妹
一九四八三 ：𢀛肈：
二一六〇一 ：令：肈
二七三七〇 不遘戋
二九六九三 其肈馬有正
二九六九三 弜肈
三一一八一 其肈馬
三一一八一 弜肈
三三二八八 甲：肈：戋𢦏：
三三二四八 甲：無：肈：
懷 一一一 ：有肈：
懷 四一五 ：卜貞：肈：

三一一三〇 癸酉卜旁貞呼雍𦣻師蔑

二一五四一 甲子卜我惟燹𥃳祖若

英 二三正 ：卜：貞呼燹羌：示𢔊

戋

捍

六八八三 辛未卜殻貞王捍衛受祐
六八八四 辛未卜殻貞王捍衛：
六八八五 辛未卜殻貞王捍衛：
六八八六 辛未卜殻貞王捍衛受祐 二告
六八八八 ：子：內貞我其捍衛
六八八九 ：貞：捍衛十二月
英 六一二 甲戌卜殻貞王捍衛受祐

六九九四　…龏其捍…暨沚　1
六九九五　沚其捍龏　1
六九九六　沚弗捍龏　1
六九九七　癸…捍龏　1
六九九八　癸丑卜沚其□捍龏　1
七〇〇〇　…沚不捍目龏　1
七〇〇一　…沚不捍目龏　二告　1
七〇〇三　龏捍不　1
七〇〇四　…未卜龏其捍□　1
七〇〇五　…辰卜龏…捍□　1
七〇〇六　…卜王龏…婦允其捍　1
英六一八　丁巳卜龏…捍暨沚　1

一七五　貞戌不其邁捍　1
五七一五　癸巳卜㝉貞多馬邁𢦏　1
一九五四九　…□貞…𢦏…其邁二月　1
二〇五五四　…貞□其邁𢦏　1
二八〇三八　戍沓其邁𢦏　3
二八〇四四　戍甬其邁𢦏　3
二八〇七八　辛…冉…邁𢦏…月　3
三三一一四　辛未卜亞阜邁𢦏　4
三三一一五　不邁𢦏　4
三三一一五　己巳貞亞阜其邁𢦏　4
英五九三　辛卯卜貞旛其先邁捍五月　1
英五九三　辛卯卜貞在𡨦其先邁捍　1
英五九三　貞在□王其先邁捍五月　1

四八九二　貞勿呼邁見捍　1
六四三一　…貞呼覘𢦏九月　1
七三八四正　貞呼登見𢦏　1
七七四四　…未卜㝉貞呼覘𢦏…　1

六六六六　庚午卜㝉貞旁方其□作捍　1
六六九二　…伐□…作捍　1
六六九三　貞□歸其作捍　1
七七五〇　辛卯卜其…作𢦏　1
三三二一五　不作捍　4

六九四三　壬申卜㱿貞亘捍其戕我　1
六九四三　壬申卜㱿貞亘捍不我戕七月　1

六九四四　…申卜㱿貞亘捍不惟我□其終于之　1
六九四四　…貞亘捍惟…　1
英四二四　貞亘其魚惟捍　1

六九四三　甲戌卜㱿貞我馬及𢦏　1
六九四三　貞弗其及𢦏　1
七〇七六正　戊午卜㱿貞𢦏及□　1
二〇四五七　癸丑卜王貞叀其及方　1
二〇五四九　弗…捍…及…　1
二〇五五〇　壬申卜王貞…及𢦏　1

其它

一五一正　貞方其大即捍　1
一五一反　乙巳卜㝉…王固曰其惟…捍其惟庚…　1
五二一反　…奉自…固曰其有來…□羌捍　1
五二二反　…卯有…□庚申亦有設有鳴鳥…　1
疚圉羌捍　1
八七六　…追…捍…　1
一〇六六反　…𢦏敀圉一人　1
三三三九　…捍□侯二月　1
四〇九七正　無捍四月　1
四七二七　癸亥卜雈其凡惟捍其…　1
五〇四八　己巳卜王呼犬捍我　1
五二三七　庚午卜爭貞惟王饗𢦏　1
五七一六　丁亥卜貞多馬从𢦏　1
五八六〇　戊申…千翌…□𢦏東廼…自西从…于之　1

夲

五九五三　…𢦏執　1
六四八〇　…婦好其…戠伐□方王勿自東受伐𢦏　1
陷于婦好立
六四八〇　辛未卜爭貞婦好其比沚戠伐□方王自　1
東□伐捍陷于婦好位
六五三二正　甲辰卜㝉貞□方其稱惟捍十月　1
六五七二　辛巳卜爭貞基方…捍　1
六五八一　己卯卜㱿貞基其捍　1
六六二五　貞北羌有告曰捍　1
六六五三正　令𢦏徒卯　1
六六五五反　王固曰惟捍　1
六六六五正　三日乙酉有來自東妻呼□告旁捍　1
六八四三　…𢦏其大敦□　1
六八四八　乙丑卜□其𢦏暨□　1
六八四九　壬辰卜□…𢦏暨□　1
六八五一　…卯卜□…𢦏□　1

六八七二 …捍缶
六九〇五 壬寅卜見弗獲征戋
六九〇六 庚戌卜王貞ᄀ其獲征戋在東一月
六九〇七 …我戋戋
六九一六 戰我…弗其戋…
六九三八 …今秋勿捍至盟…
六九四六正 丁卯卜爭貞呼雀𠬝捍執 二告
六九七三 …毋…其捍…
六九九二 癸卯卜貞執其捍祉
七〇〇七 辛巳卜…婦不捍于…
七〇〇八 …卜王貞…捍于祝
七〇二七 庚申卜…無其…允捍
七〇五五 戊申…千廼…捍䇂一月
七〇五七 …戠捍…賁…
七二一八 貞𡧊人惟王自望捍
七二二八 貞勿…王自望捍
七二三七 …捍不喪循
七二六五 貞勿衣循捍戠
七二六六 …寅卜王貞…衣循捍戠
七七四〇 貞其有來捍
七七四一 …來捍
七七四二 …有告戋…
七七四三 …丑卜王…人來…捍弗…
七七四六 …貞我捍…
七七四七 丁巳卜王貞弜其令戋…
七七四八 戊其捍
七七四九 戊其捍
七七五一 其捍
七七五二 戊戌卜其捍
七七五三 庚寅…其捍
七七五四 …其捍暨…
七七五五 …惟捍
七七五八 貞…儥…捍…
七七五九 …未卜王…弗捍…允…
七七六〇 貞不…捍…
七七六一 …捍…
七七六九 …捍余呼䘵
七八四二 …捍弗戋在冥
七八五二正 貞我無捍 二告
八〇二一 乙卯卜四貞王往捍
八六九四 …其有捍
九〇二七正 戊其捍

軎

九七一五 …卜穷貞…呼…古捍
一〇三八九 甲午卜古貞令捍執㝬十二月
一三一七二 貞戋…辛暘日
一六三〇九反 …戋…
一八八〇五 庚辰卜貞宁戋魚…不丙在茲
一九〇三六 …卜…貞…目其㓝…惟…戋…
一九六一六 戋其名
一九六一七 戋其名
一九六一八反 …戋…土示…戍弔…若…
一九六六三 …戋呼…
一九九五七正 壬寅…捍我…衛…
一九九五七正 壬寅…征伐…衛捍…
二〇四五二 戊子卜王盟辛少戋其征…
二〇四五八 …卜王…追…叀弗其…獲征…弗及方
二〇四六九 丁酉卜王令叀祟方
二〇五五一 辛丑卜王貞余曰大叀不
二〇五五三 …祟戋…二月
二一五一七 …暨捍…
二二四二五 邑無缶
二二四二五 邑有缶
二四三六三 …巳卜貞…毋弗捍
二八〇四三 …不至于…戌禹…戋
三二九〇四 …捍既
屯一〇〇九 庚辰貞至河𡶜其捍饗方
屯一〇四九 …召方立惟捍…
屯一〇四九 癸丑貞召…立惟捍于西
英四二四 …捍
英六三四 癸未卜穷貞旬無囚三日乙酉有來…𡆥
呼…旁捍…
英六八九 …伐…捍…
英六九〇 …捍余呼䘵…
英六九一 …午其捍
英六九一 …其捍
英六九二 …捍 二告
英一三三四 …丑卜…貞…捍…
英一五六四 貞…軎…㞢
英一六九八 …戋…
懷四一六 …于…捍…

轉

屯一九 庚寅…令馬軎人北

戋

九七七四正　貞𢦏不其受年　二告
九七七四正　貞𢦏受年
九七七五正　辛巳卜爭貞𢦏不其受年
九七七六　貞𢦏不其受年
九七七七　…𢦏不…年
一〇〇二二甲　貞𢦏受…
懷四四三　…𢦏…受…

六八九七　…殼貞我𢦔衛在𢧵
六八九八　辛…王貞…𢦔…在𢧵
六八九八　辛…王貞…𢦔…在𢧵
六八九九　…衛…我在𢧵
六九〇二　…卯…咸𢦔…在𢧵王…尊王循于?…若
七三六一　貞亦…師般在𢧵呼次在之奠
八〇三一　…在𢦏
三三〇二五反　丁未貞王征召方在𢦏卜九月
三三〇八七　丁巳卜王在𪈙㪤允伐在𢦏
三三一〇〇　乙巳…貞…在𢦏
三三一四五　癸丑貞旬無囚在𢦏

于

四〇　貞勿呼衆人先于𢦏
四一　己巳卜爭貞呼衆先于𢦏
四一　貞勿呼衆人先于𢦏
一五一正　貞弓芻于𢦏
一五一正　貞弓芻勿于𢦏
二四八正　弓芻于𢦏
六八五正　弓芻于𢦏
六八五正　于𢦏
九四〇正　乙巳卜古貞弓芻于𢦏
九四〇正　…貞弓芻勿于𢦏
九七三正　戊申卜穷貞奏步于𢦏…二告
九七三正　貞勿奏步于𢦏…其…二告
六三四四　甲申卜殼貞勿呼婦姘以𦎧先于𢦏　二告
六三四七　…殼貞呼婦姘以𦎧先于𢧵
六八三三　…𠂤…于𢧵
六八九二正　甲辰卜殼貞今我其𡘾衛不…𢦔于𢧵
六八九五　辛丑…內貞我𢦔衛于𢧵
六八九六　…酉卜殼貞我𢦔衛于𢧵一月
八〇二三　…婦姘先于𢦏
八〇二八　**呼先于𢦏**

八九九一正　貞勿呼婦姘以𦎧先于𢦏
九六〇八正　貞…叀于𢦏　二告
三三一四三　…自𢦏于…
英一六二正　…貞呼婦姘以𦎧先于𢦏
英六〇七　己巳卜爭貞呼衆人于𢦏
英六〇七　貞勿呼衆人步于𢦏

其它

四三三九　師般𢦏…
五一一九　王往省从𢦏
六九〇〇　…貞衛其…𢧵
六九〇一　…貞衛…𢧵
六九〇三　癸…咸𢦔…𢧵…尊征?…
六九〇四　…卜殼…其…𢧵
六九〇四　…卜殼…弗…𢧵
六九四五　不惟丁入𢦏
八〇二二正　…王…往出…𢦏
八〇二五　…曰吹…出𢦏
八〇二六　…𢦏七月
八〇二七　…彡…𢦏
八〇三〇　…𢦏…从…八月
一〇八八七反　…𢦏
一三五九六反　…亞五牛在𢦏
二〇五九七　…𢦏
三三〇二五反　…𢦏于…
三四八六六　貞𢦏
屯一〇　壬午貞叀弗𢦔𢦏
屯一四七　𢦏
屯二九一　𢦏
英六七九　…省从𢦏…
懷四四三　…王…師…𢦏…
懷九五〇　…𢦏…

二四四二五　壬寅卜旅貞王其往觀于　無災
二四四二六　己酉卜行貞王其觀于　泉無災在⿰氵皀

叀　捍

二〇一九一　辛未卜王貞惟匽其受祐今來捍
二〇二一八　…丑卜…令…甫大…祟捍
二〇三五九　…捍⿰糸尹

二〇四四九 癸卯卜王缶：蔑征𢦔執弗其羌卬三日丙…
二〇五五二 …侑大：告𢦔：至幺…
二〇五五五 …捍…
二一二五二 目燎日庚其捍
二一三〇二 …允捍
三三〇七一 甲午卜方捍：羸：東：我…
屯三七〇六 …𢦔：丙：𢦔…
戈弗戕叀

毌

四九三四 …毌：𢦔
六九七一 丁巳：貞毌弗𢦔雀：五月
一〇五一四 庚戌卜毌獲网雉獲十五
一〇五二六 …亥卜𡧊貞：旬：毌：惟…
一六三四七 丙子卜貞毌無不若六月
二〇二一〇 …酉卜𢦔：甫毌：甫
二〇二九七 癸酉：王𢦔：𢦔征：毌二月
二一三六一 壬辰卜：令：莫祟：我：毌朕…
二一六五九 己未：貞毌尹歸
二七九七五 惟戌毌往有𢦔
三三九八六 乙未：歲祖：三十牢：茲用𢦔毌歲祭雨 不延雨
英三七九 …王：毌惟：章示
英七四六 …史：朕：毌
英一七八四 甲午卜王𢦔毌終夕

毌

六七五四 辛亥卜貞毌其取方八月
六九七六 …毌其：一月
六九七二 庚子卜：毌弗：雀
六九七三 …毌：其捍…
六九七四 …毌其𢦔：𢦔
六九七五 …毌其：𢦔
六九七六甲 …毌：方
七四二七正 貞毌𢦔𢦔…
七九九四 …卜貞毌弗受…
七九九一 …貞毌弗…
七九九二 …毌弗…
七九九三 …卜毌：㞢…
九〇八二 戊戌卜貞毌其以方…

二四三六三 …巳卜貞：毌弗捍
英四五 …毌…
英三八七 貞雀：雀受毌祐
懷三八〇 …俟毌來

𢀛

二一二四二 𢀛不𠂤

𢀛

三九四二 …午：令𢦔比𢀛
三九四三 癸未卜令：比𢀛
四九四四 甲申卜勿令𢦔比𢀛
四九四五 貞：令：𢀛
四九四六 …𢀛：有祐
四九四七 …王𢀛：㞢…
四九四八 …卜王翌：𢀛…
四九四九 丙申：𢀛…
四九四八 …卜王翌：𢀛…
四九四九 丙申：𢀛…
四九五〇 …子卜翌：丑勿：𢀛十月
九八〇一 …亥卜貞𢀛其受…
三三七八〇 庚寅𢀛：用𢀛九…
懷四〇九 …其𢀛𢀛：弗受：祐

伐

杙呂方 參呂 269頁
杙五方 參五 460頁
杙𠚤方 參𠚤 1264頁
杙𡆥方 參𡆥 116頁
杙羌方 參羌 677頁
杙𢀛方 參𢀛 34頁
杙人方 參人 1頁
杙冊方 參冊 1137頁

伐 參伐

伐某方

著錄號	釋文	組
二四八正	壬戌卜爭貞旨伐□𢦏	1
五三八乙	貞呼□伐…	1
五四四	…呼多□伐…	1
五四五	甲子卜…貞勿呼多□伐…方弗其… 有祐	1
八二一反	王勿比奚伐	1
八二一反	王比望乘伐	1
一〇一〇	貞𠬝…伐…	1
一〇一一	…伐□	1
六〇五一	癸巳卜穷貞令伐逸阜師	1
六一二二	貞惟王往伐…	1
六四二八	…□王…伐土…下上若…我…	1
六四七六	王勿比沚馘伐	1
六五三一	…貞王比興方伐…	1
六五五八	…辰卜王…余伐□…	1
六五五九	己卯卜王于來春伐□	1
六五六〇	己卯卜王于來春伐□	1
六五六二	…豙伐□𢦏	1
六五六四	癸未…令豙伐□入無不若允𢦏	1
六五六七	…貞戎其伐□方𢦏…	1
六五八三	貞王比望乘伐	1
六五八三	王勿比望乘伐	1
六六二四	乙卯卜爭貞王…伐馬羌…	1
六六二六	己酉卜殻王惟北羌伐	1
六六四〇	己未卜殻貞王𡢁三千人呼伐□方𢦏	1
六六三九	己未卜殻貞王𡢁三千人呼伐□方𢦏	1
六六四一	己未卜殻貞王𡢁三千人呼伐□方𢦏	1
六六四二	己未…貞王𡢁三千人呼伐□方𢦏	1
六六四三	己未卜殻…王𡢁三千人呼伐…𢦏	1
六六四四	…呼伐□	1
六六四五	…伐□	1
六六六二	…貞曰戎侑碌方午?…弗其伐	1
六六六四正	甲辰卜爭貞我伐馬方帝受我祐一月	1
六七三三正	…亥卜爭貞王循伐方…	1
六七三三反	…貞王循伐方受有…	1
六七九八	…大方伐…𠀠二十邑庚寅雨自南二…	1
六八〇二	貞弗其伐?…方	1
六八二七正	貞旨弗其伐孽白…	1
六八二七反	王固曰伐…𢦏	1
六八二九	…伐留	1
六八三五	𡢁人三千伐□𢦏	1
六八三八	勿伐□	1
六八四四	貞伐□	1
六八五三	辛酉卜我伐□	1
六八五四	壬戌卜…伐□…𢦏二月	1
六八七一	…伐缶…	1
六八七七正	庚申卜殻貞伐□□𢦏	1
六八七八	貞王伐□□𢦏	1
六八七九	貞王伐□…𢦏	1
六八八〇	…伐□□…	1
七〇二〇	乙卯卜王咸𢦏□余曰雀□人伐𡆥…	1
七〇三九	…𢦏…伐□?…允…	1
七〇四一	貞惟□衛伐…	1
七〇八二	…宊伐西土	1
七二三九	丙戌卜爭貞王循伐	1
七二三〇	…貞今□王循伐	1
七三一一	貞今…𡢁下危…呼盡伐…受有祐	1
七四九七正	乙酉卜殻貞今□王勿比沚馘伐…	1
七四九八	…午…貞王比沚馘伐…	1
七五〇〇	…沚馘…比伐…	1
七五二六	今□王比望乘伐…	1
七五三八	貞今□呼比望乘伐…弗…	1
七五七九	…王…伐	1
七五八〇正	…惟王往伐	1
七五八二	貞惟王往伐	1
七五八三	…惟王往伐	1
一九七七二	庚戌卜令比□伐□	1
一九九五七正	辛未王令弜伐先威…	1
二〇四〇〇	辛丑卜步豙伐□五月	1
二〇五〇五	庚戌王令伐旅婦五月	1
二二一七八	…甲入乙伐□?…	1
二七八八二	…來告大方出伐我師惟馬小臣…	3
二八〇〇〇	戊興伐□方食?…	3
二八〇六七	戌其伐有𢦏	3
三三〇一八	…伐召受祐…	4
三三〇一九	癸巳…于一月伐絴暨召方受祐	4
三三〇二〇	…戓伐召方受祐在…	4
三三〇二〇	…典伐召方受祐	4
三三〇二〇	貞王比?…戓典伐召方受祐	4
三三〇三三	庚戌犬延允伐方	4
三三〇四二	己巳貞並□伐□方受祐	4
三三〇四三	丁巳貞並□伐□受祐	4
三三〇五七	辛丑卜惟…月…伐方	4
三三〇五八	癸酉貞王比沚戓伐召方受祐在大乙宗…	4

三三〇六九 己亥…俟…辔王…伐歸若 4
三三〇六九 庚子卜伐歸受祐八月 4
三三〇六九 弜伐歸 4
三三〇七〇 …伐歸白…受祐 4
三三〇七四 己丑卜貞亩以沚戓伐猷受祐 4
三三〇八六 …翌甲子伐盧… 4
三三〇八六 …𨟻𦣞伐盧帝… 4
三三〇八七 丁巳卜王在𪓊𡿺允伐在𡆥 4
三三一〇六 貞王比沚戓伐 4
三三一〇六 貞王比沚戓伐 4
三三一一六 丁卯貞卓伐受祐 4
三三一一七 …卓伐受祐 4
三三一一八 癸未卜…伐 4
三三一一九 並伐 4
三三一一九 伐並 4
三三一一九 伐 4
三四一二一 壬寅卜桒其伐歸惟𡆥五用二十示一牛二
示羊以四戈彘 4
三四一二二 壬寅卜桒其伐歸惟北𡆥用二十示一牛二
示羊以四戈彘 4
三六四八一正 …小臣牆比伐擒危美人二十人四…人五百
七十…百…車二丙盾百八十三函五十矢…白慶
于大…用…伯印…于祖乙用美于祖丁僼曰京
晹… 5
三六五一八 乙巳王貞啓呼祝曰盂方奴人…其出伐
㠯師高其令東會于…高弗悔不𦣞戦
王𠧞曰… 5
三六五三六 其伐羌利 5
三六七六五 乙未王卜在𣌭師貞翌其…其敏來伐受
祐其敏來伐受祐王…既伐… 5
屯八一 丁卯貞王比沚…伐召方受…在祖乙宗
卜五月 茲見 4
屯八一 丁丑貞王比沚戓伐召… 4
屯八一 辛未貞王比沚戓伐召方… 4
屯七五一 乙巳卜惟鱻伐 4
屯八七三 于…田霸伐…方擒戦不雉衆 3
屯九九四 癸亥貞王其伐盧羊告自大乙甲子自上甲告
十示又一牛茲用在果四雎 4
屯一〇九九 壬戌貞卓以衆𠂤伐召方受祐 4
屯一二〇九 惟大方伐 4
屯一五三六 …伐𡆥… 4
屯二六三四 …或伐召方受… 4
屯三〇三八 㣇伐羌方于之擒戈不雉衆 3
屯三九一三 …衆𠂤伐… 4

英一九一 癸丑卜惟…王自沚比…北…伐侯… 1
英六六八正 貞勿比戠伐 1
懷一六四一 辛巳卜惟生九月伐方八月 4

雀伐

六九四八正 癸卯卜殻貞呼雀衒伐亘𢦏十二月 1
六九四八正 勿呼雀衒伐亘弗其𢦏 1
六九四九正 …殻貞呼雀衒伐亘 1
六九四九正 壬寅卜殻貞勿呼雀衒伐亘 二告 1
六九五九 辛巳卜殻貞呼雀伐𦱼 1
六九五九 辛巳卜殻貞勿呼雀伐𦱼 1
六九六〇 壬子卜王令雀𢀛伐畀十月 1
六九六一 …𢀛伐畀 1
六九六二 勿呼雀伐畀 1
六九八三 癸巳卜殻貞呼雀伐望戉 1
七〇七六正 曰雀伐 1
七〇七六正 曰雀勿伐 二告 1
七五九七 呼雀伐… 1
三三〇七二 伐…卜令雀伐𢀛侯… 1

㞢伐・又伐

二四八正 翌乙酉有伐自成 若 二告 1
二四八正 翌乙酉有伐于五示上甲成大丁大甲祖乙 1
四一八正 貞王禱鼎有伐 告 1
四一八正 王禱勿有伐 1
四四七 乙卯有伐 1
六二六 有伐 1
六五五甲正 貞有伐妾要 1
六五五甲正 貞有伐妾要 1
七二九 貞禦于漁于父乙有一伐卯宰 1
八九九 乙酉…祖乙乙未有伐十五十宰 1
九〇〇正 貞有伐于成 1
九〇〇正 貞有伐于上甲十又五卯十小宰豭 二告 1
九〇一 壬午卜殻貞有伐上甲十又五卯十小宰 1
九〇一 有伐于上甲十又五卯十小宰又五 1
九〇二正 翌甲寅有伐于大甲 二告 1
九〇二正 貞于下乙侑伐 1
九〇二正 勿有伐 1
九〇四正 來甲午有伐上甲八 1
九〇四正 來甲午有伐上甲十 1
九二三 貞…漁有伐五…于… 1
九四一 …卜亘…有伐于李…三卯六𤘘 1
九四二 有伐于王亥 1

九四三正　來甲戌有伐自上甲　1
九四四正　貞來甲戌有伐自上甲　1
九四五正　翌甲申有伐自上甲　1
九四六正　來甲寅有伐自上甲　1
九四七正　貞自上甲有伐　1
九四七正　勿自上甲有伐　1
九五一　貞有唐伐　1
九五二正　壬戌卜爭貞翌乙丑有伐于唐用　1
九五二正　貞翌乙丑勿龠有伐于唐　二告　1
九五四　甲辰卜爭貞有伐于大甲　1
九六四　甲午卜商有伐父乙乙未　1
九六六　庚寅：有伐于：庚　1
九七〇　己亥卜𣪊貞有伐于黃尹亦侑于蔑　1
九七四正　翌乙丑勿有伐　1
九七四正　貞翌乙亥有伐　1
九七四正　翌乙亥勿有伐　1
九七四正　貞翌乙亥有伐　1
九七四正　乙亥有伐　1
九七四反　翌乙丑有伐
九七六　有伐　1
九七七　癸酉：古貞翌乙亥有伐　1
九七八　乙丑卜穷貞有伐于：　1
九七九　：惟：伐：屮：　1
九八〇正　：有伐：宰　1
九八一　甲辰：貞有伐：　1
九八四　勿有伐十月　1
九八五　貞勿有伐八月　1
一〇一二　：巛曾伐：　1
五六一八　貞：伐：戌：　1
六六五三正　翌庚子有伐　二告　1
六六五三正　翌庚子勿有伐　1
七六〇四　：𣪊貞曰旨其有伐　1
九九四六乙正　貞盤有伐　二告　1
九九四六乙正　勿盤有伐　1
一四三一五正　燎于東西有伐卯南黃牛　小告　1
一九七九六　庚子卜：夕侑伐：　1
二一二五五　戊戌卜有伐屰　1
二一二五五　：未：有伐屰　1
二二六一〇　丙午卜即貞翌丁未丁蔑歲其有伐　2
二二六一一　丙子卜旅貞翌丁丑父丁舌其有伐二月　2
二二六一三　：卜行貞：丁丑父丁：有伐：　2
二七〇〇一　貞翌丁亥其有伐于升　3
二七〇〇二　：酉卜有伐：　3
三二〇五〇　丙寅卜有伐于司絅三十羌卯三十豕　4

三二〇五五　庚寅卜辛卯有伐于父丁羌三十卯五宰　4
三二〇七一　庚子有伐于父丁其十羌　4
三二〇七二　辛未卜有伐十羌十宰　4
三二〇八三　甲辰貞來甲寅有伐上甲羌五卯牛一　4
三二〇八三　甲辰貞有伐于上甲九羌卯牛：　4
三二一一三　甲子貞有伐于上甲羌一大乙羌一大甲羌一　茲用　4
三二一一四　甲子貞有伐于上甲羌一大乙羌一大甲羌自　4
三二一一九　：申貞有伐于土羌一：　4
三二一七五　庚寅卜有伐妣丙　4
三二一九六　己酉卜有伐三十　4
三二一九八　有伐十五歲小宰上甲　4
三二二〇六　乙亥卜有伐自上甲　4
三二二〇七　甲申卜王有伐自上甲　4
三二二一四　癸丑卜自上甲盤有伐　4
三二二一五　于大示盤有伐　4
三二二一八　辛亥貞于大乙有伐　4
三二二二四　：辰貞有伐于父丁　茲用　4
三二二二五　甲午貞王有伐于父丁　茲用　4
三二二二六　己酉卜于有伐父乙　4
三二二三三　甲戌貞有伐于：　4
三二二三五　丙寅貞丁卯酌𠂤尊餗有伐　4
三二二三六　甲戌卜乙亥有伐啓　4
三二二三八　弜有伐　4
三三三二一　癸酉貞甲戌有伐于祖乙：　4
屯七五一　壬午卜商有伐父乙　4
屯七五一　乙酉卜有伐自上甲次示　4
屯七五一　乙酉卜有伐自上甲次示惟乙巳　4
屯七五一　己亥卜有伐五大乙　4
屯七五一　乙酉卜有伐自上甲次示惟乙未　4
屯七五一　乙酉乙酉卜有伐乙巳　4
屯九四六　：王有伐自大乙：　茲用　4
屯一〇一五　于十示又二有伐　茲用　4
屯一〇八〇　壬子卜自上甲有伐
屯二三九三　弜有伐　4
屯二三九三　辛未貞乙亥有歲于大乙五宰有伐　4
屯三〇九一　戊戌卜：有伐岳：　4
屯三五五〇　其有伐王受有祐　3
屯四四六〇　甲子貞有伐上甲羌一　4
屯四五三八　壬辰貞甲午有伐于祖乙羌三　4
英四〇八　戊辰有伐于陟卯宰：庚示妥　1
懷一三　癸亥卜貞有伐于丁十人　1

伐羌

著錄	釋文	期
六六一八正	貞射伐羌	1
六六一九	…勿登人呼伐羌	1
六六一九	貞…人呼戠伐羌	1
六六二〇	壬辰卜爭貞我伐羌	1
六六二七	己酉卜殻貞王惟北羌伐	1
六六二八	…北羌伐	
二〇三九九	乙巳卜…𢀛暨雀伐羌囚	1
二〇四〇二	辛丑卜王貞…𢀛…伐羌	1
二〇四〇三	惟雀伐羌	1
二二一五二	…有伐五羌…王亥	1
二二五五〇	…卜行…王賓父丁…伐羌十又八…	2
二二五五一	乙卯卜行貞王賓祖乙𠬝伐羌十又五卯宰無尤在十二月	2
二二五六七	…王…未其有𠬝伐于祖辛羌三人卯…十一月	2
二二五八四	…伐羌…卯二宰…尤	2
二三一〇六	辛巳卜行貞王賓小辛𠬝伐羌二卯二宰無尤	2
二七九八六	今秋惟告伐䍽	3
三二〇四八	…司絧伐三十羌卯三十豕	4
三二〇四九	于司丙寅有絧伐三十羌卯三十豕	4
三二〇五三	乙巳貞丁未有伐于父丁羌三十卯三…	4
三二〇五四	丙子貞丁丑侑父丁伐三十羌歲三宰 茲用	4
三二〇六八	甲辰貞…侑祖乙伐羌十	4
三二〇七二	己巳卜有伐羌于祖乙	4
三二〇七三	辛…壬伐十羌…	4
三二〇八二	貞伐侑羌三牛…宰	4
三二一一六	…于啓甲伐一羌 茲…	4
三二一四九	…司商伐羌	4
三二五六〇	丁卯卜旅貞王賓小丁歲暨父丁𠬝伐羌五	2 2
屯二三九三	大乙伐十羌	4
屯二三九三	大乙伐十羌又五	4
屯二三九三	大乙伐三十羌	4
屯二七九二	伐其七十羌	4
英二四〇六	甲午卜毓祖乙伐十羌又五 茲用	4
英二四六六	丁未卜彭圍伐百羌…官…	4
英二四七三	…伐十羌…五	4
懷三四一	…卜中…伐羌…	1
懷一五五八	大乙伐十羌	4
懷一五五八	大乙伐十羌又五	4

伐·人

著錄	釋文	期
一〇六四	…伐不三人于毌圍宰	1
七三四五	…寅卜呂貞冒三千人伐…	1
二二六〇六	丙申卜行貞王賓伐十人無尤在師追卜	2
二六九九六	…莫伐五人王受有祐	3
二六九九七	…上甲伐三人王受有祐	3
三五三五五	丁丑卜貞王賓武丁伐十人卯二宰𠭴…	5
三五三五五	庚辰卜貞王賓祖庚伐二…卯宰𠭴無尤	5
三五三五五	…王…庚祖丁伐…人卯二宰𠭴一卣無尤	5
三五三五五	丁酉卜貞王賓文武丁伐十人卯六宰𠭴六卣無尤	5
屯二三四三	伐十人	3
屯二五二〇	…父甲必舌伐五人王受有祐	3
英六八五	…丑卜殻貞今𢀛王…伐三人…	1

冊伐

著錄	釋文	期
八八六	貞禦于父乙ㄓ三牛冊三十伐三十宰	1
八八七	壬申…冊大…伐三十…三十宰	1
八九五甲	乙卯…內冊…庚勿七十宰伐二十	1
八九五丙	乙卯卜內冊大庚七十宰伐二十	1
九〇八	癸丑…翌甲…侑于大甲ㄓ二牛冊三十宰伐十	1
九一〇	貞禦于祖辛冊十伐…	1
九一四正	冊祖丁十伐十宰	1
九一五反	…冊祖丁十伐十宰	1
九五九	辛丑卜…冊祖辛…伐卯十牛…	1
九八七	冊…伐…	1
九八八	…卜殻…冊…伐	1
二二二二九	…來庚寅彭盟三羊于妣庚…冊伐二十其三十宰三十及三卯	1
二二二三一	甲寅卜貞三卜用盟三羊𠭴伐二十…三十宰三十及三卯于妣庚	1
三六五二三	…囚巫九…率伐…冊盂…余其…	5
英三九五	貞𠭴勿冊伐束暨桑	1

伐·彭

著錄	釋文	期
一九〇正	惟伐彭于祖乙	1
七〇二正	…乙亥彭伐不㯻	1
七二一正	癸酉卜㱿貞翌乙亥彭雍伐于…	1
七二一正	貞翌乙亥勿彭雍伐…	1
七二一正	貞翌乙亥彭雍伐于宰	1
七二一正	貞翌乙卯彭我雍伐于宰	1
七二一正	貞翌乙卯勿彭我雍伐于宰	1
八一一反	貞于生七月勿有彭伐	1
八九二正	貞來乙亥彭祖乙十伐又五卯十宰	1

八九六正　丁未卜穷：甲寅酌大甲十伐又五卯十宰八日甲寅不酌雨　1
八九七　癸丑卜殻貞來乙亥酌下乙十伐又五卯十宰乙亥不酌：　1
八九八　貞曲祖乙十伐又五卯十宰又五　1
九〇三正　乙卯卜殻貞來乙亥酌下乙十伐又五卯十宰二旬又一日乙亥不酌雨五月　1
勿䶊惟乙亥酌下乙十伐又五卯十宰四…　1
九五六　于來乙酌伐于祖：　1
九五七　：申卜于來辛卯酌伐祖辛　1
九六九　翌乙酉呼子商酌伐于父乙　1
九七五正　乙巳卜爭貞今日酌伐啓　1
九九一正　癸酉：穷貞卜酌伐　1
九九三正　丙申卜翌丁酉酌伐：　1
九九四　：酌伐：　1
九九五　：巳酌伐六宰惟白豕　1
九九六　：翌乙：酌伐二月　1
九九七　貞勿酌伐　1
九九八　：于酌伐：　1
一三四五〇　乙未卜王翌丁酉酌伐昜日丁明霧：大食：　1
三三二一六　癸亥卜遘酌圍伐于大乙　4
三三二三四　乙丑卜酌伐。辛未于巫　4
三三二三四　丙寅卜酌伐于□　4
三三二四四　己丑卜：酌伐　4
三三六九二　己未貞惟甲子酌伐自上甲　4
三三六九二　己未貞于乙丑酌伐　4
三三六九二　己未貞惟甲子酌伐自上甲　4
屯二三〇八　丁酉卜：來乙巳酌卜歲伐十五十剢　4
屯三三三六　辛巳貞惟乙酌伐：　4
屯三三三六　于乙酌伐　4
屯二五一〇　：貞乙亥酌伐自上甲　茲用　4
英一一〇一　丙申卜翌丁酉酌伐啓日明霧大食日啓一月　1
英一二五三　貞惟乙未酌伐　1
英一二五三　丁亥卜穷貞翌辛卯酌伐　1
英二四六五　：于：乙未酌伐　4
三二〇　己亥卜貞有丩伐自上甲　1
三二六　癸亥卜穷貞有丩伐于祖乙用：九月　1
六八五正　貞丩伐三月　1
八一一反　翌甲子酌卜伐　1

九〇三正　丁未卜殻貞酌卜伐十十宰　1
九五五　：穷貞有卜伐于大甲　1
九九〇　：卜伐大：　1
九九二正　貞：丩伐：　1
一〇四六　：巳卜爭貞丩：衣有丩伐：河二十人：　1
六六六七　：卜爭貞□伐衣于：餗王十一月　1
一四八五五　癸丑卜爭貞有丩伐自上甲至于多：　1
二二五四九　丁巳卜卩？貞王賓父丁丩伐羌三十卯五宰…尤：　2
二二五五一　乙卯卜行貞王賓祖乙丩伐羌十又五卯宰無尤在十二月　2
二二五五二　甲寅卜：上甲丩伐：羌十五：無尤　2
二二五六九　甲午卜行貞王賓𩰫甲丩伐羌三人卯宰無尤　2
二二五八二　：即貞王：丩伐羌：宰無：　2
二二六〇五　己巳卜行貞翌庚午其有丩伐于妣庚羌三十其卯三宰　2
二二六〇七　：尹：王賓：丁丩伐：十卯三宰：尤　2
二二六〇八　：辰卜行貞王賓：丩伐：三卯宰無尤在十月　2
二三三五一　庚辰卜即貞王賓兄庚丩伐無尤　2
二三五〇一　己亥卜即貞翌庚子其有丩伐：　2
二六九九四　辛丑卜王其有乆伐大乙惟舊𢑚用　3
二七〇〇〇　十人五　吉　3
王其各于大乙乆伐不遘雨　吉　茲用　不雨　3
二七〇〇四　：其有丩伐大乙？：大吉　3
二七〇〇五　：升：歲𢓊𢦏：大丁卜伐王受有祐　3
二七〇〇八　丙戌卜王丩伐妣丙歲：　3
二八〇八九反　：夕乆伐？妣庚仲：　3
三二〇五七　乙巳貞王有丩歲于父丁三牢伐十又五　若茲卜雨　4
三二〇六四　己巳貞王有乆伐于祖乙其十羌又五：　4
三二〇八六　乙卯貞乆伐𩰫示五羌三牢　4
三二〇八九　庚午貞王有乆伐于祖乙其五羌　4
三二〇九〇　丁丑貞有乆伐自上甲大示五羌三牢　4
三二〇九七　庚辰卜有乆伐于上甲三羌九小牢　4
三二〇九八　：于有乆伐：　4
三二一〇三　癸巳貞有乆伐于伊其乂大乙彡　4
三二一九八　甲辰卜乆二伐祖甲歲二牢用　4
三二一九八　癸卯卜貞乆伐十五甲辰酌上甲　用　4
三二二〇九　：乆伐自上甲　4
三二二一〇　甲寅貞其有乆伐自上甲𥃩：　4
三二二一〇　：寅貞：有乆伐自上甲　4

著錄	釋文	分期
三二二一一	乙亥貞有升伐自上甲盤至父丁于乙酉	4
三二二一二	乙亥貞有升伐自上甲盤至父丁于乙酉	4
三二二一九	辛卯貞有升伐于大甲祖乙	4
三二二〇〇	有升伐十五歲十宰上甲	4
三二二一三	甲寅貞有升伐自上甲盤	4
三二二二三	其有升父丁有伐王受祐	4
三二二二七	壬申卜如有升伐享妣己　茲用	4
三二二二八	癸巳貞其有升伐于伊其即	4
三二二二九	乙卯貞有升伊伐卯一牛	4
三二二三九	惟乙未有升伐	4
三二二四一	丁丑貞有升伐自……	4
三二二五二	升伐惟今日甲酒	4
三二二五二	惟升伐先酒　茲用	4
三二二六三	辛卯卜升伐于衩彡	4
三二八九六	乙卯貞有升伐于伊	4
三四〇四七	……亥卜在大宗有升伐三羌十小宰自上甲	4
屯二四八	貞有升伐合彡	4
屯三一三	丁巳卜惟乙丑酒升伐	4
屯四四一	己未貞有升伐自上甲	4
屯五三二	……有升伐于伊其……	4
屯五八二	庚子貞酒升歲伐三牢	4
屯五九五	甲申貞有升伐于小乙羌五卯牢　茲用	4
屯六一一	己巳貞王來乙亥有升伐于祖乙其十羌又五	4
屯六一一	己巳貞王有升伐于祖乙其十羌又五	4
屯七三九	甲午貞酒升伐乙未于大乙羌五歲五牢	4
屯七三九	丙申貞酒升伐大丁羌五歲五……	4
屯七五〇	甲申貞有升伐自上甲	4
屯七五一	甲午卜有升伐乙未	4
屯九四六	丙申貞丁酉王有升伐于……	4
屯一〇九一	甲午貞有升伐自祖乙羌五歲三牢	4
屯一〇九一	甲午貞有升伐自祖乙三羌……牢……牛　茲用	4
屯一四三〇	……申……升伐自……	4
屯二〇三二	丙申貞酒伊升伐	4
屯二三二二	壬申貞……其有升伐自……于……甲	4
屯二五一〇	己亥貞有升伐其[?]	4
屯四二四二	有升伐二十十牢有囚	
屯四三一八	丙子卜酒升歲伐十五十牢勿大丁	4
英一九六七	……貞翌……其有升伐于妣……	2
英二四五三	乙亥貞有升伐弜……	4
懷三一	貞其有升伐自上甲……羌大示十宰……五宰……	1
懷一三五五	……卯卜行……王賓……升伐……卯……無……	2

著錄	釋文	分期
懷一〇一九	……卜出……王賓……升伐……三十卯……宰……	2

尤

著錄	釋文	分期
二四八正	貞以人呼伐[?]　二告	1
二四八正	勿呼伐[?]	1
九四七正	壬戌卜翌乙酉爭貞旨伐辥戋	1
九四七正	貞勿呼伐辥	1
五六八四	貞勿呼伐舟惟允?用	1
六一八〇	㣇人呼伐	1
六八二六正	貞勿呼伐孽	1
七三三八	……人三千呼伐……	1
七三四二	辛酉卜貞今[?]㣇人呼伐……	1
七四五五	呼伐	1
七五九三	貞勿惟師般呼伐	1
七五九四	貞勿惟吕呼伐	1
七五九五	呼伐……	1
七五九五	呼伐吕	1
七五九六	……勿呼稟伐……	1
七五九九	……申卜殻……呼伐……	1
七六〇〇	……卜殻貞……呼伐……	1
七六〇一	貞勿呼伐……	1
七六〇二	貞呼伐……在[?]	1
九六九九	貞勿呼伐	1
一一〇一八正	……伐取	1
一一〇一八正	呼伐取	1
一一九一八	甲辰卜穷貞呼伐……	1
屯二六二三	……玫啓𤕌方其呼伐其悔不菑　災　弘吉	3
英一五〇正	辛子卜……貞㣇婦好三千㣇旅萬呼伐……	1
英六八六	貞惟旨呼伐	1
英六八六	貞惟師般呼伐	1
英六八八	勿呼伐	1

著錄	釋文	分期
二八〇八九正	王于得使人于美于之及伐望王受有祐	3
二八〇八九正	得取美御事于之及伐望王受有祐　惟用　大吉	3
二八〇八九正	王其比望再册光及伐望王弗悔　有戋　大吉	3
二八〇九〇	……取美御事于之及伐望王受有祐惟用　吉	3

八八〇正　貞往西多敎不其以伐　1
八八〇正　辛酉卜内貞往西…敎其以王伐　二告　1
八八〇正　貞往西多敎不其以伐　1
八八一　…以伐百　1
九四七二正　往西多䋣其以伐　1

省體

三二正　丁巳卜殻貞王學衆伐于𢀛方受有祐　1
四五六正　貞呼取𡉚伐　1
七三二正　歸伐呼𠬝于庚賓　1
九二〇　…侑于王亥九伐卯…　1
九四六正　來甲寅有伐自上甲　二告　1
九六〇　貞勿酒伐乂于祖丁　1
一〇四〇　貞戠伐百人　1
二二二三　貞惟明伐　1
四四九一　貞惟𢀛令伐　1
五四九八　…伐…載朕事　1
五五〇一　…朕事延伐…　1
六八三四正　庚申卜王貞余伐不　1
六八三四正　庚申卜王貞余勿伐不　1
七八三四　…商…伐…　1
六八七七正　…卜…令…伐?…　1
六九五二正　貞雀以石伐?　二告　1
七五九八　丁酉卜亘貞呼伐其祐　1
七八三五　…卜𡧊…王…伐…商　1
七六〇八　貞勿伐　1
一〇四七八　…亥卜王…琶…伐一月　1
一三六一〇　己亥…余伐　1
一四一八五　己丑卜殻貞帝作伐…　1
一五五三四　貞勿伐戠十一月　1
一九六二一　…𡧊貞…‖伐…山…　1
二〇〇九七　甲午…酒…伐…　1
二〇一八七　…夾伐　1
二〇一〇七　丙申卜令多伐雨𡆥不風允不六月　1
二一〇三五　…令伐沚　1
二一四八八　…卜…伐…伐　1
二二二九四　惟午伐周　1
二三三三一　…貞王賓祖乙奭妣庚歲伐于匁牛暨兄庚歲二宰無尤　2
三〇七七五　丁酉卜何貞今來辛有伐燎其酒　3
三二三三〇　庚戌貞侑河伐宰圍大宰　茲用　4
三二三五八　庚午貞乙亥其延伐　4
三二九六八　丁丑貞王于卜伐　4

三三〇六五　丁巳卜貞王令並伐商　4
三三〇六六　…卯…貞令夕令伐商　4
三三〇六八　丁巳卜貞王令阜伐于東邦　4
三三一一三　乙卯卜貞王令並伐　4
三三一一三　丁未卜貞王令阜伐　4
三三二〇五　…惟新伐令?…　4
三三二八五　…伐　4
三三二八六　乙巳貞惟𢀛先伐　4
三四〇四一　己亥貞阜以伐于滳之…　4
三四一三七　…亥…惟…伐…舞?雨　4
三五二八三　庚…伐…　4
三五二八四　…伐…　4
三六九七四　丁卯王卜貞…呼伐若　5
屯四八五　…伐方…　4
屯七九九　…伐弜…　4
屯八五九　…其令伐　4
屯一〇六六　…寅貞王…北方惟…伐令途…方　4
屯一〇六六　…以伐…　4
屯一〇六六　…貞阜以伐…于北土　4
屯一一二六　丁丑貞以伐…　4
屯二一四五　…酉卜令伊…伐…　4
屯二九〇六　乙亥貞惟岳伐…　4
屯二九〇七　庚寅貞王令並伐商　4
屯二九〇七　庚寅貞惟𢀛令伐…　4
屯二九〇七　庚寅貞惟𢀛令伐商　4
屯二九一五　庚子貞王其令伐丰山　4
屯四〇五四　丁巳卜貞王惟丁巳令阜並伐　4
屯四〇五四　丁巳卜貞王令並甲商伐　4
屯四五八七　…鼓伐河…　4
英二二八三　…王其呼甲尹伐衛于…　3

其它

四五六正　侑于唐子伐　1
四六九　于庚申伐　1
七四五　…𠬝…伐有宰　1
八二〇　…卜王…二屯伐…　1
八七九　戊寅卜殻貞奴伐翌庚辰用　1
八八二　…伐乙…允酒…日　1
八八三正　…伐百于大…　1
八八四　…羊百伐百…　1
八八五正　五十伐　1
八八八　丁酉…貞侑于…三十伐十…　1
八八九　伐三十宰　1

八九〇　……三十伐
八九一正　侑于成三十伐
八九二正　貞三十伐下乙　二告
八九三正　呼取伐
八九三正　侑于上甲十伐卯十窜
八九三正　貞二十伐上甲卯十小窜　二告
八九三正　上甲十伐又五卯十小窜
八九三反　侑于三父一伐卯窜
八九四　十伐卯……
八九四　二十伐卯……　二告
八九五乙　乙卯卜：大庚勿七十窜二十伐
九〇二正　貞侑于大甲伐十又五
九〇三正　父乙不惟伐祟
九〇三正　父乙惟伐祟
九〇四正　辛巳卜殻貞酌我匚大甲祖乙十伐十窜
九〇五正　癸亥卜殻貞于心上甲二牛又帝伐十……十報
……月
九〇五反　侑祖辛伐
九〇五反　……十伐又五
九〇六正　侑于上甲十伐卯十豕
九〇九　……内侑于大庚宗……伐十又三十……
九一一　壬戌卜爭……翌甲子酌……十伐
九一二　……十伐……十窜
九一三　……丑卜殻……十伐
九一六正　貞侑于黃尹十伐十牛
九一七正　侑于……十伐卯……
九一八正　……卜穷貞勿齡十伐
九一九　……貞……大甲五伐三十……
九二一　貞九伐卯九牛
九二三正　貞侑于祖乙五伐卯五窜
九二四正　貞上甲惟王匚用五伐十小窜用
九二五　五伐五窜
九二五　五伐十窜
九二六正　五伐五小窜
九二七　五伐一牛
九二八　……侑羌甲……伐三卯……窜
九二九　貞……婦……于……父甲……伐……
九三〇　貞禦于三父三伐
九三〇　于三父三伐
九三五正　戊……穷貞……乙未……戌三伐二窜
九三六　……三伐
九三七　……三伐三窜
九三八正　貞翌乙亥侑于唐三伐窜
九三九正　貞正二伐卯窜

九四〇正　貞侑于卜丙一伐
九四九　……于成伐窜
九五〇　……于成伐……
九五三　甲戌……大……伐
九五三　乙亥卜王大庚伐
九五三　甲戌卜王大丁伐
九五八　……祖辛[illegible]十窜伐十
九六一　𠷎……丁……窜伐……
九六三　丁……翌……大……五十……伐……轂
九六五正　勿齡用一伐于南庚卯窜
九六五正　貞侑于南庚一伐卯窜
九六七　丁酉卜耳貞侑于父乙伐……往……
九六八　……惟伐父乙十二月
九七一　辛酉卜侑黃尹伐
九七二　貞于唐子伐
九七三正　貞唐子伐
九八二　癸丑……王翌……巳?伐于……雨……
九八三　侑于……伐
九九九　貞尊伐……
一〇〇〇　癸未卜……尊伐……其啓二月
一〇〇四甲　貞……酉勿伐不若
一〇〇六正　……卯卜永貞翌庚辰其伐暘日　不舌黽
一〇〇七　……翌乙……伐其雨
一〇〇八　……伐衣……不雨……
一〇一三　癸丑卜王……翌甲……伐……
一〇一四　己……貞……伐……用……室……八月
一〇五一正　侑王矢伐五卯窜
一〇五一正　侑王矢伐三卯窜
一〇五一正　侑王矢伐一卯窜
一〇八六正　丁巳卜古貞王伐不橐
一〇八六正　貞王伐不橐
一四九八正　丙申卜殻貞來乙巳酌下乙王固曰酌惟有
祟其有鑿乙巳明雨伐既雨咸伐亦雨𢼸鳥
星
二六三一正　貞惟婦好呼牧伐
五六三四　貞勿……伐……無……在聽
五六五八正　貞伐……巫以
五八四三　既伐大啓
六〇一六正　庚申卜爭貞旨其伐有蠱羅
六〇一六正　旨弗其伐有蠱羅　二告
六〇一六正　戊戌卜爭貞王歸奏玉其伐
六〇一六反　王固曰吉其伐惟丁
六〇三七正　貞翌庚申我伐暘日庚申明霧王來途
首雨

六四六一反 王固曰吉惟有呼己其伐其弗伐不吉 1
六四七五反 貞侑于祖辛五伐卯三宰 1
六四七七反 貞嗷伐燎 1
六四八〇 貞王…比伐… 1
六六四九瓶 貞伐 1
六七七一正 往西多紐…王伐 1
六八三四正 庚申卜王貞余伐不三月 1
六八三四正 庚…卜王貞余勿伐不 二告 1
七〇一一 貞伐…𢿌… 1
七〇一三 貞…稱…伐…燎…受… 1
七〇四二 …伐利 1
七〇四三 貞二伐利 1
七〇四四 貞三伐利 1
七〇四五 貞三伐利 1
七〇四六 癸酉…三…妥允…伐獲…矢 1
七五七六 王逆伐 1
七五八一 貞惟王…伐 1
七五八四正 己未卜穷貞翌庚…王其伐若 1
七五八五 貞今𣥂王伐 1
七五八六 貞王勿伐 1
七五八七正 …貞王伐 1
七五八八 乙酉卜殻…王比伐 1
七五八九 貞王勿伐 1
七五九〇 …我…伐… 1
七五九一 癸酉…爭…令…伐… 1
七五九二 辛…貞…比…伐 1
七六〇三正 戊子卜穷貞戌其專伐 1
七六〇五甲 …貞旨弗其伐 1
七六〇五乙 辛酉卜內貞旨其伐… 1
七六〇六 貞戌允其伐 1
七六〇七 貞勿伐 1
七六〇九 …勿…𢽾…伐 1
七六一〇 貞余…曰伐… 1
七六一一 …戌…丁?其伐 1
七六一二 貞庚申伐 1
七六一三 …嗷伐 1
七六一四 …殻…伐… 1
七八五四正 …殻貞呼𡗕取囚任伐以 1
七八五四正 己酉卜殻貞勿呼𡗕取囚任伐弗其以 1
一〇四〇八正 貞侑祖乙十伐卯三牛 二告 1
一二四九七正 丙申卜殻貞來乙巳酌下乙王固曰酌惟有祟其有鑿乙巳酌明雨伐既雨咸伐亦雨𢽾卯鳥星 1

一二四九九正 …酌明雨伐…雨咸伐亦…𢽾卯鳥大啓易… 1
一三一四七 貞伐暘日 1
一六一三一正 王…若乙丑允伐右卯暨左卯惟牝牛 1
一九七九四 癸丑卜…凡伐…三月 1
一九七九五 癸丑卜王…翌日甲…伐… 1
一九七九八 庚戌卜𠂤夕侑般庚伐卯牛 1
一九九〇七 丙戌卜𠂤令伐祟軻母 1
一九九五七正 壬寅…征伐…衛捍… 1
一九九五七正 壬寅卜王令征伐…于衛… 1
二〇五一〇 辛卯卜令…伐…侯 1
二〇五六五 庚寅王伐無囚 1
二〇八〇四 …伐三月 1
二一五三六 …貞伐…丙午酌 1
二一五三七 甲寅卜…伐… 1
二一五五五 …寅…伐𢑚 1
二一五五五 壬寅卜丁伐𢑚 1
二一九一四 丁丑伐𡧊… 1
二二一三六 癸未卜禦庚妣伐二十其及茲 1
二二一五三 𠭯伐…不 1
二二一五四 壬辰卜貞伐其用𠀠… 1
二二二二七 乙丑酌禦于庚妣伐二十鬯三十 1
二二三三七 癸…弜伐… 1
二二五三七 甲寅…出貞…伐… 2
二二五三七 貞弗其伐 2
二二六〇九 己酉卜旅貞伐其延伐于兄己六月 2
二二六一二 丙申卜旅貞父丁歲…伐 2
二二六一四 …父丁…伐…尤 2
二二六一五 庚申卜…貞翌辛…禦伐𢀛… 2
二三七三四 壬寅卜行貞王賓伐無囚 2
二四二一七 乙丑卜出貞翌丁卯…伐… 2
二四二七二 丁未…貞王…伐十…尤… 2
二五二三三 乙卯卜澅貞毓…歲…伐… 2
二六八九七 癸巳旦廼伐𢦏不雉人 3
二六九九八 二伐利 吉 3
二六九九九 癸丑卜其有𠂇歲大乙伐卯二宰 3
二七〇〇三 戊午卜父己伐一 3
二七〇〇九 …卜…辟即伐…方𢀛…祐 3
二七〇一〇 貞五𢦚…伐卯… 3
二七八九三 以多田伐有封廼… 3
二八〇〇〇 …于方既食戌廼伐𢦏 3
二八〇六五 惟甲戌伐有𢦏 3

伐

著錄	釋文	期
二八〇六七	惟辛…兌伐…	3
二八〇六八	惟伐匕于囿	3
二八〇六九	…伐丁廼从…	3
三〇五五九	…卜何貞…賓伐…雨	3
三二〇三五	辛酉其若亦盤伐	4
三二〇六六	壬寅貞伐卯惟羊	4
三二一一二	丁丑貞其卯伐	4
三二一一二	弜卯伐	4
三二一五四	庚申…有米…孜伐…	4
三二一九九	又四…歲十宰祖乙十五伐	4
三二二〇二	三伐	4
三二二〇二	五伐	4
三二二〇二	十伐	4
三二二二一	壬寅卜尋侑祖辛伐一卯一宰	4
三二二二二	乙亥卜侑祖戊伐	4
三二二三七	于乙巳伐	4
三二二四二	壬午卜伐惟甲申彡	4
三二二五六	丁未卜其盤伐	4
三二二六〇	丙申卜㝱伐不用	4
三二二七九	甲午伐自上甲	4
三三〇八五	癸亥貞伐…祖乙㒸學獲…	4
三三一三六	辛卯卜于敦伐	4
三三一三六	于𠂤享伐	4
三三一三六	…川…伐	4
三三一四九	癸亥貞王惟今日伐…王夕步自杲三陮	
	…乙丑王㞢歸䢅	4
三四〇五〇	…亥卜帝伐自上甲用	4
三六五三二	乙丑王…伐西戎…余其比…示余受…	5
三六五三三	甲戌王卜貞今…其伐惟…王占曰吉	5
乇二五	惟乙巳用伐	4
乇八〇	王弜伐	4
乇二一八	己未貞…有以伐…雨	4
乇六三六	甲辰貞射𢀛以羌其用自上甲盤至于父丁	
	惟乙巳用伐四十	4
乇六七五	辛卯卜于宰伐	4
乇六七五	丁酉卜于宰伐	4
乇六七五	于宰伐	4
乇七五一	戊戌卜侑十宰伐五大乙	4
乇七五六	乙未卜惟伐芒	4
乇九三三	丙午卜貞丁未侑父丁伐	4
乇九四〇	乙亥卜來甲申侑大甲十宰十伐	
乇九四〇	…申卜…大…十宰十伐	
乇一一〇四	癸酉貞其有伐自上甲盤惟辛巳伐	4

著錄	釋文	期
乇二一一五	庚子貞伐卯于大示五宰下示三宰	4
乇二一七三	…伐…大甲…	4
乇一六九七	…卯伐三宰	4
乇二二〇〇	…未卜…又歲大乙伐二十十宰	4
乇二三四二	…丑貞王令伊尹…取祖乙魚伐告于	
	父丁小乙祖丁羌甲祖辛	4
乇二五一〇	伐其㞢丁	4
乇四一九八	伐十又五	4
乇四四八九	丁未貞王令卓以眾伐在河西㭘	4
英三	…未卜殼貞侑于上甲三伐	1
英八三	…曹父乙十宰伐	1
英四〇四	…貞戌…一牛…伐	1
英四六一	…呼…臣伐	1
英五五五	王勿逆伐	1
英五五五	貞𢀛方其來王逆伐	1
英五五五	𢀛方其來王逆伐	1
英六二二	丙申卜勿伐	1
英六八七	…殻…我…伐…	1
英六八九	…伐…捍…	1
英一一九四	貞侑九伐卯九牛	
英一一九四	貞侑十伐卯十牛	
英一二九七	…百伐…十月	1
英一九四六	…伐毓祖乙…有羌	2
英二三三六	…伐有大雨	3
英二四〇六	甲午…其有…伐于…祖乙十…	4

戌

著錄	釋文	期
六	丁酉卜𡧊貞惟戌米令比䍙王	1
六	貞惟戌延令比䍙王六月	1
三三二七	貞勿呼雀戌	1
一九六八一正	貞𠕁…不惟…戌	1
二四二一九	貞惟戌…	2
二四二二〇	…惟戌射在疋…	2
二五八七七	貞…戌二…	2
二六八七九	戌因弗雉王眾	3
二六八七九	戌芇弗雉王眾	3
二六八七九	戌何弗雉王眾	3
二六八七九	戌逐弗雉王眾	3
二六八七九	戌㳄弗雉王眾	3
二六八七九	戌芇其雉王眾	3
二六八八〇	…丑卜五族戌弗雉王…吉	3

片號	釋文	期
二六八八一	癸丑卜狄貞戍逐其雉王眾	3
二六八八二	貞戍…弗…王… 吉	3
二六八八三	戍隻弗雉王眾	3
二六八八八	戍衛不雉眾	3
二六八九二	…戍侢于寧	3
二六八九五	…惟入戍辟立于…之𢆶羌方不…	3
二六八九五	…戍辟立于中𠬪之𢆶羌方不雉人	3
二六八九七	癸戍凡伐𢦏不雉…	3
二六八九八	王其眾戍𢀛受人惟𠚤土人有災	3
二六八九八	王其呼眾戍𢀛受人惟𠚤土人暨死人有災	3
二六八九八	弜祀眾戍𢀛受人無災	3
二六九九二	…戍隻…執以	3
二六九九三	惟戍呼旋執于之擒王受祐	3
二七八八一	惟戍馬冒呼允王受有祐	3
二七八九一	惟田暨戍舞	3
二七九六六	惟戍馬呼暨往	3
二七九六七	弜令戍其悔弗𢦏	3
二七九六八	惟王以戍冒擒	3
二七九六八	惟戍冒擒	3
二七九六九	乙丑…王其…戍从…乃…在之…弗…	3
二七九七〇	惟戍呼射擒	3
二七九七二	其呼戍禦羌方于義䢅𢦏羌方不喪眾	3
二七九七二	戍其歸呼駱王弗悔	3
二七九七二	戍其徲毋歸于之若𢦏羌方	3
二七九七四	…其令戍…羌方于敦于…　吉	3
二七九七五	…戍往…羌方不…人有𢦏	3
二七九七五	惟戍𢀛往有𢦏	3
二七九七五	惟戍毋往有𢦏	3
二七九七八	…戍　吉	3
二七九七九	戍惟義行用遘羌方有𢦏	3
二七九八一	…戍…令…𢦏羌	3
二七九八七	…及羌…戍𦉪弗𢦏	3
二七九九一	戍…衛…	3
二七九九五	戍甲伐𢦏𢼸方校	3
二七九九五	戍及𢼸方𢦏	3
二七九九五	戍及校于有襄	3
二七九九五	戍甲伐𢦏𢼸方校	3
二七九九五	戍弗及𢼸方	3
二七九九六	戍从𢆶𢼸方戍	3
二七九九六	戍从𢆶𢼸方戍	3
二七九九七	…丑卜戍𢆶羌方…	3
二七九九七	戍及𢼸方	3
二八〇〇八	癸巳卜其呼戍…	3
二八〇一一	壬戌卜狄貞惟戍呼執	3
二八〇一三	戍弗及方	3
二八〇二〇	戍…方	3
二八〇二二	惟龔伐	3
二八〇二三	于戍官入…	3
二八〇二六	王其冒戍𢆶…	3
二八〇三七	戍須…	3
二八〇二八	丁卯卜戍其𢆶…	3
二八〇二九	丁卯卜戍允出弗伐微	3
二八〇三〇	弜益戍…受匕…	3
二八〇三二	…戍官入有𢦏?	3
二八〇三四	戍辟遷之𢦏	3
二八〇三五	戍𦍌其雉…	3
二八〇三六	惟戍𦍌有𢦏	3
二八〇三八	…于…戍…	3
二八〇三八	戍杳其遘𢦏	3
二八〇三九	戍…𢆶有…迺…用…	3
二八〇四〇	貞王其戍…	3
二八〇四一	貞戍…止大…	3
二八〇四三	…不至于…戍爯…𢦏	3
二八〇四四	戍爯其遘𢦏	3
二八〇四五	丁未卜王其呼戍希在…	3
二八〇四六	…戍于…敦?…立	3
二八〇四七	…戍武…𢦏	3
二八〇四八	弜令戍	3
二八〇五〇	翌日辛…喪…戍不…雨?	3
二八〇五一	戍戍…戍惟…	3
二八〇五二	戍?…戍𢇍?…嗖暨	3
二八〇五二	…戍…以…𢦏	3
二八〇五三	王惟次令五族戍羌方	3
二八〇五四	癸巳卜王其令五族戍𢆶…伐𢦏	3
二八〇五五	甲子…貞戍…王獲…　吉	3
二八〇五六	王其呼戍受…	3
二八〇五八	戍循往于來取迺𦉪𢓊衛有𢦏	3
二八〇五九	弜令戍于衛其…	3
二八〇六七	戍其伐有𢦏	3
二八〇八〇	惟戍射有正	3
二八〇九四	惟戍得令…	3
二八一八〇	王其呼戍𩅰盂有雨　吉	3
二八一九〇	戍其敨遘于西方東饗	3

二九七一六　……呼戎……有虎……在正月　3
三〇〇二八　惟戎呼舞有大雨　3
三六五三八　……乇方……戎其……吉　5
三八七五八　……方伯……祖乙戎……　5
屯四六三　……卯卜戎𢀛徹禦……　大吉　3
屯七二八　弜呼戎衛其悔　3
屯七二八　王其呼戎延衛弗悔　3
屯七二八　方其至于戎師　3
屯八八〇　王其呼衆舂戎受人……亩土人暨𣌝人　有災　大吉　3
屯九四二　王惟戎𢀛令比……　3
屯九四二　戎𢀛　3
屯一〇〇八　惟戎永令王弗悔　3
屯二一八五　惟戎雋有災　吉　3
屯二三二〇　右戎不雉衆　3
屯二三二〇　中戎不雉衆　吉　3
屯二三二〇　左戎不雉衆　吉　3
屯二三二〇　癸酉卜戎伐有牧卓偺人方戎有災　弘吉　3
屯二三三〇　中戎有災　3
屯二三三〇　左戎有災　吉　3
屯二三六七　戎多以執　吉　3
屯二六五一　戊辰卜戎執征𣪘方不往　3
屯三一〇七　……王其呼戎岳……　3
屯三六三七　惟有……𢀛戈戲方……戎　3
屯四一九七　戎泳……于義……立有……　3
屯四二〇〇　……戎逐其雉王衆　3
屯四三五五　……惟……戎射　4
懷一三一二　癸丑卜暊貞戎其使䀠用之戠　3
懷一三五二　……貞王其呼……以戎……郭……凡……　3
懷一四四四　甲寅卜乙王其田于豐以戎擒　3

戒

二一四四六　曰戒……肓……　1

戕

二〇四七〇　丁卯卜今日𠬝戕　1
二〇四九一　……余曰無戕……三月　1

戠

九六　庚午卜穷貞戠以𠭯蜀　1
九六　貞戠弗其以𠭯蜀　二告　1
九六　貞戠以𠭯蜀　1
九六　戠弗其以𠭯蜀　1
一〇八六正　丁巳卜古貞戠以　1
四四九五　……令𠊱暨戠　1
四七五九　……酉卜史貞……令戠……𢀛乃衛……　1
四七六〇　……酉卜史貞……令戠……𢀛……　1
四七六〇　……酉卜史貞……令戠……𢀛乃衛……　1
四七六二　庚戌卜穷貞惟戠呼……戠　1
四七六三　庚寅卜穷貞戠有擒　1
四七六四　……辰卜……貞……戠……　1
四七六五　𤉲戠……暨多……　1
四七六六　丁亥……穷……戠……　1
四七六七　貞……戠……　1
四七六八　……戠……用一月　1
四七七〇　……亥卜穷貞令𢀛于戠　1
五七三六　壬子卜穷貞令戠暨多射　1
七五六四　貞戠勿……衛……𢀛……　1
八六四一　……穷……戠崇……方至于……　1
九四七七　……卜穷……令多晨……戠……戠　1
一〇一九六　……日……狩𤞷允獲虎二侧有疾戠友若　1
三一八四　……令戠以衆入山崇……　4
三二八八六　辛未貞惟戠令即並　4
三二八八六　癸酉貞惟戠令即並　4
三二九二〇　……羽令以戠于𤉲　4
三二九九六　癸未貞王令戠　4
三二九九六　乙亥貞令戠于𣪊　4
三二九九七　辛未貞王令以戠于𣪊　4
三二九九九　己酉令戠衛从　4
屯六〇〇　……先于戠十若　4
屯八〇六　……戠以衆𡆥……　4
屯一〇四一　丙午貞王令戠……　4
屯一〇四七　辛未貞王令並以戠于𣪊　4
屯二三九八　戊午卜在𦣞剌戠告麋其乜擒　4+3-4
屯二五八五　乙亥貞戠來呼告其令入羌　4
懷三八二　乙卯卜晉貞戠及征方于寇　1
懷九五八　貞……令羽以戠　1

二二五五〇　乙卯卜行貞王賓祖乙歲一牛　2
二二六二四　：歲：　2
二二八三五　戊寅卜呂貞王賓大戊歲無𡆥　2
二二八三七　戊寅卜旅貞王賓大戊歲無𡆥　2
二二八三九　戊子卜呂貞王賓大戊歲無：三月　2
二二八四〇　戊子卜尹貞王賓大戊歲：　2
二二八四一　戊子卜旅貞：賓大戊歲：　2
二二八四二　戊：貞王：大戊歲：　2
二二八四三　戊戌卜貞王賓大戊歲無𡆥　2
二二八四四　戊申卜尹貞王賓大戊歲無：在七月　2
二二八四五　戊申卜旅貞王賓大戊歲?無𡆥　2
二二八四五　戊申卜旅貞王賓大戊歲?無𡆥　2
二二八四六　戊午卜旅貞王賓大戊歲無尤　2
二二八四七　戊午卜呂貞王賓大戊歲無𡆥在十四月　2
二二八七八　壬申：貞王賓卜壬歲無：　2
二四四一五　歲在灉　2
二五二八二　戊辰卜旅貞王賓歲無𡆥　2
二五二八二　戊寅卜旅貞王賓歲無𡆥　2
二五二九一　：卜：賓：歲：𡆥　2
二五四五八　壬戌卜大貞王賓歲無𡆥九月　2
二五四八六　壬寅卜尹貞王賓歲無𡆥　2
二五五三五　丙戌：貞：歲：　2
二五五八六　：歲無𡆥　2
二五六一六　：王：歲：無𡆥十一月　2
二五六五八　戊申卜大貞王賓歲無：　2
二五六六一　丙辰卜大貞王：歲無：　2
二五六六二　戊午卜大貞王賓歲無𡆥　2
二五六六三　：卜大：王賓歲禕：𡆥　2
二五六六四　戊辰卜即貞王賓歲無𡆥　2
二五六六五　丁丑卜即貞王賓歲無𡆥　2
二五六六六　壬辰卜即貞王賓歲：𡆥　2
二五六六七　：丑卜即貞王賓歲無𡆥　2
二五六六八　癸亥卜即貞王賓歲無𡆥　2
二五六六九　：丑卜即貞王賓歲無𡆥　2
二五六七〇　：貞王賓歲無𡆥　2
二五六七一　：亥卜喜：王賓歲：𡆥二月　2
二五六七二　丁卯卜尹貞王賓歲無𡆥　2
二五六七三　庚午卜尹貞王賓歲無𡆥在九月　2
二五六七四　戊午卜尹貞王賓歲無𡆥　2
二五六七五　：戊?歲無𡆥　2
二五六七五　戊寅卜尹貞王賓歲無𡆥　2
二五六七六　戊子卜尹貞王賓歲無𡆥　2
二五六七七　戊戌：貞王賓歲無𡆥　2

二五六七七　己亥卜尹貞王賓歲無𡆥　2
二五六七八　戊子卜尹貞王賓歲無𡆥　2
二五六七九　壬寅卜尹貞王賓歲無𡆥　2
二五六八〇　丁未卜尹貞王賓歲無𡆥　2
二五六八一　戊申卜尹貞王賓歲無𡆥　2
二五六八二　壬子卜尹貞王賓歲無𡆥　2
二五六八三　癸丑卜尹貞王賓歲無𡆥　2
二五六八四　丁巳：貞王：歲：　2
二五六八四　戊午卜尹貞王賓歲無𡆥在五月　2
二五六八四　己未卜尹貞王賓歲無𡆥　2
二五六八五　：寅卜尹貞王賓歲無𡆥　2
二五六八七　己巳卜呂貞王賓歲無𡆥　2
二五六八八　：卜呂：賓歲：𡆥　2
二五六九〇　丙寅卜旅貞王賓歲無𡆥　2
二五六九一　己亥卜旅貞王賓歲無𡆥　2
二五六九二　己亥卜旅貞王賓歲無𡆥　2
二五六九三　己酉卜旅貞王賓諓無𡆥　2
二五六九四　戊午卜旅貞王賓歲：　2
二五六九五　戊申卜旅貞王賓歲無𡆥　2
二五六九六　戊子卜旅貞王賓歲無𡆥　2
二五六九七　：旅：賓歲無𡆥　2
二五六九八　：卜旅：賓歲：𡆥　2
二五六九九　癸丑卜行貞王賓歲禕：　2
二五七〇〇　丁卯卜行貞王賓歲無𡆥　2
二五七〇一　己?卯卜行貞王賓歲無𡆥：十二月　2
二五七〇二　壬申卜行貞王賓歲無𡆥　2
二五七〇三　己卯卜行貞王賓歲無𡆥　2
二五七〇四　壬申卜行貞王賓歲無𡆥　2
二五七〇五　：子卜行貞王賓歲無𡆥　2
二五七〇六　壬寅卜行貞王賓歲無𡆥　2
二五七〇七　：歲：　2
二五七〇七　癸卯卜行貞王賓歲無𡆥　2
二五七〇八　戊子卜行貞王：歲：𡆥　2
二五七〇九　癸丑卜行貞王賓歲無𡆥　2
二五七一〇　己未卜行貞王賓歲無𡆥　2
二五七一一　壬戌卜行貞王賓歲無𡆥　2
二五七一二　：卜行貞王賓歲祭無𡆥　2
二五七一三　：未卜行貞王賓歲無𡆥在：　2
二五七一四　己卯卜：貞王賓歲無𡆥在：　2
二五七一五　壬午卜：貞王：歲無：　2
二五七一六　丁亥卜：貞王賓歲無：　2
二五七一七　戊子：貞王：歲無：　2

戠

編號	釋文	期
25718	丁酉：貞王：戠：	2
25719	丁亥：貞王：戠：囚	2
25720	丁未：貞王：戠：	2
25721	戊申卜：貞王：戠：囚	2
25722	戊申：貞王賓戠無：	2
25723	壬子：貞王：戠：	2
25724	戊午卜：貞王：戠無囚	2
25724	己未：貞：戠：囚	2
25725	戊午：貞王：戠：	2
25726	戊午：貞王：戠：	2
25727	戊午卜：貞王賓戠無囚	2
25728	己未：貞王：戠無：	2
25729	癸亥：貞王賓戠無囚	2
25730	癸卯卜：貞王賓戠無囚在六月	2
25731	壬戌卜：貞王：戠：囚	2
25732	壬戌卜：貞王賓戠無囚	2
25733	：卜行貞王賓戠無囚	2
25734	戊辰卜：貞王：戠無：	2
25735	：王賓戠無尤	2
25736	壬戌卜貞王賓戠無囚	2
25737	癸：貞王賓戠無囚	2
25738	：王賓戠無尤	2
25739	：卜貞王賓戠無：	2
25740	壬寅：貞王：戠無：	2
25741	：卜：貞王：戠：	2
25742	：卜：貞王：戠無：	2
25743	己丑卜行貞王戠無囚	2
26113	乙亥：貞王：戠無：	2
26149	：貞王賓：戠：	2
26591	壬申卜兄貞王賓戠無囚	2
27042反	戊申卜宁貞王賓大戊戠無尤	3
27042反	己亥卜宁貞王賓戠無尤	3
27210	乙巳卜：王賓祖乙戠一牛：尤	3
30546	丁巳卜猳貞王賓夕戠無囚	3
30547	甲辰卜暊貞王賓戠無尤	3
英2241	戊申卜旅貞王賓戠無囚	2
英2242	戊戌卜旅貞王賓戠無囚	2
英2243	：卜兄：賓：戠：囚	2
英2244	丁酉卜喜貞王賓戠無囚	2
懷1027	：亥卜旅：王賓：祭戠：尤在九：	2
懷1041	：卜兄：賓：戠：囚	2
懷1252	貞：戊子卜旅貞王賓戠無囚	2

編號	釋文	期
懷1253	：貞王賓戠無囚在四月	2

戠·日

編號	釋文	期
27388	：仲己其戠日	3
27388	弜戠日其有歲于仲己	3
29699	戠日：申酌：王受：	3
29697	戠日	3
29698	戠日	3
30467	癸酉卜其有火惟王賓日戠：	3
30504	其戠有日：奴大：	3
33696	乙巳貞酌其舌小乙茲用日有戠夕告于上甲九牛	4
33697	乙丑貞日有戠其：于上甲三牛　不用	4
33697	辛丑貞日有戠其告于上甲：	4
33698	庚辰貞日戠其告于河	4
33698	庚辰貞日有戠𢦔囚惟若	4
33704	：巳：白戠：西：囚	4
33698	庚辰貞日有戠其告于父丁用牛九在[林大]	4
33699	戊子貞日有戠告于河	4
33700	乙丑貞日有戠允惟戠	4
33701	：日有戠惟：	4
33701	：日有戠：	4
33702	：貞日戠：有：	4
33703	甲子卜貞日戠于甲寅：	4
33710	辛巳貞日戠其告于父丁	4
屯3120	：貞日有戠其告于：	4
懷1371	辛未卜仲己歲其戠日	3
懷1361	弜戠日其有歲于仲己　茲用	3

㞢戠·又戠

編號	釋文	期
六四七五反	王固日有戠	
一四三七五	貞翌丁卯勿有戠	1
30521	弜有戠茲用	3
30522	弜有戠茲用	3
31078	：戌卜有戠其舌于：王受有祐	3
31425	弜有戠	4
32673	弜有戠	4
33700	乙丑貞日有戠允惟戠	4
33708	弜有戠	4
33711	：有戠其：	4
屯174	：申卜祖辛祭有戠：牛茲用祭戠	3-4
屯726	壬寅貞月有戠其有土燎大牢　茲用	4
屯716	壬寅貞月有戠王不于一人囚	4

著錄號	釋文	期
屯三一〇	…有戠其告于祖…	4

子戠

著錄號	釋文	期
一三五一七	侑子…戠	1
二〇〇三六	…戌卜貞不朿余萛子戠十月	1
二〇〇三七	乙丑卜王勿龠侑子戠	1
二一七二七	壬辰子卜貞婦□子曰戠	1
二三〇〇六	…辰卜王…翌辛巳…戠于祖辛牝一	2
三二七三五	甲午卜有ㄐ于子戠十犬卯牛一	4
懷一五六四	…午卜侑于子戠十犬卯牛一	4

戠牛

著錄號	釋文	期
八九六九正	我勿以戠牛	1
一五七六一	己丑…㽙貞…戠牛…酌	
二三〇〇〇	…祖辛祭戠牛無尤	2
三〇七一八	戠牛用	3
三三九九五	其戠牛　茲用	5
三七〇〇〇	…戠牛	5
三七〇〇一	…戠牛	5
三七〇〇二	…戠牛	5
英二五六二	其戠牛	5
懷一七八五	…戠牛	5

入戠

著錄號	釋文	期
五一六五	乙亥卜爭貞生七月王勿衣入戠	1
一五一三五	貞王勿衣入戠	1
一六一〇五	貞王勿衣入戠	1
一六一〇六	庚申卜…勿衣…戠十三月	1
三二九五六	庚寅卜王弜入戠	4

其它

著錄號	釋文	期
四七七	…戠兔…酌…羌	1
五五七	貞勿商戠卓	1
九〇六正	乙亥卜爭貞戠由…月	1
九四五正	勿衣黄尹戠	1
九四五反	…戠	1
一四五〇	…貞…戠…㲋	1
三七三五正	乙亥卜爭貞戠…	1
四〇〇五	…戠于…令𡚾	1
四〇二五	貞勿敚戠	1
四一五八	…卜勿…弜…戠…雀	1
四八九九	…爭貞…呼行比…戠前肘	1
五〇六七	…王勿出戠	1
五〇六八	…卜殼…王勿出戠二月	1
五四九四	…保…戠…	1
五九四八	…鼓戠…執	1
七三六五	貞勿衣循捍戠	1
七二六六	…寅卜王貞…衣循捍戠	1
八一〇五正	貞勿彭戠九月在鮻	1
八七六二正	癸未…勿戠…西奉	1
九一一六正	貞戠以	1
九一三〇	…殼貞戠取以	1
一二九一〇	…戠…其雨	1
一三〇七九	貞戠	1
一三五四四	貞勿延吕宗無戠二月	1
一四二七二	丁丑…作侑…延…鬼…戠…衣…	1
一五四〇一	丙申卜戠弜用□大衬	1
一五五〇八	貞伐勿延戠	1
一五五〇九	…勿延戠　二告	1
一五五三四	貞勿伐戠十一月	1
一六〇九八	…貞衣…戠	1
一六一〇一	貞勿衣歸戠	1
一六一〇二	貞勿衣歸戠	1
一六一〇三正	貞勿衣歸戠	1
一六一〇四正	貞勿衣歸戠	1
一六一七二	勿敚戠	1
一六二二四	貞戠…十三月	1
一六二二五	丁酉…戠勿…𨹹十月	1
一六二二六	庚辰卜…余戠…	1
一六二二七	…戠于…入自…廼…遘…	1
一六二二八	貞戠	1
一六二二九	貞令衛戠	1
一六二三〇正	己卯卜穷貞勿步戠十一月	1
一六二三一	…寅卜穷…勿…戠	1
一六二三二	…戠不步	1
一七八九五	貞勿…百…戠…	1
一八五九六	貞勿商綅由戠	1
一九七七一	癸亥卜王貞勿酌翌藏于黄尹戠三月	1
二〇一七八	壬申卜㠯貞𢦏勿…戠	1
二〇二三五	辛巳卜王勿呼甫即夏令戠十月	1
二〇二七九	貞宁無戠	1
二〇三〇七	…戠不祝王…	1
二〇三四三	…㠯貞…人于…戠	1
二〇三四六正	辛丑卜㠯戠弜使人祉	1
二〇七七五	…戠…	1

著錄	釋文	期
二一一八八	甲戌卜王弜令凡戠于若	1
二一二四一	癸亥卜戠勿…來乙…	1
二一二四二	戠勿步	1
二一二四二	戠勿步	1
二一二四三	辛巳…貞余戠勿…妣	1
二一二四四	…戠水	1
二一三四五	…戠?羽?	1
二一七八二	癸未卜貞戠不囚	1
二二四七五	…戠人	1
二二八〇一	…亥卜喜…大庚戠秖于庚…	2
二三一六五	…百牛其用于毓祖乙戠	2
二五七四四	貞戠無尤十一月	2
二五七四五	貞戠	2
二五七四六	貞戠七月	2
二五七四七	貞戠吉辰	2
二五七四八	…貞翌…禘戠…	2
二六〇〇三	…卜旅…翌丁亥…先祭戠…	
二六一〇九	貞王…戠…囚在…	2
二六一五一	己亥…貞…戠…	2
二七一四五	戠大乙酢毓祖丁　吉	3
二七三八七反	弜戠日其有歲于仲己　茲用	3
三〇一七三	戠𤎩雨　茲用	3
三〇一七三	戠辛酢禰若	3
三〇七四四	戠歲茲用	3
三一七九一	…弜使…戠征…	3
三二四二五	辛酉貞大乙戠一牢	4
三二七六五	己亥卜戠婦井于㝅	4
三二七六五	勿戠	4
三二八八三	丁未貞王令戠𢓊在𠫊	4
三二九六八	丁丑貞王弜商望其戠	4
三三六〇三	丁巳…戠三十…六勿…	4
三三六八五	…戠	4
三三七〇四	允戠	4
三三七〇五	弜戠	4
三三七〇五	己亥…戠…徉…	4
三三七〇六	…亥卜…弜戠奉辛步	4
三三七〇七	戠奉于乙步	4
三三七〇七	己丑貞弜戠辛步	4
三三七〇九	弜戠夕其酢人牛	4
三四二六一	…戠…瀧…河	4
三四三九九	辛酉貞𢀛弜凡戠禾	4
三四四四五	弜㚇戠	4

著錄	釋文	期
三八一一五	其戠日	5
三八一一五	戠日	5
屯 三四	…祭戠有歲于祖辛　茲用	4
屯 三四	…祭戠有歲于祖乙　茲用	4
屯 三二一	…戠月吉于上甲九牛	4
屯 九五四	辛酉貞大乙戠一牢	4
屯 一〇八九	癸酉貞其…餗戠伊…	4
屯 一〇九〇	癸酉卜𢀛戠至于父丁尊其鬲	4
屯 一〇九四	癸亥卜其延羌甲戠	3-4
屯 一一〇八	弜往省田戠弗悔　吉	3
屯 一一〇八	弜戠雨往田弗悔	3
屯 二三二七	豕用其…戠旅…	3
屯 二九一八	…子貞𢀛無…惟…戠不若	4
屯 三〇二九	其戠…𣪕…	3
英 一	日戌戠在之	1
英 一九四二	辛酉…貞王…祖辛戠無…	2
英 二二四五	丙申…貞王…戠…	2
英 二二四六	…尹貞…戠無囚	2
英 二二四七	丙…貞王其…其戠…	2
英 二二四八	…貞…戠…	2
懷 五一三	…爭…戠…	1
懷 一〇三三	壬申卜…貞王…戠…囚	2
懷 一〇七〇	…貞…戠…	2
懷 一〇七〇	…貞王…夕戠…尤	2
懷 一五〇三	…卜𠂤貞王勿…盧𠧟祟…戠…	4
二一〇九九	癸卯卜令田征𢦏戠?	1
二一〇九九	今夕亞𢦏	1
二一〇九九	辛丑卜燎瀧𢦏三牢	1
二七〇七二	…戌卜𢦏…上甲一牛	3

選録

𢦏　災

著錄	釋文	期
六六四九甲正	王固曰吉𢦏之日允𢦏𢦏方十三月　二告	1
六六五〇正	…卜古貞𢀛化正受有祐三旬又…日戌	
	子卒𢦏𢦏方	1
一三五一四甲正	辛…卜㱿貞勿𩰫基方缶作郭子商	
	𢦏四月	1

編號	釋文	期
一七二三〇正	貞王往走戋至于家剸	1
二八一三九	王其惟隻戋	3
二七七九一	于庚申廼歸無災	3
二七九二五	辛亥卜翌日壬王其比在成犬阜弗悔無災 弘吉	3
二八一八八	自瀼至于大無災 吉	3
二八三三三	王先狩廼饗擒有鹿無災	3
二八三四一	惟喪田省無災	3
二八三四一	其狩無災	3
二八三四一	王其射麑鹿無災擒	3
二八三四一	惟盂田省無災	3
二八三四二	王其延至于麑無災	3
二八三四五	惟𠂤麓獲有大鹿無災	3
二八三四七	其狩無災	3
二八三四九	辛卯卜王惟虞鹿逐無災	3
二八三六五	于宮無災	3
二八三九一	王其射兕無災	3
二八三九八	惟[?]先犬擒無災	3
二八三九八	壬寅卜王其田[?]寧兕先[?]無災擒王永	3
二八四〇二	王其射麑兕擒無災 大吉	3
二八四〇三	惟戊射麑兕無災	3
二八四〇六	王廼射麑兕無災	3
二八四〇七	王惟麑兕先射無災	3
二八四九七	翌日壬王其田瀼無災擒 弘吉	3
二八五一四	于旦無災	3
二八五一四	王其田蓺無災	3
二八五三六	戊弜亡其有災	3
二八五四四	…其田蓺無災	3
二八五五四	王其田蓺無災	3
二八五六四	丙午卜戊王其田蓺無災 吉	3
二八五六六	于旦王廼田無災	3
二八五六八	王其田蓺無災 吉	3
二八六〇六	于戊王廼𡆥無災	3
二八六〇九	惟田省無災	3
二八六〇九	于壬王廼田無災	3
二八六一〇	于壬王廼田無災 吉	3
二八六一一	于翌日壬王廼田無災	3
二八六一二	于壬廼田無災	3
二八六三〇	…莫省田蓺入無災	3
二八六三三	于辛省田無災不遘雨	3
二八六三六	…惟田省無災 大吉	3
二八六三七	…惟田省無災	3
二八六三八	王惟田省無災	3
二八六三九	其狩無災	3
二八六四〇	壬王惟田省無災 吉	3
二八六四〇	其狩無災 大吉	3
二八六四一	王惟田省無災	3
二八六四一	狩無災	3
二八六四九	惟田省無災	3
二八六四九	其狩無災	3
二八六五〇	狩無災	3
二八六五〇	惟田省無災	3
二八六五三	王惟田省無災	3
二八六五三	狩無災	3
二八六五四	惟田省無災 兹用	3
二八六五六	惟弗來無災	3
二八六六九	王惟壬田無災	3
二八六七一	于丁田無災	3
二八六七五	惟今日田無災	3
二八七五〇	弜丁卯尋其悔無災	3
二八七八九	其逐沓麋自西東北無災	3
二八八〇〇	…寅卜王惟辛蓺麓無災永王	3
二八九〇五	于宮無災	3
二八九〇五	丁丑卜翌日戊王其迖于[?]無災	3
二八九九一	惟喪田省延至于之無災 大吉 兹用	3
二九一八五	惟宮[?]省弗悔無災吝王 大吉	3
二九二四五	戊王其田惟沇無災 吉 用	3
二九二七三	惟[?]田無災吝王擒	3
三〇一二二	惟亞戋…田省延往于向無災永…不遘雨	3
三三三七三	戊午卜貞弗擒王其田無災擒于𩫖無災	4
三三七七三	無災	4
屯四五三	…戋不遘…	3
英二二八九	…巳卜…貞王其田羌無災擒鹿十又五	3
英二二九四	惟王射竹鹿無災擒	3
英二三〇六	乙亥卜貞王其田無災	3
英二三一二	翌日戊王其迖于向無災	3
英二三一六	甲申卜翌日乙王其迖于梌無災	3

著錄	釋文	期
英二三八	惟盂田省無災	3
英二三二一	其狩無災	3
英二三二一	惟虞田無災	3
英二三二一	惟光田無災	3
英二三三二	其出舟惟今日癸無災 吉	3
英二三三六	庚戌卜王其比虎師惟辛無災	3
懷一四一五	于宮無災	2
懷一四一八	⋯王⋯𩱛無災	3
懷一四二八	王惟盂田省無災	3
懷一四三二	惟盛田弗悔無災	3
懷一四三二	于壬王迺田湄日無災泳	3
懷一四三三	狩無災	3
懷一四三三	于翌日壬王迺無災	3
懷一四三三	惟田省無災	3
懷一四三四	惟宮田省無災	3
懷一四三四	惟盂田省無災	3
懷一四三四	惟喪省無災	3
懷一四三八	⋯王⋯田延至⋯𣌭無災	3
懷一四四三	⋯惟㮇田省無災	3
懷一四四六	⋯王其⋯災	3
懷一四四七	⋯田⋯無災	3
懷一四四八	壬戌卜貞王其田𢦏無災	3
懷一四五一	辛丑卜翌日壬王其送于向無災	3
懷一四五二	于喪無災	3
懷一四五三	于宮無災	3
懷一四五四	⋯日戊⋯其送⋯向無災	3
懷一四七九	⋯宋⋯比無災	3
懷一六○二	無災	4

𢦏

著錄	釋文	期
屯二三八六	⋯卜王其呼敦𢦏⋯王受有祐𢦏在[illegible]	3

𢦏 災

著錄	釋文	期
五三	壬申卜貞雀弗其⋯𢦏[illegible]	1
一五一正	貞𢀛正化𢦏方	1
一五一正	𢀛正化弗其𢦏	1
二四八正	壬戌卜爭貞旨伐[illegible]𢦏	1
二四八正	貞弗其𢦏	1
五八四反	⋯壬辰亦有來自西𢀛呼⋯征我奠	
	𢦏四⋯	1
八八○正	乙卯卜爭貞旨𢦏羅	1
八八○正	貞旨弗其𢦏羅	1
九四○正	辛未卜穷貞旨𢦏[illegible] 二告	1
九四○正	貞旨弗其𢦏[illegible] 二告	1
九四七正	壬戌卜翌乙酉爭貞旨伐薛𢦏	1
一○二七正	戊午卜殻貞我其呼[illegible]𢦏	1
一○二七正	戊午卜殻我[illegible]𢦏	1
一○五一正	壬辰卜殻貞雀𢦏祭	1
一○五一正	壬辰卜殻貞雀弗其𢦏祭三月 二告	1
一○五一正	壬辰卜殻雀弗其𢦏祭三月	1
三○五七	女𢦏	1
三○六一正	⋯未卜爭貞我𢦏[illegible]在寧	1
三三九三	⋯𢦏𢀛⋯易⋯	1
五○五三	⋯舌⋯𢦏⋯	1
五七七五正	𢀛正化𢦏 二告	1
五七七五正	𢀛正化弗其𢦏 二告	1
五七七五正	癸丑卜殻貞旨𢦏有盡⋯	1
五七七五正	旨弗其𢦏有盡羅 二告	1
六○五七正	癸巳卜殻貞旬無囚王固曰有祟其有來艱迄至五日丁酉允有來艱自西沚馘告曰土方征于我東鄙𢦏二邑舌方亦侵我西鄙田	1
六○五七反	⋯東鄙𢦏二邑王步自[illegible]于[illegible]司⋯夕	1
六○五七反	㞢壬寅王亦終夕囚	1
六○六三反	⋯自[illegible]友唐舌方征⋯𢦏𢀛示易戊	1
六○六四正	申亦有來⋯自西告牛家⋯	1
六○六四正	癸巳卜爭⋯無囚四日丙⋯有來艱⋯𢀛告	1
六○六四反	曰⋯方𢦏⋯夾⋯	1
六○六四反	⋯𢦏⋯入于岳⋯㞢⋯唐⋯	1
六○七五正	⋯其惟壬有祟⋯呼告舌方𢦏⋯	1
六一九三	貞呼見舌𢦏	1
六一九三	貞呼見⋯𢦏	1
六一九三	貞呼見舌𢦏	1
六二八二	貞伐舌方𢦏	1
六二九三	癸酉卜貞六月𦎫𢦏舌方	1
六二九三	癸酉卜貞六月𦎫𢦏舌方	1
六三四一	癸丑卜爭貞舌方弗𢦏	1
六三四二	癸丑卜殻貞舌方其𢦏	1
六三四三	貞惟舌方叡伐𢦏	1
六三六一	舌方⋯𢦏	1
六三六二	貞舌⋯弗𢦏	1
六三六三正	貞舌方其𢦏不	1
六三六六	𢦏夂	1
六三六六	舌方其𢦏夂	1

六三六七　𢦏𠂤
六三六七　舌弗𢦏
六三六八　𢦏舌
六三六八　𢦏𠂤
六三六九　舌允𢦏戎
六三六九　…舌…𢦏…
六三七一　己巳卜㱿貞舌方弗允𢦏戎十月　不舌黽
六三七二　…允𢦏戎十月
六三七三　…卜㱿貞舌方允𢦏戎
六三七五　丁亥卜亘貞…𢦏戎二月
六四三九　…土方…𢦏
六四四〇正　…土…𢦏
六四六六　…子卜方…𢦏尸
六五六一　丁酉卜令⿱大豕征⿵冂从𢦏
六五六二　…⿱大豕伐⿵冂从𢦏
六五六四　癸未…令⿱大豕伐⿵冂从入無不若允𢦏
六五六五　…王…䶊…呼凡⿵冂从𢦏
六五六六正　壬辰卜㱿貞戎𢦏⿵冂从方
六五六七　…貞戎其伐⿵冂从方𢦏…
六五六七　貞戎弗其𢦏⿵冂从…
六五六八正　貞戎弗其𢦏⿵冂从方
六五六八正　壬戌卜㱿貞戎𢦏⿵冂从方
六五六八正　…貞光其𢦏…
六五七〇　乙酉卜内貞子商𢦏基方四月
六五七一正　壬寅卜㱿貞子商不䶊𢦏基方
六五七一正　辛丑卜㱿貞今日子商其𢦏基方缶𢦏
五月
六五七一正　辛丑卜㱿貞今日子商其𢦏基方缶弗其
𢦏
六五七一正　貞曰子商至于出丁作山𢦏
六五七一正　勿曰子商至于出丁作山𢦏
六五七一正　貞自今壬寅至于甲辰子商𢦏基方敦⿱由内
六五七一正　壬寅卜㱿貞自今至于甲辰子商𢦏基方
六五七一正　甲辰卜㱿貞翌乙巳曰子商敦至于丁
未𢦏
六五七二　癸未卜内貞子商𢦏基方缶　二告
六五七二　癸未卜内貞子商弗其𢦏基方缶
六五七四　…示子…𢦏基方
六五七六　丙戌卜㱿貞我…基方…弗…𢦏
六五七七　乙亥卜内貞今乙亥子商𢦏基方弗其𢦏
二告
六五七七　今乙亥子商𢦏基弗…𢦏
六五七八　丙午卜米貞翌丁未子商𢦏基方
六五七九　貞…井…𢦏

六五七九　…子…弗…𢦏…方
六五八四　甲辰…惟婦妌伐龍𢦏…
六五八六　貞…𢦏…龍…
六五九九　甲辰卜王…羌弗𢦏…朕事二月
六六〇九　貞…𢦏…羌…
六六二九　𡗕𢦏羌…
六六三〇正　…戌卜㱿貞𡗕𢦏羌龍
六六三一　貞𡗕𢦏羌龍十三月
六六三二　…𢦏羌龍
六六三三　貞𡗕弗其𢦏羌龍
六六三四　貞𡗕弗其𢦏羌龍
六六四〇　己未卜㱿貞王燩三千人呼伐𢀛方𢦏
六六三九　己未卜㱿貞王燩三千人呼伐𢀛方𢦏
六六四一　己未卜㱿貞王燩三千人呼伐𢀛方𢦏
六六四二　己未…貞王燩三千人呼伐𢀛方𢦏
六六四三　己未卜㱿…王燩三千人呼伐…𢦏
六六四六　…𢀛方𢦏
六六四八正　乙丑卜古貞…𢦏　二告　告
六六四八正　乙丑卜古貞旨弗其𢦏　二告
六六四八正　王固曰惟既三日戊子允既𢦏戈方
六六四八正　貞𢓊化正弗其𢦏
六六四八正　庚寅卜㱿貞𢓊化正𢦏戈𡆥惟　二告
六六四九甲正　王固曰吉𢦏之日允𢦏戈方十三月　二告
六六四九甲正　…正化𢦏𡆥暨雎　二告
六六四九甲正　貞𢓊正化弗其𢦏
六六四九甲正　貞𢓊正化弗𢦏　二告
六六四九乙正　…𢓊正化𢦏𡆥…
六六五〇正　…卜古貞𢓊化正受有祐三旬又…日戊
子卒𢦏戈方
六六五一　…正化𢦏𡆥暨…
六六五二　…丑卜爭…𢓊正化…𢦏𡆥…
六六五三正　辛酉卜㱿貞𢓊正化𢦏敏
六六五三正　貞𢓊正化弗其𢦏敏
六六五四正　辛酉卜⿱宀方貞𢓊正化𢦏𡆥
六六五四正　貞𢓊正化弗其𢦏𡆥　二告
六六五五正　…卜⿱宀方貞𡆥𢦏𢓊正化
六六五五正　…𢓊正化弗𢦏𡆥
六六五六　庚戌卜㱿貞…正化𢦏𡆥…王固曰惟
乙其…惟甲申𢦏?
六六五九　…𢦏刃方
六六六〇　…弗𢦏刃…
六七七一正　貞方其𢦏我史
六七七一正　貞方弗𢦏我史

六七四六 貞方戈征𢓊人
六七五七 …爭貞我…𢦏…方
六七五八 …弗…𢦏…方
六七六四 戊戌卜殻貞戉得方𢀛𢦏
六七七一正 貞我史其𢦏方 二告
六七七一正 我史弗其𢦏方
六七七二 …卜王…𢦏…史
六七七三 乙酉卜方弗𢦏望十二月
六七七四 乙酉…𢦏望
六七七五 …未卜…貞方弗𢦏刖
六七七六 貞方弗𢦏我
六七七七 貞方…𢦏…
六八二五 …毋弗𢦏周十二月
六八二七正 辛酉卜古貞旨𢦏𦊮
六八二七反 王固曰伐…𢦏
六八三〇 壬子卜殻貞…弗其𢦏宙
六八三〇 壬子卜殻…𢦏宙王固曰吉𢦏旬又三日
甲子允𢦏十二月
六八三二 癸丑卜內我弗其𢦏宙
六八三四正 壬子卜爭貞自今日我𢦏宙
六八三四正 貞自五日我弗其𢦏宙
六八三四正 翌乙丑多臣弗其𢦏缶
六八三四正 癸丑卜爭貞自今至于丁巳我弗其𢦏宙
六八三四正 癸丑卜爭貞旬今至于丁巳我𢦏宙王固
曰丁巳我毋其𢦏于來甲子𢦏旬又一日
癸亥車弗𢦏之夕𡆥甲子允𢦏
六八三四正 癸亥卜殻貞翌乙丑多臣𢦏缶
六八三四正 癸亥卜殻貞我使毋其𢦏缶 二告
六八三四正 癸亥卜殻貞我使𢦏缶 二告
六八三五 𢓊人三千伐盟𢦏
六八三六 …余𢦏盟
六八三七 …弗其𢦏盟
六八三九 壬寅卜雈侯弗𢦏眣
六八三九 …雈侯…𢦏
六八四〇 癸亥卜…侯其𢦏眣
六八四二 甲申卜王貞侯其𢦏耑
六八四五 …白离弗𢦏寂
六八五四 壬戌卜…伐离…𢦏二月
六八六七 丁酉卜殻貞王惟…敦缶𢦏三月
六八七〇 …呼…我…𢦏缶
六八七三 …𢀛追…缶𢦏
六八七七正 庚申卜殻貞伐𠷎𢀛𢦏
六八七八 貞王伐𠷎𢀛𢦏

六八七九 貞王伐𠷎…𢦏
六八八一 …殻…衛不…我𢦏
六八九二正 甲辰卜殻貞今我其卒衛不…𢦏于𩰫
六八九四 乙亥卜…貞我𢦏衛…
六八九五 辛丑…內貞我𢦏衛于𩰫
六八九六 …酉卜殻貞我𢦏衛于𩰫一月
六八九七 …殻貞我𢦏衛在𩰫
六九〇二 …卯…咸𢦏…在𩰫王…尊王循于？…若
六九〇三 癸…咸𢦏…𩰫…尊征？…
六九三六 …不…𢦏嘼
六九三八 貞曹不龠？𢦏嘼
六九四一 貞…曹…叕…𢦏
六九四三 壬申卜殻貞亘捍其𢦏我
六九四三 壬申卜殻貞亘捍不我𢦏七月
六九四五 壬午卜殻貞亘允其𢦏鼓
六九四五 壬午卜殻貞亘允其𢦏鼓八月
六九四五 壬午卜殻貞亘弗𢦏鼓
六九四五 壬午卜殻貞亘弗𢦏鼓
六九四七正 戊午卜爭貞曹𢦏㪔
六九四七正 貞…弗其𢦏嘼
六九四八正 勿呼雀衛伐亘弗其𢦏
六九五二正 貞雀𢦏戉焚？
六九六四 貞雀𢦏祭方
六九六五 …雀𢦏祭…
六九六九 …雀…𢦏…
六九七〇 …雀…𢦏…
六九七一 丁巳…貞毋弗𢦏雀…五月
六九七四 …毋其𢦏𠂤
六九七六乙 …其𢦏𠂤一月
六九八〇 …雀其𢦏凷
六九八一 庚…雀弗其𢦏陟
六九八一 庚…雀…𢦏陟
六九八二 貞雀…𢦏陟？
六九八四 乙亥…其𢦏望…十月
六九八九 …卜殻貞缶其𢦏雀 二告
六九九〇甲正 丙子卜永貞王𢓊人三千呼…𢦏戚
六九九一 …𢦏戚
七〇〇二 …𢀛弗𢦏𦍩一月
七〇〇九 …𢀛其𢦏蚰…旨
七〇一〇 庚午卜缶弗𢦏蚰…
七〇一二 …𡧊…𢦏
七〇一五 …戊卜…𠂤𢦏…

戋

編號	釋文	期
七〇一五	…戋𠂇	1
七〇一六	…貞𠄌戋𠂇	1
七〇一七	丙子卜𠄌戋𠂇	1
七〇一九	…巳卜…余…𠂇戋…其…	1
七〇二〇	己卯卜王咸戋𠂇余曰雀𠯟人伐𡆥…	1
七〇二一	貞我…咸戋…	1
七〇二五	貞𢀛其戋𠄌	1
七〇二六	戊…卜𢀛…其戋𠄌	1
七〇三五	…𢦏戋	1
七〇三六	丙…𢦏戋	1
七〇三七	…午卜殻貞…戋[illegible]	1
七〇三八	…弗戋敎	1
七〇三九	…戋…伐𦥑…允…	1
七〇四〇正	貞弗其戋𢓊取…	1
七〇七一	…戋望乘邑	1
七〇七六正	弗其戋𦤎　二告	
七〇七六正	貞弗戋	1
七〇七六正	雀弗其戋	1
七〇七六正	雀戋𠧴	1
七〇七六正	其𠂇雀戋	1
七〇七六正	貞我弗其戋𡚸其𦤎　二告	
七〇七六正	貞我戋𦤎	
七〇七六反	我戋…令…敦戋𡚸不其戋	
七〇七七	翌癸…雀弗其戋𠧴邑	1
七〇七八	…雀…戋𠧴邑	1
七六七七	…内貞我弗其戋	1
七六七八	貞雀弗其戋	1
七六七九	𡆥戋	1
七六八〇	貞𡆥弗其戋	1
七六八一	戊戌卜…今一月𠂇…戋	1
七六八二正	庚戌卜殻貞𢑚弗其戋	1
七六八三	…𢑚弗…戋	1
七六八六	貞戌既戋	1
七六八七	呼戌弘戋	1
七六八八	戌戋	1
七六八八	戌戋	1
七六八九	貞戌戋	1
七六九〇	貞戌戋	1
七六九一	貞…弗…戋	1
七六九一	貞戌戋	1
七六九一	貞戌弗其戋	1
七六九一	貞戌戋	1

編號	釋文	期
七六九一	…戌…戋	1
七六九二	…爭貞戌戋	1
七六九三	貞戌戋	1
七六九四	丙申卜爭貞戌有石一橐其戋	1
七六九六	…申卜爭…戌有…橐…戋	1
七六九八	貞戌其戋	1
七六九九正	戌…其戋	1
七七〇〇	貞戌其戋	1
七七〇二	貞戌弗其戋三月	1
七七〇三	戌其戋	1
七七〇三	戌弗其戋	1
七七〇四	戌弗其戋	1
七七〇五	貞戌不其戋二月	1
七七〇八	…酉卜殻貞戌無其戋	1
七七〇九正	敝弗其戋	1
七七一〇	貞𦨶弗其戋	1
七七一二	…卜王…既戋	1
七七一三	…戌不…戋二月	1
七八四二	…捍弗戋在冥	1
七九八六反	戊…戋[illegible]	1
九四七二正	貞我史其戋方	1
九四七二正	貞我史弗其戋方	1
九四七二正	貞方其戋我史	1
九四七二正	貞方弗戋我史	1
一二八三六反	貞戌其戋…	1
一二八三六反	…其戋…	1
一三六九五甲正	貞𢓜疋化弗其戋𢽿	1
一三六九五乙正	…疋化弗其戋𢽿	1
一三七一三正	𢓜疋化弗其戋𢽿	1
一三七九九	貞光不其戋	1
一九二七四	…𢓜…戋…	1
二〇四〇四	甲午卜畓羌戋弜戋	1
二〇四四二	辛卯卜王貞𠄌其戋方	1
二〇四四三	己亥卜弜戋方	1
二〇四四四	壬寅卜匿于無征方戋二月	1
二〇四四五	…方戋	1
二〇五〇〇	辛丑卜王惟㝬敦戋	1
二〇五〇一	己丑卜王貞…其戋𠄌	1
二〇五〇二	庚子卜呼征歸人于衛戋	1
二二五九一	…戋文…印…	2
二四一五六正	貞射𢆶戋方	2
二四一五六正	貞射𢆶戋方	2

著錄號	釋文	期
二六八八六	…伞戈不征衆	3
二六八九六	貞弱用斐惟祉行用戈羌人于之不雉人	3
二六八九七	癸戌凤伐戈不雉…	3
二六八九七	癸巳旦廼伐戈不雉人	3
二六九六二	惟馬…馭方戈	3
二六九七二	其呼戍禦羌方于義則戈羌方不喪衆	3
二六九七二	于濘帝呼禦羌方于之戈	3
二六九七二	戍其徲毋歸于之若戈羌方	3
二六九七四	有商戈…方	3
二六九七八	…用戈方 吉	3
二六九七八	惟亩行用戈羌… 大吉	3
二六九八一	…戍…令…戈羌	3
二六九八二	惟商方步立于大乙戈羌方	3
二六九八三	于…叀戈羌方	3
二六九八七	…及羌…戍罘弗戈	3
二六九九二	…戈征䖒方	3
二六九九五	戍及䖒方戈	3
二六九九五	戍甲伐戈䖒方校	3
二六九九六	…戈䖒方	3
二八〇〇〇	…于方既食戍廼伐戈	3
二八〇〇六	…方…戈罘…	3
二八〇二一	甲子卜亞戈耳龍毋啓其啓弗悔有雨	3
二八〇三四	戍辟遷之戈	3
二八〇五四	癸巳卜王其令五族戍𢓊…伐戈	3
二八〇七三	…自…[illegible]𢓊戈…	3
二八〇七五	…叀…戈…方 大吉	3
二八〇七六	戈卣 吉	3
二九二〇七	惟濼犬戈从無災擒	3
三三〇七一	…卜[illegible]侯戈雀	4
三四一二〇	丙辰卜敦戈	4
三四一二〇	壬戌卜貞王生月敦[illegible]戈不…	4
屯五〇三	其戈斐	4
屯一三一八	…羌方…戈…	
屯二一一九	自新𢓊戈 吉	3
屯二一一九	自盂𢓊戈	3
屯二三七九	癸亥卜王其敦封方惟戊午王受有祐 戈在凡 吉	
屯三六三七	惟有…[illegible]戈䖒方…戍	3
屯三六五五	…庸戈䖒方不雉衆	3
英七八正	己酉卜永貞我戈舌方九月	1
英五六四正	辛丑卜穷貞惟羽令以戈人伐舌方戈十三月	1
英五六五	貞我…戈舌…	1
英六〇五	乙…殼貞…弗其戈基方	1
英六〇六	…卜殼貞我戈巺	1
英六一七	…戈巺	1
英六八一	…爭貞戍戈[illegible]…	1
英二五三三	乙卯王卜在麃師貞余其敦䖒惟十月 戊申戈王𠁼曰吉在八月	5
懷三五三	…周…戈…	1
懷三六四	…卜…貞戍戈[illegible]方…三月	1
懷一六四〇	庚寅貞敦缶于蜀戈右旅在…一月	4
四一〇反	…方有戈	1
七六八五	丙午卜殼貞戍其有戈	1
七七二〇正	…其有戈	1
一三五〇四正	…亥…其有戈	1
一六一〇一	貞[illegible]有戈	1
二六八八八	惟杏有災	3
二六八九四	…衆…[illegible]受…有戈羌…	3
二六八八八	惟雟有災	3
二六八九八	惟秜人有災	3
二六八九八	王其呼衆戍[illegible]受人惟亩土人暨秜人有災	3
二六八九八	王其衆戍[illegible]受人惟亩土人有災	3
二七九七五	惟戍毌往有戈	3
二七九七五	…戍往…羌方不…人有戈	3
二七九七五	惟戍[illegible]往有戈	3
二七九七九	戍惟義行用遘羌方有戈	3
二七九八〇	…義行…羌…有戈	3
二八〇一二	王其呼衛于[illegible]方出于之有戈	3
二八〇三六	惟戍[illegible]有戈	3
二八〇五八	戍循往于來取廼舄[illegible]衛有戈	3
二八〇六五	惟甲戍伐有戈	3
二八〇六七	戍其伐有戈	3
二八〇八九正	王其比望再册光及伐望王弗悔 有戈 大吉	3
二八〇九四	…令从…伯有戈 吉	3

𢦏

著錄號	釋文	分期
二六八八六	……及……方無災	3
二六八八八	戊無災	3
二六八九八	弜祀衆戊𢦏受人無災	3

其它

著錄號	釋文	分期
一九一	……其𢦏	1
二四八反	王固曰吉𢦏惟甲不惟丁	1
五五九正	癸巳卜亘貞𢦏七月	1
八八〇反	王固曰吉𢦏	1
一〇五一正	……𢦏三月	1
三〇六一正	……卜宗貞我其征𢦏	1
三七八七	……酉卜亘……我弗……𢦏	1
四三二五	生二月尸?不其𢦏	1
四五八〇	貞曰𢦏	1
五一〇四	……不𢦏二月	1
五六三七反	王固曰其惟丁弘𢦏	1
五六三九正	……于[illegible]𢦏	1
五七七五反	王固曰𢦏惟庚不惟庚惟丙	1
五八〇九	丙辰卜爭貞師無其𢦏	1
六三〇八	允𢦏	1
六三〇九	允𢦏	1
六三一〇	允𢦏	1
六三六四	……弗其𢦏不	1
六三六七	弗其𢦏	1
六六二八	……𢦏……	1
六六七九	……雍……𢦏……	1
六八五四	壬戌卜……伐[illegible]……𢦏二月	1
六九一七	我𢦏	1
六九一八	我𢦏	1
六九一九	我𢦏	1
七六七〇	丙辰卜敦𢦏	1
七六七三	……辰……我𢦏……	1
七六九一	貞……弗……𢦏	1
七七〇六	貞戌無其𢦏	1
七七〇六	貞戌不其𢦏	1
七七〇九正	𢦏	1
七七一一正	貞犬延無其𢦏……月	1
七七一四	……惟既獲……今十月𢦏	1
七七一四	……其惟今十月𢦏	1
七七一五正	辛巳卜亘貞𢦏	1
七七一五反	王固曰吉其𢦏	1
七七一六	……其𢦏	1
七七一七	……其𢦏	1
七七一八	己……其𢦏十一月	1
七七一八反	……卜內貞……其𢦏……	1
七七一九	……卜內貞……其𢦏	1
七七二一	貞𢦏其有……	1
七七二二	……弗𢦏	1
七七二三	貞弗𢦏十一月	1
七七二四	……弗𢦏	1
七七二五	貞弗其𢦏	1
七七二六正	……弗其𢦏	1
七七二六反	……𢦏	1
七七二七	……弗其𢦏	1
七〇二七	己巳……𢦏往……無囚	1
七七二八正	辛亥卜殼貞弗其𢦏	1
七七二九正	……酉卜殼貞弗其𢦏	1
七七三〇	貞……弗其𢦏	1
七七三一	……弗其𢦏	1
七七三二正	貞弗……𢦏	1
七七三三反	……𢦏……	1
七七三三反	……勿𢦏丁其……	1
九〇八四	辛未卜惟𢦏	1
一〇九九八正	……卜……出不吉……𢦏三……來……	1
一四二四三	帚呼𢦏	1
一四二四三	……呼𢦏	1
一四三六九	弗其𢦏	1
二〇五〇〇	辛丑卜壬寅弗𢦏	1
二〇五六六	壬子……其𢦏……	1
二〇五六七	乙卯卜有子𢦏	1
二〇五六八	……弗𢦏	1
二一二七八	……酉卜……貞……𢦏人……	1
二二四三〇	……乙巳……𢦏	1
二六九〇五	弜永衆受令𢦏	3
二七九九五	弗𢦏	3
二八〇三四	……之𢦏	3
二八〇五一	戊弗𢦏	3
二八〇六六	惟癸伐𢦏	3
二八〇七七	……往……𢦏……暨……	3
二八〇七九	弗𢦏	3
三〇二一五	貞惟𢦏　大吉	3
三〇六一一	貞其𢦏	3
三三一二一	己卯卜在……弗𢦏	4

𢦏

著錄號	釋文	期
三六三四六	弗𢦏	5
三六四二五	𢦏	5
三六四二五	弗𢦏	5
三七八五四	其惟今九祀丁未𢦏王囚曰弘吉	5
屯三三二八	壬…卜王其弗𢦏 …戌惟今日壬	3
屯三五四四	惟甲戌𢦏	3
英五〇五	…災	1
英一八一六	辛卯…王𢦏…	1
懷三六五	丁未…貞𣎆…弗其𢦏…	1
懷四〇六	…貞我…𢦏…	1
懷八六五	貞自今至于乙酉我𢦏	1
懷九四四	壬辰…貞…其𢦏	1
懷一八七一	…田…征盂…上下于𣪊…余又…𢦏囚…	5
	邑商…	5
懷一九〇八	…貞其征盂方惟 …受祐不𣪘𢦏無	5
	…囚曰吉在十月王九…	5

𢦏

著錄號	釋文	期
七〇八三	癸丑卜王敦西今日戈	1
七七七一	…八日辛亥允戈伐二千六百五十人在𨙶…	1
一四二九五	𢦏有聽	1
一四二九五	𢦏無其聽	1
一八七五八	…曰𡕅…曰𢦏…十屮來…𠂤…	1
一九九四六正	…𢦏𠂹宁	1
二〇四四六	…𢦏方	1
二〇五〇四	庚子…歸…衛…弗𢦏	1
二〇五〇八	癸卯卜其克𢦏周四月	1
二〇五六九	…𢦏…在𡆥	1
二一二八一	丁…卜…𢦏	1
二二四七六	…允𢦏一月	1
二二四七七	…卜𢦏…	1
三二一〇三	其𢦏𠂤…沚方	4
三二七八二	己丑貞予效先戈在尤一月	4
三三〇五〇	…方出从北土弗𢦏北土	4
三三〇七一	甲辰卜雀𢦏[illegible]侯	4
三三〇七七	癸亥卜今夕敦獻𢦏	4
三三〇七八	癸酉卜…敦獻甲戌𢦏	4
三三〇八一	丁丑卜戊寅𢦏𦌾	4
三三〇八一	…辰卜…子…𢦏	4
三三〇八一	弗𢦏	4
三三〇八一	丁丑卜今日𢦏𦌾	4
三三〇八一	丙子卜于戊寅𢦏	4
三三〇八一	丙子卜于丁丑𢦏	4
三三〇八二	辛酉卜王翌壬戌𢦏𥙷十二月	4
三三〇八三	癸丑卜王…敦𥙷𢦏十二月	4
三三〇八四	…王𢦏𨛜十月	4
三三二〇八	甲子卜王从東戈𢀛侯𢦏	4
三三二〇八	乙丑卜王从南戈𢀛侯𢦏	4
三三二〇八	丙寅卜王从西戈𢀛侯𢦏	4
三三二〇八	丁卯卜王从北戈𢀛侯𢦏	4
屯一〇	壬午貞𢦔弗𢦏𦌾	4
屯一三〇一	…王𢦏…其伐…	4
屯二九〇七	…貞利在井羌方弗𢦏	4
屯二九〇七	癸卯貞叀在…羌方弗𢦏	4
屯三七〇六	戈弗𢦏𢦔	1
屯四四二九	丙申卜王方𢦏𡆥	1
懷四四五	…卜𢦏…令𡆥…卜…封…	1
懷一六三八	乙亥卜弗𢦏𣅕	4
懷一六三八	…卜…敦…𢦏…西王𢦏	4
懷一六三八	…卜…敦…𢦏…西王𢦏	4

𢦔

著錄號	釋文	期
一九九	己卯卜爭貞今𡆥令𢀛田从𢦔至于𪓊獲羌	1

𢦚

著錄號	釋文	期
三二正	惟𢦚比	1
三二正	勿惟比𢦚	1
三二正	貞王惟沚𢦚比伐…	1
三二正	貞王勿比沚𢦚伐𢀛	1
七一	…卜殻貞…𢦚比…𢦚…無囚	1
九三反	貞王比沚𢦚伐𢀛方	1
二二一	貞王…沚𢦚比	1
三九〇正	丁亥卜永貞王比𢦚	1
六一九	貞王勿比𢦚	1
六一九	貞…比𢦚	1
六一九	貞惟多臣呼比沚𢦚	1
九四六正	丁未卜殻貞鑊比次𢦚…文戴王事以	1
三九五〇	己卯卜王貞余勿比沚𢦚戠六…	1
三九五二正	貞令比沚𢦚示左七月	1

四八三四　貞鑊比次戠羌…有…
五五四一　王比沚戠
五七一九　貞王勿䏍比沚戠
六〇八七正　貞王勿比沚戠
六一三三　貞王比沚戠
六一三四　貞沚戠爯册告于大甲
六一三五　貞王勿比沚戠
六一三五　貞王比沚戠
六三九六　王比戠
六三八九　王比戠
六四一五　丁巳卜殻貞王惟沚戠比伐土…
六四一六　丁巳卜殻貞王惟沚戠比伐土方
六四一七正　戊午卜穷貞王比沚戠伐土方受有…
六四一八　辛巳卜殻貞今𡆥王惟戠比伐土方下上若
受…
六四一九　貞王比沚戠伐土方…
六四二一　辛酉卜殻貞王比沚戠伐土…
六四二三　貞勿比戠伐土方
六四二四　乙酉卜貞今𡆥勿比戠伐土方…　二告
不告黽
六四五七正　貞王勿比沚戠　二告
六四五七正　貞王惟沚戠啓比…　二告
六四七三正　貞王惟沚戠比伐𢀛方帝受我祐
六四七三正　王勿惟沚戠比伐𢀛方帝不我其受祐　二告
六四七四　貞王比戠伐𢀛帝受祐
六四七四　貞王勿比戠伐𢀛
六四七五正　貞王比沚戠伐𢀛
六四七五正　王勿比沚戠伐𢀛
六四七六　王勿惟戠比
六四七六　王勿惟戠比
六四七六　王惟沚戠比
六四七六　貞王惟沚戠比
六四七六　勿比戠
六四七六　王…沚戠比伐𢀛
六四七六　王勿比沚戠伐
六四七六　貞王惟沚戠比伐𢀛方　二告
六四七六　貞王勿惟沚戠比…
六四七六　王惟沚戠比
六四七八正　貞王勿惟…婦好比沚戠伐𢀛方弗其受
六四七八正　…令比沚戠伐𢀛方受有祐　二告
六四七九正　壬申卜爭貞令婦好比沚戠伐𢀛方受有
祐
六四八〇　辛未卜爭貞婦好其比沚戠伐𢀛方王自
東丙伐捍陷于婦好位

六四八〇　…婦好其…戠伐𢀛方王勿自東受伐戎
陷于婦好立
六四八二正　貞王勿比沚戠
六四八二正　辛酉卜殻貞王勿惟戠比
六四八三正　辛酉卜殻貞王比沚戠　二告
六四八三正　辛酉卜殻貞王勿比沚戠
六四八三正　辛酉卜殻貞王惟沚戠比
六四八三正　辛酉卜殻貞王勿惟沚戠比
六四八四正　貞王比沚戠
六四八四正　貞王勿比沚戠
六四八四正　辛酉卜殻貞王惟沚戠比
六四八四正　辛酉卜殻貞王勿惟沚戠比
六四八五正　辛酉卜殻貞王比戠
六四八五正　辛酉卜殻貞王惟沚戠比
六四八六正　貞王比沚戠
六四八六正　貞王勿比沚戠
六四八六正　辛酉卜殻貞王惟沚戠比
六四八六正　辛酉卜殻貞王勿惟沚戠比
七四〇七乙正　貞王勿比戠帝若
七四一八　貞勿令𠂤般比我稱册十月
七四一九　…勿令𠂤般比我稱册
七四四一正　…比沚戠
七四四四　貞王勿比沚戠
七四四五正　貞王比沚戠
七四四六　比沚戠
七四四六　貞王比沚戠
七四四七　貞王比沚戠
七四四七　貞王勿比沚戠
七四五〇　貞王比沚戠
七四五一　貞王比沚戠
七四五〇　…比…戠
七四五一　…比…戠
七四五二　王比沚戠
七四五三　貞王比沚戠
七四五三　貞王比沚戠
七四五四　王比沚戠
七四五四　貞王勿比沚戠
七四五五　王比沚戠
七四五六　王比沚戠
七四五七　王比沚戠五月
七四五八　…殻貞王比沚戠
七四五九　王比沚戠
七四六〇　貞王勿比沚戠

編號	釋文
七四六〇	王比祉戠
七四六一	王比祉戠
七四六一	貞王勿比祉戠
七四六二	王比祉戠
七四六二	貞王勿比祉戠
七四六三	貞王勿比祉戠
七四六四	貞王勿比祉戠　小告
七四六五	貞王勿比祉戠
七四六六	貞王勿比祉戠
七四六七	貞王比祉戠
七四六七	貞王勿比祉戠
七四六八	貞王勿比祉戠
七四六九	貞王勿比祉戠
七四七〇	貞王勿比祉戠
七四七一	貞王勿比祉戠
七四七二	貞王勿比祉戠
七四七三	貞王勿比祉戠
七四七四	貞王勿比祉戠
七四七四	…比…戠
七四七六正	貞王勿比祉戠
七四七六正	貞王勿比祉戠
七四七六反	貞…比…戠
七四七七	貞王勿比祉戠
七四七八	貞王勿比祉戠
七四八〇	貞王勿比祉戠
七四八一	貞王勿比祉戠
七四八二	貞王勿比祉戠
七四八三	王勿比祉戠
七四八四	王勿比祉戠
七四八五	貞惟王比祉戠
七四八六	王惟祉戠比
七四八七	王惟祉戠比
七四八七	比望
七四八八	壬辰卜爭貞王惟祉戠比
七四九〇正	壬辰卜殻貞王勿惟祉戠比九月　不告鼄
七四九一	貞惟祉戠比
七四九二	壬辰卜殻貞王勿惟祉戠比
七四九三	壬辰卜殻貞王勿惟祉戠比九月
七四九四	貞勿比祉戠
七四九四	貞王比祉戠
七四九五	貞勿惟王比戠
七四九五	王比祉戠
七四九七正	貞王勿比祉戠
七四九七正	乙酉卜殻貞今𤰔王勿比祉戠伐…
七四九八	…午…貞王比祉戠伐…
七五〇〇	…祉戠…比伐…
七五〇一	…惟婦好令比祉戠若
七五〇二	己巳卜殻貞勿…好呼比祉戠…下上若受我…
七五〇三正	勿惟戠比
七五〇三正	惟祉戠比
七五〇三正	惟冒侯比
七五〇四	勿惟祉戠比
七五〇四	惟戠比
七五〇五	貞勿比祉戠
七五〇六	貞勿比祉戠
七五〇六	貞…比…戠
七五〇八	…比祉戠四月
七五〇九	貞…比…戠
七五〇九	比祉戠
七五一〇	呼比祉戠
七五一六	…比…戠
七五一六	王比…戠
七五一七	王…戠
七五一七	王比戠
七五一八	王比戠
七五一九	王比戠
七五二〇	王比戠
七五二二	貞王勿比戠
七五二三	比戠
七五二四	比戠
七五二五反	貞比戠
七五六七正	貞王勿比祉戠
九二三四反	貞今𤰔王勿比祉戠
九五五七正	丁丑卜殻貞王往立稊延比祉戠
三三一〇四	癸巳卜王比祉戠
三三一〇五	己丑貞王比祉戠在茲不見
英五二一	貞惟多臣呼比戠
英五二一	貞王勿比戠
英五四六正	貞…比…戠…
英六六二	貞王比祉戠
英六六三	貞…比…戠
英六六三	王比祉戠
英六六三	貞王比祉戠五月
英六六三	貞王勿比祉戠

英六六三　貞王勿比沚戠
英六六四　王比沚戠
英六六四　貞王勿比沚戠
英六六五　王惟沚戠比
英六六六　…比…戠
英六六七　貞勿比戠
英六七〇正　貞王…比沚戠
英六六八正　貞勿比戠伐
懷四一八　貞…勿比沚戠…
懷九三八　…王…比…戠…

六〇八七正　乙卯卜爭貞沚戠爯冊王比伐土方受有祐
六一六〇　…沚戠爯冊𠬝舌方…王比下上若受我…
六一六一　…沚戠爯冊𠬝舌…其敦龠王比下上若
受…
六一六二　…沚戠爯冊𠬝舌…敦龠王比受有祐
六一六三正　…貞沚戠爯冊…敦龠王比受有…
六一六三正　…戠爯冊王比伐舌…
六四〇一　…殸貞沚戠爯冊王勿脯比五月
六四〇一　…貞沚戠爯冊王比伐土方…有…
六四〇二正　乙卯卜…貞沚戠爯冊王比伐土方受有祐
六四〇四正　…沚戠…𠬝土方
六四〇五正　…戊…殸貞…戠爯冊𠬝土…王比…
六四〇六　…貞沚戠尋爯…土方我受有…
六四六八　丙申卜殸貞戠爯…𢦏　二告
六四六八　丙申卜殸貞戠爯冊…呼比伐𢀛
七三七九正　貞沚戠稱冊于大…
七三八〇正　丁酉卜殸貞沚戠稱冊王比六月
七三八一正　丁酉卜殸貞沚戠稱冊王比
七三八三正　戊午卜殸貞沚戠稱冊王比
七三八四正　戊午卜殸貞沚戠稱冊王…
七三八五正　…卯卜殸貞沚戠稱冊王…
七三八六　…酉卜殸貞沚戠稱冊王比
七三八六　…爭貞沚戠稱冊王比
七三八七　丁酉卜殸貞沚戠稱冊王比
七三八八正　…卜殸貞沚戠稱冊王…
七三八九　…貞沚戠稱冊…
七三八九　…殸貞沚戠稱冊王…
七三九二　…戠稱冊王…
七三九三　…沚戠稱冊王比
七三九四正　甲戌…王貞…戠稱冊余…八月
七三九六　…沚戠稱冊…
七三九六　…貞沚戠稱…
七三九七　…貞沚戠稱…有祐
七三九八　己未卜殸貞沚戠稱冊…
七四〇〇　…貞沚戠稱…
七四〇一　…戠稱…
七四〇二　…貞沚戠稱冊王…
七四〇二　…殸貞沚戠稱冊…
七四〇二　…卜殸貞沚戠稱冊…
七四〇三　…殸貞沚戠稱冊…
七四〇三　…卜殸貞沚戠稱冊王…
七四〇四　…貞沚戠稱…
七四〇五正　…戠稱…
英一一八七　…殸貞沚戠不𢓊爯冊
懷三九四　貞沚戠爯…

一八　戠啓不其𢦏
三九九二　…戠啓
六三三二　貞戠啓王其夲舌方
六四六一正　辛卯卜㝑貞沚戠啓𢀛王惟之比五月
六四六一正　辛卯卜㝑貞沚戠啓𢀛王勿惟之比
六四七一正　甲午卜㝑貞沚戠啓…王比伐𢀛方受
有祐
六四七一正　甲午卜㝑貞沚戠啓王勿比弗其受…
七四四〇正　丙辰卜爭貞沚戠啓王比帝若受我祐　二告
七四四一正　貞沚戠啓王比
七四四二　貞呼…戠啓…
七四四三　貞戠啓不其𢦏
一〇八六三正　戠其啓雀　二告
一三四九〇　貞沚戠啓𢀛王比

三九七六　丙戌卜…貞呼…戠告…
六〇五七正　癸巳卜殸貞旬無𡆥王固曰有祟其有來嬉
迄至五日丁酉允有來嬉自西沚戠告曰土
方征于我東鄙𢦏二邑舌方亦侵我西鄙
田
六〇五九　…戠告曰土方…侵我西鄙…
六〇六〇正　癸巳卜…來嬉迄至…戠告曰土…舌方
亦…

九四正　癸丑卜爭貞戠往來無𡆥王固曰無
𡆥　二告

著錄號	釋文
九一四正	貞戠往來其有𡆥
三九四五正	戊寅卜殼貞洷戠其來
三九四五正	貞洷戠不其來
三九四六正	戊寅卜殼貞洷戠其來
三九四七正	戊寅卜殼貞洷戠其來
三九四七正	洷戠不其來
三九七七	貞戠其來…不其…
三九七八	…戠不其來　二告
三九七九正	貞戠允其來
三九七九正	貞戠允其來
三九七九正	貞戠不其來
三九七九正	丙戌卜殼貞戠允其來十三月
三九七九正	丙戌卜殼貞戠不其來
三九七九正	丙戌卜殼貞戠其來
三九七九正	貞戠不其來
三九七九反	王固曰甲申戠無…來
八八一〇正	甲午卜亘貞洷戠來…
九六八一正	戠其來
九七四一正	戠不其來　二告
三九四八	貞勿令洷戠歸
三九四八	貞令洷戠歸六月
三九四九	…洷戠…歸
三九八〇	…戠歸
三九八一	…戠歸
二五	己卯卜貞令洷戠步七月
二五	…翌…令戠步
二五	癸未卜貞今日令戠步
三九六一正	…勿令洷戠…九月
三九七四	癸未…貞今日…戠步
三九七五	貞于凡…令戠…
三九四五反	王固曰戠其出惟庚先戠至
三九四六反	王固曰戠其出惟庚其先戠至
三九四七正	王固曰戠其出惟庚先戠至
三九四七反	王固曰[illegible]其出惟庚先戠至

其它

著錄號	釋文
四九八正	…卜殼貞戠執羌王固曰有…
九三九正	貞洷戠不…
九九三正	…戠…
一〇四〇	貞戠伐百人
一一〇七	乙巳卜殼貞我其有令戠叀用王　二告
一一〇七	乙巳卜殼貞我勿有令戠弗其叀
	用王　不吿
一三二一	…戠…
二五六八正	…延戠
三四六八	…貞洷戠不[illegible]
三九五一	…貞惟奉洷戠…
三九五三正	…洷戠…廼…于丁
三九五四正	貞洷戠其作王八月
三九五六正	貞…勿孽洷戠…
三九五七	貞王告洷戠若
三九五八	乙未卜殼貞洷戠
三九五八	甲午卜殼貞洷戠
三九五九正	貞洷戠…
三九六〇	壬戌…貞王…洷戠…
三九六二	…洷戠…其…
三九六三正	…卜殼貞洷戠
三九六四	…申卜洷戠…惟…
三九六五	癸…貞洷戠…
三九八三	貞孽戠
三九八四	…卜…貞戠…孽
三九八五	…戠…自…𡆥
三九八六	…貞今日…戠于…
三九八七	丁未卜亘貞其有曰戠
三九八八	…勿…戠
三九八九反	…不翦…戠
三九九一	甲辰…戠…其…
三九九三	…于戠
四三七〇	…王…[illegible]…戠
四七六三	庚戌卜㝑貞惟𢦏呼…戠
四八六二	…郭…戠…亦…
四八七二反	甲…戠…
五五三一臼	…使人于戠
五五四一	貞…勿…洷戠
五七九二	
五九四五正	…卜貞白戠…典執四月　不吿
六〇九九	…洷戠…舌方出…王自…
六一五八	…王勿…洷戠

六一八八　……取麑戠呼望舌……
六四〇三　……辰卜……祉戠……册王……伐土方受……
六四三五　……殻貞祉戠……伐土……
六四三八　……戊卜爭貞令三族……祉戠……土……受……
六四六一正　貞戠在茲示若
六四六一反　王固曰吉祉戠……
六四六一反　甲子卜穷戠在茲示若
六四八二正　辛酉卜殻貞王惟……戠……
六五八三　王惟祉戠
六五八三　勿惟祉戠
六九一五　貞戠……無其……卣征……我……
六九四三　貞戠其取
六九四三　貞戠弗其取
六九四七正　丁巳卜爭貞戠無𡆥
六九四七正　戊午卜爭貞呼雀𢓊戠
六九四七正　貞勿呼雀𢓊戠
六九九〇正　丙子卜永貞王𢼸人三千呼……𢦏戠
六九九一　……𢦏戠
七一三九　……爭貞旬無𡆥王固曰有祟……有來嬉祉戠呼告曰……
七一四三正　……𡆥王固……來嬉六日……有來嬉祉戠呼……舌……
七四〇七正　貞王孽戠帝若　二告
七四四八　……王……戠
七四七五　貞王勿祉祉戠
七四八九　……辰卜爭……王惟……戠……
七四九六　貞王勿惟祉戠
七五二一　王勿……戠
八〇四一　庚辰卜卜亘貞戠……于□
八〇八五　貞戠羞我人甾
八五二四　……戠……王……舌……受……
八五七〇　祉戠……舌……
八八三四　甲寅取戠……
八八四七　貞勿呼戠取
一〇五三五　……戠其……來……
一〇七六六　……貞祉戠擒有亦……
一二二九五　貞王……戠其……惟𠧪
一四七五五正　貞戠無𡆥在□
一四七五五正　貞戠其有𡆥
一四七五五正　癸未卜穷貞戠無𡆥三月
一五三六六　……戠……
一六四二二　……戠若

英四〇一正　……戠其……
英四〇二　貞戠勿……
英五〇五　……曰……戠
英五七一　丁巳卜韋貞舌方其敦戠十月
英六七八　……貞祉戠……
英一一〇一　……戠……
英一一七二　允其戠
英一一七二　戠
一九四四六　……戠……
懷四二二　……有……戠……
懷四三五　……戠……

戔

六六七反　戔來五　殻
四七五八正　貞戔□
四七五九　庚戌卜爭貞令戔歸暨㞢示……
六三三五　貞呼𢦏舌方
六三三六　貞勿呼𢦏舌方
七〇二三反　𢦏來四十
七三二一　……𢼸人三千呼𢦏……
七七六六　丙申卜貞勿延戔師令
一四五七六甲反　戔來
一九七二七反　……戔來……
三六三四四　丁丑王卜貞今𡆥巫九备……典春奄侯彈……尤暨二娃余其比……戔無左自上下……受有祐不曾𢦏無……商無𡆥在……
三六三四七　……卜貞典春奄侯……于其比彈甾戔無左……酉𢦏王𡆥曰吉在……
三六三四八　……爿侯……彈甾戔無……𡆥告于……
三六五〇七　……貞今𡆥巫九备惟余彭……𠦪……戔人方上下于𣪘示受余祐……于大邑商無𡆥在畎
三六五二八反　乙丑王卜貞今𡆥巫九备余無障𦣞告侯田册𠭁方羌方羞方庚方余其比侯田甾戔四封方
三六五二九　……戌王卜……戔三封……不曾𢦏……無𡆥在畎
三六五三五　辛卯王……方于……余其甾戔……余有不曾𢦏……天邑商無……
三六五三七　癸未卜貞王旬無畎在□月王正殻?戔商在爵
懷四四四　……作戔……

戌

一八八八〇　小戌　1

二七九三一　丙戌卜戌亞其隮其豊　3

三四一五七　辛亥卜帝小工芑戌侑三十小宰　4

乇四一九一　…戌卜…好戌姣　4

歲

一三四七五　…辛…午夕虫…王固…午歲…　1

脅　歲

三三四二　壬子卜殻貞王勿衣脅侯告　1

三三四五　…午卜爭貞王脅侯…　1

三三八三　貞王惟易伯𧊒脅　1

三三八三　貞王惟易伯𧊒脅　1

三三八三　貞王勿衣脅侯告　1

三三八五　貞王惟易伯𧊒脅　1

三三八六　貞王…伯𧊒脅　1

三三八七　…勿衣…惟易…𧊒脅　1

三三八八　貞王比易…脅　1

四二〇九　戊申卜殻貞王勿歲米𣎵　1

七四〇八　庚午卜爭貞王歲　二告　1

七四〇八　己巳卜爭貞侯告稱冊王勿衣歲　1

七四〇九　…爭貞…稱冊…歲　1

七四一一　庚午卜爭貞王惟易白𧊒歲　1

七四一二　庚午卜爭貞王惟易白𧊒歲　1

七四一三　…稱冊王歲　1

七四一三　…易白𧊒歲　1

英一九七　己巳卜殻貞王惟易伯𧊒脅　1

懷九八八　…殻貞王脅米𣎵…　1

五二五　庚辰卜王朕刖羌不死…　1

二〇〇五二　…子…自…虫…𩰫…　1

二一一五九　…𡚬…禦…母…　1

英一七七〇　禦婦𡚬子于子鳶　1

英一七八四　甲午卜王𢦏毋終夕　1

英一八六一正　…卜王…虫…十二月　1

戌

一九九五四　己卯卜用豕二母二戌　1

歲

一四三六九　乙亥卜旁貞王賓歲無𡆥　1

二二五五一　甲寅卜行貞王賓歲無尤在十月　2

二二五六〇　庚午卜旅貞王賓妣庚歲暨兄庚無尤　2

二二五六〇　…卜旅…歲延…　2

二二五六〇　丁卯卜旅貞王賓小丁歲暨父丁𠂤伐羌五　2

二二六二五　甲午卜行貞王賓歲無…在十二月　2

二二六二八　甲午卜卜貞王賓上甲祖丁酌…宰…　2

二二六八八　丁卯卜旅貞王賓匚丁彡無尤在七月　2

二二六八八　乙丑卜旅貞王賓匚乙彡無尤在七月　2

二二六八九　乙丑卜…貞王賓匚乙翌…　2

二二七〇一　丁酉卜即貞王賓父丁歲二宰暨匚丁歲…　2

二二七二二　甲子卜行貞王賓歲無尤在正月　2

二二七二二　…卯卜行…王賓…歲宰𣪕無尤…　2

二二七二九　辛卯卜行貞王賓祖辛歲宰無尤　2

二二七二九　乙未卜行貞王賓大乙歲宰無尤　2

二二七三五　庚申卜尹貞王賓歲𣪕無尤　2

二二七三七　丁酉…王賓…三宰…歲五…在三…　2

二二七六九　…卜尹貞…賓父丁歲…暨大丁𠂤…宰無尤　2

二二七九三　庚申卜行貞王賓大庚歲二牛無尤在…　2

二二八一〇　甲寅卜…貞王賓小甲歲…　2

二二八一四　己巳卜行貞王賓雍己…歲宰𣪕…無尤　2

二二八三三　戊子卜旅貞王賓大戌歲三宰無尤　2

二二八四〇　戊子卜尹貞王賓大戌戠…　2

二二八四一　戊子卜旅貞…賓大戌戠…　2

二二八四七　戊午卜𠂤貞王賓大戌𠂤歲三宰無尤　2

二二八九九　乙酉卜行貞王賓歲自祖乙至于父丁無尤　2

二二八九九　丙戌卜行貞王賓父丁夕歲無尤　2

二二九〇〇　乙亥卜𡧊貞王賓祖乙歲宰無…　2

二二九〇一　辛酉卜…貞王賓祖辛歲…　2

二二九〇二　…卜尹貞王賓祖乙歲二宰　2

二二九〇三　辛亥卜…貞王賓祖辛歲𣪕…　2

二二九〇三　乙卯卜尹貞王賓祖乙𠂤歲無尤　2

二二九〇六　庚申卜行貞王賓歲無尤　2

二二九六七　乙未…貞王賓歲無…　2

編號	釋文	期
二二九七二	辛巳卜即貞王賓祖辛歲無尤	2
二二九七三	辛巳卜行貞王賓祖辛𣪘宰	2
二二九七四	辛酉卜…貞王賓祖辛歲三宰	2
二三〇二〇	甲辰卜旅貞王賓羌甲歲宰無尤	2
二三〇三〇	丁卯卜行貞王賓父丁歲宰暨祖丁歲宰無尤	2
二三〇三一	丙辰卜旅貞王賓祖丁歲無尤十二月	2
二三〇三三	丁亥卜𣶒貞王賓祖丁歲無尤十月	2
二三〇四九	丁巳卜行貞王賓歲暨小丁歲無尤	2
二三〇五〇	貞小丁歲其賓	2
二三〇五一	…卜旅貞翌丁酉小丁歲王其賓	2
二三〇八五	壬戌卜大貞王賓兄庚歲無尤	2
二三〇八九	乙亥卜旅貞王賓魯甲歲無尤	2
二三〇九九	…卜旅…賓…歲…九月	2
二三一一五	乙亥卜行貞王賓小乙歲宰無尤在二月	2
二三一一六	辛巳卜行貞王賓小乙歲…	2
二三一一六	癸未卜行貞王賓小乙歲宰無尤…	2
二三一一七	乙未卜行貞王賓小乙歲宰無尤	2
二三一一八	乙亥卜行貞王賓小乙歲宰無尤	2
二三一一九	乙未卜行貞王賓小乙歲無尤	2
二三一四三	乙卯卜即貞王賓毓祖乙父丁歲無尤	2
二三一四四	乙卯卜行貞王賓毓祖乙歲宰無尤在九月	2
二三一五八	丁亥卜…貞王賓…歲…	2
二三一八一	丁酉卜行貞王賓父丁歲宰無尤	2
二三一八二	丁未卜行貞王賓父丁歲宰…尤	2
二三一八三	庚戌卜行貞王賓父丁歲宰無尤	2
二三一八四	丁酉卜行貞王賓父丁歲無尤在二月	2
二三一八五	丁巳卜行貞王賓父丁歲宰無尤在四月	2
二三一八六	庚辰卜行貞王賓父丁歲無尤在十二月	2
二三一八八	戊午卜行貞王賓父丁歲二牛𣪘無…	2
二三一八八	…申卜行…王賓…歲二宰…尤	2
二三一八九	丙戌卜行貞王賓父丁夕歲𣪘無…	2
二三一九〇	丁酉卜旅貞王賓父丁歲十牛無尤在…	2
二三一九一	丁卯卜旅…賓父丁歲…	2
二三一九二	丁丑卜旅貞王賓父丁歲三宰無尤在…	2
二三一九三	丁卯卜𧧌貞王賓父丁歲宰無尤	2
二三一九三	…卜𧧌…賓歲…宰…	2
二三一九四	丁卯卜尹…賓父丁歲…	2
二三一九五	丙午卜尹貞王賓父丁歲	2
二三一九六	…卜尹貞王賓父丁歲三牛無…	2
二三一九七	丁亥卜貞王賓父丁歲五宰𣪘無尤	2
二三一九八	…貞王…父丁歲三宰無尤在八月	2
二三一九八	丙…卜…貞王賓父丁歲三宰𣪘無尤	2

編號	釋文	期
二三一九九	…酉…王賓父丁歲二宰…無尤正…	2
二三二〇〇	壬戌卜…王賓父丁歲五牛…無尤	2
二三二〇二	乙丑卜貞王賓父丁歲無尤	2
二三二〇三	辛亥卜貞王賓父丁歲…無尤	2
二三二〇四	…卯卜…貞王賓父丁歲暨…歲無…二?月	2
二三二〇五	癸卯卜…貞王賓父丁歲𣪘無尤	2
二三二六六	甲申…貞…賓…歲…	2
二三三〇二	庚戌卜行貞王賓妣庚歲二宰𣪘無尤	2
二三三〇七	…王賓…𣪘…示壬奭…無尤	2
二三三〇八	…卜即…王賓示癸奭妣甲𣪘無尤	2
二三三〇九	…卜尹…王賓大丁奭…歲小宰無尤在三月	2
二三三一七	壬寅…貞王…大戊奭妣壬歲無尤	2
二三三二〇	己未卜…貞王賓祖乙奭妣己歲…	2
二三三二七	…寅卜行…王賓歲…無尤在八月	2
二三三二七	庚戌卜行貞王賓羌甲奭妣庚歲小宰𣪘無尤	2
二三三三一	…貞王賓祖乙奭妣庚歲伐于勺牛暨兄庚歲二宰無尤	2
二三三三六	丙申卜即貞王賓妣丙歲𣪘無尤二月	2
二三三三七	甲子卜…貞歲妣甲…	2
二三三三九	戊戌卜旅貞王賓妣戊歲宰無尤	2
二三三四二	戊申卜…貞翌己…王賓妣己彳歲無尤	2
二三三五〇	乙巳卜尹貞王賓妣庚歲𣪘無尤	2
二三三五二	庚午卜旅貞王賓妣庚歲無尤在九月	2
二三三五四	丁酉卜行貞王賓…丁歲三宰…尤	2
二三三五五	庚子卜…貞妣庚歲王其賓	2
二三三五四	戊戌卜…貞王賓…歲無尤	2
二三三五四	己丑卜行貞王賓兄己歲𣪘無尤二牛	2
二三三五四	乙未卜行貞王賓妣庚歲宰無尤	2
二三三五六	庚午卜大貞妣庚歲王其賓	2
二三四〇六	己巳卜行貞王賓母己歲一牛𣪘	2
二三四二一	辛巳卜…貞王賓母辛歲宰…	2
二三四六八	丁未…貞王…歲…	2
二三四六八	己酉卜行貞王賓兄己歲宰無尤	2
二三四六八	…戌卜行…王賓…歲宰…尤	2
二三四七一	己卯…貞…賓…兄己歲…	2
二三四八五	庚辰卜即貞王賓兄庚蒸暨歲無尤	2
二三四八八	庚午卜即貞王賓妣庚歲暨兄庚無尤	2
二三四九〇	庚戌…貞王…兄庚歲…	2
二三五〇四	…卜大…賓…歲…尤	2
二三七二六	己巳卜行貞王賓歲…無囚	2
二四二四七	戊午卜行貞王賓歲無尤在十月	2
二四二四七	己未卜行貞王賓歲二牛無尤在十二月在亦卜	2
二四二六六	辛酉卜尹貞王賓歲無尤在師𣪘卜	2

24266 辛酉卜尹貞王賓歲無尤在四月在師非卜 2
24272 丁未卜行貞王賓歲無尤在師寮卜 2
24279 辛卯卜行貞王賓歲二牛無尤…… 2
24279 辛卯卜行貞王賓……歲一牛無尤在十月在師寅…… 2
24305 丁卯卜行貞王賓大戊歲二牛無尤在二月 2
24305 丁卯卜行貞王賓祖丁歲暨父丁歲二宰無尤在
24308 甲寅卜行貞王賓歲三牛無尤在師裝茲
24879 ……酉卜逐貞王賓歲不遘大雨 2
25092 癸亥卜尹貞王賓歲敹無尤 2
25092 甲子卜尹貞王賓歲敹無尤 2
25093 乙丑卜尹貞王賓歲敹無…… 2
25094 ……卜旅……王賓……歲敹無尤 2
25096 壬申卜行貞王賓歲二牛敹無尤七月 2
25097 ……卯卜旅……王賓……歲無……五月 2
25098 辛亥卜貞王賓……歲五牛 2
25099 ……卜行……王賓……歲三牛 2
25100 乙酉卜旅貞王賓歲三?牛無尤 2
25101 ……卜冎……王賓……歲三宰……尤 2
25102 ……子卜行……王賓……歲宰……尤 2
25103 ……酉卜旅……王賓……歲……無…… 2
25104 ……卜旅……賓……歲……尤 2
25105 ……旅……王賓……歲三宰無尤 2
25106 乙丑……貞王……歲二宰無尤 2
25107 ……卜尹?……王賓……歲宰……尤 2
25108 ……卜旅……王賓……歲二宰……尤 2
25109 乙亥卜……貞王賓……歲宰一牛…… 2
25110 ……卜尹……賓……歲宰……尤 2
25111 乙亥卜行貞王賓歲無尤 2
25113 癸未卜……貞王賓歲敹無尤 2
25114 乙卯卜尹貞王賓歲無尤 2
25115 乙酉卜喜貞王賓歲無尤 2
25116 ……丑卜即貞王賓歲無尤 2
25117 庚申卜喜貞王賓歲無尤 2
25117 ……喜貞王賓歲無…… 2
25118 丁巳卜……貞王賓歲無尤 2
25119 ……卜貞王賓歲無尤 2
25120 丁丑……貞王賓歲無尤 2
25120 ……卜……王賓歲無尤十二月 2
25121 丁卯卜……貞王賓歲無尤 2
25122 丙辰卜貞王賓歲無尤 2
25123 甲寅貞翌己酉歲其…… 2
25123 ……卜即……王賓……歲無…… 2
25124 乙酉卜大貞王賓……歲無…… 2

25125 癸亥卜大貞王賓歲無尤 2
25126 辛卯卜……貞王賓歲……尤 2
25127 ……卜尹……王賓……歲無……在四月 2
25128 ……卜出……辛丑……賓歲……叀用 2
25129 ……貞王賓……歲…… 2
25130 乙卯……貞王賓歲…… 2
25131 ……旅……賓……歲……無……在…… 2
25132 壬……旅……賓……歲五…… 2
25133 辛亥……旅貞……賓……歲…… 2
25134 辛酉……旅貞……賓歲……無…… 2
25135 乙……尹……賓……歲……辛…… 2
25140 戊辰卜尹貞歲其賓敹…… 2
25141 ……卜旅……庚申……歲……賓…… 2
25142 庚戌卜即貞……母?歲二牛……其賓…… 2
25143 己卯……貞歲……其…… 2
25145 戊申卜失貞王賓……丁歲…… 2
25146 ……酉卜……王賓……丁歲二宰…… 2
25147 丁丑……貞王……丁歲……無…… 2
25148 辛卯卜即貞王賓歲不雨 2
25149 ……卜旅……王賓……歲暨……歲無尤在二月 2
25152 ……午卜……貞王賓魯甲歲無尤 2
25153 庚申卜即貞王賓妣歲無尤 2
25267 甲寅卜尹貞王賓歲一牛無尤在三月 2
25268 己酉卜尹貞王賓歲牛無尤 2
25295 戊辰……貞王賓……歲三宰……在十二月 2
25298 丁卯卜行貞王賓敹歲無尤在……月 2
25300 戊寅卜行貞王賓歲敹無尤 2
25301 庚辰……貞王……歲宰……暨…… 2
25303 己亥卜行貞王賓歲宰無尤 2
25310 庚戌卜行貞王賓……歲無尤…… 2
25312 乙卯卜行貞王賓歲無尤在裝…… 2
25343 丁卯卜……貞王賓歲無囚 2
25383 庚寅卜行貞王賓歲無尤在十二月 2
25689 ……卜冎……賓……歲一牛……尤 2
25802 ……卜……王賓……歲無……在四月 2
25853 丙午卜貞王賓歲無尤 2
25944 ……卜即……王賓……歲無…… 2
27057 癸丑卜上甲歲伊賓 吉 3
27387正 壬寅卜王賓妣壬歲祭 3
27400 貞王賓父己歲祭 3
27420 父己父戊歲王賓 3
27583 子癸歲王賓祭 3

編號	釋文	分期
三五六七九	貞王賓祖乙…歲無尤	5
三五九六三	丙申卜貞王賓康…歲無…	5
三八〇九七	壬戌卜貞王賓歲無尤	5
三八〇九八	壬辰卜貞王賓歲無尤	5
三八一〇〇	乙丑卜貞王賓歲無尤	5
三八四七一	甲子卜貞王賓歲無尤	5
三八四七二	甲子卜貞王賓歲無尤	5
三八四七三	甲子卜貞王賓歲無尤	5
三八四七四	壬子卜貞王賓歲無尤	5
三八四七五	甲子卜貞王賓歲無尤	5
三八四七六	甲子卜貞王賓歲無尤	5
三八四七八	乙丑卜貞王賓歲無尤	5
三八四八四	戊辰卜貞王賓歲無尤	5
三八四八五	戊辰卜貞王賓歲無尤	5
三八四八七	庚午卜貞王賓歲無尤	5
三八四八八	庚…卜貞王賓歲無尤	5
三八四九三	癸酉卜貞王賓歲無尤	5
三八四九三	壬申卜貞王賓歲無尤	5
三八四九四	癸酉卜貞王賓歲無尤	5
三八四九五	戊戌卜貞王賓歲無尤	5
三八四九九	乙亥卜貞王賓歲無尤	5
三八五〇二	丙子卜王貞王賓歲無尤	5
三八五〇三	丁丑卜貞王賓歲無尤	5
三八五〇四	丁丑卜貞王賓歲無尤	5
三八五〇五	…丑卜貞王賓歲無尤	5
三八五〇八	戊寅卜貞王賓歲無尤	5
三八五一一	己卯卜貞王賓歲無尤	5
三八五一三	丙子卜貞王賓歲無尤在四月	5
三八五一四	辛巳卜貞王賓歲無尤	5
三八五一五	辛巳卜貞王賓歲無尤	5
三八五一六	辛巳卜貞王賓歲無尤	5
三八五一八	癸未卜貞王賓歲無尤	5
三八五一九	癸未卜貞王賓歲無尤	5
三八五二〇	癸未卜貞王賓歲無尤	5
三八五二一	癸未卜貞王賓歲無尤	5
三八五二三	癸未卜王貞賓歲無尤	5
三八五二四	癸未卜貞王賓歲無尤	5
三八五二八	丙…卜貞王賓歲無…	5
三八五二九	丁亥卜貞王賓歲無…	5
三八五三五	辛卯卜貞王賓歲…尤	5
三八五四〇	癸巳卜貞王賓歲無尤	5
三八五四一	癸巳卜貞王賓歲無尤	5
三八五四八	乙未卜貞王賓歲無…	5
三八五四九	貞王賓歲無尤	5
三八五五六	丁酉卜貞王賓歲無尤	5
三八五六三	乙亥卜貞王賓歲無尤	5
三八五六三	乙亥卜貞王賓歲無尤	5
三八五六六	庚子卜貞王賓歲無尤	5
三八五六七	丁酉卜貞王賓歲無…	5
三八五六七	庚子卜貞王賓歲無尤	5
三八五六八	辛丑卜貞王賓歲無尤	5
三八五七九	甲辰卜貞王賓歲無尤	5
三八五八四	乙巳卜貞王賓歲無尤	5
三八五八八	丁未卜貞王賓歲無尤	5
三八五八八	丙午卜貞王賓歲無尤	5
三八五八九	丁未卜貞王賓歲無尤	5
三八五九二	戊申卜貞王賓歲無尤	5
三八五九七	己酉卜貞王賓歲無尤	5
三八六〇一	甲寅卜貞王賓歲無尤	5
三八六〇二	甲寅卜貞王賓歲無尤	5
三八六〇三	甲寅卜貞王賓歲無尤	5
三八六〇四	…寅卜貞王賓歲無…	5
三八六〇五	…寅卜貞王賓歲無尤	6
三八六〇六	乙卯卜貞王賓歲無尤	5
三八六〇七	乙卯卜貞王賓歲…尤	6
三八六〇八	…卯卜貞王賓歲無尤	5
三八六〇九	丙辰卜貞王賓歲無…	5
三八六一〇	丁巳卜貞王賓歲無尤	5
三八六四三	…戌卜貞…賓歲…尤	5
三八六六四	…卜貞王…歲無尤	5
三八六六九	…卜貞…賓歲…尤	5
三八六七〇	…卜貞…歲無尤	5
三八六七三	貞王賓歲無尤	5
三八六七四	貞王賓歲無尤	5
三八六七五	貞王賓歲無尤	5
三九四七五	癸亥卜貞王賓歲無尤	5
屯九五	己卯卜王賓父己歲祭王受祐	3
英一八九二	…子子卜至羊于妣己賓歲	1
英一九四〇	辛卯卜大貞王賓祖辛歲無尤	2
英一九五一	…亥…貞王賓父丁歲無…	2
英二一〇三	乙丑卜…貞王賓歲無…	2

編號	釋文	期
英二〇四	丁亥卜…貞王…歲無…	2
英二〇五	丁未…貞王…歲…允…	2
英二〇六	…卜…貞王…歲無…	2
英二〇八	…旅…賓…歲…	2
英二三四六	…暊…賓…丁歲…	3
懷一〇一三	乙亥卜尹貞王賓小乙歲無尤	2
懷一〇一七	乙丑卜旅貞王賓祖乙歲三宰無尤…十一月	2
懷一〇三五	…旅…賓…歲	2
懷一〇六〇	…卜旅…賓…歲…尤	2
懷一二五五	甲寅卜行貞王賓…歲…	2
懷一七一三	丁丑卜貞王賓歲無…	5
懷一七一七	丙寅卜貞王賓歲無尤	5
懷一七二〇	丁巳卜貞王賓歲無尤	5
懷一七二三	丁卯卜貞王賓歲無…	5
懷一七二三	庚午卜貞王賓歲無…	5
懷一七三六	乙酉…賓歲…	5
二二五八三	丁巳卜即貞王賓妣歲無尤	2
二五一五〇	庚寅卜旅貞王賓妣歲無尤七月	2
二五一五二	癸巳卜大貞王賓妣歲無尤	2
二五一五三	庚申卜即貞王賓妣歲無尤	2
二五一五四	丁酉…貞王…妣歲…尤	2
二五一五四	丁酉…貞王…妣歲…尤	2
二五一五五	…卜旅…妣歲…今酌…	2
二五一五六	…卜旅…妣歲…其賓…	2
二五一五七	癸亥卜…貞妣歲惟今蘗酌	2
二五一五八	貞妣歲牝十三月	2
二五一五九	乙亥卜…貞妣歲牡	2
二五一六〇	癸巳卜即貞妣歲勿牛	2
二五一六一	乙巳卜喜貞妣歲牡	2
二五一六二	甲申卜即貞妣歲王其款十一月	2
二五一六二	甲申卜即貞妣歲其𥁕	2
二五一六三	…貞妣歲…𥁕改	2
二五一六四	乙未卜即貞妣歲王其…	2
二五一六五	乙巳卜即貞妣歲王其款…	2
二五一六六	…子卜大…妣歲…其款…	2

升歲

編號	釋文	期
三一三	貞翌乙亥有升歲于唐三十羌卯三十牛六月	1
三七七	庚辰卜貞衣升歲作醽自祖乙至于丁十二月	1
四二〇	…戌卜…升歲…羌…月	1
一一五八	辛巳卜爭貞翌甲申其有升歲自上甲…十三月	1
一三〇六	乙丑卜穷貞唐升歲不我黹無來嬉	1
一三四三	…卯有升歲戍	1
一五七四反	乙未有升歲祖乙	1
一五七五	乙未有升歲祖乙	1
一六五四	庚子卜爭貞魯其酌于祖辛𠤱有升	1
一八四九	壬戌卜王有升歲祖丁 歲上甲	1
二〇〇九	庚寅有升歲南庚	1
二五六四	…升歲毋庚	1
二五六六	庚午有升歲毋…	1
二五六六	庚午有升歲毋…	1
三九一二反	丁巳有升歲…	1
一四八二二	貞卜歲曰酌十三月	1
一四八五六	…卜穷…甲申…升歲…至于多毓…丁酌	1
	十三月	1
一四九一二	…乙𠤱有升歲七月	1
一四九三八	庚辰子𢀛有升歲…	1
一四九三九	甲申有升歲入	1
一四九四〇	…辰有升歲…	1
一四九四一	…有升歲于…	1
一四九四二	辛亥有升歲…	1
一四九四三	…辰有升歲…	1
一五六九五正	壬子卜穷貞其酌升歲𢍰丁九月	1
一五八六五	貞翌丁巳有升歲于丁侑…	1
一九八一五	甲午卜…有升歲大乙呼	1
一九八九九	…升歲…妣辛𠂤	1
一九九〇八	壬未卜𢦏一牛侑魯甲升歲	1
二〇〇一四	…寅兄丁歲丁己宰…升歲	1
二一一五五	壬寅示…侑父歲…羊于壬…用	1
二二〇四六	戊子卜有升歲于父戊用今戊	1
二二〇六五	甲子卜翌入乙有升歲三宰	1
二二五五六	…卜旅…翌乙魯祖乙其遘升歲一宰羌十人	2
二二五五八	癸亥卜旅貞翌甲子有升歲上甲其有羌九…	2
二二五六一	…卜旅…甲戌…升歲五…羌五	2
二二五七一	…亥卜…翌甲子其有升歲上甲其有羌…二月	2
二二五七四	…升歲毓祖乙有羌	2
二二五七六	…戌…升歲于…有羌…	2
二二六二六	甲戌卜行貞王賓上甲升歲無尤…	2
二二六七一	壬子卜…貞翌甲…酌上甲…升歲	2
二二六七七	癸丑卜大貞翌甲寅上甲升歲…衣…	2
二二八四七	戊午卜𠂤貞王賓大戊升歲三宰無尤	2

二二九〇四	…王…乙丑其有彳歲于祖乙白牡三王在川	
	卜	2
二二九九五	…其延…彳歲于祖辛在四月	2
二三〇〇二	庚子卜行曰貞翌辛丑其有彳歲于祖辛	2
二三四二七	…毋辛彳歲宰無尤	2
二五〇三七	庚戌王…曰其遘…有彳歲…二月	2
二五〇六八	…行貞…有彳歲…	2
二五一一二	…卜尹…王賓…歲宰暨…彳歲…	2
二五一三六	戊辰…貞王…歲彳…在…	2
二五六四二	乙卯卜…貞王賓…彳歲…無…	2
二五九四〇	癸酉卜…貞翌甲…乞酌𦎫于上甲其遘有	
	彳歲三宰	2
二五九八六	貞其後彳歲一月	2
二五九八七	…吳貞彳歲…于日七月	2
二五九八八	癸酉…旅貞…彳歲…	2
二五九八九	…彳歲…在二月	2
二五九九〇	…旅…翌甲子…彳歲…牛	2
二五九九一	…旅…辛亥…彳歲…三宰	2
二五九九二	甲子卜…貞惟庚…彳歲…	2
二六九一四	癸…丑…彳歲…	3
二六九九九	癸丑卜其有彳歲大乙伐卯二宰?	3
二七〇〇五	…升…歲廼𣪕…大丁乂伐王受有祐	3
二七〇〇八	丙戌卜王彳伐妣丙歲…	3
二七〇七六	…其有彳歲自上甲遘翌	3
二七〇九六	…有彳歲大乙惟乙丑…	3
二七〇九七	…其有彳歲于大乙其宗酌	3
二七一〇一	卜彳歲其至于大乙　吉	3
二七一四九	王其侑大乙大丁大甲惟彳歲公	3
二七一五〇	乙卯卜何貞有乂歲于唐無耄十二月	3
二七一五三	乙卯卜何貞王彳歲不賓遘雨	3
二七一五三	乙卯卜何貞有彳歲于唐王無耄十二月	3
二七一八六	甲子…彳歲于祖乙三宰	3
二七三二一	丙午卜何貞翌丁未其有彳歲禦毓祖丁	3
二七三三一正	…父戊歲王彳	3
二七四二四	己亥卜何貞翌庚子彳歲其延于父庚	3
二七六五四	丁巳卜乂歲其至于伊尹　吉	3
二〇〇一四	…寅兄丁歲丁己宰…乂歲	1
三〇五三一	乙卯卜何貞王賓乂歲不遘雨	3
三〇五三二	乙卯卜…貞王賓乂歲不遘雨	3
三〇九五八	惟乂歲祝用　大吉	3
三〇九五九	乂歲登用	3
三一〇五七	癸卯貞王有乂歲三宰羌十又五	4

三二〇一四	丙辰卜惟丁卯酌彳歲	4
三二〇一四	于八月酌彳歲于丁	4
三二〇五七	乙巳貞王有彳歲于父丁三宰伐十又五	
	若茲卜雨	4
三二一〇三	甲申貞其有彳歲于伊…	4
三二一一三	丙寅貞王有彳歲于祖乙宰一牛	4
三二一一三	丙寅貞王有彳歲于父丁宰	4
三二一一三	丙寅貞王有彳歲于父丁宰	4
三二一一四	丙寅貞王有彳歲于祖乙宰…牛	4
三二一九八	甲辰卜彳二伐祖甲歲二宰　用	4
三二二〇〇	有彳伐十五歲十宰上甲	4
三二二二二	…巳貞甲午有彳歲于上甲五宰	4
三二二二三	甲申有彳歲上甲有雨	4
三二二二四	辛亥卜甲子有彳歲于上甲三牛	4
三二三四九	辛亥卜…有彳歲于祖乙	4
三二三六〇	癸亥貞甲子酌彳歲于上甲五牛	4
三二三六一	庚…貞酌彳歲于上甲	4
三二四一〇	甲寅貞有彳歲大乙不遘雨	4
三二四二一	辛未貞乙亥酌彳歲于大乙	4
三二四四二	…戊貞…有彳歲于小乙	4
三二四五四	于高祖乙有彳歲	4
三二四五四	甲辰卜其有彳歲于毓祖乙	4
三二四五五	于高祖乙有彳歲	4
三二四七八	丁丑貞來甲子大甲彳歲	4
三二四八〇	丙申貞丁酉酌彳歲于大…五宰　茲用	4
三二五〇六	甲辰卜有彳歲于祖乙三宰　用	4
三二五〇七	…寅卜有彳歲祖乙乙卯五宰　用	4
三二五〇八	癸亥卜有彳歲于祖乙	4
三二五〇九	乙亥貞有彳歲于祖乙大宰一牛	4
三二五一〇	乙丑卜有彳歲于祖乙五宰	4
三二五一一	丙寅卜王有彳歲于祖乙宰…牛	4
三二五一二	癸未貞惟今乙酉有彳歲于祖乙五豕	
	茲用	4
三二五一三	癸未貞惟今乙酉有彳歲于祖乙五豕	4
三二五一六	…彳歲于祖乙十宰	4
三二五一七	癸丑貞多宁其延有彳歲于…	4
三二五三八	…貞酌彳歲祖乙匕…	4
三二五九六	癸丑貞有彳歲于祖丁　茲用	4
三二六五一	于乙酌彳歲于丁	4
三二六六九	癸卯貞王有彳歲于父丁三宰	4
三二六七〇	丙寅卜貞丁卯有彳歲于父丁一牛	4

三三七九〇　……貞乙酉有㞢歲……　4
三三二七三　丙寅貞有㞢歲于伊尹二牢　4
三四二九六　……㞢歲于多公
三四三〇一　……有㞢歲十牢　4
三四〇四五　丁亥卜在小宗有㞢歲自大乙　4
三四〇四六　乙亥有㞢歲在小宗自上甲一月　4
三四〇四六　丁丑卜在小宗有㞢歲……乙　4
三四〇四七　己丑卜在小宗有㞢歲自大乙　4
三四〇四七　……亥卜在大宗有㞢伐三羌十小牢自上甲　4
三四〇四七　己丑卜在小宗有㞢歲自大乙　4
三四〇八八　己未貞惟元示有㞢歲　4
三四〇八八　己……貞……大……有……歲　4
三四〇八八　己未貞惟元示有㞢歲　4
三四一〇四　……未貞有㞢歲自上甲……示三牢小示二牢　4
又……　4
三四一六五　丁丑貞有㞢歲于大戊三牢　茲用　4
三四二九六　……㞢歲于多公　4
三四二九八正　己未貞有㞢歲　4
三四二九九　……有㞢歲遘……　4
三四三〇〇　……王有㞢歲……其遘翌日　茲用　4
三四三〇一　……有㞢歲十牢　4
三四三〇二　……有㞢歲于祖乙　4
三四三〇三　……卜有㞢歲于……乙三牢　4
三四三〇四　……卜有㞢歲于……　4
三四三〇五　丁亥貞有㞢歲……　4
三四三〇六　甲寅貞有卜歲呼射　4
三四五一七　癸卯貞酌㞢歲于……　4
三四六一三　……㞢歲于彡遘　4
三四六一四　丁未貞㞢歲惟祭遘　4
三四六一四　丁未貞㞢歲于祭遘　4
三四六一四　乙巳貞㞢歲惟彡遘　4
三四六一四　乙巳貞㞢歲惟彡遘　4
三四六一四　……歲……祭……　4
三四六一四　……貞……歲于……遘　4
三四六一五　丁未貞㞢歲于祭遘　4
三四六一五　丁未貞㞢歲于彡遘　4
三四六一六　……㞢歲于彡遘　4
三四六一六　丁未貞㞢歲惟祭遘　4
三四六二六　癸丑貞㞢歲其五牢　4
三四六二七　……卜歲……　4
三四六二八　……㞢歲于小……　4

三四六二八　……㞢歲于小……　4
屯一一　癸卯貞酌㞢歲
屯一九二　……戌貞有㞢歲……　4
屯四八八　乙亥貞有㞢歲自上甲盡遘上甲彡　4
屯五二四　丙辰貞丁巳有㞢歲于父丁大……　4
屯五八二　庚子貞酌㞢歲伐三牢　4
屯五九五　甲申貞有㞢伐于小乙羌五卯牢　茲用　4
屯七七四　癸亥……甲子……㞢歲……上甲三……　4
屯八五六　丙寅貞有㞢歲于仲丁　茲用　4
屯九四六　……有㞢歲于……乙……　4
屯九九三　……卜其有㞢歲于大乙三牢　3-4
屯九九六　庚寅貞有㞢歲于祖辛　4
屯一〇五〇　……貞……㞢歲……乙牢……翌日　4
屯一〇六二　丙寅貞有㞢歲于伊尹二牢　4
屯一〇八八　祖乙㞢歲其射　吉　3
屯一〇九一　甲午貞有㞢伐自祖乙羌五歲三牢　4
屯一一一一　甲子貞今日有㞢歲于大甲牛一茲用在　4
鄴　4
屯一一三一　甲辰貞祭于祖乙有㞢歲茲用二牢　4
屯一一三一　……貞有㞢歲于祖乙茲用乙酉　4
屯一一二二　……㞢歲于……牢乙丑……三牢……　4
屯二二〇〇　……未卜……㞢歲大乙伐二十十牢　4
屯二二一五　于來乙未酌㞢歲　4
屯二二一五　五大牢㞢歲
屯二三〇八　丁酉卜……來乙巳酌卜歲伐十五十犅　4
屯二四二〇　甲子貞㞢歲一牢茲用有㞢大乙一牢大丁一牢
大甲一牢……一牢　4
屯二四三〇　……亥貞翌乙丑其有㞢歲于大乙至于
大甲　4
屯二六〇三　庚申甲子酌㞢歲于上甲　4
屯三六七三　癸丑貞多宁其延有㞢歲于父丁牢又一
牛　4
屯四一〇一　辛卯貞酌㞢歲妣壬
英一一二反　庚寅有㞢歲毋庚　1
英一一九五　……婦有卜歲……　1
英一一九六　丙戌有㞢歲卜丙　1
英一一九七　丁卯有卜歲于大……　1
英一九二四　丁亥卜大貞卜曰其有盡㞢歲自上甲
王乞……　2
英二一〇九　貞㞢歲酌十三月　2
英二一一〇　……㞢歲……牛七月　2
英二四〇一　丁丑貞來甲申先于大甲㞢歲……　4

著錄	釋文	期
懷九一五	……有歺歲……	1
懷一五五五	乙巳貞有歺歲自上甲大……三牢三……	4
二七四四二	其有歲于父甲酒牢	3
二七六二〇	己卯卜兄庚酒歲惟羊	3
二七六二〇	己丑卜兄庚酒歲惟羊	3
三〇七四五	丙子卜執酉歲	3
三〇九三五	丙辰酉歲勿牛	3
三二四四八	丙午卜父丁酉夕歲一牢	4
三三〇八五	……祝酉歲……	4
三四三一五	……梄歲……	4
三四三八〇	梄歲弘	4
三四三八一	丙戌貞延桒梄歲弘二牢	4
三四六〇六	丙戌卜梄歲	4
三四六〇六	惟父丁𢼊梄歲	4
三四六〇八	……祭梄歲	4
三四六一八	……祭梄歲	4
屯二四六	甲午卜其祝歲于梄	3-4
屯一〇一一	己丑卜兄庚酉歲牢	3
屯一〇六〇	丙午卜禱歲二牢	4
屯三九五八	……貞梄歲二牢　茲用	4
二三二一七	……卜行貞庚必歲王其叙	2
二五九八五	……戌卜……翌丁亥……丁必歲……執酚	2
三〇七二八	必歲鬻蹲王受祐	3
三〇九六〇	即大乙祈歲王……	3
三一一一九	……𢼊必歲酚	3
英二三六三	丙午卜祖丁盟歲王各祓于父甲	3
三二一三七	延觀歲	4
三二一三八	延觀歲	4
三四四四一	延雈歲	4
三四五二九	乙巳……酚遘……雈歲……五牢……𢆶十……	4
二二六一〇	丙午卜即貞翌丁未丁蔑歲其有伐	2
二二七一八	……卯卜大……示癸歲惟……蔑酚……	2
二二八五九	貞仲丁歲惟蔑	2
二二九八八	丙……貞翌丁卯……祖辛歲惟蔑……	2
二三一五三	庚申……貞毓……歲惟蔑酚	2
二三五二〇	壬申卜即貞兄壬歲惟蔑	2
二五一七七	……卜……貞歲……今蔑……	2
二五一七八	……卜……貞……歲……蔑……	2
英二一一〇	……旅……翌丁卯……蔑歲……在七月	2
二三二〇六	丙辰卜尹貞翌丁巳父丁莫歲宰	2
二三二〇七	丙午卜行貞翌丁未父丁莫歲牛	2
二三二〇八	丙戌卜……貞翌丁……父丁莫歲宰	2
二三二〇九	……旅貞……卯其有莫歲于父丁……二月	2
二三二一〇	……旅……父丁莫歲宰	2
二三二一二	……卜……貞翌……巳……父丁莫歲牡……	2
二三二二六	貞妣庚歲惟莫酚先日	2
二三三六〇	貞妣庚歲惟莫酚先日	2
二四三四八	丙寅卜行貞翌丁卯父丁莫歲宰在三月在	
二五二二五	……貞……莫歲……其圍	2
英一九五三	……午卜旅貞翌丁未父丁莫歲其勿牛	2
英一九五三	……卜旅……丁未父丁莫歲其牡在八月	2
懷一〇一六	丁未卜王曰貞父丁莫歲其弘三宰茲用	2
二一一九四	……夕歲……祐	1
二三二三三	乙酉卜行貞父丁夕歲叙……	2
二七二七一	……卜祖丁夕歲……吉	3
二七二七二	……祖丁其有夕歲	3
二七二八〇	……巳卜祖丁舌有夕歲王受祐　大吉	3
二七四四七	父甲夕歲……惟……	3
二七四四八	……劦日父甲有夕歲王受祐	3
二七四五二	辛酉卜父甲舌有夕歲王受……　吉	3
二七四五三	癸亥卜父甲夕歲二宰　吉	3
三〇三五七	……未卜父甲必夕歲……	3
三〇三五九	癸亥卜其有夕歲于父甲升必受有祐	3
三〇四八九	……舌有夕歲王受祐	3
三〇四九〇	其有夕歲二宰王受祐　吉	3
三〇四九一	其有夕歲……宰王受……	3
三〇四九二	其有夕歲惟牛	3

三〇四九三　弜有夕歲　3
三〇四九四　夕歲惟牛　3
三〇四九五　：夕歲惟羊　3
三〇四九六　：有夕歲王受：　3
三四四三五　其夕歲羊　4
三四四三二　其夕歲羊　4
屯一七五　父甲夕歲弘　3
屯六二八　弜有夕歲　3
屯一〇三一　癸酉卜父甲夕歲惟牡　茲用　3
屯二三九四　：夕歲弘：　3
屯二三九一　丙寅卜禱夕歲一牢　4
屯三一七五　：父甲夕歲：　大吉　3
屯四五一〇　甲午卜父甲夕歲惟：王受祐　3
英二三六四　王其侑夕歲惟牛王受祐　3

莫歲

二七二七三　：祖丁莫歲于既祭：　吉　3
二七二七四　：卜祖丁莫歲二牢王受：　3
二七二七五　：卯卜祖丁莫歲二牢　3
二七四〇一　父己歲惟莫彡　3
二七五三〇　：莫歲妣庚王受：　3
三〇四八八　其有莫歲　3
三〇七二九　莫歲三牢王受祐　3
三〇七三〇　貞莫歲王受：　3
屯二〇　丙申卜祖丁莫歲二：　3
屯一四四三　父己歲惟莫彡王受祐　3
英二三六四　莫歲　3

公歲

二七三九三　公歲惟羊　3
三〇七四三　公歲：惟羊：受祐　3
三一六七八反　：弜公歲宰　3
三三六九二　辛亥貞壬子侑多公歲　4
三三六九三　辛亥貞壬子侑多公歲　4

明歲

一〇二　：貞翌丁彡獲丁明歲一月　1
一五四七五　貞勿獲丁明歲　1

季歲

二四九七〇　壬辰卜旅貞季歲：　2
二四九七一　：貞季歲：燎：　2
二四九七二　壬午卜旅貞季歲王其賓：　2

先·歲

二五九六　惟母歲先　1
一五四八四　丁未卜爭貞勿复先歲改在涂　1
二二八六〇　丙申卜即貞翌丁酉惟仲丁歲先　2
二二九九二　：貞先祖辛歲改　2
二二九九二　辛亥卜：貞先：歲改：　2
二三二二八　：子卜大：父丁歲：障：　2
二三二二九　：卜即貞父丁歲其先祭　2
二三二三〇　貞惟父丁歲先：　2
二三四八七　庚寅卜行貞兄庚歲先日
二五二〇三　丙寅卜大貞翌丁卯歲其先禱　2
二五二〇四　戊寅卜即貞惟父戊歲先彡　2
二五八九五　：卜大：其先：歲彡　2

歲·祝

二二九一九　乙巳卜喜貞祖乙歲惟王祝：　2
二二九二〇　：卯卜大：祖乙歲惟：祝：　2
二三三六七　庚子卜喜貞歲惟王祝　2
二五一七四　甲寅卜犬貞歲惟叡祝　2
二五一七五　：亥卜行：歲惟王祝在十一月　2
二五九一六　：卜喜：歲惟：祝　2
二五九一七　：卜喜：歲惟王祝　2
二五九一八　甲子：貞歲惟王祝　2
二五九二〇　：卜大：歲惟：祝　2
二五九二一　庚申卜大貞歲：祝　2
二五九二二　：卜旅：歲：祝　2
三〇七二六　：歲惟王祝　3

延·歲

二二七一〇　壬戌：貞示壬翌：歲翌癸亥其延于示癸　2
二二七一四　壬申卜逐貞示壬歲其延于：癸　2
二二九二一　戊辰卜即貞翌己巳弜延祖乙歲：　2
二三〇六九　戊申卜即貞其延丁歲六月　2
二三〇八一　：貞勿延歲于南庚　2
二三〇九七　甲戌卜行貞歲其延于祖甲　2
二三三三一　癸巳卜：貞父丁歲其延　2
二三三二六　己巳卜行貞翌庚午歲其延于羌甲奭妣庚：　2
二五一八二　戊：貞其延：歲一牛　2
二五二二一　：卜出：延大：歲于：三宰　2
二七四九二　壬午卜其延：歲于多父　3
三〇六一六　祝自：歲延：王受：　3

著錄號	釋文	期
三〇六二七	歲延酌惟勿牛王受祐	3
三三四二二	丙戌卜其延歲于…丁茲用	4
三三四二二	丙戌卜延歲于…	4
三四四三五	己卯卜其延歲于毛庚	4
三四四三六	…午貞癸未延歲…癸牛三　茲用	4
三四四三七	壬…延歲	4
三四四三八	己巳…延歲于…	4
三一〇〇	…子美見以歲于丁	1
三一〇一	丙寅卜貞…丁亥子美…見以歲于…	1
一五四八三正	貞复先以歲	1
七七八〇反	…卜有歲毋庚	1
一〇六一三正	丁巳卜殼貞告𢀛于祖勿有歲禍	1
一四九四四	乙酉有歲…	1
一四九四五	乙酉有歲…	1
一九八六六	…有歲	1
二一一三七	庚…王有歲…	1
二一一四五	辛未卜有歲…	1
二一一九五	…有歲牛大…	1
二二〇四四	己酉卜有歲于祖…	1
二二〇四四	庚戌卜有歲于下乙	1
二二〇四七	有歲羊不	1
二二〇四七	弜有歲	1
二二〇六五	甲子卜夕有歲父戊	1
二二〇六五	甲子卜有歲…乙牛	1
二二〇七四	癸巳卜有歲于祖戊宰	1
二二〇七四	癸巳…有歲…祖…牛	1
二二〇七五	乙卯卜有歲父己	1
二二〇七五	有歲于兄己	1
二二〇七五	有歲于[illegible]	1
二二〇七五	辛亥卜有歲于帝宰	1
二二〇七七	乙亥卜有歲于天庚于盧豕	1
二二〇七八	余有歲于祖戊三牛	1
二二〇七八	甲子卜有歲于下乙牛	1
二二〇七九甲	庚子卜有歲于庚祖	1
二二〇七九乙	…子卜有歲于子庚	1
二二〇八八	癸未卜有歲牛于下乙	1
二二〇八八	乙酉卜有歲于下乙	1
二二〇九二	丁未卜有歲于[illegible]人牛	1
二二〇九二	乙卯卜有歲于入乙小宰用	1
二二〇九三	丙午巛卜有歲于父丁羊	1
二二〇九八	…亥卜有歲于妣戊盧豕乙妻	1
二二〇九八	丁亥卜有歲于二示父丙父戊	1
二二一九九	丁酉卜有歲…父丁	1
二二二〇六甲	甲戌貞妣乙𠭥有歲	1
二二二〇六甲	𠭥有歲	1
二二二〇六甲	甲戌貞有妣己歲𠭥卜	1
二二二〇六甲	甲戌貞𠭥妣癸有歲	1
二二三一〇	丙申卜有歲于…牛羊一用	1
二二八九三	壬戌卜…貞翌乙…祖乙…有歲…	2
二二八八四	乙未侑歲于祖乙牡三十宰惟舊歲	2
二七〇五四	…卜狄…酌上甲又歲王受祐	3
二七一六四	辛未卜其有歲于妣壬一羊	3
二七一七二	己未卜其有歲于雍己　茲用	3
二七一七九	庚子卜其有歲于三祖…　茲用　歲	3
二七三〇六	甲戌卜其執伊左歲	3
二七三〇六	左歲　茲用	3
二七三三一正	其有歲于小丁	3
二七三四〇	庚戌卜其有歲于二祖辛惟牡	3
二七三六〇	甲戌卜其有歲毓祖乙	3
二七三七二	乙卯卜其有歲于帝丁一宰	3
二七三七三	其有歲于祖	3
二七三八七反	弜戠日其有歲于仲己　茲用	3
二七三八八	弜戠日其有歲于仲己	3
二七三九四	戊子卜其有歲于仲己王賓	3
二七四四〇	庚午卜其有歲于妣辛宰	3
二七四八四	…辰卜其有歲于父戊	3
二七四八六	丁酉卜其有歲于父戊	3
二七四八八	…卯卜其有歲于父戊	3
二七五一六	戊寅卜其有歲于妣己惟翌日	3
二七五七二	壬午卜其有歲于妣癸惟小宰	3
二七五八二	乙丑卜其有歲于二司一牝	3
二七五八九	王賓母戊歲有正　吉	3
二七五九七	丁酉卜其有歲于母…	3
二七五九七	…有歲于…	3
二七六一五	己未卜其有歲暨兄庚宰	3
二七六一五	己未卜其有歲于兄己一牛	3
二七六二三	庚子…有歲…兄辛…　茲…	3
二七六二四	…王其有歲于兄辛…	3
二八一〇九	戊子卜其有歲于亳土三小宰	3
二三四八〇	庚戌卜大貞其有歲兄庚	2

三〇三九一 王有歲于帝五臣正惟無雨 3
三〇四八二 乙巳卜其有歲于… 3
三〇四八三 己丑卜其有歲于… 3
三〇四八五 …翌日其有歲祖… 3
三〇四八六 …其有歲… 3
三〇四八七 …卜其有歲于… 3
三〇七三一 丁未…酉有歲 3
三一二八三 …有夢惟王有歲于… 3
三二一一三 于父丁有歲 4
三二一一三 癸丑貞王有歲于祖乙 4
三二一一九 乙亥有歲于大乙牛 茲用 4
三二一三一 …戌貞有歲于祖辛 4
三二一三四 弜有歲 4
三二一四七 …有歲羌 4
三二三〇三 乙丑卜其有歲于高… 茲用 4
三二三一六 甲午卜其有歲于毓祖一牢 4
三二三九六 有歲于…壬不雨 4
三二四〇九 甲寅貞乙卯有歲于大乙 茲用 4
三二四一一 庚午貞有歲于南庚 4
三二四四六 甲…其有歲于高祖乙 4
三二四四八 甲寅卜其有歲于高祖乙一牢 4
三二四四九 甲午卜其有歲于高祖乙三牢 4
三二四五〇 甲辰卜其有歲于高祖乙 4
三二四五一 甲午卜其有歲于高祖乙 4
三二四五二 …寅卜其有歲于高祖乙 4
三二四五三 甲午卜其有歲于高祖乙 4
三二四五四 …卜其有歲于大戊二牢 茲用 4
三二四九四 丁酉卜戊戌有歲大戊二十牢暘日…暘日茲 4
… 4
三二五〇一 甲寅有歲羌甲三牢羌甲二十牢又七暘日 4
茲用 4
三二五〇八 癸亥卜有歲于祖… 4
三二五一七 于父丁有歲 4
三二五一七 癸丑貞王有歲于祖乙 4
三二五一八 于祖乙有歲 4
三二五一九 乙丑貞有歲于祖乙 4
三二五二〇 有歲于祖乙 4
三二五二一 …其有歲于祖乙㲋… 4
三二五二二 甲午貞弜有歲祖乙 4
三二五四四 弜有歲 4
三二五六七 甲子卜其有歲于… 茲用 4

三二五八七 甲辰卜其有歲于羌甲 4
三二五八九 甲寅卜其有歲于羌甲 4
三二五九八 …其有歲于般庚… 4
三二六〇八 己巳卜其有歲于南庚茲用一牛 4
三二六二八 于毓祖乙有歲 4
三二六二八 …未卜…有歲…祖乙 4
三二六二九 于毓祖乙有歲 4
三二六三〇 丙戌卜其有歲于父丁… 4
三二六三〇 甲…卜其有歲于毓祖乙… 4
三二六三一 乙丑卜其有歲于毓祖乙 4
三二六五八 辛亥卜其有歲于三祖辛 4
三二六六〇 甲辰其有歲于祖 4
三二六六八 丙寅卜其有歲于父丁… 4
三二七四六 于來丁亥有歲伊 4
三二七八九 …申貞有歲于伊… 4
三二七九五 于來日丁亥有歲伊… 4
三三三〇八 丙辰卜丁巳有歲于大丁不雨 4
三三三二九 乙酉貞有歲于伊𩛥示 4
三三三四三 其有歲 4
三三三七〇 己丑卜其有歲于翌日叙有歲于大乙 4
三三四二五 乙未卜其有歲于高祖乙 4
三三九六七 …午卜乙未有歲啓 4
三四〇二六 …有歲有…牢暘日 茲… 4
三四〇八二 弜有歲 4
三四一一五 …有…歲… 4
三四一二三 壬戌卜有歲于伊二十示又三 茲用 4
三四二四八 丙午卜丁未有歲不雨 4
三四二六七 弜有歲 4
三四二六八 弜有歲 4
三四三一三 丁卯…貞有歲于…五牢… 茲用 4
三四三一四 …子卜其遣有歲于… 4
三四三一五 甲辰卜乙巳…有歲…三十牢… 4
三四三一六 …子卜有歲六牢 4
三四三一七 …卜其有歲 4
三四三一八 …未卜雚…有歲三牢 4
三四三一九 …有歲… 4
三四三二〇 庚…㞢…帰…有歲… 4
三四三二一 癸亥…貞…有歲 4
三四三三〇 …有歲…丁一牛 4
三四四五五 貞乙未有歲牢 4
屯三四 …祭𢦏有歲于祖辛 茲用 4

著錄	釋文	分期
屯三四	：祭𢦏有歲于祖乙　茲用	4
屯五一	癸酉貞有歲于大乙羌二十	4
屯一七五	其有歲于祖戊惟羊	3
屯二六〇	丙辰卜其有歲于祖丁惟翌：	3
屯二八六	辛未卜其有歲于妣壬羊	3-4
屯四四一	弜有歲	4
屯四四一	丁丑貞今日有歲：父丁	4
屯六四二	惟今夕其有歲	3
屯六五二	：有歲于妣：	3
屯七六一	乙卯貞有歲于祖乙不雨	4
屯六九七	弜有歲	4
屯八五六	辛丑貞有歲于大甲茲用：酌五牢	4
屯八七四	弜有歲	4
屯一〇一四	甲：卜有歲于高祖	3
屯一〇四八	丁酉卜其有歲于父戊	3
屯一〇八三	甲辰貞有歲于小乙牢　茲用	4
屯一一〇四	癸酉貞甲戌其有伐自上甲盤茲：	4
屯一一〇四	癸酉貞其有伐自上甲盤惟辛巳伐	4
屯一一〇六	：貞先酉歲三牛	4
屯一一一〇	乙丑貞有歲于：	4
屯一一一六	庚寅卜貞辛卯有歲自大乙十示又：牛	
	小示盤羊	4
屯一一一六	癸巳卜貞有上甲歲	4
屯一一一六	弜有歲	4
屯一一一六	甲午卜貞其盤有歲自上甲	4
屯一二二六	：寅卜其有歲于羌甲	3
屯一二四一	：其有歲：	4
屯一四四六	：有歲于仲己	3
屯二一〇三	：其有歲于：	4
屯二一〇四	己巳卜有伐祖乙亥	4
屯二一一八	甲午卜：十有歲	1
屯二二五八	：有歲于祖乙奭：	3
屯二二九三	辛未貞乙亥有歲于大乙三牢	4
屯二二九三	辛未貞乙亥有歲于大乙五牢有伐	4
屯二二九三	丁卯貞有歲于大乙	4
屯二二九三	丁卯貞：有歲于大乙	4
屯二三五四	戊辰卜其有歲于仲己王賓	3
屯二三六一	其有歲于戔三十羊	1
屯二五〇九	甲寅卜翌乙：有歲于入乙牢	1
屯二六六八	己丑卜其有歲妣庚牢　茲用	3-4
屯二六八四	庚子卜其有歲于妣辛	3
屯二七七一	壬申卜有歲于祖癸羊一	1
屯二九五一	甲子卜其有歲于毓祖乙	3
屯二九五一	甲子卜其有歲于高祖乙	3
屯二九九六	辛卯卜惟今日其夕有歲凡辛王受祐	
	大吉	3
屯三〇六四	戊子卜其有歲享：	3
屯三一六一	：卜其有歲于母乙：	3
屯三四二五	：巳卜其有歲于多：叡嫠	3
屯三六七三	于父丁有歲	3
屯三六七三	癸丑貞王有歲于祖乙	4
屯三六八八	己巳卜其有歲于：	4
屯三七九四	己未卜其有歲于雍己　茲用十牢	3
屯三七七六	甲戌卜其有歲于魯甲	3-4
屯四〇七一	：卜其有歲于高：	3-4
屯四二八六	乙酉卜有歲于祖乙不雨	3
屯四三三〇	有歲于妣庚	4
屯四四七五	：貞有歲于大乙遘：茲用乙巳歲三牢	3
懷一三七一	弜𢦏日其有歲于仲己　茲用	4
懷一五五四	甲：貞乙：有歲：于小乙：	3
懷一五五六	：凡：有歲：小乙：	4
懷一五五八	辛未貞乙亥有歲于大乙三牢	4

著錄	釋文	分期
一四三五四	貞𠂤：歲酌：十三月	1
一五四七六	：丘歲酌	1
一五七〇二	：勿惟：酌歲	1
二二七〇九	辛亥卜即貞翌壬子酌示壬歲無𡆥	2
二二八五七	：寅卜即貞歲惟今仲丁酌	2
二二九二三	：卜：貞：酌歲：祖乙：	2
二三〇五二	丙子：貞翌：小丁歲迅酌	2
二三〇五三	丁巳卜行貞小丁歲暨矢歲酌	2
二三一四八	癸丑卜行貞翌甲寅毓祖乙歲朝酌茲用	2
二三一五〇	：申：旅：毓祖乙歲：今：酌：	2
二三二二六	：巳卜旅貞父丁歲惟：酌	2
二三三二六	貞妣庚歲並酌	2
二三四二六	：卜：貞母辛歲惟今：酌	2
二三五四五	辛丑卜大貞仲子歲其延酌	2
二三五五二	：歲：酌	2
二五二〇五	：卜：惟：歲：酌	2
二五二〇六	：貞：歲：酌	2
二五九四四	甲寅：貞翌：乞酌：歲其：無𡆥	2

著錄號	釋文	期
二五九五八	貞惟既…䞣…酌歲	2
二七四四〇	父甲歲惟翌日辛酌	3
三二四九八	丙午卜中丁歲並酌	4
三二五三二	先庚歲酌	4
三二五三二	先祖乙歲酌	4
三四一六三	丁巳卜貞酌歲于伊…	4
四〇五九正	貞翌丁未勿酌歲	1
屯 三三六	壬寅卜妣癸歲卯酌翌日癸	3
屯 七七四	辛酉卜酌歲暘日	4
屯 一一一〇	乙丑貞于丑酌…歲	4
屯 二三九六	己未卜仲己歲暨兄己歲酌…	4
懷 八九八	貞…歲酌…十三月	1
懷 一四八一	癸…酌…歲…	4

今來歲

著錄號	釋文	期
六四一正	丙寅卜㱿貞今來歲我不其受年	1
九六五三正	貞今來歲…年	1
九六五四	貞今來歲我不其受年九月　二告	1
屯 五〇六	…卜今來歲受…	3
屯 六四六	…卯貞今來歲受禾	4

今歲

著錄號	釋文	期
九六四六	…今歲受…	1
九六四七	癸卯卜爭貞今歲受…	1
九六四八	癸卯卜貞今歲受年	1
九六四九	貞今歲受年	1
九六五〇	乙丑卜王貞今歲受年十二月	1
一一五〇八	…酉卜貞今歲…	1
一一五〇九	貞今歲我…	1
二四二二五	庚申卜出貞今歲秋不至茲商二月	2
二四四二七	癸卯卜大貞今歲商受年七月	2
二四四二九	辛丑卜大貞今歲受年二月	2
二四四三一	癸卯卜大貞今歲受黍年十月	2
二四四三二正	…出貞今歲受年	2
三六九七六	乙未卜貞今歲受年	5
三六九七七	…卜貞今歲受…囚曰吉在五月	5
三六九七八	…今歲…受年	5
三六九七九	今歲不…年	5
三七八四九	癸丑卜貞今歲受禾弘吉在八月惟王八祀	5
屯 七五〇	甲午貞今歲受禾	4
屯 二一二四	甲午貞今歲受禾	4
屯 二六二九	乙巳貞今來歲受禾	4
懷 一三六二	己亥卜大貞今歲我受年二月	2
懷 一七九二	丁酉卜…今歲…年在…	5
英 二五九三	癸丑卜貞今歲無大水	5

來歲

著錄號	釋文	期
九六五六	…來歲受年	1
九六五八正	辛巳卜亘貞祀岳奉來歲受年　二告	1
九六五八正	貞來歲不其受年　二告	1
九六五九	甲子卜來歲受年八月　二告	1
九六五九	來歲不其受年	1
九九八四正	丁卯卜韋貞來歲	1
一一五一〇	…來歲…	1
一一五一一	…來歲　不告	1
一一五一二	…來歲受…	1
一一五三七	癸未卜穷貞來歲…	1
一四二四〇	…丑卜爭貞…來歲帝…	1
三三二四一	戊寅貞來歲大邑受禾在六月卜	4
三三二五六	來歲不受禾	4
三三二五六	辛卯貞咸我來歲惟受禾	4

歲牛

著錄號	釋文	期
一九八一三反	庚…卜㞢示壬歲一牛	1
一九八一三反	庚寅卜㞢示壬歲三牛	1
一二六四三	丙午卜…貞翌丁未…用匄歲…牛	1
二二六四一	…上甲歲三牛…大乙歲三牛…尤在十月	2
二二六四一	…上甲歲三牛…大乙歲三牛…尤在十月	2
二二六九〇	…貞王賓匚乙歲一牛無尤	2
二二七三一	癸亥卜…貞大乙歲一牛在八月	2
二二七七五	癸酉卜行貞翌甲戌卜丙母妣甲歲惟牛	2
二二八六一	…仲丁歲一牛	2
二三〇二一	甲申卜即貞羌甲歲二牛	2
二三一四六	甲戌卜旅貞翌乙亥毓祖乙歲…牛七月	2
二三一四九	…毓祖乙…歲一牛	2
二三一八七	癸酉卜行貞王父丁歲三牛暨兄己一牛妣庚…無尤	2
二三二二一	…貞王…父丁歲三牛無…	2
二三二二二	…貞王…父丁…歲…牛…	2
二三二二三	癸亥卜…貞父丁歲…牛…	2
二三三六六	…卜尹貞妣庚歲一牛	2
二三四二〇	…酉卜…大貞母辛歲牛	2
二三四七七	貞兄庚歲暨兄己其牛	2
二四二七五	丙午…貞王…歲二牛…在二月	2

著錄號	釋文	期
二四三〇六	壬申卜行貞王賓歲五牛…尤…茲…	2
二七四〇三	…父己歲一牛	3
二七四八五	戊子卜父戊歲惟牛	3
二七五七三	妣癸歲惟牛	3
三二一一九	…出入日歲三牛	4
三二三一一	丁未貞侑高祖歲一牛	4
三二四五四	癸卯卜羌甲歲一牛	4
三二四七五	丁丑卜大甲歲十牛	4
三二五三一	弘自祖乙歲三牛　茲用	4
三四四三一	…亥…于…歲…五牛	4
屯七〇四	其有夕歲惟牛	3
屯八九〇	癸未貞甲申彡出入日歲三牛　茲用	4
屯八九〇	癸未貞其卯出入日歲三牛　茲用	4
屯一一六一	…大…歲牛…	4
屯二六九八	于侖乙歲牛五	1
英二四六三	癸卯卜羌甲歲一牛	4

歲牡

著錄號	釋文	期
二二七五三	庚午?…喜…𠂤…歲牡…	2
二三〇五五	…貞小丁歲牡	2
二三〇九八	…卜大…祖甲歲…牡…	2
二三一五一	乙酉卜…貞毓祖乙歲牡	2
二三二一四	己亥卜行貞父丁必歲宰牡	2
二三二二五	貞父丁歲牝	2
二三三六四	庚申卜…貞妣庚歲其牡在七月	2
二三三六五	…寅卜…貞妣庚歲…牡在三月	2
二五一五九	乙亥卜…貞妣歲牡	2
二五一七九	壬午卜喜貞歲…惟王牡用…	2
二五一八三	…寅卜即…翌丁丑…歲牡	2
二五一八四	…卜旅…歲牡	2
二五一八五	貞…歲牡	2
二五一八六	…卜行…歲牡	2
二五一八七	…卜行…歲牡	2
二五一八八	…卜即…歲…牡	2
二五一八九	…卜…貞…歲…牡	2
二五一九〇	…未卜旅貞歲其牡在八月	2
二五一九一	…庚…歲其牡	2
二五一九二	…申卜…貞酉…歲其牡	2
二七五八三	壬申卜母戊歲惟牡	3
二七五八四	壬申卜母戊歲惟牡	3
二七五九六	己亥卜母己歲惟牡	3
二七六一一	…兄己歲惟牡	3
三二四九五	丁巳卜…中丁歲惟牡	4
三二六一一	癸巳卜喜甲歲惟牡	4
屯二三六四	…毓祖乙歲惟牡	3-4
屯二六八三	庚子卜妣辛歲惟牡	3
屯三一〇九	甲寅卜喜甲歲惟牡	3
英一九六一	…卜旅貞妣庚歲其牡八月	2
英二四〇六	己亥卜母己歲惟牡	4

歲宰

著錄號	釋文	期
一九六六	…卜宗戌…于丁歲…十五宰	1
一九八四九	…惟…祝用戌…歲祖乙二宰勿牛白豕…示	1
二七一八八	鼎三小宰卯子祝歲	3
二七四四一	祖乙歲五宰用	3
三〇三〇五	父甲歲惟三宰	3
三〇七三九	…宗蒸禱茲用歲五宰	3
三〇七四一	惟歲三宰	3
三二〇五二	庚歲宰	4
三二〇五四	癸亥卜宗戌侑羌三十歲十宰	4
三二一七一	丙子貞丁丑侑父丁伐三十羌歲三宰　茲用	4
三二一九八	甲子夕卜侑祖乙一羌歲三宰	4
三二四四七	有伐十五歲小宰上甲	4
三二四五三	甲子卜其有歲于高祖乙三宰	4
三二四五五	甲午卜高祖乙歲三宰	4
三二四五六	丁巳卜其有歲于大戊二宰	4
三二四六一反	甲…高祖乙歲三宰	4
三二四七七	…卜高祖乙歲三宰	4
三二五〇五	癸…貞…大甲歲宰	4
三二五三〇	癸酉貞侑祖乙歲宰又牛一乙亥	4
三二五三六	…歲于祖乙大宰	4
三三六六二	丁亥卜㠱其尊歲三宰	4
三二六六五	…未…歲其二宰	4
三二六六六	辛酉貞癸亥侑父丁歲五宰　不用	4
三二六六七	辛酉貞癸亥侑父丁歲五宰　不用	4
三二六九三	…于父丁歲二宰	4
三二七五七	丙午卜有歲二十宰	4
三二七九一	丁丑卜伊尹歲三宰　茲用	4
三二九七七	…歲惟二宰	4
三三九二〇	…歲…勿…宰	4

三三四三一　……祖辛歲二牢　4
三三九八六　乙未……歲祖……三十牢……茲用叙毋歲祭雨 不延雨　4
三四四〇七　……歲……宰用……卯勿……　4
三四四二三　歲五牢　4
三四四二五　……歲二牢于……　4
三四四二八　癸卯歲其牢　4
三四五七四　甲辰卜餗歲牢　4
三四五八四　……蒸穧……歲牢……　4
屯四一　……卜祖丁歲二牢　3-4
屯四四一　甲寅貞乙卯侑祖乙歲大牢不……　4
屯七三三　辛酉貞癸亥侑父……歲五牢　不用　4
屯九二〇　……貞……歲……父丁……牢　4
屯一〇一一　己丑卜妣庚歲二牢　3
屯一〇一四　甲辰卜毓祖乙歲牢　3
屯一三三四　乙酉歲三牢……　茲用　4
屯一三〇八　……用歲……三牢……　4
屯一五〇五　辛亥卜示壬歲一牢　3
屯二一三〇　上甲歲三牢　茲用　4
屯二一四二　……于祖乙……羌三十歲五牢　4
屯二一六五　己酉卜雍己歲一牢　3-4
屯二二〇九　……父庚歲牢　吉　3
屯二三一五　庚申卜妣辛舌歲牢　3
屯二三一五　己未卜父己歲牢　3
屯二三六四　丙戌卜二祖丁歲一牢　3-4
屯二九八四　……卜妣癸歲牢……　3
屯三〇四二　……父丁歲五牢用……　4
屯三二一〇　……歲惟高祖乙歲逆三牢　3-4
屯三八三一　……高祖歲牢……　3
屯四三七二　……貞……王有……歲于……乙牢　4
英二四六二　乙亥歲三牢　4

二二五五五　……父丁歲……五宰羌十……無尤在……　2
二二七七〇　……父丁歲宰……暨大丁……歲五宰……無尤　2
二二九七五　辛酉卜……貞王……祖辛歲宰無尤　2
二三〇五五　丁未卜行貞小丁歲宰　2
二三〇五六　……小丁歲宰　2
二三一四七　……毓祖乙歲宰無尤在十月　2
二三一四八　癸丑卜行貞翌甲寅毓祖乙歲二宰　2
二三一五五　甲申卜行貞翌乙酉毓祖乙歲宰　2
三二七四六　丁亥卜妣己歲一小宰　4

二三二一三　……翌丁亥……父丁歲宰　2
二三二九九　戊戌卜行貞父戊歲惟小宰在四月　2
二三三〇〇　貞父戊歲惟宰　2
二三三六八　己亥卜喜貞翌庚子妣庚歲其弘宰　2
二三三六九　……蒸暨妣庚歲宰無尤　2
二三三七一　庚辰卜尹……妣庚歲宰　2
二三四〇七　……丑卜即……妣己歲……宰　2
二三四二一　辛巳卜……貞王賓母辛歲宰……　2
二四三四三　己亥卜行貞王賓父丁歲宰無尤在壴　2
二五一九八　……尹……小乙歲一宰……尤　2
二五二〇〇　……歲一宰……　2
二五一九九　……歲一宰無尤　2
二五三〇一　……卜大……歲宰　2
二五三一六　……貞王……歲三宰……五宰　2
二七三三六　癸巳卜暊貞翌日祖甲歲其宰　3
二九六五八　……子卜……戊戌惟小宰　茲用　3
二九六七四　……貞王……歲三宰……五宰　3
三一三一八　貞其歲宰五十九月　3
三二一九八　歲十小宰　4
三二九八二　癸亥貞丁卯侑嚊亳歲十宰　4
三二九八二　伊歲一牛　4
三四四二四　……歲二牢　4
三四四二六　……歲宰其與　4
三四四二九　……歲小宰　4
屯四四一　侑祖乙歲宰　4
屯一〇一一　壬戌卜母壬歲惟小宰　3
屯二九六八　……歲三宰
屯四五六三　甲申卜妣丙歲一小宰王受祐　吉　3

二二九八五　辛丑卜旅貞祖辛歲惟勿牛……　2
二二九九四　庚午卜旅貞翌辛未祖辛歲勿……　2
二三〇〇二　貞翌辛丑祖辛歲勿牛　2
二三〇〇九　……祖辛……歲其勿牛……　2
二三二〇一　丁卯……父丁歲……勿牛……在正……　2
二三二一五　丙戌卜……貞翌丁……父丁歲三……　2
二三二一五　丙戌卜行貞翌丁亥父丁歲其勿牛　2
二三二一六　丙申卜行貞父丁歲勿牛　2
二三二一七　丙申卜行貞父丁歲勿牛在五月　2
二三二一八　貞翌丁亥父丁歲勿牛　2
二三二一九　丙寅卜貞翌丁卯歲勿牛　2
二三二二〇　丙午卜旅貞翌丁未父丁歲勿牛　2

編號	釋文	期
二三三六二	：貞妣庚歲：勿牛	2
二三三六三	己卯卜旅貞翌庚辰妣庚歲其勿牛	2
二三三六七	庚子卜：貞妣庚歲其勿牛	2
二四九七四	：卜大：丁卯：歲勿牛	2
二五一九五	貞：歲勿牛	2
二五一九七	：卜即：乙酉：歲勿：月	2
二七五三二	：亥卜妣庚歲勿牛	3
屯六三一	祖乙歲三勿牛	4
二七〇一三	父己歲惟羊	3
二七四四三	父甲歲：羊　茲用	3
二一一九二	：乙歲羊	1
二二八五二	戊戌卜旅貞祖戊歲惟羊	2
二二八五三	：貞祖戊歲惟羊	2
二五二三二	辛丑卜大貞歲弜羊：宰一牛	2
二五二二〇	：大：歲弜羊：延一月	2
二七三八四	：仲己歲惟羊王受祐	3
二七四〇一	父己歲惟羊王受祐	3
二七四八七	：于卜父戊歲惟羊	3
二七四九四	：巳卜三公父下歲惟羊	3
二七六五五	伊尹歲十羊	3
三〇七四二	己未卜母己歲惟羊	3
三三四六一反	：歲惟羊	4
屯二〇九七	：卯侑：父丁歲：羊：三十：在京	4
屯二三五四	戊辰卜仲己歲惟羊　茲用	3
屯三五六三	父己歲惟羊	3
二三四六四	貞母歲惟牡	2
三三四六一反	：巳自犬歲惟牡	4
三一九	庚辰卜：來丁亥：寢有𣪊歲羌三十卯十：十二月	1
四〇一	貞翌丁巳用侯告歲羌三卯宰	1
四〇六	：歲三羌三小宰：牛	1
三二〇	丙午卜貞𢀛尊歲羌三十卯三宰箙一牛于宗用　八月	1
三四〇	丙午卜貞𡆥尊歲羌十卯十宰于𩫖用八月	1
二二五四四	：旅：上甲歲：于唐歲五：羌五十無尤	2
二二五四八	庚辰卜大貞來丁亥寢寢侑𣪊歲羌三十卯十牛十二月	2
二二五七二	甲申卜：貞翌乙：祖乙歲其有羌	2
二二五七三	：未卜旅貞祖乙歲其有羌在六月	2
三二〇五八	：有歲羌三十牛十：	4

其它

編號	釋文	期
二六九	貞來辛亥子弖其以羌暨歲𡆥：于妣：	1
三三九	丁卯卜穷貞歲不興無匄五月	1
四二一	：歲：甲：	1
一〇六五	：自：歲：二人	1
一〇七三	貞人歲𢼸于丁九月	1
一三九二	癸酉卜穷貞陟歲于唐	1
一三九二	貞勿陟歲：月	1
一八〇二	：丑卜：歲：于羌甲	1
二〇七二	癸丑：貞祖：歲奏于：	1
二四一九	：歲于妣己	1
三〇一八	丙申卜貞翌丁酉用子央歲于丁	1
三一二一	：歲于子𠂤	1
三一三一	丙寅卜：貞𣪊用：雍歲：	1
四〇五九正	乙巳卜穷貞翌丁未酌𢀛歲于丁尊	1
	有玉　二告	1
一二九七八	乙亥：貞今：奏召	1
一二四二〇	貞歲其雨	1
一三〇三〇	：王其：歲：雨	1
一五四六四	丙申卜古貞翌丁酉惟丁乞歲用三月	1
一五四六六	丙辰：貞歲：興：匄：月	1
一五四六七	丙午：貞：用子：歲：	1
一五四六八	：卜爭：用：歲：𩫖：	1
一五四七九	丙子：呼：歲于：卲：	1
一五四六九	癸未卜貞歲𣪊九月	1
一五四七二	：歲用：	1
一五四七七	弗其歲	1
一五四七八	貞：歲于：正	1
一五四八〇	：申卜：貞歲：牡	1
一五四八二	壬寅卜爭貞黃入歲翌癸：用	1
一五四八六	丁丑卜穷貞勿自魚歲卜有祟𦎫：	1
一五五〇八	：甲：歲	1
一五八五五	庚戌卜貞翌辛亥用𦉪歲	1
一八九三五	：歲我不：	1
一九五一一	：午卜呼：歸歲：于妥：歲：	1
一九九九二	己未卜貞婦鼠：歲：母庚	1

編號	釋文	期
二〇六六五	……卜……至壬……歲……畓……五牛	1
二〇六九五	癸丑貞二歲其有囚	1
二〇六九六	辛未卜……自今三歲……毋執……	1
二一〇〇〇	乙丑貞雨丩歲……雲……其不……十一月	1
二一一九三	丙子卜王貞乙……歲……	1
二一二三一	歲……侑匕?丙?……	1
二一八三九	……歲妣有……	1
二二〇一三	……歲兄……	1
二二〇四八	來癸子妣癸侑及……歲	1
二二〇五五	癸……卜……歲……	1
二二〇五五	丙辰卜歲于祖己牛	1
二二〇六六	丙申卜歲侑于父丁	1
二二〇七三	己丑卜歲父丁戊乳	1
二二〇七四	癸……來……歲……祖……	1
二二〇九四	辛丑卜乙巳歲于天庚	1
二二〇九八	癸巳卜甲午歲于入乙牛七月	1
二二一七二	乙丑歲祖乙……	1
二二二〇六甲	……貞由……歲	1
二二二〇六乙	甲……由歲……母戊	1
二二四三五	庚寅貞……戊三歲	1
二二四三五	丙午卜歲用𢦏	1
二二四三七	己巳貞歲	1
二二四三九	丙辰貞盧羊歲	1
二二四四〇	乙酉貞歲	1
二二四四一	……卜……歲臣來二剢	1
二二五四四	……旅……上甲歲……于唐歲五……羌五十無尤	2
二二六一二	丙申卜旅貞父丁歲……伐	2
二二六一七	……翌甲……其遘有……歲于上甲其……	2
二二六三九	……寅卜大……歲自上甲……卯三宰……	2
二二六四〇	……卜即……翌辛亥……上甲歲告……大乙衣……㞢 八月	2
二二七〇二	……父丁歲暨……匚丁歲無……	2
二二七〇八	辛亥卜喜貞翌壬子示壬歲無尤十月	2
二二七四三	……歲于唐其有……其遘有……乞酚……	2
二二七四八	甲寅……貞唐……歲其奏……	2
二二七五〇	……卜……貞……歲……	2
二二七六〇	……丁歲……	2
二二七五二	……貞先……唐歲……	2
二二七五三	乙未卜喜貞唐歲其……祐……	2
二二七五六	癸丑……貞唐……从又……歲……	2
二二七七二	……喜……歲其……三月	2
二二七七四	……大……歲……出……酚……	2
二二七七五	貞妣甲歲惟豕	2
二二七九九	……大庚歲……無尤	2
二二八八四	乙未侑歲于祖乙牡三十宰惟舊歲	2
二二九一八	……祖乙歲……	2
二二九六〇	丙寅卜貞用雍歲……	2
二二九七三	……歲……尤	2
二二九七六	……貞王……祖辛歲……	2
二二九八九	辛丑……貞王……祖辛歲……無……	2
二二九九〇	庚……貞……歲……	2
二二九九〇	……卜王……祖辛歲……無……	2
二二九九一	貞祖辛歲㞢	2
二二九九三	……旅……祖辛歲……無尤	2
二三〇一〇	甲子卜……貞王……兄己歲……無……	2
二三〇一八	……寅卜行……羌甲歲……在十一月	2
二三〇二二	……羌甲歲……無尤	2
二三〇三七	丙午……貞翌……祖丁歲……	2
二三〇六八	……丁歲……率……牛	2
二三〇八〇	己卯卜旅貞翌庚……南庚歲其……	2
二三一〇九	……卜大……祖庚歲……	2
二三一一八	乙亥……貞王……歲……無……	2
二三一四四	甲寅……貞王……歲……無……	2
二三一五二	……毓祖乙歲……無尤八月	2
二三一五三	……貞……祖乙歲……	2
二三一八八	丁巳……貞……歲……	2
二三二二〇	……酉卜旅貞妣庚歲惟出𢼊	2
二三二二七	丙申卜即貞父丁歲有㞢……	2
二三二二七	丙申卜即貞父丁歲㞢一卣	2
二三二三二	辛未……貞王……父丁歲……辛……尤	2
二三二三四	丁巳……貞王……父丁歲……	2
二三二三五	丁亥……貞王……父丁歲……	2
二三二三六	……父丁歲無……	2
二三二三七	……亥歲……父丁……	2
二三二三八	……卜……父丁歲……	2
二三二六四	……卜行……歲……	2
二三三二九	丁……貞……歲……	2
二三三三一	……卜……大庚……有歲……𢾅……尤	2
二三三四六	……大……歲……七月	2
二三三四九	己未……貞翌……妣庚歲……	2
二三三五七	庚戌卜旅貞妣庚歲王其𢾅在一月	2
二三三五八	己丑卜……貞妣庚歲……牛	2

二三三五九正　貞先妣庚歲　2
二三三六一　…子卜行貞妣庚歲王其叡在…　2
二三三七二　庚申卜旅貞往妣庚宗歲𢼄在十二月　2
二三三七三　…卜即…歲…于妣庚　2
二三三七四　…其…于妣庚歲…十月　2
二三三七五　庚…貞于…妣庚歲…歲…無…　2
二三三九五　…侑于妣辛𠘨歲其至凡…祖四月　2
二三三九六　…妣辛𠘨歲至凡…　2
二三四二二　辛亥卜喜貞母辛歲其叡　2
二三四二三　辛巳…貞王…母辛歲…　2
二三四二四　…卜旅…母辛歲…𣲡…一牛　2
二三四二五　…三宰…母辛歲…無…　2
二三四二九　…寅卜…貞𧆣有彡歲自母辛衣…　2
二三四四八　…貞…歲于母辛賓彭　2
二三四四九　…歲于母辛…　2
二三四五五　…母壬歲…叡無尤　2
二三四七七　癸亥…貞兄庚歲…暨兄己惟…　2
二三四八九　…亥卜即貞兄庚歲…犬…　2
二三四九一　庚午卜旅…兄庚歲…　2
二三四九二　己酉卜旅貞翌庚戌兄庚歲…　2
二三四九三　庚寅卜貞…兄庚歲…　2
二三四九四　乙亥卜旅貞…兄庚歲…　2
二三五四六　乙丑…貞歲…仲子　2
二三五四七　己酉卜…貞王…仲子歲…無尤　2
二三五〇一　…貞兄庚歲…其射　2
二三五〇二　…卜旅貞歲其𠬝在十月　2
二三五一一　庚申卜…貞兄庚歲其…　2
二三五三〇　…行…妻歲…　2
二三五五〇　己酉…貞歲…仲子…尤　2
二三五六六　…壬𢼄…歲…酘黃尹十一月　2
二三七一七　甲申卜出貞翌…巳呂其侑于妣辛𠘨歲其…　2
二三七一八　癸未卜大貞𢦏歲…　2
二三八二六　丙寅卜行貞歲惟叡…　2
二四一四一　…子卜即…祖辛歲惟多生射　2
二四一四三　…寅卜…翌辛…歲惟多生射　2
二四二五八　…行…父丁歲…　2
二四三七三　…寅卜旅…翌乙卯…歲卯三宰…三十八月　2
…在唐　2
二四四〇一　丙…行…丁酉…歲…　2
二四四三三　…歲受年二月　2
二四四三四　…卜王曰…歲受年　2

二四五二〇　貞…歲…　2
二四六九七　歲其雨　2
二四八八五　壬寅卜…貞告歲不遘雨　2
二四八九八　歲不雨　2
二四九四六　…歲告日…𠚔于…室八月　2
二五〇六〇　己未…即貞…歲…　2
二五〇七二　丁未卜即…歲…　2
二五〇九五　…行…王…歲…無…　2
二五一三七　甲戌卜…貞王…歲無…　2
二五一三八　丁未…貞王…歲無…　2
二五一三九　丁丑…貞王…歲…　2
二五一四四　…卜喜…歲其…　2
二五一六七　…丑卜旅貞盟子歲王其賓…　2
二五一六八　…巳卜即貞盟子歲牡　2
二五一六九　庚戌卜旅貞西子歲惟…王…　2
二五一七〇　…子卜…歲王其…叡在五月　2
二五一七一　…丑卜行貞歲叡　2
二五一七二　庚…貞歲…叡九月　2
二五一七三　戊戌卜尹貞惟歲王其叡　2
二五一七六　癸…大…歲…　2
二五一七六　…大…歲惟…于禘　2
二五一八〇　…卜出…見歲…不興用　2
二五一八一　貞歲…用　2
二五一九三　乙卯卜大…歲其…四月　2
二五一九六　…戌卜…貞勿…歲暨…　2
二五二〇二　…午卜…貞歲…牡　2
二五二〇七　丙午卜貞翌丁未歲…　2
二五二〇八　…翌…巳…其歲…射　2
二五二〇九　甲…貞翌…卯…歲…射　2
二五二〇九　…寅卜…貞翌…卯…歲…十月　2
二五二一〇　…貞伊…歲翌丁…其…　2
二五二一一　丙寅…貞翌丁…歲…　2
二五二一二　庚寅…貞翌辛…歲無𡿧　2
二五二一三　…未卜…貞王…歲無…　2
二五二一四　…歲無…　2
二五二一五　…歲無…在四月　2
二五二一七　貞歲…于宗　2
二五二一八　辛未卜尹貞歲𠬝　2
二五二一九　…翌…歲…于…惟…無𡿧　2
二五二二二　…大…歲…障　2
二五二二三　…未卜喜貞歲…[illegible]　2

編號	釋文	期
二五二二七	……卜旅……歲……于……	2
二五二二八	丁丑……貞歲……䰞……	2
二五二二九	貞王……歲……	2
二五二三〇	貞……歲……用	2
二五二三一	……歲……癸……祟……旬子……	2
二五二三三	乙卯卜灉貞毓……歲……伐……	2
二五二三四	……母?……歲……	2
二五二三五	丁亥卜行貞𦤎?歲?……	2
二五二七〇	……歲……無……	2
二五三五五	……貞王……歲……	2
二五六一五	貞……歲……	2
二五八一七	癸卯王受歲有𦔻茲用	2
二五八一八	戊……貞……歲……在?……	2
二五九八〇	貞祖乙歲……巻母……	2
二六〇一八	……貞翌……其遘……歲于……	2
二六〇九六	丙午卜出貞歲卜有祟無延	2
二六八九九	貞惟歲	3
二六九七五	庚戌卜何貞妣辛歲其叙𤼨	3
二七〇五六	……上甲歲王……	3
二七一〇二	大乙歲……其饗……遘雨　吉	3
二七一〇三	……大乙歲王受……	3
二七一三八	己酉……貞翌……其……歲……	3
二七一四八	甲辰卜……貞歲其……于大乙	3
二七一六二	辛酉卜狄貞王其侑辛奭惟歲有正	3
二七一六四	乙亥卜王先𢼂卜丙歲廼申　茲用	3
二七一六四	卜丙歲王宊	3
二七一六五	卜丙歲	3
二七一八九	甲寅貞弜……烝來于祖乙歲	3
二七二二七	……于祖乙……其遘有……歲王受……	3
二七二四〇	……酉卜中宗祖乙歲	3
二七三二八	丙……王賓小丁歲𢼂	3
二七三四〇	己酉卜母己歲𦤎	3
二七三五九	……歲于毓祖乙	3
二七三七九	惟歲	3
二七三八四	歲侑仲己王受祐	3
二七三八六	戊辰卜其……歲于仲己王賓	3
二七三八六	戊辰卜仲己歲……用	3
二七三九二	戊子卜其歲于仲己惟羊	3
二七三九三	己巳卜仲己歲惟今……𢼂……	3
二七三九九	……父己歲牢王受祐　吉	3
二七四〇二	……父己歲有巻王受祐	3
二七四二八	……父庚歲惟	3
二七四三三	于歲父庚……	3
二七四四〇	牢妣……歲	3
二七四五一	……父甲其……歲　吉	3
二七四六〇	……父木丁歲即祖……	3
二七四八四	……卜……歲……戊……牢	3
二七四九一	……有祭……歲王	3
二七五八五	庚午卜貞于母戊歲廼……	3
二七六〇八	𡴎……歲……二司……茲……	3
二七六一二	……卜兄己歲……	3
二七六一七	戊辰卜其延兄己兄庚歲	3
二七六二二	惟歲	3
二七六二五	兄辛歲惟𠬝各于日𢼂	3
二七六二六	己丑卜兄辛歲……	3
二七六二七	于山日廼𢼂兄辛歲	3
二七六五三	……卜其有歲于伊尹惟祝　茲……	3
二七六六五	丁卯卜伊歲……	3
二七九三八	……卜亞般歲……	3
二八二〇八	貞五……歲一犬……年	3
二九四七六	……歲……魯甲有……	3
二九六八二	貞叙……只歲……	3
三〇七三二	丁卯卜何貞歲惟吉	3
三〇七三三	……卜狄貞……歲用从……若	3
三〇七三四	……歲用……受……	3
三〇三三六	癸未卜宗歲有巻	3
三〇七三六	惟歲十　吉	3
三〇七三八	……歲于父己王賓　茲用	3
三〇七四四	戠歲茲用	3
三〇七五七	癸卯卜貞惟歲	3
三〇七七八	惟歲	3
三〇九三三	癸未卜酒歲𦤎	3
三〇九三四	丁卯酉歲三……	3
三一〇五二	……歲其即……	3
三一一一八	己巳卜仲己歲惟今延𢼂	3
三二〇六三	乙酉卜帝伐自上甲	4
三二〇六四	庚午貞惟歲于祖乙	4
三二一〇三	甲申貞其有勹歲于伊……	4
三二一四〇	癸亥貞歲田不雨	4
三二一四二	癸亥貞上甲歲不遘雨	4
三二一六二	……惟歲	4
三二二四二	庚……其……歲于南庚　茲用	4

三二三三四 …告上甲三牛歲于父丁即宗 4
三二三五三 辛酉卜上甲歲惟猳 4
三二三五四 …歲于上甲 4
三二三五五 辛酉…工甲歲惟… 4
三二三五六 …歲自上甲… 4
三二三九四 …戌貞侑示壬歲茲…癸…牛 4
三二三九八 惟于壬歲先 4
三二四〇一 …示癸歲先… 4
三二四一二 …歲于大乙三牢 4
三二四一三 …貞歲在大乙其… 4
三二四六二 丙申卜有歲于大丁不遘… 4
三二四六三 丙辰貞酌歲于大丁無… 4
三二四七六 丁丑卜其十牛大甲歲 4
三二四九七 丁未貞侑中丁歲 4
三二五八六正 …卜羌甲歲束… 茲用 4
三二六一七 甲辰貞歲于小乙 4
三二六四二 即𣪘祖丁歲迺𣪘 4
三二六九五 丙午貞父丁歲不遘雨 茲用 4
三二七八八 …貞有歲于伊惟… 4
三二七九〇 …卜有歲于伊… 4
三二七九四 …歲于伊… 4
三二八七九 庚寅卜父乙歲暨宅爰 4
三二九一五 其歲告 4
三三二一六 …酉卜…其歲 4
三三二九六 庚…辛…歲… 4
三三五五九 …毓妣歲大… 4
三三六九二 弜侑于大歲衩 4
三三八二〇 丁卯…其…歲… 4
三四〇四五 …宗…歲自上甲 4
三四〇九八 亥…二示…歲 4
三四一二四 …卜…歲…伊…示又三 茲用 4
三四一五二 甲辰貞祖歲不遘雨 4
三四一九〇 丙…弜…歲… 4
三四三二三 甲辰卜…歲… 4
三四三四四 …歲于禦… 4
三四四二〇 己丑貞其歲自… 4
三四四二一 己未卜歲至于大… 4
三四四二二 丙子卜丁歲𢆶于… 不用 4
三四四二九 …癸歲… 4
三四四三三 丙子…歲… 4

三四四三四 辛亥貞…歲于… 4
三四四七三 癸…出…歲… 4
三四六一七 貞甲…歲…祭 4
三六九七五 己巳王卜貞…歲商受…王占曰吉 5
屯一二九 戊午卜父戊歲王受祐
屯一二九 戊午卜父戊歲惟…
屯一三九 庚子卜祖辛歲… 吉 不用 3
屯一五三 辛丑卜公父壬歲…王受…
屯一七一 …酉…今日…歲…丁 4
屯一七三 弜即祖丁歲冊 3
屯一八三 己卯貞…乙酉…歲 4
屯二六六 …上甲歲于父… 4
屯三三〇 …歲…
屯四四一 己未貞其…祭自祖乙歲至父丁 4
屯四六九 …歲…毓…爽王受祐 3
屯六一一 弜有羌惟歲于祖乙 4
屯六一三 于祖丁歲有正王受祐 3
屯六四三 惟王至妣辛歲 3
屯七一二 …大乙…歲…宗…
屯七三三 辛酉貞于來丁卯有父丁歲 4
屯七五五 …卜…歲… 4
屯八九〇 出入日歲卯… 不用 4
屯一〇一五 甲辰卜侑祖乙歲 4
屯一〇二三 庚申卜歲其庸 4
屯一〇九一 癸巳貞…歲于…至于多毓其遘翌
… 4
屯一一一〇 甲寅貞伊歲遘匚丁日 4
屯一一一〇 甲寅貞伊歲遘大丁日 4
屯一一二六 丙戌貞父丁其歲 4
屯一一九一 …祖乙歲… 3-4
屯一五三五 …貞…歲…
屯一五七〇 己…其…歲…
屯一六七二 …歲其…
屯二〇六二 …歲惟…
屯二三九四 …亥卜父甲…歲即祖丁歲冊 3
屯二三九四 弜即祖丁歲冊 3
屯二三五六 惟歲用 吉 3
屯二三六二 甲寅貞乙歲畓 4
屯二九〇八 歲于魯… 4
屯三一四七 丙辰卜祖丁歲至… 3-4
屯三四〇六 …歲于妣… 3

出處	釋文	期
屯三六二九	……來日……歲于大庚	3-4
屯三六二九	丙寅卜大庚歲𢦏于毓祖乙……	3-4
屯三七九四	丁巳卜歲至于大戊　茲用歲……	3-4
屯四〇七八	……巳卜父戊歲惟旦敚王受有祐　吉	3
英一三〇〇	貞其于十歲廼有正	1
英一九一九	……歲于……壬午又……	1
英一九二〇	……午卜……歲……用……𣪊	1
英一九四四	……王……歲……叙……	2
英一九五五	……寅卜……貞翌……父丁歲……	2
英一九五八	……歲其……于父丁……	2
英一九七二	……歲十月	2
英二一一一	……出……歲……年	2
英二三六五	……其于之……歲鼎……　吉	3
英二五九七	……貞……歲……	5
懷二八	……于……唐……歲……	1
懷一三〇	……爭貞……寅歲……	1
懷一〇五三	乙巳……翌丁未……𢦏歲……	2
懷一〇五六	……歲其……叙……	2
懷一〇五九	丁酉……貞……歲……無……	2
懷一〇六四	庚……旅……歲……	2
懷一〇六五	……貞王……歲……尤	2
懷一〇六九	……歲不雨	2
懷一〇七一	……辰卜……貞惟……歲……十月	2
懷一三五六	……卜行……歲……	2
懷一三六一	……即……歲	2
懷一三七一	辛未卜仲己歲其戠日	3
懷一五五八	丁卯……乙亥……歲……	4
懷一五六七	𣪊庚歲从𧟰	4
懷一六一九	……卜貞……歲無……	5
懷一七二一	乙亥……貞……歲……	5
懷一七三四	丙……王……歲……	5

奴

出處	釋文	期
三八一四	……亥卜內……二月奴	1
二三二一	……亥卜惟奴令……	1
二五〇三〇	甲申卜中貞惟奴𡚱雨九月	2
三三三七八	惟宰虎……奴無災	4

戒

出處	釋文	期
七〇六〇	……戒取宁	1
二〇二五三	……丑卜𠂤貞王呼萬戒𢦔九月	1
二〇五五八	……戒	1
二〇五五八	乙酉戒	1

戉

出處	釋文	期
二一六三	乙未卜王戉	1
二一四四七	癸巳戉九……	1

戓

出處	釋文	期
八八	乙……方……戓……	1
九四〇四	……貞……戓……	1

戠

出處	釋文	期
一九七七一	癸亥卜王貞勿酌翌戠于黃尹戠三月	1

戠

出處	釋文	期
三〇九四六	惟入……戠酌王受有祐	3

戎

出處	釋文	期
二一八九七	……卜戎甾……終十月三	1
屯二三八六	……卜王其呼敦戎……王受有祐𢦏在𩖟	3

𢦏

出處	釋文	期
二〇四四三	丁未……不征𢦏翌庚戌	1
二〇四四二	丁未卜其征𢦏翌庚戌	1
二七九九七	𦉢方𦉢𣪊方作𢦏	3
三一八一一	……𢦏……	3

𢧁

出處	釋文	期
六〇四九	……旁貞令𢧁酉子貯八月	1
三三五三四	……大貞令𢧁子𠸚……	2

戝

一八三七九　…戝…　1

戌

一五〇二〇反　貞侑于戌…　1

一九三五八　…酌于戌…　1

一九六八六正　貞戌勿復　1

二二〇六三　貞戌不其呼…　1

二二〇六三　…介以戌　1

二二〇六三　…弗以戌　1

成

一九六一八反　…𢦏…土示…成弔…若…　1

二七五一一　…于妣戊…有成　3

二七九一四　惟成犬𠂤比湄日無災永王　3

二七九一五　王其田惟成犬比擒無災　3

二七九二五　辛亥卜翌日壬王其比在成犬𠂤弗悔無災　弘吉　3

二九三九四　惟成犬𠂤比湄日無災永王　3

三〇二四八　惟成大風　吉　3

屯七六二　惟成田湄日無災　3

屯七六二　王惟成麓藝無災　3

屯七六二　弜藝成麓　3

英一一七〇正　貞有羌自成　1

屯二三二九　惟成犬𠂤比無災擒　弘吉　3

屯四三三七　惟成田無災擒　3

泧

英二五六四　癸未卜在舊貞王步于泧無災　5

英二五六四　乙酉卜在泧立貞王步于淮無災　5

⿰皿戈

一八八〇三　貞丁穷户⿰皿戈無匄　1

二六七六四　壬申卜出貞丁賓户⿰皿戈無匄　2

懷一二六七　壬申卜出貞丁穷户⿰皿戈無匄　2

咸

咸戊

一八二二正　貞惟咸戊　1

一八二二正　不惟咸戊　1

三五〇七　貞侑于咸戊　1

三五〇八正　勿…咸戊…　1

三五〇九正　貞勿侑于咸戊　1

九五三正　貞侑咸戊　二告　1

一〇九〇二　咸戊壱王　1

一〇九〇二　咸戊弗壱王　1

一三九〇七　戊咸…　1

一九九四六正　丁巳卜侑咸戊　1

二〇〇九八　丁未卜[illegible]咸戊　1

其它

二四八正　貞咸允佐王　1

二四八正　貞咸弗佐王　1

七二七正　…咸[illegible]有及　二告　1

九七五反　王固曰不宿若茲卜其往于甲酌咸…

惟甲追　1

一二四二正　己卯卜穷貞于上甲咸大丁　1

一二四八正　甲午卜爭貞王賓咸日　1

一三四〇　…辰…侑于咸　1

一三七七　…侑于咸…　1

一三八一　貞王其入侑卜自咸　1

一三八二　貞侑自咸　1

一三八四　貞翌乙未酌咸　1

一三八四　貞翌乙未酌咸　1

一三八五正　貞燎于咸弔　1

一三八五正　貞勿燎于咸弔　1

一三八六反　…卜咸燎…祖丁?　1

一三八八　貞我咸…在…　1

一三九〇　惟咸　1

一三九〇　貞不惟咸　1

一三九一正　𣪊自咸　1

一三九二　貞…咸　1

一三九三　…勿于咸　1

一三九三　…勿…咸　1

一三九四反　…卜亘貞…咸　1

一三九五正　貞咸　1

一三九七　…貞咸…大甲日　1

一三九八　…百…咸…　1

一三九九　…王咸…告祖乙宰　1

一四〇一　貞大甲不賓于咸
一四〇二正　貞大甲不賓于咸
一四〇二正　貞咸不賓于帝
一四〇二正　貞咸賓于帝
一四〇二正　貞下乙不賓于咸
一四〇三　侑于咸大丁大甲大庚大戊仲丁祖乙…
六四七七正　貞𢦏于咸…
六九〇二　…卯…咸戉…在𢦏王…尊王循于?…若
六九〇三　癸…咸戉…𢦏…尊征?…
七〇二〇　己卯卜王咸戉𢀛余曰雀𦎫人伐𠚕…
七〇二一　貞我…咸戉…
七二四〇　貞咸喪有…有循
七八六二　侑于父戊咸…
九五二〇　貞王咸彫𡘅王宁翌日
九五二三　貞王咸彫蒸勿宁翌日
九五二四　貞王咸彫蒸勿宁翌…
九五六五　辛亥卜貞咸𥝩𢇍
一一四九七正　丙申卜㱿貞來乙巳彫下乙王固曰彫惟有祟其有䖵乙巳彫明雨伐既雨咸伐亦雨𢾅卯鳥星
一一四九八正　丙申卜㱿貞來乙巳彫下乙王固曰彫惟有祟其有䖵乙己明雨伐既雨咸伐亦雨𢾅鳥星
一一四九九正　…彫明雨伐…雨咸伐亦…𢾅卯鳥大啓昜…
一二八三九反　貞咸…子美…
一七三七二　王夢不惟咸
一七六七六反　王固曰惟咸
一九九五七正　辛未王令弜伐先咸…
二〇〇九八　丁未卜𠂤侑咸戊學戊乎
二〇〇九八　丁未…𠂤侑咸戊牛
二二一六四　…辰貞咸奏于曾有…
二二七五八　甲子卜…曰貞翌…咸𦎫祖乙…史方其…
三三三五六　辛卯貞咸我來歲惟受禾
三三四四〇　…亥貞咸既祭
屯七三七　丁未卜其工丁宗門惟咸𡆥…
屯三八九八　…咸奏河
英一八　…咸
英八六反　…告于咸
英一〇七一　…咸…雨…己亦雨多…一月
懷一六　…于咸…卯…

𢦏　𢦏

五七五　…申卜爭翌戊戌𢦏于黃奭
五七五　翌戊戌勿𢦏于黃奭
七二一正　𢦏于西南帝介卯
七二一正　勿𢦏西南
七七六正　己丑卜㱿貞𢦏于丘商四月
七七六正　貞勿䶒𢦏于丘商
九四七反　…𢦏…河
一〇五一正　𢦏于黃奭
一四四八　勿𢦏于大甲
一六〇一　貞𢦏于祖乙…宿
一七二七反　勿𢦏
一八二五　𢦏犬
一八二五　貞𢦏于王矢宰
一八二五　貞𢦏
一八二五　貞𢦏
二九五三反　…𢦏于…
六四七七正　貞𢦏于咸…
六五七二　戊戌卜内呼雀𢦏于出日于入日宰
六五七二　戊戌卜内𢦏三牛
六五七二　戊戌卜内呼雀𢦏一牛
七九三七　…𢦏𤉲…一宰
九七七四正　壬子卜㱿𢦏于丘商
九七七四正　勿𢦏于丘商
一四一九九反　𢦏于東
一四一九九反　勿𢦏于東
一四二〇九正　翌庚申𢦏于黃奭
一四二一〇正　翌庚申𢦏于黃奭
一四三九五正　貞𢦏于西北
一四三九五正　貞𢦏于南
一四三九五正　𢦏于東
一四三九五正　勿𢦏于東
一四三九五正　勿𢦏于西北
一四三九五正　勿𢦏于南
一四七五五正　貞𢦏王亥十牛
一五七一六　…𢦏…
一六二〇四　…辰卜㱿貞𢦏犬…
一六二〇五　…余𢦏…山…
一六二〇六　…𢦏…乙
一六二〇七　…𢦏…
一六二〇八正　貞𢦏…大…二告

一六二〇九 ……㦰……大…… 1
一六二一〇 ……㦰……戭…… 1
一六二一一 甲子……殻……㦰于……大…… 1
一六二一二 貞㦰于𦥑豕又…… 1
一六二一三 辛酉……貞于啓㦰…… 1
一六二一四 癸丑卜㦰于西 1
一六二一五 丁巳卜……王㦰四宰 1
二一一一四 丙辰卜自㦰惟宰 1
二一二三九 辛亥卜王朕㦰……于曰……之…… 1
二四八〇七 ……丑卜……貞㦰……小宰 2
英一三八八 ……有曰千𣏟王㦰于之八豕八豕……
四羊㲉四卯于東方析三牛三羊
㲉三 1
懷八四九 ……㦰于……二人…… 1

一〇五一正 貞□涉于㦰 1
一〇五一正 □勿涉于㦰 1

戚

三一〇二七 惟戚奏 3
三一〇三六 丁弜奏戚其雨 3
三一〇三六 其奏戚惟…… 3
三一〇三六 于丁亥奏戚不雨 3
三一〇三六 乙弜□戚其雨 3
三五三三五 ……工惟戚 4
屯一五〇一 惟戚庸用 3
屯二一九四 惟兹戚用 3
屯三五七二 惟兹戚用 3
屯四五五四 惟戚庸用 3
懷一四〇二 ……巳卜其□戚惟乙 3

二二四九六 辛未……無□…… 1
三四二八六 ……貞陟大禦于高祖王……□ 4
三四二八七 ……亥貞陟大禦于高……以□ 4
屯二八四二 ……辰卜爽惟□ 4
英二四四六 ……妾……以□ 4

戉

六五六六正 壬辰卜殻貞戍𢦏□方 1
六五六七 ……貞戍其伐□方𢦏…… 1
六五六七 貞戍弗其𢦏□…… 1
六五六八正 貞戍弗其𢦏□方 1
六五六八正 壬戌卜殻貞戍𢦏□方 1
六七六四 戊戌卜殻貞戍得方□𢦏 1
六七六五 戊戌卜殻貞戍得方□…… 1
七六八五 丙午卜殻貞戍其有𢦏 1
七六八六 貞戍既𢦏 1
七六八七 呼戍弘𢦏 1
七六八九 貞戍𢦏 1
七六九〇 貞戍𢦏 1
七六九一 ……戍……𢦏 1
七六九一 貞戍𢦏 1
七六九一 貞戍弗其𢦏 1
七六九一 貞戍𢦏 1
七六九二 ……爭貞戍𢦏 1
七六九三 貞戍𢦏 1
七六九六 ……申卜爭……戍有……橐……𢦏 1
七六九八 貞戍其𢦏 1
七六九九正 戍……其𢦏 1
七七〇〇 貞戍其𢦏 1
七七〇一 ……殻貞戍其𢦏 1
七七〇三 戍其𢦏 1
七七〇三 戍弗其𢦏 1
七七〇四 戍弗其𢦏 1
七七〇四 戍無其剢 1
七七〇六 貞戍無其𢦏 1
七七〇六 貞戍不其𢦏 1
七七〇八 ……酉卜殻貞戍無其𢦏 1
七七一二 ……戍不……𢦏二月 1
二三八三六反 貞戍其𢦏…… 1
英六八一 ……爭貞戍𢦏…… 1
懷三六四 ……卜……貞戍𢦏□方……三月 1

六三六九 吾允𢦏戍 1
六三七〇 ……卜殻貞……方……允……戍十月 二告 1
六三七一 己巳卜殻貞吾方弗允𢦏戍十月 不吾黽 1
六三七二 ……允𢦏戍十月 1
六三七三 ……卜殻貞吾方允𢦏戍 1

六三七五　丁亥卜亘貞…戠戌　二月
六九五二正　貞雀戠戌𢦏?
五六一八　貞…伐…戌…
六三七六　貞戌弗其伐舌方
六三七七　貞戌弗其伐舌…
六三七七　貞戌弗其伐舌…
六三八〇　…戌弗…伐舌方
七六〇三正　戊子卜宾貞戌其專伐
七六〇六　貞戌允其伐

四四六　貞戌受…
五六一　己丑卜宾貞戌受…
四二八五　戌受祐
八六一六　貞戌弗其受□方祐
八六一六　貞戌受祐
八六一七　貞戌受□方祐
八六一八　…貞戌受□方…
九八〇七　戌弗其受…

四一七九　貞戌其呼來
四三六八　乙亥卜永貞令戌來歸　三月
四二八〇　戌其來
四二八〇　戌不其來
四二八〇　戌其來
六三七九正　…丑卜㱿貞令戌來…戌□伐舌方…七月
九四五　貞戌來
英一　戌…來…
英一一七七正　貞戌來
英一一七九正　己丑卜㱿貞令戌來曰戌□伐舌方在十月

一七一　…卜㱿貞戌獲羌
一七二　戌獲羌
一七三　戌獲羌
一七四　貞戌不其獲羌
一七六　貞戌不其獲羌
一七六　貞戌獲羌
一七六　貞戌不其獲
一七七　戌獲羌
一七七　貞戌不其獲羌
四〇五六　…戌卜㱿貞戌獲…
六四五二　甲寅卜…貞戌其獲征土方
六九五二正　貞戌獲
六九五二正　貞戌獲
一〇八四九　貞戌獲…
一〇八五〇　戌獲
一〇八五一　貞戌不…獲
一〇九一四正　癸亥卜爭貞戌友獲在西呼不?…月

五八六　壬子卜宾貞令戌比□
一一一〇正　丙子卜㱿貞勿呼鳴比戌使□　三月
四二七七　…卜㱿貞戌比…
四二七八　…卜貞令…比戌
四七二二　呼鳴比戌事甾
四七二二　貞勿呼鳴比戌事甾
四七二三　貞呼鳴比戌
四七二三　呼鳴比戌事甾
四七二三　貞勿呼鳴比戌

七六九四　丙申卜爭貞戌有石一櫜其戠
七六九五正　貞戌有石…
七六九七　貞戌有石一櫜…
七六九八　…戌有石一櫜弗其…

一七四　戊午卜㱿貞令戌弋沚其遘…
四二六九　貞勿令戌
五二〇四　…令…戌
五六六五　戊午卜宾貞令戌…
二二〇四三　丁未卜貞令戌光有獲羌芻五十

其它

一七五　令戌弋沚
一七五　貞戌不其遘捍
四七四　甲午…戌…匡…羌
一〇八三　貞戌其喪人
一四七九　貞呼取戌

編號	釋文	期
二七二八	呼取戎	1
二七二八	貞呼取戎	1
三六〇三	…午卜爭貞戎…	1
三七五三正	丙申卜貞戎其…	1
四二七〇	貞呼戎	1
四二七一	甲寅卜亘貞戎其有剢	1
四二七二	丁亥卜殼貞戎其有剢　二告	1
四二七三	貞戎無其剢	1
四二七四	戎無其剢	1
四二七五反	戎其有彔?無…惟…	1
四二七六	其先戎至自行	1
四二七六	其先行至自戎	1
四二七六	戎其有工	1
四二八一	戎無災	1
四二八二	戊辰卜穷貞戎無囚	1
四二八二	貞戎其有囚	1
四二八三	呼戎往弋祉	1
四二八四	辛亥卜殼貞呼戎往弋祉	1
四二八六反	戎弗其𩵋	1
四二八八正	己亥卜古貞戎…	1
四二八九	貞戎…	1
四二九〇	…穷貞戎…宮惟…	1
四二九一	…戎…	1
四二九二	丁酉…貞戎…庶一…	1
四二九三	丙申卜殼貞戎…	1
四二九四	…申卜殼貞戎其…于…	1
四二九五	…亥卜殼…曰戎…	1
四二九六	…其…戎…	1
四二九七	…戎…	1
四四五二正	丁卯卜亘貞戎其…	1
四四九五	丙申卜…貞曰戎…𥗽…其	1
五四五五	貞惟戎	1
五四五六	貞惟戎	1
五五三四	…戎…其…	1
五九八三	貞圂戎二月	1
六二八四	…寅卜殼貞戎…	1
六二九八	貞戎…	1
六三七四	貞𢦏?…吉其…戎有…	1
六三七八	貞戎弗其…	1
六六一〇正	貞桒戎于祖乙	1
六六一二	貞戎無其蔑羌	1
六八五六	壬子卜爭貞惟戎呼暨…	1
六六六二	…貞曰戎侑𥗽方午?…弗其伐	1
六八五五正	壬子卜爭貞惟戎…暨𠂤	1
六九五〇	…亘…𢦏…戎	1
六九八三	癸巳卜殼貞呼雀伐望戎	1
七一〇〇	…嬉自西戎…	1
七一八四	貞戎無嬉	1
七六八四	貞戎弗其臿	1
七七〇七	丙午卜殼貞王𡆥曰戎其有…	1
七七〇七	丙午卜殼貞戎無其…	1
七七〇八	…殼貞王𡆥曰戎其有…	1
七七四九	戎其捍	1
九〇二七正	戎其捍	1
九〇二七正	貞戎不其…	1
九〇三六	貞戎以	1
一〇〇七〇	己未…戎…	1
一一四〇四	…寅卜殼貞戎于戎…𦣞	1
一五五四一	貞戎以…	1
一六一九二	貞沈戎…十牛	1
一七〇七八正	癸巳卜爭貞旬…甲午有聞曰戎…史春　夏七月在…鼓冓	
一七三九九	癸…穷…戎…元…	1
二〇三七二	…卜𠂤執戎	1
二一五二二	…𢦏祝戎	1
二一八二五	惟沇…彔戎…	3
二二八三八	王其戎…擒　吉	3
二九六四八	…巳卜…戎方…惟小宰　大吉	3
三五九一三	…在𠭯師貞祖甲升…戎升若我　受…	5
屯附一二	辛酉卜在入戎有囚	4
屯二二六〇	己卯卜貞廾方其𣪊我戎	4
屯二二九一	其戎幼孟田惟𢦔用	3
英一	曰戎戠在之	1
英三四一	貞惟戎	1
英三五三	戎無囚	1
英三五三	己巳卜爭貞戎無囚	1
英三六九正	貞…不戎…友…月	1
英四〇三正	丙申卜殼貞戎有…𢆶	1
英四〇四	…貞戎…一𢆶…伐	1
英四〇五	…殼貞…戎于…	1
英五九四正	貞有戎于上甲成	1
英五九四正	貞桒戎于祖乙	1
英五九四正	貞侑于祖乙告戎	1

英六八一 戊弗其…
英七三〇 …戊史𠭯…
懷 九四七 貞戊無其刿

我

三〇三＋三〇四 甲子卜㱿貞我受𦎫年
三〇三＋三〇四 甲子卜㱿貞我受黍年
三七六正 貞我受黍年
五八五正 戊午卜我受年
七八七 癸亥卜爭貞我穡受有年一月
七九五正 貞我弗其受黍年
八〇一 丙寅…爭貞我受年
九〇〇反 王固曰我其受甫耤在始年
九〇〇正 丁酉卜㱿貞我受甫耤在始年三月
九〇〇正 丁酉卜㱿貞我弗其受甫耤在始年
二告
九〇二正 貞黄…弗…我年
九七四正 丙申卜㱿貞我受年
九七四正 貞我…其受年
二七七七 乙丑卜𠰶貞我受年
五六一一正 丙子卜韋貞我受年 二告
五六一一正 丙子卜韋貞我不其受年
六四六〇正 己巳卜㱿貞我受年
六四六〇正 貞我不其受年
七八八五 …㱿貞我受…
八八〇六 貞我不其受年
九五〇七正 貞今我耤受 二告
九五三七 戊戌卜㝵貞我受年
九六五五 癸酉卜㝵…今來歲我受年
九六六七 …歲我受年七月
九六六八正 …寅卜爭貞今歲我不其受年在𡆥十二月
九六六八正 丙寅卜爭貞今歲我受年
九六六九 癸卯卜葡貞我受年十一月 二告
九六七〇 癸卯卜㱿貞我受年
九六七一正 辛卯卜古貞我受年 二告
九六七一正 貞我不其受年 小告
九六七二正 丙午卜爭貞我受年一月
九六七三 …卜韋貞我受年
九六七四 …卜爭貞我受年
九六七四 辛丑卜爭貞我受年

九六七五 …寅卜爭貞我受年
九六七六 …貞我受年四月
九六七七 壬子卜㝵貞我受年
九六七八 …子卜内貞我受年
九六七九 甲子卜古貞我受年三月
九六八〇 貞我受年
九六八一正 貞我受年
九六八二 乙丑卜韋貞我受年 二告
九六八三 …我受年一月
九六八四正 乙酉卜㱿貞我受…
九六八五 貞我其受年
九六八六 貞我受年
九六八七 貞我受年 二告
九六八八 貞我受年
九六八九 我受年
九六八九 我受年
九六九〇正 貞我受年一…
九六九六 …未卜㱿貞我受年
九七〇〇 庚午卜㱿貞我受年
九七〇一正 貞我受年
九七〇五 貞我不其受年
九七〇六 …我不其受年
九七〇七 貞我不其受年
九七〇八 貞我不其受年
九七一〇 癸卯卜㱿貞我不其受年
九七一一 貞我不其受年
九七一二 我不其受年
九七一三 貞我不其受年
九七一五 乙巳卜㱿貞我不其受年十一月 不舌黽
九七一二 …我不其受年
九七一六 …卜㱿貞我不其受年一月
九七一九 …我不其受年
九七二〇 貞我不其受年一月
九七二一 貞我不其受年
九七二四 貞我不受年 二告
九七二七 …我不其受年
九七六七 貞我蕈受年
九七六八 …我受年王固曰受…惟不魯
九九三四正 王固曰吉我受黍年丁其雨吉其惟乙
雨吉 二告
九九三五 貞我受黍年
九九三六 貞我受黍年

九九三七　…貞我受黍年
九九三九　我受黍年
九九四〇　我受黍年
九九四一　貞我受黍…
九九四二　戊戌卜：貞我受黍年
九九四三　戊戌：貞我：黍年
九九四四　貞我受黍年
九九四五　己巳：貞我：黍年
九九四六甲正　己巳卜殸貞我弗其受黍年
九九四六乙正　己巳卜殸貞我受黍年：𡆥
九九四六乙正　貞我受畬年在𡆥
九九四七　癸未卜内貞我受黍年　二告
九九四七　貞我不其受黍年　二告
九九四八　貞我受黍年
九九四九　庚申卜貞我受黍年
九九五〇正　丙辰卜殸貞我受黍年
九九五〇正　丙辰卜殸貞我弗其受黍年四月
九九五一　癸卯卜亘貞我受黍年
九九五二　…戌卜：我受黍年
九九五三　癸亥卜殸：我黍：
九九五四正　丁丑卜㝑貞我受黍…
九九五五　…我：黍年
九九五六　貞我不其受黍年　不𠰥鼄
九九五七　…我受黍…
九九五九　貞我不其受黍年
九九六〇　甲申卜㝑貞我不其受黍年
九九六二　貞我黍弗…
九九六三　我弗其受黍年
九九六四　…卜我弗其受黍年
九九六六　甲午卜亘貞我受黍年
九九六七　…韋貞我黍受…
一〇〇二〇　庚申卜我受黍年
一〇〇二一　…我黍受年
一〇〇二四正　庚申卜貞我受穧年三月
一〇〇二五　丙戌卜我受穧…
一〇〇二六正　乙酉卜韋貞我受穧年
一〇〇二七　辛巳卜我弗其受穧年
一〇〇四〇　貞今歲我受𦽅年
一〇〇四一　戊戌卜殸貞我受𦽅年
一〇〇四二　甲子卜㝑貞我受𦽅年
一〇〇四二　貞我不其受𦽅…
一〇〇四三　貞我不其受黍…
一〇〇四三　貞我不其受𦽅年

一〇〇四三　貞我受黍年
一〇〇四三　貞我受𦽅年
一〇〇四四　…爭貞我受𦽅年
一〇〇四五正　戊戌卜殸貞我受𦽅年
一〇〇四六　貞我不其受𦽅…
一〇〇九四正　…殸貞我受年
一〇〇九四正　…我受黍年二月
三四四三六　丙申卜大：我年
英七九六正　甲辰卜[illegible]貞我受年　不𠰥鼄
英七九七　…巳卜爭貞我受年
英七九九　癸酉卜：我：受年
英七九九　癸酉卜：我：受年
英八〇〇　貞我不其受年一月
英八〇一　我：年
英八〇二　…殸貞今：我受…
英八一二正　貞我受黍…
英八一三　貞我年㞢…
英八二一　貞我受𠷎年
英八二一　貞我不其受𠷎年　小告
英八二一　貞我受黍年
英八二三　我受𠷎年三月
懷一八二　…我受年
懷九一九　貞我不其受年
六四一正　丙寅卜殸貞今來歲我不其受年

六〇九八　己卯卜殸貞𢀛方出王自正下上若受我…
六一六六　…冊𢀛：王比我受…
六二〇一　癸酉卜爭貞王勿逆伐𢀛方下上弗若不我其受…
六二〇四正　辛未卜殸貞王勿逆伐𢀛方下上弗若不我其受祐六月
六二〇八　…伐𢀛方不受我…
六二三〇　貞勿惟王往伐𢀛方下上弗若不我其受祐
六二三一　…勿惟王往伐𢀛方下上弗若不我其受…
六二五九　乙巳卜殸貞我…其受…
六二七一　貞帝不我其受祐
六二七二　貞勿伐𢀛帝不我其受祐
六二七三　…伐𢀛方帝受我祐
六三一六　癸丑卜殸貞勿惟王征𢀛方下上弗若不我其受祐

六三一四 貞勿惟王征𢀛方下上弗若不我其受祐
六三一五 …丑卜㱿貞勿惟王征𢀛方下上弗若不
我其受…
六三一七 癸丑卜㱿貞勿惟王征𢀛方下上弗若不我
其受祐
六三一七 貞勿惟王征𢀛方下上弗若不我其受祐
六三一八 …申卜㱿…王勿…𢀛方…弗若不我…
受祐
六三二〇 庚申卜㱿貞王勿征𢀛方下上弗若不我其
受祐 二告
六三二一 庚申卜㱿貞王勿征𢀛方下上弗若不我其
受祐 二告
六三二二 己酉卜貞王征𢀛方下上若受我祐一月
六三二三 貞勿征𢀛方下上弗若不我其受祐
六四〇六 …貞沚戠爯冓…土方我受有…
六四三一 …貞我受𢀛方祐
六四七三正 貞王惟沚戠比伐𢀛方帝受我祐
六四七三正 王勿惟沚戠比伐𢀛方帝不我其受祐 二告
六四九六 丙戌卜爭貞今𣎆王比望乘伐下危我
受有祐 二告
六五〇五正 …作比望乘伐下危下上弗若不我其
受祐
六五〇六 貞今𣎆王勿作比望乘伐下危下上弗若
不我其受祐 二告
六五四二 …伐𢀛方帝受我…
六五四三 …午卜㱿貞王伐𢀛帝受我祐一月
六六六四正 甲辰卜爭貞我伐馬方帝受我祐一月
六七三六 …今𣎆王循方帝…我祐
六七三七 …午卜㱿貞今𣎆王循方帝受我…
七四二八 …稱冊王比下上若受我祐
七四三一 …稱冊…受我…
七四四〇正 貞沚戠啓王勿比帝弗若不我其受祐
七四四〇正 丙辰卜爭貞沚戠啓王比帝若受我祐 二告
七五〇二 己巳卜㱿貞勿…好呼比沚戠…下上若受
我…
七五三二 貞王惟望…下上若受我…
八四七八 貞我受土方祐
八四七九 貞我受土方祐
八四八〇 丁亥卜爭貞我受土方…
八四八四正 貞我弗其受土方…十一月
八四九四 …我受𢀛方祐
八五〇一反 …殸其惟庚我受有祐其惟…
八五〇一正 …㱿貞我受𢀛方祐

八五〇一正 …我受𢀛方祐
八五〇二 貞我受𢀛方祐
八五〇三 貞我受𢀛方祐
八五〇四 庚午卜爭貞我受𢀛方…
八五〇五 貞我弗其受𢀛方祐
八五〇五 我受𢀛方祐
八五〇六 …穷貞我弗…𢀛方祐
八五一四 貞我弗其受𢀛方…
一三三一六正 貞我受…
一四一九〇 貞帝不我其受祐
一四一九一 貞帝不我其受祐
一四二五九 貞上子不我其受祐
一四二六〇 貞上子不我其受…
一四二六〇 貞上子不我其受…
一四二六〇 …上子受我祐
一四七六二 癸丑卜㱿貞我不其受…
一四二六六正 …下上弗若不我其受祐
一四六七一 帝受我祐
一六二九六正 …若不我其受有祐 二告
一六二九七 …弗若不我受…
一六三〇一 辛丑卜我受…
一七五三八正 丁酉卜㱿貞我受…
二〇二五六 丙辰卜𠂤貞王曰…我侑我…束延…
二〇三二二 …王貞余……于示…我祐
二一六八三 辛…貞…我有…
二一六八九 壬寅…弗六…我有…
三一二八四 …受祐…惟我有…
二一八五五 貞我不受…
三二八四四 …卜𠃬禦于父丁…百牛受我祐
英五五二 我受祐
英五五三正 …𢀛方下上若受我祐五月
英五五三正 …𢀛方下上若受我祐
懷七六二 …爰我…
懷六六五 …我不…受…

二四八反 我來三十
二四八反 我允其來
七九五反 我來十
一〇二七反 我來十
一七二七反 我來十

四七六九正 丙辰卜㱿貞今𡆥我其自來
四七六九正 丙辰卜㱿貞今𡆥我不其自來
六五七一反 我來貯骨
六六四八反 我妹來
九二〇〇反 我來三十
九二〇三反 ：我來：
九七四一反 我來十
一〇三五一 甲子卜㱿貞我呼來
一四六二反 我來十 㱿
一二〇五一反 我來十
一三五八四甲 我來：
一三六六三甲 我來十
一四一三五反 我來三十
一四七二一正 壬戌卜㱿貞我無來

一一六反 我以千
六七三二正 酌河三十牛以我女
六七三 戊午卜而弗其以我中女
六〇七二正 ：吉曰：吾方亦：征以我：牛五十
八六九六正 我勿以𢧵牛
八九七四 ：以我牛
九〇〇八 ：我以：
九〇〇九 ：我以：
九〇一〇 ：我以：
九〇一二反 我以千
九〇一三反 我以千
九〇一八 ：卜永貞我以：其八百
一〇九三五反 我以千
一七一六五反 ：我以：

一〇一七〇 ：降我𦰩十二月
一〇一六九 ：曰帝：𦰩我
一〇一七一正 戊申卜爭貞帝其降我𦰩一月 二告
一〇一七一正 戊申卜㱿貞帝不我降𦰩
一〇一七二 辛卯卜㱿貞帝其𦰩我三月
一〇一七三正 貞帝不我𦰩
一〇一七四正 己酉卜亘貞帝不我𦰩
一〇一七四正 貞帝其𦰩我 小告 不𠯤黽
一〇一七五正 ：帝不我𦰩
一〇一七六 丁巳：方貞我其𦰩
一〇一七七 貞我𦰩

一〇一七八 貞我不𦰩一月 不𠯤黽
一〇一七九 辛卯卜內貞𦰩我
一〇一八〇 ：寅卜我不𦰩
英一一〇三 ：我𦰩：

九五 貞祖辛不我𢦏
九五 貞祖辛𢦏我
一四七三 大甲其𢦏我
一四七三 ：不𢦏保我
一八〇七 貞羌甲𢦏我
二〇九五 貞多祖無𢦏我
二一二二 貞父甲𢦏我
二一二四 貞父甲不我𢦏
三一七三正 貞𡆥子𢦏我
三五一二正 貞我家舊𡆥臣無𢦏我
四三六八 貞黄尹𢦏我
一〇一二四正 貞惟帝𢦏我年二月
一〇一二四正 貞不惟帝𢦏我年 二告
一四〇〇三正 大丁不我𢦏
一四〇〇三正 大丁𢦏我
一四四八八 庚：爭貞岳𢦏我
一四七〇七 庚戌卜㱿貞蚰𢦏我五月
一四七〇七 庚戌卜㱿貞蚰不我𢦏
一七〇二一 ：𢦏我：
一七〇二二 ：貞用：𢦏我：不：
一七三六二 貞𡆥𢦏我
三三〇九四 ：惟西方𢦏我
屯四三三五 甲：王：𢦏我

四一九正 貞令邑歸祟我 二告
四七八正 于王亥祟我
四七八正 于王亥祟我
八九二正 貞我有祟
八九二正 貞我無祟
二四一五正 河祟我
二四一五正 不我祟
六六七七 丙寅卜㱿貞勿曰祟方我
六六七七 貞勿曰祟方我
七三五二正 貞王亥不我祟
七三五二正 乙未卜爭貞王亥祟我

一〇一二七　貞勿祟年我　1
一〇一二七　：祟：我　1
一二六五一　貞其祟我于：有雨　1
一二六五一　：祟我：　1
一三三〇〇　：祟我　1
一四六一五　：午卜穷貞河祟我　1
一四七五八正　：王亥祟我　1
一六九七四　貞祟我羊　1
一六九六九　貞惟不祟我　1
一六九七〇　貞：不：我祟　1
一六九七一　其祟我于：　1
一六九七五　：祟我羊　1
一七二三四　貞我有祟　1
二〇四六六　己亥卜王祟方我　1
二一三六一　：辰卜王令：舊友：祟：我：　1
二五九〇七　乙酉卜中：卜不爯：祟我　2
二六一〇〇　乙酉卜中：卜不爯祟我　2
三三四四四　癸巳卜成祟我　4
英二五　：祟我　1
英一一六七　壬午卜穷貞河祟我　1

三七六反　我囚　1
三四五八正　庚申卜殸我有作囚　1
三四五八正　庚申卜殸貞我無作囚　1
三四五八正　庚申卜殸貞我有作囚　1
四〇七七　我無囚　1
六〇八五　：舌：出不：我囚　1
六〇八六　貞舌方出惟我有作囚　1
六〇八六　不惟我有作囚　1
六〇八七正　壬子卜殸貞舌方出惟我有作囚　1
六〇八七正　壬子卜殸貞舌方出不惟我有作囚五月　1
六〇八八　貞舌方出不惟囚我在囚　1
六〇八九　：方出不惟囚我在囚　1
六〇九〇正　庚午卜殸貞舌方來惟鵬惟我囚　1
六〇九一　丁未卜亘貞舌方出惟我囚：月　小告　小告　1
六六四七正　戊戌卜爭貞𣎆方匄射惟我囚五月　1
六六四七正　貞𣎆方匄射不惟我囚　1
六七四六　貞不惟帝令作我囚　1
七三五二正　貞我無囚　1
七三五二正　貞我其有囚　二告　1
一二二七四正　丙寅卜爭貞我無囚　1

一二二七四正　貞我無囚　1
一二八八九　貞茲雨不惟囚我　1
一五一四〇　辛巳卜：貞我囚　1
一六四五五　惟我囚一月　1
一六四五六　不惟我囚　1
一六四五六　惟我囚一月　1
一七四五四　貞：夢我不惟囚　1
一六四五七　：我囚：　1
一六四五八乙　貞𧍯啓王我囚　1
一六四五九　：我在囚：　1
一六四五九　：我在囚：　1
一六四七〇正　貞我無作囚　1
一六四七〇正　貞我有作囚　1
一六四七一　己巳卜爭貞我有作囚　1
一六四七二正　貞：不惟我有作囚　1
一六四七三　不惟我有作囚　1
一六四九七　貞我其有囚　二告　1
一七二四八　惟𡆥我在囚　1
三四六九一　辛丑卜惟我令有囚　4
懷四七九　：不惟我囚　1
懷七三五　：我：囚　1

六〇三七正　貞翌庚申我伐昜日庚申明霧王來途首雨　1
六四六七　貞我奴人伐𢀛方　1
六六二〇　壬辰卜爭貞我伐羌　1
六八五三　辛酉卜我伐禼　1
六九一四　貞今𡆥勿伐：我：　1
六九二九　丁丑卜殸貞我伐𢀜　1
二七八八二　：來告大方出伐我師惟馬小臣：　3
英六八七　：殸：我：伐：　1

一〇二七正　戊午卜殸貞我其呼□□𢦏　1
一〇二七正　戊午卜殸我□□𢦏　1
三〇六一正　：未卜爭貞我𢦏𢦔在寧　1
三〇六一正　：卜穷貞我其征𢦏　1
三七八七　：酉卜亘：我弗：𢦏　1
六五七六　丙戌卜殸貞我：基方：弗：𢦏　1
六七五七　：爭貞我：𢦏：方　1

六七七六 貞方弗戋我
六八三二 癸丑卜內我弗其戋甾
六八三四正 貞自五日我弗其戋甾
六八三四正 癸丑卜爭貞自今至于丁巳我弗其戋甾
六八三四正 癸丑卜爭貞自今至于丁巳我戋甾王固曰丁巳我毋其戋于來甲子戋旬又一日癸亥車弗戋之夕㞢甲子允戋
六八七〇 …呼…我…戋缶
六九〇七 …我戋戋
六九一六 …戰我…弗其戋…
六九一七 我戋
六九一八 我戋
六九一九 我戋
六九四三 壬申卜㱿貞亘捍其戋我
六九四三 壬申卜㱿貞亘捍不我戋七月
六九四三 辛酉卜㱿貞乙丑其雨不惟我囚
六九四三 貞乙丑其雨惟我囚
七〇二一 貞我…咸戋…
七〇七六正 貞我弗其戋婦其執　二告
七〇七六正 貞我戋執
七〇七六反 我戋…令…敦戋婦不其戋
七六七三 …辰…我戋…
七六七四 …戌…貞翌…亥我弗其戋
七六七五 貞我弗其戋
七六七六 貞我弗其戋十一月
七六七七 …內貞我弗其戋
九五〇七正 癸卯卜宾貞侑婦執我粵戋
英七八正 己酉卜永貞我戋舌方九月
英五六五 貞我…戋舌…
英六〇六 …卜㱿貞我戋巽
英六九八 …㱿…我…戋…
懷八六五 貞自今至于乙酉我戋

六五七〇 丙戌卜內我作基方作…
一三四九〇 癸…爭貞我作邑
一三四九〇 癸酉卜爭貞我勿…
一三四九一 壬子卜㱿貞我作邑
一三四九二 癸卯卜…我作邑
一三四九二 壬寅…貞我作…
一三四九三 …未卜㱿貞我作邑
一三四九四 丁未卜㱿貞我作邑
一三四九五 甲寅卜㱿貞我作邑若
一三四九六 甲寅卜爭貞我作邑
一三四九六 丙辰卜爭…我作邑
一三四九七 …子卜宾貞我作邑
一三四九九 …貞我作邑
一三四九九 …我作邑
一三四九九 …我作邑
一三五〇〇 …㱿貞我作…
一三五〇〇 …卜㱿貞我…
一三五〇〇 …貞我…
一三五〇一 我…
一三五〇一 …我作邑
一三五〇一 …㱿貞我…
一三五〇一 …卜㱿貞我…
一三五〇二 貞我勿作邑
一三五二一 戊午卜貞我…作…
一三五二五 甲戌卜爭貞我勿將自茲邑䵼宾祀作若
一三五二六 甲戌卜㱿貞我勿將自茲邑䵼宾祀作
一三五二七 甲戌卜㱿貞我勿將…茲邑䵼…祀作
一四二〇〇正 丁卯卜爭貞王作邑帝若我从之唐
一四二〇二 …戌卜㱿貞我作邑帝…
一四二〇六正 壬子卜爭貞我其作邑帝弗佐若三月
一四二〇七正 癸丑卜…貞我作邑帝弗佐若　二告
英一一〇八 貞我…作邑…帝…
懷九〇〇 甲寅卜爭貞我作邑

四一四一 我舞
一四二一〇正 貞我舞雨
一四四七二 甲辰卜爭貞我舞岳
一五九九六 己未卜㱿貞我舞
一五九九七 己未卜㱿貞我舞
一五九九八 己未卜㱿貞我舞
二一六七七 丁卯卜[illegible]貞我舞[illegible]丁自庚
英一二八二 甲辰卜翌乙巳我奏舞至于丙午…　二告

一三六二三正 …戌卜爭…我為賓…
一五一七九 丁卯…貞我惟宾為
一五一七九 丁卯卜㱿貞我勿為宾
一五一七九 乙丑…貞我惟宾為
一五一七九 乙丑卜㱿貞我勿為宾
一五一七九 丁未卜㱿貞我為宾

一五一八〇　貞我惟賓爲
一五一八四　乙丑卜㱿貞我惟賓爲
一五一八四　丁未卜㱿貞我爲
一五一八四　…㱿貞我惟賓爲
一五一八五　貞我勿爲…
一五一八五　貞我勿爲
一五一八五　貞我勿爲賓

六四九七　…我其祀穷作帝降若
六四九七　…我勿祀穷作帝降不若
六四九八　…卜㱿貞我其祀穷作帝降若
六四九八　…㱿貞我勿祀穷作帝降不若
一五一九一　戊…卜㱿貞我勿作賓
一五一九三正　辛卯…貞我祀賓若
一五一九四正　辛卯卜㱿貞我祀賓若
一五一九六　辛卯卜㱿貞我勿祀賓不若
一五四九六　癸酉卜王貞余勿祀我𠂤惟…用
英一二八六　貞帝示若今我奏祀四月
英二〇八一　癸卯卜祝貞我祀享…

一〇三〇八　貞今日我其狩盂
一〇三〇八　…㱿貞今日我其狩盂…
一〇九六五　…寅卜㱿貞今日我其狩盂
一一〇〇六正　丙戌卜㱿貞翌丁亥我狩寧

九〇四正　辛巳卜㱿貞酒我匚大甲祖乙十伐十宰
六六六四正　貞一宰于上甲告我匚衛
六六六四正　貞侑于上甲三宰告我匚衛

一三七〇　貞戌…我田
六〇五七正　癸巳卜㱿貞旬無囚王固曰有祟其有來嬉迄至五日丁酉允有來嬉自西沚戠告曰土方征于我東鄙戋二邑舌方亦侵我西鄙田
六〇五七正　王固曰有祟其有來嬉迄至七日己巳允有來嬉自西長友角告曰舌方出侵我示𩡧田七十人五
六〇五八正　癸巳卜永貞旬無囚…惟丁五日丁酉允有…于我東鄙…

六〇五七反　王固曰有祟其有來嬉迄至九日辛卯允有來嬉自北蚁妻妥告曰土方侵我田十人
六〇五九　…戠告曰土方…侵我西鄙…
九六一一　丙辰卜永貞呼省我田
一〇五五一　…卜穷貞我田其…
一〇五五二　貞我田
一〇五五三正　…卜古貞…我田有來…
懷四四六　…我…田…

五八四甲正　癸未卜㱿貞旬無…祟其有來嬉迄至七日…允有來嬉自西長戈…告曰舌方征于我奠
五八四甲反　…壬辰亦有來自西𡆥呼…征我奠戋四…
六〇六八正　癸未卜永貞旬無囚七日己丑長友化呼告曰舌方征于我奠豐七月　二告
九七七〇　…卜古貞我在奠从龔受年
三六〇〇八　…申卜大貞我…奠曰…宰…年…九月

八二三正　己未卜古貞我三史使人
八二三正　貞我三史不其使無
三四八一　癸未卜古貞黃尹保我史
三四八一　貞黃尹弗保我史
五四八〇正　貞我弗其戠王事
五四八〇正　甲寅卜穷貞我戠王事　二告
五五二五　丁丑卜韋貞使人于我
五五二六　乙…卜亘貞使人于我
五五二七正　丁丑卜吕貞使人于我
五六三六　貞我西使無囚
六二二六　貞勿令我使步
六七七一正　貞我史其戋方　二告
六七七一正　我史弗其戋方
六七七一正　貞方其戋我史
六七七一正　貞方弗戋我史
六八三四正　癸亥卜㱿貞我使毋其戋缶　二告
六八三四正　癸亥卜㱿貞我使戋缶　二告
九四七二正　貞我史工
九四七二正　貞我史無其工
九四七二正　貞我史其戋方
九四七二正　貞我史弗其戋方

著錄號	釋文
九四七二正	貞方其𢦔我史
九四七二正	貞方弗𢦔我史
二一五八六	甲子卜我貞…彡我…事
二一六七八	辛我…事
二一六八一	辛巳卜貞乙我…事
二一六八四	…卜𫹉…朿…我…事
二一六九七	己丑…自…事…我…
二一九〇五	…侑父冊不…蚰載我事
二一六三五	乙巳卜𫹉貞今五月我有事
二一六三五	乙巳卜𫹉貞六月我有事
二一六三七	壬寅卜貞五月我有事
二一六六三	辛巳卜我貞我有事十月
二一六六六	辛卯卜貞今四月我有事
二一六六七	癸巳卜𥎦貞…我有事
二一六六八	甲午卜貞今六月我有事
二一六七〇	甲申…貞今…我有事
二一六七一	戊辰子卜貞今我有事
二一六七七	丁卯卜𥎦貞庚我有事
二一六八〇	庚寅卜𥎦貞辛我有事
二一六九〇	…不我有事
二一七一六	壬戌卜我…弗入商我有事
二一七三〇	…卯卜𥎦貞至㽞我有事
英一八九九	庚…卜我貞今日我有事
一二〇二	戊辰卜既…暨河我…衛
一二〇二	戊辰卜既…暨河我…衛
六八八一	…㱿…衛不…我𢦔
六八八二	壬…內貞…衛其來征我于茲䆄
六八八八	…子…內貞我其捍衛
六八九〇	庚子卜㱿貞我勿捍衛十一月
六八九二正	甲辰卜㱿貞今我其夲衛不…𢦔于𢀛
六八九三	…辰卜㱿…今我其…衛其…
六八九四	己亥卜…貞我𢦔衛…
六八九五	辛丑…內貞我𢦔衛于𢀛
六八九六	…酉卜㱿貞我𢦔衛于𢀛一月
六八九七	…㱿貞我𢦔衛在𢀛
八三〇八	貞在我
二一七四二	…申子…貞惟…在我
二一七四三	庚午子卜貞𣏟延在我
二二一七三	癸未卜囚在我用惟祖乙盥口?
七九六	貞我弗其獲執
六九〇八	甲午卜㱿貞我獲[字]
六九〇九	辛未卜㱿貞我獲[字]十月
一〇三一三	…我獲鹿允獲
一〇三四六正	丙申卜㱿貞我其逐麋獲
一〇九五〇	丁亥卜王我隹三十鹿逐允逐獲十六一月
一〇九五〇	我不其獲鹿
一〇九五〇	我獲鹿…
一〇九五一	壬辰卜王我獲鹿允獲八豕
二一五三四	甲戌子卜我獲印直…

其它

著錄號	釋文
一六	辛丑卜爭貞我卜多不吉彡…
四三	戊辰…貞翌辛…亞乞以眾人𡆥丁彔呼保我
五〇正	貞我其喪眾人
一一三甲正	貞我…司效羌若
一三七反	王固曰有祟有夢其有來嬉七日己丑允有來嬉自…戈化呼…方征于我…
一四七	貞我𡢁…
二四八正	戊寅卜古貞我永
二四八正	貞我永
四二八四	貞我在沚無其剢
四七六正	貞留我羌…圂
六四四	壬子卜…貞惟我奚不正十月
六四五	壬子卜穷貞惟我奚不正…月
六四六	…惟我奚不正
六六〇	…酌河…牛…我…
七二一正	貞翌乙卯酌我雍伐于宜
七二一正	貞翌乙卯勿酌我雍伐于宜
七五六	…午…貞我…缶
七九五正	辛未卜㱿貞我奴人乞在黍不冊受…
八二一正	壬申卜㱿貞我立中
八九二反	…我有
八九二反	…卜㱿貞我無
九〇二正	庚辰…黃尹…我…
九四〇正	貞我帝
九六一	…我…享…

我

一〇二七正　己未卜㱿貞缶其𢦏我旅
一〇二七正　己未卜㱿貞缶不我𢦏旅　一月
一〇三〇正　……會我四……以西人……𠂤……
一〇四五　……三十人……戊犬……無我
一〇八〇正　貞我有喪人在……
一〇九九正　丁酉卜㱿貞我……係
一一〇七　乙巳卜㱿貞我其有令戠史用王　二告
一一〇七　乙巳卜㱿貞我勿有令戠弗其史
用王　不告
一三九四　乙亥卜王貞我取唐𡚸
一三八八　貞我咸……在……
一六三二正　戊子卜㱿貞王聽惟祖乙孽我
二二〇一　貞不惟我𡆥
二二〇一　貞不惟我𡆥
二七九〇正　……鼎我……
二八九〇　貞我一月彡二月㞢
三五二三　……昔我舊……之齒今……
三五二四　……昔我舊……王齒今……齒三旬又六日
……罘方允……
三五六二　……午卜㱿貞……我佣
三五九九　壬辰卜㱿貞我……
三六〇八　癸丑卜㱿貞我……
三六九五正　……卜韋貞不……我……　一告
四七二七　己未卜……我入……無……
五〇二二　……我弗……父……
五〇二三　……貞我……
五〇二四　……我不……　不告黽
五〇二五正　……貞令我……弗……
五〇四八　己巳卜王呼犬捍我
五三二二　……王貞我……弜受……
五三九八　乙亥……貞我……
五四四四　貞𣈊不我多朊盂永……
五四八一　貞我弗其𢦏
五五一二　乙未卜……宰立事……有从我从𢀛左从
五五二七反　貞勿使人于我
五七六六　辛未卜貞令盛以射以𢌰……方我
五八二四　……貞我……旅在……
五九四九　……我王……祀……執白𦀚……乙亥山……曰𦀚……
六〇四二正　貞我……在祉事……不以媗
六〇六二　……自西……舌方征我……𦣞亦戈𡆥……
六〇六六反　……五日丁未允有來……告曰舌方征于我
……三邑

六〇六七　……媗……舌征于我……㞢亦有來……曰
……四……
六三一五　……惟王征……方下上弗若……我其……祐
六三一六　癸丑卜㱿貞勿惟王征舌方下上弗若不我
其……
六三二九正　貞我弗其獲征舌……
六三三四正　貞我弗其𢦏舌方　二告
六三三九　貞我及舌方
六三四〇正　己酉卜古貞我及舌方
六四二八　……𢀛王……伐土……下上若……我……
六六七九　……方征我……
六六八〇　貞方不我征
六七七〇正　……方畀我……五月
六七七八反　……固曰有祟其有來迄至無我
六八一一　……卜㱿……方戈……惟王……
六八三四反　辛酉卜㱿貞我無𡆥
六八三六　……余戈盟
六八九六　……我在……
六八九九　……衛……我在戋
六九一〇　癸酉卜㱿貞我𡍪𥁕
六九一一　貞我……𡍪……
六九一三　貞我捍𡆥
六九一五　貞……取我
六九二一　貞戠……無其……㞢征……我……
六九四三　甲戌卜㱿貞我馬及𢀛
六九四四　……申卜㱿貞亘捍不惟我𡆥其終于之
六九四五　呼我人先于𢀛
六九四五　勿呼我人先于𢀛
六九四九正　……亥……㱿……我……獲馘亘
六九四九正　貞今十二月我步
六九四九正　……我……其……
六九五九　辛巳卜㱿貞雀得亘我
六九五九　辛巳卜㱿貞雀弗其得亘我
七〇二二　……貞我……惟𣪊敦
七〇七五正　庚戌卜亘貞王呼取我夾在𢀛𡆥若于𢀛
王固曰……若
七〇七五正　庚戌卜亘貞王呼取我夾……𢀛𡆥不若
……𢀛……
七一〇二　……媗……媗自西……征我……
七三三六反　……允惟我……聞
七三五二正　己未卜㱿貞我于雉次　二告

號	釋文
七四一八	貞勿令𢀛嵒比我稱冊十月
七四一九	：勿令𢀛嵒比我稱冊
七四二〇	貞勿：𢀛嵒：我：冊
七四三二	：稱冊王：惟我：
七四三九	貞𠂤肇我啓
七六六二	：我數：十一月　二告
七七四六	：貞我捍：
七八五二正	貞我無捍　二告
八〇八二	：己卜：㞢：惟我：茲：京
八〇八五	貞戠羞我人𠭯
八三〇九	：于我師：
八三八九	：貞：我保：丘
八四六五	：周弗我：
八五六五	：我祐：若
八五八六	：我其𢦏舌
八七〇一	貞我：方：
八七一九	：卯卜王：我肩：
八七七二	：我：西：囚
八七九五	貞我至于：土延無囚
九一七六正	貞戠不我其來白馬
九一八七	：我鼉五十：
九二九七正	：不我：
九四三九反	：貞我：
九五二八	我其桼
九六一五	貞其侑于我祖：
九六六三	庚子卜㱿貞疾𢍰惟我正侑：
九八一一正	甲辰卜㱿貞我勿𦰩人　二告
九八二一正	貞我勿𦰩人　二告
九九一九正	貞帝不我：
一〇〇四八	己卯卜㱿貞今日弜𠂤令園我于有師乃𦰩有：
一〇一六五正	庚戌：爭貞：雨帝：不我：
一〇一七一正	甲辰卜㱿貞我奏茲玉黃尹若　二告
一〇一七一正	貞我奏茲玉黃尹弗若　二告
一〇二五二	貞我逐豕有祐
一〇三四六正	辛丑卜㱿貞我無至嬉　二告
一〇三六九	貞𩁹：麋我：
一〇七五〇	辛丑卜王翌：寅我𡨦：獲允獲
一〇七五六	貞不惟我有𠕀
一〇七五七	貞不惟我有𠕀
一〇七五八	貞不：我有𠕀

號	釋文
一〇九五〇	我惟七鹿逐七鹿不𢀛　不告
一一〇〇六正	貞方其：我
一一〇一八正	貞其有：惟我
一一〇一八正	貞我馬有虎惟𡆥
一一〇一八正	貞我馬有虎不惟：
一一〇一九	：𠙵不我其：馬：　二告
一一二七四正	丁卯卜㱿貞我師無敀推
一一四七五	：我：辻：
一二五〇九	貞今歲我：
一二五一九正	：爭貞今日我其：
一二五七五正	貞：惟：我四月
一二六三七	：貞：其：我十三月
一二六八四	：用茲𠬝：我桒方：从雨
一二八五一正	：午卜㱿貞我：𡆥曰辛其雨：日辛丑允雨：
一四一七五	貞帝其：我儆
一四一八四	貞帝其作我孽
一四二〇六正	癸丑卜爭貞我宅茲邑大賓帝若三月
一四二二〇	丁丑：王其：𠂤帝畀我：
一四三一六	癸丑卜㱿貞我衣：
一四三五七	己巳卜亘貞呼：己曰惟告我：
一四三八八	：惟：𩡧：我：
一四四〇六	：貞我：不𦩀：土：
一四四二二	貞岳賓我燎
一四四六九正	甲子卜㱿貞我：
一四四八九	貞岳不我：
一四五二一	貞祟雨我于岳
一四四六七	貞我岳：
一四四八七	：卜㱿貞岳肇我雨
一四四九二	：有：岳：我
一四五一四	：內我：亦侑：河
一四五二八正	貞呼：酌我：匚于河
一四五四九正	庚寅卜爭貞我其祀于河
一四六一六	：河：我：
一四六一六	：河：我：
一五六五七	惟我：入
一五九四〇正	貞丁畀我束
一六〇二〇	：今我：奏：
一六〇八七	：我玉：
一六〇九〇	：我珏
一六一二〇	戊：貞我：率吉：惟𢓊：

號	釋文
一六二四六	：無其㞢正我
一六三五一	貞我：不若
一六四三二	：弗佐我：
一七一四一	：殻：冓丁：我：
一七一六九	丙子：貞令：我于有師骨告不㞢
一七三四一	：其亦：作我孽
一七三七五	：㞢辛亥王夢我大敹：
一七五五七正	己亥卜殻貞不惟我：
一七五九八	：我入六十在：
一七六四四	：我二十往：
一七七九四正	：盟：于：我： 不舌黽
一七八二七反	：有我無：
一八〇四六	：𡚦我：
一八三四七	：我鵬于：
一八五〇七	：我量：
一八八九九正	己酉卜爭貞我奏玆㔹
一八九三五	：歲我不：
一九〇一五	：我：中：羌：
一九一三九甲	甲辰卜殻貞肇我妹
一九一三九乙	貞肇我妹
一九五〇〇	貞岳：我鼎：
一九八一四	辛巳卜王貞余：彭：我禦 三匚：十二月
一九八五五	：彝：我用
一九九五七正	壬寅：捍我：衛：
一二五一五	：我雨二月
一二六六六	癸亥卜亘貞我：
一二六七六	貞我不：
一二六七七	：我：其：桼：
一二六七八正	：殻：我：有从雨
一二六八七	：岳：雨我：
一二八一二	：𡚦：我丁：大采：
一二八四三反	己亥卜我燎無其雨
一二八四三反	己亥卜我燎有雨
一二八六二正	庚辰卜穷貞崇雨我：
一二八六二正	：崇雨我弗其得
一二八六二正	庚辰卜穷貞崇雨我：
一三五三〇	貞我將自玆邑若
一三五三一	貞我將自玆邑若 二告
一三五三六正	貞我比

號	釋文
一三五五六正	：寅卜貞我：斲：
一三五八四甲正	我家祖辛弗佐王
一三六二五正	乙丑卜穷貞𠂤我䵼
一三六三五正	貞勿𠂤我䵼 二告
二〇〇二四	戊午卜王上崇子辟我
二〇二五四	甲辰：余：我：
二〇四七二	戊辰卜㫃呼𢀛崇小方我七月[illegible]
二〇五六六	：申卜：貞來：我：
二〇六六五	甲子卜留：留曰不我：
二〇七三五	我麑：
二一二一五	：曰：翌其：彭我：
二一二四九	：盟：二十牛：不我
二一二五〇	：盟不我
二一二五一	：父庚不我
二一二五二	庚辰卜𢦏囗不我
二一二五三	：盟不我
二一三六一	壬辰卜：令：莫崇：我：毋陟：
二一五二七	：亥卜丁來人惟𦉼我
二一五三五	甲戌子卜我不印直：
二一五八〇	：酉子卜貞丁言我
二一五九五	：我人：
二一六〇五	庚寅余卜我東
二一六〇六	：卜我[illegible]
二一六一〇	丁未卜扶貞：歸我有孽
二一六一五	乙酉卜扶貞我無作口
二一六一六	辛未𣏟卜我出
二一六二五	：戊子卜貞隹：至我有：
二一六二六	甲辰卜扶貞我𢓊以若
二一六四五	戊辰子卜貞我𡋯
二一六四七	甲戌卜扶貞我允出南
二一六八二	癸：我有：田：
二一七〇七	：我作多亞
二一七一三	乙亥子卜我有直自來惟若
二一七一四	己未卜扶貞有[illegible]我直今五月
二一七一五	庚午卜我貞今秋我入商
二一七一七	辛未𣏟卜我入商北我卩事
二一七一八	：丑卜婦：九月我入商
二一七二〇	丙午𠂤卜我：入商
二一七二七	丙戌子卜貞丁不𦉼我
二一七二七	丙戌子卜貞我無作口

二一七二八　壬辰卜□貞我入□　1
二一七三六　己酉子卜自正：我　1
二一七三九　戊寅卜□我入惟□　1
二一七三九　丙子□卜我孽若茲　1
二一七三九　丙子□卜我無□在來　1
二一七五二　甲戌：我自：　1
二一七六〇　丙戌卜我貞我‖惟獲　1
二一七九六　辛巳余卜今秋我步茲　1
二一八二九　辛巳卜子貞我自茲惟若　1
二一八三一　庚申子：貞我自：惟若　1
二一八三五　：卯子卜貞我無□　1
二一八四二　：未子：不我祐　1
二一八六〇　癸未子卜貞我不吉出　1
二一八六一　：申子：缶我：　1
二一八七二正　丁亥貞我多臣□見　1
二二〇七五　乙亥卜我：西：入□于嬴　1
二二〇九五　：貞：有：量：我：　1
二二二〇一　癸巳卜侑我父乙豕　1
二二三〇二　甲午卜方捍：嬴：東：我：　1
二二四二四　：余貞曰我禦其：　1
二二五七七　：兵：雨其：我妣：有羌　2
二三五九一　乙：卜矢貞：我：十月　2
二四八九二　：巳卜中：雨允：我□　2
二五九〇二　：卜大貞王其途□牛其：用于我：　2
二六〇〇二　貞其于我兄□　2
二六〇三九　甲戌卜：貞翌乙丑我□衣：□三月　2
二六〇九一　貞惟我三？有不若十一月　2
二六八三八　丁未卜出？貞其有：我：兄：　2
二六八六九　癸卯卜祝貞我：京　2
三二八二九　丙子貞王惟□令囚我　4
三二八三一　：子貞：惟□：囚我　4
三二九六七　己酉貞王其令火：我工　4
三三〇五六正　庚寅卜惟□：我用若　4
三三〇五六正　惟𣴎戓啓我用若　4
三三二五六　辛卯貞咸我來歲惟受禾　4
三三三四六　辛亥貞我禾：　4
三三七〇〇　甲子貞我召有左　4
三三九四三　壬寅：我：延：　4

三四二三四　：酉貞：岳河：我　4
三五二九六　：貞：惟：令我：　4
三五二九九　：自我：　4
三五三三一　丁亥：妣：我：　4
三六五二四　：我以□：□乂受：　5
三六七五四　乙卯：貞王：我□：　5
屯六三　庚寅卜惟□啓我　4
屯六三　惟𣴎戓啓我用若　4
屯三〇六　乙：我：　4
屯三一三　：我以方矢于宗　4
屯五九五　：未貞其吿我祖　4
屯二二六〇　己卯卜貞廾方其□我戌　4
屯二三七三　己卯貞今日王令□因我□　4
屯二三七三　丁丑貞王：□囚我　4
屯二三七三　丙子貞王惟令□囚我　4
屯二三七三　丙子：孽我　4
屯二七八五　壬申貞大示惟作我□　4
屯二九七五　：□我往□：
屯三六一二　壬寅卜我示延乙巳　4
屯四三三五　甲子卜王中我　4
英二七八　乙：爭：我：　1
英四三四　乙酉卜𣪘貞我入若無：　1
英六二四反　：□得方我獲羌　1
英六九九　：我：　1
英七二三正　戊寅：亘貞：其祝：我：　1
英七七一正　貞勿：陟貝我：□三月　1
英七八〇正　：弗：我：　1
英七八二正　貞勿延我圍　1
英九二三　：我惟：暘日：食日：　1
英九七一　庚：其：我：　1
英一一三七　：貞：帝：我：　1
英一二二七　庚子卜：惟我：帝于：　1
英一三七九　貞我其有　1
英一五七一　：自？我：由　1
英一六一一　：爭貞我馬無：　1
英一六五五正　：不惟我：　1
英一七〇一　貞我：　1
英一七〇二　：我：　1
英一八六七　甲午卜王貞我有循于大乙酌翌乙未
英一九〇一　丁卯子貞我人歸　1

英一九二一　戊戌：我牛于：川豸？：
英二三五二　于我禦：
懷三〇三　貞我：
懷三三五　：貞我：入無：
懷四〇六　：貞我：𢦏：
懷四〇七　丙午卜內我惟甾敦
懷五三六　：卜㱿貞：我無：
懷五三〇　：申：爭：我不：

娥

七三八正　貞娥壱王
一六七七正　娥其壱王
二六五七正　貞娥弗壱王
一四〇八七正　貞娥壱多：
一四〇八七正　不惟娥壱子賓
一四〇八七正　惟娥壱子賓

于娥

一八二二正　貞侑于娥　二告
三〇〇六　貞禦子央豕于娥
一四〇七八　貞侑犬于娥卯彘
一四〇八〇　：酉：貞子漁侑冊于娥酌
一四〇八一　：侑于娥正
一四〇八三正　貞子娥告
一四〇八四　貞侑彘于娥
一四〇八九　禦犬于娥
英四二　勿禦婦于娥
英一二八五正　侑于娥

祟娥

二五二三　甲申卜貞于祟年娥
一〇一二八　貞勿于丁祟年娥
一〇一二九　癸卯卜㱿貞祟年娥于河
一〇一三〇正　貞于丁祟年娥
一六九七三　庚子卜貞祟靏娥

其它

五五七　甲子卜穷貞𣁋祟雨娥于河
五五七　：雨娥一月

七三二　：娥冊及
七三三　：今甲：娥：冊及：
七五五　：娥：及
三〇〇二　：未卜：貞漁：娥：
五四七七正　貞惟娥壱王
五四七七正　貞不惟娥壱王
八六五六　貞今癸卯㱿娥小宰
一〇一八正　惟娥
一四〇七九　：侑于母：娥禦婦：
一四〇八二　：未卜㱿貞漁侑禦：娥
一四〇八五正　貞：娥
一四〇八八　：娥：
一四〇九〇　：其凶娥
一八〇五七　：娥：菑：
二一〇六七　乙丑卜貞占娥子余子
二一〇六八　己酉卜王占娥娩允其于壬不十一月
二一一一一　癸：娥：今日．
二一一二一　：至娥：毫八．
二二二四六　先曰𠂇娥
二二二四六　匄娥
二二二四七　匄娥
二二二四七　娥
屯二二二三　戊申卜：貞今日狩娥擒
英一二八四　：娥：于：之：十二月
懷一五　：娥：
懷五七一b　：娥：若

⿱我口

七一八正　貞禘于妣己冊及卯宰⿱我口

⿰圍我

六〇五七反　：東鄙𢦏二邑王步自⿰圍我于𨙶司：夕
㞢壬寅王亦終夕𡆥

⿱我口

三四三九九　辛酉貞⿱我口弜凡𢦏禾
三四三九九　辛酉貞在犬六⿱我口其凡

⿰木我

三七五〇四　：在⿱我木：王步于：無災王：獲狐：

著錄	釋文	期
六七六四	戊戌卜㱿貞戊得方□𢦏	1
六七六五	戊戌卜㱿貞戊得方□……	1
六七六六	……方□	1

義

著錄	釋文	期
二七九七二	其呼戍禦羌方于義則𢦏羌方不喪衆	3
二七九七九	弜用義行弗遘方	3
二七九七九	戍惟義行用遘羌方有𢦏	3
二七九八〇	……義行……羌……有𢦏	3
三三九八二	中敹于義攸侯𢧵啚	4
三八七六二	……丑用于……義友……	5
屯二一七九	丁丑卜在義田來執羌王其𢦔于……大乙 祖乙有正　吉	3
屯三〇四	于義……	4
屯四一九七	戊泳……于義……立有……	3

[義/子]

著錄	釋文	期
三六五二二	庚寅王卜在[義/子]貞余其次在茲上[?]今秋其敦其呼𥄳示于商正余受有祐王占曰吉	5

義京　合文

著錄	釋文	期
三八六	己未宜……義京羌……人卯十牛左	1
三八七正	丁卯宜于義京……人卯十牛中	1
三八八	己未宜于義京羌三卯十牛中	1
三八九	己酉宜……義京羌三卯十牛中	1
三九〇正	癸卯宜于義京羌三人卯十牛右	1
三九一	……寅宜……義京羌三……卯十牛右	1
三九二	癸巳宜……義京羌……卯牛……	1
三九三	癸巳……義京……卯十……	1
三九四	癸酉宜于義京羌三人卯十牛右	1
三九五	丁未宜于義京……	1
三九六	丁未宜于義京……人卯十牛……	1
三九七	……義京羌三人……牛……	1
三九八	……義京羌……十……	1

蔑　㜪

著錄	釋文	期
一一六反	……惟……蔑	1
二五〇	戊寅卜爭貞雨其蔑	1
六八六	……巳卜……方……蔑……五月	1
九七〇	己亥卜㱿貞有伐于黃尹亦侑于蔑	1
三四八一	……蔑不……	1
六六一〇正	戊有蔑羌	1
六六一一	貞戊無其蔑羌	1
六六五三正	貞王有匚于蔑惟之有?心?	1
八三〇八	貞于蔑	1
一〇九六九正	貞勿𠕋蔑	1
一二八四三正	戊戌卜奏蔑	1
一二八九五	己未卜㝉貞蔑雨惟有壱	1
一三〇三八	……蔑勻不祟	1
一四六五九	侑于蔑	1
一四七七五	貞侑于㜪	1
一四八〇一	辛酉卜㝉貞侑于蔑	1
一四八〇一	貞侑于蔑十𢆶羊	1
一四八〇二	……侑于蔑	1
一四八〇三	……侑……蔑	1
一四八〇四	辛酉卜王燎于蔑	1
一四八〇五	……丑……蔑	1
一四八〇六	貞于蔑……	1
一四八〇七正	辛亥卜㱿貞侑于㜪召二犬𠕋五牛	1
一四八〇八	貞侑于蔑	1
一四八〇九正	……卜亘……侑蔑	1
一四八一〇	勿龠侑于蔑	1
一四八一一	己卯卜余羍于蔑三牛允正	1
一四八一二反	……多妣……㜪	1
一四八一三	貞于蔑	1
一七一七一	乙亥卜爭貞惟邑並令囧我于有師十一月	1
一七三〇二	貞侑于㜪	1
一七三五八	我其侑㜪	1
一七三五八	……其……㜪	1
一七三五九正	貞無其蔑　不舌黽	1
一八四八五	……蔑……	1
二〇四四九	癸卯卜王缶……蔑征𢦏執弗其羌印三日丙……	1
二四九〇一	戊午雨蔑	2
二五二三五	丁亥卜行貞蔑?歲?……	2

著録	釋文	期
三〇四五一	其俑蔑暨伊尹	3
三〇四五二	：蔑弜：正	3
三三九六〇	：今：蔑雨	4
乇三六一	其有歲于蔑三十羊	4
懷一六三三	貞余有夢隹負俑蔑	4
乇二四四五	三戌王率用弗悔禾	3
乇二四四五	二戌用	3
乇二四四五	：戌	3
懷一四六一	丙申卜惟茲戌用于河	3
乇四三三五	乙卯卜其：于㦰：羌用剛	3
乇四三三五	㦰于㦰：	3
英一七七七	辛巳卜弜㠯余歪木循果若	1
乇三八六	：卜王其呼敦𢦏：王受有祐𢦏在㦰	
二一〇三	：今夕：木：直：天：于：	1
三七三八七	：戠：梏：受：翌日：	5
一九九〇七	丙戌卜夾令伐祟軋毋	1
懷一三一四	：㦰：有正	3
二八〇〇九	丁亥卜在陪衛彭邑𢦏典冊有奏方豚今秋王其使：	3
乇一〇三一	于：𢦏	3
懷一五一七	丙：王：戚：	4
六六一九	貞：人呼戠伐羌	1
乇二三三二	王其觀日出其戠于日剛	3
二八六九正	㦰	1
三〇四七七	貞：牛無㦰方	1
三三〇三二	癸卯卜刀方其出	4
三三〇三四	丙午貞惟王征刀方	4
三三〇三五	庚戌惟王自征刀方	4
三三〇三六	庚戌貞惟王自征刀方	4
三三〇三七	乙巳卜及刀方	4
三三〇三七	乙巳貞令㠯刀方	4

戚　戒　戠　㦰　刀　其它

二〇三四九 乙丑事令八月刀 1
二〇三八九 …戊辰…刀… 1
二一四八四 乙巳刀缶…缶 1
二一五一四 …示刀…及 1
二一六二三 辛巳卜貞夢亞雀眣余刀若 1
二二三七六 …卜…刀 1
二二四七四 庚無…刀人… 1
三二六二五 惟刀 4
三三〇三四 己酉卜刀三千… 4
屯二三四一 王其田于刀屯日無災泳王 大吉 3
懷一六五五 …惟刀疾 4

召

三一九七三 丁丑貞王令卑以衆凼伐召受祐 4
三一九七四 丁亥貞王令卑衆凼伐召方受祐 4
三一九七五 丁亥貞王令卑以衆凼… 4
三一九七六 甲辰貞卑以衆凼伐召方受祐 4
三一九七七 辛卯貞卑以衆凼伐召方受祐 4
三二八一五 己亥歷貞三族王其令追召方及于𠂤 4
三三〇一四 甲辰卜召方來惟其毳 4
三三〇一五 己酉卜召方來告于父丁 4
三三〇一六 己酉卜召方來告于父丁 4
三三〇一七 己亥貞令王朁追召方及于… 4
三一九七八 丙子貞令衆禦召方幸 4
三三〇一九 癸巳…于一月伐絴暨召方受祐 4
三三〇二〇 …戒伐召方受祐在… 4
三三〇二〇 …典伐召方受祐 4
三三〇二〇 貞王比…戒典伐召方受祐 4
三三〇二一 王弜征召方 4
三三〇二一 王弜…召方 4
三三〇二二 貞王征召方受祐 4
三三〇二三 于辛巳王征召方 4
三三〇二四 于辛巳王征召方 4
三三〇二五反 丁未貞王征召方在義卜九月 4
三三〇二六 丙子卜今日祟召方幸 4
三三〇二七 庚午貞辛…敦召方受…茲弗及召 4
三三〇二八 庚午貞辛未敦召方暘日允暘日弗及召方 4
三三〇二九 庚申卜于丁卯敦召方受祐 4
三三〇五八 癸酉貞王比沚戒伐召方受祐在大乙宗… 4
三三一八一 己酉卜召方…于…告 4
三三一八四 丁未…鼓令…召方 4
屯三八 丙子貞令衆御召方執 4
屯八一 丁卯貞王比沚…伐召方受…在祖乙宗
屯八一 卜五月 茲見 4
屯一九〇 辛未貞王比沚戒伐召方… 4
屯一九〇 弜追召方 4
屯二六七 丙子卜今日殺召方執 4
屯一〇四九 甲辰…召方來…惟… 4
屯一〇七四 …召方立惟捍… 4
屯一〇九九 戊辰貞自…𢓊召方 不用 4
屯一〇九九 壬戌貞卑以衆凼伐召方受祐 4
屯一〇九九 庚申貞于丙寅敦召方受祐在十月 4
屯一一一六 貞…丁卯敦召方受祐 4
屯一一一六 乙未卜貞召來于大乙延 4
屯一一一六 乙未卜貞召方來于父丁延 4
屯二六三四 己亥卜貞竹來以召方于大乙朿 4
屯三三四〇 …戒伐召方受… 4
屯四一〇三 戊午…及召方… 4
屯四一〇三 辛亥貞王𤊾…正召… 4
屯四一〇三 癸丑貞王正召方受祐 4
屯四一〇三 乙卯貞王正召… 4
屯四一〇三 丙辰貞王正召方受祐 4
屯四三一七 …卜貞竹來以召方…彘于大乙 4

其它

八四四一正 貞…召王…勿比… 1
一四八〇七正 辛亥卜𣪊貞侑于𡢈召二犬冊五牛 1
二一五八六 丙申余有召 1
二一五八六 丁酉余卜惟庚召 1
二一五八六 丁酉卜餕…召 1
二一五八六 有召 1
二一五八六 惟辛有召 1
三三〇一八 …伐召受祐… 4
三三〇三〇 壬申卜衍召于𢀛 4
三三〇三一 弗執召 4
三三一八三 …王…召… 4
三三二〇一 丁亥卜…汏人…珏呼鬱召幸在四月卜 4
屯二三 …召…在丙… 4
屯五七〇 …未卜卑以衆凼…召 4
屯一〇四九 癸丑貞召…立惟捍于西 4
屯一一五六 癸巳貞邁…召… 4

刃

五四七五　…刃弗其戠王事
五四七五　辛亥卜㝉貞刃戠王事
五四七五　刃戠王事　二告
二〇五一　辛酉卜…貞刃不…其…無…
英 三二一　…令刃祉戠
英 一七九二　…其…刃

分

七八五二正　貞分女呼于敎　二告
二一三九八　…分…敎

刃

一一七　王臣其有刃
一一七　…臣弗有刃
六六五九　…戕刃方
六六六〇　…弗戕刃…
九一五四　…巳卜…貞…以…侯…刃
一九九五六　癸酉卜足于畀𠂤…入[illegible]刃比
二三三八八　…足…刃…[illegible]…

匄

六一五三　庚子卜殻貞匄舌方于好𠂤
六一五四　戊子卜殻貞匄舌方于…
六一五五　匄舌方于受令
六一五六正　己卯卜爭貞于令匄舌方…八月
六一五六正　貞匄舌方
六一五六正　貞匄舌方
六一五七　…王亥匄舌…
六一五九正　于王曰匄舌方畀
六二〇三　壬申卜殻貞于河匄舌方
英 五五〇　…匄舌方
英 五五八　貞匄舌方于上甲
二七二正　于父乙祟有匄
二七二正　勿于父乙祟有匄　二告
九三〇　貞王其有匄于祖丁

一四三〇乙　貞王其有匄于大甲畀
一七三三二　貞其有匄
一七三三三　貞…其有匄
一七四五二　己亥卜爭貞阜有夢勿祟有匄無匄十月
一七四六七　貞夢其有匄
三三三一五　于高祖祟有匄
三三三一五　于毓祖祟有匄

三三九　丁卯卜㝉貞歲不興無匄五月
五六一五　…無匄
一七三三〇　…勿見其有祊無匄
一七三三一　…無匄
一八八〇三　貞丁㝉户戠無匄
三四九三三　貞雨不正辰無匄
三六七六四　壬申卜出貞丁賓户𢦏無匄
懷 一二六七　壬申卜出貞丁㝉户𢦏無匄

其它

四九三正　戊戌卜㝉貞牧匄人令遘以𠬝
一四四七　…卜王貞匄…于大甲
一五八七　…祖乙匄祐
一六七二　貞其大事于西于下乙匄
一六七二　貞其…大事于西于下乙匄
三四三五　…匄伯𦎫…
四六六〇　庚辰…貞嬴…其祟…匄其
六一五二　貞舌方于河匄
六二〇四反　…于…匄…
一一六三　…侑食于上甲…匄不
六三四七　…殻貞舌方衛率伐不王其征告于祖乙匄
六三四七　…殻貞舌方衛率伐不王告于祖乙其征
祐
匄祐七月
六四七二正　…啓𠂤方王匄于…
六六四七正　戊戌卜爭貞𢀛方匄射惟我囚五月
六六四七正　貞𢀛方匄射不惟我囚
八四一一正　己亥卜㝉貞牧匄人肇
一〇四〇五正　癸酉卜殻貞旬無囚王二曰匄王固曰𫓛有祟有𢦔五日丁丑王賓仲丁己陰在𠂤阜十月
一〇五二六　…亥卜㝉貞…匄…毋…惟…
一二八六三　貞于岳匄

著錄	釋文	
一二八六三	丁未卜爭貞祟雨旬于河十三月	1
一二八六六	…申卜穷貞祟雨旬…	1
一二八七四	…卜…旬雨…西	1
一三〇三八	…蔑旬不祟	1
一三五一五	己酉卜貞旬郭于丁不…二月	1
一三五一五	…丑卜…貞旬郭于…	1
一四七五七正	于河旬	1
一五四一七	…午卜…娩…旬…十二月	1
一五四六六	丙辰…貞廣…興…旬…月	1
一五七五三	…于…大…旬…	1
一七〇五五正	丙午卜殻貞呼師往見有師王…曰惟老惟人途遘若…卜惟其旬二旬又八日□壬…師月死龜	1
一七〇五五反	王固曰惟老惟人途遘…茲卜惟其旬	1
一七〇五六	…曰惟…惟其旬二旬…師夕死龜	1
一七一二七	…酉卜…其旬…不…	1
一八三六六	…旬…龜…	1
一八八九九正	己酉卜爭貞我奏茲旬	1
一九〇三七	丁丑卜穷貞旬于何㞢…	1
一九八七七	…旬…祖戊豕	1
一九九八三	丙申卜余旬母畀…二月	1
一九九八三	丙申卜余克旬不	1
二一〇〇七正	旬馬	1
二一〇〇七正	旬…	1
二一八七六	丙午旬	1
二二〇九九	戊午卜石阾疾□不旬	1
二二一七四	光旬□	1
二二二四六	癸亥卜旬逆女	1
二二二四六	旬娥	1
二二二四六	旬何㛟	1
二二二四六	旬何㛟	1
二二二四六	旬屰娍	1
二二二四六	旬屰如	1
二二二四六	旬屰織	1
二二二四七	旬屰娍	1
二二二四七	旬何㛟	1
二二二四七	旬娥	1
二二二四七	旬□	1
二二五一〇	…旬逆	1
二三四四三	…辰卜…王…旬…	2
二四一三二	辛巳卜兵貞多君弗言余其侑于庚旬祼	2
三四一七二	甲寅卜作祟萑旬…	4
英五五八	貞于唐旬	1

著錄	釋文	
懷九五九	丙午卜殻貞呼師往見有師王…曰惟老惟人途遘若…卜惟其旬二旬又八日彖壬…師夕𩏸	1
懷九五九b	王固曰惟老惟人途遘…茲卜惟其	1
	旬	1
懷一五二九	辛未卜旬	4
一七〇八	壬辰卜殻貞…□	1
八一一九正	貞呼宅□丘	1
八一一九反	…盟其…□𠙵	1
八一二〇	…卜…旬…十月在□告	1
八一二一	…九月在□	1
八一二二	壬…曰…□	1
八一二三	…□	1
八一二四反	…克爭女□	1
九三三九	…入三在□	1
九五八四	壬…古…令…𡰥…□…	1
九六六八正	…寅卜爭貞今歲我不其受年在□十二月	1
九九四六乙正	己巳卜殻貞我受黍年…□	1
九九四六乙正	貞我受𦎫年在□	1
一七〇六五反	…□…	1
一八四五〇	…□…	1
一八四五一	…□…	1
二四三七一	…在十月在□	2
二四三七二	…□	2
二四三四七	辛丑卜行貞王步自□于雇無災	2

制

著錄	釋文	
四八一四	…辰卜爭…制無不若	1
四八一五	貞制暨…弗其比	1
四八一六	制	1
一八四四八	…寅…制…	1
二一〇一一	…采各雲自…延大風…自西…制…女…	1
二一〇二一	癸亥卜貞旬一月昃雨自東九日辛未大采各雲自北雷延大風自西制雲率雨毋𩂢日…	1

三三一九三　惟㓞子䖵　4
三三三四六　夕㓞禦史受　1
三三三四七　夕㓞禦史受　1
三四四〇九　…用…白㓞　4
三六九五三　…午卜…㓞貞…夕無𡆥　5

剮

一八四四七　…母亘…于…刖…四月　1
三三二一一　甲子貞于下人刖戓田　4

六七六反　…取⿰乚口…女　1
六五九五　…貞呼行取龔友于⿰乚口庶以　1
三一四一八　乙亥卜□⿰口乃今…今　1
一六三七〇　丁丑卜宕貞…⿰口乃庶以…　1
一八四五二　壬寅…貞⿰口乃…　1
二〇〇八六　…亥卜大⿰口乃面人十一月　1
二七七九八　…卜…步自衆…⿰口乃…無災　3

昏

二九〇九二　今…昏…　3
二九二七二　…旦至于昏不雨　大吉　3
二九三二八　今日辛至昏雨　3
二九七九四　郭兮至昏不雨　3
二九七九五　…兮…昏其雨　3
二九七九五　郭兮至昏不雨　3
二九八〇一　郭兮至昏不雨　吉　3
二九八〇一　郭兮至昏其雨　3
二九八〇三　…日戊今日湄至昏不雨　3
二九九〇七　今日庚湄日至昏…　3
三〇八三八　惟昏酚　3

勿

三九　貞翌丁未酚燎于丁十小宰卯十勿牛八月　1
二〇五二正　貞侑于祖…勿牛…犬　1
八九七三　貞王以勿牛四于用…　1
一〇一一六　丁子卜爭貞𠦪年于丁𡧊十勿牛卌百勿牛　1

一一一五六　崇勿牛　1
一一一五七　貞崇勿牛　1
一一一五八　…其勿牛…　1
一一一五九　惟勿牛　1
一一一六三反　貞𠈌勿牛　1
一一一八一　貞留勿牛　1
一五六一六　癸巳卜殸貞燎勿牛又五鬯　1
一五六一七　貞燎十勿牛又五鬯　1
一九八四九　…惟…祝用成…歲祖乙二宰勿牛白豕…示
鼎三小宰卯于祝歲　1
二二八八九　…亥…勿牛　2
二三五八四　辛酉卜大貞勿牛三　2
二四五四二　貞勿牛　2
二四五四三　貞勿牛　2
二四五八〇　貞勿牛　2
二七四一二　癸丑…父甲…勿牛　3
二七四六六　己卯卜父甲…勿牛　3
二七四六七　癸巳卜父甲木…勿牛　3
二七四七〇　癸巳卜父甲木丁勿牛　3
二七五三二　…亥卜妣庚歲勿牛　3
二九四九五　…勿牛　3
二九四九六　…勿牛　3
二九四九七　…勿牛…受祐　3
二九五一八　勿牛　3
二九六七五　勿牛　3
三二三七七　癸亥貞甲子…上甲三勿牛　4
三三六〇二　戊子卜九勿牛　4
三三六〇四　甲戌貞六示勿牛　4
三三六〇五　…勿牛　4
三三六六五　…乙…勿牛　4
三四〇九六　…戊…大示…勿牛　4
三五一三七　…勿牛　茲用　4
屯六三一　祖乙歲三勿牛　4
屯一一〇二　…貞其𠦪禾于高祖燎惟勿牛　4
屯一五六五　…其勿牛　4
英一九五三　…午卜旅貞翌丁未父丁莫歲其
勿牛　2
懷一七八二　…勿牛…用　5
懷一七八四　…宰勿牛…用　5
二四五五七　己丑卜王曰貞勿牡　2

一五〇九〇 甲…貞翌…侑于…勿牛…勿牝…十月 1
六九四七正 貞侑于下乙宰冊十勿宰 1
六九四七正 辛酉卜爭貞今日侑于下乙一牛冊十勿宰 1
屯二三〇八 丁酉卜…來乙巳耏卜歲伐十五十勿宰 4
二七六三一 惟不勿馬 3
二七六三一 惟勿馬 3
八三六 貞尸卯惟勿牛 1
九三八正 貞侑于示壬妻妣庚宰惟勿牛七十 二告 1
一九九一一 癸卯卜王惟勿牛用魯… 1
二二九八五 辛丑卜旅貞祖辛歲惟勿牛… 2
二三一六三 貞弜勿 2
二三一八九 …貞弜勿牛 2
二三二一七 貞弜勿 2
二三二一八 …弜勿牛 2
二三二七三 貞父丁…勿牛 2
二三二七三 貞弜勿牛 2
二三二九〇 貞弜勿牛 2
二三三六七 貞弜勿 2
二三三七九 …貞弜勿…九月 2
二三七三二 貞勿牛 2
二三七三二 貞弜勿牛 2
二四五二九 貞弜勿牛 2
二四五三〇 貞弜勿牛 2
二四五三一 貞弜勿牛 2
二四五三二 貞弜勿牛 2
二四五四四 貞弜勿 2
二四五四五 …弜勿 2
二四五六八正 貞弜勿 2
二四五八〇 …弜勿 2
二五一六〇 貞弜勿三月 2
三五八一八 惟勿牛 5
二七〇一三 惟勿牛 3
二七〇四二正 癸丑卜何貞惟勿 3
二七〇四二正 癸丑卜何貞弜勿 3
二七〇六〇 惟勿牛 3

二七一八六 弜勿牛 3
二七二〇八 癸…貞弜勿… 3
二七三八七正 弜勿 3
二七四一二 弜勿妣己示 3
二七四四一 惟勿 3
二七四四三 惟勿牛 3
二七四四四 弜勿 3
二七四七〇 弜勿 3
二七四七〇 弜勿 茲用 3
二七五九一 惟勿牛有正 吉 3
二九四八四 惟勿牛 3
二九四八五 惟勿牛 3
二九四八六 惟勿牛方… 3
二九四八七 惟勿牛王受祐 3
二九四八八 惟勿牛 3
二九四八九 惟勿牛 3
二九四九〇 惟勿牛王受… 吉 3
二九四九一 惟勿牛王受祐 大吉 用 3
二九四九二 惟勿牛 3
二九四九三 惟勿牛 3
二九四九四 貞惟勿牛 3
二九四九八 弜勿牛 3
二九四九九 …酉卜何貞惟勿 3
二九四九九 …酉卜何…弜勿 3
二九五〇〇 癸亥卜貞惟勿 3
二九五〇〇 癸亥卜貞勿勿 3
二九五〇一 丙午卜何…弜勿 3
二九五〇二 弜勿 3
二九五〇三 弜勿 3
二九五一七 惟勿 3
二九五一九 惟勿牛 3
二九六一四 惟勿牛王受祐 3
二九七六四 惟勿牛 3
三〇七二七 歲延耏惟勿牛王受祐 3
三〇九一〇 貞惟勿 3
三〇九一〇 貞勿勿 3
三一七三四 惟勿牛 大吉 用 3
三三六一四 惟勿牛 4
三三六一四 弜勿牛 4
三三六九一 弜勿牛 4
三四五〇四 弜勿 4
三五八一八 惟勿牛 5
三五八一八 惟勿牛 5

著錄	釋文	期
三五八一八	惟勿牛	5
三六〇三二	惟勿牛	5
三六〇三二	惟勿牛	5
三六〇三二	惟勿牛	5
三六〇二三	惟勿牛	5
三六〇三二	惟勿牛	5
三六〇三二	惟勿牛	5
三六〇三二	惟勿牛	5
屯 七六	弜勿	3-4
屯 四九〇	惟勿牛	3
屯 六三一	弜勿牛	4
屯 六五七	惟勿	3
屯 六五七	弜勿	3
屯 八二〇	惟勿牛王受祐　吉	3
屯 九〇九	惟勿牛	
屯 一〇一四	甲辰卜毓祖乙…惟勿牛	3
屯 一一〇二	弜勿牛	4
屯 一三〇四	惟勿牛王受祐	3
屯 二六四四	惟勿牛茲用	3
屯 二七一〇	惟勿牛　吉	3
屯 三三五二	惟勿牛	3
懷 一七七〇	惟勿牛	5
懷 一七七二	惟勿牛	5
懷 一七七七	惟勿牛…用	5
懷 一七七八	惟勿牛	5
懷 一七八六	惟勿牛	5
一五四八五	丁丑卜穷貞勿自魚歲卜有祟粤用弗[illegible]虫	
	…	1
一五四八六	丁丑卜穷貞勿自魚歲卜有祟粤…	1
一五四八七	癸丑卜貞勿自魚羊惟牛	1
二二九九四	庚午卜旅貞翌辛未祖辛歲勿…	2
二三〇〇二	貞翌辛丑祖辛歲勿牛	2
二三二〇一	丁卯…父丁歲…勿牛…在正…	2
二三二一五	丙戌卜行貞翌丁亥父丁歲其勿牛	2
二三二一六	丙申卜行貞父丁歲勿牛	2
二三二一七	丙申卜行貞父丁歲勿牛在五月	2
二三二一八	貞翌丁亥父丁歲勿牛	2
二三二一九	丙寅卜貞翌丁卯歲勿牛	2
二三二二〇	丙午卜旅貞翌丁未父丁歲勿牛	2
二三三三一	…貞王賓祖乙奭妣庚歲伐于勿牛暨兄庚歲二宰無尤	2
二三三六二	…貞妣庚歲…勿牛	2
二三三六三	己卯卜旅貞翌庚辰妣庚歲其勿牛	2
二三三六七	庚子卜…貞妣庚歲其勿牛	2
二五一六〇	癸巳卜即貞妣歲勿牛	2
二五一九五	貞…歲勿牛	2
二五一九七	…卜即…乙酉…歲勿…月	2
二五八八六	貞勿告十月	2
二五八八九	…勿告八月	2

其它

著錄	釋文	期
一六	辛丑卜爭貞我卜多不吉勿…	1
二〇七五	貞祖勿…不燎	1
三八二六	癸巳卜古貞勿令…	1
六〇九三正	…卜亘貞勿五月	1
一五六一八	貞燎十勿…	1
二〇六七三	庚戌卜…貞勿…曰…	1
二二二九四	勿	1
二二二九四	勿	1
二二四〇五	貞勿薰多口無囚	1
二二九四五	…貞勿…𠂇…	2
二二九四八	…巳…祖乙…勿…	2
二四五三三	貞…勿…	2
二四五四六	辛卯卜王曰貞勿用	2
二四五四六	辛卯卜王曰貞勿用	2
二四五四七	…勿…不用	2
二四五四八	…王…勿…不用	2
二四五五〇	貞勿龤…	2
二四五五一	貞勿凡	2
二四五五二	貞勿延在十一月	2
二四五五三	貞勿	2
二四五五四	貞勿	2
二四五五五	貞勿	2
二四五五六	庚…貞勿…若…艱…	2
二四六〇三	貞勿	2
二五一九六	…戌卜…貞勿…歲暨…	2
二五三六四	貞勿叙	2
二五七七九	貞勿八月	2
二五九二三	貞…于…勿…	2
二五九五三	…酉卜大貞勿…暨彭十月	2

著錄號	釋文	期
二六九一四	貞勿呼九月	3
二七三八八	癸未卜…勿	3
二八〇一一	壬戌卜狄貞叡勿以來	3
二八五九一	王其往田不…勿	3
二九五一一	勿幽牛	3
三〇三七三	貞勿焙[illegible]	3
三〇八三一	…勿彰此王受…	3
三〇九八九	勿見多食受…	3
三一九一〇	惟…王…勿[illegible]…辛…	3
三三四四八	勿匕	4
三三六〇三	丁巳…戠三十…六勿…	4
三三九二〇	…歲…勿…牢	4
三四三八二反	…奉于禰勿…	4
三四四〇七	…歲…宰用…卯勿…	4
三五二四四	…勿比…戋	4
屯一一四七	…木丁…帝勿… 兹用	3
屯二〇三九	…勿祝用…	4
屯二三一五	貞勿 兹用	3
屯三七六四	丁卯卜王令取勿羌兹[illegible]在祖丁宗…	4
屯四三一八	丙子卜彰乂歲伐十五十牢勿大丁	4
英七七四正	…取勿…三十…	1
懷九一四	貞勿用四月	1
懷一五二八	丙午卜…貞勿…	4

[illegible] [illegible] [illegible] 召

著錄號	釋文	期
二六六四〇	壬寅卜貞王迖于召往來無災	5
三六六四〇	…巳卜貞王迖于召往來無災	5
三六六四〇	壬辰卜…于召…無災	5
三六六四〇	戊戌卜貞王迖于召往來無災	5
三六六四〇	己亥…貞王迖召往…無災	5
三六六四一	庚辰卜貞王迖于召往來無災	5
三六六四二	壬辰卜貞…迖于召往來無災	5
三六六四二	戊戌卜貞王迖于召往來無災	5
三六六四三	己酉卜貞王迖召往來無災	5
三六六四三	乙巳卜貞王迖于召往來無災在…月	5
三六六四四	乙未卜貞王迖召往來無災	5
三六六四五	戊辰卜貞王迖于召往來無災在二月	5
三六六四六	乙未卜貞迖于召往來無災	5
三六六四六	乙未卜貞迖于召往來無災	5
三六六四七	壬子卜貞王迖于召往來無災	5
三六六四八	壬辰卜貞王迖于召往來無災	5
三六六四九	己卯卜貞王迖于召往來無災	5
三六六四九	辛巳卜貞王迖于召往來無災	5
三六六五〇	辛酉卜貞王迖于召往來無災	5
三六六五〇	壬戌卜貞王迖于召往來無災	5
三六六五〇	…未卜…王迖…召…來…災	5
三六六五〇	…卜貞…迖…召…無災	5
三六六五一	…卜貞王迖于召往來無災	5
三六六五一	壬戌卜貞王迖于召往來無災	5
三六六五三	辛酉卜貞王迖于召往來無災	5
三六六五七	辛酉卜貞王迖于召往來無災	5
三六六五八	戊辰卜貞…迖于召…來無…	5
三六六五八	己巳卜貞王迖于召往來無災	5
三六六五九	辛酉卜貞王迖于召往來無災	5
三六六六〇	戊辰卜貞王迖于召往來無…	5
三六六六〇	辛未卜貞王迖召往來…	5
三六六六二	壬戌卜貞王迖于召往來無災	5
三六六六二	丁卯卜貞王迖于召往來無災	5
三六六六三	己酉卜貞王迖于召往來無災	5
三六六六三	…卜貞王迖于召往來無災	5
三六六六四	乙亥卜貞王迖于召往來無災	5
三六六六四	丁丑卜貞王迖于召往來無災	5
三六六六四	…巳卜貞…迖召…來無災	5
三六六六五	戊戌卜貞王迖于召往來無災	5
三六六六八	丁酉卜貞王迖于召往來無災	5
三六六六八	丁未卜貞王迖于召往來無災	5
三六六七一	…卜貞王迖于召往來無災	5
三六六七二	乙酉…貞王迖于召往來無災	5
三六六七二	戊子卜貞王迖于召往來無災	5
三六六七三	乙酉卜貞王迖于召往來無災	5
三六六七六	壬子卜貞王迖于召往來無災	5
三六六七七	戊子卜貞王迖于召往來無災在五月	5
三六六七八	壬子卜貞…迖于召…來無災	5
三六六七八	乙卯卜貞王迖于召往來無災	5
三六六八二	辛丑卜貞王迖召往來無…	5
三六六八二	壬寅卜貞王迖召往來無災	5
三六六八五	丁卯卜貞王迖于召往來無災	5
三六六八五	…卜貞…迖于召…來無災	5
三六六八八	辛丑卜貞王迖于召…來無…	5
三六六九〇	乙巳卜貞王迖于召往來無災	5
三六六九三	辛未卜貞王迖于召往來無災	5
三六六九四	己卯卜貞…迖于召往來無災	5

著錄	釋文	期
三六六九五	丁亥卜貞王送…召往來無災	5
三六六九八	戊子卜貞王送于召往來無災	5
三六六九九	戊寅卜貞王送召往來無…	5
三六七〇一	乙卯卜王送于召往…無災	5
三六七〇四	乙酉卜貞…送于召往來無災	5
三六七〇六	己丑卜貞王送于召往來無災	5
三六七二四	…卜貞王送…召往來無災	5
三六七二五	壬戌卜貞…送于召往來無…	5
三六七二九	戊子…送…召…	5
三六七三〇	…王送…召往…	5
三六七三二	壬寅卜…送于召往…無…	5
三六七三三	…酉卜貞王送…召往來無災	5
三六七三四	戊寅卜貞王送于召…來無災王固曰 弘吉惟王…祀彡日惟…	5
三六七三五	…酉卜貞王送…召往來無災	5
三七三八六	戊寅卜貞王送于召往來無災	5
三七四一一	…貞王送于召往來無災	5
三七四一一	己巳卜貞王送于召往來無災	5
三七四五二	戊寅卜貞王送于召往來無災	5
三七四六〇	壬寅卜貞王送于召往來無災	5
三七四六〇	辛亥卜貞王送于召往來無災	5
三七四六〇	戊戌卜貞王送于召往來…茲御獲 麑一	5
三七四六八	壬辰卜貞王送于召往來無災	5
三七四六八	丁酉卜貞王送于召往來無災	5
三七四六八	壬寅卜貞王送于召往來無災	5
三八一〇六	壬寅卜貞王送召往來無災	5
懷一八六七	戊子…王送…召往…災	5
懷一九〇九	…貞王送…召往…無災	5
懷一九〇九	戊申卜貞王送于召往來無災	5

其它

著錄	釋文	期
三一〇一二	召庸在八又D其叙	3
三六六四九	…卜貞王…于召…往來無災	5
三六六四七	乙巳卜…于召…	5
三六六五四	己卯…于召…	5
三六六〇〇	…巳…召…來無災	5
三六六四一	…卜貞王…召…來無災	5
三六六八四	…卜貞王…于召…來無災	5
三六六九五	壬申卜貞王步于召往來無災	5
三六七〇一	…卜貞…召…無災	5
三六七〇二	…于召往來無災	5
三六七〇三	戊午卜…召往來無…	5

著錄	釋文	期
三六七〇三	…王…召往…災	5
三六七〇五	丁未…于…召…來…	5
三六七〇五	…貞王…召…無災	5
三六七〇五	…王…召…來…	5
三六七〇七	…卜貞王…于召…來無災	5
三六七一〇	…貞王…召…來無災	5
三六七一六	…貞王…于召…來…災	5
三六七一七	戊寅卜…于召…	5
三六七一八	…貞王…召…來…	5
三六七一九	…貞王…召…無災	5
三六七二〇	…卜貞…于召…無災	5
三六七二〇	…王…召…災	5
三六七二一	…未卜貞…召…	5
三六七二三	…亥…召往…	5
三六七二七	…召…用	5
三六七三一	…今日其…有祐召	5
三六七三六	…在召師…	5
三六七三七	戊寅…召…茲御	5
三六七三七	…王…召…茲御	5
三七四三五	…貞…召…來無…獲鹿…	5
三七四五一	…卜貞…召…無災	5
三七四五二	己巳卜貞王…于召往來…	5
三七四六三	戊戌卜貞王田于召往來無災	5
三七四九五	…王…召…災	5
三七四九五	乙巳…于召…	5
三七七四〇	…卜貞王…召…無災	5
三七七九六	…貞…召…災	5
英二三五九	…庚惟召用王受…	3
英二五五八	…王…召…災	5
英二五五八	乙酉卜貞…召往來…	5
懷一八六五	辛丑卜…于召…來…	5

㓞

著錄	釋文	期
一四一七六	…卯丁帝其降田其㓞	1

剥

著錄	釋文	期
一五七八八	戊申…貞侑…剥…	1

[illegible]

著錄	釋文	期
八一八八	丙辰卜爭貞惟庚申步自[illegible]	1

刺

屯二三九八 戊午卜在卣刺戋告麋其匕擒 3-4

剐

一七二三〇正 貞王往走戋至于穷剐 1

一八四四九 甲辰…于…告𠂤…步… 1

亏

一〇六九一 …焚逐…亏師…月 1
二〇二三六 庚子卜𤆍令旻興亏 1
二〇二四五 丙申卜王令火戈亏 1
二一三一九 癸巳卜亏循允 1
二二二一九 亏彝循 1
屯六三八 庚戌乞骨于亏 4
英二四三六 自亏旬 4

亏 薛 孽

一三七反 …甲子允有來自東…無于薛 1
六一〇 …㐭亏 1
九四〇正 辛未卜穷貞旨戋亏 二告 1
四〇九〇 癸丑卜…貞呼…目𠬪孽 1
四〇九〇 癸丑卜穷貞惟旬令目𠬪孽 1
六四五〇 貞叉目𠬪亏 1
一二二五〇 王固曰其有剢惟…𢦏弗得亏… 1
一三八四五 貞㚘亏惟疾 1
一六九四二 …有孽 1
一八四二八 …巳卜亏…其悔 1
一八四八四 …亏…告… 1
一八四八八 …卜…貞…亏…又… 1
一九六六五 貞勿呼亏 1
二〇六一三 乙酉卜王貞余亏朕老工延…𢀛貞允惟余受馬方祐…其…弗執方祐 二月 1
二一三〇五 …戊子…王見不允有亏囚 1

三二九八二 癸亥貞丁卯侑嗁亏歲十宰 4
三三三七八 辛酉卜王其田惟省虎比丁十亏条… 4
屯二一五 …貞…匚…亏暨酌… 4
屯一一二二 亏伊尹暨酌十宰 4

膀 孽

一一〇正 貞王聽惟孽 二告 1
一一〇正 貞不孽 1
二四八正 貞祖乙孽王 1
二四八正 貞祖乙弗其孽王 二告 1
二四八正 貞祖乙弗其孽… 1
二四八正 貞祖乙孽王 1
八八〇正 貞祖乙孽王 1
八八〇正 祖乙弗其孽王 二告 1
八八〇正 貞祖乙孽王 1
九三〇 祖丁弗其孽王 二告 1
一六五五正 貞祖辛孽王 二告 1
一六五五正 貞祖乙孽王 二告 1
二四八二 貞妣庚孽王 1
二五〇〇正 …申卜亘貞告于妣癸孽王 1
三六一一正 …我…孽 1
三九五六正 貞…勿孽沚戠… 1
三九八三 貞孽戠 1
四一一六 …酉卜…貞…孽 1
四一九八正 …孽喪𡆥 1
四一九八反 …孽 1
四二〇九 戊申卜殻貞王孽𣎵𣐽 1
五二〇〇 辛酉…王至…孽… 1
六一三一反 …固曰己其有孽 1
六三九二 …爯册王勿孽 1
六八二七正 貞旨弗其伐孽白… 1
七四〇六 …王孽戠稱… 1
七四〇七甲正 貞王孽戠帝若 二告 1
七四三五 …王孽… 1
七五四四 貞勿孽 1
七六六八 王聽孽 1
七七六八 王聽勿孽 1
七九九六甲 貞𡆥不惟孽 1
八九八四 …𢆶以馬自薛十二月 1
一〇一〇九 勿孽年有雨 1
一〇九三六正 貞孽弗聞獲 1
一三六八八正 禦疾趾于父乙孽 1

一四一八四　貞帝其作我孽　1
一四二一一反　王…有來孽…辰止　1
一七三三八　庚…弗其孽王　1
一七三三九　…其亦…作我孽　1
一七三四一　…貞曰其孽　1
一七三四二　…申…惟孽　1
一七三四三　不惟孽　1
一七三五〇　貞勿孽…　1
一七三五一　勿孽　1
一七三五二　勿孽　1
一七三五三　孽　1
一七三五四　…寅卜貞…孽其…豹…　1
一七三五五　貞王惟旁孽　二告　1
一七三五七　乙未卜貞王夢孽不惟囚　1
一七三八六　…孽五月　1
一七九〇三　…孽　1
二〇八七五　辛巳卜我貞于二月乇孽　1
二一七四四　…午卜出貞…孽小豹有敷示呼見…大　1
三三七〇九　…左…　2
三三七一〇　庚…貞孽…豹…　2
三三七一一　…大貞作孽小豹無梌　2
三六三三七　…母癸…孽…　5
三六四二二　甲申卜貞…日丁巳…小臣…博辥…　5
乇三二七三　丙子…孽我　4
乇三三七三　弜孽　4
英八二　勿孽　1
英五六四正　…年…勿孽　1
英一五六七　…庚其孽王　1
英二一七〇　…孽…　2
英二二〇三　戊寅…貞骨…于王…孽…　2
懷四八二　…勿…孽…　1

辥　孽

三七六正　王固曰吉其…孽惟辛令　二告　1
七六七正　貞黃孽惟有𢀛　1
七六七正　貞黃孽不惟有𢀛　小告　1
一三五三正　貞惟之孽　1
二三五三反　…𩁹　1
一六三三二正　戊子卜穷貞王聽惟祖乙孽我　1
二〇一八　…申卜㱿貞于南庚禦孽　1
三九八四　…卜…貞㦰…孽　1

五二九七　庚戌…貞王心若…其惟孽三…　1
八八四〇　…王夢…孽　1
九五七二　貞不孽十三月　1
九六七一正　貞王聽惟孽　1
九六七一正　貞王聽不惟孽　1
一〇一三一　貞茲風不惟孽　1
一〇八〇一　戊…貞有…惟孽　1
一一〇〇四　壬辰…勿…孽…多　1
一二八九二　貞茲雨惟孽　1
一二八九三　…雨不惟孽　1
一四〇四九　貞不惟孽　二告　1
一七三四四　…惟孽　1
一七三四六　貞不惟孽　1
一七三四七　貞不惟孽　1
一七三四八　貞不惟孽　1
一七三四九　貞吉不惟孽　1
一七三五一　貞不惟孽　1
一七三八〇　貞王夢婦好不惟孽　1
一七四一二正　貞王夢惟之孽　小告　1
一七四一二正　…王…孽　不吉黽　二告　1
一七四一二反　…固曰不…之孽　1
一七四六三　…穷貞…夢…惟…孽　1
一七四六四　…卜穷…夢…孽　1
一七四六五　…夢不惟孽　1
三〇一一　惟王有作孽　3
二一七三九　丙子𤇾卜我孽若茲　1
二六八二五　…孽…河…　2
英一五六八　…貞余…不惟孽　1
懷九三四　…雨惟孽　1

啇　孽

一七一一反　…啇乞…　1
一九五六　癸卯卜穷貞告王孽于丁　1
三〇八六　丙寅卜穷貞…子𩰫孽　1
五六〇六　…貞令…啇畯…于…　1
五六三三　丁亥卜穷貞令鬣啇有尹工于舞…　1
五六三五　丁卯卜貞令追啇有尹工　1
八一〇八　…辥…卩…九月…彳　1
八六九三　…啇…方　1
八七五五正　貞呼啇于西　1
九六六三　庚子卜㱿貞令凡啇侑父…　1

著錄號	釋文	
一五八八一	貞勿令…𦺇啇…	1
一七〇六	辛卯卜爭貞啇允𦥑	1
一七三四〇	丙…爭…令作孽	1
一九二〇〇	貞惟子…令…啇	1
二一九六八	辛巳…并宁孽不…	1
二二〇九一甲	庚戌卜…于…余…孽	1
二二二一五	癸丑卜往啓啇東小宰	1
二二二九四	己未卜往西子啇妣庚三牢	1
二三五三六	丙寅卜祝貞令子觀孽八月	2
二八四〇九	惟壬射啇兕…	3
三一六八一	啇	3
三三一四九	…司啇伐羌	4
屯一四二	…眉啇其陟用	4
屯二四〇一	弜田啇其悔	3

啇

著錄號	釋文	
二九三九八	…啇田無災	3

[齒丂]

著錄號	釋文	
一八一三八	…[齒丂]…	1

[牛乚]

著錄號	釋文	
三四三六	…禹吼[牛乚]	1
一八〇九五	…內吼[牛乚]…	1

[牛丂]

著錄號	釋文	
三一二六七	…[牛丂]…其悔	3

薜

著錄號	釋文	
二四八正	貞奴人呼伐薜　二告	1
二四八正	勿呼伐薜	1
二四八正	壬戌卜爭貞旨伐薜𢦏	1
九四七正	壬戌卜翌乙酉爭貞旨伐薜𢦏	1
九四七正	貞勿呼伐薜	1
六八二六正	貞勿呼伐孽	1

辟

著錄號	釋文	
四三八正	貞辟有循　小告	1
四三八正	貞弗辟有循	1
五五八四	貞小臣成?辟王…	1
八一〇八	…辟…九月…𠙶	1
八六九五	…辟…方	1
二〇八二〇	壬申卜貞辟	1
二一六一〇	丁未卜[illegible]貞…歸我有孽	1
二六八九五	…戌辟立于中□之𢑚羌方不雉人	3
二七〇〇九	…卜…辟即伐…方□…祐	3
二七六〇四	惟辟臣弁	3
二七八九六	…亥卜多辟臣其…	3
二七九三七	惟亞臣其辟	3
二八〇〇五	…辟…方	3
二八〇三四	戌辟遷之𢦏	3
二八〇八六	王其尋二方伯于𠂤辟	3
三一九一一	…辟…災	3
三七四六八	丁丑卜貞宰逐辟祝侯麓𪊓犬翌日戊	
	寅王其衆…召王弗悔擒	5
三七四六八	癸酉卜貞宰逐辟祝侯麓𪊓犬翌日戊	
	寅…其…召…	5
懷一三九一	于𠂤辟尋	3

辟

著錄號	釋文	
一七三五六	…非辟…	1
一九九六四	戊午卜王于母庚祐子辟	1
一九九九〇	…卜𠂤…婦鼠…辟禦…	1
二〇〇二三	禦…辟…月	1
二〇〇二三	己未卜禦子辟小王不	1
二〇〇二三	禦子辟中子不	1
二〇〇二四	戊午卜王勿禦子辟	1
二〇〇二四	戊午卜王上祟子辟我	1
二〇〇二四	于仲子祐子辟	1
二〇六〇八	乙巳卜師貞王弗其子辟	1
二一〇三六	辛丑卜𠂤貞子辟癢…臣不其骨凡目印	1
	骨凡目三月	1
二一〇八五	己巳卜王于征辟門燎	1
二一一一三	…王貞…辟骨…有…	1
英一七六七	戊午卜王貞勿禦子辟余弗其子	1
英一七六七	戊午卜王貞勿禦子辟余弗其子	1
英一七六八	于司禦子辟	1
懷八四七	…其…辟…	1

稊

著錄號	釋文	數
九五二〇	甲辰卜…貞王勿…于稊入	1
九五二二	甲辰卜殸貞王勿衣入于稊入	1
九五二三	甲辰卜殸貞王勿衣入于稊入	1
九五二四	甲辰卜殸貞王勿衣入于稊入	1
九五五七正	丁丑卜殸貞王往立稊延比沚戠	1
九五五八	貞王往立稊黍于…	1
九五五九	丁未卜貞惟王稊黍	1
九五六〇	貞今𢀛不稊	1
九五六〇	乙丑卜穷貞今𢀛商稊	1
九五六一	…卜穷…翌商…稊	1
九五六三反	…商人稊	1
九五六三	甲子卜□稊穧	1
九五六四	…稊黍	1
九五六五	辛亥卜貞咸稊穧	1
九五六七	貞不其稊三月	1
九五六九	…稊黍…月	1
九八一〇反	王固曰亩稊惟不…	1
一八四〇〇	…弗…稊	1
一八五七八	…稊畢…	1
二八二〇三	盂田禾稊其禦吉稊	3
二八二〇三	弜禦吉稊	3
二八二〇四	…稊…年…吉稊	3
三六九八三	惟…稊	5
屯六二〇	丁亥卜貞今秋受年吉稊　吉	3
屯二三九一	不吉稊	3
屯二九九一	不吉稊	3
屯四八三五	作見奠惟稊	3
英八二九	丁卯…稊…雀…黍…	1

⿰弓彐

著錄號	釋文	數
四九六二	…丑小⿰犭司…	1
四九六三	…小⿰犭司…囚七…	1
八一七一	…于休…⿰弓彐…有祐	1
一一三五一	貞…于⿰弓彐…宰…	1
一三五五四	…貞…⿰犭司…宗	1
一七〇九七	…暨…古小⿰弓彐毋…	1
一七〇九八	貞其…嬉二日…小⿰弓彐毋…八月	1
二二五五九	癸丑卜大貞子侑于⿰弓彐羌五	2
二三七〇八	丁酉卜祝貞惟□老…以小⿰弓彐毋八月	2
二三七〇九	…午卜出貞…孽小⿰弓彐有𣪠示呼見…大	2
	…左…	2
二三七一〇	庚…貞孽…⿰弓彐…	2
二三七一一	…大貞作喪小⿰弓彐…	2
二三七一一	…大貞作孽小⿰弓彐無柰	2
二三七一二	丙申卜出貞作小⿰弓彐日惟癸八月	2
二三七一三	丙申卜出貞作小⿰弓彐惟癸八月	2
二三七一四	丙申卜出貞作小⿰弓彐日惟癸八月	2
二三七一五	丁酉卜大貞小⿰弓彐老惟丁留	2
二三七一六	丁酉卜大貞小⿰弓彐老惟丁留八月	2
二三七一七	丁酉卜…小⿰弓彐老八月	2
二三七一八	癸未卜大貞⿰弓彐歲…	2
二三七一九	壬午卜大貞翌癸未侑于小⿰弓彐三宰䖵一牛	2
二三七一九	…⿰弓彐…	2
二四九五一	丑侑于五毓至于龔⿰弓彐	2
二四九五一	…貞毋辛歲于⿰弓彐家以束十月	2
二五三七一	丁亥卜出貞來𢀛王其𣪠丁盤⿰弓彐新	2
二六八〇一	…貞…⿰弓彐…	2
三二九七五	…至司聴王受祐	4
英一九七二	…龔⿰犭司先酌翌…	2
懷一六四	辛…貞…小⿰犭司…宗告…宰	1

□

著錄號	釋文	數
三三八八五	惟□令周	4

畐

著錄號	釋文	數
三七九九正	…亘貞…畐…	1
四八四九反	…畐…	1
四八五〇	…畐…	1
四八五一	畐…其…	1
四八五二反	…畐…	1
六六四九甲反	疾畐不惟嬉	1
六六四九甲反	疾畐…	1
一四四三一臼	…午婦畐示一屯　小㱿	1
一四四三八臼	畐示…	1
一七五三四	戊子婦畐示二屯　㱿	1
一七五三五臼	戊子婦畐示四屯　岳	1
一七五三六反	…畐示…	1
一七五三七反	…畐示二十…	1

一七五三八臼　乙丑婦曲示四屯　小𣪊　1
一八五二二　…不㽙…　1
一九三五一反　…㽙…　1
二二〇七五　乙亥卜我…酉…入父于羸　1
三六七五一　壬辰卜在杞貞今日王步于㽙無災　5
三六七五一　癸巳卜在㽙貞王迖𣦼往來無災于師北　5
三六七五一　甲午卜在㽙貞王步于剢無災　5
英二五二五　癸巳卜在㽙𣦼商啚泳貞王旬無畎惟來征人方　5

辛

二一九一二　…事…不于丁在亞辛　1
英一九一六　丙寅卜辛　1
英二三六四　庚子卜㫚貞其利辛　3

平

一八六五一　…平…　1
三五二一六　…骨五骨平在…　4

童

三〇一七八　…申卜其去雨于古童矜　3
屯六五〇　…王弜令受…旋…𤲞田于童　3

屖

屯二七八　…屖　3

䣬

二一四四一　…䣬…　1

不

六三四五　乙酉卜殻貞𢀛方衛率伐不王其征勿告于祖乙…　1
六八三四正　庚申卜王貞余伐不三月　1
六八三四正　庚…卜王貞余勿伐不　二告　1
六八三四正　庚申卜王貞余伐不　1
六八三四正　庚申卜王貞余勿伐不　1

不　句尾

四三六　執不　1
五八六　…寅卜韋貞禦子不　1
五八六　…禦子不　1
六七三　戊午卜眉以及不　1
六七三　眉弗其以及不　1
八九一正　貞呼不　二告　1
八九一反　勿呼比希于不　1
八九二正　秉子出不　1
二五一〇　丁卯卜貞兹妣井不　1
一九九〇〇　辛亥卜𠂤惟羊妣壬不　1
一九九〇三　侑妣癸不　1
一九九三二　二羊父乙不五月　1
一九九三二　乙卯卜𠂤一羊父乙不　1
二〇〇二三　己未卜禦子辟小王不　1
二〇〇二三　禦子辟中子不　1
二〇二七六　庚寅卜衛王品司癸巳不二月　1
二〇三九八　乙未卜其雨不四月　1
二〇四〇九　癸酉卜方至今不　1
二〇四一〇　乙巳卜今日方其至不　1
二〇四一二　壬申卜自今三日方不征不　1
二〇四一二　壬申卜曰今五…方其征不　1
二〇四一三　丁巳卜翌其征不　1
二〇四一三　庚申卜方其征今日不征　1
二〇四一四　辛酉卜方其征今日不　1
二〇四一九　戊午卜𠂤貞方其征今日不二月　1
二〇四二〇　丁卯卜𠂤貞方其征今日不　1
二〇四二一　壬申卜今日方征不昃雨自北　1
二〇四二一　乙巳卜今日方征不六月　1
二〇四二二　辛亥卜方征不　1
二〇五五一　辛丑卜王貞余曰大𢦏不　1
二〇五七二　丙子卜弗其克允不　1
二〇五七三　丙子卜其克今以不　1
二〇七七一　戊寅陰不　1
二〇九〇三　乙亥卜今日雨三月不　1
二一〇五二　癸酉卜自今至丁丑其雨不　1
二一〇六八　己酉卜王占娥娩允其于壬不十一月　1
二一〇九九　癸未卜不雨允不　1
二一二八八　戊寅卜侑子族示不　1
二一三八七　丁酉卜𠂤自丁酉至于辛丑虎不其𡆥允不　1
二一三八七　丁巳卜𠂤自丁至于辛酉虎𡆥不十一月　1
二二〇四七　有歲羊不　1

著錄號	釋文	期
二二一〇二	壬午卜舌子不其嘉允不	1
二二一七五	甲寅卜侑祖乙三牢不	1
二二二八九	示丁𢦏不	1
二二二九〇	丁示𢦏不	1
二四四九九	丙戌卜貞翌不	2
三三八三九	庚辰卜辛巳雨不	4
三三八二九	庚辰卜辛巳雨不	4
三三八七一	己巳卜庚啓不	4
三三八七一	戊辰卜己啓不	4
三三九四三	乙卯卜我以示延乙丑不	4
三四〇一五	甲辰卜暘日不	4
屯四五三六	乙未卜翌丁不其雨允不	1
屯四五三六	乙未卜其雨丁不四月	1
屯四五三六	戊寅卜于癸舞雨不三月	1
屯四五三六	乙未卜翌丁不其雨允不	1
屯二三〇五	戊午卜于宗不	4

其它

著錄號	釋文	期
八六九	辛亥卜古貞追不奉	1
八九一反	壬寅卜奴…侑往王子不呼比𦎫弜…	1
九〇五正	不惟囚	1
九四五正	不	1
五七七五正	貞王囚不隹之弗告三百射	1
一五三三三	不余潽	1
一六一五二正	貞勿效不若 二告	1
二六八八四	受不𩠹王衆 吉	3
一八八六〇正	貞不曰之	1
一八八六〇正	不曰之	1
一八八七七	不其凡	1
一八八八八	不可	1
一八八八九	不可	1
一八八九〇	不可	1
二一二〇七	不示	1
二一二一二	庚辰卜𩂣囚不我	1
二一六五五	己亥子卜貞人不歸	1
二二〇七四	癸巳卜牢五不用	1
二七八九四	弜不饗惟多尹饗	3
二七八九四	弜不元毀	3
二八〇〇二	貞其㪔在不𢦏	3
三〇一五五	今日眉日不雨	3
三三〇七五	庚申卜不𩰫𢦏	4
三三八〇六	貞不其雨	4

著錄號	釋文	期
三三八四〇	癸未卜王不入乙酉…	4
三三八四三	甲申卜丙雨丙不雨	4
三三八四三	甲申卜乙雨乙不雨	4
三三八七一	乙亥卜今日其至不㝬雨	4
三三九六八	丁不啓	4
三四〇一〇	不暘日	4
三四〇一〇	不暘日	4
三四〇一〇	癸未不暘日	4
三四六八四	不受祐	4
三四七一一	不降山	4
三四七一一	庚辰卜不降𢦏	4
三六五一七	…囚曰吉在十月王…受祐不𢀛𢦏…其 征盂方惟…	5
屯四五三六	辛巳卜取岳从不从	1
屯二三一九	丙子卜…陟…不夕	3
屯二三〇一	不降 吉	3
英九〇六反	不其夕	1
英一一八七	…㱿貞延𢦔不…爯冊	1
懷一四九六	戊子卜余雨不庚大啓	4
懷一六二九	乙亥卜角不負	4
懷一八八五	不雨兹禦不雨	5

秜

著錄號	釋文	期
二二六二一	辛亥卜㳄貞王賓翌秜自上甲衣至于毓無尤	2
二二六二二	癸卯卜…貞王賓秜自上甲至于多毓衣無尤	2
二二六四六	庚戌卜王貞翌辛亥乞彡秜自上甲衣至于多毓無害在十一月	2
二二六四七	庚辰卜尹貞翌辛巳乞彡秜自上甲衣至于毓無害在…	2
二二六七〇	…辰卜尹貞翌辛巳…彡翌秜…上甲…	2
二二八〇一	…亥卜喜…大庚歲秜于庚…	2
二二九六四	辛巳…貞…秜…侑于祖辛在十一月	2
二五〇九一	庚申卜伊彡秜	2
二五九六一	庚子卜王…貞辛丑彡秜無害	2
二六八九八	王其呼衆戍𢦏受人惟亩土人暨秜人 有災	3
二六八九八	惟秜人有災	3
三五四三七	…亥卜貞王賓秜自上甲至于多毓衣無尤	5
三五四三八	辛亥卜貞王賓秜自上甲至于多毓衣無尤	5
屯八八〇	王其呼衆舂戍受人…亩土人暨秜人 有災 大吉	3

英二五〇二　…卜貞王賓…秜自上甲至于…毓無壱…　在六月惟…　5

权

四六九三　丁巳貞貯…权　1
四六九四　癸丑卜…貞貯…权　1
四六九五　…貯…权　1
五八六九　…其夅权　1
五八七〇　甲午卜…权其夅　1
六八三四正　丙寅卜爭呼龍𠂤侯專祟权　1
一三七三六　貞权無疾　1
二〇〇四五　子权出　1
二一九〇五　用王…权…　1
三九四六二　…日权　5

利

四二〇五　…卜𣪘…呼利　1
六七七五　…末卜…貞方弗𢦏利　1
八三〇〇　貞…往…利　1
八三〇〇　…王…往…利　1
一七六七〇　…固曰二卜…不…利…　1
二三五三九　…卜…貞子利𡉉　2
二四九五八　…貞…利…疾…　2
三三五二六　癸丑貞王令利出田告于父丁牛兹用　4
懷九六五　貞子利無疾　小告　1

炋

七〇七四　貞呼比𦰩取炋叟啚三邑　1
一三四〇四　…不炋𡉉　1
英一七四八　…炋…　1

秎

二一三二〇　…翌己其…秎惟…　1

帀

英三三七　戊午卜穷貞惟永帀…　1

坙

一三五八　…卜王…于成…妣…𣎴…　1
三〇九五九　卜歲坙用　3

𣪠

二二二〇〇　戊戌卜王侑𣪠父乙　1

兵

七二〇四　甲子卜…貞出兵若　1
七二〇五　甲…貞勿出兵…　1
九四六八　貞勿賜黃兵　1
九四六九　…丁…賜…兵　1
屯九四二　易龍兵　3

斨

一四三九六　壬戌卜爭貞既出斨燎于土宰　1
二三六八八　…丑卜尹…斨告曰…不…　2

新

一五七九〇　…今日…竝新邑　1
一三八六八　…寅卜…阜以新邑惟今夕　…于丁
二二九二四　…祖乙𠃋…新邑　2
二七二一八　新邑中祖乙　3
三〇九七三　其烝新邑二必一卣于…　3
三〇九七四　辛酉卜王其烝新邑…　3
三〇九七五　于翌日癸烝新邑王受…　3
三〇九七六　其烝新邑惟…　3
三〇九七七　其烝新邑惟二牛用　3
三〇九七八　…新邑…惟夕…有…　3
三〇九七九　…新邑其烝…王…　3
屯七六六　烝新邑若商龜至王受祐　3
屯一〇八八　甲辰卜新邑王其𠔿烝王受祐　吉　3

英一二〇九　庚寅卜㐭貞新𠂤侑…　1
五七八四　…貞取…新射…　1
五七八五　貞呼子𢦏以𠂤新射　1
五七八六正　貞：呼：毋多：新射：　1
五七八七　…新射于斵　1
三二九九六　乙亥貞令內以新射于斵　4
三二九九七　辛未貞遘以新射于斵　4
三二九九八　…以新射于…　4

四七八八　貞牢新束…　1
九四四四　…新束三十屯　1
九四四五　…自新束三十乞…　1
九四四六　…自新束三十　1

三六〇　貞九羌卯九牛新𣪊　1
七四三正　貞冊妣庚及新𣪊　1
英七九　貞侑于父乙白彘新𣪊　1
英一一七五　貞燎于王亥五牛新𣪊　1

一三五七一　…新寢一月　1
二四九五〇　…出貞…亥其…新寢…小宰　2
二四九五一　…三㞢宅新寢宀宅十月　2

一六二四二　…卯卜爭貞王乞正河新⿰允正十一月　1
一六二四三　庚戌卜爭貞王乞正河新⿰允正十?月　1
二二九一二　辛酉卜出貞其𢀛新鬯陟告于祖乙　2

其它

二二一九正　貞禱于父乙新…㞢牛　1
五五二八　貞使人于新　1
己巳卜：貞其：新巫…　1
六〇六三反　辛未有鑿新星　1
八二二〇反　…殼：新…　1
八六〇一　貞：以：父：新：伐：受…　1
一〇八六二　乙巳貞新𠦪獲　1

一二五〇三反　七日己巳夕㞢有新大星並火　1
一三五四七　貞勿于新宗酌八月　1
一三五六三　丁未卜貞今日王宅新室　1
一四六二八　…其：河新：陟　1
一四六二九　…卜允：王其：河新：不遘…　1
一八五九七　癸丑：貞盟：𫹗新：壴示　1
一九四四三　…于新…　1
二二一二四　惟新言凡　1
二二二四三　癸酉卜：新□…　1
二二三八四　戊申有其新𠂤乙惟止　1
二四四三二正　…大貞見新稽盟…　2
二五三七一　丁亥卜出貞來丁王其𣪊丁盤𡆥新　2
二五九〇一　…出貞：其𦚔…新用六月　2
二七二二六　蒸新：祖乙二：王受…　3
二七七二七　…卜暊：亞新…　3
二八〇〇一　丁未卜暊貞危方冊隹新家今秋王
其比　3
二八〇二二　惟新鳴…　3
二八〇二二　惟丁午鼎弜新　3
二九一五三　于孟新：有正　3
二九一五四　…孟新…　3
二九七一二　乙巳卜今日乙王其迖新庸𠂤不遘
𣪘日　3
三〇六二六　…新祝：正　3
三〇六九三　惟新燎用　大吉　3
三〇七九九　…新祝用　3
三〇八〇〇　貞惟今新：用　3
三〇八〇一　…新庸…　3
三〇八〇三　…于孟新：有正　3
三〇八〇四　弜新　3
三〇八〇四　新：王受…　3
三一〇〇〇　…卜新異鼎祝…　3
三一〇二二　于新室奏　3
三一二七五　…新𣎆豚弗悔　3
三一八〇二　…新…　3
三二五三六　丙戌卜惟新豊用　4
三二五六四　…華新祖乙　4
三三二〇五　…惟新伐令…　4
三四一二三　惟新五用　4
三四一二四　惟新巫用　4
三四五二二　惟新栅用　4

著錄	釋文	期
三四五三八	惟新柵用	4
三四五九四	其蒸新二牛用卯	4
屯一〇五五	庚子卜其餗新…𦍧…酉	3
屯一〇九〇	惟新冊用	4
屯一三四一	方不其出于新…戌	3
屯二一一九	自新𠂤𢦔 吉	3
屯三〇〇四	弜屯其𩠐新東有正 吉	3
屯三〇〇四	惟新東屯用上田有正 吉	3
英二三〇一	…帚新…用一月	1
懷一四六〇	于新邑北梁南弗悔	3

⿱宀新

著錄	釋文	期
三〇三二三	…卜祖丁𠯑⿱宀新宗王…	3
三〇三二四	王其侑妣庚⿱宀新宗王… 大吉	3
三〇三二六	弜去𠯑于之⿱宀新宗王若受祐	3
三〇三二七	…⿱宀新宗有…	3
屯二八七	其𠯑小乙⿱宀新宗	3
懷一五六六	弜⿱宀新宗	3

其它

著錄	釋文	期
二七〇九九	⿱宀新大乙有夂王受祐	3
二七一一〇	⿱宀新…	3
二七一一〇	⿱宀新大乙𠯑	3
二七一一一	…⿱宀新…	3
二七一九三	…卜狄…⿱宀新祖乙…受祐	3
二七二二五	辛酉卜其𠯑⿱宀新祖乙王受祐	3
二七二一七	弜⿱宀新王受祐 大吉	3
二七二四五	…其𠯑⿱宀新小乙王受…	3
二八二六一	其𡆥年于河⿱宀新受年	3
三〇三二五	…去𠯑于之⿱宀新宗若王受祐	3
三〇三三七	⿱宀新于宗	3
三〇八〇五	…宰王⿱宀新…受祐	3
三四三三二	…其有夂⿱宀新…	4
屯 八二二	其𠯑⿱宀新小乙王受祐	3
屯四三八五	其⿱宀新大乙有	3
屯四五四八	其⿱宀新大乙	3
懷一三九一	于廳⿱宀新尋	3

新

著錄	釋文	期
二二〇七三	乙酉卜禦新于父戊白豕	1
二二〇七三	乙酉卜…新于…戊	1
二二〇七三	乙酉卜禦新于妣辛白𤘩豕	1

斦

著錄	釋文	期
三三五七	壬寅卜𠬝貞呼侯𢀛斦十一月	1
九〇〇二	貞𦎫以斦	1
九〇〇二	𦎫不其以斦	1
九〇〇二	𦎫不其以斦 二告	1
九〇〇二	乙丑卜𡧊貞𦎫以斦	1
一八五九八	…王斦…	1
一八五九九	貞…斦…	1
三〇一七三	庚午卜貞野丁至于斦畫入甫 茲用	3
三一八〇一	…斦初	3

斷

著錄	釋文	期
一八七一三	…斷…	1
一八七一四	…斷…	1
一八七一五	…斷…	1
二〇七七九	壬午卜有甫在斷東北獲	1

折

著錄	釋文	期
七九二三	…折𦎫…	1
七九二四	在折…	1
七九二五	…豢折	1
一五〇〇四	乙酉卜勿侑折豕…	1
一八四五七	戊午卜…折…	1
一八四五八	…卜…𡳿…折…	1
一八四五九	…𦎫…折…	1

折

著錄	釋文	期
二一〇〇二	…折…	1

斧

五八一〇　…斧　1

九五九四　貞勿令陕歸　1

尋

三六九〇四　癸酉卜在𡆥貞王旬無畎　5

三六九〇五　癸酉卜在𡆥貞王旬無畎　5

三六九一四　癸酉王卜在𡆥貞旬無畎王囙曰吉　5

肵

八八三三　貞呼取肵　1

屯一〇五一　庚肵牛用　4

一四六二一　丙申卜亘貞河𢀛㠱　二告　1

一四六二一　貞河𢀛不其㠱　二告　1

一四六二二　貞河其𡆥　1

一四六二三　貞河不其𡆥　1

懷九五七　貞河…𡆥　1

訢

屯六五六　其告祭訢祖辛王受祐　吉　3

屯四五四四　丁丑卜其告祭訢至…　3

折

二九〇九二　丙寅卜狄貞盂田其遷𣏌𡈼有雨　3

矢

四七八七　貞勿祟矢束　二告　1

五六九九　貞亞不矢　1

五六九九　貞其矢　1

二四二七九　…賓…尤…師寅…　2

二四二七九　辛卯卜行貞王賓…歲一牛無尤在十月在師寅…　2

三〇八一〇　…午卜彭…酌巳鼎…矢于毓　3

三三〇〇一正　丁丑卜惟矢往來未于河受禾　4

三六四八一正　…小臣牆比伐擒危美人二十人四…人五百七十隻百…車二丙盾百八十三函五十矢…白麐于大…用𢀛伯印…于祖乙用美于祖丁僼曰京睗…　5

矢　寅

二〇一六〇　己未…牿弜…𢀛勅　1

六九　貞多射不雉衆　1

二〇五四六　…丑卜王貞余作…循于之矢　1

二三〇五三　丁巳卜行貞小丁歲暨矢歲酌　2

三一九三　𢀛元侑妣壬…　4

屯三一三　…我以方矢于宗　4

屯三一三　弜矢　4

矨　矨

六四六一正　呼比肖矨　二告　1

一三八八三　庚辰卜貞矨骨凡有疾　1

矨

二六八八九　不矨衆　3

二六八八九　其矨衆　3

二六八九三　…矨衆　3

三一八〇九　其矨　3

𥎿

八二九六　…在𥎿　1

一三五一七　癸巳…𥎿師在丕　1

一三五一七　…曰𥎿𠂤在丕　1

一八八三一　…𥎿…　1

二一四六四　…𥎿…　1

三三一四五　癸卯貞旬無囚在𥎿旬　4

屯二八四五　己亥貞王在茲𥎿遷　4

浂

三一六八五 ……在洮卜 3
三六五八八 壬……卜……洮……無災茲……有畎 5
三六五九〇 ……子卜在……貞王……洮……災 5
三七五〇六 壬申卜……洮麓……無災茲……獲狐三 5
三七五四一 ……卜在洮……田衣……無災 5
三七四五二 甲申卜貞王田在洮麓往來無災茲御獲狐……麑三 5
三七四五九 ……田于洮往來……獲麋十又八 5
三七五一四 戊午卜在洮貞王其塱大兕惟騳暨騽無災擒 5
屯一〇〇八 ……其取在洮……衛凡于雋……王弗悔 3

寅

三三〇六〇 丙子寅乞旬…… 4
三三〇四七反 ……亥寅三骨 4
三五一六六 己巳寅乞旬骨三 4
三五一六八 ……寅寅乞旬骨…… 4
三五一六九 ……寅寅乞旬 4
三五一七〇 ……寅乞旬骨三 4
三五一七四 壬辰寅乞骨三 旬 4
三五一七六 ……寅乞骨三 旬 4
三五一八〇 甲子寅乞骨五 4
三五一八一 乙丑寅乞骨…… 4
三五一八二 乙丑寅乞…… 4
三五一八三 丁卯寅乞骨三 4
三五一八四 癸酉寅乞…… 4
三五一八五 乙亥寅乞…… 4
三五一八六 乙亥寅乞…… 4
三五一八七 辛巳寅乞骨…… 4
三五一八八 甲申寅乞骨三 4
三五一八九 戊子寅乞…… 4
三五一九〇 壬辰寅…… 4
三五一九一 己亥寅乞…… 4
三五一九二 甲辰寅乞骨…… 4
三五一九三 丁未寅乞骨六 4
三五一九四 丁未寅乞骨五 4
三五一九五 甲寅寅…… 4
三五一九六 甲寅寅…… 4
三五一九七 丁巳寅乞骨 4
三五一九八 丁巳寅乞…… 4
三五一九九 己未寅乞骨三 4
三五二〇〇 ……未寅乞骨 4
三五二〇一 辛酉寅乞骨八 4
三五二〇二 癸亥寅乞骨三 4
三五二〇三 ……寅寅 4
三五二〇四 ……卯寅乞骨三 4
三五二〇五 丁亥寅乞骨…… 4
三五二〇六 ……寅乞骨三 4
三五二〇七 ……寅乞骨…… 4
三五二〇八 ……寅乞骨七 4
三五二〇九 ……寅乞骨六 4
三五二一四 ……寅乞骨七自𠂤 4
三五二一五 ……寅乞骨七自𠂤 4
屯一三一 戊子寅乞寅骨三 4
屯一七二 寅乞骨三自…… 4
屯二一六 寅乞寅骨三 4
屯三四一 辛巳寅乞骨三 4
屯五二三 癸……寅乞旬骨三 4
屯五九九 辛亥寅乞旬…… 4
屯七〇〇 丁酉寅乞寅骨三 4
屯七八三 癸卯寅乞旬骨三 4
屯七八八 ……寅三骨十 4
懷一六七八 ……酉寅乞旬…… 4
懷一六七九 ……亥寅乞旬骨三 4

其它

四四 ……酉寅……師般弜若 1
六三正 貞翌辛卯寅奉雨夔畀雨 1
四七九四 貞惟寅令……王 1
四七九五 戊申……寅比…… 1
四七九六正 貞寅其有囚十一月 1
四七九七 ……申卜王……寅其……允…… 1
四七九八 貞寅無…… 1
七八二二 惟……寅……商 1
八三九八正 貞翌辛卯寅弜𠂤令 1
一二五四〇 貞寅不以雨三月 1
一三七三七 貞寅延有疾 1
一三七三八 乙巳卜古貞寅疾……不…… 1
一二九三七 甲子卜貞寅吉 1
一三八八六 戊寅卜㱿貞寅骨凡有…… 1
一四三七九 丁未卜古貞寅奏自夔 1
一四四八三 庚午卜貞……辛未寅……岳有……雨 1

一四八三五　：翌辛：矣：𠦪令
二三五九三　：貞矣往告執于：
三三六七一　丙申貞有匚于父丁惟矣祝
三三七八〇　庚寅矣：用𣪊九：
三四六〇五　：丑貞矣其禱告
屯五〇八　戊寅貞王令矣：翌己卯步
屯一一五四　惟矣祝

黄

三四八三正　丙子：貞黄尹𡆥王
三四九一　：黄尹不𡆥
四三六八　貞黄尹不𡆥
六九四六正　乙未卜爭貞黄尹𡆥王
六九四六正　己未卜爭貞黄尹弗𡆥王
一三六八二正　：午卜㱿貞有疾趾惟黄尹𡆥
一四七四六　：貞黄尹𡆥王
五九五五正　貞黄尹不祟　二告
一三〇三正　貞黄尹祟
三四七八　：卯勿酌黄尹
三四七九正　貞黄尹祟
三四八〇正　貞黄尹不祟
三四八四　：黄尹不我祟
六〇〇〇反　貞黄尹祟：
一三一五三　：黄：祟：
三四七三　王固曰其于黄尹告
六一三七　告于黄尹
六一四二　告舌：于黄尹
六一四六　貞于黄尹告舌方
六一四七　貞勿于黄尹告
三四七五　丁亥卜𠦪：黄尹
三四七六　：𠦪黄尹
三五〇二　：申：𠦪于黄：
三五〇二　：𠦪于黄：
三五〇三　庚子卜貞：䶂于黄：𠦪十：
三五〇三　庚子卜：黄：𠦪：
六二〇九　貞勿𠦪于黄尹
六二〇九　貞𠦪于黄尹
八四七八　𠦪于黄尹
八四七八　𠦪：黄尹
懷八九九　丁亥卜𠦪黄尹燎二豕二羊卯六牛五月
五六五八反　燎東黄𢉩
九五六三　：燎：黄：
六九四五　癸未卜㱿燎黄尹一豕一羊卯三牛𠕋五十牛
三四七七正　：貞燎：黄尹：刿
懷八九九　燎黄尹四豕卯六牛
五六三　貞來丁酉侑于黄尹
五六三　貞侑于黄尹二羌
九一六正　貞侑于黄尹十伐十牛
九一六正　貞勿侑于黄尹
九一六反　勿侑于黄：
九七一　辛酉卜侑黄尹伐
一八六八正　貞侑于黄尹
一八六八正　：子卜㱿貞侑于黄尹
三二五五正　貞呼黄多子出牛侑于黄尹
三四六〇正　貞侑于黄尹
三四六一　丁巳卜内侑黄尹宰
三四六一　侑于黄尹四牛
三四六一　丁巳卜侑于黄三牛六月
三四六二　貞侑于黄尹宰
三四六四　：侑黄尹
三四六三　貞侑于黄尹
三四六五　貞勿侑于黄尹
三四六六　癸丑卜穷貞侑于黄尹二月
三四六六　貞侑于黄尹
三四六七正　己酉卜㱿貞侑于黄尹五月
三四六七正　貞侑于黄尹宰
三四六七正　侑于黄尹
三四六七正　貞侑于黄尹三牛
三四六八　：侑于黄尹
三四六九　貞勿侑于黄尹
三四七〇　：卜爭貞侑于黄尹
三四七二　貞勿侑于黄尹
三四七四　：貞勿侑于黄：

著錄號	釋文	組
三四九八	…侑于黄…	1
六二〇九	貞循侑于黄尹	1
六四三一	…設貞侑于黄尹	1
七二六〇	乙巳卜亘貞勿循侑于黄尹	1
七八六五	侑于黄尹	1
九八五六	貞勿侑于黄尹	1
九九六五	甲午卜凹貞侑于黄尹	1
一〇〇七九	侑于黄尹	1
一三六二七	勿侑于黄尹	1
一三六二七	貞侑于黄尹	1
一五〇四八	貞勿侑于黄…	1
二〇〇九六	己丑卜侑黄尹…	1
英一一八七	…設貞侑于黄尹七月	1
英一一九〇	…貞…侑于…黄…	1
英一一九一	…侑…黄…	1
英一一九二	貞勿侑于黄	1
懷 二	…侑黄…東…	1

著錄號	釋文	組
四一一	…一羌于黄尹	1
九七〇	己亥卜設貞有伐于黄尹亦侑于蔑	1
一六三一	貞于黄尹	1
三四八二二正	貞于黄尹衛	1
三四八二二正	貞勿于黄尹衛	1
三四八八五	…翌…于黄尹	1
三四八八六反	于黄尹…	1
三四八八七正	庚…設貞于黄尹…	1
三四八八八	…于黄尹	1
六〇八〇	貞于黄尹	1
一四六五九	三十牛于黄尹	1
一九七七一	癸亥卜王貞勿酌翌戠于黄尹戠三月	1

著錄號	釋文	組
九〇二正	庚辰…黄尹…我…	1
九四五正	貞酌黄尹	1
九四五正	勿衣黄尹戠	1
三四八一	癸未卜古貞黄尹保我史	1
三四八一	貞黄尹弗保我史	1
三四八九	…黄尹百牛	1
三四九〇	…衛黄尹	1
三四九二	…黄尹…我…	1
三四九四正	…黄尹	1
三四九五	黄尹一牛	1
三四九六	…黄尹	1
二三五六四	…黄尹…	2
懷 八九九	惟丁酉酌黄尹	1

著錄號	釋文	組
四〇九	丙寅卜爭貞侑于黄奭二羌	1
四一八正	貞于黄奭燎　二告	1
五七五	…申卜爭翌戊戌勑于黄奭	1
五七五	翌戊戌勿勑于黄奭	1
一〇五一正	勑于黄奭	1
三五〇六	禘黄奭三犬	1
三五〇六	戊戌…禘…黄奭二犬	1
九七七四正	侑犬于黄奭卯三牛	1
一四二〇九正	翌庚申勑于黄奭	1
一四二一〇正	翌庚申勑于黄奭	1

著錄號	釋文	組
一一六七	…黄牛	1
一四三一三正	貞帝于東埋圂豕燎三宰卯黄牛	1
一四三一四	甲申卜宾貞燎于東三豕三羊囗犬卯黄牛	1
一四三一五正	燎于東西有伐卯南黄牛　小告	1
一四三一五正	貞燎東西南卯黄牛	1
一八二七四	黄牛…	1
一八二七五	…幽牛…黄…	1
二九五〇七	惟黄牛	3
二九五〇九	惟黄牛	3
三一一七八	惟黄牛有正	3
三六三五〇	乙卯其黄牛王受有祐	5
三六九九二	惟黄牛	5
三六九九二	…黄牛	5
三六九九三	惟黄牛	5
三六九九四	惟黄牛	5
三六九九五	惟黄牛	5
三六九九六	惟黄牛	5
三六九九七	…黄牛	5
三六九九八	…黄牛	5
三六九九九	惟黄牛	5
屯 三三六三	惟黄牛　大吉	3
英一二八九	己丑卜宾貞…豕卯十黄牛…	1

五六三　貞令王惟黃
四三〇三　貞勿令王惟黃
四三〇四　甲午卜爭貞令壬惟黃一月
四三〇四　貞：王令惟黃
五〇四三　甲午卜㱿貞令壬惟黃
五〇四四　甲午卜㱿貞惟王令惟黃
五〇四四　貞惟黃：
六一二一　戊申卜㱿貞惟黃呼往于乎
七九八二　貞惟黃令戈方二月
八三九七　貞惟王令惟寅
英四〇九　貞惟王令惟寅
英四一〇　：令壬惟寅
英四一〇

其它

二二　癸卯卜貞：田令𢀛取黃丁人七月
五五三　癸丑卜穷貞令羽郭以黃執𠬝七月
七四八　貞及于黃
七六七七正　貞黃孽惟有壱
七六七七正　貞黃孽不惟有壱　小告
九〇二正　貞黃：弗：我年
九一七反　：黃
二〇六〇　：戌：黃：
三二一七反　貞勿：黃：
三四七一　：爭：黃：父：㞢：
三四九九　乙丑卜貞翌丁酌自黃：十又三宰
三四九九　乙丑卜貞翌丁酌自黃：十有三
三五〇一　貞于黃　二告
三五〇四　戊戌卜禘于黃：
三八七八　：卜㞢貞：丁卯：于黃：
四三〇二　庚子卜：貞令黃
五九〇九　貞勿執黃：
六〇四一　：卜：貞：黃：途：
六三五四反　：固曰其衛于黃示
七四四三　貞翌乙亥令黃步
七六七六　：黃：
九四六八　貞勿賜黃兵
一一〇七二　丙辰卜：王四牛：黃：
一一〇七三　：四牛黃：
一三九一二　貞黃不：骨凡：
一四〇三八　貞黃：

一四三四二　貞燎：東母：黃：
一四三五六　乙亥卜穷貞不牛示齊黃
一五二〇二　戊：貞：匚：黃：
一五四八二　壬寅卜爭貞黃入歲翌癸：用
一七〇九五　：黃冉
一八二八七　丙：㱿貞：黃：
一八八一九　甲寅卜：貞翌：卯魚：學黃：曰允：學：
一九九四二　庚戌卜：見：來：黃：
二二〇八八　丁丑卜步黃𣏟
二二一九五　黃
二八八九三　弜：黃：
二九六八七　丁亥卜大：其鑄黃呂：作凡利惟：
三二九三〇　黃
三三一六七　：于黃：
屯附二二　：貞黃：
屯二一八二　己酉卜貞王其田無災在黃師
屯三六八四　惟黃：
英二一九三正　：黃：不：
英二五六七　王其鑄黃鑄莫盟惟今日乙未利
懷一〇　貞：黃：
懷一一二　貞：黃王：不：
懷一五二一　：巳卜：貞余：示：黃：

寅

四八八〇　貞勿禦寅于母庚七月
四八八一　：禦寅：母：
一五一〇〇　貞禦寅
一〇八八　貞寅不冉

櫜

七〇三七　：午卜㱿貞：戋

黃尹合文

二三五六五　丙寅：即貞：𠂤：黃尹
二三五六六　：壬㱿：歲：酘黃尹十一月
二三五六七　：大：丁巳：黃尹：
二三五六八　：卜喜：乙酉：黃尹：賓：
二三五六九　丁丑：貞其：黃尹：

寅尹 合文

三〇九七 丙戌卜爭貞取效丁人嬉 1

三〇九八 …入效丁人 1

伊

二一五七三 …卯子卜來丁酚四窐…伊尹 1

二一五七四 癸丑子卜來丁酚伊尹至 1

二一五七五 辛亥卜至伊尹用一牛 1

二一五七六 …子卜來…伊尹 1

二六六五五 伊尹歲十羊 3

二六六五七 …伊尹…有大雨 3

二六六五八 …伊尹…乙…雨 3

二六六六〇 …惟伊尹 3

二六六六一 乙巳卜舌至伊尹 3

三〇四五一 其侑蔑暨伊尹 3

三二七九二 乙巳卜…伊尹…于丁未… 茲用 4

三二七九三 乙巳…伊尹…于丁未… 4

屯一八二 …亥貞其有匚伊尹惟今丁卯酚三… 4

屯一一二二 丂伊尹暨酚十窐 4

屯二三四二 …丑貞王令伊尹…取祖乙魚伐告于父丁小乙祖丁羌甲祖辛 4

屯三一三二 …禦伊尹五十… 3

三二七八四 …未弜侑伊尹 4

三二七八六 癸丑卜侑于伊尹 4

三三三一八 甲申卜侑伊尹五示 4

三三六九四 乙亥貞其侑伊尹二牛 4

三三六九四 乙亥貞侑伊尹 4

屯二五六七 丁亥貞多宁以鬯侑伊尹𢼄示 茲用 4

二七六五三 …卜其有歲于伊尹惟𢆶祝 茲… 3

二七六五四 丁巳卜𠬝歲其至于伊尹 吉 3

二七六五六 弜桒于伊尹無雨 3

二七六五九 其…于伊尹一牛 3

三三七八五 甲子卜侑于伊尹丁卯 4

三三七九七 弜桒于伊尹無雨 4

三三二七三 丙寅貞有𠬝歲于伊尹二窐 4

三四一九二 壬子卜侑于伊尹 4

三四二四〇 癸巳…侑于伊尹牛五 4

屯三三二 壬子卜侑于伊尹 4

屯一〇六二 丙寅貞有𠬝歲于伊尹二窐 4

屯三〇三三 癸亥卜侑于伊尹丁惟今日侑 4

屯三六一二 辛卯卜侑于伊尹一羌一窐 4

二六九五五 貞其卯羌伊賓 3

二七〇五七 癸丑卜上甲歲伊賓 吉 3

二七六六三 伊賓 3

二七六六七 …午卜狄…伊其賓 3

三二六九八 …賓伊賓…𠬝有正 4

三二六九九 伊弜賓 4

三四三四九 伊賓 4

屯一〇八八 伊賓 吉 3

屯二八三八 伊弜賓 3

二七六六八 …侑…伊… 3

三二七二二 癸酉卜侑伊五示 4

三二七九六 …子卜侑伊… 4

三二八〇〇 丙子卜侑伊…丁六…一牛 4

屯六八〇 甲子卜侑伊 4

屯二五六七 丁丑貞多宁以鬯侑伊 4

屯二九八一 辛亥貞侑伊其… 4

三二一〇三 甲申貞其有𠬝歲于伊… 4

三二一〇三 癸巳貞有𠬝伐于伊其乂大乙彡 4

三二一〇七 丁酉…王…于伊… 4

三二一一八 癸巳貞其有𠬝伐于伊其即 4

三二二五〇 …于伊惟丁酉 4

三二七八八 …貞有歲于伊惟… 4

三二七八九 …申貞有歲于伊… 4

三二七九〇 …卜有歲于伊… 4

三二七九四 …歲于伊… 4

三二八〇二 丁酉貞侑于伊丁 4

三二八九六 乙卯貞有𠬝伐于伊 4

三三二八二 乙巳貞其桒禾于伊 4

三三三二九 乙酉貞有歲于伊𧖴示 4

三四一六三 丁巳卜貞酚歲于伊… 4

效

著錄	釋文	期
屯九三	乙巳貞其桒禾于伊圍	4
屯五三二	……有化伐于伊其……	4
屯九七八	丁酉貞侑于伊丁	4
屯一一二二	癸亥貞其有匚于伊尹惟今丁卯酌三牛 茲用	4
屯二六五七	癸酉貞其桒于伊	4
屯三〇三五	……翌甲……于伊……丁	4
屯三六一二	丁丑卜侑于伊……	4

伊示

著錄	釋文	期
三二八四七	弜以伊示	4
三二八四七	辛巳貞以伊示	4
三二八四八	弜以伊示	4
三二八四八	辛巳貞以伊示	4

伊奭

著錄	釋文	期
三三二七三	壬申剛于伊奭	4
三四二一四	甲戌卜其桒雨于伊奭	4
屯一〇〇七	……風于伊奭	4
屯一〇〇七	……伊奭犬……	4
懷一五七三	于伊奭	4

其它

著錄	釋文	期
五六四四	庚午……貞其……伊使	1
五七九二	丙午卜貞伊射臧	1
五七九二	貞勿……伊……	1
一四九八三	……㞢……效……	1
二一二〇八	……伊酌彡……	1
二三五六一	丁亥卜……貞伊……	2
二三五六二	甲午卜……貞十伊……	2
二三五六三	丙戌……貞伊……翌丁……	2
二三八一八	伊卜	2
二五〇九一	庚申卜伊彡秝	2
二六〇五四	貞其作豊……伊禦	2
二六九一四	貞其作豊呼伊禦	3
二七一三四	癸酉卜……貞大乙……伊其……	3
二七二八八	舌鬳惟伊受祐	3
二七三〇六	甲戌卜其執伊左歲	3
二七六六二	于日……伊	3
二七六六四	……午卜其侑伊……	3
二七六六五	丁卯卜伊歲……	3
二七六六六	伊酌	3

著錄	釋文	期
二八〇八五	執伊……	3
三〇二五九	其寧風伊	3
三一〇〇九	……㠯伊	3
三二二二九	乙卯貞有化伊伐卯一牛	4
三三三四四	惟伊畬	4
三三三四四	癸卯卜惟伊畬	4
三三三四五	惟伊畬	4
三三三四五	癸卯卜惟伊畬	4
三三七四六	于來丁亥有歲伊	4
三三七八六	丁巳卜侑于十立伊又九	4
三三七八七	丁巳卜侑……十立伊又九	4
三三七九一	丁丑卜伊尹歲三牢　茲用	4
三三七九五	于來日丁亥有歲伊……	4
三三八〇一	惟伊其射	4
三三八〇三正	……卜貞今日其取伊丁人……	4
三三八八一	……惟伊祖庚	4
三三八八一	丁未卜惟伊芒雨	4
三三九八二	伊歲一牛	4
三三九三三	丁未……伊其……用	4
三四四一四	……伊步	4
屯三〇五	……伊	3-4
屯六八〇	……伊……　茲用	4
屯七六八	乙未卜其令伊司惟……　茲	3-4
屯一〇八九	癸酉貞其……餗戠伊……	4
屯一一一〇	甲寅貞伊歲遘匚丁日	4
屯一一一〇	甲寅貞伊歲遘大丁日	4
屯一三三七	……卯卜……伊……	4
屯二〇三二	丙申貞酌伊化伐	4
屯二一四五	……酉卜令伊……伐……	4
屯二一九六	伊餗三十朋	3-4
屯二五六二	弜祀畀伊	3
屯二五六二	其畀伊	3
英二〇二一	伊卜	2
英二二一九	庚午卜祝貞其㽙伊史無左九月	2
英二二六二	其令伊衍惟丁令	3
英二三三七	于𦎫東伊田有正	3

效

子效

一九五乙　丙寅卜子效臣田獲羌
一九五甲　丙寅卜子效臣田不其獲羌
三〇九〇　丁卯卜爭貞令子效……宰于……
三〇九一　丁酉卜……子效……女其……
三〇九二　惟子效……
六九二八正　惟子效令西
一〇九七七　……子效……
三三七八二　癸巳貞子效先步在尤一月
三三七八二　己丑貞子效先戈在尤一月
英一三八　辛亥……貞子效無囚

其它

一九四　……寅卜……效……田……其獲羌
三〇九四　貞效往于……
三〇九六　丙午卜貞效丁人嫵不㞢在丁家㞢子
三〇九九　貞于乙亥𠬝黃丁效
三一一六反　……效……
六二五六　效不其……
一〇三三七　辛丑……效……鹿子……弗……
二〇〇四八　……徣貞效……
二〇三七八　乙巳……貞惟……效……左……執無囚
三三七八二　……效先步

叙

五七七七　……亘貞令侯叙……
一八四七〇　……叙……

侯

六　貞勿令冒侯七月
六　癸亥卜亐貞令冒侯帚征鼓
三二八九正　貞令冒侯歸
三二九〇　……遘見冒侯六月
三二九一　貞惟象令比冒侯　二告
三二九一　貞惟象令比冒侯歸　二告
三二九一　貞陮比冒侯歸不
三二九一　……陮……冒侯……
三二九二　丁酉……冒侯惟令
三二九四　貞令冒侯歸
四三六六　貞令……徲遘……亩……冒侯比㞢……
六五五三　貞令……比冒侯虎伐𢀛方受有祐
六五五四　貞令㞢……比冒侯虎伐𢀛方受有祐
六五五四　貞勿比冒侯
六八一六　……貞令𢀛比冒侯𢦏周
六八一七　……以多……冒侯……𢦏周載王……
七五〇三正　惟冒侯比
七五〇四　勿惟冒侯……
英一八四　見冒侯六月

三三一八　貞其以𣎆侯以雩……卯二牛
三三二〇　己未卜……𣎆侯……其……
三三一九　……未卜貞……𣎆侯……其……
三三二四　……𣎆侯
六九四三　己酉卜殻貞呼囧𣎆侯
六九四三　貞勿呼囧𣎆侯
二〇六五　壬戌卜𣎆侯……余令呼見聿𣎆侯印
屯五八六　甲午貞𣎆侯……茲用大乙羌三祖乙羌三卯
三牛乙未酌
屯七八一　甲午貞𣎆侯……茲用大乙羌三……
英一八七　甲午……王𠂤……𣎆侯……允

六八一二正　己卯卜允貞令多子族比犬侯𢦏周
載王事五月
六八一三　貞令多子族暨犬侯𢦏周載王事
屯二九三　辛巳貞犬侯以羌其用自

三三一〇　貞惟……令比亞侯
三三一一　丁亥卜亞侯……
三三一四　貞……𠂤……亞侯二月
三二九一一　乙酉貞王令𠂤途亞侯㞢
屯五〇二　乙未貞其令亞侯帚惟小……

三三〇七　……今日……𡆥田……米侯十二月
三三〇八　癸……貞……叀……米侯
三三〇九　辛亥卜米侯
六八三四正　丙寅卜爭呼贏米侯專祟权

著録號	釋文	期
三三二一	庚午卜崔侯其…	1
三三二二	…丑卜…出…崔侯…戋	1
三三二三	辛亥…崔侯…家…	1
六八三九	壬寅卜崔侯弗戋眣	1
六八三九	…崔侯…戋	1
三三一七反	…比呼侯遘…永比𣎆侯…九…	1
三三三三	丙申卜永貞呼賓侯	1
三三三三	貞勿呼賓侯	1
三三五七	壬寅卜𢆶貞呼侯𤊾圻十一月	1
三三七〇	己未…令遘…呼侯…	1
三三七一	己未卜…遘…侯…	1
八六五六正	庚子卜貞呼侯徒出自方	1
一〇五五九	戊寅卜呼侯敓田	1
一九八五二	辛丑卜勿呼崔山崔取侯邑	1
二〇〇六二	…呼侯…	1
二〇〇七四	…𢍰侯今生于𤆍…	1
三三〇七一	…卜𢍰侯戋崔	4
三三〇七一	甲辰卜崔戋𢍰侯	4
三三〇七二	戊…卜令崔伐𢍰侯…	4
三三二〇八	甲子卜王从東戈𡿧侯𢦏	4
三三二〇八	乙丑卜王从南戈𡿧侯𢦏	4
三三二〇八	丙寅卜王从西戈𡿧侯𢦏	4
三三二〇八	丁卯卜王从北戈𡿧侯𢦏	4
三三二二七	…率示𠦪其比𠧟侯七月	1
三三二二八	…比𠧟侯	1
三三二二八	…比𠧟侯	1
三三二二九	…捍𠧟侯二月	1
屯 九三〇	癸丑貞王令剛𥨍𠧟侯	4
五七六〇正	甲戌卜𡧊貞攸侯令其𠱠舌曰𠂤若之 五月	1
三三三三〇	…唐…攸侯…	1
三六四八四	癸卯卜黃貞旬無𡆥在正月王來征人方 在攸侯喜鄙永	5

著録號	釋文	期
三二九八二	戊戌貞佑牧于𢀛攸侯戴鄙	4
三三四六	癸亥卜王貞余比侯專八月	1
三三四七	…侯專…其亦…	1
三三四八	…巳卜王…侯專…其…	1
三三四九	…子卜貞…侯專歸	1
英 三七三	…侯專啓…余受…	1
四〇一	貞翌丁巳用侯告歲羌三卯牢	1
五一七正	侯告羌得	1
八九一正	…王…侯告比	1
三三三八	…王比侯告	1
三三三九	…巳卜㱿貞王比侯告	1
三三四〇	貞王惟侯告比 六月	1
三三四一	己巳卜爭貞侯告…	1
三三四二	壬子卜㱿貞王勿衣𦙍侯告	1
三三四三	乙亥卜㱿貞侯告…	1
三三四四	…侯告	1
三三四五	…巳卜爭貞侯告爯…	1
三三八三	貞王勿衣𦙍侯告	1
六四五七正	…勿比侯告…	1
六四五七正	…侯告征尸	1
六四五七反	王固曰…比侯告	1
六四六〇正	貞王惟侯告比征尸 六月	1
六四六〇正	貞王勿惟侯告比	1
六四八〇	貞王令婦好比侯告伐尸…	1
六四八〇	貞王勿令婦好比侯…	1
七四〇八	己巳卜爭貞侯告稱册王勿衣歲	1
七四一〇	己巳卜爭貞侯告稱册王勿衣…	1
七四一一	己巳卜爭…侯告稱…王勿衣…	1
七四一二	己巳卜爭貞侯告稱册…衣…	1
一三四九〇	貞王惟侯告比	1
一三四九〇	勿惟侯告	1
二〇〇五八	…卜…般…侯告	1
二〇〇五九	…令雀…侯告	1
二〇〇六〇	令䝿比侯告	1
二二二九九	壬午卜令般比侯告	1
三二八一二甲	壬午卜令般比侯告	4
三二八一二甲	癸未卜令般比侯告	4

侯

三三〇三九　侯告伐尸方　4
三六五二五　癸未卜在師貞今囚巫九备王于異侯缶師王其在異𩛥正　5
英一九七　：卜殻貞侯告爯冊王㥯　1
英一九七　：惟侯告：　1
英一九八　己巳卜爭貞侯告爯冊王勿：　1

侯敹

三三五七　壬寅卜𢦏貞呼侯𤊱𣂔十一月　1
二〇〇六六　乙巳卜𢦏贏侯敹　1

侯中

三三五四　：侯毋：來　1
三三五五　貞：侯毋　1
三三五六　：惟：用贏侯毋王不：　1
三二八一三　：卜王比侯中：　4

侯屯

三二一八七　用侯屯　4
三二一八七　壬戌卜用侯屯自上甲十：　4
三二一八七　癸亥卜乙丑用侯屯于來乙亥不暘日　4
三二一八八　壬戌卜乙丑用侯屯　4
三二一八八　：戌卜：丑：侯屯　4
三二一八九　于甲：用侯屯　4
三二一八九　：用侯屯：五？示十：　4

比侯

三〇一〇正　貞惟侯比　二告　1
三三五三　惟𢦏呼比侯叙　1
三三六三　乙丑：比侯：
三三六五　貞勿比侯：　1
三三七九　貞比侯：　1
七二四二　戊寅卜貞令甫比二侯及暨元王循于之若　1
二〇〇六五　其比侯專　1
二〇一六四　：申卜𠶷令吳比：侯：　1
三六四八二　甲午王卜貞作余酢朕𠦪酢余步比侯喜征人方二𣪘示受有祐不𢁘𢦔囚告于大邑商無：在畎王囚曰吉在九月遘上甲𧸘惟十祀　5
三六四八二　甲午王卜貞其于西宗𣎴王王囚曰弘吉　5
三六四八三　甲午王卜貞作余酢：余步比侯喜征人方　5

三六五二八反　乙丑王卜貞今囚巫九备余無𡎺𦣞告侯田冊𠭯方羌方羞方庚方余其比侯田𢦏𢦔四封方　5

侯豹

三二八六正　貞𦣻侯豹其禦　1
三二八七　：侯豹：方：有祐　1
三二九五　：侯豹允來𠕋有事鼓　五月　1
三二九七正　己亥卜殻貞王曰侯豹余其：　1
三二九七正　戊戌卜殻貞王曰侯豹毋歸　1
三二九七正　貞王曰侯豹𠭯𢦏女事𠭰　1
三二九七正　戊戌卜殻貞王曰侯豹往余不朿其合以乃使歸　1
三二九八　：侯豹往余不朿合以乃使歸　1
三二九八　：曰侯豹𠭯毋事𠭰受：　1
三三〇一　己亥卜殻貞王曰侯虎余其得女：受　1
：
三三〇二　：侯豹：　1
一〇〇八〇　貞惟侯豹比　1
一〇〇八八　：侯豹比：

令侯

五七七七　：亘貞令侯叙：　1
一三五〇六正　貞令侯　二告　1
一三五〇六正　勿令侯　1
三二九二九　惟王令侯歸　4

侯光

三三五八　惟彤勺侯光使　1
二〇〇五七　丙寅卜王貞侯光若：往𡆥嘉：侯光：　1

其它

九八正　貞侯以骨芻　允以　1
一〇〇　：寅：侯：芻　1
七六六正　呼比侯　1
七九七　：侯印執　1
六九七正　貞呼比虢侯　1
一〇二二甲　庚申卜王侯其立朕使人　1
一〇二二乙　庚申卜王侯其立朕使人　1
一〇二六　戊申卜侯由以人　1
一〇二九　：卜：貞侯：　1
三二九六正　貞王曰侯：　1
三三〇六　丙子卜：虎令：角：侯𢀛　1

著錄號	釋文	期
三三二五	…斷侯…	1
三三二六	…𠮷侯	1
三三三一	壬…令…取侯以十一月	1
三三三二	貞呼比壬侯	1
三三三四	辛丑卜…㞢侯…	1
三三三四	…其侯…囚	1
三三三五	…必侯…不亦甲…	1
三三三六正	…令…絲暨…侯	1
三三三七	…爭…上絲…侯…若	1
三三四五	…午卜爭貞王眢侯…	1
三三五〇	…侯專…一月	1
三三五一	甲寅卜王呼…以侯莫來…六月	1
三三五二	貞勿曰侯莫	1
三三五九	…卜王…甫延…侯	1
三三六〇	…侯…惟…休…	1
三三六一	…侯…若	1
三三六二	…侯…若…王…	1
三三六四	…卯卜爭貞侯其及…	1
三三六六	…王侯…	1
三三六七	癸…侯…哭…不…	1
三三六八	…侯其…哭…	1
三三六九	…王…侯…弓	1
三三七二	…酉卜貞…侯…十二月	1
三三七三	己巳卜翌庚午侯不其…	1
三三七四	乙未卜殻貞王曰侯…	1
三三七六	…侯…夂…	1
三三七七	…侯弗…	1
三三七八	…侯…	1
三八二〇	…酉卜古…王曰侯…	1
四四七三	…侯及色	1
五九四三	…侯…執…	1
六〇五四	貞…途…侯	1
六一三〇正	貞曰侯…殸…	1
六六七二	…穷貞…侯又…	1
六七一九	戊午卜方出其受侯祐　二告	1
六八一九	…酉…令…上紳…侯二…[glyph]周	1
六八二〇正	貞令…族暨…侯…周載…	1
六八二一	…[glyph]令…侯[glyph]周五月	1
六八四〇	癸亥卜…侯其戋眣	1
六八四一	貞侯弗敦眣	1
六八四二	甲申卜王貞侯其戋耑	1
六九六三	甲辰卜王雀獲…侯[glyph]…	1
六九七六甲	…尊…侯	1
七四一四	…申卜…貞侯…稱冊…	1
八九九〇正	…申卜殻貞侯弗以　二告	1
九一五四	…巳卜…貞…以…侯…刃	1
九四八六	癸…貞…令𢀛壆…于…侯十二月	1
九九三四正	癸卯卜古貞王勿于黍侯…	1
九九三四正	癸卯卜古貞王于黍侯受黍年十三月　小告	1
一一〇二四	…多侯…廼令…	1
一一〇八二	…侯…三牛	1
一二八〇五	己巳…侯其…不延雨	1
一三七六〇	…侯…其…	1
一三八九〇	丁酉卜殻貞杞侯炽弗其骨凡有疾	1
一七一六〇	丙戌侯…無囚…王…	1
一八七九五	…亥…貞旬無…[glyph]…侯…	1
二〇〇二四	侯咋來	1
二〇〇六一	戊…侑侯…囚仲…	1
二〇〇六三	…卜…甫…侯…	1
二〇〇六四	…未卜王…白取…侯	1
二〇〇六七	…侯…來	1
二〇〇六七	…巳…侯…	1
二〇〇六八	…卜王侯弗若循	1
二〇〇六九	…戊…令匕侯…有匕…	1
二〇〇七三	…侯	1
二〇〇七三	戊午卜不…侯	1
二〇五一〇	辛卯卜令…伐…侯	1
二〇五九二	…杲…侯…六月	1
二〇六五〇	…卜王…不既…于侯侯…有祐	1
二三五五八	…逐貞…[glyph]…惟㞢…工侯…允…	2
二三五五九	乙…大貞…夕告…侯往…丁	2
二三五六〇	戊子卜吳貞王曰余其曰多尹其令二侯上 絲暨[glyph]侯其…周	2
三二九六六	…辰貞令犬侯…載王事	4
三三〇六九	己亥…侯…[glyph]王…伐歸若	4
三三〇七一	甲辰卜侯賓雀	4
三三〇七一	甲辰卜雀受侯祐	4
三三〇八二	…亩…先以…侯步…十三月	4
三三九七九	癸丑貞…啓侯…	4
三四一一三	…戊卜用侯…上甲十示…	4
三四四四二	貞侯于…	4
三六三四四	丁丑王卜貞令囚巫九𠧩…典舂免侯 彈…尤暨二𡛷余其比…𢦏無左自上下…受 有祐不𣅀戋無…商無𡿧在…	5
三六三四九	…卜貞…侯甾…不𣅀…	5

著錄	釋文	分期
三七四六八	丁丑卜貞宰逐辟祝侯麓𪓿犬翌日戊寅王其㞢…召王弗悔擒	5
三七四六八	癸酉卜貞宰逐辟祝侯麓𪓿犬翌日戊寅…其…召…	5
屯七七一	癸未卜惟侯射	4
屯一〇五九	乙丑…侯商…告…	4
屯一〇六六	丁亥貞王令保老因侯商	4
屯一〇六六	丁亥貞王令隴彭因侯商	4
屯一五五五	…侯…	4
屯二三七三	丁丑貞王令闇歸侯以田	4
屯三一九五	…侯商…	
屯三三九六	多侯歸	4
屯四五一六	己亥…侯…𢀛王伐歸若	1
英一五	…巳卜王…侯…	1
英一八六	…亥卜王…唐不惟侯唐	1
英一八九	貞侯循不其復	1
英一九〇	…令…弜…侯余…	1
英一九二	…侯	1
英一九五	…令眞?侯	1
英一七五九	…侯…	1
英一七六九	己未卜王侯…受…方…	1
英一七七二	…侯…昌	1
英一七七三	…取…侯…一月	1
懷二四	…貞翌甲寅…由侯𢀛以羌自上甲至于丁	1
懷一五九二	…𣏟侯…丁用	4
懷一六五〇	丁亥卜惟侯…𢀛…	4

族

著錄	釋文	分期
六三四三	勿呼王族凡于疚	1
五六一七	王族	1
六九四六正	庚申卜殻貞呼王族延比𢀛	1
六九四六正	庚申卜殻貞勿呼王族比𢀛	1
六九四六正	甲子卜爭雀弗其呼王族來	1
六九四六正	甲子卜爭雀弗其呼王族來	1
六九四六正	雀其呼王族來　二告	1
一四九一二	…令𢓊以王族比𥄎載王事六月	1
一四九一三	貞呼王族暨疚…	1
一四九一四	…王族	1
一四九一五	戊戌卜爭貞惟王族令戈	1
一四九一六	貞惟王族	1
一四九一八正	…貞亞以王族暨黃…王族出…𢓊亞庚…	1
一四九一九	庚辰卜爭貞呼王族先	1
一四九二〇	…戌卜王族令	1
三三〇一七	己亥貞令王𢧢追召方及于…	4
三四一三一	惟王族令	4
三四一三三	丁酉卜王族爰多子族立于𦣞	4
屯一九〇	庚辰卜令王族比𠚕	4
屯二〇六四	王族其敦尸方邑舊右左其𩰫	3
屯二三〇一	甲子卜𠬝以王族宄方在𡉚無災	3
懷七一	…巳卜爭貞令王族比𠀠𢀛載王事六…	1
懷三四九	…王族…	1

子族

著錄	釋文	分期
一四九二二	…殻…呼子族先	1
一四九二三	…𢓊以…子族…比	1
一四九二四	…有子族	1
二一二八七	己卯卜祰侑子族豕用	1
二一二八八	戊寅卜侑子族示不	1
二一二八九正	…卜侑子族犬…十彘…	1
二一二九〇	勿侑子族	1
二一二九〇	戊午卜𠂤侑子族　二告	1

多子族

著錄	釋文	分期
五四五〇	貞惟多子族令比𠀠𢀛載王事　二告	1
六八一二正	己卯卜允貞令多子族比犬侯𢀛周載王事五月	1
六八一三	貞令多子族比犬?暨𠀠𢀛載王事	1
六八一三	貞令多子族暨犬侯𢀛周載王事	1
六八一四	癸未卜爭貞令旅以多子族𢀛周載王事	1
一四九二一	惟束令暨多子族	1
屯一一三二	多子族卜	4
屯四〇二六	庚寅卜多子族于𦣞	4
懷一六三五	庚寅卜多子族于𦣞	4
懷一六四二	…多子族立于𦣞	4

三族

著錄	釋文	分期
六四三八	…戌卜爭貞令三族…沚戠…土…受…	1
三二八一五	己亥歷貞三族王其令追召方及于𠂤	4

著錄號	釋文	期
三四一三四	惟三族令	4
三四一三五	暨令三族	4
三四一三六	暨令三族	4
三四一三六	惟一族令	4
三四一三六	惟三族馬令	4
二六八七九	五族其雉王衆	3
二六八八〇	…丑卜五族戍弗雉王…　吉	3
二八〇五三	王惟次令五族戍羌方	3
二八〇五四	癸巳卜王其令五族戍𢓊…伐𢦏	3

其它

著錄號	釋文	期
四四一五正	辛巳卜貞令𠭥𠂤旃甫𦎫疚族五月	1
四七九〇	…剛小…族…朿	
五六二二	丁未卜爭貞令郭以有族尹𠂤有友五月	1
五七二八	惟族馬令往	1
六八二〇正	貞令…族暨…侯…周𢦏…	1
九四七九	戊子卜㝉貞令犬延族墾田于虎	1
一七一二四	…族…延冉	1
二五九〇六	貞…族…	2
三一八〇三	…族	3
三七五一八	辛亥卜在攸貞大左族…擒	5
屯一一〇八	甲寅…王惟…族…	4
屯一二二三	…族尹…	
屯二九〇九	…族奴人于帛…	4
懷四二四	…巳…族追…于舌…	1
懷一九〇一	辛亥卜在攸貞大左族有擒	5

至

至干支

著錄號	釋文	期
四一九反	貞至于午先來	1
六六七正	壬寅卜㱿貞自今至于丙午雨	1
六六七正	壬寅卜㱿貞自今至于丙午不其雨　不吿	
	黽　二吿	1
七九九	癸酉卜王貞自今癸酉至于乙酉邑人	
	其覡方印不其覡方執一月	1
九〇〇正	至甲辰帝不其令雨	1
三五二一正	自今至于己酉不雨	1
六二三二	癸丑卜㝉貞今至于丁巳追	1
五七七五正	貞至于庚寅敄迺既若	1
五七七五正	勿至于庚敄不若	1
六五七一正	貞自今壬寅至于甲辰子商𢦏基方敦缶	1
六五七一正	壬寅卜㱿貞自今至于甲辰子商弗其…	
	基方	1
六五七一正	壬寅卜㱿貞自今至于甲辰子商𢦏基方	1
六八三四正	癸丑卜爭貞自今至于丁巳我𢦏𠂤王固	
	曰丁巳我毋其𢦏于來甲子𢦏旬又一日	
	癸亥車弗𢦏之夕𡆥甲子允𢦏	1
六九四三	辛酉卜㱿貞自今至于乙丑其雨壬戌雨	
	乙丑不霧不雨　二吿	1
七三八二	貞自…至于乙…不其雨	1
一〇五一六	庚午卜爭貞自今至于己卯雨	1
一一五九五	…申卜…今至…	1
一一六六一正	丁…貞自今…五六日至壬辰有…	1
一一六六三	壬申卜㝉貞自今至于…	1
一一六六四	…㝉貞自今至于…	1
一一六六四	…自今至于…	1
一一六六五	貞于…自今至…	1
一一六六六	…自今至…	1
一一六六七正	己亥卜自今己亥至于辛…	1
一一六六八	…今至丁丑…	1
一一六六九	…今至丁巳…	1
一一六七〇	…自今至…	1
一一六七一	…卜爭…今至…丙子…	1
一一六七四正	…至于庚寅…	1
一一七七九正	貞自…至辛…	1
一一八九一正	…自今至…	1
一二三一一正	戊戌卜㱿貞自今至于壬寅…	1
一二三一一正	貞自今至于壬…雨	1
一二三一二甲正	自今至于戊申不雨	1
一二三一二乙正	甲…卜…貞自今至于戊申雨	1
一二三一三	甲戌卜㝉貞自今至于戊寅雨	1
一二三一五甲正	…自今至于…不其雨	1
一二三一五乙正	貞自今至于辛亥雨	1
一二三一六	貞自今五日至于丙午雨	1
一二三一六	貞今五日至…	1
一二三一七正	自今癸巳至于丁酉雨	1
一二三一七正	…今至…酉…雨	1
一二三一八正	庚子…今至于…辰雨	1
一二三一九	庚子…自今至…甲辰…	1
一二三二二正	丁亥卜㗊貞自今至己…不其雨	1

著錄號	釋文	分期
一二三二四正	丁巳卜亘貞自今至于庚申其雨	1
一二三二四正	貞自今丁巳至于庚申不雨	1
一二三二九	自今庚…至乙…其雨	1
一二三三〇	貞自今至于庚不其雨	1
一二三三一反	自至于戊寅不其雨	1
一二三三二	壬寅卜自…至壬午不其雨	1
一二三三三正	丙戌卜貞自今日至…庚寅雨不	1
一二三三四	自今五日至于…	1
一二三三四	壬…卜…自今五日至于…不其雨	1
一二三三五	壬子卜亘貞至于丙辰雨	1
一二三三六正	丙戌卜殼貞其至于丁亥雨	1
一二三三七	庚申…至于…雨…	1
一二三三八	甲申卜今日三…至己…雨	1
一二三六〇	戊申…自今至…辛亥…	1
一二八二〇	辛未卜貞自今至乙亥雨一月	1
一二九二三	壬子卜貞今日雨…日允…至于…雨	1
一二九六二	…卜爭…丁其惟庚…至于丁亥雨允…	1
一二九六四	甲辰卜王自今至己酉雨允雨	1
一三二二六	丙子卜永貞自今至于庚辰其雨	1
一三二四八	貞自今至于庚辰不…	1
一三四五一	…日其雨至于丙辰霧不雨	1
一四一四八	…自今至于庚寅帝不其令雨	1
一四一四八	…戊卜爭貞自今至于庚寅帝令…	1
一四一五一	…自今至…庚寅帝不其令雨	1
一四一五三乙反	己巳帝允令雨至于庚	1
一四四七〇正	貞自今庚申至于甲子雨	1
一四七二一正	貞自今至于戊寅不其雨	1
一七二二九	…貞…至于…未王田…七月	1
一九四七二	…至丁母…	1
二〇一六三	…丑卜徃令…延至庚辰不	1
二〇四一八	…王貞…餡令七…丙午至于戊戌曰方	1
	其征…朕衛	1
二〇六六五	…卜…至壬…歲…畜…五牛	1
二〇七九一	…壬雨至…十二月	1
二〇八三四	戊…自今…至…	1
二〇八三五	辛卯卜㠯…自今辛卯至于…	1
二〇八四〇	甲戌卜貞田至五日戊…	1
二〇八四三	…望五百四旬七日至丁亥比在六月	1
二〇八六一	辛卯至	1
二〇九一九	辛酉卜貞自今五日至乙丑雨	1
二〇九一九	…自今辛…至于乙…	1

著錄號	釋文	分期
二〇九二一	己丑卜徃自今五日至…癸巳其雨…雨癸…	1
二〇九二三	癸卯卜㠯自今至于乙巳日雨乙霧不雨	1
二〇九二三	…丑…自今至于乙巳…雨	1
二〇九二四	壬午卜自今日至甲申日其雨一月	1
二〇九三九	…至辛酉雨	1
二〇九四〇	…巳卜…午至庚申雨	1
二〇九四二	至壬雨少三月	1
二〇九五〇	…寅卜□其于乙日衡…癸卯羊…今日	1
	雨至…不雨	1
二一〇五二	癸酉卜自今至丁丑其雨不	1
二一〇五二	自今至丁丑不其雨允不	1
二一一三二	癸亥…今日至甲有…	1
二一三八七	丁巳卜㠯自丁至于辛酉虎不其凶允…	1
二一三八七	丁酉卜㠯自丁酉至于辛丑虎不其凶允不	1
二一三八七	丁巳卜㠯自丁至于辛酉虎凶不十一月	1
二一三八七	辛卯卜㠯自今辛卯至于乙未虎凶不十月	1
二一三八七	丁酉卜㠯自丁酉至于辛丑虎不…	1
二二〇四五	戊戌卜庶至今辛	1
二二〇四五	不至庶今辛	1
二二一五九	庚申卜酌自上甲一牛至示癸一牛自大乙	1
	九示一牢㮇示一牛	1
二二二七四	乙酉絜丁無至辛巳允子無	1
二二九一五	甲申卜旅貞今日至于丁亥暘日不雨在五月	2
二三六二九	…卜尹…今日至…庚辰…	2
二四三三三	乙丑延雨至于丙寅雨䨲	2
二四六五八	辛亥卜王貞…夕…至…癸丑…	2
二四六六五	癸未卜行貞今日至于翌甲申不雨	2
二四七五九	丙辰卜尹貞今日至于翌丁巳雨	2
二四七六三	戊寅卜無至壬午雨	2
二四七六四	…卜旅…日至…辛…雨	2
二四七六九	丁酉卜王貞今夕雨至于戊戌雨戊戌允	2
	夕雨四月	2
二五九〇五	…其自…至于…二月	2
二八五四一	…日王其田至…不遘雨	3
二八五四六	丁至庚不遘小雨　大吉	3
二八五四六	丁至庚其遘小雨　吉　茲用　小雨	3
三〇〇五〇	自乙至丁有大雨	3
三三二九一	辛亥卜壬雨至癸	4
三三四五六	戊辰王其田…至庚不遘雨	4
三三八三二	辛巳卜不雨至壬	4
三三八三四	…至辛卯雨	4

三三八三八　丁酉卜辛：至癸卯…　4
三三八四四　癸未：今日雨至…　4
三三八六二　…至于戊雨　4
三三八六八　甲子卜今日至戊辰雨　4
三三八七九　…亥卜：于不雨…至壬寅雨　4
三三八七九　癸巳卜今日…至乙…　4
屯四八三　乙至丙雨　4
屯五八〇　亞卓延弗至庚　4
屯九八五　庚辰貞今日庚不雨至于辛其雨　4
屯二六〇〇　今日至翌日丙延啓　3
英一三　…今至于辛亥雨…旬雨己酉雨　1
英三〇四反　…今至于甲…　1
英六七八　…貞自今至…　1
英九一四　丁丑…今至…不舌黽　1
英一〇一一正　貞自今至于庚戌不其雨　1
英一三四三　…酉卜…貞自…至于…　1
英一三八二　甲辰卜翌乙巳我奏舞至于丙午…　二告　1
英一八三七　日日戊申至…　1
英一八三八　…今至庚申不…　1
英一八七四　…至己亥出立　1
懷八六五　貞自今至于乙酉我𢦏　1
懷八八一　貞自…辛亥至…癸亥不…　1

地名

一九九　己卯卜爭貞今𠁁令𢀛田从𢦏至于瀧獲羌　1
二〇一正　丙申卜㱿貞𢀛獲羌其至于鬲　1
四〇八九　壬子卜貞自今六日有至自東　1
六一二八　乙丑卜㱿貞曰舌方其至于𡏳土其有…　1
六一二九　…丑卜㱿貞…曰舌…其至于𡏳…有…　1
六一三〇正　乙丑卜㱿貞曰舌方其至于…　1
六一三一正　…卜㱿貞舌方其至于𡆥　1
六一三二　…舌方其至于𡆥　1
七八一八　貞不至于商五月　1
一三七四〇　貞于翌丁巳至𡆥　1
二〇四〇五　…羌…至商…征二月　1
二一七二三　癸酉卜我貞至咢無𡆥　1
二一七二四　癸酉卜貞至咢無𡆥余次　1
二一七二四　癸未卜貞至咢無𡆥　1
二一七二五　癸酉卜衍貞至咢無…　1
二一七二六　辛酉卜緐貞至咢無𡆥　1
二一七二七　癸酉卜衍貞至咢無𡆥　1
二一七二七　癸酉卜衍貞至咢無𡆥　1
二一七二八　癸巳卜緐貞至咢無…　1

二一七三〇　…卯卜緐貞至咢我有事　1
二一七三一　癸丑貞至咢無𡆥　1
二一七三一　癸丑貞至咢無𡆥　1
二一七三二　…卯卜衍…至咢無𡆥　1
二一七三三　…巳卜衍…至咢…𡆥　1
二一九一〇　癸酉卜貞至咢無𡆥　1
二一九一〇　癸未貞至咢…𡆥　1
二一九一一　…未…至咢…　1
二二〇四五　己亥卜不至雍　1
二二〇四五　…卜至雍今己　1
二二〇八八　丙戌卜貞𡆥至師無若　1
二四二二五　庚申卜出貞今歲秋不至茲商二月　2
二四九五一　…丑侑于五毓至于龔𢎮　2
二七八〇九　王至喪…吉　3
二七九九一　自可至于寧偁禦　3
二八一八八　自瀼至于膏無災　大吉　3
二八一八八　自瀼至于大無災　吉　3
二八三四二　王其延至于𢦏無災　3
二八八八二　…滴至…𢦏射左犬擒　3
二八八八三　王其田涉滴至于𢦏無災　3
二八八八五　王其田盂至𢦏無災　3
二八八八七　…至𢦏…無災　3
二八九四七　…送于梌至于向無災　3
二九〇〇一　其至喪無災　3
二九〇〇二　至喪無災　3
二九〇一三　至喪無災　吉　3
二九〇八五　王其田…至盂湄日無…　3
二九二八五　王其田𣪊至于目北無災　3
二九三八八　辛卯卜壬王其田至于犬𠈇東湄日無災永王　3
三二一八三　辛巳貞其執以至于商　4
三三〇四五　…寅卜方其至于𠂤師…　4
三六五五一　貞至于商　5
三六五五七　貞王曰送延于夫延至盂…來無災在七月　5
三六八二四　𪓐其驛至于攸若王𡆥曰大吉　5
屯一〇六五　至小乙　3-4
英二三九四　…其至𢦏無災　3
英二三一八　…田盂至𢦏…災　3

祖先

二二六正　癸酉卜㱿貞父乙之𡧊自羌甲至于父…　1

編號	摹本	釋文	期
二七〇正		壬寅卜㱿貞興方以羌用自上甲至下乙	1
二七一反		貞…方以羌自上甲用至…下乙	1
二七一反		…𠂤用自…至于下乙	1
三七七		庚辰卜貞衣㞢歲作𫹉自祖乙至于丁十二月	1
四一九正		貞勿𠂤自上甲至下乙	1
二一九九正		至于商彡	1
六一二二		…侑于唐至于大甲	1
六五八三		自成告至于丁	1
六八三四正		癸丑卜爭貞自今至于丁巳我弗其𢦏甾	1
六九三九		…爭貞曰雀翌乙酉至于𨐍	1
一三七四〇		戊午卜貞今日至昊𢍰于丁	1
一四八五一		庚子卜爭貞其祀于河以大示至于多毓	1
一四八五二		癸亥卜貞翌甲子自上甲至于多毓	1
一四八五三		自上甲至于多毓十三月	1
一四八五四		丁卯卜爭貞翌辛巳皀…自上甲至于多…	1
一四八五五		癸丑卜爭貞有㞢伐自上甲至于多…	1
一四八五六		…卜宕…甲申…㞢歲…至于多毓…丁彡 十三月	1
一四八五八		…至于…毓…	1
一九七五六		丙寅卜有涉三羌其𠂤至師卯	1
一九八二〇		甲子王自大乙祝至祖…	1
一九八四七		甲子卜𫑡斲馬至祖乙	1
二〇〇六五		…酉…九示自大乙至丁祖	1
二〇五三〇		癸未卜延酉父甲至父乙彡一牛	1
二〇六一〇		…𠂤行東至河	1
二〇七七〇		…燎…自入至𢀛門不往陰十一月	1
二一五三八乙		…𢍰父庚三牢又㦰二彡雈至…庚	1
二一五七三		甲寅子卜彡至𢍰壬	1
二一五七五		辛亥卜至伊尹用一牛	1
二一七二九		癸卯卜貞至兕無囚	1
二一八〇四		戊辰卜御貞彡盧豕至豕龍母	1
二一八〇四		戊辰卜御貞彡小牢至豕司癸	1
二二〇四六		戊子卜至…𢍰子庚…	1
二二〇四六		至…𢍰父丁…	1
二二〇四六		戊子卜至子𢍰兄庚羌牢	1
二二〇四六		戊子卜至子𢍰父丁白豕	1
二二〇四九		戊午卜至妻𢍰父戊良有㚔	1
二二〇七四		甲午卜只𢍰于入乙至父戊牛	1
二二〇七四		甲午卜只𢍰于妣至妣辛	1
二二一八七		丁丑示卯𤕦兕祖庚至于父戊	1
二二二二六		庚申卜至婦𢍰母庚牢束小牢	1
二二二六八		酉至婦力中母豕	1
二二二六九		酉至中母力	1

編號	摹本	釋文	期
二二六二一		辛亥卜𢓊貞王賓翌𢀛自上甲衣至于毓無尤	2
二二六二二		癸卯卜…貞王賓𢀛自上甲至于多毓衣無尤	2
二二六二三		丁丑卜旅貞王賓…自上甲衣至于多毓無 尤在正月	2
二二六四七		庚辰卜卜貞翌辛巳乞彡𢀛自上甲衣至于 毓無壱在…	2
二二六五一		癸未卜…貞翌甲申乞彡𠱫自上甲衣至于 毓無…	2
二二六五二		…卜貞…子乞彡𠱫自上甲衣至于毓…	2
二二六五五		癸亥…甲子乞彡翌自上甲衣至于多毓 無囚三月	2
二二六五六		…尹…子乞彡…自上甲衣至…毓無壱… 十二月	2
二二六五七		庚戌卜𣶃貞翌辛亥乞彡彡乇自上甲衣至于 …毓…	2
二二六六〇		…酉卜旅…翌甲戌…翌自…至于…無壱 …	2
二二六六一		癸…貞…乞彡…自上甲…至于…無…	2
二二六六二		庚戌…貞…乞彡…上甲至…多毓…壱	2
二二六六三		…乞彡翌自上甲衣至于毓無壱…	2
二二七二二		癸亥卜行貞王賓…自大乙至于毓無尤	2
二二七三六		…旅貞…幼…大乙至…毓無尤	2
二二八九九		乙酉卜行貞王賓歲自祖乙至于父丁無尤	2
二五〇八九		…衣至…彡八月	2
二六〇〇四		癸丑卜旅貞翌甲寅…彡祭自…衣至…	2
二七〇七八		…彡自上甲至…	3
二七一〇一		卜㞢歲其至于大乙　吉	3
二七一二〇		…至大乙…吉	3
二七二三九		其至中宗祖乙祝	3
二七二八三		癸巳卜大貞其至祖丁祝王受有祐	3
二七二八四		至祖丁…受祐	3
二七二八五		至祖丁𠦪　吉	3
二七二八七		至祖丁…王受…	3
二七三一八		至毓祖丁𠦪年　吉	3
二七三一九		至毓祖丁王受…	3
二七三四六		貞其至小乙	3
二七三六六		至祖丁王受祐	3
二七四一一		…水…至父己	3
二七四一五		王其𢀛…𠦪至父庚	3
二七四二九		其至父庚有…	3
二七四五四		祰其至父甲　吉	3
二七四七四		…至父甲	3

著錄	釋文	期
二七四七九	…至父甲	3
二七四九五	…至于多㕣王受…	3
二七五〇三	甲午卜吾其至妣己祖乙奭有正　吉	3
二七五五一	至于妣辛彰　茲用	3
二七六〇五	其至司㛐有正	3
二七六二九	…祝至兄辛	3
二七六五四	丁巳卜以歲其至于伊尹　吉	3
二七六六一	乙巳卜吾至伊尹	3
三四〇八六	…至于多毓	4
三四二一八	…至于…十示又…	4
三五四三〇	…未王…先…上甲至毓…	5
三五八一六	丁亥卜…賓…丁至于…衣無尤	5
三六三一七	…貞昔乙卯武必…癸亥其至于妣癸必丁　…	5
三七八三五	…王卜貞今囚巫九备其彰彡日…至于多毓衣無壱在畎在…又二王囚曰大吉惟王二祀	5
三七八四三	…貞彰翌日自上甲至多毓…自畎在八月惟王五祀	5
乇　九	甲辰貞射𢦏以羌其用自上甲盞至于…	4
乇二四四	奉其至㝬…受…	3
乇二二四	癸巳貞其有以自上甲盞至于父丁甲午用	4
英一九二三	癸丑卜王曰貞翌甲寅乞彰𢦏自上甲衣至于毓余一人無囚茲一品祀在九月遘示癸觀彘	2
懷一二六九	自示壬至毓有大雨	3
懷一三六九	自大乙至毓有大雨	3

著錄	釋文	期
九四正	甲辰卜亘貞今三月光呼來王固曰其呼來迄至惟乙旬又二日乙卯允有來自光以羌芻五十　小告	1
三六六反	…固曰有祟其有來…迄至五日戊…昔…	1
五八三反	王固曰有祟敫光其有來艱迄至六日戊戌允有…有㠯在𡆥㠯在…𡆥亦焚亩三十一月	1
五八四正	癸未卜㱿貞旬無…祟其有來艱迄至七日…允有來艱自西𨛜戈…告曰𢀛方征于我奠…	1
五八四乙反	…固曰有祟其有來艱迄至六…在𡆥	1
六〇五七正	㠯…王固曰有祟其有來艱迄至七日己巳允有來艱自西𨛜友角告曰𢀛方出侵我示𣎆田七十人五	1

著錄	釋文	期
六〇五七反	王固曰有祟其有來艱迄至九日辛卯允有來艱自北𡚱妻安告曰土方侵我田十人	1
六〇六〇正	癸巳卜…來艱迄至…𢦏告曰土…𢀛方亦…	1
六〇九三反	王固曰其有來艱迄至…卜其惟甲有至吉其…其惟戊亦不吉…	1
六七七八反	…固曰有祟其有來迄至無我…	1
七〇八五	…子卜㱿貞其…自啇王固…艱迄至…有來…壬申	1
七一四一	…曰其有來艱迄至…	1
七一四二反	…迄至九日…安…	1
七一四六反	…來艱迄至…	1
七一八〇	…來入艱惟…艱迄至…	1
一三三六二反	…祟甲申夕㞢乙酉…鼓乞至	1

著錄	釋文	期
六七三二	…生九月方不至	1
二〇四〇九	癸酉卜方至今不	1
二〇四一〇	乙巳卜今日方其至不	1
二〇四七〇	庚午卜不至方至	1
二〇四七七	戊申卜𠂇余今方至不	1
二〇四七八	丁亥卜𠂇余令曰方其至	1
二〇四七八	丁亥卜𠂇方至	1
二〇四七九	辛酉卜王貞方其至今八月乙丑方…	1
二〇四八〇	辛酉卜王貞方不至今八月	1
二〇四八一	庚子卜方至自今五…	1
二〇四八三	癸亥卜𠂇方至今日	1
二〇四八四	乙巳方至…	1
二〇四八五	戊寅卜方至不之日㞢曰方在𡳿啚	1
二〇四八六	…貞…方…其至…	1
二〇四八七	…方于戊至	1

著錄	釋文	期
二七二八七	冊至王受有祐	3
三〇六五七	惟冊至	3

著錄	釋文	期
一一六二五	…今日…至…日	1
二七四五四	其至日戊彰	3
二八二六一	至日彰	3
乇三三七一	至日甲	3
乇三三七一	弜至日	3

至

編號	釋文	期
乇四五八二	其至日	3
乇四五八二	燮燎弜至日酌 吉 茲用	3
三九四五反	王固曰戠其出惟庚先戠至	1
三九四六反	王固曰戠其出惟庚其先戠至	1
三九四七正	王固曰戠其出惟庚先戠至	1
三九四七反	王固曰𢆶其出惟庚先戠至	1

至犧牲

編號	釋文	期
二〇七〇〇	乙丑卜先：呼盧犬𢀛至二牢	1
二一五三九	辛亥：卜其至三牢又鬯二：	1
二一五四四	惟彘用至小牢父戊	1
二一五四五	惟彘用至小牢父戊	1
二一五四八	甲寅子卜其至大牢：反妣己用豭一	1
二一六五九	：貞：至彘	1
二一七五二	：子：來己：至羊：己	1
二一七五三	：卯子：惟豕：至羊：癸	1
二一七五四	丁亥子卜：己酉：至羊：	1
二一八〇三	壬寅子卜用豕至宰妣：	1
二一八〇三	癸卯子卜至宰用豕宍	1
二一九一七	皿至豕	1
二二〇七三	己丑卜禦于帝三十小牢己丑余至豼羊	1
二二二〇九	：妣戊至盧豕	1
英一八九二	：子于卜至羊于妣己賓歲	1

至于宮

編號	釋文	期
五七〇八正	乙亥卜貞令多馬亞𠂤遣䀁省陵亩 至于宮侯从㳄川比𡆥侯九月	1
五七〇九正	乙亥卜：多馬亞：䀁省陵：至于宮：	1

至今

編號	釋文	期
一三七五九反	其至今五月史無：	1
一九七七七	庚午卜王方至今日	1
二一七〇八	壬辰余卜：至今	1
二〇三七七	辛酉卜貞有至今日執無：	1
二〇二〇九	丁巳卜至今：	1

至囚

編號	釋文	期
一六四八六	貞：茲有：其至囚	1
一六四八七	：至囚	1
一七四五一	庚辰卜貞多鬼夢不至囚	1
一九四六二	貞卜：茲㞢：其至囚	1
乇一〇九九	戊寅卜今夕無至囚	4

編號	釋文	期
乇二五二五	癸亥卜有至囚	1

弜至

編號	釋文	期
二二〇四六	弜至	3
二七三二八	弜至祖乙	3
二七二四九	弜至：吉	3
二七四二九	弜至	3
二八一五七	弜至三𩔋 吉	3
二八一五七	弜至三𩔋	3
二八一六〇	弜至二𩔋	3
二八三四二	弜至𢦏其悔	3
二八四二七	弜至	3
二九〇二六	王至：永：大吉	3
二九〇二六	弜至喪其雨 吉	3
二九二三八	弜至𦏧：	3
二九二八五	弜至其悔	3
二九三一二	弜至于𩛥	3
二九三八三	王至于凡田湄日無災	3
二九三八三	弜至凡田其悔	3
三三五一四	弜至𢦏其悔	4
三四四二一	弜至	4
三四四二一	己未卜歲至于大：	4
乇五九三	弜至	4
乇六九一	弜至 茲用	3
乇二五七八	惟：省延至𢦏	3
乇二五七八	弜至	3
乇四四三三	甲子卜弜至采用	1

㞢至

編號	釋文	期
七二正	乙丑卜翌丙豙有至	1
七二正	庚午豙有至二月	1
七七五反	今有至	1
六五七一正	貞曰子商至于出丁作山𢦔	1
六五七一正	勿曰子商至于出丁作山𢦔	1
七一一一	癸巳卜㝐貞翌庚有至	1
七一八七正	貞：甲辰其有至嬉	1
一〇九六四正	辛亥卜内貞今一月𢀛正化其有至	1
一〇九六四正	貞𢀛正化其于生一月有至	1
一三七五九反	壬辰卜貞：五月史有至	1
一九四五九	貞來庚戌有至	1

亡至

編號	釋文	期
七七五反	無其至	1

著錄號	釋文	期
五七九三	癸未卜今一月雀無其至　二告	1
五八九八	貞翌乙巳無其至	1
八七八〇	貞今乙酉無其至	1
八七八〇	貞今乙酉有至自北	1
八七八〇	貞翌丙戌有至	1
八七八〇	貞翌丙無其至	1
一〇三四六正	辛丑卜㱿貞我無至嬉　二告	1
一三二五六正	貞：子無其至	1
一三三五六正	貞乙巳有至	1
一三二五六正	：庚：無其至	1
一九四六三	癸亥卜貞無其至一月	1
一九四六四	無至	1
二〇三五一	壬子貞無至	1
二〇八一六	無至九月	1
二二二四八	癸巳卜貞婦𡧊無至口	1
二二二四九	癸巳卜貞婦𡧊無至口	1
二二二五一	癸巳卜貞婦𡧊無至口	1
屯五六	甲戌貞今夕無至震	4
屯五六	：寅：今夕：至震	4
懷一六五八b	無至疾	4

著錄號	釋文	期
九四五反	不其至	1
九四五反	：至	1
九四五反	不其至	1
二三五八正	：貞今春：不其至	1
三一八三正	貞無其至自東	1
四二七六	其至	1
四四〇六	壬：卜：四月𠂤不其至	1
四五二八	：卜自今戊至：克不其至	1
四六〇四	：翌甲：㪔：其至	1
四六〇五正	貞今日㪔不其至	1
四六〇六	貞不其至	1
四六一一正	貞生：月象至	1
四六一一正	不其至	1
四六七八正	辛酉卜亘貞生十月𠭯不其至	1
五四三九正	今夕不至	1
六八三四正	辛酉卜㱿翌壬戌不至　二告	1
八六八九	貞不其至十月	1
九〇二一正	惟其至	1
一五三三二	：寅：今春：其至	1
一一六七五	丁酉卜：其至：	1

著錄號	釋文	期
一九四六五	貞不其至	1
一九四六六	貞不其至	1
一九四六七	：不其至	1
一九四六八	貞不其至	1
一九四六九	貞不其至	1
一九四七〇	丁酉卜不其至	1
一九四七一	貞比：至于：	1
二〇二七〇	王于：比師：其至：	1
二〇九六〇	丙寅卜今日：其至不	1
二一五四三	辛：其至三：豕父甲𢿤：	1
二一六八六	：其至：上甲：	2
二一九八七	：日：丁亥：其至：	2
二二六七三	貞𡚱其至在二月	2
二四二二五	：貞秋其至	2
二七六〇五	其至：有：	3
二七八一一	：辰卜：王其至：無災　吉	3
三三八七一	乙亥卜今日其至不祟雨	4
三四三九三	：其至：祝𠕋：	4
英三六二正	貞生四月𦘔不其至	1
英一三七六	貞其至	1
懷一五〇七	壬子卜𠂤：其至五日：印	4

著錄號	釋文	期
一九三三九	不至	1
二一六〇五	戊不至	1
二二〇九一甲	辛亥卜惟至嬉	1
二二〇九一甲	不至	1
屯一〇五六	癸卯貞並不至	4
屯三三八七	丙戌卜丁雨不至丁雨	4
屯四〇二五	方出至于茲：	3
屯四〇二五	不至	3
懷一六〇〇	癸酉貞秋不至	4

其它

著錄號	釋文	期
九三反	丙午卜㝉貞呼取牛百以王𡆥：吉以其至：	1
二五六正	庚寅卜爭貞𥛓及今三月至	1
四一七	：丑：有自：至于：牛一羌卯宰九月	1
七六四	：上甲至：小：	1
八七〇正	：至一月	1
一一一一三	貞今二月師般至	1
三六六七	：卜㝉：至于：	1

至

三六八九正　……穷……至……
四一四六　丙午卜己酉雀至
四一四七　……雀允至
四二三五　貞今二月師般至
四二七六　其先戎至自行
四三五六　甲戌卜亘貞呼往見于河僃至
四三五七　貞今四月僃至
四四二四　庚午……豕……至
四四二五　丙……豕史……至
四四二六　……申卜王甲……至
四四二六　……乙豕至
四六〇六　壬寅卜貞今日畝至十月
四六七九　……亥卜……貞今十二月旬至
四〇[illegible]　……𢓊至
五六四一　……貞勿……至使
六九三八　……今秋勿捍至翌……
六八九七反　丙……貞……至……
七〇六一正　帝令至于……
七〇九八　王固曰：媗兹至：媗自西……
七一九八　甲子卜穷貞勿至翌日……
九二二四　貞百牛至
九二一四　貞百牛女其至十月
九九七六正　癸亥卜古貞翌甲子邑至　二告　不舌黽
一〇六一三反　王固曰吉日陕至
一二五六三　……及今三月至
一二五六九　……弗其……三月至……
一二六五七　……貞……及今……至……
一二八五八　貞夕示至
一三七四〇　貞今生夕至……禦于丁
一三九三七　……𡧊至于……允次惟……妾㚔……有子
一四一五八　……卜……秋……至……四月
一四三八〇　己亥卜穷貞王至于今水燎于河三小宰
沈三牛有雨王步
一五三九〇　……至來……
一七一八五正　貞允惟蠱至……　二告
一七一八五正　貞不惟蠱至……　小告　不舌黽
一七七一二　王固曰辛至
一九〇四九　……九日𢓊至
一九〇五〇正　貞今日至
一九四五一　貞翌戊寅立至
一九四五二　……至三月　小告
一九四五三　……至十三月

一九四五四　戊申卜貞今六月至
一九四五五　己亥……今至
一九四五六正　……申卜……今至……
一九四五七　戊午至
一九四五八　壬午至
一九四八四　辛卯……畏至不
二〇一五二　……卜甾巫……至……曰巫……
二〇四一〇　……卜……至……余曰……五日……方……
二〇四八二　……師貞自……至于……方其……不
二〇五五一　……侑大……告吏……至幺……
二〇五八二正　甲申王至于……三戌𠬪四……
二〇八〇一　丙午卜今二月毋至
二〇八〇三　……至四月
二〇八九二　……惟今夕至
二一一二一　……至娥……羹八……
二一四〇一　壬申卜……用一卜勿龍辛卯𣎵……口?至十月
二一四七七　至糾……至
二一五〇二　……至于……
二一五〇九　……卜有……允丁至……
二一五三八甲　……父甲三白豕至……
二一五三八乙　禦小辛三宰又𢦏二彭萑至……
二一五七四　癸丑子卜來丁彭伊尹至
二一六〇五　孙子戊至
二一六二五　……戊子卜貞雀……至我有……
二一七二五　癸巳……惟羊……至……于取……
二一七五八　……亥卜……眉至四……豕十
二一八〇五　癸卯卜來其彭于司癸至……
二一八〇五　惟豕用至尻司宰
二一八六六　……宁至……六月
二一九二一　壬午貞至……惟宰
二二〇一四　㜇至
二二〇四五　己亥卜至雍𠂤毋
二二〇四九　至𤕦羊
二二〇六六　惟至用丁……于……
二二三〇三　丙辰卜亞狄一月至
二二四二一反　己卯卜酉三匚至丩甲十示
二二四二二　己卯卜酉三匚至丩……
二二四二三　乙未卜王𠭯禦
二三三九五　……侑于妣辛冏歲其至凡……祖四月
二三三九六　……妣辛冏歲至凡……
二三五八三　……申卜大……至于……日九月

著錄	釋文	期
二三六二八	丁酉卜尹貞今夕至于…	2
二三六七〇	…惟龜…至十月	2
二四一三九	壬子卜王…貞惟小臣于…至	2
二四三一七	…辰卜旅貞翌丁巳…夷至…在師裘…	2
二四六四五	至十月	2
二五四六〇	甲辰卜吳貞王賓夕禱至于翌𬁾禱不作	2
二七〇五八	弜宗上甲至	3
二七〇五九	至…受…	3
二七〇八七	其自盤有火至	3
二七一九四	貞𧧱祖乙惟[illegible]至有正	3
二七二九二	祖丁史至二…	3
二七三一〇	…至…弗悔不雨	3
二七五〇三	弜至	3
二七五二八	惟[illegible]至…	3
二七六四一	其侑長于惟[illegible]至王受祐	3
二七六八六	庚辰…貞至…	3
二七八一〇	惟王至	3
二八〇一〇	目方…至…吉	3
二八〇四三	…不至于…戌再…𢦏	3
二八一二二	…卜万其[illegible]至凡王弗悔 大吉 茲用	3
二八一四〇	丙寅卜狄貞其高…至[illegible]王受有祐	3
二八一五七	至…[illegible]…若…	3
二八一五七	至于二[illegible]于之若王受有祐	3
二八一六〇	至二…	3
二八一六一	貞至…[illegible] 吉	3
二八一六三	貞至三[illegible]	3
二八三三〇	延至…擒鹿	3
二八九九一	惟襄田省延至于之無災 大吉 茲用	3
二九一〇二	…省…至…	3
二九一八四	…至王受祐	3
二九二七二	…旦至于昏不雨 大吉	3
二九三二八	今日辛至昏雨	3
二九七六一	…卜今夕至翌無…	3
三〇〇二五	惟龜至有大雨	3
三〇六三二	癸丑卜狄貞龜至惟祝	3
三三〇二九	戊午卜暨至禦翌己未	4
三三三五六	壬子…川…至	4
三三九四五	…今夕至…	4
三三九六一	至于…	4
三三九八〇	癸不啓至…	4
三四五三八	惟至FT用	4
三四五八五	丁丑卜蒸穧至…	4
三五二四九	…至于十禾…	4
屯九	癸卯貞盤至于…	4
屯四二	自旦至食日不雨	3
屯四二	食日至中日不雨	3
屯四二	中日至昃不雨	3
屯七六六	弜龜至	3
屯二三六三	惟龜至	3
屯三一二四	惟龜至	3
屯四四二〇	龜至	3
英三六二反	貞今三月𡿧至	1
英六四六正	貞翌甲辰其有至[illegible]	1
英七三七	…來…至于…允…	1
英七五六正	…貞…泥至告曰𡿧來以羌	1
英七五六反	之日泥至告…𡿧來以羌…	1
英一一〇二	…至…終日霧…雨	1
英一七八六	辛卯…雍…至	1
英一八四七	…至…雨	1
英一九〇五	…酉余卜…至[illegible]	1
英一九一七	乙卯…至禦…	1
英二五六三	壬辰王卜在[illegible]貞其至于[illegible]觀旧師往來無災	5
懷三八三	…辰卜王…至以…人…十二月	1
懷四一三	…生一月…戊中…追至不…	1
懷四三〇	…阜…至…	1
懷七三三	…夕不其…至…	1
懷五〇七	…丁至…	1
懷一二〇一	癸酉…喜貞…惟…至…	2
懷一四三八	…王…田延至…𡿧無災	3

葡

著錄	釋文	期
三二〇	丙午卜貞阜尊歲羌三十卯三宰葡一牛于宗用 八月	1
四七三	丁亥卜…辛卯侑…三宰葡…羌	1
一〇五三	貞…其…十人…宰葡…	1
一九七三	…酌大…父于丁…葡一牛十月	1
一五八二三	貞…[illegible]三宰葡一牛	1

三三七一九　壬午卜大貞翌癸未侑于小𢀛三宰箙一牛　2
二七一二三　其用大乙箙牛　3
英一九七二　：卯侑于母辛三宰箙一牛羌十　2
英二一八〇　：于卜：酢圖：箙一牛　2

三〇一　丁亥卜殻貞昔乙酉箙旋禦：丁大甲 祖乙百鬯百羌卯三百：　1
三〇二　：貞昔乙酉箙旋禦：乙百鬯百羌 卯三百宰　1
屯九一七　乙酉卜禦箙旋于婦好：犬　4
屯九一七　乙酉：箙旋無囚　4

其它

三三二　：翌辛：侑：司辛：箙侑：羌　1
一〇七二　：貞：卯又：箙：人　1
三六〇九正　乙酉卜箙：　1
三七五五　癸巳卜爭貞旬無囚甲午𡆥乙未箙　1 韋𡆥在瀧十月　1
三九〇二正　癸丑卜箙貞：　1
三九一一　甲午：箙貞：　1
五八〇二　：貞勿収多箙：　1
五八〇三　収多箙：　1
五八〇四　：多箙：　1
五八四五　：卜箙：今生三月　1
八七六一反　：丑箙：　1
九六六九臼　：辰婦妸示屯一丿箙　1
九七四一正　箙受年　告　1
一一四〇〇　貞王勿𢼄鬯箙牧于在𣏟　1
一三八八四　貞箙𠂤骨凡有疾　1
一六一八四　：箙：㞢：卜曰：允：　1
一七〇九一　：箙：不冓　1
一八三四八臼　戊戌卜穷貞：箙：　1
二〇一四九正　辛巳卜：古箙十月　1
二〇一四九正　辛巳卜甾入令並箙　1
二七一二三　其：箙：　3
三〇三七三　貞弜𡧊箙　3
三四〇七六　：箙旋有疾王：　4
屯九一七　：箙：　4
屯二一五二　于箙作僔宿戋　大吉　3
英四三七　戊申邑示一屯　箙　1
英五六〇　箙　1
英二一七九反　丁卯卜箙：　1

⿱⿱艹甬火

八九三五正　：取：⿱⿱艹甬火　1

圅

一〇二四四正　貞惟圅豕逐獲　1
一八四六九　：圅：災　1
二〇〇八六　：亥卜大叫圅人十一月　1
二八〇六八　惟伐匕于圅　3
二八三七二　惟圅麋逐　3
二八三七三　：擒圅麋　吉　3
二九三四六　田圅　3
三六四八一正　：小臣牆比伐擒危美人二十人四：人五百 七十𩙿百：車二丙盾百八十三圅五十矢：白麇 于大：用𡚬伯印：于祖乙用美于祖丁僔曰京 晹：　5
三七五四五　：卜在：貞：田圅：　5
屯二三九八　戊午卜在圅剌戋告麋其匕擒　3-4

涵

二九三四四　：王田涵湄日無災擒　3
二九三四五　惟涵湄日無災　3
三一八二六　貞：涵：　3

怣

二一三〇六甲　辛卯卜畣其怣　1
二一三〇六乙　辛卯畣不怣　1

⿱至來

六〇五七正　王固曰有祟其有來嬉迄至七日己巳允有 來嬉自西𢦔友角告曰𢀛方出侵我示 ⿱至來田七十人五　1

一六一六七　：惟韡：效　1

晉

一九五六八　：晉将：　1
一九五六九　：晉将：　1

⿱至豆

二七八三　戊辰卜爭貞勿⿱至豆婦娘子子　1

著錄號	釋文	期
二七八四	戊辰卜爭貞勿蠆婦娘子子	1
六〇〇	…□惟…	1

朿

著錄號	釋文	期
一六九	貞王勿去朿	1
五一二七	丁未卜爭貞王往去朿于敦	1
五一二八	貞王去朿于敦	1
五一二九	貞王去朿于甘	1
五一三〇正	甲午卜爭貞王往去朿若	1
五一三一正	貞王往去朿…	1
五一三二	王…去朿	1
五一三二	…往去朿	1
五一三三	…貞王往去朿不…	1
五一三四	乙未卜殼貞王其去朿告…	1
五一三五	貞王去朿	1
五一三六	貞王去朿	1
五一三七	貞王去朿	1
五一三八	貞王去朿	1
五一三九	…王去朿…弗左…	1
五一四〇	…王去朿示弗…	1
五一四三反	…去朿	1
五一四四	…貞…去朿…于祖…	1
五一四五	貞王勿去朿	1
五一四六	貞王勿去朿	1
五二三九	貞王勿去朿	1
七四七三	貞王勿去朿	1
七八六一	貞王去朿于敦	1
二一八一	王去朿	1
二一八一	去朿	1
英三〇正	貞王其去朿弗告于祖乙其有囚	1
五四五二	乙丑卜允貞令㓊暨鳳以朿尹比啚□	1
	載事七月	1
五六一七	呼多朿尹次于教	1
五六一八	甲午卜貞呼朿尹有禽	1
五六一九	…辰朿尹…有禽	1
五六二〇	乙卯卜貞朿尹	1
五六二一	…卯卜貞朿尹無囚	1

著錄號	釋文	期
二〇三五八	…朿尹	1
九六三六	庚寅卜貞惟朿人令省在南啚十二月	1
三三二〇三	辛亥卒令朿人先涉…	4
三四二四〇	卒惟朿人以𧿹	4
英二四一五正	…令朿人先涉	4
四七八八	貞牢新朿…	1
九四四四	…新朿三十屯	1
九四四五	…自新朿三十乞…	1
九四四六	…自新朿三十	1
二二二八二	先𡚬朿	1
二二二八三	甲子卜先𡚬朿	1
二二二八四	甲子卜先𡚬朿	1
二二二八五	戊子卜先𡚬朿	1
二二二八七	𡚬朿祟	1
二二二八八	𡚬朿祟	1
四七八七	貞勿祟矢朿　二告	1
四七八七	辛酉卜亘貞呼祟矢朿	1
一五九四〇正	貞丁畀我朿	1
二二〇三三	畀朿	1
屯二一八〇	…丑卜惟四畀彡朿	3-4
屯二四〇〇	乙丑卜畀朿	4
屯二五七六	…未貞畀朿于茲三鼓	4
屯二六三三	乙巳貞畀朿	4

犧牲

著錄號	釋文	期
七七七三	貞我…凡牛朿羊　二告	1
七七七三	不豕朿	1
二二二一五	癸丑卜往啓啇朿小宰	1
二二二二六	朿魚	1
二二二二六	庚申卜至婦禦母庚宰朿小宰	1
二二二二六	庚申卜禦朿	1
二二二二六	妣庚宰朿羊豕	1
二二二二六	妣□宰妣庚朿	1

二二二二六　羊束　1
二二二二六　豕束　1
二二二三八　：豕束用　1
二二三四七　：束：豕　1
二二五九二　束羊　1
屯九八四　惟田：羌束不遘雨　3
二二一三〇　祝亞束彘　1
二二一三〇　亞束：　1
二二一三七　先亞束豭　1
二二一三七　祝亞束彘　1
二二一三七　祝亞束：　1
二二一三八　祝亞束彘　1
二二一三九　祝亞束彘　1
二二一四〇　：亞束　1
二二一四一　：亞束豭　1
二二一四二　：亞束：　1
二二二二六　于亞束午婦　1

其它

八六〇甲正　貞其束往：　1
八六〇乙正　貞不束往：　1
八六一　：耒卜殻：王往：束若四月　1
一七二四正　貞束　1
一九七六　束：出：　1
四〇八九　壬子卜貞自今六日有至自束　1
四七八九　惟：束無：　1
四七九〇　：剛小：族：束　1
四七九一　：卜穷貞：束　1
四七九二　束　1
四七九三　：爭：束出：不于：囚　1
四九七八　乙亥卜爭貞王束有祟不于：人囚　1
五一三五　貞：束　1
五一四七反　癸卯：勿：束　1
五八二九　丁酉卜呼雀疋束夅　1
六四三七　：束：　1
九六三七　：寅：惟束：令省在南亩十二月　1
一〇〇四八　戊子卜貞翌庚寅延聽企束　1
一三七二六　貞子束無疾　1
一四一六一正　貞王入于㲋束循　1
一四一六一正　貞勿于㲋束　1

一四九二一　惟束令暨多子族　1
一五二四一正　貞告廳企束于高：　1
二〇〇三六　：戌卜貞不束余奠子戠十月　1
二〇二五六　丙辰卜𠂤貞王曰：我侑我：束延：　1
二〇三二七　甲申：余宅：束　1
二〇七四一　丙午卜𠂤令龍以隹示屯[illegible]八月　1
二一二五五　壬子卜束：惟不：九月　1
二一二五六　：涉束　1
二一四四四　：束　1
二二〇七四　癸巳卜木于束延　1
二二〇七七　癸卯卜束彡　1
二二一三五　禦束：　1
二二二六〇　：束在商　1
二二二八四　束祟　1
二九〇三一　惟束西麋从　3
二九七六五　：企束翌日：告　3
三二〇〇一反　：貞束：不喪衆　4
三二〇五四　貞：今日令束尹　4
三二九六二　辛酉：入束：王口：　4
三二九六七　束尹羽　4
屯三四一　壬申卜王令鼓以束尹立于敦　4
屯五九九　壬子卜束尹出受祐　4
屯一一六　乙亥卜貞竹來以召方于大乙束　4
屯三七九七　辛巳卜貞王惟羽令以束尹　4
屯四五二四　己酉：束：　4
英四四九　庚寅：呼：元：束：三：　1
英七三七　：束：至于：九：　1
英七八〇反　：束乞：　1

責

二一二五四　丙午卜克責　1
二一三〇六甲　庚辰卜𠂤比糸責　1
二一三〇六乙　庚辰貞𠂤比糸責無囚四月　1
二一三二七　壬子卜：責：今夕：無囚　1
二二二一四　癸巳卜今夕奴責祀　1
二二二二六　延責獲　1
二二二二六　司責豕　1
二二二二六　：豚責　1

二一八九二 ……女……宵……

一七九五二 丁酉……𢦏……不其……

畀

六三正 貞翌辛卯㞢彔雨𤰈畀雨

六四 癸……貞……畀……

六五一 貞小母畀𡴎

七九五正 貞羊畀舟

八〇一 貞牧涉于東畀……

九六六正 己丑卜古貞畀若

一四三〇甲 ……大甲不其畀

一四三〇乙 貞王其㞢勹于大甲畀

二七六六 貞畀婦井

三〇二四 ……央……畀……

三〇五四正 庚辰卜穷貞受畀妻十二月

三三二九 貞勿畀子𠂤一月

三八九六 ……卜永……畀……

四一二四 ……畀……米……

四七六三 癸……貞……畀……

四八二四 ……爭貞惟畀

五〇三二 貞無其畀

六一五九正 壬王曰勻吾方畀

六七七〇正 ……方畀我……五月

六八一〇 ……貞勿畀……

七七三反 ……畀戠……

八二九九 辛……貞……畀……

八三三二正 乙未卜古貞吾畀𢦏 二告

八四七〇 貞畀……

八六七七 ……勻……于方……畀

一〇九八九正 貞而妣壬雨獲畀舟

一四二一〇 丁丑……王其……帝畀我……

一四二二一正 帝畀……

一四二七〇 貞啟示畀……

一五九二六 乙巳卜貞王畀……

一五九二七正 卜古……王畀……

一五九二八 ……惟南……畀……中婦

一五九二九 貞牛畀㑗 二告

一五九二九 貞牛畀㑗 二告

一五九三一 貞呼畀……二告

一五九三二 ……貞乙畀……又……

一五九三三 呼畀……

一五九三四 貞惟𠂤畀

一五九三四 貞惟取畀

一五九三五正 己卯卜永貞畀……𡴎……

一五九三六 ……子卜王……畀……

一五九三七正 ……帝有畀……

一五九三八 ……子……子……畀……

一五九三九 貞……畀……

一五九四〇正 貞丁畀我束

一五九四一 貞……畀𡆥

一五九四二 貞惟畀𡆥

一五九四三 戊寅卜貞𤰈畀𡆥

一五九八四 貞勿畀 十二月

一八六一五 戊……穷……賓……畀……

一八七〇五 ……𢆶畀……

一九四四六 ……子……子……畀……

一九四四七 貞不其畀……

一九四四八 ……不其畀……

一九五八二 貞……畀啓……

一九六六二 辛……𣪊貞呼取陵于……方畀

一九九八三 丙申卜余勻母畀……二月

二〇〇二〇 乙卯卜祀畀……子任

二一四六八 乙未……不其畀

二二〇三三 畀束

三二〇八四 丁丑貞畀丁……羌八……牛一

三二九一五 戊戌貞羽異惟其無畀啓

屯二一〇 ……丑卜惟四畀彡束

屯二三九 茲……三翌畀……

屯二四〇〇 乙丑卜畀束

屯二五〇五 ……翌日翟其畀

屯二五六二 弜祀畀伊

屯二五五六 其畀伊

屯二五七六 ……未貞畀束于茲三鼓

屯二六五三 乙巳貞畀束

屯三八九七 ……畀……𣪊……高王……

英一二七八 ……畀……夕……

英一二七九 ……其畀……

一〇七五反 …固曰有…之日有來媗乃[?]樂
事…[?]亦[?]人…

五八六 …巳卜㝛貞王曰行[?]祟

二一八五 壬戌卜買[?]不潛十二月

二二二〇六甲 甲戌貞妣乙[?]有歲

[?]有歲

二二二〇六甲 甲戌貞有妣己歲[?]卜

二二二〇六甲 甲戌貞[?]妣癸有歲

二二二〇六甲 …貞[?]…歲

二二二〇六乙 甲…[?]歲…母戊

二六八五八 …其[?]…[?]…

四五五 …未…貞[?]…羌用…用二月

七九五正 貞…[?]用及[?]于父乙

夷

一〇二七反 …夷何…

胶

英九〇三 …貞胶…今十二月師…闌…

[林矢]

二六〇一九 甲申卜旅貞其圍[?]方…

八〇一三 …于[林矢]

[匸交]

五三七五 壬辰卜貞王…[匸交]

𣪊

三七五八反 己巳卜殸貞𣪊無疾

一八四七三 …[?]…

[矢白]

一八四六八 …稚…[?]…

一九七七八 …卜[?]不其…雨[?]印延雨執

一三八八八 辛卯卜殸貞[?]骨凡有疾

四四四九正 貞令[?]…[?]羽

[?]

一八四六五 …宁[?]…

英二五六三 壬辰王卜在[?]貞其至于[?]觀𠂤師往來無災

㚔 執

六三三二 貞戠啓王其㚔𢀛方

六三三三 乙酉卜爭貞往復从臬㚔𢀛方二月

六三三四 貞我弗其㚔𢀛方 二告

六六五〇正 …卜古貞[?]化[?]受有祐三旬又…日戊

子㚔[?]戈方

六七九六 …辰卜㝛貞方㚔井方…

六七九七 …二百人…之日𧡛方㚔…

三一九七八 丙子貞令眔禦召方㚔

三三〇二六　丙子卜今日祟召方奉
三三〇四四　己巳貞執井方
屯　三八　丙子貞令衆御召方執
屯　一九〇　丙子卜今日殺召方執
屯　九一八　貞王令旁方執
英一八一二　……弗……執……方

六二七　壬午卜旁貞侃不䧹執多臣往羌
六二八正　壬午卜殻貞侃追多臣……羌弗執
六二八正　壬午卜殻……臣往羌執
二六九七一　……執羌其……用？在四月

六九四七正　庚午卜爭貞亘奉　二告
六九四七正　庚午卜爭貞亘不其奉　二告
六九四七正　貞亘不其奉
六九四七正　貞亘奉
六九五一反　……戌卜旁貞戈奉亘
六九五三　貞雀弗其奉亘
六九五五　……奉亘
六九五六　……弗……奉亘……二告
二〇三八四　辛亥貞雀執亘受祐
二二三九七　奉衣執亘

六四三甲正　貞臣不其執
六四三乙正　……臣執
六四三丙正　癸巳卜旁貞臣執王固曰吉其執惟乙
丁七日丁亥既執
六四三丙正　貞臣不其執
一四〇〇二反　……其奉
一四〇〇二反　……奉臣

五七二　貞呼□圉執
五七四　庚午雀執圉　二告
五七五　貞亘執圉
五七五　貞亘弗其執圉
五七六　癸丑卜王呼疋圉執五月
五七七　其執圉
五七九　……戌卜……貞弗其執圉七月
英六〇八正　癸丑卜旁貞令邑並執圉七月

英六〇九　……□令執圉七月
英六一〇正　……寅卜亘……圉執
英六一〇反　……固曰其執惟其不率
懷四二〇　癸……圉……執……曰其……

其它

四三　丁亥卜貞……复……爿祟……執……
一二七　貞弗其執雍芻四月　小告
一三六正　……執
一三六正　……卯卜古貞……芻自宵……弗其執
一三六正　己卯卜古貞……執往芻自宵王固曰其惟
一三六反　丙戌執有尾其惟辛家
己卯卜古……王固曰其惟……戌執有若……
五〇〇反　其惟辛家
王固曰惟丁執吉
六四一正　癸酉卜亘貞臣得王固曰其得惟甲乙
甲戌臣涉舟延□弗告旬又五日丁亥
執十二月
六五六正　壬寅古貞永執□
六五六正　貞永弗其執
六五六反　貞……執
六五六反　弗其執
六九七反　貞執屯王固曰執
八二六　己酉卜殻貞執屯
八四六　貞□執往
八四七　貞□執往
八四八甲　……其執往自……
八四八乙　……執往自……　二告
九八七　庚子卜內貞王惟……執……
五二五四　……史……田？……奉……用
五四二九　……奉……勿惟王……
五八二八　甲戌卜內翌丁丑雀女其奉
五八二九　丁酉卜呼雀疋束奉
五八三〇　貞雀其奉
五八三一　貞□不䧹奉
五八三二　貞□奉
五八三三反　貞□奉
五八三四　乙卯卜永貞□弗其奉子二月
五八三五　貞侃弗其奉……
五八三六　貞侃……奉多……
五八三七　甲申卜……亦奉……水……
五八三八　……亦奉……
五八三九正　貞商奉

五八四〇正　壬午卜㱿貞尹奔䍃王固曰其奔七日戊
：尹允奔
五八四一　庚午：貞𤰈：奔
五八四二　敹率奔
五八四三　貞舟弗其奔
五八四四正　壬午卜爭貞舟奔䍃　小告
五八四五　丁未卜穷貞奔
五八四六　癸巳卜㱿貞奔
五八四七　：卜㱿：奔
五八四八　：亥卜㱿貞：惟有祐奔
五八四九　：貞奔
五八五〇　壬寅卜古貞奔
五八五一　：奔
五八五二　：于：奔二月
五八五二　：奔
五八五三　：內奔
五八五四　戊戌卜穷貞受一?乞取：㞢于𠤎奔
五八五五　：奔之日王允往：
五八五六　：允奔
五八五七　乙酉卜甫允奔沚
五八五八　：盧：允奔
五八五九　：固曰：既之：奔：
五八六〇　戊申：千翌：戔東𢓊：自西从：于之
奔
五八六一正　：𠂤奔
五八六二　：奔[illegible]
五八六三正　：奔
五八六四　：壬奔不：
五八六四　：奔：
五八六五　：奔：
五八六六　：卜：子?：固曰：奔：丁
五八六七　壬午卜爭：王固曰其奔惟：乙酉永允
：
五八六八反　：奔：
五八六九　：其奔秋
五八七〇　甲午卜：秋?其奔
五八七一　：貞其奔
五八七二　：其奔
五八七三　其奔允弗及
五八七四　弗其奔三月
五八七四　：奔
五八七五　貞弗其奔
五八七六　弗其奔
五八七七　貞弗其奔
五八七八　貞史?：弗其奔

五八七九　：卜王弗：奔
五八八〇　貞：弗其奔
五八八一正　貞弗其奔
五八八二　：不奔
五八八三　：呼：奔
五八八四反　不奔
五八八四反　其奔
五八九八　貞奔無其：
七〇五四　壬寅卜：貞令?：逆𢦏：征奔：
七〇五五　戊申：千𢓊：捍奔一月
六〇五七正　：奔：
六五二八　貞勿曰𠂤田弗其奔
六五二八　：爭貞王曰𠂤田其奔
六八七五　雀弗其奔缶
六八九二正　甲辰卜㱿貞今我其奔衙不：戋于𢦔
七〇二四　乙卯卜作《奔𤰈
九一五二反　貞奔：
一〇二九七　庚辰卜王弗其執豕允弗執
一〇三七二　：王執往麋：又九之日：雨風
一〇九四六　：午卜㱿貞：逐鹿于萬執
一三九二四　貞執凡生
一三九三七　：𡴍至于：允𣲙惟：妾奔：有子
一三九三八　：日：子允：有妾奔：
一五五二七反　己：貞奔：
一七一九二反　：㞢：祖：奔：
一九九四六正　辛未酉大乙執大其：
二〇三六五　甲戌：執王惟巫：母庚
二〇三七八　乙巳：貞惟：敹：左：執無囚
二〇三八一　庚子：執：人于：弗及
二〇三八二　弗執
二〇四四九　壬寅卜𤆍缶比方執四日丙午不獲方允
遘不獲
二〇五〇六　：今日：執：
二〇五二二　辛未卜王執佣
二〇五二八　：執缶
二〇五二九　弗執缶
二一七〇八　丙申余卜印執𤜶
二一七〇八　丁酉余卜執𤜶
二一七〇八　辛丑余卜印執𤜶
二一七〇八　癸巳余卜印執
二一七〇八　乙未余：執
二一七〇八　：余：執

二一七〇九 丙申余卜㣇執䝮
二一七〇九 丁酉余卜執䝮
二一七〇九 …未…執
二一七一〇 …未…卜執䝮
二一七一〇 壬辰余卜印執䝮
三三〇一〇 乙亥卜執屮
三三〇一〇 乙亥卜弗執屮
三三〇一一 庚戌卜不執
三三〇一一 庚戌卜不執
三三〇一二 弗執
三三〇一三 弗執
三三〇一三 執
三三〇三一 弗執召
三三〇四四 弗執
三二〇九一 …貞…令𢍰…取鼓告…白執三月
三三二〇一 丁亥卜…汏人…玨呼鬱召奉在四月卜
三二三一七 弗奉
三四四四〇 癸卯貞其王奉
屯一一二〇 乙不其執
屯一二八三 …執…
屯四三三六 己未卜…𧰼…執
英三一六 貞𢍰…其執
英五三八正 …執…元…
英六〇二 㱿貞雀其執
英六一一 …執舟…
英七一〇正 …宊貞…商執…
英一九〇三 癸巳余卜弗執䝮
英一九〇三 印弗執
懷三五四 …執…缶…
懷四五二 貞弗…執

奉 奢 執

一三九正 …秋竭奉自文奉六人八月
五九三六 …來…𢍰不…執
五九三七 貞𢍰…執
五九三八 …執
一三七三三 壬辰卜貞奉其有疾
二〇三七九 弗奢
二〇三七九 弗奢
二〇三七九 弗奢
二〇三七九 弗奢
二〇三七九 弗奢

二〇三七九 奢亘
二〇三七九 奢…
二一〇二一 己酉卜奉…其雨印不雨田啓
二二〇六五 壬戌卜子夢見邑奉父戊
懷一四九六 奉陰…卜…曰翌庚寅其雨…余曰己其
雨…不雨庚…大啓…

奉 䵼 執

一三七正 癸卯卜爭貞旬無囚甲辰…大驟風之夕𡆥
乙巳…奉…五人五月在敦
一三九正 …秋竭奉自文奉六人八月
五〇六正 其奉
五〇六正 其奉
五〇六正 …龍其奉 二告
五二一反 …奉自…固曰其有來…𢀛羌捍
五六八正 貞奉㕚見
八六九 辛亥卜古貞追不奉
五九一五 …執
五九二六 壬午…執
五九二七 …大執
五九二九 貞遘不執…
五九二〇 貞王固曰遘勿執
五九二一正 不執
五九三一反 …固曰勿執
五九三二 …執…延…八人
五九三三 …𢓊災…虎執
五九三四 …得執
五九三五 …貞執…光…執…得…
一三三六二正 …大驟風…𡆥乙巳疾執…人五月在
敦
一三七三四 …戊卜王奉其…疾
一七〇六六 …貞旬無囚旬𡧊壬申…奉火婦姓子𣎆
七…
英五三九正 …丑卜爭…有奉…見…
英五四〇 甲戌…貞奉自林圉得

衛

六六六四正 貞一宰于上甲告我亡衛
六六六四正 貞侑于上甲三宰告我亡衛

圍

五九七二　……大……其遘圉辛至……　1
五九七三　壬辰卜貞執于圉　1

圛 圉

一三八　……㞢己未宀龜芻往自文圛　1
五二二反　……卯有……𢀛庚申亦有𩐁有鳴鳥……　疾圛羌捍　1
五九七四　……令𡴘……奠……侑……圛　1
五九七五　……圛　1
五九七六　延于𢀛京圛　1
六〇五七正　癸卯卜㱿貞旬無囚王固曰有祟其有來嬄　五日丁未允有來嬄飲䇂自𠂤圛六月　1
二二三三三　……六圛　1
三六四一九　辛卯王……小臣𩁹……其無圛……于東對王　囚曰吉　5
乇三六三八　……圛……
英五四〇　甲戌……貞𦍌自林圛得　1

敎

一〇四　𣎵以芻于敎　1
一〇五　勿𣎵以芻于敎　1
五九九二　……穷貞翌乙丑……敎不……　1
六八一六　……允貞令龔𠂤敎　1
一二三五七　戊子卜内翌己丑雨己執　1
一二四一五　……酉……執　1
一八一六四　己卯𡧊……　1
一八二二八　……敎……　1
一八二二九正　貞勿令敎……　1
一八二三〇　己未卜王……㚔……　1
二〇三八〇　丁巳卜自貞戊午敎　1
二八一七七　于敎　3
三一七八七　辛亥卜貞敎競　3
三一七八八　辛亥貞敎　3
三二〇八五　弜……敎敎……方　4
乇一一五〇　……執來……　4
英一八八一　壬戌……涉余……敎……　1

[illegible] 執

一三二　貞執雍芻　1
一三二　貞勿執雍芻　1

一三二　貞執雍芻　1
一三二　執雍芻　1
一三六　貞……執……芻……　1
一七六　貞呼婦好執　1
一七六　勿呼執　1
一七六　……婦執　1
一七六　呼執　1
一七六　貞呼婦執　1
四〇六　……貞執　1
五四六　……令雨執多……望𢀛方……　1
五四七　貞勿執多𠂤呼望𢀛方其𦉼　1
五四八　貞勿執多𠂤呼望𢀛方其𦉼　1
五四九　貞勿執𠂤呼望𢀛　1
五五〇正　甲寅……㱿貞……䑣執多𠂤呼……𢀛……　1
五七一正　貞翌庚子執𠂤　1
五七三正　……午卜㱿……執𠂤……　1
六九二　……執𡿺……　1
七三九　……卜貞執……　1
八一七　壬辰卜穷貞執多屯　1
一〇二二甲　丁卯卜勿令執以人田于𣪊　1
一〇二二乙　丁卯卜令執以人田于𣪊十一月　1
一〇八七　……王執……其以𧊒　1
一〇八八正　丁酉……執弗其以𧊒　1
一一三八　……𢀛執由　1
五七六〇反　……奔　1
五八八五　王執　1
五八八五　王執　1
五八八六　王執　1
五八八七　……亥卜穷……𡴘……執　1
五八八八　丙子……令……執　1
五八八九　……令執　1
五八九〇　貞勿令執三月　1
五八九一　貞勿……執　1
五八九二　貞勿執　1
五八九三　貞勿執　1
五八九四　……勿執　1
五八九五　貞……執　1
五八九六　……卯卜㱿貞執　1
五八九七　貞執取……　1
五八九八　貞執由　1
五八九九　丁未卜爭貞令執𠂤甫呼徵戈執……　1
五九〇〇　丁未卜爭貞令執𠂤甫呼徵戈執……　1
五九〇一　……爭貞……執𠂤……　1

五九〇二　…卜宊…貞執…衣　1
五九〇三　…執出　1
五九〇四　貞執示受㞢　1
五九〇五　貞執示受㞢　1
五九〇六　癸丑卜貞執古子　1
五九〇七　貞執望　1
五九〇八　貞執□　1
五九〇八　貞勿執□　1
五九〇九　貞勿執黃…　1
五九〇九　貞勿執　1
五九〇九　執　1
五九一〇　…惟…執□　1
五九一一　…執…　1
五九一二　…有執　1
五九一三正　乙酉…執…　1
五九一四　…執　1
五九一五　…妣…執　二告　1
五九一六　…沚?執　1
五九一七　…出?…執　1
五九一八　…無…執十三月　1
五九一九　…執　1
五九二〇　…執　1
五九二〇　…其執　1
五九二一　…執　1
五九二二　貞…□俒　1
五九二三　…□…　1
五九二四　貞…取□　1
五九七三　壬辰卜貞執于圉　1
六〇九四反　…受令□　1
六三三〇正　乙丑卜殻貞于保舌方□　1
六三三一　壬子…貞…□舌…　1
六四五一正　□　1
七二三九反　貞執…　1
七八一九　丁未…貞執…　1
九三三五　𢽀入…　1
九五〇三正　令執从曹　1
九五〇三正　勿令執从曹　1
九五〇六　丙子卜葡貞曰…執自于入□?　1
二〇三七二　…卜㚔執戌　1
二〇三七三　…㚔王執□　1
二〇三七四　…不…今…執…　1
二〇三七五　…執…步…　1
二〇四二七　…𢽀印弗征方…　1
二〇四六四　壬辰卜㚔執今勿入不涉　1

二〇四六七正　己…弗執大…方　1
二一七一一　…子卜□…令□執…　1
二一八二五　乙丑子…貞丁于…商執　1
二八〇八三　…其呼執…　3
三三〇五七　甲辰貞執以羌用于父丁卯牛　4
三三二〇二　戊子卜執人…止…　4
三七四六八　辛未王卜在召廳惟執其令饗史　5
英五三六　貞執　1
英五三七　…執汝…在圉?…　1
英五九三　貞勿執□□　1
英二三六三　惟祖丁庸𢽀用兄?丁　3

嬳

二八〇一　甲辰卜婦嬳…　1

執

一八五　呼逆執　1
三七六反　執　1
四三六　執不　1
五七八　癸丑卜宊貞惟□令執□　1
七九六　貞我弗其獲執　1
七九七　…侯印執　1
七九八　…用執用印　1
八〇二　貞㯥婦印勿?執　1
五八二八　甲戌卜内翌正有直□陟…　1
五九四二　…卜内…執…　1
五九四二　…卜内…執…其…　1
五九四三　…侯…執…　1
五九四四　乙巳卜王貞中?其執盧妣壬六月允執　1
五九四五正　…卜貞白𢦏…典執四月　不告　1
五九四六　…申卜…惟?曹令執　1
五九四七　…申黽□執　1
五九四八　…鼓𢦏…執　1
五九四九　…我王…祀…執白紳…乙亥山…曰紳…　1
五九五〇　…戌卜…貞今日…王…執…　1
五九五一正　貞勿呼逆執翌　不吾黽　二告　小告　1
五九五二　…貞享…執　1
五九五三　…𢦔執　1
五九五四　子令執三日乙丑旬無囚　1
五九五五　癸酉卜貞來自西曰既執…亦…　1
五九五六　…其…執…于…　1

五九五七　…未卜…貞…執…　1
五九五八　…惟…執…　1
五九五九　…有執…　1
五九六〇反　貞…執…　1
五九六一　貞…執…　1
五九六二　…卜殼…執…　1
五九六三　…執?…　1
五九七〇　丙辰…勿執　1
五九七一　辛巳卜…王勿執　1
五九九三　…勿…于…執?…　1
六九四七正　貞亘不擒惟執　1
六九四七正　貞亘其擒惟執　二告　1
六九五二正　乙亥卜爭貞令弗其獲執亘　1
七〇七六正　癸丑…貞…其獲…惟…執…　1
一〇三七三　…執麋獲十…　1
一〇三八九　甲午卜古貞令捍執麑十二月　1
一〇四三六　…令妻執兕若　1
一〇四三七　邑執兕七　1
一〇四三八正　…執兕…　1
一九七七八　…卜亘不其…雨䜌印延雨執　1
一九七七九　…貞…牛在…弗克以印其克以執三月　1
一九七八四　…有囚印無囚執九月　1
一九七八九　丙午卜王…其以執印　1
二〇三六六　…卌允執　1
二〇三七七　辛酉卜貞有至今日執無…　1
二〇四一一　癸酉卜貞方其征今夕印不執余曰方其
征允不…　1
二〇四五〇　丁巳卜貞豕有其…執　1
二〇七〇八　…其罷執　1
二〇七九六　辛未卜…自今三歲…毋執…　1
二一三九四　丙寅…今…不其𡆥執　1
二一九九九　…戌卜田執　1
二二五九二　貞惟有執　2
二二五九六　…卜大…王其…執…　2
二六九五〇　…卜王呼執羌其…　3
二六九八八反　執　3
二六九九一　執其用自中宗祖乙王受有祐　3
二六九九一　乙亥卜執其用　大吉　3
二六九九二　…戌雋…執以　3
二六九九三　惟戌呼旋執于之擒王受祐　3
二七三八七正　甲辰卜有來執于廳　3
二八〇一一　壬戌卜狄貞惟戌呼執　3
二八〇一一　壬戌卜狄貞惟馬亞呼執　3

三一七八七　…執自狩　3
三二一八四　…來執王其尋…爵　茲用　4
三二八四二　癸…卜…雀…執　4
三三〇〇九　…執延…　4
三六四九二　丙午卜在攸貞王其呼…延執胄人方𩁹
焚…弗悔在正月惟來征…　5
三七五一八　弜執　5
屯四八九　辛未卜執其用　3-4
屯五〇二　弜執　4
屯二三九四　辛未卜執其用…　3
屯二三五一　甲子卜執𢤩　4
屯二三五一　甲子卜弗執𢤩　4
屯二三九七　丁未…執其用　吉　3
屯二五〇一　…北…來執其用自大…　3
屯二六五一　戊辰卜戍執征𢦏方不往　3
屯三五六六　𤔲執　3
英五三三　丙寅雀有執十月　1
英五三四　貞勿執　1
英八六三　…其執鹿…弗執　1
英一一三六　癸未…殼貞…執…　1
英一七七九　丙寅…今夕虎不其𠂤…𠂤執…　1
英一八〇七　…立執　1
英一八一九　…丑卜…執　1
英二三〇一　其執　3
懷四五二　甲寅卜亘…呼犬登執豕執　1
懷一九〇一　弜執　5

濈

三六五三六　其伐濈利　5

執

五七〇
六九三　丁酉卜古貞𠬝執𢀛戠　1
六九三　…妻執…　1
二六九八八反　執　3
二六九九〇　…執…有正　3
二七九九六　弜執呼歸克饗王事　弘吉　3
二八〇八四　弜執　3
二八〇九八　…其多茲…十邑…而入執…𠕋千…　3
三二二八七　甲申貞其執三𡏳伯于父丁　4
三三〇〇八　…其執羌…　4

圉

一三九反　癸亥卜爭貞旬無囚王固曰有祟五日丁未在敦圉羌　1
五二一反　……奉自……固曰其有來……圉羌捍　1
五八四甲反　王固曰有祟八日庚子戈奉羌……人　改有圉二人　1
七九五正　貞王有圉若　1
七九五正　貞王有圉若　1
七九五正　貞王有圉不若　1
八五六　貞往自圉不其……　1
一〇六六反　……戋改圉一人　1
五九七七　丁丑卜穷貞圉　1
五九七七　貞……圉　1
五九七八　貞圉　1
五九七八　貞勿圉　1
五九七九　貞勿圉　1
五九七九　丁丑卜穷貞圉　1
五九八〇　……呼省圉　1
五九八一　……圉　二告　1
五九八二　……呼……圉　1
五九八三　貞圉戊二月　1
五九八四　……餡圉吅雀　1
五九八五　……圉不若　小告　1
五九八六　……圉　1
五九八七　……多……圉　1
五九八八　……改……圉　1
五九八九　……圉　1
一四四二二　貞……圉　1

⿴囗⿰執戈

六六六六　庚午卜穷貞旁方其⿴囗⿰執戈作捍　1

⿱宀⿱執皿

五九九〇　惟辛⿱宀⿱執皿　1

執

六八五正　勿呼執宅殹　1
七九九　癸酉卜王貞自今癸酉至于乙酉邑人其硯方印不其硯方執一月　1
八〇〇　壬午……爭貞其來印不其來執四月　1

八〇一　貞執用于祖……　1
五九六四　……其婞……允……　1
五九六五　……令婞……　1
五九六六　己未卜爭貞呼婞……　1
五九六七　……婞……　1
五九六八　……婞……　1
六九五二正　……獲執亘　二告　1
一九七八五　……惟……允……執不印九月　1
二〇三七六　……婦……令史執……月　1
二〇四六八　……辰卜王……大方……羊印不執　1

⿱宀執

五九九一　……⿱宀執……三月　1

執

八〇五　丙戌卜爭貞其告執于河　1
八〇六　貞告執于南室三宰　1
八〇七　……王……執……　1
五九三九　貞……執……　1
五九四〇　貞……執……　1
五九四一　……執……　1
六五六六反　王固曰有希茲𠂤執光　1
二一九〇九　壬戌貞商執　1
二二五九三　……貞㚒往告執于……　2
二二五九四　丙戌卜大貞告執于河燎沉三牛　2
二二五九五　……卜大……執……室……　2
二七三〇六　甲戌卜其執伊左歲　3
二七三〇六　甲申卜其示于祖丁惟王執　3
二八〇八五　執伊……　3
二八〇八五　弜執　3
三二一八三　辛巳貞其執以至于商　4
英五三五　……卯卜……勿執　1
懷一三六三　貞告執于南室三宰　2

執

八〇三　癸卯卜貞翌辛亥王尋𠦪以執　1
八〇四　……王尋𠦪以執　1
五九六九　……執……　1
二六九八三　丙辰卜狄貞[illegible]以執先用　3
三二一八五　弜逆執無若　4

二二一八五 己巳卜王其逆執侑 4
三二一八五 己巳貞王逆執有若 4
三二一八五 貞王弜逆執 4
三二一八六 ：以執王其尋于： 4
三五三七五 乙未卜貞王賓武乙執伐無尤 5
二五四三九 丁酉卜貞王賓執自上甲至于武乙衣無尤 5
屯二三六七 戍多以執 吉 3

執

二六九七二 ：用執：盤 3
二六九七二 ：執：宗 3
二六九七三 ：其以執：習大： 3
二六九七四 ：執工不作尤 3
二六九七五 庚申卜何貞翌辛酉執川惟 3
二六九七六 其以執父甲于升 大吉 3
二六九七七 乙亥卜其以執其卯有正 3
二六九七八 戊子卜其以執： 3
二六九七九 ：習龜卜有來執其用于： 3
二六九八〇 ：其用執王受祐 3
二六九八一 王其用執惟 3
二六九八二 ：于卜執其用 吉 3
一六九八四 ：來執其用王： 3
二六九八五 ：執自：王受祐 3
二六九八六 ：其執：吉 3
二六九八七 ：執卯王受： 3
二七三八一 執惟卯各于酉用王受祐 3
二七三〇二 戊辰卜鼓貞有來執自㪔今日其延于祖丁 3
二七六九五 ：貞：執： 3
三〇八八二 其延以執惟翌日 3
三三〇七六 ：卜：獸 4
三三〇七六 戊辰卜弗：獸 4
三六四七七 癸亥卜在迴貞：號：尤 5
屯二一四八 ：執工于雍己： 3
屯二一四八 戊辰卜今日雍己夕其呼執工 大吉 3
屯二一四八 弜呼執工其作尤 3
屯二一七九 丁丑卜在義田來執羌王其以于：大乙祖乙有正 吉 3
屯二三五一 戊辰卜執獸 4
屯二三五一 戊辰卜弗執獸 4
屯四五五八 丁亥卜王其以號于：王其賓若受有祐 大吉 3

弓

一五一正 貞弓芻于蔑 1
一五一正 貞弓芻勿于蔑 1
二四八正 弓芻于蔑 1
六八五正 弓芻： 1
六八五正 弓芻于蔑 1
九四〇正 乙巳卜古貞弓芻于蔑 1
九四〇正 □貞弓芻勿于蔑 1
三〇四六 貞：妻：弓： 1
三三六九 □王：侯：弓 1
七九三二 ：王往：弓于：喪之日王：弓于： 1
八八六七 ：卜爭：勿：弓：十一月 1
二〇一一七 壬辰卜𣎆甫弜弓 1
二一六五九 弓歸 1
二二四三五 庚寅卜貞：：𢀛弓 1
英二四〇二 己□北：其弓：大乙： 4

彈

五九三 公彈允 1
九二六反 ：彈 1
四七三三 貞呼丘彈 1
四七三四 丘彈𢽾： 1
七二三九正 令彈祟𦎧目 二告 1
一七〇七 王固曰彈允： 1
一九六六四 ：呼彈： 1
一九七五二 貞：彈：羊： 1
二〇五五七 辛未卜𣎆勿呼彈征 二月 1
二六八九九 貞彈祀 3
二六九〇七正 貞彈沈 3
二六九〇七正 彈𠂤 3
二八一四三 甲子卜彭貞彈： 3
二九七四五 彈無： 3
三六三四四 丁丑王卜貞今𡆥巫九𠫑：典眘𤔲侯 5
彈：尤暨二𡚤余其比：戋無左自上下：受有祐不𠧢戠無：商無𡆥在： 5
三六三四七 ：卜貞典眘𤔲侯：于其比彈𠚤戋無左：𠧢戠王𡆥曰吉在： 5
三六三四八 ：廾侯：彈𠚤戋無：𡆥告于： 5

彈

二五　戊寅卜貞彈延尸七月
九二八三正　貞其…彈在…
九四一〇正　癸亥卜穷貞翌丁卯酚彈牛百于…
一〇〇四八　壬午卜穷貞翌丁亥呼䇂彈
一〇〇五八　丙午卜彈延兔
一三五二三正　癸卯卜貞彈鬯百牛百…
一八四七七　…作彈…
二〇〇四〇　…于其彈
懷一五八二　庚子卜告方彈

弖

二六九　貞來辛亥子弖其以羌暨歲…于妣…
三八一　貞翌丁未子弖其侑于丁三羌…宰…
六六七正　壬寅卜爭貞弖載王事　二告　小告
六六七正　壬寅卜爭貞弖弗其載王事　二告
三〇二九　…未卜…貞惟…央…弖
三〇七二　…巳…弖牛
三〇七三　…貞子弖…丙日惟…辛卯酚四月
三〇七四　丁酉卜爭貞子弖徹…有尤
三〇七四　丁酉卜爭貞子弖徹…有尤
三〇七五　丁酉卜…子弖…
三〇七六　癸巳卜貞令囊卒子弖歸六月
三〇七七　乙丑卜穷貞翌丁丑弖其侑于丁
三〇七九　貞惟弖令
三〇七九　…勿…弖
三〇八〇　惟弖
三〇八一　…弖…惟…
三〇八二　壬…貞…弖…惟…
三〇八四正　貞呼…弖…
三〇八五　丁巳…弖勿…
三〇八六　…宿…弖…得…
五四七七正　令弖比䰜載王事
五六二八正　壬辰卜貞惟弖令司工…
六〇五一　…貞令…鼓…雍…弖…卒
六〇五七正　癸卯卜殼貞旬無囚王固曰有祟其有來艱　五日丁未允有來艱飲禦自弖圉六月
六一九二　貞勿呼弖望舌方
六二〇九　貞惟弖呼伐舌
七五九四　貞勿惟弖呼伐

七五九五　呼伐弖
八七五一反　…弖…
九二二三反　弖入十
九六二七　己丑…貞雍…弖…疾
一四一二五　癸亥其奏醫子弖其…
二三五三一　己未卜出貞子弖毋有疾不…
二三五三二　癸亥卜出貞子弖弗疾
二三五三二　丁卯子弖有疾
二三五三三　癸亥卜出貞子弖疾
二三五三三　丁卯子弖弗有疾
二三五三五　…弖…來…
二三七一七　甲申卜出貞翌…巳弖其侑于妣辛囧歲其…
二四三八〇　…出貞…于弖…于…
二四三八一　…弖…彡衣…尤十二月
懷三五二　…戌卜…辛…弖…衣…
懷三六八　…弖…
懷一一四五　…亥卜出…弖…

弘

六六七七正　癸卯卜殼貞呼弘往于𡆥比𢀛
六六七七正　癸卯卜殼貞呼弘往比𢀛于𡆥
八九一反　壬寅卜奴…侑往王于不呼比𢀛弘…
九三八反　良子弘入五
四七七一　勿呼弘𢀛…
四七七二　弘…
四九九七　…戌卜亘貞余弘祟…
五六三八正　貞惟弘令比史…𠬝
一四一二八正　癸未卜爭貞生一月帝其弘令雷
一四一二八正　貞生一月帝不其弘令雷
英四〇八　貞王曰弘來
懷四七〇　…令弘…

弫　恆

一四七六〇　貞王恆賜…
一四七六一　貞王恆…
一八四七八　貞…恆…
英一一七七正　王恆易禦
英一一七七正　貞王恆易禦
英一一七七正　貞王恆易禦

弢

著錄號	釋文	期
二八〇〇二	貞其叡在不𣎵	3
彈		
九〇九四	貞弜其以	1
彈		
四四六八正	…徹	1
一〇四〇五正	癸未卜殻貞旬無𡆥王固曰往乃茲有祟 六日戊子子彈𣏟一月	1
二六九〇九	羌彈五十	3
二七〇一七	其彈二十人	3
二七二〇一	…彈…王受…	3
三〇四一四	彈王受祐	3
三〇七八〇	…彈十牛	3
三一一四四	彈有正	3
三一一四五	其彈 吉	3
三四六六九	徹自…	4
三四六六九	…徹	4
屯二五四五	其彈三牢 吉	3
英一二一五反	貞禦…彈…	1
彈		
五五五八	貞呼彈入御事	1
弓		
九八二七	貞呼𡘋取弓	1
九八二七	貞呼𡘋取弓	1
九八二七	貞呼𡘋取弓	1
射		
六九八正	徹射三百	1
六九八正	勿徹射三百	1
五七六九正	貞勿令𠂤以三百射 二告	1
五七六九正	…以三百射	1
五七七三	…射三百	1
五七七四	…三百射呼…	1

著錄號	釋文	期
五七七五正	癸卯卜爭貞王令三百射弗告十示王𡆥惟之	1
五七七五正	貞王𡆥不惟之弗告三百射	1
五七七七	…貞翌三百射呼…	1
四六正	貞翌己卯令多射二月	1
六九	貞多射不雉衆	1
五七三二	貞惟多射令一月	1
五七三三	乙亥卜爭貞勿令多射二月	1
五七三四正	貞翌己未勿令多射暨𢀛…	1
五七三五	…卯卜穷貞翌己未令多射暨𢀛…于…	1
五七三六	壬子卜穷貞令戔暨多射	1
五七三七	貞令甲申…以多射…	1
五七三八	乙酉卜爭貞今夕令𢀛以多射先陟…	1
五七三九	…不其呼多射𡿪獲	1
五七四〇	…貞呼多射𡿪獲	1
五七四一	…寅…勿…多射…	1
五七四二	…多射奴人于皿	1
五七四三	…令𢀛…多射…	1
五七四四	…多射…以…八月	1
五七四五	貞翌乙亥錫多射𠬝	1
五七四六	…令郭以多射衛示呼𠦪六月	1
五七四七	…未卜先…令多射衛一月	1
五七四八	癸亥卜貞呼多射衛	1
九五七五	癸酉卜爭貞令多射衛	1
三三〇〇〇	戊寅貞多射往𡆥無𡆥	4
三三〇〇一	貞令多射衛	4
三四二四〇	𠂤…多射以𡆥	4
屯五〇三	令多射𡆥	4
英五二九	丁丑卜穷貞惟翌庚辰令多射	1
英二四二一	…子卜令𠂤以多射若	4
懷一六五二	甲午貞王令多射	4
英二四二二	乙巳貞令多射在龐	4
二四一四〇	辛卯卜即…貞惟多生射	2
二四一四一	…子卜即…祖辛歲惟多生射	2
二四一四二	…大庚…惟多生射	2
二四一四三	…寅卜…翌辛…歲惟多生射	2
五七八四	…貞取…新射…	1

編號	釋文	期
五七八五	貞呼子妻以𢆶新射	1
五七八六正	貞：呼：毋多：新射：	1
五七八七	：新射于斲	1
三二九九六	乙亥貞令內以新射于斲	4
三二九九七	辛未貞遘以新射于斲	4
三二九九八	：以新射于：	4
三二九九八	：射于斲	4

編號	釋文	期
五七五六	：呼取射：	1
五七五七	：取射于：	1
五七五八	：令取射子夶	1
五七五八	：取射：	1
五七五八	：惟𢀛令取射	1
五七五八	甲午卜殼：取射	1
五七五九	貞𡨦取射	1
五七八八	：取陜射：	1

編號	釋文	期
三〇	貞：以：射：斲	1
五七六一	癸丑卜爭貞𡥀以射	1
五七六二	貞𡥀以射	1
五七六三正	：殼貞𡥀以射	1
五七六四	貞𡥀不其以射	1
五七六五	癸巳卜𡧊：王大：以射	1
五七六六	辛未卜貞令𡧊以射以𦣞：方我	1
五七六七	：𢆶以射先：月	1
五七六八	貞：不其以射八月	1
懷九六三	貞令宁以射何弋衣四月	1

編號	釋文	期
一六三	：殼貞射𢀛：曰惟既己卯：獲羌十：	1
二七七	己卯卜穷貞翌甲申用射𢀛以羌自上甲二月	1
三三九七正	丙午卜永貞射𢀛獲：	1
五七四九	勿令射𢀛歸	1
五七四九	貞令射𢀛歸	1
五七五〇正	貞射𢀛其有來：	1
五七五一	射𢀛無其㓞	1
五七五二	射：無：㓞	1
五七五三	貞射𢀛獲：	1
五七五四	丙戌卜穷貞射𢀛：	1
五七五五	貞惟乙亥用射𢀛：	1

編號	釋文	期
三二〇二二	癸酉貞射𢀛以羌用自上甲于：	4
三二〇二三	癸酉貞射𢀛以羌自上甲乙亥	4
三二〇二三	于乙亥用射𢀛以羌	4
三二〇二三	癸酉貞射𢀛以羌用自上甲于甲申	4
三二〇二三	庚午貞射𢀛以羌用自上甲惟甲戌	4
三二〇二四	丙申貞：其父丁：射𢀛：羌	4
三二〇二四	丙申貞射𢀛以羌盤用自上甲	4
三二〇二五	甲辰貞射𢀛：	4
三二〇二五	甲辰貞射𢀛以羌一于父丁：	4
三二〇二六	癸卯貞射𢀛以羌其用：父丁	4
三二〇二七	癸卯貞射𢀛以羌	4
三二三八六	辛未貞其令射𢀛即並	4
三二三八六	癸酉貞其令射𢀛即並	4
屯七	：多射𢀛馬：于斲	4
屯九	癸卯貞射𢀛以羌其用惟乙	4
屯九	甲辰貞射𢀛以羌其用自上甲盤至于：	4
屯六三六	：貞射𢀛以羌其用自上甲盤至于父丁 惟甲辰用	4
屯六三六	甲辰貞射𢀛以羌其用自上甲盤至于父丁 惟乙巳用伐四十	4

編號	釋文	期
九五八四	：卜穷貞：獲：令：射	1
一〇二七六	呼射鹿獲	1
一〇三二〇正	貞其射鹿獲	1
一〇六九二反	：射：獲于：	1
一〇六九三	壬戌卜射：獲：不	1
一〇六九四	射鹿獲	1
一〇六九五	貞射：余不：獲	1
二九〇八四	丁丑卜貞王其射獲禦	3

編號	釋文	期
五七八九	乙亥卜勿㝵?射	1
一〇三六〇	：𠬝射麋：麋：	1
一〇四一九	辛亥卜爭貞王不其獲肱射兕	1
一〇四二一	：獲肱射兕	1
一〇四二二	：貞其惟王獲射兕一月	1
二〇七三一	庚戌卜𢆶惟翌步射兕于𡆥	1
二一五八六	丙寅卜我貞呼印取射麋	1
二一五八六	己巳卜我貞射麋	1
二六八九九	貞其令馬亞射麋	3

著錄號	釋文	期
二七二五五	貞其令呼射麋叙	3
二七九〇二	戊辰卜在漫犬中告麋王其射無災擒	3
二七九四二	惟多馬呼射擒	3
二七九七〇	惟戍呼射擒	3
二八三〇五	王其射有豕湄日無災擒　大吉	3
二八三〇七正	王其射麇大豕	3
二八三〇八	…射…大豕	3
二八三一七	惟有狐射擒	3
二八三二六	王其射…鹿無…	3
二八三二七	其射有鹿	3
二八三二八	…鹿射…	3
二八三三八	王其涉滴射…鹿無災	3
二八三三九	王涉滴射有鹿擒	3
二八三四一	王其射戠鹿無災擒	3
二八三四一	…射…鹿…擒	3
二八三四三	…射戠鹿弗擒	3
二八三四六	王惟今日壬射[阝+匕]鹿擒　吉	3
二八三四[illegible]	弜射斿鹿	3
二八三四八	射妻鹿…	3
二八三四八	萑射妻鹿擒　吉	3
二八三五〇	弜射[虍+囟]鹿其悔	3
二八三五〇	王呼射擒弗悔	3
二八三五三	惟𣲡鹿射弗悔	3
二八三六〇	其田遵麋王其射無災	3
二八三六一	…王其射…麋湄日…	3
二八三六二	…麋射弗…	3
二八三六四	弜射有麋	3
二八三六五	…斿…射有麋	3
二八三六六	弜射有豕弗擒	3
二八三七一	王其田斿其射麋無災擒	3
二八三七六	辛亥卜王其射[夂+圭]麋…	3
二八三七七	…獸雀射有麋	3
二八三九一	王其射兕無災	3
二八三九二	惟壬射有兕	3
二八四〇〇	王異戍其射在穆兕…	3
二八四〇一	…異戍其射在穆兕擒	3
二八四〇二	王其射[虍+囟]兕擒無災　大吉	3
二八四〇三	惟戍射[虍+囟]兕無災	3
二八四〇四	王惟辛…射[虍+囟]兕無災	3

著錄號	釋文	期
二八四〇五	王其射[虍+囟]…	3
二八四〇六	王迺射[虍+囟]兕無災	3
二八四〇七	兕先射其若	3
二八四〇七	王惟[虍+囟]兕先射無災	3
二八四〇七	弜[虍+囟]兕先射其若	3
二八四〇九	惟壬射[亠+弓]兕…	3
二八八〇六	翌日戊王其射獸…　吉	3
二八八〇七	…卜王其射獸…	3
二八八一一	惟斿…射無災	3
二八八一四	…麋射無災	3
二八八一五	弜呼射弗擒	3
二八八一七	弜壬射弗擒	3
二八八六八	…其射…擒	3
二八八八二	…滴至…戠射左犬擒	3
二九二六六	…宰…射[虍+囟]…	3
三二〇二二	癸酉貞射𡆥以羌用自上甲	4
三三三六三	惟[虍+囟]豕射無災擒	4
三三三七三	王其射穆兕擒	4
三七三八四	…壬王…射…災擒…	5
三七三九五	惟壬王其射無災擒弘吉	5
三七三九六	王惟翌日辛射斿兕無…	5
屯八六	…寅卜王其射習白狐湄日無災	3
屯二五六	王其涉滴射戠鹿無…	3
屯四九五	…射有鹿弗悔	3
屯五九八	…其省向翌日…延射…鹿擒	3
屯六四一	射有麋其悔	3
屯六九三	…卜其呼射豕惟多馬　吉	3
屯一〇三二	…其射[虍+囟]兕不遘大雨	3-4
屯一〇九八	王其田以延射[余+欠]兕無災杏王　吉	3
屯二三五八	後王射兕㝅	3
屯二五三九	丁未卜象來涉其呼麝射…　吉	3
屯二五三九	…射叙	3
屯二五四二	王惟斿麋射弗悔永王	3
屯二五七九	于大乙日出…迺射杳兕無…　吉	3
屯二九二二	王其刖射大兕無災	3
屯三二〇七	…午卜王惟[虍+囟]鹿射無災	3
屯三二二一	…貞…兕其射無囚	4
屯三三三〇	…其射[彳+沓]…翌日戊無災擒	3
屯四五六一	…王其射狐…	3
英二二九四	惟馬呼射擒	3
英二二九四	惟王射[竹+乚]鹿無災擒	3

著錄	釋文	期
英二二九五	王其射𦎫麑惟逐無…	3
英二五六六	其于七月射𢀛兕無災擒	5
英二五六六	丙午卜在品貞王其射𢀛衣逐無災擒	5
懷一四四一	…王其田射徣麋…	3
一三	己丑卜㱿貞令射倗衛一月	1
五七七九	…令射…	1
五七八〇	…丑卜㱿…令射…	1
五七八一	…令射	1
一〇二四八	丙戌卜史貞令…射…湪	1
英五二八	貞令射𢀛于微	1
五七七〇甲	貞惟𢍰令蓋射	1
五七七〇甲	癸巳卜㱿貞令卓蓋射	1
五七七〇乙	癸巳卜㱿貞惟𢍰令蓋射	1
五七七〇丙	…令卓蓋三百射	1
五七七〇戊	貞勿令卓蓋三百射	1
五七七一甲	貞令卓蓋三百射	1
五七七一甲	貞惟𢍰令蓋三百射	1
五七七一乙	癸巳卜㱿貞令𢍰蓋三百射	1
五七七一丙	…貞…蓋…射	1
五七七二	貞令卓蓋三百射	1
五七七二	貞勿令卓蓋三百射	1
五七七二	貞惟𢍰令蓋射	1
五七七二	癸巳卜㱿貞令卓蓋射	1
五七七二	癸巳卜㱿貞惟𢍰蓋射	1
五七七六正	戊辰卜內貞肇㞢射	1
五七七六正	勿肇㞢射　二告	1
五七七六正	貞肇㞢射三百　二告	1
五七七六正	…肇㞢射三百	1
五七八二	庚戌呼射𢀛	1
五七八三	…呼…射…	1
七〇七六正	戊午卜內貞呼射井羌	1
二七九七一	其呼射	3
二八三一八	其呼射閔狐擒　吉	3
二八三五〇	弜呼射其悔	3

著錄	釋文	期
三二四〇六	癸丑…有从于大乙呼射	4
三二四〇六	弜呼射	4
三三四〇五	弜呼射	4
三四三〇六	甲寅貞有𠂤歲呼射	4
三四三〇六	弜呼射	4
英五三〇	…呼木射	1
英二四二三	弜呼射	4
一九四七六	…惟…其射	1
一九四七七	壬子…貞祖辛其射	1
一九四七八	…弗其射	1
一九四七九正	貞勿射	1
二三五〇一	…貞兄庚歲…其射	2
三四二二三	…貞弜射	2
二七〇六〇	弜射	3
二七三四八	其射	3
二七三九四	弜射　茲用	3
二七六六三	弜射	3
二八〇八一	貞弜射	3
二八三九一	弜射	3
二八八〇八	…丑卜翌日戊王其射	3
二八八〇九	翌日辛王其射斿	3
二八八一〇	…丑王其射…	3
二八八一二	…寅卜…其射	3
二八八一六	弜辛射…	3
二八八一八	弜射	3
三〇六〇一	其桒于酉其射	3
三一一四一	弜射茲用	3
三一一四一	其射有正	3
三一一四二	弜射有正	3
三一一四三	其射　吉	3
三二八〇一	惟伊其射	4
三四六七二	弜射	4
三四六七三	弜射	4
屯九一五	弜射　吉	3
屯一〇八八	祖乙𠂇歲其射　吉	3
屯一〇八八	弜射　大吉	3
英二三九九	其悔弜射	3
英二四三三	弜射	4
英二四三三	其射	4

一九四七三 貞惟射 1
一九四七四 …惟射… 1
屯二九六四 …惟射…封人… 3
懷一一四一 …惟…射… 2

其它

九七四反 …射 1
二五五三 …畵癸射… 1
三三三八 …貞惟乙亥用射… 1
三三七二 …卜貞…書子…呼…射 1
三四六五 …射… 1
三四六五 …射 1
五七六〇正 丙午卜永貞𢀛射百令𡚸… 1
五七七八反 貞留…射 1
五七九〇 丁未卜…畵射… 1
五七九一 …令…射…人…寧… 1
五七九二 丙午卜貞伊射戠 1
五七九四 …未卜…雀…射 1
五七九五正 …來射 1
五七九六正 貞…射 1
五七九七 貞…射 1
五七九八 …射 1
五七九九 …酉卜…其令…射… 1
五八〇〇 …射… 1
五八〇一 …射… 1
六〇三五 …射…沘…途… 1
六六一八正 貞射伐羌 1
一〇二〇五 …射…暨… 1
一〇六九六正 …寅卜殻…王…射… 1
一〇六九七 甲午卜殻貞…射… 1
一〇六九八 丁卯…貞穷射 1
一〇六九九 貞于…射…五月 1
一〇七〇〇 …貞射…癸𠭯?… 1
一九四七五 …射…其…伐… 1
二二二九四 射 1
二二五三九 …旅…射… 2
二三七八七 …卜…𠂤…射… 2
二四一五六正 貞射𢀛戔方 2
二四一五六正 貞射𡿧戔方 2
二四二二〇 …惟戍射在正?… 2
二四二二一 貞毋射二月 2
二四二二二 貞毋射 2
二四二二四 …卜旅…祖…射 2
二四三九一 癸未卜王曰貞有兕在行其左射𠬝? 2
二五二〇八 …翌…巳…其?歲…射 2
二五二〇九 甲…貞翌…卯…歲…射 2
二六八〇五 丙戌卜射貞夕… 2
二七〇六〇 射 3
二七八〇二 …射 3
二七九四一 …廼呼歸衛射亞 3
二八〇八〇 惟戍射有正 3
二八三五〇 射… 3
二八三六四 …射 3
二八八一三 惟王射 3
二八八一七 于壬射無災 3
二八八一九 …辛王…田延射 3
二八八二〇 戊辰…呼…从…射… 3
二八九四〇 惟…田射… 3
二九三一四 …未…射…災沓王 3
二九三五五 王惟…先射…于襄?… 3
二九三五六 王惟襄…往射延…𦣻… 3
三〇九九〇 貞惟律彡日射無災 吉 3
三二九六九 其呼盧禦史需射有正 4
三二九九五 壬申卜令馬即射 4
三三〇〇二 惟戈人射 4
三三〇〇三 …寅貞…射比赤… 4
三三〇〇四 …射…即疾… 4
三三〇五九 癸未貞惟射受… 4
三四三四九 惟賓射 4
三六七七五 癸巳卜在微貞王迖于射往來無災攸㞢 十終 5
三七四三九 戊戌卜貞在𤔲麓告𪉬鹿王其比射往來無災王…沓 5
屯二〇九 …射…吉
屯七七一 癸未卜惟侯射 4
屯九一五 射王受祐 吉 用 3
屯一〇九〇 射 4
屯一〇九八 …射… 3
屯二四一七 惟六射 4
屯四三五五 …惟…戍射 4
英一三〇 …貞…射…人 1

英五三七 …入射于古 1

英五五三正 …卜亘…射… 1

英二三九六 …卜戊王其射… 3

英二三九七 …延射…尋牢… 3

英二四一六 惟戈人射 4

英二五五六 壬寅卜在貞王其射郝雨 5

英二六三五 …王…射…四祀 5

懷三一六 貞…射… 1

懷三一七 …酉卜…射何… 1

懷三七一 …射…三千…伐… 1

弘

三六六反 貞見庚其惟丁弘吉 1

八〇九反 王固曰其雨惟庚其惟辛雨弘吉 1

一四〇〇二正 甲申卜㱿貞婦好娩嘉王固曰其惟丁娩嘉其惟庚娩弘吉三旬又一日甲寅娩不嘉惟女 1

一六三三九 …吉其…弘吉…見… 1

二三七一七 辛卯卜大貞洹弘弗敦邑七月 2

三五三四七 中不雉衆王囚曰弘吉 5

三五三四七 左不雉衆王囚曰弘吉 5

三五五八二 癸丑王卜貞旬無畎王囚曰弘吉在…甲…祭 … 5

三五五八二 癸亥王卜貞旬無畎王囚曰弘吉… 5

三七五三〇 擣曰弘吉 5

英二五〇三 癸酉王卜貞旬無畎王囚曰 弘吉在三月甲戌 祭小甲觀大甲惟… 5

三〇九九 丙寅卜古貞惟弘令…夾于三月 1

五三八二 丁巳卜㱿貞有令于弘 1

八四五五 貞勿令弘 1

二三六九九 貞勿令弘 2

其它

一七五二 貞弘祖辛循自… 1

四八一一 貞勿呼比弘 1

四八一二 貞弘不其獲… 1

四八一三 丁巳卜穷貞呼弘宅夸弗桒 1

五六三七反 王固曰其惟丁弘戠 1

五六五八正 丙…卜…貞…惟弘呼田 1

七六八七 呼戌弘戠 1

七六九三 …呼…弘… 1

七六九三 勿呼比弘… 1

一二〇一五 今日雨庚弘 1

一三〇三一 …王固…雨弘 1

一六〇七七 貞勿弘廼尋 1

一九八七五 乙巳卜…𠭯祖戊弘叙 1

一九九一四 辛亥卜王勿弘侑…宰 1

二三三六八 己亥卜喜貞翌庚子妣庚歲其弘宰 2

二三六九九 貞…弘…周 2

二七三六〇 弜弘 3

二七三六〇 丁亥卜酒木丁弘 茲用 三宰 3

三〇四七八 有冊暨弘 3

三〇四七八 …暨弘 3

三〇九八一 丙辰卜于宗弘酉木丁 茲用 3

三二〇七七正 …木丁弘 4

三二三四三 弘上甲桒三牛 4

三二五三一 弘自祖乙歲三牛 茲用 4

三二八九二 丁丑貞其弘禦 4

三四三八〇 禱歲弘 4

三四三八一 丙戌貞延桒禱歲弘二宰 4

三四六二四 …弘… 4

三四六二四 丙寅卜禱木丁弘三宰 4

屯二九五 弜弘若亞一宰 3

屯二四四五 其弘有正 4

英二三四七 貞其先帝甲其弘 3

懷一〇一六 丁未卜王曰貞父丁莫歲其弘三宰茲 用 2

勿

三二正 王勿惟出循 1

一六九 貞王勿去束 1

七二一正 勿 1

九七四正 勿 1

一一九一正 勿衣歸 1

一二一〇 貞王勿衣入 1

一二八四 貞翌乙卯勿𣪊于唐 1

一三四四正 貞勿有卜自成 1

一三五一乙正 勿惟戌先彭 1

著錄號	釋文
五一一	丁卯卜𣪊貞王勿往出
五一五六	⋯翌癸卯王勿去
五一六五	乙亥卜爭貞生七月王勿衣入戠
五一七〇	來乙巳王勿入
五二一七正	丁巳卜古貞王勿步
五三四二	貞王勿饗
一一九八三	貞勿往二月
一二〇五一正	翌癸未勿燎五牛
一二〇五一反	勿燎
一二三九八	貞勿惟乙巳
一二九二一正	辛卯卜𣪊貞王勿延魚不若
一三五一四甲正	辛⋯卜𣪊貞勿𩰫基方缶作郭子商
	𢦏四月
一三五五五正	勿十牛
一三五六三	貞勿宅三月
一五一七九	丁未卜𣪊貞勿為㝵
一五一七九	丁卯卜𣪊貞我勿為㝵
一五二三六	貞勿用戠
一五二七四	辛卯𣪊勿桒
一五三七八	貞勿陟
一五四九五	王勿杞
一五四九六	癸酉卜王貞余勿杞我⋯惟⋯用
一五五二四	貞勿伐戠十一月
一五五三一	貞勿燎　二告
一五五六五	貞勿燎
一五六八四正	貞勿𢿌
一五七一〇	貞其彡勿鼓十月
一五七八三	勿五宰
一五九二二	勿羊十二月
一五九六〇反	貞勿禘
一五九七五	勿禘
一五九八四	貞勿畀　十二月
一六〇〇九反	勿舞
一六一五二正	貞勿𢼸不若　二告
一七一四九反	貞勿禦
一八八六五	貞勿曰之
一八八六七正	貞勿于之
一九一一三	乙亥卜𣪊貞翌庚子勿令　二告　不𠰒黽
一九一二六	貞勿訊
一九三四八反	貞勿曰祉
一九四七九正	貞勿射
一九五〇三	丁卯卜㝵貞勿食
一九五七五	貞勿將
一九六四八正	貞勿呼告
一九六五四	貞勿呼出
一九六六五	貞勿禦
一九六六五	貞勿呼考
二三七二四	貞勿令十二月
二五二四三	貞勿鼓
二九五〇〇	癸亥卜貞勿勺
英八二	勿孽
英一九一	丙辰卜丁巳勿出
英四六三	⋯卯卜𣪊貞翌庚辰王勿入
英五三四	貞勿執
英五四八	貞勿曰之
英五五六	貞勿呼目𢀛方
英五六〇	貞勿呼伐𢀛方
英六〇四	乙亥卜㝵貞勿伐𤞷
英六六三	貞王勿比祉戠
英六六八正	貞勿比戠伐
英六七一	勿比望乘
英七二五正	貞王勿往于敦
英七五一	貞勿于壼力
英七八一正	勿侑
英七八二正	貞勿延我圍
英九九六	勿侑于季
英七九八	貞王勿雈
英一一二六	貞勿于乙門
英一二一八正	貞勿禦

弘

著錄號	釋文
三四四一	丁巳卜呼⋯啓弘
九一〇六	⋯午卜弘不其以⋯
二一八九五	⋯令弘祟⋯馬犬
二一九一四	癸酉貞弘以⋯
三五六七三	⋯日在八月乙丑寢⋯祖乙翌弘易⋯在𡆥⋯

弢

著錄號	釋文
四八四〇	貞勿⋯莫告⋯弢
二六九一七	弢王受祐
三〇三五八	弢王受祐　大吉
三〇四一四	⋯弢王⋯
三二五六三	弜狄用其弢

屯六七三 弜…受…有大…大吉 3
屯二五五二 弜吉 3
英二三七三 弜王受祐 3

⿰弓斤

四四 …酉隻…師般⿰弓斤若 1
六七二正 ⿰弓斤宗 1
六七二正 翌乙卯酚子東⿰弓斤 1
八一六正 貞⿰弓斤其有囚 二告 1
八一六正 貞⿰弓斤無囚 1
一二八二 丁丑卜㝉貞惟河曰⿰弓斤 1
一二八二 貞惟上甲日⿰弓斤 1
一四〇三 …⿰弓斤…今…秋… 二告 1
一八二三正 貞呼⿰弓斤卩 1
一八二三正 貞勿…⿰弓斤卩 1
一八二三正 乙酉卜㝉貞呼⿰弓斤卩若 1
一八二三正 勿呼⿰弓斤卩 1
二四七二 庚申卜㱿貞王禘于妣庚惟𠕋⿰弓斤 1
三三五七 乙卯…貞保…其⿰弓斤… 1
三四三八甲 貞⿰弓斤… 1
四二二四反 …呼師般⿰弓斤 1
四七九九 貞…令…⿰弓斤…工…各…惟… 1
四八〇〇 呼⿰弓斤 1
四八〇一 呼⿰弓斤 1
四八〇二 …暨…呼⿰弓斤 1
四八〇三 庚子卜其呼⿰弓斤 1
四八〇四 貞勿呼⿰弓斤 1
四八〇五正 呼⿰弓斤鼓正 1
四八〇五反 呼⿰弓斤…正 1
四八〇六 丁丑卜…貞酚…⿰弓斤 1
四八〇七 …申卜㝉…⿰弓斤 1
四八〇八 癸未…⿰弓斤…疾 1
四八〇九 貞于⿰弓斤… 1
四八一〇 乙卯卜貞⿰弓斤無囚 1
五六一四 …暨侑…尹⿰弓斤… 1
六九四七正 戊午卜爭貞呼雀⿰弓斤𢦏 1
六九四七正 貞勿呼雀⿰弓斤𢦏 1
八三九八正 貞翌辛卯隻⿰弓斤卒令 1
八五三三 …呼⿰弓斤… 1
八七四四 …來⿰弓斤王… 1
九一八五 戊戌卜㱿貞⿰弓斤祀六來秋災 1
九一八六 戊戌卜㱿貞⿰弓斤祀六來秋… 1

九五七五 庚寅卜爭貞令登暨㠱⿰弓斤吾衛有卒 1
一〇〇四八 己卯卜㝉貞今日⿰弓斤𢦏今圍我于有師乃 奴有… 1
一〇六一一 貞大甲⿰弓斤宗用八月 1
一一三三七 貞⿰弓斤五月 1
一一四五八 …車…⿰弓斤 1
一二六二一 辛卯…貞⿰弓斤… 1
一三二四一反 …⿰弓斤… 1
一三七五一正 乙巳卜㱿貞⿰弓斤無… 1
一三七五二正 貞⿰弓斤無疾 1
一三七五二正 貞⿰弓斤其有疾王固曰⿰弓斤其有疾惟丙不庚 二旬又七日庚申𦞦 1
一五六九五正 壬子卜㝉貞其彡夕歲⿰弓斤丁九月 1
一七一七六 己卯卜貞…⿰弓斤比……… 1
一八四六〇正 …呼…𢀛…勿…⿰弓斤… 1
一八八三〇 …其…于雀…⿰弓斤… 1
二二〇四八 壬寅卜⿰弓斤石禦于妣癸盧豕 1
二二一〇六 庚…禦…⿰弓斤… 1
二二一八六 壬申卜⿰弓斤于𡧊午 1
二三四七七 癸亥卜貞…⿰弓斤… 2
二三五四八 乙卯…貞仲子…其⿰弓斤 2
二五八九二 辛亥卜瀼貞嬴不既𢆶其亦來其⿰弓斤㝉 2
二九七二九 貞其⿰弓斤雚家十二月 3
屯二三四一 惟禦⿰弓斤牛于天 1
英一九九八 庚辰卜旅貞嬴不既𢆶其亦尋…其 ⿰弓斤賓于上甲 2

⿰弓斤

五六七七 庚辰卜令多亞⿰弓斤犬 1
六〇四五 貞勿令邁途𢦔 1
一五一六九 癸巳卜…貞⿰弓斤…㝉 1
一八一六一 …今夕…⿰弓斤… 1
一八一六二 癸巳卜…貞⿰弓斤… 1

弜

六七四九 …酉卜…貞弜侑𤉲獲征方 1
二〇八〇五 壬申卜㚔弜侑其𢀛印十月 1
二二九九一 貞弜… 2
二二九九一 貞弜侑 2

出處	釋文	
二三一五五	貞弜侑	2
二三二一六	貞弜勿	2
二三二六四	貞弜侑	2
二三四〇八	貞弜侑十二月	2
二四五三九	貞弜侑	2
二四六四四	貞弜侑河九月	2
二五〇七四	：弜侑	2
二五一五七	貞弜侑四月	2
三四二六六	戊申卜弜侑𠬝豕	4
三四二六七	弜有歲	4
三四二六八	弜有歲	4
三三九九一	弜祐	4
三四三三一	弜侑	4
懷一三七四	弜侑羌	3
懷一三八〇	弜侑羌	3
懷一五八六	弜侑豐	4
懷一五九六	弜侑	4
二三〇八七	：貞弜賓九月	2
二三三四四	：弜賓	2
二三三五五	：弜賓	2
三三七九六	弜賓	4
二三一六三	貞弜勿	2
二三一八九	：貞弜勿牛	2
二三二一四	貞弜勿	2
二三二一五	貞弜勿	2
二三二一七	貞弜勿	2
二三二一八	：弜勿牛	2
二三二七三	貞弜勿牛	2
二三三六七	貞弜勿	2
二三三七九	：貞弜勿：九月	2
二三二九〇	貞弜勿牛	2
二三七三二	貞弜勿牛	2
二四五二九	貞弜勿牛	2
二四五三〇	貞弜勿牛	2
二四五三一	貞弜勿牛	2
二四五四四	貞弜勿	2
二四五四五	：弜勿	2
二四五六八正	貞弜勿	2
二五一六〇	貞弜勿三月	2
二五一七一	貞弜牝	2
三三六一四	弜勿牛	4
三三六九一	弜勿牛	4
二五二二〇	：大：歲弜羊：延一月	2
二五二三二	辛丑卜大貞歲弜羊：宰一牛	2
三八一一五	弜祀　吉	5
懷一三九〇	弜祀	3
二二九二一	戊辰卜即貞翌己巳弜延祖乙歲…	2
二二九九〇	庚戌卜王曰貞弜延	2
二三〇一七	貞弜延八月	2
二三〇九七	：弜：延	2
二五九三三	貞弜延七月	2
二五九〇三	：弜用若在十一月	2
二五九一一	貞弜用七月	2
二五九一二	：弜用	2
二六八九六	貞弜用𢦏惟祕行用𢦏羌人于之不雉人	3
二三三三六	貞弜並酌	2
二三三六〇	貞弜並酌	2
二三四八七	貞弜先	2
二四一二一	壬午卜王曰貞弜先	2
懷一六四四	于弜先𢦏羌	4
二三一七八	貞弜禦	2
懷一五八一	弜禦	4
三三五三三	辛王弜田其雨	4

著録	釋文	期
三三五三三	壬王弜田其雨	4
懷一四三九	弜田馭其悔	3
懷一四三二	弜田宰其悔	3
懷一四四七	弜田𢀛弗擒有犬	3
懷一四四五	弜田馭弗擒有大狐	3
二四二二三	…貞弜射	2
三四六七二	弜射	4
九三三四	弜入二百二十五	1
九三四一	弜入	1
九三四二	弜入	1
九三四三	弜入	1
九三四四	弜入	1
九三四五	弜入	1
九三四六	弜入	1
九三四七	弜入	1
九三四八	弜入	1
九三四九	弜入	1
九三五〇	弜入	1
九三五一	弜入	1
二〇五七八	弜入	1
二〇七三三	弜入	1
三三八四〇	王弜入乙酉日無囚	4
懷一五七四	…王弜入	4
七六三五	乙亥卜弜獲征	1
二四六三九	貞弜正日八月	2
二六〇七二	貞弜正日	2
三六五一二	弜正	5
三三九一五	弜比	4
懷一六三七	丁卯卜王弜比戎	4
懷一六三七	丁卯卜王弜比望乘	4
懷一五六四	癸巳卜弜㹀六牡	4
懷一五六六	弜㹀	4

著録	釋文	期
三一一八八	甲戌卜王弜令𠬝戠于若	1
二一六二九	弜令	1
三四四二八	弜令	4
三六四一八	弜改其唯小臣臨令王弗悔	5
三六九〇九	韋師寮弜改無宂王其呼宂于京師 有災若	5
三二一七二	貞弜率教	2
三五三六一	貞弜教	2
三五三六二	貞弜教	2
三七五一八	弜執	5
懷一九〇一	弜執	5

其它

著録	釋文	期
五四三三	辛丑卜王出步…弜…	1
五四九九	…寅卜王…弜弗其戠朕事其潛余	1
五八一〇	丙戌卜貞弜師在𠂇不水	1
一八四一三	…𠬝黍…雨	1
一五四二二	貞弜飴惟吉用	1
一六五二五	弜其禽	1
一九九五七正	辛未王令弜伐先戚…	1
一九九九七	…弜…𠂤…㚸婦子	1
二〇〇五一	…不…子𠂤…日弜…列	1
二〇一五九	…𢓊…弜…師四月	1
二〇一七〇	辛丑卜弜	1
二〇八七〇	…五卜弜萈	1
二〇九七二	…弜舞今日不其雨允不	1
二〇九八六	…巳弜…𠬝…	1
二一〇七三	丙寅卜…弜…糾…囚	1
二一一五三	…卜…五月其…弜喪…	1
二一一五三	庚午卜祭…弜惟…	1
二一一五三	壬申祐步弜…今丁未冊…	1
二一四二九	…弜𢦔	1
二二〇四五	庚子卜弜𠬝𢆶祖庚	1
二二〇七二	丙戌卜弜若	1
二二〇七四	乙未卜弜	1
二三〇〇二	貞弜𠂇	2
二三五五二	貞弜𨿽	2

二四一九〇 弜以 2
二四三六九 貞弜惟 2
二四五三四 貞弜…七月 2
二四六二〇 貞弜三月 2
二五一四〇 貞弜 2
二五三五二 貞弜 2
二五八九九 貞弜蓺 2
二五九六八 貞弜彭 2
三〇二四九 弜乙未 3
三〇三二五 祖丁舌在弜王受祐
三二九九五 弜即 4
三三四一三 弜氿 4
三三五七六 弜南 4
三三六一三 弜以 4
三三六九一 弜滑舟 4
三四〇四三 甲申卜…弜𡨦作宗 4
三四〇七五 弜壘 4
三四〇七五 弜祟 4
三四一五三 庚辰卜弜帝 4
三四一五三 庚辰王弜 4
三四一五八 己巳卜王弜步告官 4
三四二六五 于弜𡆥有雨 4
三四三二四 庚辰貞王弜 4
三四三三五 弜舌 4
三四四六八 弜熹 4
三四六七四 弜水 4
屯四四三二 甲子卜弜至采用 1
英三二六 …弗…克壆…弜…… 1
英二四五三 乙亥貞有彳伐弜… 4
懷一三六七 弜新宗 3
懷一三七一 弜戠日其有歲于仲己 茲用 3
懷一三九三 弜曹 3
懷一三九四 弜卯 3
懷一四六〇 弜作僼 3
懷一四六五 弜鳴 3
懷一五六三 弜帝 4
懷一五六六 弜商 4
懷一五八七 弜奉 4
懷一六四三 弜犨 4

五三 …未卜…弜…衆其喪 二告 1
五四 乙酉卜王貞弜不喪衆 1
二七一四 貞…好不…暨弜… 1
四三〇七正 貞勿自王令弜… 1
四三〇八 令弜 1
四三〇九 …王…令弜十一月 1
四三一〇 …卜王勿令弜… 1
四三一一 貞呼弜 1
四三一二 …呼弜步又… 1
四三一三 癸丑卜弜比目… 1
四三一四 …弗…朕事…弜… 1
四三一六 …勿…弜…田… 1
四三一七 …弜…見…二月 1
四三一八 癸未卜王替允來即弜 1
四三一九 丙寅卜弜弗其遘… 1
四三二〇 …戌卜庚…弜㞢…來 1
四三二一 …卜王弜…今日前…一月 1
四三二三 辛未卜大甲保弜 1
四三二四 …亥卜禦弜大甲宰 1
四三二四 丁亥卜禦弜大乙宰 1
四三二五 乙亥卜于大乙大甲卯弜五宰 1
四三二六 壬申卜王禦弜于…乙 1
四三二七 …祖…弜 1
四三二八 戌…卜王…其弜…亦… 1
四三二九 …申…王…弜…受… 1
四三三〇 癸酉卜…弜𡆥…六月 1
四三三一 壬申卜貞弜其有𡆥不其𡆥 1
四三三二 …余曰弜… 1
四三三三 …王貞弜…羌 1
四三三四 …亥卜王…弜…余… 1
四三三五 辛卯卜王貞弜… 1
四三三六 …卜王貞…弜其… 1
六九〇五 乙巳卜丁未弜不其入不 1
六九〇六 庚戌卜王貞弜其獲征𢦏在東一月 1
六九七七 …弜…途 1
六九七八 …令…弜…途 1
七〇一四 己卯卜王貞余呼弜敦𢦏余弗弜 1
七〇一五 …戌卜…弜𢦔… 1
七〇一六 …貞弜𢦔𢦏 1
七〇一七 丙子卜弜𢦔𢦏 1
七〇一七 …弜… 1
七〇二二 壬戌…令弜…取二月 1
七〇二四 …未…弜暨…不… 1
七〇二四 乙卯卜作弜 1

七〇二八　…酉卜〼其亦敦〼
七〇二九　…敦〼
七〇二九　…〼遘…
七〇三〇　…勿取〼
七〇三一　庚子卜…貞取〼勿…往…
七七四七　丁巳卜王貞〼其令𢦏…
八九三九　癸酉卜王呼〼奴牛
八九八八　…亥…王貞〼其以雍暨奠四月
九一七四　乙未卜丙…曰〼來馬
九七五九　…〼受有年
一〇〇二九　乙亥卜〼受𥣬…二月
一〇二四二　乙巳卜〼獲豕
一〇三七四　庚…呼〼狩擒
一〇三七四　辛亥卜王貞呼〼狩麋擒
一〇三七四　辛亥卜王貞勿呼〼狩麋弗其擒七月
一〇八三五　庚申卜王…戈告豕〼獲…獲
一〇八三六　…〼不獲…
一七〇五九　己酉卜王〼不惟死
一七〇六〇　己酉卜王〼…惟死九月
一九四一三　丁…〼…來…
一九九六八　…寅卜呼〼…甲申侑母…父隹
二〇一一七　壬辰卜〼甫弜弓
二〇一六五　戊戌卜徃延令夫〼爰
二〇一七七　戊戌卜…貞曰〼…其比…〼…
二〇一七八　壬申卜〼貞〼勿…戠
二〇一七九　壬申…貞〼…步…
二〇一八〇　壬戌卜王貞〼無其剢
二〇一八一　壬戌卜王貞〼侑剢
二〇一八二　…貞〼…剢
二〇一八三　乙丑…王余…〼…
二〇一八四　丁亥…貞〼…雍…
二〇一八五　丁亥卜㠯貞〼其…
二〇一八六　…余〼…〼岳…
二〇一八七　…〼夾伐
二〇一八八　…卜禦〼…
二〇一八九　…未卜〼…啓
二〇一九三　…辰卜…呼〼…
二〇二九七　癸酉…王〼…〼征…毌二月
二〇三三三　乙酉卜王貞余惟〼〼豕
二〇三八一　甲寅…〼惟…今日延…〼允延…
二〇三九九　乙巳卜…〼暨雀伐羌囚
二〇四〇二　辛丑卜王貞…〼…伐羌
二〇四四二　辛卯卜王貞〼其𢦏方
二〇五〇一　己丑卜王貞…其𢦏〼
二〇五五四　…貞〼其遘𢦏
二〇六〇四　…益…〼…十二月
二〇六〇八　己丑卜王貞惟方其受〼祐
二〇六三一　…弗其取〼馬…以在昜
二〇六三七　貞呼〼奴生于東
二〇七四〇　甲寅卜翌…〼田…啓雨
二〇七六二　…午卜〼…令〼狩〼
三二八七一　辛巳貞〼卯曰𣥺…
英一八七　甲午…王〼…〼侯…〼允以
英三二七　…〼…〼…
英三二八　…王…〼…
英三二九　己卯…殼貞…〼允…巾…
英三三〇　…未卜貞…〼侑…剢
英六七六　辛未卜惟〼呼比〼
英八二〇　〼𥣬…有正雨
英一八一三　辛酉卜〼弗敦〼侑南庚
懷六八四　…申卜…〼…骨…

乃

三六七反　…乃茲有祟其有來嬉
六五五臼正　丙寅卜…貞來…亥…其暘…固曰…乃茲
暘日…亥…不…日雨
一〇七五反　…固曰有…之日有來嬉乃〼禦
事…〼亦〼人…
三三九七正　戊戌卜殼貞王曰侯豹往余不
朿其合以乃使歸
七一五〇反　…乃茲有祟其…允有來嬉…有鼜…
八九八六反　乙卯卜㝊貞曰以乃邑
一〇四〇五正　癸巳卜殼貞旬無囚王固曰乃茲亦有祟
若偁甲午王往逐兕小臣𠭯車馬
硪〼王車子央亦墜
一〇四〇五反　王固曰乃若偁
一六九四九反　…固曰乃茲有祟
一九三〇九反　…固曰往乃茲…
一九三一〇　…卜…往乃…
二一三三九　戊辰…弜乃…
二一四三三　己卯卜〼往爭乃
二一五六三　乃惟〼丁…用在…
二七九六九　乙丑…王其…戊从…乃…在之…弗…
三四一八九　庚辰卜于…乃土
三四一八九　庚辰卜于卜乃土

英一二五六 ……貞王曰……其合以乃…… 1

英二四三 辛巳貞𢀛以𢦏于蜀乃奠 4

可

二七九七〇 惟可日𢦏呼𢦏牂方𢦏方𢦏方 3

二七九九一 自可至于𢦏僞𢦏 3

一八八八八 不可 1

一八八八九 不可 1

一八八九〇 不可 1

一八八九一 ……可 1

一八八九二 ……可 1

一八八九三反 ……可享 1

一八八九七 貞其可 1

一八八九八 貞……可……弗…… 1

三〇三五五 弜可祖丁必 3

英一六七七正 ……其……可…… 1

英一六七九反 ……可…… 1

英二二六七 惟可用于宗父甲王受祐 3

扔

一七七四八反 ……又三日……扔…… 1

二〇〇八一 ……婦伯……扔……無…… 1

二〇〇八二 戊子……婦伯……閨扔……固 1

二一〇五〇 癸未……𢦏令牂妣石祟有扔友 1

一一三八 ……扔執由 1

二三二四九 壬寅卜暘牛五𢦏十牛示十𢦏……扔令…… 1

攷

二〇〇四二 ……寅甫令……于攷…… 1

英一九〇 ……令……攷……侯余…… 1

𢦏

二六九五六 即于𢦏仲牲 吉 3

屯四六六 ……若商于……母𢦏……𢦏興于之受祐 3

𢦏

三一一四六 其𢦏 3

三一一四六 不𢦏 3

𢦏

屯一〇五七 其侑亞𢦏惟豚……祐 3

二一四六〇 ……己未……𢦏 1

𢦏

四八九一 呼遣𢦏望𢦏 1

四八九一 遣𢦏望𢦏 二告 1

皿

二九四一 ……皿……甫魚 1

五七四二 ……多射以人于皿 1

八二〇七 貞惟王自虎凶皿 1

九八二一正 貞于𢦏北 二告 1

一〇九六四正 貞令𢦏田于皿 1

一〇九六四正 勿令𢦏田于皿 1

一三七五三 ……申卜貞𢦏因有疾旬又二日……未𢦏允 因……日有七旬皿……寅𢦏……有疾……夕𢦏丙…… 1

一九七七〇反 ……皿…… 1

二一九一七 皿至豕 1

二四六二五 貞勿……皿……四…… 2

二四八九二 乙巳卜中貞于方非人皿雨 2

二六七八六 ……日𢦏……之日……皿…… 2

二九六五五 其盟岳 3

三〇九九九 ……卜𢦏……𢦏惟……方皿…… 3

三一一五四 ……𢦏皿其…… 3

三一一五四 王其呼……利乃𢦏皿 大吉 3

三六五四二 甲午卜貞在𢦏天邑商皿宮衣……無𢦏𢦏 5

血

九一〇〇　一八二一七　一九五五三　三四一四八　三四四三〇　三六七八八　三六七九九　三六八〇一　三八六三三　屯二三五七　英一〇三七

…傳以血…𩁹闢曰蔡…子　1

…其侑于…血𧶠…　1

…日…遘…血…　1

庚午貞秋大集…于帝五玉臣血…在
祖乙宗卜　茲用　4

…寅卜在血从…　4

癸卯…在血…無𡆥　5

…卯卜…血…王…　5

…辰卜…血貞…無災　5

庚午卜貞王賓血歲無…　5

弜…血…其悔　3

…爭血…九無血…雨一？月　1

盟

一五三三八　一九四九五　一九八一〇　二七九七三　三一一四八　三一一五三　三三三三〇　屯二七〇七　屯二七〇七　屯二七〇七　屯四三三七　屯四三三七

…盟牛…晋十…窜一月　1

…盟己…窜于…　1

…卜…酌…盟　1

其禦羌方其下盟人羌方…　大吉　3

惟甲盟乙酌有雨　3

…三窜盟　3

丁未貞其大禦王自上甲盟用白猳九三示　4

盩牛在父丁宗卜

…卯貞其大禦王自上甲盟用白猳九下示　4

盩牛在祖乙宗卜

…自上甲盟用白猳九…在大甲宗卜　4

…貞…其大禦王自上甲盟用白猳九下示　4

盩牛在大乙宗卜

乙盟　3

丙盟丁　吉　3

一三五六二　一八九一六　二一一八二　二一二四七　二二八五七　二三五五六　二四九四二　二四九四三　二四九四四　二五一六七

貞盟辛未其侑于盟室三大窜九月　1

…盟…　1

辛卯卜王貞…乙盟…卯…窜　1

…酌禦百窜盟三窜　1

丙寅卜即貞其改羊盟子　2

戊申卜即貞盟己酉…盟子…　2

己巳卜祝貞尋告盟室其忐　2

貞酌𠂤于盟室無尤　2

貞…使其酌告于盟室十月　2

…丑卜旅貞盟于歲王其賓…　2

二五一六八　二五九五〇　二五九五一　二七九四六　三一一五二　三三三九一　英二〇八三　英二一〇七　英二一一九　英二一一九　英二一一九　英二一七七　英二三六二　英二五六七

…巳卜即貞盟于歲壯　2

…卜出貞大史其酌告于盟室十月　2

…貞其蕘盟…　2

王其歲丁盟戊其蕘無災弗悔　3

惟盟　3

辛巳卜三匚盟于…　4

丁卯卜出貞今日夕有雨于盟室牛不
用九月　2

…貞盟𠂤丁？…其賓…　2

戊辰卜祝貞翌辛未其侑于盟室十大窜七月　2

戊辰卜祝貞翌辛未其侑于盟室五大窜七月　2

己巳卜祝貞其叙于盟室惟小窜　2

丁卯卜出貞其侑于盟室…今日夕酌　2

丙午卜祖丁盟歲王各祓于父甲　3

王其鑄黃鑄奠盟惟今日乙未利　5

二〇三八六　二一二四六　二二二二八　二二二二九　二二二三一　二三四三四　二三五五二　二五〇三六　二八一七三　二八一七四　三一一四九　三一一五〇　三一一五一　英一八九一　英一九七七

…盟　1

…言于盟　1

戊寅卜今庚辰酌盟三羊于妣…　1

…來庚寅酌盟三羊于妣庚…冊伐二十其三十

窜三十及三卯　1

甲寅卜貞三卜用盟三羊冊伐二十…三十窜

三十及三卯于妣庚　1

…出貞王…于母辛…百窜…盟…　2

貞…仲子…盟…　2

貞…有𡆥…百盟…　2

癸丑卜何貞于盟　3

…卜王…于盟　3

惟羊今丁盟　3

惟今己盟庚　3

惟庚盟辛酌有…　3

戊寅卜盟三羊　1

乙巳卜出貞其禦王盟五牛冊羌五

…五　2

一九九二三　三一二四八

…卯卜王告父辛大甲盟酌三十…　1

己巳…盟…　1

出處	釋文	數
二一二四九	…盟…二十牛…不我	1
二一二五〇	…盟不我	1
二一二五三	…盟不我	1
二一二七三	癸未卜㞢在我用惟祖乙盟口?	1
三二三三〇	甲辰貞其大禦王父丁?…盟用白豭九…	4
三四一〇三	甲辰貞其大禦王自上甲盟用白豭九下示 䵼十…	4
屯九五八	…盟惟禱 吉	3
屯九五八	…盟	3
屯四四六	…一父…盟…	

盜

出處	釋文	數
一三六九六正	貞盜畺	1

益

出處	釋文	數
八二正	貞有亞左…循于之益若	1
二〇五〇	貞从…益三月	1
二七九八八	…其益…不雨	1
七六九五反	…惟茲…益嬉…	1
一〇一一九	…翌辛未益…	1
二一八一二	丙午…益…	1
二一九八三	…益允雨	1
一五八〇五	丙戌㱿貞丁亥王益醫	1
一八五四二	辛…貞…益…𠭯…	1
一八五四三	貞…益…日…	1
一八八〇一	己巳卜貞翌庚午𩵋益𩰫之日…	1
一八八〇一	己巳卜貞今日益𩰫不雨	1
一八八〇二	…大…午𩵋益…之日允…六月	1
一八八〇三	貞翌丁卯𩵋益醫	1
一八八二〇	…𩵋益…日之…允𩵋	1
一八八二三	…今日…益…	1
一八八二四	…𩵋益醫之日允𩵋	1
二三七一七	己巳卜大貞翌辛未𩵋益醫	1
二四九一〇	…卜出…翌辛巳…益…𠭯…	2
二六〇四〇	…卜出…庚午…益…	2
二六一五六	壬申卜出貞今日益無尤	2
二六七六三	甲子卜出貞翌丁卯𩵋益醫	2
二六七六三	丙寅卜出貞翌丁卯𩵋益醫	2
二六七六四	丙寅卜卜出貞翌丁卯𩵋益醫	2
二六七六五	丙寅卜…貞翌丁卯𩵋益…	2
二六七六六	丙寅卜出貞翌丁卯𩵋益醫不𩵋	2
二六七六七	丙寅…出貞翌丁卯𩵋益醫之日…	2
二六七六八	戊寅卜出貞今日𩵋益醫	2
二六七六九	癸亥卜出貞今日𩵋益其…	2
二六七七一	…卜出…𩵋益…唐之…𩵋	2
二六七七二	…卜出…𩵋益…之日…𩵋	2
二六七七三	…出…唐…𩵋益…之日允…𩵋六月	2
二六七七四	…𩵋益𩵋…之日…𩵋	2
二六七八一	…申卜出…翌乙酉…益…𩵋	2
二六七八二	庚辰…貞翌…未…益…𩵋	2
二六七八八	丁酉…今日…益𩰫…允…	2
二六七八九	…出…益𩰫…	2
二六七九〇	…卯卜出…𩵋益𩰫之日允𩵋	2
二六七九六	…不其…益…不𩵋	2
二六八〇一	丁巳卜出…今日益𩰫…之日允…衣	2
二六八〇二	…午卜出…日延益…	2
二七一八七	…益二牛𠭯…三十	3
三一八一四	…益…	3
英九〇八	戊子卜貞今日益宰	1
英一〇七二	貞…益…	1
英一二九五	…貞今…益…衣…	1
英一三六三	庚…貞…卯…益…	1
英二〇二九	…翌戊…王益	2
懷一〇七八	…𢀛…日允…益…	2
懷一三六七	丙寅卜卜出貞翌丁卯𩵋益醫	2
懷一三六八	丙寅卜出貞翌丁卯𩵋益醫六月	2

⿱兴皿

出處	釋文	數
一八五四一	…益…	

出處	釋文	數
三七正	癸丑卜爭貞旬無囚王固曰有祟有夢甲寅允有來艱左告曰有往芻自益十人又二	1
一五一正	貞小子有益	1
一五一正	貞小子無益 二告	1
一五一正	貞祖丁若小子益	1
一五一正	貞祖丁弗若小子益 二告	1
一八二四正	貞子益用	1
一八二四正	貞子益用	1
六六五三正	貞祖丁若小子益	1

八二五五 ：于□
一三五七五 ：來卜穷貞：令：寢往：□
一八五二七 ：□：允
一九一五二正 貞勿見□九月
二二九五〇 ：即貞祖乙：其□：十月
二三〇四六 丁卯卜：貞祖丁：□
二四八九三 ：卜旅貞歲其□在十月
二三五〇二 ：丑：今日：□
二五一六二 甲申卜即貞𣏟歲其□
二六六一一 貞毋□
二八一六七 ：𢌳□在涂

一八五二八 ：□：于
二三二五九 甲子卜大貞告于父丁惟今□彫
二三五二〇 貞其□
二五一六三 ：貞𣏟歲：□𢾊
二六八二二 甲戌卜旅貞𣏟古惟今□彫
二六八五七 貞其□
二六八五八 ：其□：東：

一八五二九 ：□：
三六八〇二 ：貞：□：
三八七〇三 貞王賓□無尤
三八七〇四 貞王賓□無尤
三八七〇六 貞王：□：
三八七〇九 貞：□：
三八七一〇 貞：□：
懷一七三五 ：貞王：□：

蠱

二〇一正 貞王固惟蠱
二〇一正 貞王固不惟蠱
一九一正 貞惟妛蠱 二告
一九一正 不惟妛蠱 二告
二五三〇正 貞毋丙允有蠱
二五三〇正 貞毋丙無蠱
二五三〇反 王固曰毋丙有蠱于：

五七七五正 癸丑卜㱿貞旨𢦏有蛊：
五七七五正 旨弗其𢦏有蛊罹 二告
六〇一六正 庚申卜爭貞旨其伐有蠱罹
六〇一六正 旨弗其伐有蠱罹 二告
八八五七正 丙子卜：蠱㑥
一三六五八正 有疾齒惟蠱 小告
一三六五八正 不惟蠱
一三六六四 貞㑥：齒不惟蠱
一三六六五正 齒蠱
一三七九六 有疾不蠱
一三七九七 ：疾不蠱
一四二七七 ：鬼：蠱
一七一八三 貞有𡆥不惟蠱
一七一八四 貞惟蠱 二告 不告黽
一七一八四 不惟蠱
一七一八五正 貞允惟蠱至： 二告
一七一八五正 貞不惟蠱至： 小告 不告黽
一七一八六 貞不惟蠱
一七一八七 ：不惟蠱虐
一七一八九 ：友于蠱
一八三九二 ：蠱：
一九五二七 貞龐有蠱
二二四一六 ：蠱
英一五六九 ：惟蠱

蠱

一七一九〇 ：蠱：
一七一九一 ：其蠱

蛊

一〇八〇反 貞蛊
一三三〇 蛊雨
一三三〇 貞不其蛊雨
二二四三反 ：蛊：
七八七三 ：蛊畐：
一三五六四 ：不蛊四月
一二六一二 辛巳卜今十月亦蛊：
一二六四一 ：不：蛊：十二月
一二六五五 ：亦蛊雨
一二六五六 ：亦蛊雨

一二六五七正　貞亦盄雨　1
一二六五八　貞亦盄雨　1
一二六五八　貞不亦盄雨　1
一二六五八　貞亦盄雨　1
一二六五九正　今夕不亦盄雨　1
一二六五九正　貞今夕其亦盄雨　1
一二六六〇　…盄雨　1
一二六六一　貞今日不其亦盄…　小告　1
一二六六一　貞今乙丑亦盄…　1
一二六六二正　…子卜…貞今…盄…　1
一二六六三　貞不…盄…　1
一二六六四　貞不…盄雨　1
一二六六五　貞不其盄雨　1
一二六六六　貞不其盄雨　二告　1
一二六六七　…不…盄雨　1
一三一五一正　乙丑卜殻貞盄雨　1
一四四六八正　貞…盄雨　二告　1
一四四六八正　貞…盄雨　二告　1
一四四六八反　王固曰其惟盄雨　1
一四四七九　貞盄岳　1
一四五二〇正　貞勿盄侑于河　1
一五四六〇　壬戌卜古貞盄…祀侑…向五月　1
一八五四〇　…盄…　1
二三二二七　丙申卜即貞父丁歲鬯一卣　2
二三二二七　…卣　2
二三二五七　…一卣…　2
二五九七九　…卜旅…鬯五盄　2
二六八五九　…盄…　2
三一〇四四　…盄無尤　3
二七二二七反　婦姘盄　1
英七二五正　癸丑卜亘貞亦盄雨　1
英八二九　丁…盄…戊寅…夕雨　1
懷二四一　…盄雨　1

⿱氐皿

二八一四九　…惟⿱氐皿…無災　3
二八三八一　貞…⿱氐皿…無…　3
二九二三五　惟⿱氐皿田無災　3
二九二五五　惟⿱氐皿田無災　3
二九二六九　貞王其田⿱氐皿無災　3
二九二七一　王其田⿱氐皿擒　3
二九二七二　惟⿱氐皿田…　3
二九二七三　惟⿱氐皿田弗悔無災吝王擒　3
二九二七三　惟⿱氐皿田無災吝擒　3
二九二七四　惟⿱氐皿田…災　3
二九二七五　弜田⿱氐皿其悔　3
二九二七六　貞惟⿱氐皿…無災擒　3
二九二七七　惟⿱氐皿田擒　3
二九三三二　…⿱氐皿其悔　3
二九七八一　惟⿱氐皿田…　3
三七三八〇　壬子王卜貞田⿱氐皿往來無災王固曰弘吉　茲御獲狐四十一麑八兕一　5
三七四六二正　戊午王卜貞田⿱氐皿往來無災王固曰大吉獲狐　五　5
三七七三五　…田⿱氐皿…無災　5
三七七三六　壬戌…田⿱氐皿…無災…吉…獲…　5
三七七三七　…王卜…⿱氐皿…　5
屯七三〇　…⿱氐皿無災　大吉　3
屯二三八六　惟⿱氐皿田無災　3
屯二六一〇　惟⿱氐皿田無災擒　3
屯三〇〇八　甲辰卜王其田惟⿱氐皿正…　3
英二五四三　壬申卜貞王田⿱氐皿往來無災王固曰吉茲御　5
英　獲狐十一　5
英二五六七　壬申卜在⿱氐皿今日不雨　5
懷一四三二　惟⿱氐皿田弗悔無災　3

奚

二八三一七　王其…奚…有麋　3
二八八九七　惟奚田無災　大吉　3
二八九〇一　翌日戊王…奚無災擒　3
二八九〇二　弜奚田其悔　3
二八九〇三　…奚各用無災　3
二九二四三　惟奚田　3
二九二九〇　…田奚…擒　3
屯七二二　王其田至于奚湄日無災　大吉　3
屯二三五五　…卜戊王惟奚田湄日無災擒　大吉　3
屯二三八六　惟奚田無災　吉　3
屯二七六一　惟奚田無災擒　3

盖

一〇一六八　丙寅…呼…盖
一〇七三七　…不其冓在盖
一〇九六七　貞弗其卒十月在盖
一七八八九　…寅卜…女…盖…十二月
一八五三六　貞惟…呼盖…
一八五三七　貞…盖…大…十月
一八八五〇　…貞…盖…
屯四五八四　惟盖犬比無災
英一八九一　戊寅卜□牛于妣庚
懷一三九八　…酉卜…□盖

盖

六三六　丙申卜爭貞令出以商臣于盖
六三七　丁丑卜爭貞令望以子商臣于盖
六三八　…以子商臣于盖
五七一一　庚戌卜古貞令多馬衛無盖
五七七〇甲　貞惟𢀛令盖射
五七七〇甲　癸巳卜㱿貞令𠦝盖射
五七七〇乙　癸巳卜㱿貞惟𢀛令盖射
五七七〇丙　…令𠦝盖三百射
五七七〇丁　…勿惟𢀛令盖…
五七七〇戊　貞勿令𠦝盖三百射
五七七一甲　貞令𠦝盖三百射
五七七一甲　貞惟𢀛令盖三百射
五七七一乙　癸巳卜㱿貞令𢀛盖三百射
五七七一丙　…貞…盖…射
五七七二　貞令𠦝盖三百射
五七七二　貞勿令𠦝盖三百射
五七七二　貞惟𢀛令盖射
五七七二　癸巳卜㱿貞令𠦝盖射
五七七二　癸巳卜㱿貞惟𢀛盖射
九四七六　戊辰卜穷貞令沐坚田于盖
九四七七　…沐坚田于盖
一八四八九　貞…盖…
二二一二三　惟盖
一一一五四　庚子卜古貞勿牛于盖…
一一一五五　庚子卜古貞勿牛于盖十三月

益

九〇四〇正　庚寅卜穷貞益及
九〇四〇正　貞益及
五四五八　甲戌卜穷貞益□啟戴王事
七三二五　呼放…人三千…益邑…其
八二五三　貞卜…益
八二五四　…啓…益
一一二四一　癸丑…穷貞益𣪘三十九月
一五八二四　…未卜…益…
一五八二五　貞益…
一五八二六　貞勿小益二牛用
一五八二七正　貞益豕百九月
一八五二五　…益…
一八五二六　…益…五十…
一八五四四　…王…益…
一九一六二　貞…益…見…二告
二〇六〇四　…益…□…十二月
二八〇一二　弜益襄人方不出于之
二八〇一二　弜益涂人方不出于之
英四七七　癸巳卜爭貞益…

益

二八〇三〇　弜益戊…受匕…

盡

三二五一正　盡戊祟王
三二五一正　盡戊弗祟王
三五一五　貞侑于盡戊
三五一六　庚戌卜㱿𠦪于盡戊
三五一七　貞于盡戊
三五一八　于盡戊
三五一九　…盡戊
三五二〇　…盡戊
三五二一正　盡戊祟王
三五二一正　盡戊弗祟王
四五四四　…比盡
四五四五　…卯卜…盡其…允…

四九一四　癸丑卜貞勿餡令逆比盡于尞　1

四九一五　丙寅卜貞令逆比盡于尞六月　1

四九一六　丙寅卜貞令逆比盡于尞…月　1

四九一七　丙寅卜貞勿餡令逆比盡于尞　1

四九一八　丙寅卜貞勿餡令逆比盡于尞六月　1

七三二一　貞令…嗷下危…呼盡伐…受有祐　1

八七〇五　…方…盡…人…　1

一〇九六九正　貞侑于盡戊　1

二〇六〇五　…庙　1

二一九六〇　惟盡　1

二一九六〇　盡　1

二二四八五　…盡　1

盂

六九〇　丙子卜古貞令盂方歸　1

三六一八一　甲戌王卜貞…↓盂方…典西田…妥余
一人…田畓正…自上下于𣪊…　5

三六五〇九　…在…貞旬無𡆥…弘吉在三月甲申祭小
甲…惟王來征盂方伯炎…　5

三六五一〇　…丑王卜貞今囚…多伯征盂方…　5

三六五一一　丁卯王卜貞今囚巫九备余其比多田…多
伯征盂方伯炎惟衣翌日步…左自上下
于𣪊示余受有祐不曾𢦏…于茲大邑商
無𡆥在𡆥…弘吉在十月遘大丁翌　5

三六五一二　↓盂…冊盂方…田畓征…　5

三六五一六　…卜貞旬無𡆥王囚曰弘·甲辰𫶍祖甲王
來征盂方　5

三六五一七　…囚曰吉在十月王…受祐不曾𢦏…其
征盂方惟…　5

三六五一八　乙巳王貞啓呼祝曰盂方𠬝人…其出伐
↓師高其令東會于…高弗悔不曾𢦏
王囚曰…　5

三六五二〇　…旬無𡆥…祭羌甲…盂方　5

三六五二一　…巫九…無𢼄朕…十月…𢼄多田于…盂
方伯…𣪊于…　5

懷一八七一　…田…征盂…上下于𣪊…余又…𢦏囚…
邑商…　5

懷一九〇八　…貞其征盂方惟…受祐不曾𢦏無
…囚曰吉在十月王九…　5　5

田盂·盂田

七四二八　辛卯卜貞王田盂往來無災王囚曰吉茲
御獲鹿　5

二八一八〇　惟万霸盂田有雨　吉　3

二八二〇三　盂田禾𥝩其禦吉𥟖　3

二八二三〇　癸卯卜王其延二盂田𦥑受禾　3

二八二三〇　王…盂…省…不…　3

二八二三一　在酒盂田受禾　3

二八三一七　弜省盂田其悔　3

二八三一七　王惟盂田省　3

二八三四一　惟盂田省無災　3

二八八八五　王其田盂至𪓽無災　3

二八九三六　…盂田…無災　3

二八九七二　惟盂田省　3

二八九七五　…盂田先省廼从宮入湄日無災　3

二八九七六　今日乙王惟盂田省　3

二八九八〇　惟盂田省無災　3

二八九八四　惟盂田省無災　3

二八九八五　惟盂田省無災　3

二八九八六　惟盂田省無災　3

二八九九五　惟盂田省　大吉　3

二八九九七　…盂田　3

二九〇八四　丁丑卜貞王其田于盂𠆧南𢓊立　3

二九〇八五　王其田…至盂湄日無…　3

二九〇八六　王其田惟盂湄無…　吉　3

二九〇八七　…卜貞…田盂無災　3

二九〇八八　辛亥卜狄貞王田盂往來無災　3

二九〇九〇　壬王異…盂田弗…　3

二九〇九一　…王惟盂田…　3

二九〇九二　丙寅卜狄貞盂田其遷𣏌𨛜有雨　3

二九〇九三　貞王其省盂田湄日不雨　3

二九〇九五　王惟盂田省無災　3

二九〇九六　王惟盂田省無災　3

二九〇九七　惟盂田省無災　3

二九〇九八　惟盂田省無災　3

二九〇九九　惟盂田省無災　3

二九一〇〇　惟盂田省無災　3

著錄號	釋文	期
二九一〇〇	…盂田省無災	3
二九一〇一	惟盂田省無災	3
二九一〇二	惟盂田省無災	3
二九一〇三	…狄…盂田…	3
二九一〇四	…盂田…無災	3
二九一〇五	惟盂田省無災 吉	3
二九一〇七	惟盂田省	3
二九一〇六	惟盂田省湄日無災	3
二九一〇八	惟盂田省無災	3
二九一〇九	惟盂田省無…	3
二九一一〇	…盂田…無災	3
二九一一一	弜省盂田	3
二九一一二	…盂田和…	3
二九一一三	弜田盂其悔	3
二九一五七	惟盂田省不遘大雨	3
二九一七五	…盂田省 大吉	3
二九三二四	貞翌日戊王其田盂湄日無災	3
三一八八五	惟盂田無災	3
三三五二七	王其田盂…	4
三三五二八	…盂田…無災	4
三三五二九	壬午…貞王…田盂無…	4
三三五三〇	辛亥卜貞王其田盂無災	4
三三五三二	辛丑卜貞王其田盂無災	4
三三五三二	戊戌卜貞王其田盂無災	4
三三五三二	辛亥卜貞王其田盂無災	4
三三五三二	戊申卜貞王其田盂無災	4
三三五三七	辛未卜貞王其田盂無災	4
三三五四二	戊子卜貞王其田盂無災	4
三三五四四	乙酉卜貞王其田盂無災	4
三三五六九	辛巳卜貞王其田盂無災	4
三六六六三	戊申卜貞王田于盂往來無災在…	5
三七三八一	丁巳卜貞王田盂往來無災	5
三七四一四	辛未卜貞王田盂往來無災獲鹿四	5
三七四二二	戊申卜貞王田盂往來無災王占曰吉 茲御 獲鹿二	5
三七四三六	壬寅…田盂…無災…鹿…	5
三七五一一	丁巳王卜貞田盂往來無災王占曰…	5
三七五一一	戊午王卜貞田盂無災王占曰吉	5
三七五六四	壬子卜…盂…田…無…	5
三七五六五	戊午王卜貞田盂往來無…占曰…	5
三七五六六	壬戌卜…王田盂往來無…	5
三七五七〇	壬辰卜貞王其田盂無災	5
三七五七三	壬戌卜貞王其田盂無災	5
三七七四六	丁亥王卜貞田盂往來無災王占曰吉	5
屯一一七	王其田盂湄日不雨	3
屯二四九	惟盂田省無災	3
屯三七七	王其田盂	3·4
屯四九五	甲辰卜翌日乙王其省盂田湄… 大吉	3
屯六一九	王惟盂田省無災	3
屯二〇八七	惟盂…省湄日…災	3
屯二一九二	惟盂田省不遘雨	3
屯二一九二	弜省盂田其遘雨	3
屯二三九一	其戍幼盂田惟𢦏用	3
屯二三五七	王其省盂田延从宮無災	3
英二三一七	惟盂田省無災不雨 大吉	3
英二三一八	惟盂田省無災	3
英二三一八	…田盂至獻…災	3
懷一三四三	…入自日…田盂…	3
懷一四二八	王惟盂田省無災	3
懷一四三四	惟盂田省無災	3

于盂

著錄號	釋文	期
二七九二〇	于盂無災	3
二八九〇四	于盂	3
二八九〇五	于盂無災	3
二八九〇八	…盂…災	3
二八九一四	于盂	3
二八九一九	于盂無災	3
二八九二七	于盂無災	3
二八九三一	于盂無災	3
二八九三二	于盂無災	3
二八九四七	翌日壬王其迖于盂無災	3
二八九四七	于盂無災	3
二八九五〇	于盂無災	3
二八九五五	于盂無災	3
二八九五二	于盂無災 吉	3
二八九五七	于盂無災 弘吉	3
二八九六一	于盂無災 吉	3
二八九六五	于盂無災	3
二八九六五	于盂無災 吉	3
二九〇二二	…盂…災	3
二九〇二三	于盂無災	3

號	釋文	期
二九〇二四	于盂無災	3
二九〇二五	于盂無災	3
二九〇二九	于盂無災	3
二九〇三〇	于盂	3
二九〇三八	：盂無災	3
二九〇三九	于盂無災	3
二九〇四六	于盂無災	3
二九〇四八	于盂無災	3
二九〇四九	于盂無災	3
二九〇五〇	于盂無災	3
二九〇五一	：盂：災	3
二九〇五五	于盂無災　弘吉	3
二九〇五六	于盂無災	3
二九〇五八	于盂無災　弘吉	3
二九〇五九	于盂無災	3
二九〇六〇	于盂無災	3
二九〇六一	：盂無災　吉	3
二九〇六三	于盂無災	3
二九〇六九	于盂無災	3
二九〇七三	：盂無災	3
二九〇七九	惟盂：　吉	3
二九〇八二	：盂：省：災	3
二九一一四	：日甲：盂：田：	3
二九一一七	先于盂歸廼从向　吉	3
二九一一八	于盂無災	3
二九一一八	于盂	3
二九一一九	于盂無災	3
二九一二〇	于盂無災　吉	3
二九一二一	于盂無災　吉	3
二九一二二	于盂無災	3
二九一二三	于盂無災	3
二九一二四	于盂無災	3
二九一二五	于盂無災	3
二九一二六	于盂無災	3
二九一二七	于盂無災	3
二九一二八	于盂無災	3
二九一二九	于盂無災	3
二九一三〇	于盂無災	3
二九一三五	于盂無災	3
二九一三六	于盂無災　弘吉	3
二九一三七	于盂無災	3
二九一三八	于盂無：	3
二九一三九	于盂無災	3
二九一四〇	于盂無災	3
二九一四一	于盂無災	3
二九一四二	于盂無災	3
二九一四三	于盂無災	3
二九一四四	于盂無災	3
二九一四五	于盂無災　吉	3
二九一四六	于盂無災　吉	3
二九一四七	：盂無災	3
二九一四八	于盂：弗悔	3
二九一四九	于盂：有：	3
二九一五〇	于盂	3
二九一五三	于盂新：有正	3
二九一五四	：盂新：	3
二九一六九	：盂：無災	3
二九一九五	于盂：	3
二九二〇二	于盂：	3
二九二〇八	于盂無：	3
三〇二一一	于盂無災	3
三〇二七〇	：于盂僼不遘大風	3
三〇二七一	于盂僼不雨	3
三〇八〇三	：于盂新：有正	3
三一〇一四	于盂廳奏	3
三一〇二二	于盂廳奏	3
三一一九八	戊東于盂遘大雨	3
三一二〇一	其東于盂：　大吉	3
三三一六九	：于盂	4
三三三七〇	戊寅卜王其于盂有陷?	4
三三五五八	：盂無災	4
三七五六八	：卜在：貞王：于盂：來無：	5
三六四二六	丁丑王卜貞其振旅延迖于盂往來無災王𡆥曰吉在：	5
三六五一九	：王卜貞令：于盂：典：	5
屯二一二	于盂無災	3
屯二五八	于盂無災	3
屯三二二	于盂無災　弘吉	3
屯三三四	于盂無災	3
屯五四九	于盂無災	3
屯五七七	于盂	3
屯九〇一	于盂：	
屯一二三七	于盂無災　吉	3
屯二一六三	于盂無災　吉	3

屯二六三　于盂無災　吉　3
屯二三五四　壬寅卜王其𢦏麓于盂田有雨受年　3
屯四四五三　于盂無災　3
英三六六　丁巳卜爭貞子歸尃于盂圂五月　1
英二三一一　于盂無災　3
英二三一二　于盂無災　3
英二三一五　于盂…　3
懷一四五一　于盂…災　3

二七九一九反　乙未卜在盂犬告有鹿　3
二七九二五　在盂　3
二八八九九　王其比…𢦏麓…豚…在盂犬　3
二九一三四　在盂無災　茲用　3
三〇〇六五　其畐年…雨在盂𦉢無大雨　3
三六五五六　癸丑王卜在盂貞旬無畎王囚曰吉　5
屯一〇九二　辛巳卜王其奠元暨永𩓠在盂奠　吉
王弗…羊　大吉　3
屯二四一　既叀其在盂叙漳　吉　3

其它

五六四八　丁亥卜貞盂于𡚤　1
一六三三九　…卜㞢…尃人…𢀛盂　1
二七八〇七　翌日乙王其尋盂　3
二七八〇七　…盂𡩜　3
二七九〇七　…戊王其比盂犬畄田𢦏無…　3
二七九二一　盂犬…告鹿…其比擒　3
二八一八〇　王其呼戍𩅦盂有雨　吉　3
二八二一六　惟盂先受有年　3
二八三四〇　…田从宫从…盂湄日不…　3
二八七〇七　…盂…湄日…大…　3
二八九四六　从盂　吉　茲用　3
二八九九四　惟盂省　3
二九〇三四　从盂…　3
二九〇四〇　…盂…　3
二九〇七七　盂　3
二九〇八九　戊午…貞王…盂…無災　3
二九一一五　戊辰王其戋盂　3
二九一一六　其自盂…喪…　3
二九一三二　…盂…省無災　3
二九一三三　于盂無災　3

二九一五一　于盂湄日無災　3
二九一五二　惟盂擒　3
二九一五六　从盂　3
二九一六七　惟盂…　大吉　3
三一七九六　…卜其東盂…　吉　3
三三五三〇　壬寅…貞…盂…　4
三三五三一　辛…貞王…盂…　4
三三五三三　盂　4
三四四一一　惟…用盂…　4
三五三三〇　…盂其若　4
三六五二三　…囚巫九…率伐…冊盂…余其…　5
三六五五七　貞王曰逆延于夫延至盂…來無災在七月　5
三六五五八　…卜貞…盂往…無災…囚曰吉　5
三六七〇九　…卜貞…盂…無災　5
三七五七一　…王卜貞…盂往…無災…囚曰吉　5
三七七三六　…卜…盂無災…曰吉　5
屯二七一　从盂無災　大吉　3
屯三九二　从盂　3
屯五八八　弜出盂　3
屯一一四八　…亥卜其…𢦏盂東擒…　3
屯二一一九　自盂𣳡戋　3
屯四五六七　其雨盂　吉　3

盂

二七三九八　在九月惟王…祀彡日王田盂于𠂤
…獲白兕　5

𥁕

一八五三八　…令…□…　1
八二二九　…益宅唐　1
一〇三〇八　…㱿貞今日我其狩益　1
一〇三〇八　貞今日我其狩益…　1
一〇九六五　…寅卜㱿貞今日我其狩益　1
一〇九六六　戊寅…益其…擒…鹿…十…　1
一三九七二　…巳…益娩　1
一三九七三　…卜爭貞益娩…　1

著錄號	釋文	期
一四〇七四	…子盂其嘉	1
三一九三五	惟田畬不盂惟之有遣	3
乇二三八〇	…寧方惟皂盂翌用	3
英 一三五正	…寅卜穷…子商妾…盂…娩…	1

盂龜

著錄號	釋文	期
八九九六正	貞…來王…惟來五…允至以龜霝龜八 龜五百十四月	1
八九九七	…曰吉…方至允…八龜…	1

龜

著錄號	釋文	期
三三六一二	…卜出貞龜旬不[illegible]不…	2

寧

著錄號	釋文	期
一三一四	貞于𠂤寧摧	1
一四三七〇丙	…申卜貞方禘寧摧九月	1
一四六七五	…于[illegible]寧摧	1
一三三七二	癸卯卜穷貞寧風	1
三〇二五八	…卜其寧風方惟… 大吉	3
三〇二五九	其寧風伊	3
三〇二六〇	癸未卜其寧風于方有雨	3
三〇二六〇	惟乙寧	3
三〇二六〇	惟甲其寧風	3
三二三〇一	…土寧風	4
三二三〇一	丙辰卜于土寧風	4
三三〇七七	癸酉卜巫寧風	4
三四一三七	甲戌貞其寧風三羊三犬三豕	4
三四一三八	辛酉卜寧風巫九豕	4
三四一三九	癸亥卜于南寧風豕一	4
三四一四〇	戊子卜寧風北巫犬?	4
三四一五一	乙丑貞寧風于伊奭	4
三四一五二	弜寧風	4
乇二七七三	其寧風雨	4
乇二七七三	辛巳卜今日寧風	4
乇三七八七	乙丑貞其寧風…	4
懷 二四九	…辰…㱿貞我寧風	1

寧雨

著錄號	釋文	期
一四四八二	癸酉卜…寧雨…岳杏	1
二九八四〇	貞惟㐭不雨	3
三〇一八七	乙亥卜寧雨若	3
三二九九二	丁丑貞其寧雨于方	4
三三一三七	戊申卜寧雨	4
三四〇八八	己未卜寧雨于土	4
乇 七四四	寧雨于[illegible]	4
乇 一〇五三	丁未…于上甲寧雨	4
英一〇七七	…寧雨在七月	4
懷一六〇八	…寧雨	4

寧秋

著錄號	釋文	期
三二〇二八	乙亥卜其寧秋于[illegible]	4
三三二三三正	貞其寧秋來辛卯酌	4
三三二三四	庚辰貞其寧秋	4
乇 八六一	癸酉…其寧秋	3
乇 九一三	寧秋…	4
乇 九三〇	貞其寧秋于帝五丰臣于日告	4
乇 一一七一	…未卜…寧秋…	3
乇一五三八	…寧秋…	

王寧

著錄號	釋文	期
二四九九一	貞今夕王寧	2
二六一五七	貞今夕王寧	2
二六一五八	貞今夕王寧	2
二六一五九	貞今夕王寧	2
二六一六〇	貞今夕王寧	2
二六一六一	貞今夕王寧	2
二六一六二	貞今夕王寧	2
二六一六三	貞今夕王寧	2
二六一六四	貞今夕王寧	2
二六一六五	貞今夕王寧	2
二六一六六	貞今夕王寧	2
二六一六七	…今夕王寧	2
二六一六八	…今夕王寧	2
二六一六九	…夕王寧	2
二六一七〇	貞今夕…寧	2
二六一七一	…今夕…寧	2
二六一七二	…今夕王寧	2

著錄	釋文	期
二六一七三	：今夕：寧	2
二六一七七	：寧王?	2
二六七三〇	：貞今夕王寧	2
三〇六一正	：未卜爭貞我戋𤔲在寧	1
三六九四九	：卜在寧師…	5
英七四五	：在寧	1
一一〇〇七正	翌丁亥勿焚寧	1
一一〇〇七正	翌丁亥勿焚寧	1
一一〇〇八	：焚寧	1

其它

著錄	釋文	期
一四七五	勿于𡆥寧	1
二四六八反	：寧…	1
三六八〇	庚午：穷寧…	1
三六八〇	：寧…	1
四四六四反	奠來寧	1
五七九一	：令：射：人：寧…	1
五八八四正	丙午卜古貞旬寧囚	1
八二七三	：于寧	1
八二七四	庚辰卜王貞余从：步：寧	1
一一〇〇六正	丙戌卜㱿貞翌丁亥我狩寧	1
一一〇〇六正	貞翌丁亥勿狩寧	1
一三〇一六	丙申卜寧良	1
一三〇三九	乙巳：爭：寧…	1
一四五四〇	：𡗗于河三宰寧…	1
一九三一四	乙：卜：寧…	1
二一一一五	癸巳：巫寧：土河岳…	1
二三五九九	乙未卜大貞：寧…	2
二四九八七	：今夕鬼寧	2
二五三八三	：寧：四月	2
二六一七四	：今夕：寧	2
二六一七五	：今夕：寧	2
二六一七六正	貞今夕寧王	2
二六一七八	：寧…	3
二六八九二	：戌𠈓于寧	3
二七七一九	：𦾔：母壬：寧	3
二七七六二	：寧：不出	3
二七九九一	自可至于寧偪禦?	3
二八一九六	乙未卜𣋡貞在寧田：有赤馬其䄁…	3
二八二三六	：其寧：惟：舊：禾不…	3
二八三九八	壬寅卜王其田𡉚寧兕先𥄉無災 擒王永	3
三〇二五七	其寧呼大風	3
三〇三九二	其寧惟𢦏韓用	3
三〇七七五	：酉卜何貞其遘于大寧	3
三二〇〇六	己丑：其寧：于四：	4
三二〇二二	乙未卜其寧方羌一牛	4
三二五五二	：祖乙寧：虎𪓊…	4
三三三四八	弜寧	4
三三五七五	辛巳卜貞王寧田無戋在宰卜	4
三四一三九	：亥卜：北寧…	4
三四一四二	：其寧…	4
三四一四四	庚戌卜寧于四方其五犬	4
三四一四九	于南寧	4
三四二二九	丁亥卜弜寧岳	4
三四二二九	丁亥卜寧岳燎宰	4
三四七一一	辛：寧：于	4
三六四六一	癸丑卜貞今夕師無畎寧	5
三六四六一	甲寅卜貞今夕師無畎寧	5
三六四六一	乙卯卜貞今夕師無畎寧	5
三六四六一	丙辰卜貞今夕師無畎寧	5
三六四六一	丁巳卜貞今夕師無畎寧	5
三六四八〇	丁丑卜貞王今夕寧	5
三六四八〇	戊寅卜貞王今夕寧	5
三六四八〇	己卯卜貞王今夕寧	5
三六八一八	：卜在剛師：寧	5
三九四六七	弜改𢦏：寧𣲓	5
屯四九三	：寧疾于四方	4
屯五四七	弜寧	4
屯九〇〇	丁未貞弜寧?：上甲	4
屯九三〇	甲申秋夕至寧用三大宰	4
屯九三〇	寧于滴	4
屯一〇〇一	丙申卜其寧戌𠃬寧	4
屯一〇五九	壬辰卜其寧疾于四方三羌侑九犬	4
屯一三一〇	：貞今日其寧疾：三羌九犬	4
屯一三五四	：今日寧…	
屯一九六七	：寧…	
屯二三八〇	：寧方惟皇𥁕翌用	3

著錄	釋文	期
屯三四四二	甲戌卜貞其寧…	4
屯三九六五	寧食于商…	3
懷一一三一	…今夕…寧…	2

濘

著錄	釋文	期
二七九七二	于濘帝呼禦羌方于之𢦔	3
三二二七七	人于濘次	4
三二二七八	人于濘次	4
三四〇四一	己亥貞𠂤以伐于濘之…	4
三四〇四二	乙…𠂤…濘…	4
屯二四〇九	惟在濘田亞示王弗悔漳　吉	3

㖆

著錄	釋文	期
六八七七正	庚申卜殻貞伐㖆𢦔	1
六八七八	貞王伐㖆𢦔	1
六八七九	貞王伐㖆…𢦔	1
六八八〇	…伐㖆…	1

著錄	釋文	期
二九二七三	惟䍧田無災呇王擒	3

盗

著錄	釋文	期
一一一八	丁卯卜…貞奚…𦍒伯盗用于丁	1
一一一九	…奚…𦍒…盗…	1

著錄	釋文	期
二一〇九九	…丑卜㚇…耳…龍	1
二一〇九九	乙未卜呼人先㚇人暘日	1
二一〇九九	乙未卜呼人先今夕㚇	1

著錄	釋文	期
八二九四	…友于淵	1
一〇〇三五	…辰卜…雀…朕…中二月	1

盧

著錄	釋文	期
三三〇八六	…翌甲子伐盧…	4
三三〇八六	…餘…伐盧帝…	4
屯九九四	癸亥貞王其伐盧羊告自大乙甲子自上甲告十示又一牛茲用在果四隹	4

著錄	釋文	期
一〇五一正	貞…于涉狄	1
一〇五一正	…勿于涉狄	1

著錄	釋文	期
英二六七四正	…子曰…	5
英二六七四正	…弟曰啓	5
英二六七四正	…子曰喪	5

盅

著錄	釋文	期
三一八一三	…生…	3

著錄	釋文	期
二六八六〇	貞其…	

著錄	釋文	期
一八五六六	…	1

著錄	釋文	期
八二五二	…在…	1

盥

著錄	釋文	期
一一六二九	…十二月	1
一三三三六反	…不盅	1
一八五二四	…盥…	1
一八五三〇	…盥…	1
一八五三一	…盥…	1
一八五三二	貞…盥…	1
一八五三三	…盥…	1
二〇三〇八	…王弋…	1
二九二七八	辛亥卜王惟壬田…不雨　吉	3

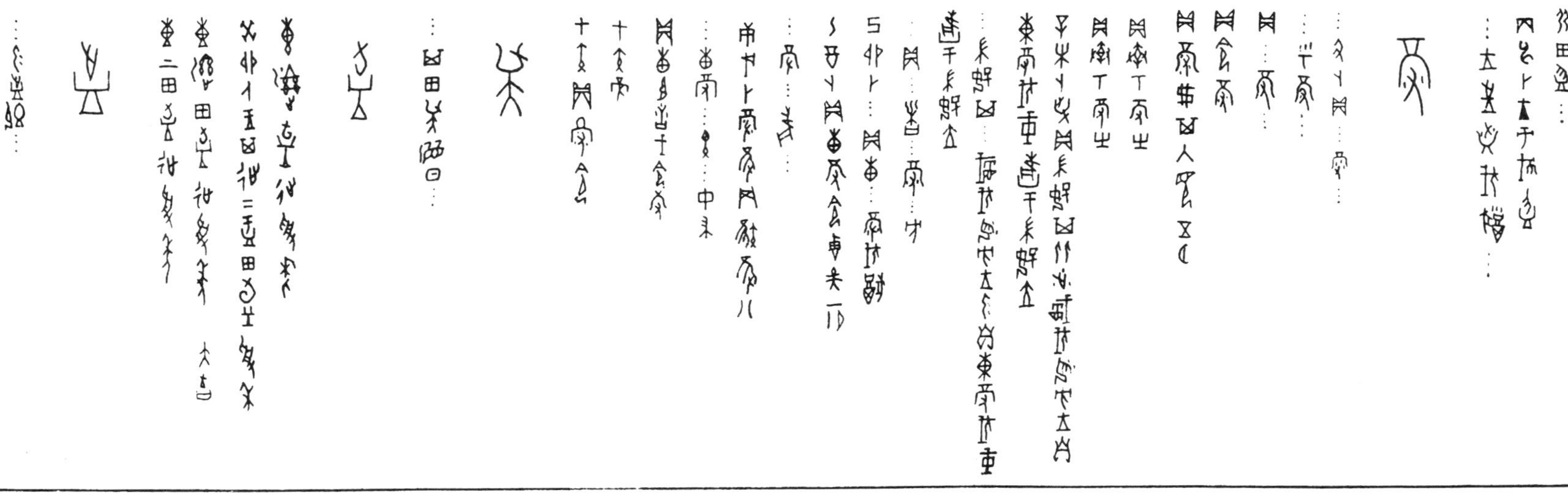

屯二一七 弜田㞢… 3

屯四四九 丙申卜王方戕㞢 1

英六〇二 …王往㞢伐犨… 1

四一〇 …丑卜貞…㞢… 1

四五三九 …呼㞢… 1

四四四一 貞…㞢… 1

四五四二 貞令㞢 1

五九〇四 貞㞢弗其入見五月 1

五九〇五 貞執示㞢止 1

六四八〇 貞執示㞢止 1

六四八〇 辛未卜爭貞婦好其比沚戠伐卑方王自東㞢伐捍陷于婦好位 1

六四八〇 …婦好其…戠伐卑方王勿自東㞢伐𢦏陷于婦好立 1

六八〇七 …貞…㞢…㞢…方 1

六九三四 乙卯卜…貞惟…㞢伐𢀛 1

一〇〇四八 乙酉卜貞惟㞢令𠂤夫十一月 1

一〇三三六 㞢…鹿 1

一〇五一四 庚戌卜㞢獲网雉獲八 1

一五九二八 …惟㞢…畀…中婦 1

一九〇九二 貞惟臣舌戈令㞢 1

二一九四六 甲寅㞢 1

三二九三二 甲寅貞㞢令 4

英二三〇四 …其田㞢湄日… 3

⿱旬亏

二八二二八 惟灉⿱旬亏延受年 3

二八二三〇 癸卯卜王其延二孟田⿱旬亏受禾 3

屯七一五 惟溼田⿱旬亏延受年 大吉 3

屯七一五 惟上田⿱旬亏延受年 3

⿱止皿

一八五三四 …勿⿱止皿即… 1

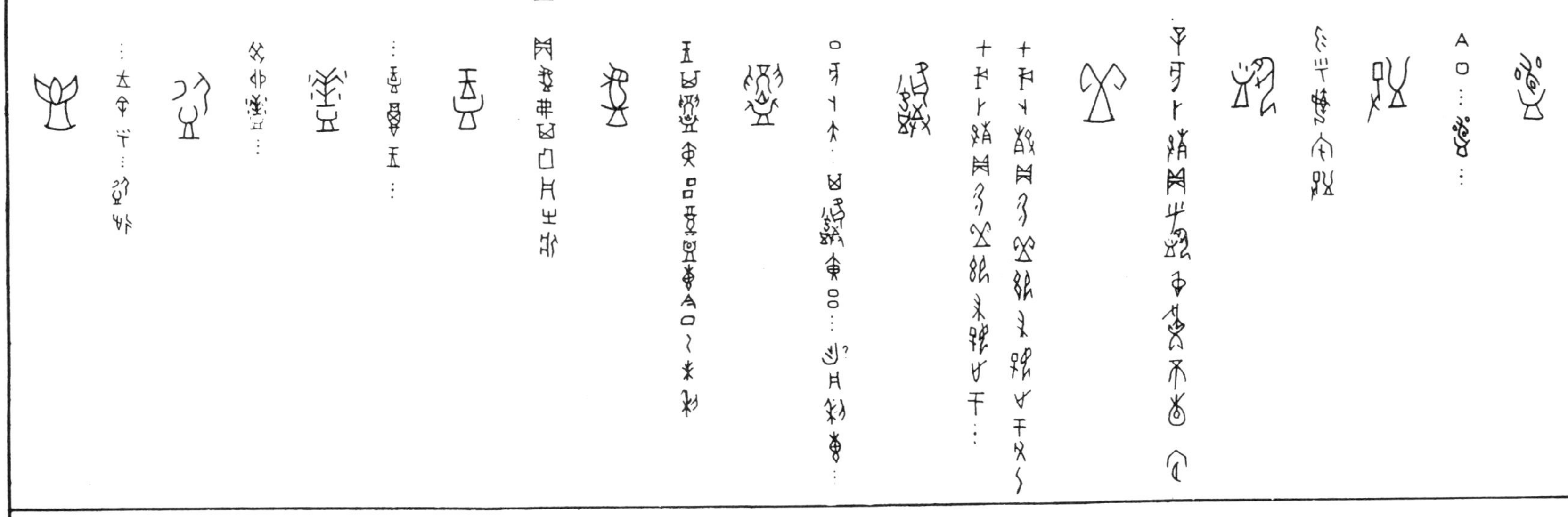

⿱畾皿

三一三一九 今日…㞢… 3

皿殳

六八五正 勿呼執宅皿殳 1

飲

四八八四 辛亥卜㱿貞呼飲𠂤妻不橐六月 1

二六二七 甲戌卜㱿貞勿𠬝禦婦好趾于父乙 1

二六二八 甲戌卜㱿貞勿𠬝禦婦好趾于 1

鑄

二九六八七 丁亥卜大…其鑄黃呂…作凡利惟… 3

鑄

英二五六七 王其鑄黃鑄奠盟惟今日乙未利 5

一四一九九正 貞㞢弗其骨凡有疾 1

屯一〇二八 …喜酉王…

二一八八五 癸卯㞢… 1

二〇三二六 …王余呼…㞢延 1

一八五四八　…㞢…　1

英四一五　貞[illegible]今八月生…疾?　1

一八五三九　卯卜…[illegible]…　1

七七一一正　…勿[illegible]…　1

一六〇一二反　…受㞢龍…　1

三〇七九五　…卜旅…其步…[illegible]…之甲…　2

一九九九一　…亞[illegible]婦[illegible][illegible]…　1

三八一五二　…貞今日既[illegible]日[illegible]其[illegible]…雨不雨[illegible]　5

春

一〇〇七八正　癸巳卜爭貞旬…甲午有聞曰戌…史春　復七月在…鼓冓　1

屯八八〇　…衆春…受人…[illegible]土人有[illegible]　3

屯八八〇　王其呼衆春戌受人…[illegible]土人暨[illegible]人　有災　大吉　3

[illegible]

六〇二五　辛酉卜爭貞[illegible]…于鼓西惟…雨　1

六〇二六　…卜…[illegible]…　1

六〇二七　…勿[illegible]…　1

丞

二二七九正　…丞父乙…弗[illegible]　1

[illegible]

一九八〇〇　丙申卜王貞勿[illegible]陷于門辛丑用十二月　1

二三七四　[illegible]　1

八二〇七　貞惟王自虎[illegible]皿　1

二三二七七　丁丑卜子啓[illegible]無[illegible]　1

二三二七八　丁丑卜子啓[illegible]無[illegible]　1

二三二七九　…[illegible]…[illegible]　1

四八三二　貞勿呼[illegible][illegible]…　1

二〇八三　甲子乙丑[illegible]祖　1

二〇〇一八　…兄庚[illegible]…　1

二二一二八　甲…卜…[illegible]…[illegible]…　1

一八五二三　乙…[illegible]…　1

二五〇六反　王固曰之…勿雨…卯…明霧二[illegible]食日大星　1